# 1 MONTH OF
# FREE
# READING

## at

## www.ForgottenBooks.com

By purchasing this book you are eligible for one month membership to ForgottenBooks.com, giving you unlimited access to our entire collection of over 1,000,000 titles via our web site and mobile apps.

To claim your free month visit: www.forgottenbooks.com/free1010643

ISBN 978-0-331-07160-3
PIBN 11010643

This book is a reproduction of an important historical work. Forgotten Books uses
state-of-the-art technology to digitally reconstruct the work, preserving the original format
whilst repairing imperfections present in the aged copy. In rare cases, an imperfection in
the original, such as a blemish or missing page, may be replicated in our edition. We do,
however, repair the vast majority of imperfections successfully; any imperfections that
remain are intentionally left to preserve the state of such historical works.

# ENTSCHEIDUNGEN

des

# SCHWEIZERISCHEN BUNDESGERICHTES

aus dem Jahre 1893.

## AMTLICHE SAMMLUNG

*XIX. Band.*

# ARRÊTS

DU

# TRIBUNAL FÉDÉRAL SUISSE

en l'année 1893.

## RECUEIL OFFICIEL

XIXᵉ VOLUME

LAUSANNE

GEORGES BRIDEL & Cⁱᵉ ÉDITEURS

—

LAUSANNE. — IMP. GEORGES BRIDEL & C<sup>ie</sup>

Rec. Jan. 7, 1903

# INHALTSVERZEICHNISS — TABLE DES MATIÈRES

## A. STAATSRECHTLICHE ENTSCHEIDUNGEN
## ARRÊTS DE DROIT PUBLIC

### Erster Abschnitt. — Première section.

### Bundesverfassung. — Constitution fédérale.

Zweiter Abschnitt. — Seconde section.

# Bundesgesetze. — Lois fédérales.

Dritter Abschnitt. — Troisième section.

## Kantonsverfassungen. — Constitutions cantonales.

Vierter Abschnitt. — Quatrième section.

## Staatsverträge der Schweiz mit dem Auslande.

## Traités de la Suisse avec l'étranger.

# B. CIVILRECHTSPFLEGE

# ADMINISTRATION DE LA JUSTICE CIVILE

# REGISTER

# A. STAATSRECHTLICHE ENTSCHEIDUNGEN
# ARRÊTS DE DROIT PUBLIC

---

## Erster Abschnitt. — Première section.
## Bundesverfassung. — Constitution fédérale.

---

## I. Doppelbesteuerung. — Double imposition.

### 1. Urteil vom 13. Mai 1893 in Sachen Frey.

A. Durch Verfügung der zürcherischen Finanzdirektion vom
29. Februar 1892 wurden die Rekurrenten als Kommanditäre der
mit dem 31. Dezember 1891 erloschenen Firma Cramer-Frey & Cie.
als im Kanton Zürich pro 1891 steuerpflichtig erklärt und mit
einer Steuer von je 648 Fr., entsprechend einem Steuerkapital von
108,000 Fr. belegt. Da sie nun nach vorliegenden Bescheinigungen der Gemeindesteuerkommission von Aarau ihre Vermögens-
einlage in die Firma Cramer-Frey & Cie. schon an ihrem Wohnorte in Aarau versteuert hatten und eine diesbezügliche Steuerpflicht
im Kanton Zürich nicht anerkannten, rekurrirten sie gegen die
Verfügung der Finanzdirektion an den zürcherischen Regierungsrath, wurden aber mit Beschluß vom 31. Dezember 1892 von
demselben abgewiesen.

B. Carl Frey=Frey und Wittwe Frey=Bolley ergriffen nunmehr den staatsrechtlichen Rekurs an das Bundesgericht und stellen den Antrag:

„1. Das Bundesgericht wolle sie gegen die Doppelbesteuerung, „deren Gegenstand sie sind, schützen und den Kanton, resp. die „Gemeinde bezeichnen, welche zur Besteuerung des betreffenden „Kommanditkapitals zuständig sei."

Eventuell möge das Bundesgericht erklären:

„2. Die Rekurrenten seien nicht pflichtig, ihre Kommanditkapitale „mit denen sie bei der Firma Cramer=Frey & Cie. betheiligt waren, „im Kanton Zürich pro 1891 zu versteuern und in diesem Sinne „sei der Entscheid des Regierungsrathes des Kantons Zürich vom „31. Dezember 1892 als verfassungswidrig aufzuheben."

Zur Begründung ihres Begehrens berufen sich die Rekurrenten darauf, daß, da für das gleiche Steuerobjekt und für die gleiche Steuerperiode die Steuer in zwei verschiedenen Kantonen verlangt werde, resp. bezahlt worden sei, ein wirklicher Fall von Doppel= besteuerung entgegen Art. 46 Bundesverfassung vorliege. Im weitern führen sie aus, daß sie im Kanton Zürich für die hier in Frage kommende Kapitaleinlage überhaupt keine Steuer zu bezahlen haben. Nach § 2 litt. a des zürcherischen Steuergesetzes vom 2. März 1870 hätte dort nur die Kommanditgesellschaft als solche zur Steuer herangezogen werden können. Denn durch diesen Paragraphen werde nur das außer dem Kanton befindliche Gut einer im Kanton bestehenden Korporation der Steuerhoheit des Kantons Zürich unterworfen. Nicht dagegen das Vermögen der einzelnen Gesellschafter als bloßer Individuen. Daß bei Kommandit= gesellschaften nur die Gesellschaft als solche, nicht aber die einzelnen Gesellschafter am Sitz der Gesellschaft besteuert werden könne, habe das Bundesgericht selbst im Falle Pernod (Amtliche Sammlung X, S. 344) ausgesprochen. Die Entscheidung in Sachen Bebie, (Ib. XIV S. 400), worauf der Regierungsrat von Zürich ab= stelle, treffe in concreto nicht zu. Da es sich nämlich im vor= liegenden Falle nicht um ein Fabrikations=, sondern um ein Im= portgeschäft handle, könne hier nicht von einem Kapital gesprochen werden, das im Kanton Zürich arbeite und dort den Schutz des Staates genieße. Die Gesellschaft sei allerdings als mit ihrem

Hauptsitz in Zürich eingetragen worden; dort habe aber in Wirk=
lichkeit nur ein Comptoir bestanden; dagegen sei das Hauptgeschäft
mit dem Waaren= und Betriebsfonds in Brasilien gewesen. So
haben auch die Kommanditäre den Ertrag ihrer Kommanditein=
lagen nicht aus Zürich, sondern aus Brasilien, wo das arbeitende
Geschäft und das daherige Kapital sich befunden haben, erhalten.
Den Rekurrenten sei allerdings ziemlich gleichgültig, welchem
Kanton die Steuerberechtigung zuerkannt werde; immerhin richte
sich ihre Beschwerde in erster Linie gegen den Entscheid der zür=
cherischen Regierung. Jedenfalls aber müssen sie verlangen, daß
ihre Kommanditvermögen nicht gleichzeitig in zwei verschiedenen
Kantonen zur Steuer herangezogen werde.

C. Der Regierungsrath des Kantons Zürich antwortet hier=
auf: Der dortige Kanton sei zweifellos zur Besteuerung der
Rekurrenten pro 1891 berechtigt. Die Firma Cramer=Frey & Cie.
sei bis Ende 1891 im Handelsregister des Kantons Zürich als
Kommanditgesellschaft für den Export von Manufakturwaaren,
mit Sitz in Zürich, eingetragen gewesen und nun werden nach
dortiger Praxis und nach den Regierungsbeschlüssen vom 27. Mai
1871 und 11. Mai 1872 die Handelsfirmen, Kommanditgesell=
schaften u. s. w. nur in solchen Fällen als Gesammtheit taxirt,
wo die einzelnen Anteilhaber, Kommanditäre u. s. w. nicht zur
Besteuerung herangezogen werden können. Nach dem zürcherischen
Handelsregister sei Herr Conrad Cramer=Frey in Zürich bis Ende
1891 unbeschränkt haftendes Mitglied der Kommanditgesellschaft
Cramer=Frey & Cie. gewesen, und demzufolge seien auch die Kom=
manditäre bezüglich ihrer Ansprüche aus den Kommanditeinlagen
einzig und allein auf den haftpflichtigen Chef der Gesellschaft,
nicht auf das Geschäft in Brasilien angewiesen gewesen. Die Be=
hauptung der Rekurrenten, daß ihre Kommanditeinlagen nicht auch
in Zürich, sondern ausschließlich in Brasilien arbeiten, sei uner=
wiesen; das Gegentheil erscheine vielmehr naturgemäß als richtig.

D. Der Regierungsrath von Aargau, welchem ebenfalls Ge=
legenheit zur Vernehmlassung gegeben wurde, schließt sich der Be=
schwerde, soweit sie die Steuerberechtigung des Kantons Zürich
bestreitet, an, und bemerkt noch im weitern: Die Rekurrenten
haben bisher ihre Kapitaleinlagen in der Firma Cramer=Frey

& Cie. stets in Aarau versteuert. Zürich habe erst nach Auflösung der Gesellschaft ein Steuerrecht geltend gemacht. Nun könnte sich allerdings fragen, ob der dortige Kanton gegenüber der Gesell=schaft als solcher nicht steuerberechtigt gewesen wäre; seine Steuer=hoheit hätte er aber zur Zeit des Bestehens der Firma und nur gegenüber der Gesellschaft selbst geltend machen sollen. Auch für Steueransprüche hätte nur der unbeschränkt haftende Gesellschafter, keineswegs aber die in Aarau wohnenden Kommanditäre belangt werden können. Wenn das Steuerrecht Zürichs anerkannt werden sollte, so müßte die Stadt Aarau verhalten werden, die bezogene Steuer zurückzubezahlen, was aber nach aargauischem Rechte nicht geschehen könne. Aus diesen Gründen werde beantragt, es sei dem Kanton Zürich das Recht abzusprechen, die Kläger für ihre Kom=manditeinlage im Handelsgeschäft Cramer=Frey & Cie. nachträglich für das Jahr 1891 zu besteuern.

Das Bundesgericht zieht in Erwägung:

1. Gesellschaftsvermögen ist nach ständiger bundesrechtlicher Praxis am Sitz der Gesellschaft zu versteuern. Im Falle Bebie (siehe Amtliche Sammlung XIV, S. 397) hat sodann das Bun=desgericht bei Kommanditgesellschaften den gleichen Grundsatz auch für die Einlagen der einzelnen Kommanditäre angewendet und dieses Prinzip noch in einem spätern Fall (in Sachen Frau Heer=Schuler gegen Glarus, Entscheid vom 24. Februar 1893) bestätigt. Demnach stand dem Kanton Zürich an den Kapital=einlagen der Rekurrenten in die Firma Cramer=Frey & Cie. un=zweifelhaft das Steuerrecht zu. Die Rekurrenten haben allerdings die Behauptung aufgestellt, daß die mit 31. Dezember 1892 er=loschene Kommanditgesellschaft Cramer=Frey & Cie. ihr Haupt=geschäft nicht in Zürich, sondern in Brasilien gehabt habe; sie haben aber hiefür, wie der Regierungsrath des Kantons Zürich richtig bemerkt, den Beweis nicht geleistet, ihrer Behauptung steht vielmehr die Thatsache entgegen, daß im schweizerischen Handels=amtsblatt vom 25. Juni 1883, 24. Dezember 1886 und 29. Februar 1892 Zürich als Sitz der Gesellschaft genannt wird und die Nebengeschäfte in Bahia, Pernambuco und Rio Janeiro bloß als Filialen bezeichnet werden.

2. Die Rekurrenten, und mit ihnen der Regierungsrat des

Kantons Aargau, gehen aber in ihrem Rekurs nicht sowohl von der Auffassung aus, daß ihre Kapitaleinlagen in die Firma Cramer-Frey & Cie. an und für sich vom Staate Zürich nicht besteuert werden können, als vielmehr davon, daß sich der Staat Zürich in der Ausübung seiner allfälligen Steuerhoheit an die Gesellschaft als solche und nicht direkt an den einzelnen Comman=ditär hätte halten sollen. Diese Auffassung ist indeß unrichtig. Denn es widerspricht keinem bundesrechtlichen Grundsatze, wenn Jemand für dasjenige bewegliche Vermögen, das er in einem andern Kanton in einer Kommanditgesellschaft angelegt hat, von den dortigen Behörden direkt mit Steuern belegt wird. Es ist dies vielmehr eine bloße Konsequenz des im Falle Bebie ebenfalls ausgesprochenen und auch von den Rekurrenten angerufenen Satzes, daß in Steuersachen das Vermögen der Kommanbit=gesellschaft materiell als Vermögen der Gesellschafter nach Maß=gabe ihrer Gesellschaftsanteile zu betrachten sei. Der Entscheid in Sachen Pernod (Amtliche Sammlung X, S. 344), auf wel=chem die Rekurrenten zur Begründung ihrer gegenteiligen Meinung abstellen, enthält bloß die Anwendung einer kantonalen Verfassungs=bestimmung, die nur auf den betreffenden Kanton Anwendung finden kann. Für Zürich haben die Rekurrenten keine solche Ver=fassungsbestimmung angeführt. Die Auslegung von § 2 litt. a des zürcherischen kantonalen Steuergesetzes ist selbstverständlich nicht Sache des Bundesgerichtes, sondern der kantonalen Behörden. Auch darin kann eine Verfassungswidrigkeit nicht gefunden werden, daß die betreffende Steuer erst nach Auflösung der Gesellschaft verlangt wird. Denn sie bezieht sich auf die Steuerperiode von 1892, während welcher die Kommanditgesellschaft Cramer-Frey & Cie. noch bestand und für welche, wie oben gezeigt, das Steuerrecht des Kantons Zürich anerkannt werden muß.

3. Ist demnach das bessere Steuerrecht des Kantons Zürich anzuerkennen, so muß doch anderseits zugegeben werden, daß, wenn von den Rekurrenten auch in dorten eine Steuer bezahlt werden muß, ein Fall von wirklicher Doppelbesteuerung vorliegen würde. Dagegen mögen sich aber die Rekurrenten nicht an die Behörden von Zürich, sondern an diejenigen von Aarau behufs Rückerstattung des pro 1891 von ihnen bezahlten Steuerbetrages

wenben. Dem Bunbeßgerichte kommt nicht zu, bie Rückerstattung bereits bezahlter Steuern außzusprechen, sonbern biejelbe ist vor ben kantonalen Behörben nach ben Grunbsägen für bie Rückforbe= rung einer bezahlten Nichtschulb geltenb zu machen.

Demnach hat baß Bunbeßgericht

erkannt:

Der Rekurß wirb, soweit er gegen ben Kanton Zürich gerichtet ist, alß unbegründet abgewiesen, bagegen ben Rekurrenten vorbe= halten, bie Rückerstattung ber von ihnen pro 1891 im Kanton Aargau bezahlten Steuer geltenb zu machen.

---

## 2. Arrêt du 19 Mai 1893 dans la cause
### Société suisse d'assurance contre l'incendie « Helvétia. »

En décembre 1891, Philippe Guidi à Fribourg, agent de l'Assurance contre l'incendie *Helvétia* à Saint-Gall, a reçu, au nom de celle-ci, un formulaire imprimé l'invitant à faire sa déclaration en vue de la perception de l'impôt fribourgeois sur le commerce et l'industrie pour l'exercice 1892, c'est à dire à évaluer le capital et le revenu servant à établir le droit proportionnel. Cette déclaration devait intervenir aux termes des lois du 20 Décembre 1862 et 22 Mai 1869, qui astreignent tous les industriels et commerçants à payer un impôt se composant de deux éléments, un minimum fixe et un droit proportionnel.

Le 7 Janvier 1892 la Direction de l'*Helvétia* à Saint-Gall, a rempli la formule de déclaration remise à son agent, en déclarant que le revenu imposable, que lui procurait les opé- rations faites par elle dans le canton de Fribourg, s'élève à la somme de 5514 fr. 10. Mais le même jour la Direction de l'*Helvétia* s'est de plus adressée par lettre à la Direction des finances du canton de Fribourg en expliquant que tout en se conformant à la loi en faisant la déclaration requise, elle recourt contre le principe même de l'impôt et demande à la

Direction des finances de la libérer de ce dernier. A l'appui de cette demande elle faisait valoir entre autres le fait que l'*Helvétia* a son domicile non pas dans le canton de Fribourg, mais à Saint-Gall ; que si le canton de Fribourg entendait imposer le revenu de la Société, ou même une partie de ce revenu, ce serait là une double imposition inadmissible au regard de la Constitution fédérale, attendu que ce même revenu, en son entier, paye déjà l'impôt à Saint-Gall, siège de la Société.

Par office du 5 Avril 1892, la Direction des finances a répondu à la Société recourante qu'elle doit maintenir son droit de percevoir l'impôt sur le revenu des opérations faites par cette Société dans le canton ; qu'en effet l'art. 15 de la loi fédérale du 25 Juin 1885 a consacré le droit des cantons d'assujettir les Compagnies d'assurance aux impôts ordinaires ; qu'il n'y a pas non plus double imposition, attendu que l'impôt est demandé pour les opérations faites dans le canton de Fribourg seulement, et non pour celles de Saint-Gall.

Par lettre du 14 Avril, la recourante, en accusant réception à la Direction des finances de son office du 5 dit, l'a informée qu'elle avait nanti le Tribunal fédéral d'un recours contre l'imposition analogue à laquelle elle était astreinte dans le canton d'Uri, et a prié l'autorité fribourgeoise de laisser les choses en l'état jusqu'après le prononcé du Tribunal fédéral.

La Direction des finances, bien que n'ayant pas répondu à cette lettre, s'est abstenue en fait de toutes démarches tendant à obtenir le paiement de l'impôt contesté.

L'arrêt du Tribunal fédéral dans la prédite cause relative au canton d'Uri est intervenu le 3 Juin 1892. Ce prononcé ayant donné gain de cause à la recourante, celle-ci en a, par lettre du 8 Juillet, transmis copie à la Direction des finances en ajoutant que, vu l'analogie existant entre les deux cas, elle espérait que maintenant l'autorité fribourgeoise la déchargerait de l'obligation de payer l'impôt en question.

Ce n'est que le 9 Décembre 1892 que la Direction des finances écrit à l'agent Guidi à Fribourg que les considéra-

tions par lesquelles la Compagnie a obtenu gain de cause
contre le gouvernement d'Uri ne peuvent pas prévaloir
contre les moyens que l'Etat de Fribourg invoque à l'appui
de sa réclamation et qu'il doit maintenir ; que si la Compagnie s'abstenait plus longtemps d'introduire l'affaire devant
le Tribunal fédéral, l'autorité fribourgeoise se trouverait dans
le cas de devoir requérir par voie juridique le paiement de
l'impôt dû.

C'est à la suite de cette lettre que la Direction de l'*Helvétia*
a recouru au Tribunal fédéral, concluant à faire prononcer en
principe que la prétention des deux cantons de Fribourg et
de Saint-Gall, de vouloir imposer le revenu de la recourante,
constitue une double imposition prohibée ; qu'en conséquence
il plaise au Tribunal fédéral déclarer le canton de Fribourg
mal fondé à imposer le revenu de la recourante ; subsidiairement que le canton de Saint-Gall soit tenu, dans l'impôt
frappant l'ensemble du revenu de la recourante, de porter en
déduction le bénéfice net réalisé par elle sur les opérations
d'assurance qu'elle fait dans le canton de Fribourg.

Pour justifier ces conclusions, la recourante s'attache à
établir que le cas actuel se présente dans des conditions tout
à fait analogues à celles qui ont justifié l'admission de son
recours dirigé contre le canton d'Uri.

Dans sa réponse, l'Etat de Fribourg a conclu en première
ligne à ce que le recours soit déclaré tardif, et subsidiairement à ce qu'il soit écarté comme mal fondé.

A l'appui de l'exception de tardiveté, il estime que les
offices des 5 Avril et 9 Décembre 1892 de la Direction des
finances ne constituent pas les « décisions » au sens propre
du mot, mais seulement des communications se bornant à
énoncer l'avis de cette Direction. C'est contre la décision de
la commission cantonale d'impôt du 26 Septembre 1891, que
l'*Helvétia* aurait dû recourir ; or elle ne l'a pas fait en temps
utile. A un autre point de vue le recours est tardif, puisque la
lettre qui a écarté la réclamation de la recourante est datée
du 5 Avril 1892, alors que le recours n'a été déposé qu'en
Janvier 1893.

Au fond l'Etat de Fribourg estime le recours mal fondé, attendu que l'agence principale et cantonale que l'*Helvétia* possède à Fribourg constitue bien en réalité une vraie succursale. En outre la loi fédérale de 1885 sur la surveillance des entreprises privées en matière d'assurance a voulu conserver aux cantons le droit d'imposer les Sociétés d'assurance qui y font des opérations.

Le gouvernement de Saint-Gall, auquel le recours a été communiqué, a déclaré s'en rapporter à justice en ce qui concerne l'exception de tardiveté, tout en réservant ses droits comme fisc vis à vis du fisc fribourgeois. Quant au fond, il se joint aux conclusions de la recourante, estimant que le canton de Saint-Gall est en droit d'imposer la totalité du revenu de cette Compagnie.

Dans sa réplique la recourante conclut au rejet de l'exception de tardiveté, attendu que sa réclamation du 7 janvier 1892 concerne l'impôt de 1892, et est ainsi bien dirigée contre la décision de l'autorité compétente. C'est, en outre, la décision du 9 décembre 1892 qui apparaît comme la décision définitive de la Direction des finances. D'ailleurs le recours porte aussi sur le principe même de l'imposition à laquelle le fisc fribourgeois prétend astreindre la recourante.

Dans sa duplique l'Etat de Fribourg reproduit les arguments déjà avancés par lui en réponse.

*Statuant sur ces faits et considérant en droit :*

1° Il résulte des pièces versées au dossier par l'Etat de Fribourg lui-même que l'impôt réclamé à la recourante pour 1891 a été payé ; celle-ci ayant réclamé par lettre du 7 Janvier 1892, le jour même où elle avait rempli sa déclaration d'impôt pour 1892, il est clair que cette réclamation ne concernait que l'impôt de ce dernier exercice ; cela résulte au surplus du contenu de la dite lettre.

Les offices de la Direction des finances ne peuvent dès lors viser que l'impôt réclamé pour 1892, et l'allégation de l'Etat de Fribourg, qu'ils auraient trait à une réclamation de l'*Helvétia* contre la décision de la commission cantonale du 26 Septembre 1891, est dénuée de fondement. L'impôt « de-

mandé » dont parle l'office du 5 Avril, ne peut d'ailleurs
être que celui de 1892, et la Compagnie n'avait aucune
raison de recourir contre un prononcé de la commission cantonale, auquel elle s'était soumise.

2° C'est également à tort que l'Etat prétend que la Direction des finances ne serait pas compétente pour statuer sur
l'obligation de payer l'impôt sur le commerce et l'industrie.
La loi du 22 Mai 1869 ne confère nulle part à la commission
cantonale de taxation le droit de statuer sur les réclamations
concernant la délimitation de la souveraineté fiscale du canton
de Fribourg relativement à celle d'autres cantons, question
intercantonale qui relève plutôt de la compétence des gouver-
nements, soit des Départements des finances cantonaux.
C'est ainsi d'ailleurs que l'a envisagé précédemment l'Etat
de Fribourg lui-même (voir arrêt du Tribunal fédéral dans
la cause Banque populaire de Berne, *Rec. off.* X, page 438).
Le contenu des offices des 5 Avril et 9 Décembre 1892
apparaît donc bien comme une décision susceptible d'être
portée devant le Tribunal de céans aux termes de l'art. 59
de la loi sur l'organisation judiciaire fédérale.

3° C'est enfin sans plus de raison que l'Etat voudrait faire
écarter le recours comme tardif, par le motif qu'il aurait dû
être dirigé déjà contre la décision du 5 Avril 1892.

Il résulte, en effet, de la lettre de la Direction des finances,
du 9 Décembre suivant, que celle-ci avait consenti, sur la
demande de la Direction de l'*Helvétia*, à accorder un délai
jusqu'après le jugement du Tribunal fédéral, à intervenir dans
une cause analogue, et que ce n'est que par cet office du 9
Décembre que la dite Direction déclare maintenir définitivement sa décision précédente, dont l'effet avait été suspendu.
En recourant en temps utile contre cette décision du 9 Décembre 1892, la Direction de l'*Helvétia* a donc respecté le délai
prévu à l'art. 59 précité de la loi sur l'organisation judiciaire.

4° Au fond la compétence du Tribunal fédéral n'est pas
contestable, attendu qu'il s'agit en première ligne, non point
de l'interprétation de la loi fédérale du 25 Juin 1885, mais
du principe constitutionnel interdisant la double imposition.

Comme l'existence d'une double imposition n'est pas contestée en l'espèce il s'agit seulement de rechercher lequel des deux cantons de Fribourg et de Saint-Gall est autorisé à soumettre à l'impôt le revenu que procure à la recourante les opérations d'assurance qu'elle effectue dans le canton de Fribourg.

La solution de cette question, qui ne saurait être cherchée dans l'art. 15 de la loi fédérale de 1885 (voir arrêt du Tribunal fédéral, *Helvétia* contre Uri, *Rec. off.* XVIII, pages 21-55), dépend uniquement du point de savoir si l'agence ou la sous-agence que la recourante possède à Fribourg doit être considérée comme une succursale de l'établissement principal ayant son siège à Saint-Gall.

Or, ainsi que le Tribunal de céans l'a reconnu récemment encore, il est indispensable pour que cette question puisse recevoir une solution affirmative que l'établissement dépendant de la maison principale soit autorisé à conclure des affaires d'une manière autonome, et qu'il jouisse d'une indépendance relative, bien que demeurant dans des rapports de subordination avec le siège commercial proprement dit, et n'ayant pas une existence séparée de ce dernier; il doit apparaître, considéré en lui-même, comme un centre d'affaires distinct de l'établissement principal, et être placé sous la direction d'une personne munie de pouvoirs à cet effet, notamment en vue de la conclusion autonome de contrats concernant les transactions commerciales proprement dites (voir arrêt du Tribunal fédéral en la cause Cornaz frères & C[ie], *Rec. off.* XVIII, page 436 consid. 3).

En appliquant ces principes à l'agence ou à la sous-agence de l'*Helvétia* à Fribourg, il faut en conclure qu'elle ne se caractérise pas comme une succursale. Aux termes de sa procuration, produite au dossier, l'agent ne remplit que le rôle d'un intermédiaire, et n'est chargé ni de conclure les polices, ni de régler les sinistres. Dans cette situation on ne saurait prétendre que cet employé apparaisse comme véritablement autonome, ni que l'agence se manifeste comme un centre d'affaires distinct de l'établissement principal.

Il s'ensuit que le canton de Fribourg n'est point autorisé à soumettre à l'impôt cette agence, qui ne représente aucunement une partie du capital social détaché de l'établissement principal mais constitue un simple intermédiaire entre le public et la Direction. C'est d'ailleurs, dans ce sens que le Tribunal de céans s'est prononcé dans l'espèce fort analogue, sinon identique de l'*Helvétia* contre Uri, et il n'existe aucun motif pour revenir de cette jurisprudence à propos du cas actuel.

Par ces motifs,

Le Tribunal fédéral

prononce :

Le recours est admis, et le canton de Fribourg est déclaré mal fondé à soumettre à l'impôt le revenu provenant, pour la recourante, des opérations d'assurance qu'elle effectue dans ce canton.

---

## II. Glaubens- und Gewissensfreiheit. — Steuern zu Kultuszwecken.

### Liberté de conscience et de croyance.

### Impôts

### dont le produit est affecté aux frais du culte.

3. Urteil vom 16. Juni 1893 in Sachen
Götz-Niggli und Strolz.

A. E. Götz-Niggli, Kleiderhändler und Maximilian Strolz, Bauführer, beide in Bern, wurden durch Zahlungsbefehle vom 15. Juni 1892 aufgefordert, der katholischen Kirchgemeinde der Stadt Bern als Kirchensteuer für 1891 (nebst Mahngebühren) die Beträge von 12 Fr. 62 Cts. und 2 Fr. 57 Cts. zu bezahlen. Beide Belangten erhoben Rechtsvorschlag mit der Begründung, sie gehören der katholischen Kirchgemeinde der Stadt Bern nicht an. Die katholische Kirchgemeinde Bern stellte beim Richteramte Bern

das Begehren um Aufhebung des Rechtsvorschlags und Erteilung
der Rechtsöffnung. Sowohl E. Götz-Niggli als M. Strolz erhoben eine Gerichtsstandseinrede, dahingehend, es sei die Streitsache
den Administrativbehörden zur Beurteilung zu überweisen. In
dem daraufhin eingeleiteten Kompetenzkonfliktsverfahren nahm das
Obergericht des Kantons Bern durch Entscheidungen vom 17. Dezember 1892 die Kompetenz für die Gerichtsbehörden in Anspruch
mit der Begründung: Das von der katholischen Kirchgemeinde
der Stadt Bern angehobene Verfahren stelle sich als eine Rechts-
öffnungsstreitigkeit im Sinne des Art. 80 u. ff. des Bundes
gesetzes über Betreibung und Konkurs dar und es sei daher nach
Mitgabe des § 36 des kantonalen Einführungsgesetzes ohne
weiteres klar, daß für die Beurteilung der Civilrichter kompetent
sei. Dabei habe der Richter einzig zu prüfen, ob die Voraussetzungen für die Gewährung der Rechtsöffnung vorhanden seien
oder nicht, d. h. ob einerseits ein Titel vorhanden sei, gestützt auf
welchen die Rechtsöffnung bewilligt werden könne und ob andrerseits der Betriebene durch Urkunden beweisen könne, daß die in
Frage stehende Forderung seit dem Entscheide über dieselbe getilgt
oder gestundet worden oder daß dieselbe verjährt sei. Hiebei möge
zugegeben werden, daß über diejenige Frage, welche die Belangten
voraussichtlich zu erheben beabsichtigt haben, nämlich diejenige
ihrer Steuerpflicht an die katholische Kirchgemeinde der Stadt
Bern die Administrativbehörden zu entscheiden hätten, allein dieselbe falle nach den obigen Ausführungen für das Rechtsöffnungsverfahren gänzlich außer Betracht und so bleibe es vorliegend bei
der Kompetenz des Civilrichters. Der Regierungsrat des Kantons Bern pflichtete am 28. Dezember 1892 dieser Entscheidung
bei, mit der Bemerkung, damit solle selbstverständlich der Frage
nicht vorgegriffen sein, wem der Entscheid über die Steuerrück-
forderungen zukomme; der Regierungsrat mache schon jetzt darauf aufmerksam, daß er in dieser Beziehung die Kompetenz der
Administrativbehörden für begründet halte. Die Rechtsöffnungsbegehren gelangten nunmehr am 23. Januar 1893 vor Richteramt Bern zur Verhandlung. Dabei erklärte der Beklagte M.
Strolz, daß er sich dem Rechtsöffnungsbegehren unterziehe, E.
Götz-Niggli dagegen trug auf Abweisung desselben an. Das

Richteramt Bern sprach in beiden Fällen der katholischen Kirch=
gemeinde Bern ihre Rechtsbegehren zu, hob infolge dessen den
Rechtsvorschlag der Beklagten auf und erteilte die verlangte
Rechtsöffnung, unter Folge der in jedem Falle auf 25 Fr. be=
stimmten Kosten.

B. Mit Eingabe vom 24. März 1893 ergriffen nunmehr E.
Götz=Niggli und M. Strolz den staatsrechtlichen Rekurs an das
Bundesgericht. Sie behaupten: Sie haben vor dem Richteramte Bern
vorgebracht: sie haben der katholischen Kirchgemeinde Bern niemals
angehört, da die römisch=katholische Kirche, zu der sie sich bekennen,
mit der altkatholischen Konfession, für deren Kultuszwecke die Steuer
gefordert werde, nicht identisch sei. Die katholische Kirchgemeinde
Bern müsse beweisen, daß die Beklagten ihr angehören, da dies
die Voraussetzung der Steuerpflicht sei und sie könne diesen Be=
weis nicht einfach durch Vorlage der Steuerregister erbringen.
Zum Überflusse habe E. Götz=Niggli bereits im Jahre 1890
(resp. Frühling 1891) die formelle Erklärung abgegeben und der
katholischen Kirchgemeinde Bern gehörig notifiziert, daß sein Be=
kenntniß nicht das altkatholische sondern das römisch=katholische
sei. Der Richter aber habe diesem Anbringen keine Beachtung ge=
schenkt, sondern vielmehr die Beklagten ohne weiteres verurtheilt.
Die angefochtenen Entscheidungen enthalten die Verweigerung einer
gesetzlichen und die Leistung einer gesetzwidrigen Rechtshülfe und
verstoßen sodann unzweifelhaft gegen Art. 49 Bundesverfassung.
Die Verweigerung einer gesetzlichen Rechtshülfe liege darin, daß
die Behauptung der Rekurrenten, sie gehören nicht zur altkatho=
lischen Kirche, bei Ausfällung des Beweisentscheides keine Berück=
sichtigung gefunden habe, während diese Behauptung nach § 52
des bernischen Kirchengesetzes und § 6 des Ausführungsdekretes
zu demselben für die Frage der Steuerpflicht der Rekurrenten er=
heblich sei. Gegen Art. 49 Bundesverfassung verstoße es, daß die
Rekurrenten, obschon sie der sogenannten altkatholischen Kirche
nie angehört haben, doch zu Steuern für Kultuszwecke derselben
herangezogen werden. Die Fiktion, daß Alles, was sich katholisch
nenne, die gesammte katholische Wohnbevölkerung von Bern die
katholische Kirchgemeinde dieser Stadt bilde und daher an die
Parochialkosten beizutragen habe, sei mit den Tatsachen unver=

einbar und stehe in offenbarem Widerspruch mit der Bundesver=
fassung. Wenn ein Anhänger der papstfreundlichen Kirche nur
deshalb, weil er als Katholik getauft und gefirmt worden sei, an
die Kosten eines papstfeindlichen Kultus mit gleicher kirchlicher
Namensbezeichnung beisteuern solle, so werde ihm genau das=
jenige zugemutet, was Art. 49 Abs. 6 Bundesverfassung als
unzulässig bezeichne. Wenn auch das Bundesgericht die genannte
Fiktion als zulässig erachten sollte, so sei doch jedenfalls die Be=
steuerung des Rekurrenten Götz=Riggli zu Zwecken der altkatho=
lischen Kirchgemeinde von Bern unzulässig. Denn dieser habe nach
Mitgabe der §§ 6 u. ff. des Dekrets betreffend Steuern zu
Kultuszwecken vom 2. Dezember 1876 dem rekursbeklagten Kirch=
gemeinderath kundgethan, daß er sich zum Papsttum bekenne und
von der altkatholischen Konfession nichts wissen wolle. Infolge
dieser rechtzeitig abgegebenen Erklärung sei zum Mindesten die
Steuerpflicht des Rekurrenten Götz für das Jahr 1891 dahin=
gefallen. Demnach werde beantragt: 1. Es seien die allegierten
Urtheile des Herrn Gerichtspräsidenten von Bern mit all' ihren
Folgen als verfassungswidrige aufzuheben. 2. Die katholische
Kirchgemeinde von Bern sei den Rekurrenten gegenüber zur Rück=
erstattung der bezahlten Steuer pro 1891, sowie zum Ersatze der
sämmtlichen Prozeßauslagen zu verurteilen. Beides unter Kosten=
und Entschädigungsfolge.

C. In ihrer Vernehmlassung auf diese Beschwerde beantragt
· die katholische Kirchgemeinde der Stadt Bern: Es möge das Bun=
desgericht den staatsrechtlichen Rekurs der Herren E. Götz und
Strolz als unbegründet verwerfen und die Rekurrenten zu den
Kosten und einer angemessenen Entschädigung an die katholische
Kirchgemeinde Bern verurtheilen. Zur Begründung wird im wesent=
lichen angeführt: Der Rekurrent Strolz habe sich dem Rechts=
öffnungsbegehren unterzogen, seine Schuld somit anerkannt und
könne sich daher von vornherein nicht beschweren. Was den Re=
kurrenten Götz anbelange, so habe darüber kein Streit bestanden,
daß er in das Steuerregister der katholischen Kirchgemeinde ein=
getragen sei, und diese Thatsache allein habe zu seiner Verurtei=
lung genügt. Wenn übrigens Götz geglaubt habe, der Richter
habe sich die Verweigerung einer gesetzlichen Rechtshülfe zu Schul=

ben kommen lassen, so hätte er binnen acht Tagen das Rechts=
mittel der Beschwerde ergreifen sollen. Eine Rechtsverweigerung
liege also nicht vor; ebensowenig sei Art. 49 Abs. 6 Bundesver=
fassung verletzt. Sobald die Rekurrenten der katholischen Konfession
angehörten und sich in das Steuerregister der katholischen Kirch=
gemeinde Bern haben eintragen lassen, ohne dagegen Einsprache
zu erheben, seien sie nach § 7 Abs. 1 und 52 des bernischen
Kirchengesetzes in Verbindung mit § 1 des Dekrets betreffend
Steuern zu Kultuszwecken von 2. Dezember 1876 auch zu Be=
zahlung der Kirchensteuern verpflichtet. Diese Bestimmungen der
bernischen Kirchengesetzgebung stehen in keinem Widerspruche mit
der Bundesverfassung. Das bernische Kirchengesetz kenne nur Eine
katholische Konfession; es unterscheide nicht zwischen römisch=katho=
lischer und altkatholischer Auffassung innerhalb der katholischen
Landeskirche und es könne dies tun ohne Verletzung der Glaubens=
und Gewissensfreiheit des Einzelnen, weil es einem Jeden, der
als Katholik der katholischen Landeskirche angehöre, freistehe, sich
von derselben loszusagen, wann es ihm beliebe. So lange er dies
nicht tue, sei er der örtlichen Kirchensteuer unterworfen, | ohne
Rücksicht darauf, zu welcher der verschiedenen Glaubensrichtungen
innerhalb der katholischen Kirche er sich bekenne, speziell ohne
Rücksicht darauf, ob er sich der in seiner Wohnortsgemeinde herr=
schenden Richtung angeschlossen habe oder nicht. Der Rekurrent
Götz behaupte nun allerdings, er habe seinen Austritt aus der
Landeskirche erklärt und es sei richtig, daß er am 30. Dezember
1891 dem Kirchgemeinderathe der katholischen Kirchgemeinde Bern
geschrieben habe „er erkläre hiemit, daß er aus der katholischen
„Kirchgemeinde von Bern ausgetreten sei und nicht zu derselben
„gerechnet sein wolle; diese Austrittserklärung, welche er zum
„dritten Male dem katholischen Kirchgemeinderath zustelle, erfolge
„auf Grund des § 10 des bernischen Kirchengesetzes; in unbe=
„fugter Weise werde von der Kirchgemeinde der Alt= oder Christ=
„katholiken seit 2 Jahren eine Steuer von ihm erhoben, obgleich
„er wiederholt erklärt habe, daß er sich zur römisch=katholischen
„Konfession bekenne." Diese Erklärung entspreche aber den gesetz=
lichen Erfordernissen einer Austrittserklärung aus einer Religions=
genossenschaft nicht. Sie stehe zunächst im Widerspruche mit der

Vorschrift des § 6 des Dekrets vom 2. Dezember 1876, wonach der Austritt nicht bloß aus einer einzelnen Kirchgemeinde oder lokalen Genossenschaft erklärt werden dürfe, sondern aus der betreffenden Landeskirche oder Glaubensgenossenschaft überhaupt erklärt werden müsse. Ferner entspreche die Erklärung nicht den formellen Vorschriften der §§ 7 und 8 des Dekretes vom 2. Dezember 1876, wonach der förmlichen Austrittserklärung zunächst eine vorläufige Anmeldung des Austrittes vorangehen müsse. Endlich würde der Rekurrent Götz auch dann, wenn in seiner Erklärung vom 30. Dezember 1891 eine regelrechte Austrittserklärung läge, dadurch von der Steuer für das Jahr 1891, um welche es sich hier handle, doch nicht befreit.

D. Der Instruktionsrichter hat die katholische Kirchgemeinde Bern aufgefordert, die Erklärung des E. Götz-Niggli, daß er sich von der katholischen Kirchgemeinde Bern lossage, welche schon im Frühling 1891 dem Kirchgemeinberath eingereicht worden sein sollte, abschriftlich einzusenden. Der Präsident der katholischen Kirchgemeinde Bern hat daraufhin erklärt, daß er eine derartige Zuschrift des Götz-Niggli nicht habe auffinden können, dieselbe müsse jedenfalls den gesetzlichen Bestimmungen bezüglich des Austrittes nicht entsprochen haben und deßhalb nicht aufbewahrt worden sein. Dagegen hat E. Götz-Niggli eine Bescheinigung des Notars Baur eingereicht, durch welche dieser erklärt, E. Götz-Niggli habe im Frühling 1891 eine Erklärung betreffend Lossagung von der altkatholischen Kirchengemeinschaft ausgestellt und seine Unterschrift durch ihn (den Notar Baur) beglaubigen lassen.

Das Bundesgericht zieht in Erwägung:

1. Da der Rekurrent M. Strolz sich dem Rechtsöffnungsbegehren der Rekursbeklagten vor dem Richteramte Bern ausdrücklich unterzogen hat, so ist derselbe natürlich nicht berechtigt, gegen die Ertheilung der Rechtsöffnung sich zu beschweren. Seine Beschwerde ist daher ohne weiteres abzuweisen.

2. Was sodann die Beschwerde des E. Götz-Niggli anbelangt, so ist zu bemerken: Die einzige Verfügung einer kantonalen Behörde, gegen welche dieselbe sich richtet, ist die Entscheidung des Richteramtes Bern vom 23. Januar 1893. Nun hatte, wie aus dem im Kompetenzkonfliktsverfahren getroffenen Entscheide des

bernischen Obergerichtes vom 17. Dezember 1892 sich klar ergibt, daß Richteramt Bern bei Ausfällung seiner fraglichen Entscheidung durchaus nicht zu prüfen, ob Götz-Niggli rechtlich als Angehöriger der katholischen Kirchgemeinde Bern zu betrachten und daher derselben gegenüber steuerpflichtig sei; seine Kognition beschränkte sich vielmehr darauf, ob die Voraussetzungen für Erteilung der (definitiven) Rechtsöffnung nach Art. 80 des Bundesgesetzes über Schuldbetreibung und Konkurs gegeben seien, d. h. ob ein einem vollstreckbaren gerichtlichen Urteile gleichstehender, die Schuldpflicht feststellender Titel bereits vorliege, sowie ob etwa der Belangte durch Urkunden die seitherige Tilgung der Schuld nachweisen könne. Die Frage, ob Götz-Niggli der katholischen Kirchgemeinde Bern angehöre und derselben gegenüber steuerpflichtig sei, ist ja denn auch (da die katholische Kirchgemeinde Bern eine öffentlich-rechtliche Korporation und die Kirchensteuer eine öffentliche Leistung ist) nicht eine Frage des Privat- sondern des öffentlichen Rechts und deren Entscheidung steht daher nach bernischem Staatsrecht nicht den Civilgerichten sondern den Verwaltungsbehörden zu.

3. Danach ist denn klar, daß darin, daß das Richteramt Bern Beweise über die Zugehörigkeit des Götz-Niggli zur katholischen Kirchgemeinde nicht erhoben hat, eine Rechtsverweigerung, überhaupt eine Verletzung irgendwelchen Rechtsgrundsatzes nicht liegt, daß dies vielmehr durchaus der Stellung entsprach, welche dem Richter im Rechtsöffnungsverfahren angewiesen ist.

4. Wenn sodann das Richteramt Bern angenommen hat, daß Steuerregister der katholischen Kirchgemeinde stehe im Sinne des Art. 80 des Bundesgesetzes über Schuldbetreibung und Konkurs einem vollstreckbaren richterlichen Urteile gleich, so hat es lediglich einen in § 42 Ziff. 2 des bernischen Einführungsgesetzes zum Bundesgesetze über Schuldbetreibung und Konkurs niedergelegten Rechtsgrundsatz angewendet, welcher mit keinem bundesrechtlichen Prinzip im Widerspruche steht, gegenteils in Anwendung des Art. 80 des Bundesgesetzes über Schuldbetreibung und Konkurs vom Kanton befugterweise aufgestellt wurde. Wenn der Rekurrent Götz-Niggli glaubte, er dürfe nicht als Angehöriger der katholischen Kirchgemeinde Bern behandelt werden, so mußte er rechtzeitig, bevor der Eintrag rechtskräftig wurde, gegen seine Ein-

tragung in das Steuerregister dieser Gemeinde bei der zuständigen Verwaltungsbehörde Beschwerde führen; er hat dies nicht gethan, sondern vielmehr erst verspätet und vor dem hiefür nicht kompetenten Civilrichter Einwendungen gegen seine Zugehörigkeit zu der katholischen Kirchgemeinde Bern und seine kirchliche Steuerpflicht vorgebracht. Damit konnte er von dem Civilrichter nicht gehört werden.

5. Die Beschwerde des Götz-Niggli gegen die Entscheidung des Richteramtes Bern vom 23. Januar 1893 ist mithin als unbegründet abzuweisen. Dagegen mag immerhin rücksichtlich der Zukunft bemerkt werden: Es ist als erwiesen anzunehmen, daß Götz-Niggli bereits vor seinem Schreiben vom 30. Dezember 1891, im Frühling 1891, dem katholischen Kirchgemeinderath von Bern eine Erklärung des Inhalts abgegeben hat, daß er sich von der „altkatholischen Kirchengemeinschaft" lossage und daher der katholischen Kirchgemeinde Bern nicht angehören wolle. Diese Erklärung hat er dann durch seine Zuschrift vom 30. Dezember 1891 erneuert. Darin dürfte doch wohl eine gültige, auch den formellen Requisiten des § 7 des bernischen Dekrets vom 2. Dezember 1876 genügende, Austrittserklärung liegen. Wenn die Rekursbeklagte meint, die vom Rekurrenten abgegebenen Erklärungen seien deshalb nicht genügend, weil sie nicht ausdrücklich dahin lauten, der Rekurrent erkläre den Austritt aus der bernischen katholischen Landeskirche, so geht sie zu weit. Eine derartige Erklärung darf angesichts der Gewährleistung der Glaubens- und Gewissensfreiheit dem Rekurrenten nicht zugemuthet werden; es muß vielmehr genügen, wenn derselbe seinem Willen, der altkatholischen Kirchengemeinschaft, sowie sie auf Grund des bernischen Kirchengesetzes vom 18. Juni 1874 sich organisirt hat, nicht angehören zu wollen, unzweideutigen Ausdruck gegeben hat (vergleiche Entscheidungen des Bundesgerichtes, Amtliche Sammlung II, S. 395, Erw. 3).

Demnach hat das Bundesgericht
erkannt:
Der Rekurs wird als unbegründet abgewiesen.

### III. Pressfreiheit. — Liberté de la presse.

*4. Arrêt du 1ᵉʳ Avril 1893 dans la cause Minod.*

Le recourant H. Minod, à Genève, a publié vers la fin de l'année 1892, deux petites brochures intitulées : *Sont-elles libres ?* et *Non, elles ne sont pas libres.*

Ces brochures furent annoncées par des affiches mises sur les murs de la ville, et vendues dans les magasins de librairie et dans les kiosques.

Ces publications provoquèrent l'envoi à Minod d'une lettre que lui adressa M. Jornot, directeur de la police centrale, le 6 Décembre 1892.

En réponse à cette communication officieuse, le recourant rédigea une nouvelle brochure portant le titre de : « Lettre ouverte à Monsieur le directeur de la police centrale, à propos de — *Sont-elles libres ?* — »

Cette brochure devait être également annoncée et publiée par une affiche placardée aux murs de la ville, mais le département de justice et police interdit l'affichage de cette annonce.

Minod s'adressa au Conseil d'Etat qui approuva le refus de son département par ses offices des 10 et 17 Janvier 1893

C'est contre ces décisions que Minod a formé devant le Tribunal fédéral un recours de droit public, pour violation des art. 55 de la constitution fédérale et 8 de la constitution genevoise, garantissant la liberté de la presse ; ce dernier article interdit en outre la censure préalable.

La défense d'afficher émanée du département de justice et police se fonde sur le règlement de police du 25 Août 1877, dont l'art. 1ᵉʳ dispose qu'aucun placard ou affiche ne pourra être mis sous les yeux du public sans l'autorisation préalable du département, et que l'autorisation sera refusée si l'annonce est contraire aux lois, aux règlements et aux bonnes mœurs.

Aux yeux du département, l'affiche dont il s'agit contenait des choses contraires à l'ordre public et fâcheuses et nuisibles pour l'éducation de la population.

Le recourant estime que cette défense d'afficher implique une violation, ou tout au moins une restriction de la liberté de la presse, soit du droit de publication d'un imprimé.

Le recourant estime que l'art. 1er du règlement, sur lequel le département de justice et police s'appuie, est lui-même anticonstitutionnel, en ce sens qu'il réintroduit la censure préalable, en faisant dépendre le droit de publier de l'autorisation préalable du département, qui aura le droit de refuser cette autorisation si, de l'avis de tel ou tel fonctionnaire, l'annonce est contraire aux lois, aux règlements ou aux bonnes mœurs. Selon le sieur Minod, la décision et le règlement en question sont également en contradiction avec la loi de 1827 sur la presse. En outre la dite décision est en opposition avec le règlement lui-même, dont l'art. 1er ne peut pas conférer au département de justice et police un pouvoir absolu à l'égard des placards et affiches ; l'interdiction d'afficher ne peut être prononcée que lorsqu'il est établi que le placard renferme des choses contraires aux lois ou aux mœurs. Or ce n'est pas à ce point de vue que le Conseil d'Etat s'est placé, puisque, bien qu'il parle d'ordre public, il aborde une question nouvelle, qui est celle des écrits « considérés comme fâcheux et nuisibles pour l'éducation de notre population. » Même sur le terrain de cette interprétation abusive du règlement et de la loi, l'appréciation du Conseil d'Etat ne se justifie pas en fait puisque, dans la lettre ouverte, on ne trouve pas un mot qui puisse apparaître comme « fâcheux et nuisible pour l'éducation de notre population. » Le recourant conclut à ce qu'il plaise au Tribunal fédéral casser les arrêtés dont est recours.

Dans sa réponse, le Conseil d'Etat conclut au rejet du recours, en faisant valoir, en substance, ce qui suit :

La liberté de la presse consiste dans la liberté d'imprimer et de livrer au public la pensée de l'auteur, sans autre restriction que celles contenues dans les lois répressives. Cette liberté n'a été nullement violée au préjudice du sieur Minod, qui a pu écrire ses brochures, les faire imprimer, les mettre en vente dans les librairies et dans les kiosques comme il l'a voulu. Ces imprimés n'ont point été saisis, et n'ont été soumis à aucune censure préalable. L'auteur du recours confond à dessein « publicité » avec « publication, » et la liberté de l'affichage avec la liberté de la presse.

Dans tous les pays civilisés l'affichage est soumis à certaines règles. Afficher sur la voie publique, c'est faire plus que d'user de la liberté de publier qui appartient à chacun, c'est emprunter en vue de l'intérêt du particulier qui affiche, une portion du domaine public. L'Etat, qui aurait le droit d'interdire tout affichage sur la voie publique, peut poser certaines conditions à la concession qu'il fait d'un droit qui n'appartient pas aux particuliers. Un citoyen peut afficher sur son propre fonds, sous les réserves de droit commun relatives à l'ordre public et aux bonnes mœurs ; mais dès l'instant qu'il prétend emprunter le domaine public, il doit y être autorisé par l'Etat. C'est dans cet esprit qu'a été élaboré le règlement du 25 Août 1877.

Dans le cas où l'annonce est contraire aux lois, règlements ou aux bonnes mœurs, le département doit refuser l'affichage ; dans les autres cas il peut refuser son autorisation s'il estime qu'il n'y a pas lieu de donner à l'annonce dont il s'agit la faveur de l'affichage sur la voie publique ou dans les lieux publics ; c'est le cas lorsque l'affiche a pour but de favoriser la diffusion de productions littéraires ou autres qui, sans tomber absolument sous le coup des lois répressives, sont néanmoins de nature à causer un préjudice moral à la population, et notamment à la jeunesse.

*Statuant sur ces faits et considérant en droit :*

1° Le recours est dirigé contre la décision précitée du Conseil d'Etat, pour prétendue violation de la liberté de la presse.

Cette liberté consiste dans le droit, garanti à tout citoyen, de manifester sa pensée et ses opinions sans entraves, soit par l'écriture, soit par l'impression ou d'autres moyens mécaniques analogues.

Or le recourant n'a été empêché en aucune façon de faire imprimer et distribuer à Genève, dans les kiosques ou par la librairie, les opinions qu'il exprime dans sa « Lettre ouverte à Monsieur le directeur de la police centrale, à propos de — *Sont-elles libres ?* » — Tous les moyens de publicité propres à attirer l'attention du public sur cet écrit ont été laissés à sa disposition absolue, à la réserve de l'affichage de l'annonce de la dite brochure sur la voie publique.

2° Cette restriction n'apparaît point toutefois comme une atteinte portée à la liberté de la presse garantie par les constitutions fédérale et cantonale, puisqu'il ne s'agit pas, à cet égard, de la manifestation de la pensée par la voie de la presse typographique ou par des moyens semblables, mais uniquement du droit, revendiqué par le recourant comme découlant de ce principe constitutionnel, d'utiliser en vue de l'affichage d'une annonce, une partie du domaine public. Or une revendication de cette nature ne peut à aucun titre être considérée comme se rapportant à la liberté de la presse elle-même, pas plus que le refus d'afficher ne saurait être considéré comme une atteinte portée à ce droit constitutionnel garanti.

Il est, en revanche, admissible que le refus, opposé par le Conseil d'Etat au sieur Minod, puisse, selon les circonstances, apparaître comme injustifié ; mais à supposer même que ce soit le cas dans l'espèce, la décision attaquée ne pourrait impliquer une violation ou une restriction à la liberté de la presse, mais uniquement au principe de l'égalité des citoyens devant la loi, et le recours, visant exclusivement la violation des art. 55 de la constitution fédérale et 8 de la constitution genevoise consacrant la liberté de la presse, ne saurait être accueilli.

Par ces motifs,

Le Tribunal fédéral

prononce :

Le recours est écarté.

## IV. Gerichtsstand. — Du for.

### 1. Gerichtsstand des Wohnortes. — For du domicile.

#### 5. Urteil vom 28. Januar 1893 in Sachen
#### Passavant & Cie.

A. Die Firma Passavant & Cie. beteiligte sich an einem Syndikate für die Plazirung der Aktien und Obligationen der Salève-Bahn und zwar für 25,000 Fr. in Aktien und 25,000 Fr. in Obligationen. Das Reglement des Syndikats wurde von ihr am 17. Juli 1890 unterzeichnet. Dasselbe betraut die Eidgenössische Bank in Genf mit der Geschäftsführung, bezeichnet Genf als Sitz des Syndikats und setzt ausdrücklich fest, daß die Mitglieder des Syndikats bei der Eidgenössischen Bank in Genf Domizil nehmen, sowie daß das Syndikat mit der Placierung sämmtlicher Titel, in allen Fällen aber vor dem 30. Juni 1891, aufgelöst und die im Zeitpunkte der Auflösung noch nicht placierten Titel nach Maßgabe der Beteiligung unter die Mitglieder verteilt werden sollen. Am 30. Mai 1891 erließ die Eidgenössische Bank ein Cirkular an die Mitglieder des Syndikats, des Inhalts, daß sie mit Rücksicht auf gesetzliche, zur Zeit der Ausgabe der Obligationen entgegenstehende, Hindernisse das Syndikat um sechs Monate verlängert habe. In einem zweiten Cirkular vom 24. Dezember 1891 ersucht die Eidgenössische Bank, unter Darlegung der hiefür sprechenden Gründe, das Syndikat erst am 30. April 1892 aufzulösen, mit dem Beifügen: „Wenn Sie nichts Gegenteiliges berichten, werden „wir Ihr Stillschweigen als Zustimmung zu dieser Fristerstreckung „betrachten." Die beiden Cirkulare wurden der Firma Passavant & Cie. durch das mitbeteiligte Bankhaus Rudolf Kaufmann mitgeteilt und von ihr nicht beantwortet.

B. Im Februar 1892 forderte die Eidgenössische Bank von der Firma Passavant & Cie. auf Grund des Syndikatsvertrages zwei Einzahlungen von zusammen 10,000 Fr. Da Passavant & Cie. diese Einzahlungen nicht leisteten, so erhob die Eidgenössische Bank gegen sie bei den genferischen Gerichten Klage. Passavant & Cie.

verweigerten die Annahme der Vorladung; sie wurden hierauf durch
Urteil der Handelsabteilung des Genfer erstinstanzlichen Gerichts
zur Zahlung von 10,000 Fr. 20 Cts. samt Zins verurteilt.
Die Eidgenössische Bank, Komptoir Genf, d'Ever-staag & Juvet,
Banquiers in Genf und Rudolf Kaufmann & Cie. in Basel,
Namens des Syndikats der Société anonyme du chemin de fer
du Salève klagten nunmehr beim Civilgerichte Baselstadt dahin, es
sei das Genfer Urteil, wonach die Firma Passavant & Cie. zur
Zahlung von (einschließlich der Prozeßkosten) 10,147 Fr. 15 Cts.
verurteilt worden sei, als vollstreckbar zu erklären, unter Kosten=
folge. Die Beklagte beantragte Abweisung der Klage unter Ver=
urtheilung der Kläger zu sämmtlichen Kosten, indem sie die Kom=
petenz des Genfer Gerichts zum Erlaß des Urteils vom 22. April
1892 bestritt. Die Domizilerwählung in Genf habe nur für die
Dauer des Syndikats gegolten; dieses hätte in jedem Falle vor
dem 30. Juni 1891 aufgelöst werden sollen. Nur für solche An=
sprüche, welche vor diesem Zeitpunkte entstanden wären, hätte die
Beklagte in Genf belangt werden können. Daß die eingeforderten
10,000 Fr. sich auf Ansprüche solcher Art beziehen, haben die
Kläger nicht nachgewiesen; vielmehr ergebe sich aus dem Zeit=
punkte der Einforderung, daß die eingeklagten Ansprachen erst
später entstanden seien. Mit einer Verlängerung des Syndikats
habe sich die Beklagte nie einverstanden erklärt; ein Einverständniß
lasse sich nicht einfach aus dem Stillschweigen der Beklagten
gegenüber dem Cirkular ableiten. Sodann habe die Beklagte sich
durch mündliche Vereinbarung mit dem Chef der Firma Rudolf
Kaufmann ausdrücklich vorbehalten, daß sie in allen das Syndikat
betreffenden Geschäften nur mit der Firma Rudolf Kaufmann zu
verkehren habe; sie habe sich deshalb nicht veranlaßt gefunden, die
Mitteilungen der Eidgenössischen Bank zu beantworten. Das
Civilgericht Baselstadt hat die Klage kostenfällig abgewiesen, indem
es ausführte: Das Genfer Gericht sei gemäß Art. 59 Absatz 1
B.=V. nicht kompetent gewesen. Allerdings liege in der Domizils=
erwählung ein Verzicht auf den verfassungsmäßigen Gerichts=
stand des Wohnortes; allein die Domizilserwählung finde eine
Befristung in der Bestimmung des Syndikatsreglementes über
die Dauer des Syndikats bis 30. Juni 1891. Aus der Nicht=

beantwortung von Cirkularen über die Verlängerung des Syndi=
kats könne man nicht ohne weiteres schließen, daß die Beklagte
auf ihr verfassungsmäßiges Recht auch noch weiter verzichtet habe,
da ein solcher Verzicht eine bestimmte Kundgebung verlange. Für
Verpflichtungen, die erst nach dem 30. Juni 1891 entstanden
seien, habe die Beklagte danach vor ihrem ordentlichen Richter in
Basel belangt werden müssen. Denn die streitigen 10,000 Fr.
seien jedenfalls erst nach dem 30. Juni 1891 fällig geworden.
Auf Appellation der Kläger hat das Appellationsgericht des Kan=
tons Baselstadt durch Entscheidung vom 5. Dezember 1892 das
erstinstanzliche Urtheil abgeändert und erkannt: Es wird die Exe=
kution des von dem Gerichte erster Instanz von Genf erlassenen
Urteils bewilligt. Die Beklagten tragen sämmtliche Kosten beider
Instanzen mit einer zweitinstanzlichen Urteilsgebühr von 50 Fr.
In der Begründung dieses Urteils wird wesentlich ausgeführt:
Die Domizilserwählung, welche einen Gerichtsstand am Orte des
Wahldomizils habe begründen sollen, dauere für alle aus dem
Gesellschaftsverhältnisse entspringenden Streitigkeiten auch nach
Beendigung der Gesellschaft fort. Wäre das Syndikat der ursprüng=
lichen Absicht gemäß am 30. Juni 1891 wirklich zu Ende ge=
langt, so hätte die Beklagte zweifellos aus Differenzen, die sich
nachher noch zwischen den Mitgliedern erhoben hätten, in Genf
belangt werden können. Fragen könne sich also nur, ob die Be=
klagte sich dem Genfer Gerichte entziehen könne für die aus
späterer, nach ihrer Behauptung vertragswidrig fortgesetzter, Ge=
schäftsführung des Syndikats entstandenen Streitigkeiten. Auch
diese Frage sei zu verneinen. Die Klage vor Genfer Gericht sei aus
dem Syndikatsvertrag und den daraus erfolgten Rechtsverhältnissen
entsprungen, wofür die Beklagten Prozeßdomizil in Genf gewählt
hatten; wenn die Beklagte der Meinung gewesen sei, daß die
Dauer dieses Vertrages von den Klägern willkürlich erstreckt wor=
den sei und sie daher den daraus entstehenden Konsequenzen sich
nicht unterziehen müsse, so habe sie das im Wege der Einrede
gegen den materiellen Inhalt der Klage vor dem Genfer Richter
geltend zu machen gehabt, dem sie sich nun einmal für die aus
dem Syndikatsvertrage entstehenden Differenzen unterworfen hatte.
Dies um so mehr, als es sich hier nicht um verschiedene von ein=

anber unabhängige Geschäfte handle, die gesonderter Beurteilung
durch verschiedene Gerichte je nach der Zeit ihrer Entstehung unter=
liegen könnten, sondern um die einheitliche Abwicklung eines Ge=
schäftes, für das der einmal begründete Gerichtsstand maßgebend
sein müsse. Aber auch abgesehen hievon sei das Erekutionsbegehren
begründet. Das Syndikat sei am 30. Juni 1891 nicht wirklich
erloschen, sondern durch stillschweigende Zustimmung der Beklagten
zu den klägerischen Verlängerungsvorschlägen erneuert und fort=
gesetzt worden. Wenn irgendwo, so gelte im Verkehr unter Associés
für Gesellschaftsfragen der Satz, daß wer zu Aeußerungen und
Vorschlägen des socius schweige, als einverstanden angesehen werde,
weil eben das Gesellschaftsverhältnis volles gegenseitiges Zutrauen
und offenes sich Aussprechen voraussetze. Die Beklagte könne
daher ihr Stillschweigen auf die während der Dauer des Gesell=
schaftsverhältnisses gemachten Vorschläge der Kläger über dessen
Fortsetzung nicht als Ablehnung des Vorschlages geltend machen.
Auch die in der mündlichen Verhandlung vorgebrachte Behauptung,
es sei von der Beklagten mündlich die Nichtzustimmung an Rudolf
Kaufmann & Cie. erklärt worden, könnte, selbst wenn erwiesen,
nichts ändern, da auf die schriftliche Anfrage nach dem üblichen
Geschäftsverkehr unbedingt eine schriftliche Antwort zu geben ge=
wesen sei. Es sei daher die Fortsetzung der Gesellschaft als durch
beidseitigen Konsens bekräftigt anzusehen und somit auch die einen
Bestandtheil des Gesellschaftsertrages bildende Unterwerfung der
Beklagten unter die Genfer Gerichte.

C. Gegen diese Entscheidung ergriffen Passavant & Cie. den
staatsrechtlichen Rekurs an das Bundesgericht mit dem Antrage:
Es sei das Urteil des Appellationsgerichtes von Baselstadt, datirt
den 5. Dezember 1892, aufzuheben und das Dispositiv des Urteils
des Civilgerichtes von Baselstadt, datirt den 18. Oktober 1892, als
in Rechtskraft getreten zu erklären. Sie führen im wesentlichen
aus: Die angefochtene Entscheidung verletze den Art. 59 Abs. 1
B.=V. Die Domizilserwählung beziehe sich nur auf Ansprüche,
die während der vertragsmäßigen Dauer der Gesellschaft ent=
standen seien, nicht aber, warum es sich hier handle, auf
solche, die erst nach dem Endtermin der Gesellschaft existent ge=
worden seien. Wenn die Eidgenössische Bank und ihre Mitkläger

aus der vertragswidrigen Fortsetzung des Syndikats eine Forde=
rung gegen die Beklagte herleiten, so können sie sich zur Begrün=
dung der Kompetenz des Genfer Gerichts nicht auf den Syndikats=
vertrag berufen. Der Basler wie der Genfer Richter haben selb=
ständig untersuchen müssen, ob die Forderung des klägerischen
Konsortiums aus dem Syndikatsvertrage insofern begründet sei,
als sie sich als eine, während der vertragsmäßigen Dauer der
Gesellschaft entstandene, darstelle. Ergebe sie sich nicht als eine
solche, so falle die Kompetenz des Genfer Richters dahin. Ganz
unrichtig sei, daß sie stillschweigend in Prolongation des Syndikats
eingewilligt haben. Aus ihrem Schweigen auf die empfangenen
Cirkulare dürfe ein Verzicht auf den verfassungsmäßigen Gerichts=
stand nicht gefolgert werden. Zudem sei verstanden gewesen, daß
der Geschäftsverkehr zwischen der Beklagten und dem Syndikate
durch das Bankhaus R. Kaufmann & Cie. zu vermitteln sei;
die Beklagte habe hiefür den Chef dieses Hauses als Zeugen an=
gerufen und halte diesen Beweisantrag fest. Gegenüber dem Chef
der Firma R. Kaufmann & Cie. nun habe die Beklagte mündlich
gegen die Verlängerung des Syndikats protestirt. Dies sei eigent=
lich zwischen den Parteien nicht bestritten und werde im Grunde
auch vom Appellationsgerichte anerkannt. Bei dieser Sachlage sei
die Folgerung, es habe auf die schriftliche Anfrage eine schriftliche
Antwort gegeben werden müssen, nicht haltbar und es falle also die
Annahme einer Verlängerung der Gesellschaft durch beidseitigen
Konsens dahin, damit aber auch die Grundlage für die Kompetenz
des Genfer Gerichts.

D. In ihrer Vernehmlassung tragen die Eidgenössische Bank
und Genossen auf Abweisung des Rekurses an. Sie machen gel=
tend: Der Rekurs sei verspätet. Art. 59 Abs. 1 B.=V., auf
welchen die Beschwerde gestützt werde, könne nur durch das Urteil
des Genfer Richters vom 28. April 1892, nicht durch die ange=
fochtene Entscheidung des Basler Appellationsgerichtes verletzt
sein. Der Rekurs hätte sich also gegen das Genfer Urteil richten
sollen. Seit Erlaß dieses Urteils seien aber mehr als 60 Tage
verstrichen, Sie haben niemals anerkannt, daß die eingeklagte
Forderung erst nach dem 30. Juni 1891 entstanden sei, sondern
haben gegenteils stets den Standpunkt eingenommen, dieselbe sei

durch die Unterzeichnung des Syndikatsvertrages begründet worden. Die Gegenpartei müsse selbst zugeben, daß die Domizilserwählung auch nach Beendigung der Gesellschaft für alle aus dem Gesellschaftsverhältnisse entspringenden Streitigkeiten fortdauere. Damit sei aber die Kompetenz des genferischen Richters ohne weiters gegeben, denn die eingeklagte Forderung entspringe aus dem Syndikatsvertrage. Durchaus unrichtig sei, daß sie (die Rekursbeklagten) oder das Appellationsgericht anerkannt haben, daß die Beklagte mündlich gegenüber dem Chef der Firma R. Kaufmann & Cie. der Verlängerung des Syndikats widersprochen habe; ebenso werde bestritten, daß vereinbart gewesen sei, der Geschäftsverkehr sei durch die Firma R. Kaufmann & Cie. zu vermitteln.

Das Bundesgericht zieht in Erwägung:

1. Der Rekurs ist nicht verspätet. Denn, nach feststehender bundesrechtlicher Praxis (siehe unter anderm Entscheidungen, Amtliche Sammlung XII, S. 673 Erw. 1) verliert eine Partei, welche von einem nach bundesrechtlichen Grundsätzen inkompetenten Gerichte verurteilt wurde, durch die Unterlassung, dieses Urteil binnen 60 Tagen nach seiner Eröffnung beim Bundesgerichte anzufechten, ihre Einwendungen gegen dessen Rechtskraft und Vollstreckbarkeit nicht; sie ist vielmehr berechtigt, zuzuwarten, bis das inkompetent erlassene Urteil gegen sie geltend gemacht werden will und kann alsdann noch ihre Einwendungen gegen die Kompetenz des Gerichtes und folgeweise gegen die Vollstreckbarkeit des Urteils innerhalb der gesetzlichen Rekursfrist vorbringen.

2. Die Rekurrentin bestreitet, und gewiß mit Recht, nicht mehr, daß durch die Domizilserwählung ein prorogirter Gerichtsstand in Genf begründet wurde und daß dieser für die aus dem Gesellschaftsverhältnisse entspringenden Streitigkeiten auch nach der Beendigung der Gesellschaft fortdauerte. Es ist ja in der Tat, wie das Appellationsgericht mit Recht bemerkt, evident, daß, wenn das Syndikat der ursprünglichen Absicht gemäß am 30. Juni 1891 aufgelöst worden wäre, die Beklagte aus Differenzen, welche sich später (bei der Liquidation) zwischen den Mitgliedern ergeben hätten, in Genf hätte belangt werden können.

3. Die Beklagte wendet nun aber ein, der eingeklagte Anspruch sei jedenfalls nicht während der Gesellschaftsdauer, sondern erst

nachher entstanden und es finde daher auf beyselben die Pro=
rogationsklausel des Syndikatsvertrages keine Anwendung. Allein
hiegegen ist zu bemerken: Die Klage, wie sie erhoben wurde, ist
eine solche aus dem Gesellschaftsverhältnisse; sie stützt sich auf die
Bestimmungen des Syndikatsvertrages. Wenn dem gegenüber die
Beklagte einwendet, die Kläger haben die Dauer des Syndikats=
vertrages willkürlich verlängert und es könne daher der eingeklagte
Anspruch aus dem durch diesen Vertrag begründeten Gesellschafts=
verhältnisse nicht abgeleitet werden, so ist diese Einwendung nicht
prozeßrechtlicher, sondern materieller Natur; sie betrifft nicht die
Kompetenz des Gerichtes, sondern den Bestand des eingeklagten
Anspruchs. Die Kompetenz des genferischen Richters ist dadurch
gegeben, daß die Klage einen Anspruch aus dem Gesellschaftsver=
hältnis geltend macht, für welches der genferische Gerichtsstand durch
Vereinbarung begründet wurde. Die Frage, ob der Anspruch aus
dem Gesellschaftsverhältnisse sich wirklich ergebe, oder ob vielmehr
die Geschäftsführung seit 30. Juni 1891 eine unbefugte, durch
das Gesellschaftsverhältnis nicht gerechtfertigte war, ist nicht eine
solche der Kompetenzprüfung, sondern der Sachentscheidung. Dabei
steht nicht die Gültigkeit oder Tragweite des in der Domizilklausel
enthaltenen prozeßrechtlichen Vertrages in Frage, sondern die Ge=
staltung des den Gegenstand des Prozesses bildenden materiellen
Rechts= (Gesellschafts=) Verhältnisses. Ueber dieses zu entscheiden
aber war eben der genferische Richter kraft der Domizilklausel kom=
petent. Es ist demnach der Auffassung des Appellationsgerichtes
beizutreten, daß die Beklagte, wenn sie glaubte, sich den rechtlichen
Konsequenzen der Verlängerung des Gesellschaftsvertrages nicht
unterziehen zu müssen, diese Einwendung im Wege der materiellen
Einrede gegen die Klage vor dem genferischen Richter geltend
machen mußte. Demnach braucht denn nicht untersucht zu werden,
ob auch die weitere Erwägung des Appellationsgerichtes zutreffe,
daß die Beklagte in die Verlängerung des Gesellschaftsvertrages
stillschweigend eingewilligt habe.

Demnach hat das Bundesgericht<br>
erkannt:

Der Rekurs wird als unbegründet abgewiesen.

## 6. Urteil vom 4. Februar 1893 in Sachen Geißmann.

A. Dem vergeltstagten Xaver Geißmann von Hägglingen, in Aarau, fiel im März 1892 aus der Verlassenschaft seines halbbürtigen Bruders U. Geißmann, Pfarrers, in Frick, eine Erbquote zu. Auf diesen Erbteil erwirkten Arzt Furter in Dottikon und die Ersparnißkasse Bremgarten=Muri in Wohlen, als zu Verlust geratene Konkursgläubiger des Xaver Geißmann, am 23./26. April 1892 beim Bezirksgerichtspräsidenten von Laufenburg Arrest und leiteten hernach die Betreibung gegen den Schuldner ein. Xaver Geißmann bestritt die Forderung nicht, dagegen trat er mit der Behauptung auf, er habe am 28. März 1892 zu Gunsten seiner Kinder Emil Geißmann in Lenzburg, Robert Geißmann in Meißen und Rosa Geißmann in Chaux=de=Fonds auf die Erbschaft seines Halbbruders verzichtet, so daß an seinem Platze seine Kinder „die Erbrechte am Nachlaß des Herrn Pfarrer Geißmann sel. geltend machen können." Ebenso traten die Kinder Geißmann mit der Behauptung auf, sie seien an Stelle ihres Vaters am Nachlasse des Pfarrers Geißmann erbberechtigt. Das Betreibungsamt Frick setzte hierauf den Arrestgläubigern gemäß Art. 109 des Schuldbetreibungs= und Konkursgesetzes eine zehntägige Frist zur Anhebung gerichtlicher Klage an, um diesen Anspruch der Kinder Geißmann zu bestreiten. Die Arrestgläubiger erhoben gegen diese Verfügung Einsprache, weil nicht sie, sondern die Kinder Geißmann die Klägerrolle zu übernehmen haben. Das Gerichtspräsidium von Laufenburg trat dieser Auffassung bei. Dagegen hob die kantonale Aufsichtsbehörde dessen Entscheidung auf und ließ den Arrestgläubigern neuerdings eine zehntägige Klagefrist ansetzen. Die Arrestgläubiger erhoben hierauf beim Bezirksgerichte Laufenburg, als dem Gerichtsstande des Ortes, wo die noch unverteilte Erbschaft sich befinde, gegen die Kinder Geißmann Klage mit dem Antrage: Der Anspruch der Beklagten auf den ihrem Vater von Pfarrer Geißmann sel. angefallenen Erbteil, den die Kläger mit Arrest für 3739 Fr. 85 Cts. und Folgen belegt haben, sei als unbegründet zu erklären und die Beklagten zu verhalten, dem Arreste seinen Lauf zu lassen, unter Kostenfolge. Die

Beklagten bestritten die Kompetenz des Bezirksgerichtes Laufen=
burg. Das Bezirksgericht wies diese Einrede durch Entscheidung
vom 24. November 1892 kostenfällig ab, mit der Begründung,
es werde nicht ein persönlicher Anspruch gegen die Kinder Geiß=
mann verfolgt, sondern die Abweisung eines von ihnen erhobenen
Vindikationsanspruchs auf das Arrestobjekt beantragt. Es sei also
der Gerichtsstand der gelegenen Sache begründet.

B. Gegen diesen Entscheid ergriffen Emil Geißmann in Lenz=
burg und Rosa Geißmann in Chaur=de=Fonds den staatsrecht=
lichen Rekurs an das Bundesgericht mit dem Antrage: 1. Es sei
der Rekurs als begründet zu erklären. 2. Demzufolge sei das in
Beilage 1 enthaltene Urteil des Bezirksgerichtes Laufenburg
d. d. 24. November 1892, aufzuheben und auszusprechen, daß
die Rekurskläger nicht pflichtig seien, sich in Laufenburg auf die
Klage der Rekursbeklagten einzulassen, unter Kostenfolge. Sie
behaupten, sie seien aufrechtstehend und in der Schweiz fest do=
miziliert, so daß sie auf die Gewährleistung des Art. 59 Abs. 1
B.=B. Anspruch haben. Die von den Rekursbeklagten erhobene
Klage sei weder die Aberkennungsklage des Art. 83 des Schuldbe=
treibung und Konkursgesetzes noch eine Vindikations= oder Erb=
schaftsklage. Die Rekursbeklagten beanspruchen ja kein Erbrecht
am Nachlasse des Pfarrer Geißmann. Die Klage sei vielmehr eine
gegen den „Erbverzicht" des Xaver Geißmann gerichtete Anfechtungs=
klage im Sinne der Art. 285 ff. des Schuldbetreibungs= und
Konkursgesetzes, diese aber sei persönlicher Natur und müsse daher
am Wohnorte der Beklagten angebracht werden. Die Rekurrenten
haben nichts zu vindizieren; sie seien durch den Erbverzicht ihres
Vaters Erben geworden und werden von den Miterben als solche
anerkannt. Es frage sich nur, ob der Verzicht gültig habe ausge=
sprochen werden können, oder ob die Rekurrenten pflichtig seien,
den in ihrem Besitz befindlichen Erbteil den Rekursbeklagten zum
Zwecke der Pfändung zur Verfügung zu stellen. Der Erbteil sei
in Aarau deponiert und auch der „Erbverzicht" des Vaters Geiß=
mann in Aarau ausgesprochen worden.

C. Die Rekursbeklagten Arzt Furter und Ersparnißkasse Brem=
garten=Muri führen in ihrer Vernehmlassung auf diese Beschwerde
wesentlich aus: Xaver Geißmann habe die ihm angefallene Erb=

schaft nicht ausgeschlagen; er sei also Erbe geworden und nicht
seine Kinder. Dagegen habe er diesen seine Rechte an der Erb=
schaft abzutreten versucht. Daß die Miterben die Kinder Geiß=
mann als Erben anerkennen, sei unrichtig und wäre überdem
unerheblich. Der Arrestgegenstand befinde sich im Gewahrsam
des Gemeinderates von Frick und sei dort, also im Sprengel des
Bezirksgerichtes Laufenburg, verarrestiert worden. Von den Re=
kurrenten sei Ernst Geißmann, welcher im Kanton Aargau wohne,
gar nicht berechtigt, sich auf Art. 59 Abs. 1 B.=V. zu berufen.
Auch gegenüber der Rosa Geißmann in Chaux=de=Fonds, welche
einzig in Frage kommen könne, seien verfassungsmäßige Rechte
nicht verletzt. Streitig sei die Frage, wem das Eigentum am
Arrestgegenstande zustehe, dem Arrestschuldner oder seinen Kindern.
Dieser Eigentumsstreit sei zwischen den Gläubigern und Arrest=
nehmern einer= und den Kindern des Schuldners andererseits bei
dem Gerichte auszufechten, wo der Arrestgegenstand liege und der
Arrest gelegt worden sei. Eine Anfechtungsklage, bei welcher die
Gläubiger wirklich Kläger wären, liege nicht vor. In Wirklichkeit
machen vielmehr die Kinder Geißmann einen Vindikationsanspruch
geltend und stellen die Gläubiger demselben die Anfechtungseinrede
entgegen. Daß infolge eines aus dem Pfändungsverfahren abge=
leiteten Prozedere (Art. 109 B.=G.) die Parteirollen äußerlich
anders vertheilt worden seien, ändere hieran nichts. Es sei auch
gar nicht richtig, daß eine Anfechtungsklage in allen Fällen am
Domizil des Beklagten anzubringen sei. Wenn sie einen Streit
über eine unverteilte Erbschaft enthalte, sei sie im Gerichtsstande
der Erbschaft, wenn sie einen Streit über Besitz oder Eigentum
an einer Sache enthalte, im Gerichtsstande der gelegenen Sache
anzubringen. Vindikationsstreitigkeiten im Sinne der Art. 106
und 109 des Schuldbetreibungs= und Konkursgesetzes gehören
immer vor das Gericht, in dessen Sprengel die vorsorgliche Pfän=
dung stattgefunden habe. So müsse es schon des Sachzusammen=
hanges und der kurzen Klagefrist wegen sein. Die gegenteilige
Ansicht würde im vorliegenden Falle zu der Absurdität führen,
daß die Rekursbeklagten binnen der Frist von zehn Tagen drei
Klagen, eine in Lenzburg, die zweite in Chaux=de=Fonds und die
dritte im Königreich Sachsen, hätten anheben müssen. Der Re=

kurs sei ein trölerischer', so daß sich die Verurteilung der Re=
kurrenten in Gerichtsgeld und Parteientschädigung rechtfertige.
Demnach werde beantragt: Der gegnerische Rekurs sei abzuweisen
und es sei den Rekurrenten eine Prozeßentschädigung an die Re=
kursbeklagten aufzuerlegen.

Das Bundesgericht zieht in Erwägung:

1. Die Beschwerde behauptet eine Verletzung des Art. 59
Abf. 1 B.=V. Diese Verfassungsbestimmung bezieht sich aber,
wie anerkannten Rechtens ist, nur auf interkantonale Verhältnisse,
nicht auf den Gerichtsstand im Innern eines Kantons. Demnach
ist denn der Rekurrent Emil Geißmann, da er im Gebiete des
Kantons Aargau wohnt, zur Beschwerde überhaupt nicht berech=
tigt, sondern kann es sich nur fragen, ob die Rekurrentin Rosa
Geißmann in Chaux=de=Fonds gemäß Art. 59 Abf. 1 B.=V. die
Einlassung vor den aargauischen Gerichten zu verweigern befugt sei.

2. Auch dies ist zu verneinen. Arrest und Betreibung richteten
sich nicht gegen die Rekurrenten, sondern gegen deren Vater. Der
Erbteil am Nachlasse des Pfarrers Geißmann wurde nicht als
Vermögen der Rekurrenten, sondern als Eigentum im weitern
Sinne des Vaters Geißmann mit Beschlag belegt. Auch mit ihrer
gerichtlichen Klage machen die Rekursbeklagten nicht eine persön=
liche Forderung gegen die Rekurrenten geltend, sondern verfolgen
lediglich die Abweisung des von den Rekurrenten mit Bezug auf
das Arrestobjekt erhobenen Eigentumsanspruches. Die Rekurs=
beklagten haben allerdings formell die Klägerrolle übernehmen
müssen; allein in That und Wahrheit bezwecken sie bloß die Be=
seitigung des von den Rekurrenten der Zwangsvollstreckung gegen
Vater Geißmann durch Erhebung eines Vindikationsanspruches
entgegengestellten Widerspruches. Im Verhältnisse der Parteien zu
einander erscheinen materiell nicht die Rekursbeklagten, sondern
die Rekurrenten als die Ansprecher. Daß letztere, weil sie sich als
Erben im Besitze befinden, nicht als Ansprecher erscheinen, ist un=
richtig. Da der Vater Geißmann die Erbschaft nicht ausgeschlagen,
sondern angenommen hat, so ist klar, daß e r Erbe geworden,
der Erbschaftsanteil am Nachlasse des Pfarrers Geißmann also
zunächst in sein Vermögen übergegangen ist. Fraglich kann nur
sein, ob er seine Rechte an der Erbschaft gültig auf die Rekurren=

ten übertragen habe. Dies machen die Rekurrenten geltend, indem sie der gegen den Vater Geißmann gerichteten Zwangsvollstreckung in den (noch unausgeschiedenen) Erbschaftsanteil auf Grund der Verzichtserklärung des Vaters Geißmann entgegengetreten sind; sie erscheinen eben deshalb materiell als Ansprecher. Es handelt sich also nicht um einen nach Art. 59 Abs. 1 B.-V. vor den Richter des Wohnortes des Schuldners gehörigen Forderungsstreit sondern um einen einen Anteil an einem Vermögensinbegriff betreffenden Vindikationsstreit (siehe Entscheidung des Bundesgerichtes, Amtliche Sammlung XIII, S. 159).

Demnach hat das Bundesgericht

erkannt:

Der Rekurs wird als unbegründet abgewiesen.

---

## 2. In Erbschaftssachen. — Du for en matière de succession.

## 7. Urteil vom 28. April 1893 in Sachen Erben Fäßler.

A. Am 2. Oktober 1891 verstarb in Horn (Kantons Thurgau) der seit mehreren Jahren dort niedergelassene Arnold Fäßler von Appenzell. Er hinterließ keine Kinder, dagegen eine Wittwe und Blutsverwandte väterlicher und mütterlicher Linie. Er hatte, gestützt auf das thurgauische Erbgesetz vom 5. Februar 1889, ein Testament errichtet, wonach seine Frau zum Voraus alle Fahrnisse, sowie die Liegenschaften in Horn (letztere zum Werthansatze von 30,000 Fr.) erhalten und an dem übrigen Vermögen, das nach Maßgabe des thurgauischen Erbgesetzes zu teilen sei, lebenslänglich nutznießungsberechtigt sein sollte. Die sämmtlichen Erben mütterlicher Linie wurden zu Gunsten der Erben der väterlichen Linie auf den Pflichtteil gesetzt. Die Verlassenschaft befindet sich teils im Kanton Thurgau, teils im Kanton Appenzell J.-Rh. Im Kanton Appenzell J.-Rh. befinden sich drei Heimwesen, im Werthanschlage von 75,000 Fr. (belastet mit circa 10,000 Fr.

Paſſiven) und Fahrhabe im Werthe von 647 Fr.; außerdem ge=
hören zu der Verlaſſenſchaft Guthaben verſchiedener Art auf
Schuldner, welche im Kanton Appenzell J.=Rh. wohnen, insbe=
ſondere Zettelguthaben im Geſammtbetrage von über 200,000 Fr.

B. Die Erben väterlicher Linie des Arnold Fäßler fochten dieſes
Teſtament inſoferu an, als ſie verlangten, daß für die Immobi=
lien, welche in Appenzell=J.=Rh. liegen, das appenzelliſche und
nicht das thurgauiſche Erbgeſetz zur Anwendung komme. Da=
gegen verlangte Wittwe Fäßler Anerkennung des Teſtamentes in
ſeinem ganzen Umfange. Im Laufe des vor den thurgauiſchen
Gerichten hierüber geführten Prozeſſes gab Wittwe Fäßler zu,
daß die drei in Appenzell gelegenen Heimweſen (unter Abzug der
Paſſiven) ſowie die dort befindliche Fahrhabe der appenzelliſchen
Gerichtsbarkeit unterſtehen. Streit waltete alſo nur noch rückſicht=
lich der Guthaben an appenzelliſche Schuldner. Durch Urtheil
vom 5. November 1892 erklärte das Obergericht des Kantons
Thurgau in dieſer Richtung die thurgauiſche Gerichtsbarkeit für
begründet ſowie das thurgauiſche Erbrecht für anwendbar, und
ſchützte daher inſoweit das Teſtament, indem es ausführte: Für
die Kompetenzfrage ſei zunächſt die Geſetzgebung der beiden Kan=
tone Thurgau und Appenzell maßgebend. Das Bundesgeſetz be=
treffend die civilrechtlichen Verhältniſſe der Niedergelaſſenen und
Aufenthalter finde der Zeit nach keine Anwendung und das Kon=
kordat betreffend Teſtirungs= und Erbrechtsverhältniſſe ſei ebenfalls
nicht anwendbar, da der Kanton Thurgau ſchon ſeit geraumer
Zeit von demſelben zurückgetreten ſei. Sowohl § 14 der thur=
gauiſchen Civilprozeßordnung als § 15 litt. c der neuen appen=
zelliſchen Prozeßordnung nun ſtatuieren für Erbſchaftsſtreitigkeiten
den Gerichtsſtand des letzten Wohnortes des Erblaſſers. Die
appenzelliſche Civilprozeßordnung ſei am 10. März 1892 in
Kraft getreten und finde auf alle, an dieſem Tage noch nicht ein=
geleitete, Prozeſſe Anwendung; da die Klage am 9. Mai 1892
angehoben worden ſei, ſo ſei demnach für dieſelbe, ſoweit über=
haupt appenzelliſches Prozeßrecht in Frage komme, die neue Pro=
zeßordnung maßgebend. Daß dieſe, wie die Erben Fäßler väter=
licher Linie behaupten, den Gerichtsſtand des letzten Wohnortes
des Erblaſſers nur für den Fall anerkenne, daß dieſer Wohnort

sich im Gebiete des Kantons Appenzell J.=Rh. befunden habe,
erscheine nicht als richtig; sie statuiere vielmehr den Gerichtsstand
des letzten Wohnortes ohne diese Beschränkung. Das thurgauische
und das appenzellische Recht stimmen also miteinander überein;
nach beiden Gesetzen wäre die thurgauische Gerichtsbarkeit für
den gesamten Nachlaß begründet. Indes sei die appenzellische
Gerichtsbarkeit für die in Appenzell gelegenen Liegenschaften und
die dort befindlichen Fahrnisse anerkannt und es walte Streit
nur noch bezüglich der Guthaben an appenzellische Schuldner.
Hinsichtlich dieser Guthaben stehe die Gerichtsbarkeit, wie gezeigt,
sowohl nach dem appenzellischen als nach dem thurgauischen Ge=
setze dem Kanton Thurgau zu. Auch wenn man nicht den Ge=
richtsstand des letzten Wohnortes des Erblassers sondern den
Gerichtsstand der gelegenen Sache hinsichtlich dieser Guthaben
als maßgebend betrachten wollte, wäre übrigens die thurgauische
Gerichtsbarkeit begründet. Es müssen nämlich Guthaben, sofern
man bei solchen überhaupt von einem Orte der gelegenen Sache
sprechen könne, als da gelegen betrachtet werden, wo das Forde=
rungsrecht sich befinde. Auf Seite des Schuldners sei die Schuld=
pflicht, das Passivum des Schuldverhältnisses; das Aktivum da=
gegen, das Forderungsrecht, sei auf Seite des Gläubigers; nur
dieses aber repräsentire einen Vermögenswert und zwar bedinge
es grundsätzlich keinen Unterschied, ob die Forderung eine laufende
oder eine pfandversicherte sei; denn auch bei pfandversicherten
Forderungen sei die Forderung das Prinzipale und das Pfand=
recht nur ein Accessorium. Es seien demnach die in Frage stehen=
den Forderungen als am Wohnorte des Gläubigers, d. h. im
Kanton Thurgau, wo auch der Erfüllungsort sei und die Be=
weismittel sich befinden, gelegen anzusehen und zwar gelte dies
auch bezüglich der appenzellischen Zettel, zumal dieselben ihrer
rechtlichen Natur nach als Wertpapiere, die den eigentlichen In=
haberpapieren sehr nahe stehen, sich qualifizieren.

C. Während des Schwebens des Prozesses vor den thurgaui=
schen Gerichten hatten die Erben Fäßler männlicher Linie bei den
appenzellischen Gerichten Klage dahin erhoben, es habe sämmt=
liches zur Verlassenschaft des Arnold Fäßler sel. gehöriges, in
Appenzell J.-Rh. liegendes, d. h. innert der Kantonsgrenze lie=

gendes Vermögen an Liegenschaften, Fahrnissen und Guthaben
jeder Art nach dem Erbrechte dieses Kantons und nöthigenfalls
unter Mitwirkung seiner Behörden zur Teilung zu gelangen und
sollen die Liegenschaften unterdessen unparteiisch bewirtschaftet
werden. Die Beklagte Wittwe Fäßler bestritt die Kompetenz der
appenzellischen Gerichte. Durch zweitinstanzliche Entscheidung vom
29. Dezember 1892 erkannte das Kantonsgericht des Kantons
Appenzell J.-Rh. über diese Einrede dahin: Es sei die appellierte
Vorfrage dahin entschieden, daß die innerrhodische Gerichtbarkeit
sich nicht nur auf die drei Heimwesen, sondern auch auf die
sämtlichen auf innerrhodischen Liegenschaften haftenden Zedelgut=
haben A. Fäßlers sich erstrecke. Zur Begründung führt es aus:
Streit walte nur noch bezüglich der Guthaben an appenzellische
Schuldner. Art. 15 litt. c der appenzellischen Civilprozeßord=
nung sei nun der Zeit nach zwar anwendbar; allein er habe
keineswegs den Zweck, einen Gerichtsstand auch für interkantonale
privatrechtliche Konflikte zu schaffen. Er beziehe sich vielmehr
(soweit nicht das Bundesgesetz betreffend die civilrechtlichen Ver=
hältnisse für die Zukunft eine Änderung bedinge) nur auf solche
Verlassenschaften, deren Erblasser im Geltungsgebiete der Civil=
prozeßordnung, d. h. in Innerrhoden gestorben seien. Demnach
könne sich nur noch fragen, ob die auf innerrhodische Schuldner
lautenden Guthaben als Vermögensobjekte zu bezeichnen seien, die
auf innerrhodischem Territorium sich befinden. Diese Frage sei
bezüglich der gewöhnlichen Kurrentforderungen zu verneinen, da
für diese der Ort der gelegenen Sache am Ort des Forderungs=
rechtes sich befinde. Dagegen sei dieselbe bezüglich der Zedelgut=
haben zu bejahen. Denn der Innerrhoder=Zedel könne ohne
Zweifel nicht als Inhaberpapier betrachtet werden; vielmehr habe
jeder Zedelschuldner das Recht, vom jeweiligen Zedelinhaber,
welcher nicht im Zedel selbst als ursprünglicher Gläubiger einge=
tragen sei, den Ausweis über den rechtmäßigen Erwerb des Zedels
zu fordern. Sodann erscheine das Zedelguthaben in so unlös=
barem Zusammenhange mit der verschriebenen Liegenschaft, daß
die Zedelschuld bei Handänderungen ohne weiters auf den neuen
Erwerber der Liegenschaft übergehe und daß es der jeweilige
Zedelgläubiger sei, welcher die Steuern für die Liegenschaft zu

entrichten habe. Auch sei die Exekution der Zedelforderung rechtlich nur da gedenkbar, wo der Schuldner und die verzedelte
Liegenschaft sich befinden.

D. Mit Rekursschrift vom 3./4. Januar 1893 ergriffen die
Erben Fäßler väterlicher Linie den staatsrechtlichen Rekurs an
das Bundesgericht mit dem Antrage, das Bundesgericht möge
erkennen: Es seien in Aufhebung eines entgegenstehenden Entscheides des thurgauischen Obergerichtes vom 5. November 1892,
die Gerichte des Kantons Appenzell Innerrhoden auch bezüglich
der zur Verlassenschaft des Arnold Fäßler sel. gehörigen Zedelguthaben auf innerrhodische Liegenschaften und Schuldner im
Erbrechtsstreite der Rekurrenten gegen Wittwe Fäßler in Horn
ausschließlich zuständig und es sei infolge dessen auch dieser Teil
der Fäßlerschen Verlassenschaft dem Erbrechte von Innerrhoden
unterworfen, alles im Sinne des Urteils des Kantonsgerichtes
von Appenzell Innerrhoden vom 29. Dezember 1892. Zur Begründung führen sie im wesentlichen aus: Sie haben an der
Lösung der streitigen Kompetenzfrage ein erhebliches Interesse und
seien zum Rekurse legitimiert. Das Bundesgesetz betreffend die
civilrechtlichen Verhältnisse der Niedergelassenen und Aufenthalter
finde in keiner Richtung Anwendung. Maßgebend für alle vor
1. Juli 1892 angefallenen Erbschaften müsse vielmehr der durch
die frühere bundesrechtliche Praxis ausgebildete Grundsatz sein,
daß die Kantone befugt seien, die auf ihrem Territorium befindlichen Verlassenschaften ihrer Gerichtsbarkeit und ihrem Erbrechte
zu unterwerfen. Da die Gerichte des Kantons Appenzell J.-Rh.
die Zuständigkeit in der Sache für sich in Anspruch nehmen, so
müssen diese Zuständigkeit und die Anwendung des appenzellischen
Erbrechts anerkannt werden, sofern die noch im Streite befindlichen Erbschaftsobjekte (Zedelguthaben) sich auf dem Territorium
von Innerrhoden befinden. Dies sei nach dem rechtlichen Charakter
der Zedelguthaben zu bejahen. Die Innerrhodner-Zedel seien
keine Inhaberpapiere, sondern lauten auf eine bestimmte Person
als Gläubiger. Bei den Zedelguthaben sei die verschriebene Liegenschaft zweifellos die Hauptsache, so daß das Zedelguthaben
auch als da befindlich angenommen werden müsse, wo die Liegenschaft, mit welcher der Anspruch fast unlösbar verbunden sei, sich

befinde. Das innerrhodische Erbgesetz bezeichne denn auch alle Zedelguthaben ohne Ausnahme als liegendes Gut.

E. Durch Eingaben vom 12. und 20. Januar 1893 unterstützte die Standeskommission des Kantons Appenzell J.-Rh. den von den Erben Fäßler väterlicher Linie gestellten Antrag, indem sie sich auf die bereits in der Rekursschrift der Erben Fäßler angerufenen Gründe berief und beifügte, sie mache die Sache selbständig als Kompetenzkonflikt im Sinne des Art. 57 O.-G. beim Bundesgerichte anhängig.

F. Die rekursbeklagte Wittwe Fäßler trägt auf Abweisung der Beschwerde und Schutz des angefochtenen thurgauischen Urteils an. Sie macht im wesentlichen die bereits in der angefochtenen Entscheidung des Obergerichtes des Kantons Thurgau angeführten Gründe geltend, indem sie ferner noch anführt: Daß das innerrhodische Erbgesetz die Zedelguthaben (wie übrigens ganz allgemein „ausgelehntes Geld, das ein halbes Jahr und länger Zins genommen hat") für liegendes Gut erkläre, sei nicht maßgebend. Der Natur der Sache nach seien die Zedelguthaben zum beweglichen Vermögen zu rechnen, zumal sie tatsächlich wie Inhaberpapiere zirkulieren. Daß der Pfandschuldner im Exekutionsverfahren in Appenzell belangt werden müßte, sei gleichgültig, denn es handle sich hier ja gar nicht um das Verhältniß des Pfandgläubigers zum Pfandschuldner, sondern um die Succession in das Recht des Pfandgläubigers. Darüber sei aber am Wohnorte des Gläubigers zu entscheiden. Die gegnerische Auffassung würde zu den widersinnigsten Konsequenzen führen. In St. Gallen, Außerrhoden und im obern Thurgau zirkuliren Hunderte von appenzellischen Zedeln. Es wäre nun aber doch gewiß ein vollkommener Widersinn, wenn z. B. beim Tode eines st. gallischen Banquiers für diejenigen Titel, welche Appenzeller zu Schuldnern haben, eine eigene appenzellische Verlassenschaft gebildet werden und eine eigene appenzellische Erbteilung Platz greifen müßte.

G. Der Regierungsrat des Kantons Thurgau schließt sich in allen Teilen den Ausführungen der Wittwe Fäßler und des thurgauischen Obergerichtes an und beantragt Abweisung des Rekurses.

Das Bundesgericht zieht in Erwägung:

1. Nachdem die Standeskommission des Kantons Appenzell Innerrhoden neben den Rekurrenten als Beschwerdeführer aufgetreten ist, liegt eine Streitigkeit staatsrechtlicher Natur zwischen Kantonen im Sinne des Art. 57 O.=G., daneben soweit es sich um die Beschwerde der Erben Fäßler handelt, ein staatsrechtlicher Rekurs im Sinne des Art. 59 O.=G. vor. Daß die Standeskommission von Appenzell J.=Rh. gemäß Art. 57 O.-G. zur Beschwerde berechtigt ist, kann nicht bezweifelt werden. Allein auch die Erben Fäßler sind zum Rekurse legitimiert, denn ihre Beschwerde wird darauf begründet, die thurgauischen Gerichte seien nach bundesrechtlichen Grundsätzen zu Beurteilung der Erbstreitigkeit, soweit es sich um die Zedelguthaben handle, nicht kompetent, die Rekurrenten werden also durch die angefochtene Entscheidung einer nach bundesrechtlichen Grundsätzen inkompetenten Gerichtsbarkeit unterworfen.

2. Das Bundesgesetz betreffend die civilrechtlichen Verhältnisse der Niedergelassenen und Aufenthalter vom 25. Juni 1891 findet, wie von allen Beteiligten anerkannt wird, der Zeit nach keine Anwendung; selbst wenn man annehmen wollte, die in Art. 2 dieses Bundesgesetzes aufgestellte Regel über die Gerichtsbarkeit sei sofort für alle nach Inkrafttreten des Gesetzes entstandenen Streitigkeiten maßgebend (gleichviel ob die klagebegründenden Tatsachen vor oder nach diesem Zeitpunkt fallen), so könnte diese Regel doch im vorliegenden Falle nicht angewendet werden; denn hier ist der Prozeß schon vor dem Inkrafttreten des Bundesgesetzes vom 25. Juni 1891 eingeleitet worden. Ebensowenig kommt, da der Kanton Thurgau von demselben zurückgetreten ist, das Erbrechtskonkordat von 1822 zur Anwendung.

3. Obschon sowohl die thurgauische als die appenzell=innerrhodische Civilprozeßordnung für Erbrechtsstreitigkeiten den Gerichtsstand des letzten Wohnortes des Erblassers statuieren, so liegt ein interkantonaler Jurisdiktionskonflikt dennoch vor. Denn die appenzellische Civilprozeßordnung wird von den appenzellischen Gerichten dahin ausgelegt, daß sie den Gerichtsstand des letzten Wohnortes des Erblassers nur für das Innere des Kantons, also nur in den Fällen anerkenne, wo der letzte Wohnsitz des Erblassers sich

im Kantonsgebiete befindet; über den Nachlaß auswärts domizi=
lirter Personen nehmen die appenzellischen Behörden die Gerichts=
barkeit insoweit in Anspruch, als die Verlassenschaft auf appen=
zellischem Gebiete liegt. Ob diese Auffassung dem kantonalen
appenzellischen Rechte entspricht, ist vom Bundesgerichte nicht
nachzuprüfen. Maßgebend für das Bundesgericht ist, daß dieselbe
von den zuständigen kantonalen Behörden ist ausgesprochen und
betätigt worden und daß deren Betätigung zu einem interkan=
tonalen Jurisdiktionskonflikte geführt hat, welcher der Lösung
durch die Bundesgewalt bedarf.

4. Die bisherige bundesrechtliche Praxis hat nun für die Er=
ledigung interkantonaler Souveränetätskonflikte in Erbschaftssachen
den Grundsatz aufgestellt, daß, in Ermangelung besonderer ver=
tragsmäßiger Beschränkungen, jeder Kanton kraft seiner Souve=
rainetät befugt sei, bezüglich der auf seinem Territorium gelegenen
Nachlaßsachen seine Gesetzgebung und Gerichtsbarkeit zur Geltung
zu bringen; sofern ein Nachlaß in verschiedenen Kantonen gelegen
ist und ein Konflikt zwischen den verschiedenen kantonalen Gesetz=
gebungen besteht, seien daher die Gerichte jedes Kantons bundes=
rechtlich zur Entscheidung sich ergebender Erbstreitigkeiten insoweit
kompetent, als der Nachlaß sich im Gebiete des betreffenden Kan=
tons befindet (vergl. darüber die Entscheidung des Bundesgerichtes
in Sachen Amstad, Amtliche Sammlung VII, S. 468 u. f.,
Erw. 5, in Sachen Lüti, ib. VIII S. 199 u. ff. Erw. 6 und
die dort angeführten Entscheidungen). An diesem Grundsatze ist
auch heute festzuhalten. Danach hängt denn die Entscheidung da=
von ab, ob die Zedelguthaben als im Kanton Appenzell J.=Rh.
oder im Kanton Thurgau gelegen zu betrachten seien.

5. Diese Frage ist in letzterm Sinne zu beantworten. Unerheb=
lich ist zunächst, daß das innerrhodische Erbgesetz die Zedelgut=
haben zum liegenden Gute rechnet. Diese kantonalrechtliche Be=
stimmung kann der Lösung einer Streitfrage des interkantonalen
Rechtes nicht präjudiziren; die Entscheidung des letztern muß viel=
mehr aus der Natur der Sache geschöpft, es muß gefragt werden,
ob nach der Natur der Sache die Zedelguthaben der Territorial=
gewalt des Kantons Thurgau oder aber derjenigen des Kantons
Appenzell J.=Rh. unterworfen, als im Kanton Thurgau oder im

Kanton Appenzell gelegen zu betrachten seien. Dabei ist denn vor
allem klar, daß diese Guthaben nicht zum unbeweglichen sondern
zum beweglichen Vermögen zu zählen sind. Die bundesrechtliche
Praxis ist, in Doppelbesteuerungsfällen, stets davon ausgegangen,
daß die Forderungen, auch die grundversicherten, zum beweglichen
Vermögen gehören. An dieser Auffassung muß auch hier festge=
halten werden. Sodann ist zu bemerken : Unzweifelhaft liegen die
Titel, die Urkunden über die Zedelforderungen des Erblassers,
nicht im Kanton Appenzell, sondern im Kanton Thurgau. Sofern
man nun annimmt, die appenzellischen Zedel seien als Werth=
papiere, bei welchen die Urkunde nicht bloßes Beweismittel sondern
Träger, Verkörperung des Forderungsrechtes sei, als körperliche
bewegliche Sachen zu behandeln, so sind die Zedelguthaben schon
wegen der Lage der Schuldurkunden als im Kanton Thurgau
gelegen zu betrachten. Allein auch wenn man annimmt, die
appenzellischen Zedel seien nicht den körperlichen beweglichen
Sachen anzureihen, so ist doch als Ort der Lage der streitigen
Guthaben in concreto der Kanton Thurgau zu betrachten. Denn
als maßgebend erscheint alsdann der Wohnort des Gläubigers,
nicht derjenige des Schuldners oder der Ort, wo das als Pfand
haftende Grundstück sich befindet. Selbstverständlich kann bei einem
Rechte, als einem unkörperlichen Dinge, von einer Lage im Raum
strenge genommen nicht gesprochen, sondern kann nur gefragt
werden, welches die für den in Frage liegenden Rechtseffekt maß=
gebende örtliche Beziehung des Rechtes sei. Und hier muß nun
der Wohnort des Gläubigers als maßgebend erachtet werden.
Wenn auch allerdings die Zedel ein dingliches Recht an dem
verpfändeten Grundstücke beurkunden, so steht doch in erster Linie
nicht das Pfandrecht sondern die durch dasselbe versicherte Forde=
rung, das, durch die Haftung des Grundstückes lediglich gesicherte,
Recht auf die Leistung des Schuldners. Das Forderungsrecht
aber gehört zum Vermögen des Gläubigers ; dieser kann an seinem
Wohnorte über dasselbe durch Abtretung ꝛc. verfügen. Rücksicht=
lich der Uebertragung dieses Rechts durch Erbgang u. s. w.
müssen daher Recht und Gerichtsbarkeit des Wohnortes des
Gläubigers als maßgebend erachtet werden. Soweit nicht die
einzelnen Vermögensstücke durch eine bestimmte Lage im Raume

einer andern Territorialhoheit unterworfen sind, muß die Territo=
rialhoheit desjenigen Staates, welchem der Berechtigte für seine
Person untersteht, auch auf dessen Vermögen erstreckt werden.
Daß die Zedelforderungen im Kanton Appenzell zur Exekution
müßten gebracht werden, ändert hieran nichts, da ja hier gar
nicht das Verhältniß des Gläubigers zu dem Pfandschuldner
sondern vielmehr die erbrechtliche Nachfolge in das Recht des
Gläubigers in Frage steht. In dieser Richtung erscheint aber als
maßgebend gewiß nicht der Wohnort des Pfandschuldners, oder
der Ort der Lage des Pfandes, sondern der Wohnort des Gläu=
bigers. Hieran ist umsomehr festzuhalten, als die gegenteilige
Auffassung allerdings, wie die Rekursbeklagte mit Recht bemerkt,
zu ganz unannehmbaren Konsequenzen führen würde.

Demnach hat das Bundesgericht
erkannt:

Die Beschwerden der Erben Fäßler sowie der Standeskommission
des Kantons Appenzell Inner=Rhoden werden als unbegründet
abgewiesen und es wird die Kompetenz der thurgauischen Gerichte,
den zwischen den Rekurrenten, Erben Fäßler, und der Rekursbe=
klagten, Wittwe Fäßler, schwebenden Erbschaftsstreit auch hinsicht=
lich der zur Verlassenschaft gehörigen innerrhodischen Zedelgut=
haben zu beurtheilen, anerkannt.

---

## V. Schuldverhaft. — Contrainte par corps.

8. *Arrêt du 4 Février 1893 dans la cause Décosterd.*

Le sieur Henri Décosterd, domicilié à Lausanne, recourt
au Tribunal fédéral en exposant que le 19 Octobre 1892 un
mandat d'arrêt a été décerné contre lui par la préfecture du
district de Lausanne, qui lui a infligé un emprisonnement de
16 jours, en acquittement de la taxe militaire que le recourant doit pour les années 1887 à 1891.

Il estime que cette mesure a été prise en violation de

l'art. 59 de la constitution fédérale, supprimant la contrainte
par corps, et il demande au Tribunal fédéral d'en prononcer
l'annulation.

Dans sa réponse du 15 Janvier écoulé le Gouvernement
de Vaud explique que la décision attaquée est intervenue en
exécution des art. 38 et 39 de la loi cantonale du 2 Février
1889, édictée en exécution de la loi fédérale du 28 Juin 1878
sur la taxe d'exemption du service militaire. Ces articles
prévoient, en effet, l'incarcération des contribuables qui n'ac-
quittent pas la taxe militaire ou n'usent pas de la faculté qui
leur est donnée de se libérer en travaillant au profit de l'Etat.
Ce n'est pas, dit le Conseil d'Etat, sans y avoir mûrement
réfléchi que le législateur vaudois a adopté ces dispositions.
L'expérience avait démontré que nombre de personnes trouvaient moyen d'échapper à l'action du fisc, alors qu'avec un
peu de bonne volonté il leur eût été facile de s'acquitter
envers lui. Du reste, en introduisant les mesures de rigueur
contre lesquelles le recours s'élève, le canton de Vaud n'a fait
que suivre l'exemple d'autres cantons, et spécialement de
celui de Berne, dont le Gouvernement a rendu, le 6 Janvier
1885, un arrêté portant à son art. 9:

« Les préfets sont chargés de pourvoir, sans aucun retard,
à l'exécution pour tous les arrêts et conversions d'amende
qui leur sont indiqués par la Direction militaire ou par les
commandants d'arrondissement et les chefs de corps, aussi
bien envers les militaires qu'*envers les contribuables à la
taxe militaire,* etc., » et l'art. 17 de l'ordonnance concernant
le recouvrement de la taxe d'exemption du service militaire,
rendue par le même Conseil exécutif en date du 27 Février
dit entre autres:

« Celui-ci (le commandant d'arrondissement) fait exercer
des poursuites contre les contribuables en retard ou leur
ordonne de se présenter pour s'acquitter de leur dû par des
travaux. Les préfets feront conduire par la gendarmerie les
hommes qui ne donnent pas suite à l'ordre de marche, et ces
contribuables seront punis par la Direction militaire. »

Le décret adopté par le Grand Conseil vaudois, le 2 Février 1889, a d'ailleurs été ratifié sans réserve par le Conseil fédéral le 5 dit. Il y a lieu de faire remarquer que cette dernière autorité, après avoir dans un premier règlement d'exécution de la loi sur la taxe militaire en date du 16 Octobre 1878, inséré une disposition portant qu'il était interdit de sévir contre les contribuables récalcitrants ou de transformer la taxe d'exemption en emprisonnement ou en corvées, avait elle-même rapporté cette prohibition en édictant, le 1ᵉʳ Juillet 1879, un nouvel arrêté abrogeant le précédent et supprimant complètement la disposition ci-dessus.

En effet, poursuit la réponse, l'on ne saurait assimiler la détention dont est recours à la contrainte par corps, cette dernière laissant subsister la dette, tandis que celle que vise la loi vaudoise a lieu en acquittement de cette même dette. En outre, il est évident que la taxe militaire a un caractère autre que celui que présente une dette ordinaire. Elle est l'équivalent de l'obligation au service militaire, laquelle est éminemment personnelle, et doit être remplie par celui-là même qui y est tenu ; cette obligation astreint le citoyen à payer de sa personne, à moins d'encourir les rigueurs des règlements militaires, dont la violation entraîne le plus souvent un emprisonnement d'une durée plus ou moins longue. L'obligation au service étant, de par la constitution fédérale, générale, en ce sens qu'elle s'impose à tout citoyen, à peine d'emprisonnement, on ne voit pas pour quel motif on ne soumettrait pas au même régime ceux qui, incorporés dans l'armée, viennent à manquer à leur devoir, et ceux qui, dispensés du service moyennant une taxe, négligent ou refusent de l'acquitter. Autrement un citoyen, par son refus de payer la taxe, pourrait se soustraire entièrement, et impunément, à l'obligation de servir.

*Statuant sur ces faits et considérant en droit :*

1° Bien que la différence, signalée par la réponse, entre la contrainte par corps proprement dite et la détention prévue par la loi vaudoise soit incontestable, en ce sens que la première laisse subsister la dette, tandis que la seconde l'éteint, cette circonstance ne justifie pas l'inférence qu'en tire

le Conseil d'Etat de Vaud. Ce n'est pas, en effet, par le motif
que celui qui a subi la contrainte par corps n'en demeure pas
moins tenu à l'exécution de ses engagements, que la constitution fédérale a interdit ce mode de coercition, mais bien
plutôt parce que cette voie d'exécution apparaissait comme
en opposition avec le principe de droit moderne en vertu
duquel les biens seuls d'un débiteur, et non sa personne,
peuvent être soumis à l'action de ses créanciers. Or il n'est
pas douteux qu'à ce point de vue l'analogie entre la contrainte par corps et la mesure contre laquelle réclame le
recourant est complète, et que ce principe doit faire repousser
également cette dernière ; à plusieurs reprises d'ailleurs, le
Tribunal de céans a reconnu l'inconstitutionnalité de la
détention qui se présente comme un mode d'exécution, soit
qu'elle apparaisse comme une contrainte à l'adresse du débiteur, soit qu'elle ait pour but d'éteindre une obligation dé-
pourvue de tout caractère de pénalité (voir, entre autres,
arrêt du Tribunal fédéral en la cause Messerli du 12 Mai 1888,
*Rec.* XIV, p. 179).

2° La réponse au recours cherche à démontrer que, le
service militaire et la taxe d'exemption dérivant de la même
obligation, il doit être loisible d'user de rigueur aussi bien
vis-à-vis du citoyen qui refuse de payer cet impôt qu'à l'égard
du citoyen incorporé qui se soustrait au service.

Bien qu'il y ait lieu de reconnaître que l'obligation au service militaire et l'astriction au paiement de la taxe reposent
l'une et l'autre sur la disposition de l'art. 18 de la constitution fédérale, aux termes de laquelle tout Suisse est tenu au
dit service, l'identité complète que la réponse cherche à faire
admettre entre les infractions aux règlements ou au Code
pénal militaire et le refus de payer la taxe n'en est pas
moins inadmissible.

Ce défaut de paiement, en effet, ne peut être assimilé à un
manquement disciplinaire et il ne saurait, en soi, entraîner
d'autres conséquences que celles qui résultent du refus de
paiement d'un autre impôt, soit de l'obligation de verser au
fisc une somme d'argent.

3° Il n'y a pas lieu davantage de s'arrêter à l'argument consistant à dire que d'autres cantons usent de mesures semblables à celle qui fait l'objet du recours, et qu'en particulier le Conseil fédéral, après les avoir proscrites par son arrêté du 16 Octobre 1878, a rapporté celui-ci et l'a remplacé par un autre arrêté du 2 Juillet 1879 dans lequel il n'a pas reproduit cette interdiction.

Quel que soit le motif de cette modification, et à supposer même qu'il faille le chercher dans le désir de réprimer les abus signalés par le Conseil d'Etat de Vaud de la part de certains contribuables rénitents, — il n'en est pas moins certain que ces considérations d'opportunité doivent s'effacer devant le principe inscrit à l'art. 59 de la constitution fédérale, lequel est absolu et ne souffre aucune exception. Si, ainsi qu'il vient d'être dit, la taxe militaire apparaît comme un véritable impôt, sa rentrée ne saurait être poursuivie par voie de contrainte par corps. C'est là la seule interprétation compatible avec le texte impératif du prédit article, et le recours doit être accueilli.

Par ces motifs,

Le Tribunal fédéral

prononce :

Le recours est admis, et le mandat d'arrêt décerné par la préfecture du district de Lausanne contre Henri Décosterd, est déclaré nul et non avenu.

Zweiter Abschnitt. — Deuxième section.

# Bundesgesetze. — Lois fédérales.

———•———

## I. Verfahren bei Uebertretung fiskalischer und polizeilicher Bundesgesetze. — Mode de procéder à la poursuite des contraventions aux lois fiscales.

### 9. Urteil des Kassationsgerichtes vom 22. März 1893 in Sachen Levy fils.

A. Die Firma Levy fils in Basel erhielt am 8. Juni 1892 von ihrer Filiale in St. Ludwig gleichzeitig mit anderen Waaren eine Anzahl Ballen Lampendochte durch die Eisenbahn zugesandt. Sie gab dem Zollamte am 9. Juni 1892 die Zahl der Ballen auf fünf an. Diese Deklaration wurde nicht beanstandet und die Waare demgemäß verzollt. Am 14. Juni erschien nun aber der Zollvisiteur Jakob Hunziker auf der Zolldirektion zu Basel und erklärte zu Protokoll, es sei ihm von seinem Sohne Adolf, der bei Levy fils angestellt, mitgeteilt worden, jene Sendung habe nicht bloß fünf sondern zwölf Ballen Dochte enthalten; ferner sei ihm aufgefallen, daß der Kontrolleur Wyler anläßlich der Ausladung jener Sendung es so eingerichtet habe, daß der mit der Revision des betreffenden Wagens beauftragte Visiteur die Ausladung des Levyschen Wagens nur mit Unterbrechungen habe beaufsichtigen können. Die Zolldirektion in Basel teilte hierauf der Firma Levy fils ein vom 14. Juni 1892 datiertes (ununterzeichnetes) Protokoll mit, in welchem gesagt ist, daß „infolge einer uns gewordenen Mitteilung und der dann angestellten Nachforschungen" es sich ergeben habe, daß statt der deklarierten fünf Ballen deren zwölf eingeführt worden seien, und in welchem der Betrag des umgangenen Zolles auf 373 Fr. 80 Cts. festgestellt ist. Die Firma Levy fils anerkannte dieses Protokoll nicht, sondern bezeichnete es als absolut unrichtig. Ebensowenig anerkannte sie das am 18. Juli 1892 erlassene Straferkenntnis des eidgenössischen Zolldepartements. Die Zolldirektion in Basel erhob hierauf am 19. September 1892 gegen Levy fils beim Polizeigerichte Basel-stadt Klage wegen Zolldefraudation. Sie ließ sich in diesem Prozesse durch den Advokaten Dr. Temme in Basel vertreten. In der mündlichen Verhandlung vor Polizeigericht wirkte die kantonale Staatsanwaltschaft mit und stellte ihre Strafanträge. Nach Anhörung der Parteivorträge und Einvernahme einer Reihe von Zeugen gelangte das Gericht zur Ueberzeugung, daß der Beklagte der Zollumgehung in Bezug auf die sieben Ballen Lampendochte im ungefähren Gewicht von 623 Kg. schuldig sei und verurteilte demnach den Levy fils in Anwendung der Art. 50 und 51 des Zollgesetzes vom 27. August 1852 und der Art. 16 und 18 des Fiskalstrafgesetzes vom 30. Juni 1849 zur Zahlung des umgangenen Zolles mit 373 Fr. 80 Cts. und zu einer Buße im sechsfachen Betrage von 2242 Fr. 80 Cts.; im Falle der Nichteinbringung zu 1 Jahr Gefangenschaft, sowie zu den ordinären und extraordinären Prozeßkosten.

B. Gegen dieses Urteil ergriff die Firma Levy fils die Kassationsbeschwerde an das Eidgenössische Kassationsgericht mit dem Gesuche, auf die Untersuchung der Sache einzutreten, das Urteil zu kassieren und anzuordnen'was Rechtens. Als Kassationsgründe werden geltend gemacht: 1. Nach Art. 19 des Bundesgesetzes vom 30. Juni 1849 könne wohl die Bundesanwaltschaft als Vertreter der Eidgenossenschaft auftreten, dagegen sei es unzulässig, daß nach dem Erlasse des Bundesgesetzes über die Bundesanwaltschaft, die Eidgenossenschaft einen besondern Anwalt bestelle und daß überdies der Staatsanwalt des Kantons als Ankläger auftrete. Das letztere ließe sich nur rechtfertigen, wenn das Verfahren sich nach den Regeln der kantonalen Strafprozeßordnung abwickeln würde. Dies sei aber nach Art. 16 u. ff. des Bundesgesetzes ausgeschlossen. 2. Die Grundlage des ganzen Verfahrens solle nach den Bestimmungen des Bundesgesetzes das Protokoll bilden. Ein Protokoll, welches den Anforderungen der Art. 2, 4, 5 und 7 des Gesetzes entspräche, liege aber gar nicht vor. Der Zollangestellte Hunziker wolle von der angeblichen Uebertretung bereits am 9. Juni Kenntniß erlangt haben, nichtsdestoweniger habe er erst am 14. Anzeige gemacht und sei erst an diesem Tage das, übrigens ganz formlose, Protokoll aufgenommen und gar erst im September Klage erhoben worden. Dies habe für den Beklagten die allergrößte Wichtigkeit. Wäre die Sache sofort nach der angeblichen Entdeckung am 9. Juni untersucht und festgestellt worden, so hätte durch Haussuchung und das Zeugniß einer großen Anzahl von Angestellten des Beklagten konstatiert werden können, daß tatsächlich nur fünf Ballen eingeführt worden seien. Nach Ablauf von 4 Monaten haben diese Angestellten sich der Sache nicht mehr erinnert und eine Haussuchung keinen Aufschluß mehr geben können. Durch das ungesetzliche Vorgehen sei also dem Beklagten der Gegenbeweis unmöglich geworden, infolge dessen habe es geschehen können, daß er auf das Zeugniß von zwei minderjährigen Knaben und eines zweifelhaften entlassenen Arbeiters hin ungerecht verurteilt worden sei. Das ganze Fiskalstrafverfahren sei gesetzlich genau geregelt. Sein Grundgedanke sei der, daß diese Sachen in kürzester Frist nach der Entdeckung untersucht werden müssen. Den Beamten des Bundes sei eine rasche Erhebung des Tatbestandes zur Pflicht gemacht; man wolle nicht, daß die Erhebung des Tatbestandes und die erste Untersuchung sich nach dem schleppenden Gang der kantonalen Strafprozeßordnungen richte. Gegen diesen Grundgedanken des Gesetzes sei hier verstoßen worden.

C. Die Eidgenössische Zolldirektion in Basel beantragt: 1. Es sei die Kassationsbeschwerde als unbegründet abzuweisen. 2. Es sei der Beschwerdeführer, außer der Bezahlung der Gerichtskosten des Kassationsgerichtes, gemäß Art. 17b des Bundesgesetzes über die Bundesstrafrechtspflege, zur Entrichtung einer Prozeßentschädigung an die Zolldirektion in Basel von 100 Fr. 40 Cts. zu verfällen. Sie bemerkt im wesentlichen: Ad 1. Die Bundesanwaltschaft sei nur berechtigt, nicht aber verpflichtet, in fiskalischen Prozessen aufzutreten. Daran habe das Gesetz über die Bundesanwaltschaft vom

28. Juni 1889 nichts geändert. Sehe sich die Bundesanwaltschaft nicht veranlaßt aufzutreten, so sei die Zollbehörde selbstverständlich befugt, da, wo sie es für angemessen erachte, sich eines Rechts= anwaltes zu bedienen. Durch die Beteiligung der kantonalen Staats= anwaltschaft, die allerdings nicht nötig gewesen sei, sei gegen keine bestimmte gesetzliche Vorschrift verstoßen worden und es habe dieselbe dem Beklagten keinen Nachteil gebracht. Die wesentlichen Formvorschriften des Bundesgesetzes seien alle beobachtet worden. Die Mitwirkung der kantonalen Staatsanwaltschaft könne vom Re= kurrenten auch deshalb nicht als Kassationsgrund geltend gemacht werden, weil er gegen dieselbe vor Gericht keinen Einspruch erhoben habe. Ad 2. Auch die Nichtigkeit des Protokolls vom 14. Juni 1892 (wegen verspäteter Abfassung) vorausgesetzt, läge ein Kassa= tionsgrund nicht vor. Denn das Gericht stütze sein Urteil nicht etwa auf das Protokoll und habe den Rekurrenten nicht deshalb verurteilt, weil er einen Gegenbeweis gegen das Protokoll nicht erbracht habe, sondern auf Grund der stattgefundenen Beweisauf= nahme. Daß aber, wenn das Protokoll verspätet aufgenommen worden, überhaupt kein Strafverfahren gegen einen Zollbefrau= danten mehr zulässig sei, davon sage das Bundesgesetz nichts. Bei verspäteter Aufnahme des Protokolls cessieren lediglich die Beweis= regeln des Art. 17 Abs. 2 und habe die Zollbehörde den Beweis der Defraudation auf andere Weise als durch das Protokoll zu erbringen. Die Vorschrift des Art. 4 des Bundesgesetzes vom 30. Juni 1849, daß das Protokoll oder der Bericht bei Strafe der Nichtigkeit innert achtundvierzig Stunden, von Entdeckung der Uebertretung an, abgefaßt werden solle, dürfte sich überhaupt nur auf solche Fälle beziehen, in denen die Zollbefraudation auf frischer Tat entdeckt werde, nicht dagegen auf diejenigen Fälle, in welchen die Entdeckung erst später erfolge. Jedenfalls laufe die 48stündige Frist zur Abfassung des Protokolls in denjenigen Fällen, in wel= chen nachträglich eine Zollübertretung vermutet werde, erst von demjenigen Zeitpunkte an, in welchem die betreffende Zolldirektion Anzeige von der Uebertretung erhalte. Diese Anzeige sei hier nun am 14. Juni erstattet und am gleichen Tage hierüber ein Protokoll aufgenommen worden. Selbst wenn die 48stündige Frist darauf bezogen werden wollte, daß der Zollvisiteur Hunziker, nachdem er

die Zollübertretung erfahren hatte, binnen derselben der Direktion
Anzeige zu erstatten hatte, so sei wiederum in keiner Weise be=
wiesen, daß Hunziker diese Frist nicht innegehalten habe. Denn
es sei unrichtig, daß Hunziker erklärt habe, die Uebertretung bereits
am 9. Juni entdeckt zu haben. Wenn der Rekurrent glauben
machen wolle, er sei unschuldig verurteilt worden, so sei dies für
die Kassationsbeschwerde unerheblich und übrigens völlig unrichtig.

D. In seiner Replik hält der Kassationspetent die geltend ge=
machten Kassationsgründe, unter weiterer Ausführung, aufrecht.

Das Kassationsgericht zieht in Erwägung:

1. Nach Art. 16 des Bundesgesetzes vom 30. Juni 1849 sind
die Uebertretungen der fiskalischen und polizeilichen Bundesgesetze
von den kompetenten Gerichten der Kantone zu beurteilen, in denen
die Uebertretung verübt wurde. Daraus folgt, daß (vorbehältlich
der in Art. 19 leg. cit. der Bundesanwaltschaft vorbehaltenen
Rechte) das kantonale Recht auch darüber entscheidet, wer befugt
ist, vor dem kantonalen Gerichte die Strafklage zu erheben. Die
kantonale Staatsanwaltschaft war also jedenfalls befugt, in der
Sache aufzutreten und ihre Strafanträge zu stellen. Neben der
kantonalen Staatsanwaltschaft darf aber die Bundesverwaltung
sich auch durch einen besondern Anwalt vertreten lassen. Dies
ist in der Praxis von jeher anerkannt und noch neuerlich
durch die Entscheidungen des Kassationsgerichtes in Sachen Eidge=
nössische Alkoholverwaltung gegen Laval & Cie. und in Sachen
Bundesanwaltschaft gegen Hantsch vom 24. November 1892 aus=
gesprochen worden. Das Bundesgesetz über die Bundesanwaltschaft
vom 28. Juli 1889 hat hieran nichts geändert. Dieses Gesetz
hat einfach das Amt des ständigen eidgenössischen Generalanwalts
wieder hergestellt, ohne an der Stellung der Bundesverwaltung in
Fiskalstraffachen etwas zu ändern. Die erste Kassationsbeschwerde
ist also unbegründet.

2. Was den zweiten Kassationsgrund anbelangt, so beruht der=
selbe auf der Annahme, es könne im Fiskalstrafverfahren eine
Verurteilung überhaupt nur gestützt auf ein rechtzeitig aufgenom=
menes Protokoll erfolgen. Diese Annahme ist aber durchaus un=
begründet. Sie läuft darauf hinaus, daß durch Versäumung der
rechtzeitigen Aufnahme eines Protokolls der Strafanspruch des

Bundes überhaupt untergehe. Einen derartigen Rechtssatz enthält aber das Bundesgesetz nirgends; vielmehr ist klar, daß die Straf= ansprüche des Bundes aus fiskalischen Uebertretungen während der ganzen Dauer der in Art. 20 leg. cit. normirten Verjährungs= frist bestehen und geltend gemacht werden können. Ist die Auf= nahme eines Protokolles nicht rechtzeitig erfolgt, so hat dies einfach zur Folge, daß nunmehr dem Protokolle die ihm sonst durch Art. 7 des Bundesgesetzes beigelegte Beweiskraft mangelt, daß daher nicht der Beschuldigte den Gegenbeweis gegen den Inhalt des Protokolls zu erbringen hat, sondern vielmehr die Uebertretung ihm durch anderweitige Beweismittel nachgewiesen werden muß. Danach ist die Kassationsbeschwerde unbegründet. Denn das an= gefochtene Urteil stellt nicht etwa darauf ab, die Uebertretung sei durch das über die Aussagen des Zollvisiteurs Hunziker aufge= nommene Protokoll, gegen welches der Angeschuldigte einen Gegen= beweis nicht erbracht habe, bewiesen, sondern das Gericht erachtet den Schuldbeweis als durch anderweitige Beweismittel, speziell die Aussagen der einvernommenen Zeugen, erbracht. Indem es diese Aussagen frei würdigte, hat das Gericht keine Gesetzesverletzung begangen, sondern im Gegenteil den Art. 7 Abs. 2 des Bundes= gesetzes vom 30. Juni 1849 angewendet. Ob das Gericht die Beweisfrage richtig entschieden habe, entzieht sich der Nachprüfung des Kassationsgerichtes.

3. Gemäß Art. 16 des Bundesgesetzes über die Kosten der Bundesrechtspflege ist dem Rekurrenten die Bezahlung einer Ge= richtsgebühr (von 40—100 Fr.) aufzuerlegen, eine Parteient= schädigung dagegen nicht zu sprechen.

Demnach hat das Kassationsgericht

erkannt:

Das Kassationsgesuch wird als unbegründet abgewiesen.

## II. Münzgesetz. — Loi sur les monnaies.

### 10. Urteil vom 4. Februar 1893 in Sachen Meyer.

A. Ludwig Meyer betreibt in Reiden, Kantons Luzern, eine Art Bazargeschäft. Er pflegt gleichzeitig für westschweizerische Häuser verschiedene Arbeiten (z. B. die Anfertigung von Hemden) zu übernehmen. Die Ausführung dieser Arbeiten vergibt er weiter an Private und zwar, wie er behauptet, zum gleichen Preise, wie er selbst sie übernommen hat. Dagegen bedingt er sich aus, daß die Arbeit nicht in Baar, sondern in Waaren bezahlt werde; dabei hat er die Einrichtung getroffen, daß diejenigen, welche ihm Arbeit abliefern, in metallenen Marken bezahlt werden, welche auf bestimmte Werthbeträge lauten und in seinen Magazinen beliebig gegen Waaren umgetauscht werden können. Diese Marken cirkulieren in der Gemeinde Reiden in ähnlicher Weise wie baares Geld, da sie auch von Leuten, die nicht Arbeitnehmer des Meyer sind, in Zahlung angenommen werden.

B. Nachdem das Militär= und Polizeidepartement des Kantons Luzern dem Statthalteramte Willisau Anzeige gemacht hatte, Ludwig Meyer in Reiden bezahle seine Arbeiter mit Wertmarken statt mit baarem Gelde, wurde gegen Meyer Strafuntersuchung eingeleitet und durch Urteil vom 8. September 1892 erkannte das Bezirksgericht Reiden=Pfaffnau: 1. Es habe sich der Beklagte der Übertretung des Bundesgesetzes über das eidgenössische Münzwesen schuldig gemacht. 2. Sei derselbe daher zu 6 Fr. Geldbuße verurteilt. 3. Sei demselben untersagt, in Zukunft solche Wertmarken zur Belöhnung seiner Arbeiter zu verwenden. 4. Habe er sämtliche Untersuchungs= und Gerichtskosten zu tragen. 5. Seien dem Bezirksgerichte für dieses Urteil 8 Fr. in Rechnung zu setzen. Dieses Urteil stützt sich auf Art. 8 Abs. 3 des Bundesgesetzes über das eidgenössische Münzwesen in Verbindung mit § 36 des luzernischen Polizeistrafgesetzes. § 8 Abs. 3 des Münzgesetzes lautet: „Verträge, die nach Inkrafttretung dieses Gesetzes in be=„stimmten fremden Münzsorten oder Währungen abgeschlossen

„werden, sind ihrem Wortlaute nach zu halten. Jedoch dürfen „Lohnverträge nur auf den gesetzlichen Münzfuß abgeschlossen und „Löhnungen nur in gesetzlichen Münzsorten ausbezahlt werden." Das Gericht führt aus, das Verfahren des Rekurrenten laufe dieser Vorschrift offenbar zuwider und es hemme dasselbe den freien Verkehr. Das Gericht gelangt daher in Anwendung des § 36 des luzernischen Polizeistrafgesetzes, wonach Verfehlungen gegen Landesgesetze oder obrigkeitliche Verordnungen, auf deren Übertretung keine bestimmten Strafen ausgesetzt sind, mit Geld= strafe bis auf 150 Fr. oder Gefängniß von einem bis fünfzig Tagen bestraft werden, zur Bestrafung des Ludwig Meyer.

C. Gegen dieses Urteil ergriff Ludwig Meyer den staatsrecht= lichen Rekurs an das Bundesgericht, mit dem Antrage: Das Urteil des Bezirksgerichtes Reiden vom 8. September 1892 gegen Ludwig Meyer sei aufzuheben, unter Kostenfolge für die Polizei= direktion des Kantons Luzern. Er führt aus: Art. 8 des eidge= nössischen Münzgesetzes habe nicht den ihm vom Bezirksgerichte beigelegten Sinn. Er schreibe nur vor, daß während alle andern Verträge auch in fremder Währung geschlossen werden dürfen, dies bei Lohnverträgen nicht statthaft sei. Dagegen bestimme er durchaus nicht, daß in Lohnverträgen nur Baarlöhnung, nicht auch Löhnung in Naturalien 2c. vereinbart werden dürfe. Hätte eine Vorschrift letztern Inhaltes, welche übrigens gar nicht in das Münzgesetz gehört hätte, aufgestellt werden wollen, so hätte gesagt werden müssen, daß Löhne nur „mit Baarschaft" bezahlt werden dürfen. Daran habe aber bis jetzt niemand gedacht. Löhnung in Naturalien komme ja bekanntlich tatsächlich alltäglich vor. Der Sinn des Art. 8 des Münzgesetzes ergebe sich deutlich auch aus der Vergleichung des Art. 10 des Fabrikgesetzes. Dort sei vorge= schrieben, daß die Löhne den Fabrikarbeitern in Baar in gesetzlichen Münzsorten bezahlt werden müssen. Das schließe natürlich jede andere Löhnung, in Naturalien 2c., aus. Hätte Art. 8 des Münz= gesetzes den ihm vom Bezirksgerichte beigelegten Sinn, so wäre Art. 10 des Fabrikgesetzes ganz überflüssig. Allein gerade die hier vorkommenden Worte „in baar," welche im Münzgesetze fehlen, zeigen, daß es sich bei Art. 10 des Fabrikgesetzes um eine neue gesetzgeberische Anordnung handle. Zum gleichen Ergebnisse führe

auch Art. 338 O.-R. Nach dieser Gesetzesbestimmung bedinge der
Lohnvertrag nicht Baarlöhnung, sondern eine „Vergütung." Wenn
Art. 8 des Münzgesetzes die ihm vom Bezirksgerichte zugeschrie-
bene Bedeutung hätte, so hätte im Obligationenrecht ausdrücklich
gesagt werden müssen, daß die Vergütung in Baar zu zahlen sei.
Das Bezirksgericht habe also ein Strafgesetz gegen den Rekurrenten
angewendet, welches gar nicht bestehe und habe einen strafbaren
Tatbestand für das schweizerische Strafrecht aufgestellt, den dieses
nicht kenne. Damit sei die Zulässigkeit des staatsrechtlichen Rekurses gegeben.

D. In seiner Vernehmlassung auf diese Beschwerde bemerkt
das Militär= und Polizeidepartement des Kantons Luzern : Gegen
das angefochtene Urteil des Bezirksgerichtes Reiden=Pfaffnau sei
zwar nicht die Appellation, wohl aber, da ein Verstoß gegen den
Wortlaut des Gesetzes behauptet werde, ein Kassationsgesuch an
das kantonale Obergericht statthaft gewesen. Es sei nun unstatthaft, unter Umgehung der obern kantonalen Instanz, den Rekurs
an das Bundesgericht zu ergreifen ; die Beschwerde sei also schon
formell unstatthaft. Das Departement habe in der Sache keine
Verfügung erlassen, sondern nur dem Statthalteramte von dem
Sachverhalte Anzeige gemacht, es diesem überlassend, zu entscheiden,
ob der Anzeige weitere Folge zu geben sei. Das Departement
sei daher in der Sache nicht Partei und könne in keinem Falle
zu den Kosten verurteilt werden. Der Rekurs hätte daher auch
nicht dem Departement, sondern dem Obergerichte zu Handen des
Bezirksgerichtes Reiden=Pfaffnau zur Vernehmlassung mitgeteilt
werden sollen. Der Rekurs sei auch materiell unbegründet. Das
Verhältnis des Rekurrenten zu seinen Arbeitnehmern sei dasjenige
eines Lohnvertrages. Bei Aufstellung der Vorschrift des Art. 8
des Münzgesetzes habe nun der Gesetzgeber offenbar den Zweck
verfolgt, den Arbeiter gegen Ausbeutung seitens des Arbeitgebers
zu schützen ; es habe verhindert werden wollen, daß der Arbeit=
geber dem Arbeiter als Zahlung statt baaren Geldes minder=
wertige Waaren oder Gegenstände, die der Arbeiter gar nicht
brauchen könne, aufnöthige. Das Fabrikgesetz gebe diesem gleichen
Gedanken klaren Ausdruck. Der Rekurrent übe nun in der Tat
einen derartigen Zwang gegen seine Arbeiter, da er diesen den

ganzen Betrag ihres Lohnes in Marken ausbezahle. Wenn das
Vorgehen des Rekurrenten als gesetzlich zuläßig erklärt und all=
gemein acceptiert würde, so dürften dadurch neben den gesetzlichen
Münzsorten neue Verkehrswerte geschaffen werden. Selbst wenn
das Verhältnis des Rekurrenten zu seinen Arbeitnehmern nicht
dasjenige des Lohnvertrages sein sollte, so wäre sein Verfahren
doch unstatthaft. Art. 8 des Münzgesetzes lasse auch für andere
Verträge als Lohnverträge nicht jede Art der Bezahlung zu, son=
dern wolle nur solche Verträge schützen, welche in bestimmten
fremden Münzsorten abgeschlossen werden. Die vom Rekurrenten
ausgegebenen Marken seien nun aber überhaupt keine Münzsorte
und können daher in keinem Falle zur Bezahlung verwendet werden.

E. Das Bezirksgericht Reiden=Pfaffnau beruft sich in einer an
das Militär= und Polizeidepartement des Kantons Luzern gerich=
teten Eingabe auf die Motive seines angefochtenen Urteils, indem
es beifügt: Die Arbeiter des Rekurrenten seien genötigt, die ihnen
übergebenen Wertzeichen beim Bäcker, Metzger, Milchmann, Salz=
auswäger 2c. gegen Lebensmittel umzutauschen und diese, die gegen
die Arbeiter Rücksicht tragen müssen, seien dann selbst gezwungen,
die Wertzeichen beim Rekurrenten gegen Waaren auszutauschen,
deren Wert dieser selbst festsetze. Die Arbeiter seien eigentliche
Sklaven des Rekurrenten. Dieser zahle einerseits die Arbeiter sehr
minim und gebe ihnen andererseits seine Waaren in der ihm be=
liebigen Güte und zu dem ihm beliebigen Preise an Zahlungs=
statt. Die Arbeiter seien in keiner Beziehung geschützt. Wenn der
Rekurrent auch nicht eine sogenannte Fabrik betreibe und keine
Arbeiter in einem geschlossenen Raume beschäftige, so betreibe er
doch eine Hembenfabrikation und beschäftige, wie er selbst zugebe,
eine Menge Arbeiter. Dem Gerichte wolle daher scheinen, es
habe auch das eidgenössische Fabrikgesetz analoge Anwendung zu
finden.

F. Das Bundesgericht hat mit Schreiben vom 16. Januar
1893 an den Bundesrat die Anfrage gerichtet, ob der Bundesrat
nicht die Kompetenz zur Entscheidung über die Beschwerde für
die politischen Behörden des Bundes beanspruche, indem es darauf
hinwies, daß behauptet werden könnte, die Zuläßigkeit des vom
Rekurrenten für Bezahlung seiner Arbeiter eingeführten Truck=

ſyſtemes und der Pönaliſierung desſelben beurtheile ſich in erſter
Linie nach dem verfaſſungsmäßigen Grundſatze der Handels= und
Gewerbefreiheit. Der Bundesrat hat durch Schreiben vom 24. Ja=
nuar 1893 dieſe Anfrage verneinend beantwortet.

Das Bundesgericht zieht in Erwägung:

1. Das Bundesgericht hat in Auslegung des Art. 59 litt. a
O.=G. grundſätzlich feſtgeſtellt (ſiehe Entſcheidung in Sachen
Schärer gegen Fritſchi und Woodtli vom 26. Oktober 1883,
Amtliche Sammlung IX, S. 473 u. ff.), daß die Rekursberech=
tigung nach Art. 59 litt. a cit. überall da gegeben iſt, wo ein
kantonalverfaſſungsmäßiger oder bundesrechtlicher Grundſatz ver=
letzt und dadurch in die Rechtsſphäre eines Bürgers eingegriffen
wird; eine Ausnahme hievon gilt nur dann, wenn es ſich ent=
weder um eine, in die Kompetenz der politiſchen Behörden fallende,
Adminiſtrativſache handelt, oder wenn das Bundesrecht ſelbſt das
Rechtsmittel des ſtaatsrechtlichen Rekurſes in einzelnen Materien
ausdrücklich oder ſtillſchweigend ausſchließt. Im vorliegenden Falle
nun wird der Rekurs auf eine behauptete Verletzung des eidge=
nöſſiſchen Münzgeſetzes begründet, welche zum rechtlichen Nach=
teile des Rekurrenten geſchehen ſei. Um eine den politiſchen Be=
hörden des Bundes vorbehaltene Adminiſtrativſache handelt es ſich,
wie der Bundesrat ſelbſt anerkannt hat, nicht. Ebenſowenig iſt
das Rechtsmittel des ſtaatsrechtlichen Rekurſes, durch das Bundes=
recht anderweitig, ausdrücklich oder ſtillſchweigend, ausgeſchloſſen;
insbeſondere iſt wegen Verletzung des eidgenöſſiſchen Münzgeſetzes
kein beſonderes Rechtsmittel an das Bundesgericht ſtatthaft, wel=
ches die Konkurrenz des ſtaatsrechtlichen Rekurſes ausſchlöſſe.
Denn die Bundesgeſetzgebung enthält keinerlei Strafvorſchriften
betreffend Übertretungen des Münzgeſetzes und es iſt daher gegen
kantonale Strafurteile über ſolche Übertretungen nicht etwa die
Kaſſationsbeſchwerde nach Art. 18 des Bundesgeſetzes vom 30. Juni
1847 ſtatthaft. Dieſes Bundesgeſetz nennt zwar in Art. 1 aus=
drücklich auch die Übertretungen der Bundesgeſetze über „Münzen.“
Allein da eben eidgenöſſiſche Strafvorſchriften gegen Münzdelikte
nicht erlaſſen wurden, ſo iſt dieſe Geſetzesbeſtimmung inſoweit
ohne Wirkung und Geltung geblieben. Danach iſt denn die Kom=
petenz des Bundesgerichtes zu Beurteilung der Beſchwerde gegeben.

2. Nach feststehender Praxis ist die vorgehende Erschöpfung des kantonalen Instanzenzuges keine unbedingte Voraussetzung der Statthaftigkeit des staatsrechtlichen Rekurses an das Bundesgericht, vielmehr kann, insbesondere wenn die Anwendung des Bundesrechtes, der Bundesverfassung oder Bundesgesetzgebung, in Frage steht, der staatsrechtliche Rekurs an das Bundesgericht auch gegen Entscheidungen unterer kantonaler Behörden ergriffen werden. Die Beschwerde kann daher nicht als formell unstatthaft zurückgewiesen werden.

3. In der Sache selbst kann es sich nur fragen, ob die Handlungsweise des Rekurrenten einem in Art. 8 des eidgenössischen Münzgesetzes enthaltenen Verbote zuwiderlaufe. Das Bezirksgericht Reiden=Pfaffnau hat zwar nachträglich auch den Art. 10 des eidgenössischen Fabrikgesetzes angerufen. Allein hierauf kann nichts ankommen. Denn die Verurteilung des Rekurrenten ist gar nicht gestützt auf diese Gesetzesbestimmung, sondern ausschließlich gestützt auf Art. 8 des eidgenössischen Münzgesetzes in Verbindung mit Art. 36 des luzernischen Polizeistrafgesetzes erfolgt; zudem gibt ja das Bezirksgericht selbst zu, daß der Rekurrent dem eidgenössischen Fabrikgesetze nicht unterstellt sei.

4. In Betreff der Auslegung des Art. 8 Abs. 3 des eidgenössischen Münzgesetzes nun muß der Auffassung des Rekurrenten beigetreten werden. Diese Gesetzesbestimmung schreibt in der That nicht vor, daß in Lohndienstverträgen ein anderer Entgelt als ein solcher in baarem Gelde und in gesetzlichen Münzsorten nicht bedungen werden dürfe und enthält noch weniger die allgemeine Vorschrift, daß Zahlungen überhaupt nur in (einheimischer oder ausländischer) Währung dürfen geleistet werden. Art. 8 Abs. 3 des Münzgesetzes beschäftigt sich vielmehr nur einerseits mit der Erfüllung von Geldschulden, welche nach Inkrafttreten des Gesetzes in ausländischer Währung kontrahirt werden, anderseits speziell mit Lohnverträgen, in welchen eine Geldleistung ausbedungen wird. Für letztere, d. h. für Lohnverträge, in welchen eine Geldleistung ausbedungen wird, schreibt er vor, daß sie nur auf den gesetzlichen Münzfuß abgeschlossen und die Löhnungen nur in gesetzlichen Münzsorten ausbezahlt werden dürfen, daß also ein in einem Lohnvertrage ausbedungenes Geldäquivalent, nicht, wie bei

andern Verträgen, auch in ausländischer, sondern ausschließlich
nur in inländischer Währung dürfe stipulirt und geleistet werden.
Die Aufstellung der allgemeinen Vorschrift, daß in Lohnverträgen
überhaupt nur Geld-, nicht aber auch Naturallöhne dürfen ausbedungen werden, lag gewiß dem eidgenössischen Gesetzgeber bei
Erlaß des Münzgesetzes durchaus ferne; sie wäre denn auch über
den Rahmen eines Münzgesetzes, welches sich nur mit Geldschulden
zu beschäftigen hat, und damit wohl über die damaligen Schranken
der Kompetenz des eidgenössischen Gesetzgebers hinausgegangen.
Eine derartige allgemeine Vorschrift ginge überhaupt viel zu weit
und wäre praktisch kaum durchführbar. Es mag vom sozialpolitischen
Standpunkte aus vielleicht wünschbar sein, daß eine Bestimmung,
wie Art. 10 des Fabrikgesetzes sie für die Löhnung der Fabrik-
arbeiter aufstellt, speziell auch für Verhältnisse der hier vorliegenden Art, wo es sich zwar nicht um einen eigentlichen Fabrikbetrieb, wohl aber um einen fabrikähnlichen Gewerbebetrieb handelt,
erlassen werde. Allein in Art. 8 Abs. 3 des Münzgesetzes kann
ein derartiges Verbot des Trucksystems in gewerblichen Betrieben
nicht gefunden werden. Demnach muß denn der Rekurs für begründet erklärt werden, denn der Rekurrent ist durch das angefochtene Urteil wegen Übertretung eines angeblichen bundesrechtlichen Verbotes, welches in Wirklichkeit nicht existiert, zu Strafe
verurteilt, es ist also zu seinem rechtlichen Nachteile ein Bundesgesetz verletzt worden.

5. Das Militär- und Polizeidepartement des Kantons Luzern
hat in der Sache nicht als Partei, sondern als öffentliche Behörde gehandelt; es können ihm daher keine Kosten auferlegt
werden.

## Demnach hat das Bundesgericht
### erkannt:

Die Beschwerde wird für begründet erklärt und es wird mithin
das angefochtene Urteil des Bezirksgerichtes Reiden-Pfaffnau vom
8. September 1892 aufgehoben.

# III. Organisation der Bundesrechtspflege.

## 11. Urteil vom 26. Mai 1893 in Sachen Somazzi.

A. Am' 6. Juni 1892 verstarb in Altorf alt Bezirksrat
Anton Gamma. Auf waisenamtlichen Antrag wurde ein benef.
invent. bewilligt. Die Söhne des Verstorbenen schlugen die
Erbschaft aus, dagegen wurde dieselbe von dem Schwiegersohne
Professor Somazzi-Gamma in Bern angetreten. Das Betreibungsamt Altorf verlangte von diesem zu Deckung der unversicherten
Erbschaftsschulden die Hinterlegung von 9000 Fr. oder genügende Sicherheit. Da Somazzi sich weigerte, dieser Verfügung
nachzukommen, erkannte der Regierungsrat des Kantons Uri
durch Entscheidung vom 15. Oktober 1892, zugestellt am 26.
Oktober, der Erbschaftsantritt könne nicht von der Verbürgung
oder Kautionirung abhängig gemacht werden; dagegen habe Somazzi dem Betreibungsamte den Nachweis zu leisten, daß er
sämmtliche Passiven des Erblassers, sowie die verfallenen Zinse
und übrigen Kosten bezahlt habe, eventuell habe das Betreibungsamt diese Zahlungen durch einen Vorschuß Somazzis oder aus
der Erbschaft zu leisten. Gegen diesen Entscheid beschwerte sich
Somazzi mit Beschwerdeschrift vom 28. Oktober und 3. November 1892 beim Bundesrate, indem er Aufhebung des Entscheides
und sofortige unbeschwerte Herausgabe der Erbschaft verlangte.
Durch Entscheidung vom 13. März 1893 hat der Bundesrat
erkannt: Auf den Rekurs wird wegen Unzuständigkeit nicht eingetreten, mit der Begründung: Das Bundesgesetz über Schuldbetreibung und Konkurs schließe nicht aus, daß kantonalgesetzlich
die Aushändigung der Erbschaft an die Erben von Sicherstellung
der Passiven abhängig gemacht oder die Zwangsliquidation der
Erbschaft angeordnet werde. Der Rekurrent bestreite dies denn
auch nicht, sondern behaupte blos, es bestehe zur Zeit im Kanton
Uri kein Gesetz, das die Urner Behörden zu dem gegen ihn ein-
geschlagenen Verfahren ermächtige. Auf eine Prüfung dieser Frage
könne aber der Bundesrat nicht eintreten. Es stehe ihm nicht zu,

zu unterſuchen, ob in einem der kantonalen Autonomie vorbehal=
tenen Rechtsgebiete die von den Behörden angeblich angewandten
Rechtsnormen wirklich beſtehen. Davon abgeſehen, daß ſolche
Normen ebenſogut dem ungeſchriebenen als dem geſetzten Rechte
angehören können, würde durch die Anwendung einer angeblichen
in Wirklichkeit nicht beſtehenden Rechtsnorm nur das kantonale
Recht ſelbſt und das verfaſſungsmäßige Recht eines einzelnen
Bürgers, nicht aber das eidgenöſſiſche Betreibungsgeſetz verletzt.

B. Mit Eingabe vom 4./7. April 1893 ergriff nunmehr
A. Somazzi den ſtaatsrechtlichen Rekurs an das Bundesgericht
mit dem Antrage: 1. Es ſei der Entſcheid des Regierungsrates
des Kantons Uri vom 15./18. Oktober 1892 in der Verlaſſen=
ſchaftsſache des alt Bezirksrat Anton Gamma ſel. von Waſſen,
als den Art. 4 u. 60 B.=V. widerſprechend aufzuheben. 2. Unter
Koſtenfolge. Er macht in eingehender Erörterung geltend: Es
exiſtiere keine Geſetzesnorm, welche das Vorgehen des urneriſchen
Regierungsrates decken würde und es ſeien daher die Art. 4 u.
60 B.=V. verletzt. Der Rekurs ſei rechtzeitig eingereicht. Denn
nach konſtanter bundesgerichtlicher Praxis unterbreche die Ein=
reichung eines Rechtsmittels auch an unzuſtänbiger Stelle die Re=
kursfriſt, ſofern der Rekurs bei der unzuſtänbigen Stelle inner=
halb der fatalen Friſt eingereicht werde, welche für die Einlegung
des Rechtsmittels an die kompetente Behörde vorgeſehen ſei.

C. In ſeiner Vernehmlaſſung auf dieſe Beſchwerde beantragt
der Regierungsrat des Kantons Uri: 1. Es ſei auf den Rekurs
des Advokaturbureau Weibel in Luzern, Namens A. Somazzi=
Gamma in Bern, wegen Verſpätung nicht einzutreten; eventuell
2. es ſei dieſer Rekurs als unbegründet abzuweiſen; 3. die
Koſten ſeien dem Rekurrenten aufzulegen und habe derſelbe dem
Rekursbeklagten eine Entſchädigung von 35 Fr. zu bezahlen. Zu
Begründung des erſten Antrages wird ausgeführt: Der Rekurs
ſei beim Bundesgerichte unzweifelhaft erſt lange nach Ablauf der
ſechzigtägigen Rekursfriſt des Art. 59 O.=G. eingereicht worden.
Die Anhängigmachung der Beſchwerde beim Bundesrate habe aber
die Rekursfriſt nicht unterbrochen. Beim Bundesrate habe ſich der
Rekurrent wegen Verletzung des Bundesgeſetzes über Schuldbe=
treibung und Konkurs beſchwert; er habe behauptet, es liege in

dem Entscheide des Regierungsrates vom 15. Oktober eine Rechts=
verletzung und Rechtsverweigerung, wogegen nach Art. 19 und
15 des citierten Bundesgesetzes der Weiterzug an den Bundesrat
offen stehe. In dem gegenwärtigen Rekurse an das Bundesgericht
dagegen beschwere er sich wegen angeblicher Verletzung der Art.
4 u. 60 B.-V.; er behaupte, es liege eine Verletzung der Gleich=
heit vor dem Gesetze vor und er sei den Bürgern des Kantons
Uri in der Gesetzgebung oder im gerichtlichen Verfahren nicht
gleichgehalten worden. In beiden Beschwerden gehe zwar der An=
trag des Rekurrenten auf Aufhebung der angefochtenen regierungs=
rätlichen Entscheidung, allein die Rekursgründe seien sehr ver=
schieden. Die Ansicht des Rekurrenten, daß die Anhängigmachung
eines Rekurses innert nützlicher Frist bei einer unzuständigen Be=
hörde genüge, um das Rekursrecht an eine andere kompetente
Behörde zu wahren, würde praktisch zu den fatalsten Konsequenzen
führen. Ein Rekurrent, dem es darum zu tun wäre, Zeit zu ge=
winnen, brauchte danach nur in letzter Stunde sich bei einer
offenbar unzuständigen Behörde zu beschweren, um dann, nach
erfolgter Abweisung abermals, unter Beobachtung der sechzigtä=
gigen Fatalfrist, wieder an eine andere, möglicherweise kompetente
Behörde rekurriren zu können. Der Rekurrent äußere sich auch
gar nicht darüber, innert welcher Frist der wegen Unzuständigkeit
von der einen Behörde abgewiesene Rekurs einer andern Behörde
unterbreitet werden müsse, um als rechtzeitig eingelegt zu gelten.
Man wisse nicht, ob er meine, daß mit Mitteilung des Entschei=
des der unzuständigen Behörde die sechzigtägige Frist von neuem
zu laufen beginne oder ob es überhaupt in das Belieben des Re=
kurrenten gestellt sein solle, zu welchem Zeitpunkte er den Schutz
einer andern Behörde anrufen wolle. Wenn der Rekurrent im
Zweifel gewesen sei, ob der Bundesrat oder das Bundesgericht
zuständig sei, so wäre ihm ganz wohl möglich gewesen, gleichzeitig
beim Bundesrate wegen Rechtsverweigerung und beim Bundesge=
richte wegen Verfassungsverletzung sich zu beschweren. So werde
es in analogen Fällen in der kantonalen Rechtspraxis gehalten
und sei auch in einzelnen bundesrechtlichen Rekursfällen vorge=
gangen worden.

Das Bundesgericht zieht in Erwägung:

1. Zwischen der Eröffnung der angefochtenen Entscheidung an den Rekurrenten und der Einreichung der Beschwerde beim Bundesgerichte sind mehr als 60 Tage verstrichen. Der Rekurs ist also gemäß Art. 59 O.-G. verspätet, sofern nicht der Lauf der Rekursfrist durch die Beschwerdeführung beim Bundesrate unterbrochen wurde.

2. Dies ist aber zu verneinen. Wenn der Rekurrent behauptet, es sei ein allgemein anerkannter Satz der bundesrechtlichen Praxis, daß durch rechtzeitige Beschwerde bei einer inkompetenten Behörde das Rekursrecht an die kompetente Behörde gewahrt werde, so ist dies vollständig unrichtig. Das Bundesgericht hat vielmehr umgekehrt stets festgehalten, daß die Rekursfrist des Art. 59 O.-G. durch Beschwerden bei inkompetenten kantonalen Stellen nicht gewahrt werde (s. z. B. Amtliche Sammlung der bundesgerichtlichen Entscheidungen XVII, S. 69 u. f. Erw. 3). Es ist ja übrigens auch ganz klar, daß Art. 59 O.-G., wenn er verlangt, daß staatsrechtliche Beschwerden binnen 60 Tagen eingereicht werden müssen, nicht das Einreichen der Beschwerde bei einer beliebigen andern Stelle, sondern beim Bundesgerichte im Auge hat. Durch das Einreichen einer Beschwerde beim Bundesrate wird also die Frist zum Rekurse an das Bundesgericht regelmäßig nicht gewahrt. Nur dann vielleicht dürfte dies anders sein, wenn der Bundesrat von Amtswegen beschließt, eine ihm eingereichte Beschwerde dem Bundesgerichte als in dessen Kompetenz fallend zu übermitteln und die Rekursfrist infolge Verzögerung dieser Schlußnahme und ihrer Ausfertigung vor Übermittlung der Sache an das Bundesgericht abgelaufen ist (siehe Entscheidungen des Bundesgerichtes, Amtliche Sammlung I, S. 346 Erw. 4). Allein hievon ist hier nicht die Rede. Der Bundesrat hat die ihm eingereichte Beschwerde des Rekurrenten dem Bundesgerichte nicht übermittelt und konnte dies auch nicht, da das Bundesgericht zu Beurteilung dieser, auf Verletzung des Bundesgesetzes über Schuldbetreibung und Konkurs begründeten, Beschwerde gar nicht kompetent war. Überhaupt ist die Beschwerde des Rekurrenten an das Bundesgericht eine andere als diejenige an den Bundesrat es war. Die Beschwerde an den Bundesrat war, wie

gesagt, auf Verletzung des Schuldbetreibungs= und Konkursge=
setzes und damit zusammenhängende Rechtsverweigerung begründet,
diejenige an das Bundesgericht stützt sich auf Verletzung der Art.
4 u. 60 B.=B. Durch Geltendmachung der erstern Beschwerde
konnte daher die für Einreichung des letztern gesetzlich bestehende
Fatalfrist nicht gewahrt werden. Es stand ja auch gar nichts ent=
gegen, daß beide Beschwerden gleichzeitig geltend gemacht werden,
daß der Rekurrent sich gleichzeitig beim Bundesrate wegen Ge=
setzes= und beim Bundesgerichte wegen Verfassungsverletzung be=
schwere.

Demnach hat das Bundesgericht<br>
erkannt:

Auf die Beschwerde wird wegen Verspätung nicht eingetreten.

---

## IV. Erteilung des Schweizerbürgerrechtes und Verzicht auf dasselbe. — Naturalisation et renonciation à la nationalité suisse.

### 12. Urteil vom 10. Februar 1893 in Sachen Gemeinderat Stein.

A. Im Juli 1892 stellte Fürsprech Jsler in Wohlen, als Be=
vollmächtigter des Gustav Herzog von Stein, Kantons Aargau,
wohnhaft in Chicago, Grafschaft Cook, Staats Jllinois, Verei=
nigte Staaten von Amerika, beim Regierungsrate des Kantons
Aargau das Gesuch, der Regierungsrat wolle den Gustav Herzog,
nunmehr Bürger der Vereinigten Staaten, nebst seiner Ehefrau
und seinen minderjährigen Kindern aus dem aargauischen Kan=
tons= und Gemeindebürgerrecht entlassen. Die aargauische Justiz=
direktion erteilte nach Eingang dieses Gesuches dem Bezirksamte
Rheinfelden den Auftrag, den minderjährigen Kindern Herzog
einen Pfleger ad hoc bestellen zu lassen, zugleich aber auch die
Vernehmlassung des Gemeinderates von Stein über den Verzicht

der Familie Herzog einzuholen. Das Bezirksamt übermittelte diese Verfügung dem Gemeinderate von Stein. Der Gemeinderat wandte sich hierauf an Fürsprech Jsler, indem er ausführte: Es sei dem Gemeinderate bisher über eine Verehelichung des Gustav Herzog keine Anzeige gemacht worden und seien ihm die Namen der Ehefrau und Kinder desselben gänzlich unbekannt. Um für die minderjährigen Kinder desselben einen Pfleger bestellen zu können, sollte der Gemeinderat doch die Namen derselben kennen. Der Bevollmächtigte werde daher ersucht, dafür zu sorgen, daß dem Gemeinderate die Namen derselben angezeigt werden. Fürsprech Jsler erwiderte am 22. August 1889, er könne diesem Begehren aus formellen Gründen nicht entsprechen und verwahre sich gegen die Bestellung eines Pflegers. § 264 des aargauischen bürgerlichen Gesetzbuches komme bei Schweizern, die im Auslande wohnen und auf ihr Bürgerrecht verzichten wollen, nicht zur Anwendung. Für solche und ihre minderjährigen Kinder sei lediglich das Bundesgesetz von 1876 maßgebend, nach welchem ausschließlich dem Vater das Recht zustehe, den Bürgerrechtsverzicht für seine minderjährigen Kinder auszusprechen. Der Gemeinderat von Stein gab hievon am 25. August 1892 dem Bezirksamte Rheinfelden Kenntniß mit dem Bemerken: Der Gemeinderat überlasse die Angelegenheit betreffend die Pflegschaftsbestellung dem Entscheide der Behörde, müsse aber mit Rücksicht auf die Bestimmung des Art. 9 des Bundesgesetzes über Erteilung des Schweizerbürgerrechtes 2c. des Bestimmtesten darauf bringen, daß ihm Ausweis über die Verehelichung des Gustav Herzog und amtliche Geburtsanzeigen betreffend dessen Kinder mitgeteilt werden. Zu bemerken sei noch, daß Gustav Herzog in seiner Heimat bevormundet resp. unter Pflegschaft gestellt sei. Hierauf faßte der Regierungsrat des Kantons Aargau am 9. September 1892 den Beschluß: 1. Es sei Gustav Herzog in Genehmigung seines Verzichtes aus dem herwärtigen Gemeinde- und Kantonsbürgerrecht entlassen. 2. Auf das weitere Gesuch um Ausdehnung der Entlassung auf die Ehefrau und Kinder des Gustav Herzog werde aus den angegebenen Gründen zur Zeit nicht eingetreten. In der Begründung dieser Schlußnahme wird ausgeführt: Der Regierungsrat könne die Ansicht, daß § 264 des aargauischen bürger-

lichen Gesetzbuches hier keine Anwendung finde, nicht teilen.
Allein gleichwohl könne von Bestellung eines Pflegers ad hoc
im vorliegenden Falle zur Zeit abgesehen werden. Denn Ehefrau
und Kinder des Gustav Herzog seien in den Standesbüchern der
Gemeinde Stein nicht eingetragen und es habe zu einem sachbe=
züglichen Eintrage keine Veranlassung vorgelegen. Vom Stand=
punkte der Heimatbehörde aus existiere die angebliche Ehe des
Gustav Herzog nicht. Der aargauischen Behörde könne nicht zu=
gemutet werden, Personen aus dem Gemeinde= und Staatsbürger=
rechte zu entlassen, welche in dem Ortsbürgerregister und dem
Civilstandsregister Stein gar nicht eingetragen seien. Anders ver=
halte es sich mit der Person des Gesuchstellers selbst. Dieser sei
für sich zum Verzichte vollständig legitimiert und stehe seiner
Entlassung kein Hinderniß entgegen. Hieran vermöge der vom
Gemeinderate hervorgehobene Umstand, daß Herzog in seiner Hei=
mat zur Zeit noch unter Pflegschaft stehe, nichts zu ändern.

B. Gegen diesen Beschluß ergriffen der Gemeinderat von Stein,
sowie der Pfleger des Gustav Herzog, Josef Trönble, den staats=
rechtlichen Rekurs an das Bundesgericht mit dem Antrage: 1.
Der Entscheid des Regierungsrates des Kantons Aargau be=
treffend Entlassung des Gustav Herzog aus dem Gemeinde= und
Kantonsbürgerrechte sei aufzuheben. 2. Der Regierungsrat sei
einzuladen, zunächst das Entlassungsgesuch dem Gemeinderat Stein
zur Erhebung seiner Einsprachen zuzustellen. Eventuell 3. es sei
jetzt schon das Entlassungsgesuch von der Hand zu weisen oder
dann im ganzen Umfange d. h. auch für die Ehefrau und Kinder
gutzuheißen. Zu Begründung dieser Anträge wird im wesentlichen
ausgeführt: Gegen das Entlassungsgesuch des Gustav Herzog hätten
dessen Pfleger und der Gemeinderat von Stein Einspruch erhoben,
wenn sie dazu Gelegenheit gehabt hätten. Allein die Einreichung
einer Einsprache sei ihnen durch das vom Regierungsrate einge=
schlagene Verfahren verunmöglicht worden. Allerdings sei das
Gesuch dem Gemeinderat mitgeteilt worden. Allein das spätere
Vorgehen des Regierungsrates habe es unmöglich gemacht, eine
Einsprache einzureichen. Dieser Umstand würde es rechtfertigen,
den Beschluß des Regierungsrates aufzuheben und die Sache zu
neuer Behandlung an denselben zurückzuweisen. Aus Gründen

der Zweckmäßigkeit bringe indeß der Gemeinderat seine Einsprache gegen die Entlassung gleichzeitig zur Sprache. Herzog sei vor seiner Auswanderung nach Amerika wegen Verschwendung und Trunksucht bevogtet worden. Die Auswanderung sei ohne Gut= heißung der Waisenbehörde Stein erfolgt; diese habe auf Berichte aus Chicago hin den Herzog im Laufe des Jahres 1892 ver= geblich aufgefordert, in die Heimat zurückzukehren. Herzog habe zwar wohl seinen Aufenthalt in Chicago, sein Domizil dagegen gemäß Art. 38 des allgemeinen bürgerlichen Gesetzbuches am Wohnorte seines Pflegers in Stein. Das Erfordernis des Art. 6 litt. b des Bundesgesetzes vom 3. Juli 1876 sei also nicht er= füllt. Der Gemeinderat müsse überdem die Identität des verzich= tenden Gustav Herzog mit dem gleichnamigen Bürger von Stein bezweifeln. Denn der letztere sei unverehelicht und ohne Nach= kommenschaft, während der Gesuchsteller die Entlassung für sich, seine Ehefrau und Kinder verlange. Eventuell müsse, gemäß Art. 8 des Bundesgesetzes vom 3. Juli 1876 die Entlassung auch auf die Frau und Kinder des Gesuchstellers ausgedehnt werden. Die Entlassung bloß des Gustav Herzog allein sei unzulässig und könnte für die Gemeinde Stein schwere Nachteile im Gefolge haben.

C. In seiner Vernehmlassung auf diese Beschwerde macht Für= sprech Jsler Namens des Gustav Herzog geltend: Gustav Herzog sei heute noch unverehelicht und ohne Kinder. Sein Anwalt habe sich bei Stellung des Entlassungsbegehrens in einem durch die Formelworte des amerikanischen Bürgerbriefes veranlaßten Irrtum befunden. Damit erledigen sich die übrigns kaum ernsthaft ge= meinten Zweifel über die Identität des Gustav Herzog, sowie die aus dem Familienverhältnisse des letztern abgeleiteten Beschwerde= punkte. Auch die weitern Einwendungen des Gemeinderates von Stein seien unbegründet. Es sei unrichtig, daß Herzog wegen Verschwendung oder Trunksucht bevogtet worden sei; er sei bloß unter Pflegschaft gestellt worden. Der Gemeinderat habe sich seiner Auswanderung in keiner Weise widersetzt, sondern sei damit ein= verstanden gewesen; sein Pfleger habe ihm jahrelang ohne Wider= spruch die Zinsen seines Vermögens nach Amerika gesandt. Erst nachdem Herzog die Herausgabe seines Vermögens verlangt habe,

sei er aufgefordert worden, nach Stein zurückzukehren, um dort
sein Vermögen persönlich zu liquidieren. Es seien somit alle Re=
quisite des Art. 6 des Bundesgesetzes vom 3. Juli 1876 erfüllt.
Demnach werde beantragt: Der Gemeinderat Stein sei mit seinem
Begehren abzuweisen, unter Kostenfolge. Der Regierungsrat des
Kantons Aargau erklärt, daß er dieser Vernehmlassung nichts
beizufügen habe.

D. In seiner Replik führt der Gemeinderat von Stein aus:
Der Gemeinderat könne sich mit den bloßen, auf privaten Er=
kunbigungen des gegnerischen Anwaltes beruhenden Angaben,
Gustav Herzog sei unverheiratet, nicht begnügen, sondern müsse
die Beibringung eines vom schweizerischen Konsulate beglaubigten
civilstandsamtlichen Auszuges über die Familienverhältnisse des
Gesuchstellers verlangen. Nur wenn ein solcher Auszug beigebracht
werde, könne sich der Gemeinderat bei der vom Regierungsrate
ausgesprochenen beschränkten Entlassung beruhigen und seine Ein=
wendungen rücksichtlich der Identität des Gesuchstellers fallen
lassen. An der Einwendung, daß die Auswanderung des Gustav
Herzog eine unbefugte gewesen sei und sein Domizil nicht habe
ändern können, werde festgehalten. Richtig sei allerdings, daß der
Pfleger des Gustav Herzog ihm nachträglich Gelder nach Amerika
gesandt habe, allein nur das unumgänglich nöthige; darin liege
keine stillschweigende Einwilligung in die Auswanderung. Bereits
im März 1892 habe der Gemeinderat den Gustav Herzog zur
Rückkehr aufgefordert und jedenfalls von da an könne keine Rede
davon sein, daß Herzog mit auch nur stillschweigender Zustimmung
der Waisenbehörde sich in Amerika aufgehalten habe. Wenn dem
Herzog sein Vermögen ausgehändigt werde, so werde er dasselbe
zweifellos in kurzer Zeit aufbrauchen, wie sein bisheriges Be=
nehmen zeige. Übrigens lasse sich bezweifeln, daß man bei einem
bloß naturalisierten amerikanischen Bürger von einem eigentlichen
Bürgerrechte in den Vereinigten Staaten sprechen könne. Der
naturalisierte amerikanische Bürger verliere durch die Rückkehr in
die alte Heimat sein Bürgerrecht, während der geborene Amerikaner
dasselbe auch bei Auswanderung aus den Vereinigten Staaten
beibehalte. Nur der letztere sei also wahrer amerikanischer Bürger.

E. Duplikando hält Gustav Herzog an seinen Anbringen

und Anträgen unter weiterer Begründung fest, indem er insbe=
sondere darum nachsucht, das Bundesgericht möchte, um zu be=
fürchtende Weiterungen abzuschneiden, in den Motiven seines Ent=
scheides auch gleich aussprechen, daß mit der Bürgerrechtsentlassung
des Herzog für den Gemeinderat von Stein auch die Pflicht er=
wachse, dem Entlassenen sein Vermögen herauszugeben.

F. Mit Schreiben vom 30. Januar 1893 übersendet der An=
walt des Gustav Herzog: 1. Ein Affidavit, d. d. 16. Januar
1893, durch welches Chas. Rieß und Daniel Zimmerli in Chicago
beschwören, den Gustav Herzog, gewesenen Bürger von Stein,
Aargau, nunmehr Bürger der Vereinigten Staaten, seit Jahren
zu kennen, und zwar genau und persönlich zu kennen, sowie zu
wissen, daß derselbe nicht verheiratet sei und nach ihrem besten
Wissen und Gewissen nie verheiratet gewesen sei, ebenso daß der=
selbe weder eheliche noch uneheliche Kinder besitze. 2. Ein Affidavit,
d. d. 14. Januar 1893, wonach Gustav Herzog beschwört, daß
er „weder ehelich getraut bezw. beweibt noch Vater von Kindern
sei, noch je verheiratet, somit weder verwittwet noch ehelich ge=
schieden sei."

Das Bundesgericht zieht in Erwägung:

1. Das vom Regierungsrate des Kantons Aargau beobachtete
Verfahren entspricht den Vorschriften des Bundesgesetzes vom
3. Juli 1876 nicht. Zunächst hätte nach Art. 7 Lemma 1 leg. cit.
der Regierungsrat das Entlassungsgesuch der Gemeindebehörde
„für sich und zu Handen etwa weiterer Beteiligter" mit Festsetzung
einer bestimmten Einsprachefrist mitteilen sollen. Dies ist nicht ge=
schehen, sondern es hat der Regierungsrat einfach das Bezirksamt
beauftragt, die Vernehmlassung des Gemeinderates einzuholen.
Sodann hätte der Regierungsrat, wie das Bundesgericht schon
häufig ausgesprochen hat (vergl. u. a. Amtliche Sammlung VIII,
S. 743 Erw. 1), nachdem der Gemeinderat von Stein gegen die
Bürgerrechtsentlassung Bedenken erhoben und weitere Mitteilungen
verlangt hatte, nicht selbst entscheiden, sondern die Entscheidung
dem Bundesgerichte vorbehalten sollen, sei es, daß er die Sache
selbst an dasselbe leitete, sei es, daß er es der Partei (dem Ge=
suchsteller) überließ, dieselbe beim Bundesgerichte anhängig zu
machen. Auch die Weisung, den (vermeintlichen) Kindern des

Gustav Herzog nach Maßgabe des § 264 des aargauischen bürgerlichen Gesetzbuches einen Pfleger ad hoc zu bestellen, war mit
dem Bundesgesetze nicht vereinbar. Denn die Regel des § 264
cit. kann, wie das Bundesgericht bereits in seiner Entscheidung
in Sachen Bühler vom 27. Oktober 1888 (Amtliche Sammlung
XIV, S. 553 Erw. 2) ausgesprochen hat, neben den Bestimmungen des Bundesgesetzes vom 3. Juli 1876 für das Anwendungs-
gebiet des letztern nicht in Betracht kommen. Eine Rückweisung
der Sache ist indes, trotz der begangenen formellen Verstöße, nicht
erforderlich. Der Gemeinderat von Stein hat in seiner Eingabe
an das Bundesgericht seine Einsprache vollständig begründet. Das
Bundesgericht hat im fernern, nachdem die Sache einmal zu seiner
Kognition gebracht worden ist, von Amts wegen zu prüfen, ob die
sämtlichen Voraussetzungen, unter welchen Gustav Herzog aus dem
Bürgerrechte entlassen werden muß, gegeben seien. Eine Entscheidung hierüber steht, nachdem gegen die Bürgerrechtsentlassung
Einsprache ist erhoben worden, dem Regierungsrate des Kantons
Aargau, wie bemerkt, nicht zu; dessen Beschluß vom 9. September
1892 kann nur die Bedeutung einer Meinungsäußerung, nicht
diejenige einer autoritativen Entscheidung beigemessen werden.
Eine Rückweisung an den Regierungsrat wäre danach, nachdem
dem einzig kompetenten Bundesgerichte das gesamte Material zu
Beurteilung der Sache vorliegt, zwecklos.

2. In der Sache selbst ist, insbesondere durch die nachträglich
beigebrachten Affidavits, erwiesen, daß Gustav Herzog unverheiratet und kinderlos ist. Eine Bescheinigung eines Standesbeamten
des gegenwärtigen Wohnortes des Gustav Herzog, daß dieser nicht
verheiratet sei, wie der Gemeinderat von Stein sie verlangt, wäre
wohl kaum je beizubringen und kann nicht verlangt werden. Nach
Lage der Sache ist hinlänglich erwiesen, daß die ursprüngliche
Annahme des Anwaltes des Gustav Herzog, es sei dieser Familienvater, auf einem Irrtum beruhte. Nachdem dieser Irrtum aufge-
klärt ist, liegt denn auch nicht der mindeste Grund dafür vor, an
der Identität des Gesuchstellers mit dem aus Stein, Kantons
Aargau, ausgewanderten dortigen Gemeindebürger Gustav Herzog
zu zweifeln.

3. Danach kann es sich denn nur um die Bürgerrechtsent-

lassung des Gustav Herzog für seine Person handeln. Die Vor=
aussetzungen aber, unter welchen diesem die Entlassung aus seinem
schweizerischen Bürgerrechte nach Art. 6 des Bundesgesetzes vom
3. Juli 1876 erteilt werden muß, sind gegeben. Daß Gustav
Herzog das Bürgerrecht der Vereinigten Staaten erworben hat,
ist durch den Bürgerrechtsbrief vom 17. September 1888 vollstän=
dig dargethan. Die Einwendung des Gemeinderates von Stein,
daß durch die Naturalisation in den Vereinigten Staaten das
„eigentliche“ Bürgerrecht der Vereinigten Staaten nicht erworben
werde, ist offenbar haltlos. Es kann ja gar nicht bezweifelt wer=
den, daß, mag es sich mit dem Verluste des einmal erworbenen
Bürgerrechts wie immer verhalten, durch die Naturalisation in
den Vereinigten Staaten der Eingebürgerte die Eigenschaft eines
Bürgers dieses Staatswesens in Rechten und Pflichten erlangt.
Im übrigen kann nur zweifelhaft sein, ob die Voraussetzung des
Art. 6 litt. a des Bundesgesetzes vom 3. Juli 1876 erfüllt sei,
d. h. ob Gustav Herzog kein Domizil in der Schweiz mehr be=
sitze. Allein auch dies ist zu bejahen. Thatsächlich wohnt Gustav
Herzog unbestrittenermaßen seit Jahren in den Vereinigten Staaten.
Das Bundesgesetz vom 3. Juli 1876 geht, wie das Bundesgericht
schon wiederholt ausgesprochen hat (siehe u. a. Amtliche Samm=
lung VII, S. 46 u. ff.), von dem natürlichen und tatsächlichen
Begriffe des Domizils aus, während ein bloß prozeßrechtlicher
und fiktiver Wohnsitz, wie derjenige, welchen, in Übereinstimmung
mit andern Gesetzen, das aargauische Recht für den Bevormun=
deten am Wohnorte des Vormundes statuiert, nicht in Betracht
kommt. Darauf also, daß Gustav Herzog im Kanton Aargau
unter Pflegschaft steht und dort für ihn ein prozeßrechtlicher
Wohnsitz begründet sein mag, kann nichts ankommen. Dagegen
ist allerdings vom Bundesgerichte wiederholt ausgesprochen worden,
daß ein Bevormundeter ohne vormundschaftliche Genehmigung
sein Domizil nicht rechtsgültig wechseln könne, und wenn also
richtig wäre, daß Gustav Herzog gegen den Willen der Vormund=
schaftsbehörde ausgewandert sei, so hätte er dadurch sein früheres
schweizerisches Domizil nicht rechtsgültig aufgegeben. Allein die
Vormundschaftsbehörde von Stein hat nun die Auswanderung
des Gustav Herzog, trotzdem sie von derselben Kenntniß hatte,

einfach geschehen lassen, ohne gegen dieselbe Einsprache zu erheben. Der Pfleger des Gustav Herzog hat demselben, offenbar mit Wissen der Vormundschaftsbehörde, während längerer Zeit regelmäßig Geldbeträge aus seinem Vermögen zur Ermöglichung seines Unterhalts in den Vereinigten Staaten zugesandt. Darin ist die stillschweigende Einwilligung der Vormundschaftsbehörde in die Übersiedelung des Bevormundeten nach seinem neuen Wohnsitze (siehe Entscheidungen des Bundesgerichtes, Amtliche Sammlung XIV, S. 548 Erw. 2) zu finden. Daran kann auch nichts ändern, daß die Vormundschaftsbehörde den Gustav Herzog nachträglich, nachdem dieser sein Vermögen herauszuverlangen begonnen, zur Rückkehr in die Heimat mag aufgefordert haben denn dies ändert ja nichts daran, daß sie anfänglich seine Übersiedelung nach den Vereinigten Staaten und damit die Aufgabe seines schweizerischen Domizils genehmigt hatte. Gustav Herzog besitzt also in der Tat gegenwärtig kein Domizil mehr in der Schweiz.

4. Daß mit der Entlassung des Gustav Herzog aus dem schweizerischen Bürgerrechte die über ihn in Stein bestehende Vormundschaft dahinfällt und die dortige Vormundschaftsbehörde also zu weiterer Verwaltung seines Vermögens nicht mehr berechtigt ist, erscheint als selbstverständlich.

Demnach hat das Bundesgericht
erkannt:

Die Einsprache des Gemeinderates von Stein gegen die Entlassung des Gustav Herzog aus seinem schweizerischen Kantons- und Gemeindebürgerrechte wird als unbegründet abgewiesen.

---

13. Urteil vom 21. April 1893 in Sachen Bindschedler.

A. Der im Jahre 1886 nach Amerika ausgewanderte, zweimal verheiratet gewesene und nun von beiden Ehefrauen geschiedene Julius Bindschedler von Zürich, geb. 1848, wohnhaft in Bridgeport, Connecticut, Vereinigte Staaten von Amerika, an seinem Heimatorte im Jahre 1886 wegen Verschwendung bevogtet, reichte am 18. Oktober 1892 durch seine Vertreter, Trüb und Holder,

Inkassogeschäft in Zürich, dem Regierungsrate des Kantons Zürich eine Erklärung ein, womit er auf sein zürcherisches Kantons- und Gemeindebürgerrecht verzichtete und aus demselben entlassen zu werden verlangte. Dieser Erkläruug legte er eine Naturalisationsurkunde bei, wonach er das Bürgerrecht der Vereinigten Staaten von Amerika erworben hat, und versicherte zugleich, daß er nach Aufhebung der über ihn verhängten Vormundschaft die Hälfte seines in Zürich befindlichen Vermögens zurücklassen werde, als Garantie für die ihm obliegende Alimentationspflicht gegenüber seinen minorennen, ebenfalls unter Vormundschaft stehenden Kindern. Auf diese sollte sich nämlich, nach der ausdrücklichen Erklärung des Petenten, der Verzicht auf das schweizerische Bürgerrecht nicht beziehen. Der Regierungsrath übermittelte das Gesuch dem Stadtrat und dem Bezirksrat Zürich für sich und zu Handen allfällig weiterer Beteiligter und stellte, nachdem seitens dieser beiden letztern Behörden gegen die Entlassung des Gesuchstellers aus dem dortigen Bürgerrechte Einsprache erhoben worden war, die Akten dem Bundesgerichte zu, damit dasselbe in Sachen entscheide.

B. Die Einsprache des Stadtrates Zürich, welcher sich auch der Bezirksrat anschloß, stützt sich auf folgende Gründe: Petent sei im Jahre 1886 wegen Verschwendung unter Vormundschaft gestellt worden. Während des Bevogtigungsprozesses habe er sich ohne Zustimmung der Vormundschaftsbehörden und unter Zurücklassung seiner Familie nach Amerika entfernt. Im Jahre 1890 sei er sodann von seiner zweiten Ehefrau geschieden worden. Die Vormundschaft über ihn bestehe aber zur Zeit noch fort, und da die Vormundschaftsbehörde ihre Zustimmung zum Erwerb des Bürgerrechts in Amerika nicht gegeben habe, so sei sie auch berechtigt, gegen die Entlassung des Julius Bindschedler aus dem Schweizerbürgerrechte Einwendung zu erheben. Letzterer habe seit seiner Auswanderung nach Amerika an die Erziehung seiner Kinder keine Beiträge geleistet. Und doch liege die Erziehung des zur Zeit 17jährigen Sohnes erster Ehe ihm allein ob und ebenso sei ihm bezüglich des im Jahre 1885 geborenen Kindes zweiter Ehe ein jährlicher Sustentationsbeitrrag von 350 Fr. gerichtlich auferlegt worden. Daß er diesen Verpflichtungen in Zukunft nachkomme, sei nicht zu erwarten, daher müsse die Behörde gegen die Ausfolgung des Vermögens, was durch den Verzicht auf das Bürgerrecht einzig bezweckt werde, opponiren. Gestützt hierauf erhebe der Stadtrat Einspruch gegen die nachgesuchte Ausbürgerung und stelle für den Fall, daß dem Begehren dennoch entsprochen werden sollte, eventuell den Antrag, daß Bindschedler verpflichtet werde:

1. Auf das Vermögen zu Gunsten seiner Kinder resp. auf die Ausfolgung bis nach vollendeter Berufsbildung der letztern zu verzichten, in der Meinung, daß der Unterhalt, die Pflege und Erziehung der Kinder aus dem väterlichen Vermögen zu erfolgen habe.

2. Auf die väterliche Vormundschaft über seine Kinder zu verzichten.

C. Durch das Waisenamt Zürich wurden auch die Vormünder des J. Bindschedler selbst, sowie seiner zwei minorennen Kinder erster und zweiter Ehe einvernommen. Diese erklärten:

1. Der Vormund des Petenten und seines aus erster Ehe stammenden Kindes: Er habe keinerlei Veranlassung, sich gegen die Ausbürgerung des Vaters auszusprechen. Derselbe wohne seit 1886 in Amerika und habe offenbar die Absicht, auch in Zukunft dort zu bleiben. Dagegen solle den Kindern, die durch gerichtliches Scheidungsurteil ihren Müttern zur Pflege und Erziehung zugesprochen worden seien, ihr bisheriges Bürgerrecht belassen werden. Die Offerte des Petenten, die Hälfte seines Vermögens als Garantie seiner Unterhaltungspflicht zurückzulassen, sei vor der Hand annehmbar und genügend, doch werde hierüber bei Aufhebung der Vormundschaft weiter verhandelt werden.

2. Der Vormund des aus der zweiten Ehe entsprossenen Kindes widersetzt sich dagegen dem Gesuche um Entbürgerung und macht geltend: Petent habe die Einwilligung der Vormundschaftsbehörden zur Verlegung seines Domizils nach Amerika niemals erhalten und sei daher das Requisit des Art. 6, litt. a, des Bundesgesetzes nicht erfüllt. Auch zum gültigen Erwerb des amerikanischen Bürgerrechts habe es der Zustimmung der Vormundschaftsbehörden bedurft, was ebensowenig der Fall gewesen sei. Vor der Entlassung aus dem schweizerischen Bürgerrecht müsse aber die Frage der Aufhebung der Vormundschaft in Berathung gezogen werden. Mit dem Anerbieten, die Hälfte seines Vermögens bis zur erreichten Volljährigkeit seiner Kinder in vormundschaftlicher Verwaltung zu belassen, seien die Interessen der Minorennen nicht genügend gewahrt. Denn abgesehen davon, ob diese Hälfte aus-

reichen würde, entstehe auch die Frage, ob eine solche Offerte überhaupt rechtsverbindlich sei und nicht viel mehr nach Aufhebung der
Vormundschaft über den Vater rückgängig gemacht werden könne.
Jedenfalls sei die Entlassung nur unter ausreichender finanzieller
und moralischer Sicherstellung der beiden im schweizerischen Staats=
verbande verbleibenden Kinder zu bewilligen und es werde daher
eventuell beantragt, daß dieselbe nur dann gewährt werden solle,
wenn Bindschedler

1. Unter Genehmigung der zürcherischen Vormundschaftsbehörde
seinen beiden Kindern Ernst und Julie die Summe von 10,000
bis 12,000 Fr. schenkungsweise abtrete, wogegen ihm dann der
Rest ausgehändigt werden würde;

2. Ein für alle mal auf jede Geltendmachung der väterlichen
Vormundschaft über seine beiden Kinder verzichte;

3. Die Kinder ihr bisheriges Gemeinde= und Kantonsbürger=
recht bis zu ihrer Volljährigkeit beibehalten.

D. Hierauf antwortet Julius Bindschedler mittelst seines Ver=
treters folgendes: Vor allem sei nicht richtig, daß er während des
Bevogtigungsprozesses nach Amerika ausgewandert sei. Die Bevogtigung durch den Bezirksrat habe am 29. April 1886 und
deren Bestätigung durch die Gerichte am 28. Dezember gleichen
Jahres stattgefunden; nun sei er aber schon Anfangs Februar
1886 ausgewandert. Zur Zeit der in Rechtskraft erwachsenen
Bevormundung habe also Rekurrent schon eilf Monate in Amerika
gewohnt und sei dort schon seit einigen Wochen ansässig gewesen,
als erst das Bevogtigungsbegehren seitens einiger Verwandten
gestellt worden sei. Übrigens steht nach bundesgerichtlicher Praxis
fest, daß zur wirksamen Verlegung des Domizils eine ausdrückliche vormundschaftliche Einwilligung nicht erforderlich sei, vielmehr
es genüge, wenn dieselbe aus den Umständen gefolgert werden
könne. Dies sei nun in concreto der Fall. Ebenso verhalte es
sich bezüglich des Bürgerrechtserwerbes. Die Frage, ob derselbe in
gültiger Weise erfolgt sei, beurteile sich lediglich nach dem Rechte
der neuen Heimat und daß nach amerikanischem Rechte der Petent
handlungsfähig sei, gehe aus den produzirten Akten hervor. Auch
die auf die Interessen der minderjährigen Kinder begründete Ein=
sprache ermangle jeder Grundlage. Petent bleibe nach wie vor
alimentationspflichtig und habe auch absolut nicht den Willen, sich

feinen biesbezüglichen Pflichten zu entziehen. Übrigens gehöre diese
Frage nicht hieher, sondern werde allfällig Gegenstand späterer
Verhandlungen vor der Vormundschaftsbehörde bilden. Von seinem
in Zürich befindlichen Vermögen habe Rekurrent bisher noch nichts
bezogen, sondern sich selbst unterhalten, und wenn er keine Beiträge
für die Erziehung der Kinder geleistet habe, so komme dies einfach
daher, daß er ruhig habe annehmen dürfen, daß sein vormund-
schaftlich verwaltetes Vermögen zu diesem Zwecke wohl hingereicht
haben werde. Aus allen diesen Gründen stelle er den Antrag, daß
der Regierungsrat des Kantons Zürich angewiesen werde, seine Entlassung aus dem Kantons- und Gemeindebürgerrechte auszusprechen.

Das Bundesgericht zieht in Erwägung:

1. Das Bundesgesetz vom 3. Juni 1876 stellt in seinem Art. 6
diejenigen Bedingungen, unter welchen die Entlassung aus dem
schweizerischen Bürgerrecht zu geschehen hat, erschöpfend fest. Diese
Bedingungen sind: Daß der Verzichtende in der Schweiz kein
Domizil mehr besitze, daß er nach dem Gesetze des Landes, in
welchem er wohnt, handlungsfähig sei, und daß er das Bürgerrecht
eines andern Staates für sich und allfällig für seine Frau und
minderjährigen Kinder, falls die Entlassung sich auch auf diese
bezieht, erworben habe oder ihm dasselbe zugesichert sei. An andere
Bedingungen, die im Gesetze nicht enthalten sind, darf die Ausbürgerung nicht geknüpft werden. Demzufolge fallen die eventuellen Begehren der Opponenten, daß dem Julius Bindschedler
seine Entlassung aus dem schweizerischen Bürgerrecht jedenfalls nur
gegen Verzicht auf einen Teil seines Vermögens und auf die
väterliche Gewalt über seine minderjährigen Kinder bewilligt werden solle, außer Betracht, und sind solche Fragen, wie vom Vertreter des Rekurrenten richtig bemerkt wird, nur vor den kantonalen
Instanzen zu behandeln. Alles, was hierüber von den Opponenten
vorgebracht worden ist, hat für die hier zu lösende Frage keine
Bedeutung.

2. Es bleibt also nur zu untersuchen, ob die Requisite des
Art. 6 leg. cit. in concreto zutreffen. Daß dies bezüglich litt. b
dieses Artikels der Fall sei, haben auch die Opponenten nicht bestritten und wäre übrigens durch die notarielle Bescheinigung zu
der Vollmacht vom 23. Juli 1892 hinlänglich bewiesen, daß der
Gesuchsteller nach den Gesetzen des amerikanischen Staates Conec-

ticut, wo er wohnt, handlungsfähig ist. Steht dies aber fest, so kann auch nicht sein Erwerb des amerikanischen Bürgerrechts aus dem Grunde bestritten werden, daß eine diesbezügliche Bewilligung der heimatlichen Vormundschaftsbehörde nicht eingeholt worden sei. Denn gemäß bundesgerichtlicher Praxis (siehe Entscheidungen Amtliche Sammlung V, S. 333) ist die Frage der Gültigkeit des Bürgerrechtserwerbes lediglich nach amerikanischem Recht und nicht nach zürcherischem Recht zu beurteilen. Fraglich könnte nur sein, ob das dritte Requisit, daß der Verzichtende kein Domizil in der Schweiz mehr besitze, erfüllt sei, eben mit Rücksicht darauf, daß, wie die Opponenten geltend machen, eine ausdrückliche Be= willigung der Vormundschaftsbehörde zum Aufgeben des schwei= zerischen Domizils dem Julius Bindschedler niemals erteilt worden ist. Allein auch abgesehen davon, daß in dem passiven Verhalten der heimatlichen Vormundschafsbehörden jedenfalls eine stillschwei= gende Anerkennung des auswärtigen Domizils des Bindschedler erblickt werden müßte, hat dieser auch, wie aus den Akten des Bevormundungsprozesses klar hervorgeht, seinen Wohnort nicht erst nach erfolgter Bevogtigung oder, wie der Stadtrat Zürich behauptet, während des Bevormundungsprozesses gewechselt, sondern schon im Februar 1886, als er weder bevogtet noch ein dies= bezügliches Begehren gestellt war. Damals war er aber zur Ände= rung seines Domizils unbestrittenermaßen befugt und die später erfolgte Bevogtigung hat an dieser Thatsache nichts geändert.

3. Demgemäß sind keine Gründe vorhanden, um dem Julius Bindschedler dessen Entlassung aus dem schweizerischen Bürgerrechte zu verweigern; dagegen versteht sich von selbst, daß nach den ab= gegebenen Erklärungen diese Entlassung bloß auf ihn und nicht auch auf seine minderjährigen Kinder Bezug haben wird.

Demnach hat das Bundesgericht

erkannt:

Die Einsprache gegen den Bürgerrechtsverzicht des Julius Bind= schedler ist abgewiesen und demnach die Entlassung desselben aus dem zürcherischen Kantons= und Gemeindebürgerrechte von der zu= ständigen kantonalen Behörde auszusprechen.

## V. Kosten der Bundesrechtspflege.
## Frais de l'Administration de la justice fédérale.

14. Urteil vom 3. März 1893 in Sachen Bundesrat.

A. Die Polizeikammer des Appellations= und Kassationshofes des Kantons Bern hat in zwei Straffällen wegen Eisenbahngefährdung, deren Beurteilung nach Anleitung des Art. 74 des Bundesstrafrechts den Gerichten des Kantons Bern übertragen worden war, die Eidgenossenschaft in die Kosten verfällt. Die Entscheide lauten: 1. In Sachen Arthur Bourquin, Urteil vom 19. Oktober 1892: « Les frais de la question préjudicielle » sont mis à la charge de la Confédération respectivement » de la Caisse fédérale; ceux de l'Etat de Berne sont liquidés » à 6 fr. et ceux du prévenu Arthur Bourquin à 40 fr. » 2. In Sachen Gottfried Aebi, Urteil vom 15. Oktober 1892: „Die „ergangenen Prozeßkosten sind in Anwendung des Art. 20 des „Bundesgesetzes über die Bundesrechtspflege vom 20. Juni 1880 „der Bundeskasse bezw. der schweizerischen Eidgenossenschaft auf= „erlegt; dieselben sind bestimmt: a. diejenigen des Gottfried Aebi „auf 40 Fr. ; b. die erstinstanzlichen des Staates auf 24 Fr. „40 Cts. ; c. die oberinstanzlichen auf 20 Fr." Diese Urteile wurden dem Bundesrate am 14./21. November 1892 eröffnet. Der Bundesrat verweigerte die Anerkennung dieser Urteile und die Bezahlung der betreffenden Kostenbeträge an die freigesprochenen Angeschuldigten, weil er überhaupt den kantonalen Gerichten die Kompetenz bestritte, in solchen Fällen dem Bunde direkt Kosten zu überbinden. Gottfried Aebi leitete hierauf die Betreibung gegen den Bundesfiskus ein und suchte um Rechtsöffnung nach. Die Bundesanwaltschaft wandte sich an die Justizdirektion des Kantons Bern, um durch diese eine Regelung der Angelegenheit im Sinne der vom Bundesrate vertretenen Anschauung zu erlangen. Die Justizdirektion übermittelte die Zuschrift der Bundesanwaltschaft der Polizeikammer des Appellations= und Kassationshofes des

Kantons Bern zur Rückäußerung. In ihrem Antwortschreiben
vom 21. Dezember 1892 beharrte die Polizeikammer unter eingehender Begründung auf dem Standpunkte ihrer Urteile. Die
Justizdirektion des Kantons Bern teilte daher der Bundesanwaltschaft am 26. Dezember 1892 mit, angesichts der bestimmten Haltung, welche die Polizeikammer in der Sache einnehme, werde es
kaum etwas nützen, mit ihr weiter zu verhandeln. Da ihr und
dem Regierungsrate der Gewaltentrennung wegen keine Befugniß
zustehe, der Polizeikammer andere Verhaltungsmaßregeln zu geben,
so müsse sie es der Bundesanwaltschaft anheimstellen, ihren Widerspruch gegen die gerügte Gerichtspraxis vor den Bundesbehörden
geltend zu machen.

B. Mit Eingabe vom 30./31. Dezember 1892 stellte nunmehr
der schweizerische Bundesrat unter Berufung auf Art. 56 O.-G.
beim Bundesgerichte die Anträge: Es möge das Bundesgericht:
1. sich dahin aussprechen, daß die kantonalen Gerichte in den
Fällen delegirter Gerichtsbarkeit nach Anleitung des Art. 74
B.-St.-R. nicht befugt seien, dem Bunde direkt Kosten aufzuerlegen und demgemäß die Urteile der bernischen Polizeikammer
in Sachen Arthur Bourquin und Gottfried Aebi vom 15./19. Oktober 1892, soweit sich dieselben auf die Überbindung von Kosten
an die Eidgenossenschaft beziehen, aufheben; 2. erkennen, daß die
auf Grund des angefochtenen Urteils der bernischen Polizeikammer
gegen den Bund beim Betreibungsamte Bern (Stadt) angehobene
Civilklage (Schuldbetreibung) aufgehoben sei (Art. 6 des Bundesgesetzes vom 20. November 1850 betreffend Gerichtsstand von
Civilklagen für und gegen den Bund), einstweilen aber durch
provisorische Verfügung die angehobene Betreibung einstellen. Zur
Begründung führt der Bundesrath aus: Die Polizeikammer des
bernischen Appellations- und Kassationshofes stelle sich auf den
Standpunkt, daß in den in Art. 20 des Bundesgesetzes vom
25. Juni 1880 vorgesehenen Kosten, die der Bund eventuell zu
tragen habe, auch die Parteikosten inbegriffen seien und daß die
kantonalen Gerichte berechtigt seien, im Urteile selbst solche Kosten
dem Bunde direkt aufzuerlegen. Auf eine Erörterung über den
ersten Punkt wolle der Bundesrath zur Zeit nicht eintreten, weil
ein Streit in dieser Beziehung zwischen dem Bund und dem Kan-

ton Bern nicht vorliege; dagegen bestreite er dem kantonalen Gerichte die Kompetenz, dem Bunde in den Fällen, in welchem er
nach Art. 74 B.-St.-R. seine Gerichtsbarkeit delegiere, direkt die
Kosten aufzuerlegen. Es sei allgemeine Rechtsregel, daß die Gerichte nur unter streitenden Parteien Recht sprechen können und
daß Kosten nur demjenigen überbunden werden können, der am
Prozesse beteiligt sei. Wenn im Strafprozesse dem Staate Kosten
überbunden werden sollen, so könne es nur der Staat sein, dessen
Gerichte den Prozeß beurteilen, dessen Organe die öffentliche Klage
erhoben haben. In den Fällen, in welchen nach Anleitung des
Art. 74 B.-St.-R. die Gerichtsbarkeit delegiert werde, erhebe nicht
der Bund die Strafklage, sondern er entscheide lediglich über den
Gerichtsstand und überweise die Angelegenheit zur Untersuchung
und Beurteilung entweder an die Assisen oder an die kantonalen
Gerichte; in letzterem Falle seien es ausschließlich die kantonalen
gerichtlichen Behörden und Beamten, welche handeln und es finde
der Prozeß seine Erledigung wie ein anderer Strafprozeß vor dem
kantonalen Gerichte, mit der Ausnahme, daß das letztere materiell
das Bundesstrafrecht anzuwenden habe. Erwachsen aus einem solchen Prozesse dem kantonalen Fiskus Kosten, so sei im Art. 20
des Gesetzes über die Kosten der Bundesrechtspflege festgestellt,
welchen Teil hievon der Bund zu übernehmen habe. Dieser Teil
könne aber nicht durch das kantonale Gericht festgestellt werden,
vielmehr finde die Kostenregulierung im Wege der Verrechnung
zwischen der kantonalen Regierung und dem Bunde statt, wobei
sich der letztere das Recht wahre, zu prüfen, ob die gestellte Rechnung im Einklange sei mit den gesetzlichen Vorschriften, speziell
Art. 20 cit. Es heiße auch im erwähnten Artikel, daß die Kosten
von der „Bundeskasse" zu „vergüten" seien und wenn im französischen Text ein anderer Ausdruck gebraucht sei, „supporter"
statt „rembourser", so ändere dies an der Sache im Wesen nichts,
denn der citierte Art. 20 reguliere nur die Tragung der Kosten
zwischen Bund und Kantonen, sage aber nirgends, daß das kantonale Gericht befugt sei, dem Bunde Kosten direkt zu überbinden,
oder einen bezüglichen Streit zwischen Bund und Kantonen zu
entscheiden. So sei es bisher immer gehalten worden. Die Polizeikammer von Bern wolle eine neue Praxis einführen und führe

als Grund hiefür an die einschränkende Auslegung, welche der
Begriff der Prozeßkosten von Seite der Bundesadministrativbe=
hörden erfahre, welche schon seit Jahren zu fortwährenden Anständen
zwischen den Kantonen und dem Bunde geführt habe. Es sei ein=
leuchtend, daß durch das von der bernischen Polizeikammer gewünschte
Verfahren alle Anstände auf die einfachste Weise aus der Welt
geschafft würden. Wenn das kantonale Gericht souverän und in
rechtsverbindlicher Weise dem Bunde Prozeß & Parteikosten, Ent=
schädigungen an Angeklagte überbinden könne, ohne daß der Bund
gehört werde oder überhaupt etwas dazu zu sagen habe, so könne
allerdings ein Streit nicht mehr entstehen. Ein solches Verhältnis
könne aber selbstverständlich der Bundesrat nicht acceptieren. Der
Bund sei nicht der kantonalen Gerichtsbarkeit unterworfen und
wenn zwischen Bund und Kantonen ein Streit über die Inter=
pretation des Art. 20 cit. entstehe, so habe hierüber ausschließlich
das Bundesgericht zu entscheiden.

C. Die Polizeikammer des Appellations= und Kassationshofes
des Kantons Bern verweist in ihrer Vernehmlassung einfach auf
ihr Schreiben an den Regierungsrat und die Justizdirektion des
Kantons Bern vom 21. Dezember 1892. Darin wird wesentlich
ausgeführt: Weder aus dem Texte des Art. 20 des Bundesgesetzes
über die Kosten der Bundesrechtspflege noch aus der ratio legis
ergebe sich, daß bei den Prozeßkosten ein Unterschied zwischen den
Gerichts= und Parteikosten gemacht werden müsse. Der Ausdruck
„Prozeßkosten" des deutschen Gesetzestextes, oder gar der noch
allgemeinere des französischen Textes (les „frais") umfasse sowohl
die Partei= als die Gerichtskosten. Die Ausübung der Gerichts=
barkeit in den durch Delegation den Kantonen überwiesenen Fällen
bilde eine gesetzliche Pflicht und nicht bloß ein Recht der Kantone.
Da entspreche es denn doch nur der Billigkeit, wenn der Bund
im Falle der Zahlungsunfähigkeit eines Verurteilten oder der Frei=
sprechung eines Angeschuldigten die Bezahlung der Prozeßkosten
übernehme und dieselben nicht, sei es ganz sei es teilweise, den
Kantonen überbinde, welche den Prozeß infolge Delegation haben
durchführen müssen; dies um so mehr als die Delegation von
Straffällen an die kantonalen Gerichte sich dem Bunde hauptsächlich
auch deshalb empfehle, weil die Behandlung durch das eidgenössische

Strafgericht weit höhere Kosten nach sich ziehen würde. Entschei=
dend spreche für diese Auslegung auch die Entstehungsgeschichte
des Gesetzes. Das Bundesgesetz vom 30. Juni 1849 betreffend
das Verfahren bei Übertretungen fiskalischer und polizeilicher
Bundesgesetze habe vorgeschrieben: „Die Gefängniskosten sowie die
Gerichtskosten, welche der Übertreter nicht bezahlen kann, oder zu
welchen er nicht verurteilt worden ist, werden durch den Bund
getragen." Dagegen habe Art. 15 des Bundesgesetzes über die
Kosten der Bundesrechtspflege vom 24. September 1856 in seinem
zweiten Lemma bestimmt: „Bei denjenigen Strafprozessen, welche
wegen Verletzung des Bundesstrafgesetzes vom 4. Hornung 1853
nach Art. 74 desselben eingeleitet werden, hat, im Falle der Ver=
urteilung der Angeklagte, und im Falle der Zahlungsunfähigkeit
oder Freisprechung des Angeklagten, die Bundeskasse, nach Maßgabe
der Gesetze des betreffenden Kantons, die Prozeßkosten zu tragen."
Die Ungleichheit, welche hienach zwischen der Kostenpflicht des
Bundes in Fiskalstraffällen einerseits und den in Gemäßheit des
Art. 74 des Bundesstrafgesetzes den kantonalen Gerichten delegierten
Straffällen andrerseits bestanden habe, sei durch das Bundesgesetz
vom 25. Juni 1880 beseitigt worden, indem dieses Gesetz die Regel,
daß bei Zahlungsunfähigkeit oder Freisprechung der Angeklagten
der Bund ganz allgemein die Prozeßkosten zu tragen habe, auch
für die Fiskalstraffälle aufgestellt habe. Bezeichnend sei nun, daß
die Revision vom Jahre 1880 ursprünglich von andern Gesichts=
punkten ausgegangen sei. Der Bundesrat habe vorgeschlagen zu
bestimmen: Im Falle der Zahlungsunfähigkeit oder Freisprechung
des Angeklagten habe die Bundeskasse die Prozeßkosten, jedoch mit
Ausnahme von Gerichtsgeldern, Besoldungen und Diäten an
funktionierende Beamte und Geschworene zu tragen. Der Bundesrat
habe also aus den Prozeßkosten die Gerichtskosten ausscheiden und
diese den Kantonen überbinden wollen, dagegen habe er, wenn
anders die Kostenübernahme durch den Bund überhaupt noch einen
Inhalt haben sollte, die Parteikosten, also die Kosten der Vertei=
bigung und allfällige den Angeschuldigten gesprochene Entschädi=
gungen, dem Bunde auflegen wollen. Der Bundesrat sei also damals
von einer ganz andern Auffassung ausgegangen, als er sie seither
in vielen Entscheidungen betätigt habe. In den eidgenössischen

Räten habe aber eine Restriktion hinsichtlich der Kostenübernahme durch den Bund überhaupt nicht beliebt und der zum Gesetze gewordene Art. 20 spreche daher von „Prozeßkosten" schlechthin. Die Bundesbehörde komme daher in direkten Widerspruch mit dem Willen des Gesetzgebers, wenn sie zunächst den Begriff der Prozeß= kosten einschränke und sodann die direkte Kostenfälligkeit des Bundes überhaupt in Abrede stellen wolle. Der Bund sei allerdings nicht deshalb kostenpflichtig, weil er durch die bloße Delegation einer Straffache an die Kantone in die Stellung einer Partei gerückt würde. Der Grund der Kostenauflage liege vielmehr einzig im Bundesgesetze vom 25. Juni 1880, durch das sich der Bund unter bestimmten Voraussetzungen gewissermaßen selbst zu den Kosten verurteile; das Urteil des Gerichtes spreche daher bloß für den konkreten Fall aus, was durch das Gesetz im Allgemeinen schon normiert sei. Allerdings spreche dafür, daß dem Bund nicht direkt durch das freisprechende Urteil Kosten auferlegt werden dürfen, sondern deren Vergütung durch den Bund an die Kantone auf administrativem Wege stattfinde, einigermaßen der Wortlaut des Art. 20 leg. cit. Während das Gesetz für den Fall der Verur= teilung des Angeklagten normiere, daß dieser die Prozeß= und Voll= ziehungskosten zu bezahlen habe, sage es für den Fall der Zahlungs= unfähigkeit des Verurteilten oder für den Fall der Freisprechung des Angeschuldigten bloß, daß dann die Prozeßkosten von der Bundeskasse zu „vergüten" seien. Allein dieser Verschiedenheit der Ausdrucksweise könne doch eine sachliche Bedeutung nicht beigemessen werden. Der Ausdruck „vergüten" sei offenbar deshalb gewählt worden, weil er für den ersten Fall, nämlich denjenigen der Zah= lungsunfähigkeit des Verurteilten, passender erschienen sei. In diesem Falle werde ja der Angeschuldigte direkt und in erster Linie zu den Kosten verurteilt und erst, wenn es sich herausstelle, daß er zahlungsunfähig sei, komme die Bundeskasse in die Lage, für den Angeschuldigten bezahlen zu müssen. Hier könne man daher von einem „Vergüten" sprechen. Allein anders liege die Sache im Falle der Freisprechung eines Angeschuldigten. Da sei nicht einzusehen, weshalb die Kosten nicht direkt dem Bunde auferlegt werden sollten, da ja schon im Momente der Urteilsfällung fest= stehe, daß er sie zu bezahlen habe. Für die direkte Auferlegung der Prozeßkosten an den Bund spreche die einschränkende Auslegung, welche der Begriff der Prozeßkosten durch die Bundesadministrativ=behörde erfahren und welche schon seit Jahren zu fortwährenden Anständen zwischen den Kantonen und dem Bunde geführt habe. Jeder Zweifel hinsichtlich der Bedeutung des Wortes „vergüten" werde durch den französischen Text des Art. 20 gehoben. Dieser bestimme: Les frais seront supportés par l'accusé s'il est con-damné. S'il se trouve dans l'incapacité de payer ou s'il est acquitté, ils seront supportés par la caisse fédérale. Hier werde also ein Unterschied zwischen „Bezahlen" und „Vergüten" nicht gemacht, sondern sei schlechthin vom Tragen der Kosten die Rede. Der französische Text sei aber nicht etwa nur Gesetzesmaterial, sondern er sei Gesetz wie der deutsche Text und es komme ihm die gleiche Bedeutung zu, wie jenem.

D. Seitens des Arthur Bourquin und des Gottfried Aebi ist eine Vernehmlassung nicht eingegangen.

Das Bundesgericht zieht in Erwägung:

1. Ein Kompetenzkonflikt zwischen einer Bundesbehörde einerseits und einer Kantonalbehörde andrerseits im Sinne des Art. 56 Abs. 1 O.=G. liegt nicht vor. Der Bundesrat behauptet nicht, daß i h m eine Entscheidungsbefugnis in der Sache zustehe; er bestreitet auch gar nicht, daß das kantonale Gericht kompetent war, in den vor ihm geführten Strafprozessen, wie in der Hauptsache, so auch über den Kostenpunkt zu entscheiden. Er behauptet vielmehr nur, der Entscheid des kantonalen Gerichtes über den Kostenpunkt verletze materiell den Art. 20 des Bundesgesetzes über die Kosten der Bundesrechtspflege vom 25. Juni 1880, da diese Gesetzesbestim=mung das Gericht nicht berechtige, die an sich in seine Kompetenz fallende Kostenfrage so zu entscheiden, wie es dies getan habe, d. h. im Sinne direkter Verurteilung des Bundes in die Kosten. Die Voraussetzungen eines Kompetenzkonfliktes sind also nicht gegeben. Dagegen ist die Beschwerde des Bundesrates als staatsrechtlicher Rekurs wegen Verletzung eines Bundesgesetzes im Sinne des Art 59 litt. a O.=G. statthaft. Durch die angefochtenen Entscheidungen der bernischen Polizeikammer wird der Bundesfiskus zu Geldlei=stungen verurteilt. Der Bundesrat behauptet, diese Verurteilung verletze die Rechtsstellung des Bundesfiskus, wie dieselbe bundes=

gesetzlich, speziell durch Art. 20 leg. cit. gestaltet sei; der Bundesrat ist daher, als Vertreter des Bundesfiskus, gemäß der vom
Bundesgerichte stets festgehaltenen Auslegung des Art. 59 O.=G.,
zum staatsrechtlichen Rekurse berechtigt. Der Bundesrat kommt
hier eben nicht als öffentliche Behörde in Betracht, in welcher
Eigenschaft er zu staatsrechtlichen Rekursen nach Art. 59 O.=G.
nicht legitimiert ist, sondern als Vertreter des Bundesfiskus, welcher
als juristische Persönlichkeit des Privatrechts einem Privaten gleich-
zuhalten ist.

2. In der Sache selbst ist zu bemerken: Wenn Übertretungen
des Bundesstrafrechts gemäß Art. 74 dieses Gesetzbuches zur Untersuchung und Beurteilung an die Kantonalbehörden gewiesen werden,
so wird in dem vor den kantonalen Gerichten geführten Strafprozesse nicht ein Strafanspruch des Kantons, sondern ein solcher
des Bundes geltend gemacht. Dies ergibt sich daraus, daß das
Begnadigungsrecht dem Bunde zusteht und die Bußen in die Bundeskasse fallen. Subjekt des staatlichen Strafanspruchs ist also der
Bund. Dagegen macht dieser sein Recht nicht selbst geltend, sondern
beauftragt damit die kantonalen Behörden; er bedient sich zur Verwirklichung seines Strafrechts der Gerichte und sonstigen Justiz-
einrichtungen der Kantone, welche diese ihm zur Verfügung stellen
müssen. Handelt es sich also um die Verwirklichung eines Strafrechts des Bundes, welches die kantonaleu Behörden in dessen
Auftrag verfolgen, nicht um Ausübung eines eigenen Strafrechts
des Kantons, so ist es sachgemäß, daß die Kosten, welche mit
dieser Rechtsverfolgung verbunden sind, soweit sie dem Staate
auffallen, vom Bunde getragen werden, daß der Bund, welcher
Subjekt des eingeklagten staatlichen Strafanspruchs ist, auch Träger
der staatlichen Kostenpflicht sei. Dies wird in Art. 20 des Bundesgesetzes über die Kosten der Bundesrechtspflege grundsätzlich
anerkannt. Dieser stellt (Abs. 2) einerseits die Vorschrift auf,
daß im Falle der Verurteilung der Angeklagte die Prozeß- und
Vollziehungskosten zu bezahlen habe, andrerseits schreibt er vor,
daß im Falle der Zahlungsunfähigkeit oder Freisprechung des
Angeklagten die Prozeßkosten von der Bundeskasse zu vergüten
seien. Hinsichtlich der Anwendung dieser Vorschrift ist ein Unterschied zwischen dem ersten und dem zweiten Teile derselben nicht

gemacht. Wie nun zweifellos das kantonale Gericht im Falle der
Verurteilung dem Angeklagten die Kosten durch sein Urteil zu
überbinden hat, so ist es auch befugt, im Falle der Freisprechung
die Kosten dem Bunde durch sein Urteil aufzuerlegen. Wie in der
Hauptsache, so ist das kantonale Gericht auch rücksichtlich des
Kostenpunktes kompetent und hat denselben in Gemäßheit der
geltenden eidgenössischen und kantonalen Gesetze zu erledigen. Die
direkte Auflage der dem Staate auffallenden Kosten an den Bund
ist in dem Gesetze nicht ausgeschlossen. Daß dasselbe in seinem
deutschen Texte von „Vergüten" dieser Kosten durch die Bundes=
kasse nicht (wie mit Bezug auf die vom Angeklagten zu tragenden
Kosten) von „Bezahlen" derselben spricht, ist sachlich bedeutungslos.
Denn einmal macht der französische Text diese Unterscheidung gar
nicht, sondern verwendet in beiden Richtungen unterschiedslos das
Wort supporter, was deutlich zeigt, daß der Verschiedenheit der
Ausdrucksweise im deutschen Text sachliche Bedeutung nicht beige=
messen wurde. Sodann mag der Ausdruck „Vergüten" im zweiten
Satze des Art. 20 Abs. 2 speziell mit Rücksicht auf den dort in
erster Linie erwähnten Fall der Zahlungsunfähigkeit des Verur=
teilten als passend erschienen sein und kann ja übrigens auch dann,
wenn bei Freisprechung des Angeklagten der Bund direkt in die Kosten
verurteilt wird, von „Vergütung" der Kosten insofern gesprochen
werden, als die Bundeskasse die aus der Strafverfolgung erwachsenden
Kosten den Kantonen nicht vorschießt. Wenn der Bundesrat we=
sentlich betont, der Bund sei in den den kantonalen Behörden
gemäß Art. 74 B.=St.=R. überwiesenen Strafprozessen nicht Partei
und könne deshalb gemäß allgemeinen Rechtsgrundsätzen nicht zu
den Kosten verurteilt werden, so ist richtig, daß der Bund nicht
selbst, durch seine eigenen Organe, als Kläger auftritt, sondern
daß die Strafklage von den kantonalen Behörden erhoben und in
Gemäßheit der kantonalen Strafprozeßgesetze verfolgt wird. Allein
ebenso richtig ist, wie gezeigt, daß die kantonalen Behörden nicht
einen Strafanspruch des Kantons, sondern einen solchen des Bundes
verfolgen. Der Bund hat die Vertretung seines Strafanspruchs
den kantonalen Behörden aufgetragen; diese handeln, wenn auch
in den Formen des kantonalen Strafprozesses, doch materiell, kraft
der ihnen erteilten Delegation, in Vertretung der Rechte des Bundes.

Daher verstößt es denn nicht wider allgemeine Rechtsgrundsätze, wenn der Bund auch als Träger der staatlichen Kostenpflicht behandelt wird, und es ist daher die Beschwerde des Bundesrates als unbegründet abzuweisen. Sollten dem Bundesfiskus durch Urteile kantonaler Gerichte unter dem Titel von „Prozeßkosten" Leistungen auferlegt werden, welche nicht unter diesen Begriff fallen, so ist der Bundesfiskus hiegegen keineswegs schutzlos; es steht ihm vielmehr das Rechtsmittel des staatsrechtlichen Rekurses nach Art. 59 O.=G. offen. Im vorliegenden Falle kommt dies indes nicht in Frage, da der Bundesrat eine hierauf bezügliche Beschwerde nicht erhoben, sondern ausschließlich geltend gemacht hat, das kantonale Gericht sei nicht berechtigt gewesen, den Bund direkt in die Kosten zu verurteilen.

Demnach hat das Bundesgericht

erkannt:

Die Beschwerde des schweizerischen Bundesrates wird abgewiesen.

---

# VI. Schuldetreibung und Konkurs. — Poursuite pour dettes et faillite.

## 15. Urteil vom 21. Januar 1893 in Sachen Meschenmoser.

A. Josef Pedrotti in Mezzolombardo hat gegen die Rekurrentin Agatha Meschenmoser in Friedrichshafen, gestützt auf Art. 271 Ziff. 4 des eidgenössischen Schuldbetreibungs= und Konkursgesetzes in Arbon (Kantons Thurgau) für eine Forderung von 326 Fr. 46 Cts. Arrest ausgewirkt und es ist dieser Arrest durch Entscheidungen des Bezirksgerichtes Arbon vom 27. Juni und des Obergerichtes des Kantons Thurgau vom 25. August 1892 richterlich bestätigt worden.

B. Gegen die Entscheidung des Obergerichtes ergriff Agatha Meschenmoser den staatsrechtlichen Rekurs an das Bundesgericht,

indem sie ausführte: Art. 271 Ziff. 4 des eibgenössischen Schuld=
betreibungs= und Konkursgesetzts treffe nur dann zu, wenn der
Arrestimpetrant in der Schweiz wohne, nicht aber gelte er auch
zu Gunsten von Ausländern. In casu seien beide Parteien Öster=
reicher und wäre nach österreichischem Rechte der Arrest unzuläßig.
Pebrotti müsse sie an ihrem Wohnorte in Friedrichshafen belangen.
Es liege eine Verletzung des Bundesgesetzes über Schuldbetreibung
und Konkurs vor.

C. Der Rekursbeklagte Josef Pebrotti trägt auf Abweisung
der Beschwerde und Zuspruch einer angemessenen Entschädigung
(cirka 30 Fr.) an. Er macht geltend: Keine Bestimmung der
Bundesverfassung oder Bundesgesetzgebung gewährleiste einem
Ausländer das Recht, daß er für persönliche Forderungen an
seinem ausländischen Wohnorte belangt werden müsse und ebenso=
wenig sei ein solches Recht im Verhältnisse der Schweiz zu
Österreich oder zu einzelnen deutschen Staaten staatsvertraglich
gewährleistet. Gegenteils bestimme Art. 271 Ziff. 4 des eibge=
nössischen Schuldbetreibungs= und Konkursgesetzes, daß gegen
einen im Auslande wohnenden Schuldner in der Schweiz auf dort
befindliche Vermögensstücke Arrest gelegt werden dürfe. Von Ver=
letzung eines der Rekurrentin verfassungsmäßig, staatsvertraglich
oder bundesgesetzlich gewährleisteten Rechts könne also nicht die
Rede sein. Ob die kantonalen Gerichte den Art. 271 des Schuld=
betreibungs= und Konkursgesetzes richtig ausgelegt haben, sei vom
Bundesgerichte nicht zu untersuchen. Uebrigens sei dies offenbar
zu bejahen.

D. Das Obergericht des Kantons Thurgau verweist einfach
auf die Motive seiner angefochtenen Entscheidung.

Das Bundesgericht zieht in Erwägung:

1. Die Beschwerde wird einzig und allein darauf begründet,
die angefochtene Entscheidung beruhe auf einer Verletzung des
Bundesgesetzes über Schuldbetreibung und Konkurs.

2. Wegen unrichtiger Anwendung der Bestimmungen des eib=
genössischen Schuldbetreibungs= und Konkursgesetzes ist nun aber
der staatsrechtliche Rekurs an das Bundesgericht nicht statthaft.
Das Vollstreckungsverfahren in seinen verschiedenen Formen, wie
es durch das Bundesgesetz normiert wird, ist ein civilprozessuales.

Gerichtliche Entscheidungen, welche in diesem Verfahren getroffen werden, können daher wohl, sofern die Voraussetzungen dieser Gesetzesbestimmung vorliegen, gemäß Art. 29 O.-G. an das Bundesgericht gezogen werden; dagegen ist gegen solche der staatsrechtliche Rekurs wegen bloßer unrichtiger Gesetzesanwendung unzulässig. Das Bundesgesetz über Schuldbetreibung und Konkurs bestimmt genau, in welchen Fällen wegen unrichtiger Anwendung des Gesetzes Beschwerde an eine eidgenössische Behörde statthaft ist und bezeichnet als solche durchgängig den Bundesrat und nicht das Bundesgericht. Daraus ist zu folgern, daß überall da, wo eine solche Beschwerde an eine eidgenössische Instanz nicht ausdrücklich vorbehalten wird, dieselbe ausgeschlossen ist und daß speziell dem Bundesgerichte in Schuldbetreibungs- und Konkurssachen, soweit es sich lediglich um die Gesetzesanwendung und nicht etwa um Verfassungsverletzungen oder Verletzung eines Staatsvertrages handelt, andere Befugnisse nicht vorbehalten werden wollten, als diejenigen, welche aus seiner Stellung als Oberinstanz in Civilsachen sich ergeben. Der staatsrechtliche Rekurs ist stillschweigend ausgeschlossen.

Demnach hat das Bundesgericht

erkannt:

Die Beschwerde wird als unzulässig abgewiesen.

---

16. **Urteil vom 27. Januar 1893 in Sachen Steiner.**

A. Christian Steiner in Uttigen hatte sich gemeinsam und solidarisch mit Friedrich Bühlmann, Mechaniker, in der Au zu Münsingen für zwei Obligationsschulden eines Christian Bühlmann an die Spar- und Leihkasse Münsingen im Betrage von 750 Fr. und 2000 Fr. verbürgt. Für die zweite Schuld hatte noch ein dritter Bürge, Johann Moser, sich verpflichtet. Christian Steiner bezahlte die Schuldbeträge samt Zins und Kosten, ließ sich dagegen die gläubigerischen Rechte abtreten. Mit Zahlungsaufforderung vom 5./16. Juli 1890 forderte er hierauf von dem Mitbürgen Friedrich Bühlmann die Hälfte des zur Einlösung der

erſten Obligation bezahlten Betrages, abzüglich einer vom Haupt=
ſchuldner geleiſteten Zahlung von 53 Fr. mit  Fr. 386 72½
ſowie ein Drittel des zur Einlöſung der zweiten
Obligation bezahlten Betrages mit  . . . . „  688 40

Zuſammen  Fr. 1075 12½

Gegen dieſe Zahlungsaufforderung erhob Friedrich Bühlmann
Rechtsvorſchlag. Chriſtian Steiner ſtellte hierauf (in Gemäßheit
des damals geltenden kantonalen berniſchen Rechts) ein Rechts=
und Schuldverſicherungsbegehren und es wurde ihm dasſelbe zu=
geſprochen, worauf Bühlmann die Rechts= und Schuldverſicherung
leiſtete. Chriſtian Steiner ließ aber nunmehr die Sache liegen.
Friedrich Bühlmann provozierte ihn daher zur Klage; durch rechts=
kräftig gewordene Entſcheidung vom 23. Mai 1892 ſetzte das Richteramt Konolfingen dem Chriſtian Steiner eine Friſt von ſechs Wochen
zu Einklagung ſeiner Anſprüche. Binnen der Provokationsfriſt
erhob Chriſtian Steiner nicht Klage, dagegen lud er mit Schrift=
ſatz vom 30. Juni 1892 den Friedrich Bühlmann vor den Ge=
richtspräſidenten von Konolfingen zur Verhandlung über ein
Rechtsöffnungsbegehren. Bühlmann beſtritt dieſes Begehren und
dasſelbe wurde ſowohl vom Richteramt Konolfingen als auch
vom Appellations= und Kaſſationshofe des Kantons Bern abge=
wieſen. In der Entſcheidung des Appellations= und Kaſſations=
hofes wird ausgeführt: Es möge dahingeſtellt bleiben, ob die
Vorausſetzungen des Art. 82 Alinea 1 B.=G. gegeben ſeien. Denn
auch wenn dies der Fall ſei, ſo müſſe das Rechtsöffnungsbe=
gehren doch abgewieſen werden, weil der Betriebene ſofort glaub=
haft gemacht habe, daß die Forderung nicht mehr beſtehe. Es ſei
nämlich durch Zugeſtändniß des Impetranten dargetan, daß dieſer
innert der ihm vom Richter beſtimmten Provokationsfriſt ſeine
Klage nicht angebracht habe und es knüpfe hieran das Geſetz
(§ 317 der berniſchen Prozeßordnung) die Folge, daß der An=
ſpruch des Provokaten erlöſche. Es ſei deshalb nicht nur glaub=
haft gemacht, ſondern geradezu erwieſen, daß die Forderung, für
welche proviſoriſche Rechtsöffnung verlangt werde, nicht mehr be=
ſtehe. Die Vorladung zur Verhandlung über das Rechtsöffnungs=
begehren vermöge die Klageanhebung nicht zu erſetzen.

B. Gegen dieſes am 27. September 1892 ihm eröffnete Urteil

ergriff Christian Steiner mit Eingabe vom 26. November 1892 den staatsrechtlichen Rekurs an das Bundesgericht mit dem Antrage: Es sei das Urteil des Tit. Appellations= und Kassationshofes des Kantons Bern im Rechtsöffnungsstreite zwischen Christian Steiner, Impetrant und Friedrich Bühlmann, Impetrat d. d. 17./27. September 1892 aufzuheben und in Sachen zu erkennen, was Rechtens. Er behauptet: Die angefochtene Entscheidung verletze ein aus einem Bundesgesetze fliessendes Recht einer Privatperson, nämlich das Recht, auf Grund öffentlicher Urkunden für bestrittene Forderungen die provisorische Rechtsöffnung zu verlangen, mit andern Worten, den Weg der Klage durch den Weg des Rechtsöffnungsverfahrens zu ersetzen.

C. In seiner Vernehmlassung auf diese Beschwerde bemerkt der Rekursbeklagte Friedrich Bühlmann: Das Gericht werde von Amtes wegen zu prüfen haben, ob die Beschwerde rechtzeitig eingelegt sei. Das Bundesgericht sei übrigens in der Sache nicht kompetent. Es handle sich um eine Streitigkeit darüber, ob in einem einzelnen Falle das bisherige kantonale Recht oder das Bundesgesetz anwendbar sei; die Sache falle daher gemäss Art. 334 des Schuldbetreibungs= und Konkursgesetzes in die Kompetenz der kantonalen Aufsichtsbehörden und des Bundesrates. Zudem sei eine Weiterziehung richterlicher Entscheidungen im Rechtsöffnungsverfahren ausgeschlossen und es seien die kantonalen Gerichte zur endgültigen Erledigung der daherigen Streitigkeiten kompetent. Allein auch sachlich sei der Rekurs durchaus unbegründet. Es handle sich nicht um Verletzung eines bundesgesetzlich gewährleisteten Rechts, sondern um die Frage, ob der gläubigerische Anspruch als solcher verwirkt sei. Das Gericht habe dies in durchaus richtiger und kompetenter Weise angenommen und dadurch nicht nur keine bundesrechtlichen Bestimmungen verletzt, sondern gerade den Art. 82 B.=G. zur Anwendung gebracht. Das Rechtsöffnungsbegehren wäre übrigens auch aus andern Gründen unbegründet. Demnach werde beantragt: Das Bundesgericht wolle sich in Sachen inkompetent erklären und habe auf den eingereichten Rekurs nicht einzutreten, unter Folge der Kosten, eventuell der Rekurskläger Steiner sei mit seinem Rechtsbegehren abzuweisen, unter Folge der Kosten.

Der Appellations= und Kassationshof des Kantons Bern hat auf Gegenbemerkungen verzichtet.

Das Bundesgericht zieht in Erwägung:

1. Die Rekursschrift wurde am 26. November 1892, also am letzten Tage der sechzigtägigen Rekursfrist des Art. 59 O.=G. zur Post gegeben. Der Rekurs ist also rechtzeitig eingereicht.

2. Wenn der Rekursbeklagte behauptet hat, daß Bundesgericht sei zu Beurteilung der Beschwerde deshalb nicht kompetent, weil die Sache nach Art. 334 des Schuldbetreibungs= und Konkurs= gesetzes in die Kompetenz der kantonalen Aufsichtsbehörde und eventuell des Bundesrates falle, so ist diese Einwendung nicht begründet. Gegen richterliche Entscheidungen gibt es ein Be= schwerderecht an die kantonale Aufsichtsbehörde oder den Bundes= rat nicht; Art. 334 bezieht sich nur auf Handlungen, welche in die Kompetenz der Betreibungs= und Konkursämter fallen, nicht auf Streitigkeiten, deren Beurteilung den Gerichten zugewiesen ist. In der That ist es völlig unmöglich, daß das Gesetz gegen richterliche Entscheidungen in solchen Streitigkeiten die Beschwerde an die kantonale Aufsichtsbehörde und den Bundesrat habe zu= lassen wollen. Dies zeigen schon die Konsequenzen, die bei Sta= tuierung eines derartigen Instanzenzuges sich ergeben müßten. In denjenigen Kantonen, wo die oberste Gerichtsbehörde gleich= zeitig als Aufsichtsbehörde bezeichnet ist, wäre gegen richterliche Entscheidungen des obersten Gerichtshofes Beschwerde an diesen nämlichen Gerichtshof in seiner Eigenschaft als Aufsichtsbehörde statthaft; da, wo eine Abteilung des obersten Gerichtshofes als Aufsichtsbehörde bestellt ist (wie z. B. im Kanton Bern), könnte gegen richterliche Entscheidungen dieses Gerichtshofes gar bei einer bloßen Abteilung desselben Beschwerde geführt werden und in denjenigen Kantonen endlich, wo die Regierung als Auf= sichtsbehörde funktioniert, könnten richterliche Entscheidungen des obersten kantonalen Gerichtshofes, im Widerspruche mit funda= mentalen Grundsätzen des kantonalen Verfassungsrechtes, an die kantonale Regierung weitergezogen werden. Dies alles hat na= türlich das Bundesgesetz nicht gewollt. Art. 334 besagt vielmehr nur, daß in Streitigkeiten über die Anwendbarkeit des alten oder neuen Rechts die Beschwerde an Aufsichtsbehörde und Bundesrat

gegen Verfügungen der Betreibungs- und Konkursämter auch
dann statthaft sei, wenn sie im übrigen, nach den allgemeinen
Vorschriften des Gesetzes, weil der Weg gerichtlicher Klage vorgeschrieben oder die Beschwerde ausdrücklich ausgeschlossen ist
(siehe z. B. Art. 148 und 279 B.-G.), nicht statthaft wäre.
Übrigens handelt es sich im vorliegenden Falle auch gar nicht
um eine Frage der zeitlichen Rechtsanwendung, der Handhabung
der transitorischen Bestimmungen des Betreibungsgesetzes, auf
welche Frage allein Art. 334 sich bezieht. Die angefochtene Entscheidung stellt ja durchaus nicht darauf ab, es sei das eidgenössische Recht derzeit noch nicht anwendbar, sondern sie bringt
dasselbe zur Anwendung und es kann sich nur fragen, ob dasselbe richtig oder unrichtig angewendet worden sei.

3. Das Bundesgericht ist also nicht deshalb inkompetent, weil
die Sache in die Kompetenz der kantonalen Aufsichtsbehörde und
des Bundesrates fiele. Dagegen ist die Kompetenz desselben aus
einem andern Grunde zu verneinen. Wegen unrichtiger Anwendung der Bestimmungen des eidgenössischen Schuldbetreibungs-
und Konkursgesetzes nämlich ist der staatsrechtliche Rekurs an
das Bundesgericht überhaupt nicht statthaft, sondern vielmehr
stillschweigend ausgeschlossen. Das Bundesgesetz über Schuldbetreibung und Konkurs bestimmt, wie das Bundesgericht bereits
in seiner Entscheidung in Sachen Meschenmoser vom 21. Januar
1893 ausgeführt hat, genau, in welchen Fällen wegen unrichtiger Anwendung des Gesetzes Beschwerde an eine eidgenössische
Behörde statthaft ist und bezeichnet als solche durchgängig den
Bundesrat und nicht das Bundesgericht. Daraus ist zu folgern,
daß überall da, wo eine solche Beschwerde an eine eidgenössische
Instanz nicht ausdrücklich vorbehalten wird, dieselbe ausgeschlossen
ist und daß speziell dem Bundesgerichte in Schuldbetreibungs-
und Konkurssachen, soweit es sich lediglich um die Gesetzesanwendung und nicht etwa um Verfassungsverletzungen oder Verletzungen von Staatsverträgen handelt, andere Befugnisse nicht
vorbehalten werden wollten, als diejenigen, welche aus seiner
Stellung als Oberinstanz in Civilsachen sich ergeben. Im vorliegenden Falle aber handelt es sich nicht um eine civilrechtliche
Weiterziehung im Sinne des Art. 29 O.-G., — eine solche

wäre auch, da die angefochtene Entscheidung kein Haupturteil und der gesetzliche Streitwert nicht gegeben ist, offenbar unzulässig, — sondern um einen staatsrechtlichen Rekurs und es wird dieser nicht etwa auf eine Verletzung verfassungsmäßiger Grundsätze, sondern einfach auf eine behauptete Gesetzesverletzung begründet.

Demnach hat das Bundesgericht

erkannt:

Auf den Rekurs wird wegen Inkompetenz des Gerichtes nicht eingetreten.

Dritter Abschnitt. — Troisième section.

# Kantonsverfassungen. — Constitutions cantonales

— ••• —

## I. Uebergriff in das Gebiet der richterlichen Gewalt. — Empiétement dans le domaine du pouvoir judiciaire.

17. Urteil vom 7. April 1893 in Sachen Siegwart.

A. Der Rekurrent Ingenieur J. E. Siegwart hatte gemeinsam mit mehreren Verwandten gegen Moritz von Knoblauch in Altorf eine Strafanzeige wegen rechtswidriger Aneignung von Erbschafts=aktiven eingereicht. Die Untersuchung wurde wegen mangelnden Beweises sistiert. Daraufhin erhob M. von Knoblauch gegen In=genieur Siegwart und Genossen im Civilprozeßwege Klage auf Satisfaktionserteilung und Bezahlung einer Entschädigung von 6000 Fr. wegen Kreditschädigung. Durch in diesem Punkte rechts=kräftig gewordenes Urteil des Obergerichtes des Kantons Uri vom 27./29. Oktober 1890 wurden die Beklagten zu, jedoch nicht öffentlichem, Widerrufe verurteilt. Die Beklagten wurden auf 6. Juli 1891 vor Kreisgericht Uri citiert, um dort vor ver=sammeltem Gerichte die Abrede zu leisten. Sie wendeten ein, daß die Abrede, weil sie nicht öffentlich zu geschehen habe, nicht vor Gericht zu unterzeichnen sei. Das Kreisgericht beschloß durch Urteil vom 19. Oktober 1891, der Abredeschein sei vor seiner Instanz zu unterzeichnen. Hiegegen rekurrierten die Beklagten an das Obergericht. Das Obergericht wies durch Entscheidung vom

9. Dezember 1891 den Rekurs ab, jedoch in dem Sinne, daß
die Unterzeichnung der Abrede vor dem versammelten Obergerichte
in nächster Sitzung zu geschehen habe. In der Sitzung des Obergerichtes vom 9. März 1892 verweigerte Ingenieur Siegwart
Namens dreier der Beklagten, die Unterzeichnung des Abredescheines, indem er sich auf die verfassungsmäßige Gewissensfreiheit
berief, kraft welcher niemand gezwungen werden könne, gegen
seine Ueberzeugung und sein Gewissen einem andern ein falsches
Zeugnis auszustellen. Das Obergericht beschloß hierauf: Es sei
dem Regierungsrate behufs Vollziehung der Obergerichtsurteile
vom 29. Oktober 1890 und 9. Dezember 1891 in Sachen Kenntnis zu geben. Der Regierungsrat beschloß am 2. April 1892,
die Beklagten aufzufordern, binnen acht Tagen den vom Obergerichte festgesetzten Abredeschein bei der Gerichtskanzlei zu unterzeichnen. Ingenieur Siegwart unterzeichnete hierauf zwar den
Abredeschein, fügte aber seiner Unterschrift einen Protest gegen
den verfassungswidrigen Gewissenszwang sowie die Erklärung bei,
er weiche nur der Gewalt. Ähnliche Zusätze fügten auch die Beklagten C. R. Müller und Johann Müller ihrer Unterschrift bei.
Hiegegen beschwerte sich M. von Knoblauch beim Regierungsrate. Gemäß Beschluß dieser Behörde vom 23. April 1892 forderte die Justizdirektion am 8. Mai 1892 den Ingenieur Siegwart und Genossen auf, den Abredeschein binnen acht Tagen ohne
Klausel oder Nebenbemerkung zu unterschreiben. Ingenieur Siegwart und Genossen wendeten ein, der Regierungsrat sei nicht
kompetent, das obergerichtliche Urteil in dem Sinne zu interpretieren, daß die Unterzeichnung des Abredescheines ohne Klausel
und Nebenbemerkungen zu geschehen habe. Der Regierungsrat
holte hierauf die Entscheidung des Obergerichtes ein, welches sich
dahin aussprach, die Abrede müsse ohne Klausel oder Nebenbemerkungen unterzeichnet werden. Hierauf lud die Polizeidirektion
am 17. Juni 1892, gemäß einem Beschlusse des Regierungsrates
vom 11. Juni 1892, den Ingenieur Siegwart und Genossen
abermals ein, die Abrede, welche bei der Standeskanzlei aufliege,
bis zum 25. Juni zu unterzeichnen. Auch dieser Aufforderung
fügten sich (während die übrigen Beklagten sich unterzogen) Ingenieur Siegwart, sowie Dr. Alfred Siegwart und Hauptmann

Johann Müller nicht. Die Polizeidirektion überwies daher am 9. Juli 1892 die genannten drei Personen der Staatsanwalt=schaft zu strafrechtlicher Verfolgung wegen Mißachtung eines · amtlichen Befehls. Die Staatsanwaltschaft ließ die drei Beklagten am 19. Juli auf 1. August 1892 vor Kreisgericht Uri vorladen. Das Kreisgericht erkannte am 1. August 1892 gegen den (da=mals allein erscheinenden) Ingenieur Siegwart auf eine Geldbuße von 10 Fr. nebst Gerichtsgeld, mit der Auflage, daß er innert acht Tagen den Abredeschein zu unterzeichnen habe, ansonst er in eine tägliche Buße von 5 Fr. verfallen solle. In der folgenden Sitzung erging ein gleiches Urteil gegen Dr. A. Siegwart, wäh=rend die strafrechtliche Verfolgung gegen Hauptmann Joh. Müller, welcher sich nunmehr zu Unterzeichnung des Abredescheines her=beiließ, fallen gelassen wurde. Ingenieur Siegwart und Dr. A. Siegwart appellierten an das Obergericht des Kantons Uri. Dieses bestätigte indes am 16. November das erstinstanzliche Ur=teil, unter Festsetzung einer letzten Frist bis zum 18. November zur Unterzeichnung der Abrede, ansonst eine tägliche Ordnungs=buße von 5 Fr. für jeden der beiden Appellanten einzutreten habe. Dr. Alfred Siegwart unterzeichnete nunmehr die Abrede; nicht dagegen Ingenieur Siegwart. Dieser reichte vielmehr am 6. Dezember 1892 eine Kassationsbeschwerde beim urnerischen Landrate und am 14. Januar 1893 einen staatsrechtlichen Rekurs beim Bundesgerichte ein.

B. In seiner dem Bundesgerichte eingereichten Rekursschrift beantragt Ingenieur Siegwart: Die gegen den Rekurrenten er=gangenen Strafurteile des Kreis= und Obergerichtes des Kantons Uri vom 1. August und 16. November 1892 seien als verfas=sungswidrig aufzuheben unter Kostenfolge für die Rekursbeklagten. Er bemerkt zunächst, seine Beschwerde habe den Charakter einer vorsorglichen Rechtsvorkehr zum Zwecke der Wahrung der sechzig=tägigen Rekursfrist für den Fall, daß, entgegen seiner Auffassung, angenommen werden sollte, das Obergericht sei letzte Instanz und es beginne somit die Beschwerdefrist mit dem Tage der Eröffnung seines Urteils, dem 16. November 1892. In der Sache selbst führt er aus :

1. Das ganze gegen ihn beobachtete Verfahren enthalte einen

verfassungswidrigen Eingriff der Staatsgewalt in ein bloß civiles
Rechtsverhältnis. Allerdings könne gegen ihn wegen seiner Wei=
gerung, die ihm vom Obergerichte auferlegte Ehrenerklärung aus=
zustellen, ein Exekutionsverfahren eingeleitet werden. Allein dieses
sei nach Maßgabe der urnerischen Gesetzgebung bloß ein civilrecht=
liches und kein strafrechtliches. Nach Art. 88 der urnerischen Civil=
prozeßordnung sei, wenn eine Partei eine ihr obliegende persön=
liche Leistung binnen der ihr vom Gerichte oder dem Vollziehungs=
beamten festgesetzten Frist nicht vollziehe, der obsiegenden Partei
zu gestatten, sie durch einen dritten vollziehen zu lassen und
die daherigen Auslagen gegen den verfällten Teil durch den
Schuldentrieb einzuziehen, oder dann aber statt dessen beim be=
treffenden Gerichte darauf anzutragen, die persönliche Leistung in
eine Geldleistung umzuwandeln, nötigenfalls nach Befund der
Sachverständigen. Gemäß dieser Gesetzesbestimmung hätte der Re=
gierungsrat in casu der obsiegenden Partei gestatten sollen, daß
sie einen Antrag auf Umwandlung der persönlichen Leistung in
eine Geldleistung beantrage. Dagegen sei er nicht befugt gewesen,
selbst durch den Staatsanwalt im Namen des Staates dies zu
tun. Die Einmischung der Staatsgewalt in einen Civilprozeß,
die Parteinahme derselben zu Gunsten einer Prozeßpartei, wie sie
hier stattgefunden habe, enthalte eine Verletzung der Gleichheit
vor dem Gesetze.

2. Überhaupt sei es der Staatsanwaltschaft untersagt, als
Anwalt in einem Civilprozesse aufzutreten und ihre Stellung
privaten Interessen dienstbar zu machen, wie dies hier gesche=
hen sei.

3. Verletzt sei auch die in Art. 49 B.=V. gewährleistete Ge=
wissensfreiheit, denn es liege ein offenbarer Gewissenszwang darin,
daß Jemand gezwungen werden solle, eine nach seiner Überzeu=
gung wahrheitswidrige Erklärung auszustellen. Die Entscheidung
über diesen Punkt sei allerdings dem Bundesrate vorbehalten.

4. Die Verfällung in eine fortlaufende Geldbuße auf Lebens=
zeit komme einer Verweisung aus dem Kantonsgebiete gleich und
sei daher mit Art. 44 B.=V. unvereinbar.

5. Die Gleichheit vor dem Gesetze sei dadurch verletzt, daß
Hauptmann C. R. Müller, trotzdem er seiner Unterschrift der

Abrede einen ganz ähnlichen Vorbehalt beigesetzt habe, wie der Rekurrent, nicht dem Strafrichter überwiesen worden sei.

6. Verletzt seien im fernern die sämtlichen in Art. 29 K.-V. gewährleisteten Freiheitsrechte, sowie

7. Der Grundsatz nulla pœna sine lege. Das Bundesgericht habe diesen Grundsatz bei übrigens zutreffendem Stande des kantonalen Verfassungs- und Gesetzesrechtes wiederholt als einen verfassungsmäßigen anerkannt. § 279 des urnerischen Landbuches erkläre nun aber alle ältern geschriebenen und gedruckten Gesetze, insofern sie mit seinem Inhalte in Widerspruch stehen, als aufgehoben; das Landbuch sei also im Kanton Uri die ausschließliche Rechtsquelle. In demselben sei aber eine Strafe für Nichtunterzeichnung einer Abrede nicht angedroht.

C. In seiner Vernehmlassung auf diese Beschwerde führt der Regierungsrat des Kantons Uri im wesentlichen aus: Soweit die Beschwerde sich gegen das vom Regierungsrate innegehaltene Verfahren richte, sei dieselbe verspätet, da der Regierungsrat seine letzte Schlußnahme in der Sache am 11. Juni 1892 gefaßt, dieselbe am 17. gleichen Monats dem Rekurrenten mitgeteilt und letzterer am 19. Juli amtlich vor Kreisgericht vorgeladen worden sei. Der Regierungsrat sei übrigens genau nach dem Gesetze und nach der bisherigen Übung verfahren. Nach Art. 86 C.-P.-O. und Art. 261 § 10 des urnerischen Landbuches sei in Injuriensachen die unterliegende Partei zu Unterzeichnung des vom Gerichte festgestellten Widerrufs vor versammeltem Gerichte verpflichtet. Seit Inkrafttreten der Civilprozeßordnung sei sie hiezu stets verhalten und sei nie die Unterzeichnung durch einen Dritten gestattet oder die obsiegende Partei angewiesen worden, bei Verweigerung der Unterzeichnung auf Umwandlung der Leistung in eine Geldentschädigung zu klagen. Der Regierungsrat sei verfassungsmäßig verpflichtet, die richterlichen Urteile zu vollziehen und habe daher die durch die Zwangsvollstreckung bedingten Maßnahmen zu treffen. Nachdem das Obergericht ihn im vorliegenden Falle um Vollstreckung seines Urteils angegangen habe, hätte der Regierungsrat pflichtwidrig gehandelt, wenn er für Vollziehung des Urteils nicht gesorgt hätte. Der Staatsanwalt habe in keiner Weise als Anwalt einer Civilpartei gehandelt, sondern einfach die

Weisungen seiner Oberbehörde vollzogen. Die Beschwerde wegen Verletzung des Art. 49 B.=V. falle in die Kompetenz des Bundesrates. Von einer Verletzung des Art. 44 B.=V. könne keine Rede sein, da ja Rekurrent nicht des Landes verwiesen worden, sondern einfach aufgefordert worden sei, sich den bestehenden Gesetzen zu unterwerfen. C. R. Müller sei keineswegs besser behandelt worden als der Rekurrent. Hätte letzterer, wie C. R. Müller, sich herbeigelassen, den Abredeschein zu unterzeichnen, so wäre auch ihm die strafrechtliche Verfolgung erspart geblieben. Ein Nachweis daß Art. 29 K.-V. verletzt sei, sei gar nicht versucht worden. Der Grundsatz nulla pœna sine lege gelte im Kanton Uri nicht, da dieser kein kodifizirtes Strafrecht, sondern nur vereinzelte strafrechtliche Bestimmungen besitze. Von jeher bis auf die neueste Zeit sei im Kanton Uri die Widersetzlichkeit gegen die Befehle der zuständigen kantonalen Behörden auf gestellte Klage hin strafrechtlich abgewandelt und als Delikt bestraft worden. Demnach werde beantragt:

1. Auf den Rekurs des Herrn Ingenieur J. E. Siegwart sei, soweit derselbe das vom Regierungsrate in Sachen eingehaltene Verfahren betrifft, wegen Verspätung nicht einzutreten;

2. Der gegen die Strafurteile des Kreisgerichtes Uri vom 1. August und des Obergerichtes vom 16. November 1892 erhobene Rekurs sei als unbegründet abzuweisen;

3. Dem Rekurrenten sei eine Kostenentschädigung von 40 Fr. an den Rekursbeklagten aufzuerlegen.

Das Bundesgericht zieht in Erwägung:

1. Die Beschwerde ist nicht verspätet. Dieselbe ist binnen 60 Tagen nach Eröffnung des angefochtenen obergerichtlichen Urteils eingereicht worden; diesem Urteile gegenüber ist also die Rekursfrist gewahrt und dies genügt. Der Rekurrent behauptet, seine strafrechtliche Verfolgung sei verfassungsmäßig unzulässig. Mit dieser Beschwerde konnte der Rekurrent zuwarten, bis das strafrechtliche Verfahren gegen ihn durch Urteil beendigt war und damit feststand, daß dasselbe zu einer Verurteilung führen werde. Er konnte ja natürlich auch vor den Gerichten noch geltend machen, es sei eine strafrechtliche Verfolgung unzulässig und nur civilrechtliche Exekution statthaft. Erst mit der gerichtlichen Verurteilung war diese seine Verteidigung definitiv abgelehnt.

2. In der Sache selbst ist klar und wird übrigens vom Rekurrenten selbst zugegeben, daß die behauptete Verletzung des Art. 49 B.-V. für das Bundesgericht nicht in Betracht kommen kann, da die Wahrung des Grundsatzes des Art. 49 B.-V. nicht dem Bundesgerichte, sondern den politischen Behörden des Bundes zusteht. Art. 44 B.-V. sodann ist nicht verletzt. Denn der Rekurrent ist ja gar nicht des Landes verwiesen worden. Mit der Behauptung, die ihm für den Fall weiterer Weigerung, den Abredeschein zu unterzeichnen, auferlegte tägliche Geldbuße werde ihm den Aufenthalt im Kanton tatsächlich unmöglich machen, ist der Rekurrent selbstverständlich nicht zu hören; mit dem nämlichen Raisonnement könnte ja so ziemlich jede Strafe angefochten werden. Der Grundsatz nulla pœna sine lege ist in der urnerischen Verfassung nirgends ausgesprochen und konnte naturgemäß in dieser Verfassung keinen Platz finden, denn bekanntermaßen besitzt der Kanton Uri kein kodifiziertes Strafrecht, sondern beruht das urnerische Strafrecht größtenteils nicht auf geschriebenem, sondern auf ungeschriebenem Rechte (Gewohnheitsrecht). Fraglich kann nur sein, ob nicht die strafrechtliche Verfolgung des Rekurrenten wider klare gesetzliche Bestimmungen verstoße, welche für derartige Fälle bloß civilrechtliche Exekution gestatten und strafrechtliches Einschreiten ausschließen. Wäre dies zu bejahen, so läge wohl eine verfasungswidrige Kompetenzüberschreitung der Strafverfolgungs- und Strafgerichtsbehörden und eine mit dem Grundsatze der Gleichheit vor dem Gesetze unvereinbare ausnahmsweise Behandlung des Rekurrenten vor. Allein die gedachte Frage kann nun nicht bejaht werden. Die urnerischen Behörden gehen offenbar davon aus, der Widerruf, wie er nach urnerischem Strafrechte dem verurteilten Beleidiger auferlegt wird, sei keine „persönliche Leistung" im Sinne des Civilrechts, sondern eine Strafe; es gelten daher für die Vollstreckung eines auf Widerruf der Beleidigung lautenden Erkenntnisses nicht die Regeln, welche für die Vollstreckung privatrechtlicher Judikatsforderungen aufgestellt sind, sondern es sei der Beleidiger zu persönlicher Vollziehung des Widerrufes durch behördlichen Befehl und im Ungehorsamsfalle durch Strafe zu zwingen. Diese Auffassung ist jedenfalls keine offenbar gesetzwidrige und willkürliche, sondern eine durchaus mögliche; die dem Beleidiger auferlegte Ehrenerklärung, Abbitte, Abrede ꝛc. wird da,

wo dieses, in seinem legislativen Werte allerdings sehr fragwür=
dige, Institut noch besteht, wohl überwiegend als Strafe aufge=
faßt. Der Umstand, daß im Kanton Uri, wie bekanntlich in
manchen andern Kantonen, Injurien nicht in den Formen des
Straf=, sondern des Civilprozesses verfolgt werden, ist unerheblich.
Derselbe ändert nichts daran, daß im Injurienprozesse (neben den
allfälligen civilrechtlichen Ansprüchen auf Schadenersatz oder Ge=
nugtuung), sachlich doch Strafansprüche verfolgt werden. Danach
kann denn hier von einer Verfassungsverletzung nicht gesprochen
werden. Denn sofern es sich um Vollstreckung einer Strafe han=
delte, waren die Behörden an die gesetzlichen Bestimmungen über
die Vollziehung von Civilurteilen nicht gebunden. Es besteht auch
im Kanton Uri eine gesetzliche Regel, daß bei Verweigerung der
Unterzeichnung der gerichtlich dem Beleidiger auferlegten Abrede
die Strafe des Widerrufes in eine andere Strafe, etwa in Geld=
buße von bestimmter Höhe, umzuwandeln sei, nicht. Es konnte
also gegen den Rekurrenten, ohne Verfassungsverletzung, so vor=
gegangen werden, wie dies geschehen ist. Wenn der Rekurrent
noch darauf abstellt, es sei der ursprüngliche Mitbeklagte C. R.
Müller günstiger behandelt worden, als er, so ist dies schon des=
halb unerheblich, weil hiefür ein Beweis nicht erbracht ist. Über=
haupt ist nicht dargetan worden, daß die urnerischen Behörden bei
Vollstreckung von Urteilen, die den Beleidiger zu Ausstellung
einer Abrede verurteilen, regelmäßig anders vorzugehen pflegen,
als im vorliegenden Falle.

Demnach hat das Bundesgericht

erkannt:

Die Beschwerde wird als unbegründet abgewiesen.

## II. Anderweitige Eingriffe in garantierte Rechte.
## Atteintes portées à d'autres droits garantis.

### 18. Urteil vom 14. April 1893 in Sachen Gemeindefraktionen Strada und Martinsbruck.

A. An der Engadinerstraße, unweit von der österreichischen Grenze, liegen die Ortschaften Strada, Martinsbruck und Schleins, die zwei ersten in der Talsohle, 1080 und 1037 M. über Meer, die dritte an einem Bergabhang, auf 1541 M. Höhe, gelegen. Diese drei Ortschaften zusammen bilden die politische Gemeinde Schleins. Dieselbe hat sich nach der bisherigen Gemeindeordnung in der Weise verwaltet, daß zwar ein gemeinsamer aus Mitgliedern aller drei Fraktionen zusammengesetzter Gemeinderat bestand, welcher die Geschäfte leitete, daß aber nicht eine einheitliche Gemeindeversammlung existierte, sondern sich die stimmfähigen Bürger in jeder Ortschaft jeweilen getrennt versammelten und nachher die Resultate der verschiedenen Abstimmungen zusammengezählt wurden. Am 25. Juni 1891 schrieb nun die Regierung dem Gemeindevorstand, daß diese Art der Beratung aufhören und eine einheitliche Gemeindeversammlung eingeführt werden müsse. Der Gemeinderat betraute hierauf eine Spezialkommission mit der Aufstellung neuer Gemeindestatuten und legte den bezüglichen Entwurf am 27. März 1892 den Fraktionsversammlungen vor. Von diesen wurde derselbe mit 64 gegen 51 Stimmen verworfen. Die Fraktionen Strada und Martinsbruck, welche einhellig für Ablehnung gestimmt hatten, wandten sich nun mit Eingabe vom 29. gl. Mts. an den Kleinen Rat und ersuchten denselben, von seiner Forderung, daß über Gemeindeangelegenheiten nur in einer einheitlichen Gesammtgemeindeversammlung abgestimmt werden könne, mit Rücksicht auf die tatsächlichen Verhältnisse abzugehen. Denn diese machen es den Bewohnern der verschiedenen Fraktionen fast unmöglich, eine Entfernung von 1½ bis 2 Stunden zurückzulegen, um an den Gemeindeversammlungen in einer andern Ortschaft teilzunehmen. Sodann gewährleiste die Kantonsverfassung die Autonomie der Gemein-

ben. Eventuell sei wenigstens zu verfügen, daß die Revision der Ge=
meindeverfassung auf gesetzliche Weise vor sich gehe, d. h. durch eine von
den Fraktionsversammlungen mit absolutem Mehr gewählte Kommis=
sion, und nicht, wie dies für den verworfenen Entwurf der Fall
gewesen, durch einen lediglich von der Ortschaft Schleins bestellten
Ausschuß. Denn, falls es bei der einheitlichen Gemeindeversammlung
absolut bleiben müsse, so wollen die Bewohner von Straba und
Martinsbruck wenigstens womöglich dafür sorgen, daß als Sitz
der Gemeindeversammlungen nicht Schleins, sondern eine andere
Ortschaft im Thal bestimmt werde. — Der Vorstand der politischen
Gemeinde scheint dem Kleinen Rate mit Schreiben vom 5. April
1892 über das Resultat der Abstimmung berichtet zu haben.
Die Regierung behandelte nun beide Eingänge zusammen in einem
an den politischen Gemeindevorstand gerichteten Schreiben, d. d.
31. Dezember 1892, worin sie ausführte: Der ausgearbeitete
Statutenentwurf sei der Gemeinde nicht in richtiger Form vor=
gelegt worden; statt fraktionsweise müsse über denselben, nach dessen
vorgängiger Beratung durch den Gesammtvorstand, in allgemeiner
Gemeindeversammlung abgestimmt werden. An der Forderung, daß
Gemeindeangelegenheiten nur in einer einheitlichen Versammlung
verhandelt werden dürfen, halte sie unbedingt fest, weil dies allein
der verfassungsmäßigen Einheit der Gemeinde entspreche und eine
geordnete Verwaltung ermögliche. Dagegen habe sie nichts einzu=
wenden, wenn über eidgenössische Vorlagen und Wahlen sowie
über Kreisvorlagen in den einzelnen Ortschaften abgestimmt, oder
wenn die Gemeindeversammlungen auch an einem andern Ort als
Schleins abgehalten werden. Sie weise also den Gemeinderat an,
den Verfassungsentwurf nochmals der Gemeinde ordnungsgemäß
vorzulegen und dabei derselben zu erklären, daß wenn sie den Ent=
wurf nicht annehmen sollte, derselbe vom Kleinen Rate auf dem
Wege des Dekrets in Kraft gesetzt würde. Gegen diese Verfügung,
namentlich gegen die Forderung, daß über den vorhandenen Sta=
tutenentwurf in einer Gesammtgemeinde und nicht in Fraktions=
versammlungen abgestimmt werden müsse, protestierten die Ortschaften
Straba und Martinsbruck wiederholt telegraphisch beim Kleinen
Rate, allein ohne Erfolg. Am 15. Januar 1893 wurde eine
einheitliche Gemeindeversammlung vom Gemeindevorsteher nach

Schleins einberufen und dabei der im Sinne des kleinrätlichen Schreibens abgeänderte Statutenentwurf (allerdings, wie es scheint, unter Nichtteilnahme der Bürger von Straba und Martinsbruck) mit 57 gegen 2 Stimmen angenommen.

B. Die Fraktionen Straba und Martinsbruck beschwerten sich nun einerseis gegen den Beschluß der Gemeindeversammlung bei der kantonalen Regierung, andrerseits gegen die Verfügung dieser letztern vom 31. Dezember 1892 gleichzeitig beim Großen Rat des Kantons und beim Bundesgerichte. In ihrem staatsrechtlichen Rekurs an das Bundesgericht führen sie aus: Der Kleine Rat habe sich geweigert, die Mehrheit der Gemeinde zum Worte kommen zu lassen; er habe auf einseitiges Betreiben des Gemeindevorstehers seine angefochtene Verfügung erlassen und als er telegraphisch er= sucht worden sei, die Vernehmlassung der zwei Ortschaften Straba und Martinsbruck abzuwarten, habe er sich geweigert, dieselben anzuhören. Dieses Vorgehen involviere eine Rechtsverweigerung, nämlich eine Verweigerung des rechtlichen Gehörs. Auch habe der Regierungsrat nicht das Recht gehabt, die Ortschaft Schleins als Sitz der Gemeindeversammlung festzusetzen. Ein weiterer Eingriff in die verfassungsmäßigen Rechte der Gemeinden liege darin, daß nach Anordnung der Regierung die Abstimmung über den Ver= fassungsentwurf in einer Gesammtgemeindeversammlung, und zwar in Schleins, vorgenommen werden sollte. Selbst nämlich im Fall, daß der Kleine Rat befugt wäre, für eine künftige Gemeindever= fassung das Requisit einer einheitlichen Gemeindeversammlung aufzustellen, so bestehe doch in der politischen Gemeinde Schleins eine seit Jahren stets angewendete und seiner Zeit von der Re= gierung genehmigte Gemeindeverfassung, nach deren Art. 2, 3 und 4 nur die Fraktionsversammlungen über Gemeindeangelegenheiten Beschlüsse fassen dürfen. Diese Verfassung müsse der Kleine Rat, so lange sie noch in Kraft bestehe, respektieren. Er habe übrigens nicht das Recht, die Fraktionsversammlung abzuschaffen und die Gesammtgemeindeversammlung einzuführen. Die Gemeinden seien nach Art. 44 der kantonalen Verfassung in ihrer Gesetzgebung selbständig, unter dem bloßen Vorbehalt der Bundes= und Kantons= gesetze und der ordnungsmäßigen Verwaltung. Nun schreibe kein Bundes= oder Kantonsgesetz vor, daß Gemeindebeschlüsse in gemein=

samer Versammlung gefaßt werden müssen, sondern es herrsche
darin völlige Freiheit. Speziell habe nach bündnerischem Staats=
rechte die Gemeinde allein zu entscheiden, welches System für die
Beratung ihrer Gemeindeangelegenheiten ihr am besten passe. Dem
Requisite einer ordnungsmäßigen Verwaltung widerspreche das
System getrennter Beratung nicht. Die Verwaltung in Schleins
sei bisher eine gute gewesen. Würde dagegen nur noch eine Gesammtgemeindeversammlung gestattet, so wäre wegen der großen
Entfernung den meisten Gemeindebürgern unmöglich, dieselbe zu
besuchen. Der Einwand, daß der bisherige Modus gegen die ver=
fassungsmäßige Einheit der Gemeinde verstoße, sei unbegründet,
da die Verfassung die Fraktionsversammlungen nicht verbiete.
Auch die Androhung, daß, sofern die Gemeinde den Verfassungs=
entwurf nicht annehme, die Regierung denselben durch Dekretur
in Kraft setzen würde, enthalte einen Eingriff in die Autonomie
der Gemeinde. Die Rekurrenten stellen daher das Begehren, es sei
die kleinrätliche Verfügung vom 31. Dezember 1892 als verfas=
sungswidrig aufzuheben und die Beschlüsse der Gemeinde Schleins,
welche nur eine Folge jener Verfügung seien, ebenfalls zu annu=
lieren. In einem nachträglichen Schreiben vom 23. Januar aner=
kennen sie aber ausdrücklich, daß die angefochtene Verfügung vom
31. Dezember nicht auf einseitige Vorlage, sondern unter Berück=
sichtigung auch der Eingabe der Rekurrenten vom 29. März
erlassen worden sei; nichtsbestoweniger glauben sie eine Verweige=
rung des rechtlichen Gehörs darin zu erblicken, daß die Verfügung
einzelne Punkte behandle, die in ihrer Eingabe vom 29. März
gar nicht erwähnt seien. Dagegen wird von ihnen in demselben
Schreiben zugestanden, daß der Kleine Rat den Sitz der Gemeinde=
versammlung nicht bestimmt habe und daß ihre Beschwerdeschrift
insoweit auf einem Irrtum beruhe.

C. Der Kleine Rat des Kantons Graubünden beantragt seiner=
seits Abweisung der Beschwerde und stützt sich hiefür auf folgende
Gründe: Verfassungsgemäß bestehen im Kanton Graubünden nur
politische Gemeinden (Art. 44 K.=V.), Fraktionen und Filialen
einer Gemeinde gebe es keine. Daher verkehre der Kleine Rat in
Gemeindesachen ausschließlich mit dem Vorstand der politischen
Gemeinde. Strada und Martinsbruck seien keine politischen Ge=

meinden; es komme ihnen daher auch kein Recht auf selbständige
Beratung und getrennte Gemeindeversammlung zu. Mit seinem
Schreiben vom 31. Dezember habe der Kleine Rat nichts anderes
beabsichtigt, als die politische Gemeinde Schleins anzuhalten, eine
den Anforderungen einer geordneten Verwaltung entsprechende
Gemeindeverfassung einzuführen. Das Recht, solche Verfassungen
aufzustellen, stehe allerdings den Gemeinden zu, dagegen habe der
Kleine Rat nach Art. 38 K.=V. die Oberaufsicht über die Gemeinde=
verwaltung und demnach auch das Recht, gegen ordnungs= und
verfassungswidriges Verhalten der Gemeinden einzuschreiten. In
derartigen Verwaltungssachen seien überhaupt die Verwaltungs=
organe des Kantons die einzigen kompetenten Behörden; dem
Bundesgerichte stehen dagegen keinerlei Rekurs= oder sonstige Be=
fugnisse zu. Eventuell müsse zuerst der kantonale Instanzenzug
durchlaufen werden. Auch liege in concreto noch gar keine Ver=
fügung des Kleinen Rates vor, wogegen an das Bundesgericht
rekurriert werden könne, sondern ein einfaches Schreiben, worin
allerdings bestimmte Wegweisungen für die Aufstellung der Ge=
meindestatuten erteilt werden. Eine Dekretur zur Annahme der
betreffenden Gemeindeverfassung habe zur Zeit noch nicht stattge=
funden und die Beschwerde sei in dieser Hinsicht jedenfalls verfrüht
und gegenstandslos.

    Das Bundesgericht zieht in Erwägung:

    1. Die formellen Voraussetzungen zu einem Rekurse an das
Bundesgericht liegen vor. Das kleinrätliche Schreiben vom 31.
Dezember hat wirklich den Charakter einer Verfügung und wird
von den Rekurrenten nicht vom Standpunkte des Verwaltungsrechtes,
sondern von demjenigen der Art. 44 und 38 K.=V. und 4
B.=V. aus angefochten. Es ließe sich allerdings fragen, ob
die rekurrierenden Fraktionen zur staatsrechtlichen Beschwerde wegen
Verletzung des Art. 44, Lemma 2, K.=V. legitimiert seien, in=
dem nur die politische Gemeinde Trägerin des in jenem Artikel
sanktionierten Rechtes ist; allein es mag von der Erörterung dieser
Frage Umgang genommen werden, da der Kleine Rat die Aktiv=
legitimation der Rekurrenten nicht bestritten hat. Auch ist bei
Beschwerden wegen Verfassungsverletzung das Durchlaufen des
kantonalen Instanzenzuges nicht absolut nötig, sondern hat sich das

Bundesgericht in dieser Beziehung immer freie Hand vorbehalten.

2. Art. 44 K.=V. garantiert den Gemeinden das Recht der
selbständigen Verwaltung; allein dieses Recht ist kein unbeschränktes,
sondern u. a. an die Aufsicht des Kleinen Rates gebunden. So
bestimmt Art. 38 K.=V. ausdrücklich, daß der Kleine Rat die
Oberaufsicht über die Gemeindeverwaltungen führe und Lemma
8 des von den Rekurrenten angerufenen Art. 44 schreibt vor,
daß Gemeindeordnungen dem Kleinen Rate zur Prüfung vorgelegt
werden müssen. Daß bei dieser Prüfung der Kleine Rat das Recht
hat, Bestimmungen, die gegen die Verfassung oder gegen die An=
forderungen einer geordneten Verwaltung verstoßen, zu streichen
oder deren Streichung zu verlangen, geht aus der Natur der Sache
selbst hervor. Allerdings wäre derselbe nicht befugt, auf diesem
Wege das selbständige Verwaltungsrecht der Gemeinden in ver=
fassungswidriger Weise zu beschränken; das ist aber in der Auf=
erlegung einer gemeinsamen Beratung der Gemeindeangelegenheiten
nicht der Fall. Die Rekurrenten selbst anerkennen in ihrer Einlage
an die Regierung vom 29. März, daß der Standpunkt des Kleinen
Rates ein „in der Theorie gewiß berechtigter" und nur aus
praktischen Rücksichten undurchführbar sei. Die kantonale Verfas=
sung enthält in der That keinen Artikel, der den Gemeinden das
Recht getrennter Beratung zusichert, und der bloße Umstand, daß
bisher in dieser Weise verfahren worden ist, berechtigt die Rekur=
renten keineswegs, sich wegen Verfassungsverletzung zu beschweren.

3. Die Rekurrenten machen allerdings noch im fernern geltend,
daß wenigstens für die Annahme des neuen Statutenentwurfes
das bisherige Abstimmungssystem hätte befolgt werden müssen,
indem die bis dahin noch in Kraft bestandenen Statuten nur ge=
trennte Versammlungen kennen. Allein sobald der kantonalen Re=
gierung das Recht zuerkannt wird, in Bezug auf neu zu erlassende
Statuten die Förderung gemeinsamer Beratung zu stellen, so ist
auch der Einwand der Rekurrenten für das Bundesgericht von
keiner Bedeutung, da eine bloße Vorschrift der Gemeindeordnung
zum Rekurse im Sinne des Art. 59 O.=G. nicht ermächtigen kann.

4. Daß sodann in der bloßen Androhung, die entworfenen
Statuten von sich aus in Kraft zu erklären, falls keine Annahme
derselben erfolge, eine Verfassungsverletzung nicht erblickt werden

kann, braucht nicht näher ausgeführt zu werden, — ganz abge=
sehen davon, ob nicht der Kleine Rat zu einem solchen Vorgehen
berechtigt gewesen wäre.

5. Auch eine Verweigerung des rechtlichen Gehörs ist, nachdem
die Eingabe der Rekurrenten vom 29. März vom Kleinen Rate
in seinem Erlaß vom 31. Dezember 1892 einläßlich beantwortet
und behandelt worden ist, in keiner Weise vorhanden.

Demnach hat das Bundesgericht<br>
erkannt:

Der Rekurs wird als unbegründet abgewiesen.

---

## 19. Urteil vom 23. Juni 1893 in Sachen St.

A. Durch Urteil des Obergerichtes des Kantons Aargau vom
2. März 1893 wurde J. St. in Bestätigung des erstinstanzlichen Ur=
teils des Bezirksgerichtes Aarau wegen Vergehen gegen die öffentliche
Ordnung und Sittlichkeit zu 100 Fr. Buße, eventuell zu 25 Tagen
Gefangenschaft und zu den Kosten des Verfahrens verurteilt, weil
derselbe als überwiesen anzusehen sei, gegenüber der geschlechtsun=
reifen J. H. wiederholt unzüchtige Handlungen verübt zu haben.

B. Gegen dieses Urteil ergriff J. St. den staatsrechtlichen Rekurs
an das Bundesgericht mit dem Antrag: Das Urteil des Bezirks=
gerichts Aarau und das Urteil des aargauischen Obergerichts vom
2. März 1893 seien als verfassungswidrig aufzuheben unter Kosten=
folge. Er führt zunächst aus, die Zeugenaussage der J. H. sei un=
glaubwürdig und lügnerisch, deren Aussagen beruhen auf einem
Komplotte der ihm feindlich gesinnten Familie H. Sodann macht er
in rechtlicher Beziehung geltend: Die Aussagen der J. H. dürfen nach
den Vorschriften der §§ 48, 49 und 50 des aargauischen Zuchtpolizeigesetzes nicht als gültiges Zeugnis betrachtet werden, weil J. H. das
sechszehnte Altersjahr noch nicht zurückgelegt habe. § 9 des Ergän=
zungsgesetzes betreffend die Strafrechtspflege habe hieran nichts geän=
dert. Wenn auch dieses Gesetz die freie Beweiswürdigung einführe, so
könne doch nach wie vor die Verurteilung eines Beklagten nur auf

Grund eines wirklich erbrachten Beweises stattfinden. Uebrigens hätte die freie Beweiswürdigung zu seiner Freisprechung führen müssen. Er sei deshalb nicht in der durch das Gesetz vorgeschriebenen Form gerichtlich verfolgt und verurteilt worden. Schon hierin liege eine Verletzung der in Art. 19 der aargauischen Kantonsverfassung garantierten persönlichen Freiheit. Sodann konstatiere das angefochtene Urteil, daß der Rekurrent sich eines Versuches unsittlicher Handlungen schuldig gemacht habe. Nun bedrohe aber kein aargauisches Gesetz den Versuch unsittlicher Handlungen mit Strafe. Das Urteil verletze daher auch in dieser Richtung die Gewährleistung der persönlichen Freiheit. Art. 19 K.-V. enthalte den Grundsatz nulla pœna sine lege. Dieser Grundsatz postuliere offenbar ein Gesetz, welches die einzelnen Verbrechen und Vergehen aufführe und definiere und dann deren Bestrafung feststelle. Die Verurteilung des Rekurrenten sei aber nicht auf Grund eines solchen Gesetzes erfolgt. Unter allen Umständen gehe das angefochtene Urteil über das Gesetz thatsächlich hinaus und wende den § 1 des Zuchtpolizei- gesetzes auf einen Thatbestand an, der darunter nach allgemeinen strafrechtlichen Begriffen gar nicht subsumiert werden könne. Das angebliche Delikt des Rekurrenten könne nach Lage der Sache in nichts anderem erblickt werden, als in der „Schmähung der Ehre" der J. H. Eine solche Schmähung könne aber auch bei der weitest gehenden Auffassung nicht als ein Vergehen gegen die öffentliche Ordnung und Sittlichkeit aufgefaßt werden. Sie erscheine vielmehr als eine straflose Ungezogenheit und könnte jedenfalls nur auf Grund einer besondern, im Kanton Aargau nicht beste- henden Gesetzesbestimmung bestraft werden.

C. Das Obergericht des Kantons Aargau bemerkt in seiner Vernehmlassung auf diese Beschwerde im wesentlichen: In der, dem angefochtenen Urteile zu Grunde liegenden Annahme, die J. H. habe die Wahrheit gesagt, könne selbstverständlich eine Ver- fassungsverletzung nicht erblickt werden. Daß die J. H. nach der Civilprozeßordnung nicht als zulässiger Zeuge betrachtet werden könne, sei gleichgültig. Denn § 50 des Zuchtpolizeigesetzes von 1868 ermächtige den Richter ausdrücklich, auch Beweise zu erheben, welche nach der Civilprozeßordnung nicht zulässig seien und sie als In- zichten zu verwenden, und § 65 des gleichen Gesetzes gestatte eine

Verurteilung auf bloße Inzichten hin. Wenn sodann § 9 des Ergänzungsgesetzes zur Strafrechtspflege das Prinzip der freien Beweiswürdigung statuiere, so liege auf der Hand, daß, wenn diese Würdigung im vorliegenden Falle zu Ungunsten des Rekurrenten ausgefallen sei, dem Zuchtpolizeigerichte ohne Grund der Vorwurf der Gesetzes= und Verfassungsverletzung gemacht werde. Daß An=griffe auf die Schamhaftigkeit unreifer Mädchen im Sinne des Art. 1 des aargauischen Zuchtpolizeigesetzes als Vergehen gegen die öffentliche Ordnung zu erklären seien, sei durch bundesgericht=liche Urteile wiederholt ausgesprochen worden.

Das Bundesgericht zieht in Erwägung:

1. Ob nach dem aargauischen Strafprozeßrechte die J. H. eine zulässige Zeugin war und ob das Obergericht mit Recht oder mit Unrecht deren Aussagen für glaubwürdig erachtet hat, entzieht sich der Nachprüfung des Bundesgerichtes. Denn dabei handelt es sich ausschließlich um die Auslegung und Anwendung des kantonalen Gesetzesrechtes und kann von einer Verfassungsver=letzung von vornherein nicht die Rede sein. Die aargauische Kan=tonsverfassung enthält ja keinerlei Bestimmungen über das Beweis=recht im Straf= resp. Zuchtpolizeiverfahren und die Annahme des Obergerichts, daß nach der kantonalen Gesetzgebung die J. H. als Zeugin habe abgehört und ihre Aussagen vom Richter frei haben gewürdigt werden dürfen, ist jedenfalls keine willkürliche.

2. Fragen kann sich nur, ob nicht durch die Bestrafung der That des Rekurrenten der in § 19 der aargauischen Kantonsver=fassung niedergelegte Grundsatz nulla pœna sine lege verletzt sei. In dieser Richtung ist es zunächst unrichtig, wenn der Rekurrent andeutet, es liege in der Anwendung des, eine eingehende gesetz=liche Definition der zuchtpolizeilich strafbaren Tatbestände nicht enthaltenden, § 1 des aargauischen Zuchtpolizeigesetzes von 1868 an sich eine Verfassungsverletzung. Denn, wie das Bundesgericht schon häufig entschieden hat (siehe z. B. Amtliche Sammlung, IX, S. 71 u. ff., XVI, S. 84) ist die Anwendung des § 1 des aargauischen Zuchtpolizeigesetzes, trotzdem derselbe sich mit der Auf=stellung allgemeiner Vergehenskategorien begnügt, mit dem Grund=satze nulla pœna sine lege an sich nicht unvereinbar. Eine Ver=fassungsverletzung läge dagegen, gemäß der konstanten Praxis des

Bundesgerichtes, dann allerdings vor, wenn das angefochtene Urteil unter die Vergehensbegriffe des § 1 des aargauischen Zucht=polizeigesetzes Tatbestände subsumierte, die darunter nach allge=meinen strafrechtlichen Begriffen überhaupt nicht subsumiert werden können und somit über das Gebiet möglicher richterlicher Gesetzes=anwendung unzweifelhaft hinausginge.

3. Dies ist aber zu verneinen. Der Rekurrent ist nicht, wie er behauptet, wegen Versuchs unsittlicher Handlungen, sondern wegen wiederholter unzüchtiger Handlungen gegenüber der geschlechtsun=reifen J. H: bestraft worden. Unzüchtige Handlungen mit ge=schlechtsunreifen Kindern nun aber können, mit Rücksicht auf die Natur des Rechtsgutes, gegen welches die That sich richtet und das öffentliche Ärgernis, welches dieselben bei ihrem Bekanntwerden notwendiger Weise erregen, als Vergehen gegen die öffentliche Sittlichkeit im Sinne des § 1 des aargauischen Zuchtpolizeigesetzes auch dann aufgefaßt werden, wenn die Verübung nicht gerade öffentlich, vor dritten Personen, stattgefunden hat. Derartige Handlungen werden denn auch wohl überall als strafbar betrachtet und es ist gewiß anzunehmen, daß der aargauische Gesetzgeber durch die Bestimmung des § 1 des Zuchtpolizeigesetzes sie mit hat treffen, daß er auch die geschlechtliche Unschuld der Kinder unter den strafrechtlichen Schutz der öffentlichen Sittlichkeit hat stellen wollen.

Demnach hat das Bundesgericht

erkannt:

Der Rekurs wird als unbegründet abgewiesen.

---

20. Urteil vom 26. Mai 1893 in Sachen
Gemeinde Wallisellen.

A. Am 23. Januar 1893 hat der Kantonsrat des Kantons Zürich mit Mehrheit den Beschluß gefaßt: 1. Die Ortschaft Her=zogenmühle wird von der politischen Gemeinde Wallisellen abge=trennt und der Gemeinde Schwamenbingen zugeteilt. 2. Der

Regierungsrat wird eingeladen, die neuen Grenzen festzustellen.
3. Mitteilung an den Regierungsrat zur Vollziehung. Am 13.
Februar 1893 wurde im Kantonsrate im Wege der Motion der
Antrag gestellt, diesen Beschluß in Wiedererwägung zu ziehen und
zu beschließen, die Gemeindezugehörigkeit der Ortschaft Herzogen=
mühle in bisherigem Zustande zu belassen, „in Anbetracht, daß nach
Art. 43 der Verfassung des eidgenössischen Standes Zürich Ände=
rungen in der bestehenden Einteilung der Bezirke nur auf dem
Wege der Gesetzgebung erfolgen dürfen.“ Am 14. Februar 1893
wurde indes zunächst, in eventueller Abstimmung, die Begründung
des Motionsstellers abgelehnt und sodann mit 92 gegen 83 Stim=
men die Motion definitiv verworfen und damit beschlossen, an dem
Kantonsratsbeschlusse vom 23. Januar festzuhalten.

B. Mit Eingabe vom 11./21. März 1893 ergriff die Gemeinde
Wallisellen den staatsrechtlichen Rekurs an das Bundesgericht mit
dem Antrage, daß dieser Beschluß als außer die Kompetenz des
Kantonsrats fallend und der Verfassung des eidgenössischen Stan=
des Zürich widerstreitend, aufgehoben werde. Zur Begründung
wird ausgeführt: Art. 43, Abs. 2 K.=V. bestimme: „Der Kanton
„ist in Bezirke eingeteilt. Änderungen in der bestehenden Ein=
„teilung erfolgen auf dem Wege der Gesetzgebung.“ Die Ortschaft
Herzogenmühle mit 72 Einwohnern gehöre als Bestandteil der
politischen Gemeinde Wallisellen dem Bezirke Bülach an; der Be=
schluß des Kantonsrates wolle dieselbe durch Zuteilung zu der
politischen Gemeinde Schwamendingen dem Bezirke Zürich anfügen.
Damit unternehme es der Kantonsrat, in eigener und ausschließ=
licher Machtvollkommenheit eine Änderung zu bewerkstelligen,
welche von der kantonalen Staatsverfassung kategorisch auf den
Weg des Gesetzes und damit gemäß Art. 28 K.=V. in die Macht=
vollkommenheit des Volkes gelegt sei. Die Bezirkseinteilung ruhe
im Kanton Zürich auf dem Boden der politischen Gemeinden.
Daß die Ortschaft Herzogenmühle nach Schwamendingen schul=
und kirchengenössig sei, könne ihre Bezirksangehörigkeit nicht be=
stimmen. Es existiere im Kanton Zürich keine Gemeinde, keine
Ortschaft, kein Weiler, kein Hof, kein Haus, deren politische Ge=
meindeangehörigkeit und Bezirksangehörigkeit in Widerspruch ständen,
während die Schul= und Kirchgemeinden in zahlreichen Fällen die

Bezirksgrenzen, einige sogar die Kantonsgrenzen durchschneiden. Art. 43 K.=V. verweise schlechtweg Änderungen in der bestehen= den Bezirkseinteilung auf den Weg der Gesetzgebung und mache keinen Unterschied zwischen größern und kleinern Änderungen. Gegenüber einem bei der Verfassungsberatung zu Tage getretenen Bestreben, die Bezirkseinteilung umzugestalten und fließend zu er= halten, haben seinerzeit die Mehrheit des Verfassungsrates und das Volk selber Stellung genommen und mit bewußtem Willen durch die Fassung des Art. 43 die Bezirkseinteilung gegen die bloße Willkür kantonsrätlicher Dekrete sichergestellt. Nun aber doch auf dem Wege solcher Dekrete Stück um Stück von der bestehen= den Bezirkseinteilung abzubröckeln, unter dem kasuistischen Vorgeben, daß in Art. 43 nur große, nicht aber kleine Änderungen inbe= griffen seien, gehe offenbar nicht an. Ebenso sei Art. 32 K.=V. verletzt, welcher (nach der abgeänderten Fassung vom 10. Februar 1878) laute: Der Kantonsrat wird in Wahlkreisen gewählt, deren Zahl und Umfang das Gesetz bestimmt. Durch sein angefochtenes Dekret wolle der Kantonsrat die Ortschaft Herzogenmühle vom Wahlkreise Kloten-Bassersdorf abtrennen und dem Wahlkreise Oer= likon-Schwamendingen zufügen, also etwas beginnen, wofür ihm nach Art. 32 cit. die Kompetenz mangle. Daß der Kantonsrat sich selber seine Wahlkreise endgültig ordne und zuschneide, stehe mit den Fundamentalbestimmungen der zürcherischen Kantonsverfassung in Widerspruch. Die Ausrede, daß man ja nur weniges abschnei= ben und zuteilen wolle, könne hier womöglich noch weniger gelten als gegenüber Art. 43. Denn es bestehen in den Wahlkreisen häufig politische Gleichgewichtsverhältnisse, welche der Kantonsrat, wenn ihm gestattet wäre, Stücke weg= und zuzuschieben, nach seiner Willkür zum Umschlagen bringen könnte, während doch die Ver= fassung ihn ein für allemal habe abhalten wollen, für seine eigene Wahl Geometrie zu treiben. Accessorisch sei noch zu bemerken, daß die Voraussetzungen des vom Kantonsrat angerufenen, hier aber nicht zutreffenden, § 4 des Gemeindegesetzes vom 27. Juni 1875 thatsächlich nicht vorhanden seien. Der Wille der Gemeinden stehe der beschlossenen Grenzveränderung entschieden entgegen und es sprechen keinerlei erhebliche Gründe administrativer Zweckmäßigkeit für dieselbe. Durch den angefochtenen Beschluß solle die Ortschaft

Herzogenmühle vom Notariatskreise Kloten=Bassersdorf abgetrennt und dem Notariatskreise Oerlikon=Schwamendingen zugeteilt werden. Das Gesetz betreffend die Einteilung des Kantons in Notariats= kreise vom 14. Dezember 1873 mache in § 2 die Befugnis des Kantonsrates, von sich aus Zuteilungen zu einem andern Nota= riatskreis vorzunehmen, abhängig vom Wunsch der Gemeinde und vom Vorhandensein von Zweckmäßigkeitsgründen. Keines dieser Requisite sei hier gegeben.

C. Der Bezirksrat Bülach hat am 20. März 1893 beschlossen, den Rekurs der Gemeinde Wallisellen „an das Bundesgericht angelegentlichst zur Gutheißung zu empfehlen". Ebenso am gleichen Tage die Vorsteherschaft des Wahl= und Notariatskreises Kloten= Bassersdorf, welche erklärt, sich dem Rekurse anzuschließen.

D. Der Regierungsrat des Kantons Zürich bemerkt in seiner Vernehmlassung im wesentlichen: Der angefochtene Beschluß stütze sich auf § 4 des Gemeindegesetzes, nach welchem auch gegen den Willen der beteiligten Gemeinden eine Grenzveränderung zwischen zwei Gemeinden aus erheblichen Gründen administrativer Zweck= mäßigkeit vorgenommen werden könne, und zwar durch den Kan= tonsrat, wenn es sich um größere, mit Wohnhäusern besetzte Gemeindeteile handle, sonst durch den Regierungsrat. Ob im vor= liegenden Falle die erheblichen Gründe administrativer Zweckmäs= sigkeit zutreffen, sei vom Bundesgerichte nicht zu prüfen. Daß die zürcherischen Behörden in guten Treuen das Vorhandensein solcher Gründe angenommen haben und die bezüglichen Auseinandersetzungen nicht nur einen Willkürakt verdecken sollen, gehe aus den in der Sache erstatteten Berichten des Regierungsrates und der kantons= rätlichen Kommission hervor. Die Gemeinde Wallisellen behaupte nun aber, daß Art. 43 K.=V. die Anwendung des § 4 des Ge= meindegesetzes insofern beschränke, als, wenn es sich um Grenz= veränderungen zwischen Gemeinden verschiedener Bezirke handle, nicht mehr die Behörden kompetent seien, sondern der Gesetzgebungs= weg beschritten werden müsse. Diese Interpretation würde zu dem eigentümlichen Resultate führen, daß, während die Gemeinden, welche autonome selbständige Rechtssubjekte seien, durch bloßen Regierungs= oder Kantonsratsbeschluß in ihren Grenzen verändert werden dürften, einem Bezirke, der im Kanton Zürich ein reiner

Verwaltungskreis sei und keine autonome Eristenz besitze, kein
Zoll breit seines Gebietes abgetrennt werden dürfte, ohne daß das
gesammte Volk zu den Urnen gerufen werden müßte, um kraft
eines Gesetzgebungsrechts die Änderung zu beschließen. Eine
derartige Anomalie dürfe nur dann angenommen werden, wenn
der klare Wortlaut von Verfassung und Gesetz dazu zwinge und
keine andere Deutung zulasse. Dies sei aber hier nicht der Fall.
Im Kanton Zürich sei die Gemeinde diejenige politische Einheit,
auf welche alle übrigen staatlichen Gebilde, die in verschiedener
Gestaltung und Umschreibung zu Besorgung gewisser Verwaltungs=
funktionen vorgesehen seien, sich stützen; diese (die Bezirke und
Kreise) werden durch Kombination von Gemeinden gebildet und
wo die Einteilung des Kantons in solche Gebilde der Gesetzgebung
vorbehalten werde (wie in Art. 43 K.=V.), habe das im zürche=
rischen Staatsrechte immer nur die Meinung, daß das Gesetz
bestimme, welche Gemeinden zu Bildung des betreffenden Kreises
zusammenzulegen seien und es präjudiziere dies in keiner Weise
die Veränderungen in der Begrenzung der Gemeinden selbst. Die
Gemeinden gehören in derjenigen Umgrenzung, wie sie durch die
kompetenten Organe festgestellt seien, zum größern Verbande. So
sei Art. 43 K.=V. in der Kommission des Verfassungsrates und
auch vom zürcherischen Gesetzgeber bei Erlaß des Gesetzes betreffend
die Einteilung des Kantons in Bezirke, Wahlkreise und politische
Gemeinden aufgefaßt worden. Unmittelbar nach Annahme der neuen
Kantonsverfassung habe der Kantonsrat einen Beschluß gleicher
Art wie der angefochtene gefaßt, indem er die Ortschaft Wermats=
weil von der Gemeinde Pfäffikon abgelöst und der Gemeinde Uster,
also einer Gemeinde eines andern Bezirkes, zugeteilt habe. Es
dürfe wohl angenommen werden, daß der damalige Kantonsrat,
welcher im wesentlichen aus denselben Mitgliedern bestanden habe,
wie der Verfassungsrat, in diesem Beschlusse die Verfassung dem
Willen des Gesetzgebers gemäß angewendet habe. Die Gemeinde
Pfäffikon, welche damals den Entscheid der Bundesbehörde ange=
rufen habe, habe gar nicht daran gedacht, eine Verletzung des Art.
43 K.=V. zu behaupten, sondern habe den Art. 47 K.=V. als
verletzt erklärt, der heute, nach Erlaß des neuen Gemeindegesetzes,
nicht mehr in Betracht kommen könne. Der Bundesrat habe den

Rekurs abgewiesen mit der Motivierung, daß bei verschiedener
Auslegung eines Verfassungsartikels der Bundesrat immer ein
wesentliches Gewicht auf diejenige Interpretation gelegt habe, welche
die oberste Behörde des Kantons selbst seiner Verfassung gebe.
Diese Erwägung treffe auch hier zu. Der Kantonsrat habe aus=
drücklich darüber beraten und abgestimmt, ob Art. 43 K.=V. der
vorgenommenen Grenzveränderung zwischen Wallisellen und Schwa=
mendingen entgegenstehe. Aus den gleichen Gründen, aus welchen
eine Verletzung des Art. 43 K.=V. nicht vorliege, sei auch eine
Verletzung des Art. 32 K.=V. zu verneinen. Der Einwurf, daß
der Kantonsrat durch willkürliche Ab= und Zuteilungen Wahl=
kreisgeometrie treiben könnte, sei nichtig. Solche Veränderungen
dürfen nur aus „erheblichen Gründen administrativer Zweckmäf=
figkeit" getroffen werden und der Schutz der verfassungsmäßigen
Rechte durch den Bund biete alle Gewähr dafür, daß Verände=
rungen, welche bloß zum Zwecke der Wahlkreisgeometrie insceniert
werden wollten, Einhalt getan würde. Daß im vorliegenden Falle
solche Nebenrücksichten obgewaltet haben, wagen auch die Rekur=
renten nicht zu behaupten. Rücksichtlich der Veränderung in den
Notariatskreisen gelte das gleiche, wie hinsichtlich der Bezirke und
Wahlkreise. Zu bemerken sei noch, daß der Bezirksrat Bülach,
indem er den Rekurs der Gemeinde Wallisellen zur Gutheißung
empfehle, in vollständiger Verkennung seiner amtlichen Stellung
handle.

Das Bundesgericht zieht in Erwägung:

1. Der Bezirksrat von Bülach sowie die Vorsteherschaft des
Wahl= und Notariatskreises Kloten=Bassersdorf sind zum Rekurse
nicht legitimiert. Dieselben sind weder eine Vereinigung von Pri=
vaten noch eine Korporation oder Vertreter einer solchen, sondern
öffentliche Behörden und es steht ihnen daher ein Rekursrecht gemäß
Art. 59 O.=G. nicht zu (f. Entsch. b. B.=G., Amtliche Sammlung
VI, S. 232 u. f. Erw. 1). Dagegen ist die Gemeinde Wallisel=
len, als Korporation, deren Rechtsstellung durch die angefochtene
Schlußnahme berührt wird, zum Rekurse legitimiert.

2. Nach Art. 4 des zürcherischen Gemeindegesetzes können Ver=
änderungen der Gemeindegrenzen auf dem Verwaltungswege (durch
Regierungsrat und Kantonsrat) vorgenommen werden; dagegen

sind nach Art. 43 K.-V. Änderungen der bestehenden Bezirkseinteilung auf den Weg der Gesetzgebung gewiesen und wird nach
Art. 32 K.-V. die Zahl und der Umfang der Kantonsratswahlkreise durch das Gesetz festgesetzt. Streitig ist nun im vorliegenden
Falle, ob eine Veränderung der Gemeindegrenzen, wenn sie Gemeinden verschiedener Bezirke oder Kantonsratswahlkreise betrifft
und daher mittelbar eine Änderung nicht nur in der Gemeinde-
sondern auch in der Bezirks- oder Wahlkreiszugehörigkeit zur Folge
hat, nichtsdestoweniger als Grenzveränderung zwischen Gemeinden
auf dem Verwaltungswege könne verfügt werden, oder ob sie vielmehr nur im Wege der Gesetzgebung geschehen dürfe. Der Kantonsrat des Kantons Zürich hat diese Frage im erstern Sinne
entschieden. Das Bundesgericht hat nun bei Beschwerden wegen
Verletzung kantonaler Verfassungen stets der von der obersten
kantonalen Behörde vertretenen Auslegung der Verfassung ein
wesentliches Gewicht beigelegt und hat diese Auslegung nur dann
als unzulässig verworfen, wenn zwingende Gründe hiefür sprachen
(s. bundesger. Entsch. Amtliche Sammlung XII, S. 92 Erw. 1).
Dies ist hier nicht der Fall. Die Auffassung des Kantonsrates, daß
bloße Grenzveränderungen zwischen Gemeinden auch dann, wenn
sie Gemeinden verschiedener Bezirke oder Kantonsratswahlkreise
betreffen, im Verwaltungswege angeordnet werden können, ist mit
dem Wortlaute der Verfassung nicht unvereinbar. Die Auffassung,
daß als Elemente der, nur im Wege der Gesetzgebung abänderlichen,
Bezirks- und Wahlkreiseinteilung nach zürcherischem Staatsrechte
lediglich die Gemeinden in ihrer jeweiligen, durch die zuständigen
Behörden festgestellten Zusammensetzung erscheinen, ist keine un-
mögliche. Es ist gegenteils durchaus möglich, die Verfassung in
dem Sinne auszulegen, daß darüber, unter welchen Voraussetzungen die Zusammensetzung der Gemeinden geändert werden könne,
ausschließlich Art. 47 K.-V. und das kantonale Gemeindegesetz
entscheiden, während Art. 43 und 32 K.-V. nur die Einteilung
der bestehenden Gemeinden zu Bezirken und Wahlkreisen im Auge
haben. Für diese Auslegung spricht auch, daß ein Grund in der
Tat nicht ersichtlich ist, warum für untergeordnete Grenzberichti-
gungen und Grenzveränderungen zwischen Gemeinden, für welche
sonst die Verwaltungsbehörden zuständig sind, dann, wenn die

betreffenden Gemeinden verschiedenen Bezirken angehören, ein der Volksabstimmung unterstehendes Gesetz erforderlich sein sollte. Die Befürchtung, daß der Kantonsrat Grenzveränderungen zwischen Gemeinden zu Zwecken der Wahlkreisgeometrie vornehmen könnte, ist nicht begründet; wenn derartige willkürliche Änderungen that=sächlich sollten vorgenommen werden wollen, so wäre gegen die=selben der staatsrechtliche Rekurs ohne Zweifel statthaft. Daß im vorliegenden Falle Erwägungen der Wahlkreisgeometrie irgendwelche Rolle gespielt haben, ist gar nicht behauptet. Ob im übrigen die vom Kantonsrate vorgenommene Zuteilung der Ortschaft Herzogen=mühle an die Gemeinde Schwamendingen durch erhebliche Gründe der administrativen Zweckmäßigkeit gefordert gewesen sei, entzieht sich der Beurteilung des Bundesgerichtes.

3. Wenn demnach die Beschwerden wegen Verletzung der Art. 43 und 32 K.=V. unbegründet sind, so ist es selbstverständlich auch die accessorisch geltend gemachte Beschwerde wegen gesetzwidriger Abänderung eines Notariatskreises.

Demnach hat das Bundesgericht

erkannt:

Die Beschwerde wird als unbegründet abgewiesen.

Vierter Abschnitt. — Quatrième section.

## Staatsverträge der Schweiz mit dem Auslande.

## Traités de la Suisse avec l'étranger.

———

### Auslieferung. — Extradition.

**1. Vertrag mit Deutschland. — Traité avec l'Allemagne.**

**21. Urteil vom 17. März 1893 in Sachen Köster.**

A. Durch Urteil der I. Straffammer des königlich preußischen Landgerichtes in Magdeburg vom 1. Oktober 1891 wurde Friedrich Köster aus Rodenberg (Preußen) der Majestätsbeleidigung für schuldig erflärt und dafür mit einem Monate Gefängnis bestraft. Das Gericht nahm als erwiesen an, Köster habe am 2. oder 3. Mai 1891 mit dem Gastwirte Hoppe in Bennecenbeck bei Groß-Ottersleben, in dessen Lokal die Anhänger der Sozialdemokratie in Groß-Ottersleben und Bennecenbeck am 3. Mai 1891 die sozialdemokratische sogenannte Maifeier abhalten wollten, wegen der Zurichtung des Saales für die Feier Rücksprache genommen. Der Saal sei damals mit Fahnen, vorwiegend in den deutschen und preußischen Farben, und mit von frühern Festlichkeiten her= rührenden Guirlanden geschmückt gewesen; auch seien an der einen Wand desselben die Büsten der Kaiser Wilhelm I., Friedrich III und des jetzt regierenden Kaisers Wilhelm II. angebracht gewesen. Köster habe nun auf diesen Saalschmuck und insbesondere auf die drei Kaiserbüsten hinweisend, zu Hoppe geäußert: „Der „Krempel" muß raus!" In dieser Äußerung erblickt das Gericht den Thatbestand der Majestätsbeleidigung. Der Angeklagte hatte geleugnet, die inkriminierte Äußerung gethan zu haben. Der als Zeuge einvernommene Gastwirt Hoppe hatte dieselbe bei einer ersten (unbeeidigten) Einvernahme bestätigt, später aber seine Aussage geändert und in der Hauptverhandlung vom 1. September 1891 beschworen, Köster habe den Ausdruck „Krempel" nicht gebraucht.

B. Köster entzog sich der Vollziehung der gegen ihn verhängten Strafe durch die Flucht. Gegen den Gastwirt Hoppe wurde die gerichtliche Voruntersuchung wegen Meineids eingeleitet. Hoppe gestand in dieser Untersuchung zu, wissentlich falsch geschworen zu haben, denn Köster habe in der That die fraglichen Worte gebraucht. Zu seiner unwahren Aussage sei er durch Köster verleitet worden, der ihm am Terminstage auf dem Wege zum Gericht aufgelauert und gesagt habe, er solle als Zeuge aussagen, er (Hoppe) wisse nicht genau, ob er (Köster) jene Worte ausgestoßen habe. Später gab Hoppe auch an, er habe falsch geschworen aus Furcht vor Köster und in der Erwartung, daß nunmehr die Sozialdemokraten in seinem Lokal verkehren würden. Nunmehr wurde auch gegen Köster die Voruntersuchung wegen Anstiftung zum Meineid eröffnet, in dem Haftbefehle des Untersuchungsrichters I bei dem königlichen Landgericht in Magdeburg wird Köster beschuldigt: „Im Sommer 1891 auf dem Wege zwi-
„schen Groß-Ottersleben und Magdeburg beziehungsweise in Mag-
„deburg den Gastwirt Karl Hoppe zu Benneckenbeck zu dem von
„demselben geständlich am 1. September 1891 begangenen Mein-
„eid durch Überredung, Mißbrauch des Ansehens und andere
„Mittel vorsätzlich bestimmt und sich durch diese Handlung des
„in §§ 153, 154 und 48 des Strafgesetzbuches für das deutsche
„Reich unter Strafe gestellten Verbrechens schuldig gemacht zu
„haben."

C. Gestützt auf diesen Haftbefehl suchte die kaiserlich-deutsche Gesandtschaft in Bern beim schweizerischen Bundesrate um Auslieferung des in Zürich verhafteten Friedrich Köster nach. Köster erhob gegen seine Auslieferung Einsprache. Nachdem der schweizerische Bundesrat eine Aktenvervollständigung veranstaltet und inzwischen die provisorische Freilassung des Köster gegen eine

Kaution von 2000 Fr. bewilligt hatte, hat er mit Schreiben vom
24. Februar 1893 die Akten dem Bundesgerichte zur Entscheidung
übermittelt.

D. Zur Begründung seiner Einsprache gegen die Auslieferung
macht Köster geltend: Er habe sich der Anstiftung zum Meineide
nicht schuldig gemacht. Das Zeugnis des Gastwirts Hoppe, auf
welches die Anschuldigung sich stütze, sei diesem in der Unter=
suchungshaft abgepreßt worden, wie derselbe nachher in der öffent=
lichen Gerichtsverhandlung selbst zugegeben habe. Zudem sei er
(Köster) wegen Majestätsbeleidigung und Preßvergehen in Magde=
burg zu 17 Monaten Gefängnis verurteilt worden und hätte,
wenn er ausgeliefert würde, auch diese Strafen zu verbüßen, ob=
wohl sie nicht wegen Auslieferungsdelikten ausgefällt worden seien.
In rechtlicher Beziehung führt der Anwalt des Requirierten, Pro=
fessor Zürcher in Zürich, im wesentlichen aus:

1. Für die Auslieferungspflicht der Eidgenossenschaft gegenüber
dem deutschen Reiche sei auch gegenwärtig noch ausschließlich der
Auslieferungsvertrag vom 24. Januar 1874 und nicht das Bun=
desgesetz vom 22. Januar 1892 maßgebend. Dagegen könne, nach
dem Inkrafttreten dieses Gesetzes, eine Einsprache gegen die Aus=
lieferung nur noch auf dieses Gesetz gestützt werden. Rechte des
Auszuliefernden seien nur noch durch das Gesetz begründet.

2. Nach Art. 4 des Auslieferungsvertrages solle die Aus=
lieferung nicht stattfinden, wenn die strafbare Handlung, wegen
deren die Auslieferung verlangt werde, einen politischen Charakter
an sich trage. Der Ausdruck „Verbrechen mit politischem Charak=
ter" sei im weitesten Sinne aufzufassen, welcher nicht nur die
absolut politischen Verbrechen, sondern auch das gemischt politische
Verbrechen (délit politique complexe) und das konnexe Ver=
brechen, d. h. das gemeine Verbrechen, das in ursächlichem Zu=
sammenhange mit politischen Verbrechen stehe, umfasse. Köster sei
nun wegen Majestätsbeleidigung verurteilt worden, welche sich als
absolut politisches Verbrechen qualifiziere und wegen welcher die
Auslieferung ausgeschlossen sei. Der äußere Kausalzusammenhang
zwischen der dem Requirierten vorgeworfenen Anstiftung zum
Meineide und der Majestätsbeleidigung liege am Tage. Es bestehe
aber auch ein innerer begrifflicher Zusammenhang. Wenn man

nicht auf die juristische Form, sondern auf das Wesen der Sache
sehe, so werde dem Requirierten zur Last gelegt, daß er Dritte
zur Begünstigung mit Bezug auf ein eigenes politisches Verbrechen aufgefordert habe.

3. Ferner sei die Auslieferung nach Art. 4 des Auslieferungsvertrages auch deshalb zu verweigern, weil der Nachweis erbracht
sei, daß der Auslieferungsantrag in Wirklichkeit mit der Absicht
gestellt werde, den Ausgelieferten wegen eines Verbrechens politischer Natur zu bestrafen. Das Auslieferungsbegehren sei in That
und Wahrheit auf das Bestreben zurückzuführen, den Sozialdemokraten Köster für seine sozialdemokratische Gesinnung und
Thätigkeit zu bestrafen.

4. Der Haftbefehl entspreche den Anforderungen des Art. 7
des Auslieferungsvertrages nicht. Da Art. 7 cit. den Haftbefehl
auf gleiche Linie mit den Beschlüssen über Versetzung in Anklagezustand stelle, so sollten die beiden Aktenstücke wesentlich gleichen
Inhalts sein. Der vorliegende Haftbefehl entspreche aber den Erfordernissen, welchen ein Beschluß über die Eröffnung des Haupt-
verfahrens nach deutschem Rechte genügen müsse, durchaus nicht.
Er sage nicht, welche Geschenke, Versprechen oder Drohungen der
Requirierte gemacht habe, welches Ansehen und in welcher Weise
er dasselbe mißbraucht habe. Und doch seien diese Angaben unbedingt nötig, damit der ersuchte Staat sich ein Urteil über den
strafrechtlichen Charakter der Handlung, wegen welcher die Auslieferung begehrt werde, bilden könne.

5. Wie nach dem schweizerisch-deutschen Auslieferungsvertrage,
so sei auch nach dem Bundesgesetze vom 22. Januar 1892 die
Auslieferung hier ausgeschlossen. Allerdings sei der Wortlaut des
Gesetzes nicht allzu klar. Allein nach der ratio legis und der
Entstehungsgeschichte des Gesetzes sei anzunehmen, daß auch das
Gesetz die Auslieferung nicht nur wegen absolut politischer und
gemischt politischer Delikte, sondern auch wegen sogenannter konnexer Delikte ausschließe, sofern nur nicht der Charakter des gemeinen Verbrechens überwiege. Übrigens sei es auch nicht ausgeschlossen, die dem Requirierten zur Last gelegte That als absolut
oder gemischt politisches Verbrechen aufzufassen. Denn der Meineid
sei ein Delikt gegen die Rechtspflege und nach der alten Theorie

haben die Verbrechen gegen die Rechtspflege zu den absolut politischen Verbrechen gehört; auch lasse sich die politische Natur
nicht leugnen. Wenn die That begangen worden sei, so sei sie begangen worden zur Verteidigung gegenüber einer politischen Verfolgung. Der Sozialistenführer und der die Majestät des Königs
verteidigende Staat stehen auch da einander gegenüber.

E. Die kaiserlich-deutsche Gesandtschaft in Bern bemerkt gegen
über den Einwendungen des Requirierten mit Note vom 15. Februar 1893 im wesentlichen: Nach dem Auslieferungsvertrage
habe der ersuchte Staat sich weder mit der Schuldfrage zu be-
fassen, noch die Beweise, auf die sich der Verdacht gründe, zu
prüfen. Die in dieser Richtung erhobenen Einwendungen des Requirierten fallen also außer Betracht. Was die Behauptung anbelange, die dem Verfolgten zur Last gelegte That trage einen
politischen Charakter an sich, so sei richtig, daß der Meineid, zu
welchem der Verfolgte den Hoppe angestiftet habe, in einem politischen Prozesse geleistet worden sei. Allein nichtsdestoweniger
könne nicht anerkannt werden, daß der Meineid selbst und die Anstiftung dazu einen politischen Charakter an sich tragen. Die Ab-
leistung des Meineides durch Hoppe sei nicht aus politischen Be-
weggründen, sondern aus Furcht und im Hinblick auf geschäftliche
Vorteile erfolgt. Die Anstiftung hiezu entbehre aber gleichfalls des
politischen Charakters. Habe Köster gewünscht, wegen der Majestätsbeleidigung straflos zu bleiben, so habe er nur, wie er es
später gethan habe, Deutschland zu verlassen brauchen. Statt
dessen habe er ein neues Verbrechen begangen, mit dem er das
gemeine Recht verletzt habe. So wenig angenommen werden könnte,
daß, wenn der Verfolgte etwa einen Raubmord begangen hätte,
um sich die Mittel zur Flucht zu verschaffen, diesem Verbrechen
ein politischer Charakter zukäme, ebensowenig werde auch der Anstiftung zum Meineide, durch die sich Köster der Bestrafung entziehen wollte, ein solcher Charakter beizulegen sein. Wäre diese
Anstiftung erfolgt, um dem vorangegangenen politischen Verbrechen
zu besserer Wirkung zu verhelfen und dessen Erfolg zu sichern,
so würde die Anstiftung vielleicht als eine Handlung angesehen
werden können, die einen politischen Charakter an sich trage. In
Wirklichkeit habe Köster sein politisches Vergehen aber zu ver-

wischen gesucht, um nur für seine Person Deckung zu finden. Wenn er sich hiezu der Irreführung des Gerichts durch Verleitung eines Zeugen zum Meineide bedient habe, so stelle sich dieser als ein selbständiges Verbrechen gegen die Rechtspflege dar, das lediglich den Charakter eines gemeinen Verbrechens habe. Daß Köster im Falle seiner Auslieferung nicht wegen Majestätsbeleidigung und Preßvergehens werde verfolgt werden, ergebe sich schon aus Art. 4 Abs. 3 des deutsch-schweizerischen Auslieferungsvertrages; eine besondere Zusicherung sei daneben nicht erforderlich.

F. Der Generalanwalt der Eidgenossenschaft bemerkt: Die gewöhnlichen Voraussetzungen der Auslieferungspflicht treffen zu. Es könne sich nur fragen, ob die Auslieferung nicht deshalb zu verweigern sei, weil die Tat, für welche sie verlangt werde, einen politischen Charakter habe. Für die Entscheidung dieser Frage sei ausschließlich der schweizerisch-deutsche Auslieferungsvertrag vom 24. Januar 1874 maßgebend. Nach dem Wortlaute des Art. 4 Lemma 1 und 2 dieses Vertrages sei der Begriff des politischen Vergehens oder des politischen Charakters eines Vergehens im weitesten Sinne aufzufassen. Werde zunächst geprüft, ob das Verbrechen wegen dessen Anstiftung die Auslieferung verlangt werde, ein politisches sei, so sei klar, daß man nicht im allgemeinen sagen könne, jeder in einem politischen Prozeß verübte Meineid habe einen politischen Charakter, vielmehr müsse in jedem einzelnen Falle geprüft werden, ob wirklich Anhaltspunkte für eine derartige Annahme vorliegen. Der Meineid sei ein Verbrechen gegen die Rechtspflege und nach seiner objektiven Gestaltung kein politisches Verbrechen; es liege in concreto auch kein relativ politisches Verbrechen in dem Sinne vor, daß dasselbe in der Absicht begangen worden sei, ein politisches Verbrechen zu verüben oder bei der Verübung desselben mitzuwirken. Die angeblich falsche Aussage sei gemacht worden, nachdem das politische Verbrechen der Majestätsbeleidigung bereits verübt war, aber offenbar zu dem Zwecke, einen wegen eines politischen Verbrechens Verfolgten vor der drohenden Strafe zu schützen. Es stelle sich daher dieser Meineid dar als eine Begünstigung eines politischen Verbrechens; es habe somit die an sich strafbare Handlung einen politischen Charakter und stehe jedenfalls mit einem politischen

Verbrechen nicht nur in äußerm, sondern innerm Zusammen=
hange. Aber auch die Anstiftung an sich habe einen politischen
Charakter. Die Anstiftung, gleichviel ob sie als Teilnahme oder
als selbständiges Delikt aufgefaßt werde, könne einen politischen
Charakter auch dann haben, wenn das Verbrechen, zu dessen Ver=
übung angestiftet worden sei, einen solchen nicht besitzen sollte.
In concreto solle die Anstiftung darin bestehen, daß der Requi=
rierte den Gastwirt Hoppe bestimmt habe, in dem gegen den
erstern angestrengten Majestätsbeleibigungsprozesse zu dessen Gun=
sten eine falsche Aussage zu machen; es liege also in Wirklich=
keit weniger eine Anstiftung zum Meineide als eine solche zu
Ablegung eines falschen Zeugnisses vor. Die Klage als richtig
vorausgesetzt, sei die Absicht des Requirierten die gewesen, sich
der Bestrafung zu entziehen; zu diesem Zwecke habe er nicht nur
selbst geleugnet, sondern auch Dritte bestimmt, ihm durch Ver=
schweigung der Wahrheit herauszuhelfen. Dieses Vergehen quali=
fiziere sich als Selbstbegünstigung, die allgemein als straflos
gelte, oder wenn man diese Anstiftung als eine strafbare Hand=
lung betrachten wolle, so stehe dieselbe doch in so enger Beziehung
zu dem Verbrechen der Majestätsbeleidigung, daß ihr der poli=
tische Charakter und der Zusammenhang mit einem politischen
Vergehen nicht wohl abgesprochen werden könne. Die Auslieferung
könne daher, wegen des politischen Charakters des in Frage stehen=
den Vergehens, nicht bewilligt werden.

Das Bundesgericht zieht in Erwägung:

1. Die Schuldfrage hat der Auslieferungsrichter nach dem
schweizerisch=deutschen Auslieferungsvertrage, nicht zu prüfen. Die
hierauf bezüglichen Einwendungen des Requirierten fallen also
außer Betracht.

2. Nach Art. 1 Ziff. 14 des schweizerisch=deutschen Ausliefe=
rnngsvertrages ist der Meineid und die Anstiftung zum Meineid
Auslieferungsdelikt. Die Behauptung, daß der Meineid als ab=
solut politisches Delikt könnte aufgefaßt werden, widerspricht da=
nach wie der Natur der Sache, so dem klaren Wortlaute des
Auslieferungsvertrages.

3. Der Haftbefehl entspricht den Anforderungen des Art. 7
des Auslieferungsvertrages; letzterer schreibt nicht vor, daß der

Haftbefehl den Erfordernissen eines Beschlusses über Versetzung in Anklagezustand genügen müsse, sondern fordert nur, daß aus demselben Art und Schwere der verfolgten Tat, sowie die auf dieselbe anwendbaren, strafgesetzlichen Bestimmungen ersichtlich seien. Dies trifft hier zu. Durch die ergänzenden Angaben der Note der kaiserlich-deutschen Gesandtschaft vom 15. Februar 1893 dann gar ist die Natur der gegen den Requirierten erhobenen Beschuldigung vollständig klar gelegt.

4. Es kann sich also nur fragen, ob nicht die Auslieferung deshalb zu verweigern sei, weil die Handlung, wegen deren die Auslieferung beantragt wird, einen politischen Charakter an sich trage. Diese Frage ist ausschließlich nach den Bestimmungen des schweizerisch-deutschen Auslieferungsvertrages und nicht nach den Vorschriften des Bundesgesetzes vom 22. Januar 1892 zu beurteilen. Der Auslieferungsvertrag normiert den Ausschluß der Auslieferung für politische Delikte in positiver und erschöpfender Weise; das Bundesgesetz vom 22. Januar 1892 wollte und konnte, wie das Bundesgericht schon wiederholt ausgesprochen hat, den Bestimmungen der bestehenden Auslieferungsverträge nicht derogieren.

5. Art. 4 Abs. 1 des Auslieferungsvertrages statuiert den Ausschluß der Auslieferung ganz allgemein für alle strafbaren Handlungen, welche einen politischen Charakter an sich tragen. Damit ist die Auslieferung nicht nur für die absolut, sondern auch für die relativ politischen Delikte, welche gleichzeitig den Tatbestand eines gemeinen Verbrechens erfüllen, ausgeschlossen. Art. 4 statuiert nicht nur, daß wegen der absolut politischen Delikte (welche ja ohnehin in Art. 1 nicht als Auslieferungsdelikte aufgezählt und daher stillschweigend von der Auslieferungspflicht ausgeschlossen sind) die Auslieferung nicht stattfinde, sondern er enthält eine Einschränkung des Art. 1; er schreibt vor, daß wegen Verbrechen, welche an sich unter die Bestimmungen des Art. 1 des Auslieferungsvertrages fallen, die Auslieferung dann zu verweigern sei, wenn die Tat einen politischen Charakter an sich trägt. Dies ergiebt, wie der ganz allgemeine Wortlaut des Art. 4 Abs. 1, so auch die Vergleichung des Absatzes 2 dieses Artikels und entspricht übrigens der in den Aus-

lieferungsverträgen der Schweiz stets festgehaltenen Regel (vrgl. Lammasch, Auslieferungspflicht und Asylrecht, S. 247 u. ff., insbesondere S. 262 u. f. Anm. 2). Die Auslieferung ist also auch ausgeschlossen wegen strafbarer Handlungen, die mit einem politischen Verbrechen oder Vergehen im Zusammenhange stehen.

6. Der Meineid, zu welchem der Requirierte angestiftet haben soll, wurde in einem gegen letztern wegen Majestätsbeleibigung geführten Strafprozesse geleistet; die Anstiftung soll zu dem Zwecke erfolgt sein, um durch das falsche Zeugnis des Angestifteten der Verurteilung wegen Majestätsbeleibigung zu entgehen. Da die Majestätsbeleibigung, wie auch die deutsche Gesandtschaft anerkennt, ein politisches Delikt ist, die Anstiftung zum Meineide dagegen sich als Delikt gegen die Rechtspflege qualifiziert, so handelt es sich also um ein Verbrechen gegen die Rechtspflege, begangen, um der Bestrafung wegen eines politischen Deliktes zu entgehen. Dieser Tat kann der Charakter eines relativ politischen Deliktes nicht abgesprochen werden. Eine politische Zweckbeziehung derselben ist gegeben. Allerdings ist die Tat nicht begangen, um ein absolut politisches Verbrechen vorzubereiten oder dessen Erfolg zu sichern, wohl aber bezweckte der Täter, die staatliche Repression eines von ihm bereits begangenen politischen Deliktes zu verhindern. Eine solche Tat richtet sich mit gegen diejenigen Interessen, welche durch die Bestrafung des politischen Deliktes geschützt werden sollen. Der strafrechtliche Schutz dieser Interessen soll vereitelt und damit sollen diese Interessen selbst mittelbar verletzt werden. Derartige Handlungen müssen jedenfalls dann als relativ politische Verbrechen aufgefaßt werden, wenn sie, wie hier, sich lediglich gegen den Staat, dessen Organe oder Funktionen richten und kein privates Rechtsgut verletzen. Unter dieser Voraussetzung jedenfalls liegt nicht ein von dem politischen Verbrechen unabhängiges, selbständiges gemeines Verbrechen vor, sondern eine strafbare Handlung, welche zwar allerdings den Tatbestand eines gemeinen Verbrechens erfüllt, aber mit dem politischen Verbrechen konnex ist. Der Täter setzt den durch das politische Verbrechen begonnenen Angriff auf politische Staatsinteressen durch einen neuen Angriff auf ein staatliches Rechtsgut fort, welcher ver-

hindern soll, daß die Verletzung der Rechtsordnung, wie sie durch das politische Delikt herbeigeführt wurde, durch strafrechtliche Ahndung dieses Deliktes ausgeglichen werde (vrgl. Lammasch, a. a. O., S. 293, 294.)

Demnach hat das Bundesgericht

erkannt:

Die Auslieferung des Friedrich Köster wird nicht bewilligt.

---

### 22. Urteil vom 16. Juni 1893 in Sachen Spindler.

A. Durch Beschluß des kgl. sächsischen Landgerichts Leipzig vom 15. April 1893 wurde gegen den Glaser Karl August Spindler aus Beuren, z. Z. in Luzern, die Voruntersuchung eröffnet, weil derselbe dringend verdächtig erscheine, am 6. Mai 1883 in Greifenhain eine neue Ehe eingegangen zu sein, obwohl die von ihm am 17. August 1874 in Stuttgart mit Christiane Burkhardt geschlossene Ehe noch bestand. (Verbrechen nach § 171 R.-St.-G.-B.) Am 3. Mai 1893 erließ der Untersuchungsrichter beim Landgerichte Leipzig wegen dieses Verbrechens gegen Spindler den Haftbefehl.

B. Gestützt auf letztern und den Beschluß des Landgerichts Leipzig vom 15. April suchte die kaiserlich deutsche Gesandtschaft in Bern mit Note vom 29. Mai 1893 beim schweizerischen Bundesrate unter Berufung auf Art. 1 Nr. 7 und Art. 7—9 des schweizerisch-deutschen Auslieferungsvertrages um Auslieferung des, in Luzern niedergelassenen, Karl August Spindler nach.

C. Spindler erhob Einsprache gegen die Auslieferung. Mit Eingabe vom 3. Juni 1893 macht sein Anwalt, Fürsprech Dr. Weibel in Luzern, geltend: Die erste Ehefrau des Requirierten, Christiane Burkhardt, habe ihren Ehemann schon vor Jahrzehnten verlassen, um mit einem andern Individuum in der Welt herumzuziehen. Sie sei seit Jahren vollständig verschollen gewesen. Spindler habe sich daher einreden lassen, damit sei er geschieden und frei und sei deshalb zur zweiten Ehe geschritten, die er nach ordnungs-

mäßigem Aufgebote abgeschlossen habe. In rechtlicher Beziehung
werde die Einrede der Verjährung erhoben. Denn nach luzerni=
schem Rechte, welches hiefür maßgebend sei, sei die Strafverfolgung
verjährt. Gemäß Art. 123 des luzernischen Kriminalstrafgesetzes
gelte für Bigamie die zehnjährige Verjährung und zwar beginne
gemäß § 66 litt. b K.=St.=G. die Verjähruug mit der Vollendung
der Handlung, also mit dem Abschlusse der zweiten Ehe, zu laufen.
Die ausnahmsweise Bestimmung des § 171 des deutschen Reichsstraf=
gesetzes sei dem luzernischen Rechte fremd. Die Verjährung sei demnach
mit dem 6. Mai 1893 abgelaufen. Die deutsche Note, welche die
Auslieferung verlange, datiere aber erst vom 29. Mai 1893; das
erste Eingreifen der luzernischen Behörden und damit der Unter=
bruch einer allfällig laufenden Verjährungsfrist vom 30. Mai
1893. Denn einzig eine Strafverfolgung durch die einheimischen
Behörden sei geeignet gewesen, den Lauf der Verjährung zu hem=
men. Am 30. Mai habe aber Spindler wegen inzwischen einge=
tretener Verjährung der Strafverfolgung nicht mehr verfolgt
werden können.

D. Der Regierungsrat des Kantons Luzern bemerkt, der Straffall
wäre allerdings nach luzernischem Rechte am 6. Mai 1893 ver=
jährt; der Regierungsrat überlasse die Entscheidung über die Aus=
lieferung den Bundesbehörden.

E. Der Generalanwalt der Eidgenossenschaft bemerkt: Nach dem
luzernischen Kriminalstrafgesetze, welches gemäß Art. 5 des schwei=
zerisch=deutschen Auslieferungsvertrages hiefür maßgebend sei, ver=
jähre allerdings das Verbrechen der Bigamie innert zehn Jahren
vom Abschlusse der zweiten Ehe an. Allein nach Abs. 2 des § 67
des Kriminalstrafgesetzes werde die Verjährung durch jeden Akt
der gerichtlichen Verfolgung unterbrochen. Diese Akte der gericht=
lichen Verfolgung seien selbstverständlich vorzunehmen von denjenigen
Behörden, welche überhaupt zur strafgerichtlichen Verfolgung des
betreffenden Vergehens kompetent seien; es sei daher eine irrtüm=
liche Annahme, daß erst das Eingreifen der Luzerner Behörden
geeignet gewesen sei, die Verjährung zu unterbrechen. Der Beschluß des
Landgerichtes Leipzig vom 15. April 1893 und der Haftbefehl vom
3. Mai 1893 seien nun offenbar Akte gerichtlicher Verfolgung.
Dieselben seien noch innert der Verjährungsfrist vorgenommen

worden und seien geeignet gewesen, im Sinne des luzernischen Gesetzes die Verjährung zu unterbrechen. Die Einrede der Verjährung erscheine demnach als unbegründet.

Das Bundesgericht zieht in Erwägung:

1. Die einzig streitige Frage, ob Verjährung der Strafverfolgung eingetreten sei, ist gemäß Art. 5 des schweizerisch-deutschen Auslieferungsvertrages, nach dem Rechte des ersuchten Staates, in casu also nach schweizerischem resp. luzernischem Rechte zu beantworten.

2. Nach Art. 66 b des luzernischen Kriminalstrafgesetzbuches und der Erklärung des luzernischen Regierungsrates ist anzunehmen, daß nach luzernischem Rechte bei der Bigamie die Verjährung der Strafverfolgung mit der Eingehung der zweiten Ehe und nicht, wie nach dem deutschen Reichsstrafgesetze, erst mit Auflösung einer der beiden Ehen zu laufen beginnt. Da die zweite Ehe des Requirierten am 6. Mai 1883 abgeschlossen, das Auslieferungsbegehren dagegen erst am 29. Mai 1893 gestellt wurde, so wäre die Verjährung eingetreten, wenn eine Unterbrechung derselben nicht erfolgt wäre. Allein eine Unterbrechung der Verjährung ist nun eben durch den Beschluß des Landgerichtes Leipzig vom 15. April 1893 und ·den Haftbefehl vom 3. Mai gleichen Jahres erfolgt. Allerdings ist die Frage, durch welche Handlungen die Verjährung unterbrochen werde, nach dem Rechte des ersuchten Staates zu beurteilen. Allein daraus folgt durchaus nicht, daß die Verjährung nur durch Handlungen der Behörden dieses Staates unterbrochen werden könne. Vielmehr müssen auch Verfolgungshandlungen der Behörden des ersuchenden Staates berücksichtigt werden, soweit denselben auch nach dem Rechte des ersuchten Staates die Wirkung der Unterbrechung der Verjährung zukommt. Verfolgungshandlungen seitens der Behörden des strafberechtigten ausländischen Staates schließen der Natur der Sache nach, im Sinne des inländischen Rechtes, die Verjährung aus, sofern sie nur derart sind, daß ihnen auch letzteres unterbrechende Kraft beimißt. Nach luzernischem Strafrechte nun unterbricht jeder Akt gerichtlicher Verfolgung die Verjährung; der Beschluß des Landgerichtes Leipzig vom 15. April 1893 und der Haftbefehl vom 3. Mai gleichen Jahres aber qualifizieren sich zweifellos als gerichtliche Verfolgungshandlungen.

3. Die Einwendung der Verjährung ist also unbegründet; im übrigen sind die Voraussetzungen der Auslieferungspflicht zweifellos gegeben.

Demnach hat das Bundesgericht

erkannt:

Die Auslieferung des Karl August Spindler aus Beuren (Würtemberg), zur Zeit in Luzern, an das kgl. sächsische Landgericht Leipzig wegen Bigamie wird bewilligt.

———————

### 2. Vertrag mit Frankreich. — Traité avec la France.

### 23. *Arrêt du 10 Février 1893 dans la cause*
### *Forquet de Dorne.*

Par note du 18 Janvier 1893 l'Ambassade de France, à Berne, a requis du Conseil fédéral de bien vouloir donner les ordres nécessaires pour l'arrestation et l'extradition du nommé René-Louis-Emile Forquet de Dorne, signalé comme réfugié à Genève, rue Montbrillant 38.

Des documents produits à l'appui de la demande d'extradition, il résulte ce qui suit :

Le sieur Forquet de Dorne, sergent, faisant fonctions de sergent-major à la Compagnie de commis et ouvriers militaires d'administration, en garnison à Epinal, recevait de l'officier d'administration commandant le détachement la somme nécessaire pour payer le prêt aux hommes ; il était, en outre, chargé de payer les fournisseurs de l'ordinaire et les cantiniers qui nourrissaient les sous-officiers et un certain nombre d'hommes ne vivant pas à l'ordinaire. Il percevait également le produit de la vente des eaux grasses.

Le 1er Décembre 1891, Forquet de Dorne avait reçu du commandant du détachement une somme de 632 fr. 01 c. pour régler diverses dépenses.

Le 2 du même mois, il manquait aux appels.

A la nouvelle de sa disparition, l'officier d'administration s'assura aussitôt si, avant de partir, l'inculpé avait effectué les divers paiements dont il était chargé. Il apprit alors que Forquet de Dorne avait payé le prêt pour une somme de 319 fr. 93 c., mais qu'il avait reçu la somme de 37 fr. 45 c. produit de la vente des eaux grasses, ce qui, ajouté à la somme de 632 fr. 01 c. qui lui avait été remise par le commandant du détachement, donnait un total de 669 fr. 46 c., sur lequel il n'avait payé que 319 fr. 93 c., de sorte qu'il avait emporté la différence, soit 349 fr. 53 c.

Cette somme détournée par le prévenu se composait:

1° de 40 fr. 09, reçue par lui en qualité de fonctionnaire sergent-major, et dont il était par conséquent comptable;

2° de 309 fr. 44, qui ne lui avait été remise par l'officier d'administration qu'à titre de mandat, à la charge de payer divers fournisseurs.

A la suite de ces faits, Forquet de Dorne a été déclaré coupable de vol comptable et d'abus de confiance par le Conseil de guerre permanent de la 6° région de corps d'armée siégeant à Châlons-sur-Marne, et condamné par défaut à la peine de 5 ans de travaux forcés, à la dégradation militaire et à 5 ans d'interdiction de séjour, par jugement du 23 Février 1892.

L'arrestation de l'inculpé eut lieu à Genève le 23 Janvier écoulé, et fut communiquée au Conseil fédéral par office du 27 dit, par lequel le Conseil d'Etat de Genève déclarait ne pas s'opposer à l'extradition, sous réserve toutefois que Forquet de Dorne ne sera pas poursuivi pour le fait de désertion.

En revanche le sieur Forquet de Dorne, auquel la demande d'extradition fut communiquée, a déclaré s'y opposer pour les motifs ci-après:

En premier lieu il conteste formellement s'être rendu coupable des délits pour lesquels il a été condamné, et il allègue que la somme emportée par lui a été intégralement restituée par ses parents avant le jugement sur lequel se fonde la demande d'extradition, et il estime qu'en présence de ce

remboursement toute action judiciaire devait cesser, sauf sur
le délit de désertion, qui ne constitue pas une infraction de
droit commun et ne peut par conséquent donner lieu à
extradition.

En second lieu il prétend que comme les faits dont il se
serait rendu coupable relèvent de la juridiction militaire,
l'extradition ne peut être accordée, les tribunaux militaires
devant être considérés comme des tribunaux d'exception, et
l'art. 9 de la loi fédérale sur l'extradition stipulant que l'extradition ne sera accordée qu'à la condition que l'individu
livré ne soit pas jugé par un tribunal d'exception.

Enfin l'opposant objecte que les infractions qui lui sont
reprochées ne sont point comprises dans celles prévues à
l'art. 3 de la loi du 22 Janvier 1892 ; il invoque, de plus, le
3e alinéa de l'art. 6 du traité d'extradition entre la Suisse et
la France, du 9 Juillet 1869, prévoyant que « dans le cas où
il y aurait doute sur la question de savoir si le crime ou
délit, objet de la poursuite, rentre dans les prévisions du
traité, des explications seront demandées, et, après examen,
le Gouvernement à qui l'extradition est demandée statuera
sur la suite à donner à la requête. »

Le Procureur-général de la Confédération, à qui le dossier
a été communiqué pour préavis, a conclu au rejet de l'opposition.

*Statuant sur ces faits et considérant en droit :*

1° Le Tribunal fédéral n'est point compétent pour examiner
la question de la culpabilité du prévenu, ni celle de savoir si
l'action pénale se trouvait éteinte par le fait du remboursement des sommes détournées, effectué antérieurement au
jugement qui a condamné le sieur Forquet de Dorne ; ces
questions sont exclusivement du ressort des autorités judiciaires de l'Etat requérant.

2° Le seul point à trancher par le Tribunal de céans est
celui de l'applicabilité du traité d'extradition entre la Suisse
et la France du 9 Juillet 1869 aux infractions pour lesquelles
l'extradition du condamné est réclamée. Or aucun doute ne
saurait s'élever à cet égard, l'art. 1er, chiffres 19 et 21 du dit

traité énumérant expressément, au nombre des crimes et délits pouvant donner lieu à l'extradition, le vol, la soustraction frauduleuse et l'abus de confiance, infractions dont la nature juridique correspond aux faits dont le sieur Forquet de Dorne a été déclaré coupable, et qui sont visées par les dispositions des art. 248, 408 et 406 du Code pénal militaire français. Cette simple constatation suffit pour démontrer le bien-fondé de la demande d'extradition ; les faits pour lesquels Forquet de Dorne est poursuivi sont d'ailleurs aussi prévus par l'art. 3, chiffres 19 et 20 de la loi fédérale sur l'extradition du 22 Janvier 1892, et, en fût-il même autrement, ce fait ne saurait exercer aucune influence sur la solution de la question, puisqu'en cette matière les rapports entre la Suisse et la France sont encore réglés par le traité précité du 9 Juillet 1869.

3° Le moyen d'opposition tiré de ce que les faits pour lesquels Forquet de Dorne est recherché tombent dans la compétence d'un tribunal militaire, qui doit être considéré comme un tribunal d'exception, ne saurait être accueilli. A maintes reprises le Tribunal fédéral a rejeté cette exception, par le motif que sous la dénomination de tribunaux d'exception, il faut entendre seulement les tribunaux extraordinaires, créés par voie exceptionnelle en dehors des organes ordinaires de l'administration de la justice, et qu'il n'y a dès lors aucune différence à faire, au point de vue du traité franco-suisse, en ce qui concerne l'obligation d'extrader, entre les délits rentrant dans la compétence des tribunaux militaires ordinaires et ceux réprimés par les autres tribunaux ordinaires de l'ordre pénal, les premiers faisant partie de l'organisation judiciaire normale d'un Etat (voir arrêt du Tribunal fédéral du 22 Février 1890, concernant l'extradition à la France du sieur Florentin-Isidore Abrard).

Les autres conditions requises pour l'application du traité de 1869 se trouvant d'ailleurs remplies dans l'espèce, aussi bien en ce qui concerne la forme dans laquelle la demande est conçue, qu'en ce qui a trait à la qualification des délits qu'elle vise, il y a lieu d'accéder à la dite demande.

4° Il est superflu de s'occuper des arguments et réserves

de l'opposant relatifs à la désertion, délit qui n'est pas même
mentionné dans la demande d'extradition, l'article 8 du traité
international susvisé dispose, en effet, que l'extradition ne
pourra avoir lieu que pour la poursuite et la punition des
crimes ou délits prévus à l'art. 1er *ibidem*, et que l'individu
qui aura été livré ne pourra être poursuivi ou jugé contradic-
toirement pour aucune infraction autre que celle ayant motivé
l'extradition.

En présence, toutefois, du doute exprimé par l'inculpé à
cet égard, il y a lieu de réserver expressément que ce dernier ne pourra être poursuivi ou puni en France pour le
délit de désertion, que le traité de 1869 ne mentionne point.

Par ces motifs,
Le Tribunal fédéral

prononce :

L'extradition de René-Louis-Emile Forquet de Dorne est
accordée à la requête de l'Ambassade de France en Suisse,
en application de l'art. 1er, chiffres 19 et 21 du traité d'extradition entre la Suisse et la France, mais sous la réserve
insérée au considérant 4 ci-dessus.

# B.  CIVILRECHTSPFLEGE

# ADMINISTRATION DE LA JUSTICE CIVILE

———— ◆◆◆ ————

## I. Abtretung von Privatrechten. — Expropriation.

### 24. Urteil vom 24. Juni 1893 in Sachen
### Kunz gegen Sihltalbahn.

A. Der Urteilsantrag der Instruktionskommission geht dahin:

1. Die Sihltalbahngesellschaft hat an die Firma Heinrich Kunz, Baumwollenspinnerei im Soob zu Adlisweil folgende Entschädigungen zu zahlen:

a. Für Abtretung von 1396 Quadratmeter Boden aus den Grundstücken Nr. 70, 72, 75 und 77 à 50 Cts. per Quadratmeter . . . . . . . . Fr.   698

b. Für Minderwert und Inkonvenienzen bei genannten Grundstücken . . . . . . . . . .   „   400

c. Für 1150 Quadratmeter Baumgarten und Wiese von Parzelle Nr. 81 à 2 Fr. 50 Cts. per Quadratmeter . . . . . . . . . . . . . . .   „  2,875

d. Für 7840 Quadratmeter vom Grundstück Nr. 83 und 10 Quadratmeter vom Grundstück Nr. 84 à 1 Fr. 50 Cts. per Quadratmeter . . . . .   „ 11,775

e. Für Bäume . . . . . . . . . . . .   „   600

f. Für Minderwert und Inkonvenienzen auf Parzelle 81 . . . . . . . . . . . . . .   „  4,000

Summa Fr. 20,348

nebst Zins à 5 % per Jahr von der Inangriffnahme der Ab=
tretungsobjekte an. Überall Nachmaß vorbehalten.

2. Die Bahngesellschaft haftet der Expropriatin gegenüber für
ben an den Ufern durch bie Bahnbaute unb den Betrieb nachweis=
bar verursachten Schaden.

3. Bezüglich der Wegverhältnisse zu Grundstück Nr. 83 unb
längs des Flusses wird bie Bahn bei ihren Erklärungen sub c
behaftet.

4. Dispositiv 2 a, c, d I, II, III des Schatzungsbefundes sind
bestätigt.

5. Die Instruktionskosten mit 1023 Fr. werden aus bem
Baarvorschusse der Bahngesellschaft berichtigt; es wird derselben
jedoch das Recht eingeräumt, einen Viertel dieses Betrages mit
255 Fr. 75 Cts. an ber ber Expropriatin zukommenden Ent=
schädigung in Abzug zu bringen. Die Parteikosten sind wett=
geschlagen.

B. Diesen Urteilsantrag nahm die Bahngesellschaft mit Erklä=
rung vom 1. April 1893 an. Der Expropriat anerkannte bagegen
bloß die Dispositive 1, 4 unb 5 des Urteilsantrages unb verlangte
im übrigen den Entscheid des gesamten Bundesgerichtes.

C. Bei der heutigen Verhandlung stellen die Parteien folgende
Begehren:

Die Bahngesellschaft: Der Urteilsantrag der Instruktions=
kommission sei zu bestätigen, eventuell, wenn derselbe zu Gunsten
der Gegenpartei in irgend einem Punkte abgeändert werden sollte,
werde Herabsetzung der Minderwertsentschädigung für die Parzelle
81 von 4000 Fr. auf 2000 Fr. beantragt.

Der Expropriat: Die Bahn solle angehalten werden, den
ganzen Landstreifen zwischen dem Bahnkörper unb der Sihl unb
dem Kanal, von Kilm. 5,68 bis Kilm. 6,1, eventuell von Kilm.
5,95 bis Kilm. 5,68 zu übernehmen mit der Verpflichtung des
Uferschutzes unb der Pflicht, Fuß= unb Fahrrecht auf jenen
Streifen einzuräumen. Eventuell solle sie angehalten werden, bie
zum Schutz von Straße unb Kanal nötigen Maßregeln zu treffen
unb bie Ufer zu unterhalten, gegen eine jährliche Entschädigung
von 150 Fr. ab Seite der Firma Kunz. Auch habe sie eine
Einfriedigung der Straße längs des Bahnkörpers anzubringen.

Das Bundesgericht zieht in Erwägung:

1. Der Landstreifen, dessen Übernahme durch die Bahn von Seite des Expropriaten verlangt wird, zieht sich von Kilm. 5,68 bis Kilm. 5,95 längs der Sihl und von Kilm. 5,95 bis Kilm. 6,1 längs des Ausfuhrkanals der Firma Kunz & Cie., welcher in seiner untern Partie von der Sihl durch eine bloße Bretterwand getrennt wird. Sein Flächeninhalt beträgt nach der Schatzungskommission 1960 Quadratmeter, also weit mehr als das gesetzliche Minimum des Art. 4 des Bundesgesetzes über Abtretung von Privatrechten. Selbst wenn man von diesem Flächeninhalt denjenigen Teil des Bodens abziehen würde, der als Böschungsland bezeichnet werden muß, so würde dennoch die übrigbleibende Fläche das gesetzliche Minimum übersteigen. Das gleiche ist auch zu sagen, wenn man von dem in Frage liegenden Streifen die obere Partie, von Kilm. 5,95 hinauf, trennen würde.

2. Wenn demnach die Firma Kunz & Cie. die Übernahme jenes Streifens durch die Bahn beantragt, so stützt sie sich hauptsächlich darauf, daß der betreffende Streifen, wegen seiner Konfiguration und ungenügender Breite, kein bewerbungsfähiger Boden mehr sei. Nun ist allerdings zuzugeben, daß die Benutzung desselben, sei es in seiner bisherigen Verwendung als landwirtschaftlicher Boden, sei es zu andern Zwecken, in erheblichem Maße reduziert ist. Dieser Umstand bewirkt aber gegenüber der sich weigernden Bahn ein Recht auf Abnahme nicht. Der Art. 4 des Bundesgesetzes über Abtretung von Privatrechten sieht eine Abnahmepflicht seitens des exproprirenden Teils, abgesehen von dem Fall, wenn „nicht wenigstens ein zusammenhängender Flächenraum von 5000 Quadratfuß übrig bleibt," nur unter der Voraussetzung vor, daß „von einem Gebäude oder einem Komplex von Liegenschaften, der zur Betreibung eines Gewerbes dient, ein Teil abgetreten werden muß, ohne welchen die Benutzung des Gebäudes oder die Betreibung des Gewerbes nur mit großen Schwierigkeiten oder gar nicht möglich ist, und welcher auch nicht durch andere angemessene Veranstaltungen ersetzt werden kann." Mit andern Worten: Nur wenn es sich um ihrer Natur oder ihrer Bestimmung nach untrennbare Sachen (Gebäude, Gewerbe) handelt, besteht ein gesetzliches Recht des Expropriaten; wegen Unbenutzbar

keit des übrigbleibenden Teils die Übernahme des Ganzen zu verlangen; handelt es sich aber, wie in concreto, um bloße landwirtschaftliche Grundstücke, die keinem besondern Gewerbe dienen und daher ihrer Natur und ihrem Zweck nach als juristisch teilbar aufgefaßt werden müssen, dann stellt das Bundesgesetz, nach Analogie mehrerer ihm vorangegangener kantonaler und ausländischer Gesetzgebungen (das freiburgische Gesetz von 1849, das tessinische von 1846, das französische von 1841, das englische von 1845, siehe Sieber, Das Recht der Expropriation, S. 244 u. ff.) eine bestimmte Maßgrenze auf, in dem Sinne, daß nur innerhalb derselben die Abnahme des Ganzen verlangt werden könne. Weiter als diese gesetzliche Grenze zu gehen, ist der urteilende Richter selbstverständlich nicht befugt. (Siehe auch Meier, Das Recht der Expropriation, S. 282; Grünhut, Das Enteignungsrecht, S. 150 u. ff.)

3. Hat demnach der Streifen Land zwischen Kilm. 5,68 und Kilm. 6,1 im Eigentum des Expropriaten zu verbleiben, so kann auch nicht die Uferschutzpflicht, mit Rücksicht auf welche die Abtretung des Landstreifens wohl hauptsächlich verlangt worden ist, selbst nicht unter Feststellung eines jährlichen Beitrages von Seite des bisherigen Verpflichteten, auf die Bahn übergewälzt werden. Denn abgesehen von den besondern Verträgen, die hierüber zwischen dem Staat und der Firma Kunz existieren und deren Bestand, soweit es den Kanal anbelangt, auch von der Expropriatin anerkannt wurde, ist die Pflicht, das Ufer zu schützen, mit dem Eigentumsrecht auf dem angrenzenden Land gesetzlich verbunden und kann von demselben ohne Zustimmung der staatlichen Organe nicht getrennt werden. Übrigens haben sich die Befürchtungen der Expropriatin mit Bezug auf eine eintretende Erschwerung der Uferschutzlast durch die Anlage der Bahn nach der angeordneten technischen Expertise als nicht zutreffend erwiesen. Im Gegenteil erklärt der technische Experte hierüber ausdrücklich, daß er die Wirkung der eingetretenen Mehrbelastung und der Anlage des Bahndammes als unerheblich betrachte und daß diese Belastung auf das linke Kanalufer der Firma Kunz & Cie. keine Arbeiten notwendig machen werde, die über die konzessionsgemäßen Unterhaltungspflichten hinausgehen.

4. Von dem Uferschutz zu unterscheiden sind diejenigen Gefahren, die der Straße sowohl als den Uferschutzvorrichtungen der Expropriatin infolge der zur Anlage der Bahn erforderlich gewesenen Bodenveränderungen drohen. Solche Gefahren bestehen nach dem Gutachten des technischen Experten allerdings; und es wurde im Urteilsantrag deshalb die Bahn für den von dieser Seite möglicherweise herrührenden Schaden verantwortlich erklärt. Durch diese Haftbarmachung im Prinzip ist die Expropriatin, sofern die Bahn die nötigen Vorkehrungen zur Abwendung dieses Schadens vernachläßigen sollte, genügend geschützt. Ein Mehr, wie heute vom Vertreter der Expropriatin beantragt worden ist, kann das Bundesgericht nicht verfügen, da es nicht seine Sache ist, diejenigen Arbeiten festzustellen, die zur Abhülfe gegen allfällig eintretende Rutschungen und dergleichen Bodenbewegungen vorgenommen werden müssen.

5. Die Dispositive 1, 4 und 5 des Urteilsantrages wurden von der Firma Kunz & Cie. anerkannt. Auch zu Dispositiv 3 des Urteilsantrages, das übrigens nur eine Behaftung der Bahn bei den von ihr abgegebenen Erklärungen in Bezug auf die Wegverhältnisse enthält, hat die Rekurrentin einen Abänderungsantrag nicht gestellt. Dagegen verlangt sie nun vor Bundesgericht, daß die Bahn angehalten werde, eine Einfriedigung zwischen der Straße und der Bahn zu erstellen. Dieses Begehren ist aber durchaus neu und ist deshalb auf dasselbe nicht einzutreten.

6. Ebenso verhält es sich mit dem eventuellen Antrag der Rekursbeklagten betreffend Herabsetzung der Minderwertsentschädigung für Parzelle Nr. 81. Eine Abänderung des Urteilsantrages, mit Rücksicht auf welche dieser eventuelle Antrag gestellt worden ist, tritt nicht ein, und übrigens wäre derselbe, nachdem die Bahn mit Erklärung vom 1. April 1893 den Urteilsantrag in seinem vollen Inhalte angenommen hat, auch formell unzulässig.

Demnach hat das Bundesgericht

erkannt:

Der Urteilsantrag der Instruktionskommission vom 1. März 1893 wird zum Urteil erhoben.

### 25. Urteil vom 24. Juni 1893 in Sachen Thomann und Nordostbahn.

A. Der Urteilsantrag der Instruktionskommission geht dahin:

1. Die Nordostbahngesellschaft hat an den Expropiaten Walther Thomann in Zollikon zu bezahlen:

a. Für 6698 Quadratmeter Land von dessen Grundstück, Planparzelle Nr. 30, Nachmaß vorbehalten, à 5 Fr. per Quadratmeter . . . . . . . . . . . . . . . Fr. 33,490

b. Für beseitigte Bäume . . . . . . . . „ 1,850

c. Für Minderwert der Abschnitte, rechts und links . . . . . . . . . . . . . . „ 4,500

Summa    Fr. 39,840

nebst Zins à 4 % von 35,340 Fr. von Martini 1891 und von 4,500 Fr. vom 26. April 1892 an.

Das Recht der Bahn, den ganzen Abschnitt rechts zu 15 Fr. 50 per Quadratmeter zu übernehmen, vorbehalten.

2. Dispositiv 2 des Schatzungsbefundes ist bestätigt.

3. Die 100 Fr. betragenden Instruktionskosten werden der Bahngesellschaft auferlegt. Die Parteikosten sind wettgeschlagen.

B. Dieser Urteilsantrag wurde mit Erklärung vom 12. April von Seite der Bahngesellschaft angenommen, nicht dagegen von dem Expropiaten. Der letztere stellt vielmehr bei den heutigen Verhandlungen den Antrag, es sei der Minderwert für den Abschnitt links von 500 Fr. auf 1,500 Fr. zu erhöhen und demgemäß eine Summe von 5,500 Fr. im Ganzen als Minderwertsentschädigung zuzusprechen. Ferner solle erkannt werden, daß die Bahn das Recht der Uebernahme des Abschnittes rechts nicht besitze. Alles unter Kosten und Entschädigungsfolge.

Das Bundesgericht zieht in Erwägung:

1. Der Expropriat hat seinen Antrag auf Erhöhung der Minderwertsentschädigung für den Abschnitt links seines Grundstückes in der Hauptsache damit begründet, daß er behauptet, es trete für den links der Bahn gelegenen Teil des Grundstückes, namentlich für die auf demselben stehenden Gebäulichkeiten, ein Schaden auch

durch den Bahndamm, der jede Aussicht auf den See und auf den untern Teil des Grundstückes von den untern Stöcken des Wohnhauses aus versperre, ein. Für diesen Schaden fordere er die 1000 Fr. Minderwert mehr. Nun ist aber klar, daß gerade diese Frage eine solche ist, die nur auf Grund genauer Kenntnis der örtlichen Verhältnisse gelöst werden kann, und wobei daher das Bundesgericht, wie es in seiner bisherigen Praxis stets anerkannt hat, auf den Befund der bundesgerichtlichen Experten und der Instruktionskommission, welche den Augenschein vorgenommen haben, wesentlich angewiesen ist. Die bundesgerichtlichen Experten haben nun in ihrem Nachtragsgutachten ausdrücklich erklärt, daß für den Abschnitt links keinerlei Nachteile durch den Bahndamm entstehen und das Gegenteil ist auch vom Vertreter des Expropriaten in seinem heutigen Vortrag nicht in der Weise glaubhaft gemacht worden, daß für das Bundesgericht eine Veranlassung gegeben wäre, in diesem Punkt von der bestimmten Meinung fachkundiger Experten abzugehen.

2. Den zweiten Punkt des Rekurses bildet die Uebernahme seitens der Bahn desjenigen Teiles des Grundstückes, der durch die Anlage der Bahn vom obern Komplex abgeschnitten wird und zwischen der Seestraße und der Bahn liegt. Dieser Abschnitt mißt nach dem Schatzungsbefund 2200 Quadratmeter, wurde von den Experten à 5 Fr. 50 Cts. per Quadratmeter geschätzt und soll nach dem Antrag der Experten mit 4000 Fr. Minderwert entschädigt werden. Die Frage ist also die, ob die Bahn, gestützt auf die Thatsache, daß sie mehr als einen Viertel des Wertes des betreffenden Abschnittes als Minderwert desselben entschädigen muß, nach Art. 5 des Expropriationsgesetzes das Recht hat, zu verlangen, wie sie heute verlangt, daß ihr dieser Abschnitt gänzlich abgetreten werde. Diese Frage ist in verneinendem Sinne zu beantworten. Art. 5 des Expropriationsgesetzes spricht nämlich von einem Viertel des Wertes aller derjenigen Vermögensstücke, die mit dem abzutretenden Rechte in Zusammenhang stehen; er gewährt also dem Exproprianten das Recht der Uebernahme nicht schon, wenn er für einen bestimmten Abschnitt mehr als einen Viertel des Wertes dieses Abschnittes als Minderwert entschädigen muß, sondern nur wenn der Minderwert, den er zu leisten hat, mehr als einen Viertel des Wertes des ganzen Grundstückes beträgt. Dieser Sinn, der auch aus dem

deutschen Text des Gesetzes genügend hervorgeht, kommt im fran=
zösischen Text noch viel prägnanter zum Ausdruck. Hier wird
wörtlich gesagt, daß der Wert des gesammten Besitztums, von
welchem das enteignete Recht abgetrennt worden ist (la valeur
des biens, dont ce droit a été détaché) in Betracht kommen
müsse. Wäre übrigens auch das Gesetz nicht so klar, so müßten
dennoch derartige Beschränkungen des Eigentumsrechtes in restrik=
tivem Sinne ausgelegt werden.

Demnach hat das Bundesgericht<br>erkannt:

1. Der Urteilsantrag der Instruktionskommission wird mit der
einzigen Beschränkung zum Urteil erhoben, daß das hierin vor=
enthaltene Recht der Bahn, den Abschnitt rechts des Grundstückes
des Expropriaten zu übernehmen, der Bahn nicht zustehen soll.

---

## II. Organisation der Bundesrechtspflege.
## Organisation judiciaire fédérale.

26. Urteil vom 13. Januar 1893 in Sachen Blumer<br>gegen Aktiengesellschaft Eilander.

A. Durch Urteil vom 28. November 1892 hat das Obergericht
des Kantons Appenzell Außer=Rhoden erkannt:

Die klägerische Forderung von 601 Fr. 50 Cts. ist geschützt.

B. Gegen dieses Urteil ergriff die Beklagte die Weiterziehung
an das Bundesgericht.

Das Bundesgericht zieht in Erwägung:

1. Die beklagte Aktiengesellschaft, die einen erheblichen Teil
ihres Aktienkapitals eingebüßt hatte, und deshalb in Liquidation
getreten war, strebt eine Rekonstruktion in dem Sinne an, daß
die Gesellschaftsschulden zur Hälfte in 4 1/2 %ige, durch Ver=
loosung zurückzahlbare Obligationen, zur Hälfte in Prioritäts=
aktien umgewandelt werden sollten. Der Kläger, welcher Inhaber
von 12 fünfprozentigen Obligationen à 1000 Fr. der Gesellschaft
ist, hatte sich anfänglich, unter verschiedenen Bedingungen, bereit
erklärt, dem von der Gesellschaft vorgeschlagenen Arrangement bei=

zutreten; in der Folge erklärte er indeß, die Bedingungen, an welche er seinen Beitritt zu dem Vorschlage geknüpft habe, seien nicht erfüllt worden; er sei daher an seine Erklärung nicht länger gebunden und klagte die auf 31. Dezember 1891 und 30. Juni 1892 verfallenen 5 % Zinse seiner Obligationen mit 600 Fr. samt 1 Fr. 50 Cts. an Betreibungskosten gerichtlich ein. Die beklagte Gesellschaft trug auf Abweisung der Klage an, indem sie die Rechtsfrage stellte: Ist nicht Kläger an sein Betreffnis aus den konvertierten Obligationen und Prioritätsaktien der Beklagtschaft zu verweisen, alles unter Kosten- und Entschädigungsfolge?

2. Auf die Weiterziehung der Beklagten kann wegen mangelnden Streitwertes nicht eingetreten werden. Eingeklagt ist lediglich eine Zinsenforderung von 601 Fr. 50 Cts.; eine Widerklage dahin, es sei auszusprechen, der Kläger sei verpflichtet, die von der Beklagten angestrebte Konversion seiner Kapitalforderung sich gefallen zu lassen, ist nicht erhoben worden. Allerdings hat die Beklagte verteidigungsweise diesen Standpunkt geltend gemacht und aus diesem Grunde Abweisung der gestellten Zinsenforderung beantragt. Allein eine Widerklage hat sie, wie gesagt, nicht erhoben. Demnach war denn im gegenwärtigen Verfahren rechtskräftig nur über den mit der Klage geforderte Zinsenbetrag zu entscheiden, nicht über die Pflicht des Klägers, die Konversion seiner Kapitalforderung anzunehmen. Die Frage, ob eine solche Pflicht bestehe, mußte allerdings vom Richter bei seiner Entscheidung über die Klageforderung, als für diese Entscheidung präjudiziell, erwogen werden, dagegen war hierüber nicht rechtskräftig, durch Urteilsdispositiv, zu entscheiden. Wollte die Beklagte eine rechtskräftige Entscheidung über die gedachte Frage im gegenwärtigen Verfahren herbeiführen, so mußte sie einen darauf zielenden Widerklageantrag stellen. Bemißt sich aber danach der Streitwert ausschließlich nach dem Betrage der eingeklagten Zinsenforderung, so ist der gesetzliche Streitwert von 3000 Fr. nicht gegeben.

Demnach hat das Bundesgericht
erkannt:

Auf die Weiterziehung der Beklagten wird wegen Inkompetenz des Gerichtes nicht eingetreten.

### 27. *Arrêt du 11 Février 1893 dans la cause Castelli contre Vaud.*

Statuant par jugement du 6 Septembre 1892 en la cause pendante entre parties, la Cour civile du canton de Vaud a prononcé comme suit :

« La Cour civile alloue au demandeur ses conclusions, réduites toutefois à la somme de deux mille francs, les conclusions libératoires de l'Etat de Vaud étant repoussées dans ces limites.

» Les conclusions subsidiaires du défendeur contre l'évoquée en garantie sont admises, la commune de Grandson devant rembourser à l'Etat de Vaud la somme de deux mille francs en capital et intérêts.

» Les conclusions libératoires et subsidiaires de la commune de Grandson sont repoussées. »

C'est contre ce jugement que la commune de Grandson et J.-J. Castelli ont recouru au Tribunal fédéral, concluant :

La commune de Grandson, à l'adjudication de toutes ses conclusions, tant subsidiaires que principales.

Castelli, à l'adjudication de l'ensemble de ses conclusions avec suite de tous dépens. Il explique, toutefois, que son recours n'est qu'éventuel, et qu'il est prêt à y renoncer pour le cas où l'Etat de Vaud et la commune de Grandson déclareraient accepter le jugement rendu.

A l'audience de ce jour, Castelli a modifié ces conclusions, et demande au Tribunal fédéral de lui allouer 2666 francs, à titre de dommages-intérêts.

*Statuant en la cause et considérant :*

*En fait :*

1° Ensuite de la correction des eaux du Jura, l'Etat de Vaud avait gagné sur la grève du lac de Neuchâtel divers terrains, notamment près de Grandson.

Déjà sous date du 26 Octobre 1881, la municipalité de Grandson ouvrit des négociations avec l'Etat de Vaud, afin d'obtenir la cession gratuite, ou à prix réduit, de ces terrains, pour y établir une ligne de tir, la commune n'en possédant aucune à distance normale sur son territoire.

Par lettre du 27 Avril 1882, le Conseil d'Etat avise la municipalité qu'il a fixé le prix de vente de ces terrains à 5 centimes le mètre carré pour toute la partie qui serait en dehors de la ligne de tir, et de 3 centimes le mètre pour la partie que la ligne de tir occuperait.

Ces conditions furent acceptées par la commune de Grandson, et l'acte de vente fut passé sous date du 17 Juin 1882. Les parcelles vendues sont désignés sous les N°° 2494, 2495, 2417, 2496 du plan cadastral ; l'acte ne désigne pas les parcelles affectées à la ligne de tir, mais il résulte du dossier que celle-ci, ainsi que le stand et les buttes, ont été construites sur le N° 2494, de 461 ares 50 mètres, et le N° 2496, de 124 ares 30 mètres. Ces deux numéros ont donc été vendus au prix réduit de 3 centimes par mètre.

Les clauses de la concession à accorder à la Société des amis du tir, touchant la ligne acquise furent consignées dans un projet de convention qui porte la date du 18 Décembre 1882, et qui contient à l'art. 4 la disposition suivante :

« Il est bien entendu que la commune concédante s'interdit le droit pour elle et ses successeurs de laisser pousser toute végétation, opérer toute culture, d'établir ou laisser établir toutes constructions qui pourraient gêner le tir et ses installations quelconques dans les diverses positions et distances militaires admises, non plus que la transmission des signaux selon les systèmes actuels ou futurs (câble aérien ou souterrain) ; sauf cela la dite commune pourra utiliser le terrain dont il s'agit par voie de location, ou autrement à sa convenance. »

Signé par le syndic et le secrétaire municipal, d'une part, et par la Société des amis du tir, d'autre part, ce projet n'a toutefois pas été ratifié. Néanmoins c'est peu après la signature de cette convention que la Société des amis du tir a construit le stand et les buttes susmentionnées .

Le 3 Mars 1884 la municipalité de Grandson a exposé aux

enchères publiques, pour le terme de 12 ans, la location d'une
parcelle de terrain, soit grève du lac, située entre le stand
et les buttes, derrière le château ; le procès-verbal des enchères stipulait la clause suivante :

» Ce terrain ne devra jamais être invêtu de plantes ou
d'obstacles quelconques, qui pourraient gêner l'exercice du
tir ; la municipalité se décharge de tout ce qui pourrait arriver par l'inobservation de cette clause. »

Le sieur Remigio dit Jules Pensini a obtenu l'adjudication
de cette enchère pour le prix de 10 francs par an.

Le 17 Mars 1884, la municipalité de Grandson a exposé
aux enchères publiques, aux mêmes conditions, la location de
3 parcelles de terrain sur la grève du lac, derrière le château entre le stand et les buttes à orient de la parcelle
louée le 3 Mars à Pensini.

La location d'une de ces dernières parcelles a été adjugée
le 17 Mars au dit Pensini, pour le prix de 20 francs par an.

Pensini avait reçu de la municipalité l'autorisation expresse
d'élever, sur le terrain loué, un petit hangar à serrer les
outils ; dans le courant de l'année 1884, Pensini a construit,
sur ces deux parcelles, des poulaillers et huttes pour canards,
soit un bâtiment de 56 mètres (N° 2494 Cad.) et des huttes
pour les poules et chambre du gardien, soit un bâtiment de
2 ares 8 mètres (N° 2494 Cad.)

Par acte notarié Criblet, du 12 Mai 1887, Pensini a vendu
au demandeur J.-J. Castelli, pour le prix de 620 francs, les
dits bâtiments, et l'acte de vente stipule que « le sol sur lequel sont construits les deux bâtiments ci-dessus vendus
appartient à la commune de Grandson. » Il est expliqué, en
outre, a) que les dits bâtiments servent à l'exploitation d'un
établissement d'aviculture composé de ces bâtiments et de
terrain loué, soit par le vendeur, soit par des tiers, de la
commune de Grandson, b) que la Société des amis du tir, à
Grandson, est au bénéfice d'une concession sur le même terrain et les grèves avoisinantes, selon convention à laquelle
soit rapport, c) que cette vente est d'ailleurs faite sans aucune garantie de la part de Remigio Pensini.

Dès le 29 Juillet 1887, Castelli a repris la suite des baux Pensini, et il a été agréé par la municipalité de Grandson en qualité de locataire, aux conditions du bail passé avec Pensini ; les constructions élevées par Pensini sont aujourd'hui cadastrées au nom de Castelli.

Déjà par lettre du 9 Mars 1887, la Société des amis du tir, avait fait des instances auprès de la municipalité pour faire enlever les constructions élevées par Pensini, alléguant que ces constructions gênaient le tir ; en même temps la municipalité avait été sollicitée de ratifier enfin la convention du 18 Décembre 1882, mais une entente ne put s'établir entre parties.

En 1888 la Société des amis du tir se constitua en société de tir militaire, et s'adressa au département militaire du canton de Vaud aux fins d'obtenir une place de tir convenable, notamment pour le tir à 400 mètres.

Après de nombreuses mais vaines démarches pour amener une solution amiable du conflit, le département militaire vaudois, après avoir demandé l'avis du département militaire fédéral, prit le 31 Mai 1889, en application des art. 225 de la loi du 13 Novembre 1874 sur l'organisation militaire, et 8 de l'ordonnance du 16 Mars 1883 sur l'encouragement du tir, une décision ordonnant entre autres :

« Les dits terrains seront débarrassés dans un délai de 30 jours, à partir du moment où la délimitation sera faite, de tous obstacles pouvant gêner l'exercice du tir, tels que constructions, plantations, etc. En cas de refus par la municipalité de Grandson de se soumettre à la décision qui précède, l'exécution de cette décision sera procurée par l'autorité cantonale aux frais de la caisse communale. »

Le recours dirigé par la municipalité de Grandson contre cette décision fut écarté par le Conseil d'Etat, par prononcé du 15 Octobre 1889. Le recours adressé au Tribunal fédéral eut le même sort : par arrêt du 28 Février 1890, cette autorité statua que la décision du 31 Mai 1889 ne saurait être envisagée comme constituant vis-à-vis de la commune de Grandson une violation du droit de propriété garanti par la constitution cantonale.

Il résulte d'un mesurage exécuté par le géomètre Grivaz, au nom de l'Etat, que le terrain devant être affecté au tir était précisément celui qui avait été vendu en 1882 par l'Etat à la commune au prix de 3 centimes, savoir les parcelles 2494 et 2496 du cadastre.

Par lettre du 21 Mars 1890, le préfet de Grandson, sur ordre du département, invita la municipalité à exécuter la décision du 31 Mai 1889, et à débarrasser les terrains des obstacles, à défaut de quoi les mesures prescrites seraient exécutées aux frais de la commune.

Cette invitation fut plusieurs fois renouvelée dans le courant de 1890, la municipalité demandant des délais et faisant entrevoir un arrangement avec la société des amis du tir.

De son côté la municipalité, par lettre du 12 Avril 1890, écrivait à Castelli : « La municipalité vous invite à procéder dans le délai de 5 jours, soit jusqu'au jeudi 17 courant à 6 heures du soir, à l'enlèvement de tous les arbustes et autres obstacles au tir, situés à gauche du stand et au travers des parcelles louées par Pensini. » Ces injonctions furent renouvelées les 6, 30 et 31 Mai.

Le 6 Juin 1890 la municipalité informe le préfet que Castelli n'a pas encore exécuté l'ordre de démolition, et que la municipalité a décidé de ne pas s'en charger, « mais de laisser accomplir cet acte par les personnes qui voudront s'en charger, en leur en laissant toute la responsabilité. »

Aucun arrangement n'étant intervenu, le département militaire vaudois décida de faire démolir, dès le 9 Mars 1891, les constructions en question.

Le préfet de Grandson communiqua cette décision à la municipalité par lettres des 27 Février et 6 Mars 1891 ; la première de ces lettres annonçait que ce travail se ferait aux frais de la commune.

Par lettre du 4 Mars, la municipalité de Grandson pria le département militaire « de surseoir à son ordre de démolition de ces poulaillers et de les laisser mourir de leur belle mort. »

Le 9 Mars les ouvriers arrivèrent sur place pour procéder

à la dite démolition au nom de l'Etat, mais Castelli put les arrêter et les engager à se retirer. Le lendemain, 10 Mars, les ouvriers revinrent accompagnés d'un gendarme, et procédèrent, le dit jour, à la démolition complète des constructions.

L'expertise qui eut lieu le 11 Mars à la requête de Castelli, attribue aux bâtiments une valeur totale de 5250 francs ; une expertise supplémentaire, du 31 dit, a constaté que la démolition avait été opérée d'une manière défectueuse et qu'un grand nombre d'objets renfermés dans les bâtiments démolis avaient disparu.

Castelli actionna alors l'Etat de Vaud, sous date du 25 Mars 1891, et conclut à ce qu'il soit prononcé avec dépens :

Que l'Etat défendeur est son débiteur et doit lui faire prompt paiement de la somme de 5000 francs avec intérêt au 5 $\%$ dès la demande juridique, à titre de dommages-intérêts pour le préjudice qui lui a été causé.

Le demandeur reproche à l'Etat de Vaud une faute aquilienne et se fonde plus particulièrement sur l'art. 50 C. O.

Le défendeur, de son côté, conclut à libération des conclusions de la demande, subsidiairement à ce qu'il soit prononcé que la commune de Grandson est sa débitrice et doit lui faire immédiat paiement de toutes les sommes, en capital et intérêt, qu'il pourrait être condamné à payer à Castelli.

Enfin, la commune de Grandson, évoquée en garantie, conclut à libération avec dépens des conclusions prises contre elle par l'Etat de Vaud, subsidiairement à ce qu'il soit prononcé qu'en application de l'art. 283 C. O., J.-J. Castelli doit rembourser à la commune de Grandson, à titre de dommages-intérêts, toutes sommes, en capital, intérêts et frais, que la commune de Grandson serait condamnée à payer à l'Etat de Vaud, le bail passé entre la commune de Grandson et Castelli étant résilié à la charge de ce dernier.

Par jugement des 25 Août et 6 Septembre 1892, le tribunal cantonal a alloué au demandeur ses conclusions, réduites toutefois à la somme de 2000 francs, admis les conclusions subsidiaires de l'Etat de Vaud contre l'évoquée en garantie,

la commune de Grandson devant rembourser à l'Etat de Vaud
la somme de 2000 francs en capital et intérêts, — et repoussé les conclusions libératoires et subsidiaires de la commune de Grandson.

Ce jugement se fonde, en substance, sur les motifs ci-après:
Dans l'intention des parties, les parcelles 2494 et 2496
étaient destinées au tir; la commune a autorisé Pensini à
construire un hangar sur le terrain affecté au tir, et elle a
toléré les autres constructions, alors que la location conclue
entre les dites parties interdisait tout obstacle au tir, tel qu'il
pourrait se pratiquer à l'avenir, aux trois distances, sur les terrains achetés par la commune dans ce but. En vertu de ses
obligations légales et contractuelles, la commune était responsable, vis-à-vis de l'Etat, de l'exécution de cette clause du
bail. La commune ayant mis des obstacles à l'exécution de la
convention du 17 Juin 1882, et aux tractations qui avaient
précédé cette convention, elle est responsable vis-à-vis de
l'Etat, aux termes des art. 110 et suivants C. O. Cette responsabilité est encore engagée au regard des agissements de
certains membres du conseil municipal, qui, par leurs communications officieuses relatives à un arrangement en pers-
pective, avaient empêché Castelli de procéder lui-même à la
démolition des constructions. D'autre part Castelli a droit à
une indemnité pour la démolition de ses immeubles; les
procédés de l'Etat, au point de vue de la forme, ne sauraient
être approuvés à cet égard; il aurait dû procéder par voie
de mesures provisionnelles ou d'exécution forcée; il a refusé
à Castelli un sursis, même d'un jour, pour sortir le mobilier,
et il n'a pris aucune précaution pour la conservation de ce
dernier. Ces circonstances entraînent la responsabilité de
l'Etat vis-à-vis du demandeur, en vertu des art. 50 et suivants C. O. Toutefois, l'intervention de l'Etat, qui savait que
la propriété de Castelli était précaire, a été nécessitée uniquement par l'attitude de la commune de Grandson, sur
laquelle seule la responsabilité du dommage doit retomber.
La commune ne saurait reprocher à Castelli les constructions
qu'elle avait tolérées lors de la conclusion et pendant la durée

du bail, estimant qu'elles ne gênaient pas le tir ; la commune ne peut donc résilier le dit bail contre Castelli, en lui réclamant des dommages-intérêts aux termes de l'art. 283 C. O.

C'est à la suite de ces faits que la commune de Grandson et Castelli ont recouru au Tribunal fédéral, concluant ainsi qu'il a été dit plus haut.

*En droit :*

2° Il y a lieu d'examiner d'abord la compétence du Tribunal fédéral, au regard des litiges pendants entre les diverses parties en cause.

3° En ce qui concerne d'abord la demande dirigée par Castelli contre l'Etat de Vaud, elle consiste en une conclusion en dommages-intérêts à raison des agissements du dit Etat comme représentant de l'autorité et de la force publiques ; il s'agit, par conséquent, d'une obligation se fondant, aux termes de l'article 76 du Code fédéral des obligations, sur les principes du droit public, et qui doit être régie en première ligne par le droit cantonal. En l'espèce, ce sont les dispositions de la loi vaudoise, du 25 Novembre 1863, qui sont applicables, et c'est, aux termes de l'art. 3 de la dite loi, le droit cantonal qui régit ce qui a trait aux réclamations civiles de personnes qui s'estiment lésées par un acte illégal de l'administration. Le tribunal cantonal, en statuant en la cause, a donc, pour ce qui concerne les rapports juridiques entre Castelli et l'Etat de Vaud, prononcé en vertu du droit cantonal, et le Tribunal fédéral n'a pas compétence pour revoir le jugement intervenu à cet égard.

4° La compétence du Tribunal fédéral n'existe pas davantage en ce qui a trait aux conclusions prises par l'Etat défendeur contre la commune de Grandson. Ces conclusions, en effet, ne portent point sur une somme déterminée, fixant la valeur du litige, mais elles se bornent à demander que la prédite commune soit condamnée à lui restituer « toutes sommes, en capital et intérêt, qu'il pourrait être condamné à payer à Castelli. »

Or le jugement du tribunal cantonal, qui condamne l'Etat à payer 2000 francs à Castelli, n'étant, ainsi qu'on vient de le voir, pas susceptible d'être revu par le Tribunal fédéral pour cause d'incompétence, il en résulte que la condamnation de l'Etat de Vaud, de ce chef, est devenue définitive, et que sa conclusion, formulée contre la commune de Grandson évoquée en garantie, ne porte que sur la somme de 2000 francs, insuffisante, aux termes de l'art. 29 de la loi sur l'organisation judiciaire, pour fonder la compétence du Tribunal fédéral.

5° Il en est de même en ce qui touche les conclusions de la commune de Grandson soit contre l'Etat de Vaud, soit contre Castelli. Conformément à ce qui vient d'être remarqué au considérant 4 ci-dessus, la valeur sur laquelle portaient ces conclusions n'était plus que de 2000 francs, aux termes du jugement définitif intervenu devant le tribunal cantonal. La commune de Grandson concluait, en effet, simplement, vis-à-vis de l'Etat de Vaud, à libération des conclusions de celui-ci, et vis-à-vis de Castelli à ce que ce dernier soit condamné à lui rembourser « toutes sommes en capital, intérêts et frais que la commune de Grandson serait condamnée à payer à l'Etat de Vaud. »

L'incompétence du Tribunal de céans, à raison de l'insuffisance de la somme en litige, est dès lors incontestable sur ce dernier point aussi, et il n'y a pas lieu d'entrer en matière sur les recours.

Par ces motifs,

### Le Tribunal fédéral

prononce :

Il n'est pas entré en matière, pour cause d'incompétence, sur les recours interjetés par la commune de Grandson et par J.-J. Castelli contre le jugement les concernant, rendu par la Cour civile du canton de Vaud les 25 Août et 6 Septembre 1892.

### 28. *Arrêt du 3 Mars 1893 dans la cause Jacot contre Giroud.*

Alphonse-Edouard Giroud, premier mari de la recourante, est décédé à Travers le 21 Avril 1884 et ses enfants ont accepté sa succession, d'abord sous bénéfice d'inventaire, puis purement et simplement.

L'épouse survivante, Rose née Favre, aujourd'hui dame Jacot, n'a fait aucune inscription au bénéfice d'inventaire, ainsi que le prévoit les art. 782 et 783 du Code de procédure civile.

Vu le prononcé du tribunal cantonal, déclarant mal fondée la demande de dame Jacot, tendant à ce qu'il soit prononcé que la demanderesse a droit à ses biens propres et qu'elle peut les inscrire et les réclamer dans les opérations de démêlement et partage des biens de la communauté qui a existé entre elle et son premier mari Alphonse-Edouard Giroud ;

Attendu que le jugement dont est recours a débouté dame Jacot de ses conclusions en vertu des dispositions du Code de procédure civile, lequel prévoit à l'encontre de la loi de 1864, que « les inscriptions seront reçues jusqu'à la clôture de la liquidation, » et qui dispose ensuite expressément à son article 746 « que toute créance ou réclamation non inscrite dans les délais prescrits au présent article sera frappée de forclusion ; » que le dit jugement a estimé que cette forclusion doit naturellement s'appliquer aux prétentions du conjoint survivant ;

Attendu qu'il s'agit donc exclusivement, dans l'espèce, de l'extinction d'une créance pour défaut d'intervention au bénéfice d'inventaire dans les délais légaux;

Attendu que l'art. 161 C. O. dispose que « l'extinction des créances pour défaut de production ou d'intervention en cas d'invitation officielle et publique est régie par le droit cantonal ; »

Que le Tribunal fédéral est, dès lors, aux termes de l'art.

29 de la loi sur l'organisation judiciaire fédérale, incompétent pour statuer sur le présent recours ;

Le Tribunal fédéral

prononce:

Il n'est pas entré en matière, pour cause d'incompétence, sur le recours de dame Rose Jacot née Favre.

---

29. Urteil vom 18. März 1893 in Sachen<br>Bettelheim gegen Meier.

A. Durch Urteil vom 19. Januar 1893 hat das Obergericht des Kantons Aargau erkannt: Der Beklagte hat der Klägerin eine Entschädigung von 5000 Fr. zu bezahlen.

B. Gegen dieses Urteil ergriff der Beklagte die Weiterziehung an das Bundesgericht, indem er die Anträge anmeldete: 1. Es sei die gegnerische Klage abzuweisen. 2. Eventuell sei die der Gegenpartei zuzusprechende Entschädigung auf 2000 Fr. zu reduzieren. 3. Eventuell sei diese Entschädigung angemessen zu reduzieren.

Das Bundesgericht zieht in Erwägung:

1. Die Klage ist eine Entschädigungsklage wegen Verlöbniß-bruch, welche darauf begründet wurde, es sei der Beklagte von einem zwischen den Parteien in St. Gallen stattgefundenen Verlöbnisse grundlos zurückgetreten. Die Vorinstanzen haben ange-nommen, die Sache sei nach kantonalem Rechte zu beurteilen und zwar sei rücksichtlich der Form des Verlöbnisses st. gallisches Recht maßgebend; nach diesem sei für das Verlöbnis eine bestimmte Form nicht gefordert. Danach sei hier der Verlöbnisvertrag gültig abge-schlossen worden und es verpflichte dessen Nichterfüllung den Be-klagten zum Schadenersatze.

2. Der Verlöbnisvertrag gehört dem Familienrechte an; der-selbe untersteht somit gemäß Art. 76 O.-R. dem kantonalen Rechte. Demnach ist denn im vorliegenden Falle, wie die Vorinstanzen richtig angenommen haben, kantonales und nicht eidgenössisches

Recht maßgebend. Denn die Klage ist ausschließlich auf Nichterfüllung des Verlöbnisvertrages begründet worden; sie qualifiziert
sich als Schadenersatzklage ex contractu. Ist aber kantonales,
nicht eidgenössisches Recht anwendbar, so ist auf die Weiterziehung
wegen Inkompetenz des Bundesgerichtes gemäß Art. 29 O.-G.
nicht einzutreten.

Demnach hat das Bundesgericht<br>
e r k a n n t :

Auf die Weiterziehung des Beklagten wird wegen Inkompetenz
des Bundesgerichtes nicht eingetreten.

————————

30. Urteil vom 21. April 1893 in Sachen Chobat<br>
gegen Jura-Simplonbahn.

A. Durch Urteil vom 10. März 1893 hat der Appellations-
und Kassationshof des Kantons Bern erkannt:

I. Dem Kläger Karl August Chobat ist über die von der Beklagten Jura-Simplonbahngesellschaft aufgestellte Behauptung,
der Kläger sei von dem betreffenden Zuge vor dessen Anhalten
abgesprungen, der Reinigungseid auferlegt, zu leisten nach folgender vom Gerichte genehmigter Formel: „Ich, Karl August Cho-
„bat, versichere auf meine Ehre und mein Gewissen, daß ich die
„von der Gegenpartei aufgestellte Behauptung, daß ich am 11.
„April 1889 vor Anhalten des Zuges abgesprungen sei, nach
„meiner besten Überzeugung für unwahr halte, ohne Gefährde.“

II. Eventuell: a. Für den Fall, daß der Reinigungseid geleistet wird:

1. Dem Kläger, Karl August Chobat, ist das Rechtsbegehren
seiner Klage zugesprochen und es wird die Entschädigungssumme
die er an die Beklagte, Jura-Simplonbahngesellschaft, zu fordern
hat, bestimmt auf zwanzigtausend Franken samt Zins zu 4 %
seit 11. April 1889.

2. Die Beklagte hat dem Kläger die Kosten des Prozesses zu
bezahlen.

b. Für den Fall, daß der Reinigungseid nicht geleistet wird:

Der Kläger, Karl August Chobat, ist mit seinem Klagbegehren abgewiesen und der Beklagten, Jura-Simplonbahngesellschaft, gegenüber zu den Kosten des Prozesses verurteilt.

Weiter wird verfügt:

Die eidliche Einvernahme des Karl August Chobat ist auf rogatorischem Wege durch den Gerichtspräsidenten von Münster vorzunehmen. Von dem Termin sind die Parteien in Kenntnis zu setzen.

B. Gegen dieses Urteil ergriff die Beklagte, Jura-Simplonbahngesellschaft, die Weiterziehung an das Bundesgericht.

Das Bundesgericht zieht in Erwägung:

Es liegt ein kantonales Haupturteil d. h. ein den Rechtsstreit unbedingt entscheidendes Erkenntniß des kantonalen Gerichtes noch nicht vor. Das Schicksal der Klage ist noch ungewiß, dieselbe ist definitiv weder zugesprochen noch abgewiesen, sondern es ist über dieselbe erst bedingterweise entschieden. Die Entscheidung der kantonalen Instanz wird zu einem perfekten, unbedingten Urteile erst dann, wenn das kantonale Gericht festgestellt hat, ob der Reinigungseid geleistet oder verweigert wurde, ob also das erste oder das zweite der eventuellen Urteilsdispositive der Ziffer II des angefochtenen Erkenntnisses in Kraft getreten sei. Zur Zeit ist unbedingt bloß entschieden, daß Zuspruch oder Abweisung der Klage von der Leistung oder Verweigerung des Reinigungseides abhänge. Hierin liegt aber kein Haupturteil im Sinne des Art. 29 O.=G. Die Beschwerde ist demnach verfrüht. Bevor die Weiterziehung an das Bundesgericht statthaft ist, muß zunächst das Verfahren vor der kantonalen Instanz völlig erledigt sein, diese die Sache nicht bloß bedingt, sondern unbedingt beurteilt haben.

Demnach hat das Bundesgericht

erkannt:

Auf die Weiterziehung der Beklagten wird nicht eingetreten.

**31.** *Sentenza del 19 Maggio 1893 nella causa Fusoni & C°*
*contro l'Agenzia di Lugano del „Credito Ticinese."*

*A*. Con due sentenze del 16 Marzo 1893, intimate alle
parti il giorno 4 del successivo Aprile, il Tribunale supremo
del Cantone Ticino statuendo in appello sull'opposizione sollevata della Ditta Fusoni & C° contro i precetti cambiari
N° 3675, 3854 e 5855 fatti spiccare in suo odio dall' Agenzia
di Lugano del « Credito Ticinese » per l'importo compressivo
di fr. 70 841 55, dipendenti da pagherò 1 e 15 Settembre
1892 e relative spese di protesto, dichiarava l'opposizione
della Ditta Fusoni & C° infondata. In seguito di ciò la Ditta
Fusoni & C° inoltrava ricorso al Tribunale federale e chie-
deva la riforma delle due sentenze suddette, come contrarie
ai dispositivi della legge federale sull' esecuzione e sui
fallimenti. La ricorrente non aver mai negato, anzi aver
offerto essa stessa il pagamento della somma portata dai
pagherò 1 e 15 Settembre 1892, alla condizione che il Credito Ticinese abbia a restituirle i titoli e valori datigli in pegno.
Ciò essere conforme tanto al diritto civile che al diritto cam-
biario, percui l'eccezione sollevata in questo senso davanti le
istanze cantonali entrare indubbiamente nel novero di quelle
previste all' art. 182, n° 3, della legge federale.

*B*. Invitata la ricorrente a spiegarsi sulla natura del ricorso
da lei interposto dichiarava di aver preteso ricorrere al Tribunale federale come istanza di appello.

*Il Tribunale federale prende in considerazione :*

La sentenza del Tribunale di Appello del Cantone Ticino
in data del 16 Marzo 1892 non è una sentenza di merito,
vale a dire non un giudizio definente il lato intrinseco di una
causa, ma solo un giudizio riguardante la questione di procedura dell' ammissibilità di un atto esecutivo. Mediante la
sentenza suddetta non fu risolta la questione, se il debitore
sia in diritto di ripetere la restituzione del pegno dietro pagamento del debito ; ma è stato deciso solamente, che un ecce-

zione rispettiva non ha per conseguenza di interrompere il corso della procedura esecutiva cambiaria prevista dagli art. 177 e seg. della legge federale. E non si può dire neppure, che colui, la cui domanda di opposizione è stata respinta, non sia più in caso di far valere i propri diritti in via ordinaria, chè gli art. 187 e 86 della legge federale sull' esecuzione e sui fallimenti gli concedono esplicitamente un' azione a questo scopo. Ora, non trattandosi di una sentenza di merito, in base all' art. 29 dell' organizzazione giudiziaria federale non è possibile neppure il ricorso in appello al Tribunale federale. Un simile ricorso sarebbe ammissibile solo qualora esso fosse previsto in modo tassativo dalla legge federale sull' esecuzione e sui fallimenti. Detta legge però non solo non contiene nessun dispositivo in questo senso, ma prevede anzi all' art. 185 contro decisioni di simile natura esplicitamente solo un ricorso alle istanze cantonali superiori. Si aggiunga inoltre, che secondo il noto principio dell' art. 30 dell' organizzazione giudiziaria federale, l'appello al Tribunale federale non avviene mediante ricorso delle parti, ma mediante dichiarazione da farsi al Tribunale cantonale, da cui emanò il giudizio querelato.

*Per questi motivi il Tribunale federale risolve:*

Di non entrare in materia sul ricorso interposto dalla Ditta Fusoni & C°.

---

### 32. Urteil vom 2. Juni 1893 in Sachen Günther gegen Günther.

A. Durch Urteil vom 12. April 1893 hat das Obergericht des Kantons Aargau erkannt: Der Kläger ist mit seiner Appellation abgewiesen.

B. Gegen dieses Urteil ergriff der Kläger die Weiterziehung an das Bundesgericht, indem er die Anträge anmeldete: Es sei in Abänderung des obergerichtlichen Urteils der Beklagte Karl

Günther zu verurteilen, dem Kläger außer den ihm in der soge=
nannten Abrechnung vom 19. Dezember 1888 zugesicherten
115,415 Fr. noch weitere 137,576 Fr. 50 Cts. herauszubezahlen
sammt gesetzlichem Verzugszins zu 5 % vom 19. Dezember 1888,
eventuell von der rechtlichen Kundmachung, 23. September 1889
hinweg. Eventuell sei der Beklagte richterlich schuldig zu erklären,
an den Kläger einen Beitrag von 137,576 Fr. 50 Cts. sammt
gesetzlichem Verzugszins zu 5 % seit 19. Dezember 1888, even=
tuell seit 23. September 1889 zu bezahlen.

Das Bundesgericht zieht i n E r w ä g u n g :

1. Der am 21. Oktober 1888 verstorbene Salinendirektor Karl
Günther von Rheinfelden hinterließ zwei Söhne, die Litiganten.
Der ältere Sohn, Dr. med. Arnold Günther war im Jahre
1884 von der väterlichen und mütterlichen Verlassenschaft um
166,000 Fr. ausgekauft worden. Am 2. Oktober 1887 hatte
Vater Günther ein letztes Testament errichtet, in welchem er dem
Sohne Arnold ein Legat von 20,000 Fr., dessen Kindern ein
solches von 50,000 Fr. aussetzte, im übrigen dagegen den jüngern
Sohn Karl zum Universalerben einsetzte. Während der letzten
Krankheit des Vaters Günther kam es zwischen diesem und seinen
beiden Söhnen zu Auseinandersetzungen über die Erbverhältnisse.
Arnold machte dem Vater Vorwürfe über den Inhalt des Testa=
ments, worauf der Vater äußerte : Sie (meine Söhne) sollen
gleich sein, es solle einer haben, was der Andere. Der zum Uni=
versalerben eingesetzte Karl Günther machte hierauf dem Bruder
Arnold Versprechungen bezüglich der Teilung des väterlichen Nach=
lasses. Nach dem Tode des Vaters, am 20. Dezember 1888, fer=
tigte er eine „Projektierte freiwillige Abrechnung" aus, wonach
Arnold Günther als ihm zukommende Hälfte des Nachlasses
45,415 Fr. erhalten hätte; er anerbot demselben überdem die
Hälfte der Möbel und des Silbergeschirrs. Das Mobiliar wurde
großenteils wirklich geteilt. Dagegen nahm Arnold Günther die
„freiwillige Abrechnung" vom 20. Dezember 1888 nicht an. Er
behauptete, in dieselbe sei bei weitem nicht der gesammte väterliche
Nachlaß eingestellt; er sei aber berechtigt, die wirkliche Hälfte der
Verlassenschaft zu beanspruchen. Er erhob Strafklage; im Laufe
der eingeleiteten Strafuntersuchung wurde konstatiert, daß Wert=

titel im Betrage von 205,000 Fr. vorhanden waren, welche in
der Abrechnung nicht figurierten. Karl Günther behauptete, diese
Werttitel schon bei Lebzeiten des Vaters von diesem geschenkt er=
halten zu haben, so daß sie nicht zu dessen Nachlasse gehören.
Die Strafuntersuchung wurde sistiert und die Sache auf den
Civilweg gewiesen. Im Civilprozesse behauptete Arnold Günther,
sein Bruder habe ihm vor und nach dem Tode des Vaters, schrift=
lich und mündlich, die bestimmte Zusicherung gegeben, den väter=
lichen Nachlaß ehrlich und redlich mit ihm zu teilen, woraus für
ihn ein klagbarer Anspruch auf hälftige Teilung des Nachlasses
entstanden sei. Der Beklagte gab zu, daß er versprochen habe, den
Nachlaß mit dem Bruder teilen zu wollen; darin liege aber ein
bloßes Schenkungsversprechen, welches, so lange es nicht vollzogen
sei, gemäß Art. 749 des aargauischen bürgerlichen Gesetzbuches,
vom Schenker jederzeit widerrufen werden könne und von ihm
widerrufen werde. Beide Vorinstanzen haben die Klage abgewiesen.

2. Es muß von Amtes wegen geprüft werden, ob das Bundes=
gericht zu Beurteilung der Beschwerde zuständig sei. Dies hängt
davon ab, ob in der Sache eidgenössisches oder aber kantonales
Recht anwendbar ist.

3. Der Kläger hat zu Begründung seiner Klage zunächst be=
hauptet, durch die ihm vom Beklagten erteilten Zusicherungen habe
letzterer auf den Auskaufsvertrag und das Testament des Vaters
Günther verzichtet und es sei infolge dessen die Intestaterbefolge=
ordnung hergestellt worden. Die kantonalen Gerichte haben diese
Behauptung zurückgewiesen, indem sie ausführen, von einem Ver=
zichte des Beklagten auf sein testamentarisches Alleinerbrecht könne
nicht die Rede sein, der Beklagte habe vielmehr die Erbschaft an=
getreten und sein Erbrecht weder übertragen wollen noch können.
Diese Entscheidung ist erbrechtlicher Natur; für dieselbe ist daher
antonales Recht maßgebend und es ist somit das Bundesgericht
zu deren Überprüfung nicht kompetent. Es kann sich also nur
fragen, ob der Beklagte sich wirksam verpflichtet habe, die Hälfte
des ihm angefallenen väterlichen Nachlasses dem Kläger zuzuwen=
den. Auch diese Frage aber ist kantonalrechtlicher Natur. Der
Kläger behauptet nicht ein entgeltliches Rechtsgeschäft, sondern
eine unentgeltliche Zuwendung, also eine Schenkung. Das Recht

der Schenkung aber ist im eidgenössischen Obligationenrecht nicht
normiert, sondern dessen Regelung ist dem kantonalen Rechte an=
heimgegeben (siehe Art. 10 O.=R.). Das kantonale Recht bestimmt
also darüber, ob und unter welchen Voraussetzungen ein (noch
nicht vollzogenes) Schenkungsversprechen bindend oder aber frei
widerruflich sei, wann ein Schenkungsversprechen als vollzogen
gelten könne u. s. w. Nun behauptet allerdings der Kläger noch,
es handle sich hier nicht um eine Schenkung, sondern um die
Anerkennung einer Naturalobligation, welche nicht als Schenkung
könne betrachtet werden. Für den Beklagten sei durch die Willens=
äußerung des sterbenden Vaters und die gegebene Zusicherung die
sittliche Pflicht begründet worden, dem Kläger die Hälfte des
väterlichen Nachlasses herauszugeben. Allein diese Ausführung
geht offenbar fehl. Einen Rechtssatz eidgenössischen Rechts, nach
welchem hier eine Naturalobligation bestände, welche durch Aner=
kennung klagbar hätte werden können, hat der Kläger nicht be=
hauptet und es besteht ein solcher auch nicht. Das Obligationen=
recht (Art. 72 Abs. 2) bestimmt bloß, daß, wenn in Erfüllung
einer sittlichen Pflicht Zahlung geleistet wurde, die condictio in-
debiti ausgeschlossen sei. Dagegen ist eine Vorschrift, daß sonst
klaglose Versprechen ausnahmsweise dann klagbar seien, wenn sie
in Erfüllung einer sittlichen Verpflichtung gegeben wurden, dem
Bundesgesetze völlig fremd. Da es sich um das Versprechen einer
unentgeltlichen Vermögenszuwendung handelt und das Recht der
Schenkung kantonalrechtlicher Regelung anheimgegeben ist, könnte
es sich nur um eine Naturalobligation kantonalen Rechtes han=
deln; ob aber eine solche bestehe, entzieht sich der Nachprüfung
des Bundesgerichtes. Übrigens dürfte klar sein, daß ein Rechtssatz,
wonach Schenkungsversprechen ausnahmsweise dann unwiderruflich
wären, wenn eine sittliche Verpflichtung zu unentgeltlicher Zu=
wendung bestand, dem aargauischen Rechte fremd ist.

Demnach hat das Bundesgericht

erkannt:

Auf die Weiterziehung des Klägers wird wegen Inkompetenz
des Gerichts nicht eingetreten.

## III. Civilstand und Ehe. — Etat civil et mariage.

### 33. Urteil vom 13. Januar 1893 in Sachen Eheleute Böhy.

A. Durch Urteil vom 12. November 1892 hat das Bezirks=
gericht Frauenfeld erkannt: Es sei die Ehe in Anwendung des
Art. 45 des eidgenössischen Gesetzes über Civilstand und Ehe
definitiv geschieden, dem Beklagten dagegen die Eingehung eines
neuen Ehebündnisses vor Ablauf von zwei Jahren untersagt.

B. Dieses Urteil wurde vom Beklagten, im Einverständnisse
mit der Klägerin, unter Umgehung der zweiten kantonalen Instanz
direkt an das Bundesgericht gezogen. Der Beklagte stellte den
Antrag: Es sei das vom Bezirksgerichte Frauenfeld ausgesprochene
zweijährige Heiratsverbot, als mit Art. 48 des Civilstands= und
Ehegesetzes im Widerspruch stehend, aufzuheben. Auf eine münd=
liche Verhandlung haben die Parteien verzichtet.

Das Bundesgericht zieht in Erwägung:

Streitig ist einzig, ob dem beklagten Ehemanne eine Wartefrist
von zwei Jahren für Eingehung eines neuen Ehebündnisses auf=
erlegt werden dürfe. Dies ist offenbar zu verneinen. Nach Art.
48 C.=St.=G. darf der schuldige Ehegatte bei gänzlicher Scheidung
wegen eines bestimmten Grundes vor Ablauf eines Jahres nach
der Scheidung kein neues Ehebündnis eingehen und kann diese
Frist durch das richterliche Urteil bis auf drei Jahre erstreckt
werden. Nach dem klaren Wortlaute des Gesetzes besteht also die
Wartefrist des Art. 48 cit. nur dann und darf folgeweise nur
dann durch das richterliche Urteil erstreckt werden, wenn die Schei=
dung wegen eines bestimmten Grundes erfolgt ist, d. h. wenn das
gerichtliche Urteil zu Lasten des betreffenden Ehegatten einen der
in Art. 46 des Civilstands= und Ehegesetzes aufgezählten bestimm=
ten Scheidungsgründe feststellt und daraufhin die Scheidung aus=
spricht (s. Entscheidungen des Bundesgerichtes in Sachen Schirmer,
Amtliche Sammlung IX, S. 457). Dies ist hier nicht der
Fall, da die Scheidung nicht wegen eines bestimmten Grundes,

sondern gestützt auf Art. 45 des Civilstands= und Ehegesetzes aus=
gesprochen worden ist. Die angefochtene Verfügung des vorinstanz=
lichen Urteils ist also gesetzlich unzulässig.

Demnach hat das Bundesgericht

erkannt:

Die Weiterziehung des Beklagten wird für begründet erklärt
und es wird mithin Dispositiv 1 des angefochtenen Urteils dahin
abgeändert, daß das dem Beklagten auferlegte zweijährige Ehever=
bot gestrichen wird; im übrigen hat es bei dem angefochtenen
Urteile sein Bewenden.

---

## 34. Urteil vom 22. April 1893 in Sachen
### Eheleute Schmid.

A. Durch Urteil vom 2. Dezember 1892 hat das Obergericht
des Kantons Aargau erkannt:

1. Die zwischen den Parteien bestandene Ehe ist gänzlich getrennt.

2. Jedem der Litiganten ist (vor Eingehung eines neuen Ehe=
bündnisses) eine Wartezeit von je zwei Jahren auferlegt.

3. Der aus der Ehe der Litiganten hervorgegangene Knabe
Johann wird der Mutter Barbara Carolina Schmid geb. Suter
zur Verpflegung und Erziehung überlassen. Der Kläger hat der
Mutter Barbara Carolina Suter an die Kosten der Verpflegung
und Erziehung des Knaben Johann bis zu dessen vollendetem
16. Altersjahre einen Beitrag von 400 Fr. per Jahr und zwar in
vierteljährlich mit je 100 Fr. vorausbezahlbaren Raten zu leisten.

4. Die sämmtlichen unter= und obergerichtlichen Kosten dieses
Streites sind unter den Parteien, und zwar im Sinne der Er=
wägung sub 5 hievor, wettgeschlagen.

5. Bei den übrigen Bestimmungen des bezirksgerichtlichen Ur=
teils hat es sein Bewenden.

B. Gegen dieses Urteil ergriffen beide Parteien die Weiter=
ziehung an das Bundesgericht. Der Kläger meldete folgende An=
träge an:

1. In Bestätigung, jedoch aktengemäßer Ergänzung des die gänzliche Ehescheidung aussprechenden Dispositivs 1 sei die Beklagte mit Bezug auf diese Ehescheidung gemäß Art. 48 und 49 des Bundesgesetzes betreffend Civilstand und Ehe als der schuldige Teil zu erklären.

2. Demgemäß sei das angefochtene Urteil in nachstehenden Beziehungen abzuändern:

a. Die durch Dispositiv 2 dem Kläger auferlegte Wartezeit (Art. 48 des Bundesgesetzes betreffend Civilstand und Ehe) sei gänzlich zu streichen, eventuell auf ein Jahr zu reduzieren.

b. In Abänderung des Dispositivs 3 sei der aus der Ehe der Litiganten hervorgegangene Knabe Johann gemäß § 149 und 150 des aargauischen bürgerlichen Gesetzbuches dem Kläger zur Verpflegung und Erziehung zu überlassen und die Beklagte zu verurteilen, dem Kläger für die Kosten des Unterhaltes und der Erziehung dieses Knaben jährlich einen richterlich festzusetzenden Betrag, eventuell einen bezüglichen Beitrag zu bezahlen.

c. Die Beklagte sei zu verurteilen, dem Kläger gemäß Klagebegehren 4 eine Entschädigung im Sinne des § 147 des aargauischen bürgerlichen Gesetzbuches zu entrichten; die quantitative Feststellung des Betrages wird dem Bundesgerichte überlassen.

d. Die Beklagte sei, in Abänderung des Dispositivs 4, 1. Satz im Sinne des § 376 der aargauischen Civilprozeßordnung zu verfällen, dem Kläger sämmtliche unter- und obergerichtliche Kosten dieses Rechtsstreites, eventuell einen vom Bundesgerichte zu bestimmenden Teil derselben, zu ersetzen.

e. Unter allen Umständen sei die Beklagte, in Abänderung des Dispositivs 4, 2. Satz, zu verhalten, dem Kläger die von ihm der Beklagten im Sinne des § 140 des aargauischen bürgerlichen Gesetzbuches vorgeschossenen Prozeßkosten im aktengemäßen Betrage von 700 Fr. zurückzuerstatten. Alles unter Kostenfolge.

Die übrigen Bestimmungen des obergerichtlichen Urteils werden nicht angefochten.

Dagegen meldete der Anwalt der Beklagten folgende Anträge an:

1. Es sei in Aufhebung des Urteils des Obergerichtes des Kantons Aargau der Kläger mit seiner Klage und allen Schlüssen derselben abzuweisen.

2. Eventuell sei bloß auf Scheidung der Litiganten von Tisch und Bett auf eine vom Richter zu bestimmende Zeitdauer zu erkennen.

3. Eventuell, d. h. im Falle gänzlicher Scheidung, seien der Frau Barbara Carolina Schmid sämmtliche Begehren der Widerklage zuzusprechen.

Alles unter Kostenfolge.

Mit Zuschrift vom 20. April 1893 hat der Anwalt der Beklagten drei Aktenstücke mit der Erklärung eingesandt, daß dieselben während der Dauer des Rechtsstreites nicht haben erhältlich gemacht werden können, nämlich:

1. Eine Bescheinigung d. d. Basel, 14. April 1893 des Gepäckarbeiters J. Binder der Schweizerischen Centralbahn, derselbe habe den Kläger am 2. August 1891 mit Fräulein M. B. auf dem Perron des Centralbahnhofes in Basel Arm in Arm spazieren sehen;

2. Eine (unbeglaubigte) Bescheinigung, unterzeichnet Joseph Klein und datiert Mühlhausen im Elsaß, 17. April 1893, des Inhalts: Schmid zum Bazar in Zofingen habe ungefähr im Monat Februar 1892 mit dem Aussteller der Bescheinigung schriftlich und mündlich verkehrt, um bei ihm eine Gebärende unterbringen zu können; es scheine indes dem Schmid bei ihm (Klein) nicht recht gewesen zu sein und derselbe habe ihn daher um eine weitere Adresse ersucht, worauf er ihn zu Madame Wolf geschickt habe;

3. Ein weiteres Exemplar der gleichen Erklärung mit einem aus Mühlhausen im Elsaß 17. April 1893 datierten Begleitbriefe eines Dritten.

C. Bei der heutigen Verhandlung halten beide Parteien die schriftlich angemeldeten Anträge aufrecht.

Das Bundesgericht zieht in Erwägung:

1. Die von der Beklagten in der bundesgerichtlichen Instanz neu produzierten Aktenstücke können nicht berücksichtigt werden, da nach Art. 30 Abs. 4 O.=G. nova in der bundesgerichtlichen Instanz schlechthin unzulässig sind.

2. Die Klage ist in erster Linie auf Art. 46 litt. b des Bundesgesetzes betreffend Civilstand und Ehe begründet worden und

es hat in der That die Vorinstanz gestützt auf diesen Grund die
Scheidung ausgesprochen. Sie führt aus: Die Beklagte sei ohne
Zweifel eine etwas eifersüchtige Frau. In ihrer Eifersucht sei sie
so weit gegangen, daß sie Dritten gegenüber den Kläger der ehelichen Untreue bezichtigte, ihn einen „schlechten uud falschen Mann"
nannte und erklärte, „sie hätte leicht einen bessern bekommen
können"; sie habe auch Dritten gegenüber Äußerungen getan,
welche geeignet waren, die Ehre des Klägers in den Augen der
letztern zu mindern. Im Fernern gehe aus den Zeugendepositionen
hervor, daß die Beklagte das Dienstmädchen und sogar den jun-
gen Knaben zur Überwachung des Klägers wegen angeblicher
naher Beziehungen zu den Ladentöchtern angestiftet habe; endlich
stehe außer Zweifel, daß die Verdächtigungen durch die Beklagte
den Austritt mehrerer Ladentöchter zur Folge gehabt haben. Diese
Handlungsweise der Beklagten habe den Kläger tief kränken und
nach Außen diskreditieren müssen. Die Beklagte habe auch nicht
gesetzlich darzutun vermocht, daß ihre Eifersucht und ihre daherigen Verläumdungen den behaupteten tatsächlichen Hintergrund gehabt haben.

3. Nach diesen Feststellungen ist nicht zu bezweifeln, daß die
Beklagte sich Ehrenkränkungen gegenüber dem Kläger hat zu
Schulden kommen lassen. Allein tiefe Ehrenkränkungen im Sinne
des Gesetzes können in den festgestellten Handlungen der Beklagten doch nicht gefunden werden. Unter diesen Begriff fallen, wie
das Bundesgericht in seiner Entscheidung vom 20. Dezember 1884
in Sachen Eheleute Niederer (Amtliche Sammlung X, S. 543
Erw. 3) ausgeführt hat, nur Ehrenkränkungen, welche von solcher
Schwere sind, daß sie in ihrer Bedeutung für die Zerrüttung
des ehelichen Verhältnisses den übrigen in litt. b cit. genannten
Scheidungsgründen der Nachstellung nach dem Leben und der
schweren tätlichen Mißhandlung gleichkommen. Eine schwere Ehren-
kränkung liegt also nur in solchen Beleidigungen, welche, sei es
vermöge des durch sie bekundeten Grades von Bosheit, Haß oder
Verachtung auf Seite des Beleidigers, sei es wegen ihrer objektiven Ehrenrührigkeit, so schwerer Art sind, daß danach dem be-
leidigten Teile die Fortsetzung der ehelichen Gemeinschaft mit dem
Beleidiger ehrenhafter Weise nicht mehr zugemutet werden kann.

Solcher Art sind nun die der Beklagten zur Last fallenden Be=
leidigungen doch nicht. Dieselben sind lediglich der Eifersucht ent=
sprungen, also einem Motiv, welches nicht Bosheit, Haß oder
Verachtung bekundet, sondern eher darauf hindeutet, daß die Be=
klagte auf die Zuneigung und Treue des Ehemannes großen
Wert legt. Verletzend und kränkend für den Mann waren die
Verdächtigungen seiner ehelichen Treue, die Überwachung, welcher
die Ehefrau seinen Verkehr mit den Ladentöchtern und andern in
seine Nähe kommenden weiblichen Wesen unterstellte, allerdings;
allein schwere unverzeihliche Antastungen seiner sittlichen Integri=
tät liegen darin doch nicht. Es möchte hievon dann gesprochen
werden, wenn die Beklagte ihre Verdächtigungen geflissentlich, um
den Ehemann herunterzusetzen, im Publikum ausgestreut hätte.
Allein dies ist nicht der Fall. Alle diejenigen Äußerungen der
Beklagten, welche für die Zeit des ehelichen Zusammenlebens fest=
gestellt sind, erfolgten, wenn sie auch gegenüber Dritten geschahen,
doch im Bereiche der Häuslichkeit, im unmittelbaren Trange der
Eifersucht, von welcher die Beklagte gepeinigt war. Bei dieser
Sachlage kann nicht gesagt werden, daß deshalb, weil die Beklagte
diese Äußerungen getan hat, dem Ehemann ein ferneres Zusam=
menleben mit ihr ehrenhafter Weise nicht mehr zugemutet werden
könne.

4. Ein bestimmter Scheidungsgrund im Sinne des Art. 46
des Bundesgesetzes betreffend Civilstand und Ehe ist also nicht
gegeben. Dagegen ist allerdings das eheliche Verhältnis ein tief
zerrüttetes und muß sich daher fragen, ob die gänzliche Scheidung
nicht, gestützt auf Art. 47 leg. cit., auszusprechen sei. Allein auch
dies ist zu verneinen. Zunächst ist zu bemerken, daß die Ehefrau
nicht als der ausschließlich schuldige Teil erscheint, sondern daß
auch den Ehemann ein Verschulden trifft. Zwar ist prozessualisch
nicht festgestellt, daß der Ehemann anstößige Beziehungen zu Frauen
wirklich unterhalten habe. Dagegen lassen die Briefe, welche er,
allerdings erst seit Einleitung des Scheidungsprozesses, an seine
Frau und deren Vater geschrieben hat, sein Benehmen in keinem
günstigen Lichte erscheinen. Der höhnische, hochmütige, ja geradezu
brutale Ton, welcher hier angeschlagen ist, (die Anrede der Frau
mit „Madame", die Drohung, er werde sie, wenn sie in die

Scheidung nicht einwillige, noch ins Gefängniß bringen, wie sie
es verdient habe, Äußerungen wie: „Sie sind mir zu dumm, als
„daß ich weiter ein Wort mehr mit Ihnen verliere. Sie existieren
„für mich nicht mehr. Wenn Sie nicht wissen, was das heißt,
„so gehen Sie wieder in die Häfelischule." „Gestützt auf die Vor=
„gänge von heute entlaste ich Sie vollständig des Prädikats
„Schwiegervater". Ich hoffte, es noch mit anständigen Leuten
„zu tun zu haben, statt dessen erscheint mir gemeiner Peubel" (!)
u. s. w.), sind unwürdig. In diesem Tone durfte der Mann zu
seiner Frau nicht sprechen; wenn dieselbe ihn auch mit ihrer
Eifersucht gequält und ihm dadurch gerechten Grund zu Klagen
gegeben hat, so war sie ihm doch durch Jahre eine treue Gefähr=
tin gewesen und hat, wie beide kantonalen Instanzen anerkennen,
durch ihre Thätigkeit, anscheinend auch durch die Mittel ihrer El=
tern, mitgeholfen, die Grundlagen seiner gegenwärtigen ökonomi=
schen Existenz zu legen. Die Art und Weise, wie der Mann der
Frau in diesen Briefen entgegentritt, legt denn auch den Schluß
nahe, daß es kaum aus der Luft gegriffen sein dürfte, wenn die
Frau sich darüber beklagt, daß der Ehemann sie in den letzten
Jahren des Zusammenlebens in verächtlicher, geringschätziger Weise
behandelt habe, daß, wie ihr Anwalt heute behauptet hat, er mit
dem Wachsen seines Wohlstandes die Frau es habe merken lassen,
daß diese ihm nunmehr zu gering geworden sei, woraus denn auch
teilweise die Eifersuchtsanwandlungen der Frau sich erklären dürf=
ten. Der Ehemann kann also keineswegs als an der Zerrüttung
des ehelichen Verhältnisses unschuldig bezeichnet werden. Nun wi=
dersetzt sich die Ehefrau der Scheidung; sie erklärt, die Zuneigung
zum Manne nicht verloren zu haben und immer noch auf Wieder=
vereinigung zu hoffen. Die Erfüllung dieser Hoffnung ist denn
auch nicht schlechthin ausgeschlossen. Wenn die Ehefrau nunmehr,
nachdem ihr eine ernste Lehre geworden ist, es über sich bringt,
ihre Eifersuchtsanwandlungen zu unterdrücken, und wenn der Ehe=
mann sich entschließt, sie wie eine Ehefrau zu behandeln, so ist
eine Wiederaussöhnung der Parteien zu einem gedeihlichen ehelichen
Zusammenleben wohl möglich. Der Antrag auf gänzliche Schei=
dung ist danach abzuweisen. Dagegen muß allerdings auf zeitliche
Trennung auf die Dauer von zwei Jahren erkannt werden, da

gegenwärtig das Verhältnis zwischen den Eheleuten infolge des Prozesses und der daran sich anschließenden Vorgänge ein höchst gespanntes ist, so daß denselben durch eine zeitliche Trennung Zeit zu ruhiger Überlegung gegeben werden muß.

5. Für die Zeit der zeitlichen Trennung ist das aus der Ehe hervorgegangene Kind der Mutter zuzuteilen. Die Gründe, welche die Vorinstanz dazu geführt haben, auch bei gänzlicher Scheidung das Kind der Mutter zu überlassen, treffen mit verdoppeltem Gewichte bei bloß zeitlicher Trennung zu. Dabei ist der Ehemann zu dem vorinstanzlich normierten Unterhaltungsbeitrage zu verpflichten. Die übrigen Dispositive des angefochtenen Urteils (mit Ausnahme des Kostenentscheides) fallen, nachdem das Begehren um gänzliche Scheidung abgewiesen wird, von selbst dahin.

6. Rücksichtlich der kantonalen Kosten ist das vorinstanzliche Urteil um so mehr zu bestätigen, als nach der Entscheidung des Bundesgerichtes der Kläger mit dem Antrage auf gänzliche Scheidung unterliegt. Aus diesem Grunde sind die gerichtlichen Kosten der bundesgerichtlichen Instanz dem Kläger aufzuerlegen. Die außergerichtlichen Kosten der bundesgerichtlichen Instanz dagegen sind wettzuschlagen.

### Demnach hat das Bundesgericht

### erkannt:

1. Dispositiv 1 des angefochtenen Urteils wird dahin abgeändert, daß die Litiganten auf die Dauer von zwei Jahren, von heute an, von Tisch und Bett getrennt werden.

2. Der aus der Ehe hervorgegangene Knabe Johann wird für die Dauer der zeitlichen Trennung der Mutter Barbara Karolina Schmid geb. Suter zur Erziehung und Verpflegung überlassen. Der Kläger hat der Mutter während dieser Zeit an die Erziehungs- und Pflegekosten des Knaben einen Beitrag von 400 Fr. per Jahr und zwar in vierteljährlich mit je 100 Fr. vorauszahlbaren Raten zu leisten.

3. Dispositiv 4 des angefochtenen Urteils ist bestätigt, dagegen fallen die Dispositive 2 und 5 dieser Entscheidung dahin.

## IV. Haftpflicht
## der Eisenbahn- und Dampfschiffunternehmungen
## bei Tödtungen und Verletzungen.

### Responsabilité des entreprises de chemins de fer
### et de bateaux à vapeur
### en cas d'accident entraînant mort d'homme
### ou lésions corporelles.

### 35. Urteil vom 24. Februar 1893 in Sachen
### Kofmehl gegen Gottharbbahn.

A. Durch Urteil vom 2./19. November 1892 hat das Bezirks=
gericht Luzern erkannt:

Die Beklagte sei nicht pflichtig, bem Kläger für den ihm am
4. April 1891 im Bahndienste zugestoßenen Unfall (erhaltenen
Leistenbruch) eine Aversalentschädigung von 18,000 Fr. ober eine
Monatspension von 70 Fr. unb eine Aversalentschädigung von
12,000 Fr. zu leisten, sondern es sei bie Klage des Gänzlichen ab=
gewiesen.

B. Gegen dieses Urteil ergriff der Kläger, nachdem bie Beklagte
ihre Zustimmung zu Umgehung der zweiten kantonalen Instanz
erklärt hatte, die Weiterziehung an das Bundesgericht. Bei ber
heutigen Verhanblung beantragt sein Anwalt, es sei bem Kläger
in Abänderung des vorinstanzlichen Urteils, eine Aversalentschädi=
gung von 18,000 Fr. oder eine Monatspension von 70 Fr
und eine Aversalentschädigung von 12,000 Fr. zuzusprechen, unter
Kostenfolge; er beantragt im weitern eventuell, bem Kläger sei
gemäß Art. 11 des Eisenbahnhaftpflichtgesetzes unb Art. 153 der
eidgenössischen Civilprozeßordnung der Ergänzungseib über ver=
schiebene, in einem Briefe des Klägers vom 16. Februar 1893
näher bezeichnete Behauptungen betreffend bie das Zutagetreten
des Leistenbruches begleitenden Umstände zu überbinden.

Der Vertreter der Beklagten trägt auf Abweisung der Weiter=
ziehung unb Bestätigung bes angefochtenen Urteils an.

Das Bundesgericht zieht in Erwägung:

1. Der Beklagte stand seit Ende 1882 als Lokomotivheizer im Dienste der Gotthardbahngesellschaft. Nachdem er bis zum 4. April 1891 in dieser Stellung tätig gewesen war, meldete er sich am 5. gleichen Monats als krank. Eine am 6. April 1891 vom Bahnarzte Dr. Steiger vorgenommene Untersuchung ergab: einen rechtsseitigen Leistenbruch und auf der linken Seite einen weit offenen Leistenring, also eine Bruchanlage. Der Kläger konnte seine Tätigkeit als Heizer nicht mehr aufnehmen und wurde auf 5. Oktober 1891 aus dem Dienste der Gotthardbahn entlassen. Er belangte die Gotthardbahngesellschaft gestützt auf Art. 2 des Eisenbahnhaftpflichtgesetzes auf Entschädigung. In der Klage behauptete er, der Dienst, welchen er als Lokomotivheizer zu besorgen hatte, sei ein übermenschlich anstrengender gewesen. Am 4. April 1891 sei denn auch infolge dieser Überanstrengung im Bahndienste der eingeklagte Unfall (d. h. der Leistenbruch) eingetreten. Der Kläger, welcher vorher keine Anlage zu einem Bruche gehabt habe, sei damals von Biasca nach Airolo gefahren; in Robi=Fiesso habe er die ersten Schmerzen in der Leistengegend verspürt und dann beim Übernachten in Airolo die Nacht schlaflos und in den größten Schmerzen zugebracht. Am folgenden Tage habe er sich als dienstuntauglich gemeldet. In seiner Replik berichtigte er: Er habe den „Unfall" nicht am 4., sondern am 3. April erlitten. Die spezifische äußere Veranlassung des Leistenbruches sei die dienstliche Fahrt von Biasca nach Airolo vom 3. April gewesen, wobei eben irgend eine anstrengende Körperbewegung oder Kraftentfaltung bei Ausübung des Heizerberufes den Bruch bewirkt habe. Nicht die Summe der in 9 Jahren verrichteten Diensthandlungen habe er als Unfall hingestellt, sondern irgend eine einzelne Dienstverrichtung am verhängnisvollen 3. April in der Nähe von Robi=Fiesso. Worin diese Verrichtung bestanden habe, könne er nicht sagen, und es sei dies der Natur der Sache nach nicht bestimmbar. Die Gotthardbahngesellschaft bestritt ihre Haftpflicht, weil es sich nicht um einen durch den Eisenbahnbetrieb verursachten Unfall, sondern um eine infolge fehlerhafter Leibesbeschaffenheit nach und nach entstandene Krankheit handle. Die Vorinstanz führt, gestützt auf die eingeholten gerichtsärztlichen

Gutachten, aus: Es dürfe als erwiesen erachtet werden, daß der
Leistenbruch seit dem Eintritt des Klägers in den Dienst der
Gotthardbahn und zum Teil infolge dieses Dienstes entstanden
sei. Die Disposition zur Bruchbildung dagegen sei bei dem Kläger
stets vorhanden gewesen. Das Vorhandensein einer solchen Dis=
position schließe allerdings die Anwendbarkeit des Begriffes des
Unfalls nicht aus. Allein damit das Austreten des Leistenbruches
als Unfall qualifiziert werden könnte, müßte dasselbe auf ein
einzelnes zeitlich bestimmbares Ereignis, eine durch plötzliche Ein=
wirkung eines äußern Tatbestandes entstandene Verletzung zurück=
geführt werden können. Dies sei aber hier nicht der Fall. In der
Klage bezeichne der Kläger selbst als Ursache des Bruches seine
stetige übermenschliche Überanstrengung, also seine normale Berufs=
tätigkeit. Mit seinen Behauptungen, daß ihm auf der Fahrt nach
Airolo unwohl geworden sei, u. s. w., mache er kein einzel=
nes bestimmtes Ereignis als Ursache des Bruches namhaft; er
führe die betreffenden Umstände nur dafür an, daß die Folge der
Überanstrengung im Bahndienste sich am 4. April 1891 gezeigt
habe. Die fraglichen Behauptungen seien übrigens nur zu einem
sehr geringen Teile bewiesen; keiner der angeführten Zeugen wisse
etwas davon, daß der Kläger in Airolo Unwohlsein gezeigt habe
und nicht habe schlafen können. In der Replik behaupte der Kläger
dann allerdings, die Fahrt von Biasca nach Airolo vom 3. April
1891 sei Veranlassung der Verletzung. Allein auch hier könne
der Kläger nicht eine bestimmte Dienstverrichtung oder Überan=
strengung als Ursache des Bruches nennen; er behaupte gar nicht,
daß auf der Fahrt vom 3. April eine größere Anstrengung statt=
gefunden habe, als auf andern Fahrten. Bewiesen sei nur, daß
der Dienst des Klägers überhaupt ein schwerer gewesen sei, da er
per Fahrt circa 80—100 Zentner Kohlen einzuschaufeln gehabt
habe. Auch die Anbringen der Replik laufen daher wieder darauf
hinaus, daß der Bruch eine Folge der gewöhnlichen Anstrengung
oder beruflichen Tätigkeit des Klägers gewesen sei. Es mangle
überhaupt jeder Beweis dafür, daß der Bruch im Betrieb der
Gotthardbahn (d. h. infolge einer dienstlichen Verrichtung, ent=
standen sei; es stehe nur fest, daß der Bruch im Zeitraum vom
1. August 1883 bis 4. April 1891 sich gebildet habe. Die Klage

müsse mangels jeden Beweises für ein bestimmtes Unfallsereignis abgewiesen werden.

2. Das klägerische Aktenvervollständigungsbegehren ist unzulässig. Art. 153 der eidgenössischen Civilprozeßordnung findet in Sachen, welche vom Bundesgerichte als Oberinstanz zu beurteilen sind, überhaupt keine Anwendung. Hier gilt vielmehr der Grundsatz des Art. 30 Abs. 4 O.=G., wonach die tatsächlichen Feststellungen der kantonalen Gerichte für das Bundesgericht verbindlich sind und dieses nur dann eine Aktenvervollständigung anordnen kann, wenn das kantonale Gericht anerbotene erhebliche Beweise wegen vermeintlicher Unerheblichkeit des Beweisthemas abgelehnt hat. Dieser Grundsatz gilt auch in Haftpflichtsachen; auch in Haftpflichtsachen ist das Bundesgericht als Oberinstanz grundsätzlich nicht Richter der Tat=, sondern nur der Rechtsfragen. Der vom Rekurrenten angerufene Art. 11 des Eisenbahnhaftpflichtgesetzes ändert hieran nichts; Art. 11 statuiert einfach das prozeßuale Prinzip der freien Beweiswürdigung; darüber, inwiefern das Bundesgericht berufen ist, Tatfragen selbständig zu beurteilen, bestimmt er nichts. Diese Frage ist für alle Fälle der oberinstanzlichen Kompetenz des Bundesgerichtes einheitlich durch Art. 30 O.=G. geregelt. Dieses Gesetz bestimmt die Natur des Rechtsmittels der Weiterziehung an das Bundesgericht und die dadurch gegebene Stellung des letztern als Oberinstanz. Das Aktenvervollständigungsbegehren des Rekurrenten nun bezweckt nicht eine Ergänzung der Akten durch Erhebung von Beweisen, welche die Vorinstanz wegen Unerheblichkeit des Beweisthemas abgelehnt hätte, sondern vielmehr die Widerlegung der tatsächlichen Feststellungen der Vorinstanz durch eine neue Beweisaufnahme über Tatsachen, über welche bereits die Vorinstanz Beweis erhoben hat. Es ist daher, wie gesagt, unzulässig.

3. Auf Grund des vorinstanzlich festgestellten Tatbestandes nun muß die vorinstanzliche Entscheidung ohne weiteres bestätigt werden. Zwar ist, entgegen den heutigen Ausführungen des Anwaltes der Beklagten, daran festzuhalten, daß das Austreten eines Leistenbruches dann als Unfall betrachtet werden muß, wenn es auf ein einzelnes, zeitlich bestimmbares Ereignis zurückzuführen ist, wenn es infolge äußerer gewaltsamer Einwirkung, bei einer ungewöhn-

lichen Anstrengung u. f. w. plötzlich erfolgt (siehe Entscheidung des Bundesgerichtes in Sachen Lehmann gegen Gotthardbahn vom 16. Januar 1892, Amtliche Sammlung XVII, S. 237 u. ff.). Allein dies ist eben hier nicht festgestellt. Im Gegenteil ist festgestellt, daß der Leistenbruch allmälig, unter der Einwirkung der durch die normale Berufstätigkeit des Klägers geforderten fortwährenden Anstrengungen, sich entwickelte. Ein Unfall liegt also nicht vor, sondern vielmehr eine Krankheit, deren Entwickelung durch die Berufstätigkeit des Klägers befördert wurde. Auf Krankheiten aber, auch wenn diese ganz oder teilweise durch die dienstliche Tätigkeit im Eisenbahnbetriebe bedingt sind, erstreckt sich die Haftpflicht der Eisenbahnen nach dem klaren Wortlaute des Eisenbahnhaftpflichtgesetzes nicht.

Demnach hat das Bundesgericht

erkannt:

Die Weiterziehung des Klägers wird als unbegründet abgewiesen und es hat demnach in allen Teilen bei dem angefochtenen Urteile des Bezirksgerichtes Luzern sein Bewenden.

----

### 36. Urteil vom 3. März 1893 in Sachen Wey gegen Seethalbahn.

A. Durch Urteil vom 3. Januar 1893 hat das Obergericht des Kantons Luzern erkannt:

1. Beklagte sei gehalten:

a) An Kläger zu vergüten die Kosten für Unterhalt, ärztliche Behandlung und Verpflegung während der Dauer der Krankheit und für Beschaffung eines künstlichen Beines;

b) an Kläger eine Jahresrente von 320 Fr. zu zahlen, in vierteljährlichen Terminen zum voraus zahlbar, die erste fällig auf 1. Juli 1891, nebst Verzugszins von letztem Datum an. Der Kapitalwert derselben sei durch die Beklagte zu sichern durch Deposition von währschaften Wertpapieren im Betrage von 6000 Fr. bei der Depositalkasse der Ortsbürgergemeinde Büttisholz. Mit der Mehrforderung sei Kläger abgewiesen.

2. Das Regreßrecht der Beklagten gegen die Schweizerische Centralbahn sei gewahrt.

B. Gegen dieses Urteil ergriff der Kläger die Weiterziehung an das Bundesgericht. Bei der heutigen Verhandlung beantragt sein Anwalt, es sei in Abänderung des vorinstanzlichen Urteils die Beklagte zn verurteilen, an den Kläger 12 000 Fr., inbegriffen Kosten für Unterhalt, ärztliche Behandlung und Verpflegung während der Dauer der Krankheit und für Beschaffung eines künstlichen Beines und Schmerzengeld, nebst Verzugszins seit 1. Juli 1891 zu bezahlen. Dagegen beantragt der Vertreter der Beklagten, es sei die Klage gegenüber der beklagten Seethalbahngesellschaft abzuweisen, eventuell sei dem Kläger eine lebenslängliche Jahrespension von 150 Fr. zuzusprechen, jedenfalls die vorinstanzlich gesprochene Entschädigung zu reduzieren. Der Anwalt der Litisdenunziatin, der Schweizerischen Centralbahn beantragt, es sei die Seethalbahngesellschaft als die richtige Beklagte zu erklären, dagegen den Anträgen derselben rücksichtlich des Quantitativs der Entschädigung zu entsprechen.

Das Bundesgericht zieht in Erwägung:

1. Der 51jährige Landarbeiter Jakob Wey wurde am Morgen des 25. Mai 1891, während er, einen Handkarren vor sich her stoßend, auf der Station Emmenbrücke den Wegübergang gegen Rothenburg bei nicht geschlossener Barriere überschreiten wollte, von dem Zuge 3 der argauisch=luzernischen Seethalbahn überfahren, wobei er einen komplizierten Bruch des rechten Unterschenkels erlitt, so daß ihm dieser amputiert werden mußte. Die Station Emmenbrücke steht im Eigentume der Schweizerischen Centralbahn, wird aber von der Seethalbahn gegen eine jährliche Aversalentschädiguug von 5500 Fr. mitbenutzt. Die Schweizerische Centralbahn besorgt vertragsmäßig die Verwaltung, den Unterhalt und die Bewachung der Station Emmenbrücke und versieht durch ihr Personal den gesammten innern und äußern Stationsdienst für beide Bahnen. Vom gemeinschaftlichen Stationsdienst ist nur der Fahrdienst ausgenommen, welcher von jeder Verwaltung iu seinem ganzen Umfange, mit ihrem eigenen Personal und auf ihre eigene Rechnung besorgt wird. Das Fahrpersonal der Seethalbahn steht jedoch so

lange es sich auf der Station Emmenbrücke befindet, unter der
Disziplinargewalt der Centralbahn; insbesondere haben sich Führer,
Heizer und Wagenwärter, insoweit es sich um Bewegungen auf
der Station handelt, den Befehlen der zuständigen Stations-
beamten zu unterziehen. Nach Art. 2 einer zwischen den beiden
Bahngesellschaften am 2. April 1884 getroffenen Vereinbarung
haftet für Schaden, der andere Personen als Reisende betrifft,
jeweilen diejenige Verwaltung, durch deren Dienst der betreffende
Schaden verursacht worden und die daher laut Haftpflichtgesetz
für denselben verantwortlich ist. Der Seethalbahnzug 3, durch
welchen Jakob Wey überfahren wurde, war am 25. Mai 1891
auf der Station Emmenbrücke, nicht, wie gewöhnlich auf dem
Stumpengeleise III, welches nicht bis zu dem Rothenburger
Wegübergang reicht, sondern auf Geleise II formirt werden. Er
war, da Wagen eines von Luzern her eingetroffenen Extrazuges
hatten eingeschaltet werden müssen, ungewöhnlich lang und seine
Zusammenstellung hatte das damit beauftragte Stationspersonal
der Schweizerischen Centralbahn außergewöhnlich in Anspruch genommen. Nach seiner Formierung setzte sich der Zug, welcher von
dem Fahrdienstpersonal der Seethalbahn war übernommen worden,
rückwärts in Bewegung und fuhr auf Geleise 2 bis über den
Rothenburgwegübergang hinaus, um auf das Ausfahrtsgeleise
der Seethalbahn überzugehen und auf diesem die Statton zu verlassen. Bei der Rückwärtsbewegung ereignete sich der Unfall. Der
diensttuende Weichenwärter der Schweizerischen Centralbahn,
welcher die Barrieren des Wegüberganges hätte schließen sollen,
war bei der Formierung des Zuges beschäftigt gewesen; er hatte
bei Beginn der Rückwärtsbewegung den Zug bestiegen, um bei
Weiche 2 abzuspringen und dieselbe für die Ausfahrt des Zuges
umzustellen. Ueber dieser Beschäftigung hatte er vergessen, die
Barriere zu schließen.

2. Die Einrede der mangelnden Passivlegitimation, welche die
beklagte Seethalbahngesellschaft heute wie vor den kantonalen Instanzen der Klage in erster Linie entgegengestellt hat, ist, in
Uebereinstimmung mit den Vorinstanzen, zu verwerfen. Wie das
Bundesgericht bereits in seiner Entscheidung in Sachen Kübler
gegen Vereinigte Schweizerbahn vom 14. September 1883 (Amt-

liche Sammlung IX, S. 281 u. f.) ausgesprochen hat, ist für Unglücksfälle, welche sich beim Eisenbahnbetriebe auf einem von mehreren Bahnunternehmungen gemeinsam benutzten Bahnhofe oder auf einer gemeinsam benutzten Bahnstrecke ereignen, diejenige Unternehmung verantwortlich, bei deren Betriebe der Unfall sich ereignete und welche also in betreff des den Unfall verursachenden Betriebsvorganges als Betriebsunternehmer erscheint. Als Betriebsunternehmer ist derjenige zu betrachten, auf dessen Rechnung der Betrieb geführt wird. Nun ist der Unfall durch einen aus der Station Emmenbrücke ausfahrenden Bahnzug der Seethalbahn herbeigeführt worden, also unzweifelhaft durch einen Betriebsvorgang, der auf Rechnung der letztern Eisenbahnunternehmung gieng. Die Seethalbahn bestreitet daher ihre Passivlegitimation zu Unrecht. Selbst wenn der Unfall nicht erst durch das Ausfahren des Seethalbahnzuges, sondern durch ein vorangegangenes, diesen Zug betreffendes, Rangiermanöver, verursacht worden wäre, so erschiene doch die Seethalbahn als verantwortliche Betriebsunternehmung. Der Rangierdienst, soweit er die Seethalbahnzüge betrifft, gehört zum Betriebe der Seethalbahn; dieser Dienst geht, wenn auch die Seethalbahn sich dabei der Mitwirkung des Stationspersonals der Schweizerischen Centralbahn (gegen eine Vergütung an diese Gesellschaft) bedient, doch als nothwendiger Bestandtheil des Beförderungsdienstes der Seethalbahn auf deren Rechnung.

3. Wenn die Beklagte angedeutet hat, sie sei deßhalb von der Haftpflicht befreit, weil der Unfall durch Verschulden des Personals der Schweizerischen Centralbahn, also Dritter bei ihr nicht angestellter Personen, ohne ihr eigenes Mitverschulden, verursacht worden sei, so ist dies nicht richtig. Die Seethalbahn bedient sich des Stationspersonals der Schweizerischen Centralbahn für den, Betrieb ihres Transportgeschäftes und ist daher für dasselbe gemäß Art. 3 des Eisenbahnhaftpflichtgesetzes verantwortlich. Ob ihr ein Rückgriffsrecht gegen die Schweizerische Centralbahn zustehe, ist im gegenwärtigen Prozesse nicht zu untersuchen.

4. Ist also die Haftpflicht der Beklagten prinziell begründet so ist dagegen die Behauptung des Klägers, der Unfall sei durch grobes Verschulden herbeigeführt worden, nicht begründet. Der

Kläger hat ein solches ausschließlich darin gefunden, daß der diensttuende Weichenwärter die Barrieren des Wegüberganges nicht geschlossen habe. In dieser Unterlassung liegt nun allerdings eine Dienstverletzung des Weichenwärters und es kann keinem Zweifel unterliegen, daß dieselbe in kausalem Zusammenhange mit dem Unfalle steht. Allein zu grobem Verschulden kann dieselbe nicht angerechnet werden. Der Weichenwärter war unmittelbar vor dem Unfalle dienstlich außerordentlich stark und verschieden= artig in Anspruch genommen. In der Regel wurde bei dem Aus= fahren des Seethalbahnzuges 3 der Wegübergang nicht über= schritten und brauchten daher die Barrieren nicht gezogen zu werden; der Weichenwärter war demgemäß nicht daran gewöhnt, bei Ausfahrt dieses Zuges die Barrieren zu schließen. Wenn ihm nun am Tage des Unfalles über seiner anderweitigen dienstlichen Beschäftigung entgieng, daß heute außerordentlicherweise die Bar= rieren geschlossen werden müssen, so kann ihm dieses Versehen eines Augenblicks nicht als grobe Fahrläßigkeit ausgelegt werden. Er hat nicht etwa leichtfertig oder in auffallender Gedankenlosig= keit die Erfüllung seiner Dienstpflicht vernachläßigt, sondern bloß, im Drange anderweitiger Geschäfte, übersehen, eine nur in Aus= nahmefällen nöthige Verrichtung vorzunehmen, an deren Notwen= digkeit ihn nichts besonders erinnerte. Derartige augenblickliche Vergeßlichkeiten, welche auch sorgsamen Arbeitern vorkommen können, qualifizieren sich nicht als grobe Fahrläßigkeit. Nicht der Kläger, wohl aber die Beklagte hat eine Reihe anderer Tatum= stände namhaft gemacht, in welchen sie ein Verschulden von An= gestellten der Schweizerischen Centralbahn erblickt, nämlich die Tatsache, daß der Zug ausnahmsweise nicht auf Geleise III, son= dern auf Geleise II zusammengestellt wurde, den Umstand, daß auf der Station nicht genügendes Personal zu Bewältigung der Arbeit vorhanden gewesen sei, sowie gewisse Unzukömmlichkeiten der Stationseinrichtung. Allein von einem groben Verschulden kann in keiner dieser Richtung gesprochen werden. Die Zusammen= stellung des Zuges auf Geleise II verstieß gegen keine Dienstvor= schrift; daß das vorhandene Stationspersonal am Tage des Un= glücks dienstlich sehr stark in Anspruch genommen war, ist richtig; allein durchaus nicht erwiesen ist, daß der Stationsvorstand, ohne grobe Fahrläßigkeit, eine Verstärkung desselben hätte verlangen

oder verfügen müssen. Die Einrichtungen der Station Emmen=
brücke stehen mit dem Unfalle kaum in kausalem Zusammenhang,
jedenfalls erhellt nicht, daß eine allfällige Unvollkommenheit der=
selben auf grobes Verschulden zurückzuführen sei.

5. Art. 7 des Eisenbahnhaftpflichtgesetzes ist demnach nicht an=
wendbar, sondern die Entschädigung ausschließlich auf Grund des
Art. 5 ibidem zu bemessen. Die demgemäß dem Verletzten zunächst
gebührende Entschädigung für Heilungskosten kann ziffermäßig
nicht festgestellt werden, da der Kläger vor den kantonalen In=
stanzen seine sachbezügliche Forderung nicht spezifiziert hat, weil
die Heilung noch nicht abgeschlossen sei und daher die Heilungs=
kosten nicht genau angegeben werden können. Es muß daher, wo=
gegen übrigens die Beklagte eine Einwendung nicht erhoben hat,
in Uebereinstimmung mit der Vorinstanz, einfach grundsätzlich
ausgesprochen werden, daß die Beklagte dem Kläger die Kosten
für Unterhalt, ärztliche Behandlung und Verpflegung während
der Krankheit und für Beschaffung eines künstlichen Beines zu
vergüten habe. Was die Entschädigung für Verminderung der
Arbeitsfähigkeit anbelangt, so ist mit den Vorinstanzen anzu=
nehmen, die Arbeitsfähigkeit des Klägers, eines bereits 51 Jahre
alten, wenig intelligenten, schwerhörigen ländlichen Taglöhners,
sei durch den Verlust des rechten Beines dauernd um cirka 75 %
vermindert worden. Den bisherigen Jahresverdienst des Klägers
veranschlagt die Vorinstanz auf 300—350 Fr. für baar em=
pfangene Taglöhne und auf 324 Fr. als Werth der dem Kläger
während 270 jährlichen Arbeitstagen von seinen Arbeitgebern ge=
reichten Kost. Von diesem Jahresverdienste von 624 bis 674 Fr.
bringt nun aber die Vorinstanz den Betrag von 154 Fr. in Ab=
zug, nämlich 114 Fr. für Verköstigung während 95 beschäfti=
gungslosen Tagen und 40 Fr., welche der Kläger als Miethzins
für sein Zimmer habe bezahlen müssen. Dieser Abzug ist offenbar
rechtsirrtümlich. Die Ausgaben für Zimmermiete und für Ver=
köstigung während der beschäftigungslosen Tage hatte der Kläger
allerdings aus seinem Einkommen zu bestreiten. Allein deshalb
dürfen sie selbstverständlich bei Berechnung seines Jahreseinkom=
mens vor dem Unfalle ebensowenig in Abrechnung gebracht
werden, als die übrigen Ausgaben, welche er für seinen Unter=
halt zu machen hatte. Der Entschädigungsfestsetzung ist also ein

Jahreseinkommen des Klägers von cirka 650 Fr. zu Grunde zu
legen. Die Entschädigung ist, in Uebereinstimmung mit der Vor=
instanz, in Rentenform zu gewähren. Eine Kapitalabfindung er=
scheint im konkreten Falle nicht als angemessen. Bei dem Alter,
der Lebensstellung und Persönlichkeit des Klägers ist sicher aus=
geschlossen, daß derselbe sich einer Kapitalsumme zur Eröffnung
eines neuen Erwerbszweiges, Begründung eines Geschäftes und
dergleichen zu bedienen wissen, überhaupt ein Kapital angemessen
und selbständig zu verwalten verstehen würde. Für seine Interessen
ist daher weit besser gesorgt, wenn ihm eine (sichergestellte) Leib=
rente gesprochen, als wenn ihm eine Kapitalsumme gewährt
wird. Dem Betrage nach ist die Rente vom Vorberrichter, zufolge
seiner rechtsirrtümlichen Annahme über die Höhe des Einkommens
des Klägers vor dem Unfalle, mit bloß 320 Fr. per Jahr zu
knapp bemessen worden. Dagegen erscheint ein Betrag von 400 Fr.
als genügend und sachentsprechend. Derselbe erreicht zwar nicht
völlig 75 % des Jahresverdienstes vor dem Unfalle. Allein es
mußte in Berücksichtigung gezogen werden, daß bei dem Alter
und der Lebensstellung des Klägers dessen Arbeitsfähigkeit und
Verdienst, auch ohne den Unfall, im gewöhnlichen Laufe der
Dinge, in nicht ferner Zeit sich vermindert hätten, während nun
die Rente ihm in unveränderlichem Betrage für seine ganze zu=
künftige Lebensdauer gesichert bleibt.

6. Die Rente ist vom Tage des Unfalls an zu bezahlen;
immerhin ist dieselbe für die Zeit der Krankheit des Klägers, für
welche ihm die Verpflegungskosten besonders vergütet werden
müssen, auf die Hälfte zu reduzieren, andernfalls würde der Kläger
für diese Zeit, während welcher sein ganzer Unterhalt von der
Beklagten bestritten werden muß, zu viel empfangen; es wäre
nicht berücksichtigt, daß er auch in der Zeit seiner Arbeitsfähig=
keit einen größern Teil seines Lohnes für Bestreitung seines
Unterhaltes verwenden mußte.

Demnach hat das Bundesgericht

erkannt:

Die Weiterziehung des Klägers wird dahin für begründet er=
klärt, daß, in Abänderung des Dispositivs 1 b. des angefochtenen
Urteils, die von der Beklagten dem Kläger zu zahlende lebens=

längliche Rente auf 400 Fr. per Jahr, zahlbar seit 25. Mai 1891, erhöht wird, immerhin unter Reduktion auf die Hälfte für die Dauer der Krankheit des Klägers, während welcher die Verpflegungskosten demselben besonders vergütet werden; im übrigen hat es in allen Teilen bei dem angefochtenen Urteile des Obergerichtes des Kantons Luzern sein Bewenden.

---

### 37. Urtheil vom 10., 11. und 13. März 1893 in Sachen Aktiengesellschaft Jura-Simplonbahn gegen Julie Stähelin.

A. Durch Urtheil vom 27. Dezember 1892 hat das Appellationsgericht des Kantons Baselstadt erkannt: Es wird das Urtheil erster Instanz bestätigt. Beklagte trägt sämmtliche Kosten der zweiten Instanz mit einer Urtheilsgebühr von 500 Fr.

Das erstinstanzliche Urtheil des Civilgerichtes Baselstadt ging dahin:

Beklagte ist verurtheilt zur Zahlung von 24,860 Fr. 45 Cts. sammt Zins zu 5 % vom 5. Dezember 1891 (Tag der Klage) an, ferner grundsätzlich zum Ersatze aller der Klägerin vom 15. Oktober 1891 an noch erwachsenden Auslagen für Krankenpflege, Arzt, Apotheke, allfällige spezielle Heilkuren und Anschaffungen und dergleichen.

Der Klägerin wird für den Fall der Verschlimmerung ihres Gesundheitszustandes spätere Klage behufs Rektifizirung des Urtheils vorbehalten.

Beklagte trägt die ordinären und extraordinären Kosten des Prozesses mit Einschluß der Kosten der vorsorglichen Expertise im Betrage von 5416 Fr. 65 Cts. und eines Honorars von 40 Fr. an den Experten Merz.

B. Gegen das Urtheil des Appellationsgerichtes hat die Beklagte die Weiterziehung an das Bundesgericht ergriffen. Bei der mündlichen Verhandlung haben sich die Parteien dahin geeinigt, die Vorträge, soweit es die Frage der Anwendbarkeit des Art. 7

des Eisenbahnhaftpflichtgesetzes anbelangt, mit denjenigen in der gleichartigen Sache der Jura=Simplonbahn gegen Wittwe Kunz= Rienberger zu verbinden. Beantragt wird in der Sache Jura= Simplonbahn gegen Julia Stähelin Seitens der Vertreter der Jura-Simplonbahn:

1. Es seien die zukünftigen Heilungskosten der Klägerin durch Gutheißung einer einmaligen oder jährlichen Aversalentschädigung zu ersetzen, eventuell es seien die Worte „und dergleichen" in beiden Urtheilen zu streichen.

2. Es sei die (in Anwendung des Art. 7 des Eisenbahnhaft= pflichtgesetzes gesprochene) Entschädigung von 20,000 Fr. zu streichen oder doch auf ein Minimum zu reduziren. Jedenfalls sei durch das Urtheil den Parteien zu gestatten, auf die Frage der zukünftigen Heilungskosten zurückzukommen, wenn einmal ein sta= biler Zustand eingetreten sei.

Der Vertreter der Klägerin trägt darauf an, es sei die gegne= rische Beschwerde in allen Theilen abzuweisen und das vorinstanz= liche Urtheil zu bestätigen unter Kosten= und Entschädigungs= folge.

Das Bundesgericht zieht in Erwägung:

1. Sonntags den 14. Juni 1891 stürzte die eiserne Brücke, auf welcher die Linie der Jura=Simplonbahn in der Nähe der Station Mönchenstein die Birs überschreitet, ein, als der Zug Nr. 174, welcher Nachmittags 2 Uhr 15 Minuten den Bahnhof Basel verläßt und an diesem Tage circa 3 Minuten Verspätung hatte, über dieselbe fuhr. Die beiden (nach Modell A 3 T kon= struirten) Maschinen, mit welchen der verunglückte Zug bespannt war, sowie mehrere Personenwagen fielen in die Birs; dabei wur= den zahlreiche Personen getödtet und verletzt. Zu den Verletzten gehört auch die Klägerin, dieselbe befand sich mit ihrem Vater, der getödtet, und einer Nichte, die nur leicht verletzt wurde, in einem der vordersten Wagen, der vollständig zertrümmert worden ist. Sie wurde als eine der letzten, schwer verletzt, aus den Trümmern hervorgezogen. Beide Oberschenkel waren gebrochen, das rechte Auge schwer kontusionirt, ein Gesichtsknochen ebenfalls gebrochen, der Magen eingedrückt und in der Hüftgegend fand sich eine offene Wunde. Während ihres Krankenlagers hatte sie die furchtbarsten

Schmerzen auszustehen. Erst im September konnte sie etwas an die freie Luft gebracht werden. Einzelne der erlittenen Verletzungen sind geheilt; dagegen ist die Klägerin keineswegs vollständig hergestellt. Während die Kranke im September 1891 mühsam, mit zwei Krücken und mit Unterstützung zweier Personen, einige Schritte gehen konnte, mußte sie im Oktober gleichen Jahres von den Gehversuchen wieder Umgang nehmen und das Bett hüten. Nach zwei Gutachten des Professors Dr. Courvoisier vom 3. April und 29. Mai 1892 sind bedeutende Störungen im Bereiche der Beckenorgane vorhanden und ist es nicht möglich, mit einiger Sicherheit einen Zeitpunkt anzugeben, wann und ob überhaupt Heilung eintreten und nicht etwa der eine oder andere bleibende Nachtheil für die Gesundheit sich ergeben werde. Nach dem Thatbestande der Vorinstanzen steht fest, daß die Klägerin, „ihrer sozialen und ökonomischen Stellung entsprechend, eine gute „allgemeine, aber keine auf Erzielung eines Erwerbes gerichtete „Ausbildung empfangen hatte, daß sie auch bis jetzt nie eine Erwerbsthätigkeit ausgeübt, noch für die Zukunft die Ausübung „einer solchen vorgesehen hatte."

2. Die Klägerin hat ihren Entschädigungsanspruch auf Art. 5 und 7 des Eisenbahnhaftpflichtgesetzes, sowie auf Art. 50 u. ff. O.=R. begründet. Die Beklagte hat ihre Haftpflicht aus Art. 5 des Eisenbahnhaftpflichtgesetzes anerkannt, sie hat demnach anerkannt, daß sie für die Kur= und Heilungskosten im eingeklagten Betrage von 4860 Fr. 45 Cts., sowie für die vom 15. Oktober 1891 an noch weiter sich ergebenden Kur= und Heilungskosten haftbar sei. Dagegen bestritt sie, daß ihr eine grobe Fahrläßigkeit zur Last falle und somit der Thatbestand des Art. 7 des Eisenbahnhaftpflichtgesetzes vorliege, sowie daß die Bestimmungen des Obligationenrechtes anwendbar seien. Die Vorinstanzen haben in letzterer Beziehung der Auffassung der Beklagten sich angeschlossen, dagegen angenommen, der Unfall sei auf grobe Fahrläßigkeit der Beklagten zurückzuführen. Sie haben demgemäß der Klägerin außer dem Ersatze der bereits erwachsenen und zukünftig noch erwachsenden Heilungs= und Kurkosten in Anwendung des Art. 7 des Eisenbahnhaftpflichtgesetzes eine Summe von 20,000 Fr. zugesprochen und ihr überdem für den Fall der Verschlimmerung

ihres Gesundheitszustandes spätere Klage behufs Rektifizirung des Urtheils vorbehalten.

3. Das Bundesgesetz vom 1. Juni 1875 normirt die Haftpflicht der Eisenbahnunternehmungen für Betriebsunfälle in erschöpfender Weise; wie insbesondere Art. 7 und 3 des Gesetzes deutlich zeigen, richtet sich auch bei Unfällen, welche durch den Betriebsunternehmer selbst oder seine Leute verschuldet sind, die Haftpflicht des Betriebsunternehmers ausschließlich nach den Bestimmungen des Bundesspezialgesetzes und sind nicht neben demselben die Grundsätze des gemeinen Rechts über die Schadenersatzpflicht aus unerlaubten Handlungen maßgebend. Zur Zeit des Erlasses des Bundesgesetzes vom 1. Juni 1875 waren letztere noch kantonalrechtlich geordnet. Das Bundesgesetz vom 1. Juni 1875 behielt nun nicht etwa das kantonale Recht insoweit vor als sich aus demselben weitergehende Ansprüche der Geschädigten ergeben sollten; ein derartiger Vorbehalt war vielmehr offenbar nicht gewollt; die Haftpflicht der Eisenbahnen für Betriebsunfälle sollte einheitlich und abschließend durch das Bundesgesetz geregelt werden. Bei Erlaß des eidgenössischen Obligationenrechtes sodann war allerdings vorgeschlagen worden, die Bestimmungen des Eisenbahnhaftpflichtgesetzes nur in Punkten vorzubehalten, in welchen dasselbe eine strengere Haftung statuirt als das Obligationenrecht. Allein dieser Vorschlag wurde nicht angenommen, vielmehr in Art. 888 O.-R. ausdrücklich ausgesprochen, daß die Bestimmungen des Eisenbahnhaftpflichtgesetzes unverändert in Kraft bleiben. Demnach ist, in Uebereinstimmung mit den kantonalen Instanzen, davon auszugehen, daß in der Sache ausschließlich die Bestimmungen des Eisenbahnhaftpflichtgesetzes und gar nicht diejenigen des Obligationenrechtes über die Schadenersatzpflicht aus unerlaubten Handlungen maßgebend sind; es kommt also insbesondere Art. 54 O.-R. nicht zur Anwendung, sondern kann eine Entschädigung für andere als vermögensrechtliche Nachtheile nur dann gesprochen werden, wenn die Voraussetzungen des Art. 7 des Eisenbahnhaftpflichtgesetzes gegeben sind, d. h. wenn der Unfall nachweislich durch Arglist oder grobe Fahrläßigkeit der Beklagten oder ihrer Leute herbeigeführt wurde.

4. Es muß demnach geprüft werden, ob letzteres zutreffe. Die

Beweislast trifft die Klägerin. Ihr liegt es ob, solche Thatum-
stände nachzuweisen, aus welchen sich ein in einem kausalen Zusammenhange mit dem Brückeneinsturze stehendes grobes Verschulden der Beklagten oder ihrer Leute ergibt, nicht hat umgekehrt die
Bahngesellschaft ihre Schuldlosigkeit darzuthun. Ist der Klägerin
der ihr obliegende Beweis nicht gelungen, so muß die Klage, insoweit als sie sich auf Art. 7 des Eisenbahnhaftpflichtgesetzes
stützt, abgewiesen werden.

5. Für die Entscheidung darüber, ob die Klägerin den ihr obliegenden Beweis erbracht habe, ist es zunächst von Bedeutung
festzustellen, was hinsichtlich der Ursachen des Einsturzes der Brücke
ermittelt ist. Diese Frage nach den Ursachen des Brückeneinsturzes
ist thatsächlicher Natur. Rücksichtlich derselben ist also die Entscheidung der letzten kantonalen Instanz gemäß Art. 30 O.-G. für
das Bundesgericht verbindlich, sofern nicht die kantonale Entscheidung auf einem Rechtsirrthum, etwa auf unrichtiger Auffassung
des Begriffs des Kausalzusammenhangs im Rechtssinne oder Verletzung bundesrechtlicher Prozeßnormen, beruht. Der Grundsatz des
Art. 30 O.-G., wonach das Bundesgericht als Oberinstanz in
Civilsachen prinzipiell nur Richter der Rechts- nicht der That-
frage ist, gilt auch in Haftpflichtsachen; Art. 11 des Eisenbahnhaftpflichtgesetzes ändert hieran nichts. Das dort aufgestellte
prozessuale Prinzip der freien Beweiswürdigung hat natürlich
eine Aenderung der gerichtsverfassungsmäßigen Stellung des Bundesgerichtes hinsichtlich der Beurtheilung der Thatfragen nicht zur
Folge. Dagegen hat das Bundesgericht zu prüfen, ob etwa grundsätzlich, durch Anwendung gesetzlicher Beweistheorien des kantonalen Prozeßrechtes, gegen die Norm des Art. 11 des Eisenbahnhaftpflichtgesetzes verstoßen worden sei. Dies ist aber zu verneinen.
Der ersten kantonalen Instanz lagen (neben dem von der Beklagten eingelegten Rechtsgutachten des Prof. Dr. Baron in Bonn)
verschiedene technische Meinungsäußerungen vor, nämlich das vom
Civilgerichtspräsidenten eingeholte Gutachten Zschokke und Seiffert
(sogen. civilgerichtliches Gutachten), das (erste) vom Bundesrathe
eingeholte Gutachten Ritter-Tetmajer, sodann Gegenbemerkungen
gegen diese Gutachten Seitens des Direktors der Beklagten, des
Obersten Dumur, und Seitens der Erbauer der eingestürzten

Brücke, G. Eiffel & Cie., und endlich ein von der Beklagten ein=
gelegtes Gutachten des Professors Gaudard in Lausanne. Das
Civilgericht hat bemerkt, daß für das Gericht das auf Anordnung
seines Präsidenten mit Rücksicht auf diesen Prozeß erhobene Gut=
achten Zschokke und Seiffert in erster Linie in Betracht falle,
welches jedoch der freien Würdigung des Gerichtes unterliege.
Die übrigen Gutachten seien als Beweismaterial zu betrachten,
das den Richter bei Würdigung des gerichtlichen Gutachtens
leiten könne, wobei das vom Bundesrathe erhobene Gutachten
Ritter und Tetmajer, weil von unbefangener Seite ausgehend,
 größere Beachtung beanspruchen könne, als die von der Beklagten
produzirten Gutachten, welche als Parteischriften mit Vorsicht zu
verwerthen seien. Das Appellationsgericht hat, auf Antrag der
Beklagten und trotz des Widerspruches der Klägerin, außer den
bereits von der ersten Instanz berücksichtigten noch zwei weitere
Gutachten zu den Akten genommen und gewürdigt, nämlich das
Gutachten des Ingenieurs Röthlisberger in Turin, welches in der
im Kanton Basellandschaft wegen des Einsturzes der Mönchen=
steinerbrücke geführten Strafuntersuchung von den kantonalen
Strafverfolgungsbehörden erhoben wurde, und das Gutachten
Collignon & Hauser, welches vom Bundesrathe auf Antrag des
Eisenbahndepartementes mit Rücksicht auf gewisse Widersprüche
zwischen den Gutachten Zschokke=Seiffert und Ritter=Tetmajer ein=
geholt wurde. Das Appellationsgericht bemerkt ausdrücklich, daß
nach § 237 C.=P.=O. der Zulassung dieser Gutachten nichts ent=
gegenstehe und daß dieselbe in der gleichen Meinung erfolge wie
im erstinstanzlichen Urtheile die andern Gutachten neben dem vom
Gerichte selbst eingeholten zugelassen worden seien. Soweit diese
Entscheidung ausspricht, daß die nachträglich produzirten Gut=
achten in zweiter Instanz noch haben zu den Akten gebracht werden
können, betrifft sie eine der Nachprüfung des Bundesgerichtes ent=
zogene Frage des kantonalen Prozeßrechtes; soweit sie auf den
Beweiswerth der verschiedenen Gutachten sich bezieht, beruht sie auf
Bethätigung des dem Richter durch § 11 des Eisenbahnhaftpflicht=
gesetzes eingeräumten freien Ermessens. In Bethätigung dieses
freien Ermessens hat die Appellationsinstanz nicht nur das civil=
gerichtliche Gutachten berücksichtigt, sondern in wesentlichen Be=

ziehungen ihren thatsächlichen Feststellungen auch die Ergebnisse
der übrigen Gutachten, insbesondere der Gutachten Röthlisberger
und Collignon & Hauser, welche wie das Gutachten Ritter=Tet=
majer nicht von einer Partei sondern von unbetheiligten Amts=
stellen eingeholt wurden, zu Grunde gelegt. Ein Rechtsirrthum
liegt in dieser freien Verwerthung des gutachtlichen Materials nicht.

6. Fragt sich nun, was die Vorinstanz hinsichtlich der Ur=
sachen des Brückeneinsturzes thatsächlich festgestellt habe, so ist zu
bemerken: Das Appellationsgericht bemerkt im Eingange seiner
Entscheidungsgründe, es schließe sich der Darstellung des Thatbe=
standes in dem erstinstanzlichen Urtheile an. Allein diese Bemerkung
kann, wie die weitern selbständigen Ausführungen des Appellations=
gerichtes zeigen, unbeschränkt doch nur die im erstinstanzlichen Ur=
theile enthaltene Darlegung des Akteninhalts betreffen; in Bezug
auf die Schlußfolgerungen, welche sich aus demselben für die Ur=
sachen des Brückeneinsturzes ergeben, besteht zwischen den beiden
kantonalen Instanzen eine nicht unwesentliche Meinungsverschieden=
heit, wie ja denn auch das beiden Instanzen vorliegende Prozeß=
material nicht das gleiche, sondern in der Appellationsinstanz
durch die Gutachten Röthlisberger und Collignon & Hauser be=
reichert war. Die erste Instanz spricht sich (S. 28 und 36 ihres
Urtheils) dahin aus, der Einsturz der Brücke sei mit fast absoluter
Gewißheit der mangelhaften Konstruktion derselben zuzuschreiben.
Es stehe fest, daß die mangelhafte Konstruktion der Brücke, ins=
besondere die Schwäche der Hauptträger und in zweiter Linie das
ungenügende Material und die Schwächungen, welche die Brücke
im Jahre 1881 erlitten hatte, die Ursache des Einsturzes waren.
Diese Auffassung entspricht den in ihrem Schlusse, wenn auch
keineswegs überall in der Begründung, wesentlich zusammentreffen=
den Gutachten Zschokke=Seiffert und Ritter=Tetmajer. Diese Sach=
verständigen finden die Hauptursache der Katastrophe in konstruk=
tiven, auf unrichtiger statischer Berechnung beruhenden, Mängeln
der Brücke, insbesondere in den zu schwachen Mittelstreben und
der excentrischen Befestigung der Streben. Daneben messen sie
(wenigstens Ritter und Tetmajer) der Beschaffenheit des Eisens
die Bedeutung bei, daß dieselbe den Einsturz „wesentlich befördert"
habe. Der Schädigung der Brücke durch das Hochwasser von

1881 schreiben diese Gutachten eine Verminderung der „Wider=
standsfähigkeit" resp. eine „bleibende Schwächung der Tragfähig=
keit der Brücke" zu. Dagegen legen sie diesem Ereignisse eine
entscheidende Bedeutung in dem Sinne, daß dadurch zuerst die
Brücke zu einem gefährlichen Bauwerke geworden wäre, nicht bei.
Die Auffassung des Civilgerichtes und der genannten Sachver=
ständigen darf also dahin resumirt werden: Die Brücke war ein
Bauwerk, welches, weil seine Konstruktion in einzelnen Theilen
auf unrichtigen Berechnungen beruhte, von allem Anfang an nicht
lebensfähig war, sondern über kurz oder lang im Verlaufe des
Betriebes zu Grunde gehen mußte. Die Schwächungen, welche die
Brücke im Jahre 1881 erlitt und (wenigstens nach Ritter=Tet=
majer) die Beschaffenheit des Eisens haben sekundär mitgewirkt,
indem sie den nach der Konstruktionsart der Brücke auf die Dauer
ohnehin unvermeidlichen Zusammensturz beförderten. Hievon weicht
die Auffassung des Appellationsgerichtes, sowie der Gutachten
Röthlisberger und Collignon & Hauser wesentlich ab. Diese Sach=
verständigen (ebenso wie übrigens auch Professor Gaudard) wider=
sprechen mit Bestimmtheit der Annahme, daß das Brückenprojekt,
so wie es im Jahre 1874 entworfen und hernach ausgeführt
wurde, an Berechnungsfehlern gelitten habe, welche den Einsturz
der Brücke bedingt hätten. Sie sprechen sich vielmehr, im Wesent=
lichen übereinstimmend, dahin aus, die Brücke sei zwar ein Bauwerk
von leichter und schlanker Form gewesen, welches in konstruktiven
Einzelheiten, wie viele gleichzeitig gebaute Brücken, zu Aussetz=
ungen Veranlassung habe geben können. Dagegen sei das Projekt
im Wesentlichen rationell gewesen und habe den Anforderungen
der Zeit entsprochen; es habe alle Stücke enthalten, welche
nothwendig waren, um die Sicherheit der Brücke zu gewährleisten
(Röthlisberger, S. 5 und 6). « En tant que prévision et en
» tant que réalisation pratique le pont de Mönchenstein pro-
» jeté en 1874 par MM. Eiffel & Cie était né viable. Certaines
» défectuosités, comme celle de la légèreté des barres de
» treillis centrales, pouvaient faire redouter des déformations
» en cours d'exploitation et l'on aurait pris en son temps les
» mesures nécessaires pour les combattre, mais il ne nous
» semble pas possible d'affirmer avec quelque fondement que

» cet ouvrage portait en lui-même des vices, qui ne devaient lui
» donner qu'une existence limitée » (Collignon & Hauſer S. 18).
Dieſe Sachverſtändigen ſchließen aus, daß die Kataſtrophe auf die
Schwäche der mittleren Streben zurückzuführen ſei und daß bei
derſelben Nebenſpannungen, welche bei Berechnung der Brücke
nicht wären berückſichtigt worden, eine Rolle geſpielt haben.
(Siehe insbeſondere Collignon & Hauſer S. 59 u. ff.). Aus
ihren Berechnungen, wie aus dem Hergange des Einſturzes
und dem Verhalten der Brücke bei demſelben ziehen ſie vielmehr
die Folgerung, daß der Einſturz nicht der Knickung der Mittel-
ſtreben der Hauptträger zur Laſt gelegt werden könne (Röthlisberger, S. 19), daß eine Schwäche centraler Brückentheile als
Unfallsurſache vielmehr geradezu ausgeſchloſſen ſei und die Urſache der Kataſtrophe anderswo geſucht werden müſſe. Collignon
& Hauſer finden dieſelbe (S. 61) in einer « désorganisation
produite à la poutre principale de droite, du côté de la rive
gauche » und damit ſtimmt auch Röthlisberger S. 21 überein.
Sowohl Collignon & Hauſer als auch Röthlisberger ſind der
Anſicht, daß dieſe désorganisation des rechtsſeitigen, waſſerauf-
wärts beim Basler Ufer gelegenen Hauptträgers auf die Schä-
bigungen zurückzuführen ſei, welche die Brücke durch das Hoch-
waſſer von 1881 erlitten habe. (Collignon & Hauſer in ihrer
conclusion générale, S. 63 : « C'est l'accident de 1881 qui,
» par les fatigues imprévues qu'il a imposées, a transformé
» le pont de Mönchenstein en construction dangereuse. Les
» causes probables de l'effondrement ne tiennent ni au projet,
» ni à son exécution ; elles doivent être attribuées à des
» désorganisations locales demeurées invisibles, et qui sont
» la conséquence de l'accident de 1881 ») (Röthlisberger,
S. 20 und 21). Der Beſchaffenheit des Eiſens ſchreiben weder
Röthlisberger noch Collignon & Hauſer einen beſtimmenden Einfluß auf die Kataſtrophe zu ; ſie bezeichnen dieſelbe überhaupt
nicht als ungenügend. (Collignon & Hauſer, S. 6 : « Un pa-
» reil fer serait aujourd'hui encore un fer convenable, et il
» était en 1874 un bon fer. » Röthlisberger S. 13 : „Das Be-
„dingnißheft der Jurabahnen von 1874 bildet hierin (d. h. rück-
„ſichtlich der Anforderungen an die Eiſenqualität) keine Ausnahme.

„Seine Vorschriften bezüglich der Widerstandsfähigkeit der Eisen=
„qualität sind aus dem alten französischen Bedingnißhefte ent=
„nommen. Aehnliche Vorschriften waren noch vor zwei oder drei
„Jahren auch in den italienischen Bedingnißheften vorzufinden
„und tausende von Brücken sind gemäß ihren Verfügungen gebaut
„worden, ohne daß man daran denkt, dieselben durch andere, aus
„besserm Eisen verfertigte und den heutigen Normen mehr ent=
„sprechende zu ersetzen. Die Eisenqualität entsprach den Anforder=
„ungen jener Zeiten und die Mönchensteinerbrücke stand in dieser
„Beziehung den andern damals gebauten Brücken nicht nach.
„Aus den nach der Katastrophe vorgenommenen Erprobungen des
„Eisens der Mönchensteinerbrücke ergibt sich überdies, daß die
„Winkeleisen, aus denen die Brückenstreben zusammengesetzt waren
„ eine derartige Widerstandsfähigkeit besitzen, daß sie auch heutzu=
„tage noch bei den Metallkonstruktionen nicht ausgeschlossen werden
„könnten.“ — Das Appelationsgericht nun spricht aus, alle
Experten seien darüber einig, daß durch das Hochwasser vom 1./2.
September 1881 die Brücke nicht blos in den Widerlagern, son=
dern auch in ihrer Eisenkonstruktion Schwächungen erlitten habe,
auf die der Einsturz vom 14. Juni 1891 als auf seine Ursache
zurückzuführen sei. Es bemerkt (S. 6 seines Urtheils), es möge
unbeanstandet bleiben, daß die theoretische, wissenschaftliche Berech=
nung des Erbauers, sein System als solches, richtig sei, aber
es sei nicht zu übersehen, daß die Theorie und Wissenschaft in
solchen Fällen mit lauter vollkommenen Faktoren rechne, insonder=
heit mit vollkommenem Material und vollkommener Arbeit und
daß ihre Gesetze, um sicher zu sein, auf dieser Voraussetzung voll=
kommener Ausführung beruhen müssen. An anderer Stelle
(S. 5) bemerkt das Gericht: Die Bahngesellschaft habe sich den
durch die Ereignisse von 1881 entstandenen, für die Mönchen=
steinerbrücke in Folge ihrer schiefen Lage noch erhöhten, Gefahren
um so weniger verschließen dürfen, als sie, (beziehungsweise ihre
Ingenieure, für die sie die Verantwortung zu tragen habe) ge=
wußt habe, daß beim Baue der Brücke so ziemlich bis an die
äußerste Grenze des nach dem damaligen Stande der Ingenieur=
wissenschaft Zuläßigen in Stärke des Eisens und Festigkeit der
Konstruktion sei gegangen worden. Das Appellationsgericht schließt

sich also der Auffassung, daß die Brücke zufolge ursprünglicher Konstruktionsfehler von vornherein dem Untergange geweiht gewesen sei und die Schädigungen des Jahres 1881 nur dazu beigetragen haben, den Einsturz zu befördern, nicht an. Es findet vielmehr umgekehrt in letztern die entscheidende Hauptursache des Brückeneinsturzes, deren Wirkung durch die leichte Bauart der Brücke und die Beschaffenheit des Eisens gefördert wurde. Es stellt demgemäß auf letztere Momente hauptsächlich deßhalb ab, weil dieselben für die Bahngesellschaft die Verpflichtung begründet haben, der betriebssichern Herstellung der Brücke nach den Ereignissen von 1881 besondere Sorgfalt zu widmen.

7. Muß nun geprüft werden, ob die Ursachen des Brückeneinsturzes sämmtlich oder zum Theil durch grobe Fahrläßigkeit der Beklagten oder ihrer Leute gesetzt worden seien, so fallen bei dieser Prüfung eine Reihe von Vorbringen der Klägerin schon deßhalb außer Betracht, weil ein Kausalzusammenhang des behaupteten Verhaltens mit dem Unfalle nicht gegeben ist. In Betreff dieser Vorbringen darf im Wesentlichen auf die eingehenden und zu-,reffenden Ausführungen des erstinstanzlichen Urtheils verwiesen werden und ist hier nur kurz zu bemerken:

a. Wenn die Klägerin zunächst darauf abgestellt hat, die Brücke sei nach einem Plane erbaut worden, welcher nicht die gesetzlich vorgeschriebene Genehmigung erhalten hatte, so wird nach dem Berichte des Eisenbahndepartementes an den Bundesrath vom 30. Dezember 1891 nicht bezweifelt werden können, daß die Bahngesellschaft, als sie das aus der bundesräthlich genehmigten Zeichnung des Oberingenieurs Bridel ersichtliche System einer Brücke mit parabolischer Gurtung, in Uebereinstimmung mit den Vorschlägen des Brückenbauunternehmers Eiffel, durch das Neville'sche Hauptträgersystem ersetzte, für diese Aenderung die bundesräthliche Genehmigung hätte einholen sollen. Allein dem Verstoße gegen bestehende Vorschriften, der danach in der Unterlassung der Einholung dieser Genehmigung liegt, kann kausale Bedeutung für die Herbeiführung der Katastrophe, überhaupt sachliche Bedeutung, nicht beigemessen werden. Die Vorlagen, welche zur Zeit des Baues der Brücke im Jahre 1874, nach der damals bestehenden Verordnung vom 20. Februar 1873 für Brücken von den Dimensionen der Mönchen=

steinerbrücke von der Bundesbehörde anläßlich der Plangenehmigung
gefordert wurden, beschränkten sich auf eine bloße Brückenzeichnung
in Ansicht und Grundriß im Maßstabe von 1 : 100; Detail=
pläne, aus welchen die Details der Ausführung, die Stärke der
Eisentheile u. s. w. ersichtlich gewesen wären und welche eine
Prüfung des Brückenprojektes auf Schwächen einzelner Konstruk=
tionstheile hin gestattet hätten, wurden nicht gefordert. Die Prü=
fung der Bundesbehörde beschränkte sich daher auf das Allge=
meinste wie das Tracé und den allgemeinen Typus der Brücke.
Nun gibt aber nach der Ansicht aller Sachverständigen, auch der=
jenigen, welche die leichte Bauart der Brücke als Hauptursache des
Einsturzes betrachten, das für die Ausführung der Brücke nach=
träglich gewählte System an sich zu Bedenken nicht Veranlassung
und steht nicht in kausalem Zusammenhange mit der Katastrophe.
Es kann daher gar keinem Zweifel unterliegen, daß die Projekt=
änderung von der Bundesbehörde ohne Weiteres genehmigt worden
wäre und es ist übrigens der ausgeführte Brückenplan von der
Aufsichtsbehörde thatsächlich nachträglich genehmigt worden. Denn
weder bei der Kollaudation, bei welcher spätestens das Eisenbahn=
departement die Aenderung des Systems gewahr werden mußte,
noch bei irgend einem der spätern Anläße, bei welchen das Eisen=
bahndepartement mit der Brücke sich zu beschäftigen hatte, hat es
irgendwelche Einwendung gegen das zur Ausführung gelangte
System erhoben; auch nicht im Jahre 1879, als ihm die Detail=
pläne der ausgeführten Brücke nachträglich eingereicht wurden.
Es ist daher gewiß anzunehmen, daß die Aufsichtsbehörde keine
Einwendungen gegen den ausgeführten Plan hatte, dieser vielmehr
als nachträglich genehmigt zu betrachten ist.

b. Außer Betracht fällt auch der Vorwurf „gesetzwidrigen Be=
triebes überhaupt," welchen die Klägerin daraus herleitet, daß am
Unglückstage ein nach dem Bundesgesetze betreffend die Arbeitszeit
beim Betriebe der Eisenbahnen ungesetzlicher, schwer belasteter Güter=
zug um 12 Uhr 20 Minuten die Brücke passirt und dieser ver=
muthlich die Hauptschwächung zugefügt habe. Nach den Experten=
gutachten und der Feststellung der kantonalen Instanzen ist dem
fraglichen Güterzuge ein Einfluß auf den Einsturz nicht zuzu=
schreiben und überdem ist festgestellt, daß der Zug vom Bundes=

rathe kraft seiner gesetzlichen Vollmacht gestattet und daher gar nicht ungesetzlich war.

c. In Bezug auf die weitere Behauptung, es liege eine grobe Fahrläßigkeit darin, daß der verunglückte Zug die Brücke mit zu großer Fahrgeschwindigkeit befahren habe, so ist ermittelt, daß durch einen Dienstbefehl Nr. 178 vom 6. April 1881 befohlen worden war, die Mönchensteinerbrücke (wie eine Reihe anderer Objekte) mit aller Vorsicht und mit einer Geschwindigkeit von nicht mehr als 30 Kilometer zu befahren und daß dieser Dienstbefehl seit mehreren Jahren nicht mehr beobachtet wurde. Dagegen gehen die Schätzungen der Fahrgeschwindigkeit des verunglückten Zuges auf der Brücke weit auseinander (sie schwanken zwischen 29—45 Kilometer). Allein die Vorinstanzen stellen nun an Hand der Expertengutachten fest, daß auch wenn die Fahrgeschwindigkeit 30 Kilometer überstiegen haben sollte, dieser Umstand doch nicht in ursächlichem Zusammenhange mit dem Unfalle steht; es ist daher auf diesen Punkt nicht weiter einzugehen.

d. Ohne Bedeutung für die Entscheidung sind auch die Behauptungen der Klägerin, es sei das linke Widerlager der Brücke ursprünglich mangelhaft fundamentirt gewesen und ebenso sei das Widerlager der Kesslochbrücke mangelhaft konstruirt. Denn diese Umstände stehen mit der Katastrophe in keinem Zusammenhange. Wenn das linke Widerlager der Mönchensteinerbrücke ursprünglich mangelhaft konstruirt gewesen sein sollte, so ist dieser Mangel jedenfalls bei der Wiederherstellung nach dem Hochwasser von 1881 beseitigt worden. Das damals erstellte Widerlager hat sich bei der Katastrophe als solid bewährt.

e. Es steht fest, daß in dem, einen Bestandtheil des Vertrages mit dem Brückenbau-Unternehmer Eiffel & Cie. bildenden, Pflichtenhefte die Vornahme von Belastungsproben vorgesehen war und daß solche Belastungsproben bei Abnahme der Brücke nicht stattfanden. Diese Unterlassung stände in kausalem Zusammenhange mit dem Unfalle dann, wenn anzunehmen wäre, daß die Vornahme von Belastungsproben zu Aufdeckung von gefahrdrohenden Mängeln der Brücke und damit zu Beseitigung derartiger Mängel geführt hätte. Dies erscheint aber als ausgeschlossen. Zunächst ist zu bemerken, daß nach der Annahme des Appellations-

gerichtes der Einsturz überhaupt nicht schon durch die ursprüngliche
Bauart der Brücke bedingt war, daher nicht angenommen werden
kann, daß die neue Brücke bei einer Belastungsprobe beunruhigende
Symptome ergeben hätte; sodann aber ergibt sich aus den Akten,
daß zwar nicht bei Abnahme der Brücke, resp. vor Beginn des
Betriebs, wohl aber später, im Jahre 1880, eine Brückenprobe
wirklich stattfand und normale Resultate ergab (siehe den Bericht
des Kontrolingenieurs Züblin vom 6. August 1880). Es ist also
klar, daß eine Belastungsprobe bei Abnahme der Brücke zu Ent=
deckung gefahrdrohender Mängel nicht geführt hätte. Uebrigens ist
zu bemerken, daß die Vornahme von Belastungsproben damals
nicht obligatorisch war. Das Eisenbahndepartement hätte sie ver=
langen können; es hat dies aber nicht gethan. Der Kontrol=
ingenieur Glauser, welcher am 9.—11. September 1875 die Linie
untersuchte, bemerkt in seinem Bericht: „Die eisernen Brücken
„haben ein gutes Aussehen. Bis jetzt hat man sie nicht er=
„proben können. Zwar haben die Proben für so geringe Spann=
„weiten nur eine beschränkte Bedeutung, denn wegen der großen
„Höhe der Tragwände sind die Einbiegungen gering." Daraufhin
wurde, nach stattgefundener offizieller Kollaudation, die Betriebs=
eröffnung bewilligt, ohne daß Belastungsproben wären verlangt
worden, wahrscheinlich weil das Eisenbahndepartement ebenso wie
offenbar die Bahngesellschaft, denselben unter den gegebenen Ver=
hältnissen keine wesentliche Bedeutung beimaß. Ob die Art und
Weise, wie bei Wiedereröffnung des Betriebes nach dem Hochwasser
von 1881 rücksichtlich der Belastungsproben vorgegangen wurde,
ein in kausalem Zusammenhange mit dem Unfalle stehendes grobes
Verschulden involvire, ist später zu untersuchen.

f. Nicht sowohl wegen mangelnden Kausalzusammenhangs, als
vielmehr wegen völlig mangelnden Beweises fällt außer Betracht
die Behauptung systematischer Erschwerung der Kontrole. Dafür
ist einzig ein im Jahre 1880 von dem Sektionsingenieur Maffet
an den Bahnmeister Bäumle gerichtetes Schreiben produzirt wor=
den, durch welches der Bahnmeister angewiesen wird, Kontrolin=
genieure, die Auskunft zu erhalten wünschten, an den Sektions=
ingenieur zu verweisen. Die erste Instanz bemerkt mit Recht, dieses
Schreiben erbringe um so weniger einen Beweis systematischer Er=

schwerung der Kontrole, als sich weder in den bei den Akten
liegenden Berichten der Kontrolingenieure selbst, noch in den Ge=
schäftsberichten des Eisenbahndepartements irgend eine Beschwerde
über diesen Punkt finde.

8. Wird nach Beseitigung dieser nebensächlichen Punkte ge=
prüft, ob, sei es in Bezug auf die Bauart der Brücke, sei es in
Bezug auf das verwendete Material, sei es endlich in Bezug auf
Unterhalt und Kontrole der Brücke, insbesondere deren Herstellung
nach der Beschädigung des Jahres 1881, ein in kausalem Zu=
sammenhange mit dem Unfalle stehendes grobes Verschulden der
Beklagten nachgewiesen sei, so ist zunächst rücksichtlich der maß=
gebenden Rechtsbegriffe und Rechtssätze festzuhalten: Die Eisen=
bahnunternehmungen als öffentliche Transportanstalten sind ohne
Zweifel verpflichtet, zu Sicherung ihres ebenso wichtigen als ge=
fährlichen Betriebs, von welcher die wichtigsten Interessen, Leben
und Gesundheit ungezählter Menschen, abhängen, die äußerste
Sorgfalt aufzuwenden. Sie haften für die vermögensrechtlichen
Folgen von Betriebsunfällen bis zur höhern Gewalt, also nicht
nur für ihr oder ihrer Leute Verschulden, sondern in gewissem
Umfange sogar für den Zufall. Dagegen greift die hier einzig
grundsätzlich bestrittene, weitergehende Haftpflicht, wie sie Art. 7
des Eisenbahnhaftpflichtgesetzes für Nachtheile nicht vermögens=
rechtlicher Natur statuirt, nicht in jedem Falle der Außerachtlassung
der gebotenen Sorgfalt Platz, sondern, nach dem klaren Wortlaute
des Gesetzes, nur bei nachgewiesener Arglist oder grober Fahr=
lässigkeit, also nur dann, wenn die gebotene Sorgfalt in gröblicher
Weise außer Acht gelassen worden ist. Art. 7 des Eisenbahnhaft=
pflichtgesetzes darf also nicht schon dann angewendet werden, wenn
irgend ein Versehen der Transportanstalt oder ihrer Leute nachge=
wiesen ist, sondern es ist erforderlich, daß das Verschulden ein
grobes sei, daß dasjenige Maß von Sorgfalt und Aufmerksamkeit
außer Acht gelassen wurde, welches in der Regel unter den gege=
benen Verhältnissen Jeder, auch der nicht besonders Sorgsame,
aufzuwenden pflegt. Dabei sind allerdings die besondern Verhält=
nisse zu berücksichtigen, unter welchen die Thätigkeit der Eisen=
bahnunternehmungen sich vollzieht. Es ist zu berücksichtigen, daß
den Eisenbahnverwaltungen und Eisenbahnbeamten ein wichtiger

Zweig des öffentlichen Dienstes anvertraut ist und sie damit auf einen verantwortungsvollen Posten gestellt sind, welcher besondere Anforderungen entstehen läßt. Mit andern Worten: Das Verhalten von Eisenbahnverwaltungen oder Eisenbahnbeamten ist nicht an dem Verhalten zu messen, welches einem beliebigen Privatmanne zugemuthet werden könnte, sondern ist mit Rücksicht auf das besondere, durch die Natur des Eisenbahnbetriebs gegebene, Pflichtverhältniß zu beurtheilen. Art. 7 des Eisenbahnhaftpflichtgesetzes ist anwendbar, wenn die Sorgfalt, welche einer ordentlichen Eisenbahnverwaltung zuzumuthen ist, in gröblicher Weise verletzt worden ist. Im Fernern ist zu bemerken, daß nach Art. 3 E.-H.-G. die Bahngesellschaft für sämmtliche Personen, deren sie sich zum Bahnbaue oder Bahnbetriebe bedient, einzustehen hat. Sie haftet nicht nur für eigenes Verschulden oder das Verschulden ihrer leitenden Organe, sondern für dasjenige aller ihrer Angestellten und Beauftragten; auch wenn die Bahngesellschaft oder ihre leitenden Organe kein Vorwurf trifft, letztere vielmehr in ihrem eigenen Wirkungskreise, speziell bei Auswahl der technischen Beamten, Unternehmer u. drgl. durchaus sorgfältig verfahren sind, so haftet die Bahngesellschaft nichtsdestoweniger, wenn ein technischer Beamter u. drgl. eine grobe Fahrlässigkeit sollte begangen haben.

9. Fragt sich nun zunächst, ob nach diesen Grundsätzen eine grobe Fahrlässigkeit darin gefunden werden könne, daß die Brücke unsolid konstruirt worden sei, so ist zu bemerken: Die erste Instanz hat, obschon sie, gestützt auf die ihr vorliegenden Expertengutachten, davon ausging, der Einsturz der Brücke sei durch ursprüngliche Konstruktionsmängel bedingt gewesen, doch die grobe Fahrlässigkeit in diesem Punkte verneint, indem sie ausführt, in dem Brückenprojekte seien zwar technische Fragen mangelhaft und in einer dem jetzigen Stande der Wissenschaft und Praxis des Brückenbaues nicht entsprechenden Weise gelöst worden; diese Fragen haben aber zur Zeit der Erbauung der Brücke bei den noch nicht so weit vorgeschrittenen Kenntnissen und Erfahrungen ohne grobe Fahrlässigkeit so gelöst werden können, wie dies geschehen sei. Die zweite Instanz nimmt, wie oben dargelegt, an, das Konstruktionssystem des Erbauers möge an sich richtig gewesen sein, und findet die Hauptursache des Brückeneinsturzes nicht in

der Bauart, sondern in der Schädigung, welche die Brücke im Jahre 1881 erlitt. Von letzterm Standpunkte aus kann darin, daß die Bahngesellschaft die Brücke, so wie geschehen, konstruiren ließ und in dieser Konstruktion benutzt hat, eine mit dem Unfalle in kausalem Zusammenhange stehende grobe Fahrlässigkeit jedenfalls nicht erblickt werden. Allein auch auf Grund der Annahme, der Brückeneinsturz sei in ursprünglichen Konstruktionsfehlern der Brücke bedingt gewesen, wäre, mit der ersten Instanz, zu verneinen, daß diese Konstruktionsfehler der Bahngesellschaft zur groben Fahrlässigkeit anzurechnen seien. Schon die ersten in der Sache eingeholten Gutachten, das civilgerichtliche Gutachten und das Gutachten Ritter und Tetmayer, gehen in manchen wesentlichen Punkten, insbesondere bei der Berechnung der zulässigen Belastung für die mittleren Streben, auseinander. Die Gutachten Röthlisberger und Collignon & Hauser dann gar gelangen hinsichtlich der Richtigkeit der rechnerischen Grundlagen des Brückenprojektes zu völlig andern Schlüssen, als die beiden erstermähnten Gutachten. Es besteht also darüber, ob die Brücke wirklich von vornherein, infolge unrichtiger statischer Berechnung, an wesentlichen Mängeln gelitten habe, welche ihre Standfestigkeit gefährdeten, zwischen Ingenieuren von Rang und Ruf auch heute noch fundamentale Meinungsverschiedenheit. Bei diesem dauernden Widerstreite der Meinungen bewährter Fachmänner darf den technischen Organen der Bahngesellschaft jedenfalls nicht vorgeworfen werden, sie haben bei Feststellung des Brückenprojektes oder durch den Betrieb einer nach diesem Projekte gebauten Brücke einen Verstoß gegen feststehende, allgemein bekannte Regeln der Brückenbautechnik begangen und sich damit einer groben Fahrlässigkeit schuldig gemacht. Dies um so weniger, als der technische Ruf des Oberingenieurs Bridel und des Brückenbauers Eiffel die Vermuthung doch jedenfalls nicht nahe legt, diese Techniker haben bei Aufstellung eines, wie die darüber gewechselte Korrespondenz zeigt, aus gemeinsamer ernster Ueberlegung hervorgegangenen Projekts gegen die Elemente ihrer Wissenschaft oder Kunst verstoßen. Die Aeußerungen des Gutachtens Ritter-Tetmayer, die Brücke habe an Konstruktionsmängeln gelitten, die dem Fachmanne schon bei oberflächlicher Beobachtung entgegentreten mußten, ihr Einsturz habe für den Tech-

niker nichts Auffallendes haben können u. s. w., sind durch den
Inhalt der übrigen Gutachten widerlegt; sie stimmen übrigens
auch nicht überein mit der eigenen Aeußerung der Experten Ritter
und Tetmayer in ihrem Schreiben vom 20. Juni 1891 an den
Bundespräsidenten, in welchem sie nach mehrtägiger Untersuchung
erklären, es sei zur Zeit noch fraglich, ob es möglich sein werde,
die Ursachen des Unfalles mit Bestimmtheit angeben zu können.
Weder der Konstruktionsart der Brücke, noch der Qualität des
Eisens könne man bis jetzt die Schuld an dem Unglücke zuschreiben.

10. Auch die Beschaffenheit des zum Brückenbaue verwendeten
Eisens kann der Bahngesellschaft nicht zu grober Fahrläßigkeit angerechnet werden. Zunächst hat die Beschaffenheit des Eisens, gemäß der appellationsgerichtlichen Feststellung des Kausalzusammenhanges, unter den Ursachen des Unfalls jedenfalls nur eine
sekundäre und mittelbare Rolle gespielt. Sobann aber steht fest
(siehe Urtheil des Civilgerichtes, S. 30, Gutachten Zschokke-Seiffert,
S. 38) daß das Eisen den Bestimmungen des Pflichtenheftes
der Jurabahn entsprach. Dieses Pflichtenheft aber stand nicht
vereinzelt da, sondern gab die Anforderungen wieder, welche man
damals, zur Zeit des Brückenbaues, überhaupt, in weiten technischen Kreisen, an die Qualität des Eisens stellen zu müssen
glaubte. Seither sind allerdings diese Anforderungen gesteigert
worden und diesen gesteigerten Ansprüchen entspricht nach der Feststellung des Civilgerichtes das zum Baue der Brücke verwendete
Material nicht, wenigstens nicht in allen seinen Theilen. Allein
wenn dem auch so ist, so liegt doch eine grobe Fahrläßigkeit nicht
vor. Die Thätigkeit der beim Brückenbaue beschäftigten Techniker
vorab kann natürlich nur nach den technischen Ideen beurtheilt
werden, die zur Zeit ihrer Thätigkeit Geltung hatten. Allein auch
der Umstand, daß später, als man begann, für neue eiserne
Brücken erhöhte Anforderungen an die Eisenqualität zu stellen,
die Eisentheile der frühern Brückenkonstruktionen nicht ohne weiters
erneuert wurden, bedingt keine grobe Fahrläßigkeit. Soweit diese
frühern Konstruktionen im Betriebe sich bewährt hatten, durften
sie gewiß nach wie vor für solid und betriebssicher gehalten werden, auch wenn man für die Zukunft durch Aufstellung weiterge-

henber Bedingungen eine noch größere Dauerhaftigkeit des Bau=
werks zu erlangen suchte. Dagegen ist allerdings richtig, daß die
Bahngesellschaft bei Unterhalt und Kontrole der Brücke, wie der
leichten Bauart derselben so auch der Beschaffenheit des Eisens
Rechnung zu tragen hatte. Nach dem Ausgeführten kann dem von
der Klägerin betonten Umstande, daß die Bahngesellschaft nicht
nachweisen könne, daß sie bei Uebergabe der Brücke durch Eiffel
& Cie. das Material überhaupt geprüft habe, keine Bedeutung bei=
gemessen werden. Die Jurabahnen hatten die Abnahme und Prüfung
ihrer Brücken bei Eiffel & Cie. gegen Vergütung Technikern der
französischen Ostbahn übertragen. Die Bestandtheile der Mönchen=
steinerbrücke wurden bei Eiffel & Cie. durch den sousinspecteur
du matériel fixe der Ostbahn, Rous, abgenommen. Ein Protokoll
über damit vorgenommene Proben hat nicht aufgefunden werden
können, während dagegen ein solches Protokoll in Betreff der
gleichzeitig gebauten Kessilochbrücke vorliegt. Sollte nun auch, was
übrigens, wie auch die erste Instanz annimmt, unwahrscheinlich
ist, eine solche Untersuchung in Betreff der Bestandtheile der Mön=
chensteinerbrücke nicht stattgefunden haben, so wäre dies doch ohne
alle Bedeutung. Denn die Untersuchung hatte sich nur darauf zu
erstrecken, ob das Material dem Pflichtenhefte entspreche, und
dies war, wie oben bemerkt, der Fall.

11. In Bezug auf Unterhalt und Kontrole der Brücke steht fest,
daß der äußere Unterhalt wie der Anstrich und die Auswechslung
schadhafter Nieten gewissenhaft geschehen ist. Den Aussagen ein=
zelner Zeugen, welche unmittelbar nach dem Einsturze alte Risse
beobachtet, oder auf Grund oberflächlichen Augenscheins sich ein
abfälliges Urtheil über den Zustand der Brücke gebildet haben
wollen, haben die Vorinstanzen gewiß mit Recht eine ausschlag=
gebende Bedeutung gegenüber dem entgegenstehenden, auf genauer
Untersuchung beruhenden, Befunde der Sachverständigen nicht
beigemessen. Aus der Zeit von der Betriebseröffnung bis zum
Hochwasser des September 1881 liegt überhaupt nichts vor, was
als grobe Fahrläßigkeit der Bahngesellschaft in Bezug auf Unter=
halt und Kontrole der Brücke könnte gedeutet werden. Im Jahre
1880 hat, wie bereits bemerkt, ebenso wie für die übrigen Brücken
der Strecke Moutier-Délémont-Bâle und Délémont-Delle so auch

für die Mönchensteinerbrücke eine Brückenprobe (bei Befahrung
durch Zug 263, Maschine 110 mit 3 Kupplern und 80 Achsen)
in Gegenwart des eidgenössischen Kontrolingenieurs stattgefunden,
welche nach dem Berichte des letztern vom 6. August 1882 nor=
male Resultate ergab. Im gleichen Jahre (20. und 21. Februar)
fand eine Prüfung der Brücke durch die Ingenieure der Beklagten
Maffet und Bieri statt, welche zu Ausbesserung einzelner kleinerer
Schäden führte. Dagegen erlitt nun die Brücke bei dem Hoch=
wasser vom 1./2. September 1881 diejenige Schädigung, welche, nach
der Feststellung der Appellationsinstanz, ihre bleibende Schwächung
zur Folge hatte und schließlich die Katastrophe herbeiführte. Durch
das Hochwasser wurde der flußaufwärts liegende Theil des basel=
seitigen Widerlagers unterwaschen. In Folge dessen senkte sich
dieser Theil des Pfeilers und die obern Schichten desselben fielen
in den Fluß; durch diese Zerstörung verlor das eine Auflager der
Eisenkonstruktion seinen Stützpunkt und senkte sich dadurch wesent=
lich, nach der Angabe des Kontrolingenieurs Züblin um 75 Cm.,
nach derjenigen der Bahngesellschaft um 40 Cm. Die Brücke wurde
mittelst Schraubenwinden sofort in ihre frühere Lage gehoben und
auf dem umgestürzten Widerlager abgestützt; bis zum 13. Sep=
tember waren die provisorischen Holzjoche des linksseitigen Wider=
lagers vollendet. Nach der Hebung der Brücke wurde sie durch
den Ingenieur Bieri und einen Monteur der Brückenbaufirma
Probst & Cie. untersucht. Dabei wurden keine Deformationen ent=
deckt; die gefundenen Schäden wurden dadurch beseitigt, daß die
losen Nieten, sowie die beschädigten wagrechten Absteifungsbleche
durch neue ersetzt, die zerrissenen Streben dagegen an den Bruchstellen durch aufgelegte Flacheisenlaschen verstärkt wurden; bei diesem
Anlasse wurde die Eisenkonstruktion auch mit einem Anstriche ver=
sehen. Der Kontrolingenieur Züblin hatte dem Eisenbahndeparte=
ment nach einer am 5.—7. September vorgenommenen Besich=
tigung der durch das Hochwasser beschädigten Bahnstrecke vorläufig
berichtet, daß die Beschädigungen der Brücke so bedenklicher und
ernster Natur seien, daß der Wiedereröffnung des Betriebes eine
amtliche Untersuchung vorausgehen müsse. Dabei sei die Brücke,
deren einzelne Konstruktionstheile Risse zeigen, nach Auswechs=
lung, einer Belastungsprobe mit zwei der schwersten Lokomotiven

zu unterziehen. Das Eisenbahndepartement gab hievon der Bahn=
gesellschaft mit Schreiben vom 13. September 1881 Kenntniß.
Am 14. September erstattete der Kontrolingenieur dem Eisenbahn=
departement ausführlichen Bericht. In demselben wird unter anderm
bemerkt: „Um auf den Zustand der vorhandenen Qualität der
einzelnen Eisenkonstruktionstheile schließen zu können, dürften ein=
zelne (beschädigte und unbeschädigte) Winkel- oder Flacheisen einer
Zerreißungsprobe auf der Festigkeitsmaschine in Zürich unterwor=
fen werden, um daraus zu ersehen, ob die nachgewiesene außer=
ordentliche Inanspruchnahme einzelner Konstruktionstheile einen
Einfluß auf die innere Struktur des Eisens ausgeübt hat oder
nicht. Vor der Eröffnung des Betriebes ist die provisorisch wieder
fahrbar gemachte Brücke, selbstverständlich nachdem die beschädigten
Eisenbestandtheile ausgewechselt worden sind, einer Belastungs=
probe wie schon im frühern Berichte erwähnt, zu unterziehen."
Das Eisenbahndepartement theilte diesen Bericht am 16. September
der Bahngesellschaft mit. Diese, welche den Betrieb am 19. Sep=
tember provisorisch wieder zu eröffnen gedachte, hatte inzwischen
beim Eisenbahndepartement um amtliche Untersuchung der beschä=
digten Bahnstrecke Basel=Delsberg nachgesucht. Diese Untersuchung
fand am 17. September durch den technischen Inspektor des
Eisenbahndepartementes Dapples im Beisein des Kontrolingenieurs
Züblin und des Oberingenieurs der Bahngesellschaft Cuénod statt.
In Folge dieser Untersuchung berichtete der technische Inspektor
dem Eisenbahndepartement telegraphisch, die Eröffnung des Be=
triebes Delsberg-Basel am 19. September sei etwas verfrüht. In
Betracht des günstigen Wetters und in der Erwartung, daß die
Bahngesellschaft alle die nöthigen Vorsichtsmaßregeln anordnen
werde, sehe er sich indeß nicht veranlaßt, gegen die beabsichtigte
Wiedereröffnung des Betriebes zu opponiren. Letztere wurde hier=
auf vom Eisenbahndepartement bewilligt. Vor der provisorischen
Wiedereröffnung des Betriebes fand demgemäß eine Probebe=
lastung der Brücke nicht statt. Wohl aber wurden am 22. und
23. September Probebelastungen mit der einseitig durch ein Noth=
joch unterstützten Brücke vorgenommen, wobei dieselbe mit 2 C Loko=
motiven von je 14^m3 Länge, und einem Dienstgewichte von je 56,5
Tonnen mit einer Geschwindigkeit von circa 15 Kilometern befahren

wurde. Die Einsenkungen betrugen im Maximum $0^m0022$ und die seitlichen Schwankungen der obern Gurtungen der Hauptträger in der Mitte je $0^m0075$. Die Bahngesellschaft berichtete über diese Belastungen und deren Ergebnisse am 27. September 1881 an das Eisenbahndepartement, indem sie gleichzeitig eine Zeichnung der Nothbrücke zum zeitweiligen Ersatz des linksseitigen Wieder=lagers einsandte. Das Eisenbahndepartement stellte weitere Begehren rücksichtlich der Probebelastungen nicht. Das zerstörte Widerlager wurde im Jahre 1882 wieder hergestellt und pneumatisch fundirt. Nach Vollendung des neuen Widerlagers wurden weitere Be=lastungsproben weder vorgenommen noch auch vom Eisenbahnde=partemente verlangt. Die in dem Berichte des Kontrolingenieurs Züblin vom 14. September 1881 anempfohlenen Zerreißungs=proben haben nicht stattgefunden. In ihrer dem Eisenbahndepar=tement eingereichten Antwort auf den Bericht des Kontrolingenieurs hatte sich die Bahngesellschaft über diesen Punkt nicht besonders ausgesprochen. In dieser Antwort sind wesentlich nur der Her=gang der Beschädigung und die zu Hebung und provisorischer Fahrbarmachung der Brücke ausgeführten Arbeiten sowie die Wiederherstellung des zerstörten Widerlagers behandelt. Es heißt darin unter Anderem: « Ensuite de la chute de la culée et de l'un des sommiers la construction métallique ne reposait en effet plus que sur 3 points et l'angle libre s'est affaissé de $0^m40$ ce qui a causé quelques légères cassures. Cet angle en porte à faux fut relevé le lendemain soir au moyen de crics sans difficulté et étayé sur la culée couchée d'un seul bloc, en attendant la construction d'une culée provisoire en bois qui fut immédiatement mise en œuvre. Les réparations à la construction métallique ont été exécutées en même temps que cette culée provisoire. » In dem dargestellten Verhalten der Bahngesellschaft gegenüber der durch das Hochwasser von 1881 herbeigeführten Beschädigung erblickt nun die Appellationsinstanz eine mit dem Unfalle in kausalem Zusammenhange stehende grobe Fahrläßigkeit. Das Appellationsgericht faßt seine Auffassung in dem Satze zusammen: „Die grobe Fahrläßigkeit liegt darin, daß die Beklagte nach der Beschädigung der Brücke durch das Hoch=wasser von 1881 einer Beschädigung, welche die Techniker der

Bahn als unheilbare Schwächung erkennen mußten, zumal in Betracht der auf solche Schädigungen nicht berechneten leichten Konstruktion, dasjenige unterlassen hat, was erforderlich war, um die Brücke auf die Dauer in betriebssichern Stand zu stellen." Wenn das Appellationsgericht sich zu Begründung dieser Ansicht zunächst darauf beruft, aus den Aeußerungen der Sachverstän‑ digen gehe hervor, daß die Schwächung der Brücke eine noth‑ wendige Folge des Einsturzes des Pfeilers gewesen sei, so ist dies, als eine Feststellung thatsächlicher Natur, für das Bundes‑ gericht verbindlich. Der weitere Ausspruch dagegen, die Techniker der Bahngesellschaft haben die Beschädigung als eine unheilbare und gefahrbrohende erkennen müssen, enthält eine rechtliche Wür‑ digung. Er besagt nicht, es folge mit Nothwendigkeit aus den Um‑ ständen, daß die Techniker der Bahngesellschaft die unheilbare Schwächung der Brücke thatsächlich erkannt haben, sondern viel‑ mehr, sie haben bei Aufwendung der vom Recht gebotenen Sorg‑ falt die Schwächung als unheilbar erkennen müssen; der Aus‑ spruch enthält also nicht ein rein thatsächliches, sondern ein rechtliches Urtheil; er beruht auf Beantwortung der Frage des Verschuldens und untersteht daher der Nachprüfung des Bundes‑ gerichtes. Dieses hat an Hand der festgestellten Thatsachen selb‑ ständig zu prüfen, ob die Ingenieure der Bahngesellschaft ohne grobe Fahrläßigkeit dazu gelangen mußten, die Brücke als un‑ heilbar, in gefährlicher Weise, geschwächt zu erkennen. War dies der Fall, so ist der Unfall auf grobe Fahrläßigkeit der Beklagten respektive ihrer Leute zurückzuführen. Denn es ist klar, daß bei Erkenntniß einer unheilbaren, die Betriebssicherheit gefährdenden innern Schwächung der Brücke es gebieterische Pflicht der Bahn‑ gesellschaft gewesen wäre, die Gefahr durch wirksame Mittel zu beseitigen. Die Bahngesellschaft durfte sich unter dieser Voraus‑ setzung nicht mit einer Ausbesserung der äußerlich sichtbaren Schä‑ den begnügen, sondern sie mußte, wie das Appellationsgericht dies ausspricht, zu einer völligen Ersetzung der Eisenkonstruktion als einzigem auf die Dauer wirksamem Abhülfemittel schreiten.

Nun führt das Appellationsgericht im Anschlusse insbesondere an die Ausführungen des Gutachtens Collignon & Hauser aus, durch die in Folge des Pfeilereinsturzes eingetretene Senkung seien die Träger verbogen, durch die vorgenommene Hebung wieder zurückgebogen worden und es sei nichts mehr geeignet, das Brechen eines Metallstückes vorzubereiten, als das Hin= und Zurückbiegen. Das Gericht bemerkt, das sei so einleuchtend und den täglichen Erfahrungen entsprechend, daß die Techniker der Bahngesellschaft das sofort selbst hätten einsehen und die Schwächung der Eisen= konstruktion in ihrem ganzen Umfange und in allen Konsequenzen hätten erkennen müssen. Die Beklagte sei über die Gefahr, welche aus der Brückenschwächung drohte, zu leicht hinweg und einer gründlichen Untersuchung aus dem Wege gegangen. Die über= stürzte, gegen die ursprüngliche Ansicht des Eisenbahndepartementes erfolgte, Wiedereröffnung des Betriebes auf 19. September 1881 habe eine gründliche Untersuchung und Ausbesserung der Brücke verhindert. Bei den nachträglich, am 22. und 23. September vor= genommenen, übrigens an sich schon ungenügenden, Belastungs= proben habe die Beklagte sich nicht beruhigen dürfen. Sie habe sich sagen müssen, daß in Folge der Zerstörungen des Hochwassers die nach leichtem System gebaute Brücke jene Voraussetzungen materieller Vollkommenheit eingebüßt habe, unter welchen einzig derartige leichte Brückenkonstruktionen zulässig seien, und habe danach ihre Maßregeln treffen müssen. Dies um so mehr als er= sichtlichermaßen die Bahnverwaltung schon vor dem Hochwasser vom Herbste 1881 den Zustand der Brücke als einen solchen er= kannt habe, der besondere Aufmerksamkeit erheischte; es gehe das aus dem Dienstbefehl Nr. 178 vom 6. April 1881 hervor, der auch für die Mönchensteinerbrücke ein Befahren mit verminderter Fahrgeschwindigkeit und mit aller Vorsicht vorschreibe und der wahrscheinlich, wie schon die erste Instanz annehme, mit einer damals vorgenommenen Prüfung und dabei zu Tage getretenen Schwäche zusammenhänge. Ziehe man das Alles in Betracht, so müsse die von der Beklagten vorgenommene Prüfung und Repara= tur der Eisenkonstruktion nach dem Hochwasser von 1881 als eine ungenügende und geradezu leichtfertige bezeichnet werden. Als einzige richtige und annehmbare, weil auf die Dauer wirksame, Abhülfe sei blos die völlige Erneuerung des Eisenwerkes übrig geblieben. Die Beklagte habe wissen müssen, daß die Brücke bei der Senkung nicht mit quelques légères cassures davon ge=

kommen sein könne, sondern innerlich angegriffen sei, und habe sich nicht mit dem Minimum von Reparatur begnügen dürfen, wie sie das in Wirklichkeit gethan habe. Sie habe sich noch weniger dabei beruhigen dürfen, daß keine sichtbaren Schäden und Brüche konstatirt worden seien. Denn (wie Collignon & Hauser bemerken) « dans tous les cas la flexion est difficile à découvrir » und « une semblable solution de continuité près des culées pouvait par sa position rester inaperçue. » Die vorgenommene, übrigens ganz ungenügende Belastungsprobe habe schon darum keinen großen Werth gehabt, weil man sich habe sagen müssen, daß die Brüche und Risse, wenn sie auch jetzt noch nicht gefährlich waren, doch in der Folgezeit durch das Befahren der Brücke nothwendig verhängnißvoll werden müssen. Bei dieser Sachlage könne es für die Beklagte auch keine Entschuldigung bilden, daß vielleicht, ja wahrscheinlicherweise, die von der Kontrolbehörde empfohlenen, aber von ihr (der Beklagten) unterlassenen Maßregeln den Mangel nicht aufgedeckt hätten.

Diesen Ausführungen kann nicht beigetreten werden. Bei Beurtheilung des Verhaltens der Bahnverwaltung kann zunächst auf den Dienstbefehl 178 erhebliches Gewicht nicht gelegt werden. Freilich bezeichnen die Vorinstanzen es als wahrscheinlich, daß dieser Dienstbefehl mit einer vor seinem Erlasse vorgenommenen Prüfung und dabei zu Tage getretenen Schwäche der Brücke zusammenhänge. Allein erwiesen ist dies nicht. Die bei den Akten liegenden Berichte über die im Jahre 1880 durch die Ingenieure Masset und Bieri der Beklagten und dem Kontrolingenieur Züblin vorgenommenen Untersuchungen der Brücke geben keinen Anhalt für die Annahme, es sei bei diesen Untersuchungen eine Schwäche der Brücke ermittelt worden. Die Bahngesellschaft bestreitet dies bestimmt; sie behauptet vielmehr, die Mönchensteinerbrücke unter die mit verminderter Fahrgeschwindigkeit und mit aller Vorsicht zu befahrenden Brücken deßhalb eingereiht zu haben, weil dieselbe in der Nähe der Station und in einer Kurve liege. Hiefür hat sie allerdings ihrerseits einen Beweis auch nicht erbringen können. Allein dies hat einfach zur Folge, daß davon ausgegangen werden muß, die Veranlaßung der Erwähnung der Mönchensteinerbrücke im Dienstbefehle 178 sei nicht ermittelt. Keinenfalls darf, zum

Nachtheile der Beklagten, die Behauptung der Klägerin als wahr angenommen werden. Denn die Beweispflicht trifft die Klägerin und diese hat, wie bemerkt, einen Beweis zu erbringen nicht vermocht. Im Weitern kann auch dem Umstand, daß die Bahngesellschaft die zwei zerrissenen Streben, nicht wie der Kontrolingenieur meinte, ausgewechselt, sondern nur an den Bruchstellen durch aufgelegte Flacheisenlaschen verstärkt hat, keine Bedeutung beigemessen werden. Denn, nach der Feststellung des Gutachtens Zschokke-Seiffert (S. 38), haben sich die im Jahre 1881 erfolgten Verlaschungen zweier Diagonalen als genügend haltbar erwiesen. Mag daher die Meinung der Bahngesellschaft, die Verlaschungen seien überhaupt der Auswechslung vorzuziehen gewesen, richtig oder unrichtig sein, so steht jedenfalls fest, daß hier die Bethätigung dieser Meinung schädliche Folgen nicht gehabt hat. Ferner steht fest, daß die Brücke nach dem Hochwasser von 1881 auf äußerlich sichtbare Schädigungen hin untersucht worden ist und daß die entdeckten Schäden sämmtlich beseitigt wurden. Es wird weder in den spätern Berichten der Kontrolingenieure jemals über ältere Schäden berichtet, noch auch sind (Gutachten Zschokke-Seiffert, S. 38) nach dem Brückeneinsturze von den Sachverständigen ältere Schäden, die den Zusammenbruch erklären könnten, wahrgenommen worden. Dies zeigt, daß die Beschädigungen durch das Hochwasser, soweit sie sichtbar waren, müssen beseitigt worden sein. Der Bahngesellschaft kann also nicht vorgeworfen werden, daß sie offensichtliche Schäden in leichtfertiger Weise übersehen oder geduldet habe. Die Mängel, welche nach der Feststellung der Vorinstanz den Einsturz herbeiführten, waren verborgene. Die Frage ist also die, ob die Techniker der Bahn im Jahre 1881 ohne grobe Fahrläßigkeit zu dem Schlusse hätten gelangen müssen, es seien in Folge der Senkung und Wiederhebung der Brücke verborgene Mängel zurückgeblieben, welche, zumal angesichts der leichten Bauart der Brücke und der Beschaffenheit des Eisens, einen gefahrbrohenden Charakter besitzen; eine bloße Ausbesserung der sichtbaren Mängel könne daher nicht genügen, sondern es müsse die Eisenkonstruktion erneuert werden. Nun ist richtig, daß die Bahngesellschaft es unterlassen hat, die vom Kontrolingenieur angerathenen Zerreißungsproben vorzunehmen und auch die Belastungsproben in einer Weise

vorgenommen hat, mit welcher zwar schließlich das Eisenbahndepartement sich begnügte, welche aber immerhin, weil die Proben
nach Vollendung des Widerlagers nicht erneuert und dieselben
nur mit einer Geschwindigkeit von 15 Kilometer ausgeführt wurden, zu wünschen übrig ließ. Die Unterlassung der Zerreißungsproben nun qualifizirt sich zwar nicht als Mißachtung eines der
Bahngesellschaft ertheilten Befehls, sondern blos als Nichtbefol-
gung eines vom Kontrolingenieur ertheilten Rathes. Nichtsdestoweniger ist dieselbe als ein Fehler der Bahngesellschaft zu bezeichnen. Denn in der Stellung der Ingenieure der Bahn lag
es gewiß, kein ihnen von der sachverständigen Kontrole ange-
rathenes Untersuchungsmittel zu vernachläßigen, selbst wenn sie
persönlich von dessen Anordnung werthvolle Aufschlüsse sich nicht
versprechen mochten. Allein als eine mit dem Unfalle kausale grobe
Fahrläßigkeit kann diese Unterlassung doch nicht qualifizirt werden.
Die Vornahme von Zerreißungsproben war nicht etwa ein bestimmt vorgeschriebenes, oder durch die technische Erfahrung schlechthin gebotenes zuverläßiges Untersuchungsmittel, welches mit Sicherheit oder auch nur mit Wahrscheinlichkeit zu Aufdeckung der durch
die Hochwasserbeschädigung verursachten verborgenen Schäden geführt hätte. Keiner der Sachverständigen spricht dies aus; Röthlisberger (S. 16 u. f.) und Collignon & Hauser (S. 28)
führen im Gegentheil aus, daß ihrer Meinung nach diese Proben
(abgesehen von der Schwierigkeit ihrer Vornahme während des
Betriebes) einen Aufschluß über die Beschädigungen der Metall-
konstruktion in Folge des Pfeilereinsturzes nicht ergeben hätten.
Es ist um so weniger wahrscheinlich, daß die vom Kontrolingenieur
angerathenen Zerreißungsproben entscheidende Anhaltspunkte für
eine gefahrdrohende Veränderung der innern Struktur des Eisens
in Folge der Hochwasserbeschädigung ergeben hätten, als der Rath
des Kontrolingenieurs sich in erster Linie auf Winkeleisen bezog,
nun aber gerade die mit den Winkeleisen der Streben nach dem
Brückeneinsturze vorgenommenen Proben nicht gezeigt haben, daß
der Widerstand der probirten Stücke unter ihren ursprünglichen
gesunken war (Röthlisberger, S. 16).

Aehnliches gilt hinsichtlich der Belastungsproben. Auch hinsichtlich dieses Prüfungsmittels sind bestimmte Vorschriften des

Gesetzes oder der Kontrolbehörde nicht verletzt worden. Im übrigen
ist, auch abgesehen davon, daß die Ansichten der Techniker über
den Werth dieses Prüfungsmittels im Allgemeinen auseinander=
gehen, zu bemerken, daß, wie offenbar auch das Appellationsgericht
annimmt, Belastungsproben, selbst wenn sie vollständiger durch=
geführt wurden, als dies hier geschehen ist, doch kaum geeignet
gewesen wären, die verborgenen Mängel, die als Folgen der Hoch=
wasserbeschädigung zurückgeblieben waren und die erst im weitern
Verlaufe der Dinge gefährlich werden mußten, zu ermitteln. Es
kann sich daher in der That nur fragen, ob nicht schon ange=
sichts der Natur der durch das Hochwasser eingetretenen Be=
schädigung die Techniker der Bahngesellschaft sich ohne weiters
haben sagen müssen, es sei unzulässig, die so schwer beschädigte,
ohnehin leicht gebaute, Brücke einfach wieder in ihre frühere Lage
zu heben und nach Ausbesserung der sichtbaren Schäden dem Be=
triebe zurückzugeben, ob sie nicht, ohne grobe Fahrläßigkeit, hätten
erkennen müssen, daß innere, äußerlich nicht erkennbare, einsturz=
drohende Schäden zurückgeblieben seien, die nur durch eine völlige
Ersetzung der Eisenkonstruktion dauernd zu beseitigen seien. Hiefür
ist nicht entscheidend, daß der allgemeine Satz, Biegung und Rück=
biegung seien geeignet, die Widerstandskraft von Metall zu beein=
trächtigen, ja allerdings den Ingenieuren der Bahn bekannt sein
mußte. Entscheidend ist vielmehr, ob die Ingenieure ohne grobe
Fahrläßigkeit sich sagen mußten, die Senkung und Wiederhebung
habe die Eisenkonstruktion, trotz fehlender äußerer Anzeichen, derart
geschwächt, daß dieselbe im Laufe des Betriebes der Gefahr plötz=
lichen Zusammenbruchs ausgesetzt sei. Diese entscheidende Frage
aber kann auf Grund des vorliegenden Materials nicht bejaht
werden. So wenig wie die Ingenieure der Bahn, sind die Tech=
niker des Eisenbahndepartementes, obschon ihnen die Art und
Weise, wie die Brücke geschädigt und wieder in ihre frühere Lage
gehoben wurde, genau bekannt war, im Jahr 1881 zu dem
Schlusse gelangt, daß die Erneuerung der Eisenkonstruktion nothwendig sei. Ein derartiges Postulat wurde von ihnen für die beschädigten Eisenbahnbrücken bei Werthenstein und Wohlhusen (die
offenbar eine von der Mönchensteinerbrücke verschiedene Bauart auf=
weisen) gestellt; für die Mönchensteinerbrücke ist dies niemals

geschehen, vielmehr ist die Kontrole, nachdem die Bahngesellschaft über die Art und Weise der Wiederherstellung der Mönchensteiner=brücke Bericht erstattet hatte, darauf nicht mehr zurückgekommen. Nun würde allerdings die Bahngesellschaft dadurch nicht entlastet, daß die Kontrolbeamten ihrerseits den gleichen auffallenden Mangel an Sorgfalt und Einsicht bethätigt haben sollten, wie ihre eigenen Ingenieure. Allein das Verhalten der Kontrolbehörde ergibt doch ein Indiz dafür, daß hier wohl nicht gegen feststehende, allgemein anerkannte Grundsätze der Ingenieurwissenschaft ist verstoßen wor=den. Dazu kommt aber wesentlich: Wenn wirklich die Erneuerung der Eisenkonstruktion nach der stattgefundenen Senkung der Brücke ein unbedingtes, klar zu Tage liegendes, Gebot der technischen Wissenschaft war, wenn wirklich die Diagnose der Techniker un=bedingt auf tödtliche Schädigung lauten mußte, so mußte dies von den verschiedenen Experten, welche sich nach der Katastrophe mit der Brücke beschäftigten, erkannt und ausgesprochen werden. Dies ist aber durchaus nicht geschehen. Keiner der Sachverständigen spricht sich in diesem Sinne aus. Das Gutachten Zschokke=Seiffert, wie das Gutachten Ritter=Tetmayer enthalten gar keine dahin=zielende Andeutung. Diese Sachverständigen erblicken also darin, daß nicht zu gänzlicher Erneuerung der Eisenkonstruktion ge=schritten wurde, sondern man sich mit der Hebung und Wieder=herstellung der alten Eisenkonstruktion begnügte, an sich nichts Unzuläßiges; ihre Meinung ist vielmehr offenbar die, daß die alte Eisenkonstruktion trotz der erlittenen Verbiegungen an sich hätte beibehalten werden dürfen, daß dagegen die Brücke in Folge ur=sprünglicher auf unrichtiger statischer Berechnung beruhender Män=gel von Anfang an in einzelnen Theilen konstruktiv zu schwach gewesen sei und in diesen Theilen, auch abgesehen von dem Hoch=wasser von 1881, hätte verstärkt werden müssen. Röthlisberger, welcher seinerseits in den durch die Auskolkung des Widerlagers im Jahre 1881 verursachten Schäden die einzige Ursache der Ka=tastrophe erblickt, spricht sich (S. 18) dahin aus, die Katastrophe habe allerdings genügend erwiesen, daß der Unfall von 1881 die Solidität der Brücke definitiv gefährdet habe. „Wenn wir aber „auch heute in einem derartigen Falle ohne irgendwelches Be= „denken die Wiederherstellung der Brücke auferlegen würden, so er=

„klären wir hier dennoch, daß wir nicht behaupten können, ob
„wir damals eine gleiche Entscheidung gefaßt hätten, um so weniger
„als wir uns de visu keine Rechenschaft von der Tragweite des
„Schadens von 1881 geben konnten. Wir glauben übrigens, daß
„auch die erfahrensten Ingenieure eine Entschließung dieser Art
„nicht gefaßt hätten." Collignon & Hauser, welche rücksichtlich der
Ursache der Katastrophe die Meinung Röthlisbergers theilen,
sprechen sich zwar über diese Frage nicht speziell aus, sie erklären
aber (S. 57), daß sie im Allgemeinen den Ansichten Röthlis=
bergers beipflichten und schließen (S. 63) dahin : « On ne saurait
donc attribuer la chute qu'à une cause accidentelle et particulière, qui n'a pu être découverte malgré une incontestable
vigilance. » Diese Aeußerungen der sämmtlichen berufenen Sach=
verständigen geben also gar keinen Anhaltspunkt dafür, daß das
in Betreff der Hebung der gesunkenen Brücke beobachtete Ver=
fahren als ein technisch unzulässiges habe betrachtet werden müssen.
Die Ingenieure der Beklagten durften daher gewiß im Jahre 1881,
ohne grobe Fahrlässigkeit, der Ansicht sein, daß die Schädigung,
welche die Eisenkonstruktion unzweifelhaft erlitten hatte, nicht derart
sei, um die Standfestigkeit der Brücke zu gefährden ; sie konnten
insbesondere glauben, daß, wenn etwa doch zur Zeit noch nicht
sichtbare Schäden sollten zurückgeblieben sein, diese doch nicht ge=
fahrdrohend seien, da sie im Laufe des Betriebes sich manifestiren
werden und alsdann gefahrlos können beseitigt werden. Die Er=
fahrung hat nun allerdings gezeigt, daß dies ein Irrthum war
und daß insbesondere die technischen Organe der Bahngesellschaft
sich über die Tragweite der Beschädigung vollständig täuschten,
wenn sie — wohl deßhalb, weil die Hebung der Brücke ohne alle
Schwierigkeit vor sich gegangen war — glaubten, die Brücke sei
mit quelques légères cassures weggekommen. Dieser Irrthum
hat verhängnißvolle Folgen gezeitigt. Allein aus diesen schweren
Folgen darf nicht ohne weiters auf ein schweres Verschulden ge=
schlossen werden. Allerdings ist es mit der Aufmerksamkeit und
Sorgfalt, welche dem Eisenbahntechniker zuzumuthen ist, mit Rück=
sicht eben auf die entsetzlichen Folgen, die an von ihm begangene
Fehler sich knüpfen können, und seine dadurch bedingte verant=
wortungsvolle Stellung nicht leicht zu nehmen. Allein wenn es

fich fragt, ob eine grobe Fahrläßigkeit begangen worden fei, fo
ift trobdem der Maßftab der Beurtheilung felbftverftändlich nicht
dem Verhalten zu entnehmen, welches vielleicht ein Techniker von
hervorragender Begabung, von durchdringendem, die Erfahrungen
der Zukunft gleichfam vorwegnehmendem, Scharfblicke und von
tabellofer Sorgfalt beobachtet hätte; vielmehr ift zu fragen, ob
folche Verftöße begangen worden feien, welche ein Techniker ge=
wöhnlicher Art, welcher über den Mittelfchlag der Fachgenoffen
weder durch Einficht und Sorgfalt hervorragt, noch hinter dem=
felben zurückbleibt, bei gewöhnlicher Aufmerkfamkeit nicht begangen
hätte. Hier nun einen derartigen Verftoß anzunehmen, ift nach
dem Ausgeführten unmöglich. Wenn heute allerdings, nachdem
die Erfahrung in einem fchreckenvollen Beifpiele die fchwerwiegende,
gefährliche Bedeutung gezeigt hat, welche Schädigungen von der
Art der im Jahre 1881 der Mönchenfteinerbrücke zugefügten, ins=
befondere für leichtere Brückenkonftruktionen, befitzen, wenn heute
eine Bahnverwaltung folchen Schädigungen einfach in der gleichen
Weife entgegenträte, wie dies feitens der Beklagten im Jahre 1881
gefchehen ift, fo könnte ihr der Vorwurf grober Fahrläffigkeit
wohl mit Recht gemacht werden. Allein die Erfahrung, welche die
Kataftrophe des 14. Juni 1891 gebracht hat, darf nun eben nicht
in Betracht gezogen werden, wenn es fich darum handelt, das
Verhalten der Bahningenieure vor der Kataftrophe, im Jahre
1881, zu beurtheilen.

12. Ift alfo in der Art und Weife, wie die Bahngefellfchaft
bei Wiederherftellung der Brücke nach der Schädigung von 1881
verfuhr, eine grobe Fahrläßigkeit nicht zu erblicken, fo ift eine
folche auch für die fpätere Zeit nicht anzunehmen. Die erfte
Inftanz hat eine grobe Fahrläffigkeit noch darin erblickt, daß die
Bahngefellfchaft einer im Gefchäftsberichte des Eifenbahndeparte=
mentes für 1880 (S. 84 und 85) enthaltenen Bemerkung nicht
nachgekommen fei. Das Departement bemerkte dort nämlich an=
läßlich des Berichtes über eine von ihm angeordnete genaue
Unterfuchung der eifernen Brücken: „Die Fortfetzung felbftän=
biger fleißiger Beobachtungen über das Verhalten der eifernen
Brücken und das Revidiren der bezüglichen ältern Stabilitäts=
berechnungen kann den Bahnverwaltungen nicht genug empfohlen

werden." Die erste Instanz erblickt hierin eine eindringliche Mah=
nung, welcher die Bahngesellschaft nicht oder doch nur in unge=
nügender Weise nachgekommen sei. Allein dies ist nicht richtig.
Die Bemerkung des Eisenbahndepartementes in seinem dem Bun=
desrathe erstatteten, der Beklagten offiziell gar nicht mitgetheilten,
Geschäftsberichte qualifizirt sich überhaupt nicht als eine Mahnung
an die beklagte Bahngesellschaft, am allerwenigsten als eine solche,
welche auf die Mönchensteinerbrücke hätte bezogen werden müssen.
Gegentheils konnte diese Bemerkung, soweit sie die Nachrechnung
der „ältern" Stabilitätsberechnungen anempfiehlt, gerade auf die
Mönchensteinerbrücke kaum bezogen werden, denn die Stabilitäts=
berechnung dieser Brücke datirt aus dem Jahre 1874, wird also
im Jahre 1880 kaum schon zu den ältern ihrer Art gezählt wor=
den sein. Uebrigens hätte die Unterlassung, die Eiffelsche Stabili=
tätsberechnung nachzurechnen, nur dann kausale Bedeutung, wenn
eine Nachrechnung wirklich Unrichtigkeiten der Eiffelschen Berech=
nung hätte ergeben müssen. Dies ist aber nach dem oben Aus=
geführten nicht dargethan. Rücksichtlich der Belastungsproben ist
das Erforderliche gleichfalls oben bemerkt worden. Im übrigen ist
die Bahngesellschaft den an sie hinsichtlich des Brückenunterhaltes
erlassenen Weisungen der Kontrolbehörde regelmäßig nachgekommen;
wie die Berichte der Kontrolingenieure zeigen, hat die Brücke seit
1882 zu erheblichen Bemerkungen seitens der Kontrolbeamten
keine Veranlassung mehr gegeben. Einer Bemerkung des Kontrol=
ingenieurs Studer in seinem Berichte vom Oktober 1883, die
Eisenkonstruktion sei nicht auf Rollen gelagert, wurde im Dezember
1885 durch Ausrüstung der Brücke mit Rollenlagern entsprochen.
Im Jahre 1884 wurde die Brücke im Auftrage der Bahngesell=
schaft (ebenso wie die übrigen Brücken der Linie Biel=Basel=Delle
und Sonceboz) von einem Monteur der Brückenbaufirma Probst
Chappuis und Wolf unter der Kontrole der Ingenieure unter=
sucht und es wurden in der Folge durch eine Nietgruppe unter
Leitung des Monteurs sämmtliche lose Nietverbindungen erneuert
und vorkommende kleinere Beschädigungen ausgebessert. Weder bei
diesen Untersuchungen noch bei den sonstigen Prüfungen durch die
Bahnangestellten und die Kontrolingenieure ergaben sich bedrohliche
Schäden der Brücke. Der Betrieb derselben vollzog sich in nor=

malen Verhältnissen; es hat nicht festgestellt werden können, daß
bei demselben, wie vielfach behauptet war, beunruhigende Erschei=
nungen von dem Personale des Betriebsdienstes wären wahrge=
nommen und einberichtet worden. Im Gegentheil hat das Betriebs=
personal dies durchaus verneint. Es liegt also nicht etwa vor, daß
die Bahnverwaltung Warnungen, welche abnorme Erscheinungen
des Betriebes ihr gegeben, nicht gewürdigt, sondern leichtfertig
in den Wind geschlagen hätte. Gegentheils war, wie bemerkt,
der Betrieb ein normaler, also nicht geeignet, Befürchtungen zu
erregen. Als sodann im Jahre 1889 die Bahngesellschaft einige
schwerere Lokomotiven anschaffen wollte, wurde sie vom Eisenbahn=
departement durch Verfügung vom 11. Februar 1889 angewiesen,
sich über die Tragfähigkeit der Brücken, des Oberbaues ꝛc. ihrer
Linien im Hinblicke auf die Verwendung so schwerer Maschinen
auszusprechen, da nicht angenommen werden könne, daß der
Oberbau sämmtlicher Linien geeignet sein werde, ohne Nachtheil
von solchen Maschinen befahren zu werden. Die Bahngesellschaft
übertrug die rechnerische Revision der Mönchensteinerbrücke der
Firma Probst, Chappuis und Wolf in Bern. Diese untersuchte zu=
erst, ob die neuen Maschinen eine größere Belastung für die
Hauptträger ergeben als die kleineren. Sie fand, daß dies nicht
der Fall sei, sondern die Belastung nur für die Längs= und Quer=
träger größer werde. Gestützt hierauf berechnete sie die Verstär=
kungen, welche für die Längs= und Querträger nöthig werden, und
schlug darauf gestützt einige Verstärkungen vor. Eine Nachrechnung
der von Eiffel und Bridel für die Hauptträger gemachten Be=
rechnungen nahm sie nicht vor; sie setzte diese Berechnungen als
richtig voraus. Ihre eigenen Berechnungen sind unbestrittener=
maßen sorgfältig und richtig gemacht. Die Bahngesellschaft legte
die Berechnungen der Firma Probst, Chappuis und Wolf nebst
den darauf begründeten Verstärkungsprojekten dem Eisenbahndepar=
tement am 25. März 1890 vor; dieses genehmigte die Verstär=
kungsprojekte und dieselben wurden im Jahre 1890 durch die
Firma Probst, Chappuis und Wolf ausgeführt. Bei Ausführung
der Arbeiten wurde die Brücke durch den Monteur der Unter=
nehmer untersucht wobei weder Beschädigungen der Eisentheile
noch Deformationen wahrnehmbar waren. Eine Probebelastung

wurde vom Departement nicht verlangt und fand nicht statt. Die kantonalen Gerichte, insbesondere die erste Instanz, erblicken nun eine grobe Fahrläßigkeit der Bahngesellschaft darin, daß dieselbe anläßlich der Einführung der schweren Lokomotiven nicht eine Nachprüfung der Berechnung der Hauptträger veranlaßt, sondern sich mit der Berechnung, wie sie die Brückenbaufirma Probst, Chappuis und Wolf sie aufstellte, begnügt habe. Allein dem kann nicht beigetreten werden. Zunächst ist klar, daß eine Ueberprüfung der ursprünglichen Stabilitätsberechnung Aufschlüsse über die verborgenen Schäden, welche die Folge der Beschädigung des Jahres 1881 waren, nicht ertheilen konnte, sodann ist, wie bemerkt, nicht dargethan, daß überhaupt eine Nachrechnung der ursprünglichen Stabilitätsberechnung die Unrichtigkeit derselben ergeben hätte, und endlich ist zu bemerken, daß, nachdem die Brücke seit dem Unfalle von 1881 wieder während längerer Jahre in ungestörtem Betriebe gestanden war und sichtbare Schädigungen nicht aufgewiesen hatte, die Organe der Bahngesellschaft ohne grobe Fahrläßigkeit der Ansicht sein konnten, die ursprüngliche Widerstandskraft derselben sei nicht gefährlich geschwächt und es genüge daher, zu untersuchen, inwieweit sie mit Rücksicht auf die durch die schweren Lokomotiven herbeigeführte Mehrbelastung der Verstärkung bedürfe. Gerügt werden kann, einerseits daß die Bahngesellschaft bei Einführung der schwereren Lokomotiven nicht von sich aus zu Nachrechnung ihrer Brücken schritt, andrerseits daß der Betrieb mit den schweren Lokomotiven schon vor Ausführung der Verstärkungsarbeiten begann. Allein diese Punkte stehen mit der Katastrophe nach der Expertise in keinem Zusammenhang.

13. Ist somit ein kausales grobes Verschulden der Bahngesellschaft nicht dargethan, so muß die von den kantonalen Instanzen der Klägerin gestützt auf Art. 7 des Eisenbahnhaftpflichtgesetzes gesprochene Entschädigung von 20,000 Fr. gestrichen und kann der Klägerin nur für die ihr erwachsenen vermögensrechtlichen Nachtheile Ersatz gewährt werden. In dieser Richtung waltet darüber keine Meinungsverschiedenheit, daß diese Nachtheile sich auf die gegenwärtigen und zukünftigen Heilungskosten beschränken. Wenn die Bahngesellschaft beantragt, es sei für die zukünftigen Heilungskosten eine Aversalentschädigung auszuwerfen, so ist dieses

Begehren unbegründet. Denn für die Berechnung einer solchen Aversalentschädigung mangelt es an jedem Anhaltspunkte, da der Zustand der Klägerin derart ist, daß nicht mit einiger Sicherheit vorausgesagt werden kann, welche Auslagen für Krankenpflege ihr noch erwachsen werden. Auch die im Urtheile der Vorinstanzen gebrauchten Worte „und dergleichen" sind nicht zu streichen. Die= selben sind, wie die Vorinstanz mit Recht bemerkt, unverfänglich. Wenn zwischen den Parteien in Zukunft Streit darüber entstehen sollte, ob einzelne von der Klägerin liquidirte Ausgaben unter den gesetzlichen Begriff der Heilungskosten fallen, so ist darüber als= dann vom Richter zu entscheiden. Selbstverständlich ist, daß es den Parteien unbenommen bleibt, sich später über eine Kapitalabfin= dung für die zukünftigen Heilungskosten zu einigen; ein Vorbe= halt dieses Inhaltes braucht in das Urtheil nicht aufgenommen zu werden. Der Vorbehalt der Nachklage ist zu streichen, denn dieser Vorbehalt kann sich nur auf die Forderung aus Art. 7 des Eisenbahnhaftpflichtgesetzes beziehen und diese ist, wie gezeigt, unbegründet. Bei dieser Sachlage braucht nicht untersucht zu wer= den, ob überhaupt grundsätzlich der Vorbehalt der Nachklage für Forderungen, die sich auf Art. 7 des Eisenbahnhaftpflichtgesetzes stützen, statthaft sei.

14. Die gerichtlichen Kosten der bundesgerichtlichen Instanz sind, da die Beklagte mit ihrer Beschwerde in der Hauptsache ob= siegt, der Klägerin aufzuerlegen. Dagegen sind die außergericht= lichen Kosten vor Bundesgericht wettzuschlagen und ist rücksichtlich der kantonalen Kosten das angefochtene Urtheil zu bestätigen. Allerdings siegt die Beklagte in dem wesentlichen Streitpunkte der Frage der Anwendbarkeit des Art. 7 des Eisenbahnhaftpflicht= gesetzes, ob, allein sie ist immerhin aus Art. 5 leg. cit. haft= pflichtig und der Prozeß war zu Klarstellung des Umfanges ihrer Verantwortlichkeit nothwendig.

Demnach hat das Bundesgericht

**erkannt:**

Die Weiterziehung der Beklagten wird dahin für begründet erklärt, daß die Beklagte zur Zahlung von 4860 Fr. 45 Cts. sammt Zins zu 5 % vom 5. Dezember 1891 (Tag der Klage) an, ferner grundsätzlich zum Ersatze aller der Klägerin vom 15. Oktober 1891 an noch erwachsenden Auslagen für Krankenpflege, Arzt, Apotheke, allfällige spezielle Heilkuren und Anschaffungen u. drgl. verurtheilt, im Uebrigen dagegen das angefochtene Urtheil des Appellationsgerichtes des Kantons Baselstadt aufgehoben wird.

---

### 38. Urteil vom 21. April 1893 in Sachen Wangler gegen Centralbahn.

A. Durch Urteil vom 26. Januar 1893 hat der Appellations- und Kassationshof des Kantons Bern erkannt: Die Klägerin Wittwe Emma Wangler ist mit ihrem Klagebegehren abgewiesen.

B. Gegen das Urteil des Appellations- und Kassationshofes ergriff die Klägerin die Weiterziehung an das Bundesgericht. Bei der heutigen Verhandlung trägt ihr Anwalt, indem er gleichzeitig um Erteilung des Armenrechtes für seine Klientin nachsucht, auf Zuspruch der Klagebegehren an. Er produziert eine Erklärung des Betriebschefs Manuel der Jura-Simplonbahn und des Inspecteur des trains Balmer der nämlichen Gesellschaft d. d. 20. April 1893 betreffend den Sinn des Art. 38 des allgemeinen Fahrdienstreglementes der schweizerischen Eisenbahnen, vom 21. November 1880, sowie eine den gleichen Gegenstand betreffende Zuschrift des Ingenieurs Girtanner, Adjunkten des administrativen Inspektorats des schweizerischen Eisenbahndepartements, d. d. 20. April 1893. Der Vertreter der Centralbahngesellschaft trägt auf Abweisung der gegnerischen Beschwerde und Bestätigung des vorinstanzlichen Urteils an.

Das Bundesgericht zieht in Erwägung:

1. Neue Beweismittel in der bundesgerichtlichen Instanz sind unzulässig (Art. 30 O.-G.); die heute von der Klägerin neu produzierten Bescheinigungen können daher nicht berücksichtigt werden.

2. In tatsächlicher Beziehung steht fest: Der Ehemann der Klägerin Baptist Wangler war als Kondukteur bei der Beklagten angestellt. Am 17. September 1891 hatte er auf Zug 101 von

Scherzlingen nach Bern und dann weiter auf einem anschließenden Zuge nach Basel den Gepäckdienst zu besorgen. Zug 101 langte an diesem Tage mit einer Verspätung von 16 Minuten von Scherzlingen her im Bahnhofe Thun an; nach einem Aufenthalte von bloß 3 statt der fahrplanmäßigen 5 Minuten wurde das Signal zur Abfahrt gegeben; der Zug setzte sich in Bewegung und war bereits im Gange, als Wangler noch auf einen der letzten Wagen aufzuspringen versuchte. Dieser Versuch mißlang; Wangler fiel, nachdem er einige Zeit vom Zuge nachgeschleift worden war, zwischen Zug und Bahnhofperron hinunter und geriet dabei mit dem rechten Unterschenkel unter die Räder. Dies machte eine Amputation notwendig, an deren Folgen der Verletzte starb. Wangler war nach Ankunft des Zuges in Thun abgestiegen und hatte sich in das Bahnhofbuffet verfügt, wo ein Kamerad für ihn ein Glas Magenbitter bestellt hatte. Damit versäumte er die Abfahrt des Zuges; dieser befand sich bereits in Bewegung, als Wangler das Buffet verließ.

3. Die Beklagte hat der auf das Eisenbahnhaftpflichtgesetz gestützten Entschädigungsklage der Wittwe Wangler die Einrede des Selbstverschuldens entgegengestellt; reglementswidrig sei es gewesen, daß Wangler im Bahnhofe Thun den Gepäckwagen zum Zwecke des Besuches des Buffets verlassen habe, reglementswidrig und zudem höchst unvorsichtig sei ferner der Versuch gewesen, auf den schon in rascher Bewegung befindlichen Zug aufzuspringen.

4. Nach dem Thatbestande der Vorinstanz steht fest, daß das Verbot, zum Zwecke des Wirtschaftsbesuches, einen Zug vor Ankunft auf der Endstation und ordnungsmäßiger Beendigung des Dienstes zu verlassen, dem Wangler bekannt war und daß dieses Verbot sich auch auf den Bahnhof Thun bezog, weil Thun nicht Kopfstation ist. Die Einwendung, daß das Verbot sich nicht auf den Besuch der Bahnhofbuffets, sondern nur auf denjenigen entfernter liegender Wirtschaften beziehe, ist offenbar unbegründet; das Verbot richtet seine Spitze, wie die Vorinstanz mit Recht bemerkt, vielmehr gerade gegen den Besuch der Bahnhofbuffets. Der Beweis, daß das Verbot nicht gehandhabt worden sei, sondern die Aufsichtsorgane dessen Übertretung geduldet haben, ist nach der thatsächlichen Feststellung der Vorinstanz vollständig miß-

lungen. Bewiesen ist allerdings, daß hie und da Kondukteure
durchfahrender Züge das Bahnhofbuffet in Thun besuchen; dagegen
ist ebenso erwiesen, daß diese Übertretungen des bestehenden Ver=
bots im geheimen zu geschehen pflegen, und, wenn entdeckt, von
den Aufsichtsbeamten geahndet werden. Ebenso ist nach der Fest=
stellung der Vorinstanz nicht erwiesen, daß Wangler am Tage des
Unfalles an Magenbeschwerden gelitten habe und dadurch bestimmt
worden sei, das Buffet zu besuchen, um dort als Linderungsmittel
ein Magenbitter zu genießen. Es steht somit fest, daß Wangler,
indem er den Zug zum Zwecke des Besuches des Buffets verließ,
gegen eine bestimmte Dienstvorschrift handelte, ohne daß dieser
Verstoß durch besondere Gründe entschuldigt werden könnte. Dieser
Verstoß steht in kausalem Zusammenhange mit dem Unfalle inso=
fern, als er zur Folge hatte, daß Wangler die Abfahrtszeit des
Zuges versäumte und sich dadurch zu dem verhängnisvollen Ent=
schlusse bestimmen ließ, das Aufspringen auf den fahrenden Zug
zu versuchen.

5. Auch dieser Versuch, welcher den Unfall unmittelbar herbei=
führte, verstieß gegen ein reglementarisches Verbot. Wenn die Klä=
gerin dies im Hinblick auf die für den Rangierdienst bestehenden
Vorschriften leugnet, so ist zu erwidern, daß die Bestimmungen
über den Rangierdienst hier offenbar gar nicht zur Anwendung
kommen, sondern die Vorschriften, welche für den Fahrdienst gelten,
und diese verbieten das Aufspringen auf in Bewegung befindliche
Fahrzeuge ganz allgemein, auch den Bahnangestellten. Festgestellt
ist nun allerdings, daß Übertretungen dieses Verbotes da und dort
vorkommen und geduldet werden. Allein nach der Festkellung der
Vorinstanz war diese Duldung keine allgemeine, sondern beschränkte
sich auf Fälle dienstlicher Nötigung, so daß nicht etwa gefolgert
werden konnte, das Verbot habe überhaupt seine Geltung verloren,
es werde auf dessen Handhabung verzichtet. Sodann aber befand
sich der Zug 101 festgestelltermaßen in dem Augenblicke, wo
Wangler den Versuch machte, aufzuspringen, bereits in so rascher
Bewegung, daß das Aufspringen als ein für Jedermann, auch
für einen mit dem Bahndienste vertrauten Angestellten, als ein
augenscheinlich gefährliches Wagnis, als ein Unternehmen, welches
auch ein Eisenbahnbeamter sich nicht zutrauen durfte, erscheinen

mußte. Die Handlungsweise des Wangler war daher, auch abge=
sehen von jedem reglementarischen Verbot, eine unzulässige, gegen
die Regeln der gewöhnlichsten Vorsicht verstoßende. Dieselbe kann
auch nicht dadurch entschuldigt werden, daß Wangler dienstlich
genötigt gewesen sei, das gefährliche Wagnis zu unternehmen.
Allerdings machte Wangler den Versuch, auf den fahrenden Zug
aufzuspringen, deshalb, um dort seinen Dienst verrichten zu kön=
nen. Allein dieses Motiv vermöchte, bei den hier, angesichts der
raschen Bewegung des Zuges mit dem Aufspringen verbundenen
großen und augenscheinlichen Gefahren, seine Handlungsweise schon
im allgemeinen kaum rechtfertigen; vielmehr durfte Wangler unter
diesen Umständen, um die Folgen seiner Versäumung der Abfahrt
des Zuges wettzumachen, kaum etwas anderes tun, als beim
Stationspersonal darum nachsuchen, den Zug anhalten zu lassen.
Dazu kommt aber noch, daß, wenn Wangler die Abfahrt des
Zuges versäumt hatte, dies nicht etwa durch die dienstliche Be=
schäftigung desselben, sondern vielmehr durch einen von ihm began=
genen Dienstfehler verursacht war. Wangler suchte, indem er es
unternahm, auf den fahrenden Zug aufzuspringen, einfach einen
von ihm begangenen Dienstfehler durch einen zweiten wettzumachen.
Nicht die Anforderungen des Dienstes hatten ihn in eine Lage
gebracht, in welcher das Aufspringen auf den fahrenden Zug ihm
verführerisch nahe gelegt sein mochte, sondern sein eigenes Ver=
schulden, ein von ihm begangener Verstoß gegen eine bestimmte
Dienstvorschrift.

6. Es ist demnach in der That ein mit dem Unfalle in kausalem
Zusammenhange stehendes Verschulden des Getödteten erwiesen.
Mitverschulden der Bahngesellschaft kann, nach den vorliegenden
Akten, nicht angenommen werden. Der Umstand, daß ab und zu
Übertretungen des Verbotes des Aufspringens auf rollende Fahr=
zeuge geduldet wurden, vermag, wie schon bemerkt, die Handlungs=
weise des Wangler nicht zu rechtfertigen. Diese beschränkte Duldung
erstreckte sich keineswegs auf so gefährliche Handlungen, wie die
von Wangler unternommene und konnte daher diesen auch nicht
zu seinem Tun bestimmen. Im weitern hat die Klägerin ein Mit=
verschulden darin gefunden, daß der Zugführer das zweite Abfahrts=
signal gegeben habe, ohne sich vorher zu vergewissern, daß das

Zugspersonal sich auf seinem Posten befinde. Nun ist allerdings richtig, daß nach Art. 38 des allgemeinen Fahrdienstreglementes und Ziffer 4 der Dienstinstruktion der Schweizerischen Centralbahn vom 28. März 1883 der Zugführer das Abfahrtssignal erst zu geben hat, wenn er sich von der Anwesenheit seiner gesammten Mannschaft überzeugt hat und es mag zugegeben werden, daß diese beiden Vorschriften sich auch auf die Abfahrt von Zwischen= stationen beziehen. Allein eine schuldhafte Übertretung dieser Vor= schriften hat hier nicht stattgefunden. Es ist nämlich nicht zu übersehen, daß Wangler als Gepäckkonducteur auf der Station Thun nicht, wie die übrigen Konducteure, abzusteigen, sondern im Gepäckwagen zu verbleiben hatte. Der Zugführer durfte nun wohl voraussetzen, daß Wangler demgemäß auf seinem Posten bleibe, oder wenn er veranlaßt sei, denselben zu verlassen, ihn davon in Kenntnis setze, dies um so mehr, als am Unglückstage der Zug erhebliche Verspätung hatte und daher der Aufenthalt auf den Stationen, wie dem Zugspersonal natürlich bekannt war, möglichst abgekürzt werden mußte. Wenn bei dieser Sachlage der Zugführer das Abfahrtssignal gab, ohne vorher noch besonders im Gepäck= wagen nachzusehen, ob Wangler nicht etwa seinen Posten verlassen habe, so kann ihm dies nicht zum Verschulden angerechnet werden. Danach muß die Klage, in Übereinstimmung mit der Vorinstanz, abgewiesen werden.

Demnach hat das Bundesgericht

erkannt:

Die Weiterziehung des Klägers wird als unbegründet abge= wiesen und es hat demnach in allen Teilen bei dem angefochtenen Urteile des Appellations= und Kassationshofes des Kantons Bern sein Bewenden.

# V. Fabrik- und Handelsmarken.
## Marques de fabrique.

### 39. Urteil vom 18. Februar 1893 in Sachen Felchlin gegen Schindler.

A. Durch Urteil vom 28./30. November 1892 hat das Kantonsgericht des Kantons Schwyz erkannt:

Beklagtische Firma hat sich jeder Benutzung der Schutzmarke, Analysen und Diplome der früher bestandenen und nunmehr erloschenen Kollektivgesellschaft Kirschdestillation Schwyz zu enthalten; ebenso hat die Firma Kirschdestillation Schwyz Alfred Schindler, Alleininhaber, die Worte Alfred Schindler, Alleininhaber derart mit den Worten Kirschdestillation Schwyz bei jeglicher Verwendung der Firma zu verbinden, daß sie als ein ungeteiltes Ganzes erscheint und nicht mit der erloschenen Firma Kirschdestillation Schwyz verwechselt wird.

B. Gegen dieses Urteil ergriff die beklagte Firma die Weiterziehung an das Bundesgericht. Bei der heutigen Verhandlung beantragt ihr Anwalt: Es sei die Weiterziehung für begründet zu erklären und die Klage des gänzlichen abzuweisen.

Dagegen trägt der Anwalt der Klägerin auf Bestätigung des vorinstanzlichen Urteils an.

Das Bundesgericht zieht in Erwägung:

1. Am 27. Juni 1881 deponierte die Firma Nazar Felchlin & Cie., Destillateurs in Schwyz, beim eidgenössischen Amte für geistiges Eigentum eine Schutzmarke, welche unter Nr. 526 eingetragen wurde; am 22. Juli 1882 wurde eingetragen, daß die Markeninhaberin ihre Firma in „Kirschdestillation Schwyz" geändert habe. Am 10. März 1883 wurde im Handelsregister eingetragen „Inhaber der schon vor dem 1. Januar 1883 bestandenen Firma und Kollektivgesellschaft „Kirschdestillation Schwyz" seien Nazar Felchlin von Steinen und Alfred Schindler von Arth, Kanton Schwyz, beide in Schwyz." Nazar Felchlin und Alfred Schindler hatten am 1. Januar 1883 einen Vertrag abgeschlossen,

durch welchen sie als „Inhaber der Firma Kirschdestillation Schwyz"
u. a. bekunden, „daß von heutigem Datum an, Herr Nazar
„Felchlin, Besitzer aller zur Kirschdestillation Schwyz gehörenden
„Kapitalien, Inventar und Waaren bleibt, dagegen die Firma und
„Schutzmarke Kirschdestillation Schwyz dem Herrn Alfred Schindler
„als alleiniges Eigentum angehört." Dennoch sollte bei Ableben
des Alfred Schindler die Firma Kirschdestillation Schwyz an
Nazar Felchlin oder nach Ableben des letztern an dessen Nachkom=
men übergehen. Nazar Felchlin, welcher das Geschäft schon vor
dem Eintritte des Alfred Schindler betrieben hatte, besorgte im
wesentlichen die Fabrikation und den Einkauf, während dagegen
Alfred Schindler für das Geschäft reiste. Infolge Todes des Teil=
habers Nazar Felchlin wurde die Kollektivgesellschaft Kirschdestil=
lation Schwyz auf 31. Januar 1892 aufgelöst. In dem darauf
bezüglichen veröffentlichten Handelsregistereintrage ist bemerkt, die
Liquidation werde besorgt von Wittwe C. Felchlin und Alfred
Schindler, beide in Schwyz. Am 23. Januar 1892 ließ Alfred
Schindler für sich als Einzelgewerbetreibenden die Firma Kirsch=
destillation Schwyz, Alfred Schindler, Alleininhaber, in's Han=
delsregister eintragen. Am 25. gleichen Monats ließ ebenso die
Wittwe des Nazar Felchlin, Carolina geb. Schuler, für sich als
Einzelgewerbetreibende die Firma „Kirschdestillation C. Felchlin,
Schwyz" eintragen; in letzterem Eintrage ist bemerkt, die Firma
habe Aktiven und Passiven der erloschenen Firma Kirschdestil=
lation Schwyz in Schwyz übernommen. Wittwe Felchlin hat
die Einrichtungen, Waarenvorräte u. s. w. des frühern Geschäf=
tes übernommen. Alfred Schindler bedient sich für sein Geschäft
der Schutzmarke der aufgelösten Kollektivgesellschaft und führt
deren Medaillen und Diplome, während er der Wittwe Felchlin
deren Benutzung verbot. Letztere suchte vergeblich beim eidgenössischen
Amte für geistiges Eigentum um Löschung der Marke der auf=
gelösten Kollektivgesellschaft nach. Die Firma Kirschdestillation
C. Felchlin Schwyz, erhob hierauf gegen die Firma Kirschdestillation
Schwyz, Alfred Schindler, Alleininhaber, Klage, in welcher sie
die aus Dispositiv 1 des angefochtenen Urteils ersichtlichen An=
träge stellte.

2. Im heutigen Vortrage, wie übrigens bereits vor der kan=
tonalen Instanz, hat der Anwalt der Beklagten erklärt, daß diese

auf die von der aufgelösten Kollektivgesellschaft eingeholten Ana=
lysen einen Anspruch nicht erhebe. In dieser Beziehung ist also
der Streit erledigt und die vorinstanzliche Entscheidung einfach zu
bestätigen.

3. Wenn die Klagepartei in erster Linie verlangt, die Beklagte
habe sich des Gebrauchs der der erloschenen Kollektivgesellschaft
Kirschdestillation Schwyz erteilten gewerblichen Diplome zu ent=
halten, so ist sie in dieser Richtung zur Klage legitimiert. Denn
nach Art. 27, Ziff. 3 des Bundesgesetzes vom 26. September 1890
steht die Civil= und Strafklage wegen unerlaubter Angaben hin=
sichtlich gewerblicher Auszeichnungen jedem Fabrikanten, Produ=
zenten oder Handeltreibenden zu, welcher Erzeugnisse herstellt oder
in den Handel bringt, die gleicher Art sind wie diejenigen, die
fälschlich mit einer unerlaubten Angabe versehen wurden. Die
klägerische Firma erzeugt aber Waaren gleicher Art wie diejenigen,
welche die Beklagte mit der streitigen Angabe über gewerbliche
Auszeichnungen versieht. Die Klage ist auch begründet. Die strei=
tigen gewerblichen Auszeichnungen wurden nicht der beklagten
Firma, sondern der erloschenen Kollektivgesellschaft verliehen; die
Beklagte hat also gemäß Art. 21 des Bundesgesetzes vom 26.
September 1890 kein Recht, sich derselben zu bedienen. Es ist
auch nicht etwa bei Auflösung der Kollektivgesellschaft das Gesell=
schaftsgeschäft auf den nunmehrigen Inhaber der beklagten Firma
A. Schindler übertragen und dabei vereinbart worden, daß mit
dem Geschäfte auch die für dasselbe erworbenen gewerblichen Aus=
zeichnungen übergehen sollen. Es braucht daher nicht untersucht
zu werden, ob und unter welchen Voraussetzungen das Recht au
die Führung von gewerblichen Auszeichnungen übertragen werden
könne.

4. Anders gestaltet sich die Frage hinsichtlich der Benutzung der
Marke der aufgelösten Kollektivgesellschaft durch die beklagte Firma.
Hier steht der klägerischen Firma ein Privatrecht nicht zu, der Be=
klagten diesen Gebrauch zu verbieten. Das Klagerecht wegen unbe=
fugten Gebrauchs einer Marke steht nicht Jedermann, sondern nur
demjenigen zu, dessen Privatrechte dadurch verletzt werden. Art. 27
des Bundesgesetzes vom 26. September 1890 räumt die Marken=
rechtsklage (im Gegensatze zu der Klage wegen unerlaubter Angaben über gewerbliche Auszeichnungen) nur dem getäuschten

Käufer und dem Inhaber der Marke ein. Es kann also ein Han=
dels= oder Gewerbetreibender nicht deshalb gegen einen Konkurrenten
klagen, weil dieser die Marke eines Dritten rechtswidrig benutze.
Nun ist die klägerische Firma unzweifelhaft nicht Inhaberin der
streitigen Marke. Inhaberin derselben war die, nunmehr aufgelöste,
Kollektivgesellschaft Kirschdestillation Schwyz, und die klägerische
Firma hat nicht behauptet und konnte offenbar nicht behaupten,
es sei das ausschließliche Recht auf die Marke mit dem Geschäfte
auf sie übertragen worden. Ein Markenrecht der Klägerin ist also
durch den Gebrauch der Marke seitens der Beklagten, auch wenn
dieser ein unbefugter sein sollte, nicht verletzt und es ist daher die
klägerische Firma zur Klage nicht legitimiert. Anzuerkennen ist
allerdings, daß ein Teilhaber einer aufgelösten Gesellschaft oder
dessen Erben berechtigt sind, sich dem unbefugten Gebrauche der
erloschenen Waarenzeichen der aufgelösten Gesellschaft durch andere
ehemalige Teilhaber zu widersetzen. Ein solcher Gebrauch verletzt
das Recht, welches alle einzelnen Gesellschafter darauf besitzen,
daß nicht die Waarenzeichen der aufgelösten Gesellschaft, an wel=
chen sie mitberechtigt waren, in rechtswidriger Weise zum aus=
schließlichen Vorteile eines Gesellschafters ausgenützt werden und
dieser sich dadurch den Anschein gebe, als führe er das Gesellschafts=
geschäft fort. Wenn also die Inhaberin der klägerischen Firma,
Wittwe Felchlin als Erbin ihres verstorbenen Ehemannes geklagt
hätte, so könnte ihr die Legitimation zur Klage kaum bestritten
werden. Allein dies ist nun eben nicht geschehen. Wittwe Felchlin
hat nicht als Erbin ihres Ehemannes, sondern als Inhaberin
des neuen Geschäftes Kirschdestillation C. Felchlin Schwyz geklagt.
Wenn auch richtig sein mag, daß sie tatsächlich Erbin ihres Ehe=
mannes geworden ist, so hat sie doch nicht in dieser Eigenschaft
geklagt. Demnach ist denn die Klage rücksichtlich der Marke wegen
mangelnder Aktivlegitimation abzuweisen, ohne daß es einer Un=
tersuchung der Frage bedürfte, ob der Vertrag vom 1. Januar
1883, soweit es die Marke anbelangt, gültig, oder, mit Rücksicht
auf Art. 11 des Bundesgesetzes vom 26. September 1890, un=
gültig sei, sowie ob nicht die ehemalige Kollektivgesellschaft Kirsch=
destillation Schwyz etwa noch als Kollektivgesellschaft in Liquidation
fortbauere und daher das ausschließliche Recht auf das streitige
Zeichen zur Zeit noch dieser Gesellschaft in Liquidation zustehe.

5. Das Begehren hinsichtlich der Schreibweise der Firma der
Beklagten ist, soweit es sich dabei um die Verwendung der Firma
als Waarenzeichen handelt, aus den in Erwägung 4 angeführten
Gründen zu verwerfen. Überhaupt aber verletzt die Schreibweise
der Firma der Beklagten kein rechtliches Interesse der Klägerin.
Richtig ist natürlich, daß die Vereinbarung vom 1. Januar 1883,
daß die Firma Kirschdestillation Schwyz „Eigentum" des A.
Schindler sei, durchaus ungültig ist, da die Worte „Kirschdestillation Schwyz" überhaupt keine nach dem Obligationenrecht zulässige Firma eines Einzelgewerbetreibenden sind und von einer
Übertragbarkeit der Firma nach diesem Gesetze nicht die Rede sein
kann. Als Firma der Beklagten ist gemäß Art. 867 O.-R. einzig
der Name des Inhabers, Alfred Schindler, zu betrachten; die
Worte Kirschdestillation Schwyz qualifizieren sich lediglich als Zusatz zu dieser Firma, zu näherer Bezeichnung des Geschäftes, und
es bestreitet die Klägerin, die sich ja ihrerseits eines ähnlichen Zusatzes zu ihrer Firma bedient, die Zulässigkeit dieses Zusatzes nicht.
Von einer täuschenden Ähnlichkeit der Firma der Beklagten mit
derjenigen der Klägerin kann also gewiß nicht die Rede sein. Eher
hätte vielleicht behauptet werden können, die Beklagte sei nicht
berechtigt, ihrer Firma das Wort „Alleininhaber" beizufügen, da
durch dasselbe der Schein erregt werde, es sei die Kirschdestillation
Schwyz der Beklagten das einzige Geschäft dieser Art. Allein
hierauf ist nicht geklagt worden. Ein Schadenersatzbegehren wegen
unredlicher Konkurrenz ist nicht gestellt; es ist daher nicht zu
untersuchen, ob ein solches begründet wäre, ob die Beklagte, etwa
durch Verbreitung falscher Nachrichten über die Fortsetzung des
Geschäftes der ehemaligen Kollektivgesellschaft, sich einer concurrence déloyale schuldig gemacht habe.

Demnach hat das Bundesgericht

erkannt:

Die Weiterziehung der Beklagten wird dahin für begründet erklärt, daß zwar rücksichtlich der Analysen und Diplome das angefochtene Urteil bestätigt, im übrigen dagegen, in Abänderung des
Dispositivs 1 dieses Urteils, die Klage abgewiesen wird.

## 40. Urteil vom 18. März 1892 in Sachen
## Wille und Genossen gegen Bachschmid.

A. Durch Urteil vom 10. Dezember 1892 hat der Appellations- und Kassationshof des Kantons Bern erkannt: Die Kläger, Firma Wille frères in Chaux-de-Fonds und Firma Veuve Charles Léon Schmidt & Cie daselbst, sind mit ihren Klagebegehren abgewiesen.

B. Gegen dieses Urteil ergriffen die Kläger die Weiterziehung an das Bundesgericht. Mit schriftlicher Eingabe vom 3. März 1893 erklärt der Anwalt der Kläger, daß er, da die Vorinstanz einen Beweis überhaupt nicht erhoben habe, beantragen werde, es sei eine Aktenvervollständigung durch den bernischen Appellations- und Kassationshof anzuordnen; in der Sache selbst werde er beantragen: Es sei den Klägern in Abänderung des angefochtenen Urteils des bernischen Appellations- und Kassationshofes ihr Klagebegehren zuzusprechen und es sei die ihnen gebührende Entschädigungssumme zu bestimmen. Er bemerkt: Neben der durch das angefochtene Erkenntniß beurteilten Klage wegen Markenrechtsverletzung haben die Kläger gegen den Beklagten auch Klage wegen concurrence déloyale erhoben; es habe dies, der kantonalen Prozeßvorschriften halber, welche für Markenrechtsstreitigkeiten ein summarisches Verfahren vor dem Appellhofe vorschreiben, während Streitigkeiten aus dem Obligationenrechte im ordentlichen Verfahren zu erledigen seien, nicht im gleichen Prozesse geschehen können. Es sei nun jedenfalls vorzubehalten, daß den Klägern ihre Rechte hinsichtlich des noch anhängigen zweiten Prozesses gewahrt bleiben.

C. Bei der heutigen Verhandlung hält der Anwalt der Kläger die schriftlich angemeldeten Anträge aufrecht. Der Anwalt des Beklagten trägt auf Abweisung der gegnerischen Anträge und Bestätigung des angefochtenen Urteils an; für den Fall, daß eine Aktenvervollständigung sollte angeordnet werden, sei auch der Beklagte zum Gegenbeweise, d. h. zum Beweise in Betreff seiner im Prozesse wegen concurrence déloyale aufgestellten Antwortsbehauptungen zuzulassen.

Das Bundesgericht zieht in Erwägung:

1. Die Klage wird auf folgende Tatsachen begründet: Die beiden Brüder Charles und Eugene Wille und Charles Leon Schmidt in Chaux-de-Fonds haben durch Vertrag vom 15. Dezember 1873 von dem Uhrenfabrikanten Georges Frederic Roskopf daselbst das Recht erworben, dessen nach damals geltendem neuenburgischen Rechte gerichtlich deponierte und gesetzlich geschützte Fabrikmarke zu gebrauchen. Nach Mitgabe des Bundesgesetzes vom 19. Dezember 1879 betreffend den Schutz der Fabrik- und Handelsmarken haben sodann zuerst am 6. November 1880 die Brüder Wille, dann am 26. Juli 1882 Charles Leon Schmidt die erworbene Fabrikmarke, um sie unter den Schutz dieses Gesetzes zu stellen, an zuständiger Stelle deponiert und nach dem Tode des Charles Leon Schmidt habe, am 9. August 1884, dessen Rechtsnachfolgerin, die Firma Veuve Charles Léon Schmidt die Marke neuerdings deponiert. Demgemäß seien die klägerischen Firmen nach Mitgabe der Bundesgesetze vom 19. Dezember 1879 und 26. September 1890 allein berechtigt, die von ihnen hinterlegte Marke und deren wesentliche Bestandteile zu gebrauchen. Diese Marke bestehe aus einem in der Mitte angebrachten Sterne mit fünf Strahlen, je einem kleinen Stern auf beiden Seiten am Rande und der Umschrift Roskopf Patent. Der Name Roskopf erscheine somit als ein wesentlicher Bestandteil der Marke. Der Beklagte habe nun seit Jahren das Markenrecht der Kläger durch folgende Handlungen verletzt: Er bediene sich des Namens Roskopf zur Anpreisung seiner Uhren und gebe sich als Fabrikant von Roskopf-Uhren aus, insbesondere sei in den seinen Waaren beigelegten, in englischer Sprache abgefaßten Zeugnissen wiederholt die Bezeichnung Roskopf Watches auf seine Fabrikate angewendet; auf dem Umschlage einer von ihm verbreiteten, ebenfalls englisch abgefaßten, Reklame bezeichne er sich als manufacturer of Roskopf Watches und an deren Kopf stehen die Worte: Explanations about Roskopf Watches bearing the trademarks F. Bachschmid and Roskopf Patent; auf Inschriften an den Verkaufsmagazinen in Bombay, in denen er durch Vermittlung eines Agenten seine Fabrikate verkaufe, sei er als original maker of Roskopf watches bezeichnet; durch eine Brüsseler Firma lasse

er Reklamen verbreiten, in denen ebenfalls seine Uhren Roskopf=
Uhren genannt seien und an seinem Fabrikgebäude in Biel habe
er die Inschrift: Montres Roskopf anbringen lassen. Die Vorin=
stanz hat die Klage ohne Beweisaufnahme abgewiesen, indem sie
davon ausgieng, angenommen auch die Kläger genießen den
Schutz der beiden Bundesgesetze für ihre Marke, welche nach ihrer
Beschreibung die Worte Roskopf Patent enthalte, so erstrecke sich
dieser Schutz doch nicht auf die dem Beklagten zur Last gelegten
Handlungen; weder nach dem Bundesgesetze vom 19. Dezember
1879, welches für die unter seiner Herrschaft begangenen Hand=
lungen maßgebend sei, noch nach dem gegenwärtig geltenden
Markenschutzgesetze vom 26. September 1890.

2. Es ist der Auffassung der Vorinstanz in allen Teilen bei=
zutreten. Es ist zunächst gewiß richtig, daß für die unter der
Herrschaft des Bundesgesetzes vom 19. Dezember 1879 began=
genen Handlungen des Beklagten die Bestimmungen dieses Ge=
setzes, und nur für die seit Inkrafttreten des Bundesgesetzes vom
26. September 1890 begangenen, die Grundsätze dieses neuen
Gesetzes gelten. Das Bundesgesetz vom 19. Dezember 1879 nun
schützt, wie das Bundesgericht bereits in seiner Entscheidung in
Sachen Singer & Cie. gegen Aebischer und Konsorten vom
10./12. Januar 1885 (Amtliche Sammlung XI, S. 53, Erw. 3)
ausgesprochen hat, nur das Waarenzeichen, d. h. das auf der
Waare selbst oder deren Verpackung angebrachte Herkunftszeichen;
es gewährt seinen Schutz nur gegen rechtswidrige Anfertigung
oder Benutzung von solchen, zum Anbringen auf der Waare selbst
oder ihrer Verpackung bestimmten oder verwendeten Waarenzeichen.
Manipulationen anderer Art, welche zu einer Täuschung über
den Ursprung der feilgebotenen Waare führen können, wie Äuße=
rungen in Prospekten und Reklamen, Angaben auf Ladenschildern,
Fabrikgebäuden u. s. w., enthalten, auch wenn sie rechtswidrig
sind, doch keine Markenrechtsverletzung, sie involvieren keine Ver=
letzung des Rechts des Markeninhabers auf den ausschließlichen
Gebrauch seiner Marke als solcher, d. h. als auf der Waare
selbst oder deren Verpackung angebrachten Herkunftszeichens. Hie=
ran hat auch das neue Markenschutzgesetz vom 26. September
1890 nichts geändert. Wie das frühere schützt auch das neue Ge=

setz als Fabrik= und Handelsmarken nur die Geschäftsfirmen und
die auf der Waare selbst oder deren Verpackung angebrachten
Herkunftszeichen (Art. 1 des Gesetzes vom 26. September 1890).
Danach ist denn hier, auch wenn alle Tatsachen wahr sein sollten,
welche die Kläger behauptet haben, eine Markenrechtsverletzung
nicht gegeben. Es ist gar nicht behauptet, daß der Beklagte die
Worte Roskopf oder Roskopf Patent auf seinen Waaren oder
deren Verpackung anzubringen pflege oder dieselben in seine
Marken, d. h. in die Herkunftszeichen, welcher er sich zu Be=
zeichnung seiner Produkte bedient, als Bestandteil aufgenommen
habe. Behauptet ist vielmehr nur, daß er sich in Zeugnissen, Re=
klamen und Prospekten, auf Ladenschildern und in der Aufschrift
an seinen Fabrikräumlichkeiten als Fabrikant von Roskopf=Uhren,
seine Uhren als Roskopf=Uhren bezeichne. Hierin liegt, nach dem
Ausgesagten, überall keine Markenrechtsverletzung. Daran ändert
es auch nichts, daß die Reklamen, Prospekte und Zeugnisse hie
und da den Waaren selbst beigelegt werden mögen. Denn dadurch
werden ja diese Reklamen und dergleichen doch nicht zu auf der
Waare selbst oder deren Verpackung angebrachten Herkunftszeichen
oder Bestandteilen von solchen. Fraglich kann nur sein, ob nicht
die Handlungen des Beklagten sich als Akte unredlicher Konkur=
renz qualifizieren und daher nach Art. 50 u. ff. O.=R. zum
Schadenersatze verpflichten. Hierüber aber ist im gegenwärtigen
Prozesse, wo es sich einzig um die Markenrechtsklage handeln
kann, nicht zu entscheiden, sondern es ist dies dem weitern bereits
eingeleiteten Verfahren vorzubehalten.

3. Wenn die Kläger noch behauptet haben, der Gebrauch des
Namens Roskopf durch den Beklagten enthalte eine nach Art. 18
u. ff. des Bundesgesetzes vom 26. September 1890 rechtswidrige
Herkunftsbezeichnung, so ist dies offenbar unrichtig. Art. 18 u. ff·
leg. cit. beziehen sich, wie ihr Inhalt klar ergibt, auf die ört=
lichen Herkunftsbezeichnungen, auf Bezeichnungen, welche die Her=
kunft eines Erzeugnisses aus einer bestimmten Stadt, Ortschaft,
Gegend und dergleichen, welche einem Erzeugnisse seinen Ruf geben,
betreffen. Eine derartige örtliche Herkunftsbezeichnung enthält das
Wort Roskopf jedenfalls nicht. Dasselbe deutet, wenn es nicht zu
einer Sachbezeichnung, zu Bezeichnung einer bestimmten Art von

Uhren, geworben sein sollte, auf einen bestimmten Fabrikanten, nicht auf eine bestimmte Gegend hin.

Demnach hat das Bundesgericht

erkannt:

Die Weiterziehung der Kläger wird als unbegründet abgewiesen und es hat demnach in allen Teilen bei dem angefochtenen Urteil des Appellations= und Kassationshofes des Kantons Bern sein Bewenden.

---

### 41. Arrêt du 21 Avril 1893 dans la cause American Waltham Watch Company contre Woog & Grumbach.

Statuant en la cause pendante entre l'American Waltham Watch Company, demanderesse, et la maison Woog & Grumbach, défenderesse, le Tribunal cantonal de Neuchâtel a, par jugement des 8 Novembre et 10 Décembre 1892, prononcé ce qui suit:

« 1° Il est fait défense à Woog & Grumbach d'apposer sur leurs produits, ou de faire apposer sur ceux dont ils commandent l'exécution, les mots « American Watch C° » ou toute autre inscription, désignation ou marque dans laquelle rentreraient les mots « American Watch C°. »

2° La destruction et la confiscation de toutes marques illicites et de tous outils ayant servi à la contrefaçon sont ordonnées.

3° La maison Woog & Grumbach et ses chefs Maurice Woog et Jules Grumbach sont condamnés à payer, solidairement, à l'American Waltham Watch Company, à titre d'indemnité, la somme de 7083 francs avec intérêts au taux du 5 % l'an dès le 10 Janvier 1891, jour de l'introduction de la demande.

4° L'American Waltham Watch Company est autorisée à publier, dans deux journaux suisses et deux journaux étran-

gers, de son choix, aux frais de Woog & Grumbach, dans la
partie réservée aux annonces, un extrait du présent jugement.
Le Tribunal se réserve de déterminer, s'il y a lieu, les termes de cette publication, lorsque le présent jugement sera
devenu définitif.

C'est contre ce jugement que les deux parties ont recouru
au Tribunal fédéral, Woog & Grumbach le 13 Février 1893,
et l'American Waltham Watch Company le 14 dit.

Woog & Grumbach ont conclu au rejet des conclusions de
la demanderesse, plus bas reproduites, et à l'admission de
leurs conclusions libératoires.

L'American Waltham Watch Company a conclu, de son
côté, à ce qu'il plaise au Tribunal de céans déclarer bien
fondées toutes les conclusions de sa demande et particulièrement celles portant les N°° 3 et 5, qui n'ont été admises que
partiellement par le tribunal cantonal de Neuchâtel.

*Statuant en la cause et considérant :*

*En fait :*

1° Le 22 Mars 1854, le Sénat et la Chambre des représentants de l'Etat de Massachussets (Etats-Unis d'Amérique),
ont autorisé la constitution d'une Société anonyme sous la
raison de « Waltham Improvement Company, » aux fins d'é-
tablir une manufacture d'horlogerie dans la ville de Waltham.
Le siège de la Société était dans la dite ville, et le capital
social se montait à 300 000 dollars.

Le 2 Février 1859, les mêmes autorités concédèrent à la
dite Compagnie le droit de porter le nom de « American
Watch C°. »

Le 12 Mai 1876 la Compagnie fit inscrire au registre officiel des marques de fabrique de Birmingham (Angleterre),
où elle avait établi une succursale, la raison de commerce de
« American Watch C° Waltham Mass. » les deux derniers
mots désignant le siège de la Société, la ville de Waltham,
Etat du Massachussets.

Afin d'assurer également la protection de sa marque de
fabrique en Suisse, la Société fit inscrire au registre officiel
à Berne, sous date du 25 Juillet 1882, la même désignation

« American Watch C° Waltham Mass. » La publication de
cette raison de commerce eut lieu dans la *Feuille fédérale du
Commerce* du 5 Août 1882.

Le 26 Mars 1885, l'Assemblée générale de la Compagnie
décida d'introduire le mot de « Waltham » dans sa raison de
commerce, ensorte que celle-ci porta désormais le nom de
« American Waltham Watch C°. »

Le 21 Décembre 1889, la Compagnie demanda que son
ancienne marque de fabrique fût inscrite au bureau des marques de fabrique des Etats-Unis, ce qui eut lieu, ensuite
d'enquête préalable, le 29 Avril 1890.

Depuis l'année 1885, la Compagnie avait porté son capital
social à 3 millions de dollars, soit 15 millions de francs, et elle
possède des agences générales dans plusieurs villes d'Amérique, d'Angleterre et d'Australie, ainsi qu'un agent général à
Genève.

L'American Waltham Watch Company s'était aperçue, depuis plusieurs années déjà, que des montres non fabriquées
par elle, et portant néanmoins la marque « American Watch
C° » étaient vendues dans les pays où elle écoulait ses produits. La circonstance suivante a donné lieu au procès actuel.

Un voyageur de la Compagnie, nommé Alfred Selmann, se
trouvait, en 1889, en tournée d'affaires au Brésil, et vit dans
un magasin de Rio-de-Janeiro une montre semblable à celles
fabriquées par sa maison. Il acheta cette montre, et en demanda facture, qui lui fut, contrairement à l'usage, refusée.
La montre en question porte le N° 55696, est une lépine
argent, remontoir, mouvement doré. Sur le mouvement, outre
la marque « American Watch C° » se trouve gravé le numéro ; sur la face externe de la cuvette, la marque « American Watch C° » est aussi gravée en caractères anglais. Sur
le cadran se trouvent les mots « Watch C°. » Le même voyageur vit encore des montres semblables à Bahia, Pernambouc
et Buenos-Ayres.

La demanderesse réussit à découvrir que la montre N° 55696
avait été fabriquée par la maison Ed. et J. Sandoz au Locle,
et que la maison Woog & Grumbach, à la Chaux-de-Fonds,

en vendait d'identiques, portant également la marque « American Watch C°. »

La Compagnie demanderesse porta plainte, le 2 Janvier 1890, auprès du juge d'instruction de Neuchâtel, contre la maison Sandoz, et contre Woog & Grumbach. Au cours de l'enquête pénale, sieur Jaques-Philippe Sandoz a reconnu avoir gravé, ensuite de commande de Woog & Grumbach, sur le cadran, le mouvement et la cuvette de montres l'inscription « American Watch C° ». Woog & Grumbach, de leur côté, n'ont pas contesté avoir donné ce mandat à la maison Sandoz, et ils ont reconnu que la montre N° 55696 avait été fabriquée par cette maison, puis expédiée par eux à Rio-de-Janeiro.

Woog & Grumbach prétendaient toutefois avoir employé dès l'année 1882 la marque en question, dans la croyance que cette désignation était tombée dans le domaine public.

Au vu de l'enquête, la Chambre d'accusation de Neuchâtel rendit, le 12 Mai 1890, un arrêt prononçant la mise en accusation et le renvoi devant le jury correctionnel de la Chaux-de-Fonds de Jules-Oscar Grumbach, de Jaques-Philippe Sandoz et de Joseph Vogt, sous la prévention de contravention aux art. 18 et 19 de la loi fédérale du 10 Décembre 1879 sur la protection des marques de fabrique et de commerce. Les débats eurent lieu le 10 Juin 1890 ; le jury rapporta un verdict négatif sur toutes les questions qui lui étaient posées, et le tribunal prononça la libération des trois inculpés.

Un recours de droit public, interjeté contre ce jugement, fut écarté par un arrêt du Tribunal fédéral du 1er Novembre 1890, lequel se fonde entre autres sur ce que ce Tribunal n'est point une instance d'appel ou de cassation en matière pénale, et sur ce qu'il n'était pas possible de savoir par quels motifs le jury avait libéré les accusés, puisque son verdict n'est pas motivé.

Le 9 Janvier 1891, l'American Waltham Watch Company a introduit devant les tribunaux neuchâtelois une action civile contre Woog & Grumbach ; elle concluait à ce qu'il plaise au tribunal :

1° Interdire à la maison Woog & Grumbach d'apposer sur
ses produits ou de faire apposer sur ceux dont elle commande
l'exécution, les mots « American Watch C° » ou toute autre
inscription, désignation ou marque, dans laquelle rentreraient
les mots « American Watch C°. »

2° Ordonner la destruction et la confiscation de toutes
marques illicites et de tous outils ayant servi à la contrefaçon.

3° Condamner la maison Woog & Grumbach, soit ses
chefs Maurice Woog et Jules Grumbach, solidairement, à
payer à la demanderesse, à titre d'indemnité, la somme de
25 000 francs avec intérêts à 5 % l'an dès le jour de la formation de la demande.

4° Les condamner solidairement à tous les frais et dépens
du procès.

5° Dire que le jugement sera publié dans neuf journaux
suisses et étrangers au choix de la demanderesse et aux frais
de Woog & Grumbach.

Les motifs sur lesquels cette action est fondée seront pris
en considération, autant que de besoin, dans les considérants
du présent arrêt, ainsi que les arguments invoqués par les
défendeurs à l'appui de leurs conclusions libératoires tendant
à ce qu'il plaise au tribunal :

1° Déclarer mal fondées les conclusions de la demande de
l'American Waltham Watch Company et

2° condamner la demanderesse aux frais et dépens du
procès.

Par son jugement des 8 Novembre et 10 Décembre 1892,
le tribunal cantonal de Neuchâtel a statué ainsi qu'il a été
dit plus haut, par les motifs dont suit la substance :

L'American Waltham Watch Company a le droit de
réclamer en Suisse la protection légale contre l'imitation ou
la contrefaçon de ses marques de fabrique, ainsi que contre
l'usurpation de sa raison commerciale. Ce droit, reconnu par
le Tribunal fédéral dans son arrêt du 1er Novembre 1890,
résulte de la législation sur la matière ainsi que des déclarations et conventions internationales intervenues entre la
Suisse, et les Etats-Unis, et l'Angleterre pour la protection

de la propriété industrielle. Aux termes de l'art. 8 de la convention internationale, du 20 Mars 1883, le nom commercial est protégé, sans obligation de dépôt, qu'il fasse ou non partie d'une marque de fabrique ou de commerce. En 1882 la Société demanderesse a fait enregistrer la marque « American Watch C° » au bureau fédéral des marques de fabrique; cette marque est donc au bénéfice des dispositions protectrices de la loi fédérale. Peu importe que la marque en question se compose exclusivement de mots, puisque ces mots constituent en même temps la marque de commerce de la demanderesse, et que cette marque doit être protégée en Suisse en tout état de cause en vertu de l'art. 6 de la convention internationale de 1883. D'ailleurs les marques étrangères se composant uniquement de mots jouissent en Suisse du bénéfice de la loi fédérale, malgré l'art. 4, si elles sont admises par la loi du pays d'origine; or c'est le cas pour la Grande-Bretagne et pour les Etats-Unis d'Amérique.

Peu importe également, au point de vue de la protection de sa marque, que la Compagnie ait modifié, depuis 1885, sa raison de commerce « d'American Watch C° » en « American Waltham Watch C° », puisque, depuis cette adjonction, la demanderesse n'a pas cessé de se servir de sa marque ancienne « American Watch C° ». Si, du reste, celui qui a déposé la marque modifie son nom commercial, cette modification est sans effet sur la marque, qui reste protégée sans autres formalités. La demanderesse est ainsi en droit de réclamer tout à la fois la protection de sa marque de fabrique enregistrée « American Watch C° » et la protection de son nom commercial « American Waltham Watch C° », lorsque ce nom est imité ou contrefait sur des produits industriels.

En apposant ou en faisant apposer sur des mouvements de montres et sur des cuvettes les mots « American Watch C° » et sur des cadrans les initiales « A. W. C° », Woog & Grumbach ont donc usurpé, contrefait et imité la marque de fabrique enregistrée en 1882 par la demanderesse, ainsi que le nom commercial « American Waltham Watch C°, » cela d'autant plus qu'aucune fabrique d'horlogerie ne se sert,

dans sa raison sociale, des mots « American Watch C° ». C'est
cette dernière désignation qui constitue la partie principale
de la marque de la demanderesse ; le fait que Woog & Grumbach n'ont pas imité ou reproduit le mot de « Waltham » ne
justifie point leurs agissements illicites.

Woog & Grumbach ont apposé sur leurs propres produits
la marque déposée « American Watch C° » de manière
à faire croire au public que ces produits provenaient de la
maison dont ils portaient indûment la marque ; ils ont aussi
vendu des produits revêtus d'une marque qu'ils savaient contrefaite ou indûment apposée, ce qui est constitutif du dol.

En fixant à 7083 francs les dommages-intérêts qui devront
être payés à l'American Watch Company, le tribunal ne tient
compte que du bénéfice indûment réalisé par Woog & Grumbach sur 1574 montres, à 4 fr. 50 c. la pièce, bien qu'il faille
admettre que les défendeurs ont contrefait un nombre supérieur, peut être considérable, mais demeuré indéterminé, de
montres au préjudice de la défenderesse.

Il n'y a pas lieu de tenir compte des deux autres éléments
de dommage invoqués par l'American Watch Company ; l'atteinte portée à sa réputation, et les frais occasionnés par
la recherche et la poursuite de la contrefaçon ; d'une part il
n'a pas été établi que les montres mises en circulation par
Woog & Grumbach fussent d'une qualité inférieure aux montres de la demanderesse, et, d'autre part, le dossier ne contient aucune justification de frais faits pour la recherche de la
contrefaçon dont il s'agit.

C'est contre cet arrêt que les parties ont toutes deux
recouru au Tribunal fédéral, et pris les conclusions ci-dessus
reproduites.

*En droit :*

2° La demanderesse réclame en première ligne la protection de la marque de fabrique qu'elle avait possédée dès
l'origine et qu'elle utilise encore aujourd'hui ; elle invoque
également la protection due à sa raison commerciale usurpée
par les défendeurs.

Ces derniers estiment que la demanderesse ne peut récla-

mer la protection de la loi fédérale et de la convention internationale du 20 Mars 1883 que pour sa raison de commerce,
enregistrée à Berne dans la forme suivante « American Watch
C° Waltham Mass ; » que les mots « American Watch C° »
détachés de l'ensemble de la marque, ne sont pas protégés ;
qu'il est constant que la raison de commerce de la demanderesse est, depuis l'année 1885, « American Waltham
Watch C° » ; que bien que cette nouvelle raison de commerce n'ait pas été enregistrée au bureau fédéral, elle n'en
jouit pas moins de la protection légale à teneur de l'art. 8
de la convention internationale ; que, la demanderesse ne
se plaignant pas d'une imitation ou contrefaçon de sa raison
de commerce actuelle, et son action n'étant fondée que
sur l'imitation de son ancienne raison de commerce, il ne
semble pas qu'une raison de commerce, bien qu'enregistrée,
mais à laquelle une autre a été substituée, puisse continuer à jouir de la protection légale, puisque, d'après la
loi fédérale, une maison ne peut posséder qu'un seul nom
commercial.

Il y a donc lieu de rechercher d'abord si la demanderesse
possède, à côté de sa raison commerciale, une marque de
fabrique indépendante, ayant une existence propre, ou si au
contraire elle ne fait qu'utiliser sa raison commerciale comme
marque de fabrique.

3° Il convient de relever ici qu'il s'agit en l'espèce d'une
marque étrangère, dont la validité doit être appréciée, non
point à teneur des dispositions de la loi fédérale sur la matière, mais bien, conformément à l'art. 6 de la convention
internationale du 30 Mars 1883, d'après les lois du pays
d'origine, d'où il résulte que toute marque de fabrique ou de
commerce régulièrement déposée dans le pays d'origine sera
admise au dépôt et protégée telle quelle dans tous les autres
pays de l'Union.

C'est, en outre, la loi fédérale du 19 Décembre 1879 sur
la protection des marques de fabrique qui doit trouver son
application à l'espèce, et non la loi nouvelle sur la même matière du 26 Septembre 1890, entrée en vigueur à partir du

1er Juillet 1891 seulement ; il s'agit, en effet, dans la cause
actuelle, d'une demande introduite les 9 et 10 Janvier 1891,
et par conséquent sous l'empire de la loi antérieure ; les faits
de contrefaçon et d'imitation signalés tombent, en outre, tous
dans la période antérieure à la promulgation de la loi nouvelle.

4° En ce qui concerne le dépôt de sa marque de fabrique
par la demanderesse à l'étranger, il résulte du numéro du
*Trade-Mark's Journal,* produit au dossier, que cette marque
a été déposée en Angleterre le 12 Mai 1876, dans la teneur
suivante : « American Watch C° Waltham Mass ». La raison
de commerce de la Compagnie était alors « American
Watch C° » ; il suit de là que la marque de fabrique n'était
point constituée uniquement par le nom commercial, mais
que ce dernier *avec l'adjonction* Waltham Mass composait la
dite marque.

Aux termes de l'« acte pour amender la législation relativement aux marques frauduleusement apposées sur les marchandises, » du 7 Août 1862, la désignation « marque de
commerce » comprend, en Angleterre, tout nom, mot ou autre
signe, légalement employé soit par des sujets Anglais, soit
par des étrangers établis dans les Etats de S. M. britannique,
pour désigner un produit quelconque ou marchandise comme
provenant de cette personne. (Voir Pataille, *Annales de la
propriété industrielle, artistique et littéraire,* tome X, 1864,
p. 53 s.)

Sous date du 13 Août 1875 une loi complémentaire fut
publiée en Angleterre, statuant à son art. 1er qu'un registre
des marques de commerce sera établi et qu'à partir du 1er
Juillet 1876, nul n'aura droit d'introduire une instance pour
empêcher la contrefaçon d'une marque de commerce, jusqu'à
ce que et à moins que cette marque de commerce soit enregistrée en conformité de la présente loi. (Voir Pataille, *ibidem,*
tome XX, 1875, p. 385 ss.)

C'est en application de cette disposition que la demanderesse fit inscrire sa marque de fabrique en Angleterre le 12
Mai 1876. En application de la convention entre la Suisse et
la Grande-Bretagne, du 6 Novembre 1880, la demanderesse

fit également inscrire, le 28 Juillet 1882, au registre des marques de fabrique à Berne, sa marque, sous la désignation de « American Watch C° Waltham Mass », et celle-ci jouit dès lors en Suisse de la protection légale.

En ce qui a trait au dépôt de la marque de la demanderesse au regard des exigences de la loi des Etats-Unis d'Amérique, le Conseil fédéral a conclu, en date du 16 Mai 1883, avec le gouvernement de ce pays, un arrangement d'après lequel, à partir de cette date, la réciprocité sera observée entre les deux états en ce qui concerne la protection des marques de fabrique et de commerce (voir *Feuille fédérale* 1883, II, p. 776).

A partir de cette époque les marques de fabrique valablement déposées en Amérique étaient également protégées en Suisse.

Le 30 Mai 1887 les Etats-Unis accédèrent à la convention du 20 Mars 1883 sur la propriété industrielle, et conformément aux dispositions de cette convention, la Suisse doit protéger les marques américaines.

Il est vrai que la demanderesse, dans le courant de l'année 1885, a changé son nom commercial de « American Watch C° » en celui de « American Waltham Watch C° », — mais il est, d'autre part, établi à satisfaction de droit que la nouvelle raison commerciale a conservé l'ancienne marque de fabrique, ce que constate d'ailleurs en fait l'arrêt dont est recours.

Une nouvelle loi sur les marques de fabrique aux Etats-Unis fut promulguée le 3 Mars 1881, pour remplacer la loi du 8 Juillet 1870, déclarée inconstitutionnelle par un arrêt de la Cour suprême, en date du 6 Décembre 1879 ; cette nouvelle loi statue, entre autres, que toutes les marques de fabrique doivent être déposées au « Patent Office, » disposition qui, paraît-il, n'existait pas auparavant, et que l'enregistrement ne sera pas fait, si la marque était simplement le nom du demandeur (voir Pataille, *ibidem*, tome XXVI, 1881, p. 257 ss.). C'est pour se conformer à cette loi que la demanderesse a fait inscrire sa marque de fabrique « American Watch C° Waltham Mass » à l'office américain des patentes, sous la déclaration sermentale qu'elle avait continuellement fait usage de cette marque antérieurement au dit dépôt, et que personne d'autre n'y avait droit.

Il suit de toutes les constatations qui précèdent qu'à teneur des pièces du dossier le nom commercial soit raison de commerce de la demanderesse, transformé dès 1885 en « American Waltham Watch C° » ne constituait pas, comme tel, sa marque de fabrique, mais que cette dernière consiste en la désignation « American Watch C° Waltham Mass », sous laquelle elle a été effectivement enregistrée en 1876 en Angleterre, en 1882 à Berne et en 1889 et 1890 aux Etats-Unis. Il suit de là spécialement que l'adjonction, en 1885, du mot « Waltham » au nom commercial ne changeait rien à la marque de fabrique de la dite maison.

5° En ce qui touche la question de savoir si les défendeurs ont contrefait ou imité la marque de fabrique de la demanderesse, il est constant que la montre N° 55696, achetée à Rio-de-Janeiro, a été fabriquée et vendue par les défendeurs, qu'elle porte sur le cadran l'inscription « Watch C°, » sur la cuvette et sur le mouvement la désignation « American Watch C°. » De plus, lors de la perquisition domiciliaire du 10 Avril 1890, il fut trouvé chez Woog & Grumbach une grande quantité de montres, qu'ils se disposaient à exporter, et qui étaient munies des mêmes désignations. En outre la procédure probatoire a permis à l'instance cantonale de constater que Woog & Grumbach ont fabriqué, ou fait fabriquer soit par Ed. et J. Sandoz, soit par Vogt, à Colombier, et mis en vente 1574 montres marquées « American Watch C° ».

Il s'en suit que les défendeurs Woog & Grumbach, en utilisant pour leurs montres fabriquées à la Chaux-de-Fonds la désignation « American Watch C° », ont fait usage d'une marque de fabrique appartenant à autrui et jouissant de la protection légale ; ils ont, non point *contrefait* la dite marque, puisqu'ils ne l'ont pas reproduite dans sa teneur intégrale de « American Watch C° Waltham Mass », mais ils l'ont évidemment *imitée*, en en reproduisant les éléments principaux, de manière à induire le public en erreur sur la provenance de la marchandise.

6° C'est en vain que, pour justifier leurs agissements, les défendeurs ont prétendu que le public ne pouvait être induit en erreur par la désignation « American Watch C° » apposée sur leurs produits, attendu que ceux-ci portent tous le contrôle suisse, et que les mots « American Watch C° » y sont fréquemment accompagnés de la marque « Montandon Locle », dont l'usage leur est concédé.

En effet, d'une part, le poinçon suisse est si peu apparent qu'il n'est pas de nature à frapper l'acheteur, et, d'autre part, il n'est nullement établi que les défendeurs aient apposé sur tous leurs produits la désignation complémentaire « Montandon Locle » ; ce n'est point le cas pour la montre N° 55696 produite au dossier. Cette adjonction n'empêcherait d'ailleurs pas le public d'être induit en erreur, puisque, dans tous les cas, l'indication principale figurant sur les dites montres fabriquées par Woog & Grumbach est celle de « American Watch C° ».

7° L'objection des défendeurs, consistant à dire que les montres de la demanderesse sont connues sous le nom de « Waltham » et que ce mot n'a pas été imité par eux, ne saurait davantage être accueilli.

Bien, en effet, que la désignation de Waltham apparaisse sur plusieurs des produits de la demanderesse, surtout depuis qu'elle a fait entrer en 1885 ce nom local dans sa raison commerciale, il n'est point exact de prétendre que ce nom de ville soit l'élément principal de sa marque, celui dont l'imitation est particulièrement de nature à provoquer l'erreur ou la confusion chez l'acheteur. La demanderesse qui a, en tout cas dès 1859, conquis une réputation indéniable sous le nom commercial « American Watch C° », est encore généralement connue sous cette désignation, ainsi que le constate expressément l'arrêt cantonal.

Il est possible que, en particulier pour certaines espèces de montres de la demanderesse, le nom Waltham soit plus connu des négociants et fabricants d'horlogerie ; mais ce fait n'est point décisif, et ce qui importe sur ce point, c'est que le grand public, en achetant une montre munie de la désignation « American Watch Cᵒ » doit admettre que cette pièce provient de la fabrique connue sous ce nom.

8° Le moyen que les défendeurs tirent du fait que la désignation « American Watch Cᵒ » serait du domaine public, et d'un usage permis à tous, est absolument inadmissible. Pour que ce point de vue puisse apparaître comme fondé, il faudrait qu'il fût établi que les mots « American Watch Cᵒ » ont servi généralement à désigner une certaine espèce de montres, et ce au vu et au su de la demanderesse. Or tel n'est pas le cas; le jugement cantonal déclare qu'il n'est point constant que d'autres fabricants que Woog et Grumbach aient commis le même abus, et il estime avec raison que, même si cette preuve eût été faite, elle n'emporterait pas la justification des défendeurs, et n'aurait pas pour conséquence de transformer la marque « American Watch Cᵒ » en une désignation générique, susceptible d'appropriation légitime par des tiers. Il faudrait, pour cela, ainsi que le Tribunal fédéral l'a déclaré dans son arrêt du 13 Février 1891 en la cause Patek, Philippe & Cᵒ contre Schwob (*Rec.* XVII, p. 138, consid. 8), que la demanderesse, bien qu'elle eût connu les noms de fabricants d'horlogerie qui se servaient abusivement de la désignation dont il s'agit, eût autorisé cet usage expressément ou tacitement. Or rien de semblable ne peut être établi dans l'espèce; au contraire la demanderesse s'est empressée d'agir juridiquement, dès qu'elle eut appris le nom du fabricant de la montre Nᵒ 55696.

9° Bien que l'existence du dol à la charge des défendeurs ne soit point nécessaire, aux termes de l'art. 19 de la loi fédérale du 19 Décembre 1879, pour justifier les conclusions de la demande en dommages-intérêts, et qu'il suffise, à cet effet, qu'une simple faute, imprudence ou négligence soit établie à leur charge, il résulte expressément des constatations du tribunal cantonal qu'en fait Woog et Grumbach connaissaient l'existence de la demanderesse, qu'ils ne pouvaient pas l'ignorer, puisqu'ils expédiaient leurs produits précisément dans les pays où l'American Watch Company de Waltham écoule les siens.

Il y a lieu, conformément à cette constatation, d'admettre que les défendeurs ont fait usage, dans une intention dolosive, de la marque « American Watch C° » ; cette marque désigne, en effet, l'origine de la marchandise, et Woog et Grumbach l'ont sciemment apposée sur leurs propres produits, alors qu'ils connaissaient pertinemment l'existence de sa propriétaire, laquelle avait fait publier dans la *Feuille fédérale,* en 1882, l'avis du dépôt de la dite marque en Suisse.

Il y a donc lieu de faire application à l'espèce de l'art. 18 litt. *b* et *c* de la loi fédérale précitée, puisque les défendeurs n'ont pas seulement imité la marque d'autrui de manière à induire le public en erreur, mais qu'ils ont, en outre, usurpé la marque d'autrui pour leurs propres produits, de manière à faire croire au public que ceux-ci proviennent de la maison dont ils portent indûment la marque.

10° En dehors de ce qui a trait à la question de l'imitation de la marque de fabrique de la demanderesse, qui fait l'objet des considérants ci-dessus, on pourrait se demander si l'usage des mots « American Watch C° » ne se caractérise pas aussi comme une imitation de la raison commerciale, et par conséquent comme une concurrence déloyale tombant sous le coup des dispositions du droit commun. Cette question peut toutefois être laissée de côté dans le présent arrêt, attendu que la demanderesse doit recevoir en Suisse, conformément à la convention internationale de 1883, une protection efficace du chef du dépôt de sa marque dans son pays d'origine.

11° En ce qui touche à la quotité des dommages-intérêts à allouer à la demanderesse, le tribunal cantonal s'est borné à condamner les défendeurs à payer la somme de 7083 francs, produit de la multiplication des 1574 montres imitées par 4 fr. 50 c., chiffre du bénéfice réalisé par Woog & Grumbach sur chaque pièce, selon l'appréciation du tribunal.

. A ce sujet le jugement dont est recours constate toutefois que le chiffre de 1574 est sans aucun doute sensiblement inférieur au nombre réel des montres fabriquées et vendues par Woog & Grumbach avec la marque incriminée.

Par contre aucune preuve positive n'a été rapportée que
le dommage causé à la demanderesse s'élève à 4 fr. 50 c. sur
chacune des prédites 1574 pièces. Dans cette situation il est
préférable d'allouer à cette dernière une somme ronde, en
application de l'art. 51 C. O., somme qu'il y a lieu, dans les
circonstances de la cause, de fixer à 7500 francs.

12° Enfin l'appréciation du tribunal cantonal, relative à la
convenance de condamner les défendeurs à supporter les frais
de publication du jugement, se justifie soit au fond, comme
réparation du tort causé à la demanderesse par les actes de
contrefaçon commis à son préjudice, soit en ce qui concerne
la mesure dans laquelle cette réparation a été prononcée. Il
y a donc lieu de confirmer le jugement cantonal sur ce point.

Par ces motifs,

### Le Tribunal fédéral

prononce :

Les recours sont écartés, et le jugement rendu entre parties par le tribunal cantonal de Neuchâtel, les 8 Novembre
et 10 Décembre 1892, est maintenu tant au fond que sur les
dépens, à la réserve du chiffre des dommages-intérêts. En ce
qui touche ce point, le dit jugement est réformé partiellement
en ce sens que la maison Woog & Grumbach et ses chefs
Maurice Woog et Jules Grumbach sont condamnés à payer à
l'American Waltham Watch Company la somme de sept mille
cinq cents francs (7500 francs), avec intérêt à 5 % l'an dès
le 10 Janvier 1891, jour de l'introduction de la demande.

---

42. *Arrêt du 20 Mai 1893 dans la cause de Ricqlès & Cⁱᵉ,
contre Bonnet & Cⁱᵉ.*

De Ricqlès & Cⁱᵉ, négociants à Lyon, y fabriquent et ven-
dent sous le nom d' « Alcool de menthe de Ricqlès » une
liqueur pour laquelle ils ont pris un brevet au ministère de
l'Agriculture et du Commerce de France, en date du 10 No-

vembre 1844 ; ils ont également fait à Berne, au bureau des marques de fabrique, les formalités du dépôt.

Jules LeCoultre, négociant à Genève, y possède une maison de droguerie fondée en 1844 ; depuis l'année 1876, il a fabriqué et vendu une liqueur nommée « Alcool de menthe américaine ». Sous date du 30 Avril 1890, François Bonnet et Jules LeCoultre ont constitué à Genève, et fait inscrire au registre du commerce, sous la raison sociale F. Bonnet & Cie, une société en nom collectif, devant commencer le 1er Mai 1890, et ayant pour objet spécial la continuation de l'exploitation du produit dit « Alcool de menthe américaine », exploité précédemment par J. LeCoultre seul. Ce dernier reste d'ailleurs inscrit au registre du commerce pour sa maison de droguerie.

Par exploit du 27 Novembre 1891 E. de Ricqlès & Cie ont ouvert action à F. Bonnet & Cie et les ont assignés devant le tribunal de commerce de Genève, en exposant entre autres, ce qui suit :

Les requérants, comme fabricants d'alcool de menthe comptent 50 ans d'existence. Jules LeCoultre a créé un commerce concurrent à Genève, en s'intitulant représentant, agent propriétaire de l'alcool de menthe américaine de la maison R. Hayrward & Cie à Burlington (Etats-Unis). Dans un but de concurrence envers les requérants, Bonnet & Cie, dans de nombreuses réclames et affiches, ont recours à des affirmations fausses, à des réticences destinées à induire le public en erreur sur la date de leur création, de l'origine de leur produit, des récompenses à eux accordées dans les expositions. A l'appui de ces affirmations, les requérants formulent plus spécialement les griefs ci-après :

1° F. Bonnet & Cie indiquent leur maison comme fondée en 1844 ; or, s'il est vrai que la maison d'épicerie et droguerie de Jules LeCoultre a été fondée en 1844, celui-ci ne l'a point cédée à F. Bonnet & Cie ; le commerce d'alcool de menthe américaine, objet de l'association de LeCoultre et Bonnet, ne date que de 1876.

2° Ils s'intitulent agents propriétaires de la maison R. Hayrward & C$^{ie}$, à Burlington (Etats-Unis), maison qui n'existe pas.

3° Ils ont publié, notamment dans la *Tribune de Genève*,
du 16 Juillet 1891, un article de dimension grande, portant
comme en-tête ces mots : « Hors concours 1889 » et ils ont
répété cette annonce par la peinture dans divers lieux de la
ville de Genève. Or cette phrase a évidemment pour but de
faire croire au public que la maison F. Bonnet & C$^{ie}$ était
hors concours à l'exposition universelle de Paris en 1889,
tandis qu'elle y a obtenu seulement une médaille d'argent et
une mention honorable.

Les requérants, par ces motifs, et vu les art. 50 ss. C. O.,
et, au besoin les art. 2, 6, 9, 10 de la convention internationale pour la protection de la propriété industrielle, du 20
Mars 1883, ont conclu à ce qu'il plaise au tribunal dire et
prononcer :

*A.* 1° qu'ils n'ont pas le droit de prendre le millésime
de 1844 comme date de fondation de leur maison, mais
seulement celui de 1876 ; 2° que jusqu'à satisfaisante justification, ils n'ont pas le droit de se dire agents principaux de
la maison R. Hayrward de Burlington, laquelle n'existe pas ;
3° que s'ils justifient avoir été hors concours en 1889 à une
exposition philomathique ou autre, ils seront néanmoins tenus
d'indiquer à quelle exposition.

*B.* Que les défendeurs sont condamnés à rectifier en ce
sens leur publicité à peine de 10 francs par jour de retard à
dater des présentes ; qu'il leur est interdit de publier à nouveau les assertions inexactes susrappelées à peine de 100
francs par chaque contravention ; qu'ils sont condamnés à
payer aux requérants avec intérêts de droit la somme de
cinq mille francs à titre de dommages-intérêts et en tous les
dépens, ainsi qu'à ouïr dire que le jugement à intervenir sera
publié dans quatre journaux à Genève aux frais des cités.

Par conclusions additionnelles, du 3 Février 1892, les demandeurs ont amplifié les fins de leur demande en ce sens
qu'il leur soit loisible de publier le jugement à intervenir, non
plus dans 4 journaux à Genève, mais dans 4 journaux suisses
leur choix ; subsidiairement ils ont conclu à être acheminés

à prouver par toutes voies de droit les allégués de leur demande, relatifs aux affirmations fausses des défendeurs.

Dans leur réponse, Bonnet & Cie concluent à être renvoyés
d'instance avec dépens et à ce que les demandeurs soient
condamnés à leur payer avec intérêts de droit la somme de
500 francs à titre de dommages-intérêts.

A l'appui de cette conclusion, ils se bornent à nier que de
Ricqlès & Cie aient le droit de s'immiscer en façon quelconque
dans leurs affaires dès le moment où Bonnet & Cie n'ont jamais pris une chose appartenant aux demandeurs. Ils contestent tout droit de de Ricqlès & Cie à les empêcher de prendre le millésime de 1844 ou tout autre, ou à leur faire
interdire de se dire agents principaux de la maison Hayrward ;
ils estiment enfin n'avoir aucun compte à rendre aux demandeurs au sujet des récompenses qu'ils ont pu obtenir.

Statuant le 16 Juin 1892, la Chambre commerciale du tribunal de 1re instance de Genève a débouté les demandeurs
de toutes leurs conclusions, les a condamnés aux dépens et
débouté les défendeurs de leur demande en dommages-intérêts.

Le dit jugement s'attache à démontrer que rien, dans les
agissements des défendeurs, ne porte les caractères d'une
concurrence déloyale ; en particulier les mentions et allégations contenues dans les prospectus, affiches et annonces incriminés ne violent aucune loi, aucun règlement ou traité
international, et par conséquent ne constituent pas des actes
de concurrence déloyale, puisqu'elles ne sont pas de nature
à induire le public en erreur sur la provenance du produit qui
lui est offert, et à créer une confusion quelconque entre l'alcool
de menthe américaine de Bonnet & Cie, et l'alcool de menthe
de Ricqlès.

Ensuite d'appel de de Ricqlès & Cie la Cour de justice
civile, par arrêt du 18 Mars 1893, a confirmé le prédit jugement et condamné les appelants aux dépens. Cet arrêt est
motivé, en substance, comme suit :

Les moyens de publicité incriminés ne contiennent aucune
allégation de nature à nuire à la situation commerciale des

demandeurs ou à discréditer leur produit, mais uniquement
des mentions, vraies ou non, destinées à vanter l'excellence
de la liqueur fabriquée par les défendeurs ; il n'en peut
résulter aucune confusion entre les produits des deux maisons
rivales. Ce sont là des faits de concurrence licite, destinés
par Bonnet & C¹ᵉ à développer la vente de leur liqueur ; peu
importe dès lors que, parmi les mentions renfermées dans les
réclames de Bonnet & C¹ᵉ, il s'en trouve qui ne soient pas
de tout point conformes à la vérité.

C'est contre cet arrêt que de Ricqlès & C¹ᵉ recourent au
Tribunal fédéral, concluant à ce qu'il lui plaise le réformer et
adjuger aux recourants leurs conclusions prises devant l'instance cantonale.

F. Bonnet & C¹ᵉ ont conclu au rejet du recours et à la
confirmation de l'arrêt attaqué.

*Statuant sur ces faits et considérant en droit :*

1° L'action intentée aux défendeurs par de Ricqlès & C¹ᵉ
ensuite des agissements signalés à la charge de Bonnet & C¹ᵉ
apparaît comme appelant l'application des dispositions de la
loi fédérale concernant la protection des marques de fabrique,
etc., du 21 Septembre 1890, et celle de l'art. 50 C. O., en
tant que la dite action vise des faits de concurrence déloyale.
En revanche les dispositions de la convention internationale
pour la propriété industrielle, du 20 Mars 1883, invoquées
par les recourants, ne sont pas applicables au regard des
conclusions prises par ceux-ci: les réquisits de l'art. 10 *ibidem*
se trouvent bien remplis en ce sens qu'il vise tout produit
portant faussement, comme indication de la provenance, le nom
d'une localité déterminée, lorsque cette indication sera jointe
à un nom commercial fictif ou emprunté dans une intention
frauduleuse, mais cet art. 10, ainsi que le précédent, n'ont
trait qu'à la saisie des produits munis illicitement d'une marque de fabrique ou de commerce, ou d'un nom commercial,
et les recourants n'ont pas formulé de conclusion de ce chef ;
ils n'étaient, d'ailleurs pas autorisés à le faire, attendu que la
convention précitée n'attribue un droit d'action qu'aux intéressés établis dans la localité faussement indiquée. De même

l'art. 1ᵉʳ de l'arrangement concernant la répression des fausses indications de provenance sur les marchandises, du 14 Avril 1891 (*Feuille fédérale*, 1891, III, p. 96 ss.) ratifié, entre autres, par la Suisse et la France n'a trait non plus qu'à la saisie des produits portant une fausse indication de provenance ; il est d'ailleurs inapplicable en la cause aussi par le motif que le dit arrangement n'est entré en vigueur que le 15 Juillet 1892 (voir *Feuille fédérale* 1892, IV, p. 606 et 607) et qu'aucun des faits visés par la demande n'est postérieur à cette date.

2° Les art. 18 et suivants, 21 à 23, et notamment l'art. 26 de la loi fédérale sur les marques de fabrique précitée, prévoient, par contre, des agissements de la nature de ceux signalés par les recourants à la charge de Bonnet & Cⁱᵉ. C'est ainsi, en particulier, que les art. 18 et suivants interdisent, entre autres, la vente, la mise en vente ou en circulation de produits ou marchandises revêtus d'une marque que les vendeurs savent être contrefaite ou imitée ou indûment apposée, et que l'art. 22 exige que celui qui fait usage des récompenses ou distinctions accordées par des administrations publiques, des corps savants ou des sociétés scientifiques, doit en indiquer la date et la nature, ainsi que les expositions ou concours dans lesquels il les a obtenues ; l'art. 26 interdit entre autres à chacun, sous les peines qu'il édicte, de faire indûment usage sur ses annonces, prospectus, factures, etc., d'indications de provenance ou de mentions de récompenses industrielles ; le même article réprime également l'omission des indications prescrites à l'art. 22 précité.

3° Les faits reprochés à Bonnet & Cⁱᵉ, faits dont l'examen suivra, appellent également en principe, en tant que constituant une concurrence déloyale, l'application de l'art. 50 C. O. Il est, en effet, admis, en doctrine comme en jurisprudence, que la concurrence est déloyale lorsqu'elle use de manœuvres répréhensibles pour détourner à son profit la clientèle d'autrui, par exemple en s'emparant indûment, par des moyens déloyaux, et avec intention de nuire à des rivaux, des avantages appartenant à autrui (voir entre autres Pataille, annales

de la propriété industrielle, table générale, tome I, p. 318.
— Pouillet, traité des marques de fabrique, 2ᵉ édition, Nᵒˢ 614
et 615). Le Tribunal de céans, de son côté, a reconnu à
maintes reprises qu'il y avait concurrence déloyale lorsque
quelqu'un, dans le but d'enlever à un rival sa clientèle, répand
des assertions sciemment mensongères, et que de pareils
actes illicites et dolosifs emportent, aux termes de l'art. 50
précité, la responsabilité de celui qui s'en est rendu coupable.
(Voir arrêts du Tribunal fédéral dans les causes Sutter contre
Ineichen, *Recueil officiel* X, Nᵒ 60, consid. 7 ; Singer & Cⁱᵉ
contre Aebischer et consorts, *ibidem* XI, p. 53 consid. 3 ;
Strutt contre filature de coton de Niederuster, *ibidem* XII,
p. 205 consid, 2 ; Stahl contre Wein-Boller, *ibidem* XVII,
p. 714 consid. 5, etc. Voir aussi message du Conseil fédéral
du 5 Novembre 1886, *Feuille fédérale* 1886, III, p. 500,
concernant la ratification d'adjonctions apportées à la convention internationale pour la protection de la propriété industrielle, et message du 21 Janvier 1890 sur la revision de
la loi fédérale sur les marques de fabrique, *Feuille fédérale*
1890, I, p. 589 ss.)

Les actes répréhensibles reprochés aux défendeurs ne sont
toutefois recherchables qu'en tant qu'ils sont postérieurs au
1ᵉʳ Mai 1890, date où l'association Bonnet & Cⁱᵉ a pris naissance ; à partir de ce moment, en effet, cette société se
caractérise comme une personnalité juridique nouvelle ; elle
n'a à répondre que de ses propres agissements (comp. Pouillet,
ouvrage précité, Nᵒˢ 691 et 691 bis), et il y a lieu d'examiner
successivement les divers griefs articulés par les recourants
contre la maison défenderesse.

4ᵒ En ce qui concerne d'abord la conclusion tendant à faire
prononcer que les défendeurs n'ont pas le droit de se dire
agents propriétaires de la maison R. Hayrward & Cⁱᵉ à Burlington, il y a lieu de constater d'abord que Bonnet & Cⁱᵉ n'ont
pas expressément contesté l'allégué des recourants, que la
dite maison est imaginaire, et n'a jamais existé. A ce sujet
Bonnet & Cⁱᵉ n'ont pas même produit une seule lettre de ces
prétendus correspondants ; il résulte, en outre, de communi-

cations du consulat général de France aux Etats-Unis, et d'un
des correspondants de de Ricqlès & C^ie à New-York, versées
au dossier, qu'aucune maison du nom d'Hayrward & C^ie n'existe
dans les nombreuses villes des Etats-Unis portant le nom de
Burlington. Ce nom commercial apparaît dès lors comme fictif,
et il y a lieu de rechercher s'il faut faire application, de ce
chef, des dispositions des art. 18 et suivants de la loi fédérale sur les marques de fabrique.

Cette question doit recevoir une solution négative.

Bien que la fausse indication de provenance de la part de
Bonnet & C^ie constitue une manœuvre déloyale, propre à
tromper le public sur la nature de leur produit, et tombant,
en outre, sous le coup des art. 18 et suivants de la loi fédérale du 26 Septembre 1890, les recourants n'ont pas qualité
pour prendre la conclusion dont il s'agit.

Aux termes de l'art. 27, 2° de la même loi, l'action civile
ou pénale ne peut être intentée, en ce qui concerne les indications de provenance, que par les fabricants producteurs ou
négociants lésés dans leurs intérêts et établis dans la ville ou
ocalité faussement indiquée, ou par l'acheteur trompé au
moyen d'une fausse indication de provenance.

Les recourants ne rentrant évidemment dans aucune de ces
catégories, il n'y a pas lieu d'entrer en matière sur leur pré.
dite conclusion. Dans ces circonstances l'art. 50 C. O. ne peut
pas être invoqué non plus, parce que les faits, auxquels il est
question d'appliquer cette disposition légale, sont régis, quant
à leurs conséquences juridiques, par une loi spéciale (loi précitée du 26 Septembre 1890). En ce qui concerne les annonces
parues avant l'entrée en vigueur de cette loi, les demandeurs
n'auraient pas qualité pour ouvrir une action basée sur l'art.
50, puisque les seuls industriels établis dans la localité faussement indiquée pourraient justifier d'un intérêt juridique à
cet effet.

5° La conclusion de de Ricqlès & C^ie, ayant pour but de
faire prononcer que Bonnet & C^ie n'ont pas le droit d'indiquer
le millésime de 1844 comme date de fondation de leur maison,
ne peut être accueillie.

Quoique cette mention, sur les étiquettes et dans la publicité émanée des défendeurs, puisse avoir pour but et pour
effet de laisser croire, contrairement à la vérité et dans un
but de réclame, que leur maison fabriquait l'alcool de menthe
américaine dès 1844, l'énonciation en question ne va à l'encontre d'aucune disposition légale ; il n'est, en effet, pas
contesté que la maison LeCoultre a été fondée à l'époque
indiquée, et rien ne saurait empêcher les défendeurs de mentionner la date de la fondation de la maison de commerce à
laquelle ils ont succédé en fait dans une partie notable de son
activité. Dans cette situation, l'indication dont il s'agit n'ex-
cède pas les limites d'une réclame permise, et ne peut être
assimilée à un acte de concurrence déloyale, cela d'autant
moins que dans plusieurs de leurs annonces les défendeurs
reconnaissent que leur alcool de menthe n'existe que depuis
un nombre d'années qui ne le feraient remonter qu'à 1876.

6° Il en est autrement de l'énonciation « Hors concours
1889 » figurant dans plusieurs annonces et réclames de
Bonnet & Cⁱᵉ. Il s'agit évidemment là de la prétention à une
distinction honorifique, obtenue dans une exposition ou concours.

L'expression « hors concours » doit éveiller, en effet, dans
l'esprit du lecteur l'idée que, conformément à l'usage constant
des expositions, la maison en question a été exclue du concours par le motif qu'elle a déjà obtenu les plus hautes récompenses. Dans l'espèce le but de cette mention était
évidemment de faire croire, en vue d'exalter ses produits au
détriment d'autres concurrents, que la maison Bonnet & Cⁱᵉ,
soit alors LeCoultre, avait obtenu cette suprême distinction
à l'exposition universelle de Paris en 1889, alors qu'il n'en
est rien.

Or il a toujours été reconnu que le fait par un commer-
çant d'insérer dans ses prospectus, annonces, circulaires, etc.,
une mention mensongère, telle que celle dont il s'agit, de
manière à faire croire à la supériorité de ses produits, constitue un acte de concurrence déloyale donnant ouverture à
une action en suppression de la mention mensongère et en

dommages-intérêts. (Voir Pouillet, *Dictionnaire de la propriété industrielle*, table générale, tome I, p. 339. — Tribunal commercial de la Seine, 23 Septembre 1875, Leroy contre Delettrez père. Voir Pataille, annales 1876, tome XXI, 237 ss.) Un semblable procédé relève, sinon de la lettre stricte, tout au moins de la *ratio legis* des art. 21, 22 et 26, plus haut cités, de la loi fédérale de 1890, et se caractérise, en outre, éventuellement, même en faisant abstraction de cette loi, comme un acte de concurrence déloyale, réprimé par l'art. 50 C. O.

Il est vrai que, ainsi que le constate le jugement de première instance, la mention incriminée reposerait sur le fait que J. LeCoultre a été mis hors concours, comme organisateur et membre du jury de l'exposition philomathique de Genève en 1889. Quoi qu'il en soit à cet égard, il n'en demeure pas moins certain que l'indication « hors concours 1889 » figurant, sans autre explication, sur les annonces et prospectus de Bonnet & C<sup>ie</sup>, est éminemment propre à faire naître une confusion avec l'exposition de Paris, au détriment des demandeurs, et contrairement à la disposition expresse de l'art. 22 susvisé, édictant que celui qui fait usage des distinctions mentionnées à l'art. 21 doit en indiquer la date et la nature, *ainsi que les expositions ou concours dans lesquels ils les a obtenues.*

Il y a donc lieu d'admettre la conclusion prise par les recourants dans ce sens, et d'interdire à Bonnet & C<sup>ie</sup> de faire figurer à l'avenir la mention « hors concours 1889 » sur leurs annonces, prospectus, etc., à moins qu'ils ne la fassent suivre des indications exigées à l'art. 22 ci-dessus.

En ce qui touche la conclusion des recourants en dommages-intérêts, ils ne l'ont étayée sur aucune donnée précise, et l'on ne voit pas, en particulier, à quelle époque le dommage s'est, d'après eux, produit. La publicité, qu'ils signalent comme dommageable à leurs intérêts, a commencé en 1882 déjà, alors que la maison défenderesse n'existe que depuis Mai 1890 ; le dommage prétendu ne peut donc être pris en considération que relativement à la période s'étendant de Mai

1890 à l'ouverture de la présente action. En l'absence de tout
élément d'appréciation suffisant, et attendu qu'il doit importer
surtout aux recourants d'obtenir gain de cause en principe
sur ce point, la somme de 100 francs apparaît comme une
compensation équitable du préjudice qu'ils peuvent avoir
souffert.

Quant à la conclusion de de Ricqlès & Cⁱᵉ tendant à être
autorisés à publier à 2 reprises le présent arrêt dans 4 journaux suisses aux frais des défendeurs, il faut reconnaître que
la publication des jugements des tribunaux est un des moyens
les plus efficaces pour combattre les abus de la concurrence
déloyale, mais les recourants devront trouver une satisfaction
suffisante dans la publication, une seule fois dans un journal
de Genève, aux frais des défendeurs, d'un extrait *in parte
qua* du présent arrêt, à déterminer par le Tribunal de céans.

Par ces motifs,

### Le Tribunal fédéral

### prononce :

1° Le recours est admis partiellement, et l'arrêt rendu par
la Cour de justice civile de Genève, le 18 Mars 1893, est réformé en ce sens qu'il est interdit à F. Bonnet & Cⁱᵉ de se
servir, dans le sens des considérants qui précèdent, et, comme
du passé, de la mention « hors concours 1889 » dans leurs
publications, affiches, prospectus, étiquettes, réclames et autres moyens de publicité.

2° F. Bonnet & Cⁱᵉ sont condamnés à payer à E. de Ricqlès
& Cⁱᵉ la somme de 100 francs à titre de dommages-intérêts.

3° Les recourants sont autorisés à publier une fois, dans un
journal de Genève de leur choix, dans la partie réservée aux
annonces et aux frais de Bonnet & Cⁱᵉ, un extrait du présent
arrêt, à déterminer par le Tribunal de céans.

## IV. Obligationenrecht. — Droit des obligations.

43. Urteil vom 14. Januar 1893 in Sachen
Labhardt & Cie. gegen Resch & Knopp.

A. Durch Urteil vom 6. Oktober 1892 hat das Richteramt
(Gerichtspräsident) von Aarwangen erkannt: Die Klägerin ist
mit ihrer Wechselklage abgewiesen.

B. Dieses Urteil wurde von der Klägerin (mit Zustimmung
der Beklagten) unter Umgehung der zweiten Instanz direkt an das
Bundesgericht gezogen. Bei der am 17. Dezember 1892 stattgefundenen mündlichen Verhandlung hat der Anwalt der Klägerin
beantragt, das Bundesgericht wolle das angefochtene Urteil aufheben, die wechselrechtlichen Einreden der Gegenpartei abweisen und
die Sache zu weiterer Beurteilung an den Gerichtspräsidenten von
Aarwangen zurückweisen. Der Anwalt der Beklagten und Rekursbeklagten hat beantragt, es sei das angefochtene Urteil zu bestätigen, eventuell es seien die in der Hauptverteidigung vorgebrachten
civilrechtlichen Einreden für begründet zu erklären, weiter eventuell,
es sei die Sache an den Gerichtspräsidenten von Aarwangen zurückzuweisen.

Das Bundesgericht zieht in Erwägung:

1. Die aus den Teilhabern Johann Wilhelm Resch und Emanuel Labhardt bestehende Kollektivgesellschaft Resch & Labhardt,
Tuchfabrik, in Lotzwyl, stellte am 2. Februar 1892 zu Gunsten
der Firma Labhardt & Cie. in Basel einen am 2. August 1892
im Domizil der letztern zahlbaren Eigenwechsel über 10,000 Fr.
aus. Infolge Ausscheidens des Gesellschafters Emanuel Labhardt
löste sich die Kollektivgesellschaft Resch & Labhardt auf; die Aktiven und Passiven derselben wurden laut im Handelsamtsblatte
veröffentlichtem Handelsregistereintrage von der neu gebildeten
Kollektivgesellschaft Resch & Knopp, bestehend aus Johann Wilhelm
Resch und Adam Knopp, übernommen, welche am 1. Juli 1892
in's Leben trat. Am 4. August 1892 wurde im Auftrage der
Firma Labhardt & Cie. der Eigenwechsel vom 2. Februar 1892

im „Domizil der Herren Labhardt & Cie., Holbeinstraße 22, in
Basel, Domizil der Herren Resch & Labhardt", zur Zahlung prä=
sentiert und Mangels Zahlung protestiert. Labhardt & Cie. leiteten
daraufhin am 24./25. August 1892 gegen die Firma Resch & Knopp
als Nachfolgerin der Firma Resch & Labhardt die Wechselbetrei=
bung ein; die Firma Resch & Knopp erhob unter Baarhinterlage
der Wechselsumme Rechtsvorschlag und dieser wurde richterlich be=
willigt. Infolge dessen erhoben Labhardt & Cie. beim Richteramte
Aarwangen die Wechselklage mit dem Antrage, die Beklagten Resch
und Knopp seien gerichtlich zu verurteilen, den Klägern Herren
Labhardt & Cie. einen bestrittenen Wechselbetrag von 10,000 Fr.
nebst Zins zu 6 % und wechselmäßiger Provision à $\frac{1}{3}$ % von
10,000 Fr. seit 2. August 1892, Protest und Retourspesen und
den ergangenen Betreibungskosten nach Wechselrecht zu bezahlen,
unter Kostenfolge. Die beklagte Firma Resch & Knopp stellte
gegenüber dieser Klage die Anträge: I. Wechselrechtlicher Antrag.
Die Klägerin sei mit ihrer Wechselklage abzuweisen; das durch
die beklagte Firma geleistete Depositum sei demgemäß sofort heraus=
zugeben, unter Kostenfolge. II. Eventuelle civilrechtliche Anträge
gestellt für den Fall, daß der Antrag sub I ganz oder teilweise
abgewiesen werden sollte. 1. Es sei die Zahlung von 2000 Fr.
(act. 19 hienach) und der Nachlaßbetrag von 70 % von der
Wechselforderung abzuziehen. 2. Klägerin sei schuldig, Zug um
Zug gegen Zahlung der Restanz, die Obligation vom 24. No
vember 1890 und die Faustpfänder auszuliefern, auch das bestellte
Grundpfand löschen zu lassen, beides unter Kostenfolge. Zu Be=
gründung ihres „wechselrechtlichen Antrages" machte die Beklagte
geltend: 1. Da ihre Unterschrift, die Unterschrift der Firma
Resch & Knopp, nicht auf dem Wechsel stehe, sei für sie eine
wechselmäßige Verbindlichkeit nicht entstanden; sie hafte wohl civil=
rechtlich für die Schulden der frühern Firma Resch & Labhardt,
nicht aber wechselrechtlich und sei deshalb zur Wechselklage passiv
nicht legitimiert. 2. Auch die Klägerin sei aktiv nicht zur Wechsel=
klage legitimiert. Denn seit Ausstellung des Wechsels im Juli
1892 sei der einzige unbeschränkt haftende Teilhaber der Firma
Labhardt & Cie. (einer Kommanditgesellschaft) gestorben und da=
durch die Gesellschaft aufgelöst worden. Es werde bestritten, daß

vorher vereinbart worden sei, die Gesellschaft solle mit den Erben
fortgesetzt werden. Die heutigen Kläger seien Inhaber des Wech=
sels nur kraft civilrechtlichen (Erbrecht und Erbteilung), nicht
aber kraft wechselrechtlichen Titels. 3. Der Wechsel sei nicht gegen=
über der beklagten Firma Resch & Knopp protestiert worden. —
Der Gerichtspräsident von Aarwangen erachtete die ersterwähnte
Einwendung der Beklagten für begründet, weil nach den Bestim=
mungen des 29. Titels des Obligationenrechtes eine wechselmäßige
Verpflichtung nur durch die Unterschrift entstehen könne (Art. 808,
825 und 827, Ziff. 11 O.=R.); eine andere Begründung eines
wechselmäßigen Anspruches dagegen dem Gesetze völlig fremd sei.
Der Gerichtspräsident hat daher die erhobene Wechselklage, ohne
weitere Beweisaufnahme, abgewiesen.

2. Die angefochtene Entscheidung ist nicht im Rechtsöffnungs=
verfahren, sondern im ordentlichen Prozeßverfahren ergangen; sie
entscheidet materiell über den Bestand der eingeklagten Wechselfor=
derung und erscheint daher als Haupturteil. Das Bundesgericht
ist somit, da die Sache zweifellos nach eidgenössischem Rechte zu
beurteilen und der gesetzliche Streitwert gegeben ist, zu Beurteilung
der Beschwerde kompetent.

3. Der Anwalt der Klägerin hat heute vorgebracht, die Beklagte
sei mit ihren wechselrechtlichen Einwendungen ausgeschlossen, weil
sie dieselben nicht schon zu Begründung des Rechtsvorschlages vor=
gebracht habe. Dies ist nicht richtig. Das Gesetz schreibt eine der=
artige Verwirkung nirgends vor; der Schuldner kann daher im
Prozesse alle Einwendungen geltend machen, welche ihm gegen die
Forderung zustehen, ohne Rücksicht darauf, ob er sie im Rechts=
vorschlag namhaft gemacht hat oder nicht.

4. Wenn die Beklagte eingewendet hat, die Klägerin sei zur
Sache aktiv nicht legitimiert, so ist dies unbegründet. Geklagt hat
der im Wechsel benannte Remittent, die im Handelsregister einge=
tragene Kommanditgesellschaft Labhardt & Cie. Ob die Erben des
verstorbenen unbeschränkt haftenden Teilhabers dieser Gesellschaft
letztere fortsetzen können, oder ob etwa die Liquidation Platz zu
greifen hat, berührt den Wechselschuldner nicht. Übrigens ist klar,
daß auch die Erben eines Wechselgläubigers die Wechselforderung
geltend machen können; sie treten ja an Stelle ihres Erblassers

und machen dessen Wechselrechte geltend. Ein wechselrechtlicher
Übertragungsakt ist für diesen, durch das allgemeine Landesrecht
geregelten, Rechtsübergang selbstverständlich weder nötig noch auch
nur denkbar.

5. Auch die weitere Einwendung, die Beklagte hafte der Klä=
gerin nicht wechselmäßig, ist unbegründet. Die Beklagte hat das
Geschäft der Firma Resch & Labhardt in Aktiven und Passiven
übernommen und dies durch den Handelsregistereintrag und die
Publikation im Handelsamtsblatte zur öffentlichen Kenntnis ge=
bracht. Dadurch ist sie den Gläubigern der Firma Resch & Labhardt
gegenüber verpflichtet worden; diese können sich für die Geschäfts=
passiven an den Geschäftsübernehmer halten. Dies ist in Doktrin
und Praxis anerkannt (vergleiche u. a. Behrend, Lehrbuch des
Handelsrechts I, S. 209) und wird denn auch von der Beklag=
ten grundsätzlich nicht bestritten. Letztere meint nur, sie hafte wohl
civil=, nicht aber wechselrechtlich. Allein dies kann nicht zugegeben
werden. Zwar wird allerdings eine Wechselverpflichtung nur durch
Unterschrift auf dem Wechsel begründet. Allein aus einer Wechsel=
unterschrift haftet nicht nur der Unterzeichner persönlich, sondern
auch sein Rechtsnachfolger. Dies gilt unbestrittenermaßen für den
Erben; es muß aber auch für den Geschäftsübernehmer gelten,
welcher sich den Geschäftsgläubigern gegenüber gebunden hat.
Dieser hat, ähnlich wie der Erbe, einen Vermögenskomplex als
Ganzes, in Aktiven und Passiven, übernommen; das Geschäfts=
vermögen ist als Einheit durch Universalsuccession auf den Ge=
schäftsübernehmer übergegangen (allerdings ohne daß dadurch der
frühere Schuldner befreit worden wäre). Wie der Erbe, so haftet
daher auch der Geschäftsübernehmer, welcher sich den Geschäfts=
gläubigern gegenüber gebunden hat, aus der Wechselunterschrift
seines Vorgängers wechselmäßig. Hiefür spricht auch das Bedürf=
nis und die Auffassung des Verkehrs. Soweit ersichtlich, hat denn
auch die Rechtsprechung niemals bezweifelt, daß, sofern überhaupt
der Geschäftsübernehmer den Geschäftsgläubigern verpflichtet ist,
er für die Wechselschulden wechselmäßig hafte, diese Schulden als
solche, als Wechselschulden, auf ihn übergegangen seien.

6. Wenn endlich die Beklagte noch eingewendet hat, der Protest
sei ihr gegenüber nicht verbindlich, weil er nicht gegen sie, sondern

gegen die Firma Resch & Labhardt erhoben worden sei, so ist auch diese Einwendung unbegründet. Der Wechsel war ein domizilierter, mit benanntem Domiziliaten; er war daher im Wechseldomizil gegenüber dem Domiziliaten (Labhardt & Cie.) zu protestieren und dies ist geschehen. Übrigens ist sicher, daß der gegen den Wechsel=unterzeichner formrichtig erhobene Protest auch gegenüber dem Rechtsnachfolger desselben wirksam ist. Der Wechselgläubiger hat alles getan, was ihm zu Wahrung seiner Rechte obliegt, wenn er gegenüber dem ursprünglichen Wechselverpflichteten Protest er=hoben hat; eine Verpflichtung, gegen andere Personen (Erben und dergleichen) zu protestieren, besteht nicht (siehe z. B. Rehbein, All=gemeine deutsche Wechselordnung, 4. Aufl., S. 126 Nr. 6.)

7. Sind danach die wechselrechtlichen Einreden der Beklagten sämmtlich unbegründet, so muß die angefochtene Entscheidung auf=gehoben und die Sache an den Gerichtspräsidenten von Aarwangen zu materieller Beurteilung zurückgewiesen werden. Denn in Betreff der civilrechtlichen Einwendungen der Beklagten ist die Sache nicht spruchreif und liegt ein kantonales Haupturteil nicht vor.

Demnach hat das Bundesgericht

erkannt:

Die Weiterziehung der Klägerin wird dahin für begründet er=klärt, daß das angefochtene Urteil des Richteramtes Aarwangen vom 6. Oktober 1892 aufgehoben und die Sache zu materieller Beurteilung der civilrechtlichen Einwendungen der Beklagten an das Richteramt Aarwangen zurückgewiesen wird.

---

### 44. Urteil vom 14. Januar 1893 in Sachen Fleck=Meili und Genossen gegen Hermann & Baber.

A. Durch Urteil vom 4. November 1892 hat das Obergericht des Kantons Basellandschaft erkannt: Es wird das Urteil des Bezirksgerichtes Arlesheim vom 7. Juni 1892 aufgehoben und dahin abgeändert:

a. Daß die zugesprochene Entschädigung von 2000 Fr. auf 1000 Fr. reduziert wird.

b. Daß das Begehren auf Einstellung des Fabrikbetriebes au 31. Dezember 1892 abgewiesen wird.

B. Gegen dieses Urteil ergriffen beide Parteien die Weiterzie= hung an das Bundesgericht. Die Kläger meldeten die Anträge an: Das Urteil des Obergerichtes von Baselland vom 4. Novem= ber 1892 soll dahin abgeändert werden: 1. Daß Beklagter ver= urteilt werden soll, dem Kläger die Summe von 30,000 Fr. zu bezahlen, inbegriffen die Kosten des ununterbrochenen Kampfes ums Recht der Klagepartei während bereits zwei Jahren; 2. daß Beklagter verurteilt werden soll, dem Kläger auch die ausgelegten ordentlichen Gerichtskosten zu ersetzen (ausgenommen diejenigen vom 13. Oktober 1892); 3. der Vorbehalt sub Motiv 5 des Urteils zu Gunsten der Klagepartei soll dahin ausgedehnt werden, daß derselben auch das Recht vorbehalten wird, gegen jede andere Fabrikation außer der Herstellung von Riegeln zum neuen Gewehr der Eidgenossenschaft Einsprache zu erheben. Beklagte soll mit ihrem Rechtsbegehren aus formellen und materiellen Gründen ab= gewiesen werden und zwar unter ordentlicher und außerordentlicher Kostenfolge. Dagegen meldeten die Beklagten den Antrag an: Es sei unter Aufhebung des citierten Urteils vom 4. November 1892 die Klage in allen Teilen abzuweisen, unter Kostenfolge für die Klagepartei.

C. Bei der heutigen Verhandlung halten beide Parteien die schriftlich angemeldeten Anträge aufrecht.

Das Bundesgericht zieht in Erwägung:

1. Im Jahre 1881/1882 erbaute Bildhauer Meili in Binningen die Villa Margarethental. Nach seinem Tode übernahm seine Toch= ter Maria, welche sich in der Folge mit dem Kläger Heinrich Fleck verehelichte, in der Erbteilung die Villa Margarethental. Diese wurde von den Eheleuten Fleck=Meili, von der Wittwe des Bildhauers Meili, Katharina geb. Riggenbach, deren (seit Jahren nervenkranker) Tochter Martha Meili und von einem Bruder des Ehemannes Fleck bewohnt. Im Jahre 1889 kauften Emil Hermann, Büchsenmacher in Bölten, und Walter Bader, Kaufmann, in Basel zwei an die Villa Margarethental anstoßende Landparzellen und errichteten dort eine Fabrik zum Zwecke der Anfertigung von Rie= geln, einem Bestandteil des neuen schweizerischen Infanteriegewehres.

Am 21. Juni 1890 wurde der Betrieb der Fabrik eröffnet. Bald nach der Eröffnung des Betriebes kam es zwischen H. Fleck-Meili und den Eigentümern der Fabrik zu Differenzen. H. Fleck-Meili verlangte zunächst Wegschaffung einer Dampfpfeife aus der Fabrik, deren schrille Töne insbesondere die kranke Martha Meili belästigen. Die Beklagten entsprachen schließlich diesem Begehren. Allein der Betrieb der Fabrik gab bald zu weitern Reklamationen Anlaß und gemäß Acceßschein vom 8. April 1891 erhob H. Fleck-Meili „für sich und Namens seiner Hausgenossen" gerichtliche Klage dahin: 1. Die Beklagten sollen verurteilt werden, alle diejenigen Werke und Einrichtungen auf ihrem Eigentum zu beseitigen, durch welche die klägerische Liegenschaft und deren Bewohner belästigt oder beschädigt werden. Eventuell sollen die Beklagten alle diejenigen Einrichtungen erstellen, durch welche diese Schäden und Belästigungen verunmöglicht werden. 2. Die Beklagten sollen schuldig erklärt werden, dem Kläger bis heute einen Schadenersatz von 15,000 Fr. zu zahlen. 3. Die Beklagten sollen grundsätzlich verurteilt werden, auch den zukünftigen Schaden und entgehenden Gewinn der Klagepartei zu ersetzen; betreffend die Höhe des Betrages werden die Anträge vorbehalten. Die Beklagten beantragten gänzliche Abweisung der Klage. Gleichzeitig mit Anhebung der Klage und nachher erhob H. Fleck-Meili wiederholt auch bei den Verwaltungsbehörden Reklamationen gegen den Fabrikbetrieb der Beklagten, welche zu administrativen Untersuchungen Anlaß gaben. Dabei wurde konstatiert, daß die Fabrikinhaber Vorschriften der kantonalen Regierung betreffend Anbringen einer Rauchverzehrung an der Kesselfeuerung nicht nachgekommen waren. Durch Beschluß des Regierungsrates des Kantons Basellandschaft vom 12. September 1891 wurde daher dem W. Baber als derzeitigem Inhaber der Gewehrfabrik Binningen aufgegeben, eine Änderung der Kaminanlage bis 31. Oktober 1891 vorzunehmen, widrigenfalls die Einstellung des Fabrikbetriebes verfügt würde. Auf Rekurs des W. Baber hin änderte der Bundesrat, gestützt auf das Gutachten des eidgenössischen Fabrikinspektors des dritten Kreises, diesen Beschluß am 5. Januar 1892 dahin ab, daß der Gewehrfabrik Binningen aufgegeben wurde, bis spätestens Ende Februar 1892 durch einen sachverständigen Fachmann an ihrem Dampfkessel einen

Vorwärmer und einen Strahlenkondensator nach dem Gutachten
des Ingenieurs Strupler anbringen zu lassen und für den Betrieb
der Kesselanlage von genanntem Termine an nur rauchschwache
Kohlen zu verwenden. Sofern nach Fertigstellung der übernom=
menen Lieferung von Gewehrbestandteilen die Fabrik weiter betrie=
ben werden sollte, sei dem Kraftverbrauch entsprechend ein größerer
Dampfkessel nebst steinernem Hochkamin zu erstellen. Die Aus=
führung der durch den Bundesrat vorgeschriebenen Arbeiten ver=
zögerten sich, da die von der Fabrik mit Lieferungen für diese
Arbeiten beauftragten Firmen ihre Lieferungen trotz rechtzeitiger
Bestellung nicht rechtzeitig ausführten. Dies führte zu weitern
Reklamationen der Klagepartei. Am 23. August 1892 konstatierte
indes der eidgenössische Fabrikinspektor, wie sich aus einem von
ihm an die Regierung des Kantons Basellandschaft am 29. glei=
chen Monats erstatteten Berichte ergibt, daß nunmehr der Auflage
des Bundesrates in allen Teilen Genüge geleistet worden sei und
sogar noch weitere Verbesserungen seien angebracht worden. An=
statt der frühern Kesselanlage sei ein neuer rationeller Dampf=
kesselofen mit Vorwärmer und Strahlenkondensator erstellt worden
und es sei überdies das alte eiserne Dampfkamin durch ein ge=
mauertes Kamin von 25 Meter Höhe bei richtiger Lichtweite
ersetzt worden. Als Feuermaterial werde nur rauchschwache Kohle
verwendet. Die ganze Anlage sei deshalb zur rauchvergehenden
geworden, was übrigens der Zustand des nun beinahe drei Mo=
nate im Betrieb stehenden Kamins bezeuge, dessen Mündung noch
gar nicht geschwärzt sei. Die überhaupt beim Betriebe sich zeigen=
den Raucherscheinungen seien gleich null. Inzwischen, am 7. Juni
1892, hatte aber das Bezirksgericht Arlesheim in dem gerichtlich
anhängig gemachten Prozesse das erstinstanzliche Urteil gefällt.
Bei der Hauptverhandlung hatte die Klagepartei in teilweiser Ab=
änderung ihres ursprünglichen Antrages vollständige Beseitigung
des beklagtischen Fabrikbetriebes beantragt, weil sich inzwischen die
Ungesetzlichkeit der den Beklagten erteilten Baubewilligung ergeben
habe und hatte überdem ihre Entschädigungsforderung um weitere
15,000 Fr., Wert 4. Mai 1892, erhöht. Das Bezirksgericht be=
zeichnete diese neuen Begehren als prozessualisch unzulässig, ver=
urteilte dagegen die Beklagten zu Beseitigung der das klägerische

Eigentum beläſtigenden beziehungsweise ſchädigenden Fabrikeinrich=
tungen nach der Anordnung des eidgenöſſiſchen Fabrikinſpektors
des III. Kreiſes, M. Rauſchenbach in Schaffhauſen, ſowie zu einer
Entſchädigung von 2000 Fr. Auf Appellation beider Parteien,
welche die vor Bezirksgericht geſtellten Anträge feſthielten, hat das
Obergericht des Kantons Baſellandſchaft abändernd in der aus
Fakt. A erſichtlichen Weiſe erkannt, indem es ausführte : Der
Antrag auf Einſtellung der Fabrik ſei prozeſſualiſch unzuläſſig ;
übrigens wären die Gerichte nicht befugt, zu prüfen, ob die Be=
willigung zum Bau und Betrieb der Fabrik vom Regierunsrate
mit Recht oder mit Unrecht erteilt worden ſei. Die Klagepartei
habe ſich denn auch in dieſer Richtung wiederholt an die Admi=
niſtrativbehörden gewendet und müſſe deren Entſcheidung gegen ſich
gelten laſſen. Das in der Klage geſtellte Rechtsbegehren auf Be=
ſeitigung ſchädigender Fabrikeinrichtungen habe die Klagepartei fallen
laſſen ; es könne ſich alſo nur um die klägeriſche Schadenerſatz=
forderung handeln. Auch in dieſer Beziehung könne der Kläger
nicht über ſein urſprüngliches Begehren hinausgehen. Die Haupt=
forderung wegen angeblichen Minderwerts der klägeriſchen Liegen=
ſchaft ſei unbegründet. Nach dem Berichte des eidgenöſſiſchen
Fabrikinſpektors und den Ergebniſſen des obergerichtlichen Augen=
ſcheines werde die Beſitzung des Klägers durch die Fabrik der Be=
klagten nicht beläſtigt. Der obergerichtliche Augenſchein habe ergeben'
daß ein Aufſteigen von Rauch aus der Kaminöffnung kaum be=
merkbar ſei. Weder am Garten noch am Gebäude des Klägers
ſeien Rußablagerungen bemerkbar ; nur an vorſpringenden Ge=
bäudeſtücken der Wohnung des Klägers habe der dort aufliegende
Staub ſtellenweiſe eine etwas graue Färbung und der geſchwärzte
Boden unter den Ausläufen der Dachrohre laſſe darauf ſchließen,
daß früher Rußablagerungen auf dem Dache vorgekommen ſeien.
Das Geräuſch der Fabrik habe nichts Außergewöhnliches und eine
Verbreitung übler Gerüche über die Grenze der Fabrikgebäude
hinaus laſſe ſich zur Zeit nicht bemerken. Von einem Minderwerte
der Liegenſchaft des Klägers könne alſo nicht geſprochen werden.
Daß es dem Kläger angenehmer geweſen wäre, das Nachbargrund=
ſtück des Beklagten nicht überbaut zu ſehen, könne keinen rechtli=
chen Grund abgeben, gegen den Eigentümer dieſes Grundſtückes

klagend aufzutreten, der nur von seinem Eigentumsrechte Gebrauch gemacht habe. Selbst wenn durch den Bau der Beklagten, zu dessen Errichtung dieselben das Recht und die nötige Bewilligung gehabt haben, die Liegenschaft des Klägers entwertet worden wäre, so hätte der Kläger kein Recht, deswegen gegen die Beklagten eine Forderung zu stellen. Tatsache sei dagegen, daß anfänglich, bis nach und nach die Einrichtungen und der Betrieb der Fabrik so hergestellt waren, wie sie sich jetzt befinden, die Liegenschaft des Klägers zeitweise durch üblen Geruch infolge Fabrikation des Härtepulvers, durch den Rauch und durch Rußablagerungen belästigt worden sei, so daß die daherigen Reklamationen des Klägers wenigstens teilweise begründet gewesen seien und den letztern zu einer Klage im Sinne des Art. 50 O.=R. berechtigt haben. Dagegen haben sich auch in dieser Richtung die Beschwerden des Klägers als bedeutend übertrieben herausgestellt. Von den behaupteten Belästigungen sei zur Zeit keinerlei Spur mehr ersichtlich und es seien dieselben immer nur vorübergehende gewesen. Gemäß Art. 51 O.=R. sei unter diesen Voraussetzungen die Entschädigung in das Ermessen des Gerichtes gestellt. Bei Würdigung aller Umstände sei eine Entschädigung für die früher zeitweise und vorübergehend vorhanden gewesenen Beschädigungen im Betrage von 1000 Fr. hoch genug gegriffen. Der Zustand und Betrieb des Fabriketablissements des Beklagten sei derart, daß durchaus keine Veranlassung vorhanden sei, über allfälligen zukünftigen Schaden sich auszusprechen. Sollten später die Verhältnisse sich ändern, so sei ja selbstverständlich dem Kläger das Recht nicht abgesprochen, dagegen aufzutreten.

2. In rechtlicher Beziehung ist zunächst und von Amts wegen zu prüfen, ob das Bundesgericht zu Beurteilung der Sache kompetent ist. Dies ist rücksichtlich der klägerischen Schadenersatzforderung, welche einzig noch streitig geblieben ist, zu bejahen. Der gesetzliche Streitwert ist gegeben. Zwar hat H. Fleck=Meili nicht nur für sich resp. seine Ehefrau, sondern auch für die drei übrigen Mitbewohner des Hauses geklagt; allein da vor den kantonalen Instanzen, wie heute, ein Betrag von 30,000 Fr. im Streite lag, so ist der gesetzliche Streitwert von 3000 Fr. für jeden einzelnen der Mitkläger gegeben. Der klägerische Schaden=

erſatzanſpruch iſt auch nach eibgenöſſiſchem Rechte zu beurteilen. Zwar treffen die von der erſten Inſtanz angerufenen Art. 67 und 68 O.-R. nicht zu, denn der Schaden, deſſen Erſatz verlangt wird, iſt nicht durch ein Gebäude oder Werk der Beklagten infolge man= gelhafter Unterhaltung oder fehlerhafter Anlage und Herſtellung verurſacht worden, ſondern durch Handlungen der Beklagten, durch die Art und Weiſe, wie dieſe ihr Eigentum ausgeübt haben. Da= gegen qualifiziert ſich der klägeriſche Schadenerſatzanſpruch als Erſatzanſpruch aus unerlaubter Handlung gemäß Art. 50 u. ff. O.-R. Derſelbe iſt nicht etwa auf eine Regel des baſellandſchaft= lichen Nachbarrechts begründet worden, kraft welcher mit der ac= tio negatoria Schadenerſatz (auch für die Vergangenheit, d. h. die Zeit vor der Klageerhebung und dem Urteile), unabhängig von jedem ſubjektivem Verſchulden des Beklagten, bei bloß objektiv widerrechtlichen Eingriffen in das Eigentum, gefordert werden könnte. Eine derartige kantonalrechtliche Norm iſt nicht angeführt worden und beſteht, wie die Ausführungen des kantonalen Ober= gerichtes zeigen, offenbar nicht. Danach kann denn der klägeriſche Schadenerſatzanſpruch nur auf die allgemeinen Beſtimmungen des Obligationenrechts (Art. 50 u. ff.) über die Schadenerſatzpflicht aus unerlaubter, d. h. widerrechtlicher, ſchuldhafter Handlung be= gründet werden; er iſt alſo ein Deliktsanſpruch eibgenöſſiſchen Rechts und das Bundesgericht ſomit zu ſeiner Beurteilung kom= petent. Dabei iſt dasſelbe freilich rückſichtlich der Präjubizialfrage, ob und inwieweit die Beklagten objektiv widerrechtlich gehandelt, die Grenzen ihres Eigentumsrechts überſchritten und in das Eigen= tum der Klagepartei eingegriffen haben, an die Entſcheidung der kantonalen Gerichte gebunden. Denn dieſe Frage iſt eine ſolche des kantonalen, nicht des eibgenöſſiſchen Rechts. Das kantonale Sachenrecht, nicht das eibgenöſſiſche Obligationenrecht, normiert Inhalt und Schranken des Eigentums an Grund und Boden, beſtimmt darüber, inwieweit der Grundeigentümer in der Benutzung ſeines Eigentums frei oder durch das Recht der Nachbarn beſchränkt ſei. Nach kantonalem, nicht nach eibgenöſſiſchem Rechte alſo iſt zu beurteilen, inwiefern die Immiſſion von Rauch, Staub und bergleichen in das Nachbargrundſtück zuläſſig ſei, ob und inwieweit dem Nachbar ein Verbietungsrecht gegen Erzeugung übler Gerüche

ober übermässigen Lärms zustehe u. s. w. Daran ändert es selbst=
verständlich nichts, daß das basellandschaftliche Recht keine beson=
dern Bestimmungen hierüber zu enthalten scheint; in Ermanglung
solcher sind eben die allgemeinen Grundsätze des kantonalen Sachen=
rechts maßgebend. Allein wenn auch demgemäß für den gedachten
Präjudizialpunkt das kantonale Recht maßgebend und demnach
die Entscheidung des kantonalen Gerichts für das Bundesgericht
verbindlich ist, so ist nichtsdestoweniger der eingeklagte Anspruch
selbst nach eidgenössischem Rechte zu beurteilen und daher das
Bundesgericht kompetent (siehe Entscheidung des Bundesgerichtes
in Sachen Stabelmann gegen Koch, Amtliche Sammlung XVI,
S. 198 u. ff., Erw. 2). Das Bundesgericht hat insbesondere frei
zu prüfen, ob ein subjektives Verschulden des Beklagten nachge=
wiesen und ob der Festsetzung des Maßes der Entschädigung ein
Rechtsirrtum zu Grunde liege.

3. In der Sache selbst ist demnach ohne weiters davon auszu=
gehen, daß der Betrieb der beklagtischen Fabrik, so wie er gegen=
wärtig eingerichtet ist, die Schranken des Eigentumsrechts der
Beklagten nicht überschreitet, sondern lediglich eine befugte Aus=
übung dieses Eigentumsrechts enthält, daß dagegen allerdings
anfänglich während einiger Zeit die Benutzung des Grundstücks
der Klagepartei durch, bei dem Fabrikbetriebe der Beklagten erzeug=
ten, Dampf, Ruß und üble Gerüche in einem Maße beeinträchtigt
wurde, welche die Grenzen des nach dem kantonalen Nachbarrechte
Erlaubten überstieg. Es ist auch anzuerkennen, daß dieser objektiv
widerrechtliche Eingriff in das nachbarliche Eigentum auf ein sub=
jektives Verschulden der Beklagten zurückzuführen ist. Denn un=
verkennbar hat letztere beim Bau und Betrieb ihrer Fabrik anfänglich
nicht alle diejenigen Maßnahmen getroffen, welche ein umsichtiger
und ordentlicher Mann zum Zwecke der Verhütung von Schädi=
gungen des Nachbars getroffen hätte, sondern ist in einer Weise
zu Werke gegangen, welche die pflichtgemäße Fürsorge gegen Ver=
letzungen fremden Rechtes durch das eigene Tun vermissen läßt.
Die Beklagte hat demnach fahrlässig gehandelt und es ist daher
der klägerische Schadenersatzanspruch, insoweit als es die vorge=
kommenen vorübergehenden Schädigungen anbelangt, prinzipiell
begründet. Dagegen kann natürlich keine Rede davon sein, der
Klagepartei eine Entschädigung für bleibende Entwertung ihres

Grundeigentums zuzusprechen. Die Tatsache, daß überhaupt auf
dem Grundstücke der Beklagten eine Fabrik erstellt wurde, enthält,
selbst wenn dadurch eine Entwertung der anstoßenden Villa Mar=
garethental sollte herbeigeführt worden sein, keine widerrechtliche
Handlung, sondern lediglich eine befugte Ausübung des Rechts
der Beklagten. Dies ist von dem kantonalen Obergerichte endgültig
entschieden worden.

4. Was das Quantitativ der Entschädigung anbelangt, so ist,
nachdem die kantonalen Instanzen die Erhöhung der Klageforde=
rung von 15,000 Fr. auf 30,000 Fr. als prozessualisch unzulässig
zurückgewiesen haben, klar, daß dem Kläger vom Bundesgericht
jedenfalls mehr nicht, als die ursprünglich geforderten 15,000 Fr.
könnten zugesprochen werden. Allein auch von einem Zuspruche
dieser Summe kann nicht die Rede sein; es ist vielmehr die vor=
instanzliche Entscheidung einfach zu bestätigen. Die übermäßige,
rechtswidrige Belästigung durch Dampf, Ruß ꝛc. hat jedenfalls
nicht länger als von Ende Juni 1890 bis Ende August 1892
gedauert; ja nach dem Berichte des eidgenössischen Fabrikinspektors
vom 29. August 1892 dürfte anzunehmen sein, daß sie schon
einige Zeit vorher ihr Ende erreicht habe. Bleibende Spuren irgend
nennenswerter Art hat sie nach der Feststellung des Obergerichtes
nicht zurückgelassen. Ebenso ist die Behauptung der Klagepartei
nicht erwiesen, daß ihr zufolge der übermäßigen Belästigung durch
den Fabrikbetrieb die beabsichtigte Vermietung eines Teiles der
Wohnräumlichkeiten der Villa Margarethental verunmöglicht wor=
den sei. Im übrigen läßt das obergerichtliche Urteil genauere Fest=
stellungen über die eingetretenen einzelnen Schädigungen vermissen.
Aus den Akten, insbesondere den Aussagen der einvernommenen
Zeugen (siehe insbesondere die Aussagen der Zeugen Joh. Brüderlin,
Jakob Tschudin, Dr. Rittmann=Börle, Emil Thürkauf, Theresia
Bieder, Theophil Lutz, Karl Jauslin, F. Wallersdorf, Gärtner
Tschopp, Levy) ergibt sich im wesentlichen nur, daß zeitweise, je
nach der Windrichtung und Witterung, Haus und Garten der
Klagepartei durch den aus dem Fabrikkamin entströmenden Rauch
eingehüllt wurden, so daß die Fenster geschlossen gehalten werden
mußten, daß Ruß in den Garten und nach dem Hause flog, die
Pflanzen u. s. w. teilweise bedeckte und daß auch ab und zu, bei
Bereitung des Härtepulvers, üble Gerüche erzeugt wurden. Der

Gärtner Tschopp glaubt, ohne dies indes bestimmt versichern zu
können, daß infolge der Einwirkung des aus dem Fabrikkamin
herübergedrungenen Dampfes drei Tujabäume im Garten, sowie
die am Hause befindlichen Reben abgestanden seien. Genauere An=
haltspunkte dafür, wie häufig, beziehungsweise in welchen Zwischen=
räumen etwa, die intensive Belästigung durch Dampf und Ruß
u. f. w. sich wiederholte, sind nicht gegeben. Bei dieser Sachlage
erscheint die vorinstanzlich gesprochene Entschädigung von 1000 Fr.
jedenfalls als genügend. Allerdings wurden die Kläger in der
ruhigen ungestörten Benutzung des Hauses und insbesondere des
Gartens der Villa Margarethental zeitweise beeinträchtigt und mag
auch einiger Schaden an den Gartenpflanzen u. f. w. eingetreten
sein. Allein dafür, daß die Vorinstanz bei Feststellung der Ent=
schädigung auf 1000 Fr. nicht alle maßgebenden Faktoren richtig
gewürdigt habe, mangelt es an jedem Anhaltspunkte; es ist daher
die Entscheidung des Obergerichtes, welche auf genauerer Kenntnis
der lokalen Verhältnisse beruht, als sie das Bundesgericht besitzt,
zu bestätigen.

5. Daß der Klagepartei bei etwaigen künftigen widerrechtlichen
Schädigungen durch den Fabrikbetrieb der Beklagten ihre Schaden=
ersatzansprüche gewahrt bleiben, ist selbstverständlich und wird auch
von der Vorinstanz anerkannt. Eine Entscheidung braucht in dieser
Richtung nicht gefällt zu werden. Der in der bundesgerichtlichen
Instanz gestellte Antrag der Kläger, es sei ihnen das Recht vor=
zubehalten, gegen die Einrichtung einer andern als der Gewehr=
riegelfabrikation auf dem beklagtischen Grundstücke zu protestieren,
ist in dieser Form neu und kann daher schon aus diesem Grunde
vom Bundesgerichte nicht berücksichtigt werden. Übrigens wäre über
diesen Antrag ausschließlich nach kantonalem Rechte zu entscheiden
und daher das Bundesgericht nicht kompetent.

Demnach hat das Bundesgericht<br/>
erkannt:

Die Weiterziehung beider Parteien wird als unbegründet ab=
gewiesen und es hat demnach in allen Teilen bei dem angefoch=
tenen Urteile des Obergerichts des Kantons Basellandschaft sein
Bewenden.

## 45. Urteil vom 27. Januar 1893 in Sachen Burckhardt & Cie. gegen Holz & Cie.

A. Durch Urteil vom 18./27. Oktober 1892 hat das Obergericht des Kantons Zug erkannt:

1. Es sei unter Abweisung der Appellationsbeschwerde das Urteil des Kantonsgerichtes vom 23. Juli 1892 bestätigt.

2. Haben Vorkläger ihre Kosten an sich zu tragen und dem Vorbeklagten an die zweitinstanzlichen Kosten 50 Fr. zu vergüten.

Das erstinstanzliche Urteil des Kantonsgerichtes des Kantons Zug ging dahin:

1. Das klägerische Rechtsbegehren ist abgewiesen.

2. Dagegen seien die Beklagten einerseits pflichtig anzuerkennen, daß der Syndikatsvertrag am 8. Juni 1891 sein Ende erreicht hatte respektive aufgelöst wurde, andrerseits seien sie berechtigt, Abrechnung auf den 8. Juni 1891 zu verlangen und seien nur mit dem auf diesen Tag sich aus der Abrechnung ergebenden Gewinn oder Verlust beteiligt.

3. Haben die Kläger ihre Kosten an sich zu tragen und den Beklagten an ihre Kosten 150 Fr. zu vergüten.

B. Gegen das obergerichtliche Urteil ergriffen beide Parteien die Weiterziehung an das Bundesgericht. Die Klägerin meldete folgende Anträge an:

a. Bezüglich der Hauptklage: Die Beklagten seien schuldig zu erklären, an die Kläger zu bezahlen 8000 Fr. sammt Zins à 5 % seit 20. August 1891.

b. Bezüglich der Widerklage: Es sei zu erkennen, unter Abweisung aller beklagtischen Begehren, daß der Syndikatsvertrag vom 3./6. November 1891 auch nach dem 8. Juni 1891 noch in Rechtskraft bestanden hat.

Die Beklagte dagegen meldete die Anträge an:

1. Es seien die Beklagten einzig pflichtig anzuerkennen, daß der Syndikatsvertrag für Beklagte am 8. März 1891 sein Ende erreicht habe respektive aufgelöst wurde und daß Beklagte berechtigt seien, Abrechnung auf diesen Tag zu verlangen; eventuell sei das obergerichtliche Urteil zu bestätigen.

2. Mit der Widerklage seien die Kläger abzuweisen, unter Ko=
stenfolge.

C. Bei der heutigen Verhandlung hält der klägerische Anwalt
die schriftlich angemeldeten Anträge aufrecht, indem er auf Ab=
weisung der gegnerischen Beschwerde anträgt und eventuell, auch
für den Fall der Bestätigung des angefochtenen Urteils in der
Hauptsache, Abänderung des vorinstanzlichen Kostenentscheides ver=
langt. Der Anwalt der Beklagten hält die schriftlich angemeldeten
Anträge aufrecht.

Das Bundesgericht zieht in Erwägung:

1. Im November 1890 wurde von der Kreditbank Winterthur
ein „Syndikat zum Ankauf und Verwertung von 5000 Aktien
der Eidgenössischen Bank" gebildet. Der Syndikatsvertrag enthält
folgende Bestimmungen: 1. Das Syndikat tritt in Kraft, wenn
mindestens 2500 Stück angemeldet sind. 2. Die Leitung besorgt
die Kreditbank Winterthur. Dieselbe ist berechtigt, den An= und
Verkauf nach den Verhältnissen festzustellen, bei allfälligem Teil=
verkauf auch Rückkäufe auszuführen und überhaupt alles vorzu=
nehmen, was ihr im Interesse des Syndikats geboten erscheint.
3. Der Syndikatsleitung steht es frei, von der in Aussicht ge=
nommenen Stückzahl nur einen Teil anzukaufen und damit die
Operation endgültig abzuschließen. In diesem Falle haben die Be=
teiligten am Gewinn und Verlust Anteil im Verhältnis ihrer
Beteiligung. 4. Die gekauften Stücke werden von der Syndikats=
leitung bezogen und in Kontokorrent oder nach Wahl der Kre=
ditbank in Report gegeben. Der Zinsfuß ist 1 % höher als der
offizielle Diskontoansatz. 5. Die Syndikatsbeteiligten verpflichten
sich, auf Verlangen der Kreditbank jederzeit sofort eine Anzahlung
von 15 % des durchschnittlichen Ankaufspreises ihrer betreffenden
Syndikatsstücke zu leisten. 6. Die Dauer des Syndikats ist vor=
läufig auf vier Monate festgesetzt, kann aber auf weitere 1 bis 3
Monate verlängert werden. 7. Die Auflösung des Syndikats ge=
schieht früher, wenn sämmtliche Stücke begeben sind. Erfolgt sie
nach den oben bezeichneten Zeitpunkten, so werden die nicht liqui=
dierten Stücke dem Partizipanten gegen Bezahlung des Betra=
ges pro rata ausgeliefert. 8. Für ihren Mühwalt bezieht die
Syndikatsleiterin außer den gewöhnlichen Spesen (Courtage, Porto=

auslagen, Stempel) $1/4$ % Kommission auf der stärkern Seite des Konto, sowie eine Kommission von 10 % des Nettobenifices. 9. Den Beteiligten wird jederzeit über den Stand des Syndikats auf Verlangen Mitteilung gemacht. — Gemäß Mitteilung vom 3./6. November 1890 hat die Kreditbank Winterthur die klägerische Firma an diesem Syndikate mit 100 Stück beteiligt. Am 8. November 1889 hat die beklagte Firma, nach vorangegangenen mündlichen Unterhandlungen, durch Vormerk auf der Rückseite eines ihr von der Klägerin zugesandten Exemplars des Syndikatsvertrages erklärt, sie sei am vorstehenden Syndikate bei Herren Burckhardt & Cie. in Zürich mit einhundert Stück unterbeteiligt. Das Syndikat trat in's Leben; es wurden, nachdem angeblich 4150 Stück gezeichnet waren, von der Kreditbank Winterthur 4150 Stück Aktien der Eidgenössischen Bank angekauft. Dagegen wickelte die Kreditbank, da die Kurse zunächst stabil blieben, später aber erheblich sanken, die Spekulation bis März 1891 und auch im Sommer dieses Jahres nicht ab, sondern verlängerte das Syndikat. Hievon, wie überhaupt von dem Beginne und Verlaufe der Syndikatsoperationen, wurde der beklagten Firma zugestandenermaßen keinerlei Anzeige gemacht und es hat auch die klägerische Firma von der Kreditbank keine Mitteilung über die Verlängerung des Syndikats erhalten. Am 20. August 1891 verlangte die Kreditbank von der klägerischen Firma, wie von den übrigen Konsortiaten, unter Berufung auf § 5 des Syndikatsvertrages, die Einzahlung von 80 Fr. per Aktie. Die Klägerin leistete, wie sie behauptet, diese Einzahlung mit 8000 Fr. und verlangte dieselbe hierauf von der Beklagten als ihrer Unterbeteiligten zurück. Die beklagte Firma bestritt in erster Linie, daß ein gültiger Unterbeteiligungsvertrag zu Stande gekommen sei und machte eventuell geltend, der Syndikatsvertrag habe für sie am 8. März oder spätestens am 8. Juni 1891 sein Ende erreicht; sie sei daher eventuell jedenfalls berechtigt, auf 8. März respektive 8. Juni 1891 Abrechnung zu verlangen und sei nur mit dem auf diesen Tag aus der Abrechnung sich ergebenden Gewinn oder Verlust beteiligt. Nach Anhebung des Prozesses, am 16. November 1891, erklärte die Kreditbank Winterthur ihre Insolvenz und es wurde gerichtliche Verwaltung des Instituts angeordnet. In dem Berichte

der amtlichen Delegierten vom 15. Januar 1892 ist bemerkt, daß
am 3. November 1890 durch Cirkularbeschluß des Verwaltungs=
rates in's Leben gerufene Syndikat zum An= und Verkauf von
5000 Aktien der Eidgenössischen Bank sei durch successive Liqui=
dation der angekauften 4150 Stück aufgelöst und habe einen
Verlust von 684,707 Fr. 50 Cts., Wert 16. November 1891,
ergeben. Die klägerische Firma hat im Laufe des Prozesses bemerkt,
nach der Höhe des eingetretenen Verlustes übersteige der Verlust=
anteil der Beklagten die eingeklagte Summe von 8000 Fr. um
ein erhebliches; da indes zur Zeit der Anhebung des Prozesses
die Gesammtabrechnung noch nicht bekannt gewesen, so seien nur
die 8000 Fr. eingeklagt worden und werde die Einklagung des
Restsaldos für später vorbehalten. Die Vorinstanzen führen aus:
Der Unterbeteiligungsvertrag zwischen den Parteien sei gültig ab=
geschlossen worden. Für denselben gelten die Bestimmungen des
Syndikatsvertrages. Aus der durch diesen der Syndikatsleiterin
erteilten unbeschränkten Vollmacht zu Leitung des Syndikats müsse,
da in dieser Richtung die Notwendigkeit der Zustimmung der ein=
zelnen Mitglieder im Vertrage nicht vorgesehen sei, gefolgert wer=
den, daß die Syndikatsleiterin befugt gewesen sei, das Syndikat
um 1 bis 3 Monate über den anfänglichen Termin hinaus zu ver=
längern; jedoch habe, nach dem klaren Wortlaute des Vertrages,
diese Verlängerung eine einmalige Dauer von drei Monaten nicht
überschreiten dürfen. Das Syndikat sei demgemäß mit dem 8. Juni
1891 zu Ende gegangen und die Beklagte sei demnach einerseits
berechtigt, Abrechnung auf diesen Tag zu verlangen, andrerseits
verpflichtet, den status zu acceptieren, wie er sich an diesem Tage
herausstellen werde, respektive gegebenenfalls für etwaige Verluste
mitverantwortlich zu sein. Die Behauptung, es sei die Syndikats=
leiterin berechtigt gewesen, jederzeit die Einzahlung von 15 % zu
verlangen, sei in concreto unerheblich, da dieses Begehren nicht
während der Dauer des Syndikats, sondern nach Ablauf desselben
gestellt worden sei, nach Auflösung des Vertrages aber vorerst
die Verpflichtung zur Rechnungsstellung eingetreten sei. Die von
beiden Parteien gemachten Eidesanerbieten über den Inhalt der
vor dem Abschlusse des Unterbeteiligungsvertrages gepflogenen
Besprechungen seien unerheblich, da einzig der schriftliche Vertrag
entscheidend sei.

2. Die Beklagte bestreitet in der bundesgerichtlichen Instanz nicht mehr, daß zwischen ihr und der Klägerin ein gültiger Unterbeteiligungsvertrag zu Stande gekommen sei; sie macht nur noch geltend, das Syndikat habe für sie nicht länger als bis 8. März oder äußerstenfalls 8. Juni 1891 (einen oder sieben Monate von Abschluß des Unterbeteiligungsvertrages an) gedauert. Mit 8. März oder spätestens 8. Juni sei für sie der Vertrag abgelaufen. Nach Ablauf des Vertrages könne die in § 5 der Syndikatsbedingungen stipulierte Deckung nicht mehr eingefordert werden, sondern sei nach § 7 der Syndikatsbedingungen auszurechnen.

3. In rechtlicher Beziehung ist zwischen den Konsortialen und der Syndikatsleiterin ein Gesellschaftsverhältnis, eine einfache Gesellschaft, begründet worden. Die Syndikatsleiterin war geschäftsführendes Mitglied der Gesellschaft; sie hat zwar, da sie selbst keine Stücke gezeichnet zu haben scheint, kein Kapital eingelegt, wohl aber hatte sie Arbeit beizutragen und überdem für den Gesellschaftszweck ihren Kredit einzusetzen, wogegen sie dann ein Entgelt für ihre Bemühungen empfangen und am Gewinne (nicht aber am Verlust) der Gesellschaft in gewissem Maße partizipieren sollte. Mitglied der Gesellschaft (des Syndikats) blieb auch nach Abschluß des Unterbeteiligungsvertrages stets die klägerische Firma. Die Beklagte ist durch den Unterbeteiligungsvertrag in kein direktes Rechtsverhältnis zu der Syndikatsleiterin und den Konsortialen getreten; vielmehr ist durch den Unterbeteiligungsvertrag ein Rechtsverhältnis nur zwischen den vertragschließenden Parteien, dem Hauptbeteiligten (der klägerischen Firma) und dem Unterbeteiligten (der Beklagten) begründet worden. Rechte und Pflichten aus dem Syndikatsvertrage waren der Gesellschaft gegenüber vom Hauptbeteiligten auszuüben und zu erfüllen; dagegen war der Hauptbeteiligte dem Unterbeteiligten gegenüber berechtigt, die aus dem Syndikatsvertrage sich ergebenden Lasten auf letztern abzuwälzen und hinwiederum der Unterbeteiligte befugt, zu verlangen, daß der Hauptbeteiligte seine Rechte gegenüber der Gesellschaft wahre und ihm die Vorteile aus dem Syndikatsgeschäfte zuwende. Für den Unterbeteiligten sind dabei selbstverständlich die Syndikatsbestimmungen, wie sie für das Verhältnis des Hauptbeteiligten zur Gesellschaft vereinbart waren, ebenfalls maßgebend. Denn der Haupt-

beteiligte hat ihm seinen Anteil an der Gesellschaft, sowie diese durch die Syndikatsbestimmungen gestaltet war, abgetreten.

4. Wenn nun zur Zeit, wo die Syndikatsleiterin die Einzah= lung von 80 Fr. für jede Aktie von den Konsortialen, speziell von der Klägerin einforderte, das Syndikat bereits durch Ablauf der Zeit, für welche die Gesellschaft eingegangen war, sein Ende erreicht hatte, so war die erhobene Forderung eine unberechtigte. § 5 des Syndikatsvertrages, auf welchen die Forderung sich stützte, gilt, wie die Vorinstanzen richtig ausführen, nur für die Zeit des Bestehens der Gesellschaft; er verpflichtet die Konsortialen, der Syndikatsleiterin während der Dauer der Syndikatsoperationen Deckung für die von ihr gemachten Vorschüsse zu geben. Ist nun aber das Syndikat bereits aufgelöst, so kann von einer solchen vorläufigen Deckung nicht mehr die Rede sein, sondern muß eben nach Maßgabe des § 7 der Syndikatsbestimmungen definitiv ab= gerechnet werden. Die Konsortialen sind alsdann berechtigt wie verpflichtet, Aushändigung der nicht verkauften Aktien gegen Be= zahlung der entsprechenden Beträge zu verlangen. Die klägerische Forderung ist demnach abzuweisen, sofern am 20. August 1891 die Zeit, für welche das Syndikat nach den Bestimmungen des Syndikatsvertrages bestand, bereits abgelaufen war. Denn alsdann hat die Klägerin, wenn sie die eingeforderte Deckung geleistet hat, eine Zahlung geleistet, zu welcher der Syndikatsvertrag nicht ver= pflichtete und welche sie demnach auch von der Beklagten nicht zurückfordern kann. Wenn der Anwalt der Klägerin heute aus= geführt hat, unter allen Umständen, auch wenn das Syndikat auf 8. März oder 8. Juni 1891 zu Ende gegangen sei, so übersteige doch der die Beklagte betreffende Verlustanteil den eingeklagten Betrag von 8000 Fr., so kann hierauf nichts ankommen. Denn über die Verpflichtungen der Beklagten für den Fall, daß die Ge= sellschaft auf 8. März oder 8. Juni 1891 als aufgelöst zu be= trachten wäre, ist im gegenwärtigen Prozesse gar nicht verhandelt worden; die Klägerin hat einfach gemäß Art. 5 des Syndikats= vertrages die dort vorgesehene Deckung von 15 % eingeklagt.

5. Demnach muß sich fragen, ob das Syndikat am 20. August 1891 für die Beklagte noch fortdauerte, oder ob die Gesellschaft auf 8. März oder 8. Juni 1891 zu Ende ging. In der Annahme

der Vorinstanzen nun, daß das Syndikat nach Ablauf der zunächst vorgesehenen Dauer von vier Monaten noch bis auf drei Monate von der Syndikatsleiterin habe verlängert werden können, ist ein Rechtsirrtum nicht zu finden. Der Vertrag sieht eine solche Verlängerung bis auf höchstens drei Monate ausdrücklich vor; er bestimmt allerdings nicht, wer diese Verlängerung anordnen könne; allein bei der Stellung, welche er der Syndikatsleiterin einräumt, darf angenommen werden, daß dieser die Befugnis hiezu habe zugestanden werden wollen. Die Sache ist wohl so aufzufassen, daß die Gesellschaft auf vier Monate fest abgeschlossen wurde, mit eventueller, dem Ermessen der Syndikatsleitung anheimgestellter, Verlängerung um höchstens drei weitere Monate. Wenn die Beklagte sich für ihre gegenteilige Auffassung auf die der Unterzeichnung der Syndikatsbestimmungen vorhergegangenen mündlichen Verhandlungen beruft hat, so ist dies unerheblich. Nachdem die Beklagte zugegeben hat, sich nach Maßgabe des von ihr unterzeichneten schriftlichen Vertrages gültig verpflichtet zu haben, können für die Dauer des Syndikats allerdings nur die Bestimmungen dieses Vertrages, nicht etwaige frühere mündliche Besprechungen maßgebend sein. Dagegen kann eine Befugnis der Syndikatsleitung, das Syndikat auch über den äußersten im Vertrage vorgesehenen Termin hinaus einseitig zu verlängern, nicht anerkannt werden. Eine solche folgt nicht aus Art. 2 des Syndikatsvertrages. Dieser räumt allerdings der Syndikatsleitung weitgehende Befugnisse ein, allein nur für die Dauer des Syndikats; eine Befugnis des geschäftsführenden Gesellschafters, die Dauer der Gesellschaft willkürlich zu verlängern, ist aus weitgehenden, für die Geschäftsführung ihm eingeräumten, Befugnissen selbstverständlich nicht abzuleiten. Ebensowenig kann davon die Rede sein, daß eine stillschweigende Prolongation des Syndikats stattgefunden habe, welche für die Beklagte verbindlich wäre. Der Beklagten ist irgendwelche Mitteilung, daß das Syndikat über die vertragsmäßige Dauer hinaus fortgesetzt werden solle und fortgesetzt werde, nicht gemacht worden; für eine stillschweigende Einwilligung derselben in eine Prolongation kann nichts anderes angeführt werden, als daß sie bei Beendigung der vertragsmäßigen Dauer nicht ausdrücklich erklärt hat, sie willige in eine Fortsetzung nicht ein, sondern verlange

Liquidation. Allein hieraus kann natürlich eine stillschweigende
Zustimmung zur Verlängerung der Gesellschaftsdauer auf unbe=
stimmte Zeit nicht abgeleitet werden. Ob allfällig einzelne Kon=
sortialen oder gar die Mehrheit derselben sich für weitere Prolon=
gation ausgesprochen haben, wie die Klägerin im Prozesse behauptete,
ist gleichgültig. Der Syndikatsvertrag bestimmt nicht, daß durch
Mehrheitsbeschluß der Konsortialen die Vertragsdauer verlängert
werden dürfe und gesetzlich gilt eine derartige Regel durchaus nicht
(vergleiche Art. 532 O.=R.). Die Beklagte brauchte sich daher
eine selbst von der Mehrzahl der Konsortialen beschlossene Ver=
längerung der Vertragsdauer nicht gefallen zu lassen. Der von
der Klägerin angerufene Art. 545 Ziff. 5 u. f. O.=R. trifft gar
nicht zu, da eben eine stillschweigende Fortsetzung der Gesellschaft
seitens der Beklagten gar nicht vorliegt.

6. In der Hauptsache ist demnach einfach die vorinstanzliche
Entscheidung zu bestätigen, d. h. das Klagebegehren, wie es ge=
stellt ist, abzuweisen und auszusprechen, daß die Beklagte Abrech=
nung auf 8. Juni 1891 zu verlangen berechtigt und lediglich
nach Maßgabe dieser Abrechnung verpflichtet ist. Der Klägerin
liegt als eine aus dem Unterbeteiligungsvertrage hervorgehende
Pflicht ob, ihre Rechte als Konsortiale dahin geltend zu machen,
daß diese Abrechnung von der Syndikatsleitung erstattet wird.

7. In Bezug auf die kantonalen Kosten hat es, da eine Ab=
änderung des angefochtenen Urteils in der Hauptsache nicht er=
folgt, gemäß konstanter Praxis einfach bei dem Entscheide der
kantonalen Gerichte sein Bewenden.

Demnach hat das Bundesgericht

erkannt:

Die Weiterziehung beider Parteien wird als unbegründet abge=
wiesen und es hat demnach in allen Teilen bei dem angefochtenen
Urteile des Obergerichtes des Kantons Zug vom 18./27. Oktober
1892 sein Bewenden.

### 46. Arrêt du 3 Février 1893 dans la cause
#### Banque cantonale vaudoise contre hoirs Cuénod.

Par jugement des 24 et 26 Novembre 1892, la Cour civile du canton de Vaud, statuant sur le litige pendant entre parties, a prononcé comme suit :

« La Cour civile écarte les deux moyens exceptionnels présentés par la masse hoirs Cuénod, écarte aussi les conclusions de la Banque cantonale, et admet les conclusions libératoires, au fond, prises par la partie défenderesse. Il est donné acte à cette dernière des réserves touchant la convention intervenue entre la Banque et E. Leuba, réserves insérées au procès-verbal du 24 Novembre 1892. La Banque cantonale est condamnée aux dépens. »

C'est contre ce jugement que la Banque cantonale vaudoise recourt au Tribunal fédéral, déclarant reprendre les conclusions de sa demande avec suite de dépens.

La partie défenderesse et intimée a conclu au rejet du recours et au maintien du jugement attaqué ; elle a conclu, en outre, à ce que le Tribunal fédéral se déclare incompétent pour statuer en ce qui concerne les créances chirographaires faisant contre la masse Cuénod, pour autant que celles-ci dépasseraient, individuellement, le montant de 3000 francs.

*Statuant en la cause et considérant :*

*En fait :*

1° Les hoirs Cuénod, à Corsier sur Vevey, faisaient le commerce des vins. Ils avaient, sous date du 13 Mai 1890, remis en nantissement à la Banque cantonale vaudoise une quantité de vin à l'effet de garantir le paiement d'un billet de change de 11 000 francs.

Par acte du 19 Mars 1891, les hoirs Cuénod ont donné ces mêmes vins en nantissement à un autre créancier, Eugène Leuba de Hillern, en mieux value, le privilège antérieurement concédé à la Banque cantonale vaudoise étant expressément réservé.

Sous date du 14 Avril 1891, le nantissement accordé à la
Banque cantonale vaudoise a été renouvelé en ces termes :

« Nous soussignés hoirs Cuénod, à Corsier, déclarons que
pour assurer le remboursement d'un billet de change de
8800 francs souscrit le 14 Avril par nous-mêmes, payable le
15 Juillet prochain à l'ordre et au domicile de la Banque
cantonale vaudoise, à Lausanne, nous remettons le total de
29 300 litres de vins de 1888 et 1890 (6 vases spécifiés dans
l'acte), en nantissement et gage, et pour remplacer le nantissement donné le 15 Mai 1890. Ces vins restent sous la garde
de M. J. Jomini, à Vevey, dépositaire de la clef de la cave
Bersier, cela sous sa surveillance et responsabilité ; il ne
devra se dessaisir du dit vin en nantissement que sur ordre
de la créancière, qui conserve le privilège de créancier
gagiste conformément à la loi. M. Jomini déclare par sa
signature avoir une connaissance suffisante de ce nantissement.

Vevey, le 14 Avril 1891.

(signé) J. Jomini.

pp⁰ⁿ Hoirs Cuénod (signé) Leuba. »

En date du 29 Avril 1891, les hoirs Cuénod ont déposé
leur bilan.

Le 16 Juin suivant, la Banque cantonale est intervenue
dans la faillite Cuénod, et a réclamé le paiement par privilège
du billet de 8800 francs, garanti par le nantissement du 14
Avril précédent. Le liquidateur admit cette intervention, et la
colloqua au rang revendiqué par la créancière, en ajoutant
que E. Leuba prétend être créancier gagiste en 2ᵉ rang sur
le vin, objet du nantissement de la Banque.

La Banque cantonale était encore intervenue dans la discussion des hoirs Cuénod, en vertu de titres chirographaires,
pour une somme en capital de 54 800 francs ; cette intervention a été admise en 6ᵐᵉ classe par le liquidateur.

Sous date du 11 Juillet 1891, la Banque cantonale est intervenue en relief dans la discussion hoirs Cuénod, et a réclamé
le droit de rétention sur les 29 300 litres de vin, pour les
créances ci-dessus, soit sur l'excédent du produit de la réali-

sation de cette marchandise, après paiement du billet de change spécialement garanti.

Par lettre du 28 dit, le liquidateur de la masse a repoussé l'intervention de la Banque par le motif qu'il n'y avait aucune connexité entre les autres créances de la Banque cantonale et le vin logé dans la cave Bersier.

C'est à la suite de ces faits que la Banque cantonale, par demande du 7 Octobre 1891, a ouvert action à la masse des hoirs Cuénod devant la Cour civile de Vaud, concluant à ce qu'il soit prononcé :

1° Que son intervention en relief dans la masse des biens en discussion des hoirs Cuénod, à Vevey, est admise en ce sens que la Banque cantonale est mise au bénéfice d'un droit de rétention sur 29 300 litres de vin 1888 et 1890, déposés dans la cave Bersier, à Vevey, soit sur l'excédent du produit de la réalisation de cette marchandise après paiement de la créance spécialement garantie, — ce droit de rétention étant valable pour toutes les créances chirographaires pour lesquelles elle est intervenue dans la masse, créances s'élevant en capital à la somme de 54 800 francs.

2° Qu'en conséquence la réponse du liquidateur du 28 Juillet 1891 à l'intervention prémentionnée de la demanderesse est changée dans le sens de l'admission du droit de rétention réclamé par la Banque cantonale vaudoise.

La masse des hoirs Cuénod, dans sa réponse du 10 Décembre 1891, excipe :

*a*) Tout d'abord de l'irrecevabilité de l'intervention en relief.

*b*) Ensuite du vice de la demande, comme n'ayant pas été dirigée aussi contre les créanciers des cinq premières classes, en conformité de l'art. 813 Code de procédure civile.

*c*) Au fond, de l'absence des réquisits prévus à l'art. 224 C. O., à savoir, de la détention du gage et de la connexité entre la créance et la chose retenue.

La Cour civile du canton de Vaud a prononcé, par jugement du 26 Novembre 1892, ainsi qu'il a été dit plus haut, et c'est contre ce jugement que les parties ont pris les conclusions susmentionnées.

Le dit jugement se fonde, en substance, en ce qui concerne le fond de la cause, sur les motifs ci-après :

L'exercice du droit de rétention prévu à l'art. 224 C. O. est subordonné à l'existence simultanée de trois conditions ; il faut que la créance soit échue, que les meubles ou titres qui doivent faire l'objet du droit se trouvent à la disposition du créancier du consentement du débiteur et qu'il y ait connexité entre la créance et la chose retenue.

La demanderesse se trouve porteur de créances liquides, et dont l'échéance est arrivée ensuite de la faillite de ses débiteurs. Sur le second point, la Banque avait le droit de requérir la vente d'une quantité déterminée des vins remis en gage, suffisante pour couvrir sa créance de 8800 francs, en capital et accessoires, mais elle ne pouvait prétendre avoir un droit spécial, pour d'autres créances, sur la partie de ce vin qui n'aurait pas été nécessaire pour le paiement de la créance garantie ; d'ailleurs J. Jomini était un tiers qui remplissait les fonctions d'un véritable gardien judiciaire, et ne pouvait ainsi être assimilé au créancier lui-même. En outre, à teneur de l'art. 217 C. O., les débiteurs ont donné la même marchandise en gage à un second créancier, E. Leuba, ce qui résulte de l'acte du 21 Mars 1891. Donc la Banque n'avait pas la disposition exclusive des vins dont il s'agit. Le consentement des débiteurs à laisser en nantissement les vins, à disposition de la créancière, ne pouvait être étendu par celle-ci à d'autres engagements ne figurant point dans le dit acte. Donc le droit de rétention de la Banque ne peut s'exercer sur le surplus en question. En revanche, vu les relations d'affaires que les parties ont eues ensemble, il y a lieu d'admettre qu'il y a connexité entre la créance et la possession de la chose.

*En droit :*

2. La compétence du Tribunal fédéral existe en la cause, ainsi que les deux parties le reconnaissent à juste titre, pour autant que les prétentions pour lesquelles la demanderesse invoque un droit de rétention atteignent ou dépassent le montant de 3000 francs ; les autres conditions auxquelles l'art. 29 de la loi sur l'organisation judiciaire fédérale subordonne le

recours au Tribunal de céans sont en effet réalisées dans l'espèce. Or il est incontesté que la demanderesse possède de semblables prétentions, dont la valeur est au moins égale à celle de l'objet sur lequel le droit de rétention doit être exercé, déduction faite de la créance garantie par le droit de gage ; il est dès lors sans aucune importance pratique que le droit de rétention soit également réclamé pour des prétentions moins considérables, à l'égard desquelles le Tribunal fédéral n'est pas compétent.

3° Au fond la question capitale est celle de savoir si la demanderesse a la disposition des vins dont il s'agit, conformément à l'art. 224 C. O., lequel, dans tous les cas, fait de cette disposition une condition nécessaire de l'existence du droit de rétention. Cette question devrait être résolue affirmativement, si Jomini, qui avait en fait la disposition sur les dits vins, devait être considéré uniquement comme le représentant de la demanderesse, et comme ayant, par conséquent, gardé la marchandise au nom exclusif de cette dernière. Mais tel n'est point le cas, à teneur des pièces du dossier et des constatations du jugement cantonal, et le droit de rétention auquel prétend la Banque cantonale ne résulte pas davantage du fait qu'un droit de gage a été constitué en sa faveur sur le vin dont il s'agit.

Il est vrai qu'aux termes de l'art. 210 C. O. le droit de gage ne peut s'établir que par voie de nantissement, c'est-à-dire de l'exclusion du débiteur de la disposition de fait sur la chose engagée, — et lorsque la dite chose a été remise au créancier gagiste ou à son représentant. Ce nantissement peut toutefois être constitué par la remise du gage à la garde d'un tiers, chargé de sa conservation aussi bien au nom du débiteur qu'en celui du créancier gagiste (voir Dernburg, *Preussisches Privatrecht*, tome I, p. 354). Dans ce cas la disposition de fait sur l'objet du gage est enlevée au débiteur aussi longtemps que le droit de gage existe, mais cette disposition dans le sens de l'art. 224 C. O. ne se trouve pas davantage transférée au créancier gagiste (voir *Recueil des arrêts du Tribunal fédéral*, XI, N° 15, p. 76 ss.)

Or, dans l'espèce, ensuite des constatations de la Cour
cantonale, — lesquelles concordent d'ailleurs soit avec les
allégués des parties dans leurs écritures, soit avec les autres
pièces de la cause, — l'on se trouve bien en présence d'un
tel cas, d'où il résulte que le jugement attaqué doit être confirmé.

Par ces motifs,

Le Tribunal fédéral

prononce :

Le recours est écarté, et le jugement rendu entre parties
par la Cour civile du canton de Vaud, les 24 et 26 Novembre
1892, est maintenu tant au fond que sur les dépens.

---

### 47. Urteil vom 10. Februar 1893 in Sachen Soller gegen Kolb.

A. Durch Urteil vom 30. November 1892 hat das Obergericht
des Kantons Thurgau über die Rechtsfrage: Ist der Anspruch
der Appellatin auf die bei der Kantonalbank deponierte Lebens=
versicherungssumme ihres verstorbenen Mannes Albert Kolb=Zuber
abzuweisen unter Kostenfolge? erkannt: Sei die Rechtsfrage ver=
neinend entschieden.

B. Gegen dieses Urteil ergriff der Kläger die Weiterziehung
an das Bundesgericht. Gleichzeitig beantragte er beim Obergerichte
Ergänzung des obergerichtlichen Protokolls. Nachdem das Ober=
gericht dieses Gesuch durch Beschluß vom 31. Dezember 1891
abgewiesen hatte, ergriff er gegen diesen Beschluß den staatsrecht=
lichen Rekurs an das Bundesgericht. Dieser Rekurs ist durch
Entscheidung des Bundesgerichtes vom heutigen Tage abgewiesen
worden.

C. Für die civilrechtliche Weiterziehung meldete der Kläger mit
Eingabe vom 20. Dezember 1892 folgende Anträge an: 1. Es
sei der Anspruch der Appellatin auf die bei der Kantonalbank
deponierte Lebensversicherungssumme ihres verstorbenen Mannes

abzuweisen unter Kostenfolge. 2. Eventuell sei die Streitsache an das Obergericht zurückzuweisen zur erneuten Beurteilung der Frage, ob der Anspruch der Appellatin nicht gestützt auf die Voraussetzungen der actio Paulliana zu verwerfen sei. 3. Weiter eventuell, es sei der Anspruch des Appellanten im Betrage von 321 Fr. 85 Cts. nebst 10 Fr. für Policekosten und für 327 Fr. nebst Zins (ursprüngliche Forderung der Frau Engeli-Schadegg) zu schützen, eventuell die Beurteilung dieser Frage gleichfalls an das Obergericht zurückzuweisen.

Bei der heutigen Verhandlung hält der Anwalt des Klägers die schriftlich gestellten Anträge aufrecht, mit dem Beifügen: Jedenfalls sollte in den Motiven des Urteils aufgenommen werden, daß der Rekurrent berechtigt sei, seine Rechte gegen Fischer-Heß ungehindert, ohne Sistierung des Prozesses, zu verfolgen.

Der Anwalt der Beklagten und Rekursbeklagten trägt auf Bestätigung des angefochtenen Urteils an, indem er in erster Linie die Kompetenz des Bundesgerichtes bezweifelt.

Das Bundesgericht zieht in Erwägung:

1. Der im November 1889 in Konkurs geratene und von seiner Ehefrau güterrechtlich getrennte Ehemann der Beklagten, Albert Kolb-Zuber, hat sich am 21. Juni 1891 bei der Versicherungsgesellschaft Le Phénix in Paris auf sein Ableben hin für 12,000 Fr. versichert. Die Versicherungssumme ist laut der Police nach dem Tode des Versicherten an Frau Kolb geb. Lina Zuber und in ihrer Ermangelung an deren Kinder auszubezahlen. Am 1. März 1892 starb Albert Kolb und es wurde über seinen Nachlaß der Konkurs eröffnet. In demselben hat der Kläger eine Glücksscheinforderung von 1238 Fr. 25 Cts. sammt 99 Fr. 04 Cts. an Zins angemeldet; im weitern hat Wittwe Engeli-Schadegg eine Glücksscheinforderung von 327 Fr. 15 Cts. sammt Zins angemeldet, welche seither an den Kläger abgetreten wurde. Für diese letztere Forderung hatte Wittwe Engeli-Schadegg gegen Albert Kolb bei dessen Lebzeiten Betreibung eingeleitet. Laut Pfändungsurkunde vom 26. Januar 1892 waren dafür zwei Stücke Vieh gepfändet worden, welche indes von der Beklagten zu Eigentum beansprucht wurden. An der Lebensversicherungspolice beanspruchte J. Fischer-Heß in Romanshorn gestützt auf einen „Abtretungsschein" der

Beklagten vom 19. August 1891 für eine Forderung von circa
8000 Fr. Faustpfandrecht, welches von der Beklagten anerkannt,
von einzelnen Gläubigern, insbesondere dem Kläger, dagegen be=
stritten wurde. Die Beklagte beanspruchte die (auf der thurgauischen
Kantonalbank deponierte) Lebensversicherungssumme respektive den
nach Deckung des Faustpfandgläubigers Fischer=Heß noch verblei=
benden Rest derselben als Eigentum. Die Konkursgläubiger, mit
Ausnahme des Klägers, haben auf ihre Ansprüche auf die Ver=
sicherungssumme verzichtet und dieselben gemäß Art. 260 des Schuld=
betreibungs= und Konkursgesetzes dem Kläger abgetreten, welcher
hierauf gegen die Beklagte Klage erhob mit dem Antrage, es sei
der Anspruch der Beklagten auf diese Versicherungssumme, wie
sie bei der Kantonalbank deponiert sei, abzuweisen unter Kostenfolge.

2. Der gesetzliche Streitwert ist gegeben. Die Klage macht den
dem Kläger abgetretenen Rechtsanspruch der Masse auf die ge=
sammte Versicherungssumme (nach Abrechnung des allfällig dem
Faustpfandgläubiger Fischer=Heß gebührenden Betrages) geltend.
Es liegt also dieser gesammte Betrag im Streite und kommt nichts
darauf an, daß der klagende Gläubiger persönlich im Konkurse
des A. Kolb nur mit einem Forderungsbetrage von circa 1600 Fr.
beteiligt ist und daher, wenn er im Prozesse obsiegt, nur diesen
Betrag aus der streitigen Versicherungssumme erhalten wird. Der
Überschuß fällt eben gemäß Art. 260 des Schuldbetreibungs= und
Konkursgesetzes in die Masse. Der Kläger macht (wenn auch auf
eigene Gefahr und in erster Linie zu seinem eigenen Vorteile)
die Rechte der Gesammtgläubigerschaft geltend. Ebenso ist die Sache
nach eidgenössischem Rechte zu beurteilen. Es bestehen im Kanton
Thurgau keinerlei besondere Gesetzesbestimmungen über den Ver=
sicherungsvertrag, welche hier zur Anwendung kämen, und es sind
daher gemäß der vom Bundesgerichte schon häufig betätigten Aus=
legung des Art. 896 O.=R. die allgemeinen Grundsätze des Ob=
ligationenrechtes maßgebend. Wenn der Anwalt der Beklagten
heute angedeutet hat, es bestehen im Kanton Thurgau, wenn auch
keine gesetzlichen, so doch gewohnheitsrechtliche Normen über den
Versicherungsvertrag, so kann hierauf schon deshalb nichts ankom=
men, weil die kantonalen Gerichte gar nicht auf kantonales Ge=
wohnheitsrecht abstellen.

3. In der Versicherungspolice ist die Beklagte ausdrücklich und namentlich als Begünstigte bezeichnet; die Versicherungsgesellschaft hat sich verpflichtet, die Versicherungssumme nach dem Tode des Versicherten an die Beklagte zu bezahlen. Der Versicherungsvertrag ist danach zu Gunsten der letztern abgeschlossen worden; er qualifiziert sich als Vertrag zu Gunsten Dritter im Sinne des Art. 128 O.-R. Aus diesem zu ihren Gunsten abgeschlossenen Versicherungsvertrag hat die Begünstigte, da nach dem Typus des Geschäfts und nach den konkreten Umständen der Wille der Parteien offenbar hierauf gerichtet war, jedenfalls mit dem Tode des Versicherten ein eigenes, selbständiges Recht erworben; die Versicherungssumme gehört daher nicht zum Nachlasse des Versicherten und fällt also nicht in den über diesen Nachlaß eröffneten Konkurs, sondern sie gebührt jure proprio der Begünstigten. Der Begünstigte ist jedenfalls dann, wenn er im Versicherungsvertrage bestimmt bezeichnet ist, zum Bezuge der Versicherungssumme nicht als Erbe des Versicherten berechtigt, sondern sein Anspruch auf die Versicherungssumme, wenn er auch erst mit dem Tode des Versicherten zu einem präsenten und unwiderruflichen wird, stützt sich doch unmittelbar auf den zu seinen Gunsten abgeschlossenen Versicherungsvertrag; dieser hat für den Begünstigten auf den Tod des Versicherten hin eigene Rechte gegenüber dem Versicherer begründet. Dieser Grundsatz ist in Theorie und Praxis wohl weitaus überwiegend anerkannt (siehe u. a. König, Zeitschrift des bernischen Juristenvereins XI, S. 297 u. ff.; Rivière, *Pandectes françaises*, X, Assurances sur la vie, Nr. 466 u. ff.). Die Anschauung des Klägers, daß die Versicherungssumme als Bestandteil des Nachlasses des Versicherten zu behandeln sei, kann also nicht gebilligt werden. Wenn der Kläger behauptet hat, die Versicherungssumme sei für die Masse deponiert worden, letztere befinde sich im „rechtlichen Besitze" derselben, so hat zunächst das Obergericht diese Behauptung als ein unzulässiges novum zurückgewiesen und es kann daher auf dieselbe schon aus diesem Grunde keine Rücksicht genommen werden. Allein dieselbe wäre auch, selbst wenn sie richtig sein sollte, völlig unerheblich. Nicht darauf ja kommt es an, in wessen Besitz die Versicherungssumme sich befinden mag, sondern darauf, wem sie rechtlich gebührt.

4. Im weitern hat der Kläger vor den kantonalen Instanzen geltend gemacht, die Versicherungspolice hätte schon in die zu Gunsten seiner Rechtsvorgängerin Wittwe Engeli=Schabegg ausgeführte Pfändung vom 26. Januar 1892 aufgenommen werden sollen; dieselbe sei damals der Pfändung zu Unrecht entzogen worden. Eventuell seien die Ansprüche der Beklagten mit der actio Paulliana gemäß Art. 288 des Schuldbetreibungs= und Konkursgesetzes anfechtbar, da der Versicherte seinen Gläubigern den Betrag zu Zahlung der Versicherungsprämie entzogen habe. Heute hat der Kläger eventuell in erster Linie Rückweisung der Sache an das Obergericht zu erneuter Beurteilung der Frage, ob nicht der Anspruch der Beklagten gestützt auf die actio Paulliana anfechtbar sei, beantragt. Dieser Rückweisungsantrag entbehrt jeglicher Begründung; das Obergericht hat die sachbezüglichen Vorbringen des Rekurrenten beurteilt und es liegt zu einer Rückweisung überall kein Grund vor. Auf Grund der thatsächlichen Feststellungen des Obergerichtes ist vielmehr die vorinstanzliche Entscheidung in dieser Richtung ohne weiters zu bestätigen. Denn das Obergericht stellt thatsächlich, in beim Bundesgerichte nicht anfechtbarer Weise fest, daß die einzige auf die Versicherungspolice geleistete Prämienzahlung nicht aus dem Vermögen des Ehemannes Kolb, sondern aus demjenigen der beklagten Ehefrau geleistet worden sei. Danach ist denn aber in der That klar, daß die Gläubiger des Versicherten durch den Versicherungsvertrag, respektive durch die Prämienzahlung, nicht widerrechtlich geschädigt worden sind, da ja für die Versicherung eine Aufwendung aus dem Vermögen des Versicherten gar nicht gemacht wurde. Damit fällt das weitere eventuelle Begehren des Rekurrenten betreffend Rückerstattung der geleisteten Prämienzahlung von selbst dahin. Was endlich die Behauptung anbelangt, es sei die Lebensversicherungspolice bei der von der Rechtsvorgängerin des Klägers erwirkten Pfändung verheimlicht worden, so ist zu bemerken: Es mag dahingestellt bleiben, ob beziehungsweise unter welchen Voraussetzungen und mit welcher Wirkung Lebensversicherungsansprüche im Allgemeinen bei Lebzeiten des Versicherten als Bestandteile des Vermögens des letztern von dessen Gläubigern gepfändet oder zur Konkursmasse gezogen werden können. Im vorliegenden Falle nämlich war die Versicherungs=

police offenbar schon vor dem Tode des Versicherten und der Pfändung vom 26. Januar 1892 der begünstigten Ehefrau über= lassen und von ihr, unter Anzeige an die Versicherungsgesellschaft, verpfändet worden. Bei dieser Sachlage konnte schon zur Zeit der Pfändung der Versicherungsanspruch nicht mehr als zum Vermö= gen des Ehemannes gehörig betrachtet werden; es war bereits damals der Begünstigten, welche gegenüber der Versicherungsge= sellschaft sich als Gläubigerin des Versicherungsanspruchs geriert hatte, ein, wenn auch vorerst noch bedingtes, so doch nicht mehr frei widerrufliches Recht aus dem Versicherungsvertrage erworben. Die Police konnte daher überhaupt nicht mehr als Vermögens= stück des Ehemannes gepfändet werden. Damit fallen die sämmt= lichen vom Kläger aus der Pfändung vom 26. Januar 1892 gezogenen Folgerungen dahin.

5. Auf das Verhältnis des Klägers zu dem Faustpfandanspre= cher Fischer=Heß ist im gegenwärtigen Prozesse in keiner Weise einzutreten, wie denn auch vor den kantonalen Instanzen darüber gar nicht ist verhandelt worden.

Demnach hat das Bundesgericht

erkannt:

Die Weiterziehung des Klägers wird als unbegründet abge= wiesen und es hat demnach in allen Teilen bei dem angefochtenen Urteile des Obergerichtes des Kantons Thurgau vom 30. Novem= ber 1892 sein Bewenden.

---

48. Arrêt du 25 Février 1893 dans la cause<br>Martin et Mesmer<br>contre la Compagnie Paris - Lyon - Méditerranée.

L'avocat Hudry conclut en première ligne, et préparatoire-ment, à ce qu'il soit ordonné à la Compagnie Paris-Lyon-Méditerranée de produire tous livres et documents relatifs aux expéditions consignées de 1885 à ce jour de ou pour Genève transit, soit par la maison Fischer, soit par la maison

Schenker & C$^{ie}$, et à ce qu'il soit dit qu'il y a lieu, en conformité de l'art. 30 *in fine* de la loi fédérale sur l'organisation judiciaire, de compléter dans ce sens les actes du dossier.

L'avocat Cramer, au nom de la Compagnie Paris-Lyon-Méditerranée, conclut au rejet du recours, et à ce que les recourants soient condamnés à lui payer la somme de 100 francs à titre de frais devant le Tribunal fédéral.

*Statuant en la cause et considérant :*

*En fait :*

1° La maison Martin & C$^{ie}$, remplacée en cours d'instance par Martin et Mesmer, ses successeurs, entrepreneurs de transports, à Genève, a, en Janvier 1889, assigné la Compagnie Paris-Lyon-Méditerranée en paiement de 150 000 francs de dommages-intérêts pour le préjudice qu'elle leur a causé en accordant à un autre entrepreneur de transports de la place, le sieur Fischer, des avantages qu'elle leur aurait refusés à eux-mêmes.

A l'appui de ces conclusions, les demandeurs faisaient valoir en substance :

La Compagnie Paris-Lyon-Méditerranée accorde à la maison C. Fischer, agent de transports à Genève, soit directement, soit indirectement et sous le nom de la maison Schenker & C$^{ie}$ de Vienne, des avantages qu'elle n'accorde pas aux autres commissionnaires de Genève ; jusqu'au 1$^{er}$ Janvier 1889 ce tarif de faveur, accordé à la dite maison pour les expéditions du détail de Genève à toutes les gares du Paris-Lyon-Méditerranée par Lyon, Cette, Marseille et Vintimille, a été de 3 francs par 100 kg. au lieu de 7 et 9 francs, tarif imposé aux autres commissionnaires ; pour les envois de 5000 kg. au départ de Genève pour les mêmes gares, le tarif de faveur accordé à la maison Fischer est de 2 francs, tandis que le tarif normal imposé aux autres commissionnaires est de 5 à 7 francs les 100 kg. Ces faits constituent une flagrante contravention aux dispositions de l'art. 35 chiffre 3 de la loi fédérale sur l'exploitation des chemins de fer du 23 Décembre 1872. Le plus grave préjudice est ainsi causé à la maison demanderesse.

A l'audience du 2 Février 1891, le tribunal de première instance a acheminé les parties à des enquêtes, qui ont eu lieu les 19 Février et 30 Avril suivants; à cette dernière audience, le tribunal a décerné une commission rogatoire aux juges compétents de Lausanne, pour recevoir la déposition de deux témoins. Les enquêtes ont été déclarées closes le 4 Juin 1891.

A l'audience du tribunal de première instance, du 5 Mai 1892, les demandeurs ont repris leurs conclusions introductives d'instances, et ont conclu subsidiairement à ce qu'il plaise au tribunal ordonner la production par la Compagnie Paris-Lyon-Méditerranée des pièces mentionnées dans les conclusions, ainsi que de tout document et de tout livre de comptabilité utile en la cause.

Dire qu'à défaut par la Compagnie défenderesse de produire les dites pièces, les faits allégués par les demandeurs et les conséquences qu'ils en tirent sont tenus pour constants.

A l'appui de ces conclusions, les demandeurs allèguent en résumé:

Martin & C¹ᵉ se plaignent de ce qu'au mépris de l'art. 35 précité de la loi fédérale de 1872, la Compagnie Paris-Lyon-Méditerranée accorde sous forme de détaxes des bonifications particulières et importantes à C. Fischer, entrepreneur de transports à Genève. Ils ont demandé en vain, par lettre du 2 Juin 1888 adressée au chef de l'exploitation du Paris-Lyon-Méditerranée, à Paris, a être mis au bénéfice du même traitement. En avantageant une entreprise de transports au détriment des autres, la Compagnie a permis au profit d'une seule maison l'accaparement de la partie la plus importante de la clientèle; la Compagnie Paris-Lyon-Méditerranée doit dès lors indemniser les demandeurs du préjudice qu'elle leur a causé. Ce préjudice est indéniable, car C. Fischer, par des circulaires répandues à profusion, informe le public que, par un service de groupages dont il possède le monopole, il est en mesure de garantir des prix qui défient toute concurrence et qui sont de 100 °/₀ inférieurs à ceux exigés par toute autre

maison de transit de Genève. Les sommes payées par la
Compagnie Paris-Lyon-Méditerranée à C. Fischer atteignent,
pendant la seule année de 1887, le chiffre de 174 251 fr. 45 c.
Il résulte des enquêtes que la Compagnie Paris-Lyon-Méditerranée avait une convention particulière avec Fischer aux
termes de laquelle elle lui bonifiait la différence entre la taxe
appliquée et le prix convenu. Il résulte, de plus, des enquêtes
que les sommes remboursées à Fischer par la Compagnie, en
suite du prix conditionnel assuré par celle-ci, s'élèvent pour
la période de 1885 à Janvier 1889 inclusivement à 498 695
fr. 50 c. La Compagnie reconnaît aujourd'hui avoir fait ces
paiements ; pour pouvoir juger si les dits paiements sont le
résultat de détaxes appliquées à bon droit, il est indispensable
d'obtenir la production de diverses pièces en mains de la
Compagnie Paris-Lyon-Méditerranée, à savoir : les bordereaux
de transports, les bordereaux de la maison Fischer, les bul-
letins de vérification émanant des bureaux de la Suisse-Occidentale à Lausanne, les ordres écrits de la comptabilité générale de la Compagnie Suisse-Occidentale-Simplon, accompagnés
d'une lettre de l'exploitation de la Compagnie Paris-Lyon-
Méditerranée, les reçus de la maison Fischer ou de la maison
Schenker & Cⁱᵉ.

La Compagnie Paris-Lyon-Méditerranée a conclu, devant le
tribunal de 1ʳᵉ instance, au déboutement de Martin & Cⁱᵉ de
leurs conclusions, avec dépens, par les motifs suivants :

Martin & Cⁱᵉ sont sans aucun droit ni aucun intérêt. Ils
n'ont prouvé, ni que la Compagnie Paris-Lyon-Méditerranée
ait irrégulièrement accordé des détaxes indues à Fischer, par
faveur personnelle, ni que cette faveur personnelle ait été
faite au préjudice direct de Martin & Cⁱᵉ. Il s'agissait de
l'application de tarifs d'exportation applicables par voie de
détaxes. Lorsque les commissionnaires peuvent grouper un
certain nombre de marchandises, ils obtiennent l'application
de ces tarifs. Cette application se fait de la manière suivante :
le commissionnaire paie le prix du tarif ordinaire au départ,
puis s'il justifie ensuite, dans un délai fixé, qu'il y a eu exportation des marchandises transportées, on lui rembourse la

différence entre le prix du tarif général qu'il a payé au départ, et le tarif spécial d'exportation. La Compagnie Suisse-Occidentale, étant Compagnie frontière suisse, était chargée du contrôle de provenance et de destination des marchandises ; c'est pourquoi le paiement des différences était effectué par son chef de comptabilité en main de M. Fischer. Ces tarifs spéciaux étaient d'ailleurs à la disposition de tout le monde, et ils ont été appliqués à d'autres commissionnaires, qui voulaient se soumettre aux conditions d'application ; les tarifs spéciaux ne s'appliquaient, en effet, que lorsque l'expédition atteignait un certain chiffre de marchandises, et par wagons complets. Si Martin & C$^{ie}$ n'ont pas pu se procurer une quantité de marchandises à expédier suffisante pour pouvoir profiter de l'application de ces tarifs, ils ne peuvent faire supporter les conséquences de ce fait à la Compagnie Paris-Lyon-Méditerranée. Les demandeurs n'ont pas même essayé de rapporter la seule preuve qu'ils devaient faire, à savoir qu'ils ont subi un préjudice d'une faveur illégale accordée par le Paris-Lyon-Méditerranée à M. Fischer à leur préjudice et contre leur droit.

Par jugement du 5 Mai 1892, le tribunal civil a débouté les demandeurs de toutes leurs conclusions, par les considérations ci-après :

Il appartient aux demandeurs de justifier de leur action, et l'on ne saurait ordonner à la partie défenderesse de produire des documents dont elle ne fait pas état. La demande est mal fondée ; s'il est constant que Fischer a touché à diverses époques des sommes importantes à titre de détaxes, il ne résulte pas des témoignages que ces sommes aient été payées induement, et à raison d'avantages spéciaux concédés à lui seul au détriment des autres commissionnaires de Genève. Il ressort au contraire des faits de la cause que ces détaxes étaient le produit de tarifs spéciaux combinés de façon à assurer de fortes réductions de prix par le groupage des marchandises, et la combinaison des routes employées. Martin & C$^{ie}$ sont donc sans droit et sans action pour réclamer des dommages-intérêts, à raison de faits qui n'ont rien d'irrégulier.

Martin et Mesmer ayant appelé de ce jugement, la Cour
de justice civile l'a confirmé par arrêt du 10 Décembre 1892,
par des motifs qui peuvent être résumés comme suit :

Sur la question des dommages-intérêts, l'art. 35 de la loi
fédérale sur l'établissement et l'exploitation des chemins de
fer, du 23 Décembre 1872, ainsi que tout le titre III dont il
fait partie, renferment des dispositions déterminant les obligations imposées aux Compagnies de chemins de fer par la
Confédération et la compétence de celle-ci en cas d'inobservation de ces obligations ; il en résulte que la Confédération
a non seulement un droit de contrôle sur les tarifs, mais que
le Conseil fédéral a l'obligation de veiller sur leur élaboration
et leur application, pour qu'elle soit égale à tous. Le N° 4 du
même article prévoit le cas où des réclamations sont faites
par des tiers à raison de modifications générales ou spéciales
des tarifs, ou de promesses de détaxe violant le principe d'é-
galité, et stipule que l'autorité fédérale, nantie de ces réclamations, ou même d'office, a le droit d'intervenir et d'exiger
soit la suppression des modifications aux tarifs, soit le réta-
blissement de l'égalité entre les intéressés. C'est là la seule
et unique sanction établie par la loi pour obliger les Compagnies de chemins de fer à l'observation de ces dispositions.
Il en résulte que les tiers, qui se prétendent lésés par les
traités spéciaux intervenus entre une Compagnie de chemins
de fer et un de ses clients, n'ont aucune action judiciaire
contre la Compagnie ou ses co-traitants, et ne peuvent
obtenir la suppression des promesses ou conventions particulières qui les léseraient qu'en nantissant la Confédération,
soit le Département des chemins de fer de leur réclamation.
Les appelants ont d'ailleurs reconnu implicitement que leur
demande manquait de fondement juridique, puisque, tout en
poursuivant la présente action devant les tribunaux, ils ont
nanti de leur plainte soit le Département fédéral des chemins
de fer, soit le Ministère des travaux publics à Paris.

Au fond, les appelants n'ont rapporté la preuve ni du fait
que C. Fischer aurait obtenu des avantages particuliers, soit
détaxes autres que celles résultant du tarif spécial d'expor-

tation, ni du fait qu'ils auraient éprouvé eux-mêmes un préjudice réel et direct ; la preuve de toute demande incombant à celui qui l'a formée, c'est à juste titre que les premiers juges ont refusé d'ordonner à la Compagnie Paris-Lyon-Méditerranée de produire en justice les pièces réclamées par les appelants.

C'est contre cet arrêt que Martin et Mesmer recourent au Tribunal fédéral, et que les parties ont conclu comme il a été dit plus haut.

Les recourants s'appuient sur les considérations suivantes :

L'art. 35 de la loi fédérale, du 23 Décembre 1872, n'a pas sa seule sanction dans la décision que peut prendre le Conseil fédéral à teneur du § 4 de cet article, mais il a pour effet d'interdire aux Compagnies de chemins de fer d'accorder à qui que ce soit des avantages qu'elles n'accordent pas à d'autres dans des conditions analogues. Si la Compagnie Paris-Lyon-Méditerranée a rompu au profit d'un seul l'égalité de traitement exigée par la loi, et si elle a causé un préjudice à ceux qui n'ont pas obtenu les mêmes avantages, elle a violé la loi, elle a agi sans droit et elle doit réparation du préjudice causé : or, c'est ce qui résulte des témoignages, faits et documents de la cause. Cette démonstration ressortirait toutefois plus complète encore de la production des documents détenus par la Compagnie Paris-Lyon-Méditerranée, et que celle-ci refuse de verser au débat. C'est un genre de preuve qui n'a pas été admis dans les instances cantonales, et qui est pourtant de nature à exercer une influence décisive sur le jugement au fond.

La Compagnie Paris-Lyon-Méditerranée, dans sa réponse, fait observer :

Les recourants n'ont pas prouvé que la Compagnie défenderesse ait accordé induement, illégalement et par faveur spéciale, à la maison C. Fischer des détaxes illégitimes qu'elle refusait aux autres commissionnaires ; ils n'ont pas prouvé davantage que cette faveur ait porté un préjudice réel et direct à la maison Martin & C$^{ie}$, soit Martin et Mesmer. Le contraire a été établi par les instances cantonales.

En outre Martin et Mesmer ne sont pas même recevables dans leur action ; les particuliers ne peuvent s'adresser aux tribunaux pour réclamer contre un prétendu dommage résultant soi-disant d'une inégalité de taxes, alors que cette inégalité n'existe pas.

C'est à bon droit que les conclusions subsidiaires des recourants ont été déclarées mal fondées ; la demande n'étant pas établie en fait par les demandeurs, la défenderesse ne peut pas être obligée à faire la preuve contraire de faits non établis par les demandeurs, ni la preuve de sa libération d'une obligation ou d'un fait dont la preuve n'a pu être rapportée et qui ne sont pas prouvés.

*En droit :*

2° La présente action se caractérise incontestablement comme une action civile en dommages-intérêts ensuite d'acte illicite (art. 50 C. O.) ; aussi la Cour de justice ne s'est-elle pas déclarée incompétente pour en connaître, mais elle l'a repoussée, et comme la somme litigieuse dépasse 3000 francs, les conditions posées à l'art. 29 de la loi sur l'organisation judiciaire fédérale pour le recours au Tribunal fédéral se trouvent réalisées en l'espèce à ce double égard. Toutefois, après les explications des demandeurs à l'audience de ce jour, consistant à prétendre que Fischer aurait été favorisé sans droit sur territoire français et avec l'autorisation des autorités françaises compétentes, il pourrait être douteux que le droit suisse fût applicable au litige ; ces allégations n'ont toutefois pas été faites devant les tribunaux cantonaux, qui ont par conséquent fait application des dispositions du droit suisse. Or l'on sait que des allégués nouveaux ne peuvent pas être portés devant le Tribunal fédéral, d'où il résulte que la compétence de ce Tribunal doit être admise.

3° Au fond la demande se base sur l'art. 50 C. O. rapproché de l'art. 35 chiffre 3 de la loi fédérale concernant l'établissement et l'exploitation des chemins de fer, lequel statue que « les taxes seront partout et pour chacun calculées d'une manière uniforme » et que « les administrations de chemins de fer ne doivent accorder à personne, sous une

forme quelconque, des avantages qu'elles n'accorderaient pas
à d'autres dans des circonstances analogues. » Les demandeurs prétendent que la défenderesse a accordé à Fischer,
en ce qui concerne les taxes des tarifs, des avantages qui
leur auraient été refusés à eux dans des circonstances de fait
identiques. La défenderesse le conteste, en faisant surtout
valoir que les circonstances qui ont justifié les rabais de tarif
concédés à Fischer, en particulier en ce qui concerne la quantité des marchandises à transporter par wagons complets,
et le trajet à parcourir, n'existaient pas relativement aux demandeurs.

4° A ce point de vue l'on pourrait se demander d'abord si
le Conseil fédéral, auquel incombe le contrôle des tarifs, à
teneur de l'art. 35 de la loi précitée, n'a pas à statuer définitivement sur ce point préliminaire. Ainsi que les demandeurs
l'ont déclaré à l'audience de ce jour, ils ont réclamé, en effet,
précédemment la décision du Conseil fédéral, lequel n'aurait
refusé de statuer que par le seul motif qu'il s'agissait de faveurs accordées à Fischer, de l'aveu des autorités françaises
compétentes, et pour des transports de marchandises effectués sur territoire français, et que par suite le Conseil fédéral
n'avait point compétence pour intervenir.

5° Il n'est toutefois pas nécessaire de trancher actuellement cette question, puisque, comme la Cour cantonale l'a
reconnu, la demande n'est pas suffisamment motivée, et que
la preuve nécessaire pour justifier en fait la conclusion en
dommages-intérêts n'a pas été rapportée. Les demandeurs
le reconnaissent d'ailleurs eux-mêmes ; seulement ils réclament
de la défenderesse la production de ses livres relatifs à ses
rapports d'affaires avec Fischer, attendu que sans avoir pris
connaissance de ces livres, ils se trouvent dans l'impossibilité
de fournir la preuve qui leur incombe. Or, pour autant que
l'obligation de produire ces documents repose sur les dispositions du droit genevois sur cette matière, le Tribunal fédéral n'est point compétent pour revoir la décision par laquelle
les instances cantonales ont refusé la production requise.

Pour autant, d'autre part, que les demandeurs invoquent

le droit fédéral, c'est-à-dire sans doute l'art. 879 C. O., leur requête n'est point fondée. En effet l'art. 879 n'impose pas une obligation absolue de produire les livres, lettres et télégrammes aux personnes qui sont, aux termes de l'art. 877 *ibidem,* astreintes à avoir des livres de comptabilité régulièrement tenus, mais il ne les oblige à la production de ces pièces qu'en tant qu'elles sont relatives aux rapports de droit existant réciproquement entre les parties elles-mêmes, et non point, comme dans l'espèce, à ceux qui peuvent avoir existé entre la Compagnie défenderesse et les tiers, qu'elle aurait illégalement favorisés.

L'art. 35 de la loi fédérale, du 23 Décembre 1872, confère, il est vrai, à la Confédération des droits plus étendus en vue du contrôle sur les tarifs, mais ces droits n'appartiennent qu'au Conseil fédéral, et non aux particuliers.

6° Ensuite de ce qui précède, il n'y a pas lieu d'entrer en matière sur la demande de complément d'instruction tendant à obliger la défenderessse à produire ses livres et sa correspondance avec Fischer.

Par ces motifs,

### Le Tribunal fédéral

prononce :

Le recours est écarté, et l'arrêt rendu entre parties par la Cour de justice civile du canton de Genève, le 10 Décembre 1892, est maintenu tant au fond que sur les dépens.

---

### 49. Urteil vom 17. März 1893 in Sachen Laab gegen Erben Ulrich.

A. Durch Urteil vom 26. Oktober 1892 hat das Kantonsgericht des Kantons Schwyz erkannt: Das Urteil des Bezirksgerichtes Schwyz vom 12. Juli 1892 bleibt in allen Teilen rechtskräftig.

Das erstinstanzliche Urteil des Bezirksgerichtes Schwyz ging dahin: Es sei die klägerische Rechtsfrage verneinend entschieden.

B. Gegen das kantonsgerichtliche Urteil ergriff die Klägerin die Weiterziehung an das Bundesgericht. Bei der heutigen Verhandlung stellt ihr Anwalt den Antrag: Es sei in Abänderung des vorinstanzlichen Urteils die Klage gut zu heißen. Dagegen trägt der Anwalt der Beklagten auf Bestätigung des angefochtenen Urteils an.

Das Bundesgericht zieht in Erwägung:

1. Durch Schein vom 16. Dezember 1885 erklärte die (verheiratete, aber von ihrem Manne faktisch getrennt lebende) Frau Rosa Ulrich-Balbus in Seewen (Schwyz), daß sie der Frau Carolina Laab (ihrer Nichte) einen (grundversicherten) Kapitalbrief um die Summe von 10,000 Fr. verkauft habe und daß der Kaufpreis vollständig bezahlt sei. 2000 Fr. sei sie der Frau Laab noch schuldig gewesen, den Rest der 8000 Fr. habe sie baar erhalten. Der Kapitalbrief, der einen Nominalwert von 10,000 Fr. besitzt, blieb in den Händen der Frau Ulrich. Bei einer im Dezember 1886 über das Vermögen der Frau Ulrich aufgenommenen vormundschaftlichen Inventur gab Frau Ulrich an, daß sie diesen Titel nach ihrem Ableben ihrer Nichte bestimme, aber für eine Schuld bei der Sparkasse verpfändet habe. Letzteres war in der That geschehen; der Pfandschätzer Wiget, dessen Vermittlung die Frau Ulrich sich hiebei bediente, hatte diese darauf aufmerksam gemacht, daß der Titel nicht mehr ihr gehöre, worauf Frau Laab in die Verpfändung eingewilligt habe. Im Auftrage der Frau Laab teilte ferner Pfandschätzer Wiget dem Schuldner des Kapitalbriefes mit, daß er die Zinsen vom Jahre 1885 an nicht mehr an Frau Ulrich, sondern an die Frau Laab zu bezahlen habe. Dieser hat aber gleichwohl den Zins bis zum Jahre 1886 an Frau Ulrich bezahlt. Nach dem am 17. Dezember 1886 erfolgten Tode der Frau Ulrich beanspruchte ihr Intestaterbe, nämlich ihr Sohn Josef Ulrich, den erwähnten Kapitalbrief als Eigentum. Der Sohn Josef Ulrich ist seither gestorben und wurde von seinem Vater beerbt; nachdem in der Folge auch dieser gestorben ist, sind an seine Stelle dessen Erben, die gegenwärtigen Beklagten, getreten. Frau Laab klagte nun gegen die Erben der Frau Ulrich dahin, diese seien pflichtig, an die Klägerin 10,000 Fr. zu bezahlen, sammt Zins à 5 % seit 1. Januar 1887, unter Kostenfolge. Zur Be-

gründung führte sie aus: Es handle sich nicht darum, ob die
Abtretung des Kapitalbriefes vom 16. Dezember 1885 gültig sei,
sondern darum, ob die Beklagten nicht verpflichtet seien, die für
den abgetretenen Kapitaltitel bezahlte Summe zurückzuzahlen.
Durch den Schein vom 16. Dezember 1885 sei nämlich bewiesen,
daß der Kaufpreis teils durch Verrechnung, teils in baar bezahlt
worden sei. Die Beklagten haben nun nach dem Tode der Frau
Ulrich die Abtretung nicht anerkannt, sondern sich durch einen
Amtsbefehl in den Besitz des Titels gesetzt. Die Klägerin verlange
daher, gemäß Art. 33, 34, 35, 70, 71 und 15 O.=R. mit Recht
die bezahlte Kaufsumme zurück. Die kantonalen Instanzen haben
die Klage abgewiesen, indem sie, im wesentlichen übereinstimmend,
ausführen: Der angeblich abgetretene Kapitaltitel sei noch vorhan=
den und befinde sich im Besitze der Beklagten. Die Klägerin könne
daher nur Herausgabe desselben in natura verlangen und nicht
die Beurteilung der maßgebenden Frage nach der Gültigkeit der
Abtretung durch Erhebung der Klage auf Wiedererstattung des
angeblichen Kaufpreises umgehen. Erst wenn die Vindikation über=
haupt unmöglich wäre, könnte, falls nicht ein Scheingeschäft vor=
liege, auf Restitution des Kaufpreises geklagt werden. Das Klage=
begehren, wie es gestellt sei, erscheine daher schon formell als
unzulässig. Im weitern aber sei zu bemerken: Frau Ulrich sei zur
Zeit der Abtretung als, nicht handeltreibende, Ehefrau nach schwy=
zerischem Rechte handlungsunfähig, speziell zur Vornahme eines so
wichtigen Rechtsgeschäftes wie die streitige Abtretung, unfähig ge=
wesen. Die Abtretung sei also wegen mangelnder Handlungsfähigkeit
der Cedentin ungültig. Die Klägerin hätte daher nach Art. 70
u. f. O.=R. das Recht auf Restitution des Kaufpreises. Allein
nach Art. 73 O.=R. erstrecke sich die Forderung auf Rückerstattung
nur soweit, als der Empfänger zur Zeit der Rückforderung noch
bereichert sei, oder sich der Bereicherung böswillig entäußert habe
(Art. 32, 33 O.=R.). Nun sei aber konstatiert, daß die Frau
Ulrich bei dem ein Jahr nach der Abtretung erfolgten Tode nicht
nur von den angeblich empfangenen 8000 Fr. nichts hinterlassen
habe, sondern daß sie sogar zu Deckung der Kranken= und Sterbe=
kosten schon bald nach der angeblichen Abtretung den Titel gegen
Erhebung von 2000 Fr. habe versetzen wollen und kurz vor ihrem

Tode auch wirklich verfeßt habe. In ihrem Nachlaſſe haben ſich, nebſt einem kleinern Titel, nur 20 Fr. in baar vorgefunden. Die materielle Prüfung der Abtretungsurkunde vom 16. Dezember 1885 und der darin enthaltenen Zahlungsbeſcheinigung ergebe übrigens deren innere Unwahrheit und Unrichtigkeit. Obſchon zur Abtretung von Eigentum an beweglichen Sachen Beſißesübergabe erforderlich ſei, ſei der Titel ſtets in den Händen der Frau Ulrich verblieben; dieſe habe ſtetsfort über denſelben verfügt und bis zu ihrem Tode den Zins bezogen, auch bei der Inventuraufnahme angegeben, ſie beſiße einen Titel von 10,000 Fr., der nach ihrem Tode der Frau Laab gehöre. Es ſei nicht anzunehmen, daß Frau Laab 10,000 Fr. für einen Titel bezahlt hätte, ohne je Zinſe dafür zu fordern, oder daß ſie, wenn ſie dieſe Summe wirklich bezahlt hätte, in die Verpfändung des Titels eingewilligt haben würde. Woher die an= gebliche Schuld von 2000 Fr., mit welcher bei der Abtretung kompenſiert werde, herrühren möchte, ſei nirgends erſichtlich; von der angeblich geleiſteten Zahlung von 8000 Fr. habe ſich in Nach= laſſe der Frau Ulrich keine Spur gefunden; die Klägerin habe in keiner Weiſe dartun können, daß zwiſchen ihr und der Frau Ulrich irgendwelcher Geldverkehr beſtanden habe, was ihr doch leicht geweſen wäre, wenn ein ſolcher wirklich ſtattgefunden hätte. Dazu komme, daß Frau Ulrich noch anderweitige Titel ſowohl an Frau Laab als an deren Vater, den Notar Borell, im Geſammtwerte von 25,000 Fr. abgetreten habe, wovon die Abtretung an Borell bereits durch rechtskräftiges Urteil als Scheingeſchäft erklärt wor= den ſei. Dieſe Abtretungen legen überhaupt die Tendenz der Frau Ulrich nahe, der Klägerin zu Ungunſten der rechtmäßigen Erben Vermögenszuwendungen zu machen. Dieſe konkludenten Tatſachen beweiſen mit aller Sicherheit, daß die am 16. Dezember 1885 von Frau Roſa Ulrich zu Handen der Frau Laab ausgeſtellte Beſchei= nigung dem Sachverhalte nicht entſpreche (Art. 16 O.=R.), ſon= dern daß damit lediglich zu Ungunſten der rechtmäßigen Erben eine Schenkung auf Ableben hin habe ermöglicht werden ſollen. Eine ſolche Vermögenszuwendung geſtatte jedoch das ſchwizeriſche Statutar=Recht nicht.

2. Wenn die kantonalen Inſtanzen meinen, die Klägerin habe, da der ihr angeblich abgetretene Titel noch in natura vorhanden

sei, nur auf deſſen Herausgabe, nicht aber auf Rückerſtattung des
angeblich bezahlten Kaufpreiſes klagen können, ſo verkennen ſie
die Natur des Klagefundaments. Die Klägerin behauptet ja gar
nicht, daß die Abtretung des Titels gültig und ſie infolge deſſen
berechtigt ſei, denſelben herauszuverlangen; ſie ſtellt vielmehr, wie
ſowohl das Klagebegehren als die von ihr angerufenen Geſetzes-
ſtellen zeigen, darauf ab, die Abtretung ſei, da die Erben der, in
ihrer Handlungsfähigkeit beſchränkten, Abtreterin deren Genehmigung verweigern, nicht zu Stande gekommen und ſie ſei daher,
gemäß Art. 33 O.-R. berechtigt, die ihrerſeits ſchon vollzogene
Gegenleiſtung zurückzufordern. Die Klage iſt nicht eine Vindika-
tions- oder Vertragsklage, ſondern eine Bereicherungsklage, und
als ſolche gewiß vollkommen ſtatthaft; ſie iſt auch nach eidgenöſ-
ſiſchem Rechte zu beurteilen.

3. Sachlich dagegen iſt, nach dem von den kantonalen Inſtan-
zen feſtgeſtellten Thatbeſtande, die Bereicherungsklage unbegründet.
Zwar kann allerdings das Vorhandenſein einer Bereicherung nicht,
wie die kantonalen Inſtanzen meinen, einfach deshalb verneint
werden, weil die angeblich geleiſteten Kaufpreiszahlungen ſich im
Nachlaſſe der Frau Ulrich nicht mehr vorgefunden haben. Dieſer
Umſtand ſchließt das Vorhandenſein einer Bereicherung nicht aus.
Möchten immerhin die empfangenen Kaufgelder von der Frau
Ulrich wieder verausgabt worden ſein, ſo wäre eine Bereicherung
doch vorhanden, wenn dieſelben zu Beſtreitung notwendiger Ausgaben, zur Bezahlung von Schulden u. dgl., wären verwendet
worden und daher das Vermögen der Frau Ulrich, zur Zeit ihres
Todes, infolge des Empfanges der Kaufgelder höher geweſen
wäre als ohne dieſen Umſtand. Allein eine Bereicherung iſt nun
deshalb ſchlechthin ausgeſchloſſen, weil die kantonalen Inſtanzen
ja feſtſtellen, daß die Klägerin irgendwelche Zahlungen überhaupt
gar nicht geleiſtet habe, der angebliche Verkauf des Titels ſich
vielmehr als Schenkung auf den Todesfall qualifiziere. Dieſe Entſcheidung beruht auf keinem Rechtsirrtum. Zwar iſt richtig, daß
durch den Schein vom 16. Dezember 1885 der Beweis der von
der Klägerin behaupteten Zahlungen an ſich erbracht war und
die Beklagten den Gegenbeweis zu erbringen hatten, nicht etwa
die Klägerin die Richtigkeit der in dem Scheine enthaltenen Er-

klärung noch durch anderweitige Beweismittel dartun mußte. Allein
dies wird von den Vorinstanzen nicht verkannt. Diese erklären
vielmehr den Gegenbeweis, gestützt auf eine Reihe konkludenter
Thatsachen, als geleistet.

4. Danach ist denn die erhobene Bereicherungsklage, in Übereinstimmung mit den Vorinstanzen, abzuweisen. Ob die Klägerin
berechtigt gewesen wäre, Herausgabe des Titels zu verlangen, weil
eine gültige Schenkung auf den Todesfall vorliege, hat das Bundesgericht nicht zu untersuchen, weil dahin nicht geklagt und übrigens in dieser Richtung kantonales, nicht eidgenössisches Recht
maßgebend ist.

Demnach hat das Bundesgericht

erkannt:

Die Weiterziehung der Klägerin wird als unbegründet abgewiesen
und es hat demnach in allen Teilen bei dem angefochtenen Urteile
des Kantonsgerichtes des Kantons Schwyz vom 26. Oktober 1892
sein Bewenden.

---

## 50. Urteil vom 24. März 1893 in Sachen
### Pfister gegen Eisenhut.

A. Durch Urteil vom 10. Januar 1893 hat das Kantonsgericht des Kantons St. Gallen erkannt: Die Klage ist geschützt.

B. Gegen dieses Urteil ergriff Frau Eisenhut-Geißberger, als
angebliche Rechtsnachfolgerin der beklagten Konkursmasse ihres
Ehemannes die Weiterziehung an das Bundesgericht; sie beruft
sich dabei auf eine Erklärung der Konkursverwaltung und des
Gläubigerausschusses, wonach ihr „die Appellation des kantonsgerichtlichen Urteils vom 10. Januar 1893 in Sachen A. Pfister-
Schmidhauser, Sensal, in St. Gallen, Kläger gegen C. Eisenhut-
Geißberger, Konkursmasse in Flawyl, Beklagte punkto Forderung
im Sinne von Art. 260 des Bundesgesetzes über Schuldbetreibung
und Konkurs cediert" wird. Sie meldete mit Eingabe vom 23.
Januar 1893 das Rechtsbegehren an: Es sei das Urteil des

Kantonsgerichtes St. Gallen d. d. 10./13. Januar 1893 aufzu=
heben und infolge dessen die klägerische Forderung abzuweisen.

C. Bei der heutigen Verhandlung ist die Rekurrentin nicht er=
schienen oder vertreten. Der Anwalt des Klägers und Rekursbe=
klagten trägt auf Bestätigung des angefochtenen Urteils an.

Das Bundesgericht zieht in Erwägung:

1. Die Legitimation der Rekurrentin ist vom Rekursbeklagten
nicht bestritten worden. Dieselbe ist auch gegeben. Zwar liegt nicht
der Tatbestand des Art. 260 des Schuldbetreibungs= und Kon=
kursgesetzes vor; denn es handelt sich nicht um Geltendmachung
eines Rechtsanspruchs der Konkursmasse, sondern vielmehr um die
Bestreitung einer vom Kläger im Konkurse angemeldeten Forde=
rung. Wohl aber ist die Rekurrentin nach den in Art. 250 des
Schuldbetreibungs= und Konkursgesetzes niedergelegten Grundsätzen
zur Fortsetzung des Rechtsstreites berechtigt. Denn, wie aus Art.
250 cit. sich ergibt, ist jeder einzelne Gläubiger berechtigt, die
Zulassung eines andern Gläubigers zur Konkursmasse zu bestrei=
ten. Nun war im vorliegenden Falle die Forderung des Klägers
ursprünglich von der Konkursmasse selbst bestritten und daher der
Kläger genötigt worden, dieselbe gegen die Masse rechtlich einzu=
klagen. Nachdem aber die Konkursmasse auf die Weiterziehung
des die bestrittene Forderung anerkennenden kantonsgerichtlichen
Urteils verzichtet hat, muß der Rekurrentin, wie jedem andern
einzelnen Konkursgläubiger, gemäß Art. 250 cit. die Befugnis
zugestanden werden (auch ohne Cession respektive Ermächtigung
seitens der Konkursmasse), die von der Masse aufgegebene Bestrei=
tung der klägerischen Forderung aufzunehmen und zu diesem Zwecke
den Prozeß auf ihre eigene Rechnung (mit der Wirkung des Art.
250, Abs. 3 des Schuldbetreibungs= und Konkursgesetzes) fort=
zusetzen.

2. Im März 1890 war der Stickfabrikant C. Eisenhut-Geiß=
berger mit dem Kläger, dem Sensalen A. Pfister-Schmidhauser,
in Verbindung getreten, um mit und durch denselben auf gemein=
same Rechnung (compte à demi) Börsengeschäfte zu machen.
Der Kläger ließ sich für die Ausführung dieser Geschäfte bei ver=
schiedenen Bankinstituten in Zürich und Basel Kredite eröffnen,
die er teilweise gegen Depots benützte; er stellte dem C. Eisenhut

je auf Ende eines Monats Bordereaux über den gepflogenen Ver=
kehr zu. Ende Oktober 1890 ergab die Abrechnung einen Gewinn=
saldo von 6400 Fr.; Eisenhut bezog seinen Gewinnanteil mit circa
3000 Fr. in baar. Da in der Folge die Kurse stetig zurückgingen,
ergab die Abrechnung auf Ende Mai 1891 einen Passivsaldo von
circa 28,000 Fr. Der Kläger schlug dem Eisenhut eine Ausschei=
dung der Konti und Verteilung der Papiere vor. Eisenhut trat
jedoch hierauf nicht ein, erteilte dagegen dem Kläger unbedingte
Vollmacht zu freier Liquidation der bestehenden Verhältnisse. Die
Verbindung zwischen den Parteien dauerte bis zum 6./7. August
1891; die Abrechnung des Klägers auf diesen Termin ergab einen
Passivsaldo von 35,628 Fr. 85 Cts. Die Hälfte dieser Summe
mit 17,814 Fr. 40 Cts. nebst Verzugszinsen zu 5 % seit 31.
August 1891 klagte der Kläger gegenüber C. Eisenhut respektive
dessen Konkursmasse ein.

3. Die Abrechnung des Klägers ist an sich nicht bestritten,
vielmehr wird gegen die klägerische Forderung lediglich die Einrede
des Spiels gemäß Art. 512 O.=R. erhoben. Diese Einrede ist in
Übereinstimmung mit der Vorinstanz zu verwerfen. Die Vorinstanz
geht von dem in der bundesgerichtlichen Praxis stets festgehaltenen
Begriffe des (klaglosen) reinen Differenzgeschäftes aus, wonach
unter diesen Begriff nicht alle Zeitgeschäfte in Waaren oder Bör=
senpapieren fallen, sondern nur diejenigen, bei welchen nach über=
einstimmender, ausdrücklich oder stillschweigend erklärter, Willens=
einigung der Parteien Recht und Pflicht wirklicher Lieferung und
Abnahme der gekauften und verkauften Waaren oder Börsenpapiere
ausgeschlossen ist, so daß bloß die Kursdifferenz den Gegenstand
des Vertrages bildet. Sie führt sodann aus, daß ein ausdrückli=
cher Ausschluß des Rechts und der Pflicht wirklicher Abnahme
und Lieferung hier nicht stipuliert worden sei und daß auch keine
Momente vorliegen, welche auf eine stillschweigende dahinzielende
Vereinbarung schließen ließen. Der Verkehr der Parteien in Bör=
senpapieren sei kein übermäßiger, mit den Vermögensverhältnissen
der Parteien in offenbarem Mißverhältnisse stehender gewesen; der
Verkehr des Klägers mit den Banken zeige, daß wenigstens ein
Teil der von ihm gekauften Papiere effektiv im Depot bei den
betreffenden Geldinstituten gelegen habe und im Juni 1891 sei

dem Eisenhut effektiver Bezug der Papiere anerboten worden. Möge auch letzterer in der Regel nicht beabsichtigt haben, die für ihn gekauften Papiere wirklich zu beziehen, so habe ihm doch gewiß das Recht zugestanden, effektive Lieferung zu verlangen. Die Thatsache, daß Eisenhut Stickfabrikant, nicht Banquier gewesen sei, beweise nichts dafür, daß es sich um bloße Spielgeschäfte gehandelt habe. Ebensowenig folge dies daraus, daß die gekauften Papiere vielfach reportiert worden seien. Diesen Ausführungen liegt ein Rechtsirrtum nicht zu Grunde; dieselben beruhen gegenteils auf richtiger Auffassung des Rechtsbegriffs des reinen Differenzgeschäftes und auf richtiger rechtlicher Würdigung der festgestellten Thatsachen. Nach diesen liegt nichts dafür vor, daß die zwischen den Parteien bestandene Gesellschaft zum Zwecke des Abschlusses reiner Differenzgeschäfte, welche den Charakter des Spiels oder der Wette an sich tragen, eingegangen worden sei.

Demnach hat das Bundesgericht

erkannt:

Die Weiterziehung der Rekurrentin wird als unbegründet abgewiesen und es hat demnach in allen Teilen bei dem angefochtenen Urteile des Kantonsgerichtes des Kantons St. Gallen sein Bewenden.

---

51. Urteil vom 25. März 1893 in Sachen Bachofen gegen Schweizerische Volksbank.

A. Durch Urteil vom 19. Dezember 1892 hat das Appellationsgericht des Kantons Baselstadt erkannt: Es wird das erstinstanzliche Urteil bestätigt. Das erstinstanzliche Urteil ging dahin: Beklagte ist zur unbeschwerten Herausgabe folgender Titel an Kläger verurteilt:

Fünf Aktien der Basler Handelsbank Nr. 14,496 bis 14,500 à 500 Fr.;

Eine Obligation der Österreichischen Alpine Montan-Gesellschaft Serie 358 Nr. 4, von 2500 Fr.;

Sechs Obligationen der Schweizerischen Westbahn von je 500 Fr., Nr. 77,668, 82,460, 91,123, 94,432, 94,434.

Drei Obligationen Banque foncière du Jura, von je 1000 Fr., Nr. 3548 bis 3550.

B. Gegen das appellationsgerichtliche Urteil ergriff die Beklagte die Weiterziehung an das Bundesgericht. Bei der heutigen Verhandlung beantragt ihr Anwalt: Es sei in Abänderung des angefochtenen Urteils die Klage abzuweisen. Für den Fall, daß dem Gerichte die in den Strafakten enthaltenen Tatsachen nicht genügen sollten, werde der Antrag auf Zeugeneinvernahme des L. F. Respinger-Albury über die in der Klagebeantwortung namhaft gemachten Tatsachen aufrecht erhalten.

Der Anwalt des Klägers trägt auf Abweisung der gegnerischen Beschwerde und Bestätigung des vorinstanzlichen Urteils an.

Das Bundesgericht zieht in Erwägung:

1. Der bei dem Kläger als Kommis angestellte Leonhard Friedrich Respinger entfremdete seinem Prinzipale eine Anzahl Wertpapiere und verpfändete dieselben zu Deckung eigener Börsenspekulationen bei verschiedenen baslerischen Bankinstituten, so die im Dispositiv des erstinstanzlichen Urteils erwähnten Titel bei der beklagten Schweizerischen Volksbank in Basel. Die Wertschriftenkasse, welcher Respinger diese Titel entnahm, war im Bureau des Klägers, welches in dessen Wohnhause sich befindet, untergebracht; dem Respinger war der Schlüssel zu der Kasse anvertraut, doch besaß auch der Prinzipal selbst einen solchen. Neben dieser Entfremdung von Wertpapieren eignete sich Respinger auch Gelder seines Prinzipals im Betrage von 40,000 Fr. rechtswidrig an; er stellte eine von ihm per C. Bachofen-Burckhardt gezeichnete Anweisung in diesem Betrage auf ein Bankinstitut, mit welchem der Kläger in regelmäßiger Geschäftsverbindung stand, aus und erhielt dieselbe, da er für den Kläger zu zeichnen befugt war, ohne Anstand ausbezahlt, worauf er mit dem Gelde flüchtig wurde. Durch Urteil des Strafgerichtes des Kantons Baselstadt vom 23. April 1892 wurde Respinger der Unterschlagung im Betrage von 70,500 Fr. (und des leichtsinnigen Bankerotts) für schuldig erklärt. Das Urteil bemerkt: „Da Respinger den Kassenschlüssel „anvertraut erhielt, da auch die Verwaltung der Wertschriften zu „seinen Obliegenheiten gehörte, so befanden sich die entfremdeten „Titel nach der Auffassung des Strafrechtes im Gewahrsam des

„Angeklagten." Dagegen verurteilte das Appellationsgericht (durch
Entscheidung vom 23. Mai 1892) hinsichtlich der entfremdeten
Titel den Respinger wegen Diebstahls. Es führte aus: Bezüglich
der der Wertschriftenkasse entnommenen Titel sei keine Unterschla=
gung anzunehmen. „Daß der Angeklagte auch die Schlüssel dazu
„hatte, ist nicht entscheidend, da das auch in Dienstverhältnissen
„aller Art vorkommt, wo doch allfällige Veruntreuungen unzwei=
„felhaft als Diebstahl behandelt werden. Es muß vielmehr in jedem
„einzelnen Falle aus dessen besondern Umständen ermittelt werden,
„ob von anvertrautem Gute und infolge davon bei Mißbrauch
„dieses Vertrauens von Unterschlagung die Rede sein könne, und
„in dem heutigen Falle kann nicht gesagt werden, daß der Ange=
„klagte die Titel in seinem Gewahrsam hatte. Der Prinzipal hat
„sich selbst die Möglichkeit beständigen direkten Eingreifens gewahrt,
„wie das schon damit gegeben war, daß er sie in seinen Wohnungs=
„räumen zu jederzeit freier Disposition hatte. Auch weist nichts
„darauf hin, daß der Angeklagte ermächtigt war, nach eigenem
„Gutfinden den Titelbestand zu verändern. Aus der Natur des
„Verhältnisses ist vielmehr zu entnehmen, daß der Angeklagte durch
„die widerrechtliche Aneignung der Titel einen Diebstahl begangen
„hat." Der Kläger belangte nunmehr die Beklagte auf unbeschwerte
Herausgabe der entfremdeten, bei ihr hinterlegten Titel. Die Be=
klagte bestritt die Klage, weil die Titel nicht als „gestohlene
Sachen" im Sinne des Art. 206 O.=R. zu betrachten seien. Beide
Instanzen haben die Klage gutgeheißen.

2. Wie die Vorinstanzen mit Recht aussprechen, ist der Civil=
richter an die Qualifikation der Tat des Respinger, wie sie vom
Strafrichter gegeben worden ist, nicht gebunden. Art. 206 O.=R.
stellt eine für die ganze Schweiz gleichmäßig geltende Norm eid=
genössischen Rechts auf. Die Begriffe „gestohlen" oder „verloren"
in Art. 206 cit. dürfen daher nicht in dem verschiedenen Sinne
aufgefaßt werden, welchen die Kantonalgesetze, speziell die kanto=
nalen Strafgesetzbücher, ihnen beilegen; es kommt ihnen vielmehr,
nach dem klar erkenntlichen Willen des eidgenössischen Gesetzgebers,
ein für die ganze Schweiz übereinstimmender Sinn zu, welcher
durch Wissenschaft und Praxis, ohne Rücksicht auf die Verschie=
denheit der Begriffsbestimmungen der kantonalen Strafgesetze, ein=
heitlich festzustellen ist. Daraus also, daß eine Handlung nach

einem kantonalen Strafgesetze sich als Diebstahl qualifiziert und
auch vom Strafrichter als solcher qualifiziert worden ist, folgt
nicht ohne weiters, daß die durch dieselbe entfrembete Sache als
eine gestohlene im Sinne des Art. 206 O.-R. zu betrachten sei.
Umgekehrt ist die Anwendung des Art. 206 O.-R. nicht deshalb
ausgeschlossen, weil die Tat, durch welche die Sache dem Eigentümer wider seinen Willen entzogen wurde, strafrechtlich nicht als
Diebstahl, sondern etwa als Raub zu behandeln war und behandelt worden ist (siehe Goldschmidt, Zeitschrift für das gesammte Handelsrecht IX, S. 12 u. f.). Daraus folgt mit
Notwendigkeit, daß der Civilrichter frei zu prüfen hat, ob die
Voraussetzungen des Art. 206 O.-R. gegeben seien.

3. Als „gestohlen" oder „verloren" im Sinne des Art. 206
O.-R. sind diejenigen Sachen zu betrachten, deren Gewahrsam
der Berechtigte wider oder ohne seinen Willen, unfreiwillig, verloren hat. Es ist zwar (Rossel, *Manuel du droit fédéral des
obligations*, S. 269) die Ansicht ausgesprochen worden, als
„gestohlen" im Sinne des Art. 206 seien überhaupt alle Sachen
zu betrachten, welche durch dolose Aneignung dem Eigentümer entzogen wurden, so daß darunter auch durch Betrug erlangte oder
unterschlagene Sachen fallen. Allein diese Meinung ist nicht haltbar, sie steht im Widerspruch mit dem Grundgedanken des Gesetzes. Dieses schließt sich in Bezug auf die Zulässigkeit der Vindikation beweglicher Sachen wesentlich dem Art. 306 des deutschen
Handelsgesetzbuches und dem französischen Rechte an; wie diese
Gesetze, insbesondere das deutsche Handelsgesetzbuch, beruht das
Obligationenrecht auf der deutschrechtlichen Unterscheidung zwischen
anvertrautem und verlorenem Gute. Bei anvertrautem Gute ist
die Vindikation gegen den gutgläubigen Erwerber ausgeschlossen;
hier bewirkt der gutgläubige Besitzerwerb zugleich Rechtserwerb,
auch wenn der Übertragende nicht Eigentümer war. Der Eigentümer muß, wenn sein Vertrauensmann die Sache rechtswidrig
einem redlichen Erwerber veräußert oder verpfändet hat, seinen
Glauben da suchen, wo er ihn gelassen hat, d. h. er muß sich an
seinen Vertrauensmann halten, während ihm ein Recht gegenüber
dem Erwerber nicht zusteht. Bei unfreiwilligem Verluste des Gewahrsams dagegen steht dem Berechtigten gegen jeden Inhaber
die Vindikation zu. Wenn das Gesetz von „gestohlenen" oder „ver-  .

lorenen" Sachen spricht, so hat es damit, seiner historischen Wur=
zel entsprechend, überhaupt die Fälle unfreiwilligen Verlustes des
Gewahrsams im Auge, aber auch nur diese. Die Worte „gestohlen"
oder „verloren" sind allerdings nicht nur auf Diebstahl und Ver=
lieren im engern Sinne zu beziehen, sondern bezeichnen überhaupt
sämmtliche Fälle unfreiwilligen Verlustes des Gewahrsams, dagegen
dürfen sie nicht weiter ausgedehnt, insbesondere nicht auf Fälle
des Betruges, der Unterschlagung u. drgl. erstreckt werden. Durch
eine derartige Ausdehnung würde man in Widerspruch mit dem
Gedanken des Gesetzes treten, wonach, wenn der Gewahrsam einer
Sache einem Dritten anvertraut wurde, der Eigentümer und nicht
der redliche Erwerber die Folgen eines Mißbrauchs des vom
erstern geschenkten Vertrauens zu tragen hat. Danach hängt
denn hier, wie auch die kantonalen Instanzen annehmen, die Ent=
scheidung davon ab, ob die Wertpapiere sich im Gewahrsam des
Klägers befanden und demselben in rechtswidriger Weise entzogen
wurden, oder ob vielmehr dem ungetreuen Angestellten Respinger
der Gewahrsam der Papiere anvertraut war.

4. Diese Frage ist, in Übereinstimmung mit den kantonalen
Instanzen, im erstern Sinne zu beantworten. Allerdings hatte der
Angestellte Respinger in seiner dienstlichen Stellung Zutritt zu
der Wertschriftenkasse und damit die tatsächliche Möglichkeit, sich
Titel aus derselben anzueignen. Allein der Gewahrsam an derselben
und den darin befindlichen Titel war ihm damit nicht, jedenfalls
nicht ausschließlich, anvertraut, sondern die Kasse mit den darin
enthaltenen Wertschriften befand sich fortwährend im eigenen Ge=
wahrsam des Prinzipals. Die Kasse und damit die Titel befanden
sich im Bureau und Wohnhause des Prinzipals, welcher einen
Kassaschlüssel besaß. Sie standen somit zu seiner jederzeitigen freien
Verfügung, waren seiner Verfügungsgewalt unterworfen. Der
Prinzipal konnte in jedem Augenblicke die Einwirkung des Ange=
stellten (durch Veränderung des Kassaschlosses rc.) tatsächlich aus=
schließen. Der Prinzipal hatte sich also seines Gewahrsams nicht
entäußert, so wenig als die Dienstherrschaft sich des Gewahrsams
an den in ihrer Wohnung befindlichen Sachen dadurch entäußert,
daß sie dem Dienstboten einen Schlüssel zu den Wohnzimmern,
den darin enthaltenen Schränken u. s. w., zum Zwecke Ermög=
lichung leichterer Besorgung seines Dienstes, überläßt. Auch wenn

richtig wäre, was die Beklagte behauptet und worüber sie Beweis
beantragt hat, daß Respinger die Verwaltung der Titelkasse zu
besorgen gehabt habe und daß er den Schlüssel nicht nur zur
Kasse, sondern auch zum Hause und zum Bureau des Klägers
besessen habe, so würde daraus doch nicht folgen, daß ihm der
Gewahrsam an Kasse und Titeln vom Prinzipale überlassen wor=
den sei, daß der Prinzipal unter Aufgabe seines eigenen Gewahr=
sams die Verwahrung von Kasse und Titeln dem Angestellten
anvertraut habe. Dies ist vielmehr durch die Tatsache der ununter=
brochenen, fortdauernden eigenen Verfügungsgewalt des Prinzipals
ausgeschlossen. Höchstens könnte alsdann gesagt werden, daß neben
dem Prinzipale auch dem Angestellten Gewahrsam zugestanden
habe. Allein auch in diesem Falle konnten die Titel nur durch
Bruch des fortdauernden Gewahrsams des Prinzipals letzterm ent=
fremdet werden, wurden also diesem Gewahrsam gegen den Willen
des Prinzipals entzogen, und wären daher als gestohlen zu be=
handeln. Der Beweisantrag der Beklagten ist daher jedenfalls un=
erheblich. Übrigens dürfte hier wohl richtiger dem Angestellten
eigener Gewahrsam nicht zugeschrieben werden, da ihm zwar wohl
die tatsächliche Möglichkeit vorübergehender Einwirkung gegeben
war, die ständige, ausschließende Herrschaft über die Kasse und
ihren Inhalt aber doch nur der Prinzipal sich zuschreiben konnte.
Wenn die Beklagte einen Widerspruch darin erblickt hat, daß die
Strafgerichte nicht auch hinsichtlich der entfremdeten Gelder Dieb=
stahl angenommen haben, so ist dies nicht richtig. Die Gelder
wurden ja gar nicht der Kasse entnommen, sondern der ungetreue
Angestellte erhob dieselben auf eine mißbräuchlich auf den Namen
des Prinzipals ausgestellte Anweisung hin bei einem Bankinstitute.
Hinsichtlich der Gelder konnte also Diebstahl gar nicht in Frage
kommen, sondern konnte sich nur fragen, ob Unterschlagung oder
aber Betrug vorliege.

Demnach hat das Bundesgericht<br>
erkannt:

Die Weiterziehung der Beklagten wird als unbegründet abge=
wiesen und es hat demnach in allen Teilen bei dem angefochtenen
Urteile des Appellationsgerichtes des Kantons Baselstadt sein Be=
wenden.

## 52. Urteil vom 14. April 1893 in Sachen
## Meier gegen Weniger & Cie.

A. Mit Urteil vom 5. Januar 1893 hat das Obergericht des Kantons Unterwalden nid dem Wald erkannt:

1. Der Beklagte A. Weniger hat an Kläger Meier wegen Vertragsaufhebung eine Entschädigung von 2500 Fr. zu bezahlen, verzinslich vom 1. Januar 1892 an.

2. Die Widerklage sei im Einklang mit dem appellierten kantonsgerichtlichen Urteile abgewiesen.

B. Gegen dieses Urteil ergriff der Kläger die Weiterziehung an das Bundesgericht, indem er folgende Anträge anmeldete: Zunächst werde er Aktenvervollständigung verlangen und zwar: 1. Stellung der in den kantonalen Instanzen zurückgewiesenen Erläuterungsfragen an die drei Zeugen Imhof. 2. Verfügung der von A. Weniger und von A. Weniger & Cie. verlangten Akteneditionen. In der Hauptsache werde er beantragen: Das angefochtene Urteil sei dahin abzuändern, daß die Beklagten verhalten werden, dem Kläger 20,000 Fr. nebst Zins zu 5 % seit 1. Januar 1892 zu bezahlen.

C. Bei der heutigen Verhandlung hält der Anwalt des Klägers in der Hauptsache die schriftlich angemeldeten Anträge aufrecht und erklärt, er halte auch die gestellten Aktenvervollständigungsbegehren formell fest.

Der Anwalt der Beklagten und Rekursbeklagten protestiert gegen die vom Gegner beantragte Rückweisung und erklärt, er schließe sich der Weiterziehung an und beantrage demgemäß gänzliche Abweisung der Klage.

Das Bundesgericht zieht in Erwägung:

1. A. Weniger mietete am 13. Oktober 1888 von Wittwe Kaiser die dieser gehörige Floretspinnerei Buochs auf die Dauer von 15 Jahren vom 1. Januar 1889 hinweg. Er hatte sich bei den Unterhandlungen der Vermittlung des Klägers B. Meier bedient, welcher als Leiter der Spinnerei bei Wittwe Kaiser angestellt war und deren Vertrauen genoß. Am 8. Oktober 1888 war zwischen A. Weniger und dem Kläger B. Meier ein Dienstvertrag

abgeschlossen worden, kraft dessen A. Weniger den Meier „als „bisherigen Leiter und Chef der Spinnerei in Buochs.... als Di= „rektor und in gleicher Eigenschaft, wie er diese Stelle seither bei „Frauen Kaiser besorgte und vertrat," anstellte. In diesem Ver= trage ist u. a. bestimmt: § 2. „Meier hat die Stelle in gewissen= „hafter Weise zu vertreten, die Direktion wie bisher zu leiten „und zu überwachen und den nötigen Komptabilitäten im Bureau „nachzukommen." § 3. „Als Gehalt bekommt Meier 5000 Fr. „jährlich, monatlich zahlbar, dazu freie Wohnung in dem zur „Fabrik gehörigen Wohnhause und das nötige Holz für seine „Familie." § 4. „Die Dauer dieses Vertrages beginnt mit dem „1. Januar 1889 und endet mit dem 1. Januar 1904, also 15 „Jahre, ohne daß dieser Vertrag weder von der einen noch von „der andern Seite gekündigt werden darf." § 5. „Weniger nimmt „dem Meier das Versprechen ab, daß er auch im Falle des Todes „Wenigers dessen Kindern mit Rat und Tat beistehe und im „Geschäfte bleibe." Am 1. Januar 1889 zeigte Wittwe Kaiser den Übergang des Geschäfts auf Weniger an und letzterer teilte mit, daß er dem B. Meier Prokura erteilt habe. Am 1. Januar 1891 ging das Geschäft an die Kommanditgesellschaft A. Weni= ger & Cie., die gegenwärtige Beklagte, über, die wiederum durch Cirkular anzeigte, daß sie dem Kläger Prokura erteilt habe. Mit Brief vom 12. November 1891 kündigte Weniger (als Komple= mentar der Firma A. Weniger & Cie.) den Dienstvertrag auf Ende Dezember 1891 und zwar aus folgenden Gründen: „Bei „der Anstellung versicherten Sie mich, daß Sie im Falle sind, „die ganze Spinnerei, „Vorwerk bis Fergerei," selbständig und „in richtiger Weise zu leiten. Dies war nun nicht der Fall und „sah ich mich deshalb schon vor einem Jahre gezwungen, einen „andern Techniker d. h. einen in der Branche erfahrenen Direktor „zu engagieren. Seitdem Sie sich nur mit Bureau= und Ferger= „arbeiten beschäftigten, hat es sich leider herausgestellt, daß Sie „nicht fähig sind, die Korrespondenz zu führen oder Fakturen „selbständig auszurichten und erinnere ich Sie diesbezüglich nur „an die sehr vielen von Ihnen gemachten Fehler. Ich bin nun „genötigt, auch für die Bureauarbeiten eine Kraft zu suchen, die „fähig ist, die couranten Bureauarbeiten auch selbständig auszu=

„führen. Es bleibt für Sie nur die Besorgung der Fergerei und
„Spedition übrig und werden Sie wohl begreifen, daß die Firma
„für diesen Posten keine 5000 Fr., Wohnung und Holz, auswer-
„fen kann. Lieb ist es mir, wenn Sie in einem andern Hause
„Stellung finden; andernfalls bin ich bereit, jedoch lediglich um
„Sie als Familienvater nicht ohne Stellung zu lassen, Ihnen
„eine Anstellung unter noch zu vereinbarenden Bedingungen zu
„geben. Ein weiterer Grund zur Kündigung ist der, daß Sie und
„Ihre Frau durch unwahre Angaben und Verleumdungen Herrn
„Imhof mit mir zu überwerfen suchten und daß Sie mich in der
„gleichen Angelegenheit angelogen haben. Im Falle es dazu kommt,
„daß Sie in einer neuen Stellung bei mir verbleiben, so erkläre
„ich Ihnen schon heute, daß, wenn Ihre Frau sich nochmals
„untersteht, Verleumdungen über mich auszustreuen, ich Ihnen
„dann sofort künden und daß ich unter keinen Umständen mehr
„diejenigen Rücksichten gegen Sie nehmen werde, die ich heute
„gegen Sie genommen habe.“ B. Meier erwiderte, die Kündigung
sei vertragswidrig und unbegründet; er verzichte zwar nunmehr
auch seinerseits auf Fortsetzung des Anstellungsverhältnisses, verlange aber eine Entschädigung von 20,000 Fr. Weniger wies
letzteres Begehren zurück und es hat daher B. Meier die Entschädigungsforderung von 20,000 Fr. sammt Zins à 5 % seit
1. Januar 1892 gerichtlich eingeklagt. Die Beklagte trug auf
Abweisung der Klage an und erhob eine Widerklage. Letztere ist
indes, da die Beklagte gegen deren Abweisung durch die kantonalen
Instanzen sich nicht beschwert hat, erledigt.

2. Das Aktenvervollständigungsbegehren des Klägers ist abzulehnen. Das festgehaltene Editionsbegehren bezieht sich auf völlig
unerhebliche Aktenstücke und die beantragten Ergänzungsfragen an
die Zeugen Imhof sind unzulässig, da damit nichts anderes als
die Widerlegung des zweitinstanzlichen Tatbestandes bezweckt werden kann.

3. Der Dienstvertrag ist von der Beklagten durch vorzeitige
Entlassung des Klägers vor Ablauf der Dienstzeit aufgelöst worden. Ihr liegt der Nachweis ob, daß sie hiezu berechtigt war; sie
muß durch Darlegung schlüssiger Tatsachen dartun, daß wichtige
Gründe im Sinne des Art. 346, Abs. 1 O.-R. sie zu vorzeitiger

Löfung des Vertrages berechtigten (siehe Entscheidungen des Bun=
desgerichtes, Amtliche Sammlung XV, S. 313 u. ff., Erw. 3).
Die Frage, ob „wichtige Gründe" vorhanden waren, welche zu
vorzeitiger Aufhebung des Dienstverhältnisses berechtigten, ist nicht
eine bloße Tatfrage, sondern, insoweit als es sich darum handelt,
ob die festgestellten reinen Tatsachen derart seien, die einseitige
Aufhebung des Vertrages zu rechtfertigen, eine Rechtsfrage, welche
der Nachprüfung des Bundesgerichtes untersteht (siehe Entschei=
dungen des Bundesgerichtes, Amtliche Sammlung XV, S. 314).
Freilich enthält das Gesetz keine, weder eine erschöpfende, noch
auch nur eine exemplifikative, Aufzählung der Auflösungsgründe
und gibt auch keine Begriffsbestimmung des „wichtigen Grundes",
sondern stellt die Beurteilung der Wichtigkeit der Gründe völlig
dem Ermessen des Richters anheim. Allein nichtsdestoweniger han=
delt es sich hiebei nicht um eine rein tatsächliche, sondern um eine
rechtliche Würdigung. Die festgestellten Tatsachen müssen nach
rechtlichem Maßstabe gemessen, es muß gefragt werden, ob diesel=
ben wirklich von der Bedeutung seien, daß deshalb nach Sinn
und Geist des Gesetzes der Vertrag vorzeitig aufgelöst werden
dürfe. Als leitendes Prinzip ist dabei (ähnlich wie beim Gesell=
schaftsvertrage, siehe bundesgerichtliche Entscheidungen, Amtliche
Sammlung XVI, S. 777, Erw. 3) festzuhalten, daß eine vorzeitige
Auflösung des Dienstvertrages dann und nur dann berechtigt ist,
wenn die wesentlichen Voraussetzungen persönlicher oder sachlicher
Art, unter welchen der Vertrag abgeschlossen wurde, sich als hin=
fällig erweisen.

4. Fragt sich nun, ob die Beklagte den ihr obliegenden Nach=
weis erbracht habe, so ist zunächst den Vorinstanzen darin beizu=
stimmen, daß nicht dargetan ist, daß der Kläger sich als zu Be=
kleidung seiner Stelle unfähig erwiesen habe oder sich so schwere
Nachlässigkeiten habe zu Schulden kommen lassen, daß er deshalb
vorzeitig entlassen werden dürfte. Der Kläger hat unter der Vor=
gängerin der Beklagten die Fabrik zu deren voller Zufriedenheit
geleitet und damit seine allgemeine Befähigung wohl hinlänglich
dokumentiert. Daß er einzelne Verstöße, zumal in der technischen
Leitung des Geschäfts, begangen hat, ist allerdings erwiesen. Al=
lein was in dieser Hinsicht festgestellt ist, datiert aus früherer

Zeit und es wurde diesen Verstößen vom Haupte des beklagten Hauses selbst eine wesentliche Bedeutung offenbar nicht beigemessen, wie sich daraus ergibt, daß dem Kläger, obschon damals diese Verstöße bereits begangen und bekannt waren, noch am 1. Januar 1891 die Prokura erneuert wurde und daß der Chef sich zu Mahnungen und Warnungen wegen dieser Verstöße seiner Zeit nicht veranlaßt fand. Nach dem Sachverhalte liegt nicht ferne anzunehmen, daß dem Kläger eben anfänglich ein zu umfangreicher Wirkungskreis war angewiesen worden und daß größtenteils daraus die begangenen einzelnen Verstöße sich erklären dürften. Wenn die Beklagte behauptet hat, der Kläger habe sich speziell auch zu Führung der Korrespondenz unfähig erwiesen, so ist davon soviel richtig, daß die bei den Akten liegenden, vom Kläger geschriebenen Briefe grammatikalisch und stylistisch nicht einwandsfrei sind. Allein das Verhältnis, in welchem der Kläger zu den Regeln der deutschen Sprache steht, war dem Chef des beklagten Hauses, der mit dem Kläger schon vor Abschluß des Anstellungsvertrages in eifriger Korrespondenz stand, zweifellos von Anfang an bekannt; er kann daher hieraus nicht nachträglich einen Grund zu vorzeitiger Entlassung herleiten.

5. Im weitern hat die Beklagte als Auflösungsgrund geltend gemacht, der Kläger und dessen Ehefrau haben sich arge Verleumdungen des A. Weniger zu Schulden kommen lassen. In dieser Richtung wird als durch die Vorinstanz festgestellt erachtet werden müssen, daß im Sommer 1890 die Ehefrau des Klägers gegenüber dem Kaufmann Emanuel Imhof aus Basel, welcher Gelder im Geschäfte des Weniger stecken hatte, Äußerungen dahin tat, Weniger bringe durch seine luxuriöse Lebensweise das Geschäft in Gefahr; wenn Imhof nicht sofort einschreite, sei sein Kapital verloren u. drgl., daß daraufhin Imhof sich beim Kläger nach der Richtigkeit dieser Behauptungen erkundigte und der Kläger dieselben bestätigte. Imhof sah sich dadurch veranlaßt, den A. Weniger zur Rede zu stellen, ließ sich aber durch Vorlage der Geschäftsbücher von der Unrichtigkeit der Behauptungen über den übeln Stand des Geschäftes überzeugen. Unzweifelhaft ist nun, daß der Kläger, wenn er sich gegenüber einem Dritten, zumal einem Geschäftsgläubiger, in der angegebenen Weise ausließ, pflichtwidrig

handelte; er gefährdete in rechtswidriger Weise den Krebit seines Prinzipals, welchen zu wahren eine selbstverständliche Pflicht der von ihm bekleideten Vertrauensstellung war. Unter andern Umständen dürfte eine derartige Handlungsweise eines leitenden Angestellten den Prinzipal zu Entlassung des Angestellten ohne weiters berechtigen. Allein hier fällt nun in Betracht: Die dem Kläger vorgeworfenen Äußerungen fallen in den Sommer 1890; Kunde von denselben erhielt A. Weniger festgestelltermaßen im Sommer (Juni) 1891. Die Kündigung aber vollzog er erst im November 1891 und zwar berief er sich dabei in erster Linie gar nicht auf die Äußerungen des Klägers gegenüber Imhof, sondern nahm auf diese nur nebensächlich und in zweiter Linie Bezug, während er als wesentlichen Aufhebungsgrund die angebliche mangelhafte Geschäftsführung und Unfähigkeit des Klägers geltend machte. Diese Tatsachen lassen einen Schluß darauf zu, daß der Chef des beklagten Hauses, A. Weniger, in dem Vorgange nicht eine so schwere Pflichtverletzung erblickte, daß dadurch sein Vertrauen in den Angestellten völlig wäre vernichtet worden und ihm eine weitere Beibehaltung desselben in seiner Vertrauensstellung als unmöglich erschienen wäre. Allerdings besteht eine Frist, binnen welcher ein Vorgang als Aufhebungsgrund geltend gemacht werden müßte, nicht. Immerhin darf daraus, daß dies während längerer Zeit nicht geschieht, geschlossen werden, es sei hierauf verzichtet, der Fehltritt sei verziehen worden; alsdann kann die betreffende Verfehlung nicht mehr für sich allein, sondern nur in Verbindung mit andern neuen Tatsachen noch als Aufhebungsgrund verwertet werden (siehe von Hahn, Kommentar zum Allgemeinen deutschen Handelsgesetzbuch I, 3. Aufl., S. 242, § 4). Im vorliegenden Falle darf dieser Schluß um so mehr gezogen werden, als der Kaufmann Imhof überhaupt mit Wissen des A. Weniger sich eine gewisse Aufsicht über die Führung der Geschäfte des letztern scheint zugeschrieben zu haben, so daß Äußerungen, welche der Kläger ihm gegenüber tat, nicht in ganz gleichem Lichte erscheinen, wie wenn sie einem fernerstehenden Dritten gegenüber geschehen wären. Abgesehen nun von den Äußerungen gegenüber Imhof, sind nachteilige Auslassungen des Klägers über seinen Prinzipal aus der Zeit seiner Anstellung nicht festgestellt.

Äußerungen, welche sich die Frau des Klägers über das Vorleben des A. Weniger u. s. w. soll haben zu Schulden kommen lassen, können als Aufhebungsgrund gegenüber dem Ehemann Meier ernsthaft nicht in Betracht kommen, um so weniger, als gar nicht erhellt, daß dieser jemals wäre aufgefordert worden, diesen Klatschereien ein Ende zu machen.

6. Die vorzeitige Entlassung des Klägers erscheint also in der Tat als eine durch wichtige Gründe nicht gerechtfertigte und es ist daher die klägerische Entschädigungsforderung prinzipiell begründet. In quantitativer Beziehung ist eine Erhöhung der vorinstanzlich gesprochenen Entschädigung geboten. Der Schaden, dessen Ersatz der ohne wichtigen Grund vorzeitig entlassene Dienstpflichtige verlangen kann, besteht in dem Betrage der ihm vertraglich versprochenen Gegenleistung, unter Abrechnung desjenigen Vorteils, der ihm durch die Befreiung von der Pflicht zur Vertragserfüllung erwächst, d. h. der Auslagen, die ihm dadurch etwa erspart werden und desjenigen Erwerbs, welchen er während der Vertragsdauer vermittelst seiner freigewordenen Arbeitskraft anderweitig zu machen in der Lage ist. Im vorliegenden Falle nun hat der Kläger eine lohnende Anstellung verloren, welche mit einem jährlichen Einkommen von circa 6000 Fr. verbunden und die ihm vertraglich noch auf lange Zeit hinaus gesichert war. Es ist nun ohne weiters klar, daß der Kläger eine gleichwertige Stellung nicht sofort, von heute auf morgen, finden konnte; dagegen darf erfahrungsgemäß als feststehend angenommen werden, daß ihm eine angemessene Verwertung seiner Arbeitskraft doch in nicht zu langer Zeit wieder möglich war. In Würdigung aller Verhältnisse erschein es danach als angemessen, die Entschädigung auf 6000 Fr., als den ungefähren Betrag des vertraglichen Einkommens des Klägers während eines Jahres, festzusetzen.

Demnach hat das Bundesgericht<br>erkannt:

Die Weiterziehung des Klägers wird dahin für begründet erklärt, daß in Abänderung des Dispositiv 1 des angefochtenen Urteils die Entschädigung, welche die Beklagte dem Kläger zu bezahlen hat, auf 6000 Fr., nebst Zins zu 5 % seit 1. Januar 1892, erhöht wird.

## 53. Urteil vom 15. April 1893 in Sachen Hubschmid gegen Rievergelt & Stehli.

A. Durch Urteil vom 20. Dezember 1892 hat die Appellations=
kammer des Obergerichts des Kantons Zürich erkannt: Die Be=
klagten sind verpflichtet, an die Klägerin 600 Fr. zu bezahlen;
mit der Mehrforderung wird die Klägerin abgewiesen.

B. Gegen dieses Urteil ergriffen die Beklagten die Weiterziehung
an das Bundesgericht. Bei der heutigen Verhandlung beantragt
der Anwalt der Beklagten, es sei in Abänderung des vorinstanz=
lichen Urteils die Klage abzuweisen. Dagegen trägt der Vertreter
der Klägerin auf Bestätigung des vorinstanzlichen Urteils, even=
tuell auf Einvernahme der angemeldeten Zeugen R. Eichwein,
Gujer und Müller unter Kostenfolge an. Er legt einen Situations=
plan über die Stätte des Unfalles vor.

Das Bundesgericht zieht in Erwägung:

1. Am 9. Juli 1891 Vormittags waren der bei der Beklagten
bedienstete Fuhrknecht Job und der Camionneur der Nordostbahn
Schaller mit einem Eilgut= und Camionagewagen, welcher mit
zwei, den Beklagten gehörigen Schimmeln bespannt war, nach der
Münstergasse in Zürich gefahren. In der Nähe, in der Spielgasse,
wohin sie nicht zufahren konnten, hatten sie einen Papierballen
abzugeben, wobei der Fuhrknecht dem Camionneur behülflich sein
mußte. Sowohl der Fuhrknecht als der Camioneur begaben sich
daher von dem in der Münstergasse stehenden Fuhrwerke weg,
nachdem der Fuhrknecht vorher die Zügel zurückgebunden und die
Bremsvorrichtung fest angezogen hatte. Während das Eilgutfuhr=
werk so ohne Aufsicht bastand, sprengte ein scheu gewordenes Pferd
des Metzgermeisters Bleuler in rasendem Laufe vorüber. Infolge
dessen wurden auch die Schimmel des Eilgutwagens scheu und
gingen durch, dem Pferde Bleulers nach. Beim „Rothhaus" prallte
der Wagen an das Trottoir an; die Pferde stürzten zu Boden
und das Fuhrwerk kam zum Stehen. Unter dem Fuhrwerke wurde
der Ehemann der Klägerin, der Taglöhner Joh. Heinrich Hub=
schmid, todt hervorgezogen. Wie Hubschmid unter das Fuhrwerk

geriet und getötet wurde, hat genauer nicht ermittelt werden kön=
nen. Die Ehefrau Hubschmid hat die Beklagten, unter Berufung
auf Art. 65, eventuell Art. 62 O.=R., auf Bezahlung einer Ent=
schädigung von 3000 Fr. belangt. Die erste Instanz (das Bezirks=
gericht Zürich, II. Sektion, links der Limmat) hat die Klage aus
dem doppelten Grunde abgewiesen, weil der Unfall als ein zufäl=
liger zu erachten und der Klägerin überdem durch den Tod ihres
Ehemannes ein ökonomischer Schaden nicht entstanden sei. Die
zweite Instanz dagegen hat in der aus Fakt. A ersichtlichen Weise
erkannt.

2. Die Beklagten haben bestritten, daß Art. 65 O.=R. zur
Anwendung komme, denn Hubschmid sei nicht durch die Pferde
selbst getödtet, sondern es sei sein Tod dadurch herbeigeführt wor=
den, daß er durch den Wagen überfahren worden sei. Diese Ein=
wendung ist unbegründet. Wie die Vorinstanz mit Recht bemerkt,
ist der Schaden durch die Tiere gestiftet, gleichviel ob die Ver=
letzungen des Hubschmid unmittelbar durch die Hufe der Pferde
oder durch die Räder des von ihnen gezogenen Wagens zugefügt
wurden.

3. Die Beklagten haben nicht behauptet, daß nicht sie, sondern
die Nordostbahngesellschaft, welcher das Fuhrwerk vermietet gewesen
zu sein scheint, als „Halter" der Tiere im Sinne des Art. 65
O.=R. zu betrachten seien Es braucht also hierauf nicht weiter
eingetreten zu werden. Wenn die Beklagten behauptet haben, die
Haftpflicht für den Unfall treffe nicht sie, sondern den Metzger=
meister Bleuler, welchem einzig ein Verschulden zur Last gelegt
werden könne, so ist dies unbegründet. Da der Schaden unmittelbar durch die von den Beklagten gehaltenen Pferde herbeigeführt
wurde, so sind die Beklagten gemäß Art. 65 O.=R. verantwortlich,
sofern sie den Entlastungsbeweis, daß sie alle erforderliche Sorg=
falt in der Verwahrung und Beaufsichtigung ihrer Tiere ange=
wendet haben, nicht zu erbringen vermögen. Ob den Beklagten
allfällig der Rückgriff gegen den Metzgermeister Bleuler gemäß
dem zweiten Satze des Art. 65 cit. zustehe, ist im gegenwärtigen
Prozesse nicht zu untersuchen.

4. Fragt sich, ob die Beklagten den ihnen obliegenden Entla=
stungsbeweis erbracht haben, so ist festgestellt, daß die Schimmel,

mit welchen das Fuhrwerk bespannt war, vertraute und ruhige
Pferde, keine Schläger oder Durchgänger sind, daß der Wagen
mit gehöriger Spannvorrichtung versehen und daß endlich auch
der Fuhrknecht Job ein durchaus zuverlässiger Mann und kundiger
Fuhrmann war. Allein damit ist der Entlastungsbeweis nicht erbracht. Es ist vielmehr der zweiten Instanz beizutreten, daß ein
Mangel gehöriger Sorgfalt in der Beaufsichtigung der Tiere
darin liegt, daß die letztern ohne Aufsicht eines Fuhrmannes auf
der Straße stehen gelassen wurden. Dem Fuhrmann freilich kann
daraus ein Vorwurf nicht gemacht werden; denn dieser mußte,
um dem Camionneur bei dem Transporte der Waaren behülflich
zu sein, sein Fuhrwerk verlassen. Allein eben darin, daß der Dienst
so eingerichtet war, daß überall, auch in den belebtesten Straßen,
die Fuhrleute während des Transports der Waaren vom Wagen
in die Häuser, das schwere Lastfuhrwerk sich selbst überlassen, auf
eine gewisse längere oder kürzere Zeit aus den Augen verlieren
mußten, liegt ein Mangel der erforderlichen Sorgfalt seitens der
Fuhrunternehmer. Allerdings scheint die Vorschrift der zürcherischen
städtischen Polizeiverordnung, daß kein bespanntes Fuhrwerk ohne
Aufsicht auf Straßen oder öffentlichen Plätzen stehen gelassen wer
den dürfe, es wäre denn, daß die Zugtiere auf sichernde Weise
(nicht durch bloßes Zurückbinden der Zügel an das Fuhrwerk)
angebunden seien, von der Polizeibehörde in den gewöhnlichen
Fällen nicht strikte gehandhabt zu werden. Es scheint also lokal-
üblich zu sein, daß bespannte Lastfuhrwerke auch auf belebten
Straßen und Plätzen vorübergehend ohne alle Aufsicht stehen gelassen werden; es ist danach hier wohl nicht gegen die übliche
Sorgfalt verstoßen worden. Allein das Gesetz fordert nun von
demjenigen, der Tiere zu seinem Nutzen oder Vergnügen hält,
nicht nur die Aufwendung der üblichen, sondern aller erforderlichen Sorgfalt in ihrer Verwahrung oder Beaufsichtigung.
Wie das Bundesgericht bereits in seiner Entscheidung in Sachen
Christen gegen Mühlemann vom 3. Oktober 1891 (Amtliche
Sammlung XVII, S. 640) ausgeführt hat, kann daher derjenige,
der seine Tiere unter Umständen, welche eine genaue Aufsicht zur
Abwendung von Schädigungen Dritter objektiv erfordern, ganz
ohne Aufsicht oder unter ungenügender Aufsicht läßt, sich, wenn

daraus Schaden entsteht, nicht damit entschuldigen, daß überhaupt in seinen Kreisen gewohnheitsmäßig nicht sorgfältiger pflege ver= fahren zu werden. Er muß vielmehr, da er es an der vom Gesetze verlangten objektiv erforderlichen Sorgfalt hat fehlen lassen, für den Schaden aufkommen, den seine Tiere in Ermangelung dersel= ben gestiftet haben. Nun ist aber klar, daß die Sicherung Dritter erfordert, daß bespannte Fuhrwerke, zumal schwere Lastfuhrwerke, an belebten, verkehrsreichen Straßen und Plätzen bewacht und nicht die Pferde auf längere oder kürzere Zeit sich selbst überlassen werden. Die Pferde sind bekanntlich allgemein, auch insoweit sie nicht gerade zur Klasse der Durchgänger gehören, schreckhafte Tiere. Die Möglichkeit liegt daher stets vor, daß irgend ein Ereignis des Straßenverkehrs auch sonst fromme Tiere zum Durchgehen bestimme und tritt dies einmal ein, so ist die Gefahr einer Ver= letzung von Personen in den belebten Straßen volkreicher Städte eine imminente, zumal wenn die Pferde großen und schweren Last= fuhrwerken vorgespannt sind. Wenn daher ein Fuhrhalter sein Ge= werbe in der Weise betreibt, daß, mangels genügenden Personals, seine Pferde auf belebten Straßen und Plätzen ohne Aufsicht stehen gelassen werden müssen, so läßt er es an der erforderlichen, vom Gesetze allgemein verlangten, Sorgfalt in der Beaufsichtigung feh= len. Er kann sich nicht damit entschuldigen, daß seine Tiere im allgemeinen gelassenen Temperaments seien, denn erfahrungsgemäß ist eben die Gemütsruhe auch frommer Pferde durchaus keine un= erschütterliche. Vertraut der Pferdehalter nichtsdestoweniger auf die unerschütterliche Ruhe seiner Tiere, so tut er dies auf seine Gefahr.

5. Die Einrede, der Getödtete habe seine Verletzung selbst ver= schuldet, haben die Beklagten heute nicht mehr festgehalten, und gewiß mit Recht nicht. Denn derselben mangelt, nach der vorin= stanzlichen Feststellung des Tatbestandes, die tatsächliche Unterlage vollständig. Danach ist denn auch das eventuelle Aktenvervollstän= digungsbegehren des Klägers, welches sich lediglich auf diesen Punkt bezog, gegenstands= und zwecklos.

6. Die klägerische Schadenersatzforderung ist somit grundsätzlich begründet, sofern der Klägerin ein Schaden überhaupt entstanden ist. Auch dies aber ist, mit der Vorinstanz, zu bejahen. Zwar steht fest, daß die Klägerin nicht von ihrem Ehemanne ist unter=

halten worden, sondern sich ihren Lebensunterhalt selbst (als Köchin) verdient hat, während der Ehemann zur Zeit seines Todes keinen regelmäßigen, ständigen Verdienst hatte. Allein auf der andern Seite steht ebenso fest, daß dem (vollständig arbeitsfähigen) Ehemanne rechtlich die Alimentationspflicht gegenüber seiner Ehefrau oblag, und ist durchaus nicht erwiesen, daß er nicht im Stande gewesen wäre, die Frau zu unterstützen. Bei dieser Sachlage ist eine ökonomische Schädigung der Ehefrau allerdings anzunehmen. Die Ehefrau hat durch den Tod ihres Mannes zwar nicht einen gegenwärtigen tatsächlichen „Versorger", wohl aber eine Stütze für die Zukunft, einen Angehörigen, welcher für ihren zukünftigen Unterhalt eventuell zu sorgen hatte, verloren. Als Versorger im Sinne des Art. 52 O.=R. aber erscheint nicht nur derjenige, welcher eine Person oder Familie tatsächlich, im Zeitpunkte seines Todes, bereits unterstützt, sondern auch derjenige, von welchem dies in Zukunft zu erwarten ist (siehe Entscheidungen des Bundesgerichtes, Amtliche Sammlung XVI, S. 816 u. f., Erw. 5).

7. In Bezug auf das Quantitativ der Entschädigung sind heute besondere Einwendungen nicht erhoben worden und es erscheint der vorinstanzlich gesprochene Entschädigungsbetrag als den Verhältnissen angemessen. Die vorinstanzliche Entscheidung ist danach gestützt auf Art. 65 und 52 O.=R. einfach zu bestätigen. Auf den, von der Vorinstanz beiläufig angezogenen, Art. 54 O.=R. dagegen ist nicht abzustellen. Denn weder ist der Unfall auf ein schweres Verschulden der Beklagten zurückzuführen, noch sind im übrigen die Umstände derart, daß die Gewährung einer Entschädigung für Nachteile nicht vermögensrechtlicher Natur als geboten erschiene.

Demnach hat das Bundesgericht

erkannt:

Die Weiterziehung der Beklagten wird als unbegründet abgewiesen und es hat demnach in allen Teilen bei dem angefochtenen Urteile der Appellationskammer des Obergerichtes des Kantons Zürich sein Bewenden.

### 54. Arrêt du 22 Avril 1893 dans la cause Masse Déglon contre Blum.

Prononçant par jugement du 16 Janvier 1893 sur le litige pendant entre parties, la Cour civile du canton de Vaud a prononcé ce qui suit :

« La Cour civile adjuge en principe la conclusion de Thérèse Grivel et dit que le défendeur Déglon est tenu de lui payer une somme de mille francs à titre de dommages-intérêts. Ce dernier est, à son tour, reconnu fondé dans sa conclusion N° 3 et doit ainsi être relevé par Michel Blum de cette condamnation. Les frais de Thérèse Grivel sont mis à la charge de G. Déglon, qui est admis à les réclamer à Blum. Celui-ci paiera aussi les frais de la partie défenderesse et gardera, en outre, à sa charge ses frais personnels. »

C'est contre ce jugement que Blum a recouru au Tribunal fédéral, concluant avec dépens à l'adjudication des conclusions libératoires prises par lui en réponse.

La masse Déglon a maintenu, tant en ce qui la concerne qu'en ce qui regarde dame Grivel, les conclusions formulées devant la Cour cantonale.

*Statuant en la cause et considérant :*

*En fait :*

1° Par convention notariée Martin, le 12 Décembre 1887, Louis-Marc-Henri Larpin a déclaré louer à Gumann Déglon, cafetier à Lausanne, les locaux du rez-de-chaussée de la maison du bailleur rue du Pont 8, à Lausanne, destinés à l'exploitation d'un café-restaurant. Par le même acte Larpin loue, en outre, à Déglon, pour son logement, un appartement au premier étage, ainsi qu'une chambre au deuxième, plus les dépendances nécessaires.

La durée du bail fut fixée à 9 ans, à partir du 25 Mars 1888, pour finir à pareille époque de l'année 1897, et le prix annuel était de 2000 francs, soit 1500 francs pour les locaux industriels et 500 francs pour l'appartement. Le premier s'é-

tait réservé la faculté de faire les aménagements et installations nécessaires à son industrie, et cela sous la surveillance
du propriétaire. Il fut, en outre, expressément convenu que le
bail ne pourra être résilié, ni ensuite de la mort du propriétaire, ni ensuite de la vente de son immeuble.

Par acte reçu Chatelan notaire, le 14 Juin 1892, Louis-
Marc-Henri Larpin a vendu le dit immeuble à Michel Blum,
marchand de chaussures à Lausanne. Cet acte de vente porte,
entre autres, la clause suivante :

« L'entrée en jouissance commencera le 25 Juin courant,
époque dès laquelle Michel Blum sera subrogé à tous les
droits, mais aussi à toutes les obligations de H. Larpin vis-à-
vis des locataires. L'acquéreur reconnaît avoir suffisante
connaissance des baux à loyer en cours, et spécialement du
bail passé avec Gumann Déglon, le 12 Décembre 1887, lequel dispose à son art. 6 que ni la mort du propriétaire, ni
la vente de l'immeuble ne seront une cause de résiliation.
Les conventions passées avec les locataires sont remises à
l'acquéreur, qui aura à répondre à toutes réclamations à l'entière décharge du vendeur. »

Gumann Déglon a vendu son fonds de commerce et fait
cession de son bail à Thérèse Grivel, femme séparée de biens
d'Alphonse, domiciliée à Lausanne, laquelle est entrée en
jouissance le 24 Juillet 1892, ainsi qu'il conste des deux actes
du 10 Août suivant, reçus Ponnaz, notaire.

Sous date du 30 Juillet 1892 Thérèse Grivel fit inviter
verbalement Michel Blum, en sa qualité de nouveau propriétaire, à donner à celle-ci l'autorisation d'exercer l'industrie
que le locataire Déglon avait installée dans les lieux loués,
autorisation que requiert la loi vaudoise du 29 Mai 1888 sur
la vente en détail des boissons.

Par lettre du 3 Août 1892, Blum répondit qu'il ignorait
complètement les tractations et la reprise du café Déglon ;
qu'il avait loué son café au dit Déglon, et qu'il n'a aucune
autorisation à donner à Thérèse Grivel.

Par exploit du 5 Août, Thérèse Grivel et Gumann Déglon
sommèrent Blum d'avoir à délivrer dans les 48 heures à

Thérèse Grivel l'autorisation de demander patente. L'exploit ajoute qu'à défaut par Blum de satisfaire à cette mise en demeure, les instants le rendent, dès ce jour, responsable de tous dommages qui résulteraient, pour l'un ou l'autre, de ce défaut de consentement, notamment des amendes dont les instants pourraient être frappés, et des conséquences d'une fermeture de l'établissement. Cette mise en demeure demeura toutefois sans effet.

En date des 3 et 17 Août, le préfet de Lausanne prononça contre Thérèse Grivel deux amendes, la première de 75 francs et la seconde de 150 francs, pour vente au détail de boissons alcooliques, sans être pourvue de la patente ; le 17 Août au soir le préfet fit fermer le café, qui ne put être réouvert que le 22 dit, ensuite d'un permis provisoire délivré par le département de justice et police, et déclaré valable jusqu'au moment où interviendra le jugement définitif dans le procès engagé par Thérèse Grivel.

Par convention liée en cours de procédure, le 29 Août 1892, Michel Blum a accepté l'évocation en garantie de G. Déglon, et a pris place au procès, en qualité d'évoqué en garantie personnelle.

Le 23 Novembre 1892, la faillite du défendeur G. Déglon a été déclarée, et l'action a été suivie, en son nom, par sa masse.

Devant la Cour civile les parties ont pris des conclusions de la teneur suivante :

*A.* Thérèse Grivel a conclu à ce qu'il soit prononcé avec dépens que G. Déglon est débiteur de la demanderesse d'une somme de 6000 francs, modération réservée, pour dommages-intérêts résultant du défaut par lui de procurer à Thérèse Grivel la libre jouissance des lieux loués, et de l'inexécution du contrat du 10 Août 1892.

*B.* G. Déglon a conclu :

1° Contre dame Grivel, à libération des conclusions prises contre lui, pour autant que des circonstances de fait, aujourd'hui ignorées, l'autoriseraient à contester toute valeur au contrat de remise de bail qu'il a consenti en faveur de la demanderesse.

2° Subsidiairement, quant à la quotité des dommages réclamés, il s'en réfère à justice.

3° Contre M. Blum, G. Déglon conclut a être relevé par M. Blum de toute condamnation à des dommages-intérêts, qui pourrait être prononcée en faveur de dame Grivel, ainsi que de toute condamnation aux dépens du présent procès.

M. Blum a conclu, tant exceptionnellement qu'au fond, à libération avec dépens des conclusions prises contre lui par G. Déglon dans sa réponse.

Statuant sur ces conclusions, la Cour civile a prononcé ainsi qu'il a été dit ci-dessus, par les motifs dont suit la substance :

C'est à tort que Blum allègue que l'acte du 12 Décembre 1887 doit être envisagé comme un bail à ferme ; la chose louée par Larpin à Déglon n'est, en effet, productive d'aucun fruit, puisqu'il s'agit du bail de locaux (art. 274 C. c.); en outre la personnalité de Déglon n'a pas constitué un élément essentiel du contrat, comme s'il se fût agi du cas d'un bail à ferme. Enfin la condition exigée par l'art. 302 C. O. pour le bail à ferme ne se trouve pas en l'espèce, la patente étant à la charge du preneur et non du bailleur.

En échange des prestations mises à sa charge, Thérèse Grivel devait recevoir de son vendeur la possibilité d'exploiter son industrie; or Déglon ne lui a pas fourni la patente nécessaire à cet effet. Il est dès lors responsable vis-à-vis d'elle du dommage causé, consistant dans les amendes mises à la charge de Thérèse Grivel, et en la fermeture de son établissement, perte de clientèle, etc. Blum a été subrogé aux droits et obligations du vendeur à l'endroit des locataires de l'immeuble ; il avait dès lors l'obligation de donner, comme propriétaire, l'autorisation prévue par la loi du 29 Mai 1888, en vue de l'exploitation de l'industrie exercée dans les locaux remis à bail à Déglon ; ayant refusé cette autorisation, Blum a mis Déglon dans l'impossibilité de faire délivrer à Thérèse Grivel la patente susmentionnée. Déglon était autorisé à souslouer à dame Grivel (art. 285 C. O.) ; il doit donc être admis dans sa conclusion tendant à être relevé par Blum de toute

condamnation vis-à-vis de la demanderesse. Blum était tenu,
de par l'acte du 14 Juin 1892, de faire jouir la sous-locataire,
et devait donner l'autorisation en question. La sous-location
pouvait avoir lieu verbalement (C. O. 275); c'est ce qui a eu
lieu le 24 Juillet 1892. Blum, subrogé aux droits de Larpin,
avait à s'enquérir auprès de Déglon de l'usage que celui-ci
avait fait de l'art. 285 C. O., et ne peut exciper du fait que
lui, Blum, n'aurait aucun lien de droit avec dame Grivel, pour
justifier son refus d'autorisation à la patente de cette dernière, autorisation nécessaire aux termes de l'art. 11 de la
loi vaudoise du 29 Mai 1888. — Déglon ayant le droit de
sous-louer, il n'avait pas à faire desservir, ainsi que l'insinue
Blum, son établissement par un fermier. Blum n'a d'ailleurs
pas même prétendu que la sous-location lui ait causé un préjudice. Blum seul doit donc être rendu responsable du dommage éprouvé par la demanderesse, et dont la quotité, en
prenant en considération tous les éléments de la cause, doit
être arbitrée à 1000 francs.

*En droit :*

2º La compétence du Tribunal fédéral pour statuer sur le
présent litige a été reconnue par les deux parties, et elle
existe en effet. Il est vrai que, aussi devant la Cour cantonale,
la masse Déglon a seulement conclu à ce que Blum soit condamné à lui restituer le montant auquel il pourrait être condamné vis-à-vis de dame Grivel, et que ce montant, dès le
moment où dame Grivel n'a pas recouru contre le jugement
cantonal, ne s'élève qu'à 1000 francs. Mais dame Grivel a
conclu, devant la Cour cantonale, à l'allocation d'une indemnité de 6000 francs, et, comme le litige qui la divisait d'avec
la masse Déglon était soumis au droit fédéral, la cause aurait
pu également être portée devant le Tribunal fédéral. En présence de la possibilité d'un semblable recours, l'on ne saurait
prétendre que la valeur en capital du litige pendant entre la
masse Déglon et Blum devant l'instance cantonale ait été
définitivement réduite à 1000 francs, et que dès lors la condition exigée par l'art. 29 de la loi sur l'organisation judiciaire fédérale en ce qui concerne la valeur du litige n'existe

pas en l'espèce. La possibilité de recourir au fond au Tribunal fédéral n'était, en revanche, pas donnée dans la cause Castelli contre Etat de Vaud et commune de Grandson (voir arrêt du Tribunal fédéral du 11 Février 1893), attendu que dans cette dernière espèce c'était le droit cantonal qui devait être appliqué ; il en résulte que la valeur en capital du droit de recours de la commune de Grandson contre l'Etat de Vaud, et de celui de la commune de Grandson contre Castelli avait été fixée *définitivement* à une somme inférieure à 3000 francs, ce qui, ainsi qu'il a été dit, n'est pas le cas dans le litige actuel. Il est indifférent, à cet égard, que dame Grivel ait accepté le jugement cantonal ; ce qui est décisif, c'est que cette sentence eût pu être portée par voie de recours devant le Tribunal fédéral, et que dame Grivel eût pu faire valoir devant ce Tribunal ses conclusions primitives.

3° Au fond, il y a lieu d'admettre, avec l'instance cantonale, qu'il s'agit, dans l'espèce, d'un bail à loyer et non d'un bail à ferme. Blum, soit son auteur Larpin, a cédé à Déglon seulement l'usage des locaux destinés à l'exploitation d'un café-restaurant, tandis que Déglon était tenu de s'assurer le droit d'exploitation par l'obtention d'une patente. Or, à teneur de l'art. 296 C. O., le bail à ferme suppose la cession au fermier de la jouissance d'un immeuble ou d'un droit productif en vue de la *perception des fruits ou produits.* Ce droit productif n'est autre, dans le cas actuel, que le droit d'exploitation d'un établissement public ; mais, ainsi qu'on l'a vu, ce droit n'a pas été cédé par Larpin, ou par Blum à G. Déglon, mais ce dernier l'a acquis directement de l'Etat au moyen d'une patente délivrée en son nom. Or, de simples locaux, sans le droit d'exploitation, ne peuvent produire des fruits ou donner des produits, dont Larpin ou Blum eussent pu concéder la perception à Déglon. Aussi les parties ont-elles en réalité, comme cela résulte du contrat lui-même, considéré et désigné la dite convention comme un bail à loyer, et non comme un bail à ferme. C'est, dès lors, à tort que Blum invoque l'art. 306 C. O., lequel interdit de sous-affermer la chose sans le consentement du bailleur.

4° C'est l'art. 285 C. O. qui est applicable en la cause,
disposition statuant que le locataire a le droit de sous-louer
tout ou partie de la chose louée, pourvu que ce droit ne soit
pas exclu par convention, et qu'il ne résulte de ce fait aucun
changement préjudiciable au bailleur, ce qui n'a point été
allégué dans l'espèce par le défendeur. L'alinéa 3 du prédit
article, disposant que la cession de bail est assimilée à la
sous-location, est également important dans le litige actuel :
il en résulte que la cession du bail à loyer par le locataire n'a
pas d'autre effet, vis-à-vis du bailleur, que la sous-location ;
les droits et obligations découlant du bail vis-à-vis du bailleur
principal ne se transportent pas sur la personne du cessionnaire, mais demeurent en celle du locataire ; le cessionnaire,
soit sous-locataire, n'entre dans un rapport contractuel qu'avec
le locataire, son bailleur, et nullement avec le bailleur principal. Il est, par conséquent, hors de doute que la question
de savoir si M. Blum était tenu de signer la déclaration
requise par dame Grivel en vue de l'obtention d'une patente
de café-restaurant, doit être résolue au regard du rapport
contractuel existant entre Blum et Déglon, et qu'il faut dès
lors rechercher si, à teneur de ce rapport, Blum était obligé
vis-à-vis de Déglon de délivrer la déclaration demandée.

5° A cet égard il est établi, d'une part, que Blum a assumé
toutes les obligations que le bailleur originaire Larpin avait
contractées vis-à-vis de Déglon, et, d'autre part, que les rapports de droit civil, existant entre Larpin et Déglon ensuite
du contrat de location du 12 Décembre 1887, n'ont été mo-
difiés en aucune façon par la loi vaudoise du 29 Mai 1888
sur la vente des boissons alcooliques. Tout ce qui concerne le
bail à loyer est réglé par le Code fédéral des obligations, et
les cantons n'ont plus aucun droit de légiférer sur cette
matière ; aussi, de fait, la loi vaudoise précitée n'a-t-elle nullement pour but d'imposer au bailleur de locaux destinés à
la vente des boissons, des obligations vis-à-vis du locataire ;
elle a uniquement en vue de faire dépendre l'obtention d'une
patente par le locataire, de la signature d'une demande d'autorisation par le bailleur, lequel est responsable du prix de la
patente vis-à-vis de l'Etat.

Il y a lieu d'admettre dans la règle que le propriétaire de pareils locaux, qui les loue en vue de l'exploitation d'un café-restaurant en connaissant les dispositions de la loi cantonale, assume aussi l'obligation, avec ses conséquences juridiques, de donner la déclaration nécessaire à l'obtention de la patente par le locataire. On pourrait seulement se demander si le propriétaire accepte par là également l'obligation de donner la dite déclaration en faveur d'un sous-locataire, ainsi que la responsabilité légale du paiement du prix de la patente pour ce dernier. Il s'agit, en effet, à cet égard d'un rapport de confiance et le propriétaire, soit le bailleur principal, ne saurait être tenu de transporter sans autres cette confiance, qu'il a en son locataire, sur la personne d'un sous-locataire. Il est vrai que le locataire est responsable, à côté du sous-locataire, des émoluments payés par le bailleur pour ce dernier; mais cette responsabilité du locataire n'offre pas toujours, en cas de sous-location, la même sécurité pour le propriétaire, que si le locataire exploitait lui-même les locaux. La loi vaudoise tient compte de ces circonstances, en autorisant le transfert de la patente à une autre personne, locataire ou sous-locataire, sans qu'il soit nécessaire de demander et d'obtenir une patente nouvelle.

6° Toutefois, dans l'espèce, le contrat de bail a été conclu antérieurement à l'entrée en vigueur de la loi vaudoise de 1888 sur la vente des boissons, et l'on ne peut ainsi pas prétendre que le bailleur Larpin, lors de la passation du dit contrat, ait assumé tacitement la nouvelle et importante obligation que la dite loi impose aux propriétaires. Si Larpin, soit son successeur Blum, ont donné volontairement à Déglon la déclaration dont il s'agit, et ont ainsi accepté de le garantir pour l'émolument de patente, afin d'éviter la résiliation du contrat de location, il ne s'en suit aucunement qu'ils aient assumé par là la même obligation en faveur d'un sous-locataire éventuel du dit Déglon ; au contraire, cette obligation n'eût pu résulter que d'une convention spéciale, qui n'a pas été alléguée, et encore moins prouvée

D'ailleurs en présence, d'une part, de la possibilité du transfert légal à dame Grivel de la patente de Déglon, et,

d'autre part, de la circonstance, connue de tous deux, que
dame Grivel ne pouvait, sans ce transfert ou sans l'obtention
d'une nouvelle patente, continuer l'exploitation de Déglon,
il est incompréhensible que Déglon et dame Grivel aient
attendu la condamnation de cette dernière à deux reprises
à l'amende pour exploitation illicite, et la fermeture tempo-
raire du café, pour faire les démarches qui ont permis à
dame Grivel de continuer l'exploitation de l'établissement.

Dame Grivel et Déglon eussent aisément pu éviter tout
dommage, en sollicitant antérieurement au 17 Août 1892,
jour de la fermeture de l'établissement par l'autorité, — et
jusqu'à droit connu, — une patente provisoire, qui a été accordée plus tard, et au bénéfice de laquelle la demanderesse
se trouve encore aujourd'hui.

7° Il suit de ce qui précède que Blum doit être libéré de
toute responsabilité de relever le défendeur Déglon, soit la
masse de ses biens en discussion, de la condamnation à mille
francs de dommages-intérêts prononcée au préjudice du
prédit Déglon en faveur de dame Grivel. Il va de soi que le
recourant doit être également libéré de tous les frais mis à
sa charge par le jugement attaqué.

Par ces motifs :
### Le Tribunal fédéral
prononce :

1° Le recours est admis, et le jugement de la Cour civile
du canton de Vaud, du 16 Janvier 1893, réformé en ce sens
que Michel Blum est dispensé de toute obligation de relever
le sieur Déglon, soit la masse de ses biens en discussion, de
la condamnation du dit Déglon à 1000 francs de dommages-
intérêts en faveur de dame Grivel.

2° Les frais de Thérèse Grivel demeurent à la charge de
la masse Déglon, sans recours contre Michel Blum ; la masse
Déglon supportera également les frais de Michel Blum devant
les instances cantonales.

55. Urteil vom 29. April 1893 in Sachen Gamper
gegen Konkursmasse der Kreditbank Winterthur.

A. Durch Urteil vom 9. Dezember 1892 hat das Handels=
gericht des Kantons Zürich erkannt: Von der Anerkennung der
Beklagten, daß sie dem Kläger 9096 Fr. 70 Cts. nebst Zins zu
5 % seit 1. Dezember 1892 schulde, wird am Protokoll Vor=
merkung genommen und die Beklagte bei dieser Anerkennung be=
haftet; im übrigen ist die Klage abgewiesen.

B. Gegen dieses Urteil ergriff der Kläger die Weiterziehung
an das Bundesgericht. Bei der heutigen Verhandlung beantragt
sein Anwalt, es sei in Abänderung des vorinstanzlichen Urteils die
Beklagte zu verpflichten, dem Kläger die Summe von 36,866 Fr.
45 Cts. plus Zins à 5 % vom 1. Dezember 1891 an zu be=
zahlen, eventuell sei die Beklagte zu verurteilen, ihm gegen Lie=
ferung der 125 Aktien des Zürcher Bankvereins die seiner Zeit
bezahlten 76,802 Fr. 80 Cts. zurückzubezahlen, eventuellst müßte
der Kurs der Bankvereinsaktien zur Zeit seiner sachbezüglichen
Offerte zu Grunde gelegt werden, wonach die Klagesumme sich
auf 33,052 Fr. 80 Cts. belaufen würde.

Der Anwalt der Beklagten und Rekursbeklagten trägt auf Ab=
weisung der gegnerischen Beschwerde und Bestätigung des ange=
fochtenen Urteils an.

Das Bundesgericht zieht in Erwägung:

1. Die Parteien standen seit längerer Zeit im Geschäftsverkehr
namentlich in der Weise, daß der Kläger als Börsenagent von
der Beklagten mit Aufträgen zum Kauf und Verkauf von Börsen=
effekten betraut wurde. Am 23. September 1891 schrieb der
Kläger an die Beklagte: „Ich habe per Ende courant für meine
„eigene Rechnung verkauft 125 Bankvereinsaktien, die Sie mir
„gefl. in Liquidation per ultimo gegen meine Vergütung von
„76,802 Fr. 80 Cts. vorlegen wollen." Gemäß Auftrag der
Beklagten an den Zürcher Bankverein vom 26. September wurden
dem Kläger die 125 Stück Bankvereinsaktien (gleichzeitig mit
andern Papieren) in der Septemberliquidation der Zürcher Börse
geliefert und auf gleichem Wege vergütete dieser der Beklagten

ben Gegenwert von 76,802 Fr. 80 Cts. Die Beklagte schrieb dem Kläger diesen Betrag im Kontokurrent pro 30. September 1892 als Kompensation Gamper gut. Am 16. November 1891 gab die Beklagte ihre Insolvenzerklärung ab; die Konkurser- . öffnung wurde verschoben und vom Bezirksgerichtspräsidenten eine gerichtliche Verwaltung bestellt. Am 18. November 1891 zeigte der Kläger der Beklagten unter Berufung auf § 13 der Statuten des Zürcher Börsenvereins an, daß er, sofern ihm nicht innert 24 Stunden Deckung verschafft werde, ihre bei ihm an= hängigen Engagements auf dem Exekutionswege abwickeln werde, und als die Beklagte untätig blieb, schrieb er ihr am 26. gleichen Monats, sie habe ihm in Liquidation per Ende September laut Zuschrift vom 23. genannten Monats für seine eigene Rechnung 125 Aktien des Zürcher Bankvereins in Depot gegeben, wogegen er ihr 76,802 Fr. 80 Cts. bezahlt habe. Infolge der beklag= tischen Zahlungsstockung habe er heute diese Aktien per Exekution mit 40,000 Fr. abzüglich 63 Fr. 65 Cts. für Courtage und Stempel gekauft und die Beklagte hiefür mit 39,936 Fr. erkannt. In Wirklichkeit hat indes der Kläger eine „Exekution" nicht vorgenommen, sondern einfach den Tageskurs der Bankvereins= aktien notiert. Im Prozesse fordert er die Differenz zwischen diesem Kurse und der von ihm seiner Zeit für die 125 Aktien der Be= klagten bezahlten Summe von 76,802 Fr. 80 Cts. mit 36,866 Fr. 45 Cts. nebst Zins à 5 % seit 1. Dezember 1891. Zur Be= gründung brachte er an: Er sei im September 1891 für fremde Rechnung in einer Baissespekulation in Bankvereinsaktien be= griffen gewesen und habe per ultimo 250 Stück solcher mehr verkauft gehabt als gekauft. Diese fehlenden Stücke habe er sich zur Hälfte durch feste Käufe, zur Hälfte durch das in Rede stehende Geschäft mit der Kreditbank verschafft. Sein Brief an letztere vom 23. September 1891 habe den Sinn gehabt, daß die Beklagte ihm die verlangten 125 Aktien gegen die Vergütung von 76,802 Fr. 80 Cts. vorschieße, in der Meinung, daß die Operation auf unbestimmte Zeit abgeschlossen sei, d. h. von jeder Partei in jedem ihr beliebigen Momente rückgängig gemacht werden könne, durch Rückgabe jener Summe seitens der Beklagten und von 125 Stück Bankvereinsaktien von seiner Seite. Nach=

dem die Beklagte infolge ihrer eingetretenen Insolvenz nicht im
Stande gewesen sei, ihm gegen Rückgabe von 125 Stück Bank=
vereinsaktien die von ihm bezahlte Summe zu erstatten, habe er
die Aktien nicht zum Zwecke der Rückgabe an die Beklagte wirk=
lich zu kaufen brauchen, sondern sei er ohne weiters berechtigt,
die Differenz zwischen der von ihm bezahlten Summe und dem
Tageskurse, zu dem er die Aktien hätte erwerben können, als
seinen Schaden einzufordern. Juristisch bezeichnete der Kläger das
von ihm behauptete Geschäft ursprünglich als „Reportgeschäft“,
später gab er zu, daß dasselbe, weil nicht auf einen bestimmten
Termin abgeschlossen, nicht als eigentliches börsenmäßiges Report=
geschäft bezeichnet werden könne; dasselbe sei vielmehr ein Leih=
geschäft. Heute hat der klägerische Anwalt dies dahin präzisiert,
daß nicht eine Gebrauchsleihe, sondern ein Leihgeschäft im öko=
nomischen Sinne behauptet werde; juristisch liege eine Kombi=
nation zweier Darlehen auf unbestimmte Zeit vor, an den 125
Stück Bankvereinsaktien einerseits, der von ihm bezahlten Summe
von 76,802 Fr. 80 Cts. andererseits. Die Beklagte hat die
Forderung grundsätzlich bestritten; sie bestreitet, daß ein Geschäft
der vom Kläger behaupteten Art abgeschlossen worden sei. Der
Kläger habe vielmehr die 125 Stück Bankvereinsaktien fest ge=
kauft. Das Geschäft sei durch die kompensationsweise Lieferung
der Stücke endgültig abgewickelt; dasselbe habe übrigens dazu
gedient, dem Kläger die von ihm als Anteilhaber eines von der
Kreditbank geleiteten Syndikats in Bankvereinsaktien übernom=
menen Stücke zukommen zu lassen.

2. Die Vorinstanz führt aus, ein Vertrag des vom Kläger
behaupteten Inhalts könnte rechtlich nicht als Gebrauchsleihe oder
Darlehen, sondern müßte als Kaufgeschäft aufgefaßt werden, sei
es, daß man annehme, es liege ein Reportgeschäft vor, abge=
schlossen zunächst auf ultimo Oktober, aber mit der Beredung, daß
bei Stillschweigen der Parteien das Geschäft jeweilen auf einen
Monat prolongiert werde, sei es, daß man annehme, es sei dem
Kaufe nur überhaupt, ohne Bezugnahme auf den speziellen Ver=
tragstypus als Reportgeschäft, eine resolutive Protestativbedingung
beigefügt worden. Diesen Ausführungen dürfte nicht beizutreten
sein. Ein Reportgeschäft des von der Vorinstanz angedeuteten

Inhalts kann schon deßhalb nicht angenommen werden, weil der
Kläger ein solches Geschäft gar nicht behauptet; er behauptet
nicht ein zunächst auf ultimo Oktober abgeschlossenes, hernach sich
jeweilen von Monatsende zu Monatsende stillschweigend prolon=
gierendes Geschäft, sondern stellt vielmehr darauf ab, es sei ver=
einbart gewesen, jede Partei könne jederzeit, auch innerhalb eines
Monats, die (generische) Rückerstattung ihrer Leistung gegen
Rückgabe der Leistung des Gegners verlangen. Auch von einem
Kauf mit beigefügter resolutiver Protestativbedingung kann wohl
nicht gesprochen werden, denn nach den Vorbringen des Klägers
war ja nicht ungewiß, daß die beidseitig gemachten Leistungen in
Zukunft (in genere) zurückerstattet werden sollen, sondern war
nur der Zeitpunkt dieser Rückerstattung dem Willen der Parteien
anheimgestellt. Ebensowenig wie die juristische Konstruktion der
Vorinstanz dürfte allerdings die heute vom klägerischen Anwalte
vertretene, daß eine Kombination zweier Darlehen vorliege,
für das vom Kläger behauptete Geschäft zutreffen. Dersel=
ben widerspricht, daß nach dem klägerischen Vorbringen jede Partei
die (generische) Rückerstattung ihrer Leistung nur gegen Rückgabe
der Leistung des Gegners verlangen kann, was bei Annahme
zweier selbständiger Darlehen aus der Natur dieser Geschäfte
durchaus nicht folgen würde. Am einfachsten und natürlichsten
dürfte vielmehr das Vorbringen des Klägers juristisch dahin auf=
zufassen sein, daß Ein einheitliches, durch irreguläres Pfandrecht
versichertes Darlehen behauptet werde. Der Kläger behauptet, die
125 Stück Bankvereinsaktien auf unbestimmte Zeit gegen die
Verpflichtung generischer Rückerstattung und gegen Sicherstellung
durch die von ihm geleistete Zahlung geliehen zu haben. Er be=
hauptet also den Tatbestand eines versicherten Darlehens. Nun
ist ja allerdings richtig, daß die Zahlung des Klägers offenbar
in das Eigentum der Beklagten überging und daß daher von
einem regulären Faustpfand hier nicht gesprochen werden konnte;
allein ganz unbedenklich darf in dem Vorbringen des Klägers die
Behauptung eines Darlehens gegen irreguläres Faustpfand, bei
welchem das letztere in das Eigentum des Gläubigers übergeht
und nicht in specie, sondern nur der Summe nach zu erstatten
ist, erblickt werden. Das pignus irregulare ist, wenn auch das

Obligationenrecht von demselben nicht ausdrücklich spricht, doch gewiß auch nach diesem Gesetze möglich. Mit dieser rechtlichen Auffassung stimmt denn völlig überein, was der Kläger über die beidseitigen Verpflichtungen der Parteien behauptet. Waren die 125 Bankvereinsaktien dem Kläger auf unbestimmte Zeit gegen Bestellung eines irregulären Faustpfandes geliehen, so konnte er jederzeit durch Rückgabe der gleichen Stückzahl dieser Aktien seine Schuld tilgen und war alsdann berechtigt, gleichzeitig die (generische) Rückerstattung seiner zum Zwecke der Darlehensversicherung gemachten Leistung zu verlangen. Umgekehrt war die Beklagte als Darlehensgläubigerin berechtigt, jederzeit das Darlehen zurück= zufordern, gleichzeitig aber verpflichtet, dem Schuldner die als Kaution eingehändigte Summe herauszugeben.

3. Allein wenn auch danach die rechtliche Auffassung des klägerischen Vorbringens, wie sie in der Begründung des vorin= stanzlichen Urteils gegeben wird, nicht als zutreffend erscheint, so muß diese Entscheidung selbst doch aufrecht erhalten werden. Zu= nächst ist klar, daß selbst wenn eine Übereinkunft des vom Kläger behaupteten Inhalts nachgewiesen wäre, doch das prinzipale Be= gehren der Klage abgewiesen werden müßte. Denn ein Rechts= grund, aus welchem der Kläger einfach die Differenz zwischen dem Börsenkurse der Bankvereinsaktien an dem von ihm für die angebliche „Exekution" gewählten Tage und der bezahlten Summe einzufordern berechtigt wäre, ist keinenfalls ersichtlich. Der Kläger wäre vielmehr, auch wenn die von ihm behaupteten Beredungen nachgewiesen wären, zu nichts anderem berechtigt, als gegen Til= gung seiner Darlehensschuld Rückgabe der geleisteten Kaution zu verlangen. Allein es ist nun überhaupt nicht nachgewiesen, daß ein Übereinkommen des vom Kläger behaupteten Inhalts sei abgeschlossen worden. Die Vorinstanz hat dies verneint und bei Beurteilung dieser reinen Beweisfrage ist ein Rechtsirrtum nicht unterlaufen. Vom Kläger ist wesentlich auf den Inhalt seines Briefes vom 23. September 1891, speziell auf den dort gebrauch= ten Ausdruck „vorlegen" abgestellt worden; er behauptet, daß „vorlegen" soviel wie „vorschießen", „leihen" bedeute, während, wenn es sich um ein festes Kaufgeschäft gehandelt hätte, nicht von „vorlegen", sondern von „liefern", gesprochen worden wäre.

Allein die Vorinstanz führt nun aus, der Ausdruck „vorlegen"
ermangle der nötigen Klarheit. Wörtlich genommen bedeute der=
selbe nichts weiteres als ein „vorweisen" im körperlichen Sinne
und es sei damit nicht angegeben, in welcher Meinung und zu
welchem Zwecke letzteres geschehe, ob zu Besicht oder zur Behän=
digung und in welchem Sinne. Tatsächlich sei der Ausdruck in
der Geschäftssprache nach dem Wissen kaufmännischer Mitglieder
des Gerichts nicht gerade sehr gebräuchlich und könne derselbe
nicht als ein technischer Ausdruck mit bestimmtem, allgemein an=
erkanntem Sinne gelten. Es falle zwar auf, daß nicht „liefern"
gesagt worden sei, wenn solches gemeint war, aber andererseits
weise das Wort nicht eben bestimmt auf ein „Leihen" hin, wenn
es auch nicht unmöglich sei, solches darunter zu verstehen. In
diesen Ausführungen liegt kein Rechtsirrtum; das Bundesgericht
ist insbesondere nicht in der Lage, der Behauptung des Handels=
gerichtes entgegenzutreten, daß das Wort „vorlegen" kein in der
Geschäftssprache anerkannter und allgemein bekannter technischer
Ausdruck für „leihen" sei. In dem Briefe vom 23. September
1891 für sich allein liegt also kein Beweis dafür, daß das
zwischen den Parteien abgeschlossene Geschäft ein Darlehensgeschäft
der vom Kläger behaupteten Art war. Auch sonstige Tatumstände
welche diese Willensmeinung der Parteien für den vorliegenden
Fall außer Zweifel stellen würden, sind nicht festgestellt. Die
Zeugenaussage des gewesenen Direktors der Beklagten, des wegen
Betrugs und leichtsinnigen Bankerotts zu Arbeitshausstrafe ver=
urteilten F. Manz ist, nach der Feststellung des Vorderrichters,
mit Vorsicht aufzunehmen und wenig glaubwürdig. Zudem hat
auch der gewesene Direktor Manz bloß ausgesagt, daß die Kredit=
bank einzelne Geschäfte der vom Kläger behaupteten Art in
Bankvereinsaktien (mit Dritten) abgeschlossen habe und daß ein=
mal eine Besprechung zwischen ihm und dem Kläger über ein
solches Geschäft stattgefunden habe. Dagegen hat er nicht auszu=
sagen vermocht, daß das Geschäft dann in der Tat im Sinne
jener Besprechung abgeschlossen worden sei. Die Aussagen des
hemiligen Prokuristen der Kreditbank, Bachmann, sind nach der
Entscheidung der Vorinstanz schon deshalb ohne Bedeutung, weil
sie auf (unglaubwürdige) Angaben des Manz zurückgehen. Im

weitern ist nach den vorliegenden Akten in den Büchern der Beklagten keinerlei Buchung des streitigen Geschäftes enthalten,
welche zum Ausdrucke brächte, daß dasselbe mit der kompensations-
weisen Lieferung der Titel nicht definitiv abgewickelt sei, sondern
daraus noch eine Pflicht zu Rücknahme der Titel gegen Erstattung
der klägerischen Zahlung fortbestehe; und das Gleiche gilt nach
der vorinstanzlichen Feststellung auch rücksichtlich der Bücher des
Klägers. Denn eine in den klägerischen Büchern sich findende
Buchung auf „Reportkonto" der Kreditbank ist, nach der Feststellung der Vorinstanz, erst nachträglich gemacht worden und
daher nicht beweiskräftig. Danach hat denn in der Tat der
Kläger das Fundament seiner Klage nicht bewiesen; es steht nicht
fest, daß die Lieferung der Bankvereinsaktien auf Grund einer
Vereinbarung erfolgte, welche den Kläger zu (generischer) Rückgabe derselben und Rückforderung seiner Leistung berechtigte.
Hieran ist umsomehr festzuhalten, als ein Geschäft, wie der Kläger es behauptet, im Bankverkehr wohl jedenfalls ein außergewöhnliches wäre; wenn der Kläger wirklich ein derartiges außergewöhnliches Geschäft abzuschließen beabsichtigte, so mußte er dies
zu klarem unzweideutigem Ausdrucke bringen und sich nicht
schwankender Wendungen bedienen, welche verschiedene Auffassungen
zuließen. Die Klage ist demnach, da der Kläger den ihm obliegenden Beweis nicht erbracht hat, abzuweisen.

Demnach hat das Bundesgericht

erkannt:

Die Weiterziehung des Klägers wird als unbegründet abgewiesen und es hat demnach in allen Teilen bei dem angefochtenen
Urteile des Handelsgerichtes des Kantons Zürich sein Bewenden.

### 56. Urteil vom 29. April 1893 in Sachen
### Sandbank gegen Tobler.

**A.** Durch Urteil vom 17. Februar 1893 hat das Kantonsgericht des Kantons St. Gallen erkannt: Die Klage ist abgewiesen.

**B.** Gegen dieses Urteil ergriffen die Kläger die Weiterziehung an das Bundesgericht. Bei der heutigen Verhandlung beantragt ihr Anwalt: Es seien in Abänderung des vorinstanzlichen Urteils die Beklagten zu einer Entschädigung von 4000 Fr., eventuell zu einer nach richterlichem Ermessen festzustellenden Entschädigung an die Kläger wegen Kreditschädigung zu verurteilen. Er erklärt, daß auf weitere nachträgliche Beweisführung verzichtet werde.

Dagegen trägt der Anwalt der Beklagten und Rekursbeklagten auf Abweisung der gegnerischen Beschwerde und Bestätigung des angefochtenen Urteils an.

Das Bundesgericht zieht in Erwägung:

1. Die Beklagten standen mit der Firma Gebrüder Finkelstein in Bukarest in Geschäftsverbindung, wobei sie ihre Waarensendungen jeweilen direkt an dieselbe richteten. Am 19. Januar 1892 erhielten sie von den Gebrüdern Finkelstein die Ordre, die Sendungen in Zukunft an die Kläger beziehungsweise deren Filiale in Lindau zu adressieren. Dies veranlaßte die Beklagten, Informationen über die Kläger einzuziehen. Diese, ihrer zwei, lauteten sehr ungünstig und ergaben auch, daß die Kläger eine Filiale in Lindau nicht besitzen. Die Beklagten teilten die erhaltenen Informationen am 29. Januar 1892 in Kopie ihrem Agenten in Wien, Ernst Kraus mit, indem sie beifügten: Die Information laute so entsetzlich schlecht, daß sie nicht nur diesem Hause (Gebrüder Sandbank) keine Sendung machen, sondern auch an Finkelstein nicht mehr liefern werden. „Das bißchen Vertrauen, das „wir hegten, ist nun gänzlich verloren. Wir geben Ihnen an= „derseits die genaue Kopie der erhaltenen Information und ersuchen „Sie, sei es dem Hause direkt per Brief oder Herrn Michelsohn „mündlich kategorisch zu erklären, daß wir unter solchen Umstän= „den lieber auf Geschäfte verzichten. Wie ist es möglich, daß ein

„jolides Haus mit einer solchen Schwindelfirma in Verbindung
„steht? Wir glauben absolut nicht mehr an die ehrliche Geschäfts=
„praxis dieser Gebrüder Finkelstein." Die Kläger erlangten von
dem Inhalte dieses Briefes auf nicht ermitteltem Wege Kenntnis;
sie erhoben infolgedessen einerseits gegen die Beklagten Klage auf
Verleumbung und Zahlung einer Entschädigung von 4000 Fr.,
anderseits belangten sie den Agenten Kraus in Wien wegen Beleidigung. Dieser erklärte, er übernehme die Verantwortlichkeit für
das, was er den Gebrüdern Finkelstein aus dem Briefe der Be=
klagten vom 29. Januar 1892 mitgeteilt habe.

2. Der klagabweisenden Entscheidung der Vorinstanz ist beizu=
treten. Zwar folgt die Abweisung der klägerischen Entschädigungs=
forderung nicht ohne weiteres daraus, daß, nach dem insoweit
beim Bundesgerichte nicht angefochtenen und nicht anfechtbaren
Urteile der Vorinstanz, der Tatbestand einer strafbaren Ehrenkrän=
kung nicht gegeben ist. Vielmehr muß selbständig geprüft werden,
ob die civilrechtlichen Voraussetzungen einer Entschädigungspflicht
der Beklagten nach Maßgabe des Art. 50 O.=R. vorliegen. Allein
dies ist zu verneinen. Zunächst konstatiert die Vorinstanz, daß eine
Schädigung nicht glaubhaft gemacht sei und beruht diese Entschei=
dung nicht auf einem Rechtsirrtume, sondern entspricht im Gegen=
teile dem Akteninhalte, da in der Tat Tatsachen, aus welchen auf
eine ökonomische Schädigung der Kläger durch die Mitteilung der
Beklagten geschlossen werden könnte, nicht nachgewiesen sind. So=
dann aber haben sich die Beklagten einer unerlaubten Handlung
überhaupt nicht schuldig gemacht. Die Beklagten waren gewiß be=
fugt, Informationen über das klägerische Haus einzuziehen und
dieselben, auch wenn sie ungünstig lauteten, ihrem Agenten mit=
zuteilen; es war ferner zweifellos ihr Recht, auf Grund dieser
Informationen den Geschäftsverkehr mit den Klägern und dem
Hause Finkelstein zu verweigern und ihren Agenten in diesem
Sinne zu instruieren. Dieses Verfahren war kein rechtswidriges,
sondern durch die Regeln geschäftlicher Vorsicht geboten. Etwas
weiteres aber haben die Beklagten nicht getan. Sie haben nicht
etwa den Inhalt der erhaltenen Informationen Dritten mitgeteilt
oder mitteilen lassen, sondern haben sich auf deren geschäftliche
Mitteilung an ihren Agenten beschränkt. Hat letzterer die ihm von

seinem Hause gewordenen Nachrichten weiter verbreitet, so ist er über den ihm erteilten Auftrag hinausgegangen und es können die Beklagten dafür nicht verantwortlich gemacht werden. Die Be=klagten durften auf Diskretion seitens ihres Agenten rechnen, wenn dieser unbefugterweise Mitteilungen an Dritte gemacht hat, so ist er dafür persönlich verantwortlich. Den Beklagten können derartige Mitteilungen des Agenten nicht zum Verschulden ange=rechnet werden.

Demnach hat das Bundesgericht

erkannt:

Die Weiterziehung der Kläger wird als unbegründet abgewie=sen und es hat demnach in allen Teilen bei dem angefochtenen Urteile des Kantonsgerichtes des Kantons St. Gallen vom 17. Februar 1893 sein Bewenden.

---

57. Urteil vom 6. Mai 1893 in Sachen
Triefus gegen Drexler.

A. Durch Urteil vom 11. Februar 1893 hat das Obergericht des Kantons Luzern erkannt: Die Kläger seien mit ihrer Eingabe im fahrenden, Klasse V Ziff. 39, beschützt.

B. Gegen dieses Urteil ergriff die Beklagte die Weiterziehung an das Bundesgericht. Bei der heutigen Verhandlung beantragt ihr Anwalt: Die Kläger seien bei ihrer Eigentumsansprache nicht zu beschützen und es sei daher ihre Vindikationsklage abzuweisen. Eventuell seien die Akten in dem Sinne der Beiziehung der Straf=akten gegen E. Drexler und des Konkursprotokolls über denselben zu vervollständigen und seien diese Aktenstücke bei der Urteilsfäl=lung zu berücksichtigen.

Der Anwalt der Kläger und Rekursbeklagten beantragt Ab=weisung der gegnerischen Beschwerde und Bestätigung des vorin=stanzlichen Urteils. Das gestellte Aktenvervollständigungsbegehren bekämpft er als unzulässig.

Das Bundesgericht zieht in Erwägung:

1. Das Aktenvervollständigungsbegehren der Beklagten ist un=

zuläſſig. Denn die zweite Inſtanz hat die Berückſichtigung der fraglichen Akten (die zwar allerdings von ihr ſammt den übrigen Akten dem Bundesgerichte eingeſandt wurden) in erſter Linie des= halb verweigert, weil dieſelben in erſter Inſtanz nicht angerufen worden ſeien und deren Anrufung daher verſpätet ſei, alſo aus einem prozeſſualen, der Nachprüfung des Bundesgerichtes entzo= genen, Grunde.

2. Am 15. November 1887 wurde zwiſchen dem Diamantſchleifer E. Drexler in Luzern und dem Hauſe S. und E. Triefus in Lon= don ein „Kaufvertrag" abgeſchloſſen, durch welchen Drexler dem Hauſe S. und E. Triefus ſeine ſämmtlichen zum Betriebe der Diamantſchleiferei nothwendigen Mobilien, welche in der Vertrags= urkunde einzeln aufgezählt werden (40 im Betriebe befindliche und vollſtändig ausgerüſtete Etablis und Transmiſſionen ꝛc.), um den Kaufpreis von 15,000 Fr. verkaufte. Am gleichen Tage wurde zwiſchen den Parteien folgender „Mietvertrag" abgeſchloſſen: „Bezugnehmend auf vorigen Kaufvertrag, mit Hinweiſung auf „Art. 202 des ſchweizeriſchen Obligationenrechtes, geben die Käu= „ſer S. und E. Triefus dem Verkäufer E. Drexler die vorgenann= „ten Gegenſtände unter nachfolgenden Bedingungen in Miete: 1. „Die Miete dauert vorderhand ein Jahr mit Beginn des heuti= „gen Tages und iſt nach Verlauf dieſes Jahres fortdauernd, bis „eine Kündigung oder Aufhebung dieſes Vertrages eintritt. Die „Vermieter behalten ſich vor, bei zwölfmonatlicher Aufkündigung „dieſen Vertrag auflöſen zu können. Der Mieter dagegen kann „den Vertrag jederzeit kündigen und iſt berechtigt, vorgenannte „Gegenſtände um den gleichen Preis von 15,000 Fr. (Kaſſa) „zurückzukaufen, in welchem Falle der Mietzins und die in Art. „2 ſtipulierten 1 $\frac{1}{2}$ % pro rata abzubezahlen ſind. 2. Der Miet= „zins beträgt per Jahr 1000 Fr. und bezahlt zudem E. Drexler „den Vermietern 1 $\frac{1}{2}$ % auf alle ſeine Transaktionen d. h. auf „alle ſeine Einkäufe von Rohdiamanten und Verkäufe von ge= „ſchliffenen Diamanten, ob dieſe Transaktionen mit Herren S. „und E. Triefus gemacht werden oder nicht. In Anbetracht dieſes „geben die Vermieter Herrn Ed. Drexler zur Führung ſeines Ge= „ſchäftes ein unverzinsliches Darlehen von 5000 Fr., welches bei „Kündigung dieſes Vertrages in Kaſſa zurückzubezahlen iſt. 3.

„Der Mietzins und besagte 1 ¹/₂ °/₀ sind je vierteljährlich zu be-
„zahlen. 4. Der Mieter hält die gemieteten Gegenstände in gutem
„Zustande und macht die nötigen Reparaturen auf eigene Kosten.
„Die Untermiete ohne Einwilligung des Vermieters ist ausge=
„schlossen. 5. Die Vermieter verpflichten sich, diese Gegenstände an
„keinen andern als an Herrn Ed. Drexler zu vermieten." Am
9. August 1890 fiel Ed. Drexler in Konkurs. In diesem bean=
spruchten S. und E. Triefus, gestützt auf den Vertrag vom 15.
November 1887, das Eigentum an dem Inventar der Diamant=
schleiferei. Dieser Anspruch wurde ursprünglich von mehreren Kon=
kursgläubigern bestritten; schließlich wurde indes die Bestreitung
nur von der gegenwärtigen Beklagten, der Ehefrau des Konkur-
siten Drexler, welche an die Stelle des frühern bestreitenden
Gläubigers Julius Kaiser in Zug getreten ist, aufrecht erhalten.
Festgestellt ist, daß S. und E. Triefus im November 1887 an
Eduard Drexler eine Forderung von 20.000 Fr. besaßen und daß
der Kaufvertrag über das Schleiereiinventar zum Zwecke der
Deckung dieser Forderung abgeschlossen wurde.

3. Vor den kantonalen Instanzen hatten die Kläger in erster
Linie behauptet, es habe eine körperliche Übergabe des Schleiferei=
inventars an sie stattgefunden; heute haben sie hieran, mit Recht,
nicht mehr festgehalten und nur noch behauptet, sie haben Besitz
und Eigentum durch constitutum possessorium gemäß Art. 202
Abs. 1 O.=R. erlangt; der Veräußerer als ihr Stellvertreter habe
ihnen den Besitz an den in seinem Gewahrsam zurückbleibenden
Sachen erworben. Die Beklagte hat hiegegen eingewendet, ein
Eigentumsübergang durch constitutum possessum liege nicht vor.
Denn der Wille der Parteien sei gar nicht auf Eigentumsüber=
tragung gerichtet gewesen. Die beiden Verträge vom 15. Novem=
ber 1887 seien simulierte Geschäfte; in Wirklichkeit seien nicht
Kauf und Miete beabsichtigt gewesen, sondern liege eine verschleierte
Verpfändung vor, welche wegen mangelnder körperlicher Besitzes=
übergabe ungültig sei. Es mangle auch an einem das Zurückbleiben
des Gewahrsams beim Veräußerer rechtfertigenden besondern Rechts=
verhältnisse, denn dieses besondere Rechtsverhältnis müsse schon vor
der Veräußerung begründet sein. Eventuell wäre die Besitzesüber=
tragung durch constitutum possessorium der Beklagten gegenüber

gemäß Art. 202, Abf. 2 O.-R. unwirksam, da eine Benachteiligung der Gläubiger des Veräußerers beabsichtigt gewesen sei.

4. Wird zunächst geprüft, ob die Einwendung der Simulation begründet sei, so ist zu bemerken: Aus der Tatsache für sich allein, daß das Geschäft zum Zwecke der Sicherstellung einer Forderung des Klägers abgeschlossen wurde, folgt nicht, daß der Wille der Parteien nicht auf Kauf und Eigentumsübertragung, sondern auf Verpfändung gerichtet gewesen sei. Der gedachte Zweck schließt an sich die Ernstlichkeit des Kaufs- und Eigentumsübertragungswillens nicht aus. Trotz dieses Zweckes können vielmehr die Rechtsfolgen von Kauf- und Eigentumsübertragung ernstlich gewollt sein. Denn an sich steht ja nichts entgegen, daß die Sicherstellung einer For-derung durch Übereignung von Sachen erfolge. Wenn ein Schuld-ner dem Gläubiger eine Sache verkauft und übergibt mit der Beredung, daß der Kaufpreis auf die Schuld verrechnet werde, dem Schuldner aber freistehen solle, die Sache gegen Rückerstat-tung des Kaufpreises binnen bestimmter Frist zurückzuerwerben, so verfolgt das Geschäft ökonomisch den Zweck der Sicherstellung der Forderung; nichtsdestoweniger enthält dasselbe juristisch einen gültigen Kauf. Auch daraus, daß hier der Gewahrsam zunächst, zufolge des Mietvertrages, beim Veräußerer bleiben sollte, ergibt sich an sich nicht, daß die Parteien die Rechtsfolgen von Kauf und Eigentumsübertragung nicht gewollt haben, denn mit dem Eintreten dieser Rechtsfolgen ist gemäß Art. 202 O.-R. das ver-einbarte Zurückbleiben des Gewahrsams beim Veräußerer nicht unvereinbar. Überhaupt liegen hinlängliche Anhaltspunkte für die Annahme einer Simulation, deren Vorhandensein von der Beklag-ten nachzuweisen wäre, nicht vor. Einzelne Bestimmungen der Verträge vom 15. November 1887 sind freilich auffällig, so ins-besondere die Vorschrift, daß die Vermieter sich verpflichten, die Gegenstände an keinen andern als den frühern Eigentümer zu vermieten. Allein es ergibt sich doch nicht mit Sicherheit, daß die Parteien nur den Namen des Kaufes gebraucht, die Rechtsfolgen eines solchen, Pflicht und Recht auf Übertragung der Sache zu „vollem Rechte" (Art. 229 O.-R.) dagegen nicht gewollt haben. Zunächst ist das Geschäft nicht etwa in dem Sinne ein simulier-tes, daß die als Kaufpreis bezeichnete Leistung der Kläger gar

nicht geschehen wäre. Dieselbe ist vielmehr festgestelltermaßen ge=
schehen. Sodann aber ist doch anzunehmen, daß, trotz der oben=
erwähnten Bestimmung des Mietvertrages, die Kläger, sofern bei
Kündigung des Mietvertrages der Veräußerer von seinem Rück=
kaufsrechte keinen Gebrauch macht, volles Verfügungsrecht über
die verkauften Gegenstände erlangten; es ist auch nirgends be=
stimmt, daß etwa der Veräußerer, trotz der Veräußerung, fort=
während die Gefahr der Sachen trage. Auf die Äußerung des als
Zeugen einvernommenen E. Drexler, daß das Schleifereiinventar
lediglich den Klägern als Sicherheit für ihren Vorschuß habe die=
nen sollen und eine „eigentliche" Eigentumsübertragung nicht
beabsichtigt gewesen sei, kann kein wesentliches Gewicht gelegt wer=
den. Denn auf der andern Seite hat E. Drexler auch wieder an=
gegeben, er habe das Inventar den Klägern verkauft und den
Kaufpreis erhalten und sodann hat Drexler überhaupt bei seinen
Aussagen offenbar lediglich die ökonomische, nicht aber die juristische
Seite des Verhältnißes im Auge. Es ist also nicht hergestellt,
daß in Tat und Wahrheit nicht die Rechtsfolgen von Kauf= und
Eigentumsübertragung, sondern von bloßer Verpfändung gewollt
waren.

5. Wenn also das Geschäft als ein ernstlich gemeintes, nicht
simuliertes zu betrachten ist, so muß sich weiter fragen, ob das=
selbe nicht trotzdem ungültig sei, weil es als ein in fraudem legis,
zum Zwecke der Umgehung des Art. 210 O.=R. abgeschlossenes,
betrachtet werden müsse. In dieser Richtung ist ganz klar, daß die
Parteien zu der Rechtsform der kaufsweisen Übereignung vermit=
telst constitutum possessorium mit vorbehaltenem Rückkaufsrechte
des Veräußerers lediglich deshalb griffen, weil nach Art. 210 O.=R.
ein Pfandrecht an beweglichen Sachen nur durch körperliche Be=
sitzübergabe begründet werden kann. Bestände dieser Grundsatz nicht,
so hätten die Parteien sicher einfach einen Pfandvertrag abgeschlos=
sen. Allein es kann doch das Geschäft nicht als ein in fraudem
legis abgeschlossenes bezeichnet werden. Art. 210 O.=R. bezieht
sich seinem Wortlaute nach nur auf die Verpfändung; es kann
nun nicht ohne weiteres angenommen werden, daß er trotzdem
nicht nur die Verpfändung im Auge habe, sondern schlechthin alle
Geschäfte betreffe, durch welche einem Gläubiger an beweglichen

Sachen seines Schuldners, unter Belassung des Gewahrsams bei letzterm, ein seine Forderung sicherndes dingliches Recht eingeräumt werden wolle. Wenn auch die wirtschaftliche Wirkung einer zu Sicherung einer Forderung durch constitutum possessorium vollzogenen Übereignung wesentlich die gleiche ist, wie diejenige einer Verpfändung ohne Besitzübergabe, so ist doch die Rechtsform, vermittelst welcher diese Wirkung erzielt wird, eine verschiedene. Und nun kann nicht gesagt werden, daß Art. 210 O.=R. auf dem allgemeinen Grundsatz beruhe, daß überhaupt jede Belastung beweglichen Vermögens Dritten gegenüber äußerlich erkennbar sein müsse, so daß jede äußerlich nicht erkennbare Belastung schlechthin, ohne Unterscheidung der dafür benützten Rechtsform, verboten sei. Neben Art. 210 O.=R. steht eben Art. 202, welcher die Eigentumsübertragung durch constitutum possessorium, ohne Rücksicht auf ihren Zweck, zuläßt und nur für den Fall, daß eine Benachteiligung Dritter beabsichtigt wird, diese Dritten schützt (vergleiche übrigens im gegenteiligen Sinne die beachtenswerten Ausführungen von Bähr, Urteile des Reichsgerichts mit Besprechungen, S. 52 u. ff., auch Entscheidung des Civilgerichts Baselstadt, Revue der Gerichtspraxie III, Nr. 85).

6. Ist also das Geschäft weder simuliert noch zu Umgehung des Gesetzes abgeschlossen, so liegt eine wirksame Eigentumsübertragung durch constitutum possessorium unzweifelhaft vor. Der Wille, daß der Veräußerer hinfort als Stellvertreter des Erwerbers besitzen solle, ist in den Verträgen vom 15. November 1887 zu unzweideutigem Ausdrucke gelangt. Auch ein das Zurückbleiben des Gewahrsams beim Veräußerer rechtfertigendes besonderes Rechtsverhältnis ist, eben in dem vereinbarten Mietvertragsverhältnisse, gegeben. Die Einwendung, daß das besondere Rechtsverhältnis nicht erst mit der Eigentumsübertragung zur Entstehung gelangen dürfe, sondern schon früher bestehen müsse, geht, wie das Bundesgericht bereits in seiner Entscheidung in Sachen Schaller & Schwegler gegen Kinder Kaufmann vom 20. Mai 1887, Erw. 3, Amtliche Sammlung XIII, S. 226 ausgeführt hat, fehl; in der Tat ist klar, daß der Eigentümer, so lange er Eigentümer ist, eben in dieser Eigenschaft und nicht kraft eines anderweitigen besondern Rechtsverhältnisses detinirt.

7. Danach kann sich denn nur noch fragen, ob die durch constitutum possessorium bewirkte Übertragung von Besitz und Eigentum nicht gemäß Art. 202, Abs. 2 O.-R. den Gläubigern des Veräußerers gegenüber unwirksam sei, weil eine Benachteiligung derselben beabsichtigt war. Auch dies muß verneint werden. Der Tatbestand des Art. 202, Abs. 2 O.-R. wäre dann gegeben, wenn beim Geschäftsabschlusse Veräußerer und Erwerber das Bewußtsein hatten, daß infolge der Veräußerung andere Gläubiger ihre Aussicht auf Befriedigung aus dem Vermögen des Veräußerers ganz oder teilweise einbüßen (vergleiche darüber Entscheidungen des Bundesgerichtes, Amtliche Sammlung XIII, S. 227 u. ff., Erw. 4 u. f.). Nun ist ja richtig, daß bei einem Geschäfte wie dem vorliegenden, wo ein Fabrikant sich des ihm unentbehrlichen Betriebsinventars zu Gunsten eines einzelnen Gläubigers entäußert, der Verdacht nicht gerade ferne liegt, es könnten dabei die Parteien sich bewußt gewesen sein, daß durch die Veräußerung andere Gläubiger geschädigt werden müssen. Allein erwiesen ist dies immerhin nicht. Zwischen der Veräußerung und dem Konkursausbruche sind beinahe drei Jahre verstrichen. Über die Vermögenslage des Veräußerers zur Zeit der Veräußerung hat die Beklagte Beweise nicht erbracht und ebensowenig hat sie bewiesen, daß eine allfällige Überschuldung des Veräußerers den Klägern bekannt gewesen sei. Sie hat sich überhaupt lediglich auf allgemeine Behauptungen beschränkt, ohne einen Beweis bestimmter, schlüssiger Tatsachen zu führen oder anzutreten.

Demnach hat das Bundesgericht

erkannt:

Die Weiterziehung der Beklagten wird als unbegründet abgewiesen und es hat demnach in allen Teilen bei dem angefochtenen Urteile des Obergerichtes des Kantons Luzern sein Bewenden.

58. *Arrêt du 19 Mai 1893 dans la cause hoirs Genier contre Compagnie d'assurances « la Zurich ».*

Par jugement du 11 Février 1893 la Cour civile du canton de Vaud, statuant sur le litige qui divise les hoirs de Henri Genier, de son vivant chirurgien-dentiste à Yverdon, d'avec la compagnie d'assurances « la Zurich », a prononcé ce qui suit :

« La Cour civile repousse les conclusions des demanderesses Emma et Marie Genier, accorde à la défenderesse ses conclusions libératoires, et lui alloue tous les dépens ».

C'est contre ce jugement que les héritiers de défunt Henri Genier recourent au Tribunal fédéral, concluant à ce qu'il lui plaise le réformer, tant sur le principal que sur les dépens, dans le sens de l'adjudication des conclusions prises en demande.

La compagnie « la Zurich » a conclu au rejet du recours et au maintien du jugement attaqué.

*Statuant en la cause, et considérant :*

*En fait :*

1° Le père des demanderesses, né en 1856, exerçait à Yverdon la profession de chirurgien-dentiste, dans une maison de la rue Haldimand appartenant à l'hoirie Willer.

Dame Genier faisant partie de cette hoirie, dont aucun autre membre n'habitait la dite maison, son mari s'occupait de la surveillance de cet immeuble au point de vue de l'entretien.

Cette maison, ainsi qu'il résulte de l'inspection locale à laquelle s'est livrée la Cour civile, est d'une hauteur considérable ; son toit, incliné d'à peu près 37 degrés, est surmonté d'un belvédère entouré d'une barrière d'un mètre de hauteur environ ; il n'existe sur ce toit, couvert en ardoises et sur lequel se dressent quelques groupes de cheminées, aucun point d'appui tels que crochets, perches servant à retenir la neige, etc.

Il résulte, en outre, des faits établis par la Cour cantonale

que souvent Genier s'était montré inquiet du danger pouvant
provenir de la chute d'ardoises dans la cour, où jouaient
journellement de nombreux enfants ; un fait semblable s'était
déjà produit.

Une forte bise avait soufflé à Yverdon les 28, 29 et 30
Mars 1892, et avait endommagé plusieurs immeubles. Genier,
le 30 Mars déjà, accompagné du ferblantier Trosset, examina,
depuis la rue, le toit de sa maison, et constata qu'une che-
minée avait été endommagée ; il empêcha Trosset, qui voulait
monter sur le belvédère pour voir les choses de plus près,
de donner suite à cette idée, vu la violence du vent.

Le lendemain au matin, la bise ayant cessé, Genier monta
au belvédère, et remarqua qu'une ardoise s'était détachée et
avait glissé jusqu'au bord du toit. Dans l'intention de la faire
tomber dans la cour, Genier se munit d'un liteau d'un mètre
et quelques centimètres de longueur, puis enjamba la barrière du belvédère pour descendre sur le toit, et cela sans
prendre aucune précaution spéciale ; en particulier il ne
s'était pas attaché au moyen d'une corde et ne s'était pas
débarrassé de sa chaussure. S'étant ensuite assis à une certaine distance du bord du toit, Genier, pour faire tomber
l'ardoise qui offrait une certaine résistance, fit un faux mouvement, glissa et fut précipité sur le pavé, se faisant des lésions auxquelles il succomba au bout de quelques heures.

C'est à la suite de cet accident que les héritières de Genier,
ses filles mineures Emma et Marie, ont ouvert à « la Zurich »,
compagnie d'assurances contre les risques de transport et
les accidents, une action tendant à faire condamner celle-ci
à leur payer la somme de 12 000 francs avec intérêt dès la
demande juridique, en vertu du contrat d'assurance qu'elle a
conclu avec le défunt le 1er Juin 1885, et par lequel, suivant
police N° 15346, Genier s'était assuré, en cas de mort et
d'invalidité, pour la somme de 12 000 francs, et, en cas d'incapacité de travail passagère, pour la somme de 8 fr. par jour.

En sa qualité de chirurgien-dentiste, Genier avait été rangé,
au point de vue du risque, dans la classe II, et payait une
prime annuelle de 33 fr. 60 c. La compagnie n'a point con-

testé le droit éventuel des demanderesses, résultant de l'art. 10 des conditions d'assurance, de se mettre au bénéfice du contrat conclu par leur auteur, mais elle a néanmoins conclu au rejet de la demande en se fondant sur l'art. 1er des conditions d'assurance, conçu en ces termes :

« La compagnie contracte des assurances individuelles au moyen desquelles l'assuré peut se garantir des suites matérielles qu'entraînerait pour lui un accident corporel, dû à une violente cause extérieure, dont il pourrait être atteint pendant l'exercice de ses fonctions, *ou même en dehors de ses occupations professionnelles, si l'accident lui est arrivé sans sa faute évidente.*

» Sont compris dans l'assurance les accidents survenus en cas de légitime défense ou à la suite d'efforts tentés pour le sauvetage, soit de corps, soit de biens.

» *L'assurance ne s'étend pas aux accidents amenés* par la guerre, la révolte, le duel, une rixe ou une lutte, par l'état d'ivresse, *ou bien par suite de participation* à des courses de chevaux, chasses à courre, ascensions aériennes, *et à d'autres hasardises qui exposent à des dangers particuliers* ».

C'est en invoquant spécialement cette dernière clause, que la compagnie soutient qu'elle n'est pas tenue, en l'espèce, de payer le montant de l'assurance, l'acte qui a entraîné la mort de Genier constituant une des « hasardises » prévues à l'art. 1er ci-haut reproduit. La compagnie estime que le taux minime de la prime payée par Genier comme chirurgien-dentiste, ne peut couvrir le risque plus étendu auquel il s'est exposé, et pour lequel, s'il eût voulu le faire rentrer dans l'assurance, il eût dû payer une prime beaucoup plus considérable ; c'est ainsi qu'un ouvrier couvreur aurait payé 219 francs, un maître-couvreur 147 fr. 80 c.

La Cour cantonale n'a pas admis que Genier eût été rendu attentif, par des amis, au danger qu'il courait dans ses inspections entreprises sans précaution spéciale ; en revanche elle a constaté que Genier était un homme prudent, n'ayant pas un caractère de nature à rechercher le danger ou à se livrer à des actes d'imprudence.

Statuant par jugement rapporté le 11 Février 1893, la Cour civile a prononcé comme il est dit plus haut, par les motifs qui peuvent être résumés comme suit :

La compagnie est en droit de soulever le moyen libératoire résultant de l'art. 1er des conditions du contrat ; ce contrat est la loi des parties et sa validité n'a pas été attaquée. Le contrat distinguant entre les accidents provenant de causes indépendantes de la victime et ceux amenés par la faute de celle-ci, on ne saurait contester à l'assureur le droit d'établir cette faute à la charge de l'assuré. L'accident a été causé par la faute évidente de Genier, et c'est avec raison que la défenderesse, en invoquant l'art. 1er précité, se refuse à payer le montant de l'assurance.

C'est à la suite de ce jugement que les demanderesses ont recouru au Tribunal fédéral, et que les parties ont pris les conclusions mentionnées ci-dessus.

*En droit :*

2° La compétence du Tribunal fédéral en la cause est hors de doute, et n'a d'ailleurs été contestée d'aucune part. Il s'agit, en effet, d'une valeur litigieuse supérieure à 3000 francs, et d'un procès appelant l'application du droit fédéral ; en effet, le canton de Vaud, sur le territoire duquel le contrat doit être exécuté, ne possédant pas de dispositions spéciales en matière de contrat d'assurances sur les accidents, ce sont les règles générales du Code des obligations qui, conformément à de nombreux arrêts du Tribunal de céans, doivent régir l'espèce actuelle.

3° Au fond, les droits et obligations des parties sont régis par les clauses du contrat d'assurance conclu entre elles. Or il est de la nature même du contrat d'assurances-accidents que la garantie promise par l'assureur comprendra des risques plus ou moins considérables, contre le paiement d'une prime qui variera, de son côté, selon l'étendue de ces risques.. Il dépend ainsi de la libre convention des parties d'exclure tel ou tel de ces risques par stipulation expresse.

4° C'est précisément ce que les parties ont fait dans l'espèce. Il résulte, en effet, des clauses de l'art. 1er des conditions d'assurance, reproduites dans les faits du présent arrêt, d'une part, que la compagnie serait libérée de sa responsabilité si l'accident, même survenu dans l'exercice de la profession de l'assuré, était dû à une hasardise de celui-ci, et, d'autre part, qu'en tout cas, s'il s'agit d'un accident arrivé en dehors des occupations professionnelles de l'assuré, elle cesse d'être tenue s'il est constaté que le dit accident s'est produit ensuite de la faute évidente de l'assuré.

Une pareille stipulation apparaît certainement comme licite ; non seulement elle n'est point interdite par une disposition impérative de la loi, mais la doctrine a toujours admis que, même en l'absence de toute stipulation spéciale, l'assureur n'était pas tenu au paiement lorsque l'assuré s'était exposé témérairement et de propos délibéré au péril dans lequel il a succombé (voir entre autres Lewis, *Lehrbuch des Versicherungsrechts,* page 330). A plus forte raison y a-t-il lieu de reconnaître le droit des parties de limiter, ou d'exclure entièrement, par voie de stipulation, la responsabilité de l'assureur, dans le cas où l'accident est dû à la faute évidente ou à la hasardise de la victime.

5° Or tel est incontestablement le cas dans l'espèce.

Il est hors de doute que l'accident qui a causé la mort de Genier, est survenu en dehors de ses occupations professionnelles, ce qui a déjà pour effet de libérer la compagnie si cet accident est dû à une faute évidente de l'assuré. En outre, aux termes de l'art. 1er, al. 3 des conditions d'assurance, la compagnie n'est pas tenue non plus s'il s'agit d'une « hasardise » exposant à un danger particulier, c'est-à-dire d'une faute lourde, consistant dans l'omission des précautions élémentaires imposées par les circonstances. Mais dans l'espèce, la compagnie étant déjà libérée, d'après les conditions de l'assurance, en cas de faute « évidente », c'est-à-dire bien caractérisée et établie de l'assuré, l'existence d'une faute lourde n'est pas même nécessaire pour que cette libération doive être prononcée.

Or, en admettant à la charge de Genier une faute évidente et même une grave imprudence, la Cour cantonale n'a point

commis d'erreur de droit. La profession de Genier ne l'appelait, en effet, à aucun titre, à se livrer à des travaux sur un
toit, et, s'il rentrait dans ses attributions de surveillant ou de
gérant de l'immeuble en question d'en constater périodique-
ment l'état pour y provoquer, le cas échéant, les réparations
nécessaires, il devait s'adresser, à cet effet, à des gens du
métier, dès l'instant du moins où il s'agissait d'un travail exigeant une habileté professionnelle spéciale, et présentant des
dangers redoutables pour un simple particulier.

En se risquant à descendre sur une pente de toit inclinée
de plus de 37 degrés et ne présentant aucun point d'appui,
Genier a commis une imprudence aggravée encore par la
double circonstance qu'il n'a cru devoir ni enlever ses chaussures, ni s'attacher, alors qu'il est établi que les ouvriers
couvreurs, eux-mêmes, lorsqu'ils étaient occupés sur le toit
en question, prenaient certaines précautions.

Le risque, auquel Genier s'est ainsi témérairement exposé,
étant, ainsi qu'il a été dit, exclu, de par le contrat et la
volonté des parties, du nombre de ceux dont la compagnie
avait à répondre, c'est avec raison que l'instance cantonale a
prononcé la libération de la défenderesse.

Par ces motifs,

Le Tribunal fédéral

prononce:

Le recours est écarté, et le jugement rendu entre parties
par la Cour civile du canton de Vaud, le 11 Février 1893,
est maintenu tant au fond que sur les dépens.

### 59. Arrêt du 20 Mai 1893 dans la cause Scholten contre Lenoir, Poulin & C<sup>ie</sup>.

Par arrêt du 25 Mars 1893, la Cour de justice civile du canton de Genève, statuant sur le litige pendant entre Jean Scholten, négociant, et sieurs Lenoir, Poulin & C<sup>ie</sup>, banquiers, tous à Genève, a prononcé ce qui suit :

« La Cour, adoptant les motifs des premiers juges, confirme le dit jugement et condamne l'appelant aux dépens d'appel ». Ce jugement déboutait le demandeur de toutes ses conclusions, et déboutait également les défendeurs de leurs conclusions reconventionnelles.

C'est contre l'arrêt susvisé que Jean Scholten a recouru au Tribunal fédéral, concluant à ce qu'il lui plaise réformer le jugement confirmatif de la Cour de justice civile, dire en conséquence que Scholten était et est fondé à réclamer à Lenoir, Poulin & C<sup>ie</sup> la restitution des titres dont il s'agit au procès et que ces derniers étaient et sont tenus de les lui livrer, ou à ce défaut leur valeur ; les y condamner avec dépens. Préparatoirement et au besoin faire compléter les actes de la procédure par la production des livres de la maison Lenoir, Poulin & C<sup>ie</sup>, année 1890, pour être ensuite statué conformément à la loi.

La maison Lenoir, Poulin & C<sup>ie</sup> a conclu à ce qu'il plaise au Tribunal fédéral confirmer les jugement et arrêt rendus par le Tribunal et la Cour de Genève en la cause, et débouter Scholten de toutes ses conclusions.

*Statuant en la cause et considérant :*

*En fait :*

1° Le demandeur Jean Scholten, autrefois à Amsterdam, actuellement à Genève, a épousé en 1874 la fille de l'agent de change David Lenoir, l'un des chefs de la maison de banque défenderesse, la Société en commandite Lenoir, Poulin & C<sup>ie</sup> à Genève.

Après avoir habité quelque temps Amsterdam, Scholten

vint à Genève, ou il devint employé de la maison défenderesse à raison de 3000 francs d'appointements fixes par an.
Les défendeurs contestent que, comme le prétend le demandeur, celui-ci ait jamais eu droit à une part de 5 %, puis du
10 % des bénéfices de la maison ; ils ajoutent que si Scholten
a reçu de 1876 à 1890 près de 175 000 francs de son beau-
père, c'étaient là des dons que ce dernier lui faisait, et dont
le montant ne figure en conséquence, dans les livres de la
maison, qu'au débit personnel de David Lenoir, hormis ce qui
concerne trois sommes touchées par le demandeur, à savoir
18 000 francs en 1881 ; 16 765 francs en 1882 et 15 000
francs en 1889, et qui ont été versées à Scholten directement.

Elles correspondaient bien au 10 % des bénéfices réalisés
par la maison défenderesse pendant les années 1880, 1881
et 1888, mais elles ont été prélevées par D. Lenoir sur sa
propre part des bénéfices, puis abandonnées à son gendre
avec la clause qu'elles lui seraient versées directement.

Contrairement à l'allégué de J. Scholten, qu'il aurait vu des
contrats contenant la stipulation qui lui allouait une part de
bénéfices, la défenderesse déclare que le demandeur n'a
jamais été, pour elle, qu'un employé à 3000 francs.

Le procès actuel porte sur des faits survenus en 1889 et
1890.

Dans une lettre de D. Lenoir à son gendre, datée du 3
Avril 1889, il lui reproche de se livrer de nouveau à des spé-
culations et d'avoir enfoui des sommes folles dans une cam-
pagne qu'il a fait construire. Dans cette situation D. Lenoir
avertit son gendre qu'il lui retire la part des bénéfices qu'il
lui avait allouée, et se réserve de s'en servir à sa convenance
pour sauvegarder l'avenir de dame Scholten sa fille ; il ajoute
que si la position que Scholten a au bureau ne lui convient
pas, il peut la quitter tout de suite.

Après un nouvel échange de lettres entre Lenoir et son
gendre, D. Lenoir avait consenti, devant l'engagement de
Scholten de changer de conduite, à prélever 6000 francs par
an sur ses bénéfices pour en faire profiter celui-ci.

Le demandeur soutient de plus qu'au commencement de
1890 il a été acheté pour son compte, tant comme représen-
tatif de sa part de bénéfices pour l'année 1889 que comme
emploi de fonds disponibles, 4 obligations 4 %, de 1000 dollars chacune, du chemin de fer Atchinson-Topeka-Santa-Fé,
et que ces titres ont été placés dans le dossier de Scholten
dans la maison défenderesse, laquelle en est devenue dépositaire, et que ces titres sont sa propriété.

Les défendeurs contestent ces allégués, et expliquent que
si D. Lenoir a fait déposer ces titres dans le dossier de
Scholten, c'est uniquement parce qu'il voulait lui en attribuer
le coupon.

En Mars 1890, D. Lenoir prévient son gendre que, vu sa
conduite, il retire toutes ses promesses quant aux 6000 francs,
et qu'il a fait sortir du dossier de Scholten les titres qu'il y
avait fait placer, et que Scholten ne doit plus compter à l'a-
venir que sur ses appointements.

Le 4 Avril 1890 Scholten écrivit à Lenoir, Poulin & Cie une
lettre que la maison considéra comme une démission ; Scholten
sortit en effet à cette époque de la maison défenderesse, et
il n'y a plus été occupé dès lors.

Par lettre du 5 Avril, Lenoir, Poulin & Cie, en accusant
réception à Scholten, déclare à celui-ci qu'elle ne lui devait
que ses appointements, et que s'il a plu à son beau-père de
lui allouer une part de ses propres bénéfices à titre gracieux,
elle n'a rien à voir dans ces arrangements.

Vainement le demandeur chercha, par lettre du 25 Juin
1890, à faire revenir son beau-père de sa détermination ; le
13 Novembre suivant, Scholten proteste contre cette attitude,
et se prétend fondé à soutenir contre D. Lenoir que les titres
placés à son dossier ne peuvent pas en être retirés sans son
consentement ; il ajoute que même en admettant que ces
titres fussent un pur don de son beau-père, il est de principe
que ce qui est donné ne se reprend pas.

Cette lettre étant également restée sans résultat, Scholten
fit sommer, le 24 Février 1892, la maison Lenoir, Poulin & Cie
d'avoir à lui remettre les 4 obligations en question, avec les

coupons y afférents depuis Janvier 1890, à quel défaut il assignait dores et déjà les défendeurs pour s'ouïr condamner à cette restitution, ou faute par eux de ce faire, au paiement au demandeur de la somme de 20 000 francs, avec intérêts dès le 1er Janvier 1890.

En cours de procès, le demandeur a réclamé de plus la somme de 500 francs à titre de dommages-intérêts pour le préjudice par lui souffert. Subsidiairement, le demandeur a conclu, en outre, à ce que le Tribunal ordonnât la comparution personnelle des parties, l'apport des livres de la maison Lenoir, Poulin & Cie et des contrats qu'il dit avoir passés avec cette maison au sujet de la part de bénéfices stipulée en sa faveur. Très subsidiairement enfin, le demandeur a conclu à ce qu'il lui soit réservé d'agir contre D. Lenoir personnellement.

A l'appui de ces conclusions le demandeur insiste surtout sur ce qu'à partir du moment où les titres ont été placés dans son dossier, les défendeurs en sont devenus vis-à-vis de lui dépositaires et débiteurs solidaires (C. O. 475); il est établi que Scholten a été crédité sur les livres de la défenderesse des titres et des coupons payés, ce qui implique l'existence d'un lien de droit entre cette maison et le demandeur.

Les défendeurs ont conclu au rejet de toutes les conclusions adverses, et reconventionnellement à faire condamner le demandeur à 500 francs à titre de dommages intérêts. Les défendeurs font valoir de nouveau que Scholten n'a jamais été pour eux qu'un employé à 3000 francs, et que si D. Lenoir a fait un abandon sur sa propre part en faveur de son gendre, la maison défenderesse n'a fait que se conformer, en ce qui concerne ces allocations à titre gracieux, aux désirs et aux ordres de D. Lenoir.

En droit les défendeurs soutiennent qu'ils sont des tiers entièrement étrangers à la donation qui a pu être faite par D. Lenoir à son gendre ; qu'ils n'ont, quant à eux, ni contracté ni quasi-contracté avec le demandeur au sujet des valeurs litigieuses. Quant à leur conclusion en dommages-intérêts, elle se justifie selon eux par le fait que l'accusation de détenir indûment des titres contre le gré du propriétaire est de nature à leur causer un préjudice.

Statuant, le Tribunal de 1<sup>re</sup> instance a prononcé comme il a été dit plus haut.

Ce jugement se fonde, en substance, sur les motifs ci-après : Si Scholten entend agir comme employé, il doit s'adresser à la juridiction compétente ; s'il prétend au contraire avoir été l'associé de la maison défenderesse, il lui est facile d'établir cette qualité par un extrait du registre du commerce. Enfin s'il veut agir comme déposant, il doit justifier de cette qualité envers les défendeurs (C. O. art. 478) ; or ceux-ci ont déclaré avoir reçu les titres litigieux de D. Lenoir, qu'ils ont toujours considéré comme leur déposant ; c'est aussi à lui qu'ils ont restitué ces titres.

Comme le demandeur ne prétend pas que Lenoir fût son débiteur, de deux choses l'une : ou bien Lenoir déposait en son nom personnel, et les défendeurs ont pu valablement restituer en ses mains ; ou bien il agissait comme mandataire de Scholten, et alors ce dernier devait établir cette qualité, et prouver de plus qu'elle fût connue des défendeurs, ce qui n'est pas le cas ; dans cette éventualité, il eût d'ailleurs convenu que le demandeur mît en cause Lenoir personnellement pour s'expliquer sur l'exécution de son mandat, ce qu'il n'a pas fait. Enfin l'existence d'une libéralité ne peut être présumée du seul fait que les titres ont été momentanément placés sous le dossier de Scholten pour qu'il en touchât les coupons ; le demandeur n'a pu prouver que les défendeurs aient eu connaissance d'une pareille libéralité, ni qu'ils aient reçu les titres litigieux pour son compte, et afin qu'il en jouît en pleine propriété.

Quand à la demande reconventionnelle des défendeurs en dommages-intérêts, le Tribunal n'a pas estimé qu'il fût établi qu'ils aient subi un préjudice moral du fait du procès actuel.

Par arrêt du 25 Mars 1893, et sur appel de Scholten, la Cour de justice civile a confirmé purement et simplement, par adoption de motifs, la sentence des premiers juges.

C'est contre ce jugement que Scholten recourt au Tribunal

fédéral, concluant ainsi qu'il a été dit plus haut. Il se place uniquement sur le terrain du dépôt et prétend que le jugement attaqué a fait une fausse application des art. 475 et suivants C. O.

Selon lui, on doit considérer comme véritable déposant le propriétaire des titres, c'est-à-dire le demandeur, puisque ces titres ont été placés dans son dossier sans aucune réserve ni indication contraire de propriété.

*En droit :*

2° Le Tribunal fédéral est compétent en la cause attendu que, d'une part, la valeur litigieuse est supérieure à 3000 francs et que d'autre part, le droit fédéral est applicable à la plupart des questions que fait surgir la présente contestation.

3° Aux termes de ses conclusions d'appel, le demandeur a déclaré expressément qu'il ne fondait sa demande ni sur un contrat de louage de services ni sur un contrat de société qui serait intervenu entre lui et la maison défenderesse.

Bien que, à teneur des mêmes conclusions, on ne voie pas bien clairement si Scholten fondait son action sur la propriété des titres en question, ou s'il entendait agir plutôt en vertu d'un contrat de dépôt, c'est à ce dernier point de vue seul que le demandeur se place devant le Tribunal de céans.

Il convient, toutefois, d'examiner également la demande sous la première de ces faces, et de rechercher en conséquence si la propriété de Scholten sur les titres litigieux est établie, ce qu'ont toujours contesté les défendeurs. Or Scholten n'a aucunement rapporté la preuve de cette propriété ; il n'a d'abord point prétendu que les dits titres aient fait l'objet d'une donation en sa faveur, et en tout cas, sur ce point, régi encore par le droit cantonal, les tribunaux genevois ont admis qu'aucune donation n'avait eu lieu. Le droit de propriété du demandeur ne peut s'appuyer non plus sur aucune autre cause ; il n'a établi ni que ces titres lui aient été remis en sus de ses appointements en paiement du travail qu'il faisait dans le bureau des défendeurs, ce qui a été contesté soit par la maison défenderesse, soit par D. Lenoir personnellement, ni qu'une part lui fût due dans les bénéfices ; il n'est pas davantage prouvé que les défendeurs se soient engagés à transférer à Scholten la propriété des dits titres.

A supposer même que D. Lenoir ait pris un semblable engagement, Scholten devrait encore, pour pouvoir revendiquer ces titres, et cela même si le transfert de la propriété était la conséquence d'une donation, prouver qu'il avait été mis en leur possession (C. O., art. 199 et 200) ou en mesure d'en disposer à l'exclusion de toute autre personne. (Voir arrêt du Tribunal fédéral en la cause veuve Amberg contre Amberg. *Recueil officiel* XIII, page 241.)

Le transfert de titres au porteur comme le sont évidemment les obligations litigieuses, est en effet soumis aux mêmes règles que celui des choses mobilières en général.

Or la tradition effective de ces titres n'a jamais eu lieu en faveur de Scholten, et leur détention matérielle a toujours été exercée par la maison défenderesse, qui n'a pas remis au demandeur de reçu relatif à ces actions ; tout au moins une pièce de ce genre n'a jamais pu être exhibée par Scholten, ni aucune autre constatant ses prétendus droits de propriété. La production des livres de la défenderesse, requise par le demandeur à cet effet, n'est point nécessaire en la cause, car du fait que les écritures auraient été passées comme il le prétend, il ne résulterait nullement une mise en possession, comme l'exige le Code des obligations ; il faudrait encore pour cela fournir la preuve que D. Lenoir ait voulu aliéner les titres en faveur de Scholten, et charger les défendeurs de les posséder dorénavant au nom de celui-ci, et cette preuve n'a point été faite ; elle ne résulte point d'ailleurs du dossier et les instances cantonales n'ont pas admis qu'elle eût été rapportée.

4° Si la demande doit être écartée du chef d'une prétendue propriété de Scholten sur les titres litigieux, l'action doit être repoussée également en tant que fondée sur un contrat de dépôt.

Le dépôt, incontesté, des titres en main de la maison défenderesse, a été effectué par D. Lenoir avec lequel seul la dite maison avait contracté, et c'est valablement que les dépositaires ont pu les lui restituer (art. 478 et 482 C. O.).

5° La convention conclue entre D. Lenoir personnellement
et la société en commandite Lenoir, Poulin & Cⁱᵉ, quelle qu'en
soit d'ailleurs la nature juridique, ne constitue pas davantage
en faveur de Scholten une stipulation, qui eût pu autoriser
celui-ci à en réclamer personnellement l'exécution. A cet
égard l'art. 128 C. O. dispose que « le tiers ou ses ayantsdroit peuvent aussi réclamer personnellement l'exécution
lorsque telle a été l'intention des parties, et que si dans ce
cas le tiers déclare au débiteur vouloir user de son droit, il
ne dépend plus du créancier de libérer le débiteur ».

Mais l'intention de D. Lenoir n'a jamais été de stipuler en
faveur de son gendre l'obligation de la maison défenderesse
de lui remettre le capital représenté par les 4 obligations litigieuses ; cette intention, ainsi qu'il le dit dans sa lettre de
Mars 1890, était de le faire seulement jouir des intérêts, soit
du montant des coupons. Scholten est donc en tout cas mal
venu à réclamer aujourd'hui la remise des titres, et la question de savoir s'il a le droit d'exiger le montant des coupons
à chaque échéance, dépend de nouveau, aux termes de l'art.
128 précité, de l'intention des contractants. Or la preuve de
cette intention incomberait au tiers qui veut se mettre au
bénéfice de la stipulation intervenue, soit en l'espèce, au demandeur Scholten. A cet égard, les jugements des instances
cantonales paraissent admettre, et il ressort en tout cas de
l'examen des faits de la cause, que cette preuve n'a pas été
faite. La correspondance de D. Lenoir permet de conclure
avec certitude que, loin d'entendre se lier à tout jamais visà-vis de son gendre, il n'a voulu lui concéder que des avantages temporaires, à titre pour ainsi dire précaire, et qu'il a
constamment envisagé ses libéralités comme essentiellement
révocables au cas, où, à son sens, J. Scholten viendrait à
cesser de s'en montrer digne. Dans cette situation D. Lenoir
était incontestablement en droit de modifier ses intentions et
de retirer les titres du consentement des défendeurs.

Au surplus, et même à supposer que Scholten fût autorisé

à réclamer personnellement et directement la remise des intérêts, D. Lenoir conservait, en tout cas, aux termes de l'art. 128 *in fine*, le droit de libérer le débiteur, c'est-à-dire la maison défenderesse, aussi longtemps que le tiers, soit Scholten, ne lui avait pas déclaré vouloir réclamer personnellement l'exécution de la stipulation. Or le demandeur n'a pas même offert de prouver qu'une semblable déclaration ait été faite par lui antérieurement au retrait des titres par D. Lenoir.

Par ces motifs,

Le Tribunal fédéral

prononce :

Le recours est écarté, et l'arrêt rendu entre parties par la Cour de justice du canton de Genève est maintenu tant au fond que sur les dépens.

---

60. *Arrêt du 27 Mai 1893 dans la cause Bonhomme contre Boulet.*

Statuant en la cause, la Cour de justice civile de Genève, a, par arrêt du 18 Mars 1893, prononcé ce qui suit : « La Cour admet l'appel interjeté contre le jugement du Tribunal de première instance, chambre commerciale, du 22 Septembre 1892 ; au fond, confirme le dit jugement et condamne l'appelant aux dépens d'appel. »

C'est contre cet arrêt que sieur Bonhomme jeune a, par déclaration du 6 Avril 1893, recouru au Tribunal fédéral, concluant à ce qu'il lui plaise mettre à néant le dit arrêt, condamner Boulet à tous les dépens de 1re instance et d'appel, ainsi qu'à ceux qui seront faits devant le Tribunal fédéral.

Boulet fils, se plaçant au bénéfice des conclusions par lui prises devant les instances cantonales, vu les art. 2, 9, 12 § 2 et 11 dernier alinéa C. O., a conclu de son côté à ce qu'il plaise au Tribunal de céans écarter le recours, débouter

le recourant de toutes ses conclusions, maintenir l'arrêt dont
est recours, et condamner sieur Bonhomme aux frais.

*Statuant et considérant :*

*En fait :*

1° Sous date du 25 Novembre 1891, sieur Bonhomme
jeune, négociant à Genève, a signé un acte portant entre
autres ce qui suit : « Acheté à M. Boulet fils, négociant à
Rouen, par l'entremise de M. L. Bargy, d'ordre de M. G. Le
Roy fils, agent à Rouen, cinq mille quintaux métriques blé
Saint-Louis, au prix de 25 francs les 100 kilos nets en en-
trepôt de douane, droits à la charge de l'acheteur, toiles de
location à transférer, ou de l'acheteur fournies en temps utile;
marchandise reconnue à Rouen, lieu de livraison par l'acheteur ou son préposé à cet effet ; remise ensuite aux frais du
vendeur sur wagon maritime Rouen. Paiement comptant.
Escompte $^1/_2$ $^0/_0$ contre les récépissés du chemin de fer ».

L'acte était signé en outre par Le Roy, mais pas par le
demandeur Boulet. Bonhomme avait apporté au projet d'acte
originaire les modifications suivantes : après les mots « Saint-
Louis » il avait ajouté « certifié en bonne forme » et fixé la
livraison en Février 1892 : ces modifications sont munies de
son paraphe. Avant sa signature, il avait également ajouté
ces mots « approuvé avec les rectifications ci-dessus ».

Bargy, courtier en marchandises à Rouen, a servi au début
d'intermédiaire entre les parties ; dès le 25 Novembre 1891
une série de lettres et de télégrammes ont été échangés
entre lui et Bonhomme, relativement aux clauses et conditions du marché.

Le 4 Décembre 1891 Bonhomme écrit à Bargy que n'ayant
pas reçu le 27 Novembre l'acceptation de son offre, il pouvait se considérer comme dégagé, mais qu'il veut bien toutefois maintenir l'affaire à ses conditions, moyennant acceptation télégraphique jusqu'au 5 Décembre au soir.

Par télégramme du 5 Décembre Bargy répond : « Reçu
lettre vendeur, accepte rectification, donc affaire en règle ».
Le même jour il confirme son télégramme par une lettre
portant entre autres : « Inclus veuillez trouver le contrat que

je vous retourne avec prière de le signer et me le renvoyer sans retard, puisque vos conditions sont acceptées par le vendeur, etc. »

Le 6 Décembre Bonhomme envoie à Bargy le contrat dûment signé. Le 8 dit, il lui écrit : « Je vous ferai parvenir en temps utile mes instructions pour la réception des blés que vous m'avez vendus ».

Aucune nouvelle correspondance ne paraît avoir été échangée entre parties jusqu'au 26 Janvier 1892. A cette date Boulet écrit directement à Bonhomme pour lui annoncer la prochaine livraison de 1250 quintaux.

Le 31 Janvier Bonhomme répond que, n'ayant jamais reçu de réponse de Boulet à la modification du contrat, il considérait cette affaire comme nulle et non avenue ; qu'il consent néanmoins à y donner suite, à condition que Boulet reporte sur Mai sa livraison Février.

Le 4 Février suivant Bonhomme télégraphie à Boulet : « Devant nouveau silence retire complètement mon offre ». Boulet répond le 5 Février : « Votre honorée 31 Janvier et votre dépêche 4 courant sont arrivées en mon absence. Elles ne comportent pas autrement de réponse, en ce que j'ai sous les yeux notre contrat régulièrement signé ». Bonhomme affirme qu'il n'a jamais reçu de double de ce contrat signé par Boulet. La Cour de justice déclare, sur ce point, que le fait de l'envoi du double du contrat à Bonhomme avec la signature de Boulet fils, bien que certifié par Bargy, ne saurait être considéré comme constant. A la suite de ces faits, le demandeur G. Boulet fils a ouvert action à Bonhomme jeune, en concluant à ce qu'il soit condamné à exécuter un marché par lequel Bonhomme avait acheté 5000 quintaux métriques de blé livrables à Rouen à partir de fin Février 1892. En cours d'instance, Boulet a modifié ses conclusions et conclu à la résiliation du marché intervenu entre les parties et à faire condamner Bonhomme à lui payer la somme de 18 000 francs à titre d'indemnité pour le préjudice causé.

Devant la dite Cour, le défendeur s'est placé, en substance, au point de vue suivant, en concluant à libération :

Le contrat devait être passé et exécuté à Rouen ; il était donc nécessaire de lui appliquer les usages en vigueur en France en ce qui concerne les marchés qui se concluent par l'intermédiaire de courtiers. Le courtier n'est pas un mandataire ayant pouvoir de contracter définitivement au nom de l'intimé ; d'après la jurisprudence française l'acceptation formelle du vendeur était nécessaire.

C'est à tort que le tribunal de 1re instance admet que le contrat a été définitivement conclu, parce que Bargy a annoncé l'acceptation des modifications proposées par Bonhomme, et qu'un contrat conclu par correspondance a la même valeur qu'un sous-seing privé fait en forme sacramentelle. Il aurait fallu, pour que le contrat fût parfait, que le vendeur lui-même signât à son tour le projet de convention et retournât à Bonhomme un des doubles signés par lui, ce qui n'a jamais eu lieu. Les négociations intervenues entre Bonhomme et Bargy, les propositions de Bonhomme et les acceptations de Bargy n'avaient qu'un caractère conditionnel : tout était subordonné à l'acceptation directe de Boulet, se manifestant par l'apposition de sa signature sur le contrat. Cette solution est d'ailleurs conforme à l'art. 14 C. O. ; la *forme spéciale* que les parties étaient convenues de donner au contrat était celle en deux doubles, revêtus des signatures du vendeur, de l'acheteur et de l'agent. Subsidiairement l'appelant conclut pour le cas où la Cour admettrait la validité du contrat, à ce que les parties soient acheminées à instruire la cause sur la question des dommages-intérêts.

Dans ses conclusions devant la dite Cour, le demandeur a fait valoir en résumé :

C'est le droit suisse qui est applicable : Bonhomme est établi à Genève, où il a contracté et signé. Même aux yeux de la loi française et des usages commerciaux français, le contrat a été parfait, attendu qu'il a été signé par les deux parties, en double exemplaire, Boulet étant représenté par Le Roy, son fondé de pouvoirs. Bargy avait reçu mandat de Boulet, par l'entremise de Le Roy, d'approuver les rectifications, d'ailleurs sans importance, apportées par Bonhomme au contrat. Statuant le tribunal de 1$^{re}$ instance et, après lui, la Cour de justice ont admis les conclusions du demandeur, en réduisant toutefois les dommages-intérêts à la somme de 15 000 francs.

L'arrêt de la Cour de justice se fonde sur des motifs qui peuvent être résumés comme suit :

Bargy a revêtu la qualité de mandataire de Boulet, dans les tractations intervenues entre parties, et Bonhomme, dans la correspondance échangée, lui a reconnu cette qualité. Si au début des tractations, les parties avaient peut-être tacitement convenu que la conclusion de la vente se ferait par échange de contrats écrits et rédigés en autant de doubles que de parties, cette intention commune a été modifiée au cours des tractations : en effet, dans sa lettre du 4 Décembre, Bonhomme se déclare prêt à se lier moyennant une acceptation télégraphique émanant de Bargy, et qui a été immédiatement envoyée ; cette acceptation a été suivie d'une confirmation par lettre, à laquelle Bonhomme a répondu par l'envoi pur et simple de l'exemplaire du contrat rectifié portant sa signature. Bonhomme dans sa lettre du 8 Décembre, parle du contrat comme d'un contrat définitif et il persiste jusqu'à la fin de Janvier dans cette idée, sans avoir réclamé l'envoi du double portant la signature de Boulet.

C'est contre cet arrêt que Bonhomme recourt au Tribunal fédéral pour fausse application de la loi, et que les parties ont conclu comme il a été dit plus haut.

*En droit :*

2° La compétence du Tribunal fédéral est incontestable en ce qui touche la somme en litige. La question de savoir s'il y a lieu, en l'espèce, à l'application du droit fédéral, ou du droit français, peut paraître en revanche douteuse.

Dans une série d'arrêts (voir par exemple *Recueil* XVI, p. 795, Liermann & C$^{ie}$ contre Wuthe 7 Novembre 1890 ; *ibidem* XVII, p. 645, Conti contre de Gonzenbach 10 Octobre 1891), le Tribunal fédéral a déclaré que les effets d'un contrat, en ce qui concerne le droit applicable, doivent, pour autant qu'ils dépendent de la volonté des parties, être régis

par le droit du lieu qu'elles ont considéré comme décisif à cet
égard, ou dont elles pouvaient et devaient, tout au moins,
raisonnablement et équitablement, admettre l'application.

Dans l'espèce les parties n'ont point désigné le droit applicable. Bien que le double du contrat, produit au dossier, soit
daté de Rouen le 25 Novembre 1891 et contienne la mention
« fait et signé double à Rouen », ce qui pourrait faire croire
que les parties ont voulu soumettre cet acte au droit français,
il y a lieu de remarquer d'autre part qu'il ne s'agit point proprement, en la cause, de l'interprétation du dit contrat, ou
des conséquences d'une vente qui serait devenue parfaite
par son moyen, mais bien plutôt de la question de savoir si
les vices de forme dont on prétend que cet acte est entaché,
sont devenus inopérants à la suite de faits ultérieurs, survenus
postérieurement à la signature du dit acte par le défendeur.
Or tous ces faits se sont passés à Genève, domicile du sieur
Bonhomme jeune, et rien ne démontre qu'il ait entendu renoncer au bénéfice de son juge naturel. Le lieu où le contrat
est devenu parfait, est, en outre, Genève, puisque Bonhomme
n'a pu être définitivement lié qu'à partir du moment où il a
reçu, dans cette ville, le télégramme de Bargy du 5 Décembre
1891. Le défendeur lui-même soit devant les instances cantonales, soit à l'audience de ce jour, a d'ailleurs constamment
soutenu que la perfection du contrat était subordonnée à
l'envoi à Bonhomme, à Genève, d'un double de cet acte signé
par Boulet fils, qui aurait ainsi ratifié l'opération inaugurée
par l'intermédiaire de Bargy ; il suit encore de là que le contrat ne serait devenu parfait qu'à Genève, et non à Rouen.
Enfin les instances cantonales n'ont appliqué, dans leurs jugements, que le droit fédéral des obligations, sans invoquer
nulle part le droit français, dont les principes ne diffèrent
pas, au reste, des règles générales en matière de mandat, sur
lesquelles les dites instances s'appuient.

Dans cette situation il y a lieu, pour le Tribunal de céans,
de se déclarer compétent en la cause.

3° Au fond, l'arrêt dont est recours n'apparaît pas comme
entaché d'erreurs de droit, qui justifieraient sa réforme.

Le fait que le dit arrêt considère Bargy comme le mandataire de Boulet n'implique point une semblable erreur, attendu qu'il résulte de toutes les circonstances de la cause, exposées dans les faits ci-dessus, que Bargy a non seulement agi comme intermédiaire entre parties, mais qu'il a réellement conclu le contrat de vente, ratifié plus tard par Boulet, bien que sous une autre forme que celle de l'envoi d'un double, signé par ce dernier, au défendeur Bonhomme.

4° Il ressort des faits de la cause, et notamment de la correspondance et des dépêches échangées entre parties, et ci-haut reproduites, qu'à l'origine les dites parties avaient vraisemblablement l'intention de faire dépendre la perfection du contrat de la signature par l'acheteur et par le vendeur, et de l'échange de deux doubles ainsi paraphés. Si donc aucun fait postérieur, modifiant cette intention primitive, ne se fût produit, c'est avec raison que le défendeur eût invoqué la disposition de l'article 14 C. O., stipulant que « lorsque les parties sont convenues de donner à un contrat une forme spéciale, bien que la loi ne le prescrive pas, elles sont présumées n'avoir entendu se lier qu'à partir de l'accomplissement de cette forme. » (*Recueil* XVII, page 303 considérant 3, Swift contre Degrange.)

Toutefois il existe dans l'espèce des constatations de fait d'où il résulte que les parties ont modifié leur intention première, et que le concours de leurs volontés s'est effectué suivant un mode différent de celui qu'elles avaient vraisemblablement voulu dans le principe. En effet le défendeur, après avoir apporté au contrat les modifications plus haut rappelées, a déclaré, par lettre du 4 Décembre 1891, qu'il maintenait l'affaire aux conditions convenues, moyennant acceptation télégraphique jusqu'au 5 Décembre au soir, et Bargy, par télégramme du dit jour, confirmé par lettre de la même date, a accepté au nom du vendeur Boulet les rectifications demandées. Ainsi l'accord des parties était complet, et le contrat parfait, la loi n'exigeant nulle part la forme écrite pour le contrat de vente ; le défendeur s'estimait, d'ailleurs, tellement lié que, dans sa lettre du 8 Décembre 1891 à Bargy, il dé-

clare vouloir « lui faire parvenir en temps utile ses instructions pour la réception des blés qui lui ont été *vendus* », et
qu'il a conservé la même attitude jusqu'à fin Janvier 1892,
sans faire parvenir au vendeur Boulet, ni à Bargy, de réclamation d'aucune sorte, et en particulier sans demander le
double du contrat signé par Boulet, ce qu'il n'eût eu garde
d'omettre, si cette forme spéciale eût encore été exigible
dans l'intention des parties. Dans cette situation, c'est avec
raison que l'arrêt estime qu'un contrat définitif de vente à des
conditions déterminées a été conclu entre Bonhomme et Boulet
fils (C. O. art. 1$^{er}$), et qu'il a condamné le premier à une indemnité envers sa partie adverse, pour non-exécution du contrat. (C. O. 260 et 110).

5° En présence des constatations de fait des instances
cantonales, desquelles il résulte qu'une indemnité de 3 francs
par 100 kilos de blé à livrer apparaît comme justifiée, vu la
baisse considérable survenue à Rouen sur ce produit depuis
la conclusion du contrat, il y a lieu de confirmer purement et
simplement cette appréciation, d'autant plus qu'aucune circonstance de nature à faire modifier ce chiffre n'a été invo-
quée, et encore moins établie.

Par ces motifs,

### Le Tribunal fédéral

prononce :

Le recours est écarté, et l'arrêt rendu entre parties par la
Cour de justice civile de Genève, le 18 Mars 1893, est maintenu tant au fond que sur les dépens.

-----

### 61. *Arrêt du 2 Juin 1893 dans la cause Dubois contre Sugnaux.*

Outre les faits constatés par le jugement de la Cour de
justice civile du canton de Genève, du 25 Février 1893, il
résulte du dossier ce qui suit :

Par jugement du 25 Février 1893, la Cour de justice civile
du canton de Genève a prononcé comme suit :

« La Cour admet l'appel interjeté par Sugnaux contre le jugement du tribunal de première instance du 21 Octobre 1892 ; au fond : réforme le dit jugement et statuant à nouveau : déboute la dame Dubois de ses conclusions, condamne l'intimée aux dépens de première instance et d'appel dans lesquels sera compris le coût des rapports d'experts. Ordonne la distraction des dépens au profit de M° Pierre Moriaud, avocat, qui a affirmé en avoir fait l'avance. »

Contre ce jugement la demanderesse, dame veuve Dubois, a interjeté recours au Tribunal fédéral. A l'audience de ce jour, l'avocat D<sup>r</sup> de Stoutz, au nom de la recourante, conclut à ce qu'il plaise au Tribunal fédéral, à la forme : admettre le recours que la demanderesse a formé contre l'arrêt de la Cour d'appel du 25 Février dernier, rendu au profit du sieur Sugnaux. Au fond : réformer le dit arrêt et jugeant à nouveau : confirmer le jugement de première instance, prononcer la résiliation du contrat de bail du 27 Août 1890 pour le plus prochain terme qu'il lui plaira fixer. Condamner le sieur Sugnaux en tous les dépens d'appel et de recours.

*Statuant en la cause et considérant :*

*En fait :*

1° Sugnaux est, depuis le 1<sup>er</sup> Décembre 1890, fermier de la veuve Dubois à Châtelaine et paie un fermage de 1200 francs par an ; la durée du bail est de neuf ans. Au mois d'Août 1891, la veuve Dubois a fait pratiquer une saisie provisionnelle au préjudice de Sugnaux ; les causes de cette saisie ayant été acquittées par ce dernier, la veuve Dubois a modifié ses conclusions et demandé la résiliation du bail, Sugnaux ayant, — dit-elle, — gravement manqué à ses engagements en ne cultivant pas en bon père de famille la propriété affermée. Le tribunal de première instance a nommé trois experts avec mission de se rendre compte de la valeur des griefs invoqués par la veuve Dubois ; sur le vu de leurs rapports, il a prononcé la résiliation du bail, sans dommages-intérêts. Le tribunal de première instance estime, en effet, que rien ne démontre qu'actuellement déjà, un préjudice appréciable ait été causé par Sugnaux à la propriété et que la demande de résiliation a un caractère plutôt préventif. Appel ayant été

interjeté par Sugnaux de ce jugement, la Cour de justice
civile du canton de Genève, statuant préparatoirement, a
commis un nouvel expert, M. Dumur, pour examiner la propriété affermée, dire si le fermier l'exploite en bon père de
famille, indiquer éventuellement les points sur lesquels l'exploitation laisserait à désirer. L'expert commis déclare dans
son rapport que l'exploitation de la propriété de la veuve
Dubois est, sur plusieurs points, de détail, et dans une certaine mesure, peu soignée, négligée, mal entendue, mais pas
cependant jusqu'à pouvoir dire, au point de vue de ses
résultats généraux, que Sugnaux ne cultive pas en bon père
de famille, dans l'acception qu'on donne ordinairement à ce
terme.

L'arrêt attaqué de la Cour de justice civile se base sur les
considérations suivantes :

Les faits, tels qu'ils résultent des constatations des experts
commis tant en première instance qu'en appel, sont les suivants : Sugnaux a un champ que pour la troisième fois il a
semé en blé, ce qui constitue une faute en agriculture. La
culture de ce champ, qui avait donné lieu à des observations
de la part des experts au printemps 1892, paraît, d'autre
part, avoir été modifiée, l'expert commis en dernier lieu constatant que le hersage et la culture apparente ont été bien
faits. La culture de la petite vigne donne lieu également à
certaines observations, la taille notamment étant défectueuse,
mais le mal causé n'est pas irréparable. Quant à la culture
des prés, qui constitue de beaucoup la partie la plus importante de l'exploitation du fermier, elle ne donne lieu qu'à une
constatation de quelque importance, le défaut de curage des
rigoles, cette faute, qui paraît remonter à une époque antérieure à l'entrée de Sugnaux dans la ferme, n'est pas non plus
irréparable. Les faits constatés par les experts relativement
aux bois taillis et aux arbres fruitiers ne sauraient être considérés comme ayant une réelle importance. Les fautes relevées
à la charge de Sugnaux, en ce qui concerne la culture du blé
et de la vigne, ne portant que sur une faible partie du domaine,
ne sauraient jusqu'ici revêtir le caractère de manquements

graves aux obligations imposées au fermier par la loi et par
son bail, les conséquences des manquements constatés peuvent être, en effet, facilement réparées par le fermier. Quant
aux prés, ils paraissent avoir, d'une manière générale, été
correctement entretenus, sauf le défaut de rigolage déjà
signalé, il paraît constant, en particulier, que le fumier produit par le nombreux bétail du fermier n'en a point été dis-
trait. Ces faits, contrairement à l'appréciation qui en a été
faite en première instance, ne sont pas suffisants pour permettre en l'état de prononcer la résiliation du bail ; ils ne
sauraient être considérés comme des contraventions graves
aux obligations imposées au fermier par les articles 303 et
304 du Code des obligations. Les manquements signalés ne
paraissent pas jusqu'ici de nature à causer du dommage
sérieux à la propriété, dommage s'étendant au delà de la
durée du bail. Il en pourrait être autrement si Sugnaux persistait à ne pas tenir compte des observations et constatations
qui ont été faites, et les droits de la veuve Dubois demeurent
réservés pour cette éventualité.

*En droit :*

2° Le litige porte sur la résiliation d'un bail conclu pour
une durée de 9 ans à partir du 1er Décembre 1890 et dont
le fermage est de 1200 francs par an. La valeur litigieuse
atteint donc le chiffre de 3000 francs exigé à l'art. 29 de la
loi sur l'organisation judiciaire fédérale. La compétence du
Tribunal fédéral est, par conséquent, établie.

3° D'après l'art. 313 C. O. le bailleur a le droit de résilier
le bail si le fermier contrevient d'une manière *grave* aux
obligations que lui imposent les art. 304 et 304 *ibidem*, et si,
nonobstant sommation, il ne s'en acquitte pas dans un délai
convenable fixé par le bailleur. En l'espèce il n'est pas contesté que le défendeur ait été dûment mis en demeure. La
seule question à résoudre est donc celle de savoir si le fermier
a contrevenu d'une manière grave à l'obligation d'exploiter la
chose louée en bon père de famille (art. 303 C. O.) et de
pourvoir à son bon entretien (art. 304 C. O.). A la vérité le
contrat de bail précise à plusieurs égards les obligations du

fermier quant au mode d'exploitation du domaine affermé ;
mais il ne contient pas de stipulations spéciales sur la résiliation. La résiliation n'est donc possible que si les conditions
légales en sont données. Or, d'après la loi, le bailleur n'a le
droit de résilier le bail qu'au cas où le fermier aurait gravement manqué à ses devoirs ; il ne suffit pas que le fermier
ait commis des fautes quelconques dans l'exploitation de la
chose louée, il faut qu'il se soit rendu coupable de manquements *graves*. En outre, en appréciant la conduite d'un fermier, il faut tenir compte du fait que celui-ci exploite dans
son *propre intérêt ;* qu'il n'est nullement tenu *d'améliorer* le
domaine affermé, mais qu'il est, au contraire, seulement obligé
de rendre la chose louée, à l'expiration du bail, dans le même
état que celui dans lequel il l'avait reçue. L'exploitation du
domaine pendant la durée du bail est pour le compte du
fermier ; des fautes d'agriculture, commises par lui, qui n'ont
d'influence que sur le rendement du domaine *pendant la
durée du bail,* ne lèsent donc aucunement les intérêts du
bailleur. Des fautes de ce genre ne peuvent, par conséquent,
autoriser ce dernier à résilier le bail ; ne peuvent, au contraire, donner lieu à résiliation, que des fautes de nature à
causer au domaine affermé un tort durable, s'étendant au
delà de la durée du bail. Des fautes, dont les conséquences
peuvent être réparées pendant la durée du bail, ne sauraient
en *général* autoriser le bailleur à résilier, sans autre, le bail,
car des fautes de ce genre ne compromettent pas encore
l'accomplissement de l'obligation du fermier de rendre, à la
fin du bail, la chose louée dans l'état où il l'a reçue. Il en est
autrement cependant si le fermier a fait preuve d'une incapacité ou d'une incurie telles qu'il est évident qu'il ne répa-
rera pas, pendant la durée du bail, les torts par lui causés
au domaine affermé.

En appliquant ces principes au cas présent, il résulte que
l'arrêt attaqué de la Cour de justice civile ne repose sur
aucune erreur de droit. Tout d'abord la circonstance que la
Cour a accordé à l'expertise Dumur la préférence sur l'expertise de la première instance, n'implique évidemment

aucune erreur de droit ; il s'agit là d'une simple appréciation de *fait*. Or, en prenant pour base les résultats de l'expertise Dumur, on ne peut pas admettre qu'il soit constaté à la charge du défendeur des manquements graves, autorisant le bailleur à résilier le contrat. En effet, les manquements constatés par l'expertise Dumur sont ou relativement peu importants ou bien ils se caractérisent comme des fautes d'agriculture dont les conséquences peuvent facilement se réparer pendant la durée du bail. Le fermier s'est, à la vérité, rendu coupable de quelques fautes de commission et d'omission dans l'exploitation du domaine (dans la culture de la petite vigne, le rigolage des prés, etc.) ; mais ces fautes ne sont pas de nature à détériorer le domaine d'une manière durable, à porter une atteinte sérieuse et irrémédiable à son état de productivité. Ce sont plutôt des fautes de détail, qui portent préjudice en toute première ligne au fermier lui-même, en diminuant, dans une certaine mesure, le rendement du domaine pendant la durée du bail et qui peuvent parfaitement se réparer avant l'expiration de celui-ci. Il n'est pas établi, non plus, que le fermier ait fait preuve d'une incurie telle que, déjà maintenant, on puisse envisager comme certain qu'il persistera à ne pas tenir compte des observations et constatations qui ont été faites. C'est donc avec raison que la Cour de justice civile a rejeté l'action en résiliation du bail. Si le défendeur persistait dans ses errements, malgré les avertissements reçus, les droits de la demanderesse demeurent réservés pour cette éventualité, ainsi que, du reste, la Cour de justice civile l'a déjà fait observer.

Par ces motifs,

Le Tribunal fédéral

prononce :

Le recours de dame veuve Dubois est écarté, et le jugement rendu entre parties, le 25 Février 1893, par la Cour de justice civile de Genève est maintenu tant au fond que sur les dépens.

## 62. Urteil vom 3. Juni 1893 in Sachen Schmid Bauer & Cie. gegen Waßmer.

A. Durch Urteil vom 5. April 1893 hat das Appellations=
gericht des Kantons Freiburg erkannt: La Cour, réformant la
sentence des premiers Juges, dit: Que MM. Schmid Bauer
& Cᶦᵉ à Fribourg sont admis dans les fins de leur demande,
mais que le chiffre en est réduit à la somme de trois mille
francs, écarte dans ce sens la conclusion libératoire de M. E.
Wassmer et pour le surplus déboute toutes les parties de
leurs conclusions.

B. Gegen dieses Urteil ergriffen beide Parteien die Weiter=
ziehung an das Bundesgericht. Der Vertreter der Kläger trägt
darauf an, es sei in Abänderung des vorinstanzlichen Urteils die
Klage des gänzlichen zuzusprechen und demnach der Beklagte zu
verurteilen, den Klägern die Summe von 19,000 Fr. nebst ge=
setzlichem Zins seit 26. Januar 1891 zu bezahlen, richterliches
Ermessen vorbehalten. Dagegen beantragt der Anwalt des Be=
klagten, das vorinstanzliche Urteil sei in dem seiner Partei un=
günstigen Teile aufzuheben und gemäß den vom Beklagten vor
der kantonalen Instanz gestellten Anträgen die Klage abzu=
weisen.

Das Bundesgericht zieht in Erwägung:

1. Die Firma Schmid Beringer & Cie., nunmehr Schmid
Bauer & Cie., welche ihren Hauptsitz in Solothurn hat, besitzt
in Freiburg eine Filiale zum Betriebe des Handels in Quincail=
lerie= und Eisenwaaren. Am 23. April 1883 kam zwischen der
Firma Schmid Beringer & Cie. einerseits und dem Beklagten
E. Waßmer, welcher bereits seit 1880 bei Schmid Beringer & Cie.
angestellt war, andererseits, ein Vertrag zu Stande, welcher be=
stimmt: „Eduard Waßmer wird vom 1. Juli künftig an als
„erster Angestellter des Hauses Schmid Beringer & Cie. gehalten
„und erhält als Salär 12 % ihres Nettoverdienstes; jedoch darf
„das Salär nie unter zweitausend Franken per Jahr betragen.
„Eduard Waßmer verpflichtet sich, sechs Jahre im Geschäft zu
„bleiben und bei nicht weiterer Übereinkunft nicht in anderwär=

„tigen Eisenhandlungen Anstellung zu nehmen und auch für seine
„Rechnung kein ähnliches Geschäft zu betreiben. Das Geschäft
„soll nicht beeinträchtigt werden. Geld, welches Eduard Waßmer
„von seinem Lohne erübrigt, läßt er im Geschäft während der
„Vertragszeit und muß zu 4 ¹/₂ °/₀ verzinst werden." Das
Jahreseinkommen, welches E. Waßmer auf Grund dieses Ver=
trages bezog, belief sich auf durchschnittlich circa 6000 Fr. Schmid
Beringer & Cie. kündigten den Vertrag auf 1. Juli 1889; im
Juli 1889 rechneten die Parteien über das Rechnungsjahr vom
1. Juli 1888 bis 1. Juli 1889 ab. Dabei schlugen Schmid
Beringer & Cie. dem Beklagten vor, einen neuen abgeänderten
Vertrag abzuschließen, nach welchem E. Waßmer ein fixes Jahres=
gehalt von 3600 Fr. zu beziehen gehabt und sich verpflichtet
hätte, während zehn Jahren im Kanton Freiburg in den gleichen
Artikeln, wie Schmid Behringer & Cie. sie führen, sich nicht zu
etablieren und auch nicht in ein Konkurrenzgeschäft einzutreten.
E. Waßmer lehnte dieses Anerbieten ab, willigte dagegen ein, bis
auf weiteres mit einem Jahresgehalte von 3600 Fr. im Geschäfte
von Schmid Beringer & Cie. tätig zu bleiben. Am 26. Januar
1890 kündigten Schmid Beringer & Cie. diese Anstellung auf den
31. gl. Mts., weil sie in Erfahrung gebracht haben, daß Waßmer
die Gründung eines Konkurrenzgeschäftes in Freiburg vorbereite.
Waßmer trat am 31. Januar aus und eröffnete bald nachher,
in der Stadt Freiburg, in unmittelbarer Nähe des klägerischen
Etablissements, eine Handlung in Quincaillerie= und Eisenwaaren
auf eigene Rechnung. Schmid Bauer & Cie. haben hierauf gegen
denselben auf Bezahlung von 19,000 Fr. sammt Zins seit
26. Januar 1891 geklagt, indem sie geltend machten: Der Be=
klagte sei wegen Bruches des im Vertrage vom 23. April 1883
stipulierten Konkurrenzverbotes zum Schadenersatze verpflichtet.
Selbst wenn ein absolutes, örtlich und zeitlich unbeschränktes Ver=
bot, ein Geschäft in Quincaillerie= und Eisenwaaren zu errichten,
ungültig sein sollte, so wäre das stipulierte Konkurrenzverbot doch,
innerhalb einer nötigenfalls vom Richter zu bestimmenden Aus=
dehnung, gültig und wäre dem Beklagten jedenfalls untersagt, un=
mittelbar nach seinem Austritte aus dem klägerischen Geschäfte
und unmittelbar neben dem Etablissemente seines alten Prinzipals

ein Konkurrenzgeschäft zu errichten. Das stipulierte Konkurrenz=
verbot sei übrigens kein absolutes. Der Vertrag untersage dem
Beklagten die Errichtung eines neuen Geschäftes nur insoweit,
als dieses Geschäft dem Hause Schmid Beringer & Cie. Nachteil
bringe, wie sich aus der Bestimmung ergebe: „Das Geschäft soll
nicht beeinträchtigt werden." Wenn übrigens auch das vertragliche
Konkurrenzverbot ungültig wäre, so wäre der Klageanspruch doch
begründet. Der Betrag von zusammen 39,942 Fr. 15 Cts.,
welchen der Beklagte während der Dauer des Vertrages vom
23. April 1883 von dem klägerischen Hause erhalten habe, sei
nicht ausschließlich eine Vergütung für die von ihm geleisteten
Dienste gewesen, sondern teilweise eine Gegenleistung gegen die
von ihm übernommene Verpflichtung, bei seinem Austritte kein
Konkurrenzgeschäft zu errichten, welche Verpflichtung für Schmid
Beringer & Cie. einen Wert besessen habe. Da der Beklagte nun
ein Konkurrenzgeschäft nichtsbestoweniger errichtet habe, so habe
er denjenigen Teil der ihm geleisteten Zahlungen, welcher als
Gegenwert der Verpflichtung, dies nicht zu tun, erscheine, unter
einer Voraussetzung empfangen, welche nicht in Erfüllung ge=
gangen sei und sei er mithin zu dessen Rückerstattung verpflichtet.
Die Dienste, welche der Beklagte dem klägerischen Hause als An=
gestellter und Reisender leistete, wären mit 3000—3600 Fr. per
Jahr, also für 6 Jahre mit 18,000—21,600 Fr. reichlich be=
zahlt gewesen; was der Beklagte über diese Summe hinaus
empfangen habe, sei ihm mit Rücksicht auf das Versprechen, ein
Konkurrenzgeschäft nicht errichten zu wollen, gewährt worden.

2. Vor den kantonalen Instanzen hatte der Beklagte der Klage
zunächst eine Einrede der Befreiung von der Instanz und die
Einrede der Verjährung entgegen gehalten; heute hat er diese
Einreden (mit Recht) fallen lassen, so daß darauf nicht weiter
eingetreten zu werden braucht.

3. Festgehalten hat dagegen der Beklagte auch heute die Ein=
wendung, die Klägerin sei zufolge Abrechnung und Verzichts zu
einer Forderung nicht mehr berechtigt; sie habe bereits bei der
im Juli 1889 gepflogenen Abrechnung und der Auszahlung des
festgestellten Saldos an den Beklagten gewußt, daß das Konkur=
renzverbot des Anstellungsvertrages vom 23. April 1883 un-

gültig sei und vom Beklagten als ungültig werde behandelt wer=
den. Diese Einwendung ist unbegründet. Im Juli 1889, als die
Klägerin zum letzten Male den durch den Vertrag vom 23. April
1883 stipulierten Gewinnanteil ausbezahlte, befand sich der Be=
klagte noch im Dienste der Klägerin; eine Zuwiderhandlung
gegen das Konkurrenzverbot hatte noch nicht stattgefunden und
es stand gar nicht fest, ob eine solche überhaupt erfolgen werde.
In der vorbehaltslosen Auszahlung des Gewinnanteils kann also
ein Verzicht auf Ansprüche wegen Widerhandlung gegen das
Konkurrenzverbot nicht erblickt und es kann nicht gesagt werden,
daß die Klägerin den Gewinnanteil voll ausbezahlt habe, trotzdem
sie gewußt habe, daß die Voraussetzung, unter der sie denselben
versprochen zu haben nunmehr behauptet, nicht in Erfüllung
gehen werde.

4. Der Beklagte hat im weitern eingewendet, das Konkurrenz=
verbot des Vertrages vom 23. April 1883 sei, weil zeitlich und
örtlich unbeschränkt und daher eine unzulässige Beschränkung der
wirtschaftlichen Freiheit des Verpflichteten enthaltend, nach Art. 17
O.=R. ungültig. In dieser Richtung stellt zunächst das Appella=
tionsgericht fest, daß das Konkurrenzverbot des Vertrages vom
23. April 1883 zeitlich und örtlich unbeschränkt gelten wolle.
Diese Feststellung beruht auf keinem Rechtsirrtume. Der Wort=
laut des Vertrages läßt nicht erkennen, daß das Verbot, in eine
anderweitige Eisenhandlung einzutreten oder ein ähnliches Geschäft
auf eigene Rechnung zu betreiben, nur für einen beschränkten ört=
lichen Rayon oder gar nur für bestimmte Zeit gelten solle. Aus
der beigefügten Bemerkung „das Geschäft soll nicht beeinträchtigt
werden" läßt sich eine örtliche Beschränkung des Verbotes nicht
ableiten, da das kantonale Gericht nicht feststellt, daß nach den
gegebenen Verhältnissen die Parteien bloß einen bestimmten ört=
lichen Umkreis als ein für allemal feststehendes Absatzgebiet des
klägerischen Geschäftes und damit als Geltungsbereich des Kon=
kurrenzverbotes im Auge gehabt haben. Derartige, zeitlich und
örtlich unbeschränkte, Konkurrenzverbote sind nun allerdings, in
Übereinstimmung mit der Vorinstanz, für ungültig zu erachten.
Wie gemäß Art. 345 O.=R. Niemand sich gültig verpflichten
kann, seine Arbeitskraft für seine ganze Lebensdauer in den Dienst

eines andern zu stellen, so kann auch Niemand gültig auf die
Betätigung seiner Arbeitskraft in einem bestimmten Berufe, auf
die Dauer und ohne örtliche Beschränkung, im Interesse eines
andern, vertraglich Verzicht leisten. Eine derartige Stipulation
beschränkt die Freiheit des Verpflichteten in einer so weitgehenden
Weise, daß danach dessen wirtschaftliche Persönlichkeit als aufge=
hoben oder doch ihrer naturgemäßen Betätigung entzogen erscheint;
sie fesselt die gesammte Erwerbskraft des Verpflichteten im Inte=
resse eines Dritten und erscheint eben deshalb als unsittlich (siehe
Entscheidungen des Bundesgerichtes, Amtliche Sammlung XVII,
S. 721 u. ff. Erw. 3). Völlig unzweifelhaft ist dies gewiß für
Vereinbarungen, welche dem Verpflichteten die Errichtung eines
eigenen Geschäftes irgend welcher Art oder gar im allgemeinen
die Ausübung irgend welcher Erwerbstätigkeit untersagen würden.
Allein auch ein sachlich auf einen bestimmten Beruf oder Ge=
schäftszweig beschränktes, zeitlich und örtlich dagegen unbeschränktes,
Verbot muß, in der Regel wenigstens, als ungültig erachtet
werden. Denn in dem erlernten und gewohnten Berufe und Ge=
schäfte findet eben die wirtschaftliche Persönlichkeit ihre naturge=
mäße Betätigung; Jemanden diese untersagen, heißt daher seine
wirtschaftliche Kraft in ihrer wesentlichen Richtung unterbinden
und lahmlegen, seine Freiheit in weitgehendster unzulässiger Weise
beschränken.

5. Soweit daher die Klage Schadenersatz wegen Bruchs des
vertraglichen Konkurrenzverbotes fordert, muß dieselbe, wegen Un=
gültigkeit dieses Verbotes, abgewiesen werden. Was den in zweiter
Linie erhobenen Anspruch aus ungerechtfertigter Bereicherung an=
belangt, so ist zu bemerken: Die Vorinstanz stellt fest: Es sei
zwar bewiesen, daß die Klägerin den Beklagten wegen seiner be=
sondern Kenntnisse und um ihr Geschäft auszudehnen, angestellt
habe, und daß auch in der Tat seit seinem Eintritte die Geschäfte
des klägerischen Hauses sich namhaft vermehrt haben. Indessen
müsse nichtsdestoweniger angenommen werden, daß alle Vertrags=
bestimmungen, welche dem Angestellten Verpflichtungen auferlegten,
von den Parteien als Äquivalent des vom Dienstherrn ver=
sprochenen Salärs seien betrachtet worden. Der Einfluß des Kon=
kurrenzverbotes auf die Höhe des Salärs könne nicht geleugnet

werben, möge er auch nur ein geringer gewesen sein. Angesichts
der in der Sache vorliegenden Anhaltspunkte, könne der Richter
denselben nicht auf weniger als 1 % per Jahr anschlagen, d. h.
da der Beklagte mit 12 % Gewinnanteil während 6 Jahren
ein mittleres Salär von 6000 Fr. bezogen habe, auf 500 Fr.
per Jahr, was im Ganzen die Summe von 3000 Fr. ausmache.
Bis zu diesem Betrage sei also die Klage gutzuheißen. Die Annahme nun, daß die vertragliche, dem Beklagten gewährte, Vergütung zu einem gewissen Teile (zu $1/_{12}$) als Gegenwert des
ihm auferlegten Konkurrenzverbotes sei stipuliert und bezahlt
worden, beruht auf keinem Rechtsirrtum; dieselbe ist daher vom
Bundesgerichte seiner Entscheidung zu Grunde zu legen. Hievon
ausgegangen, ist klar, daß allerdings der Beklagte auf Kosten
der Klägerin sich ungerechtfertigt bereichert hat; der betreffende
Teil seines Jahresgehaltes wurde ihm zu dem Zwecke und unter
der Voraussetzung gewährt, daß er, nach seinem Austritte aus
dem klägerischen Hause, ein Konkurrenzgeschäft nicht errichte, noch
in ein solches eintrete. Diese Voraussetzung ist nicht in Erfüllung
gegangen; es hat sich somit der Grund der Zuwendung jenes
Teiles des Gehaltes nicht verwirklicht. Der Beklagte hat denselben
ohne Grund empfangen; er ist dadurch auch gegenwärtig noch,
wie er nicht bestritten hat, bereichert und daher zur Rückerstattung
gemäß Art. 71 und 73 O.-R. verpflichtet. Allerdings wendet
nun der Beklagte ein, die Rückforderungsklage sei ausgeschlossen,
weil nach Art. 75 O.-R. nicht zurückgefordert werden könne, was
in der Absicht, einen rechtswidrigen oder unsittlichen Erfolg herbeizuführen, gegeben worden sei; dies treffe hier zu, da, nach der
klägerischen Behauptung, der betreffende Gehaltsteil versprochen
und bezahlt worden sei, um die Unterwerfung des Klägers unter
das unsittliche Konkurrenzverbot herbeizuführen. Diese Einwendung erscheint indes nicht als begründet. Ein Fall, wo die Rückforderung wegen Unsittlichkeit des Gebers nach Art. 75 O.-R.
ausgeschlossen ist, liegt hier nicht vor. Denn die Zuwendung
eines Vermögensvorteils an einen Angestellten, um denselben zu
bestimmen, nach seinem Austritte aus dem Geschäfte kein Konkurrenzgeschäft zu errichten oder in ein solches einzutreten, enthält
an sich nichts unsittliches oder rechtswidriges; die Handlung, be-

ziehungsweise Unterlassung, welche durch die Zuwendung herbei=
geführt werden soll, ist vielmehr eine durchaus erlaubte und es
liegt auch darin, daß dafür ein vermögensrechtliches Äquivalent
gegeben wird, nichts Unsittliches. Der Erfolg, welcher durch die
Zuwendung herbeigeführt werden sollte, ist also an sich kein
rechtswidriger oder unsittlicher und es steht daher, sofern derselbe
sich nicht verwirklicht, einer Rückforderung des Geleisteten der
Grundsatz des Art. 75 O.=R. nicht entgegen. Allerdings ist das
stipulierte Konkurrenzverbot, weil es eine zu weitgehende Be=
schränkung der wirtschaftlichen Freiheit enthält, ungültig und darf
daher dessen Befolgung nicht erzwungen oder Schadenersatz wegen
Übertretung desselben verlangt werden. Allein als unsittlich und
unzulässig erscheint eben nur die Vereinbarung rechtlichen Zwangs
zu Aufrechthaltung des Verbots, nicht die durch das Verbot stipu=
lierte Regel des Handelns an sich. Wenn daher für Befolgung
der letztern eine Zuwendung gemacht worden ist, so darf dieselbe,
bei Übertretung des Verbots, zurückgefordert werden. Es versagt
wohl die Vertrags=, nicht aber die Bereicherungsklage. Der Ver=
trag ist zwar ungültig, allein der Tatbestand des Art. 75 O.=R.
liegt nicht vor (vergleiche Pataille, *Annales* XXVII, S. 321).

　　　　Demnach hat das Bundesgericht

　　　　　　erkannt:

　　Die Weiterziehung beider Parteien wird als unbegründet abge=
wiesen und es hat demnach in allen Teilen bei dem angefochtenen
Urteile des Appellationsgerichtes des Kantons Freiburg sein Be=
wenden.

————————

63. Urteil vom 3. Juni 1893 in Sachen Deubelbeiß
gegen Unfallversicherungsgesellschaft „Zürich“.

A. Durch Urteil vom 25. Februar 1893 hat das Bezirksgericht
Aarau erkannt: Die Beklagte wird verurteilt der Klägerin zu
bezahlen 20,000 Fr. laut Einzelversicherung sammt Verzugszins
zu 5 %, seit 2. August 1891.

B. Gegen dieses Urteil ergriff die Beklagte, nachdem die Gegen=
partei in die Umgehung der zweiten kantonalen Instanz eingewil=
ligt hatte, die Weiterziehung an das Bundesgericht.

C. Bei der heutigen Verhandlung beantragt der Anwalt der
Beklagten: Die Klage auf Bezahlung der 20,000 Fr. nebst Zins
und Folgen sei abzuweisen unter Kostenfolge. Dagegen trägt
der Anwalt der Klägerin auf Bestätigung des angefochtenen Ur=
teils an.

Das Bundesgericht zieht in Erwägung:

1. Der Kaufmann Gottlieb Deubelbeiß, welcher militärisch den
Grad eines Oberlieutenants der Infanterie bekleidete, hatte sich
durch Einzelversicherungspolice Nr. 14,622 vom 28. August 1884
bei der Transport= und Unfallversicherungsgesellschaft Zürich ge=
gen Folgen körperlicher Unfälle versichert und zwar für den Todes=
und Invaliditätsfall auf Höhe von 20,000 Fr. In § 1 der
Versicherungsbedingungen ist bestimmt: „Die Gesellschaft versichert
„gegen materielle Schadensfolgen körperlicher Unfälle, welche den
„Versicherten bei seiner berufs= respektive gewohnheitsmäßigen Be=
„schäftigung oder außerhalb derselben, wie auch auf Reisen inner=
„halb der Grenzen Europas unfreiwillig und ohne grobe Ver=
„schulbung seinerseits, durch äußere gewaltsame Veranlassung treffen.
„Unfälle, welche bei rechtmäßiger Verteidigung und bei Bemühung
„zu Rettung von Personen und Eigentum eintreten, sind in der
„Versicherung mit inbegriffen. Die Versicherung erstreckt sich nicht
„auf Unfälle, welche durch Krieg, Aufruhr, Duell, Raufhändel,
„offenbare Trunkenheit, durch Teilnahme an Wettrennen, Parforce=
„Jagden, Luftballonfahrten und durch sonstige, mit besonderer
„Gefahr verbundene Wagnisse herbeigeführt werden." Im Jahre
1891 hatte G. Deubelbeiß als Oberlieutenant bei der Infanterie=
rekrutenschule II in Aarau Dienst zu leisten. Die Teilnehmer an
dieser Schule wurden durch den Schulkommandanten mit Kollek=
tivversicherungspolice Nr. 321 vom 1. Juni 1891 bei der Trans=
port= und Unfallversicherungsgesellschaft Zürich gegen die materiellen
Folgen körperlicher Schädigungen durch Unfallereignisse im Mili=
tärdienst versichert (und zwar die Offiziere für den Todesfall in
Höhe von 10,000 Fr.). In § 1 der allgemeinen Versicherungs=
bedingungen dieser Police ist u. a. bestimmt: „Die Gesellschaft

„versichert die Offiziere, Unteroffiziere und Soldaten, Offiziersbe=
„dienten und Bereiter der schweizerischen Armee kollektiv gegen die
„materiellen Folgen körperlicher Schädigungen durch Unfallsereig=
„nisse, von welchen dieselben während Erfüllung ihrer Militär=
„pflicht in Friedenszeiten infolge äußerer gewaltsamer Veranlassung
„unfreiwillig betroffen werden. Die Versicherung erstreckt sich auch
„auf solche Unfälle, welche den Versicherten während deren Dienst=
„zeit außerhalb des Dienstes unfreiwillig und ohne grobe Ver=
„schuldung ihrerseits zustoßen. Als Unfallsereignis im Sinne der
„Versicherung kommt nur eine Schädigung der körperlichen In=
„tegrität des Versicherten durch plötzliche äußere gewaltsame Ver=
„anlassung in Betracht; es wird jedoch als solches ausnahmsweise
„auch allfälliger Hitzschlag und dessen Folgen betrachtet." Am 30.
Juni 1891 Nachmittags hatte G. Deubelbeiß bei einer Felddienst=
übung eine Kompagnie zu befehligen. Auf dem Rückmarsche von
dieser Übung wurde er auf dem Exerzierplatze von Aarau von
einem Hitzschlage betroffen; er wurde in das Spital zu Aarau
verbracht, wo er am 2. Juli starb. Die Versicherungsgesellschaft
bestritt anfänglich, daß der Tod infolge eines Hitzschlages einge=
treten sei; sie behauptete, derselbe sei vielmehr eine Folge von
Urämie. Sie bestritt daher ihre Verpflichtung aus der militärischen
Kollektivversicherungspolice, sowohl als aus der Einzelpolice. Beide
kantonalen Instanzen erkannten auf Beweis, indem sie dabei in
der Begründung ihrer Entscheidungen ausführten, der Hitzschlag
qualifiziere sich, auch im Sinne des § 1 der allgemeinen Versiche=
rungsbedingungen der Einzelversicherung, als ein Unfall, für
welchen die Versicherungsgesellschaft einzustehen habe. Durch die
im Beweisverfahren erhobene Expertise wurde konstatiert, daß der
Tod des Versicherten wirklich die Folge eines Hitzschlages sei.
Daraufhin hat die Versicherungsgesellschaft ihre Verpflichtung aus
der militärischen Kollektivversicherungspolice anerkannt und die
Versicherungssumme ausbezahlt; dagegen bestritt sie fortwährend
ihre Verpflichtung aus der Einzelversicherung, indem sie geltend
machte, der Hitzschlag sei nicht als Unfall, sondern als Krankheits=
erscheinung zu betrachten, derselbe sei nur ausnahmsweise bei der
Militärversicherung in die Versicherung einbezogen worden. Durch
das in Fakt. A angeführte Erkenntnis des Bezirksgerichtes Aarau

ist die Versicherungsgesellschaft zu Bezahlung der Versicherungs=
summe der Einzelversicherung sammt Zins verurteilt worden.

2. Der Anwalt der Klägerin hat heute zunächst geltend ge=
macht, die Frage, ob Tödtung des Versicherten durch Hitzschlag als
Unfall im Sinne des Versicherungsvertrages erscheine, sei eine
Frage der Feststellung des Parteiwillens beim Vertragsschluß, also
eine reine Tatfrage, rücksichtlich welcher die kantonale Entscheidung
für das Bundesgericht verbindlich sei. Dies ist indes nicht richtig.
Allerdings handelt es sich um eine Frage der Willensauslegung,
allein für deren Beantwortung kommen Rechtsbegriffe und Rechts=
sätze in Betracht. Die Frage ist nicht die, ob die Parteien beim
Vertragsschlusse unter dem Ausdrucke „Unfall" Schädigungen
durch Hitzschlag (überhaupt oder unter gewissen Umständen) tat=
sächlich mitverstanden, an diese Fälle tatsächlich gedacht haben; es
steht auch nicht die Auslegung einer vertraglich festgestellten Be=
griffsbestimmung in Frage. Vielmehr enthält die Einzelversicherungs=
police keine Begriffsbestimmung des Unfalls; sie nimmt diesen
Begriff in demjenigen Sinne auf, in welchem derselbe sich über=
haupt im Versicherungsrecht herausgebildet hat. Es handelt sich
also um Feststellung und Anwendung des versicherungsrechtlichen
Begriffs des Unfalls.

3. Wenn sodann die Beklagte darauf abgestellt hat, aus der
Vergleichung der kollektiven Militärversicherungspolice, wonach der
Hitzschlag dort „ausnahmsweise" in die Versicherung einbezogen
werde, ergebe sich klar, daß für die Einzelversicherung das Gegen=
teil gelte, so kann dem nicht beigetreten werden. Die Fassung der
Militärversicherungspolice ist eine von derjenigen der Einzelver=
sicherungspolice völlig verschiedene. Der Umstand, daß dort der
Hitzschlag als nicht schon unter die allgemeinen Bestimmungen
der Police fallend, besonders erwähnt wird, kann also für die Aus=
legung der Einzelversicherungspolice nicht entscheidend in's Gewicht
fallen. Überhaupt dürfte es unstatthaft sein, Ansprüchen des Ver=
sicherten oder der Benefiziaten der Einzelversicherungspolice aus
dem durch diese Police abgeschlossenen Versicherungsvertrage den
Wortlaut des viel später und zwar nicht vom Versicherten selbst,
sondern vom Schulkommandanten, abgeschlossenen militärischen Kol=
lektivversicherungsvertrages entgegenzuhalten. Die Ansprüche der

aus der Einzelversicherung Berechtigten müssen nach dem Inhalte
des Einzelversicherungsvertrages beurteilt werden, welcher einzig
für den Entschluß des Versicherten, diesen Versicherungsvertrag
abzuschließen, maßgebend war.

4. Die Einzelversicherungspolice bestimmt die Unfälle, für deren
Schadensfolgen die Versicherungsgesellschaft einzustehen hat, näher
als Unfälle, welche den Versicherten bei seiner berufs= respektive
gewohnheitsmäßigen Beschäftigung oder außerhalb derselben, wie
auch auf Reisen innerhalb der Grenzen Europas unfreiwillig un=
ohne grobe Verschulden seinerseits, durch äußere gewaltsame Verb
anlassung, treffen. Die Versicherung ist also nicht auf die Gefahren
eines bestimmten Berufes oder Gewerbes oder auf Gefahren des
Reisens u. drgl. beschränkt, sondern sie umfaßt, innerhalb der
örtlichen Grenzen ihrer Geltung, alle Unfälle, welche den Ver=
sicherten unfreiwillig und ohne grobe Verschulden seinerseits durch
äußere gewaltsame Veranlassung treffen. Dagegen umfaßt die Ver=
sicherung nicht alle Störungen der körperlichen Integrität, sondern
nur solche, welche die Folge von „Unfällen" sind. Als Unfall im
Sinne der Haftpflicht= und Unfallversicherungsgesetze nun aber
erscheint die körperschädigende plötzliche und unfreiwillige Einwir=
kung eines äußern Geschehnisses auf einen Menschen (siehe Rosin,
Archiv für öffentliches Recht III, S. 296 u. ff., insbesondere
319, und Handbuch der Unfallversicherung, S. 26). Ausge=
schlossen vom Begriffe des Unfalls sind demnach die Wirkungen
pathologischer Vorgänge, welche ihre Ursache lediglich im Innern des
menschlichen Organismus haben, nicht durch akute plötzliche äußere
Einwirkung hervorgerufen werden. Dagegen ist für Vorhandensein
eines Unfalls nicht gefordert, daß die Körperbeschädigung durch rein
mechanische Einwirkung herbeigeführt werde, daß eine äußerliche
Körperverletzung, Verwundung u. drgl. stattfinde. Als Unfall er=
scheinen vielmehr auch plötzliche, von Außen kommende Einwir=
kungen auf Muskeln, Nerven oder Blutbahnen, welche ohne Ver=
letzung der äußern Körperbeschaffenheit innere Organe affizieren ;
ja es fällt unter den Begriff des Unfalls wohl auch die rein
psychische körperschädigende Einwirkung, durch plötzlichen Schrecken
u. drgl. In diesem Sinne darf der Begriff des Unfalls auch für
die hier in Frage stehende Einzelversicherungspolice aufgefaßt wer=

ben. Deren Fassung ergibt keinen Anhaltspunkt dafür, daß ihr eine andere Auffassung des Unfallsbegriffs zu Grunde liege, und es kann auch nicht etwa gesagt werden, daß in der Praxis der privaten Unfallversicherung sich allgemein ein anderer fester und bestimmter Begriff des Unfalls ausgebildet habe. Wenn die Police davon spricht, daß der Unfall den Versicherten infolge äußerer gewaltsamer Veranlassung müsse getroffen haben, so soll mit diesem Worte offenbar hervorgehoben werden, daß die schädigende Einwirkung des äußern Geschehnisses, um sich als Unfall zu qualifizieren, eine plötzliche sein müsse, nicht etwa eine allmälige, während längerer Zeit nach und nach sich entwickelnde sein dürfe, und daß sie als Wirkung einer äußern Gewalt müsse bezeichnet werden können (siehe Honegger, Der Begriff des Unfalls (accident) in der sogenannten Unfallversicherung, S. 57 u. ff.). Dagegen kann diesem Worte nicht die Bedeutung einer Beschränkung der Versicherung auf schädigende Einwirkungen rein mechanischer Natur, oder gar auf derartige Einwirkungen, welche sich mit besonderer „Gewalt" vollziehen, beigemessen werden. Denn durch eine derartige Auslegung würde man eine Reihe von Fällen von der Versicherung ausschließen, welche durch dieselbe zweifellos gedeckt werden sollen, z. B. Fälle der Körperverletzung oder Tödtung durch plötzliches Ausströmen giftiger Dämpfe oder Gase u. drgl. In der Tat kann daher in dem Adjektiv „gewaltsam" hier etwas anderes nicht gefunden werden, als der Ausdruck des Gedankens, daß zum Tatbestande des Unfalls die plötzliche, momentane Einwirkung einer äußern Gewalt gehöre.

5. Wird nun geprüft, ob nach diesen Grundsätzen hier ein Unfall vorliege, so ist zu bemerken: Der Versicherte ist an Hitzschlag gestorben, weil er, während einiger Nachmittagsstunden des 30. Juni 1891, eines sehr heißen Tages, als Offizier bei einer Felddienstübung sich der brennenden Sonnenhitze auszusetzen hatte. Der Hitzschlag entsteht (wie die gerichtliche Expertise sich ausdrückt) dann, wenn unter der Macht gewisser accidenteller Umstände, welche die Produktion der Körperwärme steigern oder den Abfluß der produzierten Wärme behindern, die individuell verschieden angelegten und darum auch individuell verschieden mächtigen Faktoren der physiologischen Wärmeregulierung, durch welche das normale

Wärmegleichgewicht des Körpers für gewöhnlich fest behauptet
wird, auf einmal insuffizient werden, weil sie überanstrengt wur=
ben. Der Hitzschlag ist also nicht, wie etwa ein Blutsturz oder
ein Herzschlag, welche in natürlicher Fortentwicklung eines Lungen=
ober Herzleidens eintreten, lediglich der Abschluß einer konstitutio=
nellen Krankheit, das Ende eines pathologischen Prozesses im
Innern des menschlichen Organismus, sondern er ist die plötzliche,
binnen weniger Stunden sich entwickelnde Wirkung äußerer acci=
bentieller Ursachen. Daher liegt denn hier ein Unfall in der Tat
vor. Daß für das Eintreten des Hitzschlages die individuelle Prä=
bisposition von Bedeutung ist, daß speziell der Versicherte wegen
seiner Korpulenz besonders gefährdet war, ändert hieran nichts.
Die körperschädigende Wirkung äußerer Einflüsse ist ja überhaupt
manigfach individuell bedingt; z. B. ist bekanntlich die Empfäng=
lichkeit für manche Gifte u. drgl. individuell sehr verschieden;
nichtsdestoweniger liegt auch dann, wenn ein für den betreffenden
Einfluß individuell besonders Empfänglicher dadurch geschädigt
wird, eben eine Schädigung durch äußere Einflüsse und nicht eine
innere Erkrankung vor. Ebensowenig kann der Begriff des Unfalls
hier deshalb ausgeschlossen werden, weil eine infolge atmosphäri=
scher Einflüsse eingetretene Krankheit vorliege, solche Krankheiten
aber nicht als „Unfall" aufzufassen seien. Die Merkmale des
Unfallsbegriffs, die plötzliche körperschädigende Einwirkung eines
äußern Tatbestandes, liegen vor. Wollte die Versicherungsgesell=
schaft Hitzschlag u. drgl. überhaupt von der Versicherung aus=
schließen, so mußte sie dies ausdrücklich aussprechen; sie hat die
Versicherungsbedingungen abgefaßt; wollte sie solche Tatbestände,
welche nach dem Sprachgebrauche des täglichen Lebens und der
Gesetze sich als „Unfall" qualifizieren, von der Versicherung
nichtsdestoweniger ausschließen, so mußte sie dies klar und unzwei=
beutig aussprechen. Wenn sie dies unterlassen hat, so ist, nach
bekanntem Auslegungsgrundsatze, die Police zu ihren Ungunsten
auszulegen. Nur dann etwa könnte der Hitzschlag von der Ver=
sicherung ausgeschlossen werden, wenn derselbe, nach den gegebenen
Verhältnissen, sich als eine gleichsam normale Wirkung klimatischer
Einflüsse qualifizierte, welche nichts außergewöhnliches an sich hat,
sondern bei längerm Verweilen in der Sonnenhitze mit einer ge=

wissen Regelmäßigkeit einzutreten pflegt, wie dies vielleicht in tropischen Gegenden der Fall sein mag. Allein hievon kann hier gewiß keine Rede sein. Danach ist denn die vorinstanzliche Entscheidung einfach zu bestätigen.

Demnach hat das Bundesgericht

erkannt:

Die Weiterziehung der Beklagten wird als unbegründet abgewiesen und es hat demnach in allen Teilen bei dem angefochtenen Urteile des Bezirksgerichtes Aarau sein Bewenden.

---

### 64. Urteil vom 16. Juni 1893 in Sachen Blumer, Marty, Rhyner & Cie. gegen Unfallversicherungsgesellschaft Le Soleil.

A. Durch Urteil vom 8. März 1893 hat das Obergericht des Kantons Glarus erkannt: Es sei die appellatische Forderung von 4719 Fr. 50 Cts. gerichtlich gutgeheißen, Wert 17. Juli 1892.

B. Gegen dieses Urteil ergriff die Beklagte die Weiterziehung an das Bundesgericht. Bei der heutigen Verhandlung beantragt ihr Anwalt, es sei das angefochtene Urteil aufzuheben und die Forderung der Klägerin im Betrage von 4818 Fr. 65 Cts., Wert 17. Juli 1892, respektive von 4719 Fr. 50 Cts. gänzlich abzuweisen, eventuell um den Betrag von 75 Fr. (Betrag der Rechnungen der kantonalen Krankenanstalt in Glarus) zu reduzieren. Dagegen trägt der Anwalt der Klägerin und Rekursbeklagten auf Abweisung der gegnerischen Beschwerde und Bestätigung des angefochtenen Urteils an.

Das Bundesgericht zieht in Erwägung:

1. Die Firma Blumer, Marty, Rhyner & Cie. hat „sowohl im Interesse ihrer Arbeiter und Angestellten.... als um sich selbst gegen die ihnen obliegende gesetzliche Haftpflicht zu sichern", die in ihrem Schiefertafelbruch in Elm beschäftigten Arbeiter durch Kollektivversicherungspolice Nr. 572 vom 31. März 1891 bei der beklagten Unfallversicherungsaktiengesellschaft Le Soleil in Paris

gegen die Folgen von Betriebsunfällen versichert. Art. 3 der in der Police abgedruckten allgemeinen Versicherungsbedingungen bestimmt (unter dem Titel „Ausschluß von der Versicherung") u. a.: „Personen mit schweren oder bleibenden, sichtbaren oder nicht sichtbaren Gebrechen werden von der Gesellschaft nicht versichert." In litt. F der „Besondern Bedingungen" ist vereinbart: „Im „Falle der durch Urteil oder im Einverständnisse mit der Gesell= „schaft durch gütlichen Vergleich festgestellten Haftpflicht des Ver= „sicherungsunternehmers bezahlt die Gesellschaft, sofern die vor= „stehenden bestimmten Entschädigungen nicht ausreichen, demselben „den Betrag zurück, welchen er dem Verunglückten oder seinen „Rechtsnachfolgern bezahlen muß, und zwar im Maximum den „sechsfachen Jahreslohn in baar ausbezahlt, Maximum 6000 Fr. „auf einen Verunglückten...." Die Police trägt das Datum „Lu= zern, den 31. März 1891" und ist für die Versicherungsgesell= schaft von dem Generalagenten Burlet in Luzern und dem Spezial= direktor Paquier in Lausanne unterzeichnet; im weitern trägt sie die Genehmigung der Direktion der Versicherungsgesellschaft in Paris mit dem Vormerke, daß der Beginn der Vertragsdauer auf 15. April 1891 festgesetzt sei. Im Ingresse der Police ist bemerkt: Die Verbindlichkeit der Versicherung ist von der Genehmigung durch die Direktion abhängig. Am 23. November 1891 verunglückte im Schieferbruche der Beklagten der Arbeiter Giovanni Sartori; er geriet beim Bohren eines Sprengloches mit dem Bohrer auf ein altes Sprengloch, in welchem sich noch eine Ladung befand; diese explodierte und der Arbeiter wurde schwer verletzt. Die klä= gerische Firma machte von dem Unfalle dem Agenten der Ver= sicherungsgesellschaft Burlet am 23./27. November 1891 Anzeige. Im Laufe der in der Folge zwischen dem Versicherungsagenten Burlet und der klägerischen Firma über die Regulierung der Ent= schädigung für diesen Unfall gewechselten Korrespondenz schrieb die klägerische Firma (am 4. Februar 1892) an Burlet u. a., der Fall Sartori komme glücklicherweise nicht ganz so schlimm heraus, wie anfangs berichtet worden sei. Das eine Auge sei allerdings ganz verloren, hingegen sei das andere so weit hergestellt, daß der Verletzte wieder leiblich lesen könne „und zudem war derselbe schon vorher teilweise invalid, da derselbe absolut nichts gehört hat, was

bei der Entschädigung jedenfalls auch in Betracht gezogen wird.
Derselbe, respektive ein Verwandter, will nun betreffs Entschädigung
in Unterhandlungen treten und wollen Sie uns gefl. mitteilen,
inwiefern wir demselben handreichen sollen." Der Agent teilte eine
Kopie dieses Briefes seiner Gesellschaft mit; allein in dieser Kopie
ist derjenige Satz ausgelassen, welcher von der schon vor dem
Unfalle vom 23. November bestandenen Taubheit des Klägers
spricht. Nachdem ein ärztliches Gutachten über die Folgen des
Unfalles vom 23. November eingegangen war, teilte der Agent
Burlet dasselbe der Spezialdirektion für die Schweiz der beklagten
Gesellschaft in Lausanne mit, wobei er der Klägerin am 16. Fe-
bruar 1892 bemerkte, er könne betreffend den Unfall Sartori noch
keinen Bericht geben, da er das ärztliche Gutachten erst heute der
Gesellschaft habe einsenden können. Mit Schreiben vom 20. Februar
1892 ermächtigte die Spezialdirektion den Agenten Burlet, dem
Verletzten eventuell eine Entschädigung von 680 Fr. für Invalidität dritten, nötigenfalls eine solche von 1360 Fr. für solche zweiten
Grades anzubieten. Sartori forderte aber, wie die klägerische Firma
dem Agenten Burlet am 21. Februar 1892 mitteilte, 6000 Fr.
Der Agent erwiderte hierauf der Klägerin am 24. Februar, durch
eine solche Forderung werde eine gütliche Vereinbarung ausgeschlossen; sie offerieren die Entschädigung für Invalidität zweiten
Grades mit 1360 Fr.; weil die Sache rechtlich entschieden werden
müsse, so erinnere er an den Art. XIII der allgemeinen Versicherungsbedingungen (welcher bestimmt, daß der Versicherungsnehmer
in Haftpflichtfällen, in welchen ein Vergleich nicht zu Stande
komme, dem dazu von der Gesellschaft bestimmten Anwalt Prozeßvollmacht zu erteilen habe, daß die Prozesse aus Haftpflicht im
Namen des Versicherungsnehmers durch die Gesellschaft geführt
werden müssen u. s. w.). Die klägerische Firma schlug hierauf dem
Agenten Burlet vor, als Anwalt den Advokaten Gallati in Glarus
zu bestellen und bemerkte, sie werde dem Verletzten die Offerte der
Gesellschaft mitteilen. Als hierauf der Verletzte die klägerische Firma
vor Vermittleramt vorladen ließ, teilte die Klägerin diese Ladung
dem Agenten Burlet mit dem Ersuchen um Weisung mit. Der
Agent erwiderte am 11. März 1892, er werde nicht persönlich
vor Vermittleramt erscheinen, sondern ersuche die Klägerin, dies

für bie Gesellschaft zu tun. „Sie wissen ja am besten, worin die
„Forderung bes Klägers übertrieben, ba er ja schon vor bem
„Unfalle burch seine Taubheit teilweise invalide, was nicht unsere
„Sache; wir haben ihn nur für ben Unfall zu entschädigen. Wie
„ich Ihnen unterm 24. Februar gemeldet, offerieren wir ihm nur
„1360 Fr." Am 21. März übermittelte bie klägerische Firma bem
Agenten Burlet ben vom Verletzten erhobenen Leitschein mit bem
Ersuchen um Weisung. Der Agent erwiderte am 24. März, er
habe bie Gesellschaft ersucht, ben Abvokaten Gallati als Anwalt
zu bezeichnen unb ersuche um Zustellung einer Vollmacht für ben=
selben sowie ber Akten. Am 29. März 1892 übermittelte bie klä=
gerische Firma bem Agenten eine Vollmacht für ben Abvokaten
Gallati zur Unterzeichnung burch bie Versicherungsgesellschaft.
Der Agent schrieb am 1. April 1892 an ben Abvokaten Gallati,
er ersuche ihn, sowohl bie Firma Blumer & Cie. als bie Ver=
sicherungsgesellschaft in ber Sache vertreten zu wollen. „Die mir
„zugesandte Vollmacht mußte ich ber Spezialbirektion zur Unter=
„zeichnung einsenden unb werde ich biese nach Erhalt Ihnen um=
„gehenb zustellen. Inzwischen genügt ja auch jene ber Herren
„Blumer & Cie." Die Spezialbirektion ber Beklagten in Lausanne
teilte am 7. April 1892 bem Abvokaten Gallati rücksichtlich ber
von bem Agenten Burlet für biesen verlangten Vollmacht mit, ba
ber Prozeß auf ben Namen bes Versicherten zu führen sei, so
habe bie Versicherungsgesellschaft keine Vollmacht zu unterzeichnen.
Dagegen habe ber Anwalt in allen ben Prozeß betreffenden Fra=
gen mit ber Spezialbirektion zu korrespondieren; gleichzeitig ersuchte
sie ben Anwalt um Mitteilung seiner Ansicht über ben Fall.
Abvokat Gallati erwiderte hierauf am 10. April; er setzte aus=
einander, bie Haftpflicht ber Firma Blumer, Marty, Rhyner &
Cie. sei unbestreitbar unb es könne sich nur um Feststellung bes
Quantitativs ber Entschädigung hanbeln; in bieser Richtung sei
bie Forberung bes Verletzten allerdings zu hoch, bas Angebot ber
Versicherungsgesellschaft bagegen zu niebrig. Mit Zuschrift vom
20. April antwortete bie Spezialbirektion, biese Auseinandersetzun=
gen mögen an sich richtig sein, allein bie Versicherungsgesellschaft
müsse sich fragen, ob ber Fall überhaupt in ber Versicherung in=
begriffen sei; sie habe schon wiederholt Mitteilung eines ärztlichen

Gutachtens über die Taubheit, an welcher Sartori schon vor dem Unfalle gelitten habe, verlangt, speziell darüber, ob diese Taubheit nur an einem Ohr oder an beiden bestanden habe und in welchem Grade. Advokat Gallati möge alles erforderliche tun, um die nötigen Aufschlüsse baldmöglichst einzusenden, damit die Gesellschaft die erforderlichen Instruktionen erteilen könne. In der Tat hatte die Gesellschaft inzwischen in Erfahrung gebracht, daß Sartori an Taubheit leide und hatte den Agenten Burlet schon am 27. Februar und wieder am 31. März und 16. April 1892 beauftragt, ein ärztliches Gutachten darüber einzuholen, wie es sich mit dieser Taubheit verhalte; nach Einlangen dieses Gutachtens werde sie dem Agenten ihre weitern Instruktionen erteilen. Am 20. April erhielt nunmehr die Spezialdirektion von dem Agenten Burlet ein vom 19. April datiertes Gutachten des Spitalarztes Dr. Fritzsche in Glarus, welches dahin ging: Die Schwerhörigkeit des Sartori bestehe seit circa acht Jahren und datiere von einem Unfalle her, den Sartori mit andern Arbeitern in einem Caisson mit komprimirter Luft (beim Brückenbau) erlitten habe. Die Schwerhörigkeit sei doppelseitig und fast eine vollständige Gehörlosigkeit. Nur wenn man ihm aus nächster Nähe ins rechte Ohr schreie, verstehe er etwas, links gar nichts. Die stark angeschlagene Stimmgabel höre er aus nächster Nähe nicht. Nach Empfang dieses Gutachtens schrieb die Spezialdirektion in Lausanne am 25. April 1892 sowohl an die klägerische Firma als an den Advokaten Gallati: Aus dem Gutachten ergebe sich, daß Sartori vor dem Unfalle vom 23. November an einem schweren und dauernden Gebrechen (Taubheit) gelitten habe; die Gesellschaft lehne daher gestützt auf Art. 3 der allgemeinen Versicherungsbedingungen jede Verantwortlichkeit für den Unfall ab. An diesem Standpunkte hielt die Gesellschaft auch gegenüber einem Proteste der klägerischen Firma fest. In dem von Sartori vor den glarnerischen Gerichten gegen die klägerische Firma eingeleiteten Haftpflichtprozesse, in welchem sie von der klägerischen Firma in's Recht gerufen wurde, gab die Versicherungsgesellschaft die Erklärung ab, daß sie jegliche Ersatzpflicht gegenüber Blumer & Cie. wegen des Unfalls Sartori grundsätzlich ablehne und sich für den Fall, daß Blumer & Cie. Regreßansprüche aus dem Versicherungsvertrage gegen sie sollten geltend machen wollen, sich alle ihre Rechte und Einreden in formeller und materieller Richtung für den zwischen ihr und Blumer & Cie. auszutragenden Rechtsstreit vorbehalte. Die Versicherungsgesellschaft beteiligte sich demgemäß an dem zwischen Sartori und Blumer, Marty, Rhyner & Cie. geführten Rechtsstreite nicht. Dieser wurde durch rechtskräftig gewordenes Urteil des Civilgerichtes Glarus vom 21. Mai 1892 dahin erledigt, daß Blumer, Marty, Rhyner & Cie. kostenfällig verurteilt wurden, an Sartori eine Entschädigung von 4500 Fr., Wert 21. Mai 1892, zu bezahlen und für denselben die sämmtlichen Heilungs= und Verpflegungskosten zu bestreiten. Im gegenwärtigen Prozesse forderte die Firma Blumer, Marty, Rhyner & Cie. von der Versicherungsgesellschaft den Betrag von 4818 Fr. 65 Cts., den sie zufolge des erwähnten Urteils an Sartori habe bezahlen müssen, zurück. Die Beklagte bestritt die Forderung grundsätzlich, erklärte sich dagegen bereit, der Klägerin auf den von ihr zu leistenden Ausweis hin den Betrag der Prämie zurückzubezahlen, welche dieselbe für den verunglückten Arbeiter Giovanni Sartori an sie entrichtet habe.

2. Die nahezu vollständige, beidseitige Gehörlosigkeit, an welcher der verunglückte Arbeiter Sartori litt, ist offenbar ein schweres bleibendes Gebrechen im Sinne des Art. III der allgemeinen Versicherungsbedingungen. Denn es ist ja klar, daß nahezu vollständige Taubheit die Unfallsgefahr für einen von ihr betroffenen Arbeiter wesentlich erhöht. Nach Maßgabe des Art. III der allgemeinen Versicherungsbedingungen war daher Sartori von der auf Grund dieser Bedingungen abgeschlossenen Versicherung ausgeschlossen. Der Umstand, daß die Gesellschaft die Prämie auch für diesen Arbeiter entgegennahm, ändert hieran nichts. Denn unbestrittenermaßen war der Gesellschaft damals die Tatsache, daß Sartori an nahezu völliger Gehörlosigkeit leide, unbekannt; der Versicherungsnehmer hatte ihr dieselbe, obschon sie ihm bekann war (wohl weil er sie irrtümlicherweise für unerheblich hielt), nicht angezeigt. Die Versicherungsgesellschaft hat also nicht etwa die Versicherung auch für den Arbeiter Sartori übernommen, trotzdem ihr dessen Gebrechen bekannt war; es kann daher keine Rede davon sein, daß sie von dem Inhalte der allgemeinen Versicherungsbedingungen für den konkreten Fall stillschweigend abgegangen sei.

Art. III der allgemeinen Versicherungsbedingungen blieb vielmehr als lex contractus unverändert bestehen und die Übernahme der Versicherung für Sartori ist demgemäß wegen wesentlichen Irrtums, nach Maßgabe der Bestimmungen des Versicherungsvertrages selbst, für die Gesellschaft unverbindlich. Wenn der Anwalt der Klägerin ausgeführt hat, die Haftpflichtversicherung gelte, gemäß der besondern Bestimmungen der Police, für alle Haftpflichtfälle ohne Ausnahme, so ist darauf zu erwidern, daß die Haftpflichtversicherung sich selbstverständlich nur auf Unfälle bezieht, die Arbeitern zustoßen, welche in der Kollektivversicherungspolice inbegriffen sind.

3. Eine Verpflichtung der Gesellschaft aus dem ursprünglichen Versicherungsvertrage besteht also nicht. Dies wird auch von der zweiten kantonalen Instanz anerkannt. Dagegen hat diese angenommen, die Gesellschaft habe, nach dem Unfalle, ihre Verantwortlichkeit für denselben in verpflichtender Weise anerkannt. Die zweite Instanz nimmt an, eine solche Anerkennung ergebe sich aus der zwischen dem Versicherungsnehmer und dem Generalagenten Burlet in Luzern nach dem Unfalle gewechselten Korrespondenz; der Generalagent erscheine auf dem Vertragsinstrumente mit seiner Unterschrift als Kontrahent und qualifiziere sich mithin als bevollmächtigter Vertreter der Gesellschaft, dessen Handlungen für diese verbindlich seien. Diese Entscheidung beruht auf einem Rechtsirrtum. Der Generalagent Burlet war, wenn er auch den Versicherungsvertrag mitunterzeichnet hat, zum selbständigen Abschlusse desselben nicht bevollmächtigt. Dies ergibt sich aus der Policebestimmung, daß die Verbindlichkeit der Versicherung von der Genehmigung durch die Direktion abhängig sei, auf's klarste; gemäß dieser Bestimmung ist der Versicherungsvertrag erst durch die Genehmigung seitens der Direktion der Gesellschaft in Paris für die Gesellschaft verbindlich geworden und erst auf den von der Direktion festgesetzten Zeitpunkt in Kraft getreten. Der Generalagent hat lediglich als Vermittler mitgewirkt und seine Unterschrift beigesetzt. Ebensowenig war der Generalagent Burlet bevollmächtigt, die Ersatzpflicht der Gesellschaft nachträglich, sei es im Prinzip, sei es dem Maße nach, verbindlich anzuerkennen. Eine derartige Befugnis eines Agenten (selbst wenn derselbe den Titel eines General-

agenten führt) folgt nicht von selbst aus der Stellung des Agen=
ten, welcher lediglich zur Vermittlung des Geschäfsverkehrs zwischen
dem Versicherten und dem Versicherungsinteressenten berufen ist.
Es bedarf dazu vielmehr einer dem Agenten erteilten Spezialvoll=
macht (siehe Ehrenberg, Versicherungsrecht I, S. 235). Eine
solche besaß aber der Generalagent Burlet im vorliegenden Falle
unzweifelhaft nicht. Es konnte auch dem Versicherungsnehmer un=
möglich entgehen, daß der Agent zu selbständiger Entscheidung
über die Anerkennung der Ersatzpflicht nicht ermächtigt sei, sondern
darüber die Entscheidung der Gesellschaftsbehörde einzuholen habe;
der Versicherungsnehmer mußte dies aus der ganzen Haltung des
Agenten, u. a. dem Briefe desselben vom 16. Februar 1892 ent=
nehmen, in welchem dieser erklärte, über den Unfall Sartori noch
keinen Bericht geben zu können, da er das ärztliche Gutachten erst
heute der Gesellschaft habe einsenden können. Durch eine vom
Agenten Burlet ausgesprochene Anerkennung der Ersatzpflicht wurde
also die Gesellschaft nicht verpflichtet; es braucht daher nicht un=
tersucht zu werden, ob aus dem Verhalten des Agenten eine An=
erkennung durch diesen wirklich folge. Danach liegt denn aber eine
für die Gesellschaft verbindliche Anerkennung überhaupt nicht vor.
Eine solche könnte jedenfalls nur dann angenommen werden, wenn
die zuständige Gesellschaftsbehörde in Kenntnis des Umstandes,
daß der Verunglückte nach Art. III der allgemeinen Versicherungs=
bedingungen zufolge Taubheit von der Versicherung ausgeschlossen
sei, eine Entschädigung anerboten hätte. Allein hievon ist gar keine
Rede. Vielmehr ergibt sich aus dem in Erw. 1 dargestellten Sach=
verhalte, daß sobald die Spezialdirektion der Gesellschaft in Lausanne
von dem Umstande, daß der Verunglückte an einem Gehörfehler
gelitten habe, Kenntnis erhielt, sie ein ärztliches Gutachten ver=
langte und nachdem dieses nahezu völlige Gehörlosigkeit feststellte,
die Ersatzpflicht der Gesellschaft bestritt. Daß, bevor die Gesellschaft
Kenntnis von dem Gebrechen des Verunglückten hatte, der Agent
ermächtigt wurde, über eine Entschädigung zu verhandeln, ist of=
fenbar bedeutungslos. Ebenso der Umstand, daß der Agent persön=
lich allerdings schon vor den von ihm gepflogenen Verhandlungen
von der Klägerin von dem Gebrechen des Verunglückten beiläufig
war benachrichtigt worden. Denn diese Nachricht wurde eben nicht

sofort, sondern, wenn überhaupt, so jedenfalls erst später der Ge=
sellschaft respektive der Spezialdirektion in Lausanne mitgeteilt. Bei
dieser Sachlage braucht auch nicht untersucht zu werden, ob die
Spezialdirektion in Lausanne ihrerseits berechtigt gewesen wäre, eine
verpflichtende Anerkennung Namens der Gesellschaft auszusprechen,
oder ob dieses Recht nur der Direktion in Paris zustehe, der
Spezialdirektor in Lausanne dagegen, trotz seines Titels, tatsächlich
nur die Stellung eines Agenten einnehme.

Demnach hat das Bundesgericht

erkannt:

Die Weiterziehung der Beklagten wird für begründet erklärt
und es wird mithin, in Abänderung des angefochtenen Urteils des
Obergerichtes des Kantons Glarus, die Klage abgewiesen.

---

### 65. Urteil vom 17. Juni 1893 in Sachen
### Küpfer gegen Wirz.

**A.** Durch Urteil vom 17. März 1893 hat das Obergericht des
Kantons Luzern erkannt:

1. Klägerin sei mit ihrem Klagebegehren abgewiesen.

2. Dem Beklagten sei eine Forderung von 3040 Fr. an die
Klägerin mit Zins hievon zu 5 % seit 4. Januar 1892 gut=
gesprochen.

**B.** Gegen dieses Urteil ergriff die Klägerin die Weiterziehung
an das Bundesgericht. Bei der heutigen Verhandlung ist die
Klägerin weder erschienen noch vertreten. Der Anwalt des Be=
klagten beantragt, es sei die gegnerische Berufung abzuweisen und
das Urteil der Vorinstanz in allen Teilen zu bestätigen. Er be=
merkt, daß er, soweit es die Entschädigungsklage aus Verlöbnis=
bruch anbelange, die Kompetenz des Bundesgerichtes bestreite.

Das Bundesgericht zieht in Erwägung:

1. Das Bundesgericht ist zu Beurteilung der Beschwerde in
vollem Umfange kompetent. Allerdings ist der Verlöbnisvertrag

ein familienrechtlicher, dem kantonalen Rechte unterstehender Ver=
trag und sind daher Klagen ex contractu auf Schadenersatz
wegen Nichterfüllung dieses Vertrages nach kantonalem Rechte zu
beurteilen. Allein eine solche Kontraktsklage liegt hier nicht vor
(wie denn auch das luzernische Recht Bestimmungen über den
Verlöbnisvertrag nicht zu enthalten scheint), vielmehr wird die
Entschädigungsforderung der Klägerin ausschließlich als Delikts=
anspruch, gemäß Art. 50 u. ff. O.=R. begründet und zu Beur=
teilung d i e s e s Anspruches ist das Bundesgericht kompetent. Das
Bundesgericht ist kompetent zu untersuchen, ob in dem Rücktritte
des Beklagten vom Verlöbnisse unter den Umständen, wie derselbe
geschehen ist, eine unerlaubte, auch abgesehen von der Verletzung
der Vertragspflicht aus dem Verlöbnisvertrage, widerrechtliche
Handlung liege, welche nach Art. 50 u. ff. zum Schadenersatze
verpflichtet; denn insoweit handelt es sich ausschließlich um eine
Frage des eidgenössischen Rechts.

2. Nun mag dahingestellt bleiben, unter welchen Voraussetzungen
im allgemeinen in dem Verlöbnisbruche eine unerlaube Handlung
(ein Delikt) liege. Im vorliegenden Falle nämlich ist der Tatbe=
stand eines Delikts jedenfalls nicht gegeben, sondern erscheint der
Rücktritt des Beklagten vom Verlöbnisse als hinlänglich gerecht=
fertigt. Denn es ist durch die Vorinstanzen tatsächlich festgestellt,
daß der Beklagte erst seit dem Verlöbnisse erfahren habe, daß die
Klägerin in Konkurs gefallen sei und bereits einen unehelichen
Sohn besitze. Jedenfalls der letztere Umstand nun berechtigte ge=
wiß den Beklagten zur Lösung des Verlöbnisses; es liegt also in
dieser gar keine unerlaubte Handlung.

3. Wenn sodann die Klägerin noch Aberkennung der Forderung
des Beklagten aus dem Obligo vom 4. Januar 1892 verlangt
hat, so erscheint auch dies als unbegründet. Durch den Schuld=
schein vom 4. Januar 1892 bescheinigt die Klägerin, daß sie vom
Beklagten „lehensweise verzinslich“ 3040 Fr. erhalten habe und
verpflichtet sich, bis zur Rückerstattung der ganzen Summe alle
Monate, erstmals 1. Februar 1892, 400 Fr. zu bezahlen. Ein
Gegenbeweis gegen diesen Schuldschein aber ist in keiner Weise
erbracht.

Demnach hat das Bundesgericht

erkannt:

Die Weiterziehung der Klägerin wird als unbegründet abgewiesen und es hat demnach in allen Teilen bei dem angefochtenen Urteile des Obergerichtes des Kantons Luzern sein Bewenden.

---

### 66. Urteil vom 23. Juni 1893
### in Sachen Zündel & Cie. gegen Zollinger.

**A.** Durch Urteil vom 24. März 1893 hat das Handelsgericht
des Kantons Zürich erkannt: Die Klage ist abgewiesen.

**B.** Gegen dieses Urteil ergriff die Klägerin die Weiterziehung
an das Bundesgericht. Bei der heutigen Verhandlung beantragt
ihr Anwalt: Das Bundesgericht wolle unter Aufhebung des
angefochtenen Urteils erkennen, es sei der Beklagte pflichtig, als
gewesener offener Gesellschafter der Firma Zollinger-Wagner in
Dübendorf und der Firma Zollinger, Wagner & Cie. daselbst,
der Klägerin laut Kontokorrent die Summe von 36,805 Fr.
nebst Zinsen zu 5 % seit 28. November 1892 zu bezahlen.

Dagegen beantragt der Anwalt des Beklagten: Die gegnerische
Beschwerde sei wegen Inkompetenz, eventuell nach materieller
Prüfung abzuweisen, eventuell beantrage er, Einziehung der klä-
gerischen Antwort auf die Anzeige von der Auflösung der Firma
Zollinger, Wagner & Cie.

Das Bundesgericht zieht in Erwägung:

1. Im Frühjahr 1889 etablierte sich in Dübendorf, zur Fabrikation von Maschinen und Werkzeugen, die Kollektivgesellschaft
Zollinger & Wagner, bestehend aus Eduard Zollinger, dem
heutigen Beklagten, und L. Wagner als Anteilhabern. Im Herbste
1890 trat Sello Behrens dem Geschäfte als Kommanditär mit
einem Kommanditkapital von 75,000 Fr. bei und es wurde infolge dessen die Firma abgeändert in Zollinger, Wagner & Cie.
Im Mai 1891 erhoben Wagner und Behrens gegen Zollinger
Klage auf Ausschluß desselben aus der Gesellschaft; am 9. Juli

1891 kam ein Vergleich zu Stande, wonach Zollinger mit diesem
Tage aus der Firma austrat und das Geschäft mit Aktiven und
Passiven den klagenden Gesellschaftern überließ, welche ihm dagegen
eine Auskaufssumme von 47,500 Fr. innert Jahresfrist in vier
Raten zu bezahlen versprachen. Im Handelsregister wurde der
Austritt des Zollinger am 13. Oktober 1891 eingetragen und
als am 1. August erfolgt angegeben; die Firma der Gesellschaft,
welche danach aus L. Wagner als unbeschränkt haftendem Gesell=
schafter und Sello Behrens als Kommanditär bestand, wurde in
L. Wagner & Cie. umgewandelt. Von dem Austritte des Zollinger
gab die Firma L. Wagner & Cie. ihren Geschäftsfreunden, so auch
dem klägerischen Bankhause, durch Cirkular vom 30. Juli 1891
Kenntnis mit der Anzeige, daß die neue Firma Aktiven und
Passiven der frühern Gesellschaft übernommen habe und das Ge=
schäft mit ungeschwächten Mitteln fortführe. Die Kollektivgesell=
schaft Zollinger & Wagner, sowie später die Kommanditgesellschaft
Zollinger, Wagner & Cie., hatten mit dem klägerischen Bankhause
in Kontokorrentverkehr gestanden. Kurz vor der Anzeige von dem
Ausscheiden des Zollinger aus der Gesellschaft, am 13. Juli 1891,
hatten die Kläger der Firma Zollinger, Wagner & Cie. den
Rechnungsabschluß per 30. Juni 1891 zugestellt, welcher einen
Saldo von 74,091 Fr. zu Gunsten der Kläger ergeben hatte.
Das Kontokorrentverhältnis wurde dann mit L. Wagner & Cie.
in bisheriger Weise fortgeführt. Der Kontokorrent wurde jeweilen
vierteljährlich abgeschlossen, die Leistungen wurden von jeder Seite
jeweilen der Gegenpartei belastet und dieselbe dafür mit entspre=
chenden Zinsen (in der Form von Zinszahlen) debitiert. Vom
Saldovortrag berechneten die Kläger jedes Vierteljahr ihre Kom=
mission (von 1 %). Im übrigen vollzog sich der Verkehr im
wesentlichen in der Weise, daß das klägerische Bankhaus Tratten
des Etablissements einlöste, wogegen ihr das letztere teils durch
zum Diskonto gesandte Kundenwechsel, teils durch andere Zah=
lungsmittel beziehungsweise Baarsendungen, teils endlich auch,
und namentlich in der letzten Zeit des Verkehrs, durch Abtretung
von bedeutenden Waarenposten Anschaffungen machte. Nach dem
Austritte des Zollinger aus der Firma drängten die Kläger auf
successive Verminderung ihrer Kreditsumme. Die Saldi zu ihren

Gunsten betrugen: per 30. September 1891 72,821 Fr. 60 Cts.; per 31. Dezember 1891 69,663 Fr.; per Ende März 1892 54,134 Fr. 50 Cts.; per 30. Juni 1892 55,148 Fr. 10) Cts.; per 28. November 1892 32,805 Fr. In einem Briefe vom 19. Februar 1892 erklärte die Firma L. Wagner & Cie. dem kläge= rischen Bankhause, daß ihr keine andere Wahl bleibe, als ihren Gläubigern ein Akkomodement vorzuschlagen, um den Fortbetrieb des Geschäfts zu sichern. Am 20. gleichen Monats verlangte das klägerische Bankhaus beim Bezirksgerichtspräsidium Uster gemäß Art. 190 Ziff. 2 des Bundesgesetzes über Schuldbetreibung und Konkurs die sofortige Konkurseröffnung über den Beklagten Eduard Zollinger als gewesenen Teilhaber der Firma Zollinger & Wagner, indem sie anbrachte, derselbe hafte ihnen für ihre Forderung an die Firma gleich wie sein früherer Associé L. Wag= ner, welcher nun die Zahlungen eingestellt habe. Zollinger bestritt das Konkursbegehren; er behauptete, Zündel & Cie. nichts mehr zu schulden. Durch Entscheidung des Bezirksgerichtspräsidiums Uster vom 22. Februar 1892 wurde das Konkursbegehren abge= wiesen, weil keine Urkunden vorgelegt worden seien, welche eine sofortige Konkurseröffnung über Zollinger gemäß Art. 190 Ziff. 2 des Schuldbetreibungs= und Konkursgesetzes begründen würden. Am 6. Juli 1892 ersuchten L. Wagner & Cie. den Kläger Zündel „zu Zollinger zu gehen und ihm deutlich und energisch zu sagen, „wessen er sich zu versehen habe. Da Ihre Forderung gegen „Zollinger in erster Linie in Betracht (kommt), so wären vor „allem Sie in der Lage, eine Pression auf denselben auszuüben „und ihn zu zwingen, die Firma in Ruhe zu lassen." Zündel suchte hierauf wirklich Zollinger auf, traf ihn aber nicht zu Hause; mit Brief vom 29. Juli 1892 ersuchte er denselben daher, einmal 'zu ihm (Zündel) zu kommen, um die Angelegenheit zu besprechen. Zündel fügte bei: „Überdies habe ich so ziemlich sichere „Anhaltspunkte, daß, wenn speziell Sie mit Ihrem Drängen „einmal aufhören und dafür eine gewisse Garantie vorhanden ist, „neue Fonds in das Geschäft von W. fließen könnten, was zur „Folge hätte, daß man um so sicherer zu seinem Geld käme „Unsere Interessen sind vollständig identisch." Am 26. November 1892 wurde die Firma L. Wagner & Cie., nachdem über dieselbe der Konkurs eröffnet worden war, im Handelsregister gelöscht. Am 3. Dezember 1892 betrieben die Kläger den Beklagten für eine Forderung von 32,805 Fr. nebst Zins à 5 % seit 28. November 1892, welche Summe, nach den Angaben der Kläger, ihrem Guthaben an die Firma Zollinger, Wagner & Cie. im Momente des Austrittes des Beklagten aus derselben entspreche. Der Beklagte erhob Rechtsvorschlag und die Kläger klagten daher ihre Forderung gerichtlich ein; im Prozesse haben sie dieselbe um 4000 Fr. erhöht, da eine im Kontokorrent bereits gutgeschriebene Anweisung genannten Betrages in der Folge nicht erhältlich gewesen sei. Die Kläger begründen ihre Forderung mit der Haftbarkeit des Beklagten als gewesener solidarischer Anteilhaber der Kommanditgesellschaft Zollinger, Wagner & Cie. für die Schulden dieser letztern. Der Beklagte wendet ein, die Kläger haben auf seine Haftung verzichtet, da sie die Firma L. Wagner & Cie. als alleinige Schuldnerin angenommen haben; dies sei dadurch geschehen, daß die Kläger mit dieser Firma das bisherige Kontokorrentverhältnis in unveränderter Weise fortgesetzt haben. Daß übrigens die Kläger tatsächlich den Beklagten haben entlassen wollen, sei aus ihrem ganzen Benehmen ersichtlich, aus der vorbehaltlosen Überschreibung der alten Forderung auf den Kontokorrent mit L. Wagner & Cie. und namentlich auch aus dem Briefe an den Beklagten vom 29. Juli 1892.

2. Die Vorinstanz hat die Klage abgewiesen, indem sie im wesentlichen ausführt: Es wäre, wie in der Entscheidung des Handelsgerichtes in Sachen Frey & Cie. gegen den gegenwärtigen Beklagten vom gleichen Tage ausgeführt sei, unrichtig, eine Novation ohne weiteres deshalb anzunehmen, weil das Kontokorrentverhältnis (welches sich zwar allerdings unbestrittenermaßen als eigentlicher Kontokorrent qualifiziere) mit der Firma L. Wagner & Cie. fortgesetzt worden sei. Dagegen sei nach Art. 589 O.-R. für die Entlassung eines ausgeschiedenen Gesellschafters aus der Haft für die Gesellschaftsschulden eine ausdrückliche Erklärung des Gesellschaftsgläubigers nicht erforderlich, sondern es sei dem Ermessen des Gerichts anheimgestellt, auf Grund der tatsächlichen Verhältnisse zu prüfen, ob in denselben der Entlassungswille ausgesprochen sei und die Redaktion des französischen Gesetzestextes

(renonciation expresse ou présumée) zeige die Absicht des
Gesetzgebers, daß es mit dem Nachweise hiefür nicht zu streng
genommen werden dürfe. Die bloße Tatsache, daß die Kläger,
nachdem sie vom Austritte des Beklagten Kenntnis erhielten, der
Gesellschaft ohne irgend welchen Vorbehalt weiter kreditiert haben,
genüge allerdings für sich allein nicht, um die Annahme eines
Verzichts auf die Haftung des Beklagten zu begründen. Es gehe
dies namentlich daraus hervor, daß die Vorschrift des § 1300
des zürcherischen privatrechtlichen Gesetzbuches, welche an den ge=
nannten Tatbestand ohne weiters einen Verzicht geknüpft habe,
vom Obligationenrecht nicht aufgenommen worden sei. Ebensowenig
könne daraus, daß die neue Firma Aktiven und Passiven der
alten übernommen habe, ein Verzicht der Kläger gefolgert werden.
Allein wenigstens das erste der beiden angeführten Momente bilde
ein gewichtiges Indizium dafür, daß die Kläger gewillt waren,
die neue Firma auch an Stelle der alten treten zu lassen und
den Beklagten damit zu entlasten. Am besten zeige dies die Tat=
sache, daß der zürcherische Gesetzgeber jenen Tatbestand für geeignet
gehalten habe, um daran unmittelbar die Rechtsvermutung des
Verzichtes anzuschließen, offenbar in der Annahme, daß dies der
allgemeinen kaufmännischen Anschauung entspreche, und es könne
hiefür weiter angeführt werden, daß das deutsche Reichsgericht in
einem Falle die Entlassung des ausgetretenen Gesellschafters ledig=
lich aus der Fortsetzung des Kontokorrentverhältnisses mit der
Firma, unter welcher das Etablissement weiter geführt wurde,
geschlossen habe (Reichsgericht XVIII, S. 248 u. ff.). Es weisen
aber auch noch anderweitige Umstände darauf hin, daß es in der
Tat die Absicht der Kläger gewesen sei, den Beklagten als Schuld=
ner zu entlassen. So die Tatsache, daß die Kläger es beim Aus=
tritte des Beklagten unterlassen haben, dessen Schuldsumme durch
Saldierung des Kontokorrentes festzustellen; ferner der Umstand,
daß die Kläger bald nach dem Austritte des Beklagten auf suc=
cessive Abzahlung ihres Guthabens gedrängt haben und zwar mit
solcher Energie, daß sie die Firma L. Wagner & Cie. schon im
Februar 1892 zu einem Deckungsgeschäft mittelst Abtretung un=
fertiger Waarenvorräte zu bewegen im Stande gewesen seien. Den
Klägern sei höchst wahrscheinlich schon einige Zeit vor diesem

Deckungsgeschäfte klar gewesen, daß die Zahlungsfähigkeit der Firma eine prekäre geworden sei. Wenn sie dennoch, um sich zu decken, zu so weitgehenden Mitteln gegriffen haben, so könne dies nicht anders erklärt werden, als aus ihrer Annahme, daß sie den Beklagten von seiner Haftung entlassen haben. Welche Motive sie hiebei geleitet haben, sei rechtlich gleichgültig, vielleicht sei die Entlassung lediglich aus Unkenntnis ihrer Ansprüche geschehen, vielleicht aber auch deshalb, weil die Kläger beim Austritte des Beklagten die Lage und Prosperität des Etablissements für eine günstige gehalten haben, wie dieselbe es damals, nach der bedeutenden dem Beklagten zugesicherten Abfindungssumme zu schließen, auch gewesen sein möge. Bei der Aufmerksamkeit, welche dasselbe dem Geschäfte gewidmet und dem Eifer, mit welchem es fortwährend seine Sicherstellung betrieben habe, sei nicht leicht daran zu denken, daß das klägerische Bankhaus ohne irgend einen Vorbehalt das Kontokorrent= und Kreditverhältnis mit der neuen Firma fortgesetzt hätte, wenn es nicht auch tatsächlich diese an Stelle der alten Schuldner hätte annehmen wollen. Wäre die Meinung der Kläger nicht die der Schuldentlassung gewesen, so hätten sie gewiß nicht unterlassen, dem Beklagten bei seinem Austritte in irgend welcher Weise zu erkennen zu geben, daß sie auf seine Haftung nicht verzichten. Eben so klar sei freilich, daß die Kläger in der Folgezeit, nämlich nachdem L. Wagner & Cie. gegen Ende Februar erklärt hatten, daß sie genötigt seien, ihren Gläubigern ein Akko= mobement vorzuschlagen, einen andern Standpunkt eingenommen und von da an alles getan haben, um ihre Ansprüche gegen den Beklagten wirksam werden zu lassen. Am deutlichsten zeige dies das Ende Februar gestellte Konkursbegehren; allein auch das persönliche Vorgehen des Chefs des klägerischen Bankhauses gegen den Beklagten im Juli 1892, habe, wie man dessen Schreiben vom 29. dieses Monats und demjenigen von Wagner vom 6. Juli bei unbefangener Prüfung entnehmen müsse, jedenfalls auch die Bedeutung gehabt, daß damit dem Beklagten seine Haftung für die alten Gesellschaftsschulden habe vorgehalten werden sollen. Da indessen angenommen werden müsse, daß die Kläger auf ihre An- sprüche gegen den Beklagten schon früher verzichtet haben, so habe diese nachträgliche Änderung ihrer Willensmeinung die Sachlage

nicht mehr zu ändern vermocht, da die Rechte der Kläger eben
infolge des Verzichts untergegangen gewesen seien, wozu es einer
ausdrücklichen Acceptation des Beklagten nicht bedurft habe.

3. Die Kompetenz des Bundesgerichtes ist vom Anwalte des
Beklagten heute deshalb bestritten worden, weil durch das Handels=
gericht tatsächlich festgestellt sei, daß die Kläger auf die Haftung
des Beklagten für die Gesellschaftsschulden verzichtet haben und
diese tatsächliche Feststellung der Nachprüfung des Bundesgerichtes
nicht unterstehe. Diese Einwendung geht fehl. Ob und inwieweit
der Angriff der Kläger sich lediglich gegen tatsächliche Feststellun=
gen der Vorinstanz richte, ist bei Beurteilung der Sache selbst zu
untersuchen und zu entscheiden. Wenn die klägerische Beschwerde
sich ausschließlich gegen die Richtigkeit tatsächlicher Feststellungen
der Vorinstanz richten sollte, so müßte dieselbe allerdings angesichts
des Grundsatzes des Art. 30 Abs. 4 O.=G. erfolglos bleiben, das
heißt ohne weiters als unbegründet abgewiesen werden. Die Kom=
petenz des Bundesgerichtes dagegen wäre, da die sämmtlichen ge=
setzlichen Voraussetzungen zweifellos gegeben sind, nichtsdestoweniger
begründet (siehe Entscheidungen, Amtliche Sammlung XII, S. 315
Erw. 2).

4. In der Sache selbst ist nicht richtig, daß die Entscheidung
der Vorinstanz, der Beklagte sei von den Klägern aus der Haf=
tung für die Schulden der Gesellschaft Zollinger, Wagner & Cie.
entlassen worden, rein tatsächlicher Natur sei. Denn die Vorinstanz
gelangt zu dieser Entscheidung nicht auf Grund rein tatsächlicher,
sondern mit auf Grund rechtlicher Erwägungen; insbesondere
auf Grund ihrer Auffassung der Bedeutung und Tragweite des
Art. 589 O.=R. Das Bundesgericht ist also an die gedachte An=
nahme der Vorinstanz nicht ohne weiteres gebunden.

5. Die klagabweisende Entscheidung der Vorinstanz ist indes
aufrecht zu erhalten. Denn neben den in dem angefochtenen Ur=
teile angeführten Gründen sprechen hiefür folgende Erwägungen:
Zwischen der Gesellschaft Zollinger, Wagner & Cie. und dem
klägerischen Bankhause bestand unzweifelhaft ein eigentliches Konto=
korrentverhältnis; nach dem Ausscheiden des Beklagten aus der
Gesellschaft wurde dieses Verhältnis fortgesetzt. Der Kontokorrent
wurde auf die nunmehrige Gesellschaftsfirma L. Wagner & Cie.

übergeschrieben und der anerkannte Saldo auf neue Rechnung dieser Firma übertragen. In der Folge fanden wiederholte Konto= korrentabschlüsse statt, bei welchen jeweilen der frühere Saldo in dem anerkannten Saldo der neuen Rechnung aufging. Nun mag dahingestellt bleiben, ob (wie dies das deutsche Reichsgericht in wiederholten Entscheidungen X, S. 51 u. ff.; XVIII, S. 246 u. ff., angenommen hat) aus der Natur des Kontokorrentvertrages not= wendig folge, daß die (einverständliche) Übertragung eines aner= kannten Kontokorrentsaldos in neue Rechnung jedenfalls dann, wenn diese neue Rechnung ihrerseits durch gemeinsame Feststellung eines neuen Saldo abgeschlossen worden ist, stets Novationswir= kung oder novationsähnliche Wirkung besitze, so daß die alte Saldoforderung mit den für sie bestehenden Sicherheiten und Haftungen in allen Fällen untergehe. Sollte nämlich auch diesem Grundsatze in dieser Allgemeinheit und Unbedingtheit nicht beizu= treten sein, so ist doch jedenfalls festzuhalten, daß wenn ein Konto= korrentverhältnis mit einer Gesellschaft von der andern Konto= korrentpartei, nach ihr bekannt gegebenem Ausscheiden eines Gesellschafters, durch Übertragung des Saldo auf neue Rechnung und Saldierung dieser Rechnung, vorbehaltlos fortgesetzt wird, in der Regel angenommen werden muß, es habe damit die frühere Kontokorrentschuld und mit ihr die Haftung des ausgeschiedenen Gesellschafters, aufgehoben werden wollen. Der Kontokorrentvertrag faßt die während der vereinbarten Rechnungsperiode erfolgenden Leistungen der Parteien derart zu einer Einheit zusammen, daß nur die durch den Rechnungsabschluß zu ermittelnde Differenz zwischen der Gesammtleistung beider Teile (zwischen dem Gesammt= kredit und Gesammtdebit), der Saldo, eingefordert werden darf, während die einzelnen Leistungen der Parteien während der Rech= nungsperiode nur Rechnungsposten für die Saldofeststellung, keine selbständig geltend zu machenden Ansprüche begründen. Wird der Saldo einer abgeschlossenen Rechnungsperiode nicht bezahlt, son= dern (einverständlich) auf neue Rechnung vorgetragen, so verliert auch er seine selbständige Natur und wird zu einem Posten dieser neuen Rechnung, bestimmt, in dem Saldo derselben aufzugehen. Durch die gemeinsame Feststellung des Saldo der neuen Rechnung wird eine auf selbständigem Fundament beruhende neue Saldofor=

berung, in welcher der frühere Saldo aufgegangen ist, geschaffen. Diese Rechtsgestaltung legt den Schluß nahe, daß nach der Absicht der Parteien, bei vorbehaltloser Konstituierung einer neuen Saldo= forderung, die frühere Saldoforderung in allen Teilen durch jene ersetzt werden wolle und es darf dies daher in der Tat, als dem regelmäßigen Parteiwillen und wohl auch der Handelsübung ent= sprechend, angenommen werden, sofern nicht im Einzelfalle beson= dere Umstände dagegen sprechen. Dies ist hier nicht der Fall; das klägerische Bankhaus hat bei Überschreibung des Kontokorrentes auf den Namen der Firma L. Wagner & Cie. keinerlei Vorbehalt gemacht und die von der Vorinstanz angeführten Tatumstände sprechen dafür, daß die Klägerin die Haftung des Beklagten, nach Umschreibung des Kontokorrentes auf den Namen der neuen Firma, als erloschen betrachtet habe.

Demnach hat das Bundesgericht

erkannt:

Die Weiterziehung der Klägerin wird als unbegründet abge= wiesen und es hat demnach in allen Teilen bei dem angefochtenen Urteile des Handelsgerichtes des Kantons Zürich sein Bewenden.

----

# VII. Haftpflicht für den Fabrik- und Gewerbebetrieb.

## Responsabilité pour l'exploitation des fabriques.

### 67. Urteil vom 17. Februar 1893 in Sachen Gottenkieny gegen Albert.

A. Durch Urteil vom 12. Dezember 1892 hat das Appella= tionsgericht des Kantons Baselstadt erkannt: Es wird das erst= instanzliche Urteil bestätigt. Das erstinstanzliche Urteil des Civil= gerichtes Baselstadt ging dahin: Kläger ist mit seiner Klage abgewiesen.

B. Gegen das appellationsgerichtliche Urteil ergriff der Kläger die Weiterziehung an das Bundesgericht, indem er den Antrag anmeldete: es sei Beklagter zur Zahlung einer Entschädigung von 4000 Fr. und Zins à 5 % seit 1. Juli 1892 an den Kläger zu verfällen.

C. Bei der heutigen Verhandlung sind die Parteien nicht er= schienen oder vertreten.

*Das Bundesgericht zieht in Erwägung:*

1. Tatsächlich ist durch die Vorinstanzen festgestellt. Der Kläger war vom Beklagten angestellt worden, um als Arbeiter bei der vom Beklagten übernommenen Reparatur des Zielwalles auf der Schützenmatte in Basel mitzuwirken; er begab sich am 23. Februar 1892 Nachmittags nach der Schützenmatte, um seine Arbeit auf= zunehmen, und zeigte seine Anstellung dem dort befindlichen Polier an. Zum Transporte des für die Reparatur des Zielwalles nötigen Materials war ein Schienengeleise angelegt worden; als der Kläger über diese Schienenanlage gehen wollte, glitt er auf dem etwas gefrorenen Boden aus, fiel über die Schienen und verletzte sich am linken Arm und an der linken Schulter. Wegen der Folgen dieses Unfalles hat der Kläger vom Beklagten eine Entschädigung von 4000 Fr. gestützt auf das erweiterte Haftpflichtgesetz verlangt.

2. Beide kantonalen Instanzen haben die Klage abgewiesen, das Civilgericht mit der Begründung, der Unfall sei nicht durch den Betrieb des Geschäftes des Beklagten erfolgt. Die Zeugen= aussagen haben vielmehr ergeben, daß der Unfall dem Kläger auf dem Wege zur Arbeit, zur Zeit, wo die Arbeit noch nicht auf= genommen worden war, zugestoßen sei und zwar bevor er auf dem Arbeitsplatze angelangt war. Für seine Behauptung, daß er bei Aufnahme der Arbeit den Unfall erlitten habe, habe Kläger keinen Beweis zu erbringen vermocht. Das Appellationsgericht dagegen führt aus: Beim Aktenschlusse habe der Kläger Zeugen= beweis dafür beantragt, daß er sein Werkzeug ausgepackt gehabt habe und gerade an die Arbeit habe gehen wollen, als er über die Schienen gefallen sei. Das Gericht finde sich nicht veranlaßt, diese Abhörung noch vorzunehmen, da das Eine, was die Zeugen gesehen haben und worüber sie vernommen werden sollen, der Fall des Klägers auf den Schienen, mit dem von den andern

Zeugen schon Ausgesagten übereinstimme, über das Weitere aber
ob der Kläger damals schon die Arbeit zu beginnen gehabt habe
und ob die Stelle, wo der Kläger fiel, schon der Arbeitsplatz
selbst gewesen sei, eine Anzahl gegenteiliger Aussagen vorliege.
Und wenn auch die zum Zwecke des Materialtransportes erstellte
Geleiseanlage allerdings in Bezug auf einen bei einem solchen
Transporte verletzten Arbeiter als Teil des Arbeitsplatzes zu be=
trachten wäre, so sei doch gegen den Kläger entscheidend, daß e r
diesen Schienenweg nicht habe benutzen m ü f f e n, um zu der Ar=
beit zu gelangen, im Gegenteil ohne Anlaß und unbesonnen ihn
betreten habe, da auf beiden Seiten der Zugang zum Zielwalle
offen gewesen sei und er die Benützung der Schienen um so eher
hätte vermeiden sollen, wenn sie infolge des Frostes besonders
glatt waren. Es wäre daher, auch wenn man die Schienenanlage
im allgemeinen in den Arbeitsplatz einbeziehen wolle, der Kläger
wegen Selbstverschuldens abzuweisen.

   3. Das Bundesgericht hat schon wiederholt ausgesprochen, daß
der Begriff des Betriebs und Betriebsunfalles im weiten Sinne
aufzufassen ist, wonach darunter auch konnexe Hülfsarbeiten ge=
hören (siehe Entscheidungen in Sachen Grob gegen Schumacher
vom 28. November 1891, Amtliche Sammlung XVII, S. 743 ;
in Sachen Gribi gegen Hasler vom 5. März 1892, Amtliche
Sammlung XVIII, S. 363 Erw. 3). Von dieser Auffassung aus=
gehend, hat das Bundesgericht in der erwähnten Sache Gribi gegen
Hasler den Transport der Arbeiter von und nach den Arbeits=
plätzen, wenn derselbe durch Einrichtung von Arbeiterzügen u. drgl.
von einer Bauunternehmung selbst organisiert worden ist, als zum
Betriebe gehörig behandelt. Dagegen kann einem Zweifel nicht
unterliegen, daß in Ermangelung derartiger vom Unternehmer
selbst getroffener Transporteinrichtungen der Weg der Arbeiter
von und nach dem Arbeitsplatze nicht zum Betriebe gehört. Nun
ist nach den tatsächlichen Feststellungen der Vorinstanzen anzu=
nehmen, daß der Kläger im Augenblicke des Unfalles sich noch
auf dem Wege zu der Arbeitsstelle befand ; er hatte, wie nach
dem zweitinstanzlichen Urteile offenbar anzunehmen ist, sein Ar=
beitsgeräte noch nicht ausgepackt, sondern befand sich noch mit
demselben auf der Schulter unterwegs nach dem Orte, wo er seine

Arbeit aufnehmen sollte. Die Arbeit, welche den Geschäftsbetrieb des Beklagten bildet, war also zur Zeit des Unfalles noch nicht begonnen. Danach kann denn der Unfall nicht als Betriebsunfall aufgefaßt werden. Daß er beim Betreten des für Materialtrans= porte angelegten Schienengeleises sich ereignete, ändert hieran nichts, denn dieses Geleise war im Augenblicke des Unfalles nicht als Betriebsmittel benützt oder zu benützen.

Demnach hat das Bundesgericht
erkannt:

Die Weiterziehung des Klägers wird als unbegründet abge= wiesen und es hat demnach in allen Teilen bei dem angefoch= tenen Urteile des Appellationsgerichtes des Kantons Baselstadt sein Bewenden.

---

68. Urteil vom 7. April 1893 in Sachen Kohli
gegen Aktienbrauerei Feldschlößli.

A. Durch Urteil vom 21. Januar 1893 hat das Obergericht des Kantons Aargau erkannt: Der Kläger wird mit seiner Ap= pellation abgewiesen.

B. Gegen dieses Urteil hat der Kläger die Weiterziehung an das Bundesgericht ergriffen, indem er die Anträge anmeldete: Es sei in Aufhebung des obergerichtlichen Urteils dem Kläger der Schluß seiner Klage zuzusprechen, wobei man sich die bezahlten 2500 Fr. in Abzug bringen läßt. Eventuell die beklagte Partei sei schuldig, dem Kläger in Ergänzung der erhaltenen 2500 Fr. noch weitere 1280 Fr. nebst Zins seit dem 3. Februar 1891 zu bezahlen.

Mit diesem Begehren wird zugleich das weitere Begehren ver= bunden, es seien die Akten nach folgenden Richtungen zu vervoll= ständigen:

1. Betreffend den Kapitalwert einer Lebensrente von 240 Fr. nach Mitgabe der Beweisanträge unter Art. VIII 1 der Replik;

2. Betreffend die Tatsache, daß der Kläger sich beim Abschluß des Vergleichs im Irrtum befand und daß dieser Irrtum überdies durch den Vertreter der Gegenpartei hervorgerufen wurde, nach Mitgabe der Beweisanträge unter Art. XV der Replik.

C. Bei der heutigen Verhandlung ist der Kläger weder er=
schienen noch vertreten. Der Anwalt der Beklagten und Rekurs=
beklagten trägt auf Abweisung der gegnerischen Weiterziehung an,
indem er darauf hinweist, daß, soweit die Klage auf das Obli=
gationenrecht begründet werde, nach Maßgabe der vor zweiter
Instanz gestellten Anträge des Klägers, der gesetzliche Streitwert
nicht gegeben und daher das Bundesgericht nicht kompetent sei.

Das Bundesgericht zieht in Erwägung:

1. Vor der zweiten kantonalen Instanz hat der Kläger seine
Forderung für den Fall, daß das Obligationenrecht zur Anwen=
dung komme, dahin formuliert, die beklagte Partei sei schuldig,
dem Kläger in Ergänzung der erhaltenen 2500 Fr. noch weitere
1280 Fr. nebst Zins seit dem 3. Februar 1891 zu bezahlen.
Soweit also die Klage auf das Obligationenrecht gestützt wird,
liegt nur noch ein Betrag von 1280 Fr. nebst Zins im Streite;
es ist daher der gesetzliche Streitwert von 3000 Fr. nicht ge=
geben und mithin das Bundesgericht nicht kompetent. Dagegen
sind rücksichtlich der in erster Linie erhobenen Fabrikhaftpflichtklage
die sämtlichen Voraussetzungen der bundesgerichtlichen Kompetenz
gegeben.

2. In tatsächlicher Beziehung steht fest: Der Kläger war im
Dienste der Beklagten, welche neben ihrer, der Fabrikgesetzgebung
unterstellten, Bierbrauerei noch eine ziemlich ausgedehnte Land=
wirtschaft betreibt, als Melker angestellt. Am 3. Februar 1892
war er damit beschäftigt, vermittelst einer von der Brauerei aus
durch Dampf getriebenen Futterschneidmaschine in der Scheune
Futter zu schneiden. Dabei geriet er mit der rechten Hand in die
Maschine und erlitt dabei eine Verletzung, welche die Amputation
der Hand bei der Handwurzel notwendig machte. Über diesen Un=
fall wurde vom Haftpflichtbeamten ein Protokoll aufgenommen,
welches vom Direktor der Beklagten als „Betriebsunternehmer"
unterzeichnet wurde. Der Kläger belangte die Beklagte, indem er
sich in erster Linie auf das Fabrikhaftpflichtgesetz und das er=
weiterte Haftpflichtgesetz, in zweiter Linie auf das Obligationen=
recht berief, auf Ersatz der Heilungskosten und auf Bezahlung
von 6000 Fr. wegen Verminderung seiner Erwerbsfähigkeit. Am
18. September 1891 schloß er mit der Versicherungsgesellschaft
**La Préservatrice**, bei welcher die Beklagte ihre Arbeiter gegen

Unfall versichert hatte, einen Vergleich ab, wodurch er gegen Be=
zahlung von 2500 Fr. auf weitere Entschädigungsansprüche so=
wohl gegenüber der Beklagten als gegenüber der Versicherungs=
gesellschaft verzichtete. Am 21. September 1891 widerrief indes
der bevollmächtigte Anwalt des Klägers diesen Vergleich, gestützt
auf Art. 9 Abs. 2 des erweiterten Haftpflichtgesetzes; daraufhin
wurde der Prozeß durchgeführt. Beide Instanzen haben die Klage
abgewiesen.

3. Nach dem in Erwägung 1 Bemerkten kann es sich für das
Bundesgericht nur noch um den Haftpflichtanspruch des Klägers
handeln. Dieser nun ist in Übereinstimmung mit den Vorinstanzen
deßhalb abzuweisen, weil der Unfall überhaupt nicht unter di=
Haftpflichtgesetzgebung fällt. Derselbe ereignete sich nicht in den
Räumlichkeiten und durch den Betrieb der Fabrik (Bierbrauerei)
der Beklagten, sondern in einer dem landwirtschaftlichen Betriebe
dienenden Räumlichkeit und bei einer Dienstverrichtung, welche
unmittelbar nicht der Ausübung des Brauereigewerbes, sondern
eben dem Betriebe der Landwirtschaft diente. Es ist daher klar
daß die Voraussetzungen der Art. 1 und 2 des Fabrikhaftpflicht=
gesetzes vom 25. Juni 1887 nicht gegeben sind. Der landwirt=
schaftliche Betrieb der Beklagten nämlich kann offenbar nicht etwa
als ein Bestandteil des Brauereigewerbes derselben aufgefaßt wer=
den. Es mag zwar der landwirtschaftliche Betrieb insofern mit
dem Brauereigewerbe in einer gewissen Verbindung stehen, als
vielleicht Nebenprodukte des letztern in der Landwirtschaft Ver=
wendung finden, oder landwirtschaftliche Erzeugnisse für den Be=
trieb des Brauereigewerbes benutzt werden; allein zum Betriebe
des Brauereigewerbes gehört die daneben von der Beklagten be=
triebene Landwirtschaft deßhalb doch gewiß nicht. Sie bildet viel=
mehr einen selbständigen Betrieb, welcher als solcher, als land=
wirtschaftlicher, der Haftpflichtgesetzgebung nicht untersteht. Daran
wird auch dadurch nichts geändert, daß landwirtschaftliche Ma=
schinen durch Dampf, der von der Fabrik hergeleitet wird, betrieben
werden; dadurch werden die betreffenden, vermittelst dieser Ma=
schine vorgenommenen landwirtschaftlichen Verrichtungen nicht zu
einem Bestandteile des Fabrikbetriebes, des Brauereigewerbes.
Wenn der Kläger im weitern meint, zufolge der Verwendung von
Dampfkraft für den Betrieb einzelner Maschinen sei der Land=

wirtschaftsbetrieb der Beklagten zu den Gewerben zu rechnen, in welchen „explodierbare Stoffe" gewerbemäßig verwendet werden, und falle daher unter Art. 1 Ziff. 1 des erweiterten Haftpflicht= gesetzes, so ist auch dies unrichtig. Abgesehen davon, daß Wasser= dampf wohl kaum zu den explodierbaren Stoffen im Sinne der citierten Gesetzesbestimmung zu rechnen ist, gehört eben der land= wirtschaftliche Betrieb, auch wenn dabei Dampfkraft benutzt wird, nach dem klaren Willen des Gesetzes, nicht zu den der Haft= pflichtgesetzgebung einzig unterstellten Gewerben. Fraglich hätte nur sein können, ob nicht die Verrichtung, bei welcher der Kläger verletzt wurde, sich als eine mit dem Fabrikbetriebe im Zusammen= hange stehende Hülfsarbeit oder eine mittelbar mit dem Fabrik= betriebe im Zusammenhange stehende Dienstverrichtung im Sinne der Art. 3 und 4 des erweiterten Haftpflichtgesetzes qualifiziere. Hievon hätte dann vielleicht gesprochen werden können, wenn das Futter, welches der Kläger zu schneiden hatte, für Zugtiere be= stimmt gewesen wäre, welche für Transportzwecke des Brauerei= betriebes gehalten wurden. Allein eine sachbezügliche Behauptung ist gar nicht aufgestellt. Es mangelt also an jedem, auch nur mittelbaren, Zusammenhange zwischen der Verrichtung, bei welcher der Kläger verletzt wurde, und dem Betriebe des Brauereigewerbes. Wenn schließlich der Kläger noch behauptet hat, die Beklagte habe ihre gesetzliche Haftpflicht durch vorbehaltlose Unterzeichnung des über den Unfall aufgenommenen Protokolls anerkannt, so ist dies, wie die Vorinstanz hinlänglich gezeigt hat, völlig unbe= gründet.

4. Ist somit die vorinstanzliche Entscheidung in der Hauptsache in allen Teilen zu bestätigen, so muß es gemäß feststehender Praxis auch rücksichtlich der Kosten einfach bei der Verfügung der kantonalen Gerichte sein Bewenden haben.

Demnach hat das Bundesgericht

erkannt:

Die Weiterziehung des Klägers wird als unbegründet ab= gewiesen und es hat demnach in allen Teilen bei dem angefoch= tenen Urteile des Obergerichtes des Kantons Aargau sein Be= wenden.

### 69. Urteil vom 30. Juni 1893 in Sachen Kaißling gegen Mertzlufft.

A. Durch Urteil vom 28. März 1893 hat die Appellations=
kammer des Obergerichtes des Kantons Zürich erkannt: Es wird
Vormerk davon genommen, daß der Beklagte den Betrag von
230 Fr. (Heilungs= und Verpflegungskosten) anerkennt; im übri=
gen wird die Klage abgewiesen.

B. Gegen dieses Urteil ergriff der Kläger die Weiterziehung
an das Bundesgericht, indem er die Anträge anmeldete:

1. Es sei dem Kläger das Armenrecht zu bewilligen.

2. Es sei die Klage in vollem Umfange zu schützen und der
Beklagte demgemäß zu verpflichten, dem Kläger 6000 Fr. nebst
Zins zu 5 % seit 27. November 1891 zu bezahlen, sowie die
Heilungskosten zu ersetzen.

Bei der heutigen Verhandlung sucht sein Anwalt zunächst
wiederholt um Bewilligung des Armenrechts für seinen Klienten
nach; in der Sache selbst beantragt er: Gutheißung seines Re=
kurses, entweder sofort oder nach Anordnung einer Vervollständi=
gung der Expertise in dem Sinne, daß die Experten angefragt
werden, ob nicht die Rückwärtsbewegung des Brettes auf einen
Zeitpunkt anzusetzen sei, wo der Kläger das Brett nicht mehr
beherrscht habe. Als Experten schlage er den Adjunkten des Ar=
beitersekretärs Morf in Zürich vor. Gleichzeitig erklärt der Anwalt
des Klägers, daß dieser sich vorbehalte, eventuell aus dem Titel
des Versicherungsabzuges von 1 % vor den kantonalen Gerichten
neuerdings zu klagen.

Der Anwalt des Beklagten trägt auf Bestätigung des ange=
fochtenen Urteils und Abweisung der gegnerischen Beschwerde an;
eventuell protestiert er gegen den von der Gegenpartei vorgeschla=
genen Experten.

Das Bundesgericht zieht in Erwägung:

1. Der Kläger, der 1865 geborene Schreiner Kaißling, trat am
12. Mai 1891 in der Möbelschreinerei des Beklagten in Arbeit.
Am 27. November 1891 Morgens früh war er damit beschäftigt,
an der durch Dampf getriebenen Hobelmaschine ein Stück Hart=

holz zu hobeln. Das Hobeln geschieht in der Weise, daß das zu hobelnde Brett auf den Tisch der Maschine gelegt und über die Messer geschoben wird, welche durch eine ungefähr in der Mitte des Tisches befindliche, quer über denselben verlaufende, circa zwei Centimeter breite Öffnung um einige Millimeter hervortreten. Die Messer machen in der Minute 3—4000 Umdrehungen. Bei Ausführung dieser Arbeit geriet der Kläger mit der linken Hand in die Messer und verlor dadurch die drei Mittelfinger der linken Hand. Der auf Ersatz der Heilungs= und Verpflegungskosten mit 230 Fr. und einer Entschädigung von 6000 Fr. für Verminde=rung der Erwerbsfähigkeit gerichteten Klage des Verletzten hat der Beklagte die Einrede des Selbstverschuldens entgegengestellt und daher auf Abweisung der Entschädigungsforderung von 6000 Fr. angetragen. Dagegen hat er die Heilungs= und Verpflegungskosten mit 230 Fr. anerkannt.

2. Gestützt auf das von ihr eingeholte Obergutachten hat die zweite Instanz festgestellt, der Unfall sei dadurch entstanden, daß der Kläger, nachdem er das Brett einmal in normaler Weise, nämlich von rechts nach links, über die Messerwalze geschoben hatte, es sodann rückwärts, von links nach rechts zurückgeschoben, das Holz also in der nämlichen Richtung bewegt habe, welche die rotierenden Messer, wie sie sichtbar werden, selbst befolgen. In Folge dessen sei das Brett zurückgeschleudert worden und es sei so die linke Hand des Klägers in die Messer geraten. Diese Feststel=lung ist tatsächlicher Natur und daher für das Bundesgericht verbindlich. Das Aktenvervollständigungsbegehren des Klägers ist, weil auf eine Widerlegung tatsächlicher Feststellungen der Vorin=stanz gerichtet, nach dem Grundsatze des Art. 30 Abs. 4 O.=G. unzulässig. Wenn der klägerische Anwalt heute des fernern aus=geführt hat, es liege darin, daß die beklagtische Behauptung, der Kläger habe nach rückwärts (von links nach rechts) gehobelt, überhaupt berücksichtigt worden sei, ein Kassationsgrund, da die fragliche Behauptung verspätet vorgebracht worden sei, so kann hierauf nichts ankommen. Denn die Frage, ob die gedachte beklag=tische Behauptung rechtzeitig vorgebracht wurde, ist ausschließlich eine Frage des kantonalen Prozeßrechtes, welche sich der Nachprü=fung des Bundesgerichtes entzieht. Übrigens ist die Beschwerde

des Klägers auch offenbar unbegründet. Allerdings hatte der An=
walt des Beklagten ursprünglich seine Behauptung dahin gefaßt,
der Kläger habe „gegen den Strich" gehobelt; allein darunter
verstand er, wie sich klar ergibt, von Anfang an nicht das Hobeln
gegen den Verlauf der Holzfaser, was darunter gewöhnlich ver=
standen wird, sondern vielmehr das „Rückwärtshobeln", d. h. die
Tatsache, daß der Kläger von der rückwärtigen Seite des Hobel=
tisches das Brett zurück über die Messer geschoben habe.

3. Ist also davon auszugehen, daß der Kläger das Brett von
links nach rechts, in der Richtung der rotierenden Messer, über
die Messerwalze zurückgeschoben hat und dadurch der Unfall herbei=
geführt worden ist, so liegt ein Verschulden des Klägers unzwei.
felhaft vor. Denn eine derartige Verwendung der Hobelmaschine
ist, wie die Vorinstanz gestützt auf den von ihr eingenommenen
Augenschein ausführt, eine ungemein gefährliche und ist, nach den
Ergebnissen des Zeugenbeweises, dies jedem Arbeiter an einer
solchen Maschine bekannt. Der Kläger hat denn auch selbst nicht
behauptet, daß er die Gefahr nicht gekannt habe. Der Kläger hat
daher in offenbar unvorsichtiger Weise eine gefährliche Manipu=
lation, zu welcher er nicht genötigt war, vorgenommen und sich
dadurch einer Fahrlässigkeit schuldig gemacht. Dagegen kann ein in
kausalem Zusammenhange mit dem Unfalle stehendes Selbstver=
schulden nicht auch darin erblickt werden, daß der Kläger die
Messer zu hoch gestellt habe; denn es steht nach den Aussagen
der Vorinstanz nicht fest, daß der Unfall durch zu hohe Stellung
der Messer, respektive durch zu tiefe Stellung des beweglichen
Plattentisches veranlaßt worden sei und es ist auch nicht ersichtlich,
daß überhaupt die in dieser Richtung vom Kläger getroffene An=
ordnung fehlerhaft gewesen sei.

4. Trifft danach den Verletzten ;allerdings ein Verschulden, so
steht aber demselben ein Mitverschulden des Beklagten gegenüber.
Die Fraise, bei deren Bedienung sich der Unfall ereignete, ist ohne
Zweifel eine gefährliche Maschine, welche bei auch nur momen=
taner Unachtsamkeit oder Unvorsichtigkeit der daran beschäftigten
Arbeiter deren körperliche Integrität gefährdet. Nichtsdestoweniger
war an derselben im Etablissement des Beklagten eine zweckdien=
liche Schutzvorrichtung nicht angebracht. Eine Schutzvorrichtung

war zwar vorhanden, allein dieselbe war, wie auch die Vorinstanz
anerkennt, nicht richtig konstruiert und es scheint, da sie die Ar=
beiter in der Arbeit bedeutend hinderte, deren Benützung überhaupt
außer Übung gekommen zu sein, derart, daß sie z. B. bei dem
Augenscheine der Vorinstanz überhaupt nicht in Funktion gesetzt
werden konnte. Dieser Mangel einer zweckdienlichen Schutzvorrich=
tung bei einer gefährlichen Maschine ist dem Beklagten zum Ver=
schulden anzurechnen. Denn es ist ohne Zweifel die Pflicht des
Inhabers eines gewerblichen Etablissements, Leben und Gesundheit
seiner Arbeiter gegen die Gefahren, welche ihnen durch die maschi=
nellen Einrichtungen drohen, möglichst zu sichern und zu diesem
Zwecke die den Umständen angemessenen und durch die technische
Wissenschaft und Erfahrung angeratenen Schutzvorrichtungen an=
zubringen. Es steht auch hier der Mangel einer zweckdienlichen
Schutzvorrichtung in kausalem Zusammenhange mit dem Unfalle.
Denn es darf wohl angenommen werden, daß eine zweckmässige,
richtig konstruierte Schutzvorrichtung von dem Arbeiter wäre be=
nutzt worden und den Unfall verhütet hätte.

5. Es ist demnach, in Abweichung von der Auffassung der
Vorinstanz, in Übereinstimmung dagegen mit der ersten Instanz,
konkurrierendes Verschulden beider Parteien anzunehmen. Immer=
hin erscheint das Verschulden des Arbeiters als das überwiegende
und es ist diesem Umstande bei Feststellung des Quantitativs der
Entschädigung Rechnung zu tragen. Der Schaden, den der erst 27=
jährige Kläger durch die Verminderung seiner Erwerbsfähigkeit
zufolge des Unfalls erleidet, übersteigt oder erreicht doch mindestens
das gesetzliche Entschädigungsmaximum von 6000 Fr. Denn zu=
folge der erlittenen Verletzung ist der Kläger wohl kaum mehr
fähig, seinen erlernten Beruf als Schreiner in lohnender Weise
auszuüben; er ist also darauf angewiesen, eine andere Beschäf=
tigung zu suchen, wobei er in der Auswahl derselben wie in seiner
Leistungsfähigkeit durch den Verlust der drei Mittelfinger der linken
Hand dauernd nicht unwesentlich beschränkt bleiben wird. Die
Verminderung seiner Arbeitsfähigkeit darf wohl auf 20—30 %
veranschlagt werden. Wird danach einerseits die Größe des dem
Kläger entstandenen Schadens in Betracht gezogen, andrerseits
dagegen erwogen, daß denselben das überwiegende Verschulden an

bem Unfalle trifft, so erscheint eine Entschädigung von 2000 Fr. als den Verhältnissen angemessen.

Demnach hat das Bundesgericht

erkannt:

Die Weiterziehung des Klägers wird dahin für begründet erklärt, daß, in Abänderung des Dispositivs 1 des angefochtenen Urteils, der Beklagte verurteilt wird, dem Kläger außer dem anerkannten Betrage von 230 Fr. für Heilungs= und Verpflegungs= kosten, eine Entschädigung von 2000 Fr., sammt Zins zu 5 °/₀ seit 27. November 1891, zu bezahlen.

---

### 70. Urteil vom 30. Juni 1893 in Sachen Strebel gegen Ackermann.

A. Durch Urteil vom 24. März 1893 hat das Obergericht des Kantons Aargau erkannt: Das untergerichtliche Urteil wird in dem Sinne, b. h. mit der Modifikation bestätigt, daß von dem zugesprochenen Betrage von 4500 Fr. dem Kläger 3000 Fr. so= fort auszubezahlen, die restierenden 1500 Fr. dagegen bei der aargauischen Bank (im Sinne der Art. 8 Lemma 2 und 13 des Haftpflichtgesetzes vom 25. Juni 1881) gegen Ausrichtung des Zinsgenusses an den Kläger anzulegen sind.

B. Gegen dieses Urteil ergriff der Beklagte die Weiterziehung an das Bundesgericht. Im weitern erklärte die Unfallsver= sicherungsgesellschaft in Winterthur, bei welcher der Beklagte sich gegen Haftpflicht versichert hat, sie habe den Prozeß tatsächlich schon vor den kantonalen Instanzen geführt; sie tue es jetzt, nachdem der Beklagte schwer erkrankt sei, auch formell, indem sie sich dem Beklagten als Streitgenosse anschließe und als solcher die Weiterziehung an das Bundesgericht ergreife.

C. Bei der heutigen Verhandlung beantragt Fürsprech Isler in Aarau, Namens des Beklagten und der Unfallsversicherungs= gesellschaft Winterthur, die Klage sei ganz abzuweisen, eventuell die Entschädigung sei noch zu reduzieren.

Fürsprecher Straub in Baden, Namens des Klägers, erklärt,

dieser erhebe gegen den Beitritt der Unfallsversicherungsgesellschaft Winterthur zum Prozesse keine Einwendung; er beantrage Bestätigung des angefochtenen Urteils, unter Kostenfolge, mit der Maßgabe, daß die Unfallsversicherungsgesellschaft Winterthur in das Urteil einbezogen und solidarisch mit dem Beklagten verurteilt werde.

Fürsprech Jsler erklärt sich Namens der Unfallsversicherungsgesellschaft Winterthur damit einverstanden, daß diese direkt in das Urteil einbezogen werde.

Das Bundesgericht zieht in Erwägung:

1. Der 1849 geborene Kläger arbeitete bis zum 19. Juni 1891 in dem Steinbruche des Beklagten zum Steinhof in Othmarsingen als Steinhauer, wobei er einen Jahresverdienst von circa 900 Fr. hatte. Am 19. Juni 1891 war er auf dem sogenannten Hochgerüste mit dem Verladen von Bruchsteinen beschäftigt. Zur Verrichtung eines natürlichen Bedürfnisses begab er sich an das westliche Ende des Hochgerüstes; dabei brach ein morsch gewordener Laden ein und der Kläger fiel infolge dessen aus einer Höhe von 4,85 Meter zur Erde, wodurch er verschiedene Verletzungen erlitt.

2. Der auf das eidgenössische Fabrikhaftpflichtgesetz und das erweiterte Haftpflichtgesetz gestützten Schadenersatzklage des Verletzten, hat der Beklagte grundsätzlich die Einwendungen entgegengestellt: Der Unfall habe sich nicht beim Betriebe ereignet und sei durch den Kläger selbst verschuldet, da dieser dienstlich keine Veranlassung gehabt habe, sich auf das äußerste Ende des Hochgerüstes zu begeben; dieses äußerste Ende sei überhaupt gar nicht zum Betreten durch die Arbeiter bestimmt. Ferner sei die Klage nach Art. 12 des Fabrikhaftpflichtgesetzes verjährt, die Verjährung von Fabrikhaftpflichtsansprüchen nämlich werde nur durch Einreichung der Klage, nicht durch Anhebung der Betreibung unterbrochen; die Klage sei hier aber erst am 6. Juli 1892 eingereicht worden, während allerdings die Betreibung am 15. Juni angehoben worden sei.

3. Der Unfall hat sich unzweifelhaft beim Betriebe des der Haftpflichtgesetzgebung unterstehenden Steinbrechereigewerbes des Beklagten ereignet. Denn derselbe ist durch die Mangelhaftigkeit

einer Betriebsvorrichtung, die Morschheit eines Ladens des Hoch=
gerüstes, herbeigeführt worden und hat den Verletzten betroffen,
während dieser zu Zwecken des Betriebs auf dem Hochgerüste sich
aufhielt. Der Kausalzusammenhang mit dem Betriebe ist also ge=
geben. Daß der Verletzte im Augenblicke des Unfalles seine dienst=
lichen Verrichtungen momentan unterbrochen hatte, um ein na=
türliches Bedürfnis zu befriedigen, ändert hieran nichts. Eigenes
Verschulden des Verletzten liegt nicht vor. Von einem solchen
könnte nur dann gesprochen werden, wenn den Arbeitern verboten
gewesen wäre, die Stelle des Hochgerüstes, wo der Unfall sich
ereignete, zu betreten und zu Zwecken, wie der Verletzte sie ver=
folgte, zu benutzen. Dies ist aber gar nicht behauptet; die Ar=
beiter durften daher diese, wie alle andern Stellen des Gerüstes
für solid halten und sich für befugt erachten, dieselbe zu betreten.
Unvorsichtigkeit des Verletzten, daß derselbe etwa zu weit hinaus=
getreten wäre u. drgl., hat bei Herbeiführung des Unfalles keine
Rolle gespielt.

4. Ebenso ist die Einrede der Verjährung unbegründet. Die
Fabrikhaftpflichtgesetze enthalten (abweichend vom Eisenbahnhaft=
pflichtgesetze) keine Sonderbestimmungen über die Unterbrechung
der Verjährung. Es greifen daher die allgemeinen Bestimmungen
des Obligationenrechtes Platz, welche (soweit nicht Spezialgesetze
abweichende Vorschriften enthalten) für die Verjährung aller (bun=
desrechtlichen) Ansprüche gelten, mag nun die Verjährungsfrist
im Obligationenrecht selbst oder in andern Gesetzen bestimmt sein
(siehe Entscheidungen, Amtliche Sammlung XVII, S. 00 Erw. 4,
XVIII, S. 927 Erw. 2). Anders wäre dies allerdings dann,
wenn Art. 12 des Fabrikhaftpflichtgesetzes nicht eine Verjährung,
sondern eine Verwirkungsfrist statuierte. Allein dies ist offenbar
nicht der Fall. Art. 12 des Fabrikhaftpflichtgesetzes führt, wie sein
Wortlaut deutlich zeigt, eine besondere kurze Verjährung ein, nicht
eine Verwirkungsfrist. Wenn der Anwalt des Beklagten heute
darauf hingewiesen hat, daß jedenfalls die in Art. 13 des Fabrik=
haftpflichtgesetzes für Begehren um Rektifikation eines Urteils be=
stimmte Frist nur durch Klageanhebung unterbrochen werden
könne, so ist dies nicht beweisend. Auch wenn die Frist des Art. 13
cit. nur durch Klagerhebung unterbrochen werden kann, so be=

weist dies doch nichts für die Unterbrechung der in Art. 12 nor=
mierten Verjährung. Denn in den Fällen des Art. 13 handelt es
sich eben speziell um Rektifikation eines Urteils, welche nur durch
den Richter geschehen kann, nicht um die Geltendmachung der
ursprünglichen Schadenersatzforderung. Sind also die Bestimmungen
des Obligationenrechtes über die Unterbrechung der Verjährung
anwendbar, so ist die Verjährung nicht eingetreten. Denn nach
Art. 154 O.=R. wird die Verjährung auch durch die Betreibung
unterbrochen und diese ist in casu am 15. Juni 1892, also noch
innerhalb der einjährigen Verjährungsfrist des Art. 12 des Fabrik=
haftpflichtgesetzes, angehoben worden.

5. Rücksichtlich der Folgen des Unfalles steht fest, daß der
Kläger durch den Fall eine ziemlich ausgedehnte Quetschung und
Zerreißung der Ohrmuschel nebst verschiedenen Kontusionen an
Brust, Armen und Beinen erlitt. Er behauptet im fernern, er sei
infolge einer durch den Fall verursachten traumatischen Neurose
noch gegenwärtig völlig arbeitsunfähig und werde es voraussicht=
lich zeitlebens bleiben. Der Beklagte hat bestritten, daß der Kläger
infolge des Unfalles an traumatischer Neurose leide; derselbe sei
vielmehr ein Simulant. Das Gutachten des Oberarztes der kan=
tonalen Krankenanstalt spricht sich dahin aus, wenn auch Gründe
für die Annahme von Simulation vorhanden seien, so sei doch
möglich, daß die Krankheitserscheinungen des Verletzten mit dem
am 19. Juni 1891 erlittenen Unfall im Zusammenhange seien
und daß er infolge dessen an traumatischer Neurose leide. Sei
diese Annahme richtig, so müsse die Aussicht auf Genesung bei
der bereits langen Dauer der Krankheit, bei Anwesenheit nicht
nur spinaler, sondern auch cerebraler Erscheinungen, als eine
schlechte bezeichnet werden. Das Obergericht hat ausgesprochen,
es sei der beklagtischen Behauptung, der Kläger sei ein Simulan
kein Gewicht beizumessen; es sei in dieser Beziehung auf das Gut=
achten des Oberarztes der kantonalen Krankenanstalt aufmerksam
zu machen. Das Obergericht geht demnach offenbar davon aus
es seien nach dem Sachverständigengutachten die Krankheitser=
scheinungen des Verletzten als reelle, nicht simulierte zu betrachten;
es sei also als erwiesen zu betrachten, daß der Kläger infolge des
Unfalles an traumatischer Neurose leide und daß die Aussichten

auf Genesung schlechte seien. Diese Entscheidung ist tatsächlicher Natur und das Bundesgericht daher an dieselbe gebunden. Hievon ausgegangen aber ist die vorinstanzlich für Schmälerung resp. Aufhebung der Erwerbsfähigkeit gesprochene Entschädigung von 4500 Fr. — die Heilungskosten sind nicht bestritten — keineswegs übersetzt. Denn nach der gedachten Annahme ist der Kläger voraussichtlich dauernd erwerbsunfähig, so daß ihm mutmaßlich, ein dauernder Einkommensausfall von circa 900 Fr. entsteht Diesem Einkommensausfall würde bei dem Alter des Klägers ein den geforderten Betrag von 4500 Fr. sehr erheblich übersteigendes Rentenkapital entsprechen. Danach ist die vorinstanzliche Entscheidung einfach zu bestätigen. Denn der Kläger hat sich über den vom Obergericht zu Gunsten des Beklagten gemachten Vorbehalt, wonach diesem vorbehalten wird, bei wesentlicher Besserung des Befindens des Verletzten 1500 Fr. von der gesprochenen Entschädigung, welche zu diesem Zwecke während der Frist des Art. 13 des Fabrikhaftpflichtgesetzes zu deponieren sind, zurückzufordern, nicht beschwert. Gemäß den heutigen Erklärungen der Parteien ist lediglich der Zusatz aufzunehmen, daß für die dem Beklagten auferlegten Leistungen die Intervenientin die Unfallversicherungsgesellschaft Winterthur, dem Kläger solidarisch einzustehen hat.

Demnach hat das Bundesgericht

erkannt:

Die Weiterziehung wird als unbegründet abgewiesen und es hat demnach in allen Teilen bei dem angefochtenen Urteile des Obergerichtes des Kantons Aargau sein Bewenden.

---

### 71. Urteil vom 30. Juni 1893 in Sachen Bickel gegen Dienet.

A. Durch Urteil vom 25. April 1893 hat die Appellationskammer des Obergerichtes des Kantons Zürich erkannt: Die Klage wird abgewiesen.

B. Gegen dieses Urteil ergriff der Kläger die Weiterziehung an das Bundesgericht. Bei der heutigen Verhandlung trägt sein Anwalt, indem er gleichzeitig um Erteilung des Armenrechts an seinen Klienten nachsucht, auf Gutheißung des Rekurses und der Klage an. Der Anwalt des Beklagten beantragt Abweisung der gegnerischen Beschwerde und Bestätigung des vorinstanzlichen Urteils.

1. Der im Jahre 1868 geborene Kläger stand seit dem 15. Februar 1892 in der Blechwaarenfabrik des Beklagten mit einem Taglohn von zuletzt circa 4 Fr. in Arbeit. Am 16. April 1892 Nachmittags, war er damit beschäftigt, an der für das Schneiden von Metall, insbesondere Blech, bestimmten Fraiseneinrichtung, Henkel für Gießkannen zuzuschneiden. Das Cirkularsägeblatt von 12 Centimeter Durchmesser ist an einer ältern ursprünglich und hauptsächlich zum Drehen und Blechdrücken bestimmten Bank von circa 180 Centimeter Höhe an einem 20 Centimeter langen, vertikalen eisernen Stabe (sogen. fliegender Dorn) angebracht. Dasselbe macht in der Minute circa 3000 Umdrehungen. Als Schutzvorrichtung zum Arbeiten an dieser Fraise und um überhaupt für die mit der Fraise zu schneidenden Objekte eine feste Auflage zu haben, war ein aus Holz verfertigter sogenannter Auflagetisch vorhanden, der circa 24 Centimeter in der Länge und circa 16 Centimeter in der Breite mißt und in der Mitte mit einem Schlitze versehen ist, dazu bestimmt, beim Auflegen des Tisches auf den Auflagestock genügend Raum für das Fraisenblatt offen zu lassen. Durch das Auflegen dieses Tisches wird das sonst ganz frei liegende Fraisenblatt derart eingedeckt, daß nur ein Fraisenblattsegment von 24—28 Millimeter Pfeilhöhe über den Auflagetisch hervorragt. Da die Bank, an der diese Einrichtung angebracht ist, auch zu andern Arbeiten, insbesondere zum Drehen verwendet wird, muß jeweilen, wenn gefraist werden soll, die Fraiseneinrichtung in der Weise vorerst montiert werden, daß der Auflagestock in richtiger Entfernung angebracht und darauf der Fraisentisch befestigt wird. Am 16. April 1892 nun gebrauchte der Kläger den als Schutzvorrichtung dienenden Auflagetisch nicht, sondern bediente sich für seine Arbeit lediglich einer selbstverfertigten Schablone, welche einzig aus einem hölzernen Brette bestand, auf welchem der zu schneidende Henkel, um demselben Halt zu geben, zwischen eine Partie Stiften, der Rundung des Henkels entsprechend, aufgelegt wurde. Diese Schablone war mit der Fraiseneinrichtung nicht fest verbunden, sondern mußte von dem Kläger

beim Gebrauche mit beiden Händen an die Fraise gehalten werden,
so daß der Auflagestock oder Dorn den einzigen Stützpunkt für
die Schablone bildete und somit ein Überkippen derselben sehr
leicht möglich war. Während der Arbeit des Klägers kippte denn
auch wirklich die Schablone um und der Kläger stürzte mit dem
rechten Arm in die Fraise, die den Vorderarm bis zu den Knochen
durchschnitt.

2. Der auf Ersatz der Heil= und Verpflegungskosten, sowie
auf eine Entschädigung für Minderung der Erwerbsfähigkeit von
6000 Fr. gerichteten Entschädigungsklage des Verletzten hat der
Beklagte die Einrede des Selbstverschuldens entgegengestellt. Diese
Einrede muß, nach dem von den Vorinstanzen festgestellten Tat=
bestande, in Übereinstimmung mit den Vorinstanzen, für begründet
erklärt werden. Rücksichtlich der Begründung kann im wesentlichen
auf die Entscheidungsgründe der Vorinstanzen verwiesen und mag
hier nur kurz bemerkt werden: Die Vorinstanzen stellen gestützt
auf die von ihnen erhobenen Expertengutachten fest, daß der vor=
handene Auflagetisch als eine allen Anforderungen genügende
Schutzvorrichtung zu betrachten sei und daß weitere Schutzvor=
richtungen nicht wohl haben angebracht werden können. Sie stellen
ferner fest, daß die Ursache des Unfalles einzig und allein darin
liege, daß der Kläger ohne diese Schutzvorrichtung zu gebrauchen
an der Fraise gearbeitet habe, während bei Gebrauch des Auf=
lagetisches der Unfall, so wie er sich ereignete, nicht hätte ein=
treten können. Der Unfall ist also einzig und allein dadurch ver=
ursacht worden, daß der Verletzte es vernachlässigt hat, einer
vorhandenen Schutzvorrichtung sich zu bedienen. Darin liegt ohne
Zweifel eine Fahrlässigkeit. Die Benutzung der Maschine ohne
Auflagetisch war, wie dem Kläger, als erfahrenem Arbeiter, nicht
unbekannt sein konnte, gefährlich; wenn der Kläger aus Bequem=
lichkeit oder weil er so mit seiner Arbeit rascher vorwärts kam,
nichtsdestoweniger die vorhandene Schutzvorrichtung nicht gebraucht
hat, so hat er sich dadurch einer höchst unvorsichtigen Handlungs=
weise schuldig gemacht. Der Kläger hat nun allerdings einge=
wendet, der Auflagetisch sei von dem Arbeiter Kopp blos zu
seinem persönlichen Gebrauche angefertigt worden und es sei ihm
dessen Vorhandensein nicht bekannt gewesen. Allein diese Be=
hauptungen sind durch die tatsächlichen Feststellungen der Vorin=

stanzen widerlegt. Denn danach steht fest, daß der Arbeiter Kopp den Fraisentisch nicht bloß zu seinem persönlichen Gebrauche, sondern für das Geschäft angefertigt hat, daß dieser Tisch denn auch stets auf der Bank zur Verfügung bereit lag und daß Kopp den Kläger unmittelbar vor dem Unfalle, als der Kläger an der Fraise arbeitete, darauf aufmerksam machte, daß für diese Arbeiten der Auflagetisch da sei. Ein Mitverschulden des Beklagten oder einer Person, für welche dieser einzustehen hätte, liegt nicht vor. Die nötigen und möglichen Schutzvorrichtungen, welche geeignet waren, Unfälle zu verhüten, waren, wie bemerkt, vorhanden. Daß der Beklagte wissentlich gefährliches Hantieren der Arbeiter ohne Schutzvorrichtungen (etwa im Interesse rascherer Beförderung der Arbeit u. drgl.) geduldet hätte, ist nicht dargetan. Der Arbeiter Kopp, welcher, als der Kläger seine verhängnißvolle Arbeit begann, einzig in dem Lokale anwesend war, hat den Kläger allerdings nicht positiv angewiesen, den Fraisetisch zu gebrauchen, sondern hat ihn als er, trotz der ihm erteilten Mahnung, ohne Gebrauch der Schutzvorrichtung arbeitete, gewähren lassen. Allein es ist nun in keiner Weise dargetan, daß der Arbeiter Kopp Mandatar des Geschäftsherrn oder Aufseher ꝛc. gewesen wäre und ihm obgelegen hätte, den Kläger bei seiner Arbeit zu überwachen. Der Kläger war ja denn auch kein Lehrling oder unausgebildeter Arbeiter mehr, sondern gegenteils ein vollständig ausgebildeter Arbeiter, von welchem nicht anzunehmen war, daß er bei Benutzung der Fraiseeinrichtung noch fortwährend der Anleitung und Überwachung bedürfe. Daß auch ein anderer Arbeiter (Plechatti), wenn er die Fraise brauchte, den Auflagetisch nicht zu gebrauchen pflegte, sondern, gleich wie der Kläger, sich einer bloßen Schablone bediente, vermag weder den Kläger zu entschuldigen, noch ein Mitverschulden des Geschäftsherrn zu begründen.

Demnach hat das Bundesgericht

erkannt:

Die Weiterziehung des Klägers wird als unbegründet abgewiesen und es hat demnach in allen Teilen bei dem angefochtenen Urteile der Appellationskammer des Obergerichtes des Kantons Zürich sein Bewenden.

## VIII. Urheberrecht an Werken der Kunst und Literatur. — Droit d'auteur pour œuvres d'art et de littérature.

### 72. Arrêt du 13 Mai 1893 dans la cause Ricordi & C^ie contre Gally et ville de Genève.

Vu le dossier de la cause d'où résultent les faits suivants :

Le demandeur originaire, Tito Ricordi, éditeur à Milan, étant décédé en cours du procès, la maison G. Ricordi & C^ie, qui lui a succédé, est actuellement demanderesse. L'action n'avait été d'abord dirigée que contre le directeur du théâtre de Genève, J.-A. Gally, mais ensuite de l'intervention principale de la ville de Genève en la cause, celle-ci a été reconnue soit par la partie demanderesse, soit par les tribunaux, en qualité de défenderesse. Le sieur Gally, tombé en faillite en cours d'instance, a été réhabilité et agit, de nouveau, comme défendeur.

Le compositeur Verdi a cédé à la maison demanderesse, soit à son auteur, le droit d'éditer ses œuvres musicales. Dans l'origine, la partie demanderesse, en cette qualité, revendiquait, en ce qui concerne les œuvres de Verdi, non seulement les droits de reproduction, mais encore les droits d'exécution, soit droits d'auteur dans ce sens restreint, en opposition aux droits découlant du contrat d'édition.

Au cours de l'instance, Ricordi & C^ie ont déclaré renoncer à toutes conclusions du chef du droit d'auteur, soit de représentation ou d'exécution, et se borner à réclamer des droits d'édition.

C'est donc exclusivement à ces derniers que se rapporte la présente action, introduite dans les circonstances ci-après :

La ville de Genève, propriétaire du théâtre, possède une bibliothèque théâtrale contenant des partitions et parties d'orchestre de plusieurs opéras de Verdi, à savoir du « Trouvère », de « la Traviata », de « Rigoletto » et d' « Aïda ».

La ville est propriétaire de ces partitions, à l'aide desquelles plusieurs représentations de ces œuvres ont été successivement données.

La ville, en revanche, ne possède pas de partition d' « Hernani » ; les représentations de cet opéra données par Gally, à Genève, l'ont été sur des partitions louées par lui à l'éditeur Barthlot, à Paris.

Après que la partie demanderesse a renoncé à réclamer des droits d'auteur proprement dits, son action contre les défendeurs se fonde sur les considérations ci-après :

Il est constant que pour les représentations des quatre opéras susmentionnés, la ville de Genève emploie des matériels d'orchestre achetés d'occasion, les uns manuscrits, les autres imprimés et sortant de la maison Ricordi, mais démarqués, les troisièmes venant de la maison Escudier, à Paris ; la ville de Genève n'avait pas le droit et ne l'a pas à futur, d'utiliser ces partitions pour les représentations données sur son théâtre. Ses agissements impliquent une violation des droits d'éditeur de la demanderesse, et un dommage matériel au préjudice de celle-ci. Escudier n'avait en tout cas pas le droit de vendre des partitions de Verdi en Suisse, et ce fait est constitutif de la contrefaçon. Bien que la ville de Genève ait fait ces acquisitions de bonne foi, elle n'en est pas moins passible, ensuite de son imprudence, de dommages-intérêts envers les demandeurs. Eventuellement elle doit être condamnée au paiement de 10 000 francs à titre d'enrichissement illégitime. Même si la demande devait être repoussée du chef de la prescription, la confiscation et en tout cas l'interdiction de l'usage à futur de ces partitions devrait être prononcée.

Ricordi & Cⁱᵉ ont conclu à ce qu'il plaise aux tribunaux :

1° Condamner les défendeurs à lui payer solidairement, la somme de 10 000 francs à titre de dommages-intérêts.

2° Prononcer la confiscation des partitions ou matériels contrefaits, propriété de la ville de Genève et se trouvant dans la bibliothèque du théâtre.

3° Subsidiairement interdire à la ville de Genève d'utiliser ou de laisser utiliser à l'avenir, pour des représentations sur son théâtre, les matériels contrefaits relatifs aux quatre opéras susvisés.

En ce qui concerne la manière dont les partitions et matériels dont il s'agit ont été acquis par la ville de Genève, les instances cantonales constatent :

Les partitions du « Trouvère » et de « Rigoletto » ont été acquises en 1877 d'une dame Defresne, veuve d'un ancien directeur du théâtre, qui les avait lui-même acquises de feu Pepin, également ancien directeur du théâtre, qui les avait achetées, en 1862, d'Escudier, à Paris, lequel se disait officiellement « Editeur des œuvres de Verdi. »

Les partitions d'« Aïda » ont été achetées en 1881 de Bernard, ancien directeur du théâtre, qui les tenait de l'éditeur Escudier, à Paris.

Les partitions de la « Traviata » ont été acquises directement par la ville de l'éditeur Escudier, à Paris ; elles sortent du reste des presses de Ricordi, à Milan.

Il est constant que ces partitions dont quelques parties, fournies aussi par Escudier, sont manuscrites, ont été employées à de nombreuses reprises pour les représentations données sur le théâtre de la ville de Genève au cours des vingt années qui ont précédé l'instance formée par Ricordi & Cie.

Un sieur Durdilly, à Paris, en Décembre 1883 et dans le courant de 1884, a écrit au Conseil administratif de la ville de Genève pour se plaindre des représentations qui se donnaient sur le théâtre de Genève des œuvres de Verdi. Dans ces lettres Durdilly se qualifie de représentant en France, en Belgique et en Suisse de Ricordi, propriétaire des œuvres de Verdi. Ricordi & Cie lui ont, toutefois, dénié en cours d'instance tout mandat pour agir en Suisse en leur nom, et ne lui ont reconnu que la qualité de leur représentation pour Paris.

Le 19 Novembre 1886, T. Ricordi a, par exploit d'huissier, fait défense à Gally d'avoir à représenter ou donner en spectacle aucune œuvre musicale quelconque du compositeur Verdi, en utilisant les partitions appartenant à la ville. Gally

d'accord avec la ville de Genève, n'obtempéra point à cette
sommation, et fit représenter à plusieurs reprises, en 1886 et
1887, soit en tout dans douze représentations, les opéras le
« Trovatore », la « Traviata », « Hernani » et « Aïda ». Il
est également acquis à la cause que le directeur Gally, aux
termes de son contrat avec la ville, était autorisé à se servir
des partitions existant dans la bibliothèque du théâtre, et la
ville assume la responsabilité qui pourrait dériver de ce fait,
à la réserve des partitions d'« Hernani », qu'elle n'a jamais
possédées.

Les instances cantonales, en outre, constatant que l'éditeur
Escudier, à Paris, a été cessionnaire de droits de Ricordi sur
les opéras de Verdi pour la France et qu'il avait dans ce pays
l'autorisation d'éditer la plupart des œuvres du maëstro, pour
le chant ou le piano tout au moins ; que l'étendue de ces droits
ne résulte pas d'une manière précise des pièces du dossier,
mais qu'il est certain qu'Escudier usait largement de ce droit
d'édition, comme s'il lui avait légitimement appartenu.

Ricordi a fait inscrire ses droits aux cinq opéras susmentionnés à la légation suisse en Italie, sous date des 24 Juillet
1869 et 19 Mars 1872, conformément à la convention entre
la Suisse et l'Italie sur la protection de la propriété artistique et littéraire.

Les défendeurs ont conclu au rejet de la demande, en faisant valoir en substance :

Les demandeurs n'ont ouvert leur action qu'en ce qui a
trait aux représentations antérieures à l'année 1884 ; ils contestent s'être jamais trouvés en possession d'une partition
complète des opéras dont il s'agit, mais seulement de parties
de partitions pour voix et instruments séparés, ainsi que pour
chant et piano. Escudier avait le droit de vendre ces matériels aux défendeurs, soit à leurs auteurs, et les acheteurs
avaient le droit de les faire représenter à Genève. Il ne s'agit
pas de contrefaçon, puisque la plus grande partie de ces matériels provient des presses de Ricordi, et la plus petite
partie seulement d'Escudier, qui avait acquis le droit d'édition
des demandeurs. Les défendeurs n'ont rien imité, rien con-

trefait ; ils ont agi de bonne foi, estimant acheter des matériels autorisés, et être en droit de les utiliser pour des représentations. L'art. 12 de la loi fédérale sur la propriété
littéraire et artistique du 23 Avril 1883, invoqué par la
demande, n'est pas applicable aux défendeurs, et la dite
demande doit être écartée aux termes de l'art. 19 de la même
loi. De même l'action fondée sur l'enrichissement illégitime
doit être repoussée; attendu que ni la ville de Genève, ni le
sieur Gally ne se sont enrichis par l'usage des matériels
achetés. La demande doit être également repoussée pour
cause de prescription ; les demandeurs savaient, depuis Décembre 1883, que la ville de Genève possédait et utilisait
pour des représentations, des parties de partitions qui ne
provenaient pas de leurs presses ; cela résulte de la correspondance Durdilly. Or l'action n'a été intentée que le 3
Décembre 1886, et elle est prescrite aux termes de l'art. 17
de la loi du 23 Avril 1883 précitée.

La ville de Genève allègue, en outre, que la demande, en
ce qui concerne l'opéra Hernani, ne la concerne point, attendu
qu'elle n'en possède pas de partition, et que Gally a dû la
louer, pour les représentations à Genève, de l'éditeur Barthlot,
à Paris, fait qui n'engage nullement la responsabilité de la ville ;
la conclusion tendant à la confiscation des matériels en possession de la ville, doit être écartée déjà par des motifs de procédure, cette conclusion n'ayant été formulée qu'en seconde
instance, ce qui n'est pas admissible en procédure genevoise.
La ville de Genève fait observer enfin qu'elle a acheté
les matériels de « Rigoletto » et du « Trouvère » en 1882
déjà, soit six ans avant l'entrée en vigueur de la convention,
du 22 Juillet 1868, entre la Suisse et l'Italie pour la garantie
réciproque de la propriété littéraire et artistique ; cette dernière n'a pas d'effet rétroactif sur les droits acquis par la ville
sur les matériels en question.

Le sieur Gally fait remarquer, en ce qui le concerne, que
la ville de Genève lui avait concédé, verbalement aussi bien
qu'aux termes du cahier des charges du théâtre, l'usage gratuit
de la bibliothèque. Il était donc en droit d'admettre que la

possession de ces partitions par la ville de Genève était légitime. C'est la ville de Genève, et non Gally, qui a loué la partition d'«Hernani». Après la sommation du 19 Novembre 1886 la ville de Genève a donné l'ordre à Gally de représenter, ce nonobstant, les opéras de Verdi. Gally ne s'est point enrichi par ce fait, puisque l'usage des matériels litigieux lui avait été concédé par son contrat avec la ville, moyennant des contre-prestations qui lui étaient imposées, à lui Gally. Gally conclut, en conséquence, à être mis hors de cause, et, subsidiairement, à ce qu'il plaise à la Cour condamner cette dernière à relever et garantir Gally de toutes les condamnations qui pourraient être prononcées contre lu, et la condamner, en outre, aux propres dépens de Gally.

Par arrêt du 28 Janvier 1893 la Cour de justice civile de Genève, statuant sur l'appel interjeté par Ricordi contre le jugement du tribunal de commerce, du 19 Mars 1891, a confirmé au fond le dispositif du dit jugement en tant qu'il déclare Ricordi & Cᵢₑ mal fondés en leurs demandes et les condamne aux dépens, a débouté les parties de toutes autres conclusions, et condamné les appelants en tous les dépens d'appel.

Cet arrêt est motivé, en résumé, comme suit :

L'examen de la question litigieuse de savoir si Ricordi & Cᵢₑ sont, en vertu de leurs droits d'éditeurs des œuvres de Verdi, fondés à réclamer soit à la ville de Genève, soit à Gally des indemnités pour l'emploi qui a été fait sur le théâtre de la ville de partitions des œuvres de Verdi, doit être divisé en ce qui concerne les faits antérieurs au 1ᵉʳ Janvier 1884, date de l'entrée en vigueur de la loi fédérale du 23 Avril 1883, et les faits postérieurs à cette date.

I. Quant aux faits antérieurs au 1ᵉʳ Janvier 1884, les auteurs ou éditeurs genevois étant restés au bénéfice de la loi des 13 et 19 Janvier 1791 relative aux théâtres et aux droits de représentation et d'exécution des œuvres dramatiques et musicales, et de la loi du 19 Juillet 1793 relative aux droits de propriété des auteurs d'écrits en tous genres, compositeurs de musique, etc., ces mêmes droits doivent être accordés aux auteurs ou éditeurs italiens qui, comme Ricordi, ont accompli

les formalités requises par le traité du 22 Juillet 1868 entre
la Suisse et l'Italie sur la matière.

Mais la loi de 1791 ne s'applique qu'aux droits d'auteurs,
soit de représentation et d'exécution, droits que Ricordi & Cⁱᵉ
ont déclaré formellement ne pas vouloir faire valoir dans la
présente instance ; la loi de 1793 règle le droit des auteurs
et compositeurs de musique pour la vente, la distribution ou
la cession de propriété de leurs œuvres et punit les contre-
facteurs de ces œuvres ; or il n'est pas allégué que la ville
de Genève se soit rendue, sciemment ou non, coupable du
délit de contrefaçon des œuvres de Verdi, d'avoir vendu ou
distribué des contrefaçons de ces œuvres, ou même de les
avoir fait copier ou accommoder dans un but commercial,
mais simplement d'avoir laissé exécuter ces œuvres au moyen
d'éditions contrefaites, fait qui ne tombe sous le coup ni de
la loi de 1793, ni des art. 420 du Code de procédure de
1810, et 380 du Code de procédure de 1874.

L'art. 3 de la loi de 1793 ordonne, il est vrai, la confiscation, à la réquisition et au profit des auteurs, compositeurs,
etc., des éditions imprimées ou gravées sans la permission
formelle et par écrit des auteurs. Mais cette loi n'est plus en
vigueur depuis le 1ᵉʳ Janvier 1884. D'ailleurs Ricordi & Cⁱᵉ
n'ont demandé cette confiscation que dans leurs conclusions
d'appel, ce qui est inadmissible en présence de l'art. 362 de
la loi du Code de procédure civile.

La demande de Ricordi & Cⁱᵉ, en tant que fondée sur la
législation antérieure à 1884, est donc irrecevable et mal
fondée.

II. Quant aux faits postérieurs au 1ᵉʳ Janvier 1884, Ricordi
& Cⁱᵉ, ayant renoncé à toute réclamation pour droits d'auteur,
soit d'exécution, ne peuvent plus avoir d'action que pour
reproduction illicite des œuvres de Verdi et conformément
aux dispositions de la convention italo-suisse de 1868 et de
la convention de Berne du 9 Septembre 1886.

Les partitions qui se trouvent dans la bibliothèque du
théâtre ne sont pas l'œuvre de la ville de Genève, qui les a
acquises de bonne foi, ou de Gally. Ricordi & Cⁱᵉ prétendent,

néanmoins, être en droit de réclamer en dehors des droits d'auteur, un droit de location pour usage du matériel de partition.

Or la ville de Genève et Gally, possesseurs de bonne foi des partitions qui leur ont été cédées, n'ont contrevenu en aucune façon au droit de reproduction de Ricordi & C$^{ie}$ en faisant procéder à l'exécution des opéras de Verdi sur le théâtre de Genève. Ils pourraient être recherchés pour exécution illicite, s'ils n'avaient pas acquitté ou assuré les droits d'auteur, mais aucun reproche ne leur est adressé de ce chef.

Ricordi & C$^{ie}$ reconnaissent eux-mêmes que les actes antérieurs à la sommation du 19 Novembre 1886 ne revêtent point, à la charge de la ville de Genève ou de Gally, le caractère d'un acte illicite pouvant donner ouverture à une action en dommages-intérêts (art. 12 de la loi fédérale de 1883).

C'est contre cet arrêt que Ricordi & C$^{ie}$ ont recouru au Tribunal fédéral, concluant à ce qu'il lui plaise leur allouer les conclusions par eux prises devant la Cour de justice de Genève.

A l'appui de leur recours, Ricordi & C$^{ie}$ font remarquer qu'ils ne réclament point, comme le prétend l'arrêt de la Cour de Genève, un droit de location sur le matériel contrefait employé par la ville de Genève, mais seulement que ce matériel ne soit pas employé à des représentations publiques. Ils ajoutent que le législateur fédéral, dans l'art. 7 de la loi du 23 Avril 1883, n'a jamais eu pour intention de sanctionner le droit de l'auteur au détriment du droit de l'éditeur, et d'autoriser la représentation au moyen d'un matériel contrefait, pourvu que le droit d'auteur soit assuré.

Gally a conclu à ce qu'il plaise au Tribunal fédéral :

*A*. Déclarer sieurs Ricordi & C$^{ie}$ irrecevables, en tout cas mal fondés en leur recours, les débouter en conséquence de toutes leurs conclusions et les condamner aux dépens tant des instances cantonales que de la présente ; — confirmer l'arrêt dont est recours.

*B*. Subsidiairement et pour le cas seulement où le Tribunal

fédéral condamnerait sieur Gally à payer une somme quelconque aux recourants, condamner la ville de Genève à
relever et garantir ce dernier de la dite condamnation et à
lui rembourser les sommes qu'il serait tenu de payer aux
recourants en capital, intérêts et frais ; — condamner en outre
la ville de Genève aux dépens du sieur Gally, faits devant le
tribunal de commerce et la Cour d'appel de Genève, ainsi que
devant l'instance de céans.

La ville de Genève a conclu au rejet du recours de Ricordi
& Cⁱᵉ. Elle persiste à estimer que ce que Ricordi & Cⁱᵉ pour-
suivent en réclamant 2000 francs pour chacun des cinq opéras
« le Trouvère », « la Traviata », « Rigoletto », « Aïda » et
« Hernani », c'est bien l'équivalent du droit de location qu'ils
prétendent leur être dû.

En ce qui concerne les art .7 et 12 de la loi fédérale du
23 Avril 1883, la ville de Genève estime que la Cour a fait
une saine appréciation des faits de la cause.

*Statuant sur ces faits et considérant en droit :*

1° En ce qui touche d'abord la compétence du Tribunal
fédéral, Ricordi & Cⁱᵉ, dans leur demande, ainsi que la Cour
de justice civile dans son arrêt, se sont appuyés, relativement
aux faits antérieurs à 1884, sur les lois genevoises de 1791
et 1793 précitées, sur le concordat conclu entre plusieurs
cantons, le 3 Décembre 1856, pour la protection de la propriété littéraire et artistique (*Recueil officiel* V, pages 453 ss.)
et sur la convention italo-suisse, du 22 Juillet 1868, sur la
même matière.

Le Tribunal fédéral n'est point compétent pour contrôler
cette partie de l'arrêt cantonal, puisque, aux termes de l'art.
29 de la loi sur l'organisation judiciaire fédérale, il n'a à statuer que sur les litiges soumis aux lois fédérales ; or, antérieurement au 1ᵉʳ Janvier 1884, il n'existait aucune loi fédérale concernant la propriété artistique et littéraire. La
demande en réparation du dommage causé à Ricordi & Cⁱᵉ,
en tant qu'elle concerne les représentations, antérieures à
1884, des opéras de Verdi sur le théâtre de Genève, a dès
lors été jugée définitivement par l'arrêt cantonal.

2° La ville de Genève a acquis antérieurement à 1884 les partitions des opéras de Verdi qui se trouvent dans la bibliothèque, mais il a été établi, d'autre part, que, contrairement aux allégués de la défenderesse, ce matériel a été utilisé pour des représentations qui ont eu lieu sur la scène du théâtre de dite ville postérieurement à cette date, dans le courant de 1886 et 1887 ; la « Traviata » y a été donnée deux fois, « Aïda » deux fois et le « Trouvère » une fois en 1893 ; de même « Hernani » fut représenté six fois en 1886 et 1887.

Ce matériel, acheté chez Escudier à Paris, sort pour une partie des presses de la maison Ricordi, à Milan ; une autre partie est manuscrite et provient du même éditeur ; une troisième partie, enfin, de l'éditeur Escudier.

3° La demanderesse est évidemment mal venue à se plaindre d'une violation de ses droits d'éditrice, en ce qui a trait à l'usage des produits de sa propre maison, et aucuns dommages-intérêts ne peuvent lui être alloués de ce chef ; leur confiscation et l'interdiction de leur usage à futur ne sauraient pas davantage être prononcées. C'est le cas des partitions entières de la « Traviata » et d'« Aïda ».

4° En ce qui concerne « Hernani », la ville de Genève n'a jamais possédé cette partition, qu'elle avait louée, soit le directeur Gally, — pour une saison d'un éditeur parisien. Les demandeurs n'ayant pas apporté la preuve que cette partition était contrefaite, ils ne sont pas fondés à conclure à la condamnation de la partie défenderesse de ce chef, cela d'autant moins que la confiscation et l'interdiction de l'usage à futur d'un matériel qui ne se trouve plus en main de celle-ci, ne sauraient être prononcées.

5° En ce qui concerne les portions des partitions du « Trouvère » et de « Rigoletto », qui ne proviennent pas de la maison demanderesse :

D'après l'art. 12 al. 3 de la loi fédérale du 23 Avril 1883 une action civile est ouverte, en interdiction des actes qui troublent la possession de l'ayant-droit, et s'il y a dommage, en vue d'obtenir d'elle le remboursement de l'enrichissement sans cause permise, — contre toute personne qui, même ignorant la contrefaçon, répand un ouvrage contrefait ou en organise une exécution illicite.

Il résulte du rapprochement des art. 1 de la dite loi, portant « que la propriété littéraire et artistique consiste dans le droit exclusif de reproduction ou d'exécution des œuvres de littérature et d'art » et 12 *ibidem*, qui voit une violation du droit de reproduction dans le seul fait de la diffusion d'un ouvrage reproduit ou contrefait, que l'usage, pour des représentations publiques et payantes, d'œuvres musicales contrefaites ou reproduites, doit être assimilé à une diffusion de ces œuvres.

Si cet usage, lorsqu'il a lieu dans des réunions privées ou à titre gratuit, ne porte pas ce caractère, il en est tout autrement lorsque les ouvrages reproduits sont utilisés, et par conséquent répandus, dans des représentations accessibles au grand public, et organisées dans un but de lucre industriel, et cette diffusion illicite doit déjà être admise lorsqu'un directeur de musique fait l'acquisition et fait jouer par son orchestre des fragments de partitions contrefaites, destinés à certaines voix et à certains instruments. (Voir Klostermann, *Urheberrecht*, p. 235.)

6° La diffusion, par le fait de la représentation scénique, des partitions contrefaites dont il s'agit tombe donc sous le coup de l'art. 12 al. 3 de la loi précitée, et il y a lieu en conséquence d'interdire à la défenderesse tout usage ultérieur de ces partitions dans un but d'exploitation industrielle.

7° La conclusion des demandeurs tendant à la confiscation des partitions litigieuses ne saurait être accueillie; la Coar cantonale a repoussé cette conclusion pour cause de tardiveté, par le motif qu'elle n'a été formulée qu'en deuxième instance, et le prononcé de la dite Cour sur ce point de procédure cantonale est définitif.

8° Il n'y a pas davantage lieu d'adjuger la conclusion des demandeurs en dommages-intérêts. La ville de Genève était, en effet, de bonne foi avant la sommation du 19 Novembre 1886, en ce sens qu'elle pouvait se croire alors autorisée à utiliser les partitions litigieuses; même après cette date, l'er-

reur dans laquelle elle s'est trouvée n'est pas constitutrice de
la faute grave, nécessaire pour entraîner la réparation du
dommage. Ce dommage n'est d'ailleurs pas établi, du fait de
l'unique représentation du « Trouvère », qui a eu lieu, du
reste après l'ouverture de la présente action.

9° L'exception tirée de la prescription prévue à l'art. 17
de la loi fédérale ne peut, enfin, être accueillie, puisque rien,
dans les pièces du dossier, ne démontre que Ricordi & C¹ᵉ
aient su, plus d'une année avant l'ouverture de leur action,
que la ville de Genève faisait un usage illicite de portions de
partitions des opéras « Rigoletto » et le « Trouvère ».

Par ces motifs,

Le Tribunal fédéral

prononce :

1° Le recours est admis, mais en ce sens seulement qu'il
est interdit à la ville de Genève d'utiliser ou de laisser utiliser à l'avenir, pour des représentations publiques et payantes,
des portions, imprimées ou manuscrites, des partitions des
opéras de Verdi, « Rigoletto » et le « Trouvère », qui ne proviennent pas de la maison Ricordi à Milan.

2° Les parties sont déboutées de toutes ultérieures ou plus
amples conclusions.

---

# IX. Schuldbetreibung und Konkurs.

## Poursuite pour dettes et faillite.

### 73. Urteil vom 21. Januar 1893 in Sachen Bareis gegen Rooschütz.

A. Durch Urteil vom 9. November 1892 hat das Obergericht
des Kantons Solothurn erkannt: Beklagter ist nicht gehalten,
an Kläger eine Schadenersatzsumme von 3000 Fr. zu bezahlen.

B. Gegen dieses Urteil ergriff der Kläger die Weiterziehung
an das Bundesgericht. Bei der heutigen Verhandlung beantragt

sein Anwalt, es sei die gestützt auf Art. 273 des Bundesgesetzes über Schuldbetreibung und Konkurs vom Kläger angestrengte Klage gutzuheißen und demgemäß das obergerichtliche Urteil auf= zuheben. Dagegen beantragt der Vertreter des Beklagten, es sei das obergerichtliche Urteil zu bestätigen.

Das Bundesgericht zieht in Erwägung:

1. Laut Schuldschein vom 9. April 1891 schuldete der Kläger dem Beklagten aus Darlehen den Betrag von 5000 Fr., welcher innert Jahresfrist mit 5 °/₀ Zins ohne weitere Kündigung zurück= bezahlt werden sollte. Für die Schuld hafteten als Faustpfänder zwei Lebensversicherungspolicen und verschiedene Werttitel. Die Lebensversicherungspolicen hatten auf 30. Juni 1892 einen Rück= kaufswert von circa 1000 Fr., vorausgesetzt, daß die auf diesen Tag fällig werdenden Prämienhälften bezahlt wurden. Die übrigen Faustpfänder repräsentierten einen Wert von 1700 Mark. Nach Verfall der Schuld liquidierte der Beklagte die letztern Faustpfänder und stellte dem Kläger Abrechnung. Nach dieser Abrechnung ver= blieb ein Schuldbetrag von 3165 Fr., Wert 15. Juni 1892; der Kläger erklärte sich mit derselben einverstanden. Als der Beklagte vom Kläger Bezahlung des Restguthabens verlangte, erklärte dieser, falls der Beklagte ihm seine Faustpfänder, d. h. die noch in Händen des Beklagten befindlichen zwei Lebensversicherungs= policen nicht zurückgebe, so könne er ihn auch nicht bezahlen. Der Beklagte machte den Kläger darauf aufmerksam, daß letzterer die beiden Lebensversicherungspolicen der Firma Bareis, Wieland & Cie. als nachstehendes Faustpfand verschrieben habe und sie ihm daher nicht zurückgegeben werden können. Da der Kläger nichtsdesto= weniger nicht bezahlte, sich gegenteils alle direkten Unterhandlun= gen mit dem Beklagten verbat, so leitete letzterer Betreibung ein; der Kläger erhob Rechtsvorschlag. Als aber der Beklagte Rechts= öffnung verlangte, blieb der Kläger in dem zur Verhandlung über das Rechtsöffnungsbegehren angesetzten Termine vom 21. Juni 1892 aus. Der Kläger hatte inzwischen eine Stellung als Fabrik= direktor in Raon L'Etape (Frankreich) angenommen; einen Teil seines Mobiliars hatte er bereits dorthin vorausgesandt; er war im Begriffe, das übrige Mobiliar zum Zwecke der Versendung zu verpacken und beabsichtigte, demnächst selbst abzureisen, ohne

an seinem bisherigen Wohnorte in Balsthal Aktiven zurückzulassen.
Am 22. Juni teilte der Anwalt des Beklagten dem Kläger mit,
daß er Auftrag erhalten habe, gegen ihn durch Arrestnahme vor=
zugehen, wenn die Schuld nicht bis zum 23. Juni Vormittags
bezahlt werde. Der Kläger bescheinigte mit Brief vom 22. Juni
den Empfang dieser Zuschrift mit dem Beifügen: „Ob es mir
„Donnerstag Morgens, den 23. Juni a. c., möglich ist, Rooschütz
„zu bezahlen, bezweifle ich. Schritte dazu sind getan, Rigorosität
„schadet Rooschütz jedenfalls nur, denn Besitz kann er von meinen
„Möbeln nicht ergreifen, dafür ist bestens gesorgt." Hierauf
erwirkte der Beklagte am 22. Juni 1892 beim Gerichtspräsidenten
von Balsthal für seine Forderung von 3165 Fr. nebst Zins und
Kosten gegen den Kläger einen Arrestbefehl, welcher am 23.
gleichen Monats durch Beschlagnahme von Möbeln des Klägers
ausgeführt wurde. Mit Klage vom 25. Juni 1892 stellte nun=
mehr R. Bareis=Brunner die Anträge: 1. Der am 22. Juni
abhin bewilligte, am 23. gleichen Monats vollzogene Arrest des
Beklagten gegen den Kläger ist aufgehoben. 2. Beklagter hat an
Schadenersatz an Kläger zu bezahlen 3000 Fr., unter Kostenfolge.
Gleichzeitig deponierte er zum Zwecke der Sicherstellung der beklag=
tischen Forderung den Betrag von 3165 Fr. nebst Zins bei der
Kantonalbankfiliale Balsthal. Mit Rücksicht hierauf erklärte der
Beklagte sich bereit, den Arrest, der für seine Interessen gegen=
standslos geworden sei, als dahingefallen zu betrachten, dagegen
trug er auf Abweisung der Schadenersatzforderung des Klägers
unter Kostenfolge an. Beide Instanzen haben die Klage abgewiesen,
das Obergericht des Kantons Solothurn mit der Begründung:
Die Arrestnahme sei gerechtfertigt gewesen: Es habe sich rücksicht=
lich der Restforderung des Beklagten um eine nicht durch Pfand
gedeckte Forderung gehandelt, da die beiden Lebensversicherungs=
policen nur einen relativen Wert besessen haben und unter keinen
Umständen die Pfandsumme haben decken können. Der Beklagte
habe als Arrestgrund angegeben, Schuldner wolle sich flüchtig
machen. Damit sei offenbar der in Art. 271 Abs. 2 des Schuld=
betreibungs= und Konkursgesetzes vorgesehene Arrestgrund gemeint
gewesen. Bei der Arrestnahme habe sich herausgestellt, daß sämmt=
liche Mobilien des Klägers verpackt und zum Versandt bereit

gewesen seien. Mit dieser Tatsache sei die Äußerung des Klägers im Briefe vom 22. Juni, sowie der Umstand zusammenzuhalten, daß der Kläger bereits vor mehreren Monaten seine Salonmöbel nach Frankreich versandt gehabt und in Balsthal notorischerweise keine weitern pfändbaren Aktiven besessen habe. Durch diese Tatsachen sei der Beweis für die Zahlungsflucht des Klägers erbracht. Sodann habe der Kläger im Laufe des Monates Juli Balsthal verlassen und sei nach Raon L'Etape übergesiedelt. Durch diesen Wohnsitzwechsel sei ein zweiter Arrestgrund, derjenige des Art. 271 Ziff. 4 entstanden, auf welchen sich der Beklagte mit Recht berufen könne.

2. Nach Art. 273 des Schuldbetreibungs= und Konkursgesetzes haftet der Gläubiger für den aus einem ungerechtfertigten Arrest entstandenen Schaden schlechthin, ohne Rücksicht darauf, ob ihm ein Verschulden zur Last fällt. Der Arrest wird eben auf Gefahr des Gläubigers bewilligt; stellt derselbe sich als ungerechtfertigt heraus, so haftet der Gläubiger unbedingt für den Schaden. Dagegen beschränkt sich denn auch die Haftpflicht des Gläubigers aus Art. 273 cit. auf den Schaden im eigentlichen Sinne, d. h. den Vermögensschaden; eine Ersatzpflicht für moralisches Leid folgt aus Art. 273 nicht. Eine solche kann dem Gläubiger nur dann auferlegt werden, wenn ihn nachweislich ein Verschulden trifft und daher mit der obligatio ex lege aus Art. 273 gleich= zeitig eine Deliktsobligation gemäß Art. 50 u. ff. O.=R. konkur= riert. Soweit daher der Kläger mit seiner Klage Ersatz für ernstliche Verletzung seiner persönlichen Verhältnisse fordert, müßte seine Forderung auch dann abgewiesen werden, wenn der Arrest gesetzlich nicht gerechtfertigt wäre. Denn ein Verschulden des Beklagten ist in keiner Weise dargetan.

3. Allein die Klage muß des gänzlichen abgewiesen werden. Denn der Arrest war gesetzlich gerechtfertigt. Es ist nicht bestritten, daß dem Beklagten eine verfallene, nicht durch ein Pfand gedeckte Forderung zustand. Bestritten ist bloß, daß ein Arrestgrund vor= gelegen habe. Der Kläger macht geltend, der Arrestgrund des Art. 271 Ziff. 2 des Schuldbetreibungs= und Konkursgesetzes treffe nicht zu; er habe nicht beabsichtigt, sich der Erfüllung seiner Verbindlichkeiten zu entziehen und habe sich nicht flüchtig gemacht oder Anstalten zur Flucht getroffen, sondern nur seine Übersiede=

lung nach Frankreich vorbereitet, um dort an einem seinem Gläubiger bekannten Orte die Stelle eines Fabrikdirektors zu übernehmen. Allein wenn ja nun auch richtig sein mag, daß der Kläger nicht beabsichtigte, sich der Erfüllung seiner Verbindlichkeit gegenüber dem Beklagten für immer zu entziehen und wenn auch der Ort, wohin er zu übersiedeln gedachte, bekannt gewesen sein mag, so liegt der Arrestgrund des Art. 271 Ziff. 2 doch vor. Denn soviel steht, nach dem vorliegenden Tatbestande, jedenfalls fest, daß der Kläger beabsichtigte, sich der Erfüllung seiner Verbindlichkeit gegenüber dem Beklagten für einstweilen zu entziehen, daß er im Begriffe war, durch seine Übersiedelung in's Ausland und die Wegschaffung seiner Habe diese dem Zugriffe des Gläubigers für's erste zu entrücken und dem letztern die Verfolgung seiner Rechte wenn auch nicht für immer zu verunmöglichen, so doch wesentlich zu erschweren. Damit aber ist der Tatbestand des Art. 271 Ziff. 2 gegeben; der Kläger beabsichtigte in der Tat, zahlungsflüchtig zu werden. Danach braucht denn nicht untersucht zu werden, ob der Beklagte nicht auch berechtigt sei, den erst seit der Arrest=legung eingetretenen Arrestgrund des Art. 271 Ziff. 4 geltend zu machen.

Demnach hat das Bundesgericht<br>erkannt:

Die Weiterziehung des Klägers wird abgewiesen und es hat demnach in allen Teilen bei dem angefochtenen Urteile des Ober=gerichtes des Kantons Solothurn vom 9. November 1892 sein Bewenden.

---

74. Urteil vom 3. Februar 1893 in Sachen<br>Michel und Genossen gegen Funk.

A. Durch Urteil vom 11./16. November 1892 hat das Kan=tonsgericht des Kantons St. Gallen erkannt: Die Klage ist ge=schützt.

B. Gegen dieses Urteil ergriff der Beklagte die Weiterziehung an das Bundesgericht. Bei der heutigen Verhandlung beantragt sein Anwalt: Es sei in Aufhebung des angefochtenen Urteils das

klägerische Rechtsbegehren abzuweisen und die beklagtische Rechts=
frage zu schützen. Dagegen beantragt der Anwalt der Kläger, es
sei die gegnerische Appellation abzuweisen und das klägerische
Rechtsbegehren gutzuheißen.

Das Bundesgericht zieht in Erwägung:

1. Am 7./11. März 1892 hat Friedrich Adolf Carli=Bodmer
seine Liegenschaft zur „Krone" in Ebnat sammt Fahrnisinventar,
Getränken und Fassung dem Beklagten Wilhelm Funk zum Preise
von 65,800 Fr. verkauft. Zu Begleichung des Kaufpreises über=
nahm der Käufer die auf der Liegenschaft haftenden Hypothekar=
schulden im Belaufe von 60,800 Fr., sowie eine weitere Schuld
des Verkäufers von 5000 Fr. an die Filiale der Toggenburger=
bank in Lichtensteig. Im Prozesse ist festgestellt worden, daß für
die letztere Schuld der Beklagte entweder als Bürge oder als
Rückbürge haftete. Am 8. März 1891 vermietete der Beklagte
die gekaufte Liegenschaft sammt Fahrnisinventar dem Verkäufer
Carli=Bodmer um den Jahreszins von 3600 Fr. Schon vor dem
Verkaufe vom 7./11. März 1892, am 1. September 1891, hatte
Carli=Bodmer dem Beklagten verschiedene Fahrhabegegenstände,
u. a. ein Büffet, einen Hühnerstall u. s. w. um den Preis von
2800 Fr. (der als durch Verrechnung beglichen erklärt wurde)
verkauft, sie dagegen am folgenden Tage wieder gemietet. Am
6. April 1892 wurde über Carli=Bodmer der Konkurs erkannt.
Dabei ergaben sich Aktiven von bloß 244 Fr. 50 Cts., während
die anerkannten Passiven auf 10,666 Fr. 33 Cts. anstiegen. Im
Konkurse fochten die Kläger, welche in demselben Forderungen an=
gemeldet haben, nachdem die Gläubigerversammlung wegen des
geringen Aktivenbestandes die Aufnahme des Prozesses abgelehnt
hatte, den Kaufvertrag vom 7./11. März 1892 an, indem sie
geltend machten, der Gemeinschuldner sei zur Zeit des Abschlusses
dieses Vertrages überschuldet gewesen und der Vertrag involviere
ein unerlaubtes Deckungsgeschäft, da der Beklagte dadurch für
seine Bürgschaft bei der Toggenburgerbank habe gedeckt werden
sollen. Der Beklagte behauptete, er habe die Vermögenslage des
Carli=Bodmer nicht gekannt. Die Gläubiger seien nicht geschädigt
und er sei nicht begünstigt. Die erste Instanz (Bezirksgericht
Obertoggenburg) hat die Klage abgewiesen, die zweite Instanz
dagegen dieselbe durch ihr Fakt. A erwähntes Urteil, unter Be=

rufung auf Art. 287 Ziff. 2 des Schuldbetreibungs- und Konkursgesetzes, gutgeheißen.

2. Die Klage geht, obschon sie nur von einzelnen Gläubigern
nicht von der Konkursverwaltung angehoben ist, doch auf Aufhebung des angefochtenen Kaufvertrages und Rückgabe der Kaufgegenstände an die Konkursmasse (allerdings in erster Linie zu
Befriedigung der klagenden Gläubiger), wie dies auch den gesetzlichen Vorschriften (Art. 260 und 285 des Schuldbetreibungs-
und Konkursgesetzes) zweifellos entspricht. Der Streitwert bemißt
sich demnach nicht nach dem Betrage der von den einzelnen klagenden Gläubigern angemeldeten Forderungen, sondern nach dem
Werte der für die Konkursmasse geforderten Rückleistung. Der
gesetzliche Streitwert von 3000 Fr. ist somit unzweifelhaft gegeben
und daher das Bundesgericht, da die übrigen Voraussetzungen
seiner Kompetenz gegeben sind, zu Beurteilung der Beschwerde
kompetent.

3. Der angefochtene Kaufvertrag ist innerhalb der letzten sechs
Monate vor der Konkurseröffnung abgeschlossen worden. Es ist
im ferneren nach der gesammten Sachlage nicht zu bezweifeln und
wird offenbar auch von der Vorinstanz anerkannt, daß der Gemeinschuldner Carli-Bodmer schon zur Zeit des Kaufsabschlusses
überschuldet war. In der Tat kann vernünftigerweise hier nicht
bezweifelt werden, daß die Überschuldung, wie sie nach dem Konkursausbruche vom 6. April 1892 konstatiert wurde, schon am
7./11. März vorhanden war. Die Anfechtungsklage erscheint somit gemäß Art. 287 des Schuldbetreibungs- und Konkursgesetzes
als begründet, sofern der Vertrag eine der in Ziffer 1—3 der
citierten Gesetzesbestimmung aufgezählten Rechtshandlungen enthält
und der Beklagte nicht beweist, daß er die Vermögenslage des
Schuldners nicht gekannt habe.

4. In erster Richtung nun ist zu bemerken: Nachdem der Beklagte den ihm darüber zugeschobenen Eid nicht geleistet hat, steht
prozeßualisch fest, daß er für die Schuld von 5000 Fr. des Gemeinschuldners an die Toggenburgerbank als Bürge oder Rückbürge verpflichtet war; es stand also dem Beklagten aus diesem
Bürgschaftsverhältnisse eine (eventuelle), durch seine Zahlung der
verbürgten Forderung bedingte, Geldforderung an den Gemeinschuldner zu. Diese eventuelle Geldforderung nun ist dadurch ge-

tilgt worden, daß der Beklagte in dem angefochtenen Kaufvertrage
die von ihm verbürgte Schuld auf Rechnung des Kaufpreises
übernahm. Darin liegt der Sache nach eine Tilgung der eventuellen
Bürgschaftsforderung des Beklagten durch Hingabe an Zahlungsstatt. Der Beklagte wurde für seine eventuelle Bürgschaftsforderung
durch Hingabe der Kaufsobjekte und Verrechnung der Bürgschaftsforderung auf den Kaufpreis befriedigt. Es handelt sich also in
Tat und Wahrheit um eine Hingabe an Zahlungsstatt, welche in
die Gestalt eines Kaufvertrages mit Kompensation des Kaufpreises
gekleidet wurde. Nach den tatsächlichen Feststellungen der Vorinstanz erscheint denn auch als sicher, daß durch den Kaufvertrag
der Beklagte eben diese Deckung für seine Bürgschaftsforderung
zu erlangen bezweckte. Das abgeschlossene Geschäft fällt somit
allerdings unter Art. 287 Ziffer 2 des Schuldbetreibungs- und
Konkursgesetzes.

5. Demnach ist denn die Anfechtung begründet, sofern der Beklagte nicht bewiesen hat, daß ihm zur Zeit des Vertragsabschlusses
die Vermögenslage des Gemeinschuldners unbekannt war. Davon
ist aber keine Rede; im Gegenteil dürfte klar sein, daß die Überschuldung des Carli-Bodmer dem Beklagten beim Kaufsabschlusse
bekannt war. Aus der zwischen dem Gemeinschuldner und dem
Beklagten vor diesem Zeitpunkte gewechselten Korrespondenz, wie
aus dem den ökonomischen Verfall des Carli-Bodmer unzweideutig
kennzeichnenden frühern Kaufvertrage vom 1. September 1891
ergibt sich, daß der Beklagte von der schweren ökonomischen Be-
drängnis des Gemeinschuldners Kenntnis hatte. Im fernern ist
durch die Vorinstanz festgestellt, daß der Beklagte bei dem Betreibungsamte nach den Verhältnissen des Carli-Bodmer sich erkundigte. Nun war aber aus den im Winter 1891/1892 gegen
letztern geführten Betreibungen ersichtlich, daß dieser, außer den
vom Beklagten durch den Kaufvertrag übernommenen, noch andere dringende Schulden besaß, welchen bereite Zahlungsmittel,
wie der Beklagte offenbar wohl wußte, nicht gegenüberstanden.
An der Kenntnis des Beklagten von der Überschuldung des Gemeinschuldners ist demnach kaum zu zweifeln. Übrigens genügt
zur Begründung der Anfechtung aus Art. 287 des Schuldbe-
treibungs- und Konkursgesetzes, daß der Beklagte nicht seinerseits
den Beweis seiner Unkenntnis der Vermögenslage des Gemein-

schuldners erbracht hat. Wenn der Beklagte im allgemeinen behauptet hat, durch den angefochtenen Kaufvertrag seien die Gläubiger des Gemeinschuldners nicht beeinträchtigt worden, so ist dies offenbar unrichtig. In den Fällen des Art. 287 des Schuldbetreibungs- und Konkursgesetzes folgt nach der Auffassung des Gesetzes die Beeinträchtigung der Gläubiger schon aus der Natur der betreffenden Rechtshandlungen; eines besondern Nachweises einer solchen Beeinträchtigung bedarf es daneben nicht. Übrigens liegt ja hier die Beeinträchtigung der Gläubiger am Tage. Mag immerhin der stipulierte Kaufpreis ein angemessener gewesen sein, so liegt doch eine Beeinträchtigung der Gläubiger darin, daß der über die Hypothekarschulden hinaus sich ergebende Wert der Kaufgegenstände ausschließlich zu Befriedigung der eventuellen Bürgschaftsforderung des Beklagten verwendet und mithin dem Zugriffe der übrigen Gläubiger entzogen wurde.

Demnach hat das Bundesgericht

erkannt:

Die Weiterziehung des Beklagten wird als unbegründet abgewiesen und es hat demnach in allen Teilen bei dem angefochtenen Urteile des Kantonsgerichtes des Kantons St. Gallen vom 11./16. November 1892 sein Bewenden.

------

# X. Bürgerrechtsstreitigkeiten
## zwischen Gemeinden verschiedener Kantone.

### Contestations
### entre communes de différents cantons
### touchant le droit de cité.

#### 75. Urteil vom 7. April 1893 in Sachen
#### Embrach gegen Biberstein.

A. Am 6. November 1891 verehelichte sich Konrad Bänninger, Mechaniker, von Embrach (Zürich), wohnhaft in Norbas, mit Elise Häuptli, von Biberstein, Kanton Aargau. Am 25. März

1892 kam die Ehefrau mit einem Kinde weiblichen Geschlechts nieder. Der Ehemann erhob am 10. April 1892 beim Friedens= richteramte Norbas, gestützt auf § 649 des zürcherischen privat= rechtlichen Gesetzbuches, gegen seine Ehefrau Klage auf Unehelich= erklärung des Kindes, indem er vorbrachte: Er habe seine Frau Anfangs Oktober 1891 kennen gelernt und am 14. Oktober zum ersten Male mit ihr geschlechtlichen Umgang gepflogen. Bald nach der Verehelichung habe sich gezeigt, daß die Frau schwanger sei. Die Vermutung, daß ein anderer der Schwängerer sei, habe sich bestätigt, als die Frau schon am 25. März 1892 mit einem offenbar reifen Kinde niedergekommen sei. Nach dem Gutachten des Gerichtsarztes falle die Konzeption auf Mitte Juli 1891. Die Frau habe denn auch zugestanden, daß nicht er (Kläger), sondern ein gewisser Rosenberger in Schinznach der Vater ihres Kindes sei. Die Beklagte gab zu, daß der Kläger nicht der Vater des von ihr am 25. März 1892 geborenen Kindes sei. Sie sei im Juli 1891, während sie in einer Wirtschaft in Schinznach als Kellnerin gedient habe, von dem Maler Jakob Rosenberger ver= führt und geschwängert worden; ihren Mann habe sie erst Anfangs Oktober 1891 kennen gelernt und zwischen ihnen habe am 14. Oktober 1891 zum ersten Male geschlechtlicher Umgang stattge= funden. Von ihrer Schwangerschaft habe der Ehemann bei Ein= gehung der Ehe keine Kenntnis gehabt. Das Bezirksgericht Bülach erkannte durch (rechtkräftig gewordenes) Urteil vom 19. Mai 1892 in der Hauptsache dahin: Das von der Beklagten am 25. März 1892 geborene Kind (Mädchen) wird als ein außereheliches erklärt, dasselbe erhält den Geschlechtsnamen der Mutter und gehört vor= läufig der Heimatgemeinde derselben als Bürger an, für so lange nämlich, bis es dieser Gemeinde gelungen sein wird, die frühere Heimatgemeinde der Mutter zur Anerkennung des Kindes anzu= halten.

B. Die Bürgergemeinde Embrach verlangte nunmehr von der Ortsbürgergemeinde Biberstein, als ursprünglicher Heimatgemeinde der Mutter, dieselbe möchte das Kind als ihre Angehörige aner= kennen. Da die Gemeinde Biberstein dies verweigerte, so erhob die Bürgergemeinde Embrach unter Berufung auf Art. 27 Ziff. 4 O.=G. beim Bundesgerichte Klage mit dem Antrage: 1. Die Ortsbürgergemeinde von Biberstein habe anzuerkennen, daß das von Elisabeth Bänninger geborene Häuptli von Embrach, Kanton Zürich, am 25. März 1892 in Rorbas geborene Kind Elise in Biberstein heimatberechtigt sei. 2. Die Ortsbürgergemeinde Biberstein habe der Bürgergemeinde Embrach alle wegen dieses Rechtsstreites entstandenen Kosten zu ersetzen. Zur Begründung macht sie geltend: Aus dem Urteile des Bezirksgerichtes Bülach folge ohne weiteres, daß das Kind Elise als uneheliches das ursprüngliche Bürgerrecht seiner Mutter besitze und daß somit die Ortsbürgergemeinde Biberstein verpflichtet sei, dasselbe als Ortsbürger anzuerkennen. Wenn erforderlich, werden weitere Beweise anerboten, speziell dafür, daß die nunmehrige Frau Bänninger im Sommer 1891 mit dem Maler Rosenberger ein unerlaubtes Verhältnis gehabt habe.

C. In ihrer Antwort auf diese Klage trägt die Ortsbürgergemeinde Biberstein darauf an: Die Klägerin sei mit ihrer Klage abzuweisen unter Kostenfolge. Sie bemerkt: 1. Es sei rechtlich keineswegs außer Zweifel gestellt, daß Konrad Bänninger der Erzeugung des von seiner Ehefrau geborenen Kindes ferne stehe und Jakob Rosenberger der wahre Vater desselben sei. Das Urteil des Bezirksgerichtes Bülach stelle einerseits auf § 649 des zürcherischen Privatgesetzbuches, andererseits auf das Geständnis der Mutter ab. Beides aber sei falsch. Die Voraussetzungen, unter denen nach § 649 cit. die Rechtsvermutung der Ehelichkeit cessiere, seien nicht dargetan. Das Gericht nehme allerdings an, die Frau habe dem Manne ihre Schwangerschaft bis nach Abschluß der Ehe verheimlicht. Allein dies sei nicht richtig; diesen Vorwurf habe der Mann der Frau gar nicht gemacht. Hätte übrigens auch eine solche Verheimlichung stattgefunden, so wäre dies unerheblich. Denn es sei von beiden Ehegatten zugegebene Tatsache, daß sie schon vor der Trauung geschlechtlichen Umgang mit einander gepflogen haben. Unter dieser Voraussetzung greife aber nach Art. 649 cit. die Rechtsvermutung der Ehelichkeit auch dann Platz, wenn eine Verheimlichung der Schwangerschaft stattgefunden habe. Das Gericht wende freilich ein, der voreheliche Verkehr der Eheleute sei ohne Belang, da er außerhalb die kritische Zeit falle. Allein diese Unterscheidung sei dem Gesetze fremd. Eine Unehelichkeitserklärung könne also nicht auf § 649 cit. gestützt werden.

Der Richter hätte vom Ehemanne den Beweis verlangen sollen, daß er seiner Ehefrau in der kritischen Zeit nie beigewohnt habe (§ 650). Das Geständnis der Frau genüge nicht; denn es handle sich nicht um ihre Rechte, sondern um die des Kindes und in der Regel auch noch um die Rechte Dritter. Das Urteil des Bezirksgerichtes Bülach sei also schon an und für sich ein ungesetzliches und könne britten Personen, die am Streite nicht Teil genommen haben, nicht entgegengesetzt werden. 2. Dieses Urteil sei aber auch sonst für den Bürgerrechtsstreit unerheblich. Für die Frage, ob eine Gemeinde des Kantons Aargau das Kind als ihre Bürgerin anzuerkennen habe, sei nicht zürcherisches, sondern aargauisches Recht maßgebend. Das Urteil des Bezirksgerichtes Bülach stütze sich aber ausschließlich auf zürcherisches Recht. Nach aargauischem Rechte sei gar keine Rede davon, daß das Kind für ein uneheliches hätte erklärt werden können. Es sei hier anzunehmen, daß der Mann die Schwangerschaft der Frau vor der Verehelichung gekannt habe. In diesem Falle werde nach § 160 des aargauischen bürgerlichen Gesetzbuches der Ehemann mit der Verleugnungsklage gar nicht gehört. Auch abgesehen hievon müsse nach aargauischem Rechte (§ 158 leg. cit.) der Ehemann bei der Verleugnungsklage den Beweis erbringen, daß er seiner Frau in der kritischen Zeit überhaupt nicht habe beiwohnen können. Diese probatio diabolica habe Bänninger nicht einmal versucht. Das Kind sei daher, soweit es sich um seine Einbürgerung im Kanton Aargau handle, nicht als ein uneheliches zu betrachten. 3. Auch angenommen übrigens, das Urteil des Bezirksgerichtes Bülach wäre richtig und für die Frage des Personenstandes Jedermann, auch den aargauischen Behörden gegenüber, verbindlich, so würde daraus gar nicht folgern, daß das Kind das Bürgerrecht der Gemeinde Biberstein besitze, sondern gerade umgekehrt, daß es der Gemeinde Embrach angehöre. Daß das Kind, wenn es als uneheliches zu betrachten sei, dem Bürgerrechte der Mutter folge, sei allerdings nicht zu bestreiten. Allein die Mutter sei ja nun zur Zeit der Geburt des Kindes gar nicht mehr Bürgerin von Biberstein, sondern infolge ihrer Verehelichung Bürgerin von Embrach gewesen. Das Kind sei also, möge es als ehelich oder unehelich zu betrachten sein, immer in Embrach und nicht in Biberstein heimatberechtigt.

D. In ihrer Replik hält die Klägerin an den Ausführungen ihrer Klageschrift fest. Sie führt insbesondere aus, daß für die Frage, ob das Kind als ehelich oder unehelich zu betrachten sei, ausschließlich zürcherisches und nicht aargauisches Recht maßgebend sei. Sei das Kind gemäß dem zürcherischen Gesetze für unehelich erklärt, so habe es dabei sein Bewenden. Es könne sich in der Tat nur fragen, ob das während der Ehe geborene, aber vor dem Eheabschlusse empfangene Kind am ursprünglichen oder aber an dem durch die Verehelichung erworbenen Bürgerorte der Mutter heimatberechtigt sei. Nun stehe aber außer Zweifel, daß durch die Verehelichung nur die Frau, nicht aber bereits geborene Kinder derselben das Heimatrecht des Ehemannes erlangen. Eine Ausnahme gelte nur für den hier nicht vorhandenen Fall der Legitimation durch nachfolgende Ehe. Die Beklagte wolle nun einen Unterschied zwischen bereits geborenen und den beim Eheabschlusse noch nicht geborenen, aber bereits konzipierten Kindern machen. Dies sei aber unzulässig. Der nasciturus habe für den Fall, daß er zu selbständigem Dasein gelange, schon im Momente der Empfängnis das Heimatrecht in Biberstein erworben. Da er seither ein anderes Bürgerrecht nicht erlangt habe, so stehe außer Zweifel, daß die beklagte Gemeinde das Kind als ihren Angehörigen anerkennen müsse.

E. Aus der Duplik der Beklagten ist hervorzuheben: Der Satz, ein nasciturus erwerbe bereits im Momente der Konzeption sein Heimatrecht, sei falsch. Die Heimatberechtigung sei, wie die Staatsangehörigkeit, eine Frage des öffentlichen Rechts. Im öffentlichen Rechte gelte aber die privatrechtliche Fiktion, daß unter Umständen das Kind im Mutterleibe schon als geboren gelten solle, nicht. Die Staatsangehörigkeit, das Bürgerrecht, beginne erst mit der wirklichen Geburt. So sei es zu allen Zeiten und in allen Ländern gehalten worden, wofür auf l. 1 pr. D. ad mun. 50, 1, das französische Gesetz vom 13. Dezember 1799, das österreichische privatrechtliche Gesetzbuch § 28 verwiesen werde. Die Fiktion, daß der nasciturus schon im Mutterleibe Staatsbürger sei, sei ausgeschlossen und die Fiktion, daß er gar ein von dem Menschen, in dessen Leibe er lebe, verschiedenes Bürgerrecht haben könne, wäre eine Ungeheuerlichkeit. Er bekomme ein Bürgerrecht erst mit der Geburt. Die Regel nasciturus pro nato habitur habe übrigens

auch im Civilrechte nur Geltung in Bezug auf Rechte, die dem
Kinde zukommen sollen, nicht aber in Bezug auf Rechte, die
Dritte beanspruchen. In einem Falle, wie dem vorliegenden, wo
ein Dritter, die Gemeinde Embrach, Rechte aus der Konzeption
herleiten wolle, nicht aber das Kind, könnte also auch im Civil=
recht jene Regel nicht Anwendung finden.

F. Vom Instruktionsrichter ist das Vorverfahren ohne Beweis=
abnahme geschlossen worden.

. G. Bei der heutigen Verhandlung halten beide Parteien die
im Schriftenwechsel gestellten Anträge unter weiterer Begründung
aufrecht.

Das Bundesgericht zieht in Erwägung:

1. Da die Eheleute Bänninger zürcherische Angehörige sind
und im Kanton Zürich wohnen, auch das Kind im Kanton
Zürich domiziliert und, jedenfalls so lange als es nicht für un=
ehelich erklärt war, dort verbürgert ist, war über die Anfechtungs=
klage des Ehemannes unzweifelhaft nach zürcherischem Rechte zu
entscheiden und war das zürcherische Gericht zu deren Beurteilung
kompetent. Urteile der kompetenten Gerichte über Statusfragen
nun machen grundsätzlich Recht nicht nur zwischen den Prozeß=
parteien, sondern gegenüber Jedermann; sie stellen den ehelichen
oder außerehelichen Stand in einer für Jedermann verbindlichen
Weise fest. Diese absolute Wirkung des Urteils in Statussachen
findet ihren unzweideutigen Ausdruck in dem durch Art. 18 des
Bundesgesetzes über Civilstand und Ehe vorgesehenen Randeintrag
im Civilstandsregister; sie ist denn auch, weil der Natur der Sache
entsprechend, in Doktrin und Praxis wohl allgemein anerkannt.
Die Gründe, aus welchen die beklagte Gemeinde behauptet, durch
das Urteil des Bezirksgerichtes Bülach sei die Unehelichkeit des
Kindes nicht in einer für sie verbindlichen Weise festgestellt, tref=
fen also nicht zu. Dagegen ist allerdings aus einem andern Grunde
zu bezweifeln, daß durch das Urteil des Bezirksgerichtes Bülach
die Unehelichkeit des Kindes in gegen jeden Dritten wirksamer
Weise festgestellt sei. Dieses Urteil ist nämlich einfach zwischen
dem Ehemann als Kläger und der Ehefrau als Beklagter ergan=
gen; das Kind, um dessen ehelichen Stand es sich doch handelte,
war, da es natürlich hier nicht als durch den seine Ehelichkeit

beftreitenden präfumtiven Vater vertreten gelten kann, im Prozeffe
gar nicht Partei. In einem Verfahren nun aber, in welchem das
Kind nicht Partei war, konnte über deffen Familienstand doch
wohl kaum in gültiger, für Jedermann, insbefondere für das Kind
felbst verbindlicher, Weife entschieden werden (siehe Entscheidungen
des Bundesgerichtes, Amtliche Sammlung XVIII, S. 225 Erw.
3). Die absolute Wirkung des Urteils in einer Statussache setzt
vielmehr doch wohl voraus, daß dasselbe zwischen den richtigen
Parteien, insbefondere gegen einen justus contradictor, ergangen
fei. Allein es braucht hierauf nicht weiter eingegangen zu werden,
denn die Entscheidung hängt nicht davon ab, ob die Unehelichkeit
des Kindes festgestellt fei; die Klage muß vielmehr auch dann
abgewiesen werden, wenn dies bejaht wird.

2. Richtig ist zwar unzweifelhaft, und es wird dies auch von
der Beklagten gar nicht bestritten, daß das Kind, wenn es als
uneheliches zu betrachten ist, dem Bürgerrechte der Mutter folgt.
Allein die Mutter war nun zur Zeit der Geburt des Kindes nicht
mehr Angehörige der aargauischen Gemeinde Biberstein, fondern,
zufolge ihrer Heirat, Bürgerin der zürcherischen Gemeinde Embrach.
Maßgebend für das Bürgerrecht des Kindes ist aber der Zeitpunkt
der Geburt, nicht derjenige feiner Empfängnis; das Kind erlangt
dasjenige Bürgerrecht, welches feine Eltern respektive der Elternteil,
dem es bürgerrechtlich folgt, zur Zeit feiner Geburt, nicht das=
jenige, welches fie zur Zeit feiner Empfängnis befaßen. Entschei=
bend ist in diefer Beziehung in casu, da es fich um den Erwerb
des aargauischen Gemeinde= und Kantonsbürgerrechts handelt,
das aargauische Recht. Enthielte dieses eine Vorschrift, wonach für
den Bürgerrechtserwerb durch Abstammung der Zeitpunkt der
Empfängnis maßgebend wäre, fo müßte diefelbe zur Anwendung
gebracht werden. Allein es ist nun gar nicht behauptet, daß die
aargauische Gesetzgebung eine befondere, hierauf bezügliche Bestim=
mung enthalte; vielmehr ist nur im allgemeinen auf den Satz,
nasciturus pro jam nato habendus est, Bezug genommen
worden. Die Frage ist also nach allgemeinen Grundsätzen zu be=
antworten. Nach diefen aber ist der Zeitpunkt der Geburt und
nicht derjenige der Empfängnis für maßgebend zu erachten.
Unbestritten zwar ist die Frage keineswegs, vielmehr find, insbe=

sondere in der französischen Doktrin (vergleiche über die verschie=
benen Ansichten Weiss, *Traité théorique et pratique de droit
international privé* I, S. 55 u. ff.) die Meinungen sehr geteilt.
Allein überwiegende Gründe sprechen dafür, den Zeitpunkt der
Geburt für maßgebend zu erklären. Die Rechtsfähigkeit des Men=
schen beginnt mit der Geburt. Dem Embryo im Mutterleibe kann
selbständige Rechtssubjektivität noch nicht zugeschrieben werden.
Erst durch seine lebendige Geburt entscheidet sich, daß aus ihm
eine Person, ein rechtsfähiges Wesen, überhaupt sich entwickelt.
Allerdings wird auch dem Ungeborenen bereits rechtliche Fürsorge
zu Teil und wird derselbe bei seiner Anwartschaft auf Privatrechte
geschützt, so daß gesagt werden mag, er werde, „soweit es seine
und nicht die Rechte eines Dritten betrifft, als geboren betrachtet"
(vergleiche aarg: bürgerliches Gesetzbuch, § 20). Allein zum Rechts=
subjekte, welchem Rechte nicht nur vorläufig gesichert, sondern wirk=
lich erworben werden, wird er doch erst durch seine lebendige Geburt.
Danach kann denn dem noch nicht geborenen, erst empfangenen
Kinde ein eigenes Bürgerrecht nicht zugeschrieben werden; ein
solches wird erst durch die Geburt begründet. Ein Grund, dem
Ungeborenen für den Fall seiner lebendigen Geburt dasjenige
Bürgerrecht rechtlich zu sichern, welches seine Eltern respektive, bei
unehelicher Geburt, seine Mutter zur Zeit der Empfängnis be=
saßen, liegt nicht vor. Hiefür spricht weder das Interesse des Un=
geborenen noch das öffentliche Interesse; beiden entspricht es vielmehr
weit besser, wenn das Kind das Bürgerrecht seiner Eltern, respek=
tive im Falle unehelicher Geburt dasjenige seiner Mutter teilt,
wenn also bei einem zwischen Empfängnis und Geburt stattgefun=
benen Bürgerrechtswechsel der Moment der Geburt als für das
Bürgerrecht des Kindes bestimmend erklärt wird. Dies muß um
so mehr gelten, als das schweizerische Recht in Bürgerrechtssachen
bekanntlich überhaupt das Prinzip der Einheit der Familie wahrt.
Dazu kommt noch, daß der Zeitpunkt der Geburt bestimmt und
klar gegeben ist, während derjenige der Empfängnis in Dunkel
gehüllt ist und häufig nicht genau festgestellt werden kann, so daß,
wenn der Moment der Konzeption maßgebend wäre, bei einem
während der kritischen Zeit stattgefundenen Bürgerrechtswechsel der
Eltern das Bürgerrecht des Kindes oft zweifelhaft wäre. Das von
der Ehefrau Bänninger geborene Kind ist also auch dann, wenn

es als unehelich zu betrachten ist, Bürger der Gemeinde Embrach und nicht der Gemeinde Biberstein.

Demnach hat das Bundesgericht
erkannt:

Die Klage ist abgewiesen.

---

### 76. *Arrêt du 8 Avril 1893 dans la cause Romont contre Hägglingen.*

Le Conseil de la commune de Romont, demanderesse, présente la réquisition préliminaire ci-après :

« Le représentant de la commune de Romont demande à pouvoir déposer, dans le sens de l'art. 173, N° 1 de la procédure civile fédérale, un extrait des délibérations du tribunal de Romont, en date du 8 Octobre 1846, portant autorisation donnée à Mᵐᵉ Richner de passer une vente. Il affirme que l'existence de cette pièce ne lui est connue en principe que depuis l'audition du témoin M. Joseph Pernet ; et qu'elle n'a été trouvée que dans le courant de cette semaine. »

Le Conseil de la partie adverse ne s'oppose pas à la production requise, et ne réclame pas l'assermentation prévue aux art. 165 et 173 chiffre 1 de la procédure civile fédérale précitée.

Les conseils des parties sont entendus dans leurs plaidoiries et répliques.

Vu le dossier de la cause, d'où résultent les faits suivants :

1° Jean Savary, bourgeois de Romont, avait une fille, du nom d'Alexie, âgée actuellement d'environ 89 ans, et domiciliée à Romont, où elle est considérée comme la veuve de François Richner, de Hägglingen (Argovie), né à Romont en 1797 et mort dans cette localité le 16 Octobre 1872.

Sans ressources et incapable de travailler, la prénommée est forcée d'avoir recours, pour son entretien, à l'assistance publique.

Le 27 Janvier 1890, elle a reçu de la commune, soit de l'administration des pauvres d'Hägglingen un secours de

30 francs, à la demande de l'autorité communale de Romont.

Des demandes ultérieures de secours ne furent pas accueillies par la commune d'Hägglingen, laquelle objectait que la requérante n'était pas sa ressortissante.

Par demande du 26 Janvier 1892, la commune de Romont a ouvert devant le Tribunal fédéral, une action à la commune de Hägglingen, tendant à ce qu'il plaise à ce Tribunal prononcer :

1° Qu'Alexie soit Alexis Savary, fille de feu Jean Savary, originaire de Romont, y domiciliée, veuve de François Richner de Hägglingen, n'est pas bourgeoise de Romont, mais bien bourgeoise de Hägglingen.

2° Que la commune de Hägglingen est tenue de rembourser à la commune de Romont les montants alloués à titre de secours à la veuve de Richner, et s'élevant au 31 Décembre 1891 à la somme de 335 francs, ainsi qu'à restituer les montants qui seront encore versés au même titre, jusqu'à droit connu.

3° Subsidiairement à la conclusion N° 2, qu'il soit donné acte à la commune de Romont de son droit de recours contre la commune de Hägglingen pour répétition des sommes avancées.

A l'appui de ces conclusions, la demanderesse fait valoir, en substance, ce qui suit :

Il résulte du certificat d'origine délivré par la municipalité de Hägglingen le 22 Septembre 1834 à François Richner et à « sa future épouse » Alexie Savary, que le prédit Richner est bourgeois de cette commune.

Le mariage de ces époux ne saurait être révoqué en doute. Une autorisation dans ce but fut délivrée par le syndic de la commune de Romont, le 2 Octobre 1834, et la Chancellerie du canton d'Argovie a perçu la finance de mariage par 4 francs 2 batz, comme l'atteste la quittance du 7 Septembre 1834.

Au mois d'Avril 1835, Richner et la fille Savary contractèrent mariage dans la chapelle du nonce à Naples ; les témoins étaient le lieutenant Fivaz et le chirurgien Alexis Fournier, tous deux au 2ᵐᵉ régiment suisse. Ces témoins sont morts depuis longtemps, et l'acte de mariage est aujourd'hui perdu, mais le curé actuel de Romont, F. Castella, qui a rempli précédemment les fonctions de vicaire de cette paroisse, affirme positivement que l'acte de mariage des époux Richner a été entre ses mains, et qu'il a pu constater que cet acte était muni du sceau et de la signature de la nonciature de Naples, et avait bien trait au mariage d'un nommé Richner de Hägglingen avec Alexie Savary.

Partout où les époux Richner s'établirent depuis, à Neuchâtel, à la Chaux-de-Fonds, à Vevey, à Paris et notamment à Romont, ils ont été reconnus comme vivant en légitime mariage et dans une situation régulière. Ce fait est témoigné non seulement par la femme Richner-Savary, mais encore par son neveu Nicolas Dousse, actuellement à Romont, élevé depuis l'âge d'un an par les époux Richner, et qui les a suivis dans leurs voyages. Il y a lieu de prendre encore en considération les pièces suivantes :

*a*) un acte notarié, du 12 Octobre 1846, dans lequel est indiquée comme contractante « Madame Alexis née Savary, épouse de Monsieur François Richner de Hägglingen, agissant sous l'assistance de son mari. »

*b*) Un inventaire de biens signé François Richner, le 6 Septembre 1872, dans lequel celui-ci « reconnaît que les objets sousmentionnés sont l'avoir de sa femme. »

*c*) Une note du docteur-médecin Bochud, à Romont, pour soins donnés à M^me et à M. Richner dès 1863 à 1872.

*d*) L'acte de décès de F. Richner, contenu dans les registres de la paroisse de Romont à page 110, et de la teneur suivante :

« Anno millesimo octingentesimo septuagesimo secundo, die decima sexta Octobris, hore sexta vespertina mortuus est sacramentis munitus et die decima nona ejusdem mensis sepultus est *Franciscus Richner ex Hägglingen, Argoviensis, conjux Mariæ Claudiæ Alexiæ natæ Savary ex Romont*, natus in Romont die vigesima quarta Januarii anni millesimi septingentesimi nonagesimi septimi, ibidemque degens.

C.-J. Raboud parochus. »

Il ressort de ce qui précède, d'une part, que François Richner était bourgeois de la commune de Hägglingen, et, d'autre part, que la veuve Richner a acquis par son mariage le droit de cité et de bourgeoisie de son mari. En effet la preuve du mariage Richner est faite dans le sens des art. 40 du Code argovien et 23 du Code fribourgeois ; la possession d'état de la dame Richner née Savary est surabondamment établie, et celle-ci doit être déclarée bourgeoise de Hägglingen, conformément aux art. 33 du Code argovien de 1826, ou 52 du Code civil du même canton, en vigueur depuis 1847. Une présomption décisive de l'existence du mariage résulte d'ailleurs de la quittance délivrée par la Chancellerie d'Argovie, du permis de mariage accordé par la commune de Romont et de l'envoi de 30 francs opéré en 1890 par la commune de Hägglingen à sa « ressortissante » veuve Alexis Richner, née Savary, à Romont. Enfin soit la possession d'état de la veuve Richner, soit l'existence de son acte de mariage avec François Richner seront établies surabondamment par témoins.

Le Tribunal fédéral est compétent pour connaître également de la demande d'indemnité formulée par la demanderesse pour se récupérer des sommes qu'elle a avancées pour dame Richner ; cette conclusion connexe est accessoire de l'action principale et doit suivre le sort de celle-ci ; rien, dans l'art. 27 de la loi sur l'organisation judiciaire fédérale, n'exclut cette manière de procéder, et le Tribunal fédéral paraît l'avoir admise dans son arrêt en la cause Neuchâtel contre Fribourg, relative à l'adjudication des frais de l'entretien de l'enfant Bongni. Il est, en effet, de principe, dans l'intérêt de l'ordre public, qu'une contestation reposant sur les mêmes éléments de fait et de droit ne puisse recevoir à la fois deux procédures et deux jugements ; cette maxime se lie à la fois à l'ordre des juridictions et à l'intérêt des particuliers.

La commune de Hägglingen, défenderesse, a contesté en première ligne la compétence du Tribunal fédéral pour statuer sur la conclusion relative à la restitution des sommes allouées par la commune de Romont à titre de secours à Alexie née Savary. La commune de Hägglingen reconnaît bien que feu François Richner était son ressortissant, mais elle conteste que les faits avancés par la demanderesse soient de nature à faire admettre l'existence d'un mariage régulier entre les soi-disant époux Richner ; elle estime que ces faits sont, ou inexacts, ou sans importance en la cause ; elle conteste également l'admissibilité des preuves offertes par la commune de Romont, le tout par des considérations qui seront touchées, autant que de besoin, dans les considérants de droit du présent arrêt.

La commune de Hägglingen conclut à ce qu'il plaise au Tribunal fédéral :

1° Rejeter les conclusions de la commune de Romont tendant à ce que ce Tribunal reconnaisse que Alexie Savary, fille de feu Jean, de Romont, veuve de François Richner de Hägglingen, n'est pas bourgeoise de Romont, mais de Hägglingen.

2° Rejeter également la conclusion de la demanderesse, tendant à faire condamner la commune de Hägglingen à restituer à la commune de Romont les sommes que cette dernière a allouées à la veuve Richner à titre de secours, lesquelles s'élèvent à 335 francs au 31 Décembre 1891, ainsi que les sommes qu'elle sera dans le cas de lui allouer encore jusqu'au jugement du présent procès.

3° Rejeter également la conclusion subsidiaire de la demanderesse, plus haut reproduite.

Le juge délégué a admis la recevabilité de la preuve par témoins offerte par la demanderesse, et il a été procédé à l'audition des dits témoins à Romont, le 6 Mars écoulé. Le contenu, ainsi que la valeur de ces témoignages, seront appréciés, pour autant qu'il sera nécessaire, dans les considérants de droit ci-après.

*Considérant en droit :*

2° En ce qui concerne la question du droit de bourgeoisie litigieux, la compétence du Tribunal fédéral est incontestable aux termes des art. 110 de la constitution fédérale et 27, dernier alinéa, de la loi sur l'organisation judiciaire fédérale ; cette compétence n'a d'ailleurs fait l'objet d'aucune contestation de la part des parties.

Cette compétence doit, en revanche, être déniée pour ce qui a trait à la conclusion de la demande tendant à la restitution, par la commune de Hägglingen à celle de Romont, des montants alloués par cette dernière à Alexie née Savary ;

aux termes de l'art. 27 précité, en effet, la compétence du
Tribunal de céans n'est fondée qu'en matière de contestations
qui surgissent entre communes de différents cantons, *touchant
le droit de cité*, et cette compétence ne saurait, à l'occasion
de l'action actuelle, être étendue à la prédite réclamation.
Tout ce qui a trait à l'obligation éventuelle de la commune de
Hägglingen de fournir des secours à sa ressortissante est
éminemment de droit public, et il ne saurait être entré en
matière sur ce point à l'occasion du présent recours.

3° La seule question qui se pose dans l'espèce est celle de
savoir si la preuve du mariage que la demanderesse prétend
avoir existé entre François Richner et Alexis, soit Alexie
Savary doit être considérée comme rapportée à satisfaction
de droit, auquel cas il est indubitable aux termes de l'art. 33
du Code civil d'Argovie de 1826, ainsi que de l'art. 52 de
celui de 1847, que la femme Richner née Savary a suivi la
condition de son mari, et est devenue par le mariage bourgeoise de la commune de Hägglingen ; cette dernière, en
effet, ne conteste point que François Richner, ainsi qu'il conste
d'ailleurs de l'acte d'origine que cette commune lui a expédié
le 20 Septembre 1834, est son ressortissant.

4° La preuve de l'existence du mariage apparaît comme
une question de procédure, et c'est, dès lors, la procédure
civile fédérale qui doit être appliquée, puisque la cause rentre
dans la compétence du Tribunal fédéral. Les art. 151 et 152
de la dite procédure admettent la preuve complexe, faite par
des indices, laquelle est appréciée par le juge dans les limites
des présomptions établies par la loi.

5° Or les documents, témoignages et indices intervenus en
la cause, et librement appréciés par le juge, constituent, pris
dans leur ensemble, la preuve de l'existence du mariage conclu
entre feu François Richner et Alexie Savary.

*En effet :*

*a)* L'acte de bourgeoisie délivré le 20 Septembre 1834 par
la commune de Hägglingen à F. Richner a été dressé également en faveur de sa future femme Alexie Savary ; d'où il
ressort que l'union de ces époux apparaissait alors comme
imminente à l'autorité de cette commune.

*b*) Le permis de mariage, délivré par le syndic de Romont le 2 Octobre 1834, témoigne également de la détermination prise par F. Richner, de s'unir à Alexie Savary.

*c*) Un permis analogue a été donné à Richner par la Chancellerie d'Etat d'Argovie, en date du 23 Septembre 1834, et la taxe usuelle de 4 francs 2 batz a été perçue par elle de ce chef.

A ces documents viennent se joindre, en corroboration des déclarations d'Alexie née Savary, le fait qu'elle a, à partir du mariage qu'elle dit avoir contracté en 1835 à la nonciature de Naples avec F. Richner, constamment vécu avec ce dernier, et que la notoriété publique l'a toujours, ainsi que Richner lui-même, considérée comme légitimement mariée. En effet, dans la reconnaissance de biens du 6 Septembre 1872, Fr. Richner désigne lui-même Alexie Savary comme sa femme ; l'acte notarié du 12 Octobre 1846 mentionne F. Richner et Alexie Savary comme mariés, et il résulte, soit de la note du docteur Bochud pour soins donnés aux dits époux, soit des nombreux témoignages entendus dans la cause, que l'existence des liens du mariage les unissant n'a jamais, ni à Romont ni ailleurs, fait l'objet d'un doute d'aucune part.

La réalité de ce mariage emprunte, en outre, un degré de vraisemblance voisin de la certitude à la circonstance que l'acte de décès, plus haut reproduit, de F. Richner, dressé par le défunt curé Raboud, à Romont, chargé, selon la législation alors en vigueur, des affaires matrimoniales et de la tenue des registres de l'état civil, porte expressément que F. Richner, de Hägglingen, Argovie, est le *mari* (conjux) de Marie-Claude-Alexie née Savary de Romont.

Tous ces éléments de conviction se trouvent renforcés encore par le témoignage du curé actuel de Romont, M. Castella, qui déclare positivement avoir eu entre les mains, en Février 1884, l'acte de mariage original des époux Richner-Savary, émané de la nonciature de Naples, et muni du sceau et de la signature de cet office. Le curé Castella décrit, en outre, minutieusement le format et le contenu de cette pièce, et déclare que le nom masculin d'Alexis, donné à l'épouse dans ce document, l'avait particulièrement frappé.

En présence de ce témoignage capital et concluant, lequel

concorde avec toutes les circonstances de la cause, et dont
la véracité n'a été suspectée par personne, la preuve du mariage dont il s'agit doit apparaître comme administrée, et ce
fait, dès lors acquis, doit déployer toutes ses conséquences
légales en ce qui a trait au droit de bourgeoisie de la dame
Richner née Savary. Il y a donc lieu d'admettre la première
conclusion de la demande, et de reconnaître que la prédite
veuve Richner est bourgeoise de la commune de Hägglingen.

Par ces motifs,

Le Tribunal fédéral

prononce :

1° La première conclusion de la demande de la commune
de Romont est admise, et Alexie soit Alexis Savary, originaire de Romont, y domiciliée, veuve de François Richner de
Hägglingen, canton d'Argovie, est déclarée bourgeoise de cette
commune, et doit être reconnue par elle en cette qualité.

2° Il n'est pas entré en matière, quant à présent, sur les
autres conclusions de la demande.

---

# XI. Civilstreitigkeiten
## zwischen Kantonen einerseits und Privaten oder Korporationen anderseits.

## Différends de droit civil entre des cantons d'une part et des particuliers ou des corporations d'autre part.

### 77. Urteil vom 20. Januar 1893 in Sachen Aargau gegen Welti und Genossen. *)

Der Fiskus des Kantons Aargau hat die Amtsbürgen des
verstorbenen Bezirksverwalters Theodor Schmid von Zurzach auf
Ersatz eines von Letzterm hinterlassenen Kassendefizites von
19,819 Fr. 54 Cts. belangt.

---

*) Dieses Urteil wird, weil nur teilweise von allgemeinerem Interesse,
nur auszugs- und bruchstücksweise mitgeteilt.

Unter andern Einwendungen hielten die Amtsbürgen der Klage die Einwendung entgegen, der Staat habe den Schaden durch mangelhafte Ausübung der Kontrolle über den Bezirksverwalter selbst verschuldet. Diese Einwendung wurde vom Bundesgerichte verworfen und die Klage grundsätzlich gutgeheißen aus folgenden Gründen:

. . . . . . . . . . . . . . . . . . . . . . . . .

3. Was die Einrede anbelangt, es habe der Staat den Schaden durch mangelhafte Beaufsichtigung des Bezirksverwalters selbst verschuldet, so ist grundsätzlich davon auszugehen, daß bei der Amtsbürgschaft der Geschäftsherr für Arglist und grobe Fahrlässigkeit in Beaufsichtigung des Beamten einzustehen hat. Er kann Ersatz eines Schadens nicht verlangen, dessen Herbeiführung er selbst durch dolose oder grob fahrlässige Unterlassung der durch die Umstände bringend gebotenen Kontrolle erst ermöglicht hat (siehe Entscheidung des Bundesgerichtes in Sachen Aargau gegen Ehrsam und Genossen, Amtliche Sammlung XV, S. 531 u. ff.) Dagegen geht die Aufsichtspflicht des Geschäftsherrn doch nicht so weit, daß er für Vollkommenheit seiner Kontroleinrichtungen und ihrer Handhabung einzustehen hätte. Die bona fides des Bürgschaftsvertrages verlangt nur, daß er die Beaufsichtigung des Beamten nicht in argliftiger oder grob fahrläßiger Weise vernachläßige.

4. Fragt sich nun, ob im vorliegenden Falle eine grob fahrlässige Vernachlässigung der Kontrolle nachgewiesen sei, so ist dies zu verneinen. Die Tatsache, daß dem Bezirksverwalter die Beteiligung an einem industriellen Unternehmen nicht untersagt wurde, involviert keinerlei Verschulden. Diese Beteiligung war gesetzlich erlaubt und konnte daher von der Aufsichtsbehörde kaum verboten werden. Übrigens war ja diese Beteiligung den Amtsbürgen als nahen Verwandten des Bezirksverwalters offenbar bekannt und mußten sie, wenn sie darin eine Gefahr erblickten, die Bürgschaft eben nicht eingehen oder kündigen. Ebenso kann ein Verschulden in Handhabung der Kontrolle nicht darin gefunden werden, daß dem Bezirksverwalter Grundeinlösungsgelder direkt und ohne Benachrichtigung der Kontrolbehörde von der Nordostbahn zugesandt wurden. Zweckmäßiger für die Handhabung einer richtigen Kontrolle wäre es allerdings, wenn den Eisenbahngesellschaften aufge-

geben würde, derartige Sendungen an kantonale Finanzbeamte
den Oberbehörden anzuzeigen. Allein von einem Verschulden kann
deßhalb, weil im Kanton Aargau eine sachbezügliche Regel nicht
besteht, doch nicht gesprochen werden. Übrigens ist ein Kausalzusammenhang zwischen diesem Momente und der Entstehung oder
Vergrößerung des Kassadefekts wohl kaum vorhanden. Was sodann die Behauptung anbelangt, es sei dem Bezirksverwalter eine
nicht vorschriftsmäßige und durchaus liederliche Art der Buchführung beständig nachgesehen worden, so ist dieselbe nicht richtig.
Richtig ist zwar, daß der Bezirksverwalter ein Generalkassabuch,
in welchem alle Einnahmen und Ausgaben der Bezirksverwaltung
täglich eingetragen wurden, nicht geführt hat. Allein ein solches
Generalkassabuch war eben nicht vorgeschrieben; vorgeschrieben
waren vielmehr nur spezielle Kassabücher für die einzelnen Verwaltungszweige. In der Tat hat eine Vorschrift, welche dem Bezirksverwalter die Führung eines Generalkassabuches neben den
Büchern für die einzelnen Verwaltungszweige zur Pflicht machte,
nicht namhaft gemacht werden können. Daß eine solche nicht bestand, ergibt sich aus einer Erklärung der Staatsbuchhaltung und
es zeigt denn auch das bei Übergabe der Verwaltung an Schmid
errichtete Inventar, daß der Amtsvorgänger des Schmid ein Generalkassabuch ebenfalls nicht geführt hat. Die vorgeschriebenen
Kassabücher für die einzelnen Verwaltungszweige dagegen hat
Schmid geführt und zwar, soweit äußerlich erkennbar, chronologisch
und in ordentlicher Weise. Freilich finden sich in denselben Sammeleinträge, in denen eine Reihe von Einnahme- oder Ausgabeposten
in einem Eintrag zusammengefaßt sind und mag dies als unzuläßig betrachtet werden. Allein diese Sammeleinträge betreffen anscheinend Mehrheiten gleichartiger und gleichzeitiger Einnahme- und
Ausgabeposten und es ist jedenfalls nicht durch diese Sammeleinträge
an sich, sondern durch die Unvollständigkeit der Eintragungen der
Kassadefekt verschleiert und dessen Vergrößerung ermöglicht worden.
Daß die Kassabücher ganze Kategorien von Einnahmen und Ausgaben, die durch die Bezirksverwaltung zu gehen hatten, überhaupt
nicht umfaßt haben, ist unrichtig. Denn durch die Aussagen des
Zeugen Häuptli ist dargetan und übrigens heute von den Beklagten zugestanden worden, daß Staatssteuer, Gerichtsgebühren
u. . w. nach der gegenwärtig bestehenden Finanzorganisation nicht

mehr durch die Bezirksverwaltung gehen. Es ist überhaupt nicht
ersichtlich, daß bei Prüfung der Bücher dem Kontrolbeamten er=
kennbar gewesen sei, daß diese unvollständig seien, nicht alle Ein=
nahmen enthalten. Von den neben ben offiziellen Büchern vom
Verwalter gemachten Aufzeichnungen hatten die Kontrolbeamten
keine Kenntniß, wie denn der Verwalter diese Aufzeichnungen
durchaus geheim hielt. Die Beklagten haben zwar das Gegenteil
behauptet, allein der Beweis hiefür ist mißlungen. Wenn der An=
walt der Beklagten heute gemeint hat, bei Prüfung der Bücher
allein haben allerdings die Unterschlagungen nicht entdeckt werden
können, zu einer wirksamen Kontrolle hätte aber gehört, daß die
Kontrolbehörde sich durch Erkundigung bei den Schuldnern ver=
sichere, ob die Einnahmen vom Bezirksverwalter vollständig ein=
getragen seien, so geht dies gewiß viel zu weit. Derartige Er=
kundigungen bei den Schuldnern, welche geeignet sind, die Be=
amten dem Publikum in einem verdächtigen Lichte erscheinen zu
lassen, waren nicht vorgeschrieben und bestehen als gewöhnliches
ordentliches Kontrolmittel wohl nirgends. In Bezug auf die
Kassauntersuchungen war in der bis zum Jahre 1888 bestehenden
Verordnung vom 7. Heumonat 1838 nicht vorgeschrieben, daß
solche regelmässig binnen bestimmten Terminen erfolgen müssen;
es war vielmehr den Behörden anheimgegeben, solche so oft an=
zuordnen, als sie es für zweckmäßig erachteten. Nur für spezielle
Fälle, deren keiner in concreto vorlag, war deren unverzügliche
Anordnung bestimmt vorgeschrieben. Unter der Herrschaft der Ver=
ordnung von 1838 nun haben während der Jahre 1881 bis 1888
zwei Kassauntersuchungen, im Jahre 1882 und im Jahre 1884.
stattgefunden. Allerdings wäre eine häufigere Wiederholung der
Kassastürze zweckmäßig gewesen; allein eine grobe Nachlässigkeit
liegt darin, daß diese nicht häufiger wiederholt wurden, doch nicht.
Wenn zwar richtig wäre, daß, wie die Beklagten behaupten, die
erste Kassauntersuchung im Jahre 1882 verdächtige Unregelmässig=
keiten ergeben habe, so wäre allerdings eine häufigere Wieder=
holung der Kassauntersuchungen, eine besonders strikte Überwachung
des Verwalters Schmid bringend geboten gewesen. Allein in Tat
und Wahrheit hatte nun die Kassauntersuchung von 1882 nichts
ergeben, was auf Untreue des Verwalters hätte schließen lassen.

Die Kasse erzeigte durchaus keinen Manko; was der Staats=
buchhalter zu rügen fand, waren nur Fehler der Buchführung,
welche als bloße Irrtümer des neu in's Amt getretenen Verwal=
ters erscheinen mochten, und der Bezug einer Quartalbesoldung
vor gänzlichem Ablaufe des Quartals. Bei der nächsten Unter=
suchung im Jahre 1884 waren denn auch derartige Verstöße nicht
mehr zu rügen. Seit dem Inkrafttreten der Verordnung vom
28. September 1888 haben die von dieser Verordnung vorge=
schriebenen wenigstens zwei jährlichen Kassastürze regelmäßig statt=
gefunden. Nur am 31. Dezember 1889 hat der Staatsbuchhalter
die damals von ihm beabsichtigte Kassauntersuchung wegen der
schweren Krankheit des Verwalters unterlassen. Diese Rücksicht
kann demselben gewiß nicht zum Verschulden angerechnet werden
und hat übrigens einen Einfluß auf das Anwachsen eines Defi=
zites wohl kaum mehr ausgeübt. Die Behauptung, daß damals
jedenfalls die sofortige Abnahme der Kasse hätte angeordnet wer=
den sollen, ist unbegründet. Trotz seiner Krankheit konnte der Ver=
walter, mit der von ihm beigezogenen und ihm beigegebenen Aus=
hülfe, auf seine eigene Verantwortung die Verwaltung fortführen.
Gründe, ihm dieselbe zu entziehen, lagen für die Oberbehörde
nicht vor; denn der Beweis dafür, daß dieselbe damals von Un=
regelmäßigkeiten in seiner Amtsführung Kenntnis gehabt habe,
ist durchaus mißlungen. Nun behaupten die Beklagten allerdings
die Kassauntersuchungen haben nicht in richtiger Weise stattge=
funden, sondern seien viel zu oberflächlich vorgenommen worden.
Allein dieselben fanden in vorgeschriebener Weise statt und es
kann den Kontrolbeamten jedenfalls grobe Fahrlässigkeit nicht vor=
geworfen werden. Weder die Verordnung von 1838 noch diejenige
von 1888 machen dem Kontrolbeamten zur Pflicht, die Bücher
mit den sämmtlichen einzelnen Einnahme= und Ausgabebelegen zu
vergleichen. § 8 der Verordnung von 1838 schreibt für Kassa=
untersuchungen vor, es sei vorerst der Kassabestand zu erheben,
dann das Kassabuch zu untersuchen und die Kassarechnung auf
den Tag der Verifikation richtig abzuschließen. Eingehendere Er=
hebungen schreibt er nur für den Fall vor, daß diese Untersuchung
verdächtige Umstände ergibt. In ähnlicher Weise schreibt auch § 7
der Verordnung für die gleichen Fälle nur Feststellung des Kassa=
bestandes, hernach Abschluß des Kassabuches und Untersuchung

der mit demselben in Verbindung stehenden Hülfsbücher vor, während eine weitergehende Untersuchung der Bücher nur vorge= schrieben ist, wenn besondere Umstände es als wünschenswert er= scheinen lassen. Eine in dieser Weise vorgenommene Kassaverifi= kation mag allerdings nicht als eine vollkommene Kontrolmaßregel erscheinen. Allein für Vollkommenheit seiner Kontroleinrichtungen und deren Handhabung hat, wie bemerkt, der Geschäftsherr nicht einzustehen. Danach kann denn von grober Fahrlässigkeit auch dann nicht gesprochen werden, wenn in einzelnen Fällen der Kontrolbeamte nicht die sämmtlichen Belege mit den Bucheinträgen sollte verglichen, sondern sich mit Stichproben sollte begnügt haben. Daß die Kassauntersuchungen etwa ohne allen Ernst vorgenom= men, als bloße Formsache seien behandelt worden, kann gewiß nicht gesagt werden. Vielmehr wurde es mit diesen Untersuchungen offenbar ernst genommen und wenn dieselben trotzdem nicht aus= reichten, die Unterschlagungen zu verhüten, oder rechtzeitig zu entdecken, so kann dafür der Geschäftsherr nicht verantwortlich gemacht werden; es haften vielmehr die Amtsbürgen, durch deren Verpflichtung eben der Geschäftsherr sich eine Sicherheit für den Fall hat schaffen wollen, daß dem Beamten gelingen sollte, die Kontrolle zu täuschen. Wenn die Beklagten speziell noch gerügt haben, daß bei dem Kassauntersuch vom 27. Mai 1889 geduldet worden sei, daß der Verwalter einen Teil des Kassabestandes durch Quittungen über geleistete Vorschüsse auswies, so mag ja hierin allerdings eine Unregelmäßigkeit gefunden werden. Allein die Amtsbürgen wurden dadurch gewiß nicht geschädigt. Denn der gedachte Umstand deutete ja nicht irgendwie auf Untreue des Ver= walters hin, sondern es konnte die Leistung fraglicher Vorschüsse nur etwa als administrative Unregelmäßigkeit bezeichnet werden. Der Umstand endlich, daß dem Verwalter gestattet worden war, die Amtskasse in seiner Wohnung unterzubringen, involviert mit Rücksicht auf die vorliegenden Tatsachen offenbar kein Verschulden. Daß die Kontrolbehörden von einer Vermischung von Staats= mit Privatgeldern des Verwalters Kenntnis gehabt haben, oder hätten haben müssen, ist nicht erwiesen.

. . . . . . .

　6. Wenn sodann die Beklagten einwenden, sie können jeden= falls für die vom Verwalter unterschlagenen Kapitalien nicht

verantwortlich gemacht werden, da der Verwalter nicht ermächtigt
gewesen sei, Kapitalabzahlungen ohne Spezialvollmacht der Finanzdirektion entgegenzunehmen, so erscheint diese Einwendung
nicht als richtig. Die Beklagten geben selbst zu, daß die Kapitalabzahlungen durch Vermittlung der Bezirksverwaltung zu geschehen
hatten, so daß die Schuldner an den Verwalter gültig zahlen
konnten. Demnach kann denn aber nicht bezweifelt werden, daß
die Entgegennahme von Kapitalabzahlungen in den Geschäftskreis
des grundsätzlich mit dem Bezuge der sämmtlichen Staatsein-
nahmen beauftragten Bezirksverwalters fällt, so daß die Amtsbürgen für dabei von ihm begangene Pflichtverletzungen haften.
Daß der Verwalter von Kapitalzahlungen jeweilen der Finanzdirektion Kenntniß hätte geben und sich die Schuldtitel zur Herausgabe an den Schuldner hätte aushändigen lassen sollen, ändert
hieran nichts. Darin, daß er dies nicht getan, sondern der Finanzdirektion die geschehenen Kapitalzahlungen verheimlicht und die
Beträge unterschlagen hat, liegt einfach eine Amtspflichtverletzung
desselben, für deren Folgen die Amtsbürgen kraft ihrer Bürgschaft
einstehen müssen. Die Einrichtung, daß an den Bezirksverwalter
Kapitalabzahlungen gültig geleistet werden konnten, während nicht
dieser, sondern die Finanzdirektion sich im Besitze der Schuldurkunden befand, mag allerdings als eine mangelhafte bezeichnet
werden. Allein eine Befreiung der Amtsbürgen kann diese Mangelhaftigkeit der bestehenden Einrichtungen nicht herbeiführen.

Lausanne. — Imp. Georges Bridel & C<sup>ie</sup>

# A. STAATSRECHTLICHE ENTSCHEIDUNGEN

# ARRÊTS DE DROIT PUBLIC

---

Erster Abschnitt. — Première section.

## Bundesverfassung. — Constitution fédérale.

---

## I. Rechtsverweigerung. — Déni de justice.

78. *Arrêt du 16 Septembre 1893 dans la cause Kugler.*

Le 23 Mai 1893 Joseph Maître, ouvrier chez Jean Kugler, fondeur, à Genève, a, suivant le recours, déserté subitement l'atelier à 2 ¹/₂ heures de l'après-midi, sans donner de motif et sans demander de permission, et n'a pas reparu de la journée.

Le lendemain matin il fut congédié par son patron, et il assigna ce dernier par devant le tribunal des prud'hommes en paiement d'une somme de 60 francs pour renvoi abrupt. Kugler, de son côté, réclama de Maître la somme de 20 francs à titre d'indemnité pour départ injustifié.

Statuant le 30 Mai 1893, le tribunal des prud'hommes a rendu le jugement suivant :

« Les parties ne pouvant se mettre d'accord et le demandeur réduisant sa réclamation à la somme de vingt francs, le défendeur Kugler abandonnant sa réclamation de vingt francs, la Chambre s'érige en tribunal en conformité de l'art. 21, condamne sieur Kugler à payer à sieur Maître la somme de vingt francs. »

C'est contre ce jugement que Kugler a formé devant le Tribunal de céans un recours de droit public, concluant à ce qu'il lui plaise l'annuler pour déni de justice, le dit jugement n'étant basé sur aucun motif, si ce n'est le bon plaisir des juges.

Dans sa réponse, J. Maître conclut au rejet du recours, attendu qu'il résulte du jugement que les juges prud'hommes étaient « suffisamment éclairés pour n'avoir à donner aucun motif à leur décision. »

*Statuant sur ces faits et considérant en droit :*

1° Il est de l'essence de tout jugement d'être motivé, c'est-à-dire de contenir les raisons qui ont déterminé le jugement dans l'application et dans l'interprétation de la loi. C'est là une exigence d'ordre public, consignée d'ailleurs expressément à l'art. 67 de la loi genevoise de 1890 sur l'organisation des tribunaux de prud'hommes.

Le Tribunal de céans a reconnu à diverses reprises que les tribunaux de prud'hommes, bien que n'étant pas, de par leur nature même, astreints à une observation aussi stricte des règles de la procédure que les tribunaux ordinaires, ne sont toutefois pas dispensés de respecter, dans leurs prononcés, les formes essentielles et indispensables à tout jugement, et en particulier de mentionner, au moins brièvement, les motifs qui les ont guidés, et sur lesquels leur sentence se base. C'est là une garantie dont le défaut absolu de motifs frustre les citoyens, en ouvrant la porte à l'arbitraire; aussi est-ce avec raison qu'une aussi grave lacune a été assimilée à un déni de justice (voir entre autres arrêt du Tribunal fédéral en la cause Thévoz & Cⁱᵉ contre A. Chevalley, du 28 Octobre 1892).

2° Or, dans l'espèce, ainsi qu'il appert de la sentence des prud'hommes de Genève, le juge a statué sans faire précéder sa sentence d'aucune considération de nature à la justifier ou

à l'expliquer. En présence de ce vice capital, et conformément à la jurisprudence antérieure du Tribunal fédéral en
cette matière, le jugement attaqué ne saurait subsister, et
doit être annulé, comme arbitraire, pour cause de déni de
justice.

Par ces motifs,

Le Tribunal fédéral

prononce:

Le recours est admis, et l'arrêt rendu entre parties par le
tribunal des prud'hommes de Genève, le 30 Mai 1893, est
déclaré nul et de nul effet.

---

## II. Schuldverhaft. — Contrainte par corps.

### 79. Urteil vom 24. Juli 1893 in Sachen Keller.

A. Rekurrent, welcher mit der Bezahlung verschiedener Steuer-
beträge (Gemeinde-, Einkommens- und Militärpflichtersatzsteuer)
im Rückstande ist, wurde deshalb, gestützt auf § 44 des Polizeistrafgesetzes von Baselstadt, durch Urteile des dortigen Polizeigerichtspräsidenten vom 20. September, 20. November und 17. Dezember 1892 und 4. Januar 1893 zu Bußen von im Ganzen
55 Fr., eventuell „bei Nichtbeibringung derselben" zu 15 Tagen
Haft verurteilt. Die Bußen hat Rekurrent nicht bezahlt und er
wurde deshalb zu Haftstrafe angehalten. Am 6. Juni 1893 erfolgte seine Verhaftung, welche indes noch an demselben Tage
provisorisch wieder aufgehoben wurde. Durch Verfügung des
Bundesgerichtspräsidenten vom 6. Juli 1893 ist sodann die Vollziehung der Strafe vorläufig sistiert worden.

B. Gegen die über ihn verhängte Haftstrafe rekurriert nun
Keller-Löhr an das Bundesgericht. In seiner Eingabe vom 26.
Juni 1893 beruft er sich auf Art. 59 Lemma 3 B.-V. und bemerkt
daß nur Krankheit und mangelnder Verdienst ihn daran verhin-

dert haben, die rückständigen Steuern zu bezahlen; bei regelrechtem
Verdienste und leiblicher Gesundheit wolle er seinen Verpflichtungen
gerne nachkommen.

C. Der Regierungsrat des Kantons Baselstadt antwortet:
Wenn Rekurrent dem Polizeigerichte verzeigt worden sei, so sei
dies nur nach wiederholten Mahnungen und deswegen erfolgt,
weil er unterlassen habe, sich über sein Versäumnis in der Bezahlung der Steuer auszuweisen. Sein Rekurs sei übrigens verspätet, da eine allfällige Verfassungsverletzung in dem Erlaß der
Strafbefehle enthalten sein müßte und diese von viel früher als
60 Tage vor der Rekurseingabe datieren. Eine Verfassungsverletzung sei aber überhaupt nicht vorhanden. Das Verbot des
Schuldverhafts beziehe sich nur auf die frühere Einrichtung, wonach der Gläubiger befugt gewesen sei, den säumigen oder insol-
venten Schuldner zur Strafe oder behufs Exekution einsperren zu
lassen, schließe dagegen nicht aus, daß Jemand wegen Nichterfüllung öffentlicher Verpflichtungen mit Strafe bedroht werde.
Rekurrent sei nicht in Umwandlung der ihm obliegenden Steuer-
beträge, sondern wegen Nichtbezahlung der Bußen zu den 15 Tagen
Haft verurteilt worden. Nach § 18 des Strafgesetzes könne er
sich, trotz der erfolgten Umwandlung der Geldstrafe in Haft, durch
Erlegung des ganzen Strafbetrages oder eines Teiles desselben
jederzeit noch von der Haft ganz oder pro rata befreien. Ebenso
sei die Polizeibehörde im Falle nachgewiesener Unfähigkeit des
Rekurrenten, wegen seines Gesundheitszustandes die Haft zu bestehen, zur Rücksichtnahme befugt. Darauf gestützt beantragt die
Regierung Abweisung des Rekurses.

Das Bundesgericht zieht in Erwägung:

1. Es ist richtig, daß die behauptete Verfassungsverletzung sich
auf die Strafurteile vom September 1892 und Januar 1893
bezieht, und ebenso richtig, daß seit jenen Urteilen bis zur
Einreichung des Rekurses mehr als 60 Tage verstrichen sind.
Nichtsdestoweniger ist der Rekurs nicht verspätet. Denn, gemäß
bundesgerichtlicher Praxis, darf der Schuldverhaft, nachdem er
durch Art. 59 Lemma 3 B.-V. als ein unsern heutigen Anschau-
ungen widersprechendes Institut erklärt worden ist, nicht mehr
vollstreckt werden und muß es daher dem Betroffenen gestattet sein,

auch erst gegen die Vollstreckung eines auf Schuldverhaft lauten=
den Erkenntnisses sich beim Bundesgerichte zu beschweren.

2. In der Sache selbst erscheint es zunächst nach dem Wortlaute
der Strafurteile des Polizeigerichtspräsidenten von Basel zweifel=
haft, ob der Rekurrent, wie die Regierung von Baselstadt behaup=
tet, alternativ oder nur mit Haft bestraft wurde. Angenommen
aber, es sei die Behauptung der Regierung von Baselstadt richtig,
so liegt dennoch ein verfassungswidriger Schuldverhaft vor. Zwar
wird allerdings bloß die ausgesprochene Buße in Haft umgewan=
delt und Art. 59 Lemma 3 cit. steht, wie das Bundesgericht schon
wiederholt ausgesprochen hat, der Umwandlung von Geldstrafen
in Haft im allgemeinen nicht entgegen. Allein entscheidend für die
Gutheißung der Beschwerde ist, daß die Buße lediglich wegen Nicht=
bezahlung einer Forderung ausgesprochen worden ist und zwar
ohne Rücksicht darauf, ob die Nichtbezahlung auf Unvermögen
oder auf Zahlungsflucht beruhe. Solche Bußen können, ohne Un=
terschied, ob es sich um eine öffentlich=rechtliche, oder eine privat=
rechtliche Leistung handelt, nach Art. 59 Abs. 3 B.=V. nicht in
Haft umgewandelt werden. Denn diese Verfassungsbestimmung ver=
bietet, wie vom Bundesgerichte schon wiederholt ausgesprochen
worden ist, nicht nur den Verhaft, welcher zur Eintreibung von
Geldforderungen dienen soll, sondern auch denjenigen, welcher als
Strafe für die bloße Nichtbezahlung solcher Forderungen verhängt
wird. So hat auch das Bundesgericht in seinem Entscheide vom
4. Februar 1893 in Sachen Menétrey gegen Waadt die direkte
und indirekte Umwandlung des Militärpflichtersatzes in Haft für
unzulässig erklärt.

Demnach hat das Bundesgericht

erkannt:

Die Beschwerde wird als begründet erklärt.

Zweiter Abschnitt. — Deuxième section.

# Bundesgesetze. — Lois fédérales.

————

## I. Urheberrecht an Werken der Kunst und Literatur.
## Droit d'auteur pour œuvres d'art et de littérature.

*80. Arrêt du 28 Septembre 1893 dans la cause Ricordi & C^ie.*

La ville de Genève, propriétaire du théâtre, possède une bibliothèque théâtrale contenant des partitions et parties d'orchestre de plusieurs opéras de Verdi, à savoir du « Trouvère », de « Rigoletto », de la « Traviata » et d'« Aïda ». La ville est propriétaire de ces partitions à l'aide desquelles plusieurs représentations de ces œuvres ont été successivement données.

La ville, en revanche, ne possède aucune partition d'*Hernani*, du même maëstro ; les représentations de cet opéra données par Gally, à Genève, l'ont été sur des partitions louées par lui à l'éditeur Barthlot, à Paris.

Ricordi & C^ie, auxquels le maëstro Verdi a cédé le droit d'éditer ses œuvres musicales, ont ouvert à Gally et à la ville de Genève une action civile, concluant à ce qu'il plaise aux Tribunaux :

1° Condamner les défendeurs à leur payer solidairement la somme de 10 000 francs à titre de dommages-intérêts.

2° Prononcer la confiscation des partitions ou matériels

contrefaits, propriété de la ville de Genève et se trouvant dans la bibliothèque du théâtre.

3⁰ Subsidiairement interdire à la ville de Genève d'utiliser ou de laisser utiliser à l'avenir, pour des représentations sur son théâtre, les matériels contrefaits relatifs aux quatre opéras sus-mentionnés.

Les demandeurs appuyaient, en substance, ces conclusions, sur les considérations ci-après :

Pour les représentations des susdits opéras, la ville de Genève emploie des matériels d'orchestre achetés d'occasion, les uns manuscrits, les autres imprimés et sortant de la maison Ricordi, mais démarqués, les troisièmes venant de la maison Escudier à Paris, éditrice des œuvres de Verdi pour la France. La ville de Genève n'avait pas le droit, et ne l'a pas à futur, d'utiliser ces partitions pour les représentations données sur son théâtre. Ses agissements impliquent une violation des droits d'éditeurs de la demanderesse, et un dommage matériel au préjudice de celle-ci. Escudier n'avait pas le droit de vendre des partitions de Verdi en Suisse, et ce qui est constitutif de la contrefaçon. Bien que la ville de Genève ait fait ces acquisitions de bonne foi, elle n'en est pas moins passible de dommages-intérêts envers les demandeurs, vu son imprudence. Eventuellement, elle doit être condamnée au paiement de 10 000 francs à titre d'enrichissement illégitime, même si la demande devait être repoussée comme prescrite, la confiscation et en tout cas l'interdiction de l'usage à futur de ces partitions devrait être prononcée.

Par arrêt du 28 janvier 1893 la Cour de justice de Genève, statuant sur l'appel interjeté par Ricordi contre le jugement du Tribunal de Commerce, du 19 Mars 1891, a confirmé le dispositif de ce jugement en tant qu'il déclare Ricordi & Cⁱᵉ mal fondés en leurs demandes et les condamne aux dépens et a débouté les parties de toutes autres conclusions.

Ricordi & Cⁱᵉ ont recouru contre cet arrêt au Tribunal fédéral, lequel, par arrêt du 13 mai 1893, a admis le recours, mais en ce sens seulement qu'il est interdit à la ville de Genève d'utiliser ou de laisser utiliser à l'avenir, pour des re-

présentations publiques et payantes, des portions, imprimées
ou manuscrites, des partitions des opéras de Verdi « Rigoletto » et le « Trouvère », qui ne proviennent pas de la
maison Ricordi, à Milan.

Sous date du 27 Mars 1893, Ricordi & Cⁱᵉ avaient également adressé au Tribunal fédéral, contre l'arrêt de la Cour de
Justice civile, un recours de droit public concluant à ce qu'il
plaise au Tribunal de céans réformer le dit arrêt en ce sens
que les conclusions des recourants doivent leur être accordées ; ce recours, fondé sur la prétendue violation de la convention entre la Suisse et l'Italie du 22 Juillet 1868, et de la
convention dite « de Berne », du 9 Septembre 1886, constituant une union internationale pour la protection des œuvres
littéraires et artistiques.

Le recours fait valoir, en résumé, les considérations suivantes :

Il résulte de l'art. 16 du traité de 1868 précité, lequel est
encore en vigueur, que les auteurs italiens doivent jouir en
Suisse, par rapport à la représentation ou à l'exécution de
leurs œuvres, de la même protection que les lois accordent
ou accorderont, par la suite, *en Italie,* aux auteurs suisses
pour la représentation ou l'exécution de leurs œuvres ; ce sont
les dispositions des lois italiennes du 25 Juin 1865, du 15 Août
1875, du 18 Mai 1882 et des décrêt et règlement italiens du
19 Septembre 1882 qui devaient être appliqués par la Cour
de Genève pour déterminer les droits de Ricordi & Cⁱᵉ et la
protection dont ils doivent jouir en Suisse : au lieu de cela,
la Cour a appliqué la législation genevoise et la loi fédérale
de 1883.

A supposer que la Cour de Justice ait eu raison d'appliquer
au litige, pour la période dès le 10 Janvier 1869, date de l'entrée en vigueur du traité italo-suisse du 22 Juillet 1868, au
1ᵉʳ janvier 1884, la législation genevoise, l'application qui en
a été faite par la Cour est erronée.

A partir du 1ᵉʳ Janvier 1884, la législation genevoise a fait
place à la loi fédérale du 23 avril 1883, et la Cour de Justice
civile a également appliqué, pour les faits postérieurs à cette

date, cette loi fédérale, au lieu d'appliquer l'art. 16 de la convention italo-suisse. D'ailleurs, l'art. 7 de la dite loi fédérale n'a jamais eu la portée que la Cour de Genève lui a donnée. En tout cas, même si la ville de Genève n'a pas commis de faute lourde en achetant d'occasion les matériels incriminés, la Cour de Genève devait tenir compte de l'art. 12 de la loi fédérale, statuant que toute personne qui, sans faute grave de sa part, organise une exécution illicite d'une contrefaçon pourra être actionnée pour lui faire interdire les actes qui troublent la possession de l'ayant droit et obtenir d'elle le remboursement de l'enrichissement illégitime.

A partir du 5 Décembre 1887, date de l'entrée en vigueur de la Convention de Berne, Ricordi & Cⁱᵉ se trouvent concurremment au bénéfice des dispositions de cette convention et au bénéfice des dispositions du traité avec l'Italie du 22 Juillet 1868. La Convention de Berne, dont l'art. 2 paraît reproduire le principe édicté par l'art. 16 de la Convention entre la Suisse et l'Italie, ne peut en tous cas avoir amoindri les droits de Ricordi & Cⁱᵉ tels qu'ils résultent de cette dernière convention. L'art. 10 de la Convention de Berne, applicable expressément au cas actuel, confère à l'auteur d'une œuvre dramatico-musicale le droit d'empêcher qu'on exécute publiquement ses œuvres au moyen d'éditions contrefaites.

Dans sa réponse, la ville de Genève conclut au rejet du recours. Elle s'attache d'abord à combattre le point de vue des recourants, d'après lequel la Cour de Genève aurait dû appliquer en 1893 à des ayants cause d'auteurs italiens les dispositions de lois italiennes, et elle conteste de plus que l'art. 16 de la Convention du 22 Juillet 1868 ait le sens que Ricordi & Cⁱᵉ lui attribuent.

La Convention de Berne n'a d'ailleurs point été violée par l'arrêt de la Cour, puisque le principe de cette convention est la similitude réciproque de traitement en faveur des étrangers et des *nationaux*, et non la pénétration des lois étrangères dans un pays pour y protéger les droits des étrangers autrement ou plus que les droits des nationaux.

La ville de Genève conteste, enfin, qu'elle tombe sous le

coup de l'art. 12 de la loi fédérale, et elle invoque, au surplus, à sa complète décharge, l'art. 19 § 3 *ibidem*, édictant
qu'aucune poursuite pénale ni civile ne pourra être fondée
sur la présente loi, en raison de reproductions qui auraient
été faites avant l'entrée en vigueur de celle-ci.

Par écriture du 18 Avril 1893, le sieur Gally déclare se
joindre à la réponse de la ville de Genève. Il conclut à ce
qu'il plaise au Tribunal fédéral débouter Ricordi & Cⁱᵉ de
leurs conclusions ; subsidiairement, pour le cas où une condamnation quelconque serait prononcée contre lui au profit
de Ricordi et Cⁱᵉ, Gally conclut à ce qu'il plaise au Tribunal
de céans condamner la ville de Genève à le relever et garantir
des dites condamnations.

Par écriture du 12 Août 1893, Ricordi & Cⁱᵉ déclarent, vu
l'arrêt du Tribunal fédéral du 13 Mai 1893, renoncer à leur
recours en ce qui concerne les matériels d'orchestre des
opéras de Verdi « Rigoletto » et le « Trouvère », mais maintenir leur recours en ce qui concerne les matériels d'orchestre
de la « Traviata » et « Aïda ». En ce qui concerne le matériel
d'« Hernani », Ricordi & Cⁱᵉ constatent que la ville de Genève
s'est adressée à la maison Barthlot, qui lui a loué un matériel
contrefait avec lequel elle a organisé des représentations publiques payantes, et ils estiment que dès lors la ville de Genève doit des dommages-intérêts de ce chef.

*Statuant sur ces faits et considérant :*

*En droit :*

1° Aux termes de l'arrêt du Tribunal fédéral du 13 Mai
1893, et de la déclaration précitée du recourant, le présent
recours de droit public n'a trait qu'aux actes des défendeurs
antérieurs à l'entrée en vigueur de la loi fédérale du 23 Avril
1883 concernant la propriété littéraire et artistique, soit au
1ᵉʳ Janvier 1884. La Convention de Berne, du 5 Décembre
1887, ne peut donc entrer en considération dans la cause.

2° La conclusion de Ricordi & Cⁱᵉ relative au matériel de
l'opéra « Hernani » et figurant seulement dans leur déclaration
du 12 Août 1893, doit être repoussée en présence de la
constatation, contenue dans l'arrêt susvisé du Tribunal de

céans, que les demandeurs n'ont pas apporté la preuve que cette partition était contrefaite. Il n'est d'ailleurs point établi que ce matériel loué par Gally à la maison Barthlot, à Paris, ait jamais été utilisé pour des représentations du dit opéra, à Genève, antérieurement au 1ᵉʳ Janvier 1884.

3° En ce qui concerne les opéras la « Traviata » et « Aïda », le recourant se plaint en première ligne de ce que les tribunaux de Genève ont fait application en la cause du droit genevois, alors qu'aux termes de l'art. 16 de la Convention du 22 Juillet 1868 entre la Suisse et l'Italie pour la garantie réciproque de la propriété littéraire et artistique, ce sont les lois italiennes sur la matière qui eussent dû être appliquées. Subsidiairement le recourant prétend que les lois genevoises ont été faussement appliquées.

4° Le premier de ces griefs est dénué de fondement. Le texte clair de l'art. 16 de la Convention susvisée assure en Suisse aux œuvres dramatiques ou musicales italiennes seulement la même protection que celle dont jouissent les œuvres d'auteurs suisses. Cette disposition est la reproduction textuelle de l'art. 21 de la Convention pour la garantie réciproque de la propriété littéraire, artistique et industrielle entre la Suisse et la France du 30 Juin 1864 à l'égard de laquelle le Tribunal fédéral, dans son arrêt du 17 Juin 1881 en la cause Société des auteurs, compositeurs et éditeurs de musique, à Paris, a reconnu qu'elle n'assurait aux œuvres françaises d'autre protection que celle dont les œuvres suisses jouissaient en Suisse (voir Recueil off. XVII, p. 435 ss., en particulier p. 443). Le recourant a d'ailleurs, devant les instances cantonales, interprété lui-même dans ce même sens l'art. 16 précité, puisqu'il a toujours réclamé l'application de la législation genevoise ; il n'a jamais invoqué la législation italienne, et a encore moins établi son contenu.

5° La question de savoir si les tribunaux de Genève ont sainement appliqué la législation cantonale se soustrait au contrôle du Tribunal fédéral comme Cour de droit public (art. 59 de la Loi sur l'organisation judiciaire fédérale), tant qu'il ne s'agit pas d'un déni de justice et par conséquent d'une violation de l'art. 14 de la Constitution fédérale ; or une semblable violation n'a pas même été prétendue, et bien moins encore établie.

Par ces motifs,

Le Tribunal fédéral

prononce :

Le recours est écarté.

---

## II. Civilrechtliche Verhältnisse der Niedergelassenen und Aufenthalter.

## Rapports de droit civil des citoyens établis ou en séjour.

81. *Arrêt du 7 Juillet 1893 dans la cause Gourieff.*

La recourante, dame Elisabeth Gourieff, est la femme du docteur Wladimir Gourieff, de Saint-Pétersbourg, Russie. Il y a quatre ans les deux époux vinrent en Suisse avec leurs deux enfants, et s'établirent à Schinznach (Argovie) où le docteur Gourieff acheta une villa. Au bout d'une année Gourieff quitta sa femme et se rendit à Genève, où il vit depuis lors en ménage commun avec une demoiselle Fanny Collet.

Diverses circonstances, parmi lesquelles plusieurs achats d'immeubles que le docteur Gourieff fit à Genève, ainsi que ses prodigalités envers sa maîtresse, firent naître chez dame Gourieff la crainte que son mari ne compromît son avenir économique ainsi que celui de ses enfants. Le 31 Décembre 1892 elle introduisit depuis Zurich, où elle s'est transportée pour l'éducation des dits enfants, une demande en interdiction de son mari, pour prodigalité, devant les tribunaux genevois.

Le 27 Février 1893 le tribunal civil de première instance statua sur cette requête. Le procureur-général intervint en la cause, conclut à ce que la demande soit déclarée non rece-

vable, vu l'art. 10, 2^me alinéa, de la loi fédérale sur la capacité civile, statuant que la capacité civile des étrangers est
régie par le droit du pays auquel ils appartiennent, et attendu
que cette disposition est rappelée expressément par l'art. 34
de la loi sur les rapports de droit civil des citoyens établis
et en séjour, lequel dispose que sont réservées les dispositions spéciales des traités et l'art. 10, al. 2 de la loi sur la
capacité civile ; le procureur-général ajoute que ces textes ne
font d'ailleurs que consacrer un principe fondamental du droit
international, celui du respect du statut personnel d'un étranger ; que, même en dehors des questions de capacité civile,
la loi suisse sur les rapports de droit civil n'est applicable
aux étrangers (art. 32) que par analogie, c'est-à-dire lorsqu'il
existe une analogie entre le statut personnel de l'étranger et
celui des citoyens suisses ; que dame Gourieff n'a pas établi
qu'en droit russe l'interdiction peut être prononcée pour
cause de prodigalité.

Dans son jugement, du 27 Février 1893, le tribunal de
première instance s'associa à ces considérations, et a déclaré
dame Gourieff non recevable en sa demande tendant à la
nomination d'un conseil judiciaire à son mari ; il a prononcé,
en outre, que la capacité civile du sieur Gourieff reste soumise au droit de son pays d'origine.

Ensuite d'appel de dame Gourieff, la Cour de justice civile,
par arrêt du 15 Mars 1893, a maintenu la sentence des premiers juges, en ajoutant que, la demande devant être déclarée
irrecevable en l'état, sans qu'il y ait lieu d'examiner si les
tribunaux genevois seraient ou non compétents pour nommer
un conseil judiciaire dans les circonstances de l'espèce.

C'est contre cet arrêt que dame Gourieff a adressé au
Tribunal fédéral un recours de droit public, concluant à ce
qu'il lui plaise réformer le dit arrêt, dire que les tribunaux
genevois sont compétents pour connaître de la demande
dirigée contre sieur Gourieff, et ordonner en conséquence
aux dits tribunaux de procéder conformément aux lois de procédure genevoise et aux dispositions de la loi fédérale du 25
Juin 1891.

A l'appui de ces conclusions, la recourante fait valoir en substance :

L'arrêt incriminé viole les art. 10 et 32 de la loi fédérale sur les rapports de droit civil du 25 Juin 1891, en refusant d'appliquer la dite loi à un étranger domicilié à Genève et en faisant de l'application de la loi russe, quant à la procédure, une condition *sine qua non* de la recevabilité de la demande. Même en admettant ce point de vue, la requête n'eût pas dû être déclarée irrecevable, mais les magistrats genevois auraient dû appliquer la loi russe, s'ils l'estimaient applicable. Ce n'est point d'ailleurs la loi russe qui doit être appliquée à l'espèce Gourieff ; c'est la législation genevoise qui est applicable exclusivement aux prodigues domiciliés sur le territoire du canton, qu'ils soient suisses ou étrangers, à la seule exception des Français et des Brésiliens, dont le sort est réglé par les traités internationaux de 1869 et de 1878. A l'appui de la thèse qu'en Suisse l'étranger doit, en matière de tutelle, être soumis à la loi et à la juridiction de son domicile, le recours invoque le Message du Conseil fédéral, du 28 Mai 1887, sur cette matière, ainsi que les débats des Chambres fédérales, lesquelles ont adhéré sans opposition aux propositions du Conseil fédéral, qui étaient déjà la règle. L'art. 34 de la loi fédérale ne doit pas être interprété dans ce sens qu'il statue que le droit suisse ne peut être applicable que s'il est en harmonie avec le droit étranger, puisque, si l'on voulait interpréter ainsi, l'art. 33 n'aurait plus aucune signification. Le régime territorial et domiciliaire est, de par la volonté du législateur suisse de 1891, aussi applicable aux étrangers domiciliés, sous la réserve des traités internationaux.

Dans sa réponse le docteur Gourieff conclut au rejet du recours, par les motifs dont suit le résumé :

L'art. 34 de la loi du 25 Juin 1891, en réservant l'art. 10 al. 2 de la loi fédérale sur la capacité civile du 22 Juin 1881, déclare implicitement que là capacité civile des étrangers est régie par le droit du pays auquel ils appartiennent. Or ce droit doit être également appliqué aux restrictions de cette capacité, à savoir à la mise sous tutelle et à l'interdiction, et la première des deux lois susvisées ne peut être en contradiction avec la seconde. Les passages, cités par la recourante, du Message du Conseil fédéral, du 28 Mai 1887, et les débats des Chambres fédérales ne prouvent rien en faveur de sa thèse. L'art. 33 de la loi fédérale sur les rapports de droit civil des citoyens établis et en séjour se borne à reconnaître la compétence des tribunaux suisses, aussi vis-à-vis des étrangers, en ce qui a trait à l'ouverture de la tutelle, mais il ne contient aucune disposition relativement au droit applicable.

Le président de la Cour de justice, dans son mémoire, du 27 Avril 1893, formule les observations ci-après :

La Cour a réformé le jugement de première instance en tant qu'il proclamait l'incompétence de la juridiction genevoise ; cette question de compétence n'a point été tranchée par la Cour, laquelle s'est bornée à déclarer que la capacité civile du sieur Gourieff était régie par le droit russe et qu'il appartenait à la demanderesse en interdiction d'établir que la capacité d'un russe pouvait, en droit russe, être restreinte dans le cas de prodigalité. On ne saurait exiger des juges suisses la connaissance des dispositions légales en vigueur à l'étranger. La recourante confond les deux questions du droit applicable et de la juridiction compétente, que le droit international privé distingue depuis longtemps ; distinction qui n'est point étrangère à la loi fédérale du 25 Juin 1891. Dame Gourieff pourra présenter de nouveau sa requête devant les tribunaux genevois, à condition d'invoquer la loi russe et de justifier que cette loi permet l'interdiction ou la restriction de la capacité civile en cas de prodigalité.

*Statuant sur ces faits et considérant en droit :*

1° La compétence du Tribunal fédéral en l'espèce, comme Cour de droit public, est hors de doute, déjà par le motif qu'il s'agit de droits garantis par la législation fédérale aux étrangers établis en Suisse. Au surplus l'art. 38 de la loi fédérale sur les rapports de droit civil, du 25 Juin 1891, dispose d'une manière générale que le Tribunal fédéral connaîtra, en la forme fixée pour les recours de droit public, de toutes les contestations auxquelles donnera lieu l'application de la dite loi.

2° Il est également certain que, conformément au prescrit des articles 32, 33 et 10 de la même loi, des demandes d'interdiction peuvent être formées, en Suisse, contre des étrangers, au lieu de leur domicile en Suisse. Le texte des articles 32 et 33 ne laisse, en particulier, aucun doute à cet égard, en édictant que « les dispositions de la présente loi sont applicables, par analogie, aux étrangers domiciliés en Suisse, » et que « la tutelle constituée en Suisse pour un étranger doit être remise à l'autorité compétente du lieu d'origine, sur la demande de celle-ci, à condition que l'état étranger accorde la réciprocité. »

Ces dispositions ne présentent d'ailleurs rien d'exceptionnel, et le principe qu'elles consacrent se trouve inséré, par exemple, dans la procédure civile allemande § 599 (voir Gaupp, *Civilprozessordnung,* I, page 230).

3° La question importante que soulève l'espèce est celle de savoir quel est le droit applicable, celui du domicile, ou celui du pays dont l'étranger est ressortissant.

Il n'existe, entre la Suisse et la Russie, aucun traité à teneur duquel l'interdiction d'un Russe en Suisse serait réservée au pays d'origine.

Par contre il y a lieu de distinguer, ainsi que la Cour de justice l'a fait observer, entre la compétence et l'application du droit matériel ; la première n'impliquant pas toujours la seconde, il faut rechercher si la loi fédérale a voulu régler la question du droit applicable, et, éventuellement, dans quel sens elle l'a fait.

Il peut paraître légitime, à première vue, de conclure de la lettre des articles 33 et 34 de la loi fédérale de 1891, avec la Cour de justice, que le législateur a voulu réserver la loi d'origine à la mise sous tutelle des étrangers, puisque l'interdiction n'est autre chose qu'une restriction à la capacité civile.

Bien que ce raisonnement paraisse pouvoir se justifier au point de vue de la lettre même des textes, il ne peut subsister devant leur interprétation basée sur l'esprit de la loi.

4° Tout d'abord la genèse de la loi démontre clairement que les Chambres fédérales avaient adhéré d'un commun accord à la proposition du Conseil fédéral tendant à soumettre, spécialement en matière de tutelle, les étrangers domiciliés en Suisse à la loi de leur domicile.

En effet le message du Conseil fédéral propose expressément que, par analogie à la loi prussienne du 5 Juillet 1875, l'autorité du lieu du domicile soit tenue de prendre en mains la tutelle d'un étranger, sauf à la remettre ensuite aux autorités du pays d'origine. Le projet du Conseil fédéral, du 28 Mai 1887, contient, en effet, un art. 25 ainsi conçu : « Lorsque la mise sous tutelle d'un étranger paraît nécessaire, en conformité de la loi du canton du domicile, l'autorité locale compétente doit y pourvoir et en donner avis à celle du pays d'origine. La tutelle sera remise à cette dernière, si elle le demande. » (Voir *Feuille fédérale* 1887, tome II, page 651.) La commission du Conseil national s'est déclarée d'accord avec ce principe, auquel elle a voulu donner encore une plus grande extension (voir *Rapport* du 12 Juin 1888, pages 4 et 5).

Le Conseil national, sous date du 19 Juin 1888, et le Conseil des Etats, le 21 dit, adoptèrent le projet du Conseil fédéral, en laissant toutefois de côté l'article 25, en vue d'abréger la rédaction de la loi, et attendu que cet article se trouvait déjà contenu en principe dans l'article 23 (32 actuel) (voir procès-verbaux des 4 et 5 Juin 1888 de la commission du Conseil national, et imprimés échangés entre les deux Chambres, ad. art. 23 précité (voir *Feuille fédérale* 1888 pages 412 et suivantes). La seule modification apportée à la loi du domicile en matière de tutelle se trouve dans la disposition de l'article 33 de la loi actuelle du 25 Juin 1891, aux termes de laquelle la tutelle constituée en Suisse pour un étranger ne doit être remise à l'autorité compétente du lieu d'origine et sur la demande de celle-ci, que si l'état étranger accorde la réciprocité.

Il résulte donc bien de la genèse de la loi que les Chambres fédérales, en se basant sur le projet du Conseil fédéral, ont voulu soumettre, en matière de tutelle, les étrangers domiciliés en Suisse au droit de ce domicile.

5° La réserve relative à l'art. 10, al. 2 et 3, contenue dans l'art. 34 de la dite loi, ne saurait rien changer à ce qui précède. Bien que la rédaction des articles 32 et 34 ne soit, peut-être, pas des plus heureuses, la genèse de la loi prouve de nouveau que la dite réserve n'a pas trait à la tutelle des étrangers.

Dans son projet primitif, adopté par les deux Chambres, le Conseil fédéral avait fait également cette réserve, alors qu'il soumettait pourtant, en même temps, les étrangers à la loi du domicile en matière de tutelle (voir articles 23, 24, 25 du dit projet). Il importe de faire remarquer, en même temps, que le Conseil fédéral a soumis tout spécialement et expressément la tutelle au droit du domicile, il s'ensuit que la réserve de l'article 10, alinéas 2 et 3, de la loi fédérale sur la capacité civile ne peut s'entendre dans ce sens qu'elle aurait trait à la matière de la tutelle. La dite réserve doit viser ainsi d'autres rapports de droit civil des étrangers, à savoir la capacité civile dans le sens de la capacité de contracter.

6° Cette interprétation est spécialement en harmonie avec le principe proclamé à l'art. 46 de la constitution fédérale, et portant que les personnes établies en Suisse sont soumises, dans la règle, à la juridiction et à la législation du lieu de leur domicile, en ce qui concerne les rapports de droit civil ; elle est également en accord avec le principe de l'égalité de traitement de toutes les personnes établies (Suisses et étrangers), et avec la nécessité d'assurer aux étrangers établis une protection efficace de leurs droits. Lorsque l'étranger s'est établi en Suisse avec sa famille, celle-ci doit être protégée contre l'éventualité de se voir compromise dans son existence et dans son avenir par les actes déraisonnables ou les prodigalités de son chef. Vouloir faire dépendre, en pareil cas, la mise sous tutelle et l'administration de celle-ci des dispositions du droit étranger, — en grande partie inconnues quand il s'agit de pays lointains, — équivaudrait souvent à frustrer la famille du bienfait de l'interdiction ; cette dernière en effet, pour être efficace, doit pouvoir être prononcée rapidement, surtout en cas d'aliénation mentale ou de prodigalité.

En outre même les auteurs qui se prononcent avec le plus de force en faveur du maintien du principe de la loi d'origine, reconnaissent que la question de la compétence ne doit pas être séparée de l'application du droit matériel, attendu que les difficultés qui surgiraient lors de l'administration d'une tutelle, surtout lorsqu'il s'agirait de la conclusion de contrats, seraient insurmontables. (Voir Bar, *Internationales Privat- und Strafrecht*, I, pages 576, 577, note 11). Or il a déjà été démontré plus haut que la loi fédérale sur les rapports de droit civil reconnaît expressément, aussi pour les étrangers, la compétence des tribunaux suisses en matière de tutelle.

L'Allemagne admet d'ailleurs aussi, d'une manière générale, en dite matière, aussi bien la compétence du juge du domicile que l'application par celui-ci de la loi du domicile. C'est ainsi que sont traités tous les étrangers établis sur le territoire de l'empire, et l'Allemagne admet le même traitement vis-à-vis de ses ressortissants établis à l'étranger (voir v. Bar, *Internationales Privatrecht*, note 38, au § 212).

C'est le même principe qui a inspiré le législateur suisse de 1891, pour tout ce qui concerne les étrangers domiciliés sur le territoire de la Confédération. Il s'ensuit que la Cour de justice civile de Genève, en déclarant irrecevable la demande de dame Gourieff, a faussement interprété et appliqué la loi fédérale sur les rapports de droit civil des citoyens établis ou en séjour.

Par ces motifs,

### Le Tribunal fédéral
prononce :

Le recours est admis, et l'arrêt rendu en la cause par la Cour de justice civile de Genève, le 15 Mars 1893, est déclaré nul et de nul effet. La cause est renvoyée aux tribunaux de ce canton, afin qu'il soit statué sur le fond.

Dritter Abschnitt. — Troisième section.

Kantonsverfassungen. — Constitutions cantonales.

————

**Uebergriff in das Gebiet der gesetzgebenden Gewalt. — Empiétement dans le domaine du pouvoir législatif.**

82. Urteil vom 28. September 1893 in Sachen Niederberger und Konsorten.

A. Die Verfassung des Kantons Nidwalden sanktioniert für das Volk ein doppeltes Initiativrecht: eine Gesetzesinitiative und eine Verfassungsinitiative. Mit Bezug auf die erstere schreibt Art. 41 der Verfassung vor:

„Jeder stimmfähige Kantonseinwohner, sowie die Landes= und „Gemeindebehörden, Korporationen und Vereine sind berechtigt, „Anträge an die Landsgemeinde zu bringen.

„Diese Anträge

a. dürfen nichts enthalten, was der Kantons= oder Bundes= „verfassung zuwiderläuft oder allfälligen Privatrechten zu nahe „tritt;

„b. Müssen mit Anführung der Gemeinde abgefaßt, auch mit „der eigenhändigen Unterschrift, sowie mit Bezeichnung der Wohn= „gemeinde des oder der Antragsteller und mit Angabe des Datums „versehen sein;

„c. Sollen jeweilen bis 15. Februar dem Landammann einge= „reicht werden;

„d. Sind dem Landrate jeweilen bis 1. März vorzulegen. Der=

„felbe entscheidet über die verfassungsmäßige Zuläſſigkeit der An=
„träge an die Landsgemeinde.“

. . . . . . . . . . . . . . . . . . . . . . . . . . .

Über die Verfaſſungsinitiative enthalten die Art. 86, 87 und
88 der Verfaſſung folgende Beſtimmungen :

„Art. 86. Wenn der Landrat, oder wenn 800 ſtimmfähige
„Kantonseinwohner unter Beobachtung der in Art. 41 enthaltenen
„Vorſchriften das Verlangen einer Total= oder Partialreviſion
„ſtellen, ſo iſt das Reviſionsbegehren der nächſten ordentlichen
„Landsgemeinde zum Entſcheide vorzulegen.“

„Beim Verlangen einer Partialreviſion ſind die zu revidierenden
„Artikel genau zu bezeichnen.“

Nach Art. 87 und 88 hat die Landsgemeinde, falls ſie Reviſion
der Verfaſſung beſchließt, gleichzeitig zu beſtimmen, ob dieſelbe
durch den Landrat oder durch einen Verfaſſungsrat vorzunehmen
ſei, und im einen wie im andern Falle iſt ihr der revidierte Ver=
faſſungsentwurf zur definitiven Annahme oder Verwerfung vor=
zulegen.

B. Am 15. Februar 1893 reichte Fürſprech Luſſi in Stans
dem Landammannamte von Nidwalden ein von 986 Bürgern
unterſchriebenes Reviſionsbegehren ein, in welchem das Begehren
geſtellt wurde: „Es ſei Art. 15 der Kantonsverfaſſung im Sinne
„einer Herabſetzung des Zinsfußes für alle beſtehenden und neu
„zu errichtenden Gülten und Verſicherungen von 5 % auf 4 %
„zu revidieren und es ſeien die hierauf bezüglichen Geſetze und
„Verordnungen dieſem alſo abgeänderten Verfaſſungsparagraphen
„anzupaſſen.“ — Der Art. 15 der Verfaſſung, deſſen Reviſion
verlangt wurde, lautet : „Der Inhalt der geſetzlich errichteten
„Gülten (bezüglich der Verzinſung im Sinne des Geſetzes von
„1751) und der kanzleiiſchen Verſicherungen iſt mit Vorbehalt
„des Art. 50 Ziffer 17 gewährleiſtet.“ Das Geſetz von 1751
worauf der Art. 15 Bezug nimmt, ſchreibt ſodann vor, daß die
Gülten „nit wider das Landrecht, nemlich mit mehr als 5 von
„hundert verſchrieben werden ſollen.“ Zur Begründung des Revi=
ſionsbegehrens führten die Petenten nach Maßgabe des Art. 41
litt. b der Verfaſſung folgendes an : Seit dem erſten Erſcheinen
der Gülten in Nidwalden, d. h. ſeit dem 14. Jahrhundert, habe

stets die Landsgemeinde das gesammte Gültenrecht festgestellt und
die Gült nach Form und Inhalt, sowie hinsichtlich Zinsfuß, Ver=
zinsungs= und Ablösungsart, und zwar je nach dem Stande des
Geldmarktes geregelt. Diese historische Rechtsentwicklung habe der
Gült den Charakter einer öffentlich=rechtlichen Urkunde verliehen,
kraft dessen die Mehrheit der stimmfähigen Bürger ebensogut das
Recht zur Abänderung des Gülteninhalts besitze, als sie die Be=
fugnis besessen habe, die Gewährleistung desselben in der Ver=
fassung auszusprechen. Ursprünglich seien die Gülten in Nidwalden
vierprozentige und durch Geld ablösbar gewesen; nach und nach
habe sich aber die Ablösung zu einer so schwierigen gestaltet, daß
daraus eine wahre Bedrückung des Schuldners, entgegen den
frühern Absichten des nidwaldenschen Gesetzgebers, entstanden sei.
Andrerseits sei ein Zinsfuß von 5 % angesichts der heutigen
Geldmarktsverhältnisse zu hoch und schließe derselbe bei der allge=
meinen ökonomischen Krisis, an der gegenwärtig die Landwirtschaft
leide, eine Ungerechtigkeit in sich. Eine Besserstellung des Bauern=
standes liege im nationalökonomischen Interesse des Landes. Sie
könne aber erreicht werden durch Herabsetzung des Zinsfußes von
5 % und billige Anpassung desselben an den dermaligen Stand
des Geldmarktes, wie eine solche seit Entstehung der Gülten durch
Jahrhunderte hindurch gesetzgeberisch angeordnet worden sei. Die
Reduktion des Zinsfußes schließe keineswegs eine Aufkündbarkeit
der Gülten in sich. Auch enthalte dieselbe keine Unbilligkeit, keine
Verletzung der Rechte der Gülteninhaber, sondern sei nur ein Re=
quisit der bisherigen historischen Rechtsentwicklung, ein Ausgleich
zwischen Zinslast und dominierendem Verkehrswerte.

C. Am 27. Februar 1893 fand eine Beratung des Landrates
über die Zulässigkeit des gestellten Initiativbegehrens statt. Dabei
gelangte der Landrat zu dem einstimmigen Beschlusse: 1. Es sei
verfassungsmäßig nicht zulässig, das in Frage liegende Revisions=
begehren der Landsgemeinde zur Beschlußfassung vorzulegen; 2.
der Regierungsrat sei eingeladen, eine Botschaft an das Volk zu
erlassen, worin einerseits auch die historische Richtigkeit der Schluß=
nahme des Landrates, sowie andrerseits die mit der vorwürfigen
Frage verbundenen volkswirtschaftlichen Verhältnisse klar gelegt
werden. Dieser Beschluß des Landrates wurde dahin motiviert:

Es sei verfassungsmäßige Pflicht des Landrates, Anträge an die Landsgemeinde, sowohl über den Erlaß oder die Abänderung von Gesetzen, als über Partial= oder Totalrevisionen der Verfassung zuerst auf ihre Zulässigkeit zu prüfen. Nun widerspreche das gestellte Revisionsbegehren schon in der Art, wie es formuliert worden sei, dem Sinn und Geiste der Verfassung. Denn während Art. 86 vorschreibe, daß bei Begehren um Partialrevisionen nur die zu revidierenden Artikel zu bezeichnen seien, und nach Art. 87 und 88 von der Landsgemeinde zuerst nur die Frage entschieden werden solle, ob eine Verfassungsrevision vorgenommen werden solle, oder nicht, die eigentliche Beratung und Annahme der neuen Verfassungsartikel aber erst später stattzufinden habe, so schließe das gestellte Revisionsbegehren schon jetzt mit einem bestimmten Antrage ab, was die Möglichkeit einer materiellen Beratung der mit der Revision betrauten Behörde zerstöre und eine zweite Beratung an der Landsgemeinde überflüssig mache. Was den Inhalt des gestellten Revisionsbegehrens anbelange, so sei es unrichtig, daß die Gült und die kanzleiische Versicherung öffentlich=rechtliche Titel seien. Die Landsgemeinde habe nicht das gesammte Gültenrecht festgestellt, sondern es sei die Festsetzung der Schuldsumme, des Zinses, der Ablösungsart und des Unterpfandes stetsfort von den Kontrahenten geschehen. Die Landsgemeinde habe selbst mit Beschluß vom 29. April 1888 die Gült als einen durch das Landrecht geregelten Vertrag zwischen dem ursprünglichen Gültschuldner und dem Gläubiger bezeichnet. Und was die kanzleiische Versicherung anbetreffe, so sei dieselbe nichts anderes als ein Hypothekarrecht zu Gunsten einer Forderung, deren Verzinsung innerhalb der gesetzlich zulässigen Höhe Sache der Kontrahenten sei. Somit handle es sich sowohl bei der Gült als bei der kanzleiischen Versicherung um einen privatrechtlichen Titel, um einen Vertrag, der nur im Einverständnis der Kontrahenten, nicht aber einseitig oder durch Beschluß der Landsgemeinde abgeändert werden könne. Der Zins derartiger Titel sei nun eben so gut wie die Gült und die kanzleiische Versicherung ein Eigentumsrecht, das ebenfalls unter die Garantie des Art. 13 K.=V. betreffend Unverletzlichkeit des Eigentums falle. Die Annahme des Revisions= antrages hätte zur Folge, daß der Gläubiger dem Schuldner sein

Geld lassen müßte, auch wenn ihm der Zinsfuß zu niedrig er=
schiene, ohne daß er seinerseits die Ablösung der Schuld verlangen
könnte. Nun verletze ein solcher Zwang nicht bloß die wohler=
worbenen Rechte zahlreicher Kantonseinwohner, sondern es würde
derselbe auch die zum Unterhalt der Kirchen und Pfründen, der
Schulen und Armen und aller wohltätigen Stiftungen angesam=
melten Kapitalien gefährden resp. deren Existenz dem Ermessen der
Landsgemeinde anheimstellen. Zuletzt beruft sich der Landrat in
seinem Beschlusse darauf, daß die gesammelte Unterschriftenzahl zur
Begründung eines Revisionsbegehrens nicht genüge. Von der Ge=
sammtzahl von 916 Unterschriften entsprechen wenigstens 291 den
Vorschriften des Art. 41 b K.=V. nicht, indem sie teils Nicht=
stimmberechtigten angehören, teils nicht eigenhändige Unterschriften
seien, teils ohne Angabe der Wohngemeinde und des Datums in
die betreffenden Bogen eingetragen worden seien. Ziehe man nun
diese Zahl von 291 ab, so bleiben nur noch 695, statt der von
der Verfassung geforderten 800 Unterschriften. Diese Erwägungen
des Landrates werden in der Botschaft des Regierungsrates an
das Volk noch des nähern ausgeführt. Namentlich sucht die Bot=
schaft festzustellen, daß Gülten und kanzleiische Versicherungen dem
Privatrechte angehören und keine öffentlich=rechtlichen Titel seien.

D. Gegen diesen Beschluß des Landrates rekurrierte nun Ad=
vokat Lussi in Stans, Namens des Benedikt Niederberger in
Wolfenschießen, des Maria Zimmermann in Ennetbürgen und des
Maria Christen in Obbürgen, für sich und die übrigen Unter=
zeichner des Revisionsbegehrens, an das Bundesgericht. Er stellt
das Begehren, das Bundesgericht wolle beschließen:

1. „Der Entscheid des Landrates von Nidwalden vom 27. Fe=
„bruar 1893 sei aufgehoben und demzufolge das Begehren der
„Rekurrenten um Partialrevision der Kantonsverfassung der Lands=
„gemeinde zur Beschlußfassung zu unterbreiten.

2. „Der Landrat von Nidwalden sei verpflichtet, die obwaltende
„Revisionsfrage einer demnächst einzuberufenden Extra=Landsge=
„meinde vorzulegen.“

Zur Begründung dieses Begehrens berufen sich die Rekurrenten
darauf, daß der Beschluß des Landrates eine Verletzung des ihnen
in Art. 86 K.=V. gewährleisteten Rechts der Initiative enthalte.

Was zunächst die Zahl der Unterschriften anbelange, so verletze die Berechnung des Landrates auf die ungenierteste und rücksichts= loseste Weise die Rechte der Rekurrenten. Es verstoße schon gegen die allgemeinen demokratischen Prinzipien, wenn die Verfassung zu einem Revisionsbegehren nicht weniger als 800 Unterschriften, d. h. den dritten Teil der im Kanton Stimmberechtigten verlange. Jedenfalls sei man aber bei einem solchen Verlangen berechtigt, zu erwarten, daß der Wille des Volkes', der sich unter so schwie= rigen Verhältnissen hervordrängen müsse', nicht noch, wie in con= creto geschehen, durch allerlei kleinliche, in keiner Verfassung und in keinem Gesetz Halt findende, Spitzfindigkeiten und Willkürlich= keiten erdrückt werde. Es ergebe sich nämlich aus den Akten, daß die Namen von 75 stimmfähigen Bürgern wegen Unächtheit der Unterschrift gestrichen worden seien. Über die Ächtheit dieser Unterschriften sei eine Untersuchung niemals erfolgt; für ihre Unächtheit habe der Landrat keine Beweise gehabt. Hätte eine Untersuchung stattgefunden, so würde sich daraus die Übereinstim= mung des Willens der Aussteller der beanstandeten Unterschriften mit ihrer auf dem Bogen befindlichen Unterschrift ergeben haben. Auf diesen Willen komme es aber an. Noch willkürlicher sei die Streichung von 143 Unterschriften wegen Mangel der Wohn= ortsangabe. Es befinden sich darunter Unterschriften von solchen Bürgern, welche ihren Namen, ihren Beruf und sogar ihre Liegenschaftsnummer in der Mitte einer großen Zahl anderer in gleicher Gemeinde wohnender Mitbürger aufzeichneten. An der Spitze des Bogens stehe die Angabe der Gemeinde; der Gemeindepräsident beglaubige sie ausdrücklich als Einwohner seiner Gemeinde, der ganze Landrat kenne die betreffenden Bürger als dortige Bewohner und dennoch sei ihre Unter= schrift nicht zugelassen worden. Ein solches Vorgehen verstoße unbedingt gegen die Verfassung, da nach dem Willen dieser letztern die Erkennbarkeit der Wohngemeinde eines Unterzeichners auch ohne eigenhändige Aufzeichnung genüge. Gleiche Bewandtnis habe es mit den 62 Unterschriften, die wegen Mangel des Datums gestrichen worden seien. Die Angabe des Datums am Kopf oder am Ende des betreffenden Unterschriftenbogens müsse für alle da= rauf figurierenden Namen genügen. Zudem stehe noch auf jedem

Bogen das vom Gemeindepräsidenten aufgezeichnete Datum und sei es allgemein bekannt, daß die Unterschriftensammlung sich einzig im Monat Februar 1893 entwickelt habe. Von der Gemeinde Emetten seien sodann 83 Namen auf die bloße Bescheinigung des Gemeindepräsidenten hin, daß dieselben den Vorschriften des Art. 41 nicht genügen, gestrichen worden. Ein solches Vorgehen sei geradezu unerklärlich. Offenbar haben alle diese Streichungen nur den Zweck gehabt, den Unterzeichnern des Revisionsbegehrens das ihnen in Art. 86 K.-V. gewährleistete Recht der Initiative vorzuenthalten. Wären die eingereichten Unterschriften leidenschaftslos und dem Willen der Verfassung gemäß beurteilt worden, so wären dieselben als gültig angesehen worden. Durch das befolgte System werde aber jedes Initiativbegehren unmöglich gemacht und damit das in Art. 86 K.-V. sanktionierte Volksrecht ein für alle Mal vernichtet. Auch materiell stelle sich die Revisionsbewegung als eine begründete dar. Sie habe ihre Ursache in dem landwirtschaftlichen Notstand, an dem heutzutage die Bauersame leide. In Nidwalden komme noch hinzu die Belastung mit einer großen Anzahl Gülten, die einen Zins von 5 % ewig abwerfen, so sehr auch ansonst der Geldwert sinken mag. Dieser so wie so hohe Zins trage sodann sofort nach seinem Verfall für die Dauer von 2 1/2 Jahren einen Zineszins von 5 %, so daß in Wirklichkeit der Zinsfuß sich auf 6 % stelle. Diesem bedauerlichen Zustande habe mit dem vom Landrate abgewiesenen Revisionsbegehren ein Ende gemacht werden wollen. Abgesehen nun von der Unterschriftenberechnung habe der Landrat auch dadurch, daß er das Revisionsbegehren von sich aus abgewiesen habe, eine Verfassungsverletzung begangen. Würde sich Jemand durch einen Beschluß der Landsgemeinde in seinen Privatrechten verletzt gefühlt haben, so hätte er das Bundesgericht hiegegen anrufen können; der Landrat sei aber nicht befugt gewesen, das Revisionsbegehren von sich aus abzuweisen. Es sei übrigens unrichtig, daß die Herabsetzung des Zinsfußes der Gülten durch Beschluß der Landsgemeinde eine Verletzung der verfassungsmäßigen Garantie des Eigentums und der Rechtsame involviere. Denn der Staat habe unbedingt das Recht, für den Hypothekarkredit ein Zinsmaximum festzusetzen und demzufolge habe er auch das Recht, das einmal festgesetzte Maximum später abzuändern

resp. herabzusetzen. Der Zinsfuß richte sich je nach den Verhält=
nissen des Geldmarktes. Auch das Obligationenrecht, Art. 337,
anerkenne das Recht der Kantone, bei grundversicherten Dar=
lehen den zulässigen Zins zu bestimmen. Dieses Recht gehöre nun
im Kanton Nidwalden der Landsgemeinde an und letztere habe
hievon, wie sich aus Deschwandens „Entwurf des Sachenrechts"
ergebe, schon andere Male Gebrauch gemacht. Selbst wenn die
Gült ein privatrechtlicher Titel sein sollte, so wäre die Herab=
setzung des Zinses noch kein Vertragsbruch, sondern nur ein Akt
des gesetzgeberischen Willens resp. eine Erklärung, daß der Staat
das Fordern von mehr als 4 % Zins als Wucher betrachte.
Eine solche Erklärung sei jedenfalls zulässig. Im Übrigen finde
das Eigentumsrecht, wie das Bundesgericht es wiederholt ausge=
sprochen habe, in den höhern Interessen des Staates eine Grenze.
Die Gült sei aber kein Vertrag mehr, sondern ein bloßer Handels=
artikel. Und was das Revisionsbegehren anbelange, so habe sich
dasselbe nicht bloß auf die bestehenden Gülten, sondern auch auf
die neu zu errichtenden bezogen, und mit Bezug auf diese letztern
hätte nun dasselbe unter allen Umständen zugelassen werden sollen.
Aus der Form, in welcher das Revisionsbegehren gestellt worden
sei, lasse sich ebenfalls ein Grund für Verwerfung desselben durch
den Landrat nicht ableiten. Denn einerseits widerspreche es der
Verfassung keineswegs, mit einem bestimmt formulierten Antrag
an die Landsgemeinde zu gelangen, andererseits sei die Absicht der
Postulanten nur die gewesen, schon im Voraus anzugeben, in
welchem Sinne die begehrte Verfassungsrevision vorzunehmen sei,
ohne dadurch eine mit der Revision betraute Behörde zu verhin=
dern, noch andere Punkte, so z. B. die Aufkündbarkeit der Gülten,
mit der Revision zu verknüpfen. Der Landrat habe also entschie=
den die Art. 86, 2 und 39 a K.=V. verletzt.

E. Hierauf antwortet dieser letztere: Die Formvorschriften, die
bei der Stellung eines Verfassungsrevisionsbegehrens beobachtet
werden müssen, seien durch die Art. 41 und 86 K.=V. bestimmt.
Art. 41 b der Verfassung schreibe nun vor, daß derartige Anträge:

1. mit der eigenhändigen Unterschrift,

2. mit Bezeichnung der Wohngemeinde des oder der Antrag=
steller und

3. mit Angabe des Datums

versehen sein müssen. Dadurch nun, daß der Landrat diese Requisite zur Geltung gebracht habe, habe derselbe keine Verfassungsverletzung begangen. Die Eigenhändigkeit der Unterschrift sei gerade
zur Erkennung des Willens der betreffenden Postulanten ein un-
umgängliches Erfordernis. Und was die Bezeichnung der Wohngemeinde anbelange, so habe der Landrat schon im Jahre 1873
ein Initiativbegehren aus demselben Grunde abgewiesen und die
gleichlautende Vorschrift der Verfassung von 1850 dahin ausgelegt,
daß die Angabe der Wohngemeinde jeder einzelnen Unterschrift
beigefügt werden solle, obwohl gerade damals die Postulanten
lauter bekannte Persönlichkeiten der Gemeinde Stans gewesen seien.
Dies habe Advokat Lussi, Fürsprech der Rekurrenten, von dem
auch die Formulierung des Initiativbegehrens herrühre, so gut
gewußt, daß er bei einem andern Initiativbegehren vom Jahre
1888 die Auslegung des Landrates ganz genau befolgt und auch
bei dem heute in Frage stehenden Initiativbegehren auf den Unterschriftenbogen auf dieses Erfordernis aufmerksam gemacht habe.
Durch Streichung der 143 Unterschriften, wozu auch die 83 aus
der Gemeinde Emetten gehören, habe also der Landrat nur gemäß
einer seit 20 Jahren bestehenden Praxis gehandelt und nichts
Willkürliches begangen. Endlich seien zwei Bogen aus der Gemeinde Obbürgen und Beckenried nicht in Rechnung gebracht
worden, weil sie kein anderes Datum tragen als dasjenige, welches
später der Gemeindepräsident seinem Zeugnis über Stimmberechti-
gung hinzugesetzt habe, das aber keinen Bezug nehme auf die
Zeit, wo die Liste unterzeichnet worden sei. Eine Beglaubigung
der Unterschriften durch den Gemeindepräsidenten in Bezug auf
Achtheit, Wohngemeinde oder in anderer Richtung sei in der Verfassung nicht vorgeschrieben und komme daher nicht in Betracht.
Einzig und allein der Landrat habe die diesbezügliche Prüfung
vorzunehmen.

Was die materielle Seite des Revisionsbegehrens anbelange, so
halte der Landrat daran fest, daß dasselbe seinem Inhalte nach
sich als unzulässig erweise, da es bestehenden Privatrechten „zu
nahe trete." Eine Untersuchung darüber stehe dem Landrat unbedingt zu. Denn der Landrat habe unter anderm auch die Aufgabe,

zu verhüten, daß durch Beschlüsse der Landsgemeinde in wohler=
worbene Privatrechte eingegriffen werde. Wohl habe nach nid=
waldenschem Rechte im allgemeinen der Richter zu entscheiden, ob
durch eine Partialrevision Privatrechte verletzt werden; bevor aber
der Revisionsantrag an die Landsgemeinde gelange, besitze auch
der Landrat die Befugnis, zu erklären, daß derselbe gegen Privat=
rechte verstoße und ihm daher den Weg an die Landsgemeinde zu
versperren. Geschehe dies, so sei der Beschluß des Landrates ein
endgültiger und könne derselbe auch nicht durch Rekurs an die
Bundesbehörden angefochten werden. Ein solcher Eingriff in wohl=
erworbene Rechte bestehe nun in concreto. Er ergebe sich daraus,
daß, sofern der Revisionsantrag durchgedrungen wäre, die Gülten=
inhaber und die Versicherungsgläubiger in Zukunft nicht mehr
als 4 % Zins fordern könnten. Was namentlich die schon be=
stehenden Gülten anbelange, so sei der Eingriff in wohlerworbene
Rechte augenscheinlich; da nun das Revisionsbegehren als ein
Ganzes gestellt worden sei, so habe dasselbe auch als solches ab=
gewiesen werden müssen. Richtig sei allerdings, daß der Staat
für alle künftig zu errichtenden Gülten und Versicherungen ohne
Verletzung von Privatrechten das Zinsmaximum auf 4 % oder
auf einen andern Prozentsatz festsetzen oder selbst einen bestimmten
Prozentsatz ein für alle Mal für derartige Titel vorschreiben
könnte. Es sei dies nur eine Frage der Konvenienz, die aber in
Bezug auf ihre Vorteile noch näher untersucht werden müßte.
Was dagegen die bereits bestehenden Gülten und Versicherungen
anbelange, so würde ein solches Eingreifen des Staates gegen die
Rechte der Gläubiger verstoßen, denn der Zins von 5 % sei nicht
durch Gesetz bestimmt, sondern in jedem einzelnen Falle durch
freie Willenseinigung der Parteien verabredet. Für die kanzleiischen
Versicherungen ergebe sich dies schon daraus, daß dieselben auch
für eine unverzinsliche Forderung bestellt werden können; für die
Gült bilde die Formel, nach welcher dieselbe regelmäßig ausgestellt
werde, den besten Beweis. Diese Formel laute: „Ich N. N. be=
„kenne hiemit einer redlichen Schuldgelten, soll dem N. N. oder
„Rechtinhaber dies Briefs nämlich . . . . . . Franken so und so
„viel Hauptgut und davon jährlich auf Martini acht Tage vor
„oder nach so und soviel Zins.“ Die nidwaldensche Verfassung

garantiere nun in Art. 19 die Unverletzlichkeit des Eigentums und der Rechtsfame. Auch könne die Entziehung eines Privatrechts nur gegen Entschädigung stattfinden. In concreto müßte also der Staat jedem einzelnen Gülteninhaber, deffen Zins reduziert worden sei, den ihm daraus erwachsenden Schaden vergüten. Schließlich stellt der Landrat in Abrede, daß der landwirtschaftliche Notstand in Nidwalden so groß sei, wie von den Rekurrenten geschildert werde, und stellt den Antrag, es wolle das Bundesgericht den Rekurs aus den von ihm angeführten formellen und materiellen Gründen abweisen.

Das Bundesgericht zieht in Erwägung:

1. Das Bundesgericht ist zu Behandlung der Beschwerde kompetent. Denn es steht nicht die Gültigkeit einer kantonalen Wahl oder Abstimmung in Frage, sondern es handelt sich ausschließlich um die Frage der Verletzung des in Art. 86 der nidwaldenschen Kantonalverfassung garantierten Rechts der Initiative; es greift daher die allgemeine Bestimmung des Art. 59 litt. a O.=G. Platz (vergleiche Amtliche Sammlung der bundesgerichtlichen Entscheidungen I, S. 345).

2. In der Sache selbst ist in erster Linie bestritten, ob der Landrat befugt gewesen sei, das von den Initianten gestellte Begehren um Verfassungsrevision von sich aus auf seine Verfassungsmäßigkeit zu prüfen und deffen Vorlage an die Landsgemeinde zu verweigern. Hierüber enthält die nidwaldensche Verfassung keine ausdrückliche Bestimmung. Art. 41 litt. d sieht allerdings in Bezug auf Gesetzesvorschläge einen Beschluß des Landrates vor und da er dabei von einem Entscheid des Landrates spricht und nur bezüglich „zulässig erkannter Anträge" ein weiteres Verfahren statuiert, so kann kein Zweifel sein, daß der landrätliche Beschluß nicht den Sinn einer bloßen Begutachtung hat, sondern den eines Entscheides, von dem die Zulassung oder Nichtzulassung des Antrages an die Landsgemeinde abhängt. Allein der Art. 86, der besonders von der Verfassungsinitiative handelt, stellt seinerseits eine solche Bestimmung nicht auf, sondern begnügt sich damit, was die von den Initianten zu beobachtenden Formen anbelangt, auf Art. 41 zu verweisen und zwar in der Weise, daß wenn diese Formen beobachtet werden und das Revisionsbegehren vom Land-

rate ober von 800 ſtimmfähigen Kantonseinwohnern ausgeht, er
die Vorlage desſelben an die Landsgemeinde vorſchreibt. Durch wen
aber die Erfüllung dieſer Formen, namentlich das Vorhandenſein
einer genügenden Anzahl Unterſchriften konſtatiert werden ſoll, ob
durch den Landrat oder durch die Landsgemeinde, wird in Art. 86
ausdrücklich nicht geſagt. Es kann indes dieſem Mangel einer
ausdrücklichen Regelung der Frage vernünftigerweiſe nicht der von
den Rekurrenten behauptete Sinn beigelegt werden, daß die nid=
waldenſche Verfaſſung ein jedes, auch ſchon an ſich unzuläſſige
Verfaſſungsreviſionsbegehren direkt vor die Landsgemeinde ziehen
wolle. Denn abgeſehen davon, daß die Landsgemeinde ſchon ver=
möge ihres Charakters als Geſammtverſammlung nicht als die
geeignete Behörde erſcheint, um eine Kontrolle über die Beobachtung
der Formvorſchriften des Art. 41 zu üben, macht der Art. 86 die
Vorlage eines Verfaſſungsreviſionsbegehrens an die Landsgemeinde
geradezu von der Bedingung abhängig, daß dieſe Formvorſchriften
erfüllt und daß das Reviſionsbegehren von 800 ſtimmfähigen
Bürgern geſtellt worden ſei. Art. 86 ſetzt alſo implicite voraus,
daß eine Vorberatungsbehörde exiſtiere, welche das geſtellte Revi=
ſionsbegehren, bevor es an die Landsgemeinde gelange, auf ſeine
formelle Zuläſſigkeit prüfe. Ergibt ſich daraus, daß den Bedingun=
gen des Art. 86 Genüge geleiſtet worden iſt, ſo iſt das Begehren
um Verfaſſungsreviſion der Landsgemeinde zu unterbreiten; iſt
das Umgekehrte der Fall, ſo findet eine Vorlage an die Lands=
gemeinde nicht ſtatt. Unbeſtimmt iſt alſo nur, welches dieſe Vor=
beratungsbehörde ſei. Zieht man aber in Betracht, daß der Art. 86
nicht ſelbſt die bei der Stellung eines Verfaſſungsreviſionsbegehrens
einzuhaltenden Formen regelt, ſondern diesbezüglich auf Art. 41
der Verfaſſung verweist, ſo erſcheint die Annahme des Landrates
als natürlich, daß nicht bloß hinſichtlich der Grundſätze, nach
welchen dieſe Formenprüfung ſtattfinden ſoll, ſondern auch hin=
ſichtlich der Behörde, die dieſelbe vornehmen muß, der Art. 41
Platz greife. Auch der von den Rekurrenten angerufene Art. 39
der nidwaldenſchen Verfaſſung ſteht dieſer Auffaſſung nicht im
Wege. Denn derſelbe beſtimmt bloß, daß „die Annahme oder Ver=
werfung der Verfaſſung, der Geſetze und anderer verfaſſungsgemäß
an ſie gelangenden Anträge, ſowie die einleitenden Beſchlüſſe zu

einer künftigen Verfassungsrevision der Landsgemeinde zustehe."
Nun kann weder die Vorprüfung der formellen Zulässigkeit eines
Verfassungsrevisionsbegehrens als ein einleitender Beschluß im
Sinne des Art. 39 aufgefaßt werden, noch widerspricht der Um=
stand, daß diese Vorprüfung von einer andern Behörde vorge=
nommen wird, dem in Art. 39 der Landsgemeinde vorbehaltenen
Recht der materiellen Beratung. Gegenteils stellt auch dieser Ar=
tikel die Bedingung auf, daß die von der Landsgemeinde zu be=
ratenden Anträge in verfassungsmäßiger Weise gestellt werden.

3. Der zweite Beschwerdepunkt der Rekurrenten bezieht sich
darauf, daß der Landrat in der Art und Weise, wie er die gültige
Unterschriftenzahl berechnet hat, die Verfassung verletzt habe. Was
nun diese Einwendung anbelangt, so wurden vom Landrat von
Nidwalden im Ganzen 291 Unterschriften als ungültig erklärt,
darunter 143, weil die Angabe der Wohngemeinde dem Namen
des Unterzeichnenden nicht hinzugesetzt, 62, weil das Datum der
Unterschrift nicht in richtiger Weise angegeben und 75, weil das
Erfordernis der Eigenhändigkeit fehlte, resp. weil sie von andern
Personen herrührten, ohne daß der Name dieser letztern auf dem
Unterschriftenbogen angegeben worden sei. Es haben nun die Re=
kurrenten nicht in Abrede gestellt, daß sofern die Grundsätze des
Landrates Anwendung finden dürfen, die von ihm aufgestellte Be=
rechnung numerisch richtig sein würde. Allein sie bestreiten die
Verfassungsmäßigkeit dieser Grundsätze und behaupten, daß nach
Art. 41 litt. b der Verfassung alle diejenigen Unterschriften, die
zwar der Angabe der Wohngemeinde und des Datums ermangeln,
bei welchen aber diese letztern aus andern Angaben, die auf den
Unterschriftenbogen figurieren, hätten eruirt werden können, als
gültig angesehen werden müssen. In der Tat erscheint die Aus=
legung des nidwaldnischen Landrates, wonach Wohnort und Datum
jeder einzelnen Unterschrift hinzugesetzt werden muß, als eine sehr
restriktive. Immerhin schließt der Wortlaut des Art. 41 litt. b
diese Auffassung nicht aus und was die bisher befolgte Praxis
anbelangt, so hat der Landrat einen Beschluß vom Jahre 1873
produziert, aus welchem sich ergibt, daß die gleichlautende Vor=
schrift der frühern Verfassung schon damals in Bezug auf die
Angabe der Wohngemeinde in ganz gleicher Weise ausgelegt wor=

ben ift. Mit Rückſicht nun auch auf dieſen Umſtand läßt ſich wohl nicht behaupten, daß der angefochtene Beſchluß einen will=kürlichen Charakter an ſich trage, und wenn auch über die Rich=tigkeit der vom Landrate angenommenen Auslegung nicht jeder Zweifel ausgeſchloſſen iſt, ſo hat doch das Bundesgericht da, wo, es ſich um die Interpretation einer kantonalen Verfaſſung han=delte, ſtets den Grundſatz befolgt, daß eine Abweichung von der Auslegung der oberſten kantonalen Behörde nur dann am Platze iſt, wenn zwiſchen derſelben und dem Wortlaut der Kantonsver=faſſung ein offenbarer Widerſpruch beſteht (vergleiche Amtliche Sammlung der bundesgerichtlichen Entſcheidungen, I, S. 316 367; III, S. 269; IX, S. 250). Was ſodann die 75 Unter=ſchriften anbelangt, die vom Landrat deswegen als ungültig er=klärt worden ſind, weil ſie nicht als eigenhändig erſchienen, ſo ſind hier die Einwendungen der Rekurrenten offenbar unbegründet, da das Erforderniß der Eigenhändigkeit in der Verfaſſung ſelbſt (Art. 41 litt. b) aufgeſtellt iſt und dieſem Erforderniſſe in allen Fällen nachgelebt werden muß, ohne daß zuerſt noch unterſucht zu werden brauchte, welches der eigentliche Wille der betreffenden, auf dem Unterſchriftenbogen figurierenden Perſonen ſei.

4. Hienach fällt die Beſchwerde auch in ihrem übrigen Inhalte dahin. Denn war die geſetzliche Zahl zu einem Verfaſſungsrevi=ſionsbegehren nicht vorhanden, ſo braucht der Abweiſungsbeſchluß des Landrates vom 17. Februar nicht noch im weitern auf ſeine Verfaſſungsmäßigkeit geprüft zu werden. Es mag diesbezüglich. nur bemerkt werden, daß wenn litt. a des Art. 41 die Beſtim=mung aufſtellt, daß Anträge an die Landsgemeinde nichts enthal=ten dürfen, was der Kantonsverfaſſung zuwiderläuft oder allfälligen Privatrechten zu nahe tritt, dieſe Beſtimmungen ſelbſtverſtändlich nur auf Geſetzesvorſchläge, nicht aber auch auf Verfaſſungsre=viſionsbegehren Bezug haben.

Demnach hat das Bundesgericht

erkannt:

Die Beſchwerde wird als unbegründet abgewieſen.

Vierter Abschnitt. — Quatrième section.

# Staatsverträge der Schweiz mit dem Auslande.
# Traités de la Suisse avec l'étranger.

————

## Auslieferungsvertrag mit Deutschland. — Traité d'extradition avec l'Allemagne.

### 83. Urteil vom 9. September 1893 in Sachen Hilby.

A. Auf Requisition der kaiserlich deutschen Staatsanwaltschaft zu Mülhausen wurde am 16. Mai 1893 Karl Markus Hilby von Weiler (Elsaß) in Basel vorläufig verhaftet. In dem Haft= befehle des königlich preußischen Gerichtes der VII. Division vom 24. Mai 1893 wird derselbe bezeichnet als „Musketier..... der 2. Kompagnie Infanterie=Regiments Fürst Leopold von Anhalt= Dessau (1. Magdeburgischen) Nr. 26, geboren den 2. Juni 1863 zu Weiler, Kreis Thann, in Elsaß=Lothringen, deutscher Reichs= angehöriger, zuletzt in Magdeburg wohnhaft gewesen, seit 19. März 1884 Soldat, am 15. August 1884 desertirt." Er wird beschuldigt: 1. Laut Ziffer 1 des Haftbefehles verschiedener im April 1893 im Elsaß und in Freiburg (Baden) begangener teils schwerer teils einfacher Diebstähle; 2. laut Ziffer 2 des Haftbefehles zweier im Elsaß begangener Betrugsdelikte, endlich wird ihm 3. laut Ziffer 3 des Haftbefehls zur Last gelegt: „Ende April 1893 in Mül= hausen im Elsaß ein ihm von einem gewissen Stutz in Luzern geliehenes Fahrrad..... verkauft, also sich rechtswidrig zugeeignet und sich durch diese Handlung des in § 246 des bürgerlichen Strafgesetzes unter Strafe gestellten Vergehens der Unterschlagung

schuldig gemacht zu haben." Die Akten waren von der kaiserlich
deutschen Staatsanwaltschaft in Mülhausen dem königlich preußi=
schen Gerichte der VII. Division in Magdeburg deshalb abge=
geben worden, weil, da Hilby noch nicht aus dem Heeresver=
bande ausgeschieden sei, nach der deutschen Gesetzgebung das Mi=
litärgericht auch zu Aburteilung der seither von Hilby begangenen
gemeinen Verbrechen zuständig sei. Mit Note vom 31. Mai 1893
stellte die kaiserlich deutsche Gesandtschaft in Bern beim schwei=
zerischen Bundesrate unter Berufung auf Art. 1 Ziffer 11, 12
und 13 und Art. 9 des schweizerisch=deutschen Auslieferungsver=
trages das Begehren um Auslieferung des Verfolgten wegen
Diebstahls, Betrugs und Unterschlagung indem sie bemerkte, die
unter Ziffer 3 des Haftbefehls angeführte Unterschlagung sei
nach den bisherigen Ermittelungen in Mülhausen verübt worden;
sollte sich indessen ergeben, daß Hilby diese Unterschlagung schon
in der Schweiz begangen habe, so würde die kaiserliche Regierung,
wenn dies schweizerischerseits gewünscht werde, bereit sein, die
Strafverfolgung des Hilby auch wegen dieser Straftat, insoweit
sie in der Schweiz begangen sei, zu übernehmen.

B. Auf Begehren der Regierung des Kantons Luzern war der
Verhaftete zunächst nach Luzern instradiert worden. Die dort
gemachten Erhebungen ergaben, daß derselbe das in Ziffer 3 des
Haftbefehls erwähnte Fahrrad nicht unterschlagen, sondern in
Luzern gestohlen und sich überdem dort verschiedener Betrügereien
schuldig gemacht habe. Mit Note vom 26. Juni 1893 teilte daher
der schweizerische Bundesrat der kaiserlich deutschen Gesandtschaft
in Bern mit, in Anbetracht der verschiedenen, dem Hilby als in
Luzern begangen zur Last fallenden Delikte werde vorgezogen,
denselben von den luzernischen Behörden dafür aburteilen zu lassen.
Die Auslieferung könne somit jedenfalls erst auf den Zeitpunkt
erfolgen, wo das gegen den Requirierten in der Schweiz einge=
leitete Strafverfahren durchgeführt sein und er die ihm auferlegte
Strafe erstanden haben werde. Ferner könne die Auslieferung
wegen Unterschlagung nicht bewilligt werden, da der Verfolgte
wegen der bezüglichen strafbaren Handlung von den schweizerischen
Behörden in Untersuchung gezogen sei und werde bestraft werden.
Endlich werde nach Maßgabe der Bestimmungen des Ausliefe=

rungsvertrages vom 24. Januar 1874 angenommen, daß Hilby im Falle seiner Auslieferung von den deutschen Behörden wegen Fahnenflucht weder verfolgt noch bestraft werde. Die kaiserlich deutsche Gesandschaft in Bern erwiderte hierauf mit Note vom 12. Juli 1893, die kaiserliche Regierung sei mit der vom schweizerischen Bundesrate dargelegten Behandlung der Sache einverstanden. Was die Zusicherung betreffe, daß Hilby im Falle der Auslieferung nicht wegen Fahnenflucht werde verfolgt werden, so sei hiefür nach Ansicht der kaiserlichen Regierung der Art. 4, Abs. 3 des schweizerisch=deutschen Auslieferungsvertrages maßgebend und scheine demnach kein Anlaß vorzuliegen, daneben eine besondere Zusicherung zu erteilen.

C. Der Verfolgte erhob gegen seine Auslieferung Einsprache, indem er ausführte, er bestreite sämmtliche Anschuldigungen; er sei in Magdeburg aus dem Militärdienst desertiert und würde in Deutschland, trotz eines bei der Auslieferung gemachten Vorbehalts, doch auch wegen Fahnenflucht bestraft werden. Sein Anwalt, Fürsprech Banz in Luzern, macht zu Begründung der Einsprache überdem geltend: Die dem Requirierten zur Last gelegten Delikte sollen im Elsaß oder in Baden begangen worden sein. Der Haftbefehl gehe aber nicht von einem elsässischen oder badischen Gerichte, sondern von dem 7. Divisionsgerichte zu Magdeburg aus. Dieser Stelle bestreite der Requirierte die Kompetenz. Das Divisionsgericht könnte ihn einzig wegen Fahnenflucht bestrafen. Eine solche Strafe dürfe aber nicht eintreten. Damit falle die ganze Kompetenz des Magdeburger Gerichtes dahin. Der Requirierte sei schon im Jahre 1885 fahnenflüchtig geworden. Er unterstehe also jedenfalls nicht mehr der militärischen Gerichtsbarkeit. Kompetent zur Beurteilung seien vielmehr die Gerichte von Elsaß und Baden, in deren Gebiete die fraglichen Delikte begangen worden sein sollen. Von diesen aber gehe der Haftbefehl nicht aus. Und doch müsse natürlich verlangt werden[1], daß das Auslieferungsbegehren gestellt werde, gestützt auf Akte derjenigen Behörde, welche für die Beurteilung des Auszuliefernden zuständig sei.

D. Der Generalanwalt der Eidgenossenschaft spricht sich dahin aus: Die Schuldfrage sei nicht vom Auslieferungsgerichte sondern

vom erkennenden Strafgerichte zu beurteilen. Die Feststellung der
Kompetenz zwischen den verschiedenen Gerichten des requirierenden
Staates sei eine Frage der innern Gesetzgebung dieses Staates,
welche den ersuchten Staat in keiner Weise berühre. Allerdings
sei der Letztere befugt, zu untersuchen, ob die Stelle, von welcher
der Haftbefehl ausgehe, als eine gerichtliche Behörde zu betrachten
sei, der im allgemeinen das Recht strafrechtlicher Verfolgung zustehe, oder ob diese Stelle sich als ein Ausnahmegericht darstelle.
Ein Ausnahmeverfahren liege aber in concreto nicht vor. Das
Militärgericht der VII. Division in Magdeburg sei zweifellos ein
ordentliches Strafgericht, und es werde dessen Verfassungsmäßigkeit in der Eingabe des Requirierten auch nicht beanstandet. Die
gegen die Auslieferung erhobene Einrede erscheine demnach als
unbegründet.

E. Mit Schreiben vom 26. Juli 1893 übermachte der schweizerische Bundesrat dem Bundesgerichte die Akten zur Entscheidung.
Durch Urteil des luzernischen Kriminalgerichtes vom 22. Juli
1893 ist der Requirierte wegen Diebstahls rechtskräftig zu vier
Monaten Zuchthaus verurteilt worden.

Das Bundesgericht zieht i n E r w ä g u n g :

1. Nach der in der Note der kaiserlich deutschen Gesandtschaft
in Bern vom 12. Juli 1893 enthaltenen Erklärung wird das
Auslieferungsbegehren nur in Betreff der in Ziffer 1 und 2 des
Haftbefehls genannten Diebstahls- und Betrugsdelikte aufrecht
erhalten, während es für die unter Ziffer 3 des Haftbefehls erwähnte Straftat, wegen welcher Bestrafung in der Schweiz erfolgt
ist, fallen gelassen worden ist.

2. Der Umstand, daß der Requirierte aus dem deutschen Mili-
tärdienste desertiert ist, kann selbstverständlich seine Auslieferung
für gemeine, im Auslieferungsvertrage vorgesehene, Delikte nicht
hindern. Dagegen ist ebenso selbstverständlich, daß er wegen des
Deliktes der Fahnenflucht in Deutschland nicht verfolgt oder bestraft werden darf. Es folgt dies, da die Desertion im schweizerisch-
deutschen Auslieferungsvertrage nicht vorgesehen ist, ohne weiters
aus dem Grundsatze des Art. 4, Abs. 3 des Vertrages, wonach
der Ausgelieferte wegen eines im Vertrage nicht vorgesehenen
Verbrechens oder Vergehens nicht in Untersuchung gezogen oder

bestraft werden darf, es sei denn, daß er, nach Freisprechung oder
Bestrafung wegen des Verbrechens, welches zur Auslieferung
Anlaß gegeben hat, es versäumt habe, das Gebiet des ersuchenden
Staates vor Ablauf einer Frist von drei Monaten zu verlassen,
oder daß er auf's neue dorthin komme. Ebensowenig kann die
Tatsache, daß der Requirierte die ihm zur Last gelegten Straf-
taten leugnet, zu Verweigerung der Auslieferung führen; die
Schuldfrage ist nicht vom Auslieferungsrichter, sondern vom er-
kennenden Strafgerichte zu prüfen.

3. Nach Art. 1 des schweizerisch-deutschen Auslieferungsvertrages ist die Auslieferungspflicht nicht auf die Fälle beschränkt,
welche von den gewöhnlichen bürgerlichen Gerichten zu beurteilen
sind, sondern sie besteht für alle Auslieferungsdelikte, welche überhaupt von den Behörden eines der Vertragsstaaten, gleichviel ob
von einem gewöhnlichen bürgerlichen Gerichte oder von einem
Sondergerichte, speziell einem Militärgerichte, verfolgt werden.
Eine Prüfung der Frage, ob das die Strafverfolgung betreibende
oder aber ein anderes Gericht des ersuchenden Staates nach den
Gesetzen dieses Staates zuständig sei, behält der Staatsvertrag
dem ersuchten Staate nicht vor. Es handelt sich denn auch da-
bei, wie die Bundesanwaltschaft richtig bemerkt und wie das
Bundesgericht übrigens bereits in seiner Entscheidung in Sachen
Livraghi vom 20. Juni 1891 (Amtliche Sammlung XVII,
S. 238 Erw. 3) ausgesprochen hat, ausschließlich um eine Frage
der innern Gesetzgebung des ersuchenden Staates, welche den andern
Vertragsstaat nicht berührt. Dagegen ist der ersuchte Staat allerdings berechtigt zu untersuchen, ob das Gericht, von welchem der
Haftbefehl ausgeht, überhaupt eine der regelmäßigen, verfassungs-
und gesetzmäßigen Gerichtsorganisation des ersuchenden Staates
angehörige richterliche Behörde sei, oder aber sich als ein Ausnahmegericht qualifiziere, welches nach seiner Zusammensetzung und
seinem Verfahren diejenigen Garantien richtiger Rechtsprechung
nicht darbietet, welche bei Abschluß des Auslieferungsvertrages mit
Rücksicht auf die Gerichtsorganisation des ersuchenden Staates
vorausgesetzt wurden. Allein im vorliegenden Falle ist nun unzweifelhaft, daß das königlich preußische Militärgericht der VII. Division in Magdeburg ein ordentliches, gesetzmäßig eingesetztes

Gericht mit geordnetem Rechtsgange und nicht ein außerhalb der gesetz= und verfassungsmäßigen Gerichtsorganisation stehendes Ausnahmegericht ist. Die Auslieferung ist daher, da die Delikte, wegen welcher sie begehrt wird unbestreitbar und unbestrittenermaßen Auslieferungsdelikte sind, zu bewilligen.

Demnach hat das Bundesgericht

erkannt:

Die Auslieferung des Karl Markus Hilby an das königlich preußische Gericht der VII. Division in Magdeburg wird wegen der im Haftbefehle vom 24. Mai 1893 sub Ziffer 1 und 2 genannten Delikte, auf die Zeit, wo der Requirierte seine ihm in Luzern auferlegte Strafe erstanden haben wird, bewilligt.

# B. CIVILRECHTSPFLEGE

# ADMINISTRATION DE LA JUSTICE CIVILE

—◆◆—

## I. Organisation der Bundesrechtspflege.
## Organisation judiciaire fédérale.

84. Urteil vom 24. Juli 1893 in Sachen
Freitag gegen Schindler.

A. Durch Urteil vom 12./13. Juni 1893 hat das Obergericht des Kantons Glarus erkannt: Es seien unter Abweisung der appellantischen Begehren die beiden Rechtsfragen des Appellaten gutgeheißen.

B. Gegen dieses Urteil ergriff der Beklagte die Weiterziehung an das Bundesgericht. Der Anwalt des Klägers und Rekursbeklagten hat dem gegenüber schriftlich das Rechtsbegehren gestellt: Ist nicht die Weiterziehung des Urteils des kantonalen Obergerichtes vom 13. Juni abhin durch den Appellanten an das schweizerische Bundesgericht wegen Inkompetenz des letztern zu annullieren, eventuell das zitierte Urteil in allen Teilen zu bestätigen und W. Freitag zu einer angemessenen Prozeßentschädigung an den Appellaten zu verurteilen?

Das Bundesgericht zieht in Erwägung:

1. Zwischen den Litiganten hatte Streit über das Eigentum an dem sogenannten Pätschenwalde obgewaltet. Der Kläger beanspruchte an dieser Waldung Miteigentum zur Hälfte und verlangte deren Realteilung und Ausmarchung durch „Lagen und feste

Marken." An der Vermittlungsverhandlung vom 18. September 1890 kam zwischen den Parteien ein Vergleich im Sinne des vom Kläger gestellten Begehrens zu Stande. Gestützt auf diesen Vergleich klagte der Kläger gegen den Beklagten dahin, es sei die Lagung der Pätschenwaldung gemäß dem Vergleiche vorzunehmen resp. die an Ort und Stelle vorgewiesene Lagenlinie gerichtlich gutzuheißen und ein vom Beklagten dem Kläger angelegtes Rechts= bot vom 7./8. Juli 1891 aufzuheben. Der Beklagte wendete ein, der Vergleich vom 18. September 1890 sei null und nichtig und müsse annulliert werden, weil der ihm zu Grunde liegende Kauf= vertrag vom 9. November 1863 gefälscht und der Beklagte durch unrichtige Vorgaben und hinterlistiges Drängen zum Abschluß des Vergleichs bestimmt worden sei; sei dieser Vergleich ungültig, so stehe ihm, dem Beklagten, das Alleineigentum an dem Pätschen= walde zu. Beide Vorinstanzen haben im Sinne der klägerischen Rechtsbegehren erkannt.

2. In erster Linie muß geprüft werden, ob das Bundesgericht zu Beurteilung der Beschwerde zuständig sei. Dies ist zu verneinen. Denn es kommt in der Sache eidgenössisches Recht überall nicht zur Anwendung. Der Streit betrifft Eigentum an Grund und Boden und ist daher nach kantonalem, nicht nach eidgenössischem Rechte zu beurteilen. Allerdings ist für die Entscheidung dieses Eigentumsstreites die Frage von Bedeutung, ob der Vergleich vom 18. September 1890 gültig oder, weil durch falsche Vorspiegelun= gen herbeigeführt und auf Grund unrichtiger Voraussetzungen abgeschlossen, ungültig sei. Allein auch diese Frage ist nach kanto= nalem und nicht nach eidgenössischem Rechte zu beurteilen. Denn der Vergleich vom 18. September 1890 betrifft dingliche Rechte an einer unbeweglichen Sache und gehört also sachlich nicht dem durch das Obligationenrecht normierten Rechtsgebiete, sondern dem Gebiete des kantonalen Rechtes an. Seine Gültigkeit ist also nach kantonalem und nicht nach eidgenössischem Rechte zu beurteilen. Verträge, welche inhaltlich dem Gebiete des kantonalen Rechtes angehören, unterstehen dem kantonalen Rechte auch dann, wenn sie im Wege des Vergleichs, zu Abwendung rechtlicher Entschei= dungen über bestrittene Ansprüche, abgeschlossen werden, ebenso wie umgekehrt Verträge, welche inhaltlich dem durch das Obliga=

tionenrecht normierten Rechtsgebiete angehören, auch dann nach
den Bestimmungen dieses Gesetzes zu beurteilen sind, wenn sie im
Vergleichswege zu Stande kamen (siehe Entscheidung des Bun=
desgerichtes in Sachen Jenny gegen Blumer, Amtliche Sammlung
XV, S. 829 Erw. 3).

Demnach hat das Bundesgericht
erkannt:

Auf die Weiterziehung des Beklagten wird wegen Inkompetenz
des Gerichtes nicht eingetreten.

---

## II. Haftpflicht
### der Eisenbahn- und Dampfschiffunternehmungen
### bei Tödtungen und Verletzungen.
### Responsabilité des entreprises de chemins de fer
### et de bateaux à vapeur
### en cas d'accident entraînant mort d'homme
### ou lésions corporelles.

85. Urteil vom 14. Juli 1893 in Sachen
Urech gegen Seetalbahn.

A. Durch Urteil vom 22. April 1893 hat das Obergericht des
Kantons Aargau erkannt: Die Beklagte ist mit ihrer Appellation
abgewiesen.

Das erstinstanzliche Urteil des Bezirksgerichtes Lenzburg ging
dahin:

1. Die Beklagte wird verfällt, an den Kläger eine lebenslang=
liche Rente von 1000 Fr. zu bezahlen, zahlbar jeweilen auf den
1. Dezember, erstmals am 1. Dezember 1892. Hierin sollen die
streitigen 17 Fr. für Transport= und Apothekerkosten inbegriffen sein.

2. Für den Fall, daß der leidende Zustand des Klägers sich
verschlimmern und derselbe gänzlich arbeitsunfähig werden sollte,
wird ihm das Nachforderungsrecht auf weitern Entschädigungs=
anspruch vorbehalten.

B. Gegen das Urteil des Obergerichtes ergriff die Beklagte die Weiterziehung an das Bundesgericht. Bei der heutigen Verhandlung beantragt ihr Anwalt, es sei die Klage abzuweisen, eventuell es sei eine Beweisergänzung im Sinne der Einvernahme des Kontrolingenieurs Perret über die von ihm unmittelbar nach dem Unfalle vorgenommenen Messungen, des Maschinenführers Braun darüber, daß Kläger wiederholt gewarnt worden sei, sich herauszubeugen und daß er (Braun) demselben das Hinausbeugen sogar verboten habe, anzuordnen, eventualissime sei das Quantitativ der Entschädigung wegen Mitverschuldens herabzusetzen.

Dagegen trägt der Anwalt des Klägers und Rekursbeklagten auf Abweisung der gegnerischen Beschwerde und Bestätigung des angefochtenen Urteils an.

Das Bundesgericht zieht in Erwägung:

1. Der Kläger war bei der beklagten Eisenbahngesellschaft als Heizer mit einem fixen Gehalte von 1080 Fr. angestellt, wobei er Kilometergelder von 30—40 Fr. monatlich, sowie Rangiergeld bezog. Am 22. September 1891 verunglückte der Kläger in folgender Weise: Er beugte sich zwischen den Stationen Mosen und Beinwyl, um, wie er behauptet, das nicht gehörig funktionierende „Schlapprohr" bei der Speisung des Dampfkessels zu kontrollieren, über die Lokomotive hinaus; dabei stieß er mit dem Kopfe an einen in der Nähe des Bahnkörpers stehenden Baum, so daß er von der Lokomotive hinunter auf die Erde geschleudert wurde. Der auf das Eisenbahnhaftpflichtgesetz gestützten Entschädigungsklage des Verletzten hat die Beklagte die Einrede des Selbstverschuldens entgegengestellt, indem sie geltend machte, der Kläger habe dem reglementarischen Verbote zuwidergehandelt, wonach „vorschriftswidriges Hinausbeugen über die Maschine während der Fahrt" strengstens verboten sei. Der Kläger dagegen hat behauptet, es falle der Beklagten eine grobe Fahrlässigkeit zur Last, da der Baum gegen welchen er mit seinem Kopfe gestoßen sei, nicht den vorschriftsmäßigen, durch Art. 7 der bundesrätlichen Verordnung vom 9. August 1854 geforderten Abstand von dem Geleise gehabt habe.

2. Das eventuelle Aktenvervollständigungbegehren der Beklagten ist unzulässig. Denn aus den Akten ist nicht zu entnehmen, daß die Beklagte die nunmehr von ihr gestellten Beweisanträge vor dem kantonalen Obergerichte gestellt hätte und damit abgewiesen worden

wäre, und zudem bezweckt das Aktenvervollständigungsbegehren teil=
weise (soweit es auf Feststellung des Abstandes des Baumes, durch
welchen der Unfall herbeigeführt wurde, von dem Geleise gerichtet
ist), die Widerlegung tatsächlicher Feststellungen der Vorinstanzen,
was nach dem Grundsatze des Art. 30 Abs. 4 O.=G. unzulässig ist.

3. Durch die Vorinstanzen ist tatsächlich festgestellt, daß der
Baum, gegen welchen der Kläger beim Hinausbeugen über die
Lokomotive anstieß, nicht den durch die bundesrätliche Verordnung
vom 9. August 1854 geforderten Abstand vom Geleise hatte. Die
erste Instanz, welcher das Obergericht sich angeschlossen hat, stellt
dies in ihrem Urteile positiv fest, indem sie das Ergebnis des
vom Bezirksamte Kulm am 22. September 1891 aufgenommenen
Lokalaugenscheines, wonach der Baum bloß 1,16 Meter von der
Mitte des äußern Schienenstranges abstand, als richtig anerkennt.
Danach wird denn nicht bezweifelt werden können, nicht nur, daß
der Unfall sich als Betriebsunfall qualifiziert, sondern auch, daß
derselbe mit einer der Beklagten zum Verschulden anzurechnenden
vorschriftswidrigen Beschaffenheit der Bahneinrichtungen in kau=
salem Zusammenhange steht. Allein zu grober Fahrlässigkeit kann
diese vorschriftswidrige Beschaffenheit der Bahneinrichtungen der
Beklagten immerhin nicht angerechnet werden. Denn der Umstand,
daß der Baum sich in allzu großer Nähe der Geleise befinde, konnte,
da der vorschriftsmäßige Abstand nicht erheblich überschritten
war, insbesondere bei einer Straßenbahn, leicht übersehen werden,
zumal da der vorschriftsmäßige Abstand vielleicht erst seit Anlage
der Bahn, infolge des inzwischen erfolgten Wachstums des Baumes,
überschritten worden ist. Dem Verschulden der Bahngesellschaft
steht sodann ein Mitverschulden des Verletzten gegenüber. Denn,
nach dem Tatbestande der Vorinstanzen, muß angenommen werden,
daß dieser sich in unvorsichtiger Weise unnötig weit über die Loko=
motive hinausgebeugt hat. Dieses Verschulden erscheint indes als
ein leichtes. Allerdings untersagen die Dienstvorschriften der Be=
klagten das „vorschriftswidrige" Hinausbeugen über die Lokomotive
während der Fahrt strengstens. Allein sie untersagen nicht positiv
und bestimmt jedes Hinausbeugen während der Fahrt, lassen
also der Auffassung Raum, daß das Hinausbeugen unter Um=
ständen, je nach verständigem Ermessen des Personals, erlaubt sei.
Der Angestellte ist also im wesentlichen einfach auf die gewöhn=

liche Lebenserfahrung angewiesen, welche lehrt, daß das Hinaus=
beugen aus den Fahrzeugen eines in Bewegung befindlichen Eisen=
bahnzuges jedenfalls nur mit Vorsicht geschehen darf. Wenn nun
aber ein Eisenbahnbediensteter, welcher durch seine dienstlichen Ver=
richtungen zum Hinausbeugen veranlaßt wird, dabei übersieht, daß
ein gefahrdrohendes Hindernis im Wege steht, und sich vielleicht
etwas weiter hinausbeugt als unbedingt notwendig wäre, so darf
ihm eine derartige augenblickliche Unvorsichtigkeit regelmäßig nicht
zu schwerem Verschulden angerechnet werden, zumal dann nicht,
wenn das gefahrdrohende Hindernis die Folge eines vorschrifts=
widrigen Zustandes der Bahneinrichtungen ist.

4. Die Haftpflicht der Beklagten ist also grundsätzlich anzuer=
kennen und quantitativ, mit Rücksicht auf das konkurrierende leichte
Verschulden des Klägers, nur unerheblich zu vermindern. Danach
ist denn die vorinstanzliche Entscheidung einfach zu bestätigen. In=
folge des Unfalles hat der Verletzte einen Defekt des Schädeldaches
und des rechten Stirnbeines davon getragen. Nach dem gerichts=
ärztlichen Gutachten besteht für denselben für das ganze Leben eine
große Gefahr für weitere Verletzung des Gehirns und der defekten
Stellen des Knochens und es sind jederzeit infolge des Gehirn=
defektes äußerst wichtige Störungen des centralen Nervensystems
zu erwarten. Seine Erwerbsfähigkeit ist, nach den Ausführungen
des gerichtsärztlichen Gutachtens, ganz bedeutend beschränkt und
kann jederzeit auf Null herabsinken. Nach diesen Feststellungen ist
zwar die Erwerbsfähigkeit des Verletzten zur Zeit noch nicht völlig
aufgehoben, aber doch sehr wesentlich vermindert; wenn bei diesem
Sachverhalte die dem Kläger zu entrichtende Rente auf 1000 Fr.
per Jahr festgestellt wird, was $^2/_3$ bis $^3/_4$ seines bisherigen Jahres=
einkommens entsprechen mag, so ist damit allen Verhältnissen Rech=
nung getragen, insbesondere auch dem geringen Mitverschulden,
welches dem Verletzten zur Last fällt.

Demnach hat das Bundesgericht
**erkannt:**

Die Weiterziehung der Beklagten wird als unbegründet abge=
wiesen und es hat demnach in allen Teilen bei dem angefochtenen
Urteile des Obergerichtes des Kantons Aargau sein Bewenden.

## IV. Obligationenrecht. — Droit des obligations.

### 86. Urteil vom 8. Juli 1893 in Sachen Konkursmasse der Leihkasse Uster gegen Kantonalbank Zürich.

A. Durch Urteil vom 11. April 1893 hat die Apellations=
kammer des Obergerichtes des Kantons Zürich erkannt:

Die von der Leihkasse Uster durch Vertrag vom 20. November
1891 zu Gunsten der Kantonalbank Zürich für deren sub. Nr. 15
im Konkurse der ersteren angemeldeten Forderungen bestellte Faust=
pfandbeckung wird im ganzen Umfange als zu Recht bestehend
erklärt, im übrigen werden Dispositiv 2 und 3 des erstinstanz=
lichen Urteils bestätigt.

B. Gegen dieses Urteil ergriff die Konkursmasse der Leihkasse
Uster die Weiterziehung an das Bundesgericht. Bei der heutigen
Verhandlung beantragt ihr Anwalt, es sei zu erkennen, die von
der Apellantin durch Vertrag vom 20. November 1891 zu Gunsten
der Appellatin für deren sub. Nr. 15 im Konkurse der ersteren
angemeldeten Forderungen bestellte Faustpfandbeckung wird als
ungültig erklärt und die Appellatin ist verpflichtet, die betreffenden
zu Faustpfand gegebenen Werttitel an die Appellantin auszu=
liefern.

Der Anwalt der rekursbeklagten Kantonalbank Zürich bean=
tragt, es sei die gegnerische Beschwerde zu verwerfen.

Das Bundesgericht zieht in Erwägung:

1. Im Konkurse der Leihkasse Uster meldete die Kantonalbank
Zürich unter anderm sub. Nr. 15 des Konkursprotokolls Wechsel=
forderungen im Betrage von 107,800 Fr. an. Für dieselben machte
sie gemäß Verschreibung vom 20. November 1891 ein Faust=
pfandrecht an den dort genannten Schuldtiteln geltend. Der Kon=
kursrichter des Bezirksgerichtes Uster hat durch Beschluß vom
31. Dezember 1892 die bestellte Faustpfandbeckung als ungültig
erklärt. Auf Rekurs der Kantonalbank Zürich hat die Appella=
tionskammer des Obergerichtes des Kantons Zürich durch ihr
Fakt. A angeführtes Erkenntniß diesen Beschluß abgeändert und

die Faustpfandbestellung für gültig erklärt. Sie geht dabei davon
aus, es sei der Zeit nach nicht eidgenössisches sondern kantonales
Recht anwendbar, trotzdem der Konkurs der Leihkasse Uster, in
welchem die streitige Klage erhoben werde, erst im Jahre 1892
eröffnet worden sei. Zur Begründung führt sie aus: Art. 331
des Bundesgesetzes über Schuldbetreibung und Konkurs, welcher
zur Begründung des Antrages auf Anwendung des neuen eid=
genössischen Rechts angerufen werde, verlange dieselbe nicht un=
bedingt bezüglich aller Anfechtungsklagen in derartigen Konkursen,
sondern nur sofern die kantonale Gesetzgebung die Anfechtung der
Handlung zugelassen habe. Der eidgenössische Gesetzgeber habe
durch die neuen Vorschriften nicht in rückwirkender Kraft solche
Rechtsgeschäfte zu anfechtbaren stempeln wollen, welche im Zeit=
punkte ihres Abschlusses rechtmäßige waren. Unter allen Um=
ständen dürfe das eidgenössische Recht da nicht zur Anwendung
kommen, wo das kantonale Recht für den Anfechtungsbeklagten
das günstigere, mildere gewesen wäre. Eine Vergleichung des
§ 1104 des zürcherischen Privatrechtes mit Art. 287 des Schuld=
betreibungs= und Konkursgesetzes zeige nun deutlich, daß den=
jenigen Rechtsgeschäften, welche vor dem Ausbruche des Konkurses
von dritten Personen mit dem Gemeinschuldner abgeschlossen
worden waren, durch das erstere weitergehender Schutz gegen An=
fechtung verliehen werde, als durch das neue Recht insbesondere
mit Rücksicht darauf, daß das letztere eine Präsumtion des bösen
Glaubens zum Nachteile der angeblich Begünstigten aufgestellt
habe, während das kantonale Gesetz dem Anfechtungskläger den
Nachweis dafür zuteile, daß dem Beklagten diejenigen Tatsachen
bekannt gewesen seien, welche der Rechtsgültigkeit des von ihm
behaupteten Anspruches im Wege stehen. Der Beklagte habe daher
nach den erwähnten Grundsätzen des Bundesgesetzes in einem Falle
derartiger Kollision Anspruch auf Schutz seiner vor dem 1. Ja=
nuar 1892 erworbenen Rechte in demjenigen Umfange, in welchem
ihm solcher durch die Vorschriften des zürcherischen Privatrechtes
gewährt worden sei; er könne auch in einem später ausgebrochenen
Konkurse vom Anfechtungskläger verlangen, daß er den Nachweis
für den nach altem Rechte zur Vernichtung seines Anspruches
notwendigen bösen Glauben erbringe. Nach der Fassung des

Art. 331 des Bundesgesetzes sei anzunehmen, daß durch denselben
dem neuen Rechte nur in denjenigen Kantonen Wirkung auf
Rechtshandlungen aus der Zeit vor 1. Januar 1892 beigelegt
werden wolle, in welchen früher überhaupt keine kodifizirten Vor=
schriften über Anfechtungsklagen im Konkurse bestanden haben,
oder wo dieselben für den Anfechtungsbeklagten ungünstiger waren
als das neue Recht. Dafür spreche auch die Tatsache, daß in
einzelnen vom Bundesrate genehmigten kantonalen Einführungs=
gesetzen den Bestimmungen des Bundesrechtes über die Anfech=
tungsklage erst rückwirkende Kraft verliehen worden sei. Das
Bundesgesetz biete aber auch keinen genügenden Anhaltspunkt
dafür, daß etwa speziell bezüglich der Voraussetzungen der An=
fechtungsklage in derartigen Konkursen seine Grundsätze unbedingt
zur Anwendung kommen sollen. Wie die deutsche Konkursordnung,
deren Vorschriften offenbar von ihm rezipiert worden seien, lasse
es die vor seinem Inkrafttreten vorgenommenen Rechtshandlungen
als causa in Anfechtungsklagen durchaus intakt in der Weise,
daß die Pauliana mit dem Konkurse nur durch ihren Erfolg in
Verbindung stehe, insofern sie bei erfolgreicher Anstrengung
Exekutionsstücke bringe, welche dann selbstverständlich nach dem
zur Zeit der Klage respektive des ausgebrochenen Konkurses gel=
tenden Rechte liquidiert werden müssen. Im vorliegenden Falle sei
jede Rückwirkung um so mehr ausgeschlossen, weil von Seite der
Leihkasse Uster bereits vor dem 1. Januar 1892 Insolvenzer=
klärung eingereicht worden und lediglich im Interesse und auf
Antrag von Gläubigern durch richterliches Erkenntniß im Sinne
von Art. 657 Ziff. 3 O.=R. die formelle Konkurseröffnung
einstweilen hinausgeschoben worden sei.

2. Sofern, wie die Vorinstanz annimmt, in der Sache kanto=
nales und nicht eidgenössisches Recht anwendbar ist, mangelt dem
Bundesgerichte gemäß Art. 29 O.=G. die Kompetenz zu Beurtei=
lung der Beschwerde. Es ist daher in erster Linie zu prüfen, ob
die gedachte Annahme der kantonalen Instanz zutreffe.

3. Art. 331 des Bundesgesetzes über Schuldbetreibung und
Konkurs stellt in Bezug auf die zeitliche Anwendung des Rechtes
den Grundsatz auf, daß die Bestimmungen des neuen Rechtes
auch auf Anfechtungsklagen gegen solche Rechtshandlungen An=

wendung finden, welche vor dem 1. Januar 1892 vorgenommen
worden seien, sofern die frühere kantonale Gesetzgebung die An=
fechtung zuließ. Das neue Recht ist also für die Anfechtung
früherer Rechtshandlungen nicht schlechthin maßgebend, sondern
nur insoweit als auch das ältere Recht die Anfechtung der Hand=
lung zuließ. Mit andern Worten: das Bundesgesetz stellt, in
Uebereinstimmung mit § 9 des Einführungsgesetzes zur deutschen
Konkursordnung und § 14 des deutschen Reichsgesetzes vom
21. Juli 1879 das Prinzip auf, daß frühere Rechtshandlungen
nur dann mit Erfolg angefochten werden können, wenn sie so=
wohl nach dem neuen als nach dem alten Rechte anfechtbar sind.
Maßgebend ist das mildere, dem Anfechtungsbeklagten günstigere,
Gesetz. Eine Rechtshandlung, welche nach dem Gesetze der Zeit
ihrer Vornahme nicht anfechtbar war, bleibt gültig und unan=
fechtbar, auch wenn sie nach dem im Schutze der Gläubigerrechte
weitergehenden neuen Rechte sollte angefochten werden können;
das neue Gesetz dagegen kommt insofern in Betracht, als im
Schutze der Gläubigerrechte, auch frühern Rechtshandlungen
gegenüber, nicht weiter gegangen werden darf, als seine Vor=
schriften dies bestimmen. Frühere Rechtshandlungen also, welche
nach dem Gesetze der Zeit ihrer Vornahme anfechtbar gewesen
sein sollten, können nach dem Inkrafttreten des neuen Gesetzes
nicht mehr angefochten werden, wenn dieses eine Anfechtungsklage
aus dem betreffenden Tatbestande nicht gibt. Diese Bestimmungen
entsprechen allgemeinen Grundsätzen (siehe Kohler, Lehrbuch des
Konkursrechtes, S. 685); sie gelten auch, wie der Vorinstanz
ohne weiteres zuzugeben ist, sowohl für die Anfechtung im Kon=
kurse als außerhalb desselben.

4. Angefochten ist nun im vorliegenden Falle eine, unter der
Herrschaft des kantonalen zürcherischen Rechtes vollzogene, Pfand=
bestellung, nachdem über den Schuldner der Konkurs unter der
Herrschaft des Bundesgesetzes über Schuldbetreibung und Konkurs
(weniger als 6 Monate nach der Pfandbestellung) ausgebrochen
ist. Das Bundesgesetz (Art. 287) erklärt als anfechtbar, sofern
der Schuldner sie innerhalb der letzten sechs Monate vor der
Pfändung oder Konkurseröffnung vorgenommen hat und im
Zeitpunkte der Vornahme bereits überschuldet war, unter anderm

die Begründung eines Pfandrechtes zur Sicherung bereits bestehender Verbindlichkeiten, deren Erfüllung sicher zu stellen der
Schuldner nicht schon früher verpflichtet war. Die Anfechtbarkeit
ist indessen ausgeschlossen, wenn der Begünstigte beweist, daß er
die Vermögenslage des Schuldners nicht gekannt hat. Dagegen
hatte § 1104 des zürcherischen privatrechtlichen Gesetzbuches als
anfechtbar erklärt, Veräußerungen einzelner Vermögensbestandteile
(wozu auch die Verpfändung gerechnet wurde), welche der Gemeinschuldner vor dem wirklichen Ausbruche des Konkurses in der
Absicht, die Gläubiger zu schädigen, an einen Dritten, der davon
wußte oder wissen mußte, vorgenommen hat. Danach kann nicht
zweifelhaft sein, daß das Bundesgesetz im Schutze der Gläubigerrechte weiter geht, dem Anfechtnngsbeklagten ungünstiger ist, als
das kantonale zürcherische Recht dies war. Nach dem Bundesgesetze hat der Anfechtungskläger in concreto nur zu beweisen, daß
im Zeitpunkte der Verpfändung (soweit diese zu Sicherung bereits
bestehender Verbindlichkeiten geschah) der Schuldner bereits überschuldet war; damit hat er das Fundament seiner Klage nachgewiesen. Der Anfechtungsbeklagte kann deren Zuspruch nur dadurch abwenden, daß er seinerseits beweist, er habe von der Vermögenslage des Schuldners keine Kenntniß gehabt. Nach dem
zürcherischen Rechte dagegen gehörte zu dem vom Anfechtungskläger nachzuweisenden Klagefundamente die Tatsache, daß der
Anfechtungsbeklagte um die Absicht des Schuldners, seine Gläubiger zu benachteiligen wußte oder wissen mußte. Das Bundesgesetz läßt also die Anfechtungsklage unter Voraussetzungen zu,
welche nach dem zürcherischen Rechte zu deren Begründung nicht
genügten; es hat damit den Umfang der Anfechtbarkeit der Rechtshandlungen des Schuldners gegenüber dem zürcherischen Gesetze
erweitert (vergl. Entscheidung des deutschen Reichsgerichtes, XII,
S. 138 u. ff.) Danach ist denn gemäß der Regel des Art. 331
des Bundesgesetzes hier das kantonale und nicht das eidgenössische
Gesetz anzuwenden.

5. Hiegegen ist allerdings heute eingewendet worden, die Regel
des Art. 287 des Bundesgesetzes über Schuldbetreibung und
Konkurs, daß bis zum Nachweise des Gegenteils anzunehmen
sei, der Anfechtungsbeklagte habe von der Vermögenslage des

Schuldners Kenntniß gehabt, sei nicht materiellrechtlicher Natur, sondern eine bloße Beweisregel; Beweisregeln aber seien, nach allgemeinen Grundsätzen für jeden, unter der Herrschaft des neuen Gesetzes angehobenen Prozeß maßgebend, gleichviel ob die zu ermittelnden Fakta der frühern Zeit angehören oder nicht. Dies müsse auch für die Rechtsvermutung des Art. 287 cit. gelten, sofern nicht aus den Uebergangsbestimmungen des neuen Gesetzes sich etwas anderes ergebe. Dies sei aber hier nicht der Fall. Der hier allein in Betracht kommende Art. 331 des Bundesgesetzes beziehe sich nicht auf die prozeßrechtlichen Bestimmungen über die Anfechtungsklage, sondern nur auf die die Anfechtbarkeit selbst regelnden Vorschriften. Dies kann indes nicht als richtig anerkannt werden. Die in Rede stehende Bestimmung des Art. 287 leg. cit. enthält kein bloße prozeßuale Beweisregel (wie etwa Art. 289 ibidem), sondern ist materiellrechtlicher Natur. Sie entkleidet die Rechtshandlungen, auf welche sie sich bezieht, ihrer normalen Rechtswirkung, indem, im Gegensatze zu den sonst allgemein geltenden Regeln, der böse Glaube der Partei ohne weiteres unterstellt und daher, sofern nicht im Wege des Gegenbeweises der gute Glaube dargetan wird, das Geschäft als anfechtbares aufgehoben wird. Sie regelt damit in der Tat die Voraussetzungen des Anfechtungsanspruches in einer von dem früheren zürcherischen Rechte abweichenden Weise. Es ist denn auch klar, daß diese Vorschrift eine praktisch tief einschneidende ist, welche, wenn sie auf frühere Geschäfte angewendet würde, die unter dem frühern Rechte erworbene Rechtsstellung des Anfechtungsbeklagten wesentlich verschlechtern würde.

Demnach hat das Bundesgericht

erkannt:

Auf die Weiterziehung der Rekurrentin wird wegen Inkompetenz des Gerichtes nicht eingetreten.

### 87. *Arrêt du 8 Juillet 1893 dans la cause Favre & Andrié contre Tissot & fils.*

Par demande formée devant le Tribunal civil du Locle par Ch.-Emile Tissot, seul chef de la maison Ch.-F. Tissot & fils, au Locle, à Edouard Favre-Perret, seul chef de la maison Favre & Andrié, au Locle, le demandeur a conclu à ce qu'il plaise au Tribunal :

Condamner Edouard Favre-Perret, fabricant d'horlogerie, au Locle, en sa qualité de seul chef de la maison Favre & Andrié à payer à la maison Ch.-Félicien Tissot & fils, soit à son seul chef Ch.-Emile Tissot, la somme de 4237 fr. 90 c., solde de compte entre les deux maisons, dûment établi et arrêté au 18 Février 1892 avec intérêts à 5 % l'an dès cette date.

Le défendeur a conclu à libération et, par jugement des 9-10 janvier 1893, le Tribunal cantonal de Neuchâtel a prononcé ce qui suit :

Le Tribunal cantonal déclare les conclusions de la demande bien fondées, celles de la réponse mal fondées ; condamne Edouard Favre-Perret, fabricant d'horlogerie au Locle, en sa qualité de seul chef de la maison Favre & Andrié, à payer à la maison Ch.-F. Tissot & fils, au Locle, soit à son seul chef Ch.-Em. Tissot, au même lieu, la somme de 4237 fr. 90 c., avec intérêt au taux de 5 % l'an dès le 21 septembre 1892.

C'est contre ce jugement que Edouard Favre recourt au Tribunal fédéral, concluant à ce qu'il lui plaise le réformer dans le sens des conclusions libératoires de la réponse.

Ch.-Em. Tissot a conclu au maintien du jugement attaqué.

*Statuant en la cause, et considérant :*

   *En fait :*

1° Les maisons d'horlogerie Ch.-F. Tissot et Favre & Andrié ont été en relations d'affaires depuis l'année 1858. Ch.-Emile Tissot se chargea, à maintes reprises, de vendre au cours de ses voyages en Russie les produits de la maison Favre & Andrié ; en dehors de ces affaires ordinaires, les deux maisons se rendaient mutuellement des services, en escomptant le papier l'une de l'autre.

Le compte courant entre parties fut arrêté et liquidé une première fois le 31 Janvier 1863, avec intérêts simples au 5 %. Un second règlement de compte intervint le 25 juillet 1868, avec intérêts simples selon le demandeur, avec intérêts composés au dire du défendeur.

Malgré ses nombreuses réclamations, à partir de cette date, Ch.-Emile Tissot ne reçut le compte de Favre-Perret, relatif aux affaires et opérations subséquentes, que le 4 février 1892. Ce compte indiquait les soldes annuels, à partir de 1868, en capitalisant chaque année les intérêts (intérêts composés) ; le débit à la charge de Tissot s'élevait à la date susdite à 12 005 fr. 45 c.

Le lendemain 5 février, Tissot versa un acompte de 6000 francs ; quant au solde de 6005 fr. 45 c., il désirait, avant de le payer, faire la vérification du compte dans son ensemble, attendu qu'il croyait se souvenir qu'en 1863 et 1868 le règlement avait eu lieu sur une base différente.

Le 17 Février, Favre & Andrié réclamèrent d'une façon pressante le solde de leur compte, en raison d'une grosse échéance que la Banque leur réclamait instamment. Le lendemain, Tissot payait à Favre 6074 fr. 65 c. pour solde de compte, intérêts ajoutés au jour du paiement.

Plus tard, au dire des demandeurs, les comptes de 1863 et de 1868 furent retrouvés, et Tissot constata que celui qu'il venait de solder n'avait pas été établi comme les précédents, mais que le calcul des intérêts le mettait en perte d'une somme de 4237 fr. 90 c. Ayant vainement réclamé la restitution de cette somme du défendeur, il prit les conclusions ci-haut reproduites, à l'appui desquelles il fait valoir en substance :

Les parties ne sont pas des banquiers, et l'art. 335, al. 2, C. O. n'est pas applicable. Il ne peut être question d'un accord intervenu au sujet d'un compte courant, ni d'une ratifi-

cation donnée par Ch.-F. Tissot & fils, puisque le compte,
bouclé après coup année par année, n'a jamais été communiqué avant son règlement. L'intention commune des parties
résulte de la manière dont les comptes de 1863 et 1868 ont
été établis. Leur règlement sur la base des intérêts simples,
constitue une convention à laquelle il n'a jamais été dérogé, et
les affaires traitées de 1868 à 1892 sont exactement les
mêmes que celles conclues précédemment. Tissot a donc payé
par erreur.

Favre & Andrié appuient leurs conclusions libératoires par
les motifs résumés ci-après :

Depuis le règlement de compte de 1868, les opérations de
banque prirent une grande extension entre parties. C'est
ainsi que depuis ce moment les acceptations de Favre &
Andrié pour obliger Ch.-F. Tissot & fils ont atteint la somme
de 136 000 francs, tandis que les acceptations de ces derniers
en faveur des premiers n'ont été que de 22 000 francs. Favre
et Andrié ont dû avoir recours, pour aider Tissot & fils, à
leur crédit à la Banque du Locle, vis-à-vis de laquelle ils ont
été constamment débiteurs ; ils seraient donc en droit de
compter, non seulement l'intérêt composé que seul ils réclament, mais encore les commissions de banque. Tissot & fils
ont d'ailleurs à réitérées fois pris l'engagement d'indemniser
Favre & Andrié pour tous intérêts, commissions et frais que
ces derniers auraient à payer pour les services d'argent qu'ils
leur rendaient. Enfin, Tissot & fils ont payé le 5 Février un
acompte de 6000 francs, en annonçant qu'ils étaient occupés
de la vérification du compte, et, le 18 dit, ils payaient 6074 fr.
65 c. pour solde. Leur lettre de cette date ne renferme aucune réserve au sujet de réclamations qui pourraient être
faites ultérieurement. Donc ce paiement n'est pas le résultat
d'une erreur et ne peut être répété.

Statuant, le Tribunal cantonal a prononcé comme il a été
dit ci-dessus, par les motifs suivants :

Il y a lieu de rechercher si, comme Tissot & fils le prétendent, la somme de 4237 fr. 90 c. n'était pas due et si le paiement de cette somme a eu lieu par erreur. Favre & Andrié

n'avaient pas le droit de compter les intérêts des intérêts aux
termes de l'art. 335, al. 2, C. O. Il est dans la nature du
compte courant que les personnes en compte règlent à une
certaine époque leurs positions réciproques, et que ce règlement s'opère par la remise du compte, laquelle constitue une
mise en demeure faite par l'une des parties à l'autre. Or, depuis le 25 Juillet 1868, Favre et Andrié n'ont remis aucun
compte à Tissot & fils ; ils n'étaient donc autorisés, ni par la
loi, ni par l'usage commercial, à rétablir les comptes antérieurs année par année en capitalisant les intérêts annuelle-
ment. Il semble résulter des comptes au dossier que dans
les règlements intervenus en 1863 et 1868 les parties n'avaient
pas capitalisé l'intérêt. Le consentement de Tissot & fils de
payer l'intérêt de l'intérêt ne résulte pas non plus des lettres
produites au dossier, ni de la circonstance qu'ils ont payé volontairement le compte de Favre & Andrié, puisque les demandeurs arguent précisément de ce qu'ils ont payé par
erreur. Il résulte de leur lettre du 18 Février 1892 qu'ils en-
tendaient « solder un compte » et payer par conséquent ce
qu'ils croyaient effectivement devoir ; mais ils n'ont eu aucune
intention de faire une libéralité, en payant, en connaissance
de cause, plus que ce qu'ils devaient. Il faut admettre, dans
ces circonstances, qu'en payant la somme entière qui leur
était réclamée alors qu'ils ne devaient qu'une partie de cette
somme, Tissot & fils ont payé par erreur. Le chiffre de
4237 fr. 90 c. comme différence d'intérêts n'a pas été contesté
au procès.

C'est contre ce jugement que le présent recours est dirigé
et que les parties ont conclu comme il est dit ci-dessus.

### En droit :

2° La compétence du Tribunal fédéral n'est pas contestée,
et elle est fondée en réalité. En effet, il s'agit de la répétition
d'un paiement de plus de 3000 francs, effectué depuis l'entrée
en vigueur du Code fédéral des obligations. Or des réclamations basées sur un enrichissement illégitime, ensuite de paiement d'un indu se trouvent régies, — aussi d'après les prin-

cipes généraux du droit sur l'application des lois au point de
vue du temps, qu'aux termes de l'art. 882, al. 3, C. O., — par
la loi sous l'empire de laquelle le paiement a été opéré,
puisque c'est précisément ce paiement qui apparaît comme
générateur du rapport juridique. Peu importe à cet égard que
la question de l'existence même d'une dette avant le paiement
fait par les défendeurs, doive trouver une solution en application du droit précédent, par les motifs que les faits sur lesquels elle se fonde se sont passés sous l'empire de ce droit.
En effet, bien que la solution de cette question par le Tribunal cantonal lie le Tribunal fédéral par le motif susindiqué,
c'est toutefois le droit fédéral qui doit trancher exclusivement
le point de savoir si, et éventuellement sous quelles conditions
la répétition d'un indu est admissible ; la réclamation dont il
s'agit apparaît dès lors comme relevant du droit fédéral. Le
fait qu'un indu a été payé ne constitue, aussi d'après le Code
fédéral des obligations, qu'une des conditions de la répétition,
tandis que l'autre condition nécessaire à cet effet consiste en
ce que le paiement ait eu lieu par erreur.

3° Or, dans l'espèce, le demandeur n'a jamais prétendu, ni
devant le Tribunal cantonal ni à l'audience de ce jour, qu'au
moment du paiement de la somme réclamée, il se soit trouvé
dans l'erreur sur le point de savoir s'il payait les intérêts des
intérêts. Il n'a d'ailleurs pu être dans le doute à cet égard,
lors de son examen du compte qui lui était soumis. Au contraire le demandeur, aussi bien dans son exposé de ce jour,
que dans ses écritures, a seulement prétendu qu'il n'était pas
certain, ou qu'il se trouvait dans l'erreur sur la question de
savoir si les défendeurs lui avaient compté les intérêts des
intérêts dans les années 1863 à 1868, et si lui, demandeur,
les avait payés ; que par conséquent il ignorait s'il devait les
payer également pour les rapports d'affaires postérieurs, cela
d'autant plus qu'il n'avait retrouvé les comptes courants de
1863 et 1868, lesquels ne contiennent pas les intérêts des
intérêts, qu'après avoir effectué ses paiements des 5 et 18 février 1892.

4° Le jugement du Tribunal cantonal constate à la vérité,

d'une manière qui lie le Tribunal de céans, l'existence du fait que le demandeur n'a retrouvé les prédits comptes courants qu'après les paiements sus-mentionnés. En revanche, le jugement cantonal ne constate point que dans ces extraits de comptes courants l'intérêt des intérêts n'ait pas été compté, mais il est dit seulement qu'il *semble* en résulter que les intérêts n'ont pas été capitalisés dans les périodes de 1858 à 1863 et de 1863 à 1868, et il en infère que les défendeurs ne peuvent pas invoquer ces extraits pour justifier leur réclamation d'intérêts. Or aux termes de l'art. 72 C. O. ce n'est pas le défendeur qui a à prouver l'existence de la dette à éteindre par le paiement réclamé, mais c'est le demandeur qui doit établir sa non-existence, et dans l'espèce le demandeur aurait par conséquent dû apporter la preuve positive qu'aucune convention ne serait intervenue entre parties, aux termes de laquelle les défendeurs seraient autorisés à exiger les intérêts des intérêts, soit que la capitalisation des intérêts aurait été exclue par cette entente. Il n'y a pas lieu d'examiner jusqu'à quel point le fait, seul invoqué à cet égard par le demandeur, que dans ces périodes antérieures des opérations ininterrompues de compte courant entre parties dès 1858 à 1892, l'intérêt des intérêts n'aurait pas été compté, aurait de l'importance en la cause, puisque ce fait, dont la preuve eût, ainsi qu'il a été dit, incombé au demandeur, n'a pas été constaté positivement par l'arrêt attaqué ; d'ailleurs aucune requête en complément de preuve, tendant à établir le dit fait, n'a été formulée à l'audience de ce jour. Il n'a, en outre, été prétendu d'aucune part que le droit' neuchâtelois, applicable à l'époque des débuts des rapports de compte courant entre parties, ait interdit la capitalisation des intérêts en l'espèce.

Au reste l'existence de la seconde condition de l'action en répétition, à savoir que le demandeur a opéré le paiement par *erreur*, ne serait pas non plus démontré. A cet égard, le Tribunal cantonal se fonde tout simplement sur ce que le demandeur, les 5 et 17 Février 1892, a voulu payer ce qu'il croyait devoir à teneur des comptes à lui présentés en 1863 et en 1868, et sur ce qu'il n'a pas voulu faire une libéralité aux défendeurs. Cette argumentation n'est toutefois pas admissible en présence de l'art. 72 C. O. ; elle méconnaît qu'aux termes de cette disposition légale, c'est à la partie qui réclame la restitution qu'incombe la preuve de l'erreur, et que cette partie a dès lors à établir qu'elle a payé *sans aucune cause juridique*. Or cette cause pouvait consister, non seulement dans une convention conclue entre parties au début de leurs rapports de compte courant, mais aussi dans une reconnaissance de dette qui aurait eu lieu plus tard, lors du paiement. C'est donc au demandeur qu'il incombait de prouver que, lors du paiement, il n'a pas eu l'intention d'admettre la réclamation de l'intérêt des intérêts formulée par les défendeurs ; or cette preuve n'a pas été rapportée; le contraire pourrait bien plutôt être déduit, d'une part, de la circonstance que le demandeur, bien que le fait de la capitalisation des intérêts ne lui avait pas échappé, a néanmoins effectué son paiement sans réserve aucune, et d'autre part, des considérations ci-après : Des opérations de compte courant, comme celles dont il s'agit sans contredit dans l'espèce, comportent régulièrement l'exigence de l'intérêt des intérêts, et le contraire ne se rencontre qu'exceptionnellement ; en outre, le demandeur, dans ses lettres des 12 Août 1877 et 21 Mars 1885, a autorisé expressément la maison défenderesse à compter tous les frais et commissions, qui « ne sont rien pour lui en regard de l'embarras causé » par la maison Tissot & fils aux défendeurs, et enfin le demandeur n'a pas contesté l'allégation des défendeurs, aux termes de laquelle ceux-ci, pour faire au demandeur les avances dont ils réclament l'intérêt des intérêts, se sont vus dans l'obligation de recourir à des banques, qui les leur comptaient également.

5° C'est, enfin, à tort que le demandeur argue de ce que les parties en cause ne sont pas des banquiers et de ce que, par conséquent, elles n'ont pas le droit d'exiger l'intérêt des intérêts pour leurs rapports de compte courant. Le demandeur, aussi bien que la maison défenderesse, sont incontestablement des négociants, et l'art. 335 C. O., invoqué par le demandeur, n'exige pas autre chose pour autoriser le porté en compte de l'intérêt des intérêts, pour les opérations de compte courant. Au surplus le caractère d'un compte comme compte courant ne saurait être subordonné, comme l'estime l'arrêt attaqué, à la présentation de relevés annuels ou trimestriels au débiteur.

Par ces motifs,

### Le Tribunal fédéral

prononce :

Le recours est admis, et l'arrêt rendu par le Tribunal cantonal de Neuchâtel les 9-10 Janvier 1893 est réformé en ce sens que la partie demanderesse est déboutée de toutes ses conclusions, et que les fins des conclusions libératoires de la maison Favre & Andrié lui sont adjugées.

---

### 88. Urteil vom 15. Juli 1893 in Sachen Schweiz. Unfallversicherungsgesellschaft in Winterthur gegen Hofer.

A. Durch Urteil vom 24. März 1893 hat der Appellations= und Kassationshof des Kantons Bern erkannt: Die Klägerin, Schweizerische Unfallversicherungsaktiengesellschaft Winterthur, ist mit ihrem Klagebegehren abgewiesen.

B. Gegen dieses Urteil ergriff die Klägerin die Weiterziehung an das Bundesgericht. Bei der heutigen Verhandlung beantragt ihr Anwalt, es sei in Abänderung des vorinstanzlichen Urteils die Klage gutzuheißen. Dagegen trägt der Anwalt des Beklagten auf Abweisung der gegnerischen Beschwerde und Bestätigung des angefochtenen Urteils an.

Das Bundesgericht zieht in Erwägung:

1. In den Jahren 1888 und 1889 waltete vor den bernischen Gerichten zwischen der Unfallversicherungsaktiengesellschaft Winterthur, als Beklagter einerseits, und Emil Kaiser, Direktor in Bellerive und Frau Delphine Vögtlin geb. Kaiser, als Klägern anbrerseits, ein Civilrechtsstreit, welcher sich barum brehte, ob die

Unfallverſicherungsgeſellſchaft Winterthur verpflichtet ſei, den da=
maligen Klägern auf Grund eines mit deren Vater, Niklaus Kaiſer,
geweſenem Nationalrat, in Grellingen, abgeſchloſſenen Unfallver=
ſicherungsvertrages eine Kapitalſumme von 50,000 Fr. nebſt
Zinſen zu 5 %, von der Aufforderung, 28. Juni 1886, an zu
bezahlen. Niklaus Kaiſer war am 22. Juni 1886 geſtorben, nach=
dem er am Abend vorher auf der Bahnhoftreppe in Baſel einen
ſchweren Fall getan, gleichwohl den Eiſenbahnzug beſtiegen, jedoch
bei Grellingen das Bewußtſein verloren und bis zu ſeinem Tode
nicht wieder erlangt hatte. Die Sektion der Leiche hatte als Todes=
urſache eine Gehirnblutung im rechten Ventrikel konſtatiert.
Zwiſchen der Verſicherungsgeſellſchaft und den Kindern des Ver=
ſicherten war nun beſtritten, ob dieſe Gehirnblutung eine Folge
des Sturzes auf den Kopf, alſo traumatiſcher Natur, oder ob ſie
ſpontan eingetreten ſei, ob alſo der Tod die Folge eines Unfalles
ſei oder nicht. Die Verſicherungsgeſellſchaft behauptete, die Blutung
ſei ſpontan eingetreten, indem ſie geltend machte, der Verſicherte
habe kurz vor ſeinem Tode einen Schlaganfall erlitten und es ſei ſein
Geſundheitszuſtand ein derartiger geweſen, daß er unzweifelhaft
für die Entſtehung einer ſpontanen Hirnblutung disponiert ge=
weſen ſei; ſie produzierte ein Gutachten der Ärzte Profeſſor Licht=
heim und Dr. P. Niehans in Bern und berief ſich auf Zeugen=
ausſagen. Sie beſtritt zudem die Aktivlegitimation der Kläger,
indem ſie behauptete, dieſe ſeien nicht Erben ihres Vaters gewor=
den, da ſie deſſen Erbſchaft nicht angenommen haben. In letzterer
Richtung wurde im Prozeſſe produziert einerſeits ein Protokoll=
auszug der Gerichtsſchreiberei Laufen, wonach am 3. Juli 1886
die Kläger erklärt hatten, ſie nehmen die Erbſchaft des Niklaus
Kaiſer unter Vorbehalt der Rechtswohltat des Inventars an,
andrerſeits ein Protokollauszug der nämlichen Stelle, wonach die
Kläger am 18. September 1886 auf die Gütergemeinſchaft ver=
zichtet hatten, in der ſie als Erben ihrer im Jahr 1852 verſtor=
benen Mutter mit ihrem Vater Niklaus Kaiſer geſtanden waren.
Vom Richteramt Laufen wurden die von den Parteien genannten
Zeugen einvernommen und eine gerichtliche Expertiſe erhoben. Die
Sachverſtändigen (die Profeſſoren Krönlein in Zürich, Immer=
mann in Baſel und Kocher in Bern), welche ihr Gutachten auf

Grund des gesammten Aktenmaterials abgaben, gelangten zu fol=
genden Schlüssen : „1. Die Ereignisse, welche dem Tode des Herrn
„Kaiser vorangingen, lassen sich durch Annahme einer spontanen
„Hirnblutung nicht befriedigend erklären. 2. Die Deutung dersel=
„ben unter Voraussetzung einer traumatischen Genese der Blutung
„liegt nicht nur nicht außer dem Bereiche der Möglichkeit, sondern
„es muß die Annahme einer traumatischen Blutung als wahr=
„scheinlich erklärt werden." In demjenigen Stadium des Prozesses,
wo dieses Gutachten den Parteien mitgeteilt wurde, übertrug die
Unfallversicherungsgesellschaft Winterthur ihre Prozeßvertretung
welche bisher ein anderer Anwalt innegehabt hatte, dem gegen=
wärtigen Beklagten, Fürsprech F. Hofer in Bern. Den Parteien
war durch richterliche Verfügung vom 2. Januar 1889 eine perem=
torische Frist von 14 Tagen zu Einreichung allfälliger Erläute=
rungsfragen bestimmt. Gegen Ende Januar 1889 fand zwischen
Fürsprecher Hofer und den Organen der Versicherungsgesellschaft
eine Besprechung der durch das Sachverständigengutachten ge=
schaffenen Prozeßlage statt, bei welcher die verschiedenen Eventuali=
täten, — Stellung von Erläuterungsfragen an die Sachverstän=
digen, Begehren einer Oberexpertise, Vergleich, — besprochen
wurden. Das weitere Vorgehen wurde dem Ermessen des Anwalts
anheimgestellt, dieser indes immerhin angewiesen, vorerst eine
Meinungsäußerung des Professors Lichtheim und des Dr. P. Nie=
hans über das Expertengutachten einzuholen. Fürsprecher Hofer kam
diesem Auftrage am 28. Januar 1889 nach, indem er gleichzeitig
bemerkte, die Gesellschaft habe beschlossen, von Stellung von Er=
läuterungsfragen an die Experten Umgang zu nehmen, hingegen
in der Appellationsinstanz eine Oberexpertise zu beantragen. Er ge=
langte indes erst Ende September 1889 in den Besitz der Antwort
des Professors Lichtheim, in welcher dieser das Gutachten der ge=
richtlichen Experten kritisierte und an seiner frühern abweichenden
Meinung festhielt, gleichzeitig aber bemerkte, er sehe voraus, daß
die Gesellschaft Unrecht bekommen werde und sie müsse sich über=
legen, ob sie eine Oberexpertise verlangen wolle, da ihr Erfolg
unter solchen Umständen sehr zweifelhaft sei. Inzwischen hatte der
Gerichtspräsident von Laufen, nachdem die Frist zur Einreichung
von Erläuterungsfragen unbenutzt abgelaufen war, am 15. Februar

1889 den Aktenschluß verhängt; eine hiegegen von Fürsprecher Hofer ergriffene Beschwerde blieb fruchtlos. Am 11. September 1889 wurde ihm der erstinstanzliche Absprachstermin, der auf 29. Oktober 1889 angesetzt war, angezeigt. Nunmehr erklärte am 24. Oktober 1889 Fürsprecher Hofer die Reform bis und mit der richterlichen Verfügung vom 2. Januar 1889, d. h. bis und mit der Eröffnung des Expertengutachtens und der Ansetzung der Frist zu Einreichung von Erläuterungsfragen. Am 5./6. November 1889 wurde hierauf den Parteien neuerdings eine Frist von 14 Tagen zu Einreichung solcher Fragen gesetzt. Fürsprecher Hofer ließ diese Frist unbenutzt verstreichen; ebenso die Frist zur Besorgung der Reformbiligenzien. Infolgedessen dekretierte der Gerichtspräsident von Laufen am 25. Januar 1890: I. Den Erben des Niklaus Kaiser, Nationalrat sel. in Grellingen, wird von der Säumnis der beklagten Unfallversicherungsaktiengesellschaft Winterthur, die Reformkosten zu bezahlen, Akt gegeben und es werden die gesetzlichen Folgen dieser Säumnis als eingetreten erklärt. II. Die Reformerklärung der Beklagten, d. d. 24./26. Oktober 1889, ist daher als ein förmlicher Abstand über die zwischen Parteien hängige Streitfrage, d. h. über das Klagebegehren erklärt. III. Die Kosten, welche die Kläger von daher von der Beklagten zu fordern haben, sind richterlich bestimmt auf 1858 Fr. 49 Cts. Gemäß dieser Verfügung hat die Unfallversicherungsgesellschaft Winterthur an die Kinder Kaiser die Versicherungsumme sammt Zins mit 59,267 Fr. 12 Cts., sowie an Prozeßkosten 1858 Fr. 49 Cts., an ihren eigenen (frühern) Anwalt überdem 1623 Fr. 95 Cts. bezahlt. Sie hatte für den in Frage stehenden Versicherungsvertrag für je $1/_6$ der gesammten Schadenssumme bei der ersten österreichischen Unfallversicherungsgesellschaft in Wien, bei der Wiener Rückversicherungsgesellschaft in Wien und bei der Schweizerischen Rückversicherungsgesellschaft in Zürich Rückversicherung genommen. Diese Gesellschaften bezahlten ihre Betreffnisse und traten gleichzeitig der Winterthurer Unfallversicherungsgesellschaft die Ansprüche auf Ersatz des Bezahlten nebst Zinsen und Kosten ab, die ihnen ihrer Ansicht nach an Fürsprecher F. Hofer in Bern zustanden, in der Meinung, daß die Schweizerische Unfallversicherungsaktiengesellschaft durch diese Cession in den Stand gesetzt sei, als Rechts-

nachfolgerin der genannten drei Gesellschaften ihre Forderungen
vor dem zuständigen Gerichte gegen Fürsprecher Hofer einzuklagen.
Am 21. Juli 1891 erhob nun in der Tat die Schweizerische
Unfallversicherungsaktiengesellschaft in Winterthur, „handelnd für
sich und als Cessionarin und Rechtsnachfolgerin" der drei Rück=
versicherungsgesellschaften gegen F. Hofer Klage mit dem Antrage:
Derselbe sei schuldig, denjenigen Schaden zu ersetzen, welcher der
Klägerschaft dadurch entstanden ist, daß Fürsprecher Friedrich Hofer
in seiner Eigenschaft als Bevollmächtigter der Schweizerischen
Unfallversicherungsaktiengesellschaft in Winterthur den Prozeß
dieser Gesellschaft gegen Emil Kaiser, Direktor in Bellerive und
Frau Delphine Vögtlin geb. Kaiser, Ehefrau des Dr. Karl Vögtlin, Arzt in Basel, handelnd mit Handen des letztern, resp. die
Erben des Niklaus Kaiser, Nationalrats sel. in Grellingen, wider=
rechtlich nicht getreu und sorgfältig besorgt hat, unter Kostenfolge.

2. Die Klage ist rechtlich einerseits als Vertragsklage, andrer=
seits als Klage aus unerlaubter Handlung im Sinne der Artikel
50 u. ff. O.=R. begründet worden. Eine unerlaubte Handlung
im Sinne des Art. 50 O.=R. liegt nun aber offenbar nicht vor.
Abgesehen von dem zwischen ihm und der Versicherungsgesellschaft
Winterthur bestehenden Vollmachtsvertrage bestand für den Be=
klagten ja keinerlei Verpflichtung, die Rechte der Unfallver=
sicherungsgesellschaft in ihrem Prozesse gegen die Kinder Kaiser
wahrzunehmen; eine solche Verpflichtung ist einzig durch den
Vollmachtsvertrag begründet worden. Es kann sich also nur
fragen, ob der Beklagte wegen Verletzung vertraglich übernommener
Pflichten schadenersatzpflichtig sei; eine Haftung ex delicto be=
steht nicht.

3. Nun ist, in Übereinstimmung mit der Vorinstanz, unbe=
denklich anzuerkennen, daß der Beklagte die ihm gemäß Art. 396
O.=R. gegenüber seinem Auftraggeber, der Unfallversicherungs=
gesellschaft Winterthur, obliegende Pflicht zu getreuer und sorg=
fältiger Ausführung des ihm übertragenen Geschäfts verletzt hat.
Darin zwar, daß der Beklagte die Fristen zu Stellung von Er=
läuterungsfragen an die Experten versäumt hat, ist ein Verschulden
desselben wohl nicht zu erblicken. Die erste ihm hiefür angesetzte
Frist konnte er nicht einhalten, da er die Meinungsäußerung

des Professor Lichtheim, welche einzuholen er von der Gesellschaft
ausdrücklich angewiesen war, nicht rechtzeitig erhielt und ihm ohne
sachverständigen Beirat die Stellung zweckdienlicher Erläuterungs=
fragen nach Gestalt der Sache kaum möglich war. Sodann hatte
er sich, wie sich aus seinem Brief an Professor Lichtheim vom
28. Januar 1889 ergibt, überhaupt entschlossen, von der Stellung
von Erläuterungsfragen an die Experten Umgang zu nehmen;
hiezu war er, nachdem ihm von den Organen der Versicherungs=
gesellschaft die Art des weitern Vorgehens anheimgestellt worden
war, vollkommen befugt. Wenn er nichtsdestoweniger im Wege
der Reformerklärung die Ansetzung einer neuen Frist zur Stellung
von Erläuterungsfragen bewirkte, so geschah dies, wie die Vor=
instanz ausführt, zugestandenermaßen wesentlich zu dem Zwecke,
um vor dem Urteile Zeit zu Vergleichsunterhandlungen zu ge=
winnen, die dann auch tatsächlich stattfanden, aber erfolglos blieben.
Auch die Versäumung der zweiten Frist kann daher wohl nicht
als eine schuldhafte betrachtet werden. Dagegen liegt ein Verschul=
den des Beklagten unzweifelhaft darin, daß er die Erfüllung der
Reformbiligenzien versäumte und dadurch herbeiführte, daß die
Reformerklärung ohne weiters als Prozeßabstand, als Anerkennung
der Klage, erklärt wurde. Die Unfallversicherungsgesellschaft wollte
keineswegs etwa die Klageforderung tatsächlich anerkennen, sondern
sie wollte, sofern ein Vergleich nicht zu erzielen war, die Sache
durch Urteil erledigt wissen und gedachte insbesondere in der Ober=
instanz noch ein Begehren um Anordnung einer Oberexpertise zu
stellen. Daher war es Pflicht des beklagten Anwaltes, dafür zu
sorgen, daß die Reformbiligenzien erfüllt werden; wenn er dies
nicht tat, so hat er seine Pflicht zu sorgfältiger Geschäftsbesorgung
verletzt. Mit der Angabe, er habe die Tragweite seiner Säumnis
nicht gekannt, sondern angenommen, dieselbe habe einfach zur
Folge, daß die Verfügungen, gegen welche die Reformerklärung
sich richte, in Kraft bleiben, kann sich der Beklagte nicht ent=
schuldigen. Denn ihm als Anwalt mußte die klare Vorschrift des
Art. 72 der bernischen Civilprozeßordnung, wonach im Falle der
Versäumung der Reformbiligenzien die Reformerklärung als Pro=
zeßabstand gilt, bekannt sein. Ebensowenig wird der Beklagte da=
durch entschuldigt, daß ihm seine Partei einen Prozeßkostenvorschuß,

speziell einen Vorschuß zu Deckung der Reformkosten, nicht geleistet
hatte. Denn er hat dieselbe nie, wie es offenbar in feiner Stellung
gelegen wäre, um Leistung eines solchen Vorschusses angegangen.

4. Ein Versehen des Beklagten ist also unzweifelhaft gegeben
und es ist daher derselbe, sofern daraus ein Schaden entstanden
ist, seinem Auftraggeber zum Schadenersatze verpflichtet. Allein
ein Schaden ist nun nicht nachgewiesen. Die Beweislast dafür,
daß und welcher Schaden ihr aus der Pflichtverletzung des Be=
klagten erwachsen sei, trifft nach allgemeinen Grundsätzen die
Klägerin. Dieselbe hat ausgeführt, der ihr erwachsene Schaden
bestehe in der Zahlung der Versicherungssumme sammt Zins und
Kosten, welche Zahlungen sie deshalb habe leisten müssen, weil
sie zufolge der Säumnis ihres Anwaltes den Prozeß verloren
habe. Allein als ein vom Beklagten gestifteter Schaden qualifizieren
sich diese Zahlungen doch nur dann, wenn vorliegt, daß der An=
spruch der Kinder Kaiser bei ordnungsmäßiger Führung des Pro=
zesses von der Versicherungsgesellschaft als ein unbegründeter hätte
zurückgewiesen werden können. Nur unter dieser Voraussetzung
ist durch die Umwandlung des bestrittenen Anspruchs der Kinder
Kaiser in einen unbestrittenen, wie sie als Folge des Versehens
des Anwaltes eintrat, die Versicherungsgesellschaft geschädigt. Mit
andern Worten, nur wenn die Versicherungsgesellschaft ohne die
Säumnis des Anwaltes begründete Aussicht hatte, ein obsiegliches
Urteil zu erlangen, ist sie dadurch, daß infolge der Nachlässigkeit
des Anwaltes die Klage als anerkannt betrachtet wurde, in ihrem
Vermögen wirklich geschädigt. Andernfalls, wenn der Nachweis,
daß die Versicherungsgesellschaft begründete Aussicht auf ein ob=
siegliches Urteil hatte, nicht erbracht ist, ist zwar wohl ein Ver=
sehen des beklagten Anwaltes, welches vielleicht zu disziplinarischem
Einschreiten Veranlassung geben mag, nicht aber ein dadurch ge=
stifteter Schaden dagetan. Vielmehr liegt dann ein Beweis dafür,
daß die Partei zufolge des Versehens des Anwaltes zu Aner=
kennung und Zahlung eines unbegründeten Anspruchs sei ver=
halten und dadurch in ihrem Vermögen sei geschädigt worden,
nicht vor; die jubikatsmäßige Feststellung des gegen die Gesell=
schaft eingeklagten Anspruchs konnte ja alsdann auch ohne jede
Nachlässigkeit des Anwaltes, bei ordnungsmäßiger Führung des

Prozesses geschehen. Zur Begründung einer Schadenersatzklage
bedarf es aber des Nachweises nicht nur einer zum Schadenersatze
an sich verpflichtenden Tatsache, sondern auch des Nachweises eines
eingetretenen Schadens (siehe Dernburg, Preußisches Privat=
recht II, S. 927). Es muß demnach geprüft werden, ob die
gegenwärtige Klägerin in dem Prozesse gegen die Kinder Kaiser
nach dem Materiale, welches sie in diesem Prozesse vorgebracht
hatte und bei ordnungsmäßiger Prozeßführung allfällig noch hätte
vorbringen können, begründete Aussicht auf eine ihr günstige Ent=
scheidung hatte.

5. Dies muß aber, an der Hand der tatsächlichen Feststellungen
der Vorinstanz, verneint werden. Die Vorinstanz stellt zunächst,
und an diese tatsächliche Feststellung ist das Bundesgericht gebun=
den, auf Grund eingehender Würdigung des Materials des frühern
Prozesses fest, daß nach diesem Material, insbesondere nach dem
Gutachten der gerichtlichen Sachverständigen, der Beweis dafür,
daß der Versicherte infolge einer traumatischen Hirnblutung, also
infolge eines körperlichen Unfalles gestorben sei, als erbracht zu
erachten gewesen wäre; sie führt ferner aus, es würde das von
der Versicherungsgesellschaft beabsichtigte Gesuch um Anordnung
einer Oberexpertise aller Voraussicht nach keinen Erfolg gehabt
haben, da der Richter, angesichts des Inhalts des erstinstanzlichen
Gutachtens und der hohen wissenschaftlichen Autorität der erstin=
stanzlichen Sachverständigen, keinen Grund gehabt hätte, dieses
Gutachten für ein ungenügendes zu erklären. Es ist demnach in
dieser Richtung nicht nur kein Beweis dafür erbracht, daß bei
ordnungsmäßiger Führung des Prozesses ein der gegenwärtigen
Klägerin günstiger Entscheid zu gewärtigen gewesen wäre, sondern
es steht vielmehr das Gegenteil fest. Dies um so mehr, als die
Klägerin auch im gegenwärtigen Prozesse nichts vorgebracht hat,
was beweisen würde, daß es ihr möglich gewesen wäre, das Gut=
achten der gerichtlichen Experten zu entkräften. Ebenso war die
von der Versicherungsgesellschaft im frühern Prozesse vorgebrachte
Einwendung der mangelnden Aktivlegitimation der Klägerin nach
dem im damaligen Prozesse vorgebrachten Material eine offenbar
unbegründete. Die damaligen Kläger waren als eheliche Kinder
des Versicherten zur Nachfolge in dessen Vermögen berufen und
es ging die Erbschaft nach dem maßgebenden Rechte des Code

civil von Rechtes wegen, ohne besondere Erwerbshandlung, auf
sie über. Als gesetzliche Erben des Versicherten waren sie nach dem
Versicherungsvertrage in Ermangelung eines bestimmt bezeichneten
Begünstigten zum Bezuge der Versicherungssumme berechtigt. Einen
Beweis dafür, daß die damaligen Kläger die Erbschaft ihres Vaters
ausgeschlagen haben, hat die Versicherungsgesellschaft im frühern
Prozesse nicht erbracht. Im gegenwärtigen Prozesse hat sie sich
allerdings darauf berufen, daß die Kinder Kaiser am 25. Juni
1887 die Erbschaft ihres Vaters ausgeschlagen haben. Allein
hierauf kann schon deshalb nichts ankommen, weil die Klägerin
völlig unterlassen hat, darzutun, daß sie in der Lage gewesen wäre,
diese Tatsache im frühern Prozesse noch geltend zu machen.

6. Ist demnach die Klage wegen mangelnden Nachweises eines
Schadens grundsätzlich abzuweisen, so braucht nicht entschieden zu
werden, ob nicht die Klage jedenfalls zur Hälfte b. h. insoweit
als die Klägerin als Rechtsnachfolgerin der drei Rückversicherungs=
gesellschaften geklagt hat, abgewiesen werden müßte. Diese Frage
wäre übrigens wohl, im Gegensatze zu der kantonalen Instanz,
zu verneinen. Allerdings standen die Rückversicherungsgesellschaften
in keinem Vertragsverhältnisse zu dem Beklagten und kann auch
sicher keine Rede davon sein, daß derselbe für sie als Geschäfts=
führer ohne Auftrag gehandelt habe ; sie besaßen daher ursprüng=
lich keine Ansprüche gegen den Beklagten. Allein die Klägerin ist
nun offenbar davon ausgegangen, daß sie gegen Bezahlung der
Rückversicherungssummen ihre vertraglichen Ansprüche an den
Beklagten pro rata den Rückversicherungsgesellschaften cediert
habe und hat sich dieselben daher rückabtreten lassen. Andernfalls
wäre ja die Klägerin ohne anders berechtigt gewesen, jure proprio
die ganze Schadenssumme vom Beklagten einzufordern, da ihr Ver=
hältnis zu den Rückversicherungsgesellschaften diesen in keiner Weise
berührte.

Demnach hat das Bundesgericht
erkannt:

Die Weiterziehung der Klägerin wird als unbegründet abge=
wiesen und es hat demnach in allen Teilen bei dem angefoch=
tenen Urteile des Appellations= und Kassationshofes des Kantons
Bern sein Bewenden.

### 89. Urteil vom 21. Juli 1893 in Sachen Konkursmasse der Leihkasse Uster gegen Meyer.

A. Durch Urteil vom 25. April 1893 hat die Appellations=
kammer des Obergerichtes des Kantons Zürich erkannt: Die
Beschwerde wird gutgeheißen und demgemäß der Konkursmasse
der Leihkasse Uster aufgegeben, den Wechsel von 5000 Fr. datiert
31. Mai 1890 auf Stähli=Forrer in Lugano, verfallen mit 1. Juli
1892 gegen Rückerstattung von Obligationen der Leihkasse im
Nominalwerte von 5000 Fr. der Ansprecherin herauszugeben.

B. Gegen dieses Urteil ergriff die Konkursmasse der Leihkasse
Uster die Weiterziehung an das Bundesgericht. Bei der heutigen
Verhandlung beantragt ihr Anwalt, es sei das angefochtene Urteil
im Sinne der Abweisung der Klage abzuändern. Dagegen bean=
tragt der Vertreter der rekursbeklagten Firma Meyer=Müller: Es
sei das angefochtene Urteil zu bestätigen und die gegnerische Be=
schwerde abzuweisen.

Das Bundesgericht zieht in Erwägung:

1. Im Konkurse der Leihkasse Uster hat die Firma Meyer=
Müller in Winterthur das Begehren gestellt, daß ihr ein unter
den Konkursaktiven befindlicher Wechsel über 5000 Fr. datiert
31. Mai 1890, auf Stähli=Forrer in Lugano, verfallen am 1. Juli
1892, gegen Rückerstattung von Obligationen der Leihkasse im
Nominalwerte von 5000 Fr. herausgegeben werde, daneben hat
sie den Wert solcher Obligationen im Betrage von 5000 Fr.
sammt 5 % Zins seit 1. Januar 1891 als laufende Forderung
angemeldet. Zur Begründung ihres ersterwähnten Begehrens brachte
die Firma Meyer=Müller an: Sie habe den fraglichen Wechsel
nebst einem zweiten im nämlichen Betrage, beide von ihr auf
Stähli=Forrer in Lugano gezogen und von diesem acceptiert, im
November 1890 der Leihkasse Uster durch Vermittlung des Agen=
ten Klinger abgetreten und als Gegenwert Obligationen, 10 von
je 500 Fr., Nr. 3202—3211 und 5 von je 1000 Fr., Nr.
3215—3219, auf die Leihkasse erhalten; weil nun aber die letz=
tere und ihr Verwalter Huber damals im vollen Bewußtsein der
Insolvenz, also in betrügerischer Weise gehandelt haben, so werde
das Geschäft gemäß Art. 24 und 28 O.=R. als nichtig ange=

sochten und Rückgabe des protestierten, aber doch nicht wertlosen Wechsels, gegen Rückerstattung der Obligationen im Nominalwerte von 5000 Fr. gefordert. Das Begehren wurde von der Konkursverwaltung bestritten und durch Beschluß des Konkursrichters vom 1. Dezember 1892 abgewiesen; dagegen hat die zweite kantonale Instanz durch ihr Fakt. A erwähntes Erkenntnis dasselbe gutgeheißen.

2. Die Konkursmasse der Leihkasse Uster hat der Klage zunächst entgegengehalten, sie habe bei Diskontiernng der beiden Wechsel gar nicht direkt mit der Firma Meyer=Müller kontrahiert; vielmehr seien die Wechsel zunächst von letzterer durch Blankogiro, gegen Überlassung von Inhaberobligationen der Leihkasse Uster an den Agenten Klinger begeben und dann von diesem durch ein selbständiges Geschäft gegen Baarzahlung der Leihkasse Uster abgetreten worden. Wäre diese Darstellung richtig, so müßte die Klage offenbar ohne weiteres abgewiesen worden, da alsdann nicht die Rede davon sein könnte, daß die Leihkasse Uster resp. deren Verwalter die Klägerin in betrügerischer Weise zu einem Geschäftsabschlusse bestimmt habe und daher das Geschäft nach Art. 24 O.=R. angefochten werden könne.

3. Nun ist richtig, daß im Wechselportefeuille der Leihkasse Uster eingetragen ist, die zwei Wechsel von 5386 Fr. und 5000 Fr. seien am 17. November 1890 von Klinger & Rudolf gegen Cassa eingegangen, daß ferner die Obligationen, welche die Firma Meyer=Müller als Gegenwert für die Wechsel erhalten hat, am 9. August 1890 vom Agenten Klinger bei der Leihkasse einbezahlt worden sind, daß die Firma Meyer=Müller am 13. November 1890 an Klinger geschrieben hat, sie trete demselben für „die uns heute gütigst diskontierten" Wechsel auf Lugano den mit den Bezogenen den Ehegatten Stähli=Forrer, im Hotel National „abgeschlossenen Vertrag mit Eigentumsvorbehalt auf die Gesammt=Mobiliarlieferung" zu beliebigem Gebrauche ab, daß im weitern die zwei fraglichen Rimessen tatsächlich zuerst von der Firma Meyer=Müller an Klinger und alsdann von diesem der Leihkasse zugesandt wurden, und daß endlich Klinger der Leihkasse Bürgschaft für den richtigen Eingang der Wechsel geleistet und er sich auch, gemäß seiner Rechnung an die Leihkasse Uster vom 15. November 1890, für den Überschuß des durch die Scontierung und Zahlung ge=

leisteten Gegenwertes über die Wechselsumme belastet hat. Allein diesen Tatsachen steht folgendes gegenüber: In den Büchern des Agenten Klinger geschieht des Geschäftes lediglich im Deservitenkonto Erwähnung, wo unterm 27. November 1890, 75 Fr. „Note Meyer=Müller betreffend Lugano" gutgeschrieben sind; während im Wechselskontro das Geschäft nicht erwähnt wird. Ferner findet sich im Kassabuche der Leihkasse Uster unter „Wechselkonto" ein Eintrag des Geschäftes auf den Namen„ Meyer=Müller & Cie." Endlich haben der Agent Klinger und sein ehemaliger Angestellter Benninger als Zeugen ausgesagt, daß aus dem Eintrage im Deservitenkonto und dem Mangel eines Eintrages im Wechselskontro Klingers zu schließen sei, daß die Wechsel nicht auf Klingers Rechnung diskontiert worden seien. Der Agent Klinger fügt bei: Aus diesem Grunde sei auch sein Giro nicht auf die Wechsel gesetzt worden. Er habe kurz vor dem fraglichen Geschäfte der Leihkasse Uster einen Brief von 45,000 Fr. cediert und dafür Obligationen erhalten, welche er in sein Depot gelegt habe; aus diesem Depot habe dann der Verwalter der Leihkasse, Huber, mit seiner Einwilligung 10 Obligationen genommen und dem Meyer gegeben, weil damals keine unterschriebenen Obligationen vorhanden gewesen seien, nachher seien ihm dieselben wieder ergänzt worden. Der gewesene Verwalter der Leihkasse, Huber, hat dies bestätigt; er bezeugt: Die Abtretung der Wechsel sei durch Klinger lediglich vermittelt worden und wegen ihrer späten Fälligkeit seien als Gegenwert Obligationen gegeben worden und zwar mit Klingers Einwilligung aus dessen Depot; hätte die Leihkasse das Geschäft mit Klinger abgeschlossen, so wäre sein Giro verlangt worden. Die Bezeichnung Cassa in Wechselportefeuille schließe nicht aus, daß Obligationen gegeben worden seien. In Würdigung dieser Tatsachen betrachtet die Vorinstanz die klägerische Sachbarstellung, daß das Geschäft (die Abtretung der beiden Wechsel gegen Obligationen der Leihkasse Uster) direkt zwischen der Leihkasse und der Firma Meyer=Müller abgeschlossen worden sei und der Agent Klinger dabei nur als Vermittler mitgewirkt habe, als erwiesen. Dieser Entscheidung liegt ein Rechtsirrtum nicht zu Grunde. Der beklagtische Anwalt hat heute behauptet, dieselbe verletze die Art. 430 und 36 O.=R.; wenn die Vorinstanz bemerke, der Agent Klinger sei bloß Vermittler gewesen, so sei darauf zu erwidern, daß „Vermittler" überhaupt kein juristischer Begriff und mit der gedachten Bemerkung also gar nichts gesagt sei. Allein dies ist unrichtig. Wenn die zweite Vorinstanz sagt, der Agent Klinger sei bloß Vermittler gewesen, so spricht sie damit unmißverständlich aus, daß derselbe nicht in eigenem, sondern in fremdem Namen, im Namen seines Auftraggebers, der Firma Meyer-Müller, ge= handelt habe und hiefür sprechen denn auch, wie die hervorge= hobenen Tatsachen ergeben, überwiegende Gründe. Daß der Agent Klinger die beiden Wechsel nicht auf eigene Rechnung von Meyer= Müller erworben und dann an die Leihkasse weiter veräußert hat, zeigt der ganze Sachverhalt auf's Deutlichste. Allein auch daß er als Kommissionär, zwar auf fremde Rechnung, aber in eigenem Namen gehandelt habe, ist nicht anzunehmen. Hiegegen sprechen neben dem Eintrage im Kassabuche der Leihkasse insbesondere die Zeugenaussagen und übrigens auch die Art und Weise, wie Klinger seine Rechnung gegenüber der Leihkasse aufstellte. Der Brief der Firma Meyer-Müller an Klinger vom 13. November 1890, welcher allerdings dahin gedeutet werden könnte, die Firma Meyer-Müller behandle den Klinger als ihren Gegenkontrahenten ist doch hiefür nicht beweisend; er läßt sich auch daraus erklären, daß der Agent Klinger neben der Vermittlung des Zustandekom= mens des Vertrages zwischen der Firma Meyer-Müller und der Leihkasse, auch Bürgschaft gegenüber der letztern übernahm.

4. Somit muß sich denn fragen, ob die Leihkasse Uster resp. deren Verwalter Huber die Firma Meyer-Müller in betrüglicher Weise zum Vertragsschlusse verleitet habe. In dieser Richtung steht fest, daß die Bilanz der Leihkasse Uster, welche der Generalver= sammlung der Aktionäre im Juni 1890 vorgelegt wurde, von dem Verwalter Huber gefälscht war. Dieselbe wies einen Gewinn von 20,295 Fr. auf, während sie bei richtiger Aufstellung, nament= lich bei Abschreibung verlorener Posten, welche als vollgültig in die Rechnung eingestellt wurden, einen Passivsaldo von über 500,000 Fr. hätte aufweisen müssen. Dagegen ist allerdings nicht behauptet oder erwiesen, daß bei Abschluß des Geschäftes mit der Firma Meyer-Müller der Verwalter Huber derselben speziell falsche Angaben über die Zahlungsfähigkeit der Leihkasse gemacht habe. Richtig ist nun, daß das bloße Stillschweigen einer Vertragspartei über ihre mißliche ökonomische Lage noch keine betrügliche Hand=

lung im Sinne des Art. 24 O.-R. enthält; allein hier liegt mehr
als ein solches Stillschweigen vor. Durch die gefälschte Bilanz
hat der Verwalter der Leihkasse Uster nicht nur die Aktionäre
des Instituts über die finanzielle Lage desselben getäuscht und
täuschen wollen, sondern auch das mit demselben in Verkehr
tretende Publikum. Die Bilanzen öffentlicher Kreditinstitute sind
allerdings zunächst für deren Aktionäre bestimmt. Allein deren
Ergebnisse gelangen erfahrungsgemäß notwendig, selbst wenn sie
nicht veröffentlicht werden sollten, zu Kenntnis der beteiligten
Verkehrskreise und üben einen bestimmenden Einfluß auf das Vertrauen aus, welches dem betreffenden Institute geschenkt wird.
Wenn daher die Verwaltung eines öffentlichen Kreditinstitutes
dessen Bilanzen fälscht und das durch die gefälschte Bilanz geschaffene oder unterhaltene Vertrauen für weitere Geschäfte aus-
beutet, so benutzt sie in arglistiger Weise einen von ihr selbst durch
täuschende positive Handlungen hervorgehobenen Irrtum nnd
handelt damit betrügerisch. Bei derartigen Geschäften einer, auf
Grund einer wissentlich falschen Bilanz agierenden, Verwaltung
liegt nicht einfach der Tatbestand vor, daß eine Vertragspartei
die andere nicht über ihre mißliche finanzielle Lage aufklärt, sondern es wird seitens der einen Vertragspartei resp. ihrer Vertretung ein von ihr selbst hervorgerufener Irrtum arglistig unterhalten und ausgenutzt. Danach muß denn die Klage, in Übereinstimmung mit der Vorinstanz, gutgeheißen werden. Denn es
liegt in der Tat auf der Hand, daß die Firma Meyer-Müller auf
die Hingabe ihrer Wechsel an die Leihkasse Uster gegen Obligationen dieses Institutes sich nie eingelassen hätte, wenn sie von
der wahren Finanzlage der Leihkasse Kenntnis gehabt und nicht
vielmehr durch das infolge der gefälschten Bilanz dem Institute
geschenkte Vertrauen darüber in Irrtum geführt worden wäre.

Demnach hat das Bundesgericht<br>
erkannt:

Die Weiterziehung der Einsprecherin wird als unbegründet
abgewiesen und es hat demnach in allen Teilen bei dem angefochtenen Urteile der Appellationskammer des Obergerichtes des
Kantons Zürich sein Bewenden.

### 90. Arrêt du 24 Juillet 1893 dans la cause Peissard contre Fasel.

Le recourant Jules Peissard, boisselier à Fribourg, était âgé de 26 ans environ lorsque, dans la soirée du dimanche 1ᵉʳ Novembre 1891, à la suite d'une bagarre commencée au café Ruetsch, à Fribourg, il reçut un coup violent sur la figure. Ce coup, d'après la déclaration du Dʳ Schaller, avait été donné probablement avec un bâton ou une canne flexible ; il marquait son passage, à commencer légèrement sur le côté gauche du front, en haut, vers l'angle supérieur ; de là il descendait, marqué un peu plus fort, sur la racine du nez, et donnait son plein au-dessous de l'œil droit, où il était marqué par une plaie contuse, bien déchirée et profondément marquée. A part ces lésions, lesquelles n'ont pas atteint l'œil, qu'une légère déviation aurait peut-être, au dire du médecin, suffi à crever, le coup a encore causé un fort ébranlement des os du nez, avec déchirure intérieure de la muqueuse et hémorragie par les deux orifices, antérieur et pharyngé.

Le 16 Décembre 1891, date de la déclaration du Dʳ Schaller, la guérison paraissait complète, et, selon ce praticien, la lésion avait eu pour conséquence huit jours d'incapacité de travail complète, et huit jours d'incapacité partielle.

Toutefois, consulté à nouveau le 14 Janvier 1892, le Dʳ Schaller constata que la paroi de l'orbite avait été brisée et qu'il persistait des troubles visuels, avec retour de névralgies et diminution progressive de la vue ; il conclut que la vue pouvait se perdre progressivement du côté droit, jusqu'à la perte complète de l'œil, et que peut-être même il faudrait procéder à l'ablation de l'œil droit si l'autre devenait menacé. Ces conclusions ont été confirmées par le Dʳ Fröhlicher, à Berne, qui estime que l'acuité visuelle de l'œil droit équivaut à peine à $^1/_{10}$ de la normale ; qu'il est même à prévoir que cette cécité partielle ne devienne définitive ; qu'aucun médicament ni opération ne pourraient modifier cet état.

Peissard a alors porté une plainte pénale contre le ou les auteurs de la lésion qu'il a reçue, et l'instruction a abouti au renvoi devant le tribunal correctionnel de la Sarine de Marc Lalive, âgé de 15 $\frac{1}{2}$ ans, et de Louis Fasel, âgé de 28 ans, boucher à Fribourg.

A l'audience du 16 Décembre 1891 le plaignant Peissard déclara se constituer partie civile et conclut à faire condamner les deux accusés à lui payer solidairement une somme de 750 francs. Dans la suite, à l'audience du 18 Mai 1892, Peissard porta sa réclamation à 3750 francs.

Par jugement de cette dernière date, le tribunal correctionnel libéra Fasel des fins de la plainte pénale, tout en le condamnant à $\frac{1}{10}$ des frais, mais condamna, en revanche, Lalive à 30 jours de prison et aux $\frac{9}{10}$ des frais. En ce qui a trait aux conclusions civiles prises par Peissard, le tribunal libéra Fasel et condamna Lalive à payer au plaignant une indemnité de 2000 francs, par le motif que le coup fatal a été donné par Lalive, et non par Fasel.

Peissard, de même que Lalive, appelèrent de ce jugement, lequel fut, en revanche, accepté par Fasel. Lalive forma, en outre, un recours en cassation contre ce même jugement, pour violation de diverses dispositions légales, et l'instruction du pourvoi en appel fut suspendue jusqu'au prononcé sur le recours en cassation.

Par arrêt du 5 Juillet 1892, la Cour de Cassation déclara le recours bien fondé, annula le jugement attaqué et renvoya la cause au tribunal correctionnel de la Glâne, pour nouveau jugement, mais seulement en ce qui concerne Lalive, — la partie du jugement correctionnel du 18 Mai relative à Fasel n'étant pas mise à néant.

Par jugement du 23 Janvier 1893 le tribunal correctionnel de la Glâne prononça également la libération de Lalive, tant au pénal qu'au civil, attendu qu'il n'est pas possible que le coup ait été porté par Lalive, et qu'au surplus Fasel a avoué à un témoin que c'est lui qui a frappé Peissard.

Il fut donné alors suite au pourvoi en appel exercé par Peissard contre le jugement du tribunal de la Sarine, et cela concurremment avec un nouveau pourvoi en appel qu'il avait déclaré former aussi contre le jugement du tribunal correctionnel de la Glâne, en ce qui concerne les conclusions civiles.

A l'audience de la Cour d'appel, du 19 Avril 1893, Lalive souleva une exception d'incompétence fondée sur l'art. 59 de la constitution fédérale et sur le fait que lui-même, comme son père, sont domiciliés à la Chaux-de-Fonds, et non à Fribourg. Peissard déclara adhérer à cette conclusion et vouloir rechercher Lalive devant le tribunal de la Chaux-de-Fonds. Il ne reste donc plus au procès que la conclusion civile prise par Peissard contre Fasel, en paiement d'une indemnité de 3750 francs.

Par arrêt du 19 Avril 1893, la Cour d'appel a débouté Peissard de sa demande d'indemnité, et admis Fasel dans sa conclusion libératoire, les frais étant mis pour $^5/_6$ à la charge de Peissard et pour $^1/_6$ à la charge de Fasel.

La Cour d'appel a admis, en fait et en substance, ce qui suit relativement aux circonstances dans lesquelles la lésion s'est produite :

Peissard se trouvait le 1ᵉʳ Novembre 1891 au café Ruetsch, à Fribourg, en compagnie de plusieurs jeunes gens qu'il appelait familièrement ses « cousins. » Ils chantaient en frappant sur la table avec leur verre ou leur canne. La tenancière chercha en vain à les modérer ; d'autres consommateurs n'ayant pas été plus heureux, une dispute s'engagea même entre les « cousins » et le sieur Klopstein, menuisier. C'est alors que survint Fasel, et la dame Ruetsch le pria, ainsi qu'un nommé Piller, de mettre l'ordre dans l'établissement, en l'absence de son mari. Les tapageurs furent mis à la porte, malgré leurs protestations : Peissard brandissait une canne plombée et criait, en sortant de la pinte : « Si l'un de vous veut recevoir un coup meurtrier, qu'il vienne. »

A ce moment une bagarre eut lieu dans la rue, à laquelle prirent part quelques consommateurs, Peissard et Lalive, et c'est dans cette rixe que Peissard fut atteint. Des dépositions intervenues, sur ce point, il y a lieu de retenir ce qui suit :

Lalive et Fasel reconnaissent que, devant la pinte, ils étaient seuls près de Peissard, auquel Fasel cherchait à arracher sa canne ; cette canne est en jonc tressé, flexible, genre assommoir, plomblée à la plus forte extrémité. D'après le témoin Piller, Peissard était la seule des personnes présentes qui eût une canne. Le témoin Klopstein dépose que Fasel tenait la canne de Peissard, cherchant à la lui arracher, et que pendant ce temps un jeune homme, dont le signalement se rapporte assez à Lalive, donna un coup à Peissard. Cette déposition concorde avec celle de Piller, qui affirme avoir vu Lalive frapper Peissard, et d'autre part le plaignant lui-même a affirmé à deux reprises, devant le tribunal de la Sarine, qu'il avait sa canne à la main au moment où il a reçu le coup et que ce n'est qu'après que Fasel la lui a arrachée.

Aussitôt après tout le monde rentra dans la pinte. D'après le témoin Piller, Peissard aurait demandé alors qui l'avait frappé, et Lalive aurait répondu : « C'est moi ; si tu en veux encore, tu n'as qu'à venir, » en accentuant cette déclaration en frappant du poing sur son genou. Le même témoin déclare, de plus, sous le poids du serment, qu'il a vu briller quelque chose dans le poing du jeune Lalive. Enfin le témoin Aeby a rapporté que, postérieurement à la rixe, Fasel lui aurait dit : « J'ai arraché la canne des mains de Peissard et lui ai donné un coup je ne sais où ; » Fasel aurait ajouté qu'il fallait déclarer qu'il s'était borné à arracher la canne, sans frapper Peissard.

Dans son arrêt, la Cour d'appel a tout d'abord examiné une exception de chose jugée, opposée par Fasel à la demande de Peissard, et consistant à dire que Fasel ayant été acquitté au pénal et libéré de toute indemnité, on ne peut, par un nouveau jugement au civil, remettre en question le point de savoir s'il doit être tenu à des dommages-intérêts envers un plaignant qu'il n'a pas frappé, comme le reconnaît le juge pénal.

La Cour d'appel a écarté cette exception, en se fondant soit sur la jurisprudence antérieure des tribunaux fribourgeois, soit sur les articles 56 à 59 C. O., soit sur un arrêt rendu en 1888 par le tribunal civil de Genève, soit, enfin, sur l'opinion exprimée par divers auteurs.

Au fond la Cour, cherchant à dégager la vérité des dépositions plus ou moins contradictoires des témoins, a estimé que « l'hypothèse » la plus vraisemblable était la suivante. Pendant que Fasel et Peissard se disputaient la détention de la canne, celle-ci, flexible, a pu, ensuite de pression d'un côté, et de détente de l'autre, faire ressort et venir frapper Peissard au visage. Ce dernier aurait alors lâché prise, et ainsi s'expliquerait la version du demandeur, portant qu'il a reçu le coup on ne sait de qui, pendant qu'il tenait encore la canne que Fasel voulait lui arracher.

La Cour a estimé ensuite que, même en admettant cette hypothèse comme vraie, Fasel n'a pas encouru de responsabilité civile, Peissard ayant provoqué lui-même la bagarre en brandissant sa canne. C'est avec raison que Fasel a cherché, à la prière de la tenancière, à désarmer ce forcené. L'arrêt conclut en disant qu'aucune des suppositions multiples auxquelles le juge peut se livrer pour rechercher la personne coupable du coup porté à Peissard, ne fournit à la Cour la conviction qu'il existe un dol, ou une faute grave, ni même une imprudence ou une négligence à la charge de Fasel. Enfin l'art. 60 C. O. n'est pas non plus applicable en l'espèce, attendu qu'aucun acte en corrélation avec le résultat n'a été établi à la charge de Fasel.

C'est contre ce jugement que Peissard recourt au Tribunal fédéral, en reprenant les conclusions prises par lui devant les instances cantonales.

*Statuant sur ces faits et considérant en droit :*

1° La compétence du Tribunal fédéral existe incontestablement quant à l'action dirigée par Peissard contre Fasel, seule en cause actuellement ensuite des déclarations échangées par les parties devant la Cour d'appel, et mentionnées dans les faits ci-dessus. Il s'agit, en effet, en l'espèce d'un jugement au fond rendu par la dernière instance cantonale, dans un litige appelant l'application du Code des obligations, et portant sur une somme litigieuse supérieure à 3000 francs.

2° L'exception de chose jugée a été abandonnée à l'audience de ce jour, par la partie opposante au recours, et, en présence de cette déclaration, il n'y a plus lieu de procéder à son examen.

Cette exception eût, d'ailleurs, dû être repoussée. Elle consistait à dire, en effet, que le juge pénal ayant prononcé définitivement que Fasel n'est pas l'auteur du coup porté à Peissard, le juge civil est lié par cette constatation de fait, qu'il doit mettre à la base de son jugement, et écarter dès lors l'action en indemnité de Peissard, sans examiner à nouveau les faits de la cause.

Or ce point de vue est inadmissible. A supposer même, ce qui peut paraître douteux, que le droit fédéral n'interdise pas au juge, dans une espèce comme la présente, d'attribuer au jugement pénal une force préjudicielle à l'égard de l'action civile, en tout cas il lui fait bien moins encore un devoir d'admettre un semblable effet préjudiciel. Tout au plus pourrait-on reconnaître qu'au cas où le juge pénal a, comme dans le cas actuel, expressément déclaré que le prévenu n'est pas l'auteur du fait, il appartient au droit cantonal de dire si cette constatation doit ou non lier le juge civil. La Cour d'appel, examinant cette question aussi à la lumière du droit fribourgeois, a prononcé qu'elle n'était pas liée par les constatations du jugement pénal, et ce en se fondant entre autres sur un arrêt antérieur, du 13 Décembre 1882, où elle a posé en principe qu'en droit fribourgeois le jugement du tribunal inférieur n'acquiert la force de la chose jugée que relativement à l'action publique, mais non quant à l'action civile, laquelle se trouve soumise à une appréciation nouvelle.

Le Tribunal de céans ne saurait soumettre à son contrôle ce principe, lequel repose sur l'application du droit cantonal. Il s'en suit que l'instance cantonale n'a méconnu aucun principe de droit fédéral en admettant, ainsi qu'elle l'a fait, que le jugement libérant Fasel ne l'empêchait point de statuer librement sur l'action en dommages-intérêts dirigée contre lui.

3° Au fond, le sort du litige dépend en première ligne des

constatations de fait de l'instance cantonale, qui lient le Tribunal fédéral aux termes de l'art. 30 de la loi sur l'organisation judiciaire fédérale.

Bien que sur plusieurs points l'arrêt de la Cour d'appel ne soit pas absolument clair à cet égard, il importe de retenir que son premier considérant sur le fond déclare « que les enquêtes pénales produites et les jugements rendus successivement par les tribunaux correctionnels de la Sarine et de la Glâne ne fournissent point la preuve des faits, desquels le recourant Peissard veut faire découler la responsabilité du défendeur Fasel. »

Ce n'est qu'à titre d'hypothèse, ou de supposition, que, plus loin, la Cour cherche à expliquer la lésion de Peissard en admettant que la canne de celui-ci aurait fait ressort sous l'action des efforts que Fasel faisait pour l'arracher à son propriétaire ; mais il n'en résulte pas moins de l'ensemble du jugement qu'aux yeux de l'instance cantonale, Peissard n'a pas rapporté la preuve du fait à la base de son action, à savoir que le coup qu'il aurait reçu lui aurait été porté par Fasel. Dans cette situation, le recours doit être écarté, en présence de la disposition précitée de l'art. 30 de la loi sur l'organisation judiciaire fédérale.

4° A supposer même qu'on admette comme entièrement conforme aux faits l'hypothèse formulée par la Cour d'appel, le recours n'en devrait pas moins être repoussé, puisqu'on ne peut considérer comme une faute le fait que Fasel aurait cherché à arracher à Peissard, très surexcité, la canne qu'il brandissait, en en menaçant les personnes présentes.

Tout au plus pourrait-on admettre qu'en ce faisant, Fasel n'a pas pris assez de précautions pour éviter de blesser son adversaire, ce qui impliquerait l'existence de fautes concurrentes de la part de chacun d'eux ; mais même dans ce cas l'arrêt attaqué ne reposerait pas sur une erreur de droit, puisque, aux termes de l'art. 51 C. O., « s'il y a également une faute imputable à la partie lésée, le juge peut réduire proportionnellement les dommages et intérêts *ou même n'en point allouer du tout.* »

Or en l'espèce l'application de cette dernière disposition
se justifierait manifestement en présence des circonstances
de la cause, puisque c'est certainement Peissard qui a provoqué la rixe dont il s'agit, et qu'il doit attribuer uniquement
à son rôle agressif le coup reçu de la part de ceux qui lut-
taient avec lui pour se soustraire à ses voies de fait.

Par ces motifs,

### Le Tribunal fédéral

prononce:

Le recours est écarté, et l'arrêt rendu entre parties par la
Cour d'appel de Fribourg, le 19 Avril 1893, est maintenu tant
au fond que sur les dépens.

----

### 91. Urteil vom 9. September 1893 in Sachen Volksbank Luzern gegen Stirnimann.

A. Durch Urteil vom 22. Februar 1893 hat das Obergericht
des Kantons Luzern erkannt:

Die Beklagte sei gehalten, den Aufschlag von 1850 Gulden,
angegangen den 1. Mai 1838, ab Sitenmoos, Neuenkirch, an
Kläger unbeschwert auszuhinzugeben.

B. Gegen dieses Urteil ergriff die Beklagte die Weiterziehung
an das Bundesgericht mit dem Antrage, es sei das angefochtene
Urteil aufzuheben und zu nochmaliger Beurteilung die Streitsache
an das luzernische Obergericht zurückzuweisen, eventuell es sei in
Umänderung des angefochtenen Urteils Fribolin Stirnimann mit
seiner Klage gegen die Volksbank des gänzlichen abzuweisen.
Gleichzeitig legte die Beklagte auch Kassationsbeschwerde beim
Obergerichte des Kantons Luzern ein. Letztere Beschwerde wurde
vom Obergerichte des Kantons Luzern durch Entscheidung vom
20. Juli 1893 abgewiesen.

C. Bei der heutigen Verhandlung wird beschlossen, es sei über
die Kompetenzfrage gesondert zu verhandeln. Der Anwalt der
Beklagten beantragt hierauf, das Bundesgericht möchte sich für
kompetent erklären, während der Anwalt des Klägers und Re-

kursbeklagten beantragt, das Bundesgericht möchte wegen Inkompetenz auf die gegnerische Weiterziehung nicht eintreten.

Das Bundesgericht zieht in Erwägung:

1. Der Kläger vindiziert einen „Aufschlag" (Hypothekarinstrument des luzernischen Rechtes, welches nur von Ehemännern für von ihnen bezogenes Frauengut errichtet werden konnte), errichtet von Alois Stirnimann im Sitenmoos zu Neuenkirch, angegangen den 1. Mai 1838, von 1850 Gulden (3523 Fr. 81 Cts.), welcher von dem gewesenen Gemeindeschreiber von Neuenkirch, Franz Xaver Heim am 17. Januar 1889 der beklagten Bank für eine eigene Schuld verpfändet worden war. Die beklagte Bank bestritt, daß das vindizierte Hypothekarinstrument Eigentum des Klägers sei; es ist dies indeß durch die angefochtene Entscheidung endgültig festgestellt worden. Im weitern machte die beklagte Bank geltend, der streitige „Aufschlag" sei dem Gemeindeschreiber Heim anvertraut gewesen, sie habe sich bei der Verpfändung in gutem Glauben befunden und sei daher gemäß § 256 und 365 des luzernischen bürgerlichen Gesetzbuches gegenüber der Vindikation des Eigentümers bei ihrem Pfandrechte zu schützen. Die erste Instanz (Bezirksgericht Luzern) erachtete diese Einwendung für begründet, die zweite Instanz dagegen hat dieselbe verworfen und die Klage gutgeheißen, indem sie ausführte, es sei nicht erwiesen, daß das Instrument dem gewesenen Gemeindeschreiber Heim vom Kläger freiwillig anvertraut worden sei, dasselbe hätte bei der Nachlaßteilung, durch welche es dem (damals verbeiständeten) Kläger zugeteilt worden sei, gemäß Gesetz und Beschluß des Teilungsoffiziums durch letzteres in die Depositalkasse eingelegt werden sollen. Dem Kläger sei jede Disposition über dasselbe entzogen gewesen. Wie es habe möglich werden können, daß in der Folgezeit der gewesene Gemeindeschreiber Heim über den klägerischen Titel habe disponieren können, das aufzuhellen und aus den bezüglichen Tatsachen die rechtlichen Konsequenzen zu ziehen, werde der Beklagten für ein anderweitiges Verfahren überlassen werden müssen. Vor den kantonalen Instanzen sind beide Parteien — ebenso wie die kantonalen Gerichte — ohne weiters davon ausgegangen, es sei in der Sache kantonales Recht maßgebend, dagegen stützt sich nunmehr die Beschwerde der Beklagten

an das Bundesgericht darauf, es sei nicht kantonales sondern
eidgenössisches Recht anwendbar. Sie behauptet, die „Aufschläge"
des luzernischen Rechtes (wie die Gülten, denen sie vollständig
gleichstehen) unterstehen hinsichtlich ihrer Übereignung und Ver=
pfändung sachenrechtlichen Grundsätzen; sie seien, möge man sie
nun als Inhaberpapiere oder nur als inhaberpapierähnliche Pa=
piere betrachten, als bewegliche Sachen im Sinne des Obliga=
tionenrechtes zu behandeln und es richten sich daher Voraus=
setzungen und Wirkungen der Verpfändung solcher Papiere nach
den Bestimmungen des Art. 210 und 213 O.=R.

2. Die Kompetenz des Bundesgerichtes hängt davon ab, ob
in der Sache eidgenössisches oder kantonales Recht maßgebend ist.
Der Umstand, daß die Parteien vor den kantonalen Instanzen
übereinstimmend sich auf kantonales Recht berufen haben, ist ohne
Bedeutung. Denn der Richter hat das geltende Recht, von
Amtes wegen, ohne an die Ausführungen der Parteien gebunden
zu sein, zur Anwendung zu bringen; er hat von Amtes wegen
zu untersuchen und zu entscheiden, welches die den streitigen Fall
beherrschenden Rechtsnormen sind.

3. Der „Aufschlag" des luzernischen Rechts ist ein Titel über
eine grundversicherte Forderung. Im übrigen gehen die Parteien
hinsichtlich der rechtlichen Natur desselben auseinander. Während
die beklagte Partei behauptet, der Aufschlag sei der Gült gleich=
artig, er sei wie diese ein den Inhaberpapieren sich näherndes
Wertpapier, behauptet umgekehrt der Kläger, der „Aufschlag" stehe
auf gleicher Linie wie der „Kaufzahlungsbrief" und sei wie dieser
im Verkehr nicht nach sachenrechtlichen, sondern nach obligationen=
rechtlichen Grundsätzen zu behandeln. Die zweite kantonale In=
stanz hat sich hierüber in ihrem Urteile nicht ausdrücklich aus=
gesprochen. Die Frage bedarf auch im vorliegenden Falle einer
Entscheidung nicht; denn, selbst wenn die von der Beklagten ver=
tretene, also dieser günstigere Meinung zu Grunde gelegt wird,
daß der „Aufschlag" der „Gült" gleichartig sei, so ist das Bun=
desgericht zu Beurteilung der Beschwerde doch nicht kompetent,
denn es ist auch in diesem Falle nicht eidgenössisches sondern
kantonales Recht maßgebend.

4. Das eidgenössische Obligationenrecht enthält in Art. 210 u. ff.

Bestimmungen über die Verpfändung von beweglichen Sachen oder Inhaberpapieren (Art. 210), von Wechseln und andern indossablen Papieren (Art. 214) und von „andern Forderungen" (Art. 215). Einen ausdrücklichen Vorbehalt des kantonalen Rechts, wie er in Art. 105 für die Amortisation, in Art. 130 für das Erlöschen, in Art. 146 für die Verjährung, in Art. 198 für die Abtretung, iu Art. 414 für die Anweisung grundver=sicherter Forderungen und in Art. 337 O.=R. für das grund=versicherte Darlehen ausgesprochen ist, enthält das Gesetz rücksicht=lich der Verpfändung grundversicherter Forderungen nicht. Allein nichtsbestoweniger darf nicht arg. e contrario gefolgert werden, daß somit für die Verpfändung der grundversicherten Forderungen, da hier das kantonale Recht nicht ausdrücklich vorbehalten sei, eidgenössisches Recht gelte. Diese Schlußfolgerung erscheint viel=mehr nach Inhalt und Zusammenhang der Vorschriften des Obli=gationenrechts als ausgeschlossen. Das Recht der grundversicherten Forderungen steht in engstem Zusammenhange mit dem, kantonal=rechtlicher Regelung vorbehaltenen, Immobiliarsachenrechte, speziell dem Hypothekarrechte. Das kantonale und nicht das eidgenössische Recht normirt bemgemäß die rechtliche Natur der grundversicherten Forderungen, bestimmt darüber, ob und inwieweit die hypotheka=rischen Titel als Wertpapiere, bei welchen das Recht an die Ur=kunde geknüpft ist und in derselben sich verkörpert, oder aber als bloße Beweisurkunden sich qualifizieren. Das Obligationenrecht bestimmt hierüber nichts und konnte ohne unzuläßigen Eingriff in das kantonale Recht der Grundversicherung hierüber nichts bestimmen. Demgemäß hat denn auch das Obligationenrecht in Art. 198 O.=R. für die Abtretung grundversicherter Forderungen das kantonale Recht vorbehalten. Denn selbstverständlich ist für die Abtretung einer Forderung deren rechtliche Natur (ob Wert=papier oder gewöhnliche Schuldscheinforderung) bestimmend. Die Regeln, welche für die Abtretung gelten, müssen naturgemäß andere sein, je nachdem es sich um eine Wertpapier= oder um eine gewöhnliche Schuldscheinforderung handelt; es bestimmt sich auch der Übergang des für grundversicherte Forderungen bestehen=den Pfandrechts einzig nach kantonalem Sachenrechte. Nun kann allerdings nicht gesagt werden, daß Art. 198 O.=R. unmittelbar

auch die Verpfändung grundversicherter Forderungen betreffe, weil
die Verpfändung einer Forderung sich als eine bedingte oder be=
schränkte Abtretung charakterisiere. Denn diese Auffassung der
Forderungsverpfändung kann nicht als zutreffend anerkannt werden
(vergl. dagegen z. B. Sohm, Die Lehre vom subpignus
S. 41 u. ff.) Allein auf der andern Seite ist klar, daß die
gleichen Gründe, welche dazu führten, für die Abtretung grund=
versicherter Forderungen das kantonale Recht vorzubehalten, auch
dafür sprechen, die Regelung der Verpfändung grundversicherter
Forderungen dem kantonalen Recht zu überlassen. Wie für die
Abtretung, so heischt auch für Form und Wirkung der Verpfän=
dung die rechtliche Natur des Pfandobjektes Berücksichtigung. Das
eidgenössische Obligationenrecht selbst anerkennt dies, indem es
hinsichtlich der Verpfändung zwischen beweglichen Sachen und
Inhaberpapieren, indossablen Papieren, und „andern Forderungen"
unterscheidet und seine Bestimmungen der verschiedenen rechtlichen
Natur dieser Pfandobjekte anpaßt. Angesichts dieses innern Zu=
sammenhangs zwischen der rechtlichen Natur des Pfandobjektes
und den Formen und Wirkungen der Verpfändung darf gefolgert
werden, daß das Obligationenrecht seine Bestimmungen über die
Verpfändung überhaupt nur für Forderungen habe aufstellen
wollen, deren Natur durch das eidgenössische Recht selbst normiert
ist, nicht aber für grundversicherte Forderungen, deren rechtliche
Natur das kantonale Recht feststellt, daß somit der in Art. 215
O.=R. enthaltene Ausdruck „andere Forderungen" in diesem be=
schränkten Sinne anderer überhaupt durch das eidgenössische Recht
normierter Forderungen zu verstehen sei. Hiefür spricht denn auch
die Entstehungsgeschichte des Gesetzes, speziell des Art. 215 (vergl.
hierüber wie überhaupt für die hier vertretene Auslegung des
Gesetzes, Hafner, Rechtsgutachten über die Rechtsnatur der
appenzell=außerrhodischen Zeddel, sowie Zeitschrift für
schweizerisches Recht, Neue Folge, VII, S. 68 u. ff., insbe=
sondere S. 80 u. ff.), in Verbindung mit dem Umstande, daß die
Verpfändungsform des Art. 215 O.=R. für an Urkunden ge=
knüpfte Forderungen, als was sich die grundversicherten Forde=
rungen nach den kantonalen Rechten wohl zumeist qualifizieren,
gar nicht paßt (siehe darüber Hafner, am angeführten Orte).

5. Nun behauptet allerdings die Beklagte, der luzernische Auf=
schlag (wie die Gült) sei als bewegliche Sache oder doch als In=
haberpapier respektive inhaberpapierähnliches Papier im Sinne
des Obligationenrechtes zu betrachten und falle daher rücksichtlich
der Übertragung und Verpfändung unter die vom eidgenössischen
Obligationenrecht für bewegliche Sachen und Inhaberpapiere auf=
gestellten Regeln. Allein dies ist nicht richtig. Das Obligationen=
recht hat in Art. 199 u. ff., wie in Art. 210 und 213, nur
körperliche bewegliche Sachen, Sachen, die lediglich als körperliche
Rechtsobjekte, nicht gleichzeitig als Träger von Rechten von Be=
deutung sind, und die zu diesen gezählten Inhaberpapiere, nicht
dagegen andere Wertpapiere im Auge. Dies ergibt sich rücksicht=
lich der hier in Frage stehenden Art. 210 und 213 O.=R. schon
aus ihrem Wortlaute (verbis „bewegliche Sachen oder Inhaber=
papiere") ganz unzweideutig. Hypothekarinstrumente fallen also
jedenfalls dann, wenn sie nicht als reine (vollkommene) Inhaber=
papiere sich darstellen, nicht unter die Vorschriften des Art. 210
und 213 O.=R. (wie übrigens auch nicht unter diejenigen der
Art. 199 u. ff.) Nun hat aber die Beklagte selbst nicht bestimmt
behauptet, daß die luzernische Gült, welcher ihrer Meinung nach
der Aufschlag gleichsteht, ein reines Inhaberpapier im Sinne der
Art. 846 u. ff. O.=R. sei, sondern hat mehr nur geltend ge=
macht, die Gült sei ein dem Inhaberpapier sich annähernbes,
demselben ähnliches Wertpapier. Es ist denn auch die Meinung,
daß die Gült ein Inhaberpapier sei, von der luzernischen Gerichts=
praxis, welche hiefür, da es sich dabei um die Auslegung kanto=
nalrechtlicher Bestimmungen handelt, für das Bundesgericht maß=
gebend sein muß, bestimmt zurückgewiesen worden (siehe die Ent=
scheidung des luzernischen Obergerichtes in Zeitschrift des ber=
nischen Juristenvereins XXV, S. 429 Erw. 2). Daraus
ergibt sich denn ohne weiters und ohne daß untersucht zu werden
brauchte, ob für den Verkehr mit grundversicherten reinen In=
haberpapieren eidgenössisches Recht maßgebend wäre, daß in con=
creto die Vorschriften des eidgenössischen Obligationenrechtes als
solche, als Normen des eidgenössischen Rechtes nicht anwendbar
sind. Eine ganz andere Frage ist die, ob nicht das kantonale
luzernische Recht den Verkehr mit Gülten, speziell hinsichtlich des

Schutzes des redlichen Besitzers, dem Verkehr mit beweglichen
Sachen gleichstelle, so daß dafür jeweilen einfach die zur Zeit
geltenden allgemeinen Regeln des Mobiliarsachenrechtes zur An=
wendung kommen und daher nachdem diese durch das Obligationen=
recht normiert sind, die betreffenden Vorschriften dieses Gesetzbuches
inhaltlich, gemäß dem Willen des kantonalen Gesetzgebers, auch
für den Verkehr mit Gülten maßgebend seien (siehe darüber
Huber, Schweizerisches Privatrecht III, S. 451 u. f.; vergl.
auch Amtliche Sammlung der bundesgerichtlichen Entscheidungen
XV, S. 853 Erw. 6). Diese Frage ist keineswegs unzweifelhaft.
Allein sie ist eine solche des kantonalen und nicht des eidgenössi=
schen Rechtes; auch wenn sie zu bejahen sein sollte, so kämen
die im eidgenössischen Obligationrechte enthaltenen Vorschriften
über den Schutz des redlichen Besitzers für den Gültverkehr nicht
als eidgenössisches sondern als kantonales Recht, nicht kraft
Willen und Anordnung des eidgenössischen, sondern des kanto=
nalen Gesetzgebers zur Anwendung. Die Frage entzieht sich daher
der Nachprüfung des Bundesgerichtes.

			Demnach hat das Bundesgericht
				erkannt:

	Auf die Weiterziehung der Beklagten wird wegen Inkompetenz
des Gerichtes nicht eingetreten und es hat daher in allen Teilen
bei dem angefochtenen Urteile des Obergerichtes des Kantons
Luzern sein Bewenden.

---

92. *Arrêt du 14 Septembre 1893 dans la cause Masse Bovet*
	*contre la Banque cantonale neuchâteloise.*

	Pendant les premiers mois de 1892 et antérieurement déjà,
Alphonse Bovet-Jacot, à Fleurier, dans le but de rendre service à son neveu Albert Bovet-Favre, a consenti, par pure
complaisance, à endosser un certain nombre de billets de
change souscrits par ce dernier. Ces billets ont été escomptés
à la Banque des Bayards pour 8817 fr. 25 c. et à la Banque
cantonale neuchâteloise pour 9002 fr. 85 c.

Le 17 Mai 1879, la Banque cantonale, désirant obtenir des garanties d'Alphonse Bovet-Jacot pour les billets qu'il avait endossés, délégua auprès de lui dans ce but son sous-directeur, et le même jour, à 10 heures du soir, au domicile d'Alphonse Bovet, un acte fut passé sur les mains du notaire Vaucher, acte intitulé « Ouverture de crédit en compte courant et constitution d'hypothèque », en vertu duquel la Banque ouvrait à Albert Bovet un compte courant jusqu'à concurrence de 9000 francs, somme dont ce dernier se constitue débiteur.

Interviennent dans cet acte Alphonse Bovet-Jacot père, et ses enfants, « pour garantir le remboursement de toutes sommes quelconques, dues en vertu du crédit jusqu'à concurrence de 9000 francs en capital, des intérêts et de tous accessoires légitimes, en affectant par hypothèque spéciale, au profit de la Banque cantonale, les immeubles dont ils sont propriétaires, soit comme biens exclusivement personnels, soit indivisément. »

Le 22 Juin 1892, Albert Bovet-Favre fut mis en faillite, et peu de temps après la Banque des Bayards provoquait de son côté la faillite d'Alphonse Bovet-Jacot, dans le but, selon son dire, de faire annuler des garanties données en faveur d'un créancier au détriment des autres. Cette dernière faillite fut prononcée par jugement du 21 Septembre 1892.

Fondée sur l'acte du 17 Mai 1892 et l'inscription prise au au bureau des hypothèques le 19 dit, la Banque cantonale fit inscrire dans cette faillite le montant du compte courant ouvert à Albert Bovet-Favre, soit, d'après les livres de cet établissement, la somme de 9167 francs, et elle réclama le privilège résultant de l'hypothèque contituée en sa faveur par l'acte du 17 Mai 1892.

L'administration de la faillite écarta toutefois le droit de gage ou d'hypothèque réclamé, et n'admit la Banque qu'en 5ᵐᵉ classe pour le montant de son compte.

Ensuite de cette décision, la Banque cantonale a introduit contre la masse Alphonse Bovet-Jacot une action concluant à ce qu'il plaise au Tribunal :

1° Dire que la Banque cantonale a, pour le crédit en

compte courant ouvert à Albert Bovet, suivant acte reçu
Vaucher, notaire à Fleurier, le 17 Mai 1892, et ascendant au
21 Septembre 1892 à la somme de 9167 francs, un droit de
gage et d'hypothèque sur les immeubles et part d'immeubles
appartenant au failli, aux termes de l'inscription prise au bureau des hypothèques du Val de Travers le 19 Mai 1892,
vol. XII, N° 144.

2° Liquider en conséquence en sa forme et teneur la production N° 7 faite au passif de la masse en faillite Alphonse
Bovet-Jacot.

3° Condamner la dite masse aux frais et dépens du procès.

La Banque fondait sa demande sur l'art. 219 § 1 de la loi
sur la poursuite, combiné avec les dispositions du droit cantonal sur les hypothèques. Quant à l'action révocatoire, en
vertu de laquelle l'administration de la faillite a écarté le
droit de gage, la Banque cantonale en contesta l'applicabilité
en l'espèce.

Dans sa réponse, l'administration de la faillite opposa par
voie d'exception, l'action révocatoire, faisant valoir que l'acte
passé dans la soirée du 17 Mai l'a été sur les sollicitations
de la Banque et sur la promesse que la constitution d'hypothèque empêcherait la faillite d'Albert et d'Alphonse Bovet ;
ce dernier était d'ailleurs insolvable le 17 Mai 1892, ce que
la Banque n'ignorait pas.

Par jugement du 8 Avril 1893, le Tribunal cantonal a
admis les conclusions de la demande de la Banque cantonale
et écarté l'action révocatoire.

Ce jugement est fondé, en substance, sur les motifs ci-
après :

L'art. 287 de la loi sur la poursuite pour dettes et la faillite, qui serait seul applicable en l'espèce, ne permet pas
d'annuler l'hypothèque du 17 Mai.

En effet, la nullité dont parle cet article atteint le gage
constitué par le débiteur lui-même au profit de son créancier,
tandis que, dans l'acte du 17 Mai, Albert Bovet figure seul
comme débiteur de la Banque cantonale, et Alphonse Bovet
n'est intervenu dans l'acte que pour constituer le gage. Même

si, dans ces conditions, l'art. 387 était applicable, il faudrait rechercher d'abord si l'hypothèque a été constituée pour garantir une dette existante, soit antérieure, puis ensuite si Alphonse Bovet était insolvable à la date du 17 Mai, et si, en même temps, la Banque connaissait cette insolvabilité.

Sur le premier point, les faits de la cause démontrent qu'avant le 17 Mai 1892, Albert et Alphonse Bovet étaient codébiteurs de la Banque en vertu des billets de change souscrits par Albert Bovet et endossés par Alphonse Bovet.

L'acte du 17 Mai a opéré une novation, attendu que les obligations de change qui existaient antérieurement entre la Banque comme créancière et Albert et Alphonse Bovet comme débiteurs ont été éteintes et remplacées par une obligation civile unique, dans laquelle Albert Bovet seul est intervenu comme débiteur.

Sur le second point, la procédure établit que Alphonse Bovet passait pour être dans une modeste aisance, qu'aucun commandement de payer n'était inscrit contre lui et qu'un seul protêt a été dressé contre lui pour une somme de 550 francs le 2 Mai 1892.

Rien ne permet d'affirmer qu'Alphonse Bovet fût insolvable le 17 Mai 1892; si cette insolvabilité existait, il paraît établi par la procédure que la Banque cantonale, qui ignorait sans doute les engagements d'Alphonse Bovet envers la Banque des Bayards, ne connaissait pas davantage la situation de ce débiteur.

*Statuant sur ces faits et considérant en droit:*

2° La contestation, par voie d'exception, de la validité de l'hypothèque du 17 Mai 1892 ne peut être fondée sur les dispositions de l'art 286 de la loi fédérale sur la poursuite pour dette et la faillite.

Il est, en effet, constant, à teneur des pièces du dossier, qu'Alphonse Bovet, comme endosseur des effets de change signés par Albert Bovet en faveur de la demanderesse, se trouvait débiteur ou codébiteur de la somme pour la garantie de laquelle l'hypothèque a été constituée. Il ne saurait donc être question d'une disposition à titre gratuit d'Alphonse

Bovet en faveur de la demanderesse, dans le sens de l'art. 286 de la loi précitée. L'action révocatoire ne peut évidemment être basée que sur l'art. 287 *ibidem*, statuant qu'est nul tout gage constitué pour garantir une dette existante, — sauf le cas où le débiteur s'était engagé précédemment à fournir une garantie, — lorsque, d'une part, cet acte a été fait par le débiteur dans les six mois avant la saisie ou l'ouverture de la faillite et que ce débiteur était alors déjà obéré, et que d'autre part, celui qui a profité de l'acte n'établit pas qu'il ignorait la situation du débiteur.

3° En ce qui touche la première de ces conditions, le fardeau de la preuve incombe au demandeur à l'action révocatoire, et, dans l'espèce, cette preuve a été rapportée. Il est incontesté que la constitution d'hypothèque a eu lieu dans les six mois avant la déclaration de faillite et que le débiteur ne s'était pas obligé auparavant à fournir une garantie ; de plus, il résulte du protocole de la faillite ainsi que des autres faits de la cause qu'au moment critique Alphonse Bovet était obéré. Le protocole de la faillite accuse un passif de 42 443 fr. 66 c., vis-à-vis d'un actif de 10 260 fr. 16 c. seulement, et il démontre, en outre, que la plus grande partie du passif date d'avant le 17 Mai 1892. Par contre, il n'est pas même sérieusement allégué, et encore bien moins démontré, qu'Alphonse Bovet ait possédé à cette date un actif autre que celui indiqué dans le protocole de la faillite. Le contraire résulte bien plutôt de la circonstance que le dit jour, la demanderesse, pour garantir sa créance, s'est fait aussi consentir une hypothèque sur les immeubles des enfants Bovet ; la demanderesse n'a pas même prétendu que cette hypothèque ait été donnée pour une autre cause que pour celle de l'insuffisance des biens d'Alphonse Bovet. Si le Tribunal cantonal, dans son arrêt, conteste qu'Alphonse Bovet fût insolvable le 17 Mai 1892, ce fait, en présence de ce qui vient d'être dit, ne peut s'expliquer que par une fausse interprétation de l'art. 287 de la loi précitée de la part du dit tribunal, lequel confond, sans aucun doute, la notion de l'insolvabilité (Ueberschuldung) du texte allemand, c'est-à-dire de la situation du débiteur au-dessous de ses affaires, avec la simple impossibilité où il se trouve de payer, à un moment donné, ses dettes échues. Il est vrai qu'il n'est point établi qu'Alphonse Bovet n'ait pas été en état, le 17 Mai 1892, de faire face à ses dettes alors *échues ;* mais il va de soi que quelqu'un, en état de faire face à des paiements dans ces conditions, n'en peut pas moins être au-dessous de ses affaires, c'est-à-dire insolvable (überschuldet) dans le sens de l'art. 287 susvisé, et c'est ce dernier état d'insolvabilité qui est décisif aux termes de la loi. Or cette insolvabilité existe, lorsque le passif dépasse l'actif, et c'était le cas dans une très large mesure en ce qui concerne Alphonse Bovet à l'époque sus-mentionnée.

4° En revanche, la demanderesse n'a point rapporté la preuve qui lui incombe. Il est constant qu'Alphonse Bovet n'a pas offert à la demanderesse les sûretés en question, mais que c'est elle qui les a demandées avec insistance et avec une précipitation si extraordinaire, qu'il faut en conclure qu'elle n'avait pas confiance dans la solvabilité de ce débiteur. A cela vient s'ajouter la circonstance, déjà signalée, que les immeubles de ce dernier ne suffisaient pas pour couvrir la prétention de la demanderesse, mais que l'hypothèque, pour donner pleine garantie, fut étendue aux immeubles des enfants Bovet, tandis que la défenderesse n'a nullement établi ni même rendu vraisemblable qu'elle ait eu des motifs d'admettre qu'Alphonse Bovet possédât d'autre actif.

5° En revanche la demanderesse, soit son sous-directeur, savait, par le dire d'Alphonse Bovet, que celui-ci était, également comme endosseur de lettres de change d'Albert Bovet, débiteur de la Banque des Bayards. Il est vrai qu'Alphonse Bovet avait, pour se récupérer des paiements faits par lui, comme endosseur de complaisance, aux créanciers de ces effets, son recours contre Albert Bovet ; mais ce dernier se trouvait, ainsi que c'était notoire le 17 Mai 1892, déjà alors insolvable, et c'est précisément aussi ensuite de cette insolvabilité que la demanderesse se fit donner par Alphonse Bovet la sûreté attaquée.

La demanderesse savait donc que les obligations contractées

par Alphonse Bovet vis-à-vis d'elle-même et vis-à-vis de la Banque des Bayards ne se trouvaient pas compensées par des créances de même valeur recouvrables par voie de recours contre Albert Bovet. Donc, à supposer même, ce qui n'est d'ailleurs pas prouvé, que le représentant de la demanderesse n'ait pas eu connaissance des autres dettes d'Alphonse Bovet, il ne pouvait toutefois lui échapper que déjà du chef des obligations de ce dernier vis-à-vis de la dite demanderesse et de la Banque des Bayards, l'actif et le passif du dit Alphonse Bovet se trouvaient dans une disproportion telle, qu'elle eût dû, surtout vu les circonstances personnelles de celui-ci, provoquer des scrupules, cela d'autant plus qu'il s'agissait d'obligations de change dont l'échéance était imminente. Or on doit exiger en tout cas de l'opposant à l'action révocatoire la preuve que, lorsqu'il a conclu l'acte attaqué, il n'avait aucun motif pour soupçonner l'existence d'une disproportion pareille à celle qui vient d'être signalée. Il ne faut, en effet, pas perdre de vue que c'est au défendeur à l'action révocatoire qu'il incombe de prouver qu'il a *ignoré* la situation obérée du débiteur, et non au demandeur à rapporter la preuve que le défendeur connaissait cette situation.

En appréciant librement les circonstances (art. 289 de la loi fédérale précitée), il ne peut donc être admis que la défenderesse ait fourni la preuve qui lui incombe à teneur de l'art. 287, al. 2, de la dite loi, cela d'autant moins qu'elle n'a pu indiquer ni prouver aucune circonstance qui serait de nature à affaiblir la signification des faits sus-relatés, en ce qui touche la question de savoir si la demanderesse connaissait la situation obérée d'Alphonse Bovet.

Si le tribunal cantonal a cru devoir donner à cette question, ainsi qu'à celle de l'insolvabilité elle-même, une solution différente (sans toutefois l'affirmer d'une manière absolument positive, puisque le jugement se borne à dire qu'il paraît établi par la procédure que la Banque cantonale ne connaissait pas la situation d'Alphonse Bovet), c'est évidemment par le motif que le dit tribunal ne s'est pas rendu un compte suffisamment clair du sens et de la portée de l'art. 287 susvisé, notamment de ce qui a trait au fardeau de la preuve, incombant au défendeur à l'action révocatoire, et il paraît, à cet égard, s'être laissé guider encore par des considérations tirées du droit cantonal précédemment en vigueur en cette matière.

7° Dans cette situation, l'action révocatrice doit être accueillie, et il y a lieu, conformément aux conclusions de la partie défenderesse, d'annuler l'acte du 17 Mai 1892 pour ce qui concerne la constitution d'hypothèque faite par Alphonse Bovet-Jacot, et d'ordonner la radiation de l'inscription hypothécaire prise de ce chef au bureau du Val de Travers le 19 Mai suivant.

Par ces motifs,

le Tribunal fédéral

prononce :

Le recours est admis, et le jugement rendu entre parties, le 8 Avril 1893, est réformé en ce sens que le droit de gage ou d'hypothèque réclamé par la Banque cantonale neuchâteloise est écarté, que l'acte du 17 Mai 1892 est annulé pour ce qui concerne la constitution d'hypothèque faite par Alphonse Bovet-Jacot, et qu'il sera procédé à la radiation de l'inscription hypothécaire vol. XII, N° 144, prise de ce chef au bureau du Val de Travers le 19 Mai 1892 contre Alphonse Bovet-Jacot sur les immeubles et parts d'immeubles spécifiés dans la dite inscription.

---

93. *Arrêt du 14 Septembre 1893 dans la cause masse Bovet contre Banque cantonale neuchâteloise.*

1° Ensuite de poursuites exercées par un créancier, le Président du tribunal civil du Val-de-Travers a prononcé, le 22 Juin 1892, la faillite d'Albert Bovet, fabricant d'horlogerie à Fleurier.

La Banque cantonale neuchâteloise, demanderesse, a fait entre autres dans cette faillite les productions N° 121 à 125, à savoir :

Sous N° 121, la Banque demande à être payée de 4590 francs, solde du compte courant de crédit ouvert par elle à A. Bovet, et arrêté au 22 Juin 1892. Ce compte courant est garanti entre autres par une obligation hypothécaire du capital de 4000 francs donnée en nantissement par le failli à la Banque le 21 Mars 1888. Le nantissement de cette obligation hypothécaire n'est pas litigieux dans le procès actuel.

N° 122. — 26 595 francs, solde d'un compte courant (crédit B) de 26 000 francs ouvert à Bovet en vertu d'acte du 9 Janvier 1892 et également arrêté au 22 Juin 1892.

N° 123. — 9063 francs pour solde d'un troisième compte de crédit ouvert à Bovet jusqu'à concurrence de 9000 francs.

N° 124. — 15 103 fr. 70 montant de quatre lettres de change tirées à vue par le failli Bovet sur C.-E. Guinand, à Shanghaï, et escomptées par la Banque cantonale neuchâteloise. Ces traites sont garanties entre autres par des connaissements sur des caisses de montres, non litigieux en la cause.

N° 125. — 1803 fr. 50 montant d'un billet de change de 1800 francs souscrit par Bovet à la Banque cantonale neuchâteloise le 14 Mars 1892, plus les frais de poursuite. Ce billet est garanti entre autres par le nantissement de 81 montres.

Pour toutes ces productions, représentant une somme totale de 57 156 fr. 20 la Banque cantonale neuchâteloise a déclaré vouloir exercer un droit de gage ou de rétention sur les marchandises qu'elle détient ensuite de ses relations d'affaires avec le failli.

Ces marchandises sont des montres, toutes en mains de la Banque et à sa disposition exclusive. Elles lui ont été remises en deux fois, savoir le 2 Janvier 1892 des montres Lépine et des paires de montres chinoises pour une valeur de 4002 francs, et le 12 Mars suivant une caisse renfermant des montres savonnettes et des paires de montres chinoises, pour 3252 francs.

Le 2 Janvier 1892 Bovet écrivait au Directeur de la Banque cantonale neuchâteloise : « Par chemin de fer grande vitesse, je vous adresse une caisse montres dont ci-joint facture à 4002 francs, marchandises en nantissement des traites non payées tirées sur C.-E. Guinand, à Shanghaï ; suivant convenu verbalement, ces marchandises me seront confiées aussitôt que demande de livraison sera faite. »

Le 4 dit, Bovet adressait encore au Directeur de la Banque un aperçu de ses comptes, présentant un excédent indiqué de l'actif de près de 23 000 francs.

Par lettre du 6 Janvier, Bovet confirme sa facture et son envoi de 4002 francs, valeur en nantissement des traites impayées sur Shanghaï ; il se plaint de ce que son client sur cette place laisse protester les traites tirées sur lui. Bovet termine par ces mots : « Pendant le courant de ce mois, j'aurai une valeur sur Chaux-de-Fonds, et à fin courant les montres que je n'expédierai pas pourront vous être de nouveau remises en nantissement. »

En ce qui a trait au nantissement du 12 Mars 1892, il résulte du dossier que dans le courant de ce mois Bovet s'était adressé à Jean Jequier, à Neuchâtel, pour lui demander un prêt de 1800 francs sur des montres en garantie. Jequier autorisa la Banque cantonale neuchâteloise à remettre pour son compte à lui-même cette somme à Bovet, lequel, pour garantir Jequier, adressa à la Banque le 12 Mars 1892 une caisse de montres pour une valeur de 3252 francs.

Statuant sur les productions sous N° 121 à 125 susmentionnés, les administrateurs de la faillite les ont admises quant à leur chiffre ; ils ont de plus admis, pour la production N° 121, un droit de gage sur l'obligation hypothécaire de 4000 francs contre Jules-Alphonse Bovet ; pour la production N° 124 un droit de gage sur les connaissements susindiqués et pour la production N° 125 un droit de gage sur 81 paires de montres. En revanche les administrateurs ont refusé d'admettre, pour les productions N° 121 à 125, le droit de gage ou de rétention revendiqué par la Banque sur les marchandises qu'elle détient ensuite de ses relations avec le failli. Cette décision se fonde sur le motif que l'état des marchandises produit par la Banque ne porte aucune date, ce

qui peut laisser supposer que ces marchandises ont été remises à la Banque peu avant la faillite, et sinon en paiement,
du moins en nantissement, et qu'ainsi le failli avait pour but
de favoriser un créancier au détriment des autres ; que les
autres garanties de la Banque paraissent suffisantes et que
ce nantissement n'a réellement pas été constitué en faveur
de la Banque, mais bien en faveur des garants de Bovet ;
qu'au moment où ces marchandises ont été remises en gage,
Bovet était notoirement au-dessous de ses affaires, et que sa
comptabilité ne fait aucune mention de ces opérations. En
conséquence de cette décision de l'administration de la faillite,
qui invoque d'ailleurs les art. 285 et suivants de la loi sur
les poursuites, les productions Nᵒˢ 121, 124 et 125 ont été
liquidées pour le découvert en 5ᵐᵉ classe, et celles sous
Nᵒˢ 122 et 123 pour la totalité en 5ᵐᵉ classe.

L'état de collocation ayant été dressé en conséquence, la
Banque cantonale neuchâteloise a ouvert à la faillite d'Albert
Bovet l'action actuelle tendant à ce qu'il plaise au tribunal :

I. Dire que la Banque cantonale neuchâteloise a, pour les
sommes qui lui sont dues par Albert Bovet, un droit de gage
pour les marchandises détaillées au fait 6 de la demande.

II. Subsidiairement, dire que la Banque jouit, pour les
sommes qui lui sont dues par A. Bovet, d'un droit de rétention sur les marchandises détaillées au fait 6 de la demande.

III. Dire que la Banque a, pour les sommes qui lui sont
dues par A. Bovet, un droit de gage sur les marchandises
détaillées au fait 7 de la demande.

IV. Subsidiairement, dire que la Banque jouit, pour les
sommes qui lui sont dues par A. Bovet, d'un droit de rétention
sur les marchandises détaillées au fait 7 de la demande.

V. Liquider en conséquence, en leur forme et teneur, les
productions Nᵒˢ 121 à 125 faites par la Banque au passif de
la masse en faillite Albert Bovet.

VI. Condamner la dite masse aux frais et dépens du procès.

A l'appui de ces conclusions, la Banque allègue seulement
qu'en vertu des envois à elle faits par le failli les 2 Janvier
et 12 Mars 1892, elle est au bénéfice d'un droit de gage sur

les marchandises qui lui ont été remises. (C. O. art. 210.) Subsidiairement elle estime être au bénéfice d'un droit de rétention sur les mêmes marchandises. (Art. 224 ss. C. O.)

La masse défenderesse a conclu dans sa réponse à ce qu'il plaise au tribunal :

1° Déclarer qu'en leur forme et teneur les conclusions de la Banque sont mal fondées.

2° Dire que la Banque ne peut avoir aucun droit de rétention sur les montres qu'elle détient.

3° Dire que la Banque n'a également aucun droit de gage sur les montres qu'elle détient, et ordonner qu'elle devra rendre ces montres à la masse Bovet dans un délai de 7 jours après jugement, ou à défaut en payer la valeur aux prix indiqués dans l'exploit de demande.

4° En conséquence, maintenir les décisions de l'administration de la faillite au sujet des productions N° 121 à 125 de la Banque.

5° Condamner la Banque à tous frais et dépens.

Subsidiairement :

1° Dire qu'en tout état de cause, la Banque ne peut avoir aucun droit de gage que pour l'avance en espèces qu'elle pourrait justifier avoir faite au failli au moment de la remise des montres du 12 Mars 1892, et sur celle-ci seulement.

2° Condamner la Banque aux frais et dépens de l'action.

A l'appui de ces conclusions, la masse défenderesse invoque les dispositions des art. 285 à 292 de la loi fédérale sur les poursuites, et 224 § 1 C. O., en exposant que le droit de rétention ne peut pas être admis en l'espèce.

Par jugement du 11 Mars, déposé le 31 Mai 1893, le tribunal cantonal de Neuchâtel a statué comme suit :

La première conclusion de la demande est déclarée bien fondée, la seconde conclusion subsidiaire devant en conséquence être déclarée sans objet.

Il n'y a pas lieu à statuer sur la troisième conclusion de la demande, la Banque y ayant renoncé.

La quatrième conclusion n'est pas fondée.

Les conclusions de la défenderesse sont déclarées mal fon-

dées dans les limites indiquées ensuite du prononcé du tribunal sur les conclusions de la demande. Les frais sont mis
pour les ³/₄ à la charge de Bovet et pour ¹/₄ à la charge de
la Banque cantonale.

Ce jugement se fonde, en substance, sur les motifs suivants :

Au moment où la Banque a reçu les premières montres en
garantie, soit le 2 Janvier 1892, de nombreux protêts avaient
déjà été dressés contre Bovet, mais celui-ci effectuait néanmoins ses paiements, de sorte que la Banque a pu tenir
pour correspondant à la réalité, le bilan qui lui a été fourni.
L'administration de la faillite a elle-même déclaré, en statuant sur une inscription faite par la sœur du failli, que celui-
ci avait fait face à ses échéances jusqu'au commencement de
1892. C'est au commencement d'Avril seulement qu'un commandement de payer lui a été notifié, et quinze autres poursuites se sont succédé du 10 Mai au 18 Juin suivants, de
sorte que la faillite dut être prononcée le 22 Juin.

Jusqu'au mois d'Avril 1892 la situation financière de Bovet
n'était pas connue du public en général ; encore le 15 ou le
19 de ce mois M. G. Yersin prête à Bovet une somme de
500 francs, dans l'ignorance où il était du mauvais état de ses
affaires, comme il a été établi dans un autre procès. Il faut
donc admettre qu'en Janvier 1892 la Banque cantonale ignorait la situation de son débiteur et que par conséquent le
nantissement du 2 Janvier 1892 ne peut être annulé en application de l'art. 287 de la loi sur les poursuites.

En revanche un droit de gage ne peut être accordé à la
Banque pour les montres envoyées le 12 Mars 1892. En ce
qui touche le prêt de 1800 francs fait à Bovet par Jequier,
ce droit de gage a été reconnu par la liquidation de la faillite ;
mais pour le surplus, il résulte des preuves intervenues que
ces montres ont été remises à la Banque dans le but bien
déterminé de garantir seulement ce prêt de 1800 francs.
Donc le nantissement du 12 Mars ne vaut pas pour le surplus des valeurs dont la Banque est créancière, et le représentant de la Banque a déclaré qu'à cet égard il ne revendiquait pas un droit de *gage*. Le droit de rétention que la

Banque réclame sur ces montres ne peut pas lui être non plus reconnu, vu le but déterminé pour lequel les montres lui ont été remises, et l'art. 225 C. O.

C'est contre ce jugement que l'administration de la faillite Bovet recourt au Tribunal fédéral, en attaquant la disposition qui attribue à la Banque un droit de gage sur les montres à elle remises le 2 Janvier 1892.

Invitée à se déterminer sur les conclusions qu'elle entendait prendre devant le Tribunal de céans, la Banque cantonale neuchâteloise a déclaré qu'elle ne persiste pas dans sa demande tendant à obtenir, pour d'autres valeurs que le billet Jequier de 1800 francs, un droit de gage ou de rétention sur les montres à elle remises le 12 Mars 1892, et qu'elle se borne ainsi à demander le maintien, quant au dispositif, du jugement cantonal dont est recours.

*Statuant sur ces faits et considérant en droit :*

2° Ainsi qu'il résulte des faits de la cause, plus haut résumés, la seule question encore litigieuse entre parties est celle du droit de gage ou de rétention revendiqué par la Banque sur les montres faisant l'objet du nantissement du 2 Janvier 1892 et évaluées à 4002 francs. Ce chiffre étant supérieur à la somme minimum fixée par la loi sur l'organisation judiciaire pour fonder la compétence du Tribunal fédéral, et le capital des créances en faveur desquelles la Banque prétend à cette garantie réelle excédant également 3000 francs, la compétence du Tribunal existe de ce chef aussi bien que de celui de la loi applicable, puisqu'il s'agit en l'espèce de l'application des art. 224 ss. C. O. et 285 ss. de la loi fédérale sur la poursuite pour dettes.

3° C'est tout d'abord avec raison que le tribunal cantonal a admis, en ce qui concerne les montres remises à la Banque en Janvier 1892, l'existence d'un nantissement en faveur de cet établissement, pour garantir les traites, demeurées impayées et tirées sur C.-E. Guinand à Shanghaï.

A teneur de sa lettre du 2 Janvier 1892, l'intention de Bovet était bien ainsi de constituer un droit de gage, et celle de la Banque de l'accepter n'est pas moins évidente. De plus, Bovet s'étant dessaisi du gage, en transférant à la Banque le pouvoir exclusif d'en disposer, ce nantissement est conforme aux prescriptions de l'art. 210 C. O. Il est, d'ailleurs, superflu de rechercher si les autres créances de la Banque pourraient prétendre à un droit de rétention sur les mêmes montres, pour le surplus qui resterait après paiement des traites sur Guinand, ce surplus, en effet, ne peut se présenter, puisque la valeur du gage, s'il est affecté au seul paiement des traites, se trouvera complètement absorbé de ce chef.

4° Pour faire prononcer la nullité du droit de gage en question, dont elle ne conteste pas, d'ailleurs, la constitution régulière, la masse Bovet invoque, par voie d'exception, les dispositions de l'art. 285 ss. de la loi sur les poursuites, sur l'action révocatoire, en vertu de l'art. 285, § 2 de la dite loi.

En présence des faits établis par l'instance cantonale, on ne voit pas que celle-ci ait commis une erreur de droit en refusant de prononcer la nullité du nantissement dont il s'agit, et en statuant que celui-ci doit profiter à la Banque cantonale neuchâteloise. Ainsi qu'elle l'a admis avec raison, il ne s'agit point ici d'une disposition à titre gratuit, ou d'une donation, visée par l'art. 286 de la loi précitée. En revanche, la faillite de A. Bovet ayant été prononcée le 22 Juin 1892, et le nantissement constitué le 2 Janvier précédent pour garantir les traites non payées tirées sur Guinand par Bovet, c'est-à-dire une dette dont Bovet était l'un des coobligés en vertu de l'art. 808 C. O., la cause appelle l'application de l'art. 287 de la loi sur les poursuites.

A teneur de cet article, alinéas premier et dernier, ce nantissement doit être déclaré nul s'il est établi qu'au moment où il a été constitué Bovet était insolvable, et si d'autre part la Banque n'a pas prouvé qu'elle ignorât alors la situation du débiteur.

En ce qui concerne d'abord l'insolvabilité de Bovet le 2 Janvier 1892, elle ne peut être révoquée en doute en présence des nombreux protêts, pour une somme de plus de 4900 francs, qui avaient déjà été dressés contre lui à cette

époque. Il suit de là que la Banqne ne saurait échapper à
l'action révocatoire qu'en établissant qu'elle ignorait, à la
date susdite, la situation de son débiteur. Or, c'est là une
preuve qu'elle a entreprise et qui, d'après les contestations
expresses du jugement cantonal a été faite par elle, ainsi que
cela résulte des motifs reproduits dans l'exposé des faits qui
précède. Cette constatation de fait doit lier le Tribunal de
céans à teneur de l'art. 30 de la loi sur l'organisation judiciaire fédérale. D'ailleurs, à supposer qu'il en fût autrement
et que le Tribunal fédéral pût contrôler l'appréciation des
premiers juges sur ce point, il y aurait également lieu de
la confirmer, en présence des nombreux indices révélés par
les pièces de la cause, et notamment de la circonstance que,
malgré son état d'insolvabilité, Bovet a pu faire face à ses
engagements pendant plusieurs mois encore.

La Banque se trouve dès lors au bénéfice du dernier alinéa
de l'art. 287 susvisé, d'où suit que sa demande doit être
accueillie dans la mesure où elle l'a été par le tribunal cantonal.

5° Cela étant, et par le motif déjà énoncé plus haut, il y
a lieu de faire abstraction, comme l'a fait également la Cour
cantonale, de l'examen du moyen subsidiaire N° II des conclusions de la demande, fondé sur l'existence d'un prétendu
droit de rétention en faveur de la Banque cantonale neuchâteloise.

Par ces motifs,

Le Tribunal fédéral

prononce :

Le recours est écarté, et le jugement rendu entre parties
par le tribunal cantonal de Neuchâtel, les 11 Mars et 31 Mai
1893, est maintenu tant au fond que sur les dépens.

**94. Urteil vom 22. September 1893 in Sachen
Schlenker gegen Eidgenössische Bank.**

A. Durch Urteil vom 9. Mai 1893 hat das Kantonsgericht
des Kantons St. Gallen erkannt: Die Aberkennungsklage ist ab=
gewiesen.

B. Gegen dieses Urteil ergriff der Kläger die Weiterziehung
an das Bundesgericht. Bei der heutigen Verhandlung beantragt
sein Anwalt, es sei in Abänderung des angefochtenen Urteils die
von der Beklagten mit Zahlungsbefehlen Nr. 3788—3791 und
3960—3963 gegenüber dem Kläger erhobene Gesammtforderung
von 157,442 Fr. 20 Cts. mit Zinsen, sowie die damit verbun=
bene Faustpfandansprache abzuerkennen und Beklagte zur unbe=
schwerten Herausgabe der betreffenden Faustpfänder an den Kläger
pflichtig zu erklären. Er legt den Bericht des Verwaltungsrates
der Eidgenössischen Bank an die Generalversammlung der Aktio=
näre vom 20. August 1892 ein, welcher gegenwärtig bei den
Akten fehle, vor Kantonsgericht dagegen vorgelegen habe.

Der Anwalt der Beklagten trägt auf Abweisung der gegnerischen
Beschwerde und Bestätigung des angefochtenen Urteils an. Er
gibt zu, daß der vom Gegner produzierte Bericht bereits den kan=
tonalen Gerichten vorgelegen habe und erhebt deßhalb gegen dessen
Einlage keine Einwendung.

Seinerseits gibt der Anwalt des Klägers zu, daß das von der
Eidgenössischen Bank, Comptoir St. Gallen, nachträglich einge=
sandte „Hinterlagenbuch" ebenfalls der kantonalen Instanz bereits
vorgelegen habe und daß dasselbe daher zu den Akten des Bundes=
gerichtes habe gelegt werden können.

Das Bundesgericht zieht in Erwägung:

1. Der Kläger trat im Spätjahr 1889 mit der Beklagten in
Geschäftsverbindung, indem er ihr Aufträge zu Ankauf und Ver=
kauf von Wertpapieren erteilte. Der für den Kläger hierüber ge=
führte Liquidationskonto schloß auf 30. Juni 1892 mit einem
Saldo von 157,442 Fr. 20 Cts. zu Lasten des Klägers ab. Der
Beklagten waren vom Kläger verschiedene Wertpapiere als Faust=

pfand übergeben worden. Derselbe stellte im Fernern der Beklagten für die Beträge, für welche er Einkaufsaufträge erteilte, jeweilen Eigenwechsel aus, welche von der Beklagten ihrerseits giriert und in Zirkulation gesetzt wurden. Auf Grund solcher Wechsel, welche mangels Zahlung haben protestiert und von der Beklagten wieder eingelöst werden müssen, leitete die Beklagte gegen den Kläger Betreibung ein. Der Kläger erhob unter Berufung auf Art. 512 O.-R. Rechtsvorschlag. Der Beklagten wurden indes durch Entscheidungen des Bezirks- und des Kantonsgerichtspräsidenten von St. Gallen vom 21./22. und 27. Juli 1892 provisorische Rechtsöffnung erteilt, woraufhin der Kläger gemäß Art. 83 Abs. 2 des Schuldbetreibungs- und Konkursgesetzes die Aberkennungsklage erhoben hat. Der Kläger hat zu Begründung seiner Aberkennungsklage in erster Linie geltend gemacht, der Verkehr zwischen den Parteien setze sich aus reinen, den Charakter des Spiels oder der Wette tragenden Differenzgeschäften zusammen; eventuell hat er ausgeführt: Er habe am 16. Oktober 1889, 100 neue und am 28. November gleichen Jahres 100 alte Aktien der Eidgenössischen Bank gekauft und am 11. Dezember weitere 100 neue Aktien dieses Instituts gezeichnet. Am 30. Juli 1891 habe er per 2. September 1891 dreihundert Stücke verkaufen lassen, aber am 10 August per Ende August 1891 200 Stück wieder zurückgekauft. Am 30. Oktober 1891 seien ihm 200 Stück als in seinem Depot liegend verzeigt worden, die am 23. Oktober per 2. November 1891 verkauft worden seien. Auf diesen Spekulationen mit Aktien des beklagtischen Institutes habe er 62,000 Fr. eingebüßt. Diesen Verlust stelle er eventuell unter dem Titel des Schadenersatzes gegenüber der Klageforderung zur Kompensation. Denn die Beklagte habe das Publikum und damit den Kläger durch falsche Bilanzen über den Wert ihrer Aktien getäuscht, zum Ankauf im entsprechenden Kurswerte verleitet und dadurch geschädigt.

2. Die Beklagte hat zunächst eingewendet, die Einrede des Spiels sei gegenüber ihren Wechselforderungen unzulässig. Diese Einwendung ist unbegründet. Die Eigenwechsel, welche der Kläger der Beklagten ausstellte, wurden als Deckung für die der Beklagten aus der Ausführung der Börsenaufträge des Klägers entstehenden Forderungen gegeben. Wenn nun jene Aufträge auf

reine Differenzgeschäfte, welche den Charakter des Spiels oder
der Wette an sich tragen, gerichtet waren, so qualifizieren sich
die Auslagen, welche die Beklagte für deren Ausführung machte,
als Vorschüsse, welche wissentlich zum Behufe des Spiels oder
der Wette gegeben wurden und sind daher gemäß Art. 512 O.-R.
klaglos. Denn wie das Bundesgericht bereits in seiner Entscheidung in Sachen Bernische Bodenkreditanstalt gegen Kernen vom
9. Dezember 1892 (Amtliche Sammlung XVIII, S. 866 u. ff.
Erw. 4) ausgesprochen hat, besteht kein rechtlicher Grund, zwischen
Vorschüssen zu reinem, unverschleiertem Spiel und zwischen Vorschüssen zu Spiel oder Wette, welche in die Form von Lieferungs-
oder Kaufgeschäften eingekleidet werden, hinsichtlich der Klagbar-
keit einen Unterschied zu machen. Der Umstand sodann, daß der
Kläger für seine Schuld aus reinen Differenzgeschäften Wechselverpflichtungen eingegangen hätte, schlöße die Einrede des Spiels
nicht aus. Denn, wie in Art. 513 und 514 O.-R. unzweideutig
ausgesprochen ist, kann bei Spiel- oder Wettschulden nur die freiwillig geleistete Zahlung nicht zurückgefordert werden, während
über solche Schulden ausgestellte Schuldverschreibungen oder
Wechselverpflichtungen trotz erfolgter Aushändigung nicht klagbar
sind. Art. 513 Abs. 2 O.-R. behält allerdings die besondern
Grundsätze des Wechselrechts vor. Allein in concreto handelt es
sich um eine Einrede, welche dem Wechselschuldner unmittelbar gegen
den Kläger zusteht und welche daher nach den Grundsätzen des
Wechselrechts (Art. 811 O.-R.) statthaft ist.

3. Es muß danach auf die Prüfung der Einrede des Spiels
eingetreten werden. Dieselbe ist indes in Übereinstimmung mit der
Vorinstanz zu verwerfen. Die Vorinstanz geht von dem in der
bundesgerichtlichen Praxis stets festgehaltenen Begriffe des klaglosen reinen Differenzgeschäftes aus, wonach zu dessen Tatbestande
erforderlich ist, daß vertraglich, nach übereinstimmender, ausdrücklich oder stillschweigend erklärter, Willenseinigung der Parteien
Recht und Pflicht wirklicher Lieferung und Abnahme der gekauften
oder verkauften Waaren oder Börsenpapiere ausgeschlossen sei, so
daß bloß die Kursdifferenz den Gegenstand des Vertrages bildet.
Die Vorinstanz verneint, daß diese Begriffsmerkmale in concreto
gegeben seien, indem sie im wesentlichen ausführt: Die Behaup-

tung des Klägers, daß die Beklagte die von ihm gegebenen Börsen=
aufträge nicht wirklich ausgeführt habe, müßte, nachdem der Kläger
die ihm übermachten Rechnungsauszüge, Borderaux, ꝛc. stets vor=
behaltlos angenommen habe, vom Kläger bewiesen werden und
es sei ein solcher Beweis nicht erbracht. Die Beklagte habe übri=
gens dem Kläger als Selbstkontrahent gehaftet. Aus Umfang und
Art des Verkehrs ergebe sich nicht, daß reine Differenzgeschäfte
gewollt gewesen seien. Der ·Kläger, der allgemein als ein ver=
möglicher Mann mit einem konstanten hohen Einkommen gegolten
habe und welcher mehrfacher Häuserbesitzer sei, habe schon zu An=
fang des Verkehrs nennenswerte effektive Werte mitgebracht, sie
in Depot gegeben, dieses verändert und bei größern Engagements
ergänzt und habe auch für den einen und andern Ankauf namhafte
Baarbeträge einbezahlt. Die Beklagte habe von einer subjektiven
Unmöglichkeit des Bezuges der Titel durch den Kläger zum voraus
nicht, wenigstens nicht erweislich, überzeugt sein können. Gegen
den Spielcharakter des Verkehrs spreche auch, daß der Kläger den
Ankauf von Papieren angeordnet habe, welche zum voraus keinen
Kurswert hatten, z. B. von Aktien der Allgemeinen Kreditbank
in Basel, und daß er im fernern andere Papiere (Brienz=Roth=
horn) subskribiert, gekauft und einbezahlt und daher effektiv be=
sessen habe, die Beklagte dagegen nur angegangen habe, das
weitere für ihn zu besorgen. Nach diesen tatsächlichen Feststellungen
der Vorinstanz ist nicht anzunehmen, daß zwischen den Vermögens=
und Erwerbsverhältnissen des Klägers und dem Umfange seiner
Spekulationen ein derartiges Mißverhältnis bestanden habe, daß
der Kläger an Eingehung einer Pflicht zu reeller Abnahme oder
Lieferung vernünftigerweise überhaupt gar nicht hätte denken
können und daß dies der Beklagten bekannt gewesen sei, oder hätte
bekannt sein müssen. Auch im übrigen stellt die Vorinstanz Mo=
mente, aus welchen ein stillschweigender Ausschluß des Rechtes
und der Pflicht reeller Lieferung folgen würde, nicht fest. Ein
Rechtsirrtum liegt ihren sachbezüglichen Ausführungen nicht zu
Grunde, dieselben beruhen vielmehr auf richtiger Auffassung und
Auslegung des Begriffes des reinen klaglosen Differenzgeschäftes.
Heute hat der klägerische Anwalt eine Reihe neuer Tatsachen be=
hauptet, welche den Schluß auf den Spielcharakter des Verkehrs

begründen sollen, allein diese neuen Behauptungen können gemäß
Art. 30 O.=G. nicht in Betracht gezogen werden.

4. Wenn sodann der Kläger wegen des auf der Spekulation in
Aktien der Eidgenössischen Bank erlittenen Verlustes eine Schaden=
ersatzforderung aus Art. 50 O.=R. erhebt und dieselbe zur Kom=
pensation verstellt, so ist zunächst zu bemerken, daß, da der Kläger
behauptet, durch die Beklagte betrüglich zu Abschluß der fraglichen
Geschäfte verleitet worden zu sein, wenn diese Behauptung richtig
wäre, rechtlich nicht sowohl Art. 50, als vielmehr Art. 24 O.=R.
zutreffen würde. Allein die fragliche Einwendung mangelt nun,
nach den Feststellungen der Vorinstanz, der genügenden tatsäch=
lichen Substanziierung. Zwar hat das Bundesgericht in seiner
Entscheidung in Sachen Meyer=Müller gegen Konkursmasse der
Leihkasse Uster vom 21. Juli 1893 ausgesprochen, daß wenn die
Verwaltung eines öffentlichen Kreditinstitutes dessen Bilanzen
fälsche und das durch die gefälschte Bilanz geschaffene oder unter=
haltene Vertrauen für weitere Geschäfte ausbeute, sie damit in
arglistiger Weise einen von ihr selbst durch täuschende positive
Handlungen hervorgerufenen Irrtum benutze und damit betrügerisch
handle. Es kann also die Einwendung des Klägers nicht, wie die
Vorinstanz meint, schon deshalb ohne weiteres zurückgewiesen
werden, weil die Organe einer Aktiengesellschaft für ihre Geschäfts=
führung nur der Aktiengesellschaft, nicht aber Dritten gegenüber
verantwortlich seien. Allein in Tat und Wahrheit ist nun weder
festgestellt, daß die Verwaltung des beklagtischen Instituts dessen
Bilanz in täuschender Absicht gefälscht, noch daß der Kläger zu
den fraglichen Geschäften in Aktien der Eidgenössischen Bank sich
mit Hinsicht auf die Ergebnisse einer veröffentlichten unrichtigen
Bilanz entschlossen habe. Der bloße Hinweis auf den Bericht des
Verwaltungsrates der Eidgenössischen Bank an die Aktionärver=
sammlung vom 20. August 1892 genügt selbstverständlich zum
Beweise der erstern Tatsache nicht, wie denn übrigens die Vor=
instanz ausdrücklich bemerkt, daß die Organe der Beklagten selbst
sich über den Wert der Aktien ihres Institutes getäuscht haben;
und in letzterer Hinsicht erklärt die Vorinstanz, es sei nicht nachge=
wiesen und nicht einmal glaubhaft,. daß zwischen dem Geschäfts=
berichte des beklagtischen Institutes für 1890 (von welchem der

Kläger behauptet, daß er täuschende falsche Angaben über den Stand des Institutes enthalten habe) und den spätern Aktien= läufen des Klägers ein Kausalzusammenhang bestehe. Völlig aus= geschlossen ist dies natürlich für die bereits im Jahre 1889 abgeschlossenen beklagtischen Aktienkäufe, welche die bei weitem be= deutendsten waren. Daß der frühere Direktor des st. gallischen Comptoirs, Mr. Schenk, den Kläger durch besondere falsche Vor= spiegelungen zu Spekulationen bestimmt habe, ist vom Kläger wohl behauptet, aber nicht bewiesen worden.

Demnach hat das Bundesgericht

erkannt:

Die Weiterziehung des Klägers wird als unbegründet abge= wiesen und es hat demnach in allen Teilen bei dem angefochtenen Urteile des Kantonsgerichtes des Kantons St. Gallen sein Be= wenden.

---

95. *Arrêt du 23 Septembre 1893 dans la cause
Crédit Gruyérien contre Murith.*

Par arrêt du 29 Mai 1893, la Cour d'appel du canton de Fribourg, statuant en la cause qui divise le Crédit Gruyérien, à Bulle, d'avec Alfred Murith, comme curateur de Victor Murith, à Gruyères, a prononcé comme suit :

« Victor Murith est admis en principe dans ses deuxième et troisième conclusions, mais le montant à restituer par le Crédit Gruyérien est réduit à 1900 francs, avec accessoires légaux ; partant celui-ci est débouté de sa conclusion libéra- toire dans le même sens. Dès lors il n'y a pas lieu d'entrer en matière sur la conclusion subsidiaire de l'acteur. »

C'est contre cet arrêt que le Crédit Gruyérien a recouru au Tribunal fédéral, concluant à ce qu'il lui plaise lui adjuger les conclusions libératoires par lui prises devant les instances cantonales, et réformer dans ce sens le dit arrêt.

L'intimé Murith a pris de son côté les conclusions sui- vantes :

I. Préliminairement, à ce que le Tribunal fédéral se déclare incompétent, le montant actuellement litigieux n'atteignant pas le chiffre de 3000 francs quant au défendeur, conformément à l'art. 29 de la loi organique fédérale.

II. Pour le cas où le Tribunal fédéral entrerait en matière sur le recours, la partie Murith conclut au rejet de celui-ci, et partant au maintien de l'arrêt qui en fait l'objet.

III. Subsidiairement, à ce qu'il plaise au Tribunal fédéral élever l'indemnité allouée à la partie Murith par l'arrêt dont est recours, c'est-à-dire la ramener au chiffre de ses conclusions originaires.

*Statuant en la cause et considérant :*

*En fait :*

1° Le 8 Mai 1888 le Crédit Gruyérien chargeait l'agent d'affaires Fasel, à Bulle, de trois poursuites contre les frères Gremion, au Châtelet, pour le payement de trois billets, dont l'un de 3800 francs était cautionné par Victor Murith et Cyprien Rime.

Pour obtenir le paiement de ce billet, le dit Fasel, agissant au nom du Crédit Gruyérien, faisait procéder, le 26 du même mois, à une saisie réelle sur les immeubles appartenant à Louis Gremion, situés dans la commune de Gruyères.

Le même jour les deux cautions, c'est-à-dire Victor Murith, représenté par son curateur Alfred Murith, et Cyprien Rime se présentaient au bureau du Crédit Gruyérien et réglaient le billet susmentionné, à l'aide de la création d'un nouveau billet, signé par eux seulement, et comprenant le capital du précédent et les intérêts, moyennant quoi les cautions obtenaient quittance du billet primitif, et subrogation dans les droits qui en découlaient vis-à-vis du débiteur principal.

Malgré cela le billet primitif ne leur fut pas remis, parce qu'il restait à régler les frais de poursuite qui devaient être payés directement à l'agent d'affaires Fasel. Comme ce dernier n'assistait pas au règlement, le Crédit Gruyérien lui fit de nouveau transmettre les documents. Le même jour Alfred Murith et Cyprien Rime passèrent au bureau Fasel pour payer ces frais, mais ne l'ayant pas trouvé, ils partirent sans avoir pu effectuer le paiement ; d'après la déposition d'Alfred Murith, M. Geinoz, directeur du Crédit Gruyérien, se serait alors chargé de payer ces frais.

Quatre mois plus tard, soit le 26 Septembre 1888, une promesse de vente de tous les immeubles qui avaient fait l'objet de la saisie réelle du 26 Mai, fut passée entre les frères Gremion, représentés par le directeur Geinoz en vertu d'une procuration du 20 Septembre, et le comte de Sparre, citoyen français. Cet acte stipulait qu'avant la vente définitive les vendeurs devaient procurer la libération de toutes les hypothèques grevant les immeubles promis-vendus.

L'acte de vente définitif fut stipulé le 26 Octobre pour le prix de 113 400 francs ; lors de la stipulation les frères Gremion étaient de nouveau représentés par le directeur Geinoz, et le comte de Sparre par Léon Girod.

D'après une déclaration contenue dans l'acte de vente, les immeubles vendus étaient à ce moment grevés par treize dettes hypothécaires pour une somme totale de 108 493 francs. Au nombre de ces lettres figurent sous N° 7 le billet de 3800 francs pour lequel le Crédit Gruyérien avait fait pratiquer la saisie du 26 Mai, et sous N° 1 une somme de 33 700 francs due à la Caisse hypothécaire de Fribourg.

L'acte de vente stipulait que le prix d'achat était payé comptant, selon déclaration des parties comparantes, sauf la somme due à la Caisse hypothécaire, qui aurait dû être payée le 2 Janvier suivant par les soins du directeur Geinoz.

Cette déclaration n'était toutefois pas complètement exacte; en effet, comme les frères vendeurs n'avaient pas rempli l'obligation de libérer les immeubles des hypothèques qui les grevaient, avant la stipulation de la vente définitive, le montant du prix resta déposé, même après la vente et malgré la déclaration du payement comptant contenue dans l'acte, auprès du Crédit Gruyérien, au nom du comte de Sparre, ainsi qu'il résulte d'un extrait de compte versé au dossier, et soit le notaire Genoud, soit l'agent d'affaires Léon Girod par l'entremise du directeur Geinoz, y firent à diverses reprises des prélèvements destinés à désintéresser les créanciers hypothécaires.

Ainsi furent éteintes toutes les dettes hypothécaires qui grevaient les immeubles, à l'exception du billet de 3800 francs, cédé par le Crédit Gruyérien aux sieurs Murith et Rime. Ce billet avait été, ainsi qu'il a été dit, remis de nouveau par le Crédit Gruyérien à Fasel, à qui les créanciers subrogés devaient payer les frais de poursuite. Après avoir été payé du montant de sa créance de la manière indiquée, le Crédit Gruyérien avait donné ordre à Fasel de suspendre les poursuites parce qu'il avait été désintéressé. De leur côté les cautions ne songèrent plus ni au paiement des frais, qui fut opéré plus tard par le Crédit Gruyérien, ni à donner ordre de continuer les poursuites pour leur compte.

Vers cette époque, Alfred Murith, curateur de Victor Murith, et qui l'avait représenté lors du réglement du billet primitif, avec subrogation, ainsi que lors de la création du nouveau billet, fut remplacé par un nouveau curateur dans la personne de Placide Rime, qui, paraît-il, ne fut pas mis au courant de ces opérations, et ignorait, dès lors, selon son dire, l'existence soit du premier billet, soit du second.

C'est pourquoi lorsque eut lieu la vente au comte de Sparre, et qu'ensuite le notaire Menoud, le directeur Geinoz et Léon Girod s'occupèrent du paiement des créances hypothécaires grevant les immeubles vendus, Placide Rime ne songea pas à faire valoir les droits de Victor Murith et à réclamer le paiement du billet, bien que la saisie fût encore en vigueur, et la créance en rang utile pour obtenir le paiement. Les poursuites n'ayant pas été continuées, la saisie réelle tomba en péremption et le 21 Décembre suivant le contrôleur des hypothèques déclarait au notaire Menoud, agissant au nom et dans l'intérêt du comte de Sparre, que toutes les saisies pratiquées sur les biens vendus étaient périmées.

A cette époque il existait encore, en main du Crédit Gruyérien, sur le montant du prix de vente, outre la somme destinée au paiement de la Caisse hypothécaire, une autre somme d'environ 9600 francs qui restait à libre disposition des ven-

deurs, et qui fut retirée dans le courant de Janvier 1889,
sans que le billet de 3800 francs fût payé. Pendant tout ce
temps, et longtemps après encore le dit billet est resté dans
le bureau de l'agent d'affaires Fasel.

Le 28 Juin 1890 Placide Rime, curateur du mineur Victor
Murith, ayant, d'après ses allégués, eu connaissance, soit de
l'existence du billet de 3800 francs en faveur de son représenté, soit des circonstances dans lesquelles il n'avait pas été
payé, ouvrit au Crédit Gruyérien et à son directeur Geinoz,
une action tendant à les faire condamner :

1° A lui restituer le montant de 3800 francs, encaissés sans
droit lors du paiement opéré par le comte de Sparre.

2° Subsidiairement, à lui rendre compte de leur gestion
en vertu du mandat dont ils s'étaient chargés et à lui rembourser à ce titre 3800 francs.

3° Plus subsidiairement, à lui acquitter le montant de
3800 francs à titre de dommages-intérêts pour la perte
éprouvée par leur faute et par leur dol.

Le demandeur invoquait, à l'appui de ces conclusions, les
faits plus haut résumés et les dispositions du Code des obligations concernant le mandat, la gestion d'affaires, l'enrichissement illégitime et la responsabilité dérivant de faits illicites ;
les défendeurs concluaient à libération.

Par jugement du 4 Mars 1893 le tribunal civil de l'arrondissement de la Sarine a écarté les conclusions principales
du demandeur, et libéré le directeur Geinoz de toute responsabilité, mais, considérant que le fait que le billet de 3800
francs n'avait pas été payé était dû en partie à la faute du
Crédit Gruyérien, et lui faisant application des dispositions
des art. 50 et 51 C. O., le dit tribunal a condamné ce dernier au paiement de 1900 francs, correspondant à la moitié
du montant du billet, avec intérêts.

Le Crédit Gruyérien interjeta seul appel de ce jugement,
et lors des débats devant la Cour d'appel, le demandeur
déclara se joindre, par voie d'adhésion, à l'appel interjeté
par le Crédit, mais la Cour rejeta ce procédé en ce qui concerne le directeur Geinoz, à l'égard duquel le jugement de

première instance devenait ainsi définitif. Statuant ensuite au fond, la Cour a estimé, avec les premiers juges, que le Crédit Gruyérien s'était rendu coupable d'une faute aquilienne, et l'a condamné, pour violation des obligations résultant de la gestion d'affaires, au paiement d'une indemnité de 1900 francs avec intérêts.

A l'appui de ce prononcé, la Cour d'appel invoque, entre autres, et en résumé, les motifs ci-après :

Le Crédit Gruyérien, ainsi que son directeur, n'ont reçu de mandat direct que des frères Gremion et du comte de Sparre, mais le Crédit, chargé de remettre les fonds à qui de droit pour payer les dettes des frères Gremion, connaissait l'existence du billet de 3800 francs, en vertu duquel avait eu lieu la saisie réelle du 26 Mai 1888 ; cette saisie était encore en force le 26 Octobre 1888, date de la vente du domaine du Châtelet. La circonstance que, dans l'intervalle, les cautions Cyprien Rime et Victor Murith ont créé un nouveau billet en remplacement du précédent, et ont été subrogées aux droits du Crédit, ne peut leur faire grief, attendu que le billet primitif de 3800 francs ne leur a pas été délivré, de manière à ce qu'ils puissent faire valoir leurs droits contre le débiteur L. Gremion, mais que ce billet a été remis par le Crédit au procureur Fasel, auquel les frais de poursuite ont, du reste, été payés par cet établissement. Il en résulte que le Crédit, qui avait en outre donné l'ordre à Fasel de suspendre les poursuites contre Gremion parce qu'il était désintéressé, a de ce chef assumé une gestion d'affaires en ce qui concerne la dette de Gremion, en vue de sauvegarder les droits résultant pour Victor Murith de la saisie réelle du 26 Mai 1888, au bénéfice de laquelle il se trouvait. Le Crédit, chargé de remettre les fonds destinés à purger les dettes grevant le domaine vendu au comte de Sparre, pouvait d'autant moins prétériter les cautions Rime et Murith, qu'il restait des fonds en suffisance pour payer la dette de Louis Gremion ; il est donc constant que le Crédit Gruyérien a commis une faute en procédant comme il est dit ci-dessus, et qu'il doit en supporter les conséquences. (C. O. art. 51 et 116.)

Toutefois on peut reprocher aussi à Victor Murith, soit à son curateur de n'avoir pas fait à ce sujet toutes les diligences voulues, et il y a lieu par conséquent de compenser le dommage causé en faisant supporter la moitié de la perte de la créance de 3800 francs par le Crédit Gruyérien, et l'autre moitié par Victor Murith.

C'est ensuite de cet arrêt que le Crédit Gruyérien a recouru au Tribunal de céans, et que les parties ont pris les conclusions plus haut reproduites.

*En droit :*

2° La compétence du Tribunal fédéral en la cause est indéniable, et l'exception opposée par la partie intimée, consistant à dire qu'ensuite du jugement de première instance la somme en litige se trouverait réduite à 1900 francs, est dénuée de tout fondement. La partie Murith s'est jointe, par voie d'adhésion, à l'appel interjeté par le Crédit Gruyérien devant la Cour fribourgeoise, et cette dernière a statué sur l'entier des conclusions de la demande, portant sur une somme de 3800 francs.

La circonstance que l'un des défendeurs a été libéré par la première instance, et que le jugement est devenu définitif à son égard, n'implique pas davantage une réduction de moitié de l'objet primitif du litige, puisque la demande concluait, dès le principe, à la condamnation solidaire des défendeurs, et que le demandeur a d'ailleurs maintenu en appel l'entier de ses conclusions au regard de la seule partie demeurée en cause.

3° Au fond, la première conclusion du demandeur, tendant à faire condamner le Crédit Gruyérien et son directeur Geinoz à lui restituer le montant de 3800 francs encaissé par eux lors du paiement opéré par le comte de Sparre, ne saurait être accueillie.

En ce qui concerne, en effet, le Crédit Gruyérien, seul en cause ensuite du jugement passé en force et libérant son directeur Geinoz, il n'est point exact que cet établissement, désintéressé d'abord par la création du nouveau billet remplaçant le billet original de 3800 francs, ait reçu pour la

seconde fois cette dernière somme du comte de Sparre, ou
des frères Gremion, et ce n'est que dans l'éventualité d'un
semblable double paiement que le recourant serait en droit
d'arguer d'un enrichissement illégitime.

Or les données du dossier démontrent que le Crédit Gruyérien n'a été désintéressé qu'une seule fois, à savoir au moyen
de la création du nouveau billet susmentionné, et qu'il ne
saurait être question d'un second paiement de la même somme
lors du versement du prix de vente du domaine du Châtelet
par le comte de Sparre ; le Crédit Gruyérien est, en effet,
demeuré étranger aux opérations de cette vente, et son rôle
s'est borné à recevoir le montant de ce prix de vente à titre
de dépôt en compte courant, et à le verser ensuite aux ayants
droit.

4° Il n'y a pas davantage lieu d'adjuger au demandeur les
fins de sa deuxième conclusion, tendant à faire condamner les
défendeurs à rendre compte de leur gestion en vertu du
mandat dont ils s'étaient chargés et à lui rembourser à ce
titre le montant du billet de 3800 francs qu'ils auraient dû
encaisser en son nom.

Les pièces de la cause établissent, en effet, que le directeur Geinoz agissait personnellement en qualité de mandataire des vendeurs frères Gremion, à l'effet de stipuler la
promesse de vente du prédit domaine et pour procurer dans
ce but, avant la vente elle-même, la libération de toutes les
hypothèques grevant les immeubles qui le composaient. C'est
également le directeur Geinoz qui, lors de la passation de
l'acte définitif de vente, s'engageait vis-à-vis du comte de
Sparre, d'une part, à payer la somme de 34 751 fr. 80
due à la Caisse hypothécaire, et, d'autre part, à veiller à ce
que le prix de vente servît avant tout à l'extinction des hypothèques susmentionnées. Le demandeur est demeuré complètement étranger à ces mandats liant Geinoz soit avec les
vendeurs, soit avec l'acheteur de Sparre, et c'est à ces
derniers seuls que Geinoz doit compte de sa gestion ; le
demandeur ne peut à aucun titre se prévaloir de contrats
liés avec des tiers. (C. O. art. 396.) Le demandeur serait

également mal venu à prétendre que l'engagement pris par
Geinoz de veiller à ce que le prix de vente soit affecté à la
purge des hypothèques, et notamment au paiement du billet
de 3800 francs doit être considéré comme une stipulation en
sa faveur (*ibidem* art. 128) ou comme une assignation ou
délégation (*ibidem* art. 406). En effet, ainsi que la Cour
d'appel le fait observer avec raison, l'acheteur, en chargeant
Geinoz d'une semblable mission, n'avait pas l'intention de
désintéresser tel ou tel des créanciers hypothécaires, ni de
faire une stipulation à leur profit, mais uniquement d'éviter à
futur des causes d'éviction, et de ne pas laisser s'opérer le
versement du prix de vente en main des vendeurs Gremion,
avant l'entier dégrèvement des immeubles vendus. Dans tous
les cas d'ailleurs, et quelle que puisse être la nature des
engagements pris par Geinoz, ceux-ci n'ont pu donner naissance qu'à des obligations à lui personnelles, n'emportant
nullement la responsabilité du Crédit Gruyérien, puisque
Geinoz, en contractant ces engagements, a agi personnellement, sans que l'établissement qu'il dirige soit intervenu à
aucun titre quelconque dans ces contrats, à titre de mandataire des parties ou des créanciers. Il en résulte que, Geinoz
n'étant plus personnellement en cause, la conclusion fondée
sur un rapport de mandat doit être écartée.

5° La Cour, tout en partageant le point de vue qui précède,
a toutefois admis que le Crédit Gruyérien s'était chargé d'une
gestion d'affaires pour le compte de Murith et que, n'ayant
pas rempli ses obligations de ce chef, il aurait encouru une
responsabilité, notamment par le double motif que, désintéressé qu'il était par la création du nouveau billet, il n'aurait
pas délivré l'ancien billet aux cautions, en vue de leur permettre de faire valoir les droits résultant pour elles de leur
subrogation, et qu'il aurait donné l'ordre à Fasel de suspendre
les poursuites, ce qui eut pour effet de laisser périmer la
saisie réelle opérée au moyen du billet primitif.

Ce point de vue ne se justifie point, toutefois, en présence
des faits de la cause. Il n'est, en effet, nullement établi qu'en
remettant ce dernier billet à Fasel, et non point aux cautions

subrogées, le Crédit Gruyérien ait eu l'intention de gérer
l'affaire des dites cautions, et, en particulier, de faire continuer pour leur compte les poursuites commencées dans le
but de parvenir au paiement de cet effet; au contraire il ressort avec évidence des faits du litige que cette remise n'a eu
lieu de la part du Crédit Gruyérien qu'en vue d'assurer le
paiement des frais dus au procureur Fasel, et dont cet établissement était responsable. Les cautions étaient si bien au
courant de cette intention que l'une d'entre elles a déposé
que le soir même elle a voulu régler ces frais, et que l'absence
seule de Fasel a empêché ce réglement et sa conséquence,
qui eut été la remise du billet en main de la dite caution. La
circonstance que c'est le Crédit Gruyérien qui a payé plus
tard ces frais par compensation, n'est pas de nature à modifier cette situation juridique.

L'ordre, donné par le Crédit, de suspendre les poursuites,
n'emporte pas davantage une gestion d'affaires, puisque cet
ordre était donné dans son propre intérêt, en évitation de
frais dès lors inutiles, puisque cet établissement venait d'être
désintéressé ; c'est d'ailleurs en se fondant expressément sur
ce fait, que le Crédit a donné l'ordre de suspension dont il
s'agit. Cet ordre, au reste, était sans importance, puisque
Fasel savait, de par la quittance en faveur des cautions,
figurant sur le billet lui-même, que le Crédit Gruyérien était
désintéressé et avait cessé d'être créancier.

La responsabilité du Crédit Gruyérien du fait d'une prétendue gestion d'affaires doit donc être déniée, et l'arrêt cantonal réformé sur ce point.

6° L'existence de tout rapport dérivant d'un contrat ou
d'un quasi-contrat devant aussi être écartée, la seule question à examiner encore est celle de savoir si le Crédit Gruyérien s'est rendu coupable d'une faute aquilienne, d'un acte
illicite aux termes des art. 50 ss. C. O., ainsi que l'arrêt
attaqué l'admet par les motifs résumés dans les faits ci-dessus.

Un acte illicite ne saurait, d'abord, être relevé à la charge
du Crédit du fait de l'ordre donné par lui à Fasel, de suspendre les poursuites, attendu qu'il était du devoir d'un créancier désintéressé d'en agir de la sorte.

Les autres faits invoqués par la Cour d'appel en faveur de l'existence d'une faute à la charge du Crédit Gruyérien sont contredits par les pièces du dossier ; c'est ainsi qu'il est inexact que le Crédit ait jamais reçu du comte de Sparre un paiement quelconque pour le compte des frères Gremion ; le montant du prix de vente a été déposé au contraire en compte courant en main de cet établissement, qui n'a jamais été en droit d'en disposer, et les prélèvements opérés à diverses fois sur ce compte n'ont été effectués que par les fondés de pouvoirs du comte de Sparre en vue de purger les hypothèques grevant les immeubles achetés par lui, ou par le directeur Geinoz, agissant au nom et comme mandataire soit des vendeurs, soit du prédit acheteur.

Il n'est pas non plus établi que le Crédit Gruyérien ait été chargé d'affecter le prix de vente au paiement des dettes hypothécaires ; cet établissement, comme tel, n'est, ainsi qu'il a été dit, jamais intervenu dans les opérations relatives à la stipulation de l'acte de vente du 26 Octobre. Geinoz seul, non point comme directeur, mais personnellement et comme mandataire des parties contractantes, avait qualité à cet effet, et à supposer qu'il fût rentré dans ses obligations de veiller au paiement du billet en litige, et qu'il eût encouru une responsabilité du fait de l'inexécution de ce mandat, cette responsabilité ne retombe à aucun titre sur le Crédit Gruyérien.

Il est vrai que, contrairement à ce qui précède, l'arrêt cantonal admet en fait que le prix de vente a été payé au Crédit Gruyérien, « chargé de remettre les fonds destinés à purger les dettes grevant le domaine vendu au comte de Sparre. » Mais, même en admettant cette constatation comme liant le Tribunal de céans, l'inexécution du paiement du billet de 3800 francs par le Crédit ne peut être assimilé à un acte illicite, puisqu'un acte illicite ne pourrait être retenu à la charge du Crédit que si, en ne payant pas le billet en question, il avait violé un devoir imposé par la loi, ce qui n'est point le cas. En dehors d'un rapport contractuel, qui n'existe point dans l'espèce, le Crédit Gruyérien n'avait pas à procéder au paiement des créanciers, et ses obligations ne pouvaient consister que dans la restitution, aux déposants ou à leurs fondés de pouvoirs, des sommes déposées en ses mains en compte courant.

Si le demandeur n'a pas fait, en temps utile, les diligences nécessaires à la sauvegarde de ses intérêts, les conséquences de cette faute ne peuvent être imputées à la partie défenderesse, ni mises à la charge de celle-ci.

Par ces motifs,

Le Tribunal fédéral

prononce :

Le recours est admis, et l'arrêt rendu entre parties, le 29 Mai 1893, par la Cour d'appel de Fribourg, est réformé en ce sens que les conclusions libératoires prises par le Crédit Gruyérien devant les instances cantonales lui sont accordées.

---

# IV. Haftpflicht für den Fabrik- und Gewerbebetrieb.

## Responsabilité pour l'exploitation des fabriques.

### 96. Urteil vom 23. September 1893 in Sachen Bögli gegen Zaugg und Konsorten.

A. Durch Urteil vom 13. Mai 1893 hat der Appellations= und Kassationshof des Kantons Bern erkannt:

Der Klägerin Maria Bögli geb. Meyer ist ihr Klagebegehren grundsätzlich zugesprochen und es sind ihr gegenüber die Beklagten S. J. Zaugg und Mith. zu Bezahlung einer Entschädigung von eintausend Franken verurteilt.

B. Gegen dieses Urteil ergriffen beide Parteien die Weiter= ziehung an das Bundesgericht. Bei der heutigen Verhandlung beantragt der Anwalt der Klägerin, es sei in Abänderung des vorinstanzlichen Urteils die gesprochene Entschädigung angemessen zu erhöhen. Der Anwalt der Beklagten dagegen trägt auf gänz= liche Abweisung der Klage, eventuell auf angemessene Reduktion der vorinstanzlich gesprochenen Entschädigung an. Er wiederholt dabei die schon vor den kantonalen Instanzen abgegebene Erklä= rung, daß die Beklagten bereit seien, der Klägerin, ohne Aner= kennung einer Rechtspflicht, eine Entschädigung von 500 Fr. zu bezahlen.

Das Bundesgericht zieht in Erwägung:

1. Der im Jahre 1826 geborene Friedrich Bögli war bei den Beklagten als Steinhauer mit einem Jahresverdienste von circa 1100 Fr. angestellt. Am 25. November 1891 verunglückte er bei dem Bau eines neuen Schulhauses auf dem Kirchenfelde zu Bern, für welchen die Beklagten die Maurer= und Steinhauer= arbeiten übernommen hatten, in folgender Weise: Es sollte eine über 35 Meterzentner schwere steinerne Bodenplatte aus dem Plainpied des Gebäudes durch das Treppenhaus in den ersten Stock befördert werden, um dort versetzt zu werden. Einer der Unternehmer, Gseller, hatte die Anordnungen zum Aufziehen ge= troffen. Zwei erfahrene Arbeiter, Stauffer und Dreyer, welche das eigentliche Versetzen besorgen sollten, wurden speziell mit der Ausführung betraut, zu welcher sie eine Anzahl mit diesen Ar= beiten vertrauter Gehülfen, darunter den Verunglückten Bögli, bei= zogen. Das Aufziehen geschah mittelst zweier Flaschenzüge und es wurden dazu auch zwei eiserne S=förmige Hacken verwendet. Um das Anstoßen der Platte an die Seitenmauern zu vermeiden, waren Seile an der Platte angebracht, um dieselbe nötigenfalls von der Mauer wegzuziehen. Als die Platte bald ihren Bestim= mungsort, den Boden des ersten Stockwerkes, erreicht hatte, trat Bögli von der Seite aus auf dieselbe, um die Seile zu lösen; in diesem Augenblicke zerbrach einer der beiden Hacken, die Platte, und mit ihr Bögli, stürzten in die Tiefe und letzterer fand dadurch seinen Tod. Festgestellt ist, daß bei Beginn des Aufziehens, nach= dem die Platte etwas vom Boden gehoben war, drei Arbeiter, hauptsächlich um die Festigkeit der Verbindung mit den Hacken an den Aufzügen auf eine Probe zu stellen, auf die Platte getreten waren; ferner, daß allgemein angeordnet worden war, die Ar= beiter sollen später, bei Ausführung der Arbeit, sich weder auf noch unter die Platte begeben, und daß Bögli speziell mehrfach gewarnt worden war, die Platte zu betreten. Derselbe hatte sich

nämlich während des Aufziehens wiederholt auf die Platte be=
geben und war dann jeweilen von den Arbeitern Stauffer und
Dreyer weggewiesen, einmal von ersterm weggezogen worden.

2. Der auf das erweiterte Haftpflichtgesetz gestützten Entschädi=
gungsklage der Wittwe des Verunglückten, mit welcher diese eine
Entschädigung von 4000 Fr. nebst Ersatz der Arzt= und Beer=
digungskosten im Betrage von 23 Fr. 75 Cts. forderte, haben
die Beklagten die Einrede des eigenen Verschuldens des Verun=
glückten entgegengestellt. Dagegen behauptet umgekehrt die Klä=
gerin, der Unfall sei auf ein Verschulden der Beklagten zurück=
zuführen. Bögli habe unter den obwaltenden Umständen auf die
Platte treten dürfen. Der zerbrochene Hacken, offenbar schon
früher stark hergenommen, habe die durch den Körper des Bögli
eingetretene Gewichtsvermehrung nicht zu tragen vermacht. Im
Baufache sei es Regel, daß die Betriebsmaterialien nie bis zur äu=
ßersten Grenze ihrer Haltbarkeit in Anspruch genommen werden
dürfen. Ein gewissenhafter Baumeister werde der Tragfähigkeit
eines Hackens niemals eine Last zumuten, die dieser nicht augen=
scheinlich unter allen Umständen auszuhalten vermöge und er
werde das Material auf's genaueste untersuchen, bevor an seine
Festigkeit außergewöhnliche Anforderungen gestellt werden und
nach längerem Gebrauche erneute Untersuchungen vornehmen.
Diese Regeln haben die Beklagten nicht beobachtet; der Hacken sei
offenbar zu schwach gewesen, um für längere Zeit eine so große
Last zu tragen; er würde aller Wahrscheinlichkeit nach auch ohne
Gewichtvermehrung gebrochen sein, wenn der Lastdruck um ein
geringes Zeitmaß länger gedauert hätte. Der verwendete Hacken
sei schon längere Zeit im Gebrauche gewesen, habe jedoch nie zu
Hebung so schwerer Lasten gedient. Derselbe sei keineswegs geeignet
gewesen, bei Sachkundigen auf bloßen Augenschein hin die Über=
zeugung wachzurufen, daß seine Tragfähigkeit 70 Zentner weit
übersteige. Die Beklagten haben den Hacken weder einer Prüfung
durch die eidgenössische Anstalt für Untersuchung von Bauma=
terialien in Zürich, noch einer andern gleichwertigen Güteprobe
unterworfen. Einzig eine Probe in einer dieser Richtungen hätte
Sicherheit gewährt. Danach haben es die Beklagten an derjenigen
Sorgfalt fehlen lassen, welche ein aufmerksamer Bauführer an=

gewendet hätte und mit diesem Mangel an Diligenz stehe der
Unfall in ursächlichem Zusammenhange. Die erste Instanz (Amts=
gericht Bern) hat die Klage wegen Selbstverschuldens des Verun=
glückten abgewiesen, die zweite Instanz dagegen führte aus: Die
Vorsichtsmaßnahmen, welche bei der Vorbereitung und Ausführung
des Aufziehens der Platte seien beobachtet worden, zeigen, daß
sämtliche Beteiligte sich bewußt gewesen seien, daß diese Arbeit
besondere Vorsicht verlange. Es sei deßhalb schwer begreiflich wie
Bögli, nachdem die Platte auf eine ziemliche Höhe gehoben war,
auf diese habe hinaustreten, damit das Gewicht der Last ver=
größern, das Gleichgewicht verschieben und so die Gefahr eines
Unfalls habe näherrücken können. Dieses Verhalten widerspreche
jedenfalls der von den übrigen beteiligten Arbeitern beobachteten
Vorsicht. Es widerspreche aber auch derjenigen Vorsicht, die zu
beobachten unter den gegebenen Verhältnissen für jeden Arbeiter
und besonders für Bögli geboten gewesen sei. Zwar sei nicht
nachgewiesen, daß Bögli das allgemeine Verbot, es möge sich nie=
mand auf oder unter die Platte stellen, gehört habe, allein er sei
speziell mehrfach gewarnt worden, die Platte zu betreten respektive
aufgefordert, dieselbe zu verlassen, ja einmal sogar zu letzterm
gezwungen worden. Diesen Warnungen zum Trotz, sei er, als
die Platte oben angelangt war, doch wieder darauf getreten. Da=
mit habe er zum mindesten einen gewissen Mutwillen an den
Tag gelegt. Allerdings habe er bei diesem letzten Betreten der
Platte den Zweck verfolgt, die Zugseile zu lösen, was sich so
leichter habe bewerkstelligen lassen, als von dem Orte aus, auf
welchen die Platte habe versetzt werden sollen. Allein notwendig
sei das Betreten der Platte zu diesem Zweck nicht gewesen. Die
Handlungsweise des Bögli sei daher eine schuldhafte, um so mehr,
als nach den Ausführungen der Fachleute das Betreten aufge=
zogener Lasten weder gebräuchlich sei, noch geduldet werde, außer
im Falle, wo es notwendig sei, und als es auch für Jedermann
klar sei, daß das Betreten einer durch einen Aufzug in die Höhe
gehobenen, frei schwebenden bedeutenden Last nach verschiedenen
Richtungen hin die Gefahr eines Unfalles herbeiführen oder ver=
größern könne. Die durch keine Notwendigkeit gerechtfertigte Hand=
lungsweise des Bögli widerspreche daher der allgemeinen, unter

solchen Verhältnissen gebotenen Sorgfalt und müße geradezu als
gefährdevoll bezeichnet werden. Die Schuld des Bögli werde da=
durch allerdings etwas verringert, daß für ihn eine dienstliche
Veranlassung vorgelegen habe, die Platte zu betreten, daß er als
alter erfahrener Bauarbeiter, die Gefahren des Bauhandwerks
wohl weniger beobachtet habe, als die meisten seiner Berufsge=
nossen und daß endlich der Umstand, daß kurz vorher die beiden
Hacken der Aufzüge das Zugewicht von drei Arbeitern ausge=
halten hatten, ihn in seiner Sorglosigkeit zu bestärken geeignet
gewesen sei. Das schuldhafte Verhalten des Bögli stehe mit dem
Unfalle in kausalem Zusammenhange. Denn wenn auch nicht mit
voller Sicherheit angenommen werden könne, daß der Hacken in=
folge einer durch das Betreten der Platte hervorgerufenen Er=
schütterung gebrochen sei, so stehe doch fest, daß Bögli nur des=
halb von dem Unfalle habe getroffen werden können, weil er auf
der Platte gestanden habe. Ein Mitverschulden der Beklagten liege
nicht vor. Die Beklagten haben beim Aufziehen der Platte die
nötige Aufsicht walten lassen und es sei dabei durchaus sachge=
mäß verfahren worden. Was die Verwendung eines fehlerhaften
Hackens anbelange, so sprechen sich die Experten dahin aus, daß
der Hacken an sich nicht zu schwach gewesen sei, um mit einem
zweiten Hacken die ihm zugedachte Last zu heben. Aus der Kon=
figuration des Bruches ergebe sich, daß der Hacken einen Fehler
gehabt haben werde, der aber ohne Anfeilen des Hackens wahr=
scheinlich nicht zu entdecken gewesen sei. Der wahrscheinlich vor=
handen gewesene Fehler sei des Rostüberzuges wegen, selbst mit=
telst Anfeilens des Hackens nicht bemerkbar gewesen. Es sei auch
nicht gebräuchlich, durch Anfeilen oder mikroskopische Untersuchun=
gen solche Hacken zu prüfen. Aus diesen Ausführungen der Er=
perten ergebe sich, daß nach dem Aussehen nicht zu vermuten
gewesen sei, daß der Hacken die beabsichtigte Jnanspruchnahme
nicht aushalten würde und daß deshalb, wenn dazu noch berück=
sichtigt werde, daß die Beklagten während 15 Jahren den Hacken
zur Hebung schwerer Lasten verwendet haben, ihnen die Verwen=
dung desselben in concreto jedenfalls nicht zum Verschulden
zugerechnet werden könne. Was die Unterlassung einer Prüfung
des Hackens betreffe, so sei ebenfalls durch die Experten festge=

stellt, daß eine Probe auf verborgene Fehler durch Anfeilen oder mikroskopische Untersuchungen nicht üblich sei, ebensowenig wie die Untersuchung durch die Festigkeitsanstalt in Zürich und daß die einzig übliche Art der Prüfung der Hebeeinrichtungen in Fällen, wie der vorliegende, eine Überbelastung derselben sei, das sogenannte Fecken. Diese habe hier stattgefunden und deshalb sei auch der Vorwurf mangelhafter Prüfung des Hackens unbegründet. Nun werde aber die Haftpflicht des betreffenden Unternehmers bei Selbstverschulden des Getödteten oder Verletzten auch dann nicht völlig ausgeschlossen, mit andern Worten es trete nach Art. 5 litt. b des Fabrikhaftpflichtgesetzes auch dann eine verhältnißmäßige Teilung in der Tragung des Schadens ein, wenn ein Zufall neben dem Verschulden konkomitierende Ursache des Unfalles gewesen sei. Hier liege nun ein solcher zufälliger mitwirkender Umstand, die Fehlerhaftigkeit des Hackens, vor. Diese Fehlerhaftigkeit und das unvorsichtige Benehmen des Bögli haben zusammentreffen müssen, um den Unfall herbeizuführen. Es trete daher eine teilweise Haftpflicht der Beklagten ein, die selbstverständlich nach dem Maße des Verschuldens des Klägers zu bemessen sei.

3. Nach dem vorinstanzlich festgestellten Tatbestande ist ohne weiteres klar, daß ein Verschulden des Verunglückten wirklich vorliegt. Derselbe hat, wenn auch in dienstlicher Veranlassung, so doch ohne dienstliche Nötigung, wiederholten speziellen Abmahnungen zum Trotz, die aufgezogene Platte betreten und sich durch dieses vorschriftswidrige und unvorsichtige Beginnen unnötigerweise der Gefahr ausgesetzt, welcher er dann erlegen ist. Dagegen muß, im Gegensatze zu der Auffassung der Vorinstanz, auch ein, freilich nur leichtes, Mitverschulden der Beklagten angenommen werden. Der Unfall wurde mitverursacht durch die Fehlerhaftigkeit einer Betriebseinrichtung, des einen der zu Hebung der Last verwendeten Hacken. Nun steht allerdings nach dem Expertengutachten fest, daß diese Fehlerhaftigkeit äußerlich nicht erkennbar und durch die übliche, empirische Art der Prüfung der Hebeeinrichtungen nicht zu entdecken war. Allein es kann nun doch gesagt werden, daß hier, wo es sich um Hebung einer ausnahmsweise schweren Last handelte, die Sorgfalt eines durchaus sorg-

fältigen und umsichtigen Unternehmers erfordert hätte, nur genau
geprüftes Material zu verwenden und jedenfalls nicht ohne vor=
herige genaue Untersuchung Material zu benutzen, welches, wie
der fragliche Hacken, durch langjährigen Gebrauch vielleicht in
seiner Widerstandsfähigkeit geschädigt war. Dies um so mehr,
als doch auch sonst nicht in allen Teilen mit umsichtigster Sorg=
falt verfahren wurde, denn, wie die Experten aussprechen, wäre
es vorsichtiger gewesen, wenn zum Aufziehen der Platte nur ein
Flaschenzug mit genügender Tragfähigkeit wäre verwendet worden,
da es bei Verwendung von zwei Flaschenzügen zu Hebung Eines
Stückes vorkommen könne, daß der eine derselben vielleicht zu
stark, der andere zu wenig in Anspruch genommeu werde. Ist
demnach eine teilweise Haftpflicht der Beklagten wegen Mitver=
schuldens begründet, so braucht nicht untersucht zu werden, ob
die von der Vorinstanz dem Fabrikhaftpflichtgesetze gegebene Aus=
legung begründet sei, daß eine teilweise Haftpflicht des Betriebs=
unternehmers auch dann bestehe, wenn neben dem eigenen Ver=
schulden des Verletzten nicht ein Mitverschulden des Betriebsun=
ternehmers, wohl aber ein zufälliges Ereigniß zu Herbeiführung
des Unfalles mitgewirkt hat.

4. In Bezug auf das Quantitativ der Entschädigung nimmt
die Vorinstanz an, der Getödtete habe auf den Unterhalt seiner
Ehefrau annähernd 500 Fr. per Jahr verwendet. Bei dem Alter
des Getödteten von 65 Jahren entspreche eine Jahresrente von
diesem Betrage einer Kapitalsumme von circa 4400 Fr. Hievon
sei aber nicht nur der übliche Abstrich wegen der Vorteile der
Kapitalabfindung sondern ein weiterer deshalb zu machen, weil
beim Alter und Berufe des Bögli mit Sicherheit anzunehmen
sei, oaß sein Verdienst sich bald verringert haben würde und es
könne deshalb der ganze nach Art. 6 litt. a, b und c des Fabrik=
haftpflichtgesetzes zu ersetzende Schaden nicht höher als auf etwa
2700—2800 Fr. angeschlagen werden. Dieser Schaden sei nur
zum Teile von den Beklagten zu ersetzen und zwar sei ihnen, da
die Schuld des Getödteten doch eine nicht geringe gewesen sei und
da auf der andern Seite bloß ein Zufall mitgespielt habe, der
geringere Teil desselben aufzuerlegen, der mit 1000 Fr. unge=
fähr richtig bemessen sein möge. Wenn nun auch, im Gegensatze

zu der Vorinstanz, ein Mitverschulden der Beklagten anzunehmen ist, so ist doch die vorinstanzlich gesprochene Entschädigung zu bestätigen. Denn dem bloß leichten Verschulden der Beklagten steht in der unvorsichtigen und vorschriftswidrigen Handlungs= weise des Getödteten ein weit schwereres des letztern gegenüber und es ist daher die der Klägerin gebührende Entschädigung wesentlich zu reduzieren.

Demnach hat das Bundesgericht<br>erkannt:

Die Weiterziehung beider Parteien wird als unbegründet abge= wiesen und es hat demnach in allen Teilen bei dem angefochtenen Urteile des Appellations= und Kassationshofes des Kantons Bern sein Bewenden.

---

## V. Ausgabe und Einlösung von Banknoten.
## Emission et remboursement des billets de banque.

### 97. Extrait de l'arrêt du 1ᵉʳ Juillet 1893 dans la cause Société d'assurance « la Neuchâteloise » contre Banque de Zurich & consorts.

Dans la nuit du 14 Juillet 1891 un fourgon postal, faisant partie d'un train de chemin de fer, a été incendié entre Aar- bourg et Rothrist, et son contenu a été en partie détruit.

Ce fourgon contenait, entre autres valeurs, un group adressé par la Société de crédit suisse, à Zurich, à la Banque canto- nale neuchâteloise, group qui, déclaré pour 5000 francs, et assuré pour cent mille francs auprès de la société d'assurance pour risques de transport « La Neuchâteloise, » avait en réalité une valeur de 105 000 francs, représentés comme suit :

Fr. 15 000  en billets de Fr.   50<br>
» 50 000          »          » 100<br>
» 40 000          »          » 500

Après l'incendie on retrouva, en billets intacts, et en billets détériorés dont subsistait un fragment supérieur à la moitié de leur dimension primitive, une somme de 71 900 francs, laquelle a été remboursée, sans opposition, par les Banques qui les avaient émis. Ces dernières, en revanche, se sont refusées à admettre au remboursement 59 fragments de dimension moindre devant provenir de 54 billets divers. Ces fragments, dont l'état actuel a permis de constater l'origine, se répartissent comme suit, entre les Banques contre lesquelles « La Neuchâteloise, » après avoir désintéressé la Banque cantonale de Neuchâtel, a ouvert action aux fins de les faire condamner à lui tenir compte de leur valeur, en conformité de l'art. 24 de la loi fédérale du 8 Mars 1880 sur l'émission et le remboursement des billets de banque :

1. La Banque de Soleure :
   　11 billets de 500 francs　　=　Fr.　5 500
2. La Banque à Zurich :
   　31 billets de 100 francs　　=　Fr.　3 100
3. La Banque cantonale de Zurich :
   　1 billet　de 500 francs ⎫
   　1　»　de　50　　»　 ⎬　=　Fr.　　550
4. La Banque cantonale de Saint-Gall :
   　3 billets de 500 francs　　=　Fr.　1 500
5. La Banque du Toggenbourg :
   　2 billets de 500 francs　　=　Fr.　1 000
6. La Banque du commerce de Genève :
   　1 billet　de　50 francs　　=　Fr.　　 50
7. La Banque de Genève :
   　1 billet　de 500 francs　　=　Fr.　　500
8. La Banque cantonale de Glaris :
   　1 billet　de 500 francs　　=　Fr.　　500
9. La Banque de Schaffhouse :
   　1 billet　de 500 francs　　=　Fr.　　500
10. La Banque de la Suisse italienne :
   　1 billet　de 500 francs　　=　Fr.　　500

　　　　　　　Soit au total,　Fr. 13 700

Statuant sur le procès au vu des actes de la procédure et après audition de la partie demanderesse, qui seule s'est présentée à l'audience, le Tribunal considère :

1° La compétence du Tribunal fédéral pour statuer en la cause ne peut être déniée en présence de l'art. 6 de la loi fédérale sur les billets de banque du 8 Mars 1881, statuant, d'une manière générale et sans restriction, que « les contestations de droit privé résultant de l'émission des billets de banque sont du ressort du Tribunal fédéral. »

Cette compétence n'est subordonnée, en particulier, à aucun minimum de valeur litigieuse, ce qui résulte, entre autres, de la disposition de l'art. 34 de la même loi, aux termes de laquelle, lors de la contestation de l'obligation de rembourser même un seul billet prétendu faux, le Tribunal fédéral doit juger d'urgence et sommairement l'action que le porteur du billet doit introduire devant ce Tribunal dans le délai de huit jours. — La seule question à trancher dans l'espèce est celle de savoir si les fragments d'une dimension moindre de la moitié des billets doivent être néanmoins remboursés à teneur de l'art. 24, al. 2 de la loi, par le motif que le porteur a prouvé que le reste de ces billets a été détruit. Cette question relève incontestablement du droit privé, et comme, d'autre part, l'obligation de rembourser les billets découle directement du fait de leur émission, les deux conditions dont l'art. 6 plus haut reproduit fait dépendre la compétence du Tribunal fédéral se trouvent réalisées.

2° Il y a donc lieu de rechercher, en ce qui concerne chacune des banques défenderesses, quels sont les fragments litigieux dont le reste doit être considéré comme détruit, à teneur des preuves administrées, et en ayant égard à l'attitude observée en procédure par les dites banques.

3° La Banque du commerce de Genève, la Banque de Genève et la Banque cantonale de Glaris ayant déclaré admettre les conclusions de la demande en ce qui les concerne, il suffit de donner acte à la demanderesse de ces déclarations, qui mettent fin au litige pour ce qui a trait aux trois établissements financiers prénommés.

4° La demanderesse a prétendu ensuite que deux fragments de billets carbonisés, produits au dossier, étaient tout ce qui restait de deux billets de 500 francs, émis l'un par la Banque de Schaffhouse, l'autre par la Banque de la Suisse italienne, la plus grande partie de ces billets ayant été détruit lors de l'incendie de Rothrist.

Les deux banques en question n'ayant produit aucune réponse aux conclusions de la demande, et n'ayant ainsi pas contesté les faits ci-dessus, il y a lieu d'admettre les dits faits comme reconnus par elles, aux termes de l'art. 104 de la procédure civile fédérale, et de prononcer l'obligation, pour les dites banques, de rembourser les deux billets dont il s'agit, en corformité de l'art. 24, al. 2 *in fine* de la loi fédérale susvisée.

5° La Banque cantonale de Zurich, s'expliquant sur la demande en ce qui la concerne, n'en a pas davantage contesté formellement les conclusions. Il y a donc lieu également de statuer, de ce chef, comme il a été dit pour les deux banques précédentes. Il n'est, d'ailleurs, point douteux que les fragments des deux billets de la Banque cantonale de Zurich, dont il s'agit, proviennent de l'incendie du fourgon postal à Rothrist, et la Banque prénommée a déclaré expressément admettre les conclusions de la demande, dès le moment où ce fait serait établi.

6° Il en est de même en ce qui touche les chefs de la demande relatifs à la Banque cantonale de Saint-Gall et à la Banque du Toggenbourg, qui n'ont pas davantage contesté formellement ces conclusions, pas plus que la destruction, lors de l'incendie du fourgon à Rothrist, des parties manquantes de leurs billets ; elles ont, au contraire, déclaré admettre ces conclusions à la condition, acceptée par la demanderesse, que celle-ci les garantisse par un revers contre le dommage qu'elles pourraient souffrir du fait du remboursement des fragments de leurs billets plus haut spécifiés.

7° Relativement à la Banque cantonale de Soleure les faits à la base de la demande sont les mêmes qu'à l'égard des banques précédentes ; elle n'a formulé à l'encontre de l'exposé de ces faits par « La Neuchâteloise » qu'une seule objection, consistant à dire que les deux fragments, décrits à page 3 de la demande comme provenant de deux billets différents, ont fait partie, en réalité, d'un seul et même billet de 500 francs, portant le numéro 226 de la série B[1], d'où il suit que la Banque de Soleure n'aurait à rembourser que 5000 francs, au lieu des 5500 francs qui lui sont réclamés. Elle s'en remet d'ailleurs à la décision du Tribunal de céans pour ce qui a trait à l'interprétation de l'art. 24, al. 2 de la loi fédérale, ainsi qu'à son application à l'espèce.

Cette détermination n'implique nullement une contestation formelle des fins de la demande, que la défenderesse accepte, au contraire, à l'égard de 10 fragments de ses billets de 500 francs, sur 11 qui sont en cause ; il s'en suit que les conclusions de « La Neuchâteloise » doivent lui être adjugées en ce qui a trait à ces 10 fragments.

L'expertise a admis que les deux fragments contestés appartenaient à un seul billet, et leur examen minutieux ne fournit aucun élément de nature à infirmer cette appréciation. La seule différence d'avec les 10 fragments incontestés, gît dans le fait que ces derniers sont seulement carbonisés dans leur partie médiane et continuent à former un tout ininterrompu, tandis que les deux fragments en question ont été séparés ensuite de l'action plus intense du feu. La preuve que ces deux fragments ne proviennent pas d'un seul billet ne saurait en tout cas être considérée comme faite, il y a donc lieu de reconnaître l'obligation de la Banque de Soleure à rembourser par 5000 francs seulement les 11 fragments produits, et de repousser le surplus des conclusions de la demande sur ce chef.

8° La Banque à Zurich conteste son obligation de rembourser les 31 fragments de ses billets de 100 francs aussi longtemps qu'il n'aura pas été reconnu par le Tribunal que les parties manquantes de ces fragments, — dont plusieurs n'atteignent d'ailleurs pas la moitié d'un billet intact, — ont été entièrement détruites. La prédite Banque estime, en outre, que jusqu'à ce que cette preuve soit faite, il est admissible que les 31 fragments dont il s'agit appartiennent aux 113 billets de 100 francs, faisant également partie de l'envoi détérioré par le feu et qu'elle a déjà remboursés.

Bien que l'expertise déclare ne pas pouvoir se prononcer avec certitude sur ce point, il résulte toutefois de l'ensemble des circonstances, ainsi que de l'examen des fragments en litige que les parties manquantes des dits billets doivent avoir subi une destruction totale.

L'aspect de ces fragments ne permet, en effet, pas d'admettre que les parties manquantes aient été simplement séparées par l'action du feu, et encore moins qu'il puisse en avoir subsisté des restes d'une dimension supérieure à la moitié d'un billet. Comme il est établi que les billets de 100 francs faisant partie de l'envoi détérioré étaient réunis en liasses entourées de bandes de papier, et que les 113 billets remboursés avaient presque tous leurs quatre angles détruits par le feu, il faut nécessairement admettre que l'action de l'élé‑ ment destructeur s'est produite d'abord sur les parties extérieures, soit sur les bords des billets, qui ont été entièrement détruites, et que la partie centrale conservée constitue le seul reste des dits billets. L'état de carbonisation des bords des 31 fragments en question, dont il ne reste que la partie centrale, démontre qu'il en a été de même en ce qui les concerne, et que leurs parties manquantes doivent avoir été consumées.

La circonstance qu'il se trouve au dossier des fragments appartenant au même billet n'infirme nullement ce qui précède ; il ressort, en effet, de leur aspect qu'ils n'ont point été séparés par l'action de la flamme, mais qu'ils doivent leur origine à la brisure, postérieure au sinistre, du papier fortement carbonisé.

En outre, il est établi en la cause que 500 billets de 100 francs se trouvaient dans le pli assuré. Comme 398 d'entre eux ont été remboursés, il s'en suit qu'il en manque 102. Or comme 31 billets seulement de la Banque à Zurich font l'objet de la demande actuelle, il en résulte que 71 billets de 100 francs doivent avoir été totalement détruits. Cette circonstance constitue un indice important en faveur de la thèse que les 31 fragments, dont le remboursement est réclamé de la Banque à Zurich, ne sont pas des restes des billets déjà remboursés. En effet, s'il en était autrement, le nombre des billets détruits totalement devrait avoir été supérieur à 71, et celui des billets détruits partiellement, inférieur à 31.

Dans cette situation la preuve de la destruction totale des parties manquantes des 31 billets en question doit être considérée comme faite, et la Banque à Zurich est tenue, aux termes de l'art. 24, al. 2 *in fine* de la loi, d'en opérer le remboursement en main de la demanderesse.

Par ces motifs,

Le Tribunal fédéral

prononce :

1° . . . . . . . . . . . . . . . . . . . . . . .

2° Les banques dont les noms suivent sont condamnées à rembourser à la demanderesse les fragments, produits au dossier, de leurs billets respectifs, à savoir :

*a*) la Banque à Schaffhouse, un fragment de billet, par 500 francs ;

*b*) la Banque de la Suisse italienne, un dit par 500 francs.

*c*) la Banque cantonale de Zurich, deux dits, l'un par 500 francs et l'autre par 50 francs.

*d*) la Banque cantonale de Saint-Gall, trois dits, provenant de billets de 500 francs ; par 1500 francs, contre revers ;

*e*) la Banque du Toggenbourg, quatre fragments, provenant de 2 billets de 500 francs, par 1000 francs, également contre revers ;

*f*) la Banque cantonale de Soleure, 11 fragments, provenant de 10 billets de 500 francs, par 5000 francs.

*g*) la Banque à Zurich, 31 fragments, provenant de 31 billets à 100 francs, par 3100 francs.

3° Les parties sont déboutées de toutes ultérieures et plus amples conclusions.

## VI. Civilstreitigkeiten
### zwischen Kantonen einerseits und Privaten oder Korporationen anderseits.

### Différends de droit civil entre des cantons d'une part et des particuliers ou des corporations d'autre part.

98. Urteil vom 1. Juli 1893 in Sachen Graubünden gegen Schweizerische Eisenbahnbank.

A. Die Schweizerische Eisenbahnbank in Basel bewarb sich im Jahre 1890 bei den Bundesbehörden um die Konzession für den Bau und Betrieb einer schmalspurigen Eisenbahn von Chur über Reichenau nach Thusis. Diesem Projekte stand u. a. das Projekt einer normalspurigen Eisenbahn von Chur nach Thusis und einer schmalspurigen Fortsetzung nach Filisur-Bellaluna entgegen, für welches Projekt das fusionierte Komite für die bündnerische Central=bahn eine Konzession bereits besaß. [Am 18./21. November 1890 kam zwischen der Eisenbahnbank und dem bündnerischen Central=bahnkomite ein Vertrag zu Stande, durch welchen das Komite sich u. a. verpflichtete, dem Bundesrate die Erklärung abzugeben, daß es auf die ihm erteilte Konzession für die Strecke Chur=Thusis-Filisur unter der Voraussetzung verzichte, daß der Eisen=bahnbank die von ihr nachgesuchte Konzession für Chur=Thusis bewilligt werde, wogegen die Eisenbahnbank unter der gleichen Voraussetzung sich verpflichtete, dem Komite zu Liquidierung seiner finanziellen Verpflichtungen die Summe von 95,000 Fr. eventuell von 100,000 Fr. zu bezahlen. Art. 4 und 5 dieses Vertrages lauten: „Art. 4: Die Eisenbahnbank verpflichtet sich, keinen an=„dern Paß nach dem Engadin zu bauen, als den Schyn=Albula, „sofern bis Ende 1891 im Kanton Graubünden und von Seite „des Bundes die nötigen Subventionen zum Baue der Bahn bis „Samaden votiert sind.

„Art. 5: Dieselbe verpflichtet sich ferner, beim Bau der Strecke

„Chur=Thusis soweit möglich und sofern dies ohne namhafte Er=
„höhung der Baukosten geschehen kann, die für Normalbahnen
„vorgeschriebenen Maximalsteigungen und Minimalradien einzu=
„halten. Der Bau der Linie Chur=Thusis soll im Jahre 1891
„begonnen und ohne Unterbrechung fortgesetzt werden." Die
Schweizerische Eisenbahnbank bewarb sich gleichzeitig auch um die
Konzession für eine Schmalspurbahn von Landquart nach Chur.
Mit Rücksicht hierauf wurde dem Vertrage zwischen der Eisen=
bahnbank und dem bündnerischen Centralbahnkomite nachträglich
noch die Bestimmung beigefügt: „Daß eine eventuelle Nichter=
„teilung der Konzession für die Strecke Landquart=Chur die Aus=
„führung des Baues der Linie Chur=Thusis nicht hindern solle
„und daß die Eisenbahnbank sich verpflichte, den Bau im Jahre
„1891 zu beginnen." Am 2. Dezember 1890 fand auf Veran=
lassung der Regierung des Kantons Graubünden, welche zur Ver=
nehmlassung über das Konzessionsbegehren der Eisenbahnbank war
aufgefordert worden, eine Konferenz zwischen dieser Regierung und
Vertretern der Eisenbahnbank statt, in welcher über verschiedene
Punkte, speziell über die Höhe der Taxen verhandelt und eine
Einigung erzielt wurde. In dem über diese Verhandlungen auf=
genommenen, beidseitig unterzeichneten Protokolle, findet sich, nach
Erwähnung der zwischen der Eisenbahnbank und dem bündnerischen
Centralbahnkomite nachträglich vereinbarten Vertragsbestimmung
die Stelle: „Auf geäußerten Wunsch erklären die Herren Bank=
„delegierten, daß die Bank diese Zusicherung auch der Regierung
„gegenüber abgebe."

    B. Durch Bundesbeschluß vom 20. Dezember 1890 wurde der
„Schweizerischen Eisenbahnbank in Basel zu Handen einer zu bil=
benden Aktiengesellschaft" die Konzession für den Bau und Betrieb
einer Schmalspurbahn von Chur nach Thusis erteilt. In dieser
Konzession waren indessen die Taxen in einer von dem Konzes=
sionsbegehren abweichenden Weise festgesetzt worden. Das Konzes=
sionsbegehren sah folgende Taxen vor:

| Für Personen: | Für Gepäck: |
|---|---|
| I. Klasse 25 Cts. per Kilm. | 10 Cts. per 100 Kilo= |
| II.   „   15   „    „ | gramm über die freien 10 Kg. |
| III.   „    7   „    „ | hinaus. |

Dagegen gewährte die Konzession nur:

| Für Personen: | Für Gepäck: |
|---|---|
| I. Klasse 10 Cts. per Kilm. | 5 Cts. per 100 Kilogramm |
| II. „ 7 „ „ | und per Kilometer über die |
| III. „ 5 „ „ | freien 10 Kg. hinaus. |

Die Eisenbahnbank erklärte, bei den bewilligten Taxen könne das Unternehmen nicht existieren. Sie suchte daher beim schwei= zerischen Eisenbahndepartement um Abänderung der Konzession in dem Sinne nach, daß die Taxen folgendermaßen festgestellt würden:

| Für Personen: | Für Gepäck: |
|---|---|
| I. Klasse 20 Cts. per Kilm. | 10 Cts. per 100 Kilogramm |
| II. „ 15 „ „ | und per Kilometer über die |
| III. „ 7 „ „ | freien 10 Kg. hinaus. |

Gleichzeitig ersuchte sie die Regierung des Kantons Graubünden diese möchte den Bundesbehörden die Genehmigung der Taxer= höhungen empfehlen. Die Regierung des Kantons Graubünden erwiderte telegraphisch am 13. März 1891 „Empfehlung der Taxerhöhung ohne Zusicherung Baubeginn und Betriebseröffnung Chur=Thusis wird nicht erfolgen, Departement in diesem Sinne Kenntnis gegeben.“ Sie ersuchte gleichzeitig das Schweizerische Eisenbahndepartement, einen Entscheid einstweilen nicht zu treffen indem sie auseinandersetzte, daß die Taxerhöhung unter der Vor= aussetzung vereinbart worden sei, daß mit dem Baue der Linie Chur=Thusis im Jahre 1891 begonnen werde und daß sie diese Erhöhung nur unter dieser Voraussetzung empfehlen könne. Nach neuerlichen Äußerungen von Vertretern der Eisenbahnbank sei es aber zweifelhaft, ob diese, wie sie früher versprochen habe, mit dem Baue noch in diesem Jahre beginnen wolle. Die Eisenbahn= bank telegraphierte am 18. März 1891 an die Regierung: „Ihre „Depesche erforderte Ausschußsitzung. In dieser wurde heute be= „schlossen, Ihnen gewünschte Erklärung abzugeben, daß wir uns „zum Baue nach erfolgter Taxregulierung verpflichten; diesbezüg= „liche Erklärung erfolgt brieflich“ und richtete gleichzeitig folgende Zuschrift an die Regierung: „In Antwort auf Ihre Depesche „vom 13. d. M. und in Bestätigung unserer heutigen am Fuße

„kopierten telegraphischen Mitteilung beehren wir uns, den durch
„unsern Ausschuß gefaßten Beschluß wie folgt in Wortlaut zu
„Ihrer Kenntnis zu bringen: Die Schweizerische Eisenbahnbank
„gibt der hohen Regierung des Standes Graubünden die Er=
„klärung ab, sofort nachdem für die Linie Chur=Thusis die be=
„gehrten Taxen von 20, 15 und 7 Rappen für die drei Per=
„sonenklassen und 10 Rappen pro 100 Kilos für das Gepäck vom
„hohen Bundesrat genehmigt sind, die Planausarbeitung für die
„Linie Chur=Thusis derart zu fördern, um noch in diesem Jahre
„den Bau energisch an die Hand nehmen zu können. Es liegt
„im eigensten Interesse der Eisenbahnbank, diesen Bau so zu be=
„treiben, daß die Betriebseröffnung auf den 15. Juni 1893 erfol=
„gen kann. Die Eisenbahnbank übernimmt hiezu die Verpflichtung,
„immerhin in der Voraussetzung, daß sie darin nicht durch etwaige
„Verzögerung der Bauplangenehmigung gehindert wird. Diese
„durch die Bank eingegangene Bauverpflichtung stützt sich auf die
„Voraussetzung, daß die Regierung dafür sorgt, daß die Eisen=
„bahnbank, beziehungsweise ihr Rechtsnachfolger von jeder Wuhr=
„pflicht auf dem linken Rheinufer von Rothenbrunnen aufwärts
„enthoben wird. Für diesen Fall würde die Bank zur Förderung
„der Angelegenheit jetzt schon das linksufrige Tracé als das defi=
„nitive annehmen." Hierauf erwiderte die Regierung mit Zuschrift
vom 19. gleichen Monats, daß sie nun zur Empfehlung der ge=
wünschten Taxen bereit sei, insofern die Eisenbahnbank auf die
Klausel betreffend die Wuhrpflicht verzichte. Die Eisenbahnbank
telegraphierte am 23. gleichen Monats an die Regierung:
„Streichen zweiten Absatz unserer Bauverpflichtung, so daß nur
„erster Absatz bis Worte „gehindert wird" bestehen bleibt. Heute
„Morgen Sitzung in Bern. Empfehlen sofort Bundespräsident
„Ihre Zustimmung zur Tarregulierung zu telegraphieren, bei=
„fügend, daß schriftliche Empfehlung nachfolge." Am 24. März
1891 telegraphierte daraufhin die Regierung an das Schweizerische
Eisenbahndepartement: „Nachdem Eisenbahnbank uns bezüglich
„Beginn und Beendigung der Eisenbahnlinie Chur=Thusis be=
„stimmte Erklärungen abgegeben, stehen wir nicht an, Ihnen unter
„Berufung auf unsere mündliche Unterredung die Gewährung der
„von der Eisenbahnbank verlangten Tarerhöhungen zu empfehlen;

„bezügliche schriftliche Einlage geht heute ab," und bestätigte
dies gleichzeitg brieflich, hinzufügend: „Die Bank hat sich uns
„gegenüber schriftlich verpflichtet, sofern ihr jetzt diese Ansätze be=
„willigt werden, noch im Laufe dieses Jahres mit den Bauar=
„beiten zu beginnen, worauf wir großen Wert legen." Am
1. April 1891 richtete die Regieruug auch an die bündnerischen
Abgeordneten in den eidgenössischen Räten in gleichlauteudem
Schreiben die Bitte, sie möchten das Gesuch der Eisenbahnbank
um Bewilligung der Taxerhöhung „an den geeigneten Stellen
unterstützen." Durch Bundesbeschluß vom 17. April 1891 be=
willigte die Bundesversammlung daraufhin wirklich, auf den An=
trag des Bundesrates vom 10. gleichen Monats, die Konzessions=
abänderung im Sinne der gewünschten Taxerhöhung. Durch
Bundesbeschluß vom 17. April 1891 erhielt die Eisenbahnbank
auch die Konzession für eine Schmalspurbahn Landquart=Chur.

    C. Am 23. September 1891 ließ die Eisenbahnbank durch einen
Delegierten der Regierung des Kantons Graubünden in einer
Konferenz eröffnen: Der leitende Ausschuß der Bank erkläre es
als eine Unmöglichkeit, erfolgreiche Schritte zur Finanzierung der
Linie Landquart=Thusis beziehungsweise der Strecke Chur=Thusis
zu tun. Infolge dessen habe derselbe einstimmig den Beschluß ge=
faßt, mit der Aktiengesellschaft Landquart=Davos, unter Vorbehalt
der Ratifikation durch den Verwaltungsrat, ein Abkommen zu
treffen, auf Grund dessen diese Gesellschaft die beiden Konzessionen
für die Strecke Landquart=Chur und Chur=Thusis übernehme und
zwar so, daß die Gesellschaft die tunlichst balbige Inangriffnahme
und Durchführung des Baues der ganzen Strecke Landquart=
Thusis in's Auge zu fassen, jedoch eine eigentliche Verpflichtung
hiezu nur für die Strecke Chur=Thusis einzugehen hätte. An
Übernahme der Verpflichtung würde aber die Bedingung geknüpft,
daß die Gesellschaft erst dann zum Baue angehalten werden könne,
nachdem ihre eigenen Rentabilitätsverhältnisse die Verteilung von
5 % an die Aktionäre gestatten und die Behörden des Kantons
Graubünden für die bestehenden und noch zu bauenden Linien
gänzliche Befreiung von Staats= und Gemeindesteuern beschlossen
haben werden. Die Eisenbahnbank sei bereit, sich bei der Gesell
schaft Landquart=Davos dafür zu verwenden, daß deren Verwal=

tungsrat um zwei von den kantonalen Behörden oder andern Interessenten vorzuschlagende Mitglieder vermehrt werde. Die Bank habe sich davon überzeugt, daß sie das für den Bau notwendige Aktien- und Obligationenkapital auf dem Geldmarkt nicht aufbringe ; ihr eigenes Gesellschaftskapital aber reiche nicht hin, um das Kapital selbst zu übernehmen. Um dennoch zum Ziele zu gelangen, habe man jenen Ausweg gesucht und gefunden. Die Regierung des Kantons Graubünden erklärte durch Schreiben vom 8. Oktober 1891 diese Vorschläge der Eisenbahnbank als „angebrachtermaßen" unannehmbar, indem sie ihrerseits Gegenvorschläge machte. Die daraufhin eingeleiteten Unterhandlungen führten indeß zu keiner Verständigung. Der Kleine Rat des Kantons Graubünden brachte daher die Angelegenheit mit Botschaft vom 30. November 1891 vor die Standeskommission, indem er dieselbe um Erteilung einer Vollmacht zum Zwecke gerichtlichen Vorgehens gegen die Eisenbahnbank ersuchte. Er bemerkte, die Kompetenz der Standeskommission zu Erteilung der Prozeßvollmacht ergebe sich aus Art. 1 der Ausführungsbestimmungen zu Art. 57 der kantonalen Verfassung, wonach zu Anhebung eines Civilprozesses von Seite des Fiskus gegen einen Dritten, falls Dringlichkeit vorliege, die Standeskommission oder auch nur der Kleine Rat allein kompetent sei. Daß Dringlichkeit vorliege, verstehe sich bei Forderungen gegen ein Aktienunternehmen, das sich Eisenbahnbank nenne, im gegenwärtigen Zeitpunkte von selbst. Unter keinen Umständen wäre ein Zuwarten bis zum ordentlichen Zusammentritte des Großen Rates gerechtfertigt. Durch Beschluß vom 2. Dezember 1891 erteilte die Standeskommission dem Kleinen Rate die gewünschte Prozeßvollmacht.

D. Mit Klageschrift vom 31. August und 15. September 1892 erhob hierauf Advokat Forrer in Winterthur, gestützt auf eine vom Kleinen Rate gemäß dem Beschlusse der Standeskommission vom 2. Dezember 1891 ihm erteilte Prozeßvollmacht d. d. 27. August 1892, Namens des Kantons Graubünden, beim Bundesgerichte Klage gegen die Schweizerische Eisenbahnbank, indem er die Rechtsbegehren stellte : I. Die beklagte Partei ist schuldig, auf ihre Kosten und Rechnung, nach Maßgabe der Bundeskonzession (vom 18./20. Dezember 1890, abgeändert am 16./17. April 1891) eine schmalspurige Eisenbahn von Chur nach Thusis zu erstellen und zu betreiben. II. Die beklagte Partei ist schuldig, innert der vom Bundesgerichte zu bestimmenden Fristen a. dem Bundesrate die vorschriftsmässigen technischen und finanziellen Vorlagen einzureichen, b. nach stattgefundener Plangenehmigung den Anfang mit den Erdarbeiten für die Erstellung der Bahn zu machen, c. den Bau zu vollenden, sowie d. die Bahn dem Betriebe zu übergeben und ununterbrochen zu betreiben. III. Die klagende Partei ist im Falle der Nichtbeachtung einer dieser Fristen berechtigt, auf Rechnung und Gefahr der beklagten Partei die in den vorhergehenden Rechtsbegehren unter a—d bezeichneten Handlungen selbst vorzunehmen, und die beklagte Partei ist schuldig, der klagenden Partei zu diesem Behufe Geldvorschüsse zu leisten, deren Höhe jeweilen durch das Bundesgericht bestimmt wird. Vorbehalten werden : 1. Die Hoheitsrechte des Bundes nach Maßgabe der Eisenbahngesetzgebung, insbesondere des Bundesgesetzes betreffend den Bau und Betrieb von Eisenbahnen vom 23. Dezember 1872 ; 2. Die allfälligen Schadenersatzforderungen der klagenden gegenüber der beklagten Partei. — Zur Begründung dieser Anträge wird in eingehender Erörterung u. a. ausgeführt: Durch die Erklärung der Beklagten vom 18. März 1891 und die Annahme dieser Erklärung seitens der Regierung des Kantons Graubünden, sei, nachdem die Beklagte am 23. März 1891 die Klausel betreffend die Wuhrpflicht habe fallen lassen und nachdem ihr die gewünschte Taxerhöhung von der Bundesbehörde bewilligt worden sei, zwischen den Parteien ein unbedingter bindender Vertrag zu Stande gekommen. Vertragspersonen seien einerseits die Beklagte, andrerseits der Kanton Graubünden als privatrechtliche Persönlichkeit als Träger von privatrechtlichen Befugnissen und Verbindlichkeiten. Gegenstand dieses Vertrages sei die einseitige Verpflichtung der Beklagten gegenüber dem Kläger, eine Schmalspurbahn von Chur nach Thusis zu bauen. Eine solche Leistung eigne sich dazu, Gegenstand einer vertraglichen Verpflichtung zu sein und es könne nicht entgegengehalten werden, daß die Beklagte die Bahn für sich selbst, ihr selbst zu Eigentum bauen und als ihr Eigentum betreiben würde, das rechtliche Interesse der Klägerschaft an der Leistung demnach fehle. Zwar haben in frühern

ähnlichen Fällen die Schweizerische Centralbahngesellschaft und die
Nordostbahngesellschaft letztern Standpunkt eingenommen; allein
derselbe sei teils von den betreffenden Parteien selbst tatsächlich
fallen gelassen worden — so von der Schweizerischen Centralbahn
in ihrem Streite mit dem Kanton Solothurn betreffend die
Wasserfallenbahn, und von der Nordostbahn in der Sache gegen
das Komite für die Eisenbahn Dielsdorf-Niederweningen, — teils
sei derselbe gerichtlich zurückgewiesen worden (so in dem Streite
der Nordostbahn gegen das Komite für die rechtsufrige Zürichsee-
bahn). Das wirtschaftliche Interesse des Gegenkontrahenten an
der Erstellung und dem Betriebe einer Eisenbahn durch die betreffenden Gegenden liege denn auch jeweilen auf der Hand und
es sei nicht einzusehen, warum dieses Interesse kein rechtliches sein
sollte. Der Gegenstand des Vertrages sei auch genügend bestimmt,
da das Bau= und Betriebsprojekt durch die Konzession hinlänglich
umschrieben sei. Selbstverständlich bleiben die Hoheitsrechte des
Bundes überall vorbehalten. Die Beklagte weigere sich demnach,
einen gültigen privatrechtlichen Vertrag zu erfüllen und zwar ohne
jeden stichhaltigen Grund. Allerdings sei in der Konzession davon
die Rede und scheine die Beklagte vorausgesetzt zu haben, daß sie
die Bahn nicht selbst bauen und betreiben müsse, sondern dafür
eine besondere Gesellschaft gründen werde. Allein dies sei gleichgültig; dem Kanton Graubünden gegenüber habe sich die Beklagte selbst zum Bau und Betriebe verpflichtet. Demgemäß sei
das erste und Hauptrechtsbegehren der Klage begründet. Gleichzeitig mit Beurteilung dieses Begehrens müssen aber auch die
nötigen Anordnungen getroffen werden, damit der Kläger zu seinem Rechte gelangen könne, ohne den Richter für ein zweites
Haupturteil anrufen zu müssen. Diesem Zwecke dienen die weitern
Klagebegehren, welche, wie des nähern ausgeführt wird, rechtlich
begründet seien.

E. In ihrer Vernehmlassung auf diese Klage beantragt die
Beklagte, ohne gleichzeitig zur Sache zu verhandeln: Das Bun-
desgericht wolle sich inkompetent erklären und aus diesem Grunde
die Klage abweisen, unter Kostenfolge für den klagenden Kanton.
Sie gibt in ihrer Vernehmlassungsschrift zunächst eine eingehende
Darstellung der Geschichte der bündnerischen Eisenbahnbestrebungen

seit dem Scheitern des Projektes einer Lukmanierbahn, speziell der
zwischen der Beklagten, dem bündnerischen Centralbahnkomite und
der Regierung des Kantons Graubünden gepflogenen Unterhand=
lungen, wobei sie u. a. behauptet, es sei der Beklagten von der
Regierung des Kantons Graubünden Steuerfreiheit zugesichert,
bis jetzt aber das sachbezügliche Gesetz noch nicht erlassen worden;
ferner wird angeführt, am 30. Juni 1892 habe Dr. Stöcklin,
Anwalt in Basel, Namens einer Anzahl bündnerischer Kreise und
Gemeinden, gestützt auf den zwischen der Beklagten und dem bünd=
nerischen Centralbahnkomite abgeschlossenen Vertrag vom 18./21.
November 1890, gegen die Beklagte bei den baslerischen
Gerichten eine Klage auf Anerkennung und Erfüllung dieses Ver=
trages, auf Zahlung von 95,000 Fr. sowie auf Bau und Betrieb
einer Bahn von Chur nach Thusis eingereicht. In rechtlicher Be=
ziehung sodann wird wesentlich geltend gemacht: Die Regierung
des Kantons Graubünden rufe das Bundesgericht als Civilgericht,
gemäß Art. 27 Ziff. 4 O.=G. an. Wesentliche Voraussetzung der
Anwendung des Art. 27 Ziff. 4 cit. sei aber das Vorhandensein
einer civilrechtlichen, auf einem privaten Rechtsgeschäfte eines
Kantons in seiner Eigenschaft als Privatrechtssubjekt beruhenden
Streitigkeit. Diese Voraussetzungen liegen aber hier durchaus nicht
vor. Die Regierung von Graubünden habe sich an den Verhand=
lungen zwischen der Beklagten und dem Centralbahnkomite nicht
als Vertreterin des Fiskus, der Staatskasse, sondern in ihrer
publizistischen Stellung, zu Wahrung der öffentlichen Verkehrs=
interessen, wozu sie nach Art. 46 K.=V. berechtigt und verpflichtet
gewesen sei, beteiligt. Sie habe fortwährend in der gleichen Eigen=
schaft gehandelt; nicht als Fiskus des Kantons Graubünden oder
für denselben habe sie im November 1890 und später, speziell im
März und April 1891, mit der Beklagten und mit dem Bundes=
rate korrespondiert, sondern in ihrer Stellung als öffentliche Be=
hörde; ebenso habe sie als öffentliche Behörde und nicht als
Vertreterin des Fiskus an den dem Abschlusse des Vertrages vom
18./21. November 1890 vorangegangenen Konferenzen und an
der Konferenz vom 2. Dezember 1890 teilgenommen. Aus diesem
ganzen zusammenhängenden und einheitlichen Verkehr könne die
Regierung nicht nachträglich ein Moment herausreißen, sich dabei

die Rolle des Fiskus vindizieren und damit eine ihr abgegebene
Erklärung im Gegensatze zu ihrem ganzen Verhalten, als eine
dem bündnerischen Fiskus erteilte und damit plötzlich privatrecht=
lich gewordene Erklärung, künstlich konstruieren. Der bündnerische
Fiskus hätte gar keinen Anlaß gehabt, gegenüber der Beklagten
aufzutreten; derselbe habe für das Bahnprojekt keinerlei finanziellen
Beitrag geleistet oder versprochen. Die Regierung habe im In=
teresse der beteiligten Landesgegenden gewisse Wünsche, speziell hin=
sichtlich der Taxen, geltend gemacht; sie sei aber nie von der Höhe
ihrer öffentlich rechtlichen Stellung auf dem Wege einer Sub=
vention in das fiskalische Gebiet heruntergestiegen. Ebensowenig
handle es sich um eine Konzession, welche der klagende Kanton
erteilt hätte und aus welcher derselbe gewisse Rechte ableiten
könnte. Die Eisenbahnkonzessionen werden vom Bunde erteilt und
den Kantonen stehe nur das Recht zu, sich über die betreffenden
Vorlagen auszusprechen. Dies habe der betreffende Kanton vom
kantonalen öffentlich rechtlichen Standpunkt aus und nicht im
Sinne irgend eines privatrechtlichen Fiskalgeschäftes zu tun. Die
im Dezember 1890, März und April 1891 stattgefundenen Ver=
handlungen über die Taxen und die dabei abgegebenen Erklärungen
und Versprechungen seien danach nicht privatrechtlicher Natur.
Das Verlangen von Versprechungen, wie die Regierung es im
März 1891 als Vorbedingung ihrer Empfehlung der Tarerhöhung
gestellt habe, sei von ihr in ihrer publizistischen Stellung ausge=
gangen. Den bündnerischen Fiskus berühren diese Taxen nicht.
Ein civilistischer Vertrag sei demnach zwischen den Parteien nicht
abgeschlossen worden. Wäre ein solcher beidseitig beabsichtigt ge=
wesen, so wäre er selbstverständlich bei der großen Tragweite des
Gegenstandes auch in eine beidseitig erkennbare, privatrechtliche
Form gekleidet worden, wobei denn allerdings dem klagenden Kan=
ton nichts anderes übrig geblieben wäre, als auch seinerseits „in
fiskalischer Weise sich zu erkennen zu geben." Der Kläger sei
denn auch gar nicht im Stande anzugeben, welcher privatrechtliche
Name dem behaupteten Vertrage eigentlich zukomme. Daß ein
privatrechtliches Rechtsgeschäft nicht vorliege, ergebe sich deutlich
daraus, daß von einer privatrechtlichen Verpflichtung der klagen=
den Regierung offenbar nicht die Rede sein könne. Wenn die

bündnerische Regierung nach Erhalt der gewünschten Erklärung
der Beklagten das Empfehlungsschreiben an den Bundesrat nicht
abgesandt hätte, so hätte sie natürlich nicht auf dessen Ausstellung
gerichtlich belangt werden können und das gleiche gelte auch für
den Fall, wenn die Regierung später, z. B. anläßlich der Ein=
reichung der Statuten der zu gründenden Eisenbahnaktiengesell=
schaft oder bei der Übertragung der Konzession auf diese Gesellschaft
oder bei der Frage der Plangenehmigung, ihre Genehmigung ver=
zögern oder verweigern würde. Die klagende Regierung wolle die
Beklagte aus einem Vorgange civilrechtlich belangen, aus welchem
sie ihrerseits eine civilrechtliche Haftung jedenfalls ablehnen
würde.

F. Replikando erklärte die Klagepartei einfach, sie halte an der
Zuständigkeit des Bundesgerichtes fest, bestreite die gegnerische
Behauptung, es sei der Beklagten irgendwie Steuerfreiheit zuge=
sichert worden und protestiere gegen den Vorbehalt der Beklagten,
je nach dem Entscheide über die Zuständigkeitsfrage sich weiter
einzulassen.

G. In ihrer Duplik weist die Beklagte die letztere Verwahrung
als rechtsirrtümlich zurück und bringt noch an: Nach Art. 1 der
Ausführungsbestimmungen zu Art. 57 der graubündnerischen
Kantonsverfassung von 1880 (welche zur Zeit der Klageanhebung
noch gegolten haben) sei im Kanton Graubünden zu Anhebung
eines Prozesses Namens des Fiskus, von Dringlichkeitsfällen ab=
gesehen, ein Beschluß des Großen Rates erforderlich, welcher in
casu mangle. Ein Dringlichkeitsfall liege hier offenbar nicht vor,
wie sich schon daraus ergebe, daß die Regierung sich von ihrer
Botschaft an die Standeskommission vom November 1891 bis zur
Einreichung der Klage volle 9 1/2 Monate Zeit gelassen habe,
während welcher Zeit der bündnerische Große Rat mehrmals zu=
sammengetreten sei. Wenn trotzdem die Regierung es unterlassen
habe, an den Großen Rat zu gelangen, so zeige dies, daß sie
vom Fehlen der privatrechtlichen Natur ihres Verhältnisses zur
Beklagten überzeugt sei oder mindestens sehr gegründete Zweifel
daran hege. An der Inkompetenz des Bundesgerichtes werde daher
unbedingt festgehalten und zugleich konstatiert, daß vom Großen
Rate, als dem allein zuständigen Repräsentanten des bündnerischen

Fiskus, bis auf den heutigen Tag keine Klage gegen die Beklagte beschlossen worden sei.

H. Bei der heutigen Verhandlung trägt der Anwalt des Klägers auf Abweisung der von der Beklagten erhobenen Inkompetenzeinrede unter Kostenfolge an; rücksichtlich seiner Bevollmächtigung erklärt er, er sei eventuell bereit, eine Vollmacht des Großen Rates beizubringen, bestreite übrigens der Gegenpartei das Recht, die Befugnis der Regierung zu Ausstellung der Vollmacht zu bemängeln. Der Anwalt der Beklagten trägt auf Zuspruch der von ihm aufgeworfenen Kompetenzeinrede an und hält an der Bestreitung der Vollmacht des gegnerischen Anwaltes fest.

Das Bundesgericht zieht in Erwägung:

1. Die vom Kleinen Rate des Kantons Graubünden dem Anwalte des Kantons ausgestellte Prozeßvollmacht ist genügend. Wenn allerdings nach dem kantonalen Staatsrechte der Kleine Rat nicht befugt wäre, einen Prozeß Namens des Kantons anzuheben, so wäre eine von ihm ausgestellte Prozeßvollmacht nicht genügend. Allein nach Art. 1 der Ausführungsbestimmungen zu Art. 57 K.-V. von 1880 sind nun der Kleine Rat und die Standeskommission zu Anhebung von Civilprozessen gegen Dritte Namens des Kantons dann befugt, wenn Dringlichkeit vorliegt. Sie haben dies im vorliegenden Falle ausgesprochen und darauf gestützt ist dem Anwalte Prozeßvollmacht vom Kleinen Rate erteilt worden. Das Bundesgericht hat nun nicht zu überprüfen, ob Dringlichkeit wirklich vorgelegen habe; vielmehr sind nach dem kantonalen Staatsrechte offenbar der Kleine Rat und die Standeskommission befugt, hierüber selbst zu entscheiden und wenn sie die Frage bejahen, den Prozeß von sich aus anzuheben; sie haben ihrer Oberbehörde, dem Großen Rate, über ihre sachbezüglichen Schlußnahmen Rechenschaft abzulegen, dagegen ist der Prozeßgegner nicht befugt, die von ihnen ausgestellte Prozeßvollmacht deshalb zu bemängeln, weil die Frage der Dringlichkeit unrichtig beantwortet worden sei. Es handelt sich in letzterer Richtung um eine innere Frage der kantonalen Verwaltung; Dritten gegenüber ist die vom Kleinen Rate ausgestellte Vollmacht für den Kläger verbindlich.

2. Bei Prüfung der Frage, ob die Kompetenzeinrede der Be-

klagten begründet sei, ist nicht zu untersuchen, ob das vom Kläger behauptete Recht wirklich bestehe, sondern nur, ob dasselbe, sofern es besteht, dem Privatrechte angehört. Allerdings wird die Zuständigkeit des Civilrichters nicht dadurch allein begründet, daß die Partei ihren Anspruch als einen privatrechtlichen bezeichnet, sondern die Kompetenz des Civilrichters hängt davon ab, welches die rechtliche Natur des eingeklagten Anspruches in Wahrheit ist. Allein auf der andern Seite ist bei Entscheidung der Kompetenzfrage nicht zu prüfen, ob die vom Kläger behaupteten Tatsachen erwiesen seien und ob aus denselben nach den Regeln des Privatrechtes der eingeklagte Anspruch sich wirklich ergebe. Dies ist nicht Sache der Kompetenzprüfung, sondern der Sachentscheidung. Bei der Kompetenzprüfung ist nur zu untersuchen, ob der vom Kläger behauptete Tatbestand dem Privat- oder dem öffentlichen Rechte angehört, nicht dagegen, ob derselbe nach den Normen des geltenden objektiven Rechtes ein subjektives Privatrecht in concreto wirklich erzeuge (vergl. Entscheidungen, Amtliche Sammlung XV, S. 908 Erw. 1, ibidem XVII, S. 796 u. ff.).

3. Hievon ausgegangen, kann die Kompetenz des Bundesgerichtes in vorliegendem Falle füglich nicht bestritten werden. Die Klage macht nicht etwa einen Anspruch aus der der Beklagten von der Bundesbehörde erteilten Konzession geltend, sondern sie behauptet einen besondern zwischen den Parteien abgeschlossenen privatrechtlichen Vertrag, durch welchen die Beklagte sich dem Kläger gegenüber zum Bau und Betriebe einer Schmalspurbahn von Chur nach Thusis verpflichtet habe. Sie behauptet also als Fundament des eingeklagten Anspruches ein Privatrechtsverhätlnis. Die Pflicht der Beklagten zum Bau und Betriebe der Schmalspurbahn Chur-Thusis wird nicht etwa aus einer öffentlich-rechtlichen Beziehung der Parteien, aus einem zwischen der Regierung des Kantons Graubünden als Trägerin der Staatsgewalt und der Beklagten als Glied des Gemeinwesens bestehenden Rechtsverhältnisse abgeleitet, sondern vielmehr aus einem Rechtsgeschäfte des Privatrechtes ; der eingeklagte Anspruch ist also ein privatrechtlicher. Wenn die Beklagte einwendet, die Regierung des Kantons Graubünden sei um Mitwirkung bei den Konzessionsverhandlungen u. s. w. in ihrer publizistischen Stellung, als öffentliche

Behörde, angegangen worden und habe als solche gehandelt, so ist dies nicht schlüssig. Denn der Kläger behauptet ja eben, daß anläßlich jener an sich gewiß auf dem Gebiete des öffentlichen Rechtes sich bewegenden Verhandlungen über Konzessionserteilung und Abänderung, zwischen ihm und der Beklagten noch ein besonderer privatrechtlicher Vertrag sei abgeschlossen worden. Ob diese Behauptung richtig ist, ob durch die zwischen den Parteien ausgetauschten Erklärungen ein privatrechtlicher Vertrag wirklich abgeschlossen worden und ob dieser Vertrag gültig und klagbar, ob Realexekution statthaft sei u. s. w., dies alles ist nicht bei Prüfung der Kompetenzfrage, sondern bei Beurteilung der Hauptsache zu untersuchen und zu entscheiden. Die Kompetenz des Bundesgerichtes ist dadurch begründet, daß der Kläger einen dem Privat= und nicht dem öffentlichen Rechte angehörigen Tatbestand, daß er einen privatrechtlichen, von ihm in privatrechtlicher Eigenschaft abgeschlossenen Vertrag behauptet.

Demnach hat das Bundesgericht

erkannt:

Die von der Beklagten aufgeworfene Einrede der Inkompetenz des Gerichtes wird als unbegründet abgewiesen.

---

## 99. Urteil vom 6. Juli 1893 in Sachen Solothurn gegen Gemeinde Zuchwyl.

**A.** Das Wasserbaugesetz des Kantons Solothurn vom 4. Juni 1858 regelt in seinem Abschnitt I unter b (§§ 8—20) die „Aufsicht, Unterhalts= und Schutzpflicht" in betreff der öffentlichen Gewässer. Dasselbe stellt unter anderm in § 11 den Grundsatz auf, daß die Sicherung der Ufer, Bette und der Schutz gegen Überschwemmung dem beteiligten Eigentum obliege, mit der Maßgabe, daß bei allen größern und wichtigern Schutzbauten sich der Staat angemessen zu beteiligen habe. § 18 macht den Gemeinderäten zur Pflicht, unter Mitwirkung der Pflichtigen für ihre Einung ein Reglement zu erlassen, welches die zu unterhaltende Gewässerstrecke, die nötigen Vorschriften über Bauart,

die Pflichtigen und die Verteilung der Baulast unter dieselben,
sowie die Organisation enthalten solle. § 19 bestimmt: „Dem
Staat gegenüber haftet die Gemeinde für die Erfüllung der Un=
terhaltspflicht der Ufer und Bette von öffentlichen Gewässern
in ihrer Einung, unter Vorbehalt ihres Rückgriffes gegen die
reglementarisch Pflichtigen." In seinem Abschnitt III, §§ 27—45,
enthält das Gesetz Bestimmungen über „Korrektion von Gewässern
und Austrocknung von Mösern und anderm Land." § 27 schreibt
vor: „Für Korrektion von öffentlichen Gewässern, wodurch das
bisherige Flußbett ganz oder zum Teil verlassen oder wesentlich
verändert oder der Wasserspiegel eines solchen Gewässers tiefer
gelegt wird, gelten die jedesmal zu diesem Zwecke aufgestellten
gesetzlichen Bestimmungen."

B. Am 24. November 1869 bewilligte der Kantonsrat des
Kantons Solothurn einen Kredit von 13,500 Fr. für Regulie=
rung der Emme durch Anwendung eines rationellen Uferschutz=
bautensystems, jedoch unter der Bedingung, daß dem Kantonsrat
vor Ausführung der Bauten Plan und Kostenrechnung nebst
Projekt betreffend Übereinkommen mit den anderweitigen Beteilig=
ten vorgelegt werde. Hierauf wurde am 30. Januar 1870 zwischen
Abgeordneten der Gemeinde Nieder=Gerlafingen, Biberist, Deren=
dingen, Luterbach und Zuchwyl eine Übereinkunft betreffend ge=
meinschaftliche Verpflichtung gegenüber dem Staate für eine
Emmenregulierung vereinbart, welche unter anderm folgende Be=
stimmungen enthält: „1. Die Gemeinden Nieder-Gerlafingen,
„Biberist, Derendingen, Luterbach und Zuchwyl verpflichten sich,
„in Anwendung der §§ 8—20 des Wasserbaugesetzes an einer
„Regulierung der Emme durch den Staat in nachbezeichneter
„Weise mitzuwirken..... 3. Die genannten Gemeinden verpflichten
„sich, unter Vorbehalt bisheriger Wuhrpflicht von Privaten, jede
„für die in ihrer Einung liegenden Arbeiten das erforderliche
„Holzmaterial zu liefern und allfällige Fuhrungen für Steine
„als eine öffentliche Leistung..... zu besorgen..... 4. An die übrigen
„Kosten übernehmen die Gemeinden 30%, welche auf jede im
„Verhältnisse der in ihrer Einung liegenden Uferlänge, der Größe
„des im Überschwemmungsgebiete gelegenen Landes und mit be=
„sonderer Berücksichtigung des durch die Korrektion gewonnenen

„Strandbodens verteilt wird. Diese Beträge sind nach Fortschritt
„der Arbeit an den Staat zu bezahlen. 5. Diese letztern Kosten
„können nach § 11 des Wasserbaugesetzes auf das beteiligte
„Eigentum verlegt werden. Die zwischen einzelnen Gemeinden und
„Privaten oder Privatgesellschaften bestehenden Verträge über
„Uferschutzpflicht bleiben vorbehalten. 6. Wo infolge dessen Pflichten
„und Lasten von Gemeinden ganz oder teilweise auf Privaten
„übertragen werden, können denselben auch die Rechte und Be-
„fugnisse der Gemeinden ganz oder teilweise eingeräumt werden.
„7. Ebenso bleiben allfällig zwischen dem Staat und den Privat=
„gesellschaften am Emmenkanal und den Eisenbahngesellschaften
„abzuschließende Verträge, welche deren Beteiligung an den
„Kosten der Regulierungsarbeiten feststellen, vorbehalten. In diesen
„Verträgen soll jedoch bestimmt werden, daß die genannten Ge=
„sellschaften für ihren in den Gemeinden liegenden Grundbesitz
„der gesetzlichen Besteuerung durch die Gemeinden unterliegen.
„8. Die Verteilung der Beitragspflicht geschieht alsdann nach § 18
„des Wasserbaugesetzes. Das in diesem Paragraphen vorgesehene
„Reglement muß für alle Gemeinden dieselben Grundsätze enthalten
„und wird deßhalb dessen Feststellung der in Art. 11 genannten
„Kommission unter Vorbehalt der Genehmigung durch den Großen
„Rat übertragen." Art. 11 sieht die Einsetzung einer Kommission,
in welcher sämmtliche Gemeinden vertreten sind, zu Überwachung
der Interessen von Gemeinden und Privaten an dem Unter=
nehmen vor und bestimmt deren Kompetenzen. Der Regierungs=
rat legte hierauf, unter Berufung auf dieses Übereinkommen, in
der Kantonsratssitzung vom 4. März 1870 dem Kantonsrate
Bericht und Antrag über die Emmekorrektion vor, in welchen die
Kosten des ganzen Korrektionsunternehmens auf zusammen
200,000 Fr. veranschlagt wurden. Der Regierungsrat ging da=
bei von der Ansicht aus, diese Korrektion falle unter die §§ 8
bis 20 des Wasserbaugesetzes und könne daher ohne Erlaß eines
Spezialgesetzes durchgeführt werden. Der Kantonsrat pflichtete
zwar im übrigen den Anträgen des Regierungsrates bei, dagegen
beschloß er, auf Antrag seiner Kommission und im Gegensatze
zu der Auffassung des Regierungsrates, ferner: „Im weitern
ist der Regierungsrat beauftragt, die durch § 27 des Gesetzes

über Wasserbau und Entsumpfungen vom 4. Juni 1858 gefor=
berte gesetzliche Vorlage über die Emmenkorrektion zu hinter=
bringen." Die kantonsrätliche Kommission hatte ausgeführt, es
treffe hier § 27 des Gesetzes zu, da durch die Korrektion das
Flußbett wesentlich verändert und neue Ufer geschaffen werden.
Der Regierungsrat des Kantons Solothurn legte den vom
Kantonsrate geforderten Gesetzesentwurf erst am 2. Dezember
1876 vor, nachdem inzwischen die Emmenkorrektion teilweise bereits
ausgeführt war. Dieser Entwurf wurde in der Volksabstimmung
vom 7. Januar 1877 mit großer Mehrheit verworfen und es
ist ein die Emmenkorrektion regelndes Gesetz überhaupt nicht zu
Stande gekommen ; dagegen wurde vom Kantonsrate am 20. No=
vember 1878 beschlossen, das Unternehmen auf Grundlage der
Übereinkunft vom 30. Januar 1870 zu Ende zu führen.

C. Bei Beginn der Verhandlungen über die Übereinkunft vom
30. Januar 1870 hatten die Abgeordneten der Gemeinde Zuchwyl
erklärt, daß sie an denselben nur in dem Sinne teilnehmen, „daß
ihrer Gemeinde das Protokoll offen gehalten bleibe." Während
die übrigen Gemeinden die Übereinkunft genehmigten, beschloß die
Gemeinde Zuchwyl am 8. Dezember 1871 : „Die Gemeinde gibt
aus ihren Schachen das nötige Staudenholz, dagegen beschließt
sie, von Frohnungen oder baarem Gelde als Beitrag nichts
leisten zu wollen." Erst am 1. Februar 1877 beschloß die Ge=
meinde Zuchwyl, der Übereinkunft vom 30. Januar 1870 für
die Zukunft beizutreten. Dieser Beschluß lautet : „1. Über die
„sämmtlichen bis dahin in der Emme im Gemeindebezirk ausge=
„führten Arbeiten sei am Gemeindebeschluß vom 8. Dezember
„1871 unbedingt festzuhalten. 2. Was sodann die zur gegen=
„wärtigen Stunde noch erforderlichen Arbeiten anbetrifft, sei dem
„ursprünglichen, von den Gemeinden entworfenen Vertrage bei=
„zutreten, unter der Bedingung jedoch, daß die Gemeinde Zuchwyl
„über das bisher Geschehene in keiner Weise belastet werde.
„3. Da die Gemeinde das erforderliche Holz nicht genügend be=
„sitzt, so beschränkt sie sich auf die Lieferung der nötigen Pfähle.
„Die in den Schachenwaldungen noch vorhandenen Holzarten,
„namentlich die Schwarzdornen, sollen verwendet werden. Für die
„Lieferung des übrigen Holzes soll der Gemeinrat mit dem Tit.

„Baudepartement des Kantons den erforderlichen Vertrag ab=
„schließen." Der Regierungsrat nahm durch Beschluß vom
13. Februar 1877 von diesem Gemeindebeschlusse Vormerk und
ermächtigte das Baudepartement, die bisher auf dem Gemeinde=
bezirke von Zuchwyl verausgabten 1054 Fr. 12 Cts. als Bei=
trag des Staates auf den außerordentlichen Kredit von 10000 Fr.
zu verrechnen. In dem Protokolle über die Gemeindeversammlung
vom 1. Februar 1877 ist bemerkt, daß in erster Linie die ver=
sammelten Bürger beschlossen haben, das Traktandum (die Emme=
korrektion) „als eine reine Bürgersache behandeln zu wollen."
In betreff der Bedeutung dieses Beschlusses ist zu bemerken : Das
solothurnische Gemeindegesetz vom 16. September 1871 kannte
prinzipiell nur Eine Gemeinde, die Bürgergemeinde, räumte aber
in seinem § 2 auch den steuerpflichtigen Niedergelassenen in ge=
wissen Angelegenheiten das Stimmrecht an dieser Gemeinde ein,
insbesondere bei „Beratung und Feststellung der Einnahmen und
Ausgaben und bei Ablage der Rechnungen derjenigen Fonds,
deren Ausfälle durch Steuern oder Leistungen (Ansaßengeld aus=
genommen) gedeckt werden und überhaupt bei allen Beratungen
und Beschlüssen, welche durch Steuern zu deckende Ausgaben zur
Folge haben....." Am 23. Januar 1877 hatte sodann der Kan=
tonsrat des Kantons Solothurn einen Beschluß gefaßt, in welchem
er konstatirte, daß durch Art. 43 Lemma 4 B.=V. vom 29. Mai
1874 und Art. 58 der kantonalen Staatsverfassung vom 12. De=
zember 1875 das Gemeindegesetz dahin modifiziert sei, daß neben
der Bürgergemeinde eine Orts= oder politische Gemeinde bestehe,
auf deren Organisation die gesetzlichen Bestimmungen anzuwenden
seien. Der Kantonsrat beauftragte darauf gestützt den Regie=
rungsrat, Neuwahlen der sämtlichen Gemeindebehörden in diesem
Sinne anzuordnen. Infolge dieses Beschlusses wurde die Aus=
scheidung der Einwohner= oder politischen und der Bürgerge=
meinde vollzogen ; in Zuchwyl wurden die Wahlen, woburch
besondere Einwohner= und Bürgergemeindebehörden bestellt wurden,
am 11. Februar 1877 und 4. März gleichen Jahres getroffen.

D. Nach Aufstellung des Kantonsingenieurs betrugen die Ge=
sammtauslagen für die Emmenkorrektion Ende 1881 198,782 Fr.
90 Cts., woran die Gemeinden gemäß Art. 4 der Übereinkunft

vom 30. Januar 1870 30 % ober rund 60,000 Fr. zu ver=
güten hatten. Die (in Art. 11 ber Übereinkunft vom 30. Juni
1870 vorgesehene) Kommission, bie sogenannte Emmenkommission,
nahm am 17. Januar 1882 bie Verteilung bieser Summe auf
bie Gemeinben vor, indem sie ber „Gemeinbe Zuchwyl (incl.
Erben Hänggi)" einen Betrag von 10,500 Fr. zuteilte. Die Ver=
treter ber Gemeinben erhielten ben Auftrag, biese Kostenverteilung
ihren Gemeinben zu unterbreiten und beren Entscheidungen in
ber nächsten Versammlung kund zu geben. In ber folgenben
Sitzung vom 24. Januar 1882 erklärten bie Vertreter ber Ge=
meinbe Zuchwyl, Zuchwyl wünsche, baß bie dieser Gemeinbe zu=
gewiesenen Kosten auf bie Verpflichteten als : Gemeinbe, J. Häng=
gis sel. Erben unb Centralbahn, burch das Baudepartement ver=
teilt werben. Ferner wünsche Zuchwyl, es sollen jeber Gemeinbe
biejenigen Kosten zugeteilt werben, welche für Korrektion im be=
treffenben Gemeinbebezirk verausgabt wurben. Durch Beschluß des
Regierungsrates wurbe bie von ber Emmenkommission vorge=
nommene Verteilung ber Gemeinbebeiträge genehmigt unb bie
Frist zu Bezahlung bieser Beiträge auf 30. Oktober 1883 fest=
gesetzt. Die Gemeinbe Zuchwyl bezahlte auf biesen Zeitpunkt
nicht. Die kantonalen Behörden forderten hierauf wieberholt bie
Einwohnergemeinbe Zuchwyl zu Bezahlung des ber Gemeinbe
Zuchwyl zugeschiebenen Betrages von 10,500 Fr. auf. Die Ein=
wohnergemeinbe bestritt jedoch ihre Zahlungspflicht unb erwirkte,
nachbem ber Staat am 1. Februar 1890 gegen sie Betreibung
angehoben hatte, Rechtsvorschlag.

E. Mit Klageschrift vom 19. Januar 1891 reichte banach ber
Fiskus des Kantons Solothurn gegen bie Gemeinbe (bie Ein=
wohnergemeinbe) Zuchwyl Klage ein mit bem Rechtsbegehren:
Die beklagte Gemeinbe sei verpflichtet, ber Klägerschaft zu be=
zahlen : 1. Hauptsumme 10,500 Fr.; 2. Zins seit 30. Oktober
1883 à 5 %; er führte aus, bie Gemeinbe sei zu Zahlung
bieser Summe sowohl nach bem Wasserbaugesetze als nach bem
Vertrage vom 30. Januar 1870 verpflichtet.

F. Die Beklagte stellte in ihrer Vernehmlassung bie Anträge:
1. Die Verantworterin ist nicht gehalten, bie gegnerische Klage
einläßlich zu beantworten, eventuell 2. Abweisung des Klage=

begehrens unter Kostenfolge. Zu Begründung ihres ersten An=
trages erhebt sie in erster Linie die Einrede der Verjährung, in=
dem sie behauptet, sämtliche Arbeiten in der Einung Zuchwyl
seien im Frühling 1877 vollendet gewesen. Nach Art. 4, Abs. 2
der Übereinkunft vom 30. Januar 1870 seien die streitigen Bei=
träge nach dem Fortschreiten der Arbeit an den Staat zu be=
zahlen. Sie seien also je auf Ende eines Jahres fällig geworden;
die Verjährung laufe danach von Ende 1877 an und es sei daher,
da gegen die Beklagte erst am 1./10. Februar 1890 Betreibung
angehoben worden sei, der Klageanspruch verjährt. Im weitern
bestreitet die Beklagte ihre Passivlegitimation, indem sie wesentlich
ausführte: Der Beschluß der Gemeinde Zuchwyl vom 1. Februar
1877, durch welchen die Gemeinde für die Zukunft dem Vertrage
vom 30. Januar 1870 beigetreten sei, sei nicht ein Beschluß der
Einwohner=, sondern der Bürgergemeinde Zuchwyl. In der Folge
habe der Einwohnergemeinderat Zuchwyl den kantonalen Behörden
wiederholt erklärt, daß die Emmenkorrektionsangelegenheit die
Einwohnergemeinde nicht berühre, sondern Sache der Bürgerge=
meinde sei. Dagegen habe sich der Bürgergemeinderat von Zuchwyl
stets mit der Angelegenheit der Emmenkorrektion beschäftigt; zu
den Delegirtenversammlungen der Gemeinden seien stets nur Ab=
geordnete der Bürgergemeinde, nicht der Einwohnergemeinde, bei=
gezogen worden; in der sogenannten Emmenkommission sei nie
die Einwohnergemeinde, sondern stets nur die Bürgergemeinde
vertreten gewesen, und zwar letztere nicht als Gemeinde, sondern
als beteiligte Liegenschaftsbesitzerin. An der Emmenkorrektion be=
teiligte Liegenschaftsbesitzer in der Einung Zuchwyl seien nur die
Bürgergemeinde Zuchwyl, die Besitzer des Emmenholzes (die
Erben Hänggi) und die Schweizerische Centralbahn. Diese Land=
besitzer seien faktisch und mit Genehmigung des Regierungsrates
an Stelle der Gemeinde Zuchwyl getreten. Mit der Schweize=
rischen Centralbahn habe der Regierungsrat am 23. November
1876 eine Übereinkunft getroffen, laut welcher dieselbe als Be=
sitzerin von an der Emmenkorrektion beteiligtem Land in der Einung
Zuchwyl sich durch eine Aversalsumme von 10,000 Fr. von sämt=
lichen diesbezüglichen Lasten befreit habe. Ebenso haben die Erben
Hänggi, die Besitzer des Emmenholzes, Beiträge direkt an die

Regierung bezahlt und mit Sitz und Stimme an der Emmen=
kommission teilgenommen. Auch die Bürgergemeinde habe sich
stets als direkt beteiligt erachtet; am 28 Februar 1878 habe
der Bürgergemeinderat den allgemeinen Beschluß gefaßt, daß die
Kosten der Emmenkorrektion durch die Forstkasse, welche eine
bürgerliche Kasse sei, vorschußweise bezahlt werden sollen; ebenso
habe die Bürgergemeinde wiederholt Beschlüsse betreffend Holz=
lieferungen und Steinfuhren für die Emmenkorrektion gefaßt.
Die Einwohnergemeinde Zuchwyl sei daher zur Sache passiv
nicht legitimiert. Auch abgesehen hievon müsse die Klage abge=
wiesen werden. Die Bestimmungen der Art. 8—20 des Wasser=
baugesetzes vom 4. Juni 1858 finden auf die Emmenkorrektion
keine Anwendung. Um die Beitragspflicht für diese Korrektion
gesetzlich zu regeln, hätte es, wie der Kantonsrat des Kantons
Solothurn selbst anerkannt habe, eines Spezialgesetzes bedurft.
Da ein solches nicht zu Stande gekommen sei, so habe das Un=
ternehmen der gesetzlichen Basis ermangelt und der Staat sei
darauf angewiesen gewesen, sich mit den Beteiligten gütlich zu
verständigen. Eine solche Verständigung habe er in den letzten
Jahren auch mit der Einwohnergemeinde Zuchwyl versucht; es
sei aber keine Einigung zu Stande gekommen. Die Einwohnerge=
meinde Zuchwyl als solche habe eben an der Emmenkorrektion
absolut kein Interesse und habe deshalb ihre Beteiligung abge=
lehnt. In den geforderten 10,500 Fr. seien auch 30 % (478 Fr.
65 Cts.) derjenigen Auslagen inbegriffen, welche der Staat in
den Jahren 1873—1876 für Arbeiten in der Einung Zuchwyl
gehabt habe. Für diesen Betrag hafte die Gemeinde mit Rücksicht
auf die im Beschlusse der Gemeindeversammlung Zuchwyl vom
1. Februar 1877 aufgestellte Bedingung unter keinen Umständen.
Da die Einwohnergemeinde zu keinerlei Verhandlungen betreffend
die Emmenkorrektion beigezogen worden ist, so könne sie die An=
gaben des Staates hinsichtlich des Betrages der Korrektionskosten
nicht anerkennen und ebensowenig den von der Emmenkorrektion
angenommenen Verteiler. Der Regierungsrat habe offenbar wegen
der dem Unternehmen mangelnden gesetzlichen Basis mit Einfor=
derung der streitigen Beträge so lange gezögert; da er erst im
Jahre 1890 Betreibung angehoben habe, bestreite die Gemeinde

jedenfalls, daß sie vom 30. Oktober 1883 an zinspflichtig sei.
Die lange Verzögerung der Einforderung der Beiträge habe die
Angelegenheit auch sonst schwierig gemacht. Die Gemeinde werde
vom Staate nicht als eigentliche Schuldnerin sondern bloß als
Vermittlerin in dem Sinne belangt, daß sie für allfällige Zah=
lungen Rückgriffsrecht auf die beteiligten Grundeigentümer habe.
Diese (Bürgergemeinde, Schweizerische Centralbahn und Erben
Hänggi) bestreiten aber nun sämtlich das Rückgriffsrecht der
Einwohnergemeinde, indem sie sich auf die dem Staate direkt ge=
leisteten Zahlungen und die mit ihm geschlossenen Verträge be=
rufen und teilweise die Verjährung vorschützen.

G. In seiner Replik macht der klagende Fiskus gegenüber den
von der Beklagten erhobenen Einwendungen im wesentlichen gel=
tend: Die in Betracht fallenden Arbeiten in der Gemeinde Zuch=
wyl seien in den Jahren 1870—1882 ausgeführt worden. Die
Beiträge haben erst auf Grund der Endabrechnung, wie sie im
Jahre 1882 aufgestellt worden sei, eingefordert werden können.
Die Gemeinde Zuchwyl habe die aufgestellte Kostenverteilung in
den Sitzungen der Emmenkommission vom 17. und 24. Januar
1882 anerkannt. Die Einrede der Verjährung sei also unbe=
gründet. Ebenso die Einwendung der mangelnden Passivlegitima=
tion. Bis zum Jahre 1877 habe es im Kanton Solothurn nur
Eine einheitliche Gemeinde (die Bürgergemeinde) gegeben. Bis zu
der im Laufe des Jahres 1877 erfolgten Ausscheidung zwischen
Einwohnergemeinde und Bürgergemeinde seien also die allgemeinen
örtlichen und die bürgerlichen Angelegenheiten durch die nämlichen
Behörden und die nämlichen Personen besorgt worden. Die Ver=
handlungen der kantonalen Behörden mit den Gemeinden in
Sachen der Emmenkorrektion seien daher bis 1877 einfach mit
den „Gemeinden" geführt worden, ohne daß diese je zu erkennen
gegeben hätten, daß sie das Vertragsverhältnis als eine rein
bürgerliche und nicht als eine munizipale, die Gemeinde als po=
litische Korporation und Einung beschlagende, Angelegenheit be=
trachteten. Gemäß dem Wasserbaugesetze laste die Unterhaltungs=
pflicht der Ufer und Bette öffentlicher Gewässer als öffentliche Last
auf der Ortsgemeinde. Der Regierungsrat des Kantons Solo=
thurn habe sich von Anfang an, wie dies die Fassung des

Art. 1 der Übereinkunft vom 30. Januar 1870 deutlich ergebe,
auf den Standpunkt gestellt, die Emmenkorrektion sei auf Grund
der Bestimmungen des Wasserbaupolizeigesetzes auszuführen. Dem=
nach sei die Beitragspflicht für die Emmenkorrektion nach Aus=
scheidung der Bürger= und Einwohnergemeinde als öffentliche
Last auf die Einwohnergemeinde übergegangen. Dies sei auch
von den solothurnischen Gerichten in zwei Fällen, in Sachen des
Staates Solothurn gegen die Einwohnergemeinde Derendingen
und gegen die beklagte Einwohnergemeinde Zuchwyl anerkannt
worden. In letzterm Falle habe es sich um eine Ersatzforderung
des Staates für die gemäß Art. 3 des Übereinkommens vom
30. Januar 1870 den Gemeinden obliegenden Materiallieferungen
gehandelt. Die Einwohnergemeinde Zuchwyl habe wie heute gel=
tend gemacht, die Verpflichtung sei nicht von der Einwohner-
sondern von der Bürgergemeinde eingegangen worden und es sei
somit die Bürgergemeinde haftbar. Durch vom Obergericht am
15. Januar 1885 bestätigte Entscheidung des Amtsgerichtes vom
24. September 1884 sei indeß diese Einrede verworfen worden
mit der Begründung: Die vorgenommene Emmenkorrektion diene
den Zwecken der Allgemeinheit; es sei Sache der politischen Kor=
poration, die öffentlich-rechtlichen Interessen zu befriedigen, nicht
Pflicht einer korporativen Genossenschaft. Die Bürgergemeinde,
die mit der politischen Gemeinde bis zum Jahre 1877 zusammen=
fiel, habe infolge der Konstituierung der Einwohnergemeinde Rechte
und Pflichten, die öffentlich=rechtliche Verhältnisse berühren, auf
diese übertragen. In ganz gleichem Sinne sprechen sich die Ent=
scheidungen des Amtsgerichtes und Obergerichtes vom 6. Oktober
1880 und 19. März 1881 in Sachen der Einwohnergemeinde
Derendingen aus. Der Beschluß der Gemeinde Zuchwyl vom
1. Februar 1877 sei zu seiner Zeit erfolgt, wo zwar die Aus=
scheidung der Bürgermeinde und Einwohnergemeinde im Prinzipe
bereits beschlossen gewesen sei, dagegen haben damals in der Ge=
meinde Zuchwyl noch keine besondern Organe für die beiden Ge=
meinden bestanden. Nach Konstituirung der Einwohnergemeinde
sei diese von Rechts wegen in Rechte und Pflichten der Bürgerge=
meinde eingetreten und es habe daher ihrerseits keiner besondern
Beitritts zu dem erklärungÜbereinkommen vom 30. Januar 1870

beburft. Die Staatsbehörden haben ihre sämtlichen Mitteilungen betreffend die Emmenkorrektion stets nicht an die „Bürgergemeinde" sondern an die betreffenden beteiligten „Gemeinden" gerichtet. Die Einwohnergemeinde Zuchwyl sei daher bei den betreffenden Verhandlungen stets, wenn auch allerdings durch die Organe der Bürgergemeinde Zuchwyl, vertreten gewesen. Die Verhandlungen des Staates mit den Besitzern des Emmenholzes (den Erben Hänggi) und der Schweizerischen Centralbahn stehen mit den Vorschriften des Vertrages vom 30. Januar 1870 im Einklang und können den Rechten der Gemeinde nicht präjudizieren. Im weitern wird die eingeklagte Forderung von 10,500 Fr. sammt Zins seit 30. Oktober 1883 unter ausführlicher Begründung aufrecht erhalten.

H. In ihrer Duplik hält die Beklagte an den Ausführungen und Anträgen der Vernehmlassungsschrift fest.

I. Bei der heutigen Verhandlung halten beide Parteien die im Schriftenwechsel gestellten Anträge aufrecht.

Das Bundesgericht zieht in Erwägung:

1. Die Kompetenz des Bundesgerichtes ist von keiner Seite bestritten worden; dieselbe muß aber von Amtes wegen geprüft werden. Da die übrigen Voraussetzungen des Art. 27 Ziffer 4 O.-G. unzweifelhaft vorliegen, so hängt die Kompetenz des Bundesgerichtes davon ab, ob die Streitigkeit als eine „civilrechtliche Streitigkeit" im Sinne des citierten Art. 27 erscheint (vergleiche Entscheidungen, Amtliche Sammlung XIII, S. 340 Erw. 1). Dies ist zu bejahen. Wenn zwar die eingeklagte Leistung als eine öffentliche, der Gemeinde vom Staate kraft seines Hoheitsrechtes durch Verwaltungsgesetz auferlegte, Leistung erschiene, so wäre die Streitigkeit als eine öffentlich-rechtliche zu betrachten und die Kompetenz des Bundesgerichtes daher nicht begründet. Allein dies ist nun nicht der Fall. Allerdings beruft sich der klagende Fiskus auch auf die Bestimmungen des kantonalen Wasserbaugesetzes. Allein er kann seine Forderung doch nicht aus diesem Gesetze als solchem, sondern nur aus dem Beitritte der Beklagten zu dem Vertrage vom 30. Januar 1870 herleiten. Die Regierung des Kantons Solothurn ist zwar ursprünglich unverkennbar davon ausgegangen, die Emmenkorrektion qualifiziere sich als eine unter

die §§ 8—20 des Wasserbaugesetzes fallende Uferschutzbaute, rück=
sichtlich welcher die Beitragspflicht durch die genannten Gesetzes=
bestimmungen grundsätzlich bereits geregelt sei; die Vereinbarung
vom 30. Januar 1870 enthalte daher nur die Anerkennung und
genauere Regulierung einer grundsätzlich bereits durch das Gesetz
den Gemeinden auferlegten öffentlich=rechtlichen Verpflichtung.
Allein diese Anschauung war unhaltbar, da die Emmenkorrektion
keine bloße Uferschutzbaute im Sinne der §§ 8—20 des Wasser=
baugesetzes, sondern eine das Flußbett wesentlich ändernde Kor=
rektion eines öffentlichen Gewässers im Sinne des § 27 des
citierten Gesetzes war. Dies ist denn auch vom Kantonsrate des
Kantons Solothurn durch seinen Beschluß vom 4. März 1870
ausdrücklich anerkannt und deshalb der Regierungsrat beauftragt
worden, die durch § 27 leg. cit. geforderte gesetzliche Vorlage über
die Emmenkorrektion zu hinterbringen. Da nun eine gesetzliche
Regulierung der Emmenkorrektion niemals zu Stande kam, so
besteht eine Norm des öffentlichen Rechtes, aus welcher der
Staat seine streitige Forderung ableiten könnte, nicht. Dieselbe
kann nur auf den Vertrag vom 30. Januar 1870 begründet
werden; durch diesen Vertrag wurde nicht eine nach dem geltenden
Verwaltungsrechte der Gemeinde obliegende öffentlich=rechtliche
Verpflichtung anerkannt und geregelt, sondern eine Verpflichtung
vertraglich neu begründet, welche den Gemeinden kraft öffentlichen
Rechtes nicht oblag. Die Verpflichtung der Gemeinde aus dem
Vertrage vom 30. Januar 1870 und damit auch die gegenwärtige
Streitigkeit, erscheint daher als eine privatrechtliche. Die Art. 8
bis 20 des Wasserbaugesetzes finden als solche, als staatshoheit=
lich gesetzte Rechtsnormen auf das hinsichtlich der Emmenkorrektion
zwischen dem Staate und der Gemeinde bestehende Rechtsver=
hältnis keine Anwendung; ihr Inhalt kann hiefür nur als lex
contractus, nur insoweit als dies zwischen den Parteien durch
den Vertrag vom 30. Januar 1870 vereinbart worden ist, in
Betracht kommen.

2. Ist somit auf Beurteilung der Sache einzutreten, so er=
scheint zunächst die von der Beklagten vorgeschützte Einrede der
Verjährung als unbegründet. Denn die Faktoren, welche vertrags=
mäßig für die Verteilung der in Art. 4 des Vertrages vom

30. Januar 1870 normierten Korrektionsbeiträge unter die Ge=
meinden maßgebend sein sollten, konnten doch erst nach Vollen=
dung der Korrektion durch die Endabrechnung festgestellt werden;
erst von da, also erst von Anfang 1882 an, erscheinen daher
diese Beiträge als einklagbar. Die Verjährung ist daher, da sie
im Februar 1890 durch Anhebung der Betreibung unterbrochen
wurde, nicht eingetreten.

3. Dagegen ist die Einwendung der mangelnden Passivlegiti=
mation begründet. Wenn es sich freilich um eine öffentlich=recht=
liche, der Gemeinde als solcher durch Verwaltungsgesetz auferlegte,
Leistung handelte, so wäre wohl unbedenklich anzunehmen, daß
die Verpflichtung bei Ausscheidung der Bürger= und Einwohner=
gemeinde auf letztere übergegangen sei. Allein dies ist eben, wie
in Erwägung 1 gezeigt, nicht der Fall, vielmehr handelt es sich
um eine privatrechtliche, durch privatrechtlichen Vertrag begründete
Leistung. Der Beschluß vom 1. Februar 1877 nun, durch welchen
die Gemeinde Zuchwyl der Übereinkunft vom 30. Januar 1870
in der hier fraglichen Richtung für die Zukunft beitrat, ist von
der Bürgergemeinde Zuchwyl gefaßt worden; allerdings bestand
damals eine besonders organisierte Einwohnergemeinde, neben der
Bürgergemeinde, noch nicht. Wohl aber die sogenannte Steuer=
gemeinde des Art. 2 des Gemeindegesetzes, d. h. es waren in
Gemeindeangelegenheiten, welche durch Steuern zu deckende Aus=
gaben zur Folge hatten, neben den Bürgern auch die steuerpflich=
tigen Niedergelassenen stimmberechtigt. Dessenungeachtet hat über
den Beitritt zu dem Vertrage betreffend die Emmenkorrektion nicht
die sogenannte Steuergemeinde beschlossen, sondern eine ausschließ=
lich aus Bürgern bestehende Gemeindeversammlung, mit der aus=
drücklichen Begründung, daß das Traktandum als eine bürgerliche
Angelegenheit zu behandeln sei. Wenige Tage ·nach dem Beschlusse
vom 11. Februar 1877 sodann wurde die Ausscheidung zwischen
Einwohner= und Bürgergemeinde in Zuchwyl tatsächlich vollzogen
und wurden für die beiden Gemeinden verschiedene Organe be=
stellt. Nach dieser Ausscheidung wurden zu den Verhandlungen
der sogenannten Emmenkorrektion u. drgl. stets die Organe der
Bürgergemeinde, nicht der Einwohnergemeinde, eingeladen und
nahmen an denselben teil. Der Regierung des Kantons Solothurn

war dies selbstverständlich bekannt; dieselbe hat also (bis zu dem
Zeitpunkte, wo es sich um Einforderung der Beiträge handelte)
stets mit den Organen der Bürgergemeinde Zuchwyl, als der an
der Emmenkorrektion beteiligten Gemeinde, verkehrt, wie ja denn
auch in der Tat die Bürgergemeinde als Grundbesitzerin an der
Korrektion beteiligt war. Bei dieser Sachlage kann nicht angenommen werden, daß für die, wie gezeigt, rein privatrechtliche
Verpflichtung aus dem Vertrage vom 30. Januar 1870 resp.
der Beitrittserklärung vom 1. Februar 1877 die Einwohnergemeinde Zuchwyl hafte; ein Nachweis dafür, daß diese in die von
der Bürgergemeinde übernommene Verpflichtung succediert habe,
ist nicht erbracht. Die vom Kläger für seine entgegenstehende
Meinung vorgebrachten Entscheidungen der solothurnischen Gerichte vermögen hieran nichts zu ändern. Das Bundesgericht ist
an dieselben unzweifelhaft nicht gebunden, wobei bemerkt werden
mag, daß die Entscheidung in Sachen gegen die Einwohnergemeinde Zuchwyl nicht die hier in Rede stehende Verpflichtung aus
der Beitrittserklärung vom 1. Februar 1877 und aus Art. 4
des Vertrages vom 30. Januar 1870, sondern die Verpflichtung
zu Materiallieferungen, wie sie in Art. 3 des Vertrages vom
30. Januar 1870 statuiert ist und bereits durch Beschluß vom
8. Dezember 1871 war übernommen worden, betrifft. Sachlich
sodann beruhen diese Entscheidungen auf der irrtümlichen Annahme, daß es sich um eine öffentlich-rechtliche, schon kraft Gesetzes der Gemeinde auferlegte, Verpflichtung handle.

Demnach hat das Bundesgericht
erkannt:

Die Klage ist abgewiesen.

## 100. Urteil vom 21. Juli 1893 in Sachen Weber und Konsorten gegen Schwyz.

A. Mit Klageschrift vom 9. Januar 1892 erhoben Karl Weber Fischer, Ignaz Höfliger und Theodor Fuchs, alle drei wohnhaft in Bäch, Gemeinde Freienbach, Kantons Schwyz gegen den Fiskus des Kantons Schwyz beim Bundesgerichte Klage mit dem Rechtsbegehren: „Hat nicht Beklagter den Klägern das unbedingte „Fischereirecht im Zürichsee bei Bäch gegen Norden bis zur Kan= „tonsgrenze im See und von Westen bei der Steinhütte bis gegen „Osten zum Kreuzstein beim Frauenwinkel anzuerkennen, unter „Kostenfolge?" Die Kläger bemerken zunächst, daß sie gemeinsam klagen gemäß Art. 6 eventuell Art. 43 des eidgenössischen Civil= prozesses, und daß sie den Hauptwert der Streitsache für jeden einzelnen der Kläger auf wenigstens 3000 Fr. schätzen. In der Sache selbst führen sie aus: Gemäß der schwyzerischen Voll= ziehungsverordnung zum Bundesgesetze betreffend die Fischerei ge= höre das Recht zur Ausübung und Gestattung des Fischfanges in den öffentlichen Gewässern dem Staate, insoweit nicht beson= dere Rechte von Gemeinden, Korporationen oder Privaten nach= gewiesen werden. Westlich und östlich der von den Klägern für ihre Fischereigerechtigkeit beanspruchten Seestrecke habe der Regie= rungsrat des Kantons Schwyz solche besondere Rechte bereits an= erkannt und zwar gegenüber dem Josef Müller in Bäch für den Susthof und gegenüber dem Kloster Einsiedeln hinsichtlich des Frauenwinkels. Aus den ganz gleichen Gründen, wie Josef Müller zum Susthof und das Kloster Einsiedeln gestützt auf Urkunden und bisherige Rechtsausübung beanspruchen auch die Kläger ihr eingeklagtes Fischereirecht. Ihr Fischereirecht finde sich in folgenden Urkunden verbrieft: a. Karl Weber berufe sich auf einen Teil= brief entzwüschend des Josef Weber sel. Erben in Bäch, Hof Wollerau von 1799. Laut diesem Teilbriefe gehöre zu dem von den Rechtsvorfahren des Karl Weber erworbenen Teile: „Das alte Haus des Johannes Weber sammt der Fischereigerechtigkeit wie er selbes besaßen und benutzet hat." b. Ignaz Höfliger be= .

sitze folgende Urkunden: 1. Gant= und Einweisungsbrief von
1806, laut welchem sein Rechtsvorfahre Clemenz Höfliger die
Liegenschaft der Frau Aurelia Höfliger sammt noch habenden An=
teil Fischereigerechtigkeit als Meistbieter gantrechtlich erworben habe.
2. Kaufbrief des Klägers Ignaz Höfliger vom 18. April 1837,
laut welchem letzterer die obenerwähnte Liegenschaft „Haus und
Heimen" des Clemenz Höfliger gekauft habe. Das Recht zu
fischen sammt dem Fischereigewerb werde dabei dem Verkäufer für
die Zeit seines ledigen Standes nutznießungsweise vorbehalten,
aber durch diese verbriefte Kaufsbedingung als zur Liegenschaft
gehörig dokumentiert. c. Theodor Fuchs besitze: 1. Kaufbrief vom
28. August 1798, woraus ersichtlich, daß die betreffende Liegen=
schaft von seinem Rechtsvorfahren „sammt zugehörenden Fischenzen"
erworben worden sei. 2. Teilbrief vom 17. April 1799, laut
welchem dem zugeschiedenen Teile Liegenschaften die halbe Fischerei=
gerechtigkeit gehören solle. Der Beklagte habe die Richtigkeit und
Gültigkeit dieser Urkunden nicht bestritten, dieselben bilden daher
nach Art. 106 und 113 eventuell 114 der eidgenössischen Civil=
prozeßordnung rechtsgültigen Beweis für den Bestand des kläge=
rischen Fischereirechtes. Der Regierungsrat behaupte nun aber, es
sei die räumliche Ausdehnung des klägerischen Fischereirechtes nicht
dargetan. Allein in dieser Beziehung liegen folgende Momente
vor: Das Fischereirecht sei für die klägerischen Liegenschaften ur=
kundlich dargetan, es bestehe also zu Recht. Das von den Klägern
beanspruchte Fischereigebiet entspreche der Lage der klägerischen
Liegenschaften, es sei denselben vorliegendes Seegebiet. Rechts und
links von der klägerischerseits beanspruchten Seestrecke sei das See=
gebiet Privatberechtigten, dem Kloster Einsiedeln und Josef Müller,
zugewiesen. Ein anderes Gebiet für das klägerische Recht, als das
von den Klägern beanspruchte, sei weder behauptet noch verzeigt.
während für das von den Klägern in Anspruch genommene See=
gebiet andere Privatansprachen nicht bestehen. Die Kläger haben
denn auch ihr Fischereirecht in dem von ihnen beanspruchten See=
gebiete von jeher ausgeübt. Sie haben eine Zeugeneinvernahme
zum ewigen Gedächtnis der Fischer Kaspar und Jakob Bonrufs
in Erlenbach (Zürich) und Kaspar Pfister in Richtersweil (Zürich)
verlangt über die Tatsache, daß von der Steinhütte in Bäch bis

zum Kreuzstein, wo der Frauenwinkel des Klosters Einsiedeln nach
aufwärts beginnt und bis an die Seegrenze der Kantone Schwyz
und Zürich seit mehreren Jahrzehnten von den Klägern Ignaz
Höfliger und dessen Söhnen und von Fischer Karl Weber in
Bäch und ihren Vorfahren die Fischerei betrieben und ausgeübt
worden sei, auch „Fache" erstellt und Ruthen gesetzt worden seien.
Die Zeugen seien einvernommen worden und haben die behaupteten
Tatsachen bejaht.

B. In seiner Vernehmlassung auf diese Klage beantragt der
Regierungsrat des Kantons Schwyz: Kläger seien mit ihrem
gestellten Rechtsbegehren abzuweisen, unter Kosten= und Ent=
schädigungsfolge für die Kläger. Er bemerkt zunächst: Er lasse sich
auf die Klage ein, obschon seiner Meinung nach das von sämmt=
lichen Klägern oder von jedem einzelnen derselben behauptete Pri=
vatfischereirecht den gesetzlichen Streitwert von 3000 Fr. nicht er=
reiche. Er bestreite auch sowohl, daß die Kläger, da sie ihre
vermeintlichen Ansprüche auf besondere Urkunden stützen, eine ei=
gentliche Streitgenossenschaft bilden, als auch daß Art. 43 der
eidgenössischen Civilprozeßordnung hier Anwendung finde. In der
Sache selbst führt der Regierungsrat in tatsächlicher Beziehung
wesentlich aus: Der sogenannte untere Zürichsee von Zürich an
bis hinauf zu den Hurden mit Fischereien, Bännen und Nutzungen
mit Ausnahme des unter dem Namen Frauenwinkel bei Pfäffikon
bekannten, seit uralten Zeiten dem Stifte Einsiedeln gehörigen
Seegebietes, habe zufolge Schenkung des Kaisers Karl IV vom
31. März 1362 den Bürgern von Zürich gehört. Diese zürche=
rische Oberhoheit über den untern Zürichsee habe auch durch die
im alten Zürichkriege erfolgte Eroberung der Höfe Wollerau mit
Bäch und Pfäffikon, Hurden und Ufenau durch Schwyz keinerlei
Veränderung erlitten. Dieselbe habe sich nach wie vor auch über
das längs dem nunmehr schwyzerischen Gebiete gelegene Seebecken,
den sogenannten Bächiwinkel, erstreckt. Im Laufe der Zeit seien
aus diesem Verhältnisse zwischen den Ständen Zürich und Schwyz
verschiedene Streitigkeiten entstanden, bei welchen auch die Fisch=
enzen im Bächiwinkel eine Rolle gespielt haben. Nach langjähri=
gen, gütlichen und rechtlichen Verhandlungen haben endlich am
6./8. Juni 1791 die Stände Zürich und Schwyz einen, unter

besonderer Mitwirkung von Bern zu Stande gekommenen, Staats=
vertrag genehmigt, welcher die bestehenden Differenzen ausgeglichen
habe. In Bezug auf die Fischenzen im Bächiwinkel bestimme dieser
Staatsvertrag, welcher übrigens die volle Oberherrschaft Zürichs
über den Zürichsee bestätige, folgendes: Art. VII: „Denen ab
„den Höfen wird die Freyheit zu fischen in dem Bächiwinkel noch
„ferner gestattet; sie sollen sich aber den Weibordnungen und
„Fischer=Einungen des löblichen Standes Zürich unterwerfen und
„sollen ihnen zu ihrem Verhalte diese Ordnungen und Einungen
„zugesandt worden.

„Anlangend aber deren ab den Höfen besitzende Fach und
„Ferrinnen, so sollen sie denselbigen zwar als Eigentum verbleiben;
„es soll aber den Besitzern derselbigen weder gegenwärtig noch
„zukünftig kein jährlicher Zins, noch einige Abgabe oder Emolu=
„ment gefordert, noch von ihnen bezogen werden können. Doch
„soll jede Handänderung geflissentlich angezeigt werden, damit
„darum eine richtige Verzeichnis gehalten werden könne." Durch
den Staatsvertrag von 1796 seien also hinsichtlich der Fischerei
zwei Verhältnisse geregelt worden: Vor allem sei den Bewohnern
der Höfe im Allgemeinen die Befugnis zum Fischen in dem unter
zürcherischer Oberhoheit und in zürcherischem Eigentum stehenden
Bächiwinkel zugestanden worden. Sodann seien in zweiter Linie
unter Vorbehalt einer zürcherischen Kontrolle die geltend gemach=
ten, in Privatbesitz befindlichen Fache und Ferrinnen im See bei
Bäch, vom Oberherrn, dem auch die hoheitliche Verfügung über
den sogenannten Reichs= und Strandboden, soweit die Wellen
schlagen nach wie vor verblieb, anerkannt worden. Die zürcherische
Oberhoheit über den schwyzerischen Teil des untern Zürichsees sei
durch die Staatsveränderungen, welche sich an die französische
Revolution anschlossen, nicht berührt, sondern erst durch zwei
Staatsverträge zwischen den Ständen Zürich und Schwyz vom
19. Mai 1841 beseitigt worden; durch diese Verträge habe Zürich
(mit Rücksicht auf anderweitige Konzessionen des Kantons Schwyz)
das Hoheitsrecht über den Strand= und Reichsboden und die Ho=
heit im Bächiwinkel mit Inbegriff des Aufsichtsrechts über die
Fischerei daselbst, abgetreten. Infolge dieser Staatsverträge sei der
Kanton Schwyz unbeschränkter Oberherr über den innerhalb der

Staatsgrenze liegenden Teil des Zürichsees mit Inbegriff des Strandbodens und der Fischereihoheit geworden. Die Fischerei sei hierauf nach der schwyzerischen Gesetzgebung bis zu der neuen Fischereiverordnung vom 1. Dezember 1885 für Jedermann frei und an keinerlei staatliche Bewilligung geknüpft gewesen. Durch die erwähnte Fischereiverordnung dagegen sei das Recht zum Fisch= fang in den öffentlichen Gewässern als Staatsregal erklärt und die Anerkennung von irgendwelchen privaten Fischereirechten von dem Nachweise der bestehenden Rechtstitel und Urkunden abhängig gemacht worden. Der Regierungsrat habe am 14. April 1886 Frist zu Anmeldung solcher Privatrechte unter Beilegung der Ur= kunden bis 1. Juni 1886 angesetzt. Die Kläger haben hierauf unter Einsendung von Auszügen aus Teilungs= und Kaufbriefen die nunmehr eingeklagten Fischereirechte angemeldet. Bei einem Augenscheine der vom Regierungsrate zu Prüfung der betreffenden Anmeldungen eingesetzten Kommission haben die drei Kläger er= klärt, sie besitzen keine andern Erwerbstitel als die angerufenen Kaufs= beziehungsweise Teilungsbriefe, auch sei ihnen die Aus= dehnung und Begrenzung ihrer Gerechtigkeiten nicht bekannt; man habe eben von jeher da gefischt, kein Patent bezahlt und Niemanden etwas nachgefragt. Der Regierungsrat habe hierauf am 11. Januar 1889 jedem der drei Kläger Frist bis zum 1. März 1889 zu Ergänzung des Aktenmaterials und zur ge= nauen Angabe von Lage, Umfang und Grenzen der von ihnen beanspruchten Fischenz im Zürichsee angesetzt. Die Kläger haben hierauf ihre Ansprachen nochmals in einer aller und jeder Be= weisführung entbehrenden Kollektiveingabe erneuert und ihre an= gebliche Rechtsame auf das ganze schwyzerische Seegebiet von der Steinhütte bei Bäch bis zum Kreuzstein in Freienbach, wo der stifteinsiedlische Frauenwinkel beginne, ausgedehnt wissen wollen. Gegenüber dieser ganz ungeheuerlichen Prätension sei dem Staate nichts anderes übrig geblieben, als die Ansprecher durch gericht= liche Provokation zu Anhebung des Rechtsstreites zu nötigen. In rechtlicher Beziehung führt der Beklagte im wesentlichen aus: Im untern Zürichsee (mit Ausnahme des stifeinsiedlischen Frauen= winkels) seien von jeher und insbesondere nach dem Staatsver= trage von 1796 keine andern Fischereigerechtigkeiten bekannt und zulässig gewesen, als solche, die mittelst Fache und Ferrinnen ausgeübt werden. Wenn also die Kläger ein privates Fischereirecht im sogenannten Bächiwinkel behaupten wollen, so haben sie den Beweis der Existenz der beanspruchten Fache und Ferrinnen und des rechtmäßigen Erwerbes derselben zu erbringen. Zu letzterem Nachweis sei gefordert, daß entweder die direkte Verleihung der behaupteten Fischereigerechtigkeit durch den Staat an die Kläger, oder dann der rechtmäßige Erwerb eines vom Staate schon an einen Dritten verliehenen Rechtes nachgewiesen werde. Die kläge- rischen Urkunden enthalten nun keine direkte Verleihung des Fischereirechtes ; ebensowenig haben die Kläger den rechtmäßigen Erwerb einer bestehenden Fischereigerechtigkeit erwiesen. Zu einem solchen Erwerbe gehöre nach dem Staatsvertrage von 1796, unter dessen Herrschaft die von den Klägern angerufenen Urkunden ent- standen seien, einerseits, daß die erworbenen Gerechtigkeiten den Besitz von Fachen und Ferrinnen zum Gegenstande haben und andererseits, daß jede Handänderung geflissentlich angezeigt werde. Früher sei der Inhaber der Seehoheit in dieser Beziehung noch strenger gewesen. Vor dem Jahre 1796 sei es sogar gemäß zür- cherischem obrigkeitlichem Mandate von 1570 ausdrücklich und bei strenger Strafe verboten gewesen, bei Kauf und Verkauf von Häusern und Gütern am Zürichsee mit und neben denselben Fache zu verkaufen und diese in die Kaufbriefe einzubeziehen, wie wenn sie Eigentum des Verkäufers wären. Solche Rechtsgeschäfte haben damals, soweit es die Fache betraf, keine Rechtsgültigkeit besessen indem die Herren der Stadt Zürich den See als ihr freies Eigen- tum betrachtet und denselben immer nur aus Gnaden zu bewerben und zu benützen gestattet haben. Aus den klägerischen Urkunden sei nun nicht ersichtlich, daß und wo die Rechtsvorgänger der Kläger Fache und Ferrinnen besessen haben und noch weniger sei dargetan, daß der Staat oder seine Organe von den durch jene Urkunden abgeschlossenen Rechtsgeschäften jemals Kenntnis erlangt haben. Die klägerischen Urkunden verpflichten also den Staat nicht und können, soweit sie sich auf Fischereirechte beziehen, auf Rechtsgültigkeit keinen Anspruch machen. Zu Übertragung solcher Gerechtigkeiten genüge die bloße Willenseinigung von Pri- vaten nicht, sondern sei nach dem Vertrage von 1796 die Zu

stimmung der staatlichen Aufsichtsorgane erforderlich. Fache und
Ferrinnen seien übrigens Vorrichtungen, welche nicht überall,
sondern nur an denjenigen Stellen angebracht werden können, wo
der Seegrund höchstens 3—8 Meter tief unter dem Wasserspiegel
sich befinde. Wenn daher die Kläger das ganze Seegebiet zwischen
der sogenannten Steinhütte und dem Kreuzstein bis zur Kantonsgrenze Zürich = Schwyz für ihre ausschließliche Privat=
fischereigerechtigkeit in Anspruch nehmen, so setzen sie sich sowohl
mit der Natur der Fache und Ferrinnen, als auch mit dem
Art. VII des Staatsvertrages von 1796 in direkten Widerspruch.
Der Zeugenbeweis, daß die Kläger die Fischerei in dem betreffen=
den Seegebiete von jeher ausgeübt haben, sei abgesehen davon,
daß er nur für Ignaz Höfliger erbracht sei, ganz unerheblich.
Denn nach dem Staatsvertrage von 1796 sei ja der Fischfang
im Bächiwinkel mit Ausnahme der Stellen, wo allfällig Fache
und Ferrinnen als Privateigentum bestanden haben, frei gewesen
und so sei es auch, nachdem die Hoheit über den See im Jahre
1841 auf den Kanton Schwyz übergegangen sei, bis zum Jahre
1886 geblieben. Die klägerischen Zeugen sagen denn auch, daß sie
selbst als Bewohner des Kantons Zürich in dem nämlichen Seegebiete von jeher alljährlich während der üblichen Zeit mit Netzen
gefischt haben. Nach allgemeinen Rechtsgrundsätzen können Rechte
an öffentlichen, dem Privatverkehre entzogenen Sachen nicht durch
Ersitzung erworben werden. Unvordenkliche Ausübung der Fischerei
seitens der Kläger liege nicht vor. Karl Weber habe erst seit etwa
20 Jahren zu fischen angefangen und Theodor Fuchs habe die
Fischerei überhaupt gar nie ausgeübt. Daß die Familie Höfliger
für Karl Weber und Theodor Fuchs deren angebliches Privat=
fischereirecht ausgeübt habe, wie die Kläger in ihrer Kollektivein=
gabe an den Regierungsrat behauptet haben, sei unrichtig ; ebenso
die weitere, in der gleichen Eingabe aufgestellte Behauptung, daß
die Liegenschaften der Kläger früher zusammengehört und den
Malerhof gebildet haben. Die klägerische Behauptung, daß das
prätendierte Fischereigebiet der Lage der klägerischen Liegenschaften
entspreche, denselben vorliegendes Seegebiet sei, sei unrichtig ; die
klägerischen Liegenschaften besitzen bei weitem nicht diejenige Aus=
dehnung, wie das prätendierte Fischereigebiet und haben in ihrem

frühern Bestande nirgends an den See angegrenzt. Der Boden,
mit welchem Ignaz Höfliger und Karl Weber gegenwärtig an den
See angrenzen, sei ihnen vom Staate als Strandboden verkauft
worden, woraus folge, daß sie selbst den Staat seit längerer Zeit
als ausschließlichen Eigentümer des vorliegenden Seegebietes an=
erkannt haben. Auch möge noch erwähnt werden, daß der Staat
um die Bächau herum, also in der Nähe der Stellen, wo ein
Teil der Kläger seiner Zeit Fache erstellt gehabt haben solle, See=
grund an die Quaibaugesellschaft in Zürich zur Ausbeutung ver=
kauft habe, ohne daß dagegen von irgend einer Seite Einsprache
erhoben worden wäre. Das Fischereirecht des Josef Müller zum
Susthof sei nur mit Rücksicht und in Beschränkung auf die alt=
hergebrachten Fache und Ferrinnen, nicht aber in Ausdehnung auf
den offenen See anerkannt worden.

C. Replikando halten die Kläger daran fest, daß der gesetzliche
Streitwert gegeben sei und sie eine wahre Streitgenossenschaft
bilden. Sodann führen sie aus: Aus der geschichtlichen Dar=
stellung des Beklagten ergebe sich, daß von jeher gewisse Fischenzen,
Fache und Ferrinnen der Leute von Bäch und der Höfe als freies
Eigentum derselben anerkannt worden seien. Nach dem Staats=
vertrage von 1796 habe allerdings jede Handänderung angezeigt
werden sollen, damit ein richtiges Verzeichnis gehalten werden
könne, also bloß der Ordnung wegen und nicht bei Rechtsverlust.
So wenig wie Beklagter für das Gegenteil, können Kläger den
Beweis für die Anmeldungen solcher Handänderungen durch ihre
Rechtsvorfahren erbringen. Es werde aber damit, besonders in
den unruhigen 1790er Jahren, nicht so ernst und streng genom=
men worden sein. Aus dem Wortlaute der vom Beklagten ange=
führten Aktenstücke ergebe sich, daß außer dem, stets besonders
angeführten, Rechte des Klosters Einsiedeln und dem neuerlich
anerkannten Rechte des Susthofes, noch andere private Fischerei=
rechte in der Seegegend von Hurben bis Richterswyl bestanden
haben müssen. Da aber außer den Klägern niemand solche Rechte
in Anspruch nehme, so ergebe sich die Rechtsvermutung, daß unter
den neben dem Susthofrechte in Mehrzahl angeführten Rechten
eben nur die Rechte der Kläger resp. ihrer Rechtsvorgänger ge=
meint gewesen seien. Die Urkunden, auf die Kläger sich berufen,
entsprechen den zur Zeit ihrer Errichtung üblichen Formen und

es seien derartige Urkunden im Kanton Schwyz stets als beweis=
kräftige Urkunden betrachtet worden. Die Präsidenten, Schreiber,
Gantbeamten, Bezirksräte, die bei Verschreibung dieser Urkunden
mitgewirkt haben, dürfen wohl als solche Organe betrachtet werden,
welche in damaliger Zeit zum Schutze der Interessen des Staates
berufen waren. Dem urkundlichen Nachweise entspreche auch die
Tatsache, daß die Kläger ihr Fischereirecht an der von ihnen be=
zeichneten Stelle wirklich ausgeübt haben. Wenn in letzter Zeit
die Fischereiaufsicht larer gehandhabt worden sei und neben den
Besitzern besonderer Rechte auch andere im Bächiwinkel haben
fischen dürfen, so sei dies irrelevant. Recht sei deßhalb doch Recht
geblieben und müsse bei der neuen Ordnung des Fischereiwesens
berücksichtigt werden. Zu der Grundbuchbereinigung in der Ge=
meinde Freienbach haben die Kläger ihre Fischereirechtsamen ein=
gegeben und es seien diese Rechtsamen im Grundbuche der Ge=
meinde aufgenommen und vorgemerkt worden. Über diese Grund=
buchbereinigung sei dem Regierungsrate Bericht erstattet worden
und es habe derselbe nach vorgenommener Untersuchung dieselbe
am 2. März 1876 genehmigt. Die Rechte der Kläger seien also
in neuester Zeit noch von der kompetentesten Behörde gutgeheißen
und anerkannt worden.

D. In seiner Duplik hält der Beklagte an den Ausführungen
seiner Vernehmlassungsschrift fest, indem er insbesondere noch be=
merkt: Es könne allerdings nicht bestritten werden, daß der Staats=
vertrag von 1796 von denjenigen in der Mehrzahl rede, welche
Fache und Ferrinnen besitzen. Daraus folge aber ganz und gar
nicht, daß die Kläger nun die betreffenden Besitzer seien. Diese
haben über die Lage, den Umfang und die Begrenzung allfälliger
Berechtigungen gar keinen Aufschluß geben können. Daraus, daß
der Regierungsrat das Grundbuch durch einen Beauftragten ge=
prüft und auf dessen Bericht hin genehmigt habe, folge nicht, daß
von ihm die eingeklagten Ansprüche anerkannt worden seien. Die
Prüfung des Regierungsrates habe sich auf das Formelle der
Arbeit beschränkt; mit der Prüfung des Materiellen haben sich
die Staatsorgane nicht befaßt. Die materielle Prüfung sei Sache
der beteiligten Grundeigentümer und, bei entstehenden Streitigkeiten,
der Gerichte gewesen. Der See sei bei der Liegenschaftsaufnahme
nicht als Grundstück behandelt worden, dessen Belastungen 2c.

feſtzuſtellen wären. Daher habe der Regierungsrat gar keine Ver=
anlaſſung gehabt, ſich über die damalige Eingabe der Kläger in
materieller Beziehung auszuſprechen.

E. Durch Verfügung vom 24. Oktober 1892 hat der Inſtruk=
tionsrichter dem Beklagten Friſt bis 29. gleichen Monats angeſetzt,
um ſich darüber zu erklären, ob er einen Hauptwert des Streit=
gegenſtandes von 3000 Fr. anerkenne, mit der Androhung, daß
Stillſchweigen binnen der angeſetzten Friſt als Anerkennung eines
Streitwertes von 3000 Fr. angeſehen werde. Der Beklagte hat
Stillſchweigen beobachtet.

F. Bei dem vom Inſtruktionsrichter eingenommenen Augenſchein
gaben die Parteien u. a. folgende Erklärungen ab : 1. Der Be=
klagte erklärte : er halte zwar daran feſt, daß den Klägern ein
gemeinſames Recht nicht zuſtehe und daß ihre Anſprüche auf
verſchiedenen Rechtstiteln beruhen, ſo daß ihnen ein Recht zu ge=
meinſamer Klage nicht zuſtehe. Allein er widerſetze ſich der gleich
zeitigen Behandlung der verſchiedenen Anſprüche in Einem Ver=
fahren nicht und verlange nicht Trennung des Verfahrens. 2. Die
Kläger haben auf Anfrage des Inſtruktionsrichters über die Be=
deutung ihres Rechtsbegehrens bemerkt : Sie beanſpruchen auf
dem in der Klage bezeichneten Teile des Zürichſees das Recht
zum Fiſchfange als ein ausſchließliches und zwar in dem Sinne,
daß ſie zu allen geſetzlich nicht verbotenen Arten des Fiſchfanges
berechtigt ſeien. Bei der „Steinhütte“ wurde, nachdem das Augen=
ſcheinsperſonal eine Strecke weit auf den See hinausgefahren
war, konſtatiert, daß ſich dort drei fachartige Vorrichtungen vor=
finden, von welchen der Kläger Höfliger behauptete, daß ſie von
ihm reſp. ſeinen Rechtsvorgängern angelegt worden ſeien. Der
Beklagte gab daraufhin zu, daß auch weiter außen ſich noch Fache
finden mögen ; allein es ſei völlig ungewiß, zu welcher Zeit und
von wem dieſe angelegt ſeien, und wem ſie gehören ; er beſtreite,
daß dies die Kläger ſeien. Die Kläger haben im Verlaufe der
Augenſcheinsverhandlung die Behauptung aufgeſtellt, daß in frü=
herer Zeit das Land an der in Frage ſtehenden Seeſtrecke in
weitem Umfange zu dem „Malerhofe“ gehört und daß erſt ſpäter
dieſer Hof zerſtückelt worden ſei.

G. Bei der heutigen Verhandlung halten beide Parteien unter er=
neuter Begründung die im Schriftenwechſel geſtellten Anträge aufrecht.

Das Bundesgericht zieht in Erwägung:

1. Nachdem der Beklagte das Vorhandensein des gesetzlichen Streitwertes von 3000 Fr. stillschweigend anerkannt hat, sind die sämmtlichen Voraussetzungen der bundesgerichtlichen Kompetenz gemäß Art. 27 Ziff. 4 O.-G. gegeben.

2. Die Kläger haben sich dafür, daß sie berechtigt seien, vereinigt zu klagen, in erster Linie auf Art. 6 der eidgenössischen Civilprozeßordnung berufen. Allein sie machen nicht ein einheitliches gemeinsames Recht geltend und die Voraussetzung des Art. 6 cit. ist also nicht gegeben. Zwar drücken sich die Kläger hie und da so aus, als wenn sie ein einheitliches, gemeinsames Recht behaupten wollten. Dies ist aber doch nicht der Fall; sie stützen ihr Recht jeder auf besondere Rechtstitel, jeder behauptet, gemäß den von ihm angeführten Urkunden, eine besondere Fischereigerechtigkeit erworben zu haben; gemeinsam ist nicht das Recht, welches die Kläger behaupten, sondern bloß dessen Objekt. In ihrer Kollektiveingabe an den Regierungsrat des Kantons Schwyz hatten die Kläger allerdings behauptet, der Umfang ihrer Gerechtigkeiten ergebe sich daraus, daß sie Eigentümer von Teilen des ihrer Ansicht nach ursprünglich im ganzen streitigen Seegebiete fischereiberechtigten „Malerhofes" seien und sie haben die mit diesem Hofe verbundene Fischereigerechtigkeit je pro parte erworben. Sie behaupteten aber nicht, daß die angeblich ehemals mit dem Malerhofe verbundene Fischereigerechtigkeit ihnen ungeteilt zu gemeinsamem Rechte zustehe, sondern umgekehrt, daß jeder von ihnen die Fischereigerechtigkeit des ehemaligen Malerhofes für die seinem Grundeigentume entsprechende Seestrecke erworben habe. Im Verfahren vor Bundesgericht haben sie übrigens, abgesehen von den am Augenschein gemachten Andeutungen, von der angeblichen ehemaligen Fischereigerechtigkeit des Malerhofes nicht mehr ausdrücklich gesprochen und es ist nicht klar, ob sie die betreffenden Behauptungen überhaupt haben aufrecht halten wollen. Wenn sodann die Kläger auf der streitigen Seestrecke das ausschließliche Fischereirecht in Anspruch nehmen, so beweist auch dies nicht, daß sie ein einheitliches, gemeinsames Recht behaupten; vielmehr ist der Sinn der klägerischen Behauptung der, die verschiedenen einzelnen an den streitigen Fischereigründen bestehenden Privatfischereigerechtigkeiten schließen in ihrem Zusammentreffen die

Fischerei jedes Dritten, nicht im Besitze einer privaten Fischerei=
gerechtigkeit befindlichen, speziell auch die Ausübung des staatlichen
Fischereiregals auf der ganzen betreffenden Seestrecke aus. Nach
den Ausführungen ihrer Kollektiveingabe an den Regierungsrat
waren die Kläger dabei der Meinung, daß ihre Rechte sich je auf
einen bestimmten Teil der streitigen Seestrecke beschränken und auf
diesem Teile derart ausschließliche seien, daß dort je auch die Be=
rechtigung der Mitkläger ausgeschlossen sei, daß aber diese Aus=
scheidung den Staat nicht berühre, sondern für diesen nur in
Betracht komme, daß eben die verschiedenen Rechte der einzelnen
Kläger in ihrem Zusammentreffen die Ausübung des Fischerei=
regals auf der ganzen streitigen Seestrecke ausschließen. Ob die
Kläger diesen Standpunkt auch in dem Verfahren vor Bundes=
gericht haben festhalten, oder ob sie hier vielmehr behaupten wollen,
das Recht jedes Einzelnen von ihnen erstrecke sich auf das ganze
in Frage stehende Seegebiet unter Konkurrenz der Rechte der
übrigen, aber unter Ausschluß aller Dritten nicht im Besitze eines
privatrechtlichen Titels Befindlichen, ist nicht recht klar. Allein
auch wenn letzteres der Sinn des prozessualen Vorbringens der
Kläger sein sollte, so ändert dies doch nichts daran, daß sie nicht
ein einheitliches gemeinsames Recht, sondern vielmehr verschiedene,
allerdings auf das gleiche Objekt bezügliche und mit einander kon=
kurrierende Rechte behaupten. Auch unter der gedachten Voraus=
setzung klagen die Kläger nicht als Mitberechtigte eines und des=
selben Rechtes, sondern als Inhaber verschiedener konkurrierender
Rechte.

3. Art. 6 der eidgenössischen Civilprozeßordnung trifft also nicht
zu. Nachdem indes der Beklagte seine Einwendung dagegen, daß
die Kläger in Einem Verfahren klagend auftreten, hat fallen
lassen, liegt eine Nötigung, die Zulässigkeit der Klagenhäufung
von Amtes wegen zu beanstanden, nicht vor, um so weniger, als
die Ansprüche sämmtlicher Kläger doch wenigstens teilweise auf
die gleichen Tatsachen und Rechtsgründe gestützt werden (ver=
gleiche Amtliche Sammlung der bundesgerichtlichen Entscheidungen
XI, S. 563 Erw. 1).

4. Fragt sich nun, ob den sämmtlichen Klägern oder einzelnen
derselben ausschließliche private Fischereigerechtigkeiten, wie sie die=
selben nach dem oben Bemerkten beanspruchen, wirklich zustehen,

so ist diese Frage für sämmtliche Kläger unbedenklich zu verneinen. Die ganze Argumentation der Kläger beruht auf der Annahme es bestehen an den Fischereigründen des nunmehr schwyzerischen Teiles des untern Zürichsees durchgängig private ausschließliche Fischereigerechtigkeiten; die Fischerei in diesem Seebecken sei durchweg der Gegenstand ausschließlichen Privatbesitzes einzelner Grundeigentümer. Daraus folgern denn die Kläger, daß, da andere Ansprecher von Privatfischereigerechtigkeiten für das streitige Seegebiet nicht vorhanden seien, hinsichtlich dieses Seeteiles sie als die ausschließlich Berechtigten betrachtet werden müssen; ihre Erwerbstitel, welche von Fischereigerechtigkeiten ꝛc. sprechen, können sich nur auf diesen Seeteil beziehen und müssen hier für sie die beanspruchten ausschließlichen Rechte begründen. Allein die gedachte Annahme ist nun nicht nur nicht bewiesen, sondern ganz offenbar unrichtig; sie steht im Widerspruch mit den geschichtlichen Tatsachen. Es genügt hiefür auf den Staatsvertrag von 1796 zu verweisen. Dieser Staatsvertrag zeigt deutlich, daß damals im sogenannten Bächiwinkel die Fischerei prinzipiell für alle Bewohner der Höfe frei war und an dieser Freiheit der Fischerei wurde auch seither (bis zu der im Jahre 1885 erfolgten Einführung des staatlichen Fischereiregals im Kanton Schwyz) nichts geändert. Im Gegenteil war vom Übergange der Hoheit über den See an den Kanton Schwyz bis zu dem letztbezeichneten Zeitpunkte die Fischerei im Bächiwinkel, nach Maßgabe des schwyzerischen Rechtes, für Jedermann frei. Demgemäß bezeugen denn auch die von den Klägern angerufenen zürcherischen Fischer, daß auch sie zu den üblichen Zeiten im Bächiwinkel von jeher frei gefischt haben. Angesichts dieser Tatsachen ist selbstverständlich für ausschließende Gerechtigkeiten an der ganzen streitigen Seestrecke, wie die Kläger sie für sich in Anspruch nehmen, kein Raum. Die Erwerbstitel der Kläger, welche einfach von einer Fischereigerechtigkeit u. drgl. ohne nähere Bezeichnung sprechen, sowie die Grundbucheinträge welche klägerischer Fischereigerechtigkeiten im Zürichsee im allgemeinen Erwähnung tun, sind selbstverständlich durchaus ungenügend, den Bestand der von den Klägern behaupteten, mit der feststehenden Freiheit der Fischerei im Bächiwinkel völlig unvereinbaren Gerechtigkeiten zu beweisen. Aus der Tatsache, daß die Regierung des Kantons Schwyz die Grundprotokollbereinigung

von Freienbach genehmigte, kann auf eine Anerkennung irgend welcher Fischereigerechtigkeit der Kläger seitens des Staates nicht geschlossen werden, denn der See und die an demselben bestehenden Rechte bildeten eben keinen Gegenstand der Grundprotokollberei=
nigung.

5. Richtig ist nun allerdings, daß im Staatsvertrage von 1796 den Eigentümern von „Fach und Ferrinnen" (Vorrichtungen zum Fischfang und gleichzeitig zu Hegung der Fische, welche im seichten Wasser angebracht werden (siehe über die Bedeutung der Aus=
drücke des nähern Schweiz. Jdiotikon I, S. 638 u. ff.; II, S. 2 u. ff., 917 u. f.), im Bächiwinkel das Eigentum an denselben gewahrt wird. Dieses Eigentum an „Fach und Fer=
rinnen" involviert zweifellos das Recht, vermittelst der Fache und Ferrinnen an den betreffenden Stellen die Fischerei auszuüben und es erscheint dieses Recht als eine Gerechtigkeit privatrechtlicher Natur. Es ist nun nicht ausgeschlossen, daß den Klägern oder einzelnen derselben ein Recht an einer gewissen Anzahl Fache und Ferrinnen, also eine private Fischereigerechtigkeit mit örtlicher Be=
schränkung auf die Stellen der betreffenden Fache und Ferrinnen wirklich zustehe und ihre Erwerbstitel sich eben hierauf beziehen. Allein im gegenwärtigen Prozesse haben die Kläger eine derart beschränkte Gerechtigkeit nicht eingeklagt, für deren Bestand auch keinen Nachweis erbracht, sondern vielmehr lediglich den unhalt=
baren Anspruch ausschließender Gerechtigkeiten an der ganzen ausgedehnten Seestrecke von der sogenannten Steinhütte hinauf bis zum Frauenwinkel und vom Ufer an bis in den offenen See hinaus, bis zur Kantonsgrenze, geltend gemacht. Dieser Anspruch ist als unbegründet abzuweisen; auf die Prüfung, ob den Klägern eventuell einzelnen derselben, örtlich im angegebenen Sinne be=
schränkte Fischereigerechtigkeiten zustehen, dagegen im gegenwärtigen Verfahren nicht einzutreten.

Demnach hat das Bundesgericht

erkannt:

Die Klage wird abgewiesen.

## 101. Urteil vom 22. September 1893 in Sachen Korporation Ursern gegen Uri.

A. Am 11. Februar 1881 erließ der Landrat des Kantons Uri eine Vollziehungsverordnung zum Bundesgesetze betreffend die Fischerei, in deren Art. 1 bestimmt wird, das Recht, den Fisch= fang in den öffentlichen Gewässern auszuüben oder zu gestatten, gehöre dem Staate, insoweit nicht besondere Rechte von Ge= meinden, Korporationen oder Privaten nachgewiesen werden. Der Bezirksrat Ursern Namens der dortigen Korporation nahm für letztere das Recht in Anspruch, über den Fischfang im Oberalpsee nach alter Übung zu verfügen. Der Regierungsrat des Kantons Uri beschloß am 13. März 1882, es sei beim Landrate zu beantragen, es sei die seitens des Bezirksrates Ursern gegen die Vollziehungsverordnung betreffend die Fischerei erhobene Ein= sprache als dahin gefallen zu erklären, und zwar in Erwägung, „daß der Bezirksrat ungeachtet erhaltener Einladung nicht im Falle war, durch genügende Rechtstitel ein spezielles Eigen= tumsrecht auf den Oberalpsee nach Maßgabe von § 1 der oberwähnten Vollziehungsverordnung nachzuweisen." Entgegen diesem Antrage des Regierungsrates faßte der Landrat des Kan= tons Uri am 13. April 1882 den Beschluß: Nach Prüfung der vom Bezirksrate Ursern geltend gemachten Anspruchsrechte auf den Oberalpsee wird, in Erwägung, „daß der Bezirk Ursern über Benützung dieses Sees gleich Korporationseigentum wäh= rend einer langen Reihe von Jahren ohne Einsprache kanto= naler Behörden oder Privater sich auswies, in Abweichung vom regierungsrätlichen Vorschlage beschlossen: „Das Verfügungsrecht „über den Fischfang im Oberalpsee habe, wie in bisheriger Weise, „als dem Bezirk Ursern allein zustehend, auch in der Folge zu „verbleiben."

B. Die neue Verfassung des Kantons Uri vom 6. Mai 1888 bestimmt in ihrem Art. 11, die Seen und Flüsse werden als Staatsgut erklärt, Privatrechte vorbehalten. In Ausführung dieser Verfassungsbestimmung erließ der Landrat des Kantons Uri am

27. Oktober 1891 eine Verordnung betreffend Feſtſtellung des Staatseigentums an Seen und Flüſſen und Benützung öffent= licher Gewäſſer. In Art. 1 Ziffer 5 dieſer Verordnung wird unter den Seen im Sinne der Verfaſſung unter anderm aufge= führt der „Oberalpſee in der Gemeinde Andermatt", mit dem Bei= ſatze: „Der Korporation Urſern wird das bisher innegehabte „Fiſchereirecht im Oberalpſee unter Vorbehalt der geſetzlichen „Schutzvorſchriften über den Fiſchfang, gewährleiſtet." Art. 16 der Verordnung beſtimmt: „Allfällige Privatrechte an denjenigen „Seen und Flüſſen, welche in dieſer Verordnung aufgezählt „ſind, müſſen innert drei Monaten beim Regierungsrate ange= „meldet und gerichtlich geltend gemacht werden, bei Rechtsver= „luſt." Mit Schreiben an den Regierungsrat des Kantons Uri vom 7. Dezember 1891 proteſtirte der Korporationsrat von Ur= ſern gegen Art. 1 Ziffer 5 der Verordnung vom 27. Oktober 1891 und erſuchte den Regierungsrat, die Verordnung dem Land= rate zur Wiedererwägung vorzulegen mit dem zu begutachtenden Begehren: Der Oberalpſee ſolle als Staatseigentum geſtrichen und gemäß Landratsbeſchluß von 1882, — genehmigt von der Landsgemeinde den 6. Mai 1888, — der Korporation Urſern als poſitives Eigentum überlaſſen werden. Der Regierungsrat erwiderte am 19./21. Dezember 1891, er ſehe ſich nicht veran= laßt, dieſes Begehren von ſich aus dem Landrate vorzulegen, noch viel weniger demſelben ein bezügliches Gutachten beizulegen, in= dem es den Abgeordneten von Urſern im Landrate freiſtehe, einen ſachbezüglichen Antrag ſelbſt zu ſtellen.

C. Mit Klageſchrift, zur Poſt gegeben den 6. Mai 1892 er= hob nunmehr die Korporation Urſern gegen den Kanton Uri beim Bundesgerichte Civilklage mit dem Antrage; Der Beklagte habe das klägeriſche Eigentum am Oberalpſee im Sinne der Klage anzuerkennen unter Koſtenfolge. Zur Begründung wird ausgeführt: Im Kanton Uri beſtehen hinſichtlich des Gemeinde= lebens zwei Gemeinweſen, Uri und Urſern; die jedem dieſer beiden Gemeinweſen gehörigen Allmenden und ſonſtigen Vermögensſtücke ſtehen denſelben zu wahrem und vollem Eigentum zu. Dies ſei althergebrachten Rechtens und auch in den neuen Verfaſſungen des Kantons Uri (§ 22 und 23 der Kantonsverfaſſung von

1850—1851 und Art. 34 der gegenwärtig geltenden Kantons=
verfassung vom 6. Mai 1888) anerkannt. Zu dem Korpora=
tionsvermögen von Ursern gehöre von alters her auch die Ober=
alp samt dem dortigen See. Von jeher habe die Korporation
Ursern in freiester Weise über den See verfügt, das Fischen im
See zeitweise verboten, zeitweise „vergantet" u. s. w. Durch den
Beschluß des Landrates des Kantons Uri vom 13. April 1882
sei denn auch das Eigentum der Korporation Ursern am Ober=
alpsee seitens des Kantons Uri anerkannt worden. Demgemäß
müsse der in Art. 11 K.=V. vom 6. Mai 1888 aufgestellte Vor=
behalt des Privatrechts ohne weiters auf den Oberalpsee Anwen=
dung finden und zwar in dem Sinne, daß der Korporation Ur=
sern das volle Eigentum an diesem See zustehe. Die Korporation
Ursern sei demnach dadurch, daß kraft Art. 1 der landrätlichen
Verordnung vom 27. Oktober 1891 der Oberalpsee als Staats=
gut erklärt werden wolle, in ihren Privatrechten verletzt. Daß
ihr nach dem Nachsatze des Art. 1 cit. das Fischereirecht, unter
Vorbehalt der gesetzlichen Schutzvorschriften über den Fischfang,
gewährleistet sei, könne ihr nicht genügen. Die Korporation Ursern
wolle nicht nur das Fischereirecht, sondern ihr volles Eigentum
am Oberalpsee anerkannt wissen. Unter den Nutzungen, welche
das Eigentum am See, abgesehen vom Fischfange, gewähre, sei
vor allem der Sandbezug zu erwähnen. Anläßlich der Befesti=
gungsarbeiten auf der Oberalp habe die Korporation Ursern am
1. Juli 1889 mit der Eidgenossenschaft einen entgeltlichen Ver=
trag abgeschlossen, in welchem der Eidgenossenschaft unter anderm
auch der Bezug von Sand, sowie die Mitbenutzung des vor=
handenen Wassers eingeräumt worden sei. Bei den sachbezüglichen
Verhandlungen und auch nachher sei stetsfort die Korporation
Ursern von der Eidgenossenschaft als Eigentümerin des Oberalp=
sees anerkannt worden. Die Eidgenossenschaft habe bloß wegen
Störung des Fischfangs in der Zeit von 1890 bis Ende 1891
dem Pächter des Fischfangs eine Entschädigung von 200 Fr. be=
zahlt. Wenn übrigens die Kantonalbehörden das Eigentum am
See auf dem Verordnungswege absprechen könnte, so wäre selbst=
verständlich auch das Fischereirecht gefährdet. Dasselbe sei jetzt
schon in Frage gestellt durch den Vorbehalt der Schutzvorschriften

in Art. 1 der Verordnung vom 27. Oktober 1891. Zwar werde
dieser Vorbehalt dermalen nicht in Streit gesetzt, vielmehr werde
die Frage, ob der Staat irgend eine Einmischung in das private
Eigenthum der Korporation ausüben könne und ob dies eventuell
eine Frage des Privatrechtes wäre, unter allseitiger Rechtsver=
wahrung, offen behalten, man wolle zuerst gewärtigen, ob sich
diesbezüglich in praxi tatsächliche Beschwerdepunkte ergeben oder
nicht.

D. In seiner Vernehmlassung auf diese Klage führt der Re=
gierungsrat des Kantons Uri im wesentlichen aus : Er bestreite,
daß der Oberalpsee von alters her zum Korporationsvermögen
des frühern Bezirkes, der nunmehrigen Korporation Ursern ge=
hört habe. Der Beweis hiefür liege der Klägerin ob ; diese habe
aber denselben nicht erbracht. Der Beschluß des Landrates vom
13. April 1882 beziehe sich nur auf die Verfügung über die
Fischerei im Oberalpsee, keineswegs auf das Eigentum an dem=
selben ; erstere werde auch durch Art. 1 der Verordnung vom
27. Oktober 1891 der Korporation Ursern belassen, lediglich
unter dem ganz selbstverständlichen Vorbehalte der aus dem Bun_
desgesetze sich ergebenden Beschränkungen. Dagegen werde der See
als öffentliches Gewässer als Staatsgut erklärt. Der Vertrag
zwischen der Korporation Ursern und der Eidgenossenschaft, wo=
durch erstere der letztern gegen Bezahlung den Bezug von Sand
und die Mitbenutzung des vorhandenen Wassers eingeräumt habe,
datiere vom 1. Juli 1889, also aus der Zeit vor Erlaß der
landrätlichen Verordnung vom 27. Oktober 1891 ; die kantonalen
Behörden haben übrigens von demselben keine Kenntniß gehabt
und behalten sich vor, von der Korporation Ursern die unbefugt
erhobenen Bezüge zurückzufordern und die fraglichen Verhältnisse
für die Zukunft mit der eidgenössischen Militärverwaltung direkt
zu regeln. Durch das unzulässige, rechtswidrige Vorgehen der
Korporation Ursern habe den Rechten des Staates in keiner
Weise präjudiziert werden können. Die Klage sei überdem nach
Art. 16 der Verordnung vom 27. Oktober 1891 präkludirt. Die
Verordnung sei am 31. Oktober 1891 publiziert worden. Danach
hätte der klägerische Anspruch auf den Oberalpsee gemäß Art. 16
cit. binnen drei Monaten, bei Rechtsverlust, beim Regierungsrate

angemeldet und gerichtlich geltend gemacht werden sollen. Weder
das eine noch das andere sei geschehen, da die Eingabe der Kor=
porationsverwaltung an den Regierungsrat vom 7. Dezember
1891 wohl nicht als Anmeldung eines privatrechtlichen Anspruchs
betrachtet werden könne und die gerichtliche Klage erst am 6. Mai
1892 erhoben worden sei. Schließlich wird noch bemerkt, daß das
Vorhandensein des gesetzlichen Streitwertes von 3000 Fr. nicht
dargetan sei und das Bundesgericht, so lange dies nicht geschehen,
zu Anhandnahme der Klage nicht kompetent sei. Diese Einwen=
dung ist indeß später vom Beklagten fallen gelassen worden. Da=
gegen ist die Einwendung der Verwirkung festgehalten worden
und wird demgemäß in erster Linie beantragt, es sei auf die vor=
liegende Civilklage wegen Verspätung nicht einzutreten, eventuell
es sei diese Civilklage als unbegründet abzuweisen.

E. In ihrer Replik hält die Klagepartei gegenüber den Aus=
führungen der Vernehmlassungsschrift an den Aufstellungen der
Klagschrift fest. Sie bemerkt insbesondere: Der Beklagte gebe selbst
zu, daß die Bezirksbehörde von Ursern stets über den Fischfang
im Oberalpsee verfügt habe, bestreite aber, daß dem Bezirke das
volle Eigentum an demselben zugestanden habe. Der Beklagte
konstruiere das Verhältnis so, als ob die Korporation Ursern
das Fischereirecht als jus in re aliena besessen hätte. Ein solches
Rechtsverhältnis komme aber bei den Gemeindegütern unserer Ge=
birgsländer nirgends vor. Das Eigentum und das Fischereirecht
seien ungetrennt gewesen. Das Gemeindeland Urserns sei vom
Kloster Disentis an den Bezirk übergegangen. Das Kloster Di=
sentis habe die Alpen und Allmenden der Oberalp besessen,
ohne daß der See davon ausgenommen gewesen wäre, also mit
dem See, der vom Gebiete jener Alpen und Allmenden vollständig
umschlossen sei, eine Enklave derselben bilde. Der See könne Nie=
mandem anders gehört haben und gehören als dem Eigentümer
des ganzen Oberalpgebietes. Die Behörden von Ursern haben
denn auch über den See nicht nur bezüglich des Fischereirechtes
sondern ganz allgemein verfügt; sie haben den See z. B. ganz
allgemein in den Bann gelegt und die Bußen für widerrechtliche
Fischerei und sonstigen Frevel am See verhängt und bezogen.
Speziell gegenüber der vom Beklagten aufgeworfenen Präklusions=

einrede wird bemerkt: Die Formalitäten des Art. 16 der Verord=
nung vom 27. Oktober 1891 seien erfüllt. Dieser Artikel verlange
Anmeldung und gerichtliche Geltendmachung beim Regierungs=
rate; daß eine Klage eingereicht zu werden brauche, sei nirgends
gesagt. Nur beim Regierungsrate solle ein Rechtsanspruch ange=
meldet und als gerichtliche oder Rechtssache erklärt werden. Es
hätte auch gar keinen Sinn, die nämliche Frist für die Angehung
verschiedener Behörden anzuberaumen. Dem Regierungsrate aber
sei der Anspruch am 7. Dezember 1892 angemeldet worden.
Art. 16 cit. habe sodann nur die Anmeldung der Rechte von
Privaten für Wasserwerke im Auge. Für Eigentumsrechte eines
Bezirkes oder einer Gemeinde an einem See habe diese Bestim=
mung eine Präklusivfrist nicht aufstellen wollen. Eine landrätliche
Verordnung habe aber auch das Eigentum der Klagepartei nicht
aufheben können, weder direkt, noch auch durch Aufstellung einer
Präklusivfrist, indirekt. Das Eigentum sei in der urnerschen Kan=
tonsverfassung unbedingt, sogar gegenüber von Beschlüssen der
Landsgemeinde, gewährleistet. Dem Landrate stehen allerdings
nach Art. 52 und 59 der urnerschen Kantonsverordnung gewisse
gesetzgeberische Befugnisse zu, allein nicht, was hier in Frage stehe,
rücksichtlich der Regelung des Unterganges dinglicher Rechte durch
Verjährung. Dieser sei in limitativer Weise durch Art. 63 des
urnerischen Landbuches geregelt. Zudem habe durch seinen Beschluß
vom 13. April 1882 der Landrat das Eigentum der Klägerschaft
am Oberalpsee anerkannt. Er könne daher nicht nachträglich wieder
eine Präklusivfrist für Geltendmachung dieses bereits anerkannten
Rechtes ansetzen. Dies würde vielmehr gegen die bona fides ver=
stoßen. Der Regierungsrat könne die Einrede der Verwirkung
nicht erheben, weil er in seiner Antwort an den Korporationsrat
Ursern vom 17./19. Dezember 1891 dem Korporationsrate vor=
behalten habe, auf die Frage des Eigentums am Oberalpsee jeder=
zeit zurückzukommen. In seiner Entscheidung in Sachen Martin,
Arnold und Genossen vom 12. März 1892 habe das Bundesge=
richt ausgesprochen, daß dem Landrate die Kompetenz zu gesetz=
artigen Erlassen nur dann zustehe, wenn diese Erlasse nicht die
Gesammtheit oder einen erheblichen Bruchteil des Volkes berühren.
Die Bevölkerung des Bezirkes bezw. der Korporation Ursern, des

einen der beiden urnerschen Kantonsteile, sei nun selbstverständlich ein sehr erheblicher Bruchteil des Volkes und es sei daher der Landrat nicht berechtigt gewesen, einen dieselbe betreffenden gesetzlichen Beschluß zu erlassen.

F. In seiner Duplik bekämpft der Beklagte die Ausführungen der Replik, indem er an der Einrede der Präklusion sowie an der Behauptung, ein Beweis für das Privateigentum der Klagepartei am Oberalpsee sei nicht erbracht, unter erweiterter Begründung festhält; er bemerkt insbesondere, ebenso wie der Oberalpsee, sei auch die den untern Kantonsteil von Göschenen bis Flüelen durchfließende Reuß infolge der neuen Verfassung Staatsgut geworden, obschon früher die Behörden des Bezirkes Uri über dieselbe unbeanstandet verfügt haben.

G. Der Beweis ist von beiden Parteien ausschließlich durch Urkunden geführt worden.

H. Bei der heutigen Verhandlung halten beide Parteien ihre im Schriftenwechsel gestellten Anträge aufrecht.

Das Bundesgericht zieht in Erwägung:

1. Nachdem der Beklagte das Vorhandensein des gesetzlichen Streitwertes anerkannt hat, ist die Kompetenz des Bundesgerichtes zweifellos gegeben.

2. In erster Linie ist die vom Beklagten aufgeworfene Einrede der Verwirkung zu prüfen. In dieser Richtung kann zunächst nicht zweifelhaft sein, daß die Klägerin den Vorschriften des Art. 16 der Verordnung vom 27. Oktober 1891 nicht Genüge geleistet hat. Zwar hat sie ihren Anspruch binnen drei Monaten beim Regierungsrate angemeldet. Denn die dem Regierungsrate am 7. Dezember 1891 eingereichte Protestation enthält eine Anmeldung des von der Klägerin beanspruchten Rechtes; wird ja doch die Protestation gegen die Erklärung des Oberalpsees zum Staatsgut eben auf das von der Klägerin behauptete Privateigentum an dem See begründet. Allein Art. 16 cit. fordert nun, daß binnen der festgesetzten dreimonatlichen Präklusivfrist nicht nur die Anmeldung der Rechte beim Regierungsrate sondern auch deren gerichtliche Geltendmachung geschehe. Die Meinung der Klägerin, daß die Anmeldung eines gerichtlich verfolgbaren Rechtes beim Regierungsrate zugleich dessen gerichtliche Geltend=

machung im Sinne des Art. 16 cit. in sich enthalte, steht mit
dem klaren Wortlaute des Art. 16 in Widerspruch; dieser fordert
binnen der dreimonatlichen Frist Anmeldung des Rechtes beim
Regierungsrate und gerichtliche Geltendmachung desselben, also
zwei verschiedene Handlungen, von welchen die letztere selbstver=
ständlich nicht beim Regierungsrate geschehen kann, sondern eben
bei dem zuständigen Gerichte geschehen muß.

3. Ebenso ist es unrichtig, wenn die Klägerin meint, die Be=
stimmnng des Art. 16 cit. beziehe sich nur auf Wassernutzungs=
rechte Privater an öffentlichen Gewässern, nicht aber auf Eigen=
tumsansprüche, welche von Bezirken und Gemeinden in Bezug
auf Gewässer erhoben werden, die Art. 1 der Verordnung in
Anwendung des Art. 11 K.=V. vom 6. Mai 1888 als Staats=
gut erklärt. Art. 11 K.=V. erklärt die Seen und Flüsse nur
unter Vorbehalt von Privatrechten als Staatsgut; er will also,
ebensowenig wie private Wassernutzungsrechte an öffentlichen Ge=
wässern, vermeintliches Privateigentum an Seen u. drgl. beseitigen. Demgemäß stellt denn aber auch Art. 16 der Verordnung
vom 27. Oktober 1891 die dreimonatliche Präklusivfrist nicht nur
für private Wassernutzungsrechte sondern, wie sein Wortlaut deut=
lich zeigt, für alle Privatrechte an denjenigen Seen und Flüssen
auf, welche in der Verordnung aufgezählt sind. Nun wendet aller=
dings die Klägerin ein, der Landrat sei zu Aufstellung der Vor=
schrift des Art. 16 der Verordnung verfassungsmäßig nicht kom=
petent gewesen und es sei daher diese Vorschrift ungültig. Allein
abgesehen von der Frage, ob das Bundesgericht im gegenwärtigen
Prozesse, wo es lediglich als Civilgerichtshof, an Stelle der kan=
tonalen Gerichte, zu urteilen hat, überhaupt befugt wäre, die Ver=
fassungsmäßigkeit der landrätlichen Verordnung zu prüfen (vergl.
Entscheidung des Bundesgerichtes, Amtliche Sammlung II, S. 103
u. ff.), ist diese Einwendung jedenfalls unbegründet. Der Landrat
war nach urnerschem Verfassungsrechte, kraft der ihm gemäß
Art. 69 litt. c und e K.=V. zustehenden Kompetenzen, befugt, im
Wege einer Ausführungsverordnung zu Art. 11 K.=V. zu be=
stimmen, welche Gewässer als Seen oder Flüsse im Sinne der
genannten Verfassungsbestimmung erscheinen. Im Zusammenhange
damit muß ihm aber auch die Befugnis zugestanden werden, Be=

stimmungen zum Zwecke der Feststellung und Bereinigung privatter Ansprüche auf die in Ausführung der Verfassung als Staats=gut erklärten Gewässer aufzustellen und damit dafür zu sorgen, daß die Tragweite des in der Verfassung gemachten Vorbehaltes von Privatrechten festgestellt werde (vergl. auch Entscheidung des Bundesgerichtes in Sachen Arnold nnd Genossen, Amtliche Sammlung XVIII, S. 130 u. ff.) Demnach erscheint denn in der Tat die vom Beklagten erhobene Einrede der Verwirkung als begründet und ist somit die Klage schon aus diesem Grunde abzuweisen.

4. Dieselbe könnte übrigens auch sachlich nicht gutgeheißen werden. Denn ein Beweis dafür, daß der Oberalpsee im Privat=eigentum der Korporation Urfern gestanden habe, ist in der Tat nicht erbracht. Dem Landratsbeschlusse vom 13. April 1882 kann die Bedeutung einer verbindlichen Anerkennung eines solchen Pri=vateigentums nicht zugestanden werden; derselbe wahrt in seinem dispositiven Teile dem Bezirke Urfern lediglich die Verfügung über den Fischfang in bisheriger Weise, spricht dagegen die Aner=kennung eines Privateigentums am See nicht aus. Einen Be=weis dafür, daß sie den Oberalpsee durch Rechtsgeschäft zu Pri=vateigentum erworben habe, hat die Klägerin nicht erbracht; sie stellt vielmehr einzig darauf ab, daß der Bezirk, resp. die Korpo=ration Urfern herkömmlich von Alters her über den See verfügt habe. Allein, wenn auch allerdings richtig sein mag, daß der Bezirk, beziehungsweise die Korporation Urfern speziell über die bedeutendste Nutzung des Sees, den Fischfang, seit langer Zeit ver=fügt hat, so darf doch daraus auf ein Privateigentum am See nicht ohne weiters geschlossen werden. Es ist nämlich nicht außer Acht zu lassen, daß die Talschaft Urfern nach ihrer Verbindung mit dem Lande Uri, diesem keineswegs völlig einverleibt wurde, sondern ein, im Innern wesentlich selbständiges, Gemeinwesen, ein „Nebenland" bildete (siehe Blumer, Staats= und Rechts=geschichte der schweizerischen Demokratien I, S. 300 u. f.; II, 1, S. 206; Snell, Schweizerisches Staatsrecht II, S. 123 u. ff.), welchem auf seinem Gebiete gewisse staatliche Hoheitsrechte ebenso zustanden, wie dem Lande Uri auf dem sei=nigen, dem Gebiete des jetzigen Bezirkes Uri. Dieses staatsrecht=

liche Verhältnis der beiden Kantonsteile Uri und Ursern hat sich
in gewissem Umfange auch noch unter der Herrschaft der urnerschen Kantonsverfassung von 1850, bis zum Inkrafttreten der
Verfassung vom 6. Mai 1888 erhalten. Speziell ist erst durch
letztere Verfassung der Grundsatz ausgesprochen worden, daß Seen
und Flüsse, vorbehältlich von Privatrechten, Staatsgut seien,
während unter der Herrschaft der frühern Verfassungen dieser
Grundsatz nicht galt, die hoheitliche Verfügung über die öffentlichen Gewässer vielmehr den Bezirken oder Gemeinden scheint
zugestanden zu haben, diese Gewässer also nicht als Staatsgut,
sondern als Gut der Bezirke oder Gemeinden, aber eben nicht als
Privatgut sondern als öffentliches Gut derselben galten. Bei dieser
Sachlage kann der Beweis für ein herkömmliches Privateigentum
der Korporation Ursern am Oberalpsee nicht als erbracht betrachtet werden; es ist nicht dargetan, daß dieselbe den Oberalpsee
in privatrechtlicher Stellung, als juristische Person des Privatrechtes, zu Eigentum besessen habe, sondern das Rechtsverhältnis
ist wohl eher so aufzufassen, daß der Oberalpsee öffentliches Gut
war, welches nun eben mit der eingetretenen Verfassungsänderung
vom Bezirke auf den Staat übertragen worden ist und übertragen werden konnte.

Demnach hat das Bundesgericht<br>
erkannt:

Die Klage ist abgewiesen.

---

### 102. Urteil vom 29. September 1893 in Sachen Kirchgemeinde Reiden und Konsorten gegen Luzern.

A. Bis zum Jahre 1792 bestanden in der Kirchgemeinde
Reiden, welche die politischen Gemeinden Reiden, Wykon und
Langnau umfaßt, zwei Kirchen. Die eigentliche Pfarrkirche stand
auf dem sogenannten Burghubel, östlich von der Straße Olten-
Luzern, während unten am westlichen Fuße dieses Hügels die sog.
Filialkirche sich befand. Die Pfarrkirche gehörte der Johanniter-
komturei Hohenrain-Reiden zu Eigentum und wurde von der-

selben unterhalten. Bezüglich der Filialkirche scheint der Komturei nur die Pflicht der Chorbedachung obgelegen zu haben, während im übrigen der Unterhalt von der Kirchgemeinde, welche ein besonderes Filialkirchengut besaß, scheint besorgt worden zu sein. Gegen Ende des vorigen Jahrhunderts waren beide Kirchen baufällig geworden. Die Kirchgenossen von Reiden verlangten nun, daß die Komturei eine neue Kirche baue und machten dabei für den Fall, daß die neue Pfarrkirche nicht wieder auf dem Burghügel, sondern zur Bequemlichkeit der Kirchgenossen am Fuße desselben, auf dem Platze der Filialkirche erbaut werde, verschiedene Anerbietungen, u. a. das Anerbieten, dem Komtur die Filialkirche samt dem Beinhaus und dem Friedhof abzutreten, doch so, daß die Komturei so viel Land dazu geben solle, als zu dieser neuen Kirche erforderlich sei. Der Komtur fand, ohne prinzipiell die Baupflicht zu bestreiten, die Anerbietungen der Gemeinde nicht hinreichend und machte Gegenvorschläge. Am 25. Januar 1792 beschloß der tägliche Rat der Stadt Luzern, gestützt auf das Parere einer eingesetzten Kommission, die Komturei habe mit den anerbotenen Leistungen der Kirchgenossen die Pfarrkirche auf dem Platze der Filialkirche neu zu bauen, das zu dem Baue erforderliche Land einzuräumen, sowie auch den Friedhof mit einer Mauer der Anständigkeit gemäß einzuschließen. In dem Beschlusse ist bemerkt, daß, da dem lobwürdigen Ritterhaus sowohl die Erbauung der Pfarrkirche als die Aushaltung aller künftigen Reparaturen zustehe und dieselben niemals der Gemeinde aufgebürdet werden können, an was immer für einem Ort auch gedachte Pfarrkirche errichtet werden möge, so solle es dabei sein Bewenden haben und in Zukunft die Gemeinde aller neuen Reparaturen sowohl als Kirchenbäue ferners enthoben bleiben. Auf diesen Beschluß hin wurde mit dem Baue der neuen Kirche begonnen. Zwischen den Parteien fanden indes neue Unterhandlungen über den Bau und damit zusammenhängende Punkte statt, welche am 23. Januar und 27. August 1807 zum Abschlusse eines Vertrages „über die Streitsache laut Rezeß de anno 1791 und Parere von 1792" führten. Dessen Art. 1 bestimmt: „Ist die Kommenderie ver-„pflichtet, die Pfarrkirche, nämlich das ganze Gebäu samt Rings-„mauern zu bauen und was baufällig reparieren zu lassen, ohne

„Entgeltniß der Pfarrgemeinde, doch aber soll die Pfarrgemeinde „Ihr das nötige Holz anweisen." Die Kirchgemeinde hat auch ein zu dem Baue erforderliches Stück Land von einem Privaten zugekauft. Die ehemalige Pfarrkirche auf dem Burghubel ist gegenwärtig gänzlich verschwunden; dieselbe war (nach act. Nr. 42) schon im Jahre 1807 beseitigt. Dagegen befinden sich auf dem Burghubel das Pfarrhaus und Kaplaneigebäude (das frühere Komtureigebäude), welche durch eine Ringmauer verbunden sind. Die alte Pfarrkirche hatte im Hofe zwischen diesen Gebäuden gestanden. Ob dieselbe mit einem Friedhofe umgeben war, ist nicht ermittelt. Die Kläger behaupten dies; der Beklagte dagegen bestreitet es und behauptet, der Friedhof habe sich von jeher bei der Filialkirche befunden und sei beim Neubau der Pfarrkirche Ende des vorigen Jahrhunderts nur erweitert worden. Infolge der Liquidation der Komturei Hohenrain-Reiden, welche am 1. August 1807 beschlossen worden sein soll, ging das ganze Vermögen des Ritterhauses an den Staat Luzern über, so daß dieser in die Rechte und Pflichten der Komturei, speziell auch in diejenigen aus dem Vertrage von 1807, eingetreten ist.

B. In der zweiten Hälfte der 1880er Jahre wurde die Friedhofmauer von Reiden baufällig und erwies sich ferner der bisherige Friedhof als ungenügend. Die politischen Gemeinden, aus welchen die Kirchgemeinde Reiden sich zusammensetzt, erstellten daher einen neuen Friedhof auf der andern Seite der Straße Olten-Luzern in einiger Entfernung vom Dorfe Reiden und verlangten von dem beklagten Staate, daß er sowohl die baufällige Mauer um den alten Friedhof bei der Kirche wiederherstelle, als den neuen Friedhof mit einer Mauer umgebe und dieselbe in Zukunft unterhalte. Der Beklagte lehnte beide Begehren ab. Mit Klageschrift vom 18. August und 22. September 1892 stellten daher die Kirchgemeinde Reiden, sowie die drei zu derselben gehörenden politischen Gemeinden Reiden, Wykon und Langnau beim Bundesgerichte die Anträge: 1. Der Staat Luzern sei pflichtig, die Mauer des bisherigen Friedhofes Reiden zu erstellen und zu unterhalten und auch die Umfassungsmauern des neuen Friedhofs zu erstellen und zu unterhalten. 2. Der Staat habe den Klägern die Kosten der von ihnen auszuführenden Reparatur der Mauer zu vergüten. 3. Der Beklagte trage alle Kosten. — Zur Begründung wird im Wesentlichen ausgeführt: Die Komturei Reiden sei von jeher verpflichtet gewesen, die Friedhofmauer zu erstellen und zu unterhalten. Sie habe 1792 und 1807 diese Pflicht durch gegenseitigen Vertrag neu übernommen und es bilde dieselbe eine förmliche Servitut der Domäne Reiden. An die Stelle der Komturei sei der Staat getreten. Derselbe sei nicht nur verpflichtet, die bisherige Friedhofmauer zu unterhalten und im Falle des Einsturzes zu ersetzen; er habe auch den notwendig gewordenen neuen Friedhof mit einer gehörigen Umfassungsmauer zu versehen. Die Verpflichtung des Staates sei hinsichtlich der Kirchhofmauer eine ebenso unbedingte wie hinsichtlich des Kirchengebäudes. So gut der Staat eine genügend große Kirche zu erstellen habe, ebenso gut müsse er auch einen genügend großen Friedhof mit der Umfassungsmauer versehen und unterhalten. Sonst hätte es der Staat in der Hand, die Verpflichtung dadurch von sich abzuschütteln, daß er die Anlage eines neuen Friedhofes vorschreibe. Hier gelte aber der Satz, daß der neue Friedhof an Stelle des alten beziehungsweise einer notwendigen Erweiterung desselben trete und daß der Staat sich seiner Verpflichtung nicht entziehen könne. Der Regierungsrat des Kantons Luzern behaupte nun, infolge des Art. 53 der Bundesverfassung von 1874 sei die Unterhaltungspflicht hinsichtlich der Begräbnisplätze auf die politischen Gemeinden übergegangen und berufe sich dafür auf die von ihm am 13. März 1878 erlassene Verordnung über das Friedhof- und Begräbniswesen. Allein es sei nun klar, daß Art. 53 B.=V. hinsichtlich des Eigentumsrechts an den Friedhöfen und hinsichtlich der Unterhaltungspflicht, soweit diese auf Verträgen oder andern privatrechtlichen Grundlagen beruhen, nichts habe ändern wollen und daß auch die luzernische Regierungsverordnung vom 13. März 1878 privatrechtliche Verpflichtungen nicht habe abändern oder aufheben können, selbst wenn sie dies gewollt hätte. Bemerkt wird noch, es sei im März 1892 der größte Teil der östlichen Mauer des alten Friedhofes eingestürzt; mit Einwilligung des Beklagten habe die Polizeigemeinde dieselbe auf Recht hin neu erstellen lassen.

C. In seiner Vernehmlassung auf diese Klage beantragt der

Regierungsrat des Kantons Luzern: 1. Die Klage sei in allen
Teilen abzuweisen, eventuell sei Beklagter nur gehalten, die bestehende Mauer als Ringsmauer um die Kirche zu unterhalten;
alle übrigen Begehren seien abzuweisen. 2. Die Klägerschaft trage
sämmtliche Kosten. — Zur Begründung werden folgende Gesichtspunkte geltend gemacht:

1. Bis zum Jahre 1792 resp. 1807 habe der Komturei Reiden
mit Bezug auf die dortige Filialkirche nur die Chorbedachungs-
pflicht obgelegen. Für die spätere Zeit seien die Pflichten der
Komturei festgestellt durch den Vergleich vom 23. Januar 1807.
Dieser lege nun der Komturei keine Pflicht zur Unterhaltung
des Friedhofes auf, sondern nur die Pflicht zur Erstellung der
Ringmauer um die Kirche, als Umwallungsmauer der Kirche,
nicht etwa als Friedhofmauer. Die Mauer sei mit Rücksicht auf
die Kirche, der Anständigkeit wegen, gefordert worden. Von dem
Bau einer neuen Mauer im Falle der Erweiterung oder Verlegung des Friedhofes sei keine Rede. Die Mauer erscheine lediglich als Zubehör zur Kirche.

2. Eventuell erhebt der Beklagte die Einrede der Verjährung
weil seit 1807 der Kanton Luzern die Friedhofmauer nicht mehr
unterhalten habe und ein solches Begehren auch nie an ihn gestellt worden sei, sodann die Einrede des Verzichtes. Letztere Einrede wird auf folgende Tatsachen begründet: Pfarrer Isenegger
hatte gegen einen Beschluß der Kirchgemeinde Reiden, nach welchem
in Zukunft der Weg um den Friedhof herum, der sogenannte
Prozessionsweg, und ein anderer über den Kirchhof führender Weg
zu Grabstätten benutzt werden sollten, den Rekurs an den Regierungsrat ergriffen. In der dem Regierungsrate eingereichten
Rekursbeantwortung des Gemeinderates von Reiden d. d. 6. Februar 1882 finden sich u. a. folgende Stellen: „Eine Unwahrheit
„ist die Behauptung des Rekurrenten, daß Kirchplatz, Friedhof
„und Ringmauer im Eigentum der Domäne (Komturei) resp.
„des Staates sei und die Gemeinden nur ein Benutzungsrecht
„hätten. Diese Behauptung wird also bestritten. Die Wahrheit ist
„die, daß der Platz, worauf die Kirche steht, ebenso der übrige
„Kirchplatz, Friedhof und Ringmauer im Eigentum der drei Ge-
„meinden des Kirchbezirkes Reiden sind. Dieses Eigentumsrecht

„geht aus verschiedenen Urkunden evident hervor. Dieses Eigen-
„tum wird konstatiert durch einen Auszug aus dem Hypothekar-
„protokoll der Gemeinde Reiden und durch das Urbarium der
„Komturei Reiden selbst (dessen Edition verlangt wird). Auch
„der Unterhalt der Ringmauer wird von den Gemeinden des
„Kirchkapitels ausgehalten. Wenn aber der fragliche Gräber- oder
„Prozessionsweg Eigentum der Komturei wäre, so wäre dann
„diese, resp. der Staat pflichtig, die Ringmauer zu unterhalten.“
Aus dieser Erklärung des Gemeinderates von Reiden ergebe sich
ein Verzicht auf die Unterhaltungspflicht des Staates.

3. Wenn, wie die Kläger behaupten, die Unterhaltungspflicht
auf das Patronat der Kommende zurückzuführen wäre, so komme
Art. 53 B.-V. in Betracht. Denn jene Unterhaltspflicht stütze sich
bekanntlich auf die Annahme, der Friedhof und damit auch die
Friedhofmauer seien res sacra, Teil oder Zubehör der Kirche.
Das seien sie nun nach der Bundesverfassung nicht mehr. Der
Friedhof sei vielmehr selbständige bürgerliche Sache geworden und
damit habe seine Qualität als accessorium natürlich aufgehört.
Beklagter stelle sich daher eventuell auf den Standpunkt, daß,
wenn die Kommende als Patron die Unterhaltungspflicht bezüglich
des Friedhofes resp. an Teilen desselben getragen hätte, diese
Verpflichtung durch die Bundesverfassung dahingefallen wäre
(§ 202 des luzernischen Civilgesetzbuches).

4. Jedenfalls könne Beklagter nicht zur Erstellung der neuen
Friedhofmauer verpflichtet werden, denn es handle sich nach dem
Vertrage von 1807 nicht um die Friedhofmauer, sondern um die
Kirchenmauer. Die Ringmauer müsse u m die Kirche sein.

D. In ihrer Replik bekämpfen die Kläger die Ausführungen
der Vernehmlassungsschrift. Sie bemerken u. a.: Sie berufen sich
nicht darauf, daß die Komturei Patron der Pfarrkirche Reiden
gewesen sei, denn ein Patronatsverhältnis habe nicht bestanden.
Vielmehr sei die Pfarrei dem Ritterhause inkorporiert gewesen
und habe letzterem infolgedessen die Baulast an der Pfarrkirche
und dem dazu als Pertinenz gehörigen Friedhofe obgelegen.
Übrigens habe die Kommende jedenfalls 1792 und 1807 die unbedingte Pflicht übernommen, den Friedhof mit einer Mauer zu
umziehen und diese Mauer zu unterhalten. Im Grundbuche der

Gemeinde Reiden Band XV vom Jahr 1860 sei die der Kommende obliegende Last folgendermaßen protokolliert: „Auf Kosten des „Johanniterhauses Reiden ist der Gottesacker mit einer Mauer „zu umziehen und diese zu unterhalten." Die Unterhaltungspflicht beziehe sich nicht nur auf die Ringmauer der Kirche, sondern auf die Friedhofmauer als solche, als Teil des Friedhofes. Von Verzicht oder Verjährung könne nicht die Rede sein.

E. Duplikando hält der Beklagte an den Ausführungen seiner Vernehmlassungsschrift fest.

F. Im Beweisverfahren ist vom Instruktionsrichter ein Augenschein eingenommen worden. Im Übrigen ist der Beweis ausschließlich durch Urkunden geführt worden.

G. Bei der heutigen Verhandlung erklären die Parteien sich damit einverstanden, daß an Stelle des erkrankten Instruktionsrichters ein anderes Mitglied des Gerichtes das Referat übernehme und das Gericht, nachdem es Vormittags die Vorträge der Parteien angehört habe, in einer Nachmittagssitzung zur Beratung und Urteilsfällung schreite. Beide Parteien halten die im Schriftenwechsel gestellten Anträge unter erneuerter Begründung aufrecht. Der Anwalt der Kläger behauptet, es fehle bei den Akten gegenwärtig der seiner Zeit vom Beklagten edierte Auszug aus dem Urbar über die Staatsliegenschaften betreffend die Kommende Reiden I. und II. Teil (Nr. 77 und 78 des Verzeichnisses der vom Beklagten edierten Akten), und ersucht um Beiziehung dieser Aktenstücke; er gibt im Fernern die Erklärung ab, von demjenigen Augenblicke an, wo der alte Friedhof als solcher eingehe, verzichten die Kläger auf die Erhaltung der Umfassungsmauer dieses Platzes durch den Staat, sofern letzterer die Unterhaltung der Mauer des neuen Friedhofes übernehme.

Das Bundesgericht zieht in Erwägung:

1. Der vom klägerischen Anwalte zu den Akten verlangte Auszug aus dem letzten Urbar über die Kommende Reiden befindet sich (als Akt. 140 b und c) tatsächlich fortwährend bei den Akten; das fragliche Gesuch der Kläger ist daher gegenstandslos.

2. Das Bundesgericht ist, wie übrigens von keiner Seite bezweifelt wurde, kompetent. Die Klage richtet sich gegen einen Kanton, der gesetzliche Streitwert von 3000 Fr. ist unzweifelhaft

gegeben und die Streitigkeit ist civilrechtlicher Natur. Denn die von den Klägern behauptete Baupflicht des Staates wird nicht etwa auf einen Rechtssatz des öffentlichen Rechts, sondern einzig darauf begründet, daß das Vermögen der Komturei Hohenrain-Reiden auf den Beklagten übergegangen sei und letzterer damit auch die auf diesem Vermögen haftenden, vertraglich begründeten Verpflichtungen übernommen habe. Es sind also die sämmtlichen gesetzlichen Voraussetzungen der bundesgerichtlichen Kompetenz gemäß Art. 27 Ziffer 4 O.-G. gegeben.

3. In der Sache selbst ist nicht bestritten und könnte nach dem klaren Wortlaute des Vertrages ernstlich nicht bestritten werden, daß der Vertrag vom 23. Januar 1807 den Staat Luzern als Rechtsnachfolger der Komturei Hohenrain-Reiden zum Unterhalte der bisherigen Kirchhofmauer verpflichtete. Da diese Baupflicht für die spätere Zeit durch den erwähnten Vertrag und den demselben vorangegangenen Entscheid der luzernischen Regierungsbehörde vom 25. Januar 1792 definitiv und unzweideutig festgestellt ist, so ist es für die Entscheidung des vorliegenden Prozesses nicht erforderlich, zu untersuchen, welches kirchenrechtliche Verhältnis zwischen der Komturei Hohenrain-Reiden und der Pfarrgemeinde Reiden früher, vor 1792 und 1807, bestanden habe. Übrigens wäre, nach den Akten, wohl unbedenklich anzunehmen, daß die Pfarrkirche Reiden dem Ritterhause Reiden inkorporiert und letzteres, weil im Besitze des Fabrikgutes befindlich, zum Bau und Unterhalte der eigentlichen Pfarrkirche verpflichtet war. Dagegen kann eine Pflicht des Beklagten zu Ummauerung des neuen Friedhofes aus dem Vertrage vom 23. Januar 1807 nicht abgeleitet und überhaupt nicht als bestehend anerkannt werden. Ob bei oder um die alte Pfarrkirche auf dem Burghubel sich je ein Friedhof befunden habe, ist nicht festgestellt. Nach den Ergebnissen des Augenscheines spricht der kleine Raum auf dem Burghubel eher dagegen und steht jedenfalls fest, daß ein Friedhof auf dem Burghubel der Kirchgemeinde Reiden räumlich nicht genügen konnte. Umgekehrt dagegen steht nach den Akten fest, daß im Jahr 1791 ein Friedhof unten bei der Filialkirche bestanden hat, da ja die Kirchgenossen von Reiden dem Komtur für den Fall, als die neue Pfarrkirche unten im Tale erbaut werde, die Abtretung der Filialkirche, des

Beinhauses und des Friedhofes anerboten und nur eine Erwei=
terung des letztern verlangt haben, wozu der Komtur noch Land
abtreten sollte. Es ist danach erwiesen, daß die Kirchgemeinde
Reiden unten bei der Filialkirche einen von der alten Pfarrkirche
ganz unabhängigen, im Eigentum der Gemeinde stehenden Fried=
hof besaß; dieser Friedhof war in allen Teilen von den Kirch=
genossen zu unterhalten und es ist nicht einmal behauptet worden,
daß dem Ritterhause hinsichtlich der Unterhaltung oder Einfriedi=
gung desselben irgendwelche Pflicht obgelegen habe. Der jetzige
Friedhof bei der gegenwärtigen Pfarrkirche nun besteht einfach
aus jenem ältern Friedhofe und einer Erweiterung desselben; er
steht auch unbestrittenermaßen fortwährend im Eigentum der Pfarr=
gemeinde Reiden und ist, abgesehen von der Einfriedigungsmauer,
von letzterer unterhalten worden, wie ja denn auch die Pfarrge=
meinde Reiden beziehungsweise die drei dieselbe bildenden politischen
Gemeinden die Anlegung des neuen, von der Kirche entfernt lie=
genden Friedhofes beschlossen und ausgeführt haben, ohne, abge=
sehen von der Einfriedigungsmauer, irgendwelche Ansprüche gegen=
über dem Beklagten zu erheben. Irgendwelche Verpflichtung der
Komturei Reiden mit Bezug auf Anlegung und Unterhaltung des
Friedhofes als solchen bestand demnach nicht. Eine derartige Pflicht
bestand nicht vor dem Regierungsentscheide vom 25. Januar 1792
und dem Vertrage vom 23. Januar 1807, und wurde auch durch
diese Akte nicht geschaffen. Denn wenn der Regierungsentscheid
vom 25. Januar 1792 das Ritterhaus verpflichtet, den Friedhof
mit einer Mauer der Anständigkeit gemäß einzuschließen und der
Vertrag vom 23. Januar 1807 die Kommenderie als verpflichtet
erklärt, „die Pfarrkirche, nämlich das ganze Gebäude sammt Rings=
„mauer zu bauen und was baufällig reparieren zu lassen," so
kann doch mit Grund nicht bezweifelt werden, daß die Ringsmauer
deren Erstellung und Unterhaltung dem Beklagten überbunden
wurde, als Einfriedigung der Kirche, der Friedhof als Kirchhof,
als Hofraum zur Kirche verstanden war, der Komturei also nur
die Pflicht auferlegt werden wollte, die Kirche und ihren Hofraum,
welcher gemäß bestehender allgemeiner Übung als Friedhof diente,
mit einer Mauer zu umgeben. Es ist denn auch überhaupt grund=
sätzlich in Doktrin und Praxis anerkannt, daß die Anlegung und

Unterhaltung von Begräbnisplätzen nur dann dem Kirchenbau=
herrn obliegt, einen Bestandteil der Baulast bildet, wenn als Be=
gräbnisplatz der die Kirche umgebende Kirchhof benutzt wird, nicht
aber auch dann, wenn der Begräbnisplatz von der Kirche räum=
lich getrennt ist; die Baupflicht des Kirchenbauherrn geht eben
nicht auf Anlegung und Unterhaltung eines Begräbnisplatzes als
solchen, sondern nur auf die hergebrachte Ummauerung der Kirche
und ihres Vorhofes, des Kirchhofes im eigentlichen Sinne, welcher
samt der ihn umgebenden Mauer als Teil oder doch als Zu=
behör der Kirche betrachtet wird (siehe Seufferts Archiv I, Nr.
226; IV, Nr. 244; V, Nr. 54). Wenn die Kläger ausgeführt
haben, bei Annahme dieser Auffassung stände es dem Staate frei,
sich seiner Verpflichtung zum Unterhalte der Kirchhofmauer da=
durch zu entledigen, daß er die Anlage eines von der Kirche
räumlich getrennten Friedhofes anordne, so ist dies offenbar völlig
unbegründet. Die Pflicht des Staates, wie jedes andern Kirchen=
bauherrn, die Mauer des eigentlichen Kirchhofes zu unterhalten,
bleibt ja natürlich, trotz der Anlage eines neuen, von der Kirche
räumlich getrennten, Begräbnisplatzes bestehen.

4. Ist demnach die Pflicht des Beklagten, den neuen Friedhof
mit einer Mauer zu umgeben und diese zu unterhalten, zu ver=
neinen, dagegen dessen Verpflichtung, die Mauer um die Pfarr=
kirche zu unterhalten, als nach Maßgabe des Vertrages von
1807 begründet anzuerkennen, so muß sich fragen, ob nicht, wie
der Beklagte behauptet, letztere Verpflichtung seither untergegangen
sei. Diese Frage ist aber zu verneinen. Wenn sich der Beklagte
zunächst auf Art. 53 B.=V. beruft, so ist klar, daß der in dieser
Verfassungsbestimmung niedergelegte Grundsatz, daß die Verfügung
über die Begräbnisplätze den bürgerlichen Behörden zustehe und
diese dafür zu sorgen haben, daß jeder Verstorbene schicklich beer=
digt werden könne, in die privatrechtlichen Verhältnisse hinsichtlich
des Eigentums, der Erstellungs= und Unterhaltungspflicht der
Friedhöfe in keiner Weise eingegriffen hat. Art. 53 B.=V. mochte
allerdings für die Kantone Veranlassung geben, die Erstellungs=
und Unterhaltungspflicht hinsichtlich der Friedhöfe, soweit diese
bisher durch das öffentliche Recht den Kirchgemeinden übertragen
war, den politischen Gemeinden aufzulegen, wie dies die luzernische

Verordnung vom 13. März 1878 in der Tat getan hat. Allein
nicht einmal in diese öffentlich-rechtlichen Ordnungen hat Art. 53
B.-V. eingegriffen; er hat es vielmehr einfach den Kantonen
überlassen, ob sie eine Änderung ihrer einschlägigen öffentlich-
rechtlichen Bestimmungen vornehmen wollen; noch viel weniger
hat er natürlich privatrechtliche Verpflichtungen Dritter bezüglich
der Unterhaltung und Erstellung von Begräbnisplätzen aufheben
wollen. Auch die luzernische Verordnung vom 13. März 1878
verfügt eine solche Aufhebung, die übrigens offenbar nur durch
Gesetz gültig hätte ausgesprochen werden können, nicht. Ihre
Vorschriften, speziell Art. 19, beziehen sich evident nur auf die
öffentlich-rechtliche Pflicht zur Erstellung und Unterhaltung der
Friedhöfe, nicht dagegen auf privatrechtliche Verhältnisse.

5. Die Einrede der Verjährung ist ebenfalls unbegründet. Der
Beklagte hat nicht angegeben, auf welche gesetzlichen Bestimmungen
er diese Einrede gründe. Zur Anwendung kommen aber die Bestimmungen des luzernischen privatrechtlichen Gesetzbuches über die
Verjährung persönlicher Rechte. Denn es handelt sich in casu
nicht, wie die Kläger behaupten, um eine Servitut oder Reallast,
sondern um eine persönliche Verpflichtung des Kantons Luzern
als Rechtsnachfolger des Ritterhauses. Eine Servitut oder Reallast kann nicht angenommen werden, weil es an einem dienenden
resp. belasteten Grundstücke mangelt. Allerdings ist die Bau- und
Unterhaltungspflicht des Staates im sog. Kaufprotokoll der Gemeinde Reiden eingetragen; allein dies ändert nichts. Denn der
Eintrag im Kaufprotokoll reproduziert einfach den Regierungsentscheid vom 25. Januar 1792 und den Vertrag vom 23. Januar
1807, ohne die Last auf ein bestimmtes, dem Staate Luzern gehöriges Grundstück zu legen und es ist zudem bestritten und nicht
nachgewiesen, daß der Staat bei der Eintragung ins Kaufspro-
tokoll mitgewirkt habe. Persönliche Rechte nun erlöschen nach
§ 785 des luzernischen Civilgesetzbuches ordentlicherweise durch Verjährung, wenn sie während eines Zeitraumes von 10 Jahren
weder von dem Berechtigten geltend gemacht, noch von dem Verpflichteten anerkannt wurden. So lange ein Recht nicht geltend
gemacht werden kann, läuft die Verjährung nicht. Eine besondere
Bestimmung über die Verjährung des Forderungsrechtes im ganzen

bei Rechten auf periodische Leistungen enthält das luzernische Recht, soweit ersichtlich, nicht. Angenommen daher es sei § 785 des luzernischen Civilrechtes anwendbar, so wäre die Einrede der Verjährung begründet, wenn der Beklagte nachgewiesen hätte, daß in der Zwischenzeit zwischen 1807 und 1886, und zwar mehr als 10 Jahre vor 1886, (in welch' letzterm Jahre die Kläger die Unterhaltungspflicht des Beklagten geltend machten) die Ringmauer reparaturbedürftig gewesen, die Verpflichtung des Beklagten zum Unterhalt aber nicht geltend gemacht worden sei, sondern die Gemeinde die Reparaturen selbst auf ihre Kosten besorgt habe. Ein derartiger Beweis ist aber nicht geleistet; vielmehr ergibt sich aus den Rechnungen der Schaffnerei Reiden, daß wenigstens im Jahre 1843 die Reparatur der Ringmauer vom Beklagten vorgenommen worden ist. Allerdings bestreitet der Beklagte, daß der in der Schaffnereirechnung eingetragene Posten für Reparatur der „Kirchenringmauer" die hier in Rede stehende Kirchenringmauer betreffe; derselbe beziehe sich vielmehr auf die Mauer auf dem Burghubel. Allein diese Einwendung ist unbegründet, da letztere Mauer im Jahre 1843 längst keine Kirchenringmauer mehr war. Daß seit dem Jahre 1843 bis zu der hier in Rede stehenden Reparatur die Mauer reparaturbedürftig gewesen wäre, ist nicht erwiesen. Die Einrede der Verjährung ist also jedenfalls unbegründet.

6. Das gleiche gilt von der Einrede des Verzichtes. Der Verzicht auf ein Recht ist ein auf Aufhebung eines bestehenden Rechtes gerichtetes Rechtsgeschäft; er setzt eine, zu Handen des Verpflichteten abgegebene Erklärung, welche den Willen der Rechtsaufhebung deutlich erkennen läßt, voraus. In den in der Antwort des Gemeinderates von Reiden auf den Rekurs des Pfarrers Jsenegger enthaltenen Äußerungen aber liegt eine rechtsgeschäftliche Willenserklärung überhaupt nicht; diese Äußerungen qualifizieren sich lediglich als Parteibehauptungen in einer dem Regierungsrate als staatliche Rekursbehörde eingereichten Rekursschrift, welche das Begehren auf Abweisung des Rekurses begründen sollen, nicht als rechtsgeschäftliche, gegenüber dem Staate als Fiskus abgegebene, Willenserklärungen, wodurch auf ein Privatrecht gegenüber dem Staate verzichtet würde. Übrigens wäre auch gar

nicht nachgewiesen, daß der Gemeinderat von Reiden zu einem der-
artigen Verzichte auf ein Recht der Gemeinde, sei es kraft Spe-
zialvollmacht, sei es kraft allgemeiner gesetzlicher Vollmacht befugt
gewesen wäre. Es ist also nicht dargetan, daß die gemäß dem
Vertrage vom 23. Januar 1807 bestehende Verpflichtung des
Staates zu Erweiterung und Unterhaltung der Mauer des alten
Kirchhofes seither erloschen sei. Es ist danach diese Pflicht des
Beklagten richterlich festzustellen und derselbe zu verurteilen, den
Klägern die Kosten der von ihnen auf Recht hin ausgeführten,
unbestrittenermaßen notwendigen Reparatur zu bezahlen.

Demnach hat das Bundesgericht

erkannt:

Der Staat Luzern wird als verpflichtet erklärt, die Mauer
des bisherigen Friedhofes zu Reiden zu erstellen und zu unterhalten und demnach den Klägern die Kosten der ausgeführten
Reparatur zu vergüten; dagegen wird das Begehren, daß der
Staat auch die Umfassungsmauer des neuen Friedhofs zu erstellen
und zu unterhalten habe, abgewiesen.

Lausanne. — Imp. Georges Bridel & C$^{ie}$

# A. STAATSRECHTLICHE ENTSCHEIDUNGEN
## ARRÊTS DE DROIT PUBLIC

---

**Erster Abschnitt. — Première section.**

# Bundesverfassung. — Constitution fédérale.

---

### I. Gleichheit vor dem Gesetze.
### Egalité devant la loi.

### 103. Urteil vom 9. November 1893 in Sachen von Tscharner.

A. Nachdem die Regierung des Kantons Bern sich anfangs 1893 entschlossen hatte, die von Bern über das sogenannte Weißen-bühl nach Klein-Wabern führende Straße zu korrigieren, falls die beteiligten Gemeinden Bern und Köniz das dazu erforderliche Land frei von allen Beschwerden zur Verfügung stellten, trat die Gemeinde Bern mit der heutigen Rekurrentin, Frau Helene von Tscharner geb. von Wattenwyl, als Besitzerin des gegen Norden an obgenannte Straßenstrecke stoßenden Morillon-Gutes, in Unter-handlungen zu dem Zwecke, dieselbe zur Abtretung des für die Straßenerweiterung und Erstellung eines Trottoirs erforderlichen Landstreifens von ihrem Morillon-Gute zu veranlassen. Außerdem wünschte die Gemeinde Bern von Frau von Tscharner die Abtretung eines weitern Landstreifens von 1 ½ Meter Breite zur Anpflanzung einer Obstbaumreihe längs der Straße.

B. Während Frau von Tscharner sich bereit erklärte, das zur Straßenerweiterung nötige Land abzutreten, verweigerte sie die Abgabe des weitern für die Anpflanzung der Obstbaumreihe in Aussicht genommenen Landstreifens.

C. Der Gemeinderat von Bern reichte daraufhin am 24. Juni 1893 beim Regierungsrate zu Handen des Großen Rates ein Gesuch ein, es möge der Gemeinde Bern der Frau von Tscharner gegenüber das Expropriationsrecht bezüglich des mehrerwähnten Landstreifens zur Anpflanzung der Obstbaumreihe erteilt werden. Der Große Rat des Kantons Bern erließ sodann am 30. Juni 1893 nach Einsicht genannten Gesuches und der bezüglichen Vernehmlassung der Frau von Tscharner, auf Antrag des Regierungsrates ein Dekret, durch welches er u. a. dem Gemeinderat der Stadt das Expropriationsrecht erteilte, auch bezüglich „des zur Anpflanzung von Obstbäumen längs der Südseite des Trottoirs dieser Straße (Weißenbühl bis Klein-Wabern) von dem Morillon-Gute der Frau von Tscharner in Aussicht nehmenden Streifen Landes."

D. Gegen dieses Dekret reichte Frau von Tscharner am 15. Juli 1893 den staatsrechtlichen Rekurs beim Bundesgericht ein, der folgendermaßen begründet ist: Auf der ganzen Straßenstrecke vom Weißenbühl bis zum Morillon-Gute existiere keine Baumreihe; eine solche sei auch weder längs einer gleichfalls von der Erweiterung der Wabernstraße betroffenen Besitzung eines Herrn Spycher, noch von der Grenze des Morillon-Gutes weg bis nach Klein-Wabern in Aussicht genommen. Es sei somit eine Ausnahmsmaßregel, wenn man Frau von Tscharner und nur sie zwingen wolle, Land zur Anpflanzung von Obstbäumen längs der Straße abzutreten. Hierin liege eine Verletzung von Art. 4 B.-V. und Art. 71 K.-V. Diese Maßregel verletze ferner § 83 der bernischen Verfassung, demzufolge alles Eigentum unverletzlich und eine Ausnahme nur im Interesse des gemeinen Wohls zulässig sei. Eine solche Ausnahme liege hier nicht vor, indem man unter gemeinem Wohl nicht etwa schon den Nutzen, Vorteil und die Annehmlichkeit von Staat, Gemeinde oder Publikum verstehen

dürfe. Da Ausnahmen strikte zu interpretieren seien und das Ex=
propriationsrecht sich als solche qualifiziere, so müsse dasselbe
nur in Fällen Platz greifen, wo das gemeine Wohl gebieterisch
es verlange. Unzulässig sei es namentlich auch, dasselbe in Fällen
anzurufen, wo wesentlich eine private Spekulation durch Obst=
baumzucht in Frage steht.

E. In seiner Vernehmlassung vom 30. August 1893 führt
der Regierungsrat des Kantons Bern aus: Es sei vom Bundes=
gericht schon wiederholt hervorgehoben worden und liege übrigens
in der Natur der Sache, daß der Entscheid der kantonalen Be=
hörden, über ein gestelltes Expropriationsgesuch für die Bethei=
ligten ausschließlich maßgebend und in Bezug auf seine materielle
Richtigkeit einer Weiterziehung an die Bundesbehörden nicht fähig
sei. Nur wenn ein Mißbrauch des Expropriationsrechtes vorläge,
indem dasselbe zu Spekulationszwecken des Staates oder Privater
gehandhabt würde, könnte das Bundesgericht einschreiten. Das
aber treffe hier nicht zu, da der Zweck der Expropriation in der
Tat der sei, eine stark frequentierte, der Sonnenhitze sehr ausge=
setzte, Straßenstrecke mit Schatten zu versehen. Daß man hiezu
Obstbäume aussah, habe nicht den Sinn, als ob zunächst
spekulative Zwecke verfolgt würden. Es sei daher die Rekurrentin
mit ihrem Rekursbegehren abzuweisen.

F. Der Gemeinderat der Stadt Bern schließt sich obigem
Petitum des Regierungsrates an, indem er wesentlich bemerkt,
eine ausnahmsweise Behandlung der Frau von Tscharner liege
nicht vor. Wenn man ihr speziell und nicht Andern Landab=
tretung zwecks Baumpflanzung zugemutet, so liege der Grund
darin, daß an den andern Straßenstrecken, teils schon Bäume
existierten, teils die Anpflanzung solcher untunlich sei.

Das Bundesgericht zieht in Erwägung:

Wie der Regierungsrat des Kantons Bern in seiner Vernehm=
lassung mit Recht betont, ist es nicht Sache des Bundesgerichtes,
einem ergangenen Expropriationsdekret der zuständigen kantonalen
Behörde gegenüber materiell zu prüfen, ob das verfassungsmäßige
Requisit der Zwangsenteignung, das „gemeine Wohl," im kon=
kreten Falle wirklich vorliege oder nicht. Vielmehr ist der Ent=
scheid der kantonalen Behörde bezüglich dieses Punktes regelmäßig

ein definitiver, und ein Einschreiten des Bundesgerichtes nur ausnahmsweise dann zulässig, wenn klar gelegt wird, daß die Expropriation nur angeblich zu öffentlichen Zwecken, in Wirklichkeit aber zu Gunsten privater Interessen, sei es auch des Staates, geschieht. Dafür liegt nun hier gar nichts vor. Denn einmal kann die Anlage einer Schatten spendenden Allee längs einer verkehrsreichen Straße sehr wohl, und ohne jeden Zwang, als im öffentlichen Interesse liegend, bezeichnet werden ; und ferner erscheint der Vorwurf, als ob das exproriierende Gemeinwesen hier durch Obstbaumzucht eine private Spekulation veranstalten wolle, durchaus unstichhaltig und der eventuelle pekuniäre Nutzen aus dem Obstertrag kaum als sekundären Zweck nebenbei in's Auge gefaßt. Ist aber die Behandlung der Rekurrentin eine gesetzliche, so kann die überdies unbelegte Behauptung einer ungleichen Behandlung der Rekurrentin nicht als begründet erscheinen.

.     Demnach hat das Bundesgericht
erkannt:

Der Rekurs wird als unbegründet abgewiesen.

----

## II. Doppelbesteuerung. — Double imposition.

### 104. Urteil vom 22. November 1893 in Sachen Leber.

A. Die Gemeindesteuerkommission von Brugg taxierte pro 1893 den Daniel Leber, Kaufmann in Genua, als steuerpflichtig: a. für einen Gewerbefonds, bestehend in einem Weinlager in Brugg im Betrage von 3000 Fr.; b. für einen Erwerb von 500 Fr., herrührend aus dem mit obigem Gewerbefond betriebenen Weinhandel. Daniel Leber erhob zunächst gegen diese Besteuerung bei der Gemeindesteuerkommission Brugg selbst, dann bei der Bezirkssteuerkommission Beschwerde, wurde aber von beiden Instanzen abgewiesen. Er gelangte sodann an das Obergericht des Kantons

Aargau, bei welchem er Streichung der Steueransätze pro 1893 für Erwerb und Gewerbefonds beantragte, da sowohl Staats= als Gemeindesteuergesetz nur die Einwohner des Kantons als steuerpflichtig erklären, Rekurrent aber im Auslande wohne. Das Obergericht wies am 17. Juli 1893 den Rekurs ab, mit der Begründung, Leder betreibe in Brugg eine eigentliche Filiale seines Genueser Geschäftes, die nach kantonalem Steuerrecht aller= dings zur Steuer heranzuziehen sei.

B. Gegen diesen am 6. September 1893 eröffneten obergericht= lichen Entscheid erklärte Leder am 5. November 1893 wegen Ver= letzung der Art. 46 $^2$ und 4 B.=V. den Rekurs an das Bundes= gericht und begründet den darin gestellten Antrag: „Es sei das Urteil des aargauischen Obergerichtes aufzuheben und zu erklären, daß D. Leder in Brugg weder staats= noch gemeindesteuerpflichtig sei, eventuell es sei die Sache zur neuerlichen Behandlung an die kantonalen Gerichte zurückzuweisen," im wesentlichen folgender= maßen: Leder gebe zu, daß er in Brugg ein Weinlager in un= gefährem Werte von 3000 Fr. habe. Der Wein aus demselben werde aber nicht in Brugg und Umgebung verkauft; gegenteils verfüge Rekurrent direkt von Genua aus über denselben. Eine Geschäftsfiliale habe Leder in Brugg nicht; er wohne in Genua und unterstehe daher der italienischen Steuerhoheit. Daß er in Genua eine direkte Vermögens= und Einkommenssteuer zahle, brauche Leder nicht zu beweisen. Es liege ein Fall internationaler Doppelbesteuerung betreffend beweglicher Sachen vor. Wenn das Bundesgericht bisher auch nur auf Fälle interkantonaler Doppel= besteuerung eingetreten sei, so liege doch kein Grund vor, um an dieser Praxis auch ferner festzuhalten. Das obergerichtliche Urteil verletze aber auch den Grundsatz der Gleichheit vor dem Gesetze. In der Tat werde Rekurrent durch dasselbe einer eigentlichen Ausnahmebehandlung unterworfen, indem andere Deponenten von Waaren in Lagerhäusern keine Steuer zahlen, und involviere die Darstellung seines Waarenlagers in Brugg als einer Geschäfts= filiale, welche Darstellung mit den Tatsachen im Widerspruch stehe, eine materielle Rechtsverweigerung. Durch diese allein sei es möglich geworden, Leder als Kantonseinwohner zu betrachten und zu besteuern.

Das Bundesgericht zieht in Erwägung:

Rekurrent hat nicht nachgewiesen, daß sein in Brugg liegendes Vermögen außer der aargauischen noch einer andern Steuerhoheit unterliegt. Aber auch abgesehen davon gewährte, wie Rekurrent selber anführt, die bisherige bundesgerichtliche Praxis außer dem Schutz gegen interkantonale Doppelbesteuerung einen solchen in internationalen Steuerkonflikten nur insofern, als es sich darum handelte, im Ausland gelegenes und dort steuerpflichtiges Grundeigentum eines hiesigen Einwohners vor einer zweiten Besteuerung in der Schweiz zu bewahren. Nun trifft offenbar und zugestandenermaßen keiner der obgenannten zwei Fälle hier zu und gründet vielmehr Rekurrent sein Petitum geradezu darauf, es möge in Abweichung von der bisherigen Praxis ein weiterer Tatbestand von Doppelbesteuerung als bundesrechtlich unzulässig erklärt werden. Nachdem jedoch hiefür durchschlagende, auf Bundesrecht beruhende, Gründe nicht angeführt werden konnten, ist allerdings an der bisherigen Praxis festzuhalten und demgemäß die Beschwerde wegen Doppelbesteuerung zu verwerfen.

Insoweit sodann Rekurrent sich über eine ihn beschwerende Interpretation der kantonalen Steuergesetze beklagt, genügt es, hierorts zu konstatieren, daß dieselbe wenigstens keine offenbar willkürliche ist und kann im übrigen auf eine Prüfung ihrer Richtigkeit nicht eingetreten werden, da eben die Interpretation des kantonalen Rechtes prinzipiell den kantonalen Behörden zusteht.

Demnach hat das Bundesgericht
erkannt:

Der Rekurs wird als unbegründet abgewiesen.

---

105. Urteil vom 20. Dezember 1893 in Sachen Künzli.

A. Nach Auflösung der Kollektivgesellschaft Künzli & Gugelmann in Langenthal bildeten die frühern Teilhaber derselben eine neue Handelsgesellschaft, welche am 31. Dezember 1892 folgendermaßen in das Handelsregister eingetragen wurde: Johann

Friedrich Gugelmann von Attiswyl, Hermann Arnold Gugel-
mann von Attiswyl und Langenthal und Hans Hektor Gugel-
mann von Attiswyl, alle wohnhaft in Langenthal, und Arnold
Künzli von und in Ryken haben unter der Firma „Gugelmann
& Cie." in Langenthal eine Kommanditgesellschaft eingegangen,
welche mit dem 1. Januar 1893 ihren Anfang nimmt. Johann
Friedrich Gugelmann, Hermann Arnold Gugelmann und Hans
Hektor Gugelmann sind unbeschränkt haftende Gesellschafter und
Arnold Künzli ist Kommanditär mit dem Betrag von 500,000
Franken. Natur des Geschäftes: Mechanische Buntweberei, Fabrik
in Roggwyl, Geschäftslokal in Langenthal. Diese Kommandit-
gesellschaft übernimmt Aktiven und Passiven der erloschenen Kol-
lektivgesellschaft gleichen Namens ..... Die Publikation im
schweizerischen Handelsamtsblatte erfolgte am 4. Januar 1893.
Genanntes Kapital von 500,000 Fr. wollte nun von zwei Seiten,
nämlich sowohl von der Wohnortsgemeinde des A. Künzli,
Ryken im Aargau, als von der Steuerbehörde von Langenthal,
Kantons Bern, als dem Sitz der Firma Gugelmann & Cie. zur
Steuer herangezogen werden. Daraufhin beschritt A. Künzli gegen
beide Steueranlagen den Beschwerdeweg. Im Kanton Aargau
wies das dortige Obergericht als oberste Rekursinstanz in Steuersachen am 17. Juli 1893 die Beschwerde ab und erklärte den
Rekurrenten pflichtig, genanntes Kapital im Kanton Aargau zu
versteuern, indem es zur Begründung ausführte: Die Rekursbe-
schwerde selbst erkläre, die 500,000 Fr. seien unter folgenden
Bedingungen in der Firma stehen gelassen worden: Dieselben
seien für Künzli bis 31. Dezember 1897 unkündbar, an welchem
Tage eine erste Abschlagszahlung von 100,000 Fr. erfolgen solle.
Die restierenden 400,000 Fr. sollen in Raten von 100,000 Fr.
je per 31. Dezember 1898, 1899, 1900 und 1901 zur Rückzahlung gelangen. Es solle aber dem Schuldner der Firma,
Gugelmann & Cie., unbenommen bleiben, schon vor den vorgeschriebenen Rückzahlungsterminen beliebige Abschlagszahlungen auf
dreimonatliche Anzeige hin zu leisten. Die Zinsen, 5 % des
schuldigen Kapitals, seien dem Gläubiger A. Künzli pro 30. Juni
und 31. Dezember gutzuschreiben. An Gewinn und Verlust sei
A. Künzli nicht beteiligt. Unter diesen Umständen und nach Mit-

gabe dieser Bedingungen sei das Kapital nicht als Kommandit=
kapital im Sinne des schweizerischen Obligationenrechtes zu be=
trachten, iudem die hiefür wesentliche Beteiligung an Gewinn und
Verlust fehle. Es liege vielmehr, trotz des Wortlautes der Ein=
tragung in das Handelsregister ein einfaches Darlehen vor, wel=
ches am Wohnorte des Gläubigers Künzli zu versteuern sei. —
Im Kanton Bern gelangte Künzli gegen die Einschatzung der
Gemeindesteuerkommission Langenthal an die Bezirkssteuerkommission
und, nachdem dieselbe genannte Einschatzung bestätigt hatte, auf
dem Rekurswege an den Regierungsrat des Kantons Bern. Ein
Entscheid dieser Behörde liegt indes zur Stunde noch nicht vor.

B. Am 24. August 1893 erklärte sodann A. Künzli den
staatsrechtlichen Rekurs an das Bundesgericht mit dem Begehren,
es sei entweder das Urteil des aargauischen Obergerichtes vom
17. Juli 1893 aufzuheben oder dem Kanton Bern das Besteuerungs=
recht für die fraglichen 500,000 Fr. abzusprechen. Der Rekurs
habe auch gegen letztern schon vor Erlaß des bezüglichen Ent=
scheides der obersten bernischen Instanz ergriffen werden müssen
um die Rekursfrist gegen das aargauische Urteil nicht zu ver=
säumen. Übrigens scheinen dem Rekurrenten die Motive des aar=
gauischen Richters zutreffend. Der Entscheid hänge davon ab, ob
Kommandite vorliege oder nicht. Hiefür sei nun der Eintrag in
das Handelsregister nicht ausschließlich maßgebend (Amtliche
Sammlung XVII, S. 146). Das wirklich bestehende Rechtsverhält=
nis ergebe sich vielmehr aus der privaten Korrespondenz zwischen
Künzli und den Gugelmann, die eventuell beigebracht werden
könne, obwohl sie angesichts des zwischen den Genannten bestehen=
den Verwandtschaftsverhältnisses zum Teil familiären Charakter
habe. Im übrigen werden die Vertragsbedingungen, wie sie sich
im obergerichtlichen Urteil wiedergegeben finden, lediglich wieder=
holt, mit der Ausnahme freilich, daß die daselbst gebrauchten Aus=
brücke „Gläubiger Künzli, Schuldner Gugelmann & Cie., schul=
biges Kapital" in der hierseitigen Rekurseingabe allerdings nicht
komparieren.

C. Sub 28. August 1893 erklärte der Regierungsrat des
Kantons Aargau, auf eine einläßliche Vernehmlassung zu ver=
zichten und beantragte mit Hinweis auf die Motive des oberge=

richtlichen Urteils Abweisung des Rekurses, soweit derselbe sich gegen dieses Urteil richte.

D. Der Regierungsrat des Kantons Bern führt aus: Ausweislich des Handelsregistereintrages, welcher im Verhältnis zu Drittpersonen und also auch zum Staate beweisend sei, sei Rekurrent Künzli Kommanditär der Kommanditgesellschaft Gugelmann & Cie. in Langenthal. Dieser Eintrag beruhe keineswegs auf einer unrichtigen Auffassung und Benennung des wirklich bestehenden Rechtsverhältnisses, das vielmehr allen Requisiten einer Kommanditgesellschaft Genüge leiste. Die Firma Gugelmann & Cie. bezeichne denn auch Künzli in ihrer Korrespondenz und auch im Verkehr mit den Berner Behörden regelmäßig als ihren Kommanditär. Daraus ergebe sich, daß Rekurrent seine Einlage am Sitz der Kommanditgesellschaft, also im Kanton Bern zu versteuern habe. Da übrigens der bernische Regierungsrat als oberste Rekursinstanz in Steuersachen in concreto noch nicht gesprochen habe, sei zur Zeit auf das gestellte Rekursbegehren nicht einzutreten, eventuell aber auf Besteuerungsrecht des Kantons Bern für die Kommanditeinlage des Rekurrenten zu schützen und das Urteil des aargauischen Obergerichtes vom 17. Juli 1893 aufzuheben. Unter Kostenfolge.

Das Bundesgericht zieht in Erwägung:

1. Da das Steuerrecht bezüglich des vom Rekurrenten in Langenthal, Kantons Bern, angelegten Kapitals sowohl von den Steuerbehörden dieses Kantons, als von denjenigen des Wohnsitzkantons in Anspruch genommen wird, so liegt ein interkantonaler Steuerkonflikt vor, zu dessen Erledigung das Bundesgericht kompetent ist. Und zwar ist auf dessen Behandlung sofort einzutreten und eine Abweisung zur Zeit, wie der Regierungsrath des Kantons Bern sie beantragt und damit begründet, sein Spruch als derjenige der obersten bernischen Rekursbehörde sei in dieser Sache noch nicht ergangen, keineswegs am Platze. Denn da die bernische Regierung in diesem Rekurse sich auf den Standpunkt der unterinstanzlichen Steuerbehörden stellt und das bernische Steuerrecht wahrt, so ist der Steuerkonflikt schon jetzt aktuell und das Interesse des Rekurrenten an einem Entscheide offenbar vorhanden.

2. Muß bemgemäß auf die Hauptsache eingetreten werden, so ist zunächst festzustellen, daß nach ständiger bunbesrechtlicher Praxis Gesellschaftsvermögen am Sitze der Gesellschaft zu besteuern ist (Amtliche Sammlung XIX, S. 4). Der gleiche Grundsatz ist sobann vom Bundesgericht schon zu wiederholten Malen (Amtliche Sammlung XIV, S. 397; XIX, S. 4, in Sachen Heer=Schuler gegen Glarus, Entscheidung vom 24. Februar 1893) bei Kommanbitgesellschaften bezüglich der Einlagen der einzelnen Kommanbitäre angewendet worden. Es muß bemnach auch heute baran festgehalten werden und ist übrigens von den Parteien anerkannt, daß der Entscheid vorliegender Sache davon abhängt, ob das Künzlische Kapital in Langenthal als Kommanditeinlage oder aber als bloßes Darlehen zu betrachten ist. Trifft ersteres zu, so ist allein das Steuerrecht des Kantons Bern gegeben, während im letztern Fall der Kanton Aargau als Wohnsitzkanton seinerseits das betreffende Kapital gemäß der gewöhnlichen, das Mobiliarvermögen betreffenben Steuerrechtsnorm zur Besteuerung heranziehen mag.

3. In dieser Beziehung ist nun der Eintrag im Handelsregister von entscheidendem Gewicht. Aus diesem aber geht hervor, daß die Gesellschaft Gugelmann & Cie. eine Kommanbitgesellschaft, der Rekurrent beren Kommanbitär und beffen hier in Frage kommenbes Kapital von 500,000 Fr. Kommanbitkapital ist. Auf diesen Eintrag, welchen Rekurrent selber mitveranlaßt hat, unb zu beffen Abänderung resp. Korrektur er nichts getan hat, kann sich der Kanton Bern so gut wie jeder Dritte (O.=R. Art. 863) berufen und hat der Eintrag Beweiskraft gegen den Rekurrenten unb die Gesellschaft, sowie gegen den das Steuerrecht beanspruchenben Kanton Aargau. Sollten die tatsächlichen Verhältnisse dem Eintrag nicht entsprechen, so mag Rekurrent das zur Richtigstellung nötige veranlaßen; so lange dies aber nicht geschehen unb der Eintrag nicht in rechtsförmlicher Weise abgeändert ist, kann der Gegenbeweis gegen benselben Dritten gegenüber auch nicht burch Berufung auf angeblich abweichenben Inhalt der Korrespondenz des Eingetragenen als statthaft anerkannt werden.

Ist bemgemäß das vom Rekurrenten in der Firma Gugelmann & Cie. angelegte Kapital als Kommanbitkapital zu betrachten, so steht das Besteuerungsrecht nach bekanntem Grundsatze demjenigen Staate zu, wo das Geschäft sein Domizil hat, das Kapital arbeitet und staatlichen Schutz genießt.

Demnach hat das Bundesgericht

erkannt:

Der Kanton Bern ist einzig berechtigt, das vom Rekurrenten in der Firma Gugelmann & Cie. angelegte Kapital und den bezüglichen Erwerb zu besteuern und es hat sich daher der Kanton Aargau der Besteuerung derselben zu enthalten.

---

## III. Niederlassung. — Etablissement.

106. *Arrêt du 22 Novembre 1893 dans la cause Rohrer.*

Sous date du 1ᵉʳ Septembre 1893, le Département de justice et police du canton de Genève a pris contre Mathilde Rohrer, d'origine bernoise, domiciliée à Genève, un arrêté d'expulsion enjoignant à la recourante de quitter le canton avant le 3 dit. Cet arrêté lui fut notifié le 2 Septembre.

D'après la réponse faite au recours par le Conseil d'Etat de Genève, le prédit arrêté était motivé sur les faits ci-après:

Mathilde Rohrer a vécu à Genève depuis plusieurs années sans autres ressources que le produit de la prostitution. Elle a été l'objet de poursuites en raison de son inconduite, et a été en traitement à l'hôpital cantonal aux frais de la police pour maladies honteuses, résultant de sa vie de débauche. Elle a refusé de se mettre en règle au point de vue de son permis de séjour en payant la taxe prévue par la loi et en déposant un acte d'origine; elle habite hors de la maison paternelle.

Mathilde Rohrer n'ayant pas quitté Genève le 4 Septembre au matin, jour auquel elle devait comparaître devant le tribunal de police pour avoir contrevenu aux dispositions des art. 1 et 13 de la loi du 8 Mars 1879, — elle fut arrêtée à son domicile et arrachée, dit-elle, à son bébé dont elle est l'unique protectrice.

Elle fut conduite à la prison de Saint-Antoine, où elle resta incarcérée jusqu'au 7 Septembre.

Mathilde Rohrer a recouru d'abord, le 2 Septembre 1893, au Conseil fédéral contre le prédit arrêté d'expulsion. Elle conclut à son annulation par les motifs ci-après :

Cet arrêté est illégal et viole les dispositions de l'art. 45 de la Constitution fédérale : 1° parce que la fille Rohrer n'a pas subi de condamnations ; 2° parce qu'elle n'est pas tombée à la charge de la bienfaisance publique ; 3° parce que son identité et sa qualité de Suissesse n'est pas méconnue. La recourante a d'ailleurs recouru au Conseil d'Etat, lequel a également rejeté le recours.

Aux termes des art. 175 et 189 de la nouvelle loi sur l'organisation judiciaire fédérale, le recours rentrait dans la compétence du Tribunal fédéral à partir du 1er Octobre 1893, et le Conseil fédéral lui a transmis le dossier de la cause par office du 3 dit.

Le Conseil d'Etat de Genève a conclu au rejet du recours par les motifs indiqués déjà plus haut. Il estime que vu les circonstances, et la jurisprudence constante du Conseil fédéral en la matière, c'est à bon droit qu'il a refusé à la recourante le droit de séjourner dans le canton, puisqu'elle ne fournissait pas la justification de sa qualité de Suissesse.

La réponse du Conseil d'Etat fut communiquée à la recourante pour réplique, et un délai échéant le 6 Novembre 1893 lui fut en même temps imparti à cet effet, avec la commination que, faute par elle de présenter la dite réplique dans le terme indiqué, il serait admis qu'elle reconnaît l'exactitude des allégués du Conseil d'Etat, notamment en ce qui concerne le dépôt de son acte d'origine.

La recourante ayant gardé le silence, le fait avancé par le Conseil d'Etat doit être considéré comme constant.

*Statuant sur ces faits et considérant en droit :*

1° Tout ce qui a trait à la matière de l'établissement et du séjour des ressortissants suisses sur le territoire de la Confédération se trouve réglé à l'art. 45 de la Constitution fédérale, et les cantons ne sont point autorisés à soumettre, par voie législative, ces droits à des conditions plus difficiles, pas plus qu'à édicter d'autres motifs d'expulsion que ceux prévus à l'article susvisé (voir Salis, *Schweizerisches Bundesrecht,* entre autres N°° 420, 427, 428).

Il y a donc lieu seulement de rechercher si, dans ces conditions, l'arrêté dont est recours porte atteinte aux dispositions de cet article, mais non point s'il est en harmonie avec les lois genevoises.

2° Le Conseil d'Etat n'allègue pas que la recourante ait été punie pour des délits graves, ni qu'elle ait été privée de ses droits civiques, ni, enfin, qu'elle soit tombée d'une manière permanente à la charge de la bienfaisance publique. Ces motifs d'expulsion, énumérés à l'art. 45, al. 2 et 3 précité, ne peuvent donc être invoqués comme justifiant la mesure atta·quée.

Il en est de même du motif tiré par le Conseil d'Etat de la vie de débauche et de prostitution à laquelle la fille Rohrer se livre depuis plusieurs années ; cette cause d'expulsion ne figurant pas au nombre de celles prévues à l'art. 45 (voir Salis, *ibidem,* N° 426).

3° En revanche l'arrêté d'expulsion rendu contre la recourante est bien fondé par la considération que celle-ci n'a ni produit, ni établi qu'elle possédât un acte d'origine ou une autre pièce analogue attestant sa nationalité suisse.

L'art. 45 ne garantit, en effet, le droit d'établissement sur un point quelconque du territoire suisse qu'aux personnes en possession des pièces sus-indiquées, et qui les ont déposées en main de l'autorité de police du lieu où elles séjournent (voir Salis, ouvrage précité, N° 398).

La fille Rohrer n'ayant pas rempli ces conditions, l'autorité genevoise n'était pas tenue de la tolérer sur le territoire de ce canton ; le recours contre l'arrêté qui l'en a expulsée ne saurait être accueilli.

Par ces motifs,

Le Tribunal fédéral

prononce :

Le recours est écarté.

## Zweiter Abschnitt. — Deuxième section.

# Bundesgesetze. — Lois fédérales.

————

### I. Zollwesen und Verfahren
### bei Uebertretung fiskalischer und polizeilicher
### Bundesgesetze.

### Péages et Mode de procéder à la poursuite
### des contraventions aux lois fiscales.

107. Urteil des Kaffationsgerichtes
vom 22. Dezember 1893 in Sachen Schwab und Müller
gegen
Eidgenössisches Finanz= und Zolldepartement.

A. Ende November 1892 langte in Zürich an die Adresse von
Mathilde Müller, Ehefrau des dortigen Tanzlehrers Robert
Sigmund Müller aus Preßburg, Ungarn, eine Sendung des
Möbelfabrikanten M. Steck in Stuttgart an, bestehend aus ver=
schiedenen Möbeln im Gesammtgewicht von 1247 Kg. Der Zoll
hiefür betrug 320 Fr. 85 Cts., da indes die Sendung als Aus=
steuergut deklariert worden war und die Eheleute Müller von der
Zolldirektion die Bewilligung zu deren zollfreien Einfuhr sich er=
beten und erhalten hatten, wurde die Sendung zollfrei eingelassen
und abgefertigt. Nachdem dies geschehen, begab sich Zollkontroller
Holzer, der über die Richtigkeit der gemachten Deklaration Ver=
dacht geschöpft hatte, in's Haus der Brautleute Müller und in
das Magazin des Möbelhändlers Schwab=Riß, um nach der
Bestimmung der Möbel näher zu forschen, und es ergab sich
dabei, daß die Wohnräumlichkeiten der Brautleute Müller bereits

vollständig ober nahezu vollständig möbliert waren, baß bie an=
gekommenen Möbel teils in's Magazin des Schwab=Ris, teils in
bie obern Stockwerke bes Hauses besselben verbracht und baß
einzelne im Attest figurierende Stücke überhaupt nicht bezogen
worden waren. Gestützt auf biese Untersuchung, und von ber
Annahme ausgehenb, es seien bie betreffenden Möbel behufs Ver=
kauf in bas Magazin des Möbelhänblers Schwab=Ris verbracht
und eingeführt worden, verfällte bas schweizerische Zollbepartement
mit Straferkenntniß vom 21. Dezember 1892 wegen Zollüber=
tretung, im Sinne von Art. 50 a bes Zollgesetzes ben Tanzlehrer
Müller in eine Buße von 1925 Fr. 10 Cts., gleich bem sechs=
fachen Betrage, und Möbelhänbler Schwab=Ris, ber sich im Rück=
falle befanb, in eine solche von 2887 Fr. 65 Cts., gleich bem
neunfachen Betrage bes umgangenen Zolls. Dieses Straferkennt=
niß wurde aber weder von Tanzlehrer Müller noch von Schwab=
Ris anerkannt; vielmehr suchten bieselben bei ber hierauf erfolgten
Überweisung bes Falles an bas Bezirksgericht Zürich nachzu=
weisen, baß eine Zollbefraubation überhaupt nicht vorliege, indem
bie betreffenden Möbel wirklich als Aussteuer der Frau Mathilde
Müller bestellt und eingeführt worben seien. Allerbings habe
Möbelhänbler Schwab=Ris schon vorher bie nötigen Möbel an
bie Brautleute Müller geliefert, bies sei aber nur mietweise bis
zur Ankunft ber von Schwab=Ris für sie bestellten geschehen und
in ber Meinung, baß bie schon gelieferten mit ben neu ankommen=
ben ausgetauscht werden sollten. Daß Schwab=Ris bie Bestellung
gemacht und vermittelt habe, erkläre sich baraus, baß man bem=
selben bie Provision auf bie vom Fabrikanten in Stuttgart zu
liefernbe Waare habe zusichern wollen. Die birekte Überbringung
in bessen Magazin habe nur zu bem Zwecke stattgefunden, um
bie Möbel zuerst noch aufzuarbeiten und bie infolge ber Reise
beschädigten zu reparieren. Später im Laufe ber Strafunterfuchung
gaben Müller und Schwab zu, baß eine Auswechslung nur mit
Bezug auf einen Teil ber erhaltenen Möbel habe stattfinden sollen;
sie bestritten aber, baß hierin eine Zollübertretung erblickt werden
könne, indem es sich nur um einen Tausch von ganz gleich be=
schaffenen Möbeln hanble. Das Bezirksgericht Zürich bestätigte
jeboch bas Straferkenntniß bes eibgenössischen Zollbepartementes.

In seinem Urteil vom 24. Mai 1893 hebt es verschiedene Tat=
sachen hervor, die den Angaben der Angeklagten zuwiderlaufen
und stellt fest, daß die bezogenen Möbel nicht als Aussteuer für
Frau Müller, sondern für Schwab=Ris bestimmt gewesen seien
und unter unrichtigen Angaben zollfrei eingeführt worden seien.
Mit Bezug auf die Schuld der zwei Angeklagten sagt das bezirks=
gerichtliche Urteil, Müller habe sich von Schwab verleiten lassen,
zollfreie Einfuhr unter falscher Deklaration zu bewirken. Auch
könne man vielleicht im Zweifel sein, ob die Zollübertretung alle
eingeführten Stücke betreffe ; dennoch müsse die vom Departement
gesprochene Buße in ihrem vollen Umfange aufrecht erhalten wer=
den, da Schwab sich im ersten Rückfalle befinde und das Zoll=
departement nach seinem Gutfinden noch weit größere Bußen
hätte verhängen können. Überhaupt sei die Ausmessung der Buße
Sache des Zolldepartementes und könne das Gericht eine Re=
duktion nur dann eintreten lassen, wenn die tatsächlichen Verhält=
nisse auf Grund der durchgeführten Untersuchung wesentlich anders
oder viel milder erscheinen. Gegen dieses Urteil ergriffen beide
Angeklagten die Berufung an die Appellationskammer des Ober
gerichtes, welche mit Urteil vom 29. Juli 1893 entschied : Mit
Bezug auf die Frage, ob eine Zollübertretung vorliege, verweise
das Gericht lediglich auf die Ausführungen der ersten Instanz.
Dagegen könne dem Vorberrichter darin nicht beigestimmt werden,
daß der Richter mit Bezug auf das Strafmaß an den Entscheid
des Zolldepartementes gebunden sei. Weder das Zollgesetz noch
das Gesetz betreffend das Verfahren im Falle von Übertretungen
fiskalischer Bundesgesetze enthalte eine solche Beschränkung. Art. 16
des letztern Gesetzes sage einfach, daß über diese Übertretungen
der Richter zu entscheiden habe. Ferner sehe Art. 17 desselben
Gesetzes gegen erstinstanzliche Urteile eine Appellation vor, sofern
von der ersten Instanz ein gewisses Strafmaß überschritten wor=
den sei. Auch haben die Gerichte eine solche Kompetenz stets in
Anspruch genommen. Dies vorausgesetzt, rechtfertige es sich, die
über Müller gesprochene Buße, nicht aber auch die über Schwab=
Ris verhängte, zu ermäßigen. Nach den Akten dürfe angenommen
werden, daß Müller nicht mala fide gehandelt habe, sondern daß
er durch den Mitangeklagten Schwab=Ris zu dem Glauben ver=

leitet worden sei, es involviere im vorliegenden Falle die Deklarierung der betreffenden Gegenstände als zollfreies Aussteuergut kein Zollverschlagnis. Nach Art. 51 Abs. 2 des Zollgesetzes könne in solchen Fällen die Buße beliebig ermäßigt oder gänzlich nachgelassen werden. Demnach bestätigte das Obergericht die dem Schwab-Riß erstinstanzlich auferlegte Buße von 2887 Fr. 65 Cts., setzte dagegen diejenige gegen Robert Müller von 1925 Fr. 10 Cts. auf 641 Fr. 70 Cts. herab.

B. Gegen dieses Urteil ergriffen sowohl Abvokat Forrer, Namens der Verurteilten, als Abvokat Zuppinger, Namens des eidgenössischen Zolldepartementes Kassationsbeschwerde an das Bundesgericht. Ersterer stellte den Antrag, es solle das Urteil der Appellationskammer des zürcherischen Obergerichtes mit Bezug auf beide Angeklagte aufgehoben werden und führt zur Begründung im wesentlichen aus: Es sei ein wesentlicher Formfehler unterlaufen. Als Bundesanwalt sei Abvokat Dr. Zuppinger in Zürich aufgetreten, dessen Vollmacht vom eidgenössischen Finanz- und Zolldepartement ausgestellt worden sei. Dieses besitze jedoch nicht die Befugnis, einen Bundesanwalt zu bestellen, sondern diese Befugnis komme allein dem Gesammtbundesrate zu (Art. 5 des Bundesgesetzes über die Bundesanwaltschaft vom 28. Juni 1889). Ferner verstoße das Urteil gegen bestimmte gesetzliche Vorschriften. Art. 50 litt. a des Zollgesetzes, auf welches die vom Gerichte bestätigte Bußverfügung des Zolldepartementes gestützt worden sei, finde in concreto keine Anwendung. Denn die Waare sei ja mit Zustimmung der Zollbeamten und unter ihren Augen eingeführt und aus dem Niederlagshaus abgeführt worden. Die Erwirkung eines unrichtigen Aussteuerzeugnisses bei einer Zolldirektion sei überhaupt nicht im Zollgesetz als strafbar vorgesehen. In Strafsachen gehe es nicht an, eine gesetzliche Strafandrohung per analogiam anzuwenden. Die erfolgte Verurtheilung sei ungerecht. Es handle sich um die erste Ausstattung junger Leute, welche vom Auslande in die Schweiz kommen. Statt die Ausstattung aus dem Ausland gleich als zollfreie Aussteuer mitzubringen, habe man dieselbe durch Vermittlung eines hiesigen Kaufmannes aus dem Ausland kommen lassen, um diesem den Erwerb des Zwischenhändlers zu sichern. Es verstoße nun gegen das Rechtsgefühl, hiefür die Betreffenden in eine Buße von einigen tausend Franken zu verdonnern. Das bezirksgerichtliche Urteil gebe selbst zu, daß es sich wenigstens bei einem Teil der Waare um Aussteuergegenstände gehandelt habe und trotzdem bestätige es die Bußenberechnung nach dem Gesammtwert der Waare.

Das Zolldepartement sei bei seinem Straferkenntnis von einem andern Tatbestand, nämlich von der Voraussetzung ausgegangen, daß die Vorgabe, es handle sich um eine Aussteuer von in die Schweiz einziehenden auswärtigen Eheleuten, von A bis Z erfunden gewesen sei. Diese Annahme habe sich aber durch die gerichtliche Untersuchung als unrichtig erwiesen.

C. Das eidgenössische Zolldepartement begründet sein Kassationsbegehren in folgender Weise: Gegenstand desselben sei das obergerichtliche Urteil nur insoweit, als dasselbe eine Reduktion der erstinstanzlich gesprochenen Buße enthalte. Diese Reduktion werde auf die Erwägung gestützt, daß in Fällen, wo der Angeklagte nicht mala fide gehandelt habe, die Buße nach Art. 51 Lemma 2 des Zollgesetzes vom Gerichte beliebig ermäßigt oder gänzlich nachgelassen werden dürfe. Diese Annahme nun verstoße gegen den klaren Wortlaut des Art. 51. Wohl komme eine solche Befugnis dem schweizerischen Bundesrate, nicht aber dem urteilenden Richter zu. Dieser, sowie die Verwaltungsbehörde, welche die Buße dekretiere, seien an den fünffachen Betrag des umgangenen Zolles als Minimum der Buße gebunden. Auch Art. 12 des Bundesgesetzes über das Verfahren bei Übertretungen fiskalischer Bundesgesetze verbiete den Kantonalbehörden, irgend welchen Nachlaß zu gewähren. Auch habe der Art. 51 Lemma 2 offenbar nur die Fälle im Auge, wo der Gebüßte sich der Buße unterworfen habe, beziehe sich also überhaupt nicht auf den vorliegenden Fall.

D. Über das Kassationsbegehren des Tanzlehrers Müller und Schwab-Riß antwortete das eidgenössische Zolldepartement: Dr. Zuppinger sei nicht als Bundesanwalt, sondern als Vertreter des Zolldepartementes bestellt worden. Im Bundesgesetz betreffend das Verfahren bei Übertretungen fiskalischer und polizeilicher Bundesgesetze sei nirgends verboten, daß die Verwaltungsbehörde sich durch einen besondern Anwalt vertreten lasse. Gegenteils sei dies

in früherer Zeit immer geschehen. Was den zweiten Kassations=
grund anbelange, so widerspreche es geradezu dem Wortlaute des
Art. 50, zu sagen, daß keine Zollübertretung vorhanden sei,
wenn der verzollbare Gegenstand mit Zustimmung der Zollbe=
amten eingeführt worden sei, selbst wenn diese Zustimmung durch
unrichtige Angabe oder durch Betrug erwirkt worden sei. Der
Gesetzgeber habe unmöglich die schwersten Fälle von Zollbefrau=
bation unbestraft lassen wollen. Ob die Verurteilung materiell
gerechtfertigt sei oder nicht, komme für das Kassationsgericht
nicht in Betracht. Allein die Behauptungen der Kassationskläger
seien auch in dieser Beziehung unrichtig. Die Verurteilung sei
nicht wegen Erwirkung eines unrichtigen Aussteuerzeugnisses,
sondern wegen Zollbefraudation erfolgt. Die von Stuttgart be=
zogenen Möbel seien nicht Aussteuergegenstände gewesen, sondern
tatsächlich von Schwab gekauft und bezahlt worden. Demzufolge
seien auch die Möbel zu ihm verbracht worden. Die Behauptung,
es sei ein Austausch der bezogenen Möbel mit den den Braut=
leuten Müller bereits gelieferten beabsichtigt gewesen, habe sich
als unwahr dargestellt. Schwab-Ris und Tanzlehrer Müller
haben sich ohne Zweifel einer Zollübertretung im Sinne von
Art. 50 litt. a schuldig gemacht. Das eidgenössische Zolldeparte=
ment beantragt aus diesen Gründen Abweisung ihres Kassations=
begehrens.

E. Namens des Tanzlehrers Müller bringt Advokat Forrer
zur Abweisung der Beschwerde des eidgenössischen Zolldeparte=
mentes folgendes an: In erster Linie werde die Berechtigung
von Dr. Zuppinger zur Prozeßführung überhaupt, eventuell
dessen Vollmacht zur Erhebung der Nichtigkeitsbeschwerde bestritten.
Sodann sei die erhobene Beschwerde auch inhaltlich unbegründet.
Art. 51 Abs. 2 des eidgenössischen Zollgesetzes habe nicht den
Sinn, daß auch dann, wenn die Buße bestritten sei und die
Gerichte zu entscheiden haben, es lediglich Sache des Bundesrates
bleibe, unter das im ersten Absatz jenes Artikels bestimmte Mini=
mum hinunterzugehen. Vielmehr reguliere jener Absatz nur die
administrative Bußenkompetenz zwischen Zolldepartement und Ge=
sammtbundesrat. Sobald aber die Sache gerichtlich werde, so
treten die Gerichte vollständig an Stelle der Administrativbehörde.

Die gegenteilige Auffassung hätte zur Folge, daß die Gerichte zwar die Buße auf dem Wege der Freisprechung ganz aufheben dürften, wenn sich ergäbe, daß der Angeklagte nicht die Absicht gehabt habe, ein Zollverschlagnis zu begehen, nicht aber befugt wären, die Buße aus dem gleichen Grunde zu reduzieren. Art. 12 Abs. 4 des Bundesgesetzes über das Verfahren bei Übertretung fiskalischer Bundesgesetze beziehe sich nur auf das Stadium des Strafvollzuges, habe also mit dem gegenwärtigen Falle nichts zu tun.

Das Kassationsgericht zieht in Erwägung:

1. Die Einwendung der Kassationskläger Müller und Schwab, es sei durch Ernennung eines Bundesanwaltes von Seite des eidgenössischen Zolldepartementes und Mitwirkung desselben am Prozeß ein wesentlicher Formfehler unterlaufen, ist nicht begründet. Denn Dr. Zuppinger ist nicht als Bundesanwalt aufgetreten, zu dessen Ernennung allerdings das eidgenössische Zolldepartement allein nach Bundesgesetz vom 28. Juni 1889 nicht befugt gewesen wäre, sondern er hat sich am Prozeß bloß als Vertreter des Departementes beteiligt. Nun steht der Bundesverwaltung, wie das Bundesgericht schon im Fall Levy, XIX, S. 53, und im Fall Lavel, XVIII, S. 712, erkannt und des Nähern begründet hat, gewiß das Recht zu, bei Prozessen wegen Übertretung fiskalischer Bundesgesetze sich durch einen besondern Anwalt vertreten zu lassen. Die in Art. 19 des Bundesgesetzes vom 30. Juni 1849 enthaltene Befugnis der Bundesanwaltschaft bei derartigen Prozessen zu intervenieren, steht dem nicht entgegen. Denn diese Befugnis ist eine bloß fakultative, während doch die Bundesverwaltung auch in denjenigen Fällen, in welchen der Bundesanwalt als solcher nicht interveniert, ein wesentliches Interesse daran haben kann, bei dem durchzuführenden Verfahren vertreten zu sein. Wäre übrigens auch das eidgenössische Zolldepartement nicht befugt gewesen, von sich aus einen Spezialanwalt für den Fall zu bestellen, so läge in der Mitwirkung dieses Anwaltes kein wesentlicher Formfehler, welcher nach Art. 18 des citierten Gesetzes zur Kassation führen könnte. Denn die Klage wäre nichtsdestoweniger rechtsgültig bei den zürcherischen Gerichten anhängig gemacht worden und durch die Mitwirkung des vom

Departement bestellten Anwaltes wäre weder das Recht der Verteidigung der Kassationskläger beeinträchtigt, noch sonst irgendwie
für sie nachteilig eingewirkt worden.

2. Unbegründet ist auch der zweite Kassationsgrund von
Müller und Schwab-Riß, dahingehend, daß die ihnen zur Last
gelegten Handlungen nicht unter Art. 50 des eidgenössischen Zollgesetzes subsumiert werden können. Diese Handlungen bestehen
nach den tatsächlichen Feststellungen der kantonalen Instanzen
(von denen das Kassationsgericht ohne weiteres auszugehen hat)
darin, daß Möbelhändler Schwab-Riß und Tanzlehrer Müller
unter der unrichtigen Vorgabe, es handle sich um Aussteuergut,
verschiedene zum Verkauf bestimmte Gegenstände zollfrei eingeführt haben. Nun unterliegt keinem Zweifel, daß auf diesen Tatbestand sowohl litt. a als litt. f des Art. 50 des Zollgesetzes
vom 27. August 1851 angewendet werden kann. Litt. a dieses
Artikels erklärt ja jede Einführung von zollpflichtigen Gegenständen, ohne daß die bezüglichen gesetzlichen Leistungen erfüllt
werden, worunter in erster Linie die Bezahlung der Zölle gehört,
als Zollübertretung, und litt. f desselben Artikels faßt noch besonders die Umgehung des pflichtigen Zolles durch unrichtige
Benennung der Waaren in's Auge. Der Umstand, daß bei Einführung und Abfertigung der zollpflichtigen Gegenstände die Zoll-
behörden zugegen waren und mitgewirkt haben, schließt selbstverständlich nicht aus, daß der Schuldige noch später zur Verantwortung gezogen werden könne, sofern die Behörden bei ihrer
Mitwirkung getäuscht worden sind. Ebensowenig könnte die Bestrafung wegen Zollbefraudation durch den Beweis abgewendet
werden, daß die Angeschuldigten in gutem Glauben gehandelt
haben. Denn es handelt sich hier offenbar um ein Formaldelikt,
bei welchem der Mangel der rechtswidrigen Absicht die Bestrafung
nicht ausschließt, sondern nur dem Bundesrat das Recht des
Nachlasses der Strafe gibt. Übrigens wäre jedenfalls bei Schwab-
Riß der Mangel der rechtswidrigen Absicht nicht dargetan.

3. Da demnach das Kassationsbegehren Müller und Schwab-
Riß als unbegründet abgewiesen werden muß, so erübrigt nur
noch zu untersuchen, ob nicht dasjenige des eidgenössischen Zolldepartementes, welches gegen die Herabsetzung der dem Tanzlehrer

Müller vorinstanzlich auferlegten Buße gerichtet ist, gutgeheißen werden müsse. Dies ist tatsächlich der Fall. Was zuerst die Vollmacht zur Einreichung der Beschwerde anbelangt, so hat sich der Vertreter des eidgenössischen Zolldepartementes durch Einlegung der ihm vom Departement ausgestellten Vollmachtsurkunde in dieser Beziehung hinlänglich ausgewiesen. Inhaltlich stützt sich obann die Beschwerde darauf, daß die Appellationskammer des zürcherischen Obergerichtes nicht befugt gewesen sei, selbst bei Annahme von bona fides von Seite des Angeklagten eine Reduktion der Buße unter das in Art. 51 Abs. 1 des Zollgesetzes festgesetzte Bußenminimum eintreten zu lassen. In der Tat ist eine solche Befugnis des Gerichtes aus dem Zollgesetz vom 27. August 1851, auf Grund dessen der vorliegende Fall beurteilt werden mußte, nicht gegeben. Art. 51 Abs. 2 leg. cit. schreibt allerdings vor, daß wenn der Übertreter nicht die Absicht gehabt habe, ein Zollverschlagnis zu begehen, die Buße vom Bundesrate ermäßigt oder gänzlich nachgelassen werden könne. Diese Bestimmung enthält aber, wie aus deren Wortlaut klar zu entnehmen ist, keinen Grundsatz in Bezug auf die Strafausmessung sondern gibt nur der Administrativbehörde ein Recht, nach gefälltem Urteil, sofern keine gesetzwidrige Absicht konstatiert werden konnte, billiges Ermessen obwalten zu lassen. Die Strafausmessung bestimmt sich dagegen für den Richter nach dem Art. 51 Abs. 1 des Zollgesetzes, welches als Minimum der zu verhängenden Strafe den fünffachen Betrag des umgangenen Zolles festsetzt. Da nun die zweite kantonale Instanz mit ihrem Urteil unter das gesetzliche Minimum ging, so ist hierin die Verletzung einer positiven Gesetzesvorschrift zu erblicken und der Fall gemäß Art. 18 Abs. 2 des Bundesgesetzes vom 30. Juni 1849 einem andern Gericht gleichen Ranges zu neuer abschließlicher Aburteilung zuzuweisen.

### Demnach hat das Kassationsgericht
### erkannt:

Die Kassationsbeschwerde des Adolf Schwab-Ris wird als unbegründet abgewiesen und das Urteil der Appellationskammer des Obergerichtes des Kantons Zürich vom 29. Juni 1893, soweit es diesen Angeklagten betrifft, bestätigt; dagegen wird dieses Urteil, soweit es den Robert Siegmund Müller anbelangt, aufgehoben und der Fall behufs neuer definitiver Beurteilung an das Obergericht des Kantons Schaffhausen gewiesen.

---

## II. Bundesstrafrecht. — Code pénal fédéral.

### 108. Urteil vom 8. November 1893 in Sachen des schweizerischen Bundesrates.

Am 21. November 1892 fällte das korrektionelle Gericht von Bern in einer laut Art. 74 des Bundesstrafrechtes den Berner Gerichten zur Beurteilung übertragenen Straffache Christen Gerold und Genossen betreffend Eisenbahngefährdung folgendes Urteil :

Sämtliche 5 Angeschuldigte sind von Schuld und Strafe freigesprochen und es wird jedem derselben eine Entschädigung von 120 Fr. (Interventionskosten inbegriffen) zuerkannt, welche durch die Eidgenossenschaft zu tragen sind.

Dieser letztern sind ferner die Kosten des Staates, bestimmt auf 221 Fr. 40 Cts. auferlegt. Weitergehende Begehren sind abgewiesen.

Gegen dieses Urteil erklärte zunächst der Bezirksprokurator des Amtes Bern am 27. Dezember 1892 die Appellation, welcher sich der Bundesrat laut Schlußnahme vom 16. Februar namentlich mit Rücksicht auf die Überbindung der Entschädigungen anschloß.

Als dann der Generalprokurator in der Folge die Appellation fallen ließ, erklärte der sub. 16. Juni 1893 hievon verständigte Bundesrat am 6. Juli gleichen Jahres den staatsrechtlichen Rekurs an das Bundesgericht, welchen er wesentlich folgendermaßen begründet :

Die Übernahme von Kosten durch den Bund sei nicht eine notwendige Folge der Übertragung der Bundesgerichtsbarkeit an die Kantone, sondern werde ausschließlich durch Art. 20 des

Bundesgesetzes über die Kosten der Bundesrechtspflege vom 25. Juni 1880 geregelt, welcher seinerseits dem Bunde nur die Prozeßkosten überbinde. Prozeßkosten aber seien nach Art. 16 des gleichen Gesetzes sämtliche Auslagen, welche der Prozeß verursachte, ausgenommen die Besoldungen ꝛc. der Beamten und Angestellten, Entschädigung des Bundesanwaltes, des Verteidigers und der Geschwornen ꝛc. ferner Gerichtsgebühr und Kanzleigebühren. Laut Art. 20 desselben Gesetzes habe der Bund nur diejenigen Kosten zu tragen, welche im Falle der Verurteilung der Angeklagte zu zahlen hätte. Eine Entschädigungspflicht gegenüber dem freigesprochenen Angeklagten könne für den Bund aus dem citierten Gesetze nicht abgeleitet werden. Überhaupt habe die Delegation von Straffällen seitens der Bundesbehörden nur den Sinn einer Feststellung des Gerichtsstandes. Wenn der auf diesem Wege mit der Beurteilung einer Straffache betraute kantonale Richter seinerseits in ungerechtfertigter oder unvorsichtiger Weise vorgehe, könne der Bund dafür nicht verantwortlich gemacht werden.

Es sei daher das Urteil des korrektionellen Gerichtes von Bern in Sachen Christen Gerold und Konsorten, soweit es die Bezahlung von Entschädigungen an die freigesprochenen Angeklagten der Eidgenossenschaft überbinde, aufzuheben.

Das korrektionelle Gericht von Bern reichte keine Vernehmlassung ein.

Das Bundesgericht zieht in Erwägung:

1. Wie das Bundesgericht sub 3. März 1893 in der wesentlich analogen Rekurssache betreffend zwei Urteile der Berner Polizeikammer in Sachen Bourquin und Aebi ausgeführt hat, ist der Bundesrat, als Vertreter des Bundesfiskus, der eine juristische Persönlichkeit des Privatrechtes darstellt, allerdings zu staatsrechtlichen Rekursen im Sinne des Art. 59 litt. a O.-G. wegen Verletzung eines Bundesgesetzes berechtigt und ist in dieser Beziehung gegen vorliegende Beschwerde nichts zu erinnern.

2. Zur Sache muß bemerkt werden: Als der schweizerische Bundesrat am 30./31. Dezember 1892 in den obgenannten wesentlich analogen Fällen damals wegen direkter Kostenauflegung durch das in Sachen urteilende Gericht auf den Bund anher

rekurrierte, wies das Bundesgericht sub 3. März 1893 selben
Rekurs ab, indem es seinem Entscheide wesentlich folgende Erwä=
gungen zu Grunde legte: Die Überweisung von Übertretungen des
Bundesstrafrechtes an kantonale Gerichte laut Art. 74 B.=St.=R.
habe keineswegs die bloße Bedeutung einer Kompetenzbestimmung,
auf welche hin die betreffenden kantonalen Gerichte den über=
wiesenen Strafanspruch als einen kantonalen geltend zu machen
hätten. Gegenteils ergebe sich aus dem Umstand, daß das Be=
gnabigungsrecht auch in solchen Fällen dem Bunde zustehe und
Bußen in die Bundeskasse fallen, daß es sich hier trotz Über=
weisung nach wie vor um einen Strafanspruch des Bundes
handle, der denselben bloß durch das Organ der kantonalen Ge=
richte auf dem Wege des kantonalen Strafprozesses geltend mache.
Den Bund als Subjekt des Strafanspruchs müßten daher even=
tuell auch, und zwar in den Formen des kantonalen Strafpro=
zesses, also durch direkte Auflage die in Sachen ergangenen
Kosten treffen, worüber das in der Hauptsache kompetente Ge=
richt abzusprechen befugt sei.

3. An Hand der gleichen Erwägungen wird auch dieser Fall
zu entscheiden sein.

Wenn es wahr ist, daß der Bund trotz Überweisung Träger
des Strafanspruches ist und bleibt, der Kanton also ihm nicht in
denselben succediert, sondern nur seine Gerichtsorgane zur Geltend=
machung genannten Anspruchs zur Verfügung stellt, so ergibt
sich, daß die Stellung des Bundes in solchen Fällen in Rechten
und Pflichten im übrigen wesentlich dieselbe sein wird, welche das
zur Anwendung gelangende kantonale Strafprozeßrecht in allen
andern Fällen dem Kanton einräumt. So gut nun der kantonale
Richter nach Maßgabe des kantonalen Strafprozeßgesetzes überall
da, wo durch Verfolgung eines kantonalen Strafanspruches einem
Individuum unverschuldetermaßen Schaden erwachsen, in die Lage
kommen kann, dafür zu Lasten des Kantons eine Entschädigung
zuzubilligen, so gut wird er es in Fällen von Verfolgung eines
Strafanspruches des Bundes tun können, mit dem Unterschied
zwar, daß dann die Entschädigungspflicht dem als Träger der
Strafhoheit allein in Betracht kommenden Bund auferlegt werden
muß. Es wäre dies dann nicht zulässig, wenn die Bundesgesetz=

gebung abweichende Vorschriften aufstellen würde. Dies trifft nun
nicht zu. Speziell kann die Meinung des Art. 20 des Bundes=
gesetzes über die Kosten der Bundesrechtspflege nicht die sein,
daß außer den eigentlichen Prozeßkosten der Bund gar keine
andern Kosten zu tragen habe, sondern ist nur hinsichtlich der
Prozeßkosten, da der Bund dieselben dem Kanton, respektive der
betreffenden Gerichtskasse nicht vorstreckt, die Vergütungs= respek=
tive Rückerstattungspflicht desselben statuiert. Von dieser Vergü=
tungs= respektive Rückerstattungspflicht wird nun allerdings die
etwa gesprochene Entschädigung des freigesprochenen Angeklagten
in keiner Weise betroffen, da der Kanton, respektive die betreffende
Gerichtskasse gar keine Veranlassung hat, selbe auszuzahlen und
dann dem Bunde zu belasten, sondern sich ganz naturgemäß da=
mit begnügt, dem Geschädigten eine Forderung zuzusprechen, im
weitern es ihm überlassend, dieselbe zuständigen Ortes einzuziehen.
Die Nichterwähnung der Entschädigung an den freigesprochenen
Angeklagten im Art. 20 erklärt sich somit ganz natürlich. Art. 16
e. l. vollends, will nur die Belastung des Verurteilten mit ge=
wissen Kategorien von Amtskosten verhindern. Jedenfalls ist in
keinem der genannten Artikel davon die Rede, den Kantonen
diese Kosten aufzuerlegen. Sobann aber kann darauf verwiesen
werden, daß laut Art. 122 des Bundesgesetzes über die Bundes=
strafrechtspflege die Entschädigungspflicht des Bundes gegenüber
dem freigesprochenen Angeklagten für den Fall der Strafverhand=
lung vor den Assisen, zwar unter gewissen Kautelen, anerkannt
wird. Da hier wie dort trotz der verschiedenen Organe und des
verschiedenen Verfahrens ein und dasselbe Subjekt, nämlich der
Bund, Träger des Strafanspruches ist, erscheint es auch dem Recht
und der Billigkeit entsprechend, wenn derselbe auch in beiden
Fällen gleichmäßig sich einer eventuellen Schadenersatzpflicht unter=
zieht.

Demnach hat das Bundesgericht

erkannt:

Die Beschwerde des schweizerischen Bundesrates wird abge=
wiesen.

# III. Polizeiliche Massnahmen gegen die Viehseuchen. — Mesures de police à prendre contre les épizooties.

## 109. Urteil des Kassationsgerichtes vom 22. Dezember 1893 in Sachen Zürich gegen Oberhänsli.

A. Heinrich Oberhänsli wurde am 31. Juli 1893 vom Statt=
halteramt Zürich mit einer Buße von 25 Fr. belegt, weil er am
12. desselben Monats dem Metzger Bostel in Zürich III ein
Kalb geliefert und hiefür einen Gesundheitsschein auf den Namen
des Jakob Germann von Ottoberg, von dem das Kalb gekauft
worden war, übergeben hatte. Gestützt wurde die Buße auf
Art. 20 der Vollziehungsverordnung vom 14. Oktober 1887 zum
Bundesgesetz über polizeiliche Maßnahmen gegen Viehseuchen
respektive auf Art. 103 derselben. Oberhänsli erklärte nun hie=
gegen die Berufung an das Bezirksgericht Zürich, welches mit
Urteil vom 23. August 1893 die Buße bestätigte und den Ober=
hänsli in die Kosten verfällte. Die Appellationskammer des Ober=
gerichtes von Zürich, an welche die Sache mittelst Nichtigkeits=
beschwerde gezogen wurde, sprach aber den Oberhänsli mit Urteil
vom 5. Oktober 1893 von der ihm auferlegten Buße frei.
Dieses Urteil wurde der Staatsanwaltschaft Zürich am 23. Okto=
ber mitgeteilt und in folgender Weise motiviert: Art. 20 der
bundesrätlichen Vollziehungsverordnung zum Viehseuchengesetz be=
stimme, daß die Gültigkeit eines Gesundheitsscheines mit der
Handänderung erlösche und daß bei einer neuen Handänderung
ein neuer Schein auf den Namen des Verkäufers gelöst werden
müsse. Das Bezirksgericht fasse nun diese Bestimmung dahin auf,
daß bei jedem Verkauf eines Tieres vom Verkäufer ein neuer
Schein zu lösen sei. Diese Auffassung sei indessen nicht richtig.
Handänderung sei nicht gleichbedeutend mit Verkauf; sie sei nicht
ein Ausdruck des Obligationen= sondern des Sachenrechtes. Hand=
änderung bedeute Besitzeswechsel, Eigentumsübergang. In concreto

sei nun eine Eigentumsübertragung nicht erfolgt. Oberhänsli sei
selbst nicht Eigentümer des Kaufobjektes geworden. Dieses sei ihm
nie tradiert, sondern von seinem Lieferanten direkt an den zweiten
Käufer gesandt worden. Für solche Fälle verlange nun das Ge=
setz keinen neuen Gesundheitsschein. Die Lösung eines solchen habe
bei derartigen, direkten Eigentumsübertragungen keinen Zweck.

B. Gegen dieses Urteil wurde nun von Advokat Forrer in
Winterthur Namens des Regierungsrates des Kantons Zürich,
am 2. November 1893 die Kassationsbeschwerde an das Bundes=
gericht erklärt und dieselbe am 12. gleichen Monats prosequiert
mit dem Antrag, es sei das Urteil aufzuheben und der Fall an
die Appellationskammer des zürcherischen Obergerichtes behufs
erneuter Beurteilung, zurückzuweisen. Zur Begründung wird gel=
tend gemacht: Die Beschwerde sei statthaft. Art. 162 des neuen
Organisationsgesetzes könne unmöglich den Sinn haben, daß die
Kassationsbeschwerde an's Bundesgericht nur gegen das Bußen=
urteil desjenigen kantonalen Gerichtes zulässig sei, gegen welches
keine Appellation stattfinde und nicht auch gegen das Urteil des
kantonalen Kassationsgerichtes. Möge es aber sein wie es wolle,
so sei jedenfalls der vorliegende Rekurs zulässig. Denn zur Zeit
des Inkrafttretens des neuen Organisationsgesetzes sei der Fall
„bei den Kantonsbehörden anhängig gewesen" (Art. 232 O.=G.)
und gegen das Urteil des Bezirksgerichtes habe man, da das
Organisationsgesetz noch nicht in Kraft bestanden habe, die Kassa=
tion noch nicht ergreifen können. Inhaltlich werde die Beschwerde
auf Art. 4 des Viehseuchengesetzes und auf Art. 20 der bezüg=
lichen Vollziehungsverordnung gestützt. Vor allem sei nicht klar,
welchen Tatbestand die Appellationskammer des Obergerichtes
ihrem Urteile zu Grunde gelegt habe. Nach der Meinung des
Kassationspetenten sei der bezirksgerichtliche Tatbestand, wonach der
eigentliche Käufer Oberhänsli und nicht Metzger Bostel gewesen
sei, aufrecht geblieben und demselben als weitere Tatsache nur noch
hinzugekommen, die direkte Sendung des Tieres durch Germann
an den Metzger. Die Darstellung Oberhänsli's sei aber viel
weiter gegangen, nämlich dahin, daß er das Tier an Metzger
Bostel nicht verkauft, sondern daß er dasselbe von Anfang an
nur im Auftrage Bostel's bestellt habe. Über diese Behauptung,

obwohl von der Staatsanwaltschaft Zürich ausdrücklich bestritten, habe sich die kantonale Kassationsinstanz nicht ausgesprochen. Es werde daher dem Bundesgericht überlassen zu entscheiden, ob es nicht im Fall sei von Art. 173 O.⸗G. Gebrauch zu machen. Im Fernern verstoße die Auffassung des zürcherischen Oberge⸗ richtes gegen Art. 4 des Viehseuchengesetzes und gegen Art. 20 der bundesrätlichen Vollziehungsverordnung. Was Handänderung bedeute, ergebe sich aus Art. 4 des Gesetzes, als dessen Ausführung die Verordnnng sich darstelle. Das Gesetz spreche von „Veräu⸗ ßerung“. Nun sei das Kalb von Germann an Oberhänsli ver⸗ kauft, also veräußert worden; später habe Oberhänsli das von ihm gekaufte Kalb an Bostel wiederverkauft. Es liegen also zwei „Veräußerungen“ vor. Bei der zweiten Veräußerung hätte dem⸗ nach ein neuer Gesundheitsschein gelöst werden müssen. Zur Be⸗ kräftigung seiner Ansicht beruft sich noch der Kassationskläger auf ein Schreiben des eidgenössischen Landwirtschaftsdepartementes datiert den 9. Juni 1893 und auf Art. 20 Absatz 2 der bundes⸗ rätlichen Verordnung:

C. Der Kassationsbeklagte antwortet hierauf: Die Beschwerde sei verspätet. Nach zürcherischem Strafprozeß sei gegen Urteile betreffend Polizeivergehen bei Bußen uuter 50 Fr. ein ordent⸗ liches Rechtsmittel nicht zulässig. Die Frist habe also von der Mitteilung des bezirksgerichtlichen Urteiles zu laufen begonnen und diese sei am 23. August 1893 erfolgt. Abgesehen davon sei die Beschwerde überhaupt unzulässig. Der Entscheid der Appella⸗ tionskammer des zürcherischen Obergerichtes sei kein Endurteil im Sinne von Art. 160 und 162 O.⸗G. Aus diesem ergebe sich nirgends ein Anhaltspunkt dafür, daß unter die in den Art. 160 und 162 genannten Endurteile auch die Entscheide der zürche⸗ rischen Kassationsinstanz im Polizeiprozeß zu subsumieren seien. Materiell sei die Beschwerde unbegründet. Nirgends in der Schweiz werde Art. 20 der bundesrätlichen Vollziehungsverordnung in der vom Kassationskläger beantragten Weise gehandhabt. Art. 4 des Viehseuchengesetzes und Art. 20 der bundesrätlichen Verordnung seien durch die Auslegung des zürcherischen Obergerichtes nicht verletzt. Art. 20 der Vollziehungsverordnung stehe auch in keinem Widerspruch zu Art. 4 des Gesetzes, sondern führe den in dem⸗

selben enthaltenen Gedanken nur aus. Auch die ratio legis, d. h.
die Vermeidung der Verschleppung von Viehseuchen in andere
Inspektionskreise, vermöge nicht zu einer gegenteiligen Auffassung
zu führen. Die Pflicht zur Übergabe eines Gesundheitsscheines
an den Übernehmer des Tieres entstehe erst dann, wenn der
Übernehmer dasselbe über den Inspektionskreis hinausführe
innerhalb desselben könne es wiederholt veräußert werden, ohne
daß es eines Scheines bedürfe. In concreto habe nun eine
Veräußerung, verbunden mit Tradition respektive Translokation
in einen andern Kreis, nur ein Mal stattgefunden. Für diese
Handänderung sei nun durch die Ausstellung eines Scheines vom
ursprünglichen Besitzer des Tieres gesorgt worden. Auch handle
es sich nach den Akten um ein Kalb, das nicht mehr als 8 bis
10 Wochen haben konnte und wofür nach Art. 8 des Viehseuchen=
gesetzes ein Gesundheitsschein nicht einmal nötig gewesen wäre.
Aus diesen Gründen beantragt der Kassationsbeklagte Abweisung
der Beschwerde.

Das Kassationsgericht zieht in Erwägung:

1. Die Appellationskammer des zürcherischen Obergerichtes hat
nicht bloß die Nichtigkeitsbeschwerde des Heinrich Oberhänsli für
begründet erklärt und das Urteil des Bezirksgerichtes aufgehoben,
sondern sie hat den Straffall selbst untersucht und ein neues
Urteil an Stelle des bezirksgerichtlichen gefällt. Es beruht dieses
Vorgehen auf § 1096 des Gesetzes betreffend die zürcherische
Rechtspflege, wonach die zürcherische Appellationskammer in ge=
wissen Fällen, sofern sie das Urteil kassiert, nicht etwa den Fall
an das Gericht, von welchem dasselbe erlassen worden ist, oder an
ein anderes Gericht behufs erneuter Beurteilung zurückzuweisen
hat, sondern an Stelle des sonst allein zuständigen Bezirksge=
richtes selbst in der Hauptsache entscheidet. Ihre Stellung ist also
in derartigen Fällen nicht diejenige eines reinen Kassationshofes.
Daraus ergibt sich, daß Urteile, die von ihr auf diesem Wege
erlassen werden, als erstinstanzliche Endurteile im Sinne von
Art. 160 und 162 des neuen Organisationsgesetzes behandelt
werden müssen, gegen welche die Kassation an das Bundesgericht
ergriffen werden kann. Auch die beklagtischerseits erhobene Ver=
spätungseinrede erweist sich demnach als unbegründet. Denn da

das obergerichtliche Urteil an den Vertreter des Staates Zürich
am 23. Oktober mitgeteilt worden ist, so ist die Erklärung der
Kassation am 2. November 1893, sowie die Prosequierung derselben am 12. gleichen Monats rechtzeitig erfolgt (vergl. Art. 164
bis 166 O.-G.) Zweifelhafter dürfte es allerdings sein, ob, nachdem die Staatsanwaltschaft in der Sache funktioniert hat, nun
die Kantonsregierung legitimiert sei, von sich aus die Kassation
an das Bundesgericht einzulegen. Da indessen eine bezügliche Einrede vom Rekursbeklagten nicht gestellt worden ist, und auch sonst
nicht ersichtlich ist, daß dieses Vorgehen einer Vorschrift des kantonalen Rechtes widerspreche, so mag im vorliegenden Falle von
einer näheren Untersuchung der Frage abgesehen werden.

2. In der Sache selbst ist zu bemerken: Die von der Appellationskammer des zürcherischen Obergerichtes dem Art. 20 der
Vollziehungsverordnung zum Viehseuchengesetz vom 8. Februar
1872 gegebene Auslegung steht mit dem Text der Verordnung
durchaus im Einklang. Denn Art. 20 derselben schreibt nicht vor,
daß schon bei der bloßen Verkaufsverabredung ein neuer Gesundheitsschein gelöst werden müsse, sondern er läßt die Gültigkeit
des auf den Namen des Verkäufers lautenden Scheines erst mit
der Handänderung des Tieres ablaufen. Wie nun die Appellationskammer des zürcherischen Obergerichtes mit Recht ausgeführt hat, setzt die Handänderung über den bloßen Verkaufsab-
schluß auch noch die Übergabe des Tieres, respektive die Eigentumsübertragung über dasselbe auf den Käufer voraus. Art. 4
des Bundesgesetzes vom 8. Februar 1872 steht dieser Auffassung
durchaus nicht entgegen. Gegenteils statuiert derselbe bei „Veräußerung" von Tieren eine Pflicht zur Lösung von einem Gesundheitsscheine nur insofern, als das betreffende Tier in einen
andern Inspektionskreis geführt werden soll. Übrigens gehört
auch zum Begriffe „Veräußerung" nicht die bloße Verkaufsverabredung, sondern auch die faktische Übergabe des Tieres. In
Übereinstimmung damit verlangen der französische und italienische
Text des Art. 20 der Vollziehungsverordnung die Lösung eines
neuen Gesundheitsscheines wörtlich nur dann, wenn ein Wechsel
in der Person des „Eigentümers" des Tieres stattfindet. Es ist
auch nicht einzusehen, worin die Gefahren der unterlassenen Lösung

eines neuen Gesundheitsscheines bestehen sollen, sofern, wie in concreto die kantonalen Instanzen festgestellt haben, das Tier vom Verkäufer direkt an den dritten Erwerber versandt wird, ohne je in den Besitz des Zwischenhändlers zu gelangen. Demnach muß die Kassationsbeschwerde des Regierungsrates von Zürich abgewiesen werden. Denn daß ein genügender Grund nicht vorliegt, um das Urteil der Appellationskammer des zürcherischen Obergerichtes auf Grund von Art. 173 O.-G. zu kassieren, ist ohne weiteres klar.

Demnach hat das Kassationsgericht

erkannt:

Die Kassationsbeschwerde des Regierungsrates des Kantons Zürich wird als unbegründet abgewiesen.

---

## VI. Fabrik- und Handelsmarken.
## Marques de fabrique.

110. Urteil vom 27. Dezember 1893 in Sachen Knorr.

A. Am 18. Dezember 1890 deponierte C. H. Knorr, Inhaber einer Konservenfabrik in Heilbronn und zweier Filialen derselben in St. Margarethen und Bregenz, beim eidgenössischen Amt für geistiges Eigentum verschiedene Marken, u. a. Nr. 3265 und 3266, beide zur Anbringung auf Cerealien, Leguminosen, Suppenmehlen, Suppentafeln und Erbswurst bestimmt. Diese Marken wurden im schweizerischen Handelsamtsblatte vom 27. Dezember 1890 veröffentlicht. Die hier in Betracht kommende Nr. 3266 wird derart verwendet, daß sie um die rechteckigen Suppentafeln geklebt wird; die Vorderseite zeigt in einfacher Umrahmung zunächst oben die Bemerkung: Nur mit Wasser zubereiten; darunter in größerem Druck die Bezeichnung der Firma und des Inhalts des betreffenden Packets, z. B. Knorrs Gries= (Reis=, Grüne Erbsen= 2c.) Suppe; rechts und links vom Firmawort je ein einfaches, kleines, ovales Schild mit einem Bienenkorbe und der

Unterſchrift: C. H. Knorr, Heilbronn Schutzmarke; unter der
Inhaltsbezeichnung in kleinerem Druck eine Gebrauchsanweiſung
in vier Zeilen und endlich am Fuße die Firma C. H. Knorr,
Heilbronn a. N. Die Rückſeite weiſt außer der Inhaltsbezeich=
nung (z. B. Knorrs Grießſuppe) wieder eine Gebrauchsanweiſung
und eine Empfehlung des Fabrikates auf; von den ſchmalen
Seiten trägt eine die Zahl der mit einer Tafel herzuſtellenden
Suppenportionen, die andere wieder die Inhaltsbezeichnung. Zur
Verpackung wurde je nach den verſchiedenen Produkten verſchieden
gefärbtes Papier verwendet; die Umrahmung iſt rot, zum Teil
auch der Druck. Die Firma Landauer & Cie., Präſervenfabrik in
Gerabronn, beſtehend aus Israel Landauer, David Landauer und
F. Feldenheim, gründete im Herbſt 1890 in Lachen eine Filiale
unter dem Namen: Präſervenfabrik Lachen am Zürichſee und
überließ die Leitung derſelben zunächſt einem Herrn Kaspar Krieg,
ſeit Ende April 1891 Herrn M. Herz als Geſchäftsführer.
Dieſe Firma verwendete ſeit Anfang 1891 zur Verpackung ihrer
mit den Knorr'ſchen gleichartigen Produkte, nämlich Suppen=
tafeln verſchiedener Art, Etiquetten, die den für die Gerabronner
Fabrik der gleichen Firma benutzten im allgemeinen entſprechen.
In Größe, Form und Farbe ſtimmen dieſelben ferner weſentlich
mit den Knorr'ſchen Etiquetten überein. Die Vorderſeite zeigt
hier oben die Bemerkung: Zur Zubereitung nur Waſſer nötig;
ſodann in größeren Lettern die Inhaltsbezeichnung: „Feine grüne
Erbſenſuppe"; rechts und links des Wortes „fein" ſteht ein
kleiner ovaler Schild mit einem gevierteilten Wappen, deſſen
Zeichnung, angeblich rechts oben und links unten je ein Pferd,
in den andern Feldern geneigte Balken, infolge ſchlechten Drucks
und Kleinheit nicht gut erkennbar iſt; unter der Inhaltsbezeich=
nung befindet ſich die aus vier Zeilen beſtehende Gebrauchsan=
weiſung. Die Farbe der Verpackung wechſelt auch bei den Lan=
dauer'ſchen Produkten, je nach den Sorten; die Umrahmung und
zum Teil der Druck ſind rot. Dieſes Fabrikzeichen wurde von
Landauer & Cie. nicht deponiert. Dagegen deponierte die Firma
reſp. für dieſelbe deren Geſchäftsführer Herz am 20. Mai 1891
eine Marke, welche ſtatt zweier nur einen Pferdeſchild, dieſen
aber bedeutend vergrößert und in deutlicher Zeichnung aufweiſt.

Am 8. Juni 1891 erhob C. H. Knorr beim Bezirksamt
Lachen Strafklage gegen die Inhaber der Firma Landauer & Cie.
in Lachen, nämlich Israel Landauer, David Landauer und J. Fel=
benheim, sowie M. Herz als Geschäftsführer derselben, weil sie
die klägerische Marke in der auffallendsten Weise, zum mindesten
seit dem Herbst 1890 in Bezug auf die eigentliche Fabrikmarke,
die äußere Aufmachung der Waare, bezüglich Farbe jedes ein=
zelnen Produktes, Verzierung und Umrandung, Größe, sowie
endlich bezüglich des Textes auf Vorder= und Rückseite, nachge=
ahmt hätten und beantragte sodann bei der Hauptverhandlung
vor Bezirksgericht March am 12. Dezember 1892 als Civilkläger
eine Entschädigung von 961 Fr. 50 Cts. Das bezirksgerichtliche
Urteil wies den Kläger ab, weil nach Art. 18 litt. b und Art. 2
des Bundesgesetzes betreffend Markenschutz vom 19. Dezember
1879 als Fabrik= und Handelsmarken nur die Geschäftsfirmen
und die neben dieselben oder an deren Stelle gesetzten Zeichen vor
Nachahmung geschützt seien, in diesen beiden Beziehungen aber
die Verpackung der Beklagten im Vergleich zu derjenigen des
Klägers deutlich erkennbare Unterschiede aufweise, daher eine wirk=
liche Fälschung der Verpackung, wie Art. 18 genannten Gesetzes
sie mit Strafe bedrohe, offenbar nicht vorliege. Auf Appellation
des Knorr erkannte sodann das Kantonsgericht des Kantons
Schwyz unterm 25. Mai 1893: 1. Die beklagten Inhaber der
Firma Landauer & Cie., Präservenfabrik in Lachen, sowie deren
Geschäftsführer M. Herz sind von Schuld und Strafe und Kosten
freigesprochen. 2. Klägerschaft trägt die erlaufenen Untersuchungs=
und Gerichtskosten mit 245 Fr. 10 Cts. und zahlt der Beklagt=
schaft an außerrechtlichen Kosten eine Vergütung von 100 Fr.
3. Die außerrechtliche Entschädigung im Betrage von 55 Fr.,
welche Beklagtschaft an Staatsanwalt und Civilklägerschaft für
die Tagfahrt vom 4. Mai zu entrichten hatte, ist durch obigen
Entscheid normiert worden und in obiger Rechnung nicht inbe=
griffen. 4. Mitteilung. Diese Entscheidung wird im wesentlichen
begründet wie folgt: Da die eingeklagte Marke und Etikette in
der Schweiz ihre Verwendung fand, sei die hierseitige Kompetenz
gegeben. In der Hauptsache sei zu konstatieren, daß das von der
Firma Knorr am 27. Oktober 1890 deponierte, (recte 27. De=

zember 1890 als von ihr hinterlegt publizierte) Waarenzeichen
sich gemäß dem Bundesgesetze und mehreren bundesgerichtlichen
Entscheidungen nicht nur als Marke, sondern auch als Etikette
darstelle. Insoweit es sich nun um letztere, also um Verpackung,
Aufschrift oder originelle Form der Etikette handle, gewähre
das Gesetz keinen Schutz, selbst wenn eine bloße Etikette, wie
hier, in das Markenregister eingetragen worden sei. Im vor=
liegenden Falle könne der Bienenkorb des Klägers mit dem
Pferdeschild der beklagten Firma bei der geringsten Aufmerksam=
keit nicht verwechselt werden, obwohl die Umrahmung ähnlich
erscheine. Da demgemäß die wesentlichen Markenzeichen verschie=
dene und einander nicht ähnlich seien, müsse die Schuldfrage
verneint und die Schadenersatzforderung des Klägers abgewiesen
werden.

B. Gegen die kantonsgerichtliche Entscheidung erklärte C. H.
Knorr mit Eingabe vom 5. Juli 1893 den staatsrechtlichen Re=
kurs an das Bundesgericht und beantragte Kassation genannten
Urteils und Rückweisung der Akten an die kantonale Instanz zu
erneuter Beurteilung, unter Kostenfolge. Zur Begründung wird
geltend gemacht: Die kantonalen Instanzen hätten die Klage des=
wegen abgewiesen, weil die eingeklagten Waarenzeichen sich nicht
nur als Marken, sondern auch als Etiketten darstellten. Nun
sei in Wirklichkeit das ganze von Knorr eingetragene Zeichen
eine Marke und enthalte die gegenteilige Annahme der Vorinstan=
zen eine Verletzung eidgenössischen Rechtes. Eventuell sei der
namentlich maßgebende Bienenkorb in einer Weise nachgebildet
worden, daß eine Unterscheidung nicht möglich sei. Die beiden
Marken seien essentiell gleich, und Form, Art und Farbe der
Verpackung, Verzierung und Umrandung, der Text, dessen Grup=
pierung und Druck so genau kopiert, daß die differierenden Punkte
ganz verschwinden.

C. In der Vernehmlassung auf diese Beschwerde beantragt
Israel Landauer als Inhaber der Firma „Präservenfabrik Lachen
am Zürichsee" Verwerfung des Rekurses Knorr, unter Kosten=
folge und Zusprechung einer Entschädigung von 50 Fr. Zur
Begründung wird ausgeführt: Rekurrent habe kein Beschwerde=
recht wegen Verfassungs= und Gesetzesverletzung, da er Ausländer

sei und nach Art. 59 litt. a des Organisationsgesetzes der Bun=
desrechtspflege, sowie Art. 113 Ziffer 3 B.=V. dieses Recht
jedenfalls nur den Landesangehörigen gewährt sei. Eine Ver=
letzung eines Staatsvertrages, über die sich auch ein Ausländer
gemäß Art. 59 litt. b des genannten Organisationsgesetzes be=
schweren könnte, werde aber gar nicht behauptet. Allenfalls könnte
die Beschwerde dann begründet erklärt werden, wenn das ein=
schlägige Bundesgesetz nicht zur Anwendung gebracht worden
wäre; was aber nicht zutreffe. Eine Verletzung des Bundesge=
setzes liege sodann nicht vor, ob aber die Vorinstanz bei Fest=
stellung des Tatbestandes das Richtige getroffen habe oder nicht,
habe das Bundesgericht nicht zu untersuchen. Es sei nun Tat=
frage, ob in dem Gebrauch der beklagtischen Etiquetten eine
Nachahmung der klägerischen Marke liege oder nicht; daher sei
auch der bezügliche Entscheid der Vorinstanz ein endgültiger.
Wenn man die Frage aufwerfen wolle, ob das Bundesgesetz nur
eigentliche Marken oder auch die Etiquette schütze, so stehe die
erstere von den Vorinstanzen acceptierte Ansicht jedenfalls weder
im Widerspruche mit dem Gesetze, noch mit der bundesgerichtlichen
Praxis und könne von einer förmlichen 'Gesetzesverletzung schon
gar nicht die Rede sein. Die Beschwerde sei aber auch deswegen
abzuweisen, weil das angefochtene Urteil materiell ein richtiges
sei, eine Nachahmung bezüglich der wesentlichen Punkte, nämlich
Firma und eigentliches Waarenzeichen, nicht vorliege, die übrigen
Ähnlichkeiten aber punkto Größe, Verpackung und Stellung des
Markenbildes bei allen Konservenfabriken wiederkehrten und daher
dem Publikum gegenüber, welches das wisse, eine Täuschung nicht
möglich und auch nicht beabsichtigt gewesen sein könne. Denn
selbst wenn Nachahmung vorliegen sollte, so sei doch der Dolus
wie ihn Art. 19 des Markengesetzes erfordere, hier ausgeschlossen.
Beklagtische Firma habe bei Bestellung der Etiquette ausdrücklich
deutliche Hervorhebung des Waarenzeichens verlangt. Ihre Eti=
quette für die Lachener Fabrik sei ferner derjenigen ihres deutschen
Stammhauses in Gerabronn im wesentlichen ganz ähnlich, indem
sie nur in der Bezeichnung „Hohenlosche Präservenfabrik" statt
„Präservenfabrik Lachen" abweiche. Als Schuldiger könne höchstens
der gar nicht in's Recht gefaßte frühere Geschäftsführer Krieg

in Betracht kommen. Zum Schlusse werde der Standpunkt aufrecht erhalten, daß Herr Landauer nur in Gerabronn hätte belangt werden können.

Das Bundesgericht zieht in Erwägung:

1. Wie das Bundesgericht zu wiederholten Malen ausgesprochen und namentlich in Sachen Schärer (Amtliche Sammlung IX, S. 473) ausführlich begründet hat, wird seine Kompetenz zu Beurteilung von Beschwerden wegen Verletzung des eidgenössischen Markenschutzgesetzes durch Art. 59 litt. a des Organisationsgesetzes begründet. In der Tat treffen die Voraussetzungen des genannten Artikels hier zu, indem das Markenschutzgesetz, obwohl kein Ausführungsgesetz im engern Sinne, doch jedenfalls in Ausführung der Bundesverfassung, auf Grund der durch dieselbe dem Bunde erteilten Kompetenzen erlassen ist, ferner aber ein kantonales Strafurteil eine Verfügung einer kantonalen Behörde darstellt. Auf der andern Seite ist natürlich daran festzuhalten, daß das Bundesgericht in derartigen Fällen nicht etwa als obere strafgerichtliche Instanz fungiert, sondern lediglich auf Grund des von den kantonalen Instanzen festgestellten Tatbestandes zu prüfen hat, ob eine Verletzung des einschlägigen Bundesgesetzes vorliegt, um dann bejahendenfalls eine erneute Beurteilung durch die kantonale Gerichtsbehörde zu veranlassen.

2. Ist demgemäß das Bundesgericht an sich zur Behandlung staatsrechtlicher Beschwerden wegen Verletzung des Markenschutzgesetzes kompetent, so kann seine Kompetenz, speziell für den vorliegenden Fall, auch nicht mit dem Hinweis bestritten werden, daß der angeschuldigte Teil sein Domizil in Gerabronn, in Deutschland, habe und daher nur dem dortigen, nicht aber dem schweizerischen Gerichtsstande unterworfen sei. Denn einmal steht fest, daß die angeschuldigte Firma jedenfalls ein Spezialdomizil am Orte ihres Fabrikbetriebes, in Lachen, begründet hat, und ist ein solches Spezialdomizil vollkommen genügend, um sie der schweizerischen Gerichtsbarkeit zu unterstellen; andererseits kann laut Art. 20 des eidgenössischen Markenschutzgesetzes vom 19. Dezember 1879 die Klage wegen Verletzung des Markenrechtes nicht nur am Domizil des Angeschuldigten, sondern auch am Ort der Begehung des eingeklagten Vergehens anhängig gemacht werden. Als solcher

erscheint hier natürlich Lachen, indem daselbst, in der dortigen Fabrik der angeschuldigten Firma, die als Markenrechtsverletzung bezeichneten Manipulationen vorgenommen und von dort aus die Produkte mit den als nachgeahmt beanstandeten Waarenzeichen in Verkehr gebracht wurden. Aus den zwei Gesichtspunkten des in Lachen begründeten Spezialdomizils der Angeschuldigten und der dortigen Begehung der behaupteten rechtswidrigen Handlungen muß daher die Zuständigkeit zunächst der Schwyzer Gerichte, dann des Bundesgerichtes, als staatsrechtliche Rekursinstanz an= genommen werden, und kann an derselben der Umstand nichts ändern, daß das Hauptdomizil der Angeschuldigten sich in Deutsch= land befindet.

3. Art. 7 des gleichen Gesetzes erklärt nun unter Ziffer 1 als zur Hinterlegung von Marken u. a. berechtigt: Die Inhaber von Fabrikations= oder Produktionsgeschäften, deren Sitz sich in der Schweiz befindet. Unzweifelhaft gehört nun Rekurrent, als Inhaber eines Fabrikgeschäftes in St. Margarethen, dieser Klasse an; daß dieses Geschäft eine bloße Filiale des im Auslande domi= zilierten Hauptgeschäftes ist, tut nichts zur Sache. Hat aber Rekurrent, als Inhaber einer schweizerischen Filiale, zu seinem ausländischen Hauptgeschäft, in Gemäßheit der hiesigen Ge= setzesnormen, eine Marke hinterlegt, so kann die Wirksamkeit des betreffenden Eintrages im Sinne der Entstehung des Marken= rechtes und der an dasselbe geknüpften Klagen und Rechtsbehelfe gegen Verletzungen nicht davon abhängig sein, ob der Hinterleger Inländer oder Ausländer sei. In der Tat wäre eine solche Unter= scheidung aus dem Gesetze in keiner Weise zu rechtfertigen; sie wäre überdies, insofern das Markenrecht auch den Schutz des kaufenden Publikums bezweckt, ganz zweckwidrig. Es muß unter diesen Umständen als selbstverständlich bezeichnet werden, daß auch der ausländische Inhaber eines in der Schweiz domizilierten Fabrikgeschäftes gemäß Art. 7 Ziffer 1 des einschlägigen Bundes= gesetzes das Markenrecht und mit demselben den ungeschmälerten Markenschutz in Form der entsprechenden Klage= und Beschwerde= rechte, das Recht zum staatsrechtlichen Rekurs nicht ausgenommen, erwirbt.

4. Ist demgemäß zu prüfen, ob bei Erlaß des vorinstanzlichen

Urteiles eine Verletzung des einschlägigen Bundesrechtes vorge=
kommen, so mag vorerst der Vernehmlassung der rekursbeklagten
Firma gegenüber bemerkt werden, daß die Frage, ob und inwie=
weit eine Zeichnung oder eine Kombination einer solchen mit
Buchstaben, Zahlen oder Worten, Marke und daher zu schützen
oder aber bloß Etiquette und daher als solche schutzlos zu lassen
sei, allerdings eine Rechtsfrage darstellt und somit der Über=
prüfung des Bundesgerichtes unterliegt. Bei der Beantwortung
derselben kann nun, wie das Bundesgericht wiederholt ausge=
sprochen (siehe z. B. Amtliche Sammlung VIII, S. 104), auf
die Tatsache und den Umfang der Eintragung in das Marken=
register kein irgendwie entscheidendes Gewicht gelegt werden, son=
dern behält das Gericht trotz derselben volle Freiheit, auf Grund
der einschlägigen Gesetzesnormen einem eingetragenen Waaren=
zeichen, sei es ganz, sei es mit Bezug auf gewisse Partien, die
Anerkennung und den Rechtsschutz als Marke zu versagen.

5. Was nun das hier als verletzt in Frage kommende Waaren=
zeichen des C. H. Knorr betrifft, so ist allerdings so viel richtig,
daß dasselbe, wie es eingetragen ist, als Verpackung benutzt und
mit seinen vier Flächen um die Suppentafeln und andere Fabri=
kate geklebt wird. Aus dieser Funktion als Verpackung, als Eti=
quette, ergibt sich aber keineswegs, daß es nur Verpackung und
nichts anderes, nämlich nicht auch zugleich wenigstens bezüglich
eines Teiles der auf dem Band dargestellten Zeichenkombination,
schutzfähige Marke sei. Wie das Bundesgericht am 14. Februar
1890 in Sachen Eichenberger und Hunziker (Amtliche Samm=
lung XVI, S. 42) ausführlich erörtert hat, kann einem an sich
geschützten Waarenzeichen der Schutz nicht deswegen entzogen
werden, weil es nach Art einer Etiquette auf der Waare oder
deren Verpackung angebracht wird. Es muß daher im vorliegen=
den Falle untersucht werden, ob und inwieweit das eingetragene
Waarenzeichen, obwohl es als Etiquette benutzt wird, als Marke
geschützt oder aber als bloße Etiquette nach dem Bundesgesetz vom
19. Dezember 1879 schutzlos sei.

6. Wäre nun der Einwand der Rekursbeklagten zu hören, daß
die geschützte Marke hier nur in der Firma und den zwei Me=
daillons mit dem Bienenkorbe bestehe, so stände man allerdings vor

der Tatsache, daß das beanstandete Waarenzeichen die Knorr'sche
Firma nicht usurpiert und auf der Vorderseite des Bandes
das Wort „Knorr's" durch „Feine", die Medaillons mit den
Bienenkörben durch zwei solche mit einem des schlechten Druckes
wegen nicht leicht kenntlichen Bilde (Pferde und Querstäbe) ersetzt
sind. Allein in Wirklichkeit ist, wenn auch nicht das ganze, auf
vier Flächen der Knorr'schen Produkte sich verteilende und daher
zur Hervorbringung eines einheitlichen Eindruckes ungeeignete
Band, so doch die ganze im faktischen Teil geschilderte Vorderseite
desselben in ihrer Gesammtheit als Marke zu betrachten. So
aufgefaßt, stellt dieselbe ein aus figurativen Bestandteilen, der
Firma und andern Worten in gewisser Gruppierung zusammen-
gesetztes Waarenzeichen dar und ist gemäß dem citierten bundes=
gerichtlichen Entscheide in Sachen Eichenberger und Hunziker
durchaus zulässig. Diese Marke bildet denn auch innert des Um=
fassungsrahmens ein einheitliches Ganzes und ist auch, weil zufolge
der Art der Verpackung gleichzeitig sichtbar, ganz geeignet, einen
einheitlichen Eindruck zu erzeugen. Daß ferner auch der Wille
des Rekurrenten auf Erwerbung mindestens dieser Façade als
Waarenzeichen gerichtet war, ergibt sich aus der Tatsache der
Eintragung des ganzen Bandes, welcher gegenüber der Umstand,
daß die Medaillons mit dem Bienenkorb die Umschrift „Schutz=
marke" tragen, nach bundesgerichtlicher Praxis (siehe Entscheid
Eichenberger und Hunziker) ganz bedeutungslos ist.

6. Aus dem Gesagten muß sich ergeben, daß das Urteil des
Kantonsgerichtes von Schwyz vom 25. Mai 1893 die Frage, ob
die Inhaber der Präservenfabrik Lachen sich eine Zuwiderhandlung
gegen das Markenschutzgesetz zu Schulden kommen ließen, unter
Zugrundelegung eines bundesrechtlich nicht zutreffenden Begriffes
der Marke beantwortet hat. Es muß daher genanntes Urteil
wegen Verletzung von Bundesrecht kassiert und die Streitsache zu
neuer Beurteilung an die Vorinstanz zurückgewiesen werden. Bei
dieser Beurteilung wird dieselbe die Frage, ob Nachahmung der
Marke vorliegt oder nicht, auf Grund von Vergleichung des ge=
sammten auf der Vorderseite der Packete des Rekurrenten ange=
brachten Kombination von Figuren, Firma und anderen Worten
mit derjenigen auf den Paketen der rekursbeklagten Firma zu

beantworten, sowie eventuell sich denn auch betreffs der Frage des Dolus auszusprechen haben.

Demnach hat das Bundesgericht

erkannt:

Der Rekurs wird als begründet erklärt und das Urteil des Kantonsgerichtes des Kantons Schwyz vom 25. Mai 1893 demgemäß aufgehoben.

Die Streitsache ist behufs erneuter Beurteilung im Sinne obiger Erwägungen an das Kantonsgericht von Schwyz zurückgewiesen.

---

## V. Rechnungswesen der Eisenbahnen.
## Comptabilité des Compagnies de chemins de fer.

### 111. Urteil vom 27. Dezember 1893 in Sachen Bundesrat gegen Gotthardbahn.[*]

In der Baurechnung der Gotthardbahn pro 1892 erschienen u. A. folgende zwei Posten:

Verstärkung der Eisenkonstruktion der Moesabrücke Km. 147,9 zwischen Castione und Bellinzona, bestehend in einer Verstärkung der Längsträger . . . . . . . . . . . . . Fr. 4595 31

Verstärkung der Eisenkonstruktion der Melidebrücke Km. 187,8 zwischen Melide und Maroggia, bestehend in einer Versteifung des Bogenscheitels . Fr. 4118 46

Total Fr. 8713 77

Dieser Betrag begreift in sich den Eisenwert, sowie alle Ausgaben für Prüfung, Montierung, Abrüstung und Nacharbeiten, sowie Anstrich der verstärkten Brückenteile.

---

[*] Der Raumersparniss halber wird der umfangreiche faktische Teil dieses Urteils nur auszugsweise mitgeteilt.

Am 19. Juni 1893 faßte der Bundesrat auf Antrag des Eisenbahndepartementes, anläßlich der Prüfung der Rechnungen und Bilanz der Gotthardbahn pro 1892, folgenden im Sitzungs= protokoll sub Ziffer 2 eingetragenen Beschluß: „Die Bahn= „verwaltung wird eingeladen, einen Betrag von 1797 Fr. 67 Cts. „für zuviel verrechnete Kosten der Verstärkungen der Moesa= und „Melidebrücke vom Baukonto zu entfernen und auf Betriebsrechnung „zu stellen. Nach Art. 3 des Eisenbahnrechnungsgesetzes dürfen „die Kosten für Ergänzungs= und Neuanlagen oder für An= „schaffung von Betriebsmaterial den Aktiven der Bilanz beigefügt „werden, wenn dadurch eine Vermehrung oder wesentliche Ver= „besserung der bestehenden Anlagen im Interesse des Betriebes „erzielt wird. Nach den Rückkaufsbestimmungen der Konzessionen „hat der Bund den Betrag des ursprünglichen Anlagekapitals, „beziehungsweise der erstmaligen Erstellungskosten zu bezahlen, „insofern die Entschädigungssumme nicht nach dem kapitalisierten „Reinertrag bemessen wird. Die Verwendungen, welche nach dem „Rechnungsgesetz den Aktiven der Bilanz beigefügt werden dürfen, „sind ohne Zweifel identisch mit dem in den Rückkaufsbestimmun= „gen der Konzessionen genannten „ursprünglichen Anlagekapital“. „Es liegt also im Sinne der Rückkaufsbestimmungen, daß die „Kosten einer nachträglichen Ergänzungsanlage, wie z. B. der „Verstärkung einer Brücke, den aus den erstmaligen Erstellungs= „kosten desselben Objektes sich ergebenden Einheitspreis in keinem „Falle übersteigen dürfen. Dieser Auffassung liegt die Tatsache „zu Grunde, daß ein ergänztes oder verstärktes Bauobjekt zu „den ursprünglichen Einheitspreisen hätte erstellt werden können, „wenn dasselbe schon von Anfang an in der Stärke wäre kon= „struiert worden, welche es durch die nachträgliche Ergänzung „erhalten hat. 3.... 4.... 5. Die Bahnverwaltung wird ersucht, „die Schlußnahme der Generalversammlung betreffend Dispositiv „2 hievor dem Eisenbahndepartement zur Kenntnis zu bringen. „Für den Fall, daß die Bahngesellschaft die verlangte Abschreibung „vom Baukonto nicht vornehmen will, wird dem Eisenbahn= „departement schon jetzt die Vollmacht und der Auftrag erteilt, „die Streitfrage im Namen des Bundesrates im Sinne von „Art. 5 des Eisenbahnrechnungsgesetzes dem Bundesgerichte zum „Entscheid vorzulegen.“

Am 24. Juni 1893 teilte die Direktion der Gotthardbahn obigen Bundesratsbeschluß vollinhaltlich der Generalversammlung mit, welche das betreffende Begehren des Bundesrates grundsätzlich ablehnte. Am 27. Juni gleichen Jahres wurde das Eisenbahndepartement hievon in Kenntnis gesetzt.

Mit Eingabe vom 26. Juli 1893 machte das Post= und Eisenbahndepartement (Eisenbahnabteilung) die Streitsache beim Bundesgericht anhängig und stellte Namens und im Auftrag des Bundesrates den Antrag, es sei die Schlußnahme des Bundesrates vom 19. Juni 1893 betreffend Rechnungsstellung der Gotthardbahn gutzuheißen und letztere zu verpflichten, von der im Jahre 1892 auf Baukonto getragenen Summe von 8713 Fr. 77 Cts. für Verstärkung der Moesabrücke und Melidebrücke einen Betrag von 1797 Fr. 67 Cts zu Lasten des Betriebes abzuschreiben.

Die Klage wurde abgewiesen aus folgenden Gründen:

1. Gemäß Art. 3 Abs. 1 Eisenbahnrechnungsgesetz dürfen nach Eröffnung des Betriebes die Kosten für Ergänzungs= und Neuanlagen oder Anschaffung von Betriebsmaterial den Aktiven der Bilanz (siehe Art. 2 gleichen Gesetzes) nur beigefügt werden wenn dadurch eine Vermehrung oder wesentliche Verbesserung im Interesse des Betriebes erzielt wird, während die Unterhaltung der bestehenden und der Ersatz abgegangener Anlagen und Einrichtungen aus den jährlichen Einnahmen oder allfälligen für diese Zwecke bestimmten besondern Fonds zu bestreiten sind. Bei Zuwiderhandlungen gegen diese wie gegen die andern Vorschriften des Eisenbahnrechnungsgesetzes kann laut Art. 5 Abs. 2 e. l. der Bundesrat die Streitfrage klagend an das Bundesgericht bringen.

2. Angesichts der Tatsache, daß das Gesetz dem Bundesrate in derartigen Rechnungsstreitigkeiten die Klägerrolle zuweist, muß es dessen Aufgabe sein, dieser Klägerrolle gemäß zu beweisen, daß dem Gesetze zuwidergehandelt und speziell den Aktiven der Bilanz Kosten beigefügt worden, welche entweder, obwohl durch Ergänzungs= und Neuanlagen, die das Gesetz gleich behandelt, oder Anschaffung von Betriebsmaterial verursacht, keine Vermehrung oder wesentliche Verbesserung der bestehenden Anlagen im Interesse des Betriebes bedeuten, oder aber als bloße Unter-

haltungs= und Ersatzkosten gemäß Art. 3 Abs. 2 e. l. aus den jährlichen Einnahmen oder allfälligen besonderen Zweckfonds zu bestreiten sind.

3. Nun deutet der Bundesrat in seiner Klageingabe sogar an, man könnte vielleicht die hier in Frage kommenden Verstärkungs= arbeiten, als durch ungenügende Qualität des verwendeten Eisens verursacht, sammt und sonders als Unterhaltungs= und Ersatz= kosten dem Betriebskonto belasten. Da jedoch der Bundesrat an anderer Stelle selber zugibt, daß das verwendete Eisen zweifellos von bester Qualität gewesen und sodann überhaupt keinen der obgenannten Andeutung entsprechenden Antrag stellt, so braucht darauf auch hierseits nicht eingetreten zu werden.

4. Wenn der Bundesrat im weiteren in seiner Replik aus= führt, daß die Kosten nachträglicher Vervollständigung und Nach= besserung bestehender Anlagen in der Regel auch die Kosten von Unterhaltsarbeiten in sich schließen und daher nicht in vollem Umfange den erstmaligen Erstellungskosten assimiliert werden können, so ist dies allerdings richtig. Dagegen hätte der Bundes= rat, um im vorliegenden Fall die Abschreibung von etwaigen, dem Baukonto belasteten Unterhaltskosten zu erzielen , eben auch behaupten und beweisen müssen, daß hier speziell der von ihm angegebene Regelfall auch wirklich zutreffe, indem eine Prä= sumtion für denselben natürlich nicht gegeben ist. Es kann also aus der bloßen Behauptung, daß bei nachträglicher Vervollstän= digung bestehender Anlagen ꝛc. in der Regel auch Unterhalts= kosten mitunterlaufen und auf Baukonto genommen werden, in Rechten nicht der Schluß gezogen werden, daß auch im vor= liegenden Falle diese angebliche Regel zutreffe und nicht etwa die entsprechende angebliche Ausnahme einer korrekten, gesetzgemäßen Berechnung vorliege. Für letztere spricht jedenfalls das in den Akten reproduzierte Schreiben des Oberingenieurs der Gotthard= bahn vom 15. März 1893, das auf sorgfältige Ausscheidung der verschiedenen Kostenkategorien deutet, sowie der Umstand, daß auch die Prüfung der vom Instruktionsrichter zu den Akten ver= langten Rechnungen betreffend der zwei Brückenverstärkungen nichts ergibt, was den Standpunkt des Bundesrates zu stützen geeignet ist.

5. Ebensowenig kann dem Bundesrate beigestimmt werden, wenn er daraus, daß die Gotthardbahn per Tonne der betreffenden Verstärkungsarbeiten vom Jahre 1892 einen größeren Einheitspreis als in den Jahren 1873 und 1874 als verausgabt angibt, den Schluß ziehen will, daß dem Baukonto resp. den Aktiven der Bilanz Kosten beigefügt worden seien, die nach Art. 3 Abs. 1 mehrgenannten Eisenbahnrechnungsgesetzes nicht dahin gehörten. In der Tat ist der betreffende Schluß nicht nur nicht durchschlagend, sondern durchaus unzulässig. Denn da die hier in Betracht kommende Einheit, der Tonnenpreis, sich aus veränderlichen Faktoren — wesentlich Eisen und Arbeit — zusammensetzt, die je nach Angebot und Nachfrage sinken und steigen, ferner die Faktoren selber je nach der Art und Feinheit der Arbeit in verschiedenen Mengen erforderlich sein können, ist es selbstverständlich, daß der Tonnenpreis selbst, je nach Zeit, Conjunktur und namentlich Art der Arbeit, seinerseits Schwankungen unterworfen ist, die sich demgemäß ganz ungezwungen anders erklären lassen, als durch die vom Bundesrate vertretene Annahme, daß anläßlich der Arbeit für Ergänzung und Neuanlage im Sinne von Art. 3 Abs. 1 Eisenbahnrechnungsgesetz zugleich Unterhalts-, Ersatz- und ähnliche Arbeiten im Sinne von Art. 3 Abs. 2 Eisenbahnrechnungsgesetz unterlaufen sein dürften. Speziell muß betont werden, daß bei Verstärkungsarbeiten gegenüber Erstellungsarbeiten vielfach eine solche Differenz im Preise der Tonne und zwar wie hier im Sinne einer Verteuerung eintreten wird, indem derartige Arbeiten einen unverhältnismäßig großen Aufwand an Arbeit bei relativ geringeren Eisenmengen erfordern werden. Es ist demnach als verfehlt zu bezeichnen, wenn daraus, daß eine Tonne Erstellungsarbeit einen gewissen Betrag gekostet, der Schluß gezogen werden will, daß eine Tonne Verstärkungsarbeit am gleichen Objekt, zu gleicher oder gar zu einer ziemlich entfernten Zeit vorgenommen, den gleichen Betrag kosten müsse oder wenigstens nicht mehr kosten dürfe. Wenn man daher auch die Angabe der Klägerpart gelten läßt, der für fragliche Brückenverstärkungen auf Baukonto anerkannte Betrag mache erheblich mehr aus, als was die Erstellung neuer Brücken nach den gegenwärtigen Tagespreisen kosten würde, so ist auch das ohne Bedeutung. Denn hier

handelt es sich um Verstärkung und die Kosten derselben, nicht aber um Erstellung von Brücken.

Ist demnach der genannte Schluß von der Kostendifferenz auf ungesetzliche Belastung des Baukontos mit Unterhaltsarbeiten u. dgl. unzulässig, so kann natürlich auch nicht anerkannt werden, daß diese unrechtmäßige Belastung gerade für den Betrag der Differenz stattgefunden.

6. Im ferneren kann die vom Bundesrate angewandte Methode der Rückdatierung späterer Anlagen und Einrichtungen auf den Zeitpunkt der Ausführung des Hauptbaues keineswegs als richtig anerkannt werden. In der Tat deutet im diesbezüglich allein maß=gebenden Eisenbahnrechnungsgesetz gar nichts auf eine so durchaus eigentümliche Berechnungsart, sondern sind hier überall die realen für die betreffende Anlage erwachsenen Kosten gemeint und kann auch aus der wiederholten Behauptung der Replik, das Gesetz assimiliere die Kosten einer Neuanlage den Erstellungskosten, eben nur der Schluß gezogen werden, daß, wie die erstmaligen Er=stellungskosten im realen Betrage den Aktiven der Bilanz beige=fügt werden, so auch die Kosten einer Neuanlage, im Sinne von Art. 3 Abs. 1 des Eisenbahnrechnungsgesetzes kraft dieser ihnen zu teil werdenden gleichmäßigen Behandlung, in ungeschmälertem, effektivem Betrage dem gleichen Konto zu belasten sind. Das Gleiche aber gilt offenbar von den im Gesetz den Neuanlagen gleichgestellten Verstärkungen.

7. Ebensowenig kann aber diese Rückdatierung damit begründet werden, daß eine derartige Ergänzung oder Verstärkung, wenn gleich anfangs, zugleich mit dem Hauptbau vorgenommen, zu den damaligen Einheitspreisen hätte erstellt werden können. Denn, wie schon erwähnt, sind die Einheitspreise der Verstärkung und Ergänzung auch für den gleichen Zeitpunkt nicht nur möglicher=weise, sondern sogar in der Regel von einander verschieden, und endlich erblickt das Gesetz in der Tatsache, daß die ursprüngliche Anlage nicht in einer Stärke erstellt worden, die allen künftigen Bedürfnissen genügen dürfte, keine mit Rechtsnachteilen dieser oder anderer Art zu belegende Handlung. Wenn aber der Bundesrat an anderer Stelle den — übrigens unbedeutenden — Gerüstungs= und Abrüstungskosten die Eigenschaft als eigentliche Verstärkungs=

kosten abspricht, und sie aus dem Baukonto entfernen möchte, weil sie den effektiven Wert der Bahn nicht erhöhen, so kann ohne weiteres zugegeben werden, daß ein solches Gerüst an sich keine Verstärkung im Sinne des Gesetzes ist und die betreffenden Kosten nicht notwendig Verstärkungskosten zu sein brauchen. Da Gerüstungs- und Abrüstungsarbeiten offenbar nicht Selbstzweck, sondern blos Mittel zum Zweck sind, der Zweck aber sowohl eine Verstärkung resp. Ergänzung oder Neuanlage im Sinne von Art. 3 Abs. 1 Eisenbahnrechnungsgesetz, als eine bloße Unterhaltungsarbeit gemäß Abs. 2 des gleichen Artikels sein kann, so wird man im einzelnen Falle, wie die Beklagte mit Recht anführt, den Charakter der Nebenarbeit als eines Accessoriums gemäß demjenigen der Hauptarbeit bestimmen müssen. Im vorliegenden Falle ist nun in keiner Weise dargetan, daß die Gerüstungs- und Abrüstungsarbeiten zu Unterhaltszwecken vorgenommen oder benutzt worden seien; gegenteils bezweckten dieselben die Ermöglichung der Brückenverstärkungen. Ihre Kosten sind daher den Verstärkungskosten gleich zu behandeln und den Aktiven der Bilanz beizufügen. Daran kann die Behauptung der Replik nichts ändern, daß der Baukonto auf diese Weise mit Ausgaben belastet wird, die den materiellen Wert der entsprechenden Anlagen und Einrichtungen weit übersteigen. Denn wenn dies auch zutrifft, so ist es eben kein gesetzlicher Grund, um Ergänzungs- und Neuanlagekosten den Aktiven der Bilanz nicht, oder nicht im vollen Betrage beizufügen. Ein solcher Grund läge dann vor, wenn mit dem betreffenden Kostenaufwand keine Vermehrung oder wesentliche Verbesserung der bestehenden Anlagen im Interesse des Betriebes erzielt worden wäre. Das aber ist nicht einmal behauptet, vielmehr das Gegenteil zugegeben worden.

Demnach hat das Bundesgericht

erkannt:

Die Klage wird als unbegründet abgewiesen.

# VI. Civilrechtliche Verhältnisse
## der Niedergelassenen und Aufenthalter.
## Rapports de droit civil des citoyens
### établis ou en séjour.

### 112. Urteil vom 29. November 1893 in Sachen
### Leuzinger.

A. Albert Leuzinger von Glarus und Bern, geb. 1863, seit 1885 mit Mathilde Stegmann aus Bern verehelicht, Vater von drei Kindern, wurde im Jahre 1888 während eines Aufenthaltes in Bern auf sein Gesuch und mit Zustimmung seines Vaters sowie der Waisenkommission der Zunft zu Schuhmachern, welcher er angehört, durch das Amtsgericht Bern bevogtet. Kurze Zeit darauf siedelte Leuzinger sammt seiner Familie mit Bewilligung seines Vormundes und der Waisenkommission der Zunft zu Schuhmachern als Vormundschaftsbehörde nach Genf über, wo er die nötigen Ausweisschriften deponirte und am 3. April 1890 ein permis d'établissement erhielt. Seitdem blieb Leuzinger mit seiner Familie in Genf. Im September 1889 erbte Leuzinger infolge Ablebens seines Vaters ein sehr beträchtliches Vermögen. Dasselbe wurde von der obgenannten Berner Vormundschaftsbehörde, respektive vom Vogt zu Handen genommen und verwaltet. Leuzinger erhielt einen Teil der Zinsen zur angemessenen Bestreitung des Lebensunterhaltes für sich und seine Familie. Seit Ende des Jahres 1891 wollten die Waisenkommission der Zunft zu Schuhmachern sowie der Vogt Leuzingers denselben veranlassen, sein Domizil von Genf nach Bern zu verlegen. Da dieser hierauf nicht einging und ein durch den Berner Regierungsrat dem Genfer Staatsrat übermitteltes Gesuch, es wolle Leuzinger die Niederlassung entzogen und derselbe aus dem Kanton Genf ausgewiesen werden, abschlägig beschieden wurde, verweigerten Waisenkommission und Vogt dem Leuzinger von da an die Aushändi=

gung jedweden Beitrages aus seinem Vermögen, respektive den
Erträgnissen desselben. Nach Inkrafttreten des Bundesgesetzes über
die civilrechtlichen Verhältnisse der Niedergelassenen und Aufent=
halter stellte Leuzinger am 27. August 1892 an den Juge de
paix chargé des tutelles in Genf das Gesuch, es möchte der
Übergang der Vormundschaft von den Berner= auf die Genfer
Behörden bewerkstelligt werden. Als dieser Beamte daraufhin sich
in diesem Sinne an die Waisenkommission zu Schuhmachern
wandte, schlug selbe die Übertragung der Vormundschaft auf die
Genfer Behörden in kategorischer Weise ab. Leuzinger gelangte
nun auf dem Beschwerdewege an den Regierungsrat des Kantons
Bern, bei dem er folgende Anträge stellte : a. es sei der Beschluß
der Waisenkommission zu Schuhmachern, betreffend ihre Weige=
rung, die Übertragung der Vormundschaftsverwaltung des A. Leu=
zinger auf die Genfer Behörden vorzunehmen, aufzuheben ; b. es
sei genannte Waisenkommission anzuweisen, die Übertragung der
Vormundschaftsverwaltung vorzunehmen und sich zu dem Behufe
mit dem juge de paix chargé des tutelles in Genf in Verbin=
dung zu setzen ; c. der Übergang der gesamten Vermögens=
verwaltung solle gemäß Kreisschreiben des Bundesrates vom
28. Juni 1892 bis spätestens 1. Juli 1893 vollzogen sein.
Am 22. April 1893 wies der Regierungsrat des Kantons Bern
den Beschwerdeführer ab, mit der Begründung, derselbe habe am
1. Juli 1892 als dem Tage des Inkrafttretens des citirten Bundes=
gesetzes zwar tatsächlich, aber entgegen den Weisungen der Berner
Vormundschaftsbehörde in Genf gewohnt, daher dort keinen recht=
lichen Wohnsitz gehabt, weshalb laut Art. 17 leg. cit. eine Pflicht
zur Übertragung der Vormundschaft an die Genfer Behörden als
diejenigen eines nur faktischen Wohnsitzes für die Waisenkom=
mission nicht erwachsen sei. Es treffe ferner Art. 15 des gleichen
Gesetzes zu, indem das Genfer Vormundschaftsrecht eine eigentliche
Vormundschaft über Verschwender, wie sie im Berner Recht be=
stehe, nicht kenne und die Verbeiständung nach Genfer Recht nur
für das Vermögen nicht aber für die Person des Verschwenders
sorge. Der Kanton Genf sei daher gar nicht in der Lage, für
die persönlichen und vermögensrechtlichen Interessen Leuzingers in
dem Maße zu sorgen, wie die heimatliche Waisenkommission zu

Schuhmachern, die also auch aus diesem Gesichtspunkte die Fort-
führung der Vormundschaftsverwaltung beanspruchen könne.

B. Gegen diesen am 16. Mai 1893 mitgeteilten Entscheid des
Regierungsrates erklärte Leuzinger am 14. Juni 1893 den Rekurs an das Bundesgericht, der folgendermaßen begründet wird.
Nach Art. 10 des Bundesgesetzes betreffend die civilrechtlichen
Verhältnisse der Niedergelassenen und Aufenthalter sei für die
Vormundschaft das Recht des Wohnsitzes maßgebend und sei selbe
am Wohnsitze des Bevormundeten zu führen. Art. 35 e. l. sehe
den Übergang der Vormundschaftsverwaltungen auf den Wohnsitzkanton ausdrücklich vor. Nun habe Leuzinger zur Zeit des Erlasses genannten Bundesgesetzes seinen Wohnsitz in Genf gehabt
und habe ihn noch jetzt dort, trotz des geradezu widerrechtlichen
Vorgehens der Berner Vormundschaftsbehörde, die ihn zur Übersiedelung nach Bern zwingen wolle, um nicht zufolge genannten
Gesetzes die Verwaltung des Leuzinger'schen Vermögens aus
Handen geben zu müssen. Art. 17 leg. cit. komme hier deswegen
nicht zur Anwendung, weil dort ein unter der Herrschaft des
mehrgenannten Gesetzes vorzunehmender Wohnsitzwechsel vorausgesetzt werde. Endlich sei der Kanton Genf auf Grund seiner
Gesetzgebung so gut wie der Kanton Bern im Stande, die persönlichen und vermögensrechtlichen Interessen von Pupillen zu
wahren. Es wird daher beantragt, in Aufhebung des regierungsrätlichen Entscheides vom 22. April 1893 die betreffende bernische Vormundschaftsbehörde anzuweisen, die vormundschaftliche
Verwaltung über A. Leuzinger und dessen Vermögen gemäß
Bundesgesetz vom 25. Juni 1891 auf die Vormundschaftsbehörden des Kantons Genf zu übertragen.

C. Der rekursbeklagte Regierungsrat beruft sich in seiner
Vernehmlassung vom 4. August 1893 auf die seinem angefochtenen Entscheide zu Grunde gelegten Motive.

D. Der Staatsrat des Kantons Genf führt sub 7. November 1893 aus, Leuzinger könne wie jeder Verschwender nach
Genfer Recht einen conseil judiciaire erhalten und dadurch außer
Stand gesetzt werden, sein Vermögen zu vertun. Gegen die gegenteilige Behauptung des Berner Regierungsrates werde daher
protestiert.

Das Bundesgericht zieht in Erwägung:

1. Das Bundesgesetz über die civilrechtlichen Verhältnisse der Niedergelassenen und Aufenthalter geht davon aus, daß für die Vormundschaft ausschließlich das Wohnsitzrecht der betreffenden Personen maßgebend sein solle und zwar sowohl für diejenigen, über welche die Vormundschaft noch verhängt werden müßte, als für solche, die schon bisher unter Vormundschaft gestanden. Es geht dies unzweideutig hervor aus dem Wortlaut des Art. 10, wie des Art. 35 genannten Gesetzes, sowie ferner aus dem Kreisschreiben des Bundesrates vom 20. November 1891 (Bundesblatt, 1891, V, S. 482). Dabei kommt es nicht darauf an, daß die Wohnsitzbehörde die Übertragung von der Heimatbehörde besonders verlange, sondern dieser Übergang von der Heimatbehörde an die Wohnsitzbehörde soll von Gesetzeswegen eintreten. Da das Bundesgesetz am 2. Juli 1892 förmlich in Kraft getreten war, so frägt es sich, in welchem Kanton, Genf oder Bern, Leuzinger damals seinen Wohnsitz hatte.

2. Unbestritten wohnte Rekurrent tatsächlich damals und wohnt heute noch mit seiner Familie in Genf, und zwar gestützt auf eine ihm von der Genferbehörde im Jahre 1890 erteilte Niederlassungsbewilligung, nachdem die Waisenbehörde in Bern zu solcher Wohnsitznahme ihre Zustimmung gegeben hatte. Rekurrent hatte daher in Genf regelrechten und dauernden Wohnsitz erworben. Die Waisenbehörde in Bern will nun dem entgegenhalten, Rekurrent habe seinen rechtlichen Wohnsitz in Genf dadurch verloren, daß sie ihn gnfangs 1892 aufgefordert habe, nach Bern zurückzukehren. Hierüber ist folgendes zu bemerken: Abgesehen davon, daß seit der Erwerbung der Niederlassung in Genf (1890) Rekurrent unter dem Schutze seines Niederlassungskantons stand, dessen oberste Behörde entgegen dem Begehren von Bern die erteilte Niederlassungsbewilligung nicht zurückzog, sondern den Rekurrenten in seinem Niederlassungsrechte schützte, erscheint auch die Rückberufung Leuzingers an sich unter obwaltenden Verhältnissen als eine unstatthafte. Das Bundesgesetz betreffend die civilrechtlichen Verhältnisse der Niedergelassenen, erlassen den 25. Juni 1891, war schon am 20. November 1891 vom Bundesrate als von Volk und Ständen angenommen amtlich promulgiert worden.

Es stand somit damals schon fest, daß künftig die Vormundschaft
an den Wohnsitz gebunden sein solle und damit die vormund=
schaftliche Verwaltung an die Wohnsitzbehörden überzugehen habe,
wo dies noch nicht der Fall sei. Es handelte sich nur noch da=
rum, für die praktische Durchführung des Gesetzes und speziell
für die Übertragung der vormundschaftlichen Verwaltung ab
Seiten der Heimatbehörde an die Wohnsitzbehörde einen Zeitraum
festzusetzen, in welchem solches ausgeführt werden könne. Aus
diesem Grunde sollte das Inkrafttreten des Gesetzes auf einen
spätern Zeitpunkt verschoben werden, wie deutlich aus dem Kreis=
schreiben des Bundesrates vom 20. November 1891 hervorgeht.
In diesem Übergangsstadium konnten nun die Kantone die
Wohnsitzverhältnisse ihrer in andern Kantonen domizilierten An=
gehörigen nicht mehr nach Belieben ändern, indem es ihnen ge=
lungen wäre, auf solche Weise die Vorschriften des Bundesgesetzes
betreffend Übergang der vormundschaftlichen Verwaltung rein illu=
sorisch zu machen. Jene erst anfangs 1892 erfolgte Rückberufung
war auch um so auffallender, als sie weder durch die Interessen
des Bevogteten, noch durch diejenigen der vormundschaftlichen Ver=
waltung geboten war, indem ja die Bevogtigung, sei es in Genf,
sei es in Bern, so wie so fortzudauern hatte und eine Aufhebung
derselben nicht in Frage stand.

3. Was nun ferner die gestützt auf Art. 15 leg. cit. von der
Berner Behörde erhobene Einrede betrifft, die Genfer Vormund=
schaftsbehörde sei laut dortiger Gesetzgebung außer Stande,
persönlichen und vermögensrechtlichen Interessen Leuzingers oder
seiner Heimatgemeinde in gehöriger Weise zu wahren, so könnt
eine Beschwerde nach Art. 15 überhaupt erst dann geltend ge=
macht werden, wenn der Wohnsitzkanton tatsächlich seinen Ver=
pflichtungen nicht nachgekommen wäre, wo dann der Heimatbe=
hörde jederzeit das Recht zusteht, im Sinne des Art. 15 eine
vormundschaftliche Verwaltung zurückzufordern, wenn eine Ver=
letzung der hier in Frage kommenden Interessen nachgewiesen
werden kann. Unter keinen Umständen könnte aber ein solches
Begehren damit begründet werden, daß die Genfer Gesetzgebung,
im Vergleich mit jener von Bern, nicht die gleichen Garantien
für die Bevogtigung von Verschwendern biete. Das Bundesgesetz

erklärt in Art. 10 ausdrücklich, daß für die Bevormundung aus=
schließlich das Wohnsitzrecht maßgebend sei, und gieng hiebei
offenbar von der Anschauung aus, daß die Gesetzgebungen sämt=
licher Kantone diesfalls genügende Garantien bieten, um jene
Vorschrift aufstellen zu können. Es kann daher diesfalls zwischen
den Kantonen deutscher und französischer Zunge, welche letztern
betreffend der Bevogtigung der Verschwender sich mehr dem fran=
zösischen code civil anschließen, kein Unterschied gemacht werden.
Übrigens bietet das Genfer Gesetz genügende Gewähr, daß ein
Verschwender in der Verfügungsgewalt über sein Vermögen ge=
hörig beschränkt werde.

Ist somit die Waisenbehörde von Bern pflichtig, die vormund=
schaftliche Fürsorge für Leuzinger an die zuständige Genferbehörde
als Wohnsitzbehörde abzutreten, so ist die rechtliche Folge hievon,
daß auch das Vermögen desselben an die gleiche Behörde auszu=
händigen ist, welche die daherige Verwaltung an Hand zu nehmen
hat.

Demnach hat das Bundesgericht

erkannt:

Der Rekurs wird als begründet erklärt und es wird, in Auf=
hebung des Beschlusses des Regierungsrates des Kantons Bern
vom 23. April 1893, die Waisenbehörde in Bern (Waisenkom=
mission der Zunft zu Schuhmachern) pflichtig erklärt, die vor=
mundschaftliche Verwaltung über den Rekurrenten Leuzinger der
zuständigen Behörde in Genf zu übertragen.

Dritter Abschnitt. — Troisième section.

# Kantonsverfassungen. — Constitutions cantonales.

——••——

**Kompetenzüberschreitungen kantonaler Behörden.
Abus de compétence des autorités cantonales.**

1. Uebergriff in das Gebiet der gesetzgebenden Gewalt. — Empiétement dans le domaine du pouvoir législatif.

### 113. Urteil vom 22. November 1893 in Sachen
### Gemeinde Altorf.

A. Die Verfassung des Kantons Uri vom 6. Mai 1888 ent=
hält folgende Bestimmungen über das Gemeindesteuerwesen:

Art. 38. Den Gemeinden steht das proportionelle Steuerrecht
zur Bestreitung aller Zweige des Gemeindehaushaltes zu. Ihre
Steuerdekrete unterliegen der Genehmigung des Landrates, welcher
einheitliche Vorschriften über das Steuerwesen der Gemeinden er=
lassen wird.

Art. 39. Von Entrichtung jedweder Kantons= und Gemeinde=
steuer sind nur die Staats=, Kirchen=, Schul= und Armengüter
befreit.

Art. 76. Oberste Gemeindebehörde ist die Gemeindeversammlung.
......Ihr liegt ob: c. die Bewilligung von ... Gemeindesteuern.

In Vollziehung des Art. 38 der Verfassung erließ der Land=
rat am 24. November 1892 eine Verordnung betreffend das
Steuerwesen der Gemeinden, deren § 5 folgendermaßen lautet:

„Das Eigentum des Kantons (einschließlich die Ersparnißkasse).....
ist in allen Gemeinden steuerfrei.....“ Nachdem dies in Altorf, zwar
nicht offiziell, bekannt geworden war, berief der Gemeinderat von
Altorf durch Ausschreibung im kantonalen Amtsblatt, datiert den
9. Dezember 1892, die Gemeindeversammlung außerordentlicher=
weise auf 18. Dezember 1892 ein. Auf der Traktandenliste steht
sub. 2 der Passus: „Mitteilung vom Beschlusse des hohen Land=
rates, daß die Ersparnißkasse nicht mehr wie bisher der Gemeinde
steuerpflichtig sei. Vollmachtsbegehren des Gemeinderates, gegen
diesen Beschluß eventuell einen staatsrechtlichen Rekurs anzuheben.“
Die darauf abgehaltene Gemeindeversammlung vom 18. Dezember
1892 erteilte dann in der Tat Vollmacht zum Rekurs, mit dessen
Durchführung der Gemeinderat am 7. Januar 1893 den Für=
sprech Huber betraute. Dessen Rekurs trägt das Datum des
18. Februar 1893. Derselbe wurde am 6. April 1893 in Altorf
der Post übergeben. Eine Nachschrift enthält die Bemerkung, die
Verordnung über das Steuerwesen der Gemeinden vom 24. De=
zember (rekte November) 1892 sei dem Amtsblatt vom 23. Fe=
bruar 1893 beigelegt und damit öffentlich bekannt gemacht
worden. Die Begründung des Rekurses ist im wesentlichen fol=
gende: Die Ersparnißkasse Uri in Altorf gehöre in keine der
durch die Verfassung von der Steuerpflicht eximierten Katego=
rien; speziell sei sie nicht als Staatsgut zu betrachten. Wahr sei
allerdings, daß drei Vierteile des jährlichen Reingewinnes in die
Staatskasse fallen, daß ferner der Staat für 839,000 oder
864,000 Fr. Obligationsschuldner der Bank sei und von diesem
Betrag einen geringern Zins bezahle, als andere Schuldner;
sodann stehe die Ersparnißkasse laut Kantonsverfassung, Art. 42,
unter staatlicher Leitung und Garantie, und es sei die Aufsicht
über ihre Verwaltung einer vom Regierungsrate gewählten fünf=
gliedrigen Kommission übertragen, der zwei Mitglieder des Re=
gierungsrates angehören müssen. Trotzdem seien Staat und Er=
sparnißkasse zwei verschiedene Rechtssubjekte und letztere nicht als
Staatsgut zu betrachten. Der Staat sei vielmehr ihr Schuldner
für die erwähnten Obligationen. Sie habe ihm bis dato immer
die direkte Staatssteuer entrichtet; dasselbe habe sie bisher auch
der Gemeinde Altorf gegenüber, wenigstens bezüglich des Reserve=

fonds, anstandslos getan und damit anerkannt, daß eine Qualifi=
kation als Staatsgut hier nicht zutreffe. Dasselbe ergebe sich
übrigens auch daraus, daß im Falle des Eingehens der Erspar=
nißkasse laut Art. 34 der Statuten der Landrat über den Reserve=
fonds zu kantonalen gemeinnützigen Zwecken verfügen solle. Der
Landrat habe daher durch Vindizierung der Steuerfreiheit für die
Ersparnißkasse seine Kompetenz als Exekutivbehörde überschritten
und zugleich die Art. 2, 4 und 5 der Bundesverfassung, letztern
durch Verletzung der Rechte der Gemeinde, die auch als garan=
tiert zu betrachten seien, mißachtet. Desgleichen begrüße das Ver=
fahren desselben einen Eingriff in das durch die Kantonsver=
fassung, Art. 75, garantierte Selbstverwaltungsrecht der Gemeinde.
Es wird daher Aufhebung des angefochtenen Landratsbeschlusses
beantragt.

Die Vernehmlassung des Regierungsrates bestreitet zunächst
die Vollmacht von Advokat Huber und erhebt sodann die Ver=
spätungseinrede, indem die Gemeinde Altorf jedenfalls am 18. De=
zember 1892 vom Beschlusse des Landrates Kenntnis hatte und
die sechzigtägige Frist damals zu laufen anfing. Eventuell habe
Rekurrentin nicht dargetan, daß die Publikation der betreffenden
Verordnung zugleich mit der am 8. Februar 1893 erschienenen
Nummer des kantonalen Amtsblattes erfolgt sei. In Sachen selbst
wird bemerkt, daß im Handelsregister der Kanton Uri als In=
haber der Ersparnißkasse Uri erscheine, daß dessen Behörden, Re=
gierungsrat und Landrat, der Ersparnißkasse gegenüber die weit=
gehendsten Rechte ausüben, indem der Landrat die Statuten er=
lasse, den Zinsfuß für Einlagen und Darlehen festsetze, die Wahl
der Angestellten der Ersparnißkasse besorge, die als Staatsange=
stellte betrachtet werden, und deren Besoldungen fixiere, der Re=
gierungsrat sodann alle wichtigeren Geschäfte zu genehmigen habe,
die Aufsichtskommission eine staatliche sei, 2c. Diese Stellung der
Ersparnißkasse als Staatsanstalt und ihres Vermögens als
Staatsgut sei benn auch der Grund, weswegen der angefochtene
Art. 5 der Verordnung vom 24. November 1892 ihre Steuer=
freiheit ausspreche. Demnach habe genannte Verordnung allerdings
einen verfassungsmäßigen Boden in Art. 38 K.=V., und könne
im fernern auch von Verletzung der Art. 29 u. 75 K.=V., sowie

der Art. 2, 4 u. 5 B.-V. nicht die Rede fein. Es werde daher Abweisung des Rekurses unter Kostenfolge beantragt.

Das Bundesgericht zieht in Erwägung:

Die Legitimation des Fürsprech Huber als Vertreter der Rekurrentin ist durch Beibringung des Protokollauszuges des Gemeinderates Altorf, datiert den 7. Januar 1893 als hergestellt zu betrachten und fällt die daherige Beanstandung seitens des Rekursbeklagten als grundlos dahin.

Was sodann die Frage der Verwirkung des Rekursrechtes betrifft, so kann dieselbe mangels genügender Anhaltspunkte in den Akten, da das Publikationsdatum der angefochtenen Verordnung nicht erhellt, naturgemäß nicht mit Bestimmtheit entschieden werden. Es kann jedoch in casu von einem bezüglichen Entscheide abgesehen werden, indem der Rekurs jedenfalls in der Hauptsache als unbegründet zu verwerfen ist.

In der Tat ist notorisch und wird durch die von der Rekurrentin selbst, wie auch dann namentlich durch die vom Regierungsrate angeführten zahlreichen Details über Organisation, Verwaltung, Aufsicht und Garantie der Ersparnißkasse unzweifelhaft festgestellt, daß dieselbe allerdings ein Staatsinstitut und ihr Vermögen Staatsvermögen ist. Daran kann der Umstand nichts ändern, daß sie eigene Persönlichkeit besitzt und daher ihrerseits Gläubigerin und Schuldnerin des Staates werden kann. Vielmehr ist die Konstitution eines „eigenen effektiven, einbezahlten ausschließlich für den Geschäftsbetrieb haftenden Kapitals" laut Art. 7 litt. a und b des Bundesgesetzes über Ausgabe und Einlösung von Banknoten vom 8. März 1881 auch für die Anstalten der Kantone zur ausdrücklichen Bedingung für die Notenausgabe gemacht worden, und es kann offenbar die Kreirung eines Sondergutes in diesem Sinne demgemäß nicht die Bedeutung haben, daß dadurch eine kantonale Anstalt ihren Charakter als kantonale verliert. So hat denn auch im vorliegenden Falle gemäß den gerufenen Gesetzesbestimmungen die Ersparnißkasse Uri ein eigens ausgeschiedenes Kapital, das für ihren Geschäftsbetrieb allein haftet, auf der andern Seite hört sie dadurch nicht auf, Staatsinstitut zu sein und Staatsgut inne zu haben. Wenn aber dem so ist, dann war der Landrat allerdings kompetent, in der

Verordnung vom 24. November 1892, Art. 5, auch das Kapital der Ersparnißkasse der Gemeindesteuer zu entziehen und kann zur Entkräftung dieses seines Rechtes weder eine bisher geübte Toleranz gegenüber der Besteuerung von Staatsgut durch die Gemeinden noch der Umstand angeführt werden, daß der Staat selber die Ersparnißkasse auch besteuert habe. Jedenfalls ist dieser letztere Umstand, da er nur den Staat und die Ersparnißkasse berührt, nicht geeignet, von Drittpersonen im Sinne der Anbringen der Rekurrentin angerufen zu werden. Damit aber fällt der Rekurs in sich zusammen. Denn wenn die Verordnung des Landrates auf dem Gesetze beruht, so ist sie eben eine der „gesetzlichen Schranken" der Gemeindefreiheit resp. Selbstverwaltung, welche in Art. 75 K.=B. ausdrücklich vorbehalten sind. Die Berufung auf Art. 2, 4 u. 5 B.=V. sodann kann offenbar nicht in Betracht fallen.

Demnach hat das Bundesgericht
erkannt:

Der Rekurs ist unbegründet und wird daher abgewiesen.

---

2. **Uebergriff in das Gebiet der richterlichen Gewalt. — Empiétement dans le domaine du pouvoir judiciaire.**[1]

114. Urteil vom 23. November 1893 in Sachen<br>Stamm=Risold.

Walther Stamm=Risold bewarb sich Ende des Jahres 1890 bei der städtischen Baudirektion von Bern um die Bewilligung zur Erstellung von Laubenanbauten an seinem Wohnhause in der Brunnmattstraße in Bern sowie zur Erstellung von Kellerräumlichkeiten zwischen der Hauptfaçade und der Straße.

Dem Gesuche wurde bezüglich der Laubenanbauten entsprochen, nicht dagegen bezüglich der Kelleranlage, weil dieselbe den Vorschriften des Straßenpolizeigesetzes vom 21. März 1834 zuwiderlaufe.

Trotz dieses Bauabschlags erstellte der Beschwerdeführer die Kellerräumlichkeiten. Deswegen dem Richter verzeigt, wurde er am 18. Juni 1891 vom Vizegerichtspräsidenten von Bern wegen Widerhandlung gegen § 6 des genannten Straßenpolizeigesetzes zu 100 Fr. Geldbuße und Abbruch der in gesetzwidriger Weise erstellten Kelleranlagen verurteilt. Nachdem die Verfügung betreffend Abbruch der Kelleranlagen sodann durch die Oberinstanz, als von der inkompetenten Behörde erlassen, aufgehoben worden, gelangte die städtische Baudirektion an das Regierungsstatthalteramt Bern mit dem Gesuch, es wolle W. Stamm=Risold durch einen Polizeibefehl auf Grund von § 8 des städtischen Bauereglementes angehalten werden, die rechtswidrig erstellte Kelleranlage zu beseitigen. Diesem Gesuche wurde sub 11. Februar 1893 entsprochen. Eine gegen die Verfügung des Regierungsstatthalters an den Regierungsrat des Kantons Bern gerichtete Beschwerde wurde im wesentlichen mit der Begründung, daß W. Stamm=Risold den seinerzeit erhaltenen Bauabschlag betreffend Kellerbaute nicht gemäß § 12 des Bauereglementes von 1839 innert 24 Stunden abgelehnt und damit anerkannt habe, und ferner die Verfügung des Regierungsstatthalters sich im Rahmen der ihm durch dasselbe Bauereglement, § 8, gewährten Kompetenzen bewege, sub 3. Juni 1893 kostenfällig abgewiesen.

Gegen diesen am 12. Juni 1893 eröffneten regierungsrätlichen Beschluß erklärte Stamm=Risold am 10. August 1893 den staatsrechtlichen Rekurs an das Bundesgericht, den er begründet wie folgt:

Die Berner Kantonalverfassung von 1846 garantiere in Art. 83 die Unverletzlichkeit des Eigentums und überbinde dem Staate die Pflicht, über jede Klage betreffend das Mein und Dein vor den Gerichten Recht zu nehmen mit Ausnahme des Falles, wo wegen eines verfassungsmäßig erlassenen Gesetzes geklagt werde.

Die Bauordnung der Stadt Bern enthalte nun allerdings das Prinzip, daß trotz Bauabschlag aufgeführte Bauten auf Kosten des Eigentümers niedergerissen werden. Diese Bauordnung habe aber nicht Gesetzes= sondern Verordnungscharakter; sie sei am 20. Dezember 1877 dadurch zustande gekommen, daß die Ein=

wohnergemeinde der Stadt Bern den ersten und zweiten Titel
des Baureglementes für die Stadt Bern vom 7. März 1839
bestätigte, an Stelle des frühern dritten Titels neue Vorschriften
aufstellte und dann das Ganze als Verordnung in Geltung setzte.
Wenn dies aber wahr sei, so beruhe der Eingriff in das Eigentum des Rekurrenten nicht auf einem verfassungsgemäß zustande
gekommenen Gesetz und es sei daher der Entscheid des Regierungsrates vom 3. Juni 1893, welcher diesen Eingriff geschützt habe,
als verfassungswidrig aufzuheben, dies um so mehr, als auch
kein anderes Gesetz speziell nicht das Straßenpolizeigesetz zur Begründung solcher administrativer Eingriffe dienen könne. Die
Vernehmlassung des Regierungsrates verweist auf die Erwägungen des angefochtenen Entscheides.

Das Bundesgericht zieht in Erwägung:

Am 7. März 1839 erließ die Einwohnergemeinde der Stadt
Bern ein Baureglement. Dasselbe wurde am 8. Mai gleichen
Jahres in allen denjenigen Teilen, welche sich auf Polizeivor-
schriften bezogen, vom Regierungsrat des Kantons Bern genehmigt und von demselben gleichzeitig in Bezug auf diejenigen
Vorschriften, welche „das Civilrecht oder die allgemeine Gesetzgebung" betrafen mit Empfehlung zur Sanktion dem Großen
Rat überwiesen. Die Sanktion des letztern erfolgte sodann am
11. Mai 1839.

Am 20. Dezember 1877 bestätigte die gleiche Einwohnergemeinde anläßlich des Erlasses einer Bauordnung für den Stadtbezirk Bern, welche an Stelle des dritten Titels des genannten
Baureglementes von 1839 treten sollte, den ersten und zweiten
Titel desselben. Die neue Bauordnung für den Stadtbezirk wurde
sodann am 20. Dezember 1877 regierungsrätlich genehmigt.

Die Beschwerde des W. Stamm-Risold richtet sich nun gegen
die Anwendung einer Bestimmung des § 8, welcher dem Baureglement und nicht der Bauordnung angehört. Nun steht bezüglich desselben zunächst soviel fest, daß es anno 1839 auf ver-
fassungsmäßigem Wege erlassen wurde. Wie die erwähnten Sank-
tionen ausweisen, wirkte in der Tat beim Zustandekommen desselben die für den betreffenden Gegenstand kompetente Staatsbe-
hörde mit und erteilte speziell die damalige oberste Landesbehörde,
der Große Rat als Träger der gesetzgebenden Gewalt, seine Sank-

tion zu den in das Bereich seiner Gewalt gehörigen Bestim=
mungen, womit dieselben die Natur und Gültigkeit von Gesetzes=
recht erhielten. Aus dieser ihrer Natur als Gesetzesrecht aber
muß sich ohne weiters die Folge ergeben, daß solche Bestim=
mungen auch nur auf dem Wege des Gesetzes ihre Gültigkeit
verlieren konnten. Daß dies geschehen, und das Baureglement in
seinen mit Gesetzescharakter ausgestatteten Bestimmungen, speziell in
den das Eigentum beschränkenden aufgehoben worden sei, ist nun
in keiner Weise bewiesen. Jedenfalls konnte der Erlaß der soge=
nannten Bauordnung von 1877, welcher allerdings Gesetzes=
charakter nicht zukommt, diesen Effekt der Abschaffung bestehenden
Gesetzesrechtes in keiner Weise erzielen, und ist die Annahme des
Rekurrenten die im Ingreß genannter Bauordnung für den Stadt=
bezirk enthaltene bloße Bestätigung der ersten zwei Titel des Baureglementes der Stadt habe den Sinn und die Wirkung, den
Inhalt der bestätigten Titel, soweit er Gesetzesrecht darstellt, auf
das Niveau der Bauordnung und somit des Verordnungsrechtes
herabzudrücken, jedenfalls eine unzutreffende. Es muß vielmehr
ohne weiters angenommen werden, daß das verfassungsmäßig
zustande gekommene Baureglement und speziell die den Gesetzes=
charakter an sich tragenden Normen desselben, soweit sie nicht
durch spätere gesetzgeberische Erlasse modifiziert worden, unver=
ändert fortbestehen und daß speziell die hier in Frage kommenden
Bestimmungen des Art. 8, durch welche bei Widerhandlungen
gegen Verbote oder Befehle der Baupolizei durch Herstellung des
vorgeschriebenen Zustandes in das Eigentum eingegriffen werden
kann, zur Stunde noch Gesetzeskraft haben. Damit aber fällt die
alleinige Grundlage des Rekurses, nämlich die Behauptung, daß
hier auf Grund einer bloßen Verordnung in ein garantiertes
Recht eingegriffen worden sei, dahin, und kann auf den ange=
tretenen Beweis, daß das Straßenpolizeigesetz Kelleranlagen, wie
die des Rekurrenten, nicht verbiete, keine Rücksicht genommen
werden, indem das eine gesetzliche Verbot durch die Bauordnung
natürlich vollkommen genügt.

Demnach hat das Bundesgericht
erkannt:
Der Rekurs wird als unbegründet abgewiesen.

3. Anderweitige Eingriffe in garantirte Rechte. — Atteintes portées à d'autres droits garantis.

## 115. Urteil vom 20. Dezember 1893 in Sachen Flühler.

A. Nachdem Maria Waser von Oberrickenbach, Kantons Nid=
walden, am 7. Mai 1893 außerehelich niedergekommen war, gab
sie im landammannamtlichen Verhör an, daß sie bis Juli 1892
mit Arnold Flühler von Obbürgen, Nidwalden, und von da an
mit dessen Bruder Gottlieb, heutigem Rekurrenten, Geschlechts=
verkehr gehabt habe; Vater des außerehelich geborenen Kindes
sei der letztgenannte Gottlieb Flühler. In der daraufhin vor dem
Kantonsgericht von Unterwalden nid dem Wald hängig gewor=
denen Straf= und Alimentationssache erkannte genanntes Gericht
sub 19. August 1893, es sei in Anwendung des Gesetzes über
die unehelichen Kinder der Civilklägerin Maria Waser der Be=
kräftigungseid zugeschoben. Gegen diese Beweismittelerkenntnis
erklärte Gottlieb Flühler die Appellation an das Obergericht,
welches jedoch am 14. September 1893 erkannte: 1. Eine Be=
weismittelerkenntnis (Eidesdelation) in Schwangerschaftssachen
sei der Weiterziehung an das Obergericht nicht unterstellt, also
inappellabel. 2. und 3. Gerichtliche und außergerichtliche Kosten=
folge zu Lasten des Appellanten. Die „Erdauerungen" des ober=
gerichtlichen Urteiles gehen dahin, die Klage aus Alimentation,
Entbindungs= und Kindbettkosten wegen außerehelicher Vaterschaft,
um welche es sich hier der Hauptsache nach handle, sei ganz
wesentlich strafprozessualer Natur; es seien daher nicht die civil=
prozessualen Regeln betreffend Weiterzüglichkeit von Beweismittel=
erkenntnissen zur Anwendung zu bringen; im einschlägigen Spe=
zialgesetz aber von „Kindern unehelicher Geburt," speziell in
§ 104 desselben sei ein solcher Weiterzug nicht statuiert. Der
Strafprozeß endlich kenne ihn, den Weiterzug, nicht.

B. Gegen diesen Entscheid erklärte Gottlieb Flühler am 26. Ok=
tober 1893 den staatsrechtlichen Rekurs an das Bundesgericht, in=
dem er im wesentlichen geltend macht was folgt: Das Obergericht

irre sich, wenn es bie Alimentationsforderung, sowie biejenige auf
Ersatz von Entbindungs= und Kindbettkosten, um bie es sich seiner
eigenen Erklärung nach in der Hauptsache hier handle, als
Strafsache betrachte. Genannte Ansprüche seien vielmehr, wie das
Bundesgericht in Sachen Spengler am 27. Oktober 1888 aus=
gesprochen habe, civilrechtlicher Natur. Das Civilrechtsverfahren,
Art. 133, statuiere nun die Appellierbarkeit von Entscheiden über
Zulässigkeit und Ausschluß von Beweismitteln für alle Fälle, wo
das Urteil in der Hauptsache appellabel wäre. Letzteres Requisit
liege gemäß Kantonsverfassung hier vor, ba dieselbe in Art. 56
das Obergericht als letzte Instanz für alle Civilstreitsachen er=
kläre, deren Streitwert mehr als 200 Fr. betrage. Obwohl nun
nach § 111 des Nibwalbner Personenrechtes der Vater eines
außerehelichen Kindes, außer 30—50 Fr. an die Kindbettkosten,
für Verpflegung und Erziehung des Kindes bis zu bessen er=
füllten 16. Altersjahr jährlich 50—300 Fr. zu leisten habe, der
Streitwert hiemit in solchen Fällen und auch hier 830—4850 Fr.
betrage, so habe das Obergericht das verfassungsmäßig garantierte
Appellationsrecht badurch verletzt, daß es bie gesonderte Appellation
gegen bie richterliche Eidesbelation nicht zugelassen. Diese geson=
berte Appellation vor Ausschwörung des Eides sei übrigens auch
burch Art. 133 C.=R.=V. für den Fall statuiert, daß burch ein
solches Beiurteil der weitere Fortgang des Prozesses einfach ver=
unmöglicht würde. In der Tat sei nach Eidesablage eine Weiter=
ziehung des Beweismittelerkenntnisses nicht mehr angängig, der
Oberrichter an den Inhalt des Eides gebunden und ein Weiterzug
der Hauptsache nur mehr von problematischem Wert. Wie nach
Civilrechtsverfahren, so sei auch nach dem einschlägigen Spezial=
gesetz betreffend die unehelichen Kinder ein Weiterzug nicht als
ausgeschlossen zu erachten, indem § 103 die nichtappellierbaren
Fälle genau aufzähle und babei die Eidesbelation nicht nenne.
Es wird baher Aufhebung des obergerichtlichen Entscheides vom
14. September 1893 wegen Verfassungsverletzung beantragt.

C. In ihrer Vernehmlassung vom 1. Dezember 1893 beruft
sich bie rekursbeklagte Partei auf bie Motive des obergerichtlichen
Urteiles und führt außerdem an: Indem das Obergericht das
Weiterzugsrecht gegenüber Beweismittelerkenntnissen in Paterni=

tätsachen ausgeschlossen habe, habe es nur kantonales Prozeß=
recht ausgelegt und angewendet. Insoweit sei das Bundesgericht
zu einer Überprüfung nicht kompetent. Selbst wenn man mit dem
Rekurrenten annehmen wolle, es handle sich in casu um Ver=
folgung civilrechtlicher Ansprüche und nicht um einen Strafprozeß,
so müsse man aus dem Wortlaut des Art. 133 der Nidwaldner
Civilprozeßordnung entnehmen, daß durch das vom Rekurrenten
angefochtene Beweismittelerkenntnis ein weiterer Fortgang des
Prozesses keineswegs verunmöglicht werde und daher die Be=
dingung der Appellabilität der Beweisurteile in casu nicht ge=
geben sei. Der Rekurs sei daher unter Kostenfolge abzuweisen.

Das Bundesgericht zieht in Erwägung:

1. Art. 5 der Nidwaldner Verfassung weist u. a. dem Ober=
gerichte die letztinstanzliche Beurteilung aller Civilstreitigkeiten
zu, deren Betrag die Summe von 200 Fr. übersteigt. Die Be=
hauptung des Rekurrenten, daß das rekurrierte Urteil diese Be=
stimmung der Verfassung verletze, ist unrichtig; denn das Ober=
gericht hat nur über die Appellabilität eines Zwischenurteils
entschieden und dieselbe verneint. Hieraus folgt aber durchaus
nicht, daß auch das Haupturteil als inappellabel werde erklärt
werden. Demnach ist Art. 56 cit. durch den angefochtenen Ent=
scheid nicht verletzt.

2. Ob aber in dieser Sache die kantonalen Gesetze richtig an=
gewendet worden seien, entzieht sich nach anerkanntem Grundsatze
der Kognition des Bundesgerichtes, sofern nicht willkürliche Miß=
achtung derselben erwiesen ist. Ein solcher Nachweis mangelt aber
hier vollständig; denn wenn das Obergericht den Prozeß den
Regeln des Strafprozesses statt des Civilprozesses unterstellte,
so erklärt sich das aus der, auch vom Rekurrenten nicht be=
strittenen, gemischten Natur des Alimentationsprozesses und aus
dem Mangel einer Gesetzesnorm über die Frage, welcher der
beiden Prozeßformen hier der Vorzug zu geben sei.

Demnach hat das Bundesgericht

erkannt:

Der Rekurs wird als unbegründet abgewiesen.

Vierter Abschnitt. — Quatrième section.

# Staatsverträge der Schweiz mit dem Auslande
# Traités· de la Suisse avec l'étranger.

————

## Staatsvertrag mit Frankreich
## über civilrechtliche Verhältnisse.
## Traité avec la France concernant les rapports
## de droit civil.

### 116. *Arrêt du 7 Décembre 1893 dans la cause*
### « *France industrielle.* »

Sous date du 13 Septembre 1892 le tribunal de commerce
de la Seine, à Paris, a rendu un jugement condamnant James
de Chambrier, propriétaire, domicilié à Neuchâtel, à payer
au sieur Auguste Sourbieu, liquidateur de la France industrielle, Compagnie d'assurances à primes fixes contre les accidents, fondée par le marquis de La Vallette, la somme de
3300 francs, comme versement sur des actions non libérées
représentant le capital social de la dite Société.

James de Chambrier ignorait entièrement l'action qui lui
était intentée à Paris, et lorsqu'en Février l'exequatur du
jugement susvisé fut demandée contre lui, il y fit opposition,
sur quoi le litige fut jugé, le 4 Mai 1893, par le tribunal cantonal de Neuchâtel.

L'opposition de J. de Chambrier à l'exécution du jugement
français se fondait sur les motifs suivants :

Le dit jugement a été rendu en faveur de la « France industrielle » en liquidation à la requête de A. Sourbieu, avocat,
qui se dit son liquidateur. Or aucune des pièces déposées à
l'appui de la requête n'établit que Sourbieu ait la qualité à
laquelle il prétend, ni qu'il ait vocation pour ester en droit au
nom de la France industrielle. Ces justifications ne sont pas
faites et ne peuvent l'être, car Sourbieu est décédé et tous
les mandats qu'il a pu donner ou recevoir sont éteints.

Aux termes de l'art. 17, N° 2, de la Convention franco-suisse
du 15 Juin 1869, l'exécution du jugement doit être refusée si
la décision a été rendue sans que les parties aient été dûment
citées; or J. de Chambrier, qui n'est d'ailleurs plus actionnaire de la « France industrielle » n'a jamais reçu d'assignation à comparaître devant le tribunal de commerce de la Seine.
En outre le tribunal de commerce de la Seine était incompétent pour prononcer sur une action mobilière et personnelle,
qui devait être poursuivie devant les juges neuchâtelois, de
Chambrier étant suisse domicilié dans le canton de Neuchâtel.

Le jugement du tribunal cantonal constate les faits et
invoque les motifs ci-après : — de Chambrier a possédé précédemment des actions de la France industrielle ; il ne les avait
pas souscrites lors de l'émission, mais avait acheté le 1er Avril
1880 du souscripteur C. Blaseo à Bizanos (Basses-Pyrénées),
22 actions de cette Société et les a revendues le 14 Avril 1883,
du consentement du Conseil d'administration, soit directement,
soit par intermédiaire, à E. Delcaire, fondateur et directeur
général de la Compagnie. C'est le montant de deux versements, d'ensemble 150 francs par action, appelés en Mars
1889 et en Octobre 1891 sur ces actions, que le jugement du
tribunal de commerce de la Seine a condamné de Chambrier
à payer par 3300 francs. De Chambrier n'a été actionnaire
que du 1er Avril 1880 au 14 avril 1883, et il devait être
recherché devant son juge naturel, aux termes de l'art. 1 de
la Convention franco-suisse de 1869. Le jugement du 13 Septembre 1892 émane donc d'une juridiction incompétente, et
son exécution doit être refusée.

C'est contre ce jugement que la « France industrielle » re-

court au Tribunal fédéral, concluant à ce qu'il lui plaise le
réformer et ordonner l'exequatur en Suisse du jugement du
tribunal de commerce de la Seine du 13 Septembre 1892. La
recourante fait valoir en substance ce qui suit :

Toutes les formalités exigées par la Convention franco-suisse
de 1869 pour l'exécution du dit jugement ont été remplies.
Le jugement a été notifié à de Chambrier conformément aux
dispositions de la procédure française, le 15 Octobre 1892,
et un certificat du greffier du tribunal de commerce de la Seine,
du 19 Janvier 1893, atteste qu'il n'existe contre le dit jugement ni opposition ni appel. Le tribunal de commerce de la
Seine était compétent pour rendre ce jugement ; de Chambrier est devenu cessionnaire, le 1er Avril 1880, des actions
dont il s'agit ; aux termes de l'art. 59 des statuts il a dû élire
un domicile à Paris, et à défaut de cette élection, celle-ci a
eu lieu de plein droit au parquet du procureur de la République près le tribunal de la Seine. Toutes notifications en sa
qualité de cessionnaire des dites actions lui ont été adressées
à ce domicile ; c'est exclusivement en cette qualité que de
Chambrier a été poursuivi comme demeuré solidairement responsable du souscripteur antérieur. C'est donc devant le
tribunal de la Seine qu'il devait être assigné et qu'il devait
faire valoir ses moyens de défense. La cession, par de Chambrier, de ses actions à un tiers, bien qu'autorisée par le Conseil d'administration, n'entraîne pas la libération en faveur du
cédant ; la jurisprudence française est constante et unanime
sur ce point. En conséquence le jugement du tribunal cantonal
constitue la violation des art. 2, 3, 15 et suivants de la Convention franco-suisse précitée.

Dans sa réponse, J. de Chambrier conclut au rejet du
recours, par les motifs dont suit le résumé :

Il est vrai que l'art. 59 des statuts de la « France industrielle » dispose que « dans le cas de contestation tout
actionnaire doit faire élection de domicile à Paris, et que
toutes assignations et notifications sont valablement données
au domicile élu par lui. » Mais, ainsi que le tribunal cantonal
l'a admis avec raison, cet article ne lie pas J. de Chambrier,

qui a cessé d'être actionnaire depuis plus de 10 ans ; par la vente de ses actions, autorisée par le Conseil d'administration de la Société, ses droits et obligations comme actionnaire ont cessé. L'alinéa 3 de l'art. 18 des statuts dispose que les droits et obligations attachés à l'action suivent le titre en quelques mains qu'il passe. L'art. 59 précité n'a entendu déroger au for ordinaire qu'en ce qui concerne les contestations soulevées contre les actionnaires titulaires d'actions ; les réclamations contre les cessionnaires intermédiaires qui sont sortis de la Société doivent être poursuivies au lieu de leur domicile. En outre de Chambrier n'a jamais reçu d'assignation à comparaître devant le tribunal de commerce de la Seine, et la demande d'exécution devrait en tout cas être refusée aux termes de l'art. 17, al. 2, de la Convention franco-suisse.

En dehors de ce qui précède, l'exequatur doit être refusé pour des motifs d'ordre public ; le jugement rendu par défaut par le tribunal de la Seine ne contient aucun motif à l'appui de la condamnation de de Chambrier, et viole ainsi les règles les plus élémentaires de la justice. Rien dans la loi française sur les sociétés du 24 Juillet 1867 n'autorise à admettre que les cessionnaires intermédiaires d'une action non libérée soient tenus solidairement des versements non effectués ; la jurisprudence admet le contraire. Rien non plus dans les statuts de la Société ne mentionne cette obligation : les art. 12 et 20 ne parlent que du souscripteur d'actions, c'est-à-dire de l'actionnaire primitif, et de l'actionnaire propriétaire du titre ; en tout cas cette obligation n'existerait qu'en faveur des tiers, et non en faveur de la Société elle-même ; celle-ci ne peut être admise à arguer de l'insolvabilité prétendue de celui qu'elle avait placé à sa tête, pour poursuivre un actionnaire qu'elle a libéré de ses obligations. L'opposant au recours signale, enfin, diverses irrégularités dans les agissements et dans l'administration de la Société, et estime qu'un jugement sanctionnant tous ces procédés, et rendu sans que le condamné ait été matériellement dans la possibilité de se défendre, ne pourrait être exécuté sans porter atteinte à l'ordre public.

*Statuant sur ces faits et considérant en droit :*

1° Les formalités, de l'observation desquelles l'art. 16 de de la Convention franco-suisse de 1869 fait dépendre l'exécution d'un jugement, ont été observées en l'espèce, en ce qui a trait au jugement par défaut rendu le 13 Septembre 1892 par le tribunal de commerce de la Seine ; il existe en effet au dossier une expédition authentique de ce jugement, l'exploit original de sa signification, et un certificat du greffier du dit tribunal mentionnant que le jugement a été notifié à J. de Chambrier à son prétendu domicile élu à Paris, soit au parquet du tribunal civil de la Seine, et déclarant qu'il n'existe, contre ce jugement ni opposition ni appel.

2° Il y a lieu, toutefois, de se demander d'abord si le tribunal de commerce de la Seine était compétent pour statuer sur l'action dirigée contre le sieur de Chambrier, domicilié à Neuchâtel, question connexe avec celle de savoir si le défendeur a été régulièrement assigné.

A cet égard, il est incontesté que le défendeur n'a point reçu d'assignation à son domicile en Suisse, bien que ce domicile fût connu de l'autorité judiciaire française, comme il appert du jugement même du tribunal de Paris ; il est de même constant que le procès s'est déroulé devant l'instance française sans que le défendeur en ait eu la moindre connaissance. Or un principe de droit public généralement reconnu exige que personne ne soit condamné sans avoir été entendu ; une condamnation intervenue au mépris de cette règle doit être assimilée à un déni de justice, et c'est en application de ce principe que l'art. 17, chiffre 2, de la Convention franco-suisse précitée dispose que l'autorité saisie de la demande d'exécution pourra la refuser si la décision a été rendue sans que les parties aient été dûment citées.

3° La recourante prétend que de Chambrier a été régulièrement assigné à son domicile élu à Paris, et que le tribunal de la Seine était compétent, aux termes de l'art. 1er de la Convention susvisée, pour connaître du litige.

A l'appui de cette thèse, la recourante invoque l'art. 59 des statuts de la Société « la France industrielle » portant ce qui suit : « dans le cas de contestation, tout actionnaire doıt faire élection de domicile à Paris et toutes les assignations et notifications sont valablement données au domicile élu par lui. A défaut d'élection de domicile, cette élection a lieu de plein droit pour les notifications judiciaires ou extra-judiciaires au parquet du procureur-général de la République près le tribunal de première instance de la Seine. »

Le jugement du tribunal de commerce ne prétend point que de Chambrier ait élu lui-même domicile à Paris, mais il admet que cette élection a eu lieu de plein droit aux termes de la disposition finale de l'art. 59 précité, et que c'est conformément à celle-ci que les notifications et citations à l'adresse de de Chambrier ont eu lieu à Paris.

4° La question de savoir, si l'art. 59 des statuts est applicable au sieur de Chambrier, doit recevoir une solution négative.

Cet article n'oblige en effet à l'élection de domicile à Paris que l'*actionnaire,* et l'opportunité d'une pareille disposition se justifie de tout point, étant données les nécessités de l'administration sociale ; le tribunal de céans n'a pas hésité, dans une espèce analogue, à reconnaître expressément la validité d'une semblable stipulation. (Voir arrêt du Tribunal fédéral du 13 Avril 1886, en la cause Compagnie d'assurances « Armement. » *Recueil* XV, p. 233, consid. 4.)

Mais il est évident d'autre part que cette obligation ne doit lier « l'actionnaire » qu'aussi longtemps qu'il conserve cette qualité, et qu'une fois qu'il l'a perdue, il ne subsiste plus de lien de droit entre lui et la Société, dont il a cessé de faire partie. Or la sortie d'un actionnaire de la Société doit être réputée effectuée par le fait de la cession de ses actions à un tiers, surtout lorsque, comme c'est le cas dans l'espèce, ce transfert a été opéré avec l'agrément exprès du Conseil d'administration, conformément à l'art. 17 des statuts.

C'est pourquoi l'art. 18, al. 3 *ibidem,* dispose que « les droits et obligations attachés à l'action suivent le *titre,* dans quelles mains qu'il passe, » et que « la *propriété* d'une action comporte de droit adhésion aux statuts et aux décisions de l'assemblée générale. » L'alinéa 1 du même article édicte, dans le même ordre d'idées, que « les actions sont indivisibles à l'égard de la Société, qui ne reconnaît qu'un seul propriétaire pour chaque action. »

5° Il suit de là que de Chambrier, lequel a vendu ses actions en 1883 déjà, avec l'agrément de la Société, n'est plus actionnaire de celle-ci, et qu'il ne peut plus être poursuivi en cette qualité. L'art. 59 des statuts doit, en outre, être interprété strictement, attendu qu'il fait exception au principe du for du domicile, garanti par la Constitution fédérale.

A supposer même que, comme la recourante l'avance sans citer aucun jugement de tribunaux français à l'appui de son allégation, — un ancien actionnaire soit solidairement responsable pour les versements à effectuer sur les actions, les réclamations qui pourraient s'élever contre lui de ce chef seraient évidemment de nature essentiellement personnelle, et devraient être portées devant le for de son domicile.

6° Il en résulte que le jugement du tribunal de commerce de la Seine a été rendu en violation de l'art. 1er de la Convention franco-suisse de 1869, par un juge incompétent, et que son exécution doit être refusée aux termes de l'art. 17, chiffre 1, de ce traité.

Le tribunal cantonal de Neuchâtel ayant dès lors prononcé avec raison que la réclamation personnelle dont il s'agit devait être portée devant le for du domicile du sieur de Chambrier en Suisse, conformément à l'art. 1er susvisé, il est superflu de s'arrêter aux autres motifs par lesquels l'opposant au recours a combattu la demande d'exequatur.

Par ces motifs,

le Tribunal fédéral

prononce :

Le recours est écarté.

## 117. *Arrêt du 27 Décembre 1893 dans la cause*
## *Vallot et Pauze, et Olagnier.*

Par décision du 25 Juillet 1893, le Conseil d'Etat du
canton de Vaud a rejeté une demande d'exequatur de deux
jugements rendus par le tribunal de commerce de Saint-
Etienne, les 10 et 14 Janvier 1893, dans les causes pen-
dantes entre les sieurs Vallot et Pauze, et Olagnier, à Saint-
Etienne, d'une part, et la Société anonyme des constructions
mécaniques de Vevey, d'autre part. Cette décision se fondait
sur les motifs ci-après :

La défenderesse résidait en Suisse, à Vevey, lors de l'ouverture des actions à elle intentées. L'alinéa 2 de l'art. 1er
de la convention franco-suisse du 15 Juin 1869 n'est pas
applicable, puisque la partie défenderesse est *une Société*,
dont le siège est à Vevey, et qui ne peut être réputée résider
momentanément dans un autre lieu dans le sens du texte
susvisé.

C'est devant les tribunaux suisses et non devant le tribunal
de commerce de Saint-Etienne, que les actions auraient dû
être portées. Les jugements dont l'exequatur est demandé
émanent donc d'une juridiction incompétente, et l'autorité
vaudoise est fondée à en refuser l'exécution.

C'est contre cette décision que les sieurs Vallot et Pauze,
et Olagnier ont recouru au Tribunal fédéral, concluant à ce
qu'il lui plaise la casser et admettre leur demande d'exequatur
des 20 Mai et 12 Juin 1893 des jugements français dont il
s'agit. A l'appui de ces conclusions, les recourants font valoir
en substance ce qui suit :

Le Tribunal fédéral devra examiner s'il y a eu contrat entre
la Société des ateliers mécaniques, soit son représentant
Bouvier et les recourants, et, dans le cas de l'affirmative, si
ces contrats ont été conclus en dehors du ressort des juges
naturels de la Société des ateliers, c'est-à-dire s'ils ont été
conclus à Saint-Etienne par la Société des ateliers de Vevey
ou par un de ses représentants.

La question de résidence, — en dehors de celles de fait

susindiquées, — est la seule question juridique à examiner.

Or les recourants estiment avoir démontré qu'en fait Bouvier, représentant la Société des ateliers, résidait à Saint-Etienne au moment de l'ouverture de l'action. Donc pour que la décision du Conseil d'Etat soit fondée et conforme au traité, il faut que seule la qualité de la Société des ateliers la sauve de l'application de l'al. 2 de l'art. 1er ; en d'autres termes il faut qu'une société ne puisse pas résider dans un autre lieu par l'intermédiaire d'un représentant. C'est dire que dans le sens du traité de 1869 la résidence s'entend de la présence matérielle et effective des parties. C'est bien ainsi que l'a jugé le Tribunal fédéral dans la cause Girod contre Phénix (*Recueil* XIV, p. 237 ss.). Mais les recourants trouvent cet arrêt controversable, en présence de la jurisprudence française et de la doctrine ; le protocole explicatif du traité ne jette d'ailleurs aucune lumière sur cette question. L'interprétation donnée par l'arrêt susvisé est trop restrictive, trop littérale, et il y a lieu d'admettre qu'une Société peut être considérée comme présente et résidente par l'intermédiaire d'un représentant ; le législateur n'a pas entendu priver les personnes contractant avec une société du bénéfice de l'al. 2 de l'art. 1er. L'arrêt de 1888 susvisé est d'ailleurs unique et l'on ne peut dire que la jurisprudence du Tribunal fédéral soit formée.

Dans sa réponse l'Etat de Vaud se borne à reproduire les motifs de sa décision attaquée.

Le mémoire responsif de la Société des ateliers mécaniques conclut au rejet du recours, par des considérations qui peuvent être résumées comme suit :

Aucune preuve n'établit que Bouvier eût sa résidence à Saint-Etienne au moment où les actions des recourants ont été introduites ; cette preuve incombait incontestablement aux recourants. Même s'il était établi que Bouvier eût valablement contracté à Saint-Etienne, au nom des ateliers, avec les recourants ; s'il était établi qu'il fût résident à Saint-Etienne au moment de l'action, — même si l'interprétation donnée par le Tribunal fédéral dans son arrêt de 1888 était erronée, il n'en découlerait pas *in casu* la compétence des juges de Saint-Etienne. Pour avoir, au nom d'une Société, une rési-

dence attributive de for, un représentant doit posséder des
pouvoirs non seulement pour contracter, mais aussi pour
plaider, pour recevoir des notifications et assignations ; il
faudrait que la citation adressée au représentant fût valable
vis-à-vis de la Société : or Bouvier n'a jamais été considéré
comme ayant le pouvoir de représenter les ateliers en justice.
— En ce qui touche l'arrêt du Tribunal fédéral de 1888, les
recourants reconnaissent eux-mêmes qu'il se fonde sur une
interprétation littérale du traité, et ils n'ont fourni aucun argument topique contre cette interprétation, qu'il y a intérêt
à maintenir pour assurer la stabilité de la jurisprudence en
matière de for.

*Statuant sur ces faits et considérant en droit :*

1° Les parties en faveur desquelles l'exécution des jugements en question est poursuivie ont rempli, en ce qui concerne les pièces à l'appui de la demande d'exequatur, les
conditions requises à l'art. 16 de la convention franco-suisse
du 15 Juin 1869 sur la compétence judiciaire et l'exécution
des jugements en matière civile; la décision par laquelle le
Conseil d'Etat de Vaud refuse l'exécution requise se fonde
uniquement sur le motif que les jugements susvisés émanent,
selon lui, d'un tribunal incompétent, circonstance justifiant le
refus d'exequatur aux termes de l'art. 17 chiffre 1 de la convention susmentionnée.

2° A cet égard il y a lieu de constater que les réclamations
des deux maisons Vallot et Pauze, et Olagnier se caractérisent comme des contestations en matière mobilière et personnelle, puisqu'elles ont trait, la première à une créance de
Vallot et Pouze de 317 fr. 50 c., pour fournitures de matériel
électrique à la Société des ateliers mécaniques, en vue de son
installation de la Ricamarie et de l'exposition de Saint-Etienne,
et la seconde à une créance de 357 fr. 45 c. de la maison
Olagnier pour fournitures analogues, commandées, comme les
précédentes, par le sieur Bouvier, agent de la même Société
de Vevey à Saint-Etienne, pour le compte de celle-ci. La
défenderesse ayant fait défaut, les jugements dont il s'agit
ont adjugé aux demandeurs leurs conclusions respectives. Or
les prétentions susmentionnées devaient, aux termes de

l'art. 1er, al. 1 du traité franco-suisse, être portées, en l'absence d'un domicile élu à Saint-Etienne et sous réserve de la disposition de l'alinéa 2 *ibidem*, devant les juges naturels, soit devant le juge du domicile de la Société des ateliers mécaniques à Vevey, où elle a son siège.

L'art. 2 précité dispose que « si l'action a pour objet l'exécution d'un contrat consenti par le défendeur dans un lieu situé, soit en Suisse, soit en France, hors du ressort des dits juges naturels, elle pourra être portée devant le juge du lieu où le contrat a été passé, si les parties y résident au moment où le procès a été engagé. »

Or c'est précisément sur cette disposition que les demandeurs s'appuient, en alléguant que les contrats de fournitures dont il s'agit ont été conclus à Saint-Etienne, et que les parties résidaient dans cette localité lors de cette conclusion, la Société défenderesse étant, en particulier, réputée résider au même lieu que le représentant par l'intermédiaire duquel elle a lié les dits contrats.

3° Toutefois même en admettant, avec les recourants, et contrairement à l'arrêt précité rendu par le Tribunal de céans en 1888 (Girod contre Phénix) qu'une société puisse être considérée, en dehors d'un domicile élu, comme résidant, par l'intermédiaire d'un représentant ou d'une succursale, dans un lieu autre que celui de son siège principal, la Société des ateliers ne saurait être considérée comme ayant *résidé*, dans le sens de l'art. 1er, al. 2 du traité, au moyen de ces intermédiaires à Saint-Etienne au moment où les contrats en question ont été liés.

D'une part, en effet, la Société défenderesse ne possédait pas de succursale dans cette localité ; il n'a point été établi qu'elle y ait jamais eu de comptoir, notamment sous la direction du sieur Bouvier, lequel n'a séjourné à Saint-Etienne que 2 mois environ, et encore avec de nombreuses intermittences, ainsi qu'il conste de la déclaration de l'huissier Coulin du 4 Juillet 1893.

D'autre part les recourants n'ont point rapporté la preuve, qui leur incombait incontestablement, que le sieur Bouvier était le représentant de la défenderesse, et non un simple

courtier à la commission, sans pouvoir ni procuration pour
engager valablement la Société des ateliers. Il est, au contraire, acquis à cet égard au procès que la défenderesse a
expressément délégué son administrateur Dollfus à Saint-
Etienne aux fins d'examiner l'exactitude des factures des demandeurs.

En outre, la notification des jugements du tribunal de commerce de Saint-Etienne, objets du présent recours, a été
faite, non point au sieur Bouvier, mais à l'administrateur
Dollfus, à Vevey.

4° D'ailleurs, et à supposer que Bouvier doive être considéré comme le représentant de la défenderesse, et non comme
un simple agent ou courtier d'affaires, il n'est pas davantage
prouvé qu'il ait résidé à Saint-Etienne lors de l'ouverture de
l'action des sieurs Vallot et Pauze, le 29 Septembre 1892,
ni lors de l'introduction de celle du sieur Olagnier, le 4 Octobre 1892. Il résulte en effet de la déclaration de l'huissier
Coulin que Bouvier n'a séjourné dans la dite ville qu'à partir
du 8 Octobre 1892, jusqu'au 16 Décembre suivant.

5° Il résulte de tout ce qui précède que la Société des
ateliers mécaniques ne peut être réputée avoir résidé à Saint-
Etienne au moment où les procès dont s'agit ont été engagés,
et que les dites actions auraient dû, aux termes de l'art. 1er,
al. 1 du traité franco-suisse, être intentées devant le juge de
Vevey, siège de la Société prénommée. Les jugements rendus
par le tribunal de commerce de Saint-Etienne émanent dès
lors d'une juridiction incompétente, et la décision par laquelle
le Conseil d'Etat du canton de Vaud en a refusé l'exécution,
loin d'impliquer une violation de la convention franco-suisse
de 1869, se justifie pleinement en application de l'art. 17
chiffre 1 de ce traité.

Par ces motifs,

Le Tribunal fédéral

prononce :

Le recours est écarté.

# B. CIVILRECHTSPFLEGE
# ADMINISTRATION DE LA JUSTICE CIVILE

———•••———

## II. Bau und Betrieb der Eisenbahnen.
## Construction et exploitation des chemins de fer.

### 118. Urteil vom 15. November 1893 in Sachen Nordostbahn gegen Vereinigte Schweizerbahnen.

**A.** Mit Vertrag vom 22. April 1876 räumte die Direktion der Vereinigten Schweizerbahnen der Geschäftsführung der Bischofzellerbahn die Mitbenutzung der Station Goßau ein gegen Übernahme der hälftigen Verzinsung des Anlagekapitals der gemeinsam benutzten Teile, und der hälftigen Tragung der Unterhaltungs- und Betriebskosten auf dieser Station. Durch Vertrag vom 8. April 1885 trat die Klägerin in alle diese Rechte und Pflichten der Bischofzellerbahn ein und kündete sodann den Vertrag vom 22. April 1876 auf 31. Dezember 1889, da sie fand, die ihr obliegenden Verbindlichkeiten seien nicht im richtigen Verhältnisse zu ihrer Mitbenutzung; sie schlug vor, der Verteilung der Anlagekapitalzinsen und der Betriebs- und Unterhaltungskosten die Zahl der ein- und ausgeführten Wagenachsen zu Grunde zu legen. In der über diesen Punkt gepflogenen Korrespondenz erklärten sich die Vereinigten Schweizerbahnen zu einer Reduktion der von der Nordostbahn zu tragenden Quote auf 40 % bereit, während diese letztere nicht mehr als 20 % dieser Kosten auf sich nehmen wollte; eine Einigung kam nicht zu

Stande und die Vereinigten Schweizerbahnen stellten sich nun=
mehr auf den Standpunkt, nach Art. 30 des Bundesgesetzes über
Bau und Betrieb der Eisenbahnen seien sie nicht verpflichtet, der
Anschlußbahn auch ihre Lokalitäten und ihr Personal zur Ver=
fügung zu stellen und ersuchten daher die Nordostbahn, für ihren
Dienst, speziell den Personen=, Gepäck=, Vieh= und Güterverkehr
und die dafür erforderlichen Lokalitäten selbst zu sorgen. Auf An=
rufen der Nordostbahn verpflichtete jedoch der Bundesrat durch
Beschluß vom 27. Oktober 1891 die Vereinigten Schweizerbahnen,
der erstern die Mitbenutzung der Station Goßau unverändert in
bisheriger Weise zu gestatten, und ebenso den Betriebsdienst und
die Unterhaltung der Anlagen zu übernehmen, Alles unter Vor=
behalt der Festsetzung der zu bezahlenden Entschädigung durch den
zuständigen Richter.

B. Durch Eingabe vom 23. Dezember 1891 stellt nun die
Nordostbahn beim Bundesgericht das Klagebegehren, es möge in
Vollziehung des Art. 30 Abs. 3 des Eisenbahngesetzes vom
23. Dezember 1872 die Entschädigung, welche die Klägerin vom
1. Januar 1890 an der Beklagten für die Mitbenutzung der
Station Goßau, das heißt also an das zu 5 % zu verzinsende
Anlagekapital für die gemeinschaftlich von den Litiganten benutz=
ten Bestandteile der Station Goßau (Mobiliargegenstände inbe=
griffen), ferner an die Unterhaltungskosten für diese gemeinsam
benutzten Objekte und an die Kosten der Besorgung des Dienstes
auf der Station Goßau zu bezahlen hat, in dem Verhältnis
festsetzen, in welchem die von der Klägerin in dieser Station ein=
und ausgeführten Wagenachsen zu der Gesammtzahl der ein= und
ausfahrenden Wagenachsen steht, eventuell, es sei diese Beteili=
gungsquote auf 13 % aller Gemeinschaftskosten zu fixieren. Alles
unter Kostenfolge. Die Beklagte dagegen zog folgenden Antwort=
schluß: Das h. Bundesgericht wolle in Abweisung des Klage=
begehrens die Entschädigung für die Mitbenutzung der Station
Goßau in der Weise festsetzen, daß der mit 5 % festgesetzte Zins
des Anlagekapitals für die gemeinschaftlich von den Litiganten
benutzten Bestandteile der Station Goßau (Mobiliargegenstände
inbegriffen) hälftig zwischen Klägerin und Beklagte geteilt, alle
übrigen Kosten des Unterhaltes und der Verwaltung, beziehungs=

weise Dienstbesorgung zu 40 % der Klägerin, zu 60 % der Be-
klagten auferlegt werden; eventuell: es sei die Beteiligung der
Klägerin an der 5%igen Verzinsung des Anlagekapitals für die
gemeinschaftlich von den Litiganten benutzten Bestandteile der
Station Goßau (Mobiliargegenstände inbegriffen), ferner an den
Unterhaltskosten dieser gemeinsam benutzten Objekte und an den
Kosten der Besorgung des Dienstes auf der Station Goßau auf
einen Dritteil festgesetzt. Alles unter rechtlicher und außerrechtlicher
Kostenfolge.

C. Zur Begründung des Klagebegehrens führt die Klägerin
im Wesentlichen aus: Da in dem Gesetze dem Richter keine bestimmten Normen gegeben seien, an Hand welcher die Entschädigung zu bestimmen und zu bemessen sei, habe er völlige Freiheit
in der Auswahl seiner Mittel und Wege, welche ihn zu einem
sichern Ziele führen können. Die zutreffendste Lösung bestehe nun
nach dem Dafürhalten der Klägerin in dem sogenannten „Wagenachsensystem", das heißt darin, daß die Kosten für Mitbenutzung,
Unterhalt und Betrieb eines Gemeinschaftsbahnhofes zwischen
den beiden mitbenutzenden Verwaltungen in dem Verhältnis
repartiert werden, in welchem die Zahl der in den betreffenden
Bahnhof ein- und ausfahrenden Wagenachsen der Anschlußbahn
zur Gesammtzahl der in denselben ein- und ausfahrenden Wagenachsen steht. Dieses Prinzip der Kostenrepartition sei von den
schweizerischen Bahnverwaltungen für den weitaus größten Teil
der Gemeinschaftsbahnhöfe oder Gemeinschaftsstationen acceptiert;
auf dieser Grundlage seien auch unter andern alle Verträge ohne
Ausnahme zwischen den heutigen Litiganten über Mitbenutzung
der Gemeinschaftsbahnhöfe, beziehungsweise Stationen, abgeschlossen. Wenn das Gesetz von nur „angemessener Entschädigung"
spreche, und der Bundesrat in seiner Botschaft zum Eisenbahn-
gesetz den Grundsatz aufgestellt habe, daß gegen die Hauptbahn
eine Art Expropriation stattfinde, so wolle damit gesagt werden,
es müsse der Hauptbahn der wirkliche Schaden ersetzt, beziehungsweise dieselbe für eine effektive Leistung entschädigt werden.
Schaden entstehe nun für die Hauptbahn einmal dadurch, daß
durch die vermehrte Zahl der ein- und ausfahrenden Wagenachsen
die Geleise und der Oberbau der Bahnanlage in erhöhtem Maße

abgenutzt werden, daß also der Unterhalt derselben entsprechende
Mehrauslagen verursache. Das Verhältnis der von der Anschluß=
bahn in die Gemeinschaftsstation ein= und aus derselben ab=
fahrenden Wagenachsen zu der Gesammtzahl aller in jene Station
ein= respektive aus derselben abfahrenden Achsen werde daher ge=
nau den Grad bestimmen, in welchem die erstere die Hauptbahn
schädige, respektive diese zu vermehrten Unterhaltungskosten nötige.
Den Maßstab der Benutzung der Anlagen bestimmen ebenfalls
die Wagenachsen, und zwar sowohl für die Inanspruchnahme der
Stationseinrichtungen wie Aufnahmsgebäude, Güterschuppen,
Krahnen, Rampen, Brückenwage, u. s. w., als auch für Inan=
spruchnahme des Betriebsdienstes, des Expeditions=, Stations=
und des Rangierdienstes. Denn je größer die Zahl der Personen=
wagenachsen, um so größer auch die Zahl der transportierten
Personen, in um so vermehrtem Maße werden die Stationsein=
richtungen, wie Wartsäle 2c. in Anspruch genommen. In gleicher
Weise wie für den Personendienst treffe dieser Grundsatz auch
für den Güterdienst zu. Je größer die Zahl der Güterwagen=
achsen, um so größer seien die Transportmengen und um so er=
heblicher die Inanspruchnahme der Güterschuppen, Rampen u. s. f.;
um so bedeutender auch die Leistungen des Stationspersonals, des
Expeditions=, des Verlade= und Rangierpersonals und des Bahn=
bewachungsdienstes. Dafür, daß eine arithmetisch genaue und
zutreffende Berechnung dessen, was die mitbenutzende Bahn der
Stationseigentümerin bezahlen soll, sich nur finden lasse, wenn
man die Zahl der Wagenachsen zur Basis nimmt, berufe sich die
Klägerin auf Expertise. Es falle nun aber noch besonders in
Betracht, daß die Züge der Nordostbahn auf der Station Goßau
auf dem klägerischen Eigentum verkehren, die Stationsanlage der
Beklagten eigentlich nur unerheblich, soweit es die Hochbauten,
und gar nicht, soweit es den Ober= und Unterbau betrifft, in
Anspruch nehmen. Vergleiche man nun eine von der Beklagten
vorgelegte Zusammenstellung über den Wagenachsenverkehr auf
der Station Goßau im Jahre 1889, so ergebe sich, daß die Loko=
und Transportachsen der Beklagten sich auf 223,663, die der
Klägerin auf 33,756 belaufen, daß also bei einer Gesammtachsen=
zahl von 257,419 die von der klägerischen Unternehmung ein=
und ausgeführten Achsen circa 13 % ausmachen.

Die Beklagte verwahrte sich in ihrer Rechtsantwort zwar gegen die im bundesrätlichen Entscheid vom 27. Oktober 1891 enthaltene Auffassung, wonach die Hauptbahn nicht nur zur Gewährung der Mitbenutzung der Stationsanlagen, sondern auch zur Besorgung des innern Dienstes für die Anschlußbahn soll angehalten werden können, erklärte sich aber doch mit der Klägerin einverstanden bezüglich des Umfanges der Leistung, für welche nach Art. 30 des Eisenbahngesetzes das Äquivalent bundesgerichtlich festzustellen ist. Ihre Opposition richtet sich gegen die Festsetzung der Entschädigung auf Grund des Wagenachsensystems, für welches zwar der Vorzug einer einfachen und bequemen Berechnung sprechen möge, das aber in gewissen Fällen, und so auch im vorliegenden, wesentliche Mängel aufweise und zu eklatanten Unbilligkeiten führen könne. Diese Mängel bestehen hauptsächlich nach zwei Richtungen:

1. Das Wagenachsensystem unterscheide nicht zwischen den verschiedenen Arten von Ausgaben, die zu repartieren sind, beziehungsweise der Provenienz der einzelnen Kostengruppen, und

2. es unterscheide ebenso wenig zwischen den verschiedenen Arten von Wagenachsen, welche der Berechnung zu Grunde zu legen sind, speziell zwischen Loko- und Transitachsen.

Diese Berechnung habe zur Folge, daß die Anschluß suchende Bahn, wenn ihr Verkehr, per Wagenachsen berechnet, geringer ist, als derjenige der Hauptbahn, bei einer Reihe von Ausgaben ganz wesentlich weniger zahlen müsse, als wenn sie die betreffenden Einrichtungen selbst hätte erstellen müssen; denn eine Reihe von Faktoren, die bei der Berechnung der Vergütung in Betracht kommen, seien von dem größern oder kleinern Verkehr ganz oder wenigstens bis zu einem gewissen Grade unabhängig; jede Station müsse, ganz abgesehen von dem etwas größern oder geringern Verkehr, einen gewissen Umfang haben (Stationsgebäude, Güterschuppen, Geleise, Stationsplatz, Aborte u. s. w.); auf der Station müssen eine Reihe technischer Einrichtungen, z. B. Signalvorrichtung, Krahnen, Rampen u. s. w., getroffen werden, die die Hauptbahn zu erstellen habe, ob eine Anschlußbahn existiere oder nicht, die aber auch von der Anschlußbahn getroffen werden müßten, wenn die Hauptbahn ihr diese Leistung nicht abnehmen

würde. So sei es auch mit einer Reihe von Verwaltungskosten
(Beleuchtung, Heizung, Reinigung u. s. w.) Für alle diese Aus=
gaben, welche für die eine wie für die andere Bahn gleich not=
wendig und unabweisbar seien, repräsentiere die hälftige Teilung
die angemessene Entschädigung im Sinne des citierten Art. 30,
indem diese letztere als ein billiges Äquivalent für die Leistung,
welche die Hauptbahn der Anschlußbahn abnehme, aufzufassen sei.
Das von der Beklagten vorgeschlagene System unterscheide daher
zwischen :

a. Ausgaben, welche von der Achsenzahl unabhängig sind,
weil sie unter allen Umständen, wie für die Hauptbahn, so auch
für die Anschlußbahn nötig sind, und

b. Ausgaben, die von dem Umfang des Verkehrs, beziehungs=
weise von der Anzahl der Wagenachsen, abhängig sind.

Zu den erstern gehöre bei kleinern Stationen, wie Goßau, die
Verzinsung des Anlagekapitals und ein Teil der Unterhaltungs=
und Verwaltungskosten, zu den letztern der Unterhalt des Ober=
baues und der andere Teil der Verwaltungskosten, „jener nach
Wagenachsen, dieser nach dem Verkehr." Bei der erstgenannten
Kategorie werde hälftige Teilung, bei der zweiten Verteilung nach
dem Verkehr, beziehungsweise nach Wagenachsen, mit Berücksich=
tigung des Unterschiedes zwischen Lokal= und Transitachsen postu=
liert. Es sei nämlich ohne weiters klar, daß die bloß durch=
gehenden Achsen die Stationsanlage und das Personal teilweise
gar nicht, jedenfalls in einem ungleich geringern Maße in An=
spruch nehmen, als die dort bleibenden und von dort abgehenden
Achsen. Bei kleinern Stationen nehmen die durchgehenden Achsen
nur einen verschwindend kleinen Teil der Stationsanlagen und
des Personals in Anspruch. Die von der Klägerin angeführten
Beispiele, wo für die Repartition das Wagenachsensystem ohne
Einschränkung angewendet worden, seien hier nicht maßgebend;
übrigens sei dasselbe einer Reihe von andern Fällen nicht zu
Grunde gelegt.

D. In Replik und Duplik beharrten die Parteien beidseitig
auf ihren in Klage und Antwort ausgeführten Standpunkten,
und stützten ihre Anträge auf Repartition zu 13, beziehungsweise
zu 40 % zu Lasten der Anschlußbahn durch eine Reihe weiterer
Berechnungen.

E. Am 19. September 1892 nahm der Instruktionsrichter einen Augenschein vor, wobei er die Vorschläge der Parteien bezüglich Wahl der Experten und der an dieselben zu stellenden Fragen entgegen nahm. Über die Benutzung des Bahnhofes wurde der Stationsvorstand von Goßau einvernommen. An die Experten wurden sodann folgende Fragen gestellt:

Fragen der Nordostbahngesellschaft:

1. Ist eine arithmetisch genaue und zutreffende Berechnung dessen, was die mitbenutzende Bahn der Stationseigentümerin bezahlen soll, in allen Fällen und speziell auch mit Bezug auf die Station Goßau nicht darin zu finden, daß man die Zählung der Wagenachsen zur Basis nimmt, indem dieses System einer billigen Würdigung des Nutzens, welchen die gemeinsam benutzte Anlage bietet, das heißt der Leistungen, welche die Stammbahn prästiert, und des Maßes, in welchem sie in Anspruch genommen wird, entspricht?

2. Ist das Prinzip der Repartition der Gemeinschaftskosten (Verzinsung der Anlagekapitalien, Unterhaltungskosten und Kosten des Betriebspersonals) der Station Goßau nicht, unter den gegebenen Verhältnissen, gerechtfertigt und richtig?

Fragen der Gesellschaft der Vereinigten Schweizerbahnen:

1. Halten die Experten nicht eine Unterscheidung zwischen solchen Ausgaben, welche von der Achsenzahl unabhängig, weil für die Stamm= und Anschlußbahn gleich notwendig sind und solchen Ausgaben, welche vom Umfange des Verkehrs abhängig sind, als durchaus gerechtfertigt?

2. Erscheint nicht eine Repartition der Gemeinschaftskosten, zufolge welcher die erstgenannte Kostenkategorie hälftig, die zweite dagegen nach Maßgabe des Verkehrs geteilt wird, als den Verhältnissen angemessen?

3. Ist es nicht durchaus geboten, bei Verteilung der Auslagen grundsätzlich zwischen Loko= und Transitachsen zu unterscheiden und die letztern nur soweit in Berechnung zu ziehen, als der Transitverkehr diese Auslagen verursacht, beziehungsweise mitverursacht?

4. Müssen die Experten daher nicht auf Grund der sub 1—3 erörterten Prinzipien einerseits und der (eventuell nachzuprüfenden) statistischen Frequenz= und Kostenausweise anderseits die Richtigkeit der von der Beklagten sub VI der Antwort aufgestellten Rechnungen mit dem Resultate einer Repartition von $40\%:60\%$ anerkennen?

5. Ist nicht eventuell, falls grundsätzlich das Wagenachsensystem als maßgebend anerkannt werden sollte, auch hier ein grundsätzlicher Unterschied zwischen Loko= und Transitachsen im Sinne von Frage 3 zu machen?

6. Müssen die Experten daher nicht eventuell auf Basis eines so modifizierten Wagenachsensystems einerseits und den (eventuell nachzuprüfenden) statistischen Frequenz= und Kostenausweisen anderseits die Richtigkeit der von der Beklagten sub VII der Antwort aufgestellten Rechnungen mit dem Resultate einer Repartition im Verhältnis von $1/_3 : 2/_3$ anerkennen?

Das Majoritätsgutachten der Herren Direktor Schneider und Oberregierungsrat Stutz in Karlsruhe beantwortet die beiden Fragen der Nordostbahn mit Nein, indem es ausführt, eine arithmetisch genaue und in allen Fällen zutreffende Art der Berechnung des Anteils, den die mitbenutzende Bahn der Stationseigentümerin zu vergüten habe, gebe es überhaupt nicht, und es könne daher die Festsetzung der Kostenverteilung auch nicht allgemein nach einer bestimmten Regel oder Formel stattfinden. Bei der Frage, in wie weit das Wagenachsensystem im vorliegenden Falle anwendbar sei, müsse berücksichtigt werden, daß die zu verteilenden Gemeinschaftskosten nach der Natur ihrer Entstehung in folgende drei Hauptgruppen zerfallen:

1. Verzinsung des Anlagekapitals für die gemeinschaftlich benutzten Bahnhofanlagen.

2. Unterhaltungskosten für diese Anlagen.

3. Betriebskosten (persönlicher und sachlicher Aufwand).

Die Kosten der Verzinsung des Anlagekapitals eines Gemeinschaftsbahnhofes richten sich nicht genau nach dem darauf vorkommenden Verkehr; zu jedem größern Geschäftsbetriebe, also auch zu einem solchen in einem Gemeinschaftsbahnhofe, seien zunächst gewisse bauliche Einrichtungen notwendig, die vorhanden sein müssen, ob sich der Betrieb bis zu einem bestimmten Maße größer oder kleiner gestalte; soweit nun diese Kosten gleich bleiben, ob der Verkehr der einzelnen Bahn ein größerer oder kleinerer sei, müssen sie von den beteiligten Bahnen gleichteilig getragen werden. Die Station Goßau wäre aller Wahrscheinlichkeit nach auf gemeinschaftliche Kosten erstellt worden, wenn beide Bahnen gleichzeitig für Errichtung einer Station daselbst zu sorgen gehabt hätten, indem der Verkehr beider Bahnen (unter billiger Berücksichtigung des die gemeinschaftlichen Bahnhofanlagen nur in untergeordneter Weise in Anspruch nehmenden Transitverkehrs der Vereinigten Schweizerbahnen) fast als gleichwertig betrachtet werden müsse. Sonach rechtfertige sich die hälftige Anteilnahme der Nordostbahn an der Verzinsung des Anlagekapitals. Was dagegen die Verteilung der Unterhalts= und Betriebskosten betreffe, so können sich die Experten mit dem Prinzip des sogenannten Wagenachsensystems, vorbehältlich der Frage der Wertung der Transitachsen, einverstanden erklären. Auf Grund dieser Erörterung bejahten die Experten die beiden ersten von den Vereinigten Schweizerbahnen gestellten Fragen und statuierten auch einen grundsätzlichen Unterschied in der Behandlung der Lokal= und Transitachsen, indem besonders bei Stationen vom Umfange derjenigen von Goßau der Transitverkehr in der Hauptsache nur an den Kosten der Unterhaltung und Beleuchtung des durchgehenden Geleises und der zugehörigen Anlagen (Weichen, Perron ꝛc.) und an den Kosten des mit Bedienung der daran liegenden Weichen und Signale betrauten Signal= nnd der Fahrdienstbeamten Teil nehme. Immerhin könne der Transitverkehr auch in diesem Falle noch weitere Kosten verursachen, weil die durchgehenden Wagen nicht immer derart in die Züge einrangiert seien, daß sie von jedem Stationsmanöver ausgeschlossen bleiben. Bezüglich der Frage, zu welcher Quote der Anteil der Nordostbahn zu bemessen sei, erklärt das Majoritätsgutachten, es sei gar nicht möglich, eine Berechnung genau so speziell aufzustellen, wie die Beklagte es versucht hat. Es pflichtet jedoch dem eventuellen Antrag der Vereinigten Schweizerbahnen, die Nordostbahn für die Mitbenutzung der Station Goßau mit einem Dritteil der sämmtlichen Kosten zu belasten, auf Grund folgender Berechnung bei:

„1. Die fünfprozentigen Zinſe aus dem Anlagekapital der Ge=
meinſchaftsſtation Goßau betragen 11,700 Fr.; ſie eignen ſich
zur hälftigen Teilung, daher zu Laſten der Nordoſtbahn: 5850 Fr.

2. Die Unterhaltungskoſten für ſämmtliche Gebäude und An=
lagen betragen . . . . . . . . . . . Fr.  6,400
Die Betriebskoſten . . . . . . . . . . „  21,000

Zuſammen  . Fr. 27,400

Dieſer Aufwand möchte im Verhältnis des Verkehrsumfangs
verteilt werden; nun betrug der Wagenachſenverkehr nach der
den Akten beiliegenden Darſtellung (Klagebeilage 32)

|  | Für Vereinigte Schweizerbahnen. | Nordoſtbahn. |
|---|---|---|
| Lokalachſen | 27,206 | 33,756 |
| Dazu ¹⁄₃ der 196,457 Tranſitachſen | 65,486 | — |
| Zuſammen | 92,692 | 33,756 |
| oder rund | 93,000 | 34,000 |
|  | 127,000 | |

Bei Teilung des hieher gehörigen Aufwandes von 27,400 Fr.
im Verhältnis von 127 : 34 ergibt ſich alſo für die Nordoſtbahn
ein Treffnis von . . . . . . . . . . . Fr.  7,335
Nach 1 und 2 würde demnach an den Ge=
ſammtkoſten der Station Goßau mit 11,700      .
+ 27,400 = 39,100 Fr. (Verzinſung, Un=
terhaltungs= und Betriebskoſten) die Nordoſt=
bahn . . . . . . . . . . . . . . Fr. 13,185
das iſt rund einen Drittel, zu bezahlen haben.“

Die Experten erklären, daß dieſe Rechnung nicht auf mathe=
matiſch genauer, in keiner Beziehung anfechtbarer Grundlage be=
ruhe; ihre Abſicht ſei nicht geweſen, eine ſolche Rechnung aufzu=
ſtellen, die alle einzelnen Ausgabepoſitionen auseinanderhält und
bei jeder zu eruiren ſucht, wie viel davon auf jede der beiden Ver=
waltungen entfallen möchte, weil ſie das für unmöglich erachteten
und davon ausgiengen, daß man in ſo komplizierten Verhält=
niſſen, wie es die eines Gemeinſchaftsbahnhofes ſind, ſich nicht
an einzelne Poſitionen anklammern dürfe.

Auch das Minderheitsgutachten des Herrn Dr. J. J. Bischer in Basel spricht sich dahin aus, daß eine absolut genaue und zutreffende Berechnung dessen, was eine mitbenutzende Bahn der Stationseigentümerin bezahlen soll, nicht möglich sei, hält aber das Wagenachsensystem für das relativ beste Mittel zur gegenseitigen Abrechnung, indem es die Kosten zwar nicht arithmetisch genau, aber doch annähernd richtig verteile, vorausgesetzt, daß man in einer Art und Weise, welche den besondern Verhältnissen des betreffenden Bahnhofes entspricht, zwischen Transitachsen und Lokoachsen unterscheide. Bei der Verzinsung des Anlagekapitals hievon eine Ausnahme zu machen, rechtfertige sich nicht; denn offenbar dürfe bei der Entschädigung nur in Betracht fallen der ökonomische Schaden, welcher einer Bahnunternehmung durch die Mitbenutzung einer Station von Seiten einer andern entsteht, und dieser bestehe ausschließlich in der Vermehrung der Unterhaltungs- und Betriebskosten und in einer Beschränkung des Verfügungsrechtes über die Station, welche sich beide nach dem Verhältnis richten, in welchem die Station durch die neu einmündende Bahn in Anspruch genommen wird. Das Majoritätsgutachten habe mit Unrecht den Verkehr der beiden Bahnen auf der Station Goßau fast als gleichwertig bezeichnet, und auch bei der Wertung der Transitachsen im Verhältnis von einem Drittel habe dasselbe den Anteil der Vereinigten Schweizerbahnen zu niedrig gegriffen; nichtsdestoweniger schließt sich das Minderheitsgutachten der Ansicht an, daß die Unterhaltungs- und Betriebskosten mit zwei Drittel auf die Vereinigten Schweizerbahnen und mit einem Drittel auf die Nordostbahn zu verlegen seien, glaubt aber um so mehr daran festhalten zu müssen, daß dieses gleiche Verhältnis auch für die Verteilung der Zinslast angenommen werde.

F. Die Klägerin erklärte mit Eingabe vom 8. Juni 1893, daß sie, nachdem die Experten, wenn auch aus ganz verschiedenen Gründen, zu demselben Resultate gelangt seien, von einem Begehren um Ergänzung der Gutachten oder um Einholung eines Obergutachtens Umgang nehme, wahrte sich aber ausdrücklich das Recht, sich über die Tragweite des Art. 30 des Eisenbahngesetzes und die daraus sich für den vorliegenden Fall ergebenden Konsequenzen bei der Hauptverhandlung auszusprechen und einige aktenwidrige Annahmen des Mehrheitsgutachtens richtig zu stellen.

Die Beklagte erklärte gleichfalls, unter Wahrung des im Schriftenwechsel eingenommenen Standpunktes und im besondern auch ihrer Berechnungen über die Beteiligung der Transitachsen, die Annahme des Resultates des Mehrheitsgutachtens im Sinne ihres eventuell gestellten Antwortschlusses.

G. In der heutigen Verhandlung hielt die Klägerin an ihren Ausführungen fest; die Beklagte hielt nur noch ihren eventuellen Antwortschluß aufrecht, in dem Sinne, daß der Klägerin ein Drittel der Gesammtkosten überbunden werde.

Das Bundesgericht zieht in Erwägung:

Die Parteien streiten sich grundsätzlich darüber, ob der Berech-nung der Anteilsquote der Klägerin für die Mitbenutzung des Bahnhofes Goßau das von derselben proponierte Wagenachsen-system zu Grunde zu legen, und ob bei der Bemessung des Um-fanges, in welchem die beidseitige Benutzung stattfindet, ein Unter-schied zwischen Transit- und Lokalverkehr zu machen sei. Auf Antrag der Parteien wurden diese Fragen dem Gutachten dreier Experten unterstellt, und es ist gegenüber ihrem Befunde von keiner Seite ein Antrag auf Ergänzung oder auf Anordnung einer Oberexpertise gestellt worden; so weit also die Ansichten der Sachverständigen sich decken, sind dieselben vom Gerichte einfach zu acceptieren. Dies ist insoweit der Fall, als sowohl das Mehr-heitsgutachten der Herren Schneider und Stutz, als das Minder-heitsgutachten des Herrn Dr. J. J. Bischer das Wagenachsen-system als das relativ beste Mittel zur Festsetzung des Anteiles an den Unterhalts- und Betriebskosten erklärt und als beide Expertisen einen Unterschied in der Wertung des Transitverkehrs gegenüber demjenigen des Lokalverkehrs statuieren. Eine Differenz dagegen besteht bezüglich der Anteilsquote der Anschlußbahn an der Verzinsung des Anlagekapitals. Hier will das Mehrheits-gutachten einfach hälftige Teilung eintreten lassen, während das Minderheitsgutachten auch da das Verkehrsverhältnis als maß-gebend erklärt und nach dem Wagenachsensystem den Anteil der Klägerin auf einen Drittel ansetzt. Diese Differenz beruht auf einer verschiedenen Auffassung der Experten darüber, was unter der in Art. 30 des Eisenbahngesetzes vorgesehenen „angemessenen

Entschädigung" zu verstehen sei. Das Majoritätsgutachten faßt dieselbe auf als Äquivalent für den der Anschlußbahn gewährten Anteil an den von der Hauptbahn erstellten Anlagen und Lokalen; das Minderheitsgutachten dagegen hält dafür, darunter sei nur der Ersatz des ökonomischen Schadens, welcher der Hauptbahn- unternehmung durch die Mitbenutzung einer Station von Seite einer andern entsteht, verstanden. Diese Interpretationsfrage ist, weil rein rechtlicher Natur, ausschließlich Sache des Gerichtes. Sie findet ihre Lösung in der Feststellung des Rechtsverhältnisses, welches die Anschlußbahn durch die Mitbenutzung der Anschluß- station gegenüber der Hauptbahn eingeht. Die Parteien haben die Natur desselben verschieden qualifiziert. Während die Klägerin, in Anlehnung an die bundesrätliche Botschaft zum Art. 30 des Eisenbahngesetzes, hier eine Expropriation annimmt, faßt es die Beklagte als eine Art Rechtsgemeinschaft bezüglich der mitbenutzten Objekte auf. Es treffen aber diese Qualifikationen nicht zu. Art. 30 cit. verpflichtet die Hauptbahn, einen Eingriff in ihr Eigentumsrecht von Seiten der Anschlußbahn zu gestatten, indem diese letztere zur Benutzung der Stationsanlagen der Hauptbahn berechtigt wird, und im Zusammenhang damit nach dem oben citierten Entscheid des Bundesrates vom 27. Oktober 1891 auch befugt ist, das Personal für ihren Dienst auf dieser Station in Anspruch zu nehmen. Insoweit also hier eine zwangsweise Mit- benutzung fremden Eigentums gegen Entgelt stattfindet, ist aller- dings ein der Expropriation ähnliches Verhältnis vorhanden; ein wesentlicher Unterschied besteht aber darin, daß hier kein dingliches Recht an fremder Sache erworben wird. Es liegt vielmehr ein pachtähnliches Verhältnis vor, zu dessen Bestellung ein gesetzlicher Kontrahierungszwang besteht, unter gerichtlicher Fixierung des Quasipachtzinses im Falle, wo eine Verständigung der Parteien nicht zu Stande kommt. Dieses Rechtsverhältnis ist analog dem- jenigen, welches Art. 1 Abs. 3 des Bundesgesetzes betreffend die Verbindungsgeleise vom 19. Dezember 1874 konstituiert. Das von der Anschlußbahn zu leistende Entgelt soll somit ein Äqui- valent für das Recht der Mitbenutzung sein. Hieraus folgt einerseits, daß dasselbe nicht einfach danach bemessen werden kann, was die Anschlußbahn aufwenden müßte, wenn sie Miteigentümerin der mitbenutzten Anlagen wäre, und anderseits, daß es auch nicht bloß im Ersatz der Mehrauslagen, welche der Haupt=bahn durch den Anschluß erwachsen, bestehen darf, denn sonst würde die Anschlußbahn die ihr zur Verfügung gestellten Einrich=tungen, soweit nicht eine Abnutzung eintritt, oder besondere Be=dienung erforderlich ist, unentgeltlich benutzen. Als allgemeine Regel für die Ausmessung des Entgeltes wird vielmehr gelten müssen, daß die Anschlußbahn der Hauptbahn denjenigen Betrag zu zahlen habe, der bei freier Konkurrenz für ihre Inanspruchnahme unter den konkreten Verhältnissen voraussichtlich jedenfalls gefordert würde. Mit Bezug auf die Partizipation an den Unterhaltungs= und Betriebskosten ist diese Frage bereits durch die Experten in für die Parteien verbindlicher Weise durch Anwendung des Wagen=achsensystems gelöst. Dagegen wird sich allerdings der Anteil an der Verzinsung des Anlagekapitals nicht einfach nach dem Ver=hältnis des Verkehrs auf der betreffenden Station zu richten haben, und wenn auch nach dieser Ausführung das Prinzip der hälftigen Teilung dieser Lasten ebenfalls nicht adoptiert werden kann, so ist doch dem Umstand, daß die Anschlußbahn auf der Station der Hauptbahn über eine Reihe von Einrichtungen ver=fügen kann, die sie, unabhängig von dem Verkehr und den da=herigen Einnahmen, so wie so hätte erstellen müssen, in billiger Weise Rechnung zu tragen. In Fällen, wo der Verkehr der An=schlußbahn wesentlich geringer ist, als derjenige der Hauptbahn, rechtfertigt sich daher, aus diesem Grunde zu der nach dem Ver=kehrsverhältnis berechneten Anteilsquote einen Zuschlag zu Gunsten der Hauptbahn zu machen. In casu ergibt sich nach der Berech=nung des Majoritätsgutachtens, welcher das Minderheitsgutachten nicht widerspricht, daß der in Betracht kommende Verkehr der Nordostbahn circa 27 % des Gesammtverkehrs ausmacht. In diesem Verhältnis hätte die Klägerin unter ausschließlicher An=wendung des Wagenachsensystems die Beklagte zu entschädigen; da jedoch für den Anteil an der Verzinsung des Anlagekapitals ein angemessener Zuschlag gemacht werden muß, so rechtfertigt es sich, den Gesammtanteil an den Kosten der Anschlußstation im Verhältnis von 30 % zu Lasten der Klägerin, zu 70 % zu Lasten der Beklagten festzusetzen.

Demnach hat das Bundesgericht
erkannt:

Der von der Nordostbahn zu tragende Anteil für die Mitbe=
nutzung der Station Goßau, b. h. also an das zu 5 % zu ver=
zinsende Anlagekapital für die von den Litiganten gemeinschaftlich
benutzten Bestandteile der Station Goßau (Mobiliargegenstände
inbegriffen), ferner an die Unterhaltskosten für diese gemeinsam
benutzten Objekte und an die Kosten der Besorgung des Dienstes
auf dieser Station, wird auf 30 % (dreißig Prozent) festgesetzt.

---

## II. Organisation der Bundesrechtspflege.
## Organisation judiciaire fédérale.

### 119. Urteil vom 20. Oktober 1893 in Sachen
### Schütz gegen Künzli.

A. Kläger Schütz hat vor den kantonalen Gerichten folgende
Rechtsbegehren gestellt:

1. Es sei zu erkennen, der Kläger sei mit seiner Forderung
von zusammen 2241 Fr. 05 Cts. gestützt auf den Kredit= und
Bürgschaftsbrief vom 7. und 10. Februar 1874 und Cession vom
17. September 1877 bei der Verteilung des Erlöses aus der
Pfändung für Gruppe Nr. 50 des Betreibungsamtes Aarwangen
gegen Theodor Geiser von Langenthal in Zürich, anstatt in
Klasse V, in der besondern Rangklasse zwischen Klasse IV und V
und zwar im Rang nach dem Datum vom 7. und 10. Februar
1874 anzuweisen und es sei der bezügliche Kollokationsplan vom
25. Februar 1893 in diesem Sinne abzuändern.

2. Eventuell für den Fall der Abweisung des Rechtsbegehrens
Nr. 1: Es sei der Beklagte Johann Gottfried Künzli mit seiner
in der besondern Rangklasse zwischen Klasse IV und V bei der
Verteilung des Erlöses aus der Pfändung für Gruppe Nr. 50
des Betreibungsamtes Aarwangen gegen Theodor Geiser von
Langenthal in Zürich angewiesenen Forderung von 3613 Fr.

65 Cts. aus dieser Rangklasse auszuweisen, der bezügliche Kol=
lokationsplan vom 25. Februar 1893 dementsprechend abzuändern
und der Betrag, um welchen der Anteil des Beklagten J. G.
Künzli an dem Erlöse aus der angeführten Pfändung dadurch
herabgesetzt wird, zur Befriedigung des Klägers bis zur vollen
Deckung seiner Forderung von 2241 Fr. 05 Cts. mit Einschluß
der Prozeßkosten zu verwenden.

B. Durch Urteil vom 29. Juni 1893 hat der Appellations=
und Kassationshof des Kantons Bern erkannt: Der Kläger
Samuel Schütz ist mit seinem ersten Klagebegehren abgewiesen,
dagegen ist demselben das zweite Klagebegehren zugesprochen.

C. Gegen dieses Urteil ergriff einzig der Beklagte die Weiter=
ziehung an das Bundesgericht und erklärt in seiner diesfälligen
Rekursanmeldung an den Appellations= und Kassationshof des
Kantons Bern, daß er in dessen Urteil vom 29. Juni 1893
einen Verstoß gegen Art. 327 des Bundesgesetzes über Schuld=
betreibung und Konkurs erblicke und daß er ferner beim Bundes=
gerichte auf Aktenvervollständigung antragen werde betreffend
Aushebung eines Beweises über die Tatsache, daß der Obliga=
tionsschuldner Geiser seinen letzten Wohnsitz im Kanton Bern,
in Langenthal, Amtsbezirk Aarwangen, hatte. In der Hauptsache
geht der Antrag des Beklagten dahin, daß das Urteil des Richter=
amtes Aarwangen wieder hergestellt werde.

Das Bundesgericht zieht in Erwägung:

1. Kläger und Beklagter besitzen aus dem im Jahre 1877 er=
folgten Konkurs des Theodor Geiser zwei Forderungen; ersterer
eine solche im Betrage von 2419 Fr. 25 Cts., letzterer von
3613 Fr. 65 Cts. Theodor Geiser, welcher in Langenthal heimat=
berechtigt ist und zur Zeit des Konkurses dort wohnhaft war,
ist nun seit einer Reihe von Jahren in Zürich niedergelassen.
Am 4. September 1892 verstarb in Langenthal die Mutter des=
selben und hinterließ ihm einen Erbteil von 7113 Fr. 39 Cts.
Beide Gläubiger machten nun ihre Forderungen geltend, der
Beklagte am 7. September 1892 durch Arrest auf fraglichen Erb=
teil bei dem Richteramt Aarwangen und nachherige Betreibung
des Schuldners auf Pfändung. Am 28. Oktober 1892 ließ so=
dann der Beklagte seine Forderung in das öffentliche Buch der

Amtsschreiberei Aarwangen eintragen. Gestützt nun hierauf stellte das Betreibungsamt von Aarwangen nach Verwertung der ge=
pfändeten Sache, in seinem Kollokationsplan vom 25. Februar 1893, die Forderung des Beklagten in die durch Art. 327 des Bundesgesetzes über Schuldbetreibung und Konkurs vorgesehene besondere Rangklasse zwischen der vierten und der fünften, diejenige des Klägers dagegen in die fünfte Rangklasse. Der Kläger focht hierauf beim Richteramt Aarwangen die Kollokation des Betrei=
bungsbeamten an und verlangte, daß seine Forderung ebenfalls in die Zwischenklasse, eventuell beide Forderungen in die V. Klasse eingestellt werden. Das Richteramt von Aarwangen wies den Kläger mit beiden Rechtsbegehren ab. Der bernische Appellations=
und Kassationshof dagegen ging auf den eventuellen Standpunkt des Klägers ein und urteilte in der sub Fakt. B angegebenen Weise. Sein Urteil stützt er darauf, daß nach Art. 2 Alinea 1 des bernischen Großratsdekretes vom 16. Mai 1892 die Anmel=
dung zur Eintragung von Forderungen im Sinne von Art. 327 des Betreibungsgesetzes bei der Amtsschreiberei desjenigen Bezirkes zu erfolgen habe, in welchem die verpflichtete Person im Zeitpunkt der Anmeldung ihren Wohnsitz hatte ; daß diese deutliche Fassung des Großratsdekretes den Richter nicht berechtige, in den Fällen, in welchen der Schuldner in einem andern Kanton domiziliert sei, und in welchem daher die Eintragung an seinem Wohnorte faktisch nicht möglich sei, eine solche am letzten Wohnorte des Schuldners, im Kanton Bern, als gleichwertig anzusehen. Letztere genüge vielmehr den Anforderungen des bernischen Großrats=
dekretes nicht.

2. Art. 327 B.=G. betreffend Schuldbetreibung und Konkurs bestimmt, daß im Kanton Bern eine Forderung, für welche vor dem 1. Januar 1892 eine „Obligation" ausgestellt oder in einem „Grundpfandgeschäft" Hab und Gut des Schuldners verschrieben worden sei, bei einem vor dem 1. Januar 1900 eröffneten Kon=
kurs oder einer vor diesem Tage vollzogenen Pfändung, in einer besonderen Rangklasse zwischen der IV. und V. Klasse zur Be=
friedigung angewiesen werden könne, sofern die Forderung vor dem 1. Januar 1893 in ein öffentliches Buch eingetragen worden sei. Diese Bestimmung erteilt, insoweit sie für die Zeit bis

1. Januar 1900 für gewisse Forderungen die Anweisung in
eine Zwischenklasse zwischen die IV. und V. Klasse und somit
eine Ausnahme von der in Art. 219 leg. cit. aufgestellten
Rangordnung zuläßt, offenbar lediglich ein Zugeständnis an den
betreffenden Kanton, von welchem derselbe Gebrauch machen kann
oder nicht, und wobei die Einführung dieser Zwischenklasse nur
an die Bedingung geknüpft ist, daß die Forderung innert der
angegebenen Frist in ein öffentliches Buch eingetragen worden.
Es bedurfte also, um für den Kanton Bern diese Zwischenklasse
für die erwähnte Übergangszeit einzuführen, eines hierauf gerichteten Aktes der kantonalen Gesetzgebung und es hatte derselbe
dabei auch die nähern Vorschriften über die Einrichtung und
Führung des Buches, sowie über die sachliche und örtliche Zuständigkeit für die Eintragung der Forderung zu erlassen, da das
Bundesgesetz hierüber keine Bestimmungen enthält, sondern lediglich
lich allgemein die Eintragung der Forderung in ein öffentliches
Buch als Bedingung für Aufstellung der Zwischenklasse bestimmt.
Art. 333 leg. cit. sieht hiefür ausdrücklich kantonale Ein-
führungsbestimmungen vor und unterwirft dieselben der Genehmigung des Bundesrates. Wenn daher in Art. 2 des bernischen
Dekretes vom 16. Mai 1892 über die Eintragung der Obligationen im Kanton Bern bestimmt ist, daß die Anmeldung zur
Eintragung bei der Amtsschreiberei des Bezirkes erfolgen müsse,
in welchem die verpflichtete Person im Zeitpunkte der Anmeldung
ihren Wohnsitz habe, so hat der Große Rat des Kantons Bern
hiebei innert der ihm durch citiertes Bundesgesetz eingeräumten
Kompetenzen gehandelt und jedenfalls keinen Verstoß gegen eine
Bestimmung dieses Bundesgesetzes begangen. Und da nun im
vorliegenden Falle einzig streitig ist, beziehungsweise die Gutheißung des rekurrentischen Begehrens lediglich davon abhängt,
ob Rekurrent den Vorschriften jenes Dekretes Genüge geleistet
habe, so ist klar, daß für die Beurteilung dieses Streites nicht
eidgenössisches, sondern kantonales Recht maßgebend ist und daher
die Weiterziehung dieser Sache an das Bundesgericht gemäß
Art. 29 O.-G. vom 27. Juni 1874 unzulässig ist. Denn es
mangelt eben die Voraussetzung, daß dieselbe nach eidgenössischem
Recht zu entscheiden sei.

Demnach hat das Bundesgericht
erkannt:

Auf die Weiterziehung des Rekurrenten Johann Gottfried
Künzli wird wegen Inkompetenz nicht eingetreten.

---

120. *Arrêt du 27 Octobre 1893 dans la cause Piguet
contre Gabet.*

Le 26 Septembre 1893 Léopold Gabet, négociant en vins,
rue des Gares, à Genève, fit adresser à Henri Piguet, négociant en dite ville, par le bureau des poursuites de Genève,
un commandement de payer la somme de 461 fr. 75 c., provenant d'un billet de change. Le dit commandement fut
notifié à Piguet le lendemain 27 Septembre 1893.

Piguet n'ayant pas payé, en se fondant sur un séquestre
imposé sur la dite créance, Gabet et le sieur Fiscalini, agent
d'affaires, à Genève, lequel se prétendait cessionnaire de la
somme due par Piguet, adressèrent ensemble au tribunal de
première instance, en se fondant sur l'art. 188 de la loi fédérale sur la poursuite pour dettes, une requête en déclaration
de faillite de H. Piguet.

Par jugement du 9 Octobre suivant, la Chambre commerciale de ce tribunal, en se fondant sur les art. 188 et 189 de
la dite loi, et 21 § 2 de la loi d'application, a déclaré Piguet
en état de faillite dès cette date à 10 $^1/_2$ heures du matin.

C'est contre ce jugement que Piguet recourt au Tribunal
fédéral, concluant à son annulation et à la rétractation de la
faillite, fondé sur les art. 57, 58, 65 et 67 de la loi sur l'organisation judiciaire fédérale du 22 Mars 1893.

Dans son mémoire, du 18 Octobre 1893, à l'appui du
recours, Piguet fait valoir, en outre, que le recours est admissible à la forme, aux termes des art. 58 de la loi du 22 Mars
1893 susvisée, et 189 de la loi sur la poursuite pour dettes ;
qu'il a été adressé dans les délais prévus par les art. 65 et 41

de la première de ces lois ; enfin, que le dit recours est admissible au fond, vu l'art. 57 *ibidem.*

*Statuant sur ces faits et considérant en droit :*

1° Le recourant estime avec raison que le recours au Tribunal fédéral contre le jugement attaqué n'est admissible que lorsque les conditions posées aux art. 56 et suivants de la loi fédérale du 22 Mars 1893 se trouvent remplies. Ces conditions ne se trouvent pas réalisées dans l'espèce.

2° Si l'on interprète l'art. 56 dans ce sens qu'il permet le recours seulement contre les jugements des tribunaux cantonaux statuant sur une prétention civile ; — ce qu'on pourrait déduire, d'une part, de l'expression de « causes civiles » dont se sert le prédit article, et d'autre part, de la circonstance que l'art. 63 chiffre 4, alinéa 2 ne mentionne parmi les causes qui s'instruisent en la forme accélérée, que celles où il s'agit de prétentions relatives au droit matériel, tandis que la procédure en matière de séquestre (art. 279 de la loi fédérale sur la poursuite pour dettes et la faillite) n'y est pas mentionnée, — il est évident qu'un recours contre la décision attaquée, prononçant l'ouverture de la faillite est inadmissible. En effet le jugement incriminé ne tranche pas une prétention civile, mais statue seulement sur le droit du créancier à faire prononcer la faillite.

3° Même pour le cas où l'on ne voudrait pas conclure de ce qui précède que le recours n'est pas possible uniquement contre des jugements définitifs de droit civil proprement dit, mais qu'il peut être interjeté également contre des jugements sur des prétentions en matière de procédure, pour autant qu'elles sont soumises au droit fédéral et rentrent dans la juridiction civile, comme c'est le cas du droit au séquestre, par exemple, il n'en serait pas moins inadmissible que l'on pût recourir en l'espèce. En effet aux termes de la loi (notamment des art. 56, 63 chiffre 4, alinéa 2, 65) il n'est point douteux que le recours au Tribunal fédéral n'est licite que contre des jugements prononçant sur une contestation proprement dite, instruite selon les règles de la procédure civile ordinaire, soit en la forme ordinaire, soit en la forme accé-

lérée, mais qu'il ne l'est point, en revanche, contre une décision intervenue dans la procédure sommaire, lors bien même
que cette décision revêt la forme d'un jugement. Or il s'agit,
dans l'espèce, d'une décision de ce genre, et nullement,
comme le prétend le recourant, d'un jugement au fond dans
une contestation à trancher en la forme accélérée.

Par ces motifs,

Le Tribunal fédéral

prononce :

Il n'est pas entré en matière, pour cause d'incompétence,
sur le recours du sieur H. Piquet.

---

121. *Arrêt du 11 Novembre 1893 dans la cause Rilliet
contre masse Turian & Cⁱᵉ.*

Par arrêt du 1ᵉʳ Juillet 1893 la Cour de justice civile de
Genève, statuant sur le litige pendant entre parties, a prononcé ce qui suit :

« La Cour, au fond, confirme le jugement rendu par le
tribunal de première instance le 17 Janvier 1893 et condamne
Rilliet aux dépens d'appel. Déclare non recevables les con-
clusions tendant à ce qu'il soit donné acte aux créanciers de
Turian & Cⁱᵉ de ce qu'ils consentent à ce que la somme que
Rilliet est condamné à leur payer soit versée en mains de
Cherbuliez qualité qu'il agit. »

C'est contre cet arrêt que A. Rilliet recourt au Tribunal
fédéral, concluant à ce qu'il lui plaise réformer le dit arrêt
et, statuant à nouveau, débouter les demandeurs créanciers
de J. Turian & Cⁱᵉ de leurs conclusions, et les condamner aux
dépens.

Les créanciers de la Société Turian & Cⁱᵉ ont conclu de
leur côté à ce qu'il plaise au Tribunal fédéral :

Déclarer mal fondé le recours principal interjeté par sieur
Rilliet.

Confirmer l'arrêt dont est recours en tant qu'il a condamné sieur Rilliet à payer aux créanciers défendeurs au recours la somme de 10 000 francs.

Donner acte aux défendeurs au recours de ce qu'ils se portent recourants incidemment.

Réformer en conséquence l'arrêt de la Cour de justice de Genève du 1er Juillet dernier pour le surplus et statuant à nouveau :

1° Dire et prononcer que les 10 000 francs dus par Rilliet porteront intérêts dès le 2 Avril 1889 jusqu'au jour du paiement. Condamner Rilliet à les payer.

2° Dire et prononcer que les fonds en capital et intérêts seront versés en mains de Cherbuliez ès-qualités pour être répartis en conformité des droits des parties, le demandeur au recours étant valablement libéré vis-à-vis des défendeurs au recours par la seule quittance de Cherbuliez q. q. a.

Condamner Rilliet aux dépens devant le Tribunal fédéral.

A l'audience de ce jour, les parties ont repris leurs conclusions respectives.

*Statuant et considérant :*

*En fait :*

1° Suivant acte de Société du 1er Octobre 1882, une Société en commandite a été formée entre Jules Turian, agent de change à Genève, d'une part, comme gérant et 9 commanditaires d'autre part, apportant ensemble 160 000 francs. Au nombre de ces commanditaires se trouvait le défendeur au procès actuel, Alfred Rilliet, négociant à Genève, dont la commandite s'élevait à 10 000 francs.

D'après l'art. 2 de l'acte de Société, la durée de celle-ci était fixée à 6 années et 3 mois ; elle devait ainsi prendre fin le 31 Décembre 1888. L'art. 13 dispose qu'à l'expiration du contrat le compte de réserve sera réparti aux capitaux formant le fonds social, ainsi qu'à l'apport de M. Turian, — lequel avait versé de son côté 10 000 francs, — au prorata et en proportion du temps couru. En outre, d'après l'art. 15, tous les intéressés, tant commanditaires que déposants obligés, devront 6 mois avant l'expiration du présent contrat déclarer s'ils entendent renouveler pour une nouvelle période de 6 ans ou s'ils désirent être remboursés. Dans ce dernier cas, ajoute l'art. 16, le remboursement aura lieu dans les 3 mois qui suivront l'échéance de ce contrat.

Conformément au droit genevois en vigueur à cette époque, c'est-à-dire aux lois des 29 Août 1868 et 13 Janvier 1869 sur les sociétés, un extrait de l'acte constitutif de la Société fut publié le 23 Novembre 1882 dans la *Feuille d'Avis* de Genève. Cet extrait mentionnait entre autres que la Société expirait le 31 Décembre 1888. Le Code des obligations étant entré en vigueur sur ces entrefaites, la Société fut également inscrite au registre du commerce de Genève le 10 Avril 1883. Cette inscription indique entre autres le total de la commandite, qui se trouvait alors réduite à 150 000 francs ; elle indique de plus que Rilliet est commanditaire pour 10 000 francs, mais elle ne mentionne pas, en revanche, la durée de la Société.

Depuis lors plusieurs modifications ayant trait à la Société furent inscrites au registre du commerce, entre autres, en date du 11 Août 1885, la retraite à partir du 3 Juillet précédent de l'associé Dejosez, commanditaire pour 20 000 francs et son remplacement pour la même somme par le nouveau commanditaire R. Hofer ; à la date du 13 Août 1888 le registre du commerce mentionne encore le retrait, à dater du 30 Avril, de l'associé Demole, commanditaire pour 50 000 fr.

Par lettre du 24 Décembre 1888 Rilliet informa Turian & Cⁱᵉ de son intention de se retirer de la Société et de demander le remboursement de sa commandite. Bien que cette déclaration fut tardive en présence de l'art. 15 de l'acte de Société, Turian & Cⁱᵉ informèrent Rilliet, par lettre du 26 Décembre qu'ils ne voulaient faire aucune difficulté quelconque, et le remboursement fut effectué en fait le 2 Avril 1889. Cette retraite de l'associé commanditaire Rilliet ne fut jamais inscrite au registre du commerce.

La Société n'en continua pas moins ses opérations mais elle subit des pertes qui vinrent entamer le capital social. Turian crut devoir provoquer la dissolution judiciaire de la Société, et les commanditaires restants y consentirent. Par jugement du 26 Novembre 1891 le tribunal de commerce déclara la Société dissoute et nomma comme liquidateur M. Cherbuliez, arbitre de commerce à Genève. Ce jugement fut inscrit au registre du commerce le 3 Décembre 1891.

A la suite de ces faits et par exploit introductif d'instance du 28 Janvier 1892, les demandeurs suivants, à savoir :

1° La Société en liquidation J. Turian & Cⁱᵉ ;

2° M. Cherbuliez, liquidateur judiciaire de la dite Société ;

3° Jules Turian, agent de change à Londres et ancien gérant de la Société et

4° Un certain nombre de créanciers de la Société Turian & Cⁱᵉ, savoir les sieurs Frémy et consorts,

ont ouvert action à Alfred Rilliet, concluant à le faire condamner à leur payer, avec intérêts et dépens, la somme de 10 000 francs, solde de sa commandite dans la Société J. Turian & Cⁱᵉ.

A l'appui de leurs conclusions les demandeurs soutiennent que le retrait de la commandite de Rilliet tombe sous le coup des dispositions du Code des obligations, soit à teneur de l'art. 882, al. 3 de ce Code, soit parce que la Société, n'ayant pas été dissoute régulièrement le 31 Décembre 1888, doit être considérée comme ayant été prolongée tacitement depuis; que dès lors les associés avaient, tant en vertu des art. 590 et suiv. C. O. qu'aux termes de l'art. 894 l'obligation de faire inscrire au registre du commerce la retraite d'un commanditaire, et que ne l'ayant pas fait, le retrait ou la diminution de la commandite ne sont pas opposables aux tiers, à teneur de l'art. 604 C. O.

Le défendeur Rilliet a conclu à libération, exceptionnellement d'abord par le motif que les demandeurs, n'étant devenus créanciers que postérieurement à la retraite de Rilliet, ne sont pas recevables à intenter la présente action. Au fond le défendeur soutient de plus que la cause appelle l'application du droit cantonal, qui n'accorde aucun droit d'action aux demandeurs, et, subsidiairement, que même le Code des obligations n'autorise point les demandeurs à prétendre au paiement d'une commandite remboursée à un ancien associé à l'expiration de la Société.

Les demandeurs ont opposé à l'exception le fait qu'une partie d'entre eux étaient déjà créanciers de la Société avant l'époque à laquelle le défendeur a retiré le montant de sa commandite.

Statuant par jugement du 17 Janvier 1893, le tribunal de première instance a tout d'abord déclaré Cherbuliez, en sa qualité, ainsi que la Société Turian & C^le en liquidation non recevables en leur demande et les a mis hors de cause, le droit de poursuivre un associé commanditaire en rapport de la commandite n'appartenant qu'aux créanciers de la Société en liquidation. Au fond, le tribunal a admis les conclusions de Frémy et consorts, et condamné Rilliet à leur payer, avec intérêts de droit, la somme de 10 000 francs.

Les deux parties ont appelé de ce jugement devant la Cour de justice, Rilliet reprenant ses conclusions libératoires, et les créanciers de Turian & C^le concluant, par voie d'appel incident, à ce que l'intérêt de la somme de 10 000 francs leur soit alloué à dater du 2 Avril 1889, le jugement de première instance étant confirmé pour le surplus. Il n'y a pas eu, en revanche, d'appel incident sur le point qui a déclaré non recevables les demandes de Cherbuliez q. q. a. et de la Société Turian & C^le en liquidation.

Par arrêt du 1^er Juillet 1893, la Cour de justice a confirmé quant au fond le jugement de première instance, statuant ainsi qu'il a été dit plus haut. Cet arrêt se fonde sur la combinaison des art. 602, 603, 611 et 579 C. O. C'est contre cet arrêt que les parties ont recouru au Tribunal fédéral, prenant les conclusions ci-dessus reproduites.

*En droit :*

2° Le jugement de première instance a mis hors de cause comme non recevables dans leurs demandes le liquidateur Cherbuliez et la Société en liquidation Turian & C^le, ainsi que l'associé J. Turian personnellement ; et la Cour de justice civile, dans son arrêt, constate expressément qu'il n'y a pas eu appel incident du jugement sur ce point. Il y a donc lieu d'admettre que les prédites parties ont accepté et laissé passer en force le jugement susvisé, et qu'elles n'ont plus à figurer dans le présent procès ; elles n'ont d'ailleurs pas été citées à l'audience de ce jour.

3° Il ne reste ainsi plus en cause que la demande formée contre Rilliet par les tiers créanciers Frémy et consorts.

Il convient d'examiner d'abord si la compétence du tribunal de céans est fondée en la cause au regard des réquisits de l'art. 29 de la loi sur l'organisation judiciaire fédérale, notamment en ce qui a trait à la valeur du litige.

A cet égard il faut retenir que, la Société en commandite Turian & C$^{ie}$ n'étant point tombée en faillite, mais se trouvant en liquidation, l'action dirigée par les créanciers sociaux contre le commanditaire en payement du montant retiré de la commandite n'est point exercée en vue de la remise du dit montant à la masse (C. O. art. 603, al. 3), mais se caractérise comme l'action directe accordée à chaque créancier dans son intérêt individuel par l'alinéa 2 du même article.

Il en résulte que cette action, bien qu'ayant pour but le payement d'une somme de 10 000 francs, ne tend point à son versement in globo à la masse d'une faillite, mais qu'elle ne peut viser, de la part de chacun des 49 créanciers demandeurs que l'obtention du prorata de cette somme afférant à sa créance individuelle. La circonstance qu'en évitation de frais ou par tout autre motif les dits créanciers ont intenté une action collective, est impuissante à modifier la nature de leurs réclamations respectives, dont chacune doit être considérée comme une action directe en paiement de la part des 10 000 francs en question, proportionnelle à l'importance de la créance de chaque demandeur.

Or, abstraction faite de ce que 31 des 49 créanciers demandeurs agissent en vertu de prétentions inférieures à 3000 fr., ce qui implique en tout cas l'incompétence du Tribunal fédéral en ce qui les concerne, aucun des 18 autres ne possède une créance dont la part proportionnelle des 10 000 francs en cause atteigne, même de loin, la valeur litigieuse de 3000 francs indispensable à teneur de l'art. 29 précité de la loi sur l'organisation judiciaire pour qu'il puisse être recouru au Tribunal fédéral : Le Crédit Lyonnais, en effet le plus fort créancier de la liquidation Turian & Cⁱᵉ a été admis au passif pour une somme de 30 000 francs, représentant au sol la livre moins de 1500 francs du montant de 10 000 francs de la commandite litigieuse.

4° Le Tribunal fédéral étant ainsi en tout cas incompétent vu la valeur du litige, il est superflu de rechercher s'il y aurait lieu en outre de prononcer cette incompétence à raison de la loi applicable. Cette question devrait du reste recevoir une solution négative, en présence des principes déjà admis par le tribunal de céans en ce qui concerne la responsabilité légale des associés d'une Société commerciale vis-à-vis des tiers. (Voir arrêt Koch et Baratelli contre Hilty, *Recueil officiel* XIV, N° 53 consid. 3.)

Par ces motifs,

Le Tribunal fédéral

prononce :

Il n'est pas entré en matière, pour cause d'incompétence, sur les recours interjetés contre l'arrêt rendu entre parties par la Cour de justice civile de Genève le 1ᵉʳ Juillet 1893.

---

122. *Arrêt du 8 Décembre 1893 dans la cause Assal & Cⁱᵉ contre Roulin.*

B. Assal & Cⁱᵉ, à Payerne, étaient porteurs d'un billet de change de 145 francs, muni des signatures de Basile Roulin à Rueyres et de Pierre Roulin à Estavayer, souscrit à Rueyres le 24 Janvier 1893 à échéance du 26 Mars suivant.

P. Roulin, signataire du dit billet comme caution, fut mis en poursuite par B. Assal & Cⁱᵉ, créanciers, et à l'audience du président du président du tribunal de la Broye, du 29 Juin 1893, P. Roulin a conclu à la nullité de la poursuite, alléguant que sa signature sur le dit billet constitue un faux matériel.

Par prononcé du dit jour, le président prémentionné a admis le sieur Roulin dans sa demande d'annulation de la poursuite avec dépens, par le motif susindiqué.

Ensuite de recours de B. Assal & Cⁱᵉ, la Cour de cassation civile de Fribourg a maintenu le prédit prononcé.

C'est contre cet arrêt que B. Assal & Cⁱᵉ recourent au Tribunal fédéral, en se fondant sur une prétendue fausse application des lois fédérales concernant l'annulation d'un effet à ordre, et en estimant que les art. 86 et suivants de la loi sur l'organisation judiciaire fédérale doivent être appliqués en l'espèce.

Considérant que les art. 86 et suivants de la loi de 1893 susvisée sont sans aucune application en la cause actuelle, ces dispositions ne visant que les recours concernant la sommation de produire une lettre de change, un chèque, titre au porteur, etc., perdus, et l'annulation des dits titres ensuite de perte (C. O. art. 791 et suivants, notamment 795, et 849), mais nullement le cas où un billet à ordre est déclaré entaché de faux matériel, et déclaré nul de ce chef.

Que le recours au Tribunal fédéral, fondé expressément sur les art. 86 et suivants précités de la loi sur l'organisation judiciaire fédérale, n'est dès lors pas recevable.

Par ces motifs,

### Le Tribunal fédéral
prononce :

Il n'est pas entré en matière sur le recours.

---

## 123. Urteil vom 9. Dezember 1893 in Sachen Minder gegen Kräuchi.

A. Der Beklagte Johann Kräuchi wurde am 19. Oktober 1893 vom Assisenhof des 4. Geschwornenbezirks des Kantons Bern auf Grund des Wahrspruchs der Geschwornen wegen Körperverletzung gegenüber den Klägern Minder und Maibach, begangen im Zustande der Notwehr aber in Überschreitung derselben, und unter Annahme milbernder Umstände zu fünfzig Tagen Gefängniß und zu Kosten, sowie zu Bezahlung einer Entschädigung von 2000 Fr. an den Kläger Minder und einer solchen von 400 Fr. an den Kläger Maibach, Interventionskosten inbegriffen, verurteilt.

B. Gegen dieses Urteil ergriffen die Kläger bezüglich des Civilpunktes die Weiterziehung an das Bundesgericht mit dem Antrage, es sei die Entschädigungsforderung der Kläger zu erhöhen, jedenfalls übersteige die Entschädigungsforderung jedes einzelnen Berufungsklägers den Betrag von 4000 Fr.

Mit Eingabe vom 15. November erklärt Johann Maibach den Abstand von der Weiterziehung.

Der Beklagte beantragte sobann unterm 20. November, unter Anschluß an die klägerische Berufung, die ihm auferlegte Entschädigung von 2000 Fr. angemessen herabzusetzen unter Kosten- und Entschädigungsfolge.

In der heutigen Verhandlung stellt der Kläger in erster Linie den Antrag, das Urteil des Assisenhofes an die kantonale Instanz zurückzuweisen, im Sinne des Art. 64, erster Teil, des Bundesgesetzes über die Organisation der Bundesrechtspflege vom 22. März 1893, da die maßgebenden Faktoren in demselben mit Stillschweigen übergangen worden seien, eventuell beantragt er Gutheißung der Berufung im Sinne der schriftlich gestellten Anträge. Der Beklagte beantragt Abweisung der klägerischen Anträge und Gutheißung der Anschlußberufung unter Kosten- und Entschädigungsfolge.

Das Bundesgericht zieht in Erwägung:

Dem Weiterzug unterliegt ein im Abhäsionsprozeß gleichzeitig mit einem Strafurteil ergangener Civilentscheid eines Strafgerichtes. Wie das Bundesgericht sich in konstanter Praxis ausgesprochen hat, unterliegen solche Entscheide in gleicher Weise der Berufung an das Bundesgericht, wie die im gewöhnlichen Civilprozeß gefällten Urteile (s. Amtliche Sammlung der bundesgerichtlichen Entscheidungen, IX, S. 551 u. ff. und XVII, S. 158, Urteil des Bundesgerichtes in Sachen Ricordi & Cie. gegen Nicolini, vom 25. November 1893). Das abhäsionsweise er-

laſſene Urteil über den Civilanſpruch iſt nicht Strafurteil, noch
bloßer Teil eines ſolchen, ſondern wirkliches Civilurteil (vergl.
Weiß, Die Behandlung konnexer Civil= und Strafſachen,
S. 131); auf dasſelbe ſind auch die Vorſchriften des Art. 63
B.=G. betreffend die Organiſation der Bundesrechtspflege vom
22. März 1893 anwendbar, und iſt daher auch hier nach Ziff. 3
dieſes Artikels im Urteil ſelbſt das Ergebnis der Beweisführung
feſtzuſtellen. Dies iſt im vorliegenden Falle nicht geſchehen und
da die Parteiverhandlung eine rein mündliche war und über
dieſelbe auch kein Sitzungsprotokoll geführt wurde, iſt das
Bundesgericht nicht in der Lage zu beurteilen, welcher Prozeßſtoff
dem kantonalen Urteile zu Grunde gelegen hat und in welcher
Weiſe derſelbe gewürdigt worden iſt. Als Anhaltspunkte für
den Civilentſcheid enthält das Urteil bloß die Anträge der Par=
teien und den Wahrſpruch der Geſchwornen. Kläger verlangte
den Erſatz der Ärzte= und Heilungskoſten im Betrage von
342 Fr. 40 Cts. und eine Entſchädigung für bleibenden Nach=
teil von 17,000 Fr., während Beklagter angemeſſene Herabſetzung
dieſer Entſchädigungsbeträge beantragte; aus dieſen Anträgen
war bloß zu entnehmen, daß Beklagter grundſätzlich die Be=
gründetheit der klägeriſchen Anſprüche, nicht aber auch deren Höhe
anerkannte. Das Verdikt aber kann die vorgeſchriebene Zuſammen=
faſſung des Beweisergebniſſes nicht erſetzen, dasſelbe bezweckt nicht
eine Feſtſtellung der auch für den Civilentſcheid maßgebenden
Tatſachen, ſondern es enthält ein Urteil darüber, ob gewiſſe
ſtrafrechtlich relevante Tatſachen vorliegen und ob darauf die in
Frage ſtehenden ſtrafrechtlichen Begriffe Anwendung finden. Der
Civilentſcheid beruht nun bei der Feſtſetzung der Entſchädigung
wegen Körperverletzung auf der Beweiserhebung über den Be=
trag der Koſten und die Größe der Nachteile gänzlicher oder
teilweiſer Arbeitsunfähigkeit (Art. 53 O.=R.); in Betracht iſt
ferner zu ziehen, ob eine Verſtümmelung oder Entſtellung einge=
treten ſei, durch welche das Fortkommen des Verletzten erſchwert
wird (Art. 53, Abſ. 2); ob beſondere Umſtände vorhanden
ſeien, die auch abgeſehen vom Erſatz erweislichen Schadens eine
angemeſſene Entſchädigungsſumme rechtfertigen (Art. 54), und
namentlich auch ob und in wieweit auch dem Beſchädigten ein

Verschulden beizumessen sei (Art. 51), sowie ob die Schädigung durch Notwehr entschuldigt werde (Art. 56). Die zur Entscheidung dieser Fragen erforderliche tatsächliche Feststellung enthält der Wahrspruch nicht. Bezüglich der Frage der Notwehr bestimmt Art. 59 O.-R. ausdrücklich, daß der Civilrichter nicht an eine Freisprechung durch das Strafgericht gebunden ist; es muß also der Civilrichter an Hand der Akten selbständig zu prüfen in der Lage sein, ob die Voraussetzungen der Notwehr vorhanden seien; auch ist fraglich, ob der in Art. 56 O.-R. erwähnte Begriff der Notwehr sich decke mit dem im Strafurteil angewendeten Begriffe.

Völlig unzulässig wäre es, wollte man etwa zur Entscheidung der hier vorliegenden Civilfragen auf die Ergebnisse der Voruntersuchung abstellen, denn diese konnten keinenfalls die Basis für das angefochtene Urteil bilden. Nach dem im Schwurgerichtsverfahren beobachteten Grundsatz der Mündlichkeit und Unmittelbarkeit durften die Voruntersuchungsakten als solche gar nicht vorgelegt werden, sondern es mußte die Beweisproduktion vor den Geschwornen von neuem beginnen, und der Entscheid in der Straf- und Civilsache konnte sich nur auf diese stützen. Über das Resultat dieser Beweisverhandlung fehlt nun aber jede Feststellung. Da sonach die tatsächliche Basis des Urteils unbekannt ist, muß nach Art. 64 O.-G. das kantonale Gericht zunächst zur Verbesserung der Mängel angehalten werden.

Demnach hat das Bundesgericht

beschlossen:

1. Von der Erklärung des Johann Maibach, daß er auf seine Berufung verzichte, wird Vormerk genommen.

2. Das Urteil nebst den Prozeßakten wird an das kantonale Gericht zurückgewiesen und dasselbe angehalten, die in Art. 63, Ziff. 3 des Bundesgesetzes über die Organisation der Bundesrechtspflege vorgeschriebene Feststellung des Beweisergebnisses in dem Urteile vorzunehmen.

3. Die Bestimmung der Kosten ist dem Endurteile vorbehalten.

### 124. Urteil vom 29. Dezember 1893 in Sachen Masse Schelling gegen Schelling.

A. Mit Urteil vom 30. November 1893 hat das Obergericht des Kantons Thurgau erkannt:

1. Sei die erste Rechtsfrage verneinend entschieden.

2. Es habe die Appellantin den Beweis durch Urkunden, Zeugen, Ergänzungs= und eventuell Schiedshandgelübbe dafür zu leisten, daß die von ihr im Konkurse des Ernst Schelling in Kreuzlingen vindizierten Objekte mit den in Ziffer 3 und 4 und litt. H des Überlassungsvertrages vom 3. März 1891 als Eigentum vorbehaltenen Gegenstände identisch seien, und sei der Appellatin der Gegenbeweis durch dieselben Beweismittel geöffnet.

3. Sei die Frist zur Anmeldung der Zeugen beim erstinstanz= lichen Gerichtspräsidenten auf zehn Tage von der schriftlichen Mitteilung des Urteils an festgesetzt.

B. Gegen dieses Urteil ergriff Dr. Hug, Advokat in Kreuz= lingen, Namens der Konkursmasse E. Schelling, die Weiter= ziehung an das Bundesgericht mit dem Antrage, es solle der Eigentumsvorbehalt der Appellatin Wittwe Schelling in Kreuz= lingen gemäß Vertrag vom 3. März 1891 verworfen und die betreffenden Gegenstände als Massegut erklärt werden.

Das Bundesgericht zieht in Erwägung:

1. Die Klägerin, Wittwe Katharina Schelling, hat in ihrer Klage gegen die Konkursmasse E. Schelling folgende Rechts= fragen aufgestellt:

a. Ist das von der Klägerin beanspruchte Pfandrecht an einem Pfandbriefe per 10,000 Fr. auf J. U. Pfändler in Degersheim lautend, rechtlich begründet?

b. Ist die von der Klägerin im Konkurse des Ernst Schelling in Kreuzlingen geltend gemachte Eigentumsanspruche auf die vor= handene Fassung nebst Holzvorrat und das vorhandene landwirt= schaftliche Inventar inclusive Viehhabe gemäß litt. H und Ziffer 3 und 4 des Überlassungsvertrages datiert den 3. März 1891, rechtlich begründet?

Das erste, auf ein Pfandrecht abzielende Begehren wurde vom

Obergerichte abgewiesen und ein Rekurs gegen diesen Teil des Urteils liegt nicht vor. Mit Bezug auf den zweiten Teil, worin eine Eigentumsansprache erhoben wird, hat das Obergericht kein Haupturteil erlassen, sondern dahin erkannt, es habe die Klägerin den Beweis dafür zu leisten, daß die von ihr vindizierten Objekte mit den in Ziffer 3 und 4 und litt. H des Überlassungsvertrages vom 3. März 1891 als Eigentum vorbehaltenen Gegenständen identisch seien.

2. Da nach Art. 58 des Bundesgesetzes über die Organisation der Bundesrechtspflege vom 22. März 1893 die Berufung an's Bundesgericht nur gegen die in der letzten kantonalen Instanz erlassenen Haupturteile zulässig ist, so kann auf die vorliegende, lediglich gegen ein Beweisurteil gerichtete Weiterziehung nicht eingetreten werden.

Demnach hat das Bundesgericht

erkannt:

Auf die Weiterziehung wird nicht eingetreten.

---

125. *Arrêt du 29 Décembre 1893 dans la cause Grivet contre Cosandey.*

Les hoirs de Christian Niederhäusern, en son vivant propriétaire du café des Places, à Fribourg, ont soutenu contre dame Louise Bohren, femme d'Emile Werro, locataire de ce café, un procès en mainlevée d'opposition faite à leur poursuite en paiement du prix du bail. Ce procès a été jugé en dernière instance par arrêt de la Cour d'appel en date du 2 Avril 1889, qui a reconnu dame Werro fondée dans son opposition.

Les hoirs Niederhäusern, domiciliés hors du canton de Fribourg, avaient été, au commencement du procès, requis de fournir les sûretés pour les dépens présumés du litige. A cet effet, l'avocat Grivet, leur défenseur, s'est porté caution judiciaire jusqu'à concurrence de la somme de 250 francs, fixée par le président du tribunal.

Le 4 Mai 1889, C. Grivet a constitué en demeure Louise Werro-Bohren d'avoir à commencer des poursuites contre les hoirs Niederhäusern, à fin de paiement des frais du procès garantis par son cautionnement (art. 503, éventuellement 502 C. O.).

Par exploit, notifié le 23 Mai 1891, dame Louise Werro et son défenseur Cosandey, comme créancier gagiste, ont fait notifier à C. Grivet les gagements en vue d'arriver au paiement de 250 francs et intérêts, en vertu d'une liste de frais modérée au chiffre de 323 fr. 65 c. par le prés dent du tribunal de la Sarine, et dont les $^4/_5$ étaient dus par les hoirs Niederhäusern. Grivet a fait opposition à ces gagements.

Dans l'intervalle la discussion des biens de Louise Werro a été ordonnée; l'avocat Cosandey est intervenu comme créancier, a produit sa liste de frais, et a obtenu collocation sur la créance de la discutante contre les hoirs Niederhäusern jusqu'à concurrence de 441 fr. 20 c.

Fondé sur cette collocation, Cosandey a, sous date du 13 Mai 1893, fait commandement à la caution C. Grivet de lui payer 250 francs avec intérêts dès le 23 Mai 1891.

Grivet ayant de rechef formé opposition, Cosandey l'a assigné devant la Justice de paix du cercle de Fribourg, en paiement de la prédite somme, et Grivet a conclu au rejet de cette demande, par le motif que dame Werro n'ayant pas donné suite à sa constitution en demeure du 4 Mai 1889, il se trouvait libéré de son cautionnement à teneur de l'art 503, al. 1. C. O.

Par jugement du 28 Juillet 1893, la Justice de paix a admis Cosandey dans ses conclusions, par le motif que la caution *judicatum solvi* constitue un contrat de procédure, régi uniquement par les dispositions du droit cantonal. Grivet s'étant pourvu en cassation contre ce jugement, la Cour cantonale a rejeté le pourvoi, par le même motif.

C'est contre cet arrêt, du 6 novembre 1893, que C. Grivet recourt en cassation au Tribunal fédéral, fondé sur les art. 89 et suivants de la loi sur l'organisation judiciaire fédérale. Il conclut à l'annulation du dit arrêt pour violation des art. 503, 38, 76 et 881 C. O.

*Statuant sur ces faits et considérant en droit :*

1° L'art. 89 de la loi sur l'organisation judiciaire fédérale précitée, laquelle est entrée en vigueur le 1ᵉʳ Octobre 1893, dispose que dans les causes appelant l'application des lois fédérales, non susceptibles d'un recours en réforme d'après l'art. 59, chaque partie peut recourir en cassation au Tribunal fédéral contre les jugements au fond de la dernière instance cantonale, si celle-ci a appliqué le droit cantonal ou étranger au lieu du droit fédéral, et l'art. 90 *ibidem* statue que le recours doit être déposé dans les 20 jours à partir de la communication du jugement cantonal.

2° L'arrêt du 6 Novembre 1893, dont est recours, ne se caractérise toutefois point comme un jugement *au fond* dans le sens de l'art. 89 susvisé, mais seulement comme un jugement de cassation ne statuant pas sur le litige lui-même, mais uniquement sur l'existence d'un motif de cassation. Le juge de cassation fribourgeois n'a pas, en effet, prononcé sur le bien ou mal fondé, en droit ou en fait, de la prétention litigieuse, mais seulement sur la question de l'admissibilité du moyen de cassation soulevé par le recourant, c'est-à-dire de savoir s'il y a lieu, ensuite du moyen de nullité invoqué par lui, d'annuler l'arrêt attaqué et de renvoyer la cause au juge compétent, pour nouveau jugement. Or ni le recours en réforme prévu aux art. 56 et suivants, ni le recours en cassation de l'art. 89 de la loi sur l'organisation judiciaire fédérale ne sont admissibles contre de pareilles décisions. Il est au contraire hors de doute que le moyen de cassation fédéral, pour autant qu'il peut en être fait usage, exclut le recours cantonal en cassation dans les cas où ce moyen de droit existe, et n'a pas été introduit en concurrence avec ce dernier.

Par ces motifs,

Le Tribunal fédéral

prononce :

Il n'est pas entré en matière sur le recours en cassation de l'avocat C. Grivet.

## III. Haftpflicht
### der Eisenbahn- und Dampfschiffunternehmungen
### bei Tödtungen und Verletzungen.

### Responsabilité des entreprises de chemins de fer
### et de bateaux à vapeur
### en cas d'accident entraînant mort d'homme
### ou lésions corporelles.

### 126. Urteil vom 25. Oktober 1893 in Sachen
### Hirt gegen Jura=Simplonbahn.

A. Durch Urteil vom 8. Juni 1893 hat der Appellations=
und Kassationshof des Kantons Bern erkannt: Der Klägerin
Flora Hirt sind ihre Klagebegehren grundsätzlich zugesprochen,
und es ist die Beklagte, Jura=Simplon=Bahngesellschaft, derselben
gegenüber verurteilt:

a. Zur lebenslänglichen Ausrichtung einer Jahresrente von
dreihundert und fünfzig Franken, mit Beginn vom 17. August
1891 an;

b. Zur Bezahlung einer Entschädigungssumme von siebentausend
Franken, zinsbar zu 4 % seit dem 17. August 1891.

B. Gegen dieses Urteil hat der Anwalt der Flora Hirt die
Weiterziehung an das Bundesgericht erklärt, mit dem Antrag,
es sei der Flora Hirt, unter Zuspruch ihrer Klagebegehren, ihre
gestellte Entschädigungsforderung von 40,000 Fr. (Art. 47 ihrer
Klage) zuzusprechen.

Auch die Beklagte erklärte den Rekurs an das Bundesgericht
mit Eingabe vom 28. Juni 1893, zog denselben aber am 15. Juli
wieder zurück.

Das Bundesgericht zieht in Erwägung:

1. Am 17. August 1891, Vormittags, ereignete sich auf der
Linie zwischen Münchenbuchsee und Zollikofen ein Zusammenstoß

zweier von Biel gegen Bern abgegangener Züge, bei welchem
viele Perfonen teils getödtet, teils verletzt wurden; unter den
letztern befand sich auch die Klägerin, Flora Hirt, Tochter des
Emil und der Louise, geb. Römer, von und in Tüscherz, Kantons
Bern, geboren 31. März 1872.

2. Da an diesem, wie an den beiden vorhergehenden Tagen
in Bern zur Feier des 700jährigen Bestehens der Stadt große
Festlichkeiten abgehalten wurden, wurden auf der Linie Biel=Bern
7 Extrazüge eingeschaltet, welche alle zwischen früh 6 Uhr und
8 Uhr 42 Minuten in Bern eintreffen sollten; darunter auch
Zug 2246, welcher um 5 Uhr 55 Minuten von Biel abfahren
und um 6 Uhr 51 Minuten in Bern eintreffen sollte, indessen
mit 9 Minuten Verspätung abfuhr. Die Betriebsleitung hatte
für diesen Zug vorgeschrieben: Train direct de Bienne à Berne,
en raison de la marche très serrée il ne peut faire aucun
arrêt extraordinaire sur le parcours pour prendre des voyageurs. Derselbe bestand aus 1 Fourgon, 15 Perfonenwagen und
1 Schutzwagen, total 46 Achsen mit 988 Sitzplätzen im Gewicht
von 237 Tonnen und war mit nur einer Maschine, B³ T
Nr. 406, bespannt. Die zulässige Maximalbelastung für diese
Lokomotive betrug bei Schnellzugsgeschwindigkeit bei gutem
Schienenstand und bei der guten Jahreszeit für die Strecke
Biel=Lyß 170 Tonnen und für die Strecke Lyß=Bern 145 Tonnen; es hatte also dieser Zug bei der Abfahrt von Biel eine
Überlastung von 40 % und von Lyß an eine solche von sogar
77 %. Diese Überlastung nahm unterwegs noch zu, indem der
Betriebsinspektor Gygax, entgegen der Vorschrift der Betriebs=
leitung, anordnete, der Zug habe an den Zwischenstationen zur
Aufnahme von Reisenden anzuhalten. Diese Anordnung, die nur
mündlich gegeben war, wurde befolgt, obschon für außerordent=
liches Anhalten durch Dienstbefehl schriftliche Befehlgebung vor=
geschrieben war, und der Zug nahm unterwegs noch circa 200
Reisende auf. Während derselbe bereits mit 9 Minuten Verspä=
tung in Biel abgefahren war, trat durch diese Maßregel weitere
Verzögerung ein. Vor der Station Zollikofen fand der Zug die
Bahn durch die Signalscheibe geschlossen und hielt an; er befand
sich da in einer starken Kurve, mit Steigung von 10 %₀ gegen die

Station hin. Vorschriftsgemäß hätte derselbe nach beiden Seiten, namentlich aber nach rückwärts, gedeckt werden sollen. Art. 18 des allgemeinen Reglementes über den Signaldienst auf den schweizerischen Normalbahnen vom 1. Juni 1886 bestimmt: „Ein „auf der Linie aufgehaltener und stecken gebliebener Zug ist mit „Rücksicht auf Gefälle und örtliche Verhältnisse ungefähr 500 „bis 700 Meter von dessen Ende an bei Tag mittelst der roten „Flagge, bei Nacht mit dem roten Lichte, und, wenn erforderlich, „durch Knallsignale zu decken." Dies geschah nicht, obschon diese Vorschrift auf Weisung des Eisenbahndepartementes dem Personal durch Dienstbefehl vom 3. August 1891 in Erinnerung gerufen war; der mit der Deckung beauftragte Bremser Auchlin begnügte sich, damit, 20 Meter nach rückwärts zu gehen, ohne die rote Flagge zu entfalten. Als nun die Bahn frei wurde, hatte der Zug wegen der außerordentlichen Überlastung und der Steigung große Mühe, sich in Bewegung zu setzen und die Maschine geriet stark in's Schleudern. Die daherigen Versuche dauerten $1\frac{1}{2}$—2 Minuten ohne Erfolg, und ehe der Zug sich vorwärts bewegen konnte, war der nachfolgende Pariser Zug 240/2166 zur Stelle und prallte auf den stecken gebliebenen auf.

3. Dieser nachfolgende Zug bestand aus zwei Zügen, nämlich dem Pariser Schnellzug Nr. 240, von Pontarlier herkommend, und dem Extrazug Nr. 2166 von Pruntrut. Dem Pariser Zuge war durch die bundesrätlich genehmigten Fahrtenpläne und durch Anschläge am Wagen Paris-Pontarlier-Berne kontinuierliche Westinghouse=Bremse zugesichert, sowie fahrplanmäßige Weiterbeförderung auf der Jura=Simplonbahn mit gleicher Sicherheit, wie der Zug in Paris abgefertigt wurde. Trotzdem wurden in Neuenburg zwei Personenwagen ohne Bremsvorrichtung angehängt und wurde der Pariser Schnellzug auf der Station Biel mit dem von Pruntrut herkommenden zu einem Zuge verbunden. Dieser Pruntruterzug hatte folgende Zusammensetzung: 1 Fourgon mit Spindelbremse, dann 5 Personenwagen mit Westinghouse=Bremse, dann wieder 2 Personenwagen mit Spindelbremse und endlich ein Fourgon mit Westinghouse=Bremse. Die Komposition der beiden Züge in Biel geschah nun einfach so, daß der Extrazug 2166 an den Pariserzug 240 angehängt und 2 Lokomotiven

vorgespannt wurden. Dieser ganze Zug hatte 44 Achsen mit 207 Tonnen Gewicht. Infolge dieser Zusammenstellung konnte auf der Strecke Biel-Bern die Westinghouse-Dampfbremse nicht benutzt werden. Zug 240/2166 fuhr mit 7 Minuten Verspätung in Biel ab; er holte indessen den Zug 2246 bald ein und mußte deshalb, trotzdem er fahrplanmäßig direkt hätte fahren sollen, auf den Stationen Suberg und Schüpfen angehalten werden; Art. 48 des Dienstbefehls vom 26. Oktober 1880 schreibt nämlich vor: „Wenn zwei Züge kurz aufeinander in der gleichen Richtung „verkehren, so soll die Abgangsstation den zweiten Zug erst dann „abfertigen, wenn sie von der folgenden Station „Bahn frei" „erhalten hat. Wenn der Telegraph unterbrochen ist, so soll das „Intervall zwischen zwei Zügen wenigstens der Fahrzeit zwischen „beiden Stationen gleichkommen, und in keinem Falle weniger „als 10 Minuten betragen." Die Station Münchenbuchsee war vom Zug 2246 um 6 Uhr 57 Minuten passiert worden. Vor Ankunft des Zuges 240/2166 war für diesen von dem am Telegraphen in Münchenbuchsee beschäftigten Gehülfen Binkert von der Station Zollikofen freie Bahn verlangt worden. Er erhielt aber keine Antwort und machte den Stationsvorstand Gribi darauf aufmerksam. Dennoch ließ dieser den Zug 240/2166 um 7 Uhr 4 Minuten, also mit einem Intervall von bloß 7 Minuten, passieren, und die Maschinenführer, die erwartet hatten, auch hier angehalten zu werden, setzten ihre Fahrt mit normaler Geschwindigkeit, gegen Zollikofen zu, fort. Als der Zug auf der oben erwähnten, zum größten Teil im Walde befindlichen Kurve angelangt war, bemerkten sie den vor der Signalscheibe stehenden Zug 2246, gaben sofort das Notsignal und Contredampf; allein der Zug konnte nicht mehr zum Stehen gebracht werden und fuhr mit Wucht auf die hintersten Wagen des Zuges 2246 auf und zertrümmerte sie. In der Nähe der Stelle, wo der Aufprall erfolgte, befindet sich der Posten eines Barrierenwärters, der damals durch eine Frau Schindler bedient wurde; auch diese hat zur Deckung des Zuges nichts getan, obschon zu den Obliegenheiten der Barrierenwärter laut Ziffer 5 des Art. 119 des allgemeinen Reglementes betreffend den Bahnunterhaltungs- und Überwachungsdienst die Deckung der Züge in der Nähe ihres Postens gehört.

4. Flora Hirt befand sich im zweithintersten Wagen (der letzte war ein Güterwagen); sie wurde im Momente des Zusammen=stoßes durch die zusammenrückenden Wagentrümmer zwischen zwei Stühle eingeklemmt; sie verblieb längere Zeit in dieser Lage und wurde dann in den Inselspital nach Bern übergeführt. Dort blieb sie 6 Wochen lang in der Behandlung des Dr. med. Niehaus; dann wurde sie nach Hause entlassen, wo sie während 5 Wochen von Dr. Möri und Rummel behandelt wurde und kehrte hierauf wieder für 3 Wochen in's Inselspital zurück; abermals nach Hause entlassen, verblieb sie in Behandlung der Dr. Möri und Rummel. Ihren Zustand bei Aufnahme in's Inselspital be=schreibt Dr. Niehaus in einem Bericht vom 31. Dezember 1891 folgendermaßen: „Schwere Schockerscheinungen, tobtenblaß, sehr „kleiner Puls. Am Nasenrücken eine kleine, aber tiefdringende „Wunde. Fraktur der Nasenbein= und Nasenscheidewand. Im „Gesicht zahlreiche Quetschungsherde. Im Becken schwere Ver=„letzung: Das rechte Bein sammt der rechten Beckenhälfte nach „oben hin beweglich infolge Sprengung des Gelenkes hinten „zwischen Kreuz= und Darmbein und Sprengung der Schamfuge „vorn. An der hintern Darmbeinfläche wahrscheinlich noch eine „weitere, vertikal verlaufende Fraktur, da der rechte Schambeinast „vorn sehr erheblich nach einwärts schaute und nicht korrigiert „werden konnte in seiner Lage. Eine Korrektur dieser Verschiebung „war ohne Narkose nicht möglich, diese aber nicht gestattet wegen „der schweren, durch circa 8 Tage dauernden Schockerscheinungen. „Am linken Fuß war eine Luxation des Sprungbeins nach vorn „und außen auf dem Fußrücken zu konstatieren." Im Verlaufe einigten sich die Parteien dahin, daß Professor Dr. Girard in Bern die Klägerin untersuchen und daß sein Gutachten für den Prozeßfall maßgebend sein solle. Dasselbe geht dahin:

„Die abnormen Zustände, welche sich bei Fräulein Hirt vor=„finden, lassen sich in folgender Weise resumieren:

„I. Eine bedeutende Formveränderung des Beckens, nämlich „eine Dislokation der rechten Beckenhälfte nach oben und circa „2,5 bis 3 Cm. mit schräger Verengerung des Beckenkanals, „jedoch bei fester Verbindung mit der andern Beckenhälfte resp. „mit dem Kreuzbein; infolge dieser Dislokation eine Verkürzung „des rechten Beines um 2,5 bis 3 Cm.

„II. Eine Entstellung des Gesichtes durch Eingedrücktsein der „Nasenknochen mit gleichzeitiger Verengerung des rechten Nasen= „ganges und in unwesentlichem Maße auch des linken Nasen= „ganges.

„III. Eine geringe Anschwellung des linken Fußes.

„Durch diese Veränderungen sind für die Verletzte definitive „Störungen entstanden, soweit es sich um die Becken= und Nasen= „verletzungen handelt. Eine weitere Besserung, sei es spontan, sei „es auf operativem Wege, steht nicht in Aussicht. Diese Stö= „rungen sind bedeutender Natur. Sie bestehen in folgenden Be= „schwerden :

„a. Erhebliches Hinken, welches zwar durch einen erhöhten „Schuhabsatz teilweise verdeckt werden kann.

b. Erhebliche Störung in der Gebrauchsfähigkeit des rechten „Beines, so für schwere Arbeiten, längere Gänge ; raschere Er= „müdung im Stehen und Sitzen.

„c. Große Lebensgefahr im Falle einer Schwangerschaft so= „wohl für das Kind als für die Mutter, wie es durch analoge „Fälle aus der Litteratur zum Überfluß bewiesen wird.

„Durch das verengte Becken wird der Kopf des Kindes näm= „lich während dem Geburtsakt nur schwierig durchgehen und „ernste geburtshülfliche Eingriffe werden voraussichtlich für diesen „Fall notwendig werden.

„d. Möglichkeit, daß schon während der Schwangerschaft die „Störungen im Sitzen, im Stehen und im Gehen wesentlich zu= „nehmen, infolge Erweichung der Verbindung mit dem Becken „und Kreuz.

„e. Entstellung des Gesichtes durch die Formveränderung der „Nase. Diese Entstellung hat für das junge Mädchen nicht allein „darin eine Bedeutung, daß sie das Gefühl hat, definitiv häßlich „auszusehen, sondern es kann unter gewissen Umständen für sie „das Finden einer geeigneten Beschäftigung, z. B. als Ange= „stellte, Kassierin, erschwert werden.

f. Behinderung der Athmung durch die Nase und Verengerung „des Tränensack=Nasenganges, wodurch das leichte Durchfließen „der Tränenflüssigkeit in die Nase gehemmt wird, was das Tränen= „überfließen an den Augen bei gewissen Momenten veranlaßt. „Infolge dessen etwelche Erschwerung von Handarbeiten, welche

„das Auge anstrengen, z. B. Nähen, weil die Augen, namentlich
„das rechte Auge, leicht mit Tränen gefüllt wird.

„Dagegen bietet die noch vorhandene geringe Anschwellung
„am linken Fuße keine besondere Bedeutung. Es steht zu erwar=
„ten, daß dieser Fuß mit der Zeit ganz normal werden wird.

„Die sub litt. a, b, e und f erwähnten Störungen bewirken
„bei Fräulein Hirt, welche auf ihre Arbeit angewiesen zu sein
„scheint, eine Verminderung der Erwerbsfähigkeit, welche in toto
„auf circa 40 bis 45 % geschätzt werden kann.

„Bezüglich der sub c und d erwähnten Verhältnisse, nämlich
„bedeutende Gefährdung der Gesundheit und des Lebens im Falle
„einer Schwangerschaft, lassen sich nicht bestimmte Zahlen vom
„medizinischen Standpunkte aus anführen. Dieser Umstand ist
„aber bei einer 19jährigen Jungfrau für ihren spätern Lebenslauf,
„z. B. beim Anlaß eines Heiratsantrages, wodurch ihre Existenz
„gesichert werden könnte, von hervorragender Bedeutung.“

5. Unterm 31. Juli 1892 erhob Flora Hirt Klage beim
Amtsgericht Bern; sie beanspruchte neben der in Art. 5 des
Gesetzes betreffend die Haftpflicht der Transportanstalten vorge=
sehenen Entschädigung eine angemessene Geldsumme gestützt auf
Art. 7 desselben Gesetzes, indem sie behauptete, der Unfall sei
durch grobes Verschulden der Betriebsleitung und der untern
Angestellten der Jura=Simplonbahn verursacht worden. Die Be=
klagte bestritt die Haftpflicht prinzipiell nicht, ebensowenig die
oben angeführten, von der Klägerin als Ursachen des Unfalles
dargestellten Tatsachen, wohl aber die von derselben daraus ge=
zogenen Schlüsse. Ebenso verneinte sie die der Direktion der be=
klagten Gesellschaft und dieser selbst gemachten Vorwürfe und die
Zulagen; sie bestritt, daß eine grobe Fahrlässigkeit im Sinne des
Art. 7 cit. vorliege und führte als wesentliche Entschuldigungs=
gründe an, die fast unüberwindlichen Schwierigkeiten, den über=
mäßigen Verkehr auf der einspurigen und ungünstig in die
Centralbahn einmündenden Linie Biel=Zollikofen.

Demnach bestritt sie das Maß der geforderten Entschädigung
und offerierte eine Gesammtentschädigung von 12,000 Fr., nebst
Zins, sammt den noch nicht bezahlten Heilungskosten vom Tage
des Unfalles an, welches Anerbieten sie bereits vor Anhängig=
machung des Prozesses gemacht hatte.

6. Das Amtsgericht von Bern verurteilte die Beklagte hierauf

a. Zur Ausrichtung einer lebenslänglichen Jahresrente von 400 Fr. und überdies

b. Zu Bezahlung einer Entschädigung von 20,000 Fr., zinsbar vom 17. August 1891 an à 5 %;

c. Zur Bezahlung der Prozeßkosten der Klägerin, bestimmt auf 1200 Fr.

Auf die von beiden Parteien erklärte Appellation hin fällte sodann der Appellations- und Kassationshof des Kantons Bern das eingangs mitgeteilte Urteil. In der heutigen Verhandlung beantragte der Vertreter der Klägerin Erhöhung der Jahresrente auf 400 Fr., indem er für die Verminderung der Erwerbsfähigkeit 350 Fr. und für nötig gewordene dauernde ärztliche Hülfe 50 Fr. per Jahr forderte; ferner Erhöhung der Entschädigung auf Grund des Art. 7 des Haftpflichtgesetzes für die Transportanstalten und Auflegung sämmtlicher Prozeßkosten nebst einer Parteientschädigung an die Beklagte. Der Vertreter der Beklagten trug auf Bestätigung des angefochtenen Urteils unter Kostenfolge an.

7. Zwischen den Parteien herrscht über die prinzipielle Haftpflicht der Beklagten und über den Ersatz der Heilungskosten kein Streit; der Prozeß dreht sich vielmehr nur um das Maß der Entschädigung für die durch die Verletzung entstandene Verminderung der Erwerbsfähigkeit und um die Frage, ob der Klägerin in Anwendung von Art. 7 des Bundesgesetzes betreffend die Haftpflicht der Transportanstalten, abgesehen vom Ersatz des erweislichen Vermögensschadens, eine angemessene Geldsumme zuzusprechen sei. Als Ersatz für die dauernde Beeinträchtigung der Erwerbsfähigkeit hat die Vorinstanz der Klägerin eine jährliche Rente von 350 Fr., mit Beginn vom 17. August 1891 zuerkannt, und die Klägerin hat sich ausdrücklich damit einverstanden erklärt, daß ihr die Entschädigung aus diesem Titel nicht in einer Aversalsumme, sondern in Form einer Rente ausbezahlt werde. Was nun die Höhe derselben anbelangt, so hat die Vorinstanz gemäß dem Gutachten von Professor Dr. Girard eine Verminderung der Erwerbsfähigkeit von 40—45 % angenommen und unter Berücksichtigung des Beweisverfahrens und notorischer Tat-

sachen die bisherige Erwerbsfähigkeit der Klägerin vor dem Un=
falle im Jahre auf etwa 750 Fr., den jährlichen Ausfall also
auf etwa 350 Fr. festgesetzt. Diese tatsächliche Feststellung ist für
das Bundesgericht bindend. Es kann mit Grund nicht behauptet
werden, daß bei dieser Berechnung des jährlichen Verdienstaus=
falls ein Rechtsirrtum mitgespielt habe, und sie erscheint auch
sonst tatsächlich durchaus richtig. Der Anwalt der Klägerin machte
zwar geltend, daß das ärztliche Gutachten bloß die physiologische
Erwerbsfähigkeit im Auge habe und daß eigentlich eine Person
deren Arbeitsfähigkeit objektiv um 40—45 % geschmälert ist,
infolge ihrer daherigen Unbehülflichkeit und wegen der Schwierig=
keit, für ihren Zustand passende Arbeit zu finden, in Tat und
Wahrheit weit mehr als die Hälfte ihrer wirklichen Erwerbs=
fähigkeit eingebüßt habe. Allein die Gerichte haben konstant den
Ausdruck Erwerbsfähigkeit als gleichbedeutend mit Verdienstfähig=
keit aufgefaßt, und es liegt kein genügender Grund zu der An=
nahme vor, daß das vorliegende ärztliche Gutachten der Vermin=
derung der Erwerbsfähigkeit nicht in diesem allgemeinen Sinne
gebraucht habe.

8. Hienach ist lediglich noch die Frage zu prüfen, ob in An=
wendung von Art. 7 des Eisenbahnhaftpflichtgesetzes der Klägerin
eine angemessene Geldsumme für den erlittenen sogenannten mo=
ralischen Schaden zuzusprechen sei, und wenn ja, in welchem
Umfange. Der Entscheid hierüber soll gemäß Art. 11 des citierten
Gesetzes nach freier richterlicher Würdigung der Akten geschehen.
Das Bundesgericht hat nun stets den Standpunkt eingenommen,
daß zwar eine Überprüfung dieses freien Ermessens des kanto=
nalen Richters nur einzutreten habe, wenn dabei ein Rechtsirrtum
zu korrigieren sei, daß aber ein solcher dann vorliege, wenn die
Vorinstanz nicht alle in Betracht kommenden Faktoren gewür=
digt hat.

Mit Recht haben nun die kantonalen Gerichte den Art. 7 cit.
hier anwendbar erklärt. Mit der Vorinstanz ist dem Stations=
vorstand von Münchenbuchsee, Gribi, ein grobes Verschulden zur
Last zu legen. Derselbe hat einer klaren Dienstvorschrift zuwider
den Zug 240/2166 passieren lassen, obschon der vorhergehende
Zug seine Station erst 7 Minuten vorher verlassen hatte und

trotzdem er von dem Gehülfen Binkert aufmerksam gemacht wor=
den war, daß die Station Zollikofen die Bahn noch nicht frei=
gegeben hatte. Dieses Verschulden steht in direktem Kausalzu=
sammenhange mit der Katastrophe; denn wenn der Zug 240/2166
vorschriftsgemäß bis zur Meldung, die Bahn sei frei, angehalten
worden wäre, so hätte der Zusammenstoß nicht stattgefunden; er
wäre aber auch offenbar vermieden worden, wenn Gribi nur das
vorgeschriebene Zeitintervall von 10 Minuten zwischen beiden
Zügen hätte beobachten lassen.

Als grobe Fahrlässigkeit ist aber ferner die übermäßige Be=
lastung des Zuges 2246, der nur mit einer Lokomotive bespannt
war, zu taxieren; diese Überlastung betrug für die Strecke Lyß=
Bern 77 %  und steigerte sich unterwegs noch durch die Aufnahme
von circa 200 Reisenden. Es ist festgestellt, daß infolge dessen
die Maschine den vor der Station Zollikofen stehenden Zug
während $1^1/_2$ bis 2 Minuten nicht mehr von der Stelle zu be=
wegen vermochte, als das Signal „Bahn frei" erfolgte; in diesem
Momente prallte der nachfolgende Zug 240/2166 auf. Die
Überlastung, in Verbindung mit dem fatalen, entgegen der ur=
sprünglichen Vorschrift der Betriebsleitung durch Betriebsinspektor
Gygax angeordneten Anhalten auf den Zwischenstationen stellt
sich somit gleichfalls als eine direkte Ursache des Zusammenstoßes
dar. Der Bemerkung der Beklagten, es sei über diese Verhältnisse
von den Strafgerichtsbehörden des Kantons Bern eine genaue
Untersuchung gepflogen worden, die ein grobes Verschulden der
Bahnbeamten, speziell des Inspektors Gygax, als nicht vorhanden
ergeben habe, ist entgegenzuhalten, daß der Entscheid des Straf=
richters für den Civilrichter nicht bindend ist und daß der letztere
im vorliegenden Falle nicht in der Lage war, diese Untersuchungs=
akte zu prüfen, indem die Beklagte deren Beziehung nicht veran=
laßt hat.

Endlich enthält die Unterlassung der vorgeschriebenen Deckung
des Extrazuges 2246 eine grobe Fahrlässigkeit der dazu verpflich=
teten Bahnangestellten, welche ebenfalls in ursächlichem Zusammen=
hang mit dem Unfalle steht.

Die Zusammenstellung des Pariserzuges mit dem von Pruntrut
herkommenden Extrazug, wodurch die kontinuierliche Westinghouse=

bremse außer Dienst gesetzt wurde, bildet nun allerdings auch ein
Glied in der Kette der das Unglück herbeiführenden Unregelmäßig=
keiten. Tatsächlich ist festgestellt, daß die Lokomotivführer dieses
kombinierten Zuges 240/2166 den stehen gebliebenen Zug 2246
bemerkten, als sie auf der Kurve angelangt waren und daß sie
sofort das Notsignal und Contredampf gaben, daß aber der Zug
nicht mehr zum Stehen gebracht werden konnte. Dieser Umstand
gibt nun der Vermutung Raum, daß bei Gebrauch der kon=
tinuierlichen Dampfbremse der Zusammenstoß verhindert oder
doch abgeschwächt hätte werden können. Allein es würde sich doch
nicht rechtfertigen, auch in diesem Punkte grobes Verschulden an=
zunehmen. Es darf hier wohl in mildernde Berücksichtigung fallen,
daß der Bahngesellschaft an diesem Morgen zu einem außerge=
wöhnlichen Aufwand von Arbeitsleistungen und Material nur
kurze Zeit zur Verfügung stand, wobei es allerdings nahe liegen
mochte, sich auf diese Weise zu behelfen, wie denn überhaupt die
Tatsache, daß das Personal durch die Anstrengungen während der
vorhergehenden Tage und durch Mangel an der nötigen Nacht=
ruhe ermüdet war, und daß vielfach mit dieser Linie nicht näher
bekannte Aushülfspersonen zum Dienst herangezogen werden muß=
ten, in billige Erwägung gezogen werden darf.

9. Berücksichtigt man nun einesteils die in dem oben wieder=
gegebenen Gutachten von Professor Girard dargelegten schweren
Folgen des Unfalles für die Klägerin und andernteils das mehr=
fache, der Beklagten beziehungsweise ihren Beamten und Ange=
stellten zur Last zu legende grobe Verschulden, dessen Maß für
die Höhe der Entschädigung aus Art. 7 des Eisenbahnhaftpflicht=
gesetzes mitbestimmend sein muß, so rechtfertigt es sich, die Be=
klagte auf Grund dieser Gesetzesbestimmung zu einer Geldsumme
von 12,000 Fr. über den erweislichen Vermögensschaden hinaus
zu verurteilen. Da der Anspruch der Klägerin aus Art. 7 cit.
seiner Natur nach zum voraus nicht genau bezifferbar war, und
sie nicht nur prinzipiell, sondern auch bezüglich des Quantitatives
gegenüber den Anträgen der Beklagten obgesiegt hat, so sind der
letzteren nicht nur sämmtliche Gerichtskosten, sondern auch eine
Parteientschädigung an die Klägerin für das bundesgerichtliche
Verfahren aufzulegen.

Demnach hat das Bundesgericht
erkannt:

Die Beklagte ist der Klägerin gegenüber verpflichtet:

a. Zur lebenslänglichen Ausrichtung einer Jahresrente von dreihundert und fünfzig Franken, mit Beginn vom 17. August 1891 an;

b. Zur Bezahlung einer Entschädigungssumme von zwölftausend Franken, zinsbar zu 4 % seit dem 17. August 1891.

---

## 127. Urteil vom 26. Oktober 1893 in Sachen Frey gegen Jura-Simplonbahn.

A. Durch Urteil vom 3. Juli 1893 hat das Appellationsgericht des Kantons Baselstadt erkannt:

Die Beklagte wird verurteilt an Kläger zu bezahlen:

1. 2246 Fr.;

2. eine Entschädigung von 1500 Fr. für zehnwöchentliche volle Arbeitsunfähigkeit;

3. eine lebenslängliche Rente von 2500 Fr. vom 23. August 1891 an halbjährlich postnumerando zahlbar;

4. hievon kommen in Abrechnung die vom Kläger bereits empfangenen 5000 Fr.

B. Gegen dieses Urteil erklärten sowohl Kläger als Beklagte den Weiterzug an das Bundesgericht.

Heute beantragt der klägerische Anwalt:

1. Vervollständigung der Akten durch Einvernahme des Dr. Sury, welcher den Kläger und dessen Familie seiner Zeit wegen der bei Mönchenstein erlittenen Verletzungen begutachtete, sowie mehrerer weiterer Zeugen über nicht genauer bezeichnete Punkte und einer solchen über lügenhafte Aussagen seiner Ehefrau vor erster Instanz und eines weiteren über den Genuß geistiger Getränke seitens des Klägers; endlich durch Einverleibung der Buchauszüge des Klägers aus den Jahren 1889 und 1890 in den Aktenrotulus; eventuell Begutachtung derselben durch einen ad hoc zu bestellenden kaufmännischen Experten.

2. Umwandlung der appellationsgerichtlich gesprochenen Renten=
entschädigung in eine Aversalentschädigung, eventuell Zuerken=
nung der Rente bis zur Erwerbsfähigkeit der alimentationsbe=
rechtigten Kinder, falls Kläger vorher sterben sollte.

3. Die Entschädigung sei auf der Basis eines bisherigen Jahres=
einkommens von 14,000 Fr. nnter Annahme einer Reduktion
der Erwerbsfähigkeit des Klägers auf die Hälfte zu berechnen,
woraus sich eine Aversalentschädigung von 79,000 Fr. ergebe.

Beklagte beantragt:

Ad Nr. 2 des appellationsgerichtlichen Dispositivs: es sei die
daselbst zuerkannte Summe von 1500 Fr. für zehnwöchentliche
Arbeitsunfähigkeit angemessen zu reduzieren; ad Nr. 3 desselben:
es sei die Zusprechung einer lebenslänglichen Rente von 2500 Fr.
aufzuheben.

Kläger sei als durch die erhaltenen 5000 Fr. voll entschädigt
zu betrachten.

Das Bundesgericht zieht in Erwägung:

1. Der gegenwärtig circa 51 Jahre alte Kläger W. A. Frey=
Wittmann, Kaufmann in Basel, wurde am 14. Juni 1891 an=
läßlich des Mönchensteiner Eisenbahnunglückes verletzt, indem er
laut Pfysikatsbericht vom 19. Juni 1891 außer verschiedenen
weniger bedeutenden Quetschungen und Abschürfungen an Schien=
bein, Fußgelenk rc., vor allem eine sehr starke Quetschung der
Brustmuskeln mit heftigen Schmerzen beim tiefen Athmen und
Husten erlitt und außerdem bei jenem Anlaß an ihm chronischer
Lungenkatarrh konstatiert wurde. Mit ihm zugleich erlitten fünf
seiner damals mit ihm reisenden Kinder verschiedene Verletzungen;
während dieselben aber meist nach wenig Tagen, beziehungsweise
Wochen, total geheilt erschienen, stellten die Ärzte Sahli und
Immermann in ihrem Gutachten vom 15. März 1892 bezüglich
des W. A. Frey fest, derselbe habe durch den Unfall außer einer
Anzahl von kleinern und größern Hautabschürfungen, vielleicht
auch leichtern Quetschungen der Weichteile, eine augenscheinlich
starke Erschütterung des Gehirns und des gesammten Nerven=
systems, sowie eine akute Bronchitis davon getragen. Im An=
schluß an erstere sei bei Herrn Frey eine ganze Anzahl von
krankhaften Erscheinungen aufgetreten, die in das Gebiet der
traumatischen Neurose gehörten, so: erhebliche Abnahme des Ge=

dächtnisses, Unbeholfenheit in der Ausdrucksweise, und speziell im
mündlichen Verkehr ängstliche und unruhige Gemütsverfassung,
unruhiger Schlaf mit schreckhaften Träumen, große Ermüdbarkeit.
Diese subjektiven, an sich nicht direkt konstatierbaren Erscheinungen
seien durch die objektiv konstatierte Abnahme des Körpergewichts,
starkes unwillkürliches Zittern der Hände, der Beine und sogar
der Gesichtsmuskulatur nach gemachten Bewegungen, Auftreten
von diversen fascikulären Zuckungen in der Muskulatur, ausge=
prägter Einengung der Gesichtsfelder beider Augen für weißes
wie für farbiges Licht, durchaus glaubhaft gemacht. Es könne
daher keinem Zweifel unterliegen, daß die Erwerbsfähigkeit Frey's
durch die erwähnten krankhaften Erscheinungen erheblich und zwar
allem Anschein nach um mindestens einen Drittel gesunken sei.

Diese tatsächlichen Feststellungen der Expertise legten die Vor=
instanzen ihren respektiven Urteilen zu Grunde, womit sie zu=
gleich die weitere Konstatation verbanden, daß das Asthma, an
welchem Frey nach Aussage der Beklagten leiden sollte, dessen
Erwerbsfähigkeit bis lange nicht beeinträchtigt habe, überhaupt
leichter Natur sei, und daß die dem Frey imputierte unsolide
Lebensweise punkto Alkoholgenuß beweislos geblieben.

2. Dem Begehren punkto Aktenvervollständigung kann hierseits
keine Folge gegeben werden. Wie das Bundesgericht anderweitig
auszusprechen Gelegenheit hatte, wäre ein solches dann gerecht=
fertigt, wenn ein kantonales Gericht die Erhebung von Beweis=
mitteln deswegen abgelehnt hätte, weil es ein bestimmtes, dadurch
zu erhärtendes Beweisthema mit Unrecht als irrelevent betrachtet.
Es ist dies hier offenbar nicht der Fall ; gegenteils geht aus den
bezüglichen Erwägungen des appellationsgerichtlichen Urteiles klar
hervor, daß die Ablehnung dieser Beweismittel nur deswegen er=
folgte, weil der Vorderrichter das sonstige Material als vollstän=
dig genügend erachtete, um an Hand desselben alle relevanten
Punkte zu beurteilen. Diese Fakultät der Rückweisung überflüssigen
Aktenmaterials soll aber hierorts dem Vorderrichter nicht benom=
men werden.

Was sodann speziell das Anerbieten der Beibringung der Bücher
des Klägers pro 1889 und 1890 betrifft, so kann es in dieser
Form schon als wegen des kurzen Zeitraumes für eine Durch=
schnittsberechnung ganz ungeeignet nicht in Betracht fallen.

3. Es kann im fernern nicht Aufgabe des Bundesgerichtes sein, auf die beklagterseits heute beantragte Überprüfung des Kausalzusammenhanges zwischen der Mönchensteiner Katastrophe und dem heutigen reduzierten Zustand des Klägers einzutreten. Es würde dies, da Beklagte einen Rechtsirrtum bei Konstatierung dieses Kausalzusammenhanges dem Appellationsgericht nicht vorwirft, sondern nur darauf verweist, daß tatsächlich Kläger ganz unabhängig vom Unfall und vor demselben schon leidend war, einen Übergriff in das Gebiet der vorinstanzlich definitiv festgestellten Tatsachen bedeuten, der abzulehnen ist.

4. Das Bundesgericht geht somit davon aus, daß Kläger Frey durch den Unfall eine dauernde Gesundheitsschädigung erfahren hat, welche ihn in seiner Erwerbsfähigkeit zunächst für etwa zehn Wochen stillstellte und dann dauernd um ein Drittel schmälerte und sein auf 8000 Fr. festgesetztes Durchschnittsjahreseinkommen dementsprechend, einmal für die Zeit bis zur Heilung um circa ¹/₃, gleich 1500 Fr. und jetzt dauernd um circa ein Drittel, rund 2500 Fr. vermindert. Für den einmaligen Erwerbsausfall ist die Zubilligung einer Entschädigung von 1500 Fr., wie auch das Appellationsgericht sie gesprochen, ohne weiteres geboten. Zur Ausgleichung für den dauernden Erwerbsausfall dem Frey eine entsprechende Aversalentschädigung zuzusprechen, wäre nun ohne weiteres geboten, wenn angenommen werden könnte, daß Frey zur Zeit sich in Lebensgefahr befinde und seine Familie auf diese Weise Gefahr laufe in Bälde mit einer unverhältnißmäßig kleinen Entschädigung hülflos zu verbleiben. Da die tatsächliche Feststellung der Vorinstanz das Gegenteil besagt und in der Tat Gründe für die Annahme einer imminenten Lebensgefahr des Frey keineswegs vorliegen, muß dessen Beschwerde auch in diesem Punkte als unbegründet abgewiesen werden.

Demnach hat das Bundesgericht

erkannt:

Die Weiterziehung sowohl des Klägers als der Beklagten wird als unbegründet abgewiesen und es hat demnach in allen Teilen beim Urteil des Appellationsgerichtes des Kantons Baselstadt sein Bewenden.

## 128. Urteil vom 2. November 1893 in Sachen Walfer gegen Centralbahn.

A. Durch Urteil vom 30. Juni 1893 hat das Obergericht des Kantons Basellandschaft erkannt: Es wird das Urteil des Bezirksgerichtes Liestal vom 2. März 1893, lautend: „Es wird „die Beklagte verurteilt an die Klagepartei zu bezahlen: 1. eine „Entschädigung von 2000 Fr., (zweitausend Franken) nebst Zins „à 5 %, seit 3. Juli 1892. Hievon fallen der Wittwe 1400 Fr. „(vierzehnhundert Franken) zu und den Kindern 600 Fr., (sechs- „hundert Franken). 2. Die Beerdigungskosten mit 92 Fr. 40 Cts., „(zweiundneunzig Franken vierzig Centimes). 3. Die ordentlichen „Kosten liegen auf der beklagten Partei, mit Ausnahme der- „jenigen, welche die Klagepartei verschuldet hat" — bestätigt.

B. Gegen dieses Urteil erklärte die Beklagte die Weiterziehung an das Bundesgericht. Ihr Anwalt beantragt Abänderung des zweitinstanzlichen Urteils im Sinne einer vollständigen Abweisung des Klagebegehrens, eventuell Reduktion der Schadenersatzsumme auf 1700 Fr.

Der klägerische Anwalt beantragt, unter Erklärung des An- schlusses an die Berufung, Erhöhung der Schadenersatzsumme laut dem ursprünglichen Rechtsbegehren auf 7782 Fr. 40 Cts. sammt Zins à 5 % seit 3. Juli 1892.

Das Bundesgericht zieht in Erwägung:

1. Nikolaus Walfer, von Wysen, Kanton Solothurn, geb. 1852, verheiratet mit der 1850 geborenen Anna Strauß, und Vater von zwei Kindern, Nikolaus geb. 1876 und Ernst geb. 1878, war 1884—1888 bei der beklagten Bahngesellschaft als Bahn- arbeiter auf der Strecke Sissach-Läufelfingen, von 1888—1892 als Kohlenarbeiter auf der Station Sissach und von da an wieder als Bahnarbeiter und Ersatzablöser für den Wärter- dienst auf dem Wärterposten 25 und 25 a im sogenannten Thürner Einschnitt angestellt. Er bezog in dieser letztern Stellung einen Jahresgehalt von 930 Fr. Am Sonntag den 3. Juli 1892 hatte Walfer den ganzen Tag frei und sollte erst abends

8 Uhr an Stelle des ständigen Ablösers auf Wärterposten
Nr. 25 oberhalb Thürnen den Dienst antreten, um dann von
8—9 Uhr folgende Bahnstrecke zu begehen: Von Wärterposten
25 aufwärts bis zu Kilometer 23 + 200, dann zurück gegen
Sissach bis Kilometer 21 + 400, am obern Ende der Station
Sissach und von dort wieder aufwärts bis zu dem Übergang der
Straße Sissach-Thürnen bei Kilometer 22 + 120, wo er von
9 Uhr an die Barrierenwärterin auf Posten 25 a, Salomea
Mohler, abzulösen hatte. Walser verbrachte genannten Sonntag
in der Weise, daß er schon Morgens 5 Uhr im „Rößli" in
Thürnen Schnaps trank, später sich nach Diepflingen und Som=
merau begab und von dort in so betrunkenem Zustande zurück=
kehrte, daß er über ein Bord hinunterstürzte und eine Zeit lang
liegen blieb; dann am Abend wieder in Sissach einkehrte. Als
er die dortige Wirtschaft Erny um 7 $\frac{1}{2}$ Uhr abends verließ, war
er der Zeugenaussage gemäß nicht gerade betrunken, dagegen
etwas angeheitert. Walser schrieb sich sodann auf dem Wärter=
posten Nr. 25 a in das dortige Kontrollbüchlein ein und begab
sich von dort zunächst wieder nach Sissach. Zwischen 8 und
8 $\frac{1}{2}$ Uhr war er in der Wirtschaft zum „Rößli" in Thürnen,
wo er in Zeit einer Viertelstunde 3—4 Zweier Wein trank, wo=
rauf er sich, ohne zu zahlen, entfernte mit der Bemerkung, er
müsse noch schnell dort hinunter zur Bahnlinie. Über seinen da=
maligen Zustand liegen keine bestimmten Angaben vor. Ungefähr
um 8 $\frac{3}{4}$ Uhr abends sah die Barrierenwärterin beim Wegüber=
gang oberhalb Thürnen in einer Entfernung von 100 Metern
einen Mann auf der Bahnstrecke daher kommen, während der
fahrplanmäßige Gotthardzug in einer Entfernung von etwa
200 Metern hinter demselben herfuhr. Im Glauben es sei ihr
Mann, der dort zu tun habe, achtete genannte Zeugin nicht da=
rauf. Als dann kurz darauf der Ehemann derselben Barrieren=
wärterin Futter in der Nähe der Bahn holen wollte, stieß er
auf dem rechten Schienengeleise ab Basel, demselben worauf kurz
vorher der Gotthardzug passiert war, auf die Leiche des Nikolaus
Walser. Aus den Blutspuren war ersichtlich, daß Walser im
rechten Schienengeleise getödtet worden war und zwar zweifellos
vom Gotthardzuge. Lokomotivführer und Heizer desselben geben

an, auf der Fahrt nichts Ungehöriges wahrgenommen zu haben, ansonst sie die nötigen Signale gegeben hätten. Übrigens habe das Personal auf jener Strecke viel mit der Heizung und sonstigen Dienstverrichtungen zu tun. Es ist im fernern festgestellt, daß Walser an jenem Abend weder seinen Namen in das Kontrollbüchlein des Postens Nr. 25 eingetragen, noch daselbst die Signale, Laterne und Fahne in Empfang genommen hat.

2. Mit Recht hat das obergerichtliche Urteil dem erstinstanzlichen gegenüber zunächst eine Verschuldung der Beklagten in Abrede gestellt. In der Tat kann eine solche darin nicht gefunden werden, daß Führer und Heizer, oder doch wenigstens einer derselben, im Moment vor fraglichem Unfall nicht die Linie überschaut haben und daher nicht in der Lage waren, den im Geleise vor ihnen dahingehenden Walser zu sehen und durch Signale zu warnen oder im Notfall auch den Zug zum Stehen zu bringen. Mag auch eine dahinzielende Vorschrift bestehen, welche Lokomotivführer oder Heizer anweist, abwechselnd ihr Augenmerk der zu durchfahrenden Bahnstrecke zuzuwenden, so ist doch ohne weiteres klar, daß diese Vorschrift nicht absolut aufgefaßt werden kann und die anderen auf Bedienung der Maschine bezüglichen Pflichten, welche zeitweise jedenfalls die Aufmerksamkeit der beiden Männer voll in Anspruch nehmen müssen, unbedingt vorgehen. Zudem muß mit dem vorinstanzlichen Urteil jedenfalls angenommen werden, daß diese Dienstvorschrift betreffend Überblicken der Bahnlinie am allerwenigsten zum Schutze von Leib und Leben der Bahnwärter aufgestellt sein kann, sondern gegenteils nur den Zweck verfolgt, die Sicherheit des Zuges selbst zu wahren. Es muß in dieser Beziehung dem obergerichtlichen Urteil voll und ganz beigepflichtet werden.

3. Wenn dasselbe im fernern konstatiert, Walser habe sich, als er die Linie betrat, infolge übermäßigen Genusses von Spirituosen nicht mehr im Besitze der vollen Aufmerksamkeit befunden und es habe dieser selbstverschuldete Zustand wesentlich zum Unfall beigetragen, so ist auch hiegegen nichts zu erinnern, indem sowohl das eine als das andere mit Notwendigkeit aus der Aktenlage hervorgeht. In der Tat muß das Benehmen Walsers als ein, gelinde gesagt, hochgradiger Leichtsinn qualifiziert werden. Nach=

dem er doch wußte am Abend um 8 Uhr den immerhin nicht ungefährlichen Dienst eines Bahnwärters übernehmen zu müssen, wäre es doch nahe genug gelegen und ein Gebot der elementaren Vorsicht gewesen, tagsüber womöglich auszuruhen, unter keinen Umständen aber und am allerwenigsten am Abend selbst, unmittelbar vor Dienstantritt und nach Dienstantritt Spirituosen in größerem Quantum zu sich zu nehmen, geschweige denn solche in Haft zu genießen. Dies zu tun oder nicht zu tun, stand ihm jedenfalls frei, und es kann sein civilrechtliches Verschulden keineswegs durch den Hinweis gemindert werden, daß er erst in einem halb oder ganz unzurechnungsfähigen Zustand die Bahnlinie betrat und daselbst den Tod erlitt. Zur Erklärung des Unfalls ist demnach die selbstverschuldete Trunkenheit des Walser, in welcher er sich auf die Bahnlinie begab und ohne Rücksicht darauf, daß, wie ihm bekannt, der fahrplanmäßige Gotthardzug fällig war und jeden Augenblick kommen konnte, auf dem für denselben bestimmten Schienengeleise dahinschritt, ohne sich auch nur nach genanntem Zuge umzuschauen, und in welcher er ferner denselben nicht herannahen hörte oder doch zu spät hörte, um noch zu entfliehen, vollkommen genügend.

4. Angesichts dieses erwiesenen Selbstverschuldens ist nun die Annahme der Vorinstanz, daß mit demselben irgend ein unglücklicher, unaufgeklärter Zufall konkurriert haben müsse, als eine unzulässige zu bezeichnen und demgemäß zu verwerfen. Ohne die theoretische Möglichkeit eines Selbstverschuldens in Konkurrenz mit Zufall zu erörtern, so muß hier eben doch konstatiert werden, daß die Akten in concreto für das Vorliegen eines solchen Zufalls gar keinen Anhaltspunkt ergeben und die bloße abstrakte Möglichkeit der Mitwirkung eines solchen Zufalls, die man ja niemals mit absoluter Bestimmtheit wird ausschließen können, hier nicht in Betracht kommen kann. Müßte dies doch die unvermeidliche Folge haben, selbst in Fällen offenbaren Selbstverschuldens doch noch immer einen Teil der Kausalität dem Zufall zuzuschreiben und damit den durch Art. 2 des Eisenbahnhaftpflichtgesetzes der Transportanstalt gewährten Entlastungsbeweis gänzlich illusorisch zu machen.

5. Die Frage, ob Walser am Unglücksabend in Dienst ge-

treten, ist unter biesen Umständen nicht relevant. Sie mag baher nur beiläufig bahin beantwortet werden, baß bas Gericht bies allerbings annimmt.

Demnach hat bas Bundesgericht

erfannt:

Die Weiterziehung ber Beflagten ist begründet unb es wird bemnach bas Urteil bes Obergerichtes bes Kantons Baselland= schaft vom 30. Juni 1893 aufgehoben.

---

129. *Arrêt du 8 Novembre 1893 dans la cause*
*Bérard contre Compagnie de chemins de fer du Jura-Simplon.*

Statuant sur le litige, la Cour civile du canton de Vaud a, par jugement des 13 et 17 Juillet 1893, prononcé ce qui suit :

I. Les conclusions du demandeur sont admises en principe, mais réduites à la somme de 500 francs portant intérêt à 5 % dès le 14 Mai 1892.

II. Les conclusions libératoires de la Compagnie sont admises dans la mesure qui vient d'être indiquée.

Le demandeur Bérard a recouru au Tribunal fédéral. Il déclare reprendre les conclusions de sa demande du 19 Juillet 1892 sous modération de justice.

La Compagnie défenderesse conclut au maintien du dispositif du jugement attaqué.

*Statuant en la cause et considérant :*

*En fait :*

Le demandeur et recourant François Bérard, né le 27 Juin 1860, a été engagé par la Compagnie des chemins de fer Suisse-Occidentale-Simplon en Octobre 1887, en qualité de manœuvre à la gare de Renens, et le 1er Février 1888 il a été nommé homme d'équipe. La nouvelle Compagnie fusionnée avec celle du Jura-Berne l'a employé en cette qualité dans la dite gare depuis 1889 jusqu'à l'époque de son licenciement, soit au commencement d'Octobre 1892.

Son gain annuel s'élevait en dernier lieu à 1080 francs. Lors de son entrée au service de la Compagnie Suisse-Occidentale-Simplon Bérard fut soumis à un examen médical, d'où il résulte qu'il était exempt de toute infirmité.

Le 12 Mai 1891, vers 8 heures du matin, Bérard était occupé en gare de Lausanne à recevoir et à transporter avec d'autres employés des colis, notamment des fûts de bière, d'un fourgon d'un train venant de Fribourg, sur un autre train qui devait partir peu après.

L'après-midi du même jour, Bérard a dit au brigadier d'équipe Mayor qu'il s'était fait mal le matin pendant son travail et qu'il se porte malade.

Le demandeur quitta son service vers 6 heures du soir, et le lendemain 13 Mai, le D$^r$ Juillerat lui délivra une déclaration aux termes de laquelle Bérard, souffrant d'un effort musculaire du bas-ventre, se trouvait dans l'obligation de cesser momentanément son travail.

Le 5 Juin suivant le D$^r$ Roux examina Bérard à l'Hôpital cantonal à Lausanne, et déclara qu'il devait se ménager pendant un certain temps, attendu qu'il était, ensuite d'un effort, menacé d'une hernie inguinale; que ce danger disparaîtrait peut-être en usant de précautions. Le D$^r$ Roux ordonna en outre à Bérard de porter un bandage, dont il fit effectivement l'acquisition aux frais de la Compagnie, et qu'il porte toujours.

Le 10 Octobre 1891 Bérard fut de nouveau examiné par le D$^r$ Juillerat, qui lui fit la déclaration suivante : « Le soussigné déclare que c'est ensuite d'accident survenu en Mai 1891 que Bérard François, équipe Jura-Simplon à la gare de Lausanne, souffre d'éventration de la paroi abdominale, affection dont il ne pourra jamais être complètement guéri. »

Sur la demande de la Compagnie, Bérard fut soumis à l'examen du D$^r$ Collon, à Berne, médecin du Jura-Berne, lequel déclara, à la date du 28 Janvier 1892, qu'il n'y a pas trace de hernie abdominale ; qu'il y a seulement chez Bérard une voussure pouvant provenir d'un effort. Cette affection est très légère : le malade pourra faire son travail comme auparavant, il n'y a aucune infirmité permanente.

Ensuite de cette déclaration, la Compagnie invita Bérard à reprendre son service, ce qu'il fit tout en faisant ses réserves touchant l'indemnité qu'il estimait lui être due ensuite de l'accident du mois de Mai précédent.

Le 9 Mai 1892 Bérard réclama effectivement une indemnité. Le 1er Juillet suivant le Dr Juillerat déclarait que Bérard, atteint de hernie ventrale, aurait besoin de quelques jours de repos, et, le 4 dit, il attestait que Bérard est suffisamment rétabli pour reprendre son service le même jour.

Le 26 Juillet 1892 la Compagnie avise Bérard qu'il est licencié de son emploi en vertu de l'art. 4 du contrat d'attachement.

Sur la demande du recourant, le Dr Perret constata, après l'avoir examiné le 23 Septembre 1893, que Bérard était atteint, ensuite de l'accident, d'une incapacité relative permanente de travail « allant à la moitié de la normale. »

Par demande du 19 Juillet 1892, Bérard a, ensuite de ces faits et en se fondant sur l'art. 2 de la loi fédérale sur la responsabilité des chemins de fer, ouvert action à la Compagnie Jura-Simplon concluant à ce qu'il plaise à la Cour civile condamner la défenderesse à lui payer la somme de 8000 fr., avec intérêt au 5 % dès le 21 Avril 1892 ; il se fonde sur ce que sa capacité de travail a subi une diminution de moitié ensuite de l'accident du 12 Mai.

Dans sa réponse, la Compagnie conclut à libération des fins de la demande, en faisant valoir en résumé : I. L'art. 2 de la loi fédérale sur la responsabilité des chemins de fer du 1er Juillet 1875 n'est pas applicable. Il ne s'agit pas dans l'espèce d'un *accident* survenu *dans l'exploitation*. Une hernie, si hernie il y a, ce qui est contesté, — ne peut être considérée que comme une *maladie* à laquelle est exposée toute personne qui se livre à une occupation exigeant un effort physique. II. En tout cas, même si l'on admettait le fait d'un accident, il ne serait pas survenu dans l'exploitation, les travaux auxquels était occupé Bérard au moment où il prétend avoir ressenti une douleur devant être considérés comme des travaux accessoires n'ayant pas de rapport direct avec l'exploitation même. La loi fédérale a en vue les seuls accidents qui sont la conséquence de la marche des trains et non ceux qui résultent de travaux exécutés en dehors de toute opération de transport : c'est ce qu'a admis le Tribunal fédéral dans un arrêt du 28 Avril 1878. III. La loi du 26 Avril 1887 sur l'extension de la responsabilité civile n'est pas non plus applicable ; le fût-elle, cette loi ne permettrait pas à Bérard de réclamer plus de 6000 francs.

Dans son jugement des 13 et 17 Juillet 1893, la Cour civile a admis que la lésion dont Bérard est atteint est la suite d'un accident, survenu pendant l'exploitation, et elle a, en application de l'art. 2 de la loi précitée sur la responsabilité des chemins de fer, déclaré la Compagnie passible de dommages-intérêts, dont le dit jugement fixe la somme à 500 fr., avec intérêt au 5 %, à partir du 14 Mai 1892.

Ce jugement est motivé, en substance, comme suit :

Bérard était exempt de toute infirmité lors de son entrée au service de la Compagnie. Aujourd'hui il présente une très légère voussure du côté inférieur gauche de la paroi abdominale ; cet état est le résultat de l'effort musculaire provoqué par le travail auquel le demandeur s'est livré le 12 Mai 1891, et doit être considéré comme un accident. Il suffit, pour que l'art. 2 précité soit applicable, que cet accident soit arrivé dans l'exploitation, soit pendant le transport de voyageurs ou de marchandises ou lors d'opérations préparatoires ou auxiliaires en rapport immédiat avec ce transport ; or le travail exécuté par Bérard le 12 Mai 1891 rentrait dans cette dernière catégorie. Bérard a avisé son chef d'équipe le jour même du sinistre, et la Compagnie a eu communication du rapport dressé le lendemain par le Dr Juillerat ; en outre le bureau de comptabilité de la Compagnie a examiné le modèle de bandage herniaire préparé pour Bérard par le Dr Roux, et ce bandage a été payé par la Compagnie. Il suit de là que celle-ci a eu suffisante connaissance de l'accident ; en particulier aucune disposition des statuts n'imposait au demandeur de faire une déclaration au bureau du chef de gare.

Quant à la quotité de l'indemnité due à Bérard, il est établi que sa capacité de travail ne se trouve réduite que dans une très faible mesure, 20 % de la normale d'après l'opinion du docteur le plus favorable au demandeur. L'accident n'a pas eu pour conséquence de rendre Bérard infirme, ni de lui empêcher d'entreprendre un autre travail ou de se livrer à un métier manuel. La Compagnie a d'ailleurs déjà payé, conformément à l'art. 5 de la loi du 1ᵉʳ Juillet 1875, la somme de 736 francs pour frais de guérison. Il y a lieu dans ces circonstances de fixer à 500 francs l'indemnité due à Bérard, en dehors des 736 francs sus-mentionnés, qui lui demeurent acquis. La prétention exorbitante du demandeur ayant été de nature à empêcher toute transaction, il y a lieu de compenser les dépens, conformément à l'art. 286 C. P. C.

*En droit :*

1° Il y a lieu de constater, en première ligne, que l'état dans lequel se trouve le lésé doit être attribué à un accident, et non à une maladie. Il résulte en effet des constatations du jugement cantonal, basées elles-mêmes sur les rapports concordants des nombreux médecins appelés à examiner le lésé, qu'il ne souffre point de hernie, mais seulement d'une voussure, soit extension de la paroi inguinale gauche, causée par un effort musculaire fait par le demandeur lors du transbordement de marchandises à la gare de Lausanne, à la susdite date.

2° La question de savoir si le dit accident doit être considéré comme s'étant produit dans l'exploitation, au sens de l'art. 2 de la loi fédérale sur la responsabilité des entreprises de chemins de fer, est plus douteuse.

Ainsi que le tribunal de céans l'a reconnu entre autres dans son arrêt en la cause Wepfer contre Union Suisse des chemins de fer (*Recueil* XVI, p. 124, consid. 5), de simples travaux auxiliaires et préparatoires en vue du transport ne doivent pas être considérés comme ayant eu lieu « dans l'exploitation » au sens de l'art. 2 susvisé, à moins qu'ils n'aient été en rapport immédiat avec le transport lui-même sur les rails, et n'aient été exposés à l'influence des forces particulièrement dangereuses dont le transport par chemins de fer nécessite la mise en œuvre ; que ce rapport immédiat doit spécialement être aussi admis lorsque les dits travaux auxiliaires et préparatoires, comme par exemple le chargement et le déchargement de wagons au repos, doivent être exécutés à la hâte, et que cette hâte est la cause d'accidents.

Mais, dans l'espèce, bien que l'on doive reconnaître que le transbordement des marchandises d'un train à l'autre ait dû s'effectuer rapidement, vu le peu d'intervalle entre l'arrivée de l'un et le départ de l'autre des trains en question, il n'est nullement établi par le jugement de la Cour civile que cette opération ait eu lieu le 12 Mai 1891 dans des circonstances exceptionnelles, ni que Bérard ait été atteint par l'accident en raison de la hâte avec laquelle il a dû exécuter son travail ; en d'autres termes il n'est point constaté que cette hâte se trouve dans un rapport de cause à effet avec la lésion survenue au demandeur. Dans ces circonstances, il y a lieu d'admettre que l'application de l'art. 2 précité ne saurait être faite dans l'espèce, laquelle est régie bien plutôt par l'art. 4 de la loi du 26 Avril 1887 sur l'extension de la responsabilité civile des fabricants. Cette disposition porte en effet que « sont en outre soumis à la loi du 25 Juin 1881 sur la même matière les travaux accessoires ou auxiliaires qui, sans être compris sous la désignation « exploitation ' » dans l'art. 2 de la loi du 1er Juillet 1875 et dans l'art. 2 de celle du 25 Juin 1881, sont en rapport avec l'exploitation.

Or le chargement et le déchargement de wagons rentrent dans la catégorie de ces travaux-là, et l'obligation pour la Compagnie d'indemniser la victime de l'accident survenu au cours de pareils travaux se trouve donc réglée en première ligne par les dispositions de l'art. 2 de la loi du 25 Juin 1881 susvisée, puisqu'il n'est pas même prétendu que l'accident dont il s'agit ait pour cause la force majeure, ou des actes délictueux ou criminels de tiers.

3° L'indemnité qui doit être accordée en réparation du dommage comprend, aux termes de l'art. 6 de la même loi, les frais quelconques de la maladie et des soins donnés pour la guérison, et le préjudice souffert par le blessé ou le malade par suite d'incapacité de travail, totale ou partielle, durable ou passagère, sans toutefois que l'indemnité totale puisse excéder la somme de 6000 francs.

Les frais de maladie et de guérison ont déjà été payés par la défenderesse, et ce point se trouve ainsi hors de cause.

Quant à la somme de 500 francs allouée par la Cour civile à titre d'indemnité pour incapacité de travail, le jugement cantonal justifie la modicité de ce chiffre par le motif que l'incapacité de travail du lésé ne se trouverait réduite que dans une très faible mesure.

Or il y a lieu, à cet égard, de s'en tenir aux appréciations des médecins chargés par le tribunal d'une expertise judiciaire sur le cas. D'une part l'un d'entre eux, le Dr Krafft, évalue la diminution de capacité de travail durable dont Bérard est affecté pour des travaux de la nature de ceux auxquels il se livrait, à 30 %/0 de la normale, et l'autre expert, Dr Larguier, tout en constatant que le demandeur « est dans un état d'infériorité relative pour se livrer à ceux des travaux de son état qui nécessitent l'emploi d'efforts musculaires un peu considérables, » se borne, comme appréciation de l'importance de cette diminution de capacité relative de travail, à déclarer qu'il paraît excessif d'admettre qu'elle soit de la moitié ou même du tiers de la capacité normale.

C'est sans doute en se plaçant au point de vue de ce dernier rapport que la Cour civile a fixé l'indemnité à payer au lésé, et le tribunal de céans ne saurait faire abstraction de cette appréciation d'un moyen de preuve par les premiers juges. S'il faut donc admettre, avec le dit rapport, que la capacité de travail de Bérard n'a pas subi une réduction d'un tiers, il importe de retenir toutefois que dans l'opinon de la presque unanimité des docteurs qui ont examiné le demandeur, celui-ci devra s'abstenir dorénavant de travaux pénibles, qui auraient très probablement pour conséquence de déterminer une hernie ; il faut relever en outre que tous les docteurs qui se sont occupés de la lésion en question la considèrent comme incurable. Dans cette situation, il n'est certainement point exagéré de taxer à 20 %, soit à un cinquième de la normale, la diminution de capacité de travail soufferte par Bérard.

4° En partant de cette base, et en prenant d'autre part en considération les divers facteurs dont il faut tenir compte, tels que l'âge de la victime, et son gain annuel avant l'accident, ainsi que les éléments de réduction résultant de la circonstance que la blessure est le résultat d'un accident fortuit (art. 3 de la loi du 25 Juin 1881), et que le demandeur, en avançant en âge, n'aurait plus gagné le même salaire, la somme de 2000 francs en capital apparaît comme un équivalent équitable du dommage causé au sieur Bérard ; à cette somme doit s'ajouter l'intérêt à partir du 14 Mai 1892, cette date n'ayant fait l'objet d'aucune contestation entre parties.

5° L'instance cantonale a compensé les dépens par le motif que les conclusions premières du demandeur étaient considérablement exagérées. Si l'on considère toutefois qu'aux termes d'une des déclarations médicales intervenues en la cause la diminution de la capacité de travail du lésé était évaluée à 50 %, ce que ce dernier était autorisé à admettre, la somme de 8000 francs réclamée n'apparaissait pas comme empreinte d'une exagération telle, qu'il y ait lieu de maintenir la mise de la moitié des frais à la charge de la victime ; en revanche les circonstances de la procédure justifient la condamnation de Bérard au paiement des frais de son avocat devant la Cour civile du Canton de Vaud.

Par ces motifs,

### Le Tribunal fédéral

prononce :

Le recours est admis, et le jugement de la Cour civile du Canton de Vaud, des 13 et 17 Juillet 1893 est réformé en ce sens que la Compagnie du Jura-Simplon est condamnée à payer au demandeur Bérard la somme de 2000 francs à titre d'indemnité, avec intérêt à 5 % l'an dès le 14 Mai 1892.

Les dépens devant l'instance cantonale sont mis à la charge de la Compagnie, sauf les frais d'avocat du demandeur, dont ce dernier demeure chargé.

## 130. Urteil vom 16. November 1893 in Sachen Häring gegen Jura-Simplonbahn.

A. Mit Urteil vom 24. August 1893 hat das Appellations=
gericht des Kantons Baselstadt erkannt: Es wird das erstinstanz=
liche Urteil bestätigt. Das erstinstanzliche Urteil des Civilgerichtes
von Baselstadt lautet: Beklagte ist verurteilt zur Bezahlung von
116,696 Fr. 50 Cts. an Kläger.

B. Gegen erstgenanntes Urteil erklärte die Beklagte den Weiter=
zug an das Bundesgericht, indem sie folgende Abänderungsan=
träge anmeldete: Es sei das für Verlust der Erwerbsfähigkeit
dem Kläger zugesprochene Kapital von 115,000 Fr. in eine
lebenslängliche Rente nach Ermessen des Gerichts im Maximal=
betrage von 2000 Fr. per Jahr umzuwandeln.

In der heutigen Verhandlung hält die Beklagte an diesen An=
trägen fest. Der Anwalt des Klägers beantragt Bestätigung des
appellationsgerichtlichen Urteiles.

Das Bundesgericht zieht in Erwägung:

1. Bei dem am 14. Juni 1891 stattgehabten Einsturz der
Mönchensteinerbrücke erlitt auch der Kläger, Metzgermeister Jo=
hann Häring=Friedli von Basel, geb. 1847, indem er mit dem
Wagon hinunterstürzte und unter dessen Trümmer zu liegen kam,
verschiedene Verletzungen. Dieselben wurden, nachdem er sich mit
Hülfe eines Bekannten an's Ufer gerettet, sofort verbunden. Die
nach der Heimkunft des Klägers sofort vorgenommene ärztliche
Untersuchung ergab eine 15 Centimeter lange, 2 Centimeter tiefe
Haut= und Muskelwunde an der Hinterseite des rechten Unter=
schenkels, schwere Quetschungen am linken Bein, leichtere Quet=
schungen der Schultergelenke und der rechten Hüfte. Der Physi=
kus, welcher darauf am 17. Juni 1891 Häring amtlich unter=
suchte, prognostizierte eine Arbeitsunfähigkeit von 2—3 Wochen,
wobei jedoch Häring wegen des erlittenen bedeutenden Blutver=
lustes später noch längere Zeit der Schonung bedürfe. Diese
günstige Prognose erwahrte sich nicht, indem der damalige Haus=
arzt des Klägers, Dr. Gönner, am 18. September 1891 be=

richtete, die Verletzungen hätten zu ihrer Heilung mehr als zwei
Monate gebraucht, während welcher Häring völlig arbeitsunfähig
gewesen; nach Heilung derselben aber habe sich bei Häring eine
derartige Störung der Nerventätigkeit bemerkbar gemacht, daß von
Arbeit keine Rede sein könne. Dr. Gönner, welcher diese Erscheinungen als eine Folge des bei der Katastrophe erlittenen
Schreckens ansah und die Diagnose auf traumatische Neurasthenie
stellte, verordnete eine Kur in Brestenberg, nach der er den physi-
schen und psychischen Zustand des Häring erheblich, den Zustand
des Herzens nur etwas, gebessert fand; die Prognose sei zweifelhaft und namentlich ein ungünstiger Einfluß von der Wiederauf-
nahme der Arbeit zu befürchten. Es blieb dies denn in der Tat
nicht aus und der gleiche Arzt berichtet sub 4. Januar 1892,
seit Anfang Dezember gehe es dem Kranken in dem Maße
schlechter, daß er nicht im Stande sei, sein Geschäft zu führen,
baldige Besserung sei nicht zu erwarten. Am 18. Januar 1892
wurde sodann Häring von Prof. Dr. Massini im Beisein von
Dr. Gönner untersucht, wobei ersterer eine hochgradige, eher progressive Muskelschwäche des Herzens konstatierte, die wohl als
Folge der Erschütterung bei der Katastrophe, vielleicht auch durch
direkte Kontusion entstanden sei, ebenso seien die psychischen Erscheinungen, die der Hausarzt beim Kläger konstatiert, Angst,
Aufgeregtheit, Mattigkeit die Folge der bei jenem Anlaß empfun-
denen Affekte, sowie des Bewußtseins der jetzigen körperlichen Insuffizienz und der daherigen Verstimmung. Die Prognose sei sehr
ungünstig; eine restitutio in integrum scheine unmöglich und
bei der zu befürchtenden Zunahme der Insuffizienz des Herzmuskels seien Kompensationsstörungen vorauszusehen, die das Leben
direkt gefährden würden. Professor Massini erachtet das Leiden
Härings als eine direkte Folge der Verletzungen beim Mönchen-
steinerunglück und konstatiert, daß der Kranke vollkommen arbeitsunfähig sei und wohl bleiben werde, falls es überhaupt gelinge,
ihn am Leben zu erhalten. Nachdem sich Häring einer zweiten
Kaltwasserkur unterzogen, bemerkten die gleichen zwei Ärzte am
20. Juli 1892 eine etwelche Besserung des seelischen Zustandes
von Häring, legen aber wieder das Hauptgewicht auf die Erscheinungen des Herzens; es bestehe eine starke Hypertrophie des-

selben mit Degeneration des Herzmuskels und es drohe eine
lebensgefährliche Kompensationsstörung; Arbeit sei unmöglich; von
der frühern Leistungsfähigkeit bleibe kaum ein Fünfteil zurück,
eine erhebliche Besserung sei nicht zu erwarten. Häring sei kaum
im Stande, die Aufsicht über sein Geschäft zu führen. Am Kausalzusammenhang mit dem Mönchensteiner Unglück wird festgehalten. Im August 1892 untersuchte auch der Augenarzt
Dr. Mellinger den Kläger und fand eine beginnende Atrophie
des rechten Sehnerves und eine Herabsetzung des peripheren
Sehens und zwei Dritteile des normalen, als Folge des Unfalles
bei Mönchenstein. Diese ärztlichen Gutachten wurden successive
der Beklagten mitgeteilt, welche den Kläger im Oktober 1891
1200 Fr. und im Februar 1892 5000 Fr. auf Rechnung zukommen ließ. Als der letztere dann eine Entschädigung von
200,000 Fr. forderte, erwiderte die beklagtische Bahngesellschaft
sub 11. November 1892, es sei angesichts der Höhe des geforderten Betrages keine Aussicht auf gütliche Verständigung.
Unterm 30. Januar 1893 reichte nun Kläger beim Basler
Civilgerichte seine Klage ein, womit er unter Abrechnung der
bereits bezogenen 6200 Fr. noch 196,974 Fr. 50 Cts. für Arbeitsunfähigkeit und tort moral forderte. Die Beklagte wandte sich
an Professor Dr. Sahli in Bern, der auf Grund der erwähnten
Gutachten seinerseits am 24. Februar 1893 ein solches „über die
medizinische Auffassung des Falles Häring" abgab. In demselben
wird konstatiert, daß über den Zustand des Herzens vor der
Katastrophe ein Befund nicht vorliegt; unter diesen Umständen
könne die konstatierte Herzkrankheit auch von Gelenkrheumatismus,
anderer Infektionskrankheit oder chronischer Nierenerkrankung herrühren. Gerade die letztere sei bei Metzgern, die im Berufe zu
reichlichem Alkoholgenuß veranlaßt würden, eine häufige Ursache
von Herzkrankheiten. Solche seien dagegen als Folge äußerer Ge-
walteinwirkungen selten und ein erhebliches direktes Trauma der
Herzgegend durch den Physikatsbefund ausgeschlossen. Die größere
Wahrscheinlichkeit spreche für Präexistenz einer latenten Herz-
muskelerkrankung, auch die Korpulenz des Patienten deute darauf
hin. Übrigens sei nicht einmal ein Wahrscheinlichkeitsbeweis für
den Zusammenhang der Krankheit Härings mit dem Unfall er-

bracht. Es ist zu bemerken, daß dieses Gutachten zu Stande
kam, ohne daß dessen Verfasser den Kranken sah. Im Laufe des
civilgerichtlichen Verfahrens wurde Professor Dr. Immermann
als gerichtlicher Experte bestellt. Dessen, nach Besprechung mit
dem frühern Hausarzt Härings, Dr. Oeri, und auf Grund mehrtägiger Beobachtung des Klägers im Spital abgegebenes, Gutachten vom 5. Juni 1893 geht dahin: Häring war vor dem
Unfall ein tüchtiger Geschäftsmann, geistig und körperlich voll
leistungsfähig, dem Alkoholgenuß in keiner Weise nennenswert
ergeben, im Laufe der letzten 10—12 Jahre etwas fettleibig geworden, aber weder herzleidend noch nierenkrank, vielmehr datieren
alle Beschwerden und krankhaften Erscheinungen erst aus der Zeit
nach dem erlittenen Unfall. Die Korpulenz, welche keine unge-
wöhnliche war, bedeutete zwar ein prädisponierendes Moment für
das jetzige Herzleiden; eine hervorragende Bedeutung für die Entstehung des letztern ist aber nicht anzunehmen. Die äußern Verletzungen sind verheilt, traumatische Neurose liegt nicht mehr vor;
dagegen ist Häring schwer herzleidend, was alle seine Krankheitserscheinungen erklärt: Die cyanosische Verfärbung des Körpers,
die hydropische Schwellung der Beine, die Bauchwassersucht, ꝛc.
Alles weist auf eine chronische degenerative Herzmuskelaffektion
hin. Eine Erklärung derselben aus der mäßigen Fettleibigkeit oder
einer Nierenkrankheit ist ausgeschlossen. Die konstatierte Augen-
affektion und die vorhandene Stauungsniere sind Folgen des
Herzleidens. Das Verhältnis des post hoc zwischen Unfall und
Herzleiden ist sicher, aber auch ein propter hoc kaum von der
Hand zu weisen. Die Katastrophe ist Ursache des Herzleidens,
dieses die bleibende Folge des Unfalles. Eine Besserung steht nicht
zu erwarten, eher eine Verschlimmerung. Häring kann praktisch
nicht mehr als Metzger arbeiten, dagegen zur Zeit noch seine
Geschäftsbücher führen. Sein Zustand macht besondere Pflege
nötig. Die Prognose quoad vitam ist eine ungünstige. Soweit
das gerichtliche Gutachten von Professor Dr. Immermann. Vor
Civilgericht Basel reduzierte Kläger am 14. Juli 1893 infolge
Wegfalles des Art. 7 des Eisenbahnhaftpflichtgesetzes seine Forderung auf 145,000 Fr. Es ergingen sodann in Sachen die
sub Fakt. A erwähnten Urteile. Die Begründung des civilge-

richtlichen Urteils, welche das Appellationsgericht zu der seinigen machte, geht im wesentlichen dahin: Häring ist infolge des durch den Unfall erlittenen Herzleidens zum mindesten vom Tage des Gutachtens an dauernd und total arbeitsunfähig und am Leben bedroht; eine Besserung seines Zustandes ist empirisch ausgeschlossen. Die vorhandene Fettleibigkeit ist höchstenfalls als Bedingung, nicht als Ursache des Leidens zu betrachten. Was sodann die Erwerbsfähigkeit Härings nach dem Unfalle betreffe, so habe sich derselbe seit geraumer Zeit im Geschäft kaum nennenswert betätigen können. Für die Zukunft vollends sei diese Betätigung durch seinen sich verschlimmernden Zustand ausgeschlossen, so daß sich, auch angesichts der mangelhaften Gesundheit seiner Frau die Liquidation des Geschäftes aufdringe. Die völlige Arbeitsunfähigkeit des Klägers habe dessen völlige Erwerbsunfähigkeit, wenigstens von der Zeit des Urteils an, zur Folge.

2. Die Kompetenz des Bundesgerichtes ist anerkanntermaßen sowohl mit Bezug auf den Streitwert als auf das zur Anwendung gelangende Recht gegeben.

3. Der auf Art. 5 des Eisenbahnhaftpflichtgesetzes gestützten Klage gegenüber hat die Beklagte ihre Pflicht zum Ersatz der Heilungskosten sowie der Vermögensnachteile, soweit selbe erwiesenermaßen durch sie zu vertreten seien, anerkannt. Es fallen somit für das jetzige Stadium des Rechtsstreites folgende Posten als anerkannt außer Betracht:

| | | | |
|---|---|---|---:|
| Für Kuren in Brestenberg | . . . . . . . . | Fr. | 1057 50 |
| „ Arztrechnungen | . . . . . . . . . | „ | 176 — |
| „ Abwart | . . . . . . . . . | „ | 157 50 |
| „ verdorbene Kleider | . . . . . . . . | „ | 150 — |
| „ Aufenthalt in Pratteln Oktober-November 91 | | „ | 146 — |
| „ Arztrechnung | . . . . . . . . | „ | 170 — |
| „ Spitalkosten | . . . . . . . . | „ | 32 — |
| „ Medikamente | . . . . . . . . | „ | 350 — |
| „ künftige Heilungskosten | . . . . . . . | „ | 5000 — |
| „ Pflegekosten | . . . . . . . . | „ | 157 50 |
| „ eine Magd | . . . . . . . . . | „ | 500 — |

Total Fr. 7896 50

Die Beklagte hat, wenn nicht ihre Entschädigungspflicht für
die dem Häring erwachsenen Vermögensnachteile überhaupt, so
doch die Höhe dieser ihrer Entschädigung auf die Weise herabzu=
mindern gesucht, daß sie, speziell auf Grund des Sahlischen
Gutachtens, die Prädisposition des Häring zu Herzkrankheiten
zu einem förmlichen konkurrierenden Kausalmoment erheben wollte,
sodann den jetzigen Zustand Härings als puncto Erwerbsfähig=
keit keineswegs auf Null reduziert und die von den Vorinstanzen
angenommene Durchschnittsrendite von 10,000 Fr. als überschätzt
darstellte. Nun müssen ihre Angriffe gegen die Existenz des vollen
Kausalzusammenhanges als unzutreffend bezeichnet werden. In der
Tat hat das Urteil des Civilgerichtes, nach eingehender Würdigung
der Gutachten Sahli und Immermann, im Anschluß an letzteres,
welches ihm allein die nötigen Garantien zu bieten schien, alle
Einwendungen gegen den Kausalzusammenhang zwischen dem
Unfalle und dem jetzigen reduzierten Zustande des Klägers ver=
worfen. Dieser Kausalzusammenhang ist daher, nachdem ein Rechts=
irrtum in der Würdigung der in Betracht kommenden Faktoren
nicht nachgewiesen werden konnte, als festgestellt zu betrachten
und hat die Beklagte für den dem Kläger aus dem Unfalle er=
wachsenen Vermögensnachteil allerdings voll einzustehen. Die
Größe dieses Vermögensnachteils bemißt sich nun durch Ver=
gleichung der Erwerbsfähigkeit Härings vor und nach dem Unfall.
Dieselbe aber wird in dessen Einkommen vor und nach dem Un=
falle am klarsten zum Ausdruck gelangen. Was Härings Ein=
kommen vor dem Unfall betrifft, so hat die Beklagte noch heute
gegenüber der an Hand seiner Bücher von den Vorinstanzen an=
genommenen Durchschnittsrendite von 10,000 Fr. per Jahr darauf
hingewiesen, daß Häring nur 4500 Fr. versteuerte und daher
auch nur eine ungefähre Rendite von 4500 Fr. anzunehmen sei.
Offenbar mit Unrecht. Es kann überhaupt, und speziell angesichts
des in Art. 11 des Eisenbahnhaftpflichtgesetzes enthaltenen Prin=
zipes der freien Beweiswürdigung, einem Steueransatz, selbst wenn
er sich auf die Deklaration des Steuerpflichtigen stützen würde,
keineswegs eine über das Gebiet des Steuerwesens in dasjenige
von Civilrecht und Civilprozeß hineinragende Bedeutung zuerkannt
werden ; unter allen Umständen bleibt aber einem etwa aus solchen

Steueransätzen entnommenen Indiz gegenüber die Möglichkeit des prozessualen Gegenbeweises voll und ganz gewahrt. In concreto haben die Vorinstanzen mit Fug annehmen dürfen, daß dem Kläger der Beweis, er habe in Wirklichkeit zu wenig versteuert, gelungen sei. Es ergibt sich aus dem Vorstehenden, daß die Vorinstanzen in Anwendung des eidgenössischen Beweisrechtssatzes des Art. 11 durchaus korrekt verfahren sind. Was sodann die jetzige Erwerbsfähigkeit Härings betrifft, so ergeben Urteil und Akten, daß er sich noch hie und da im Geschäft aufhält, wenn auch sich nicht praktisch als Metzger betätigt; daß er ferner im Stande ist, die Geschäftsbücher zu führen; daß er hie und da Vieh einkauft, wenn auch nur solches, das ihm vor's Haus geführt wird, und bisweilen, wenn auch per Droschke, das Schlachthaus besuchen kann. Hält man damit den Umstand zusammen, daß die Geschäfts- bücher Härings, soweit sie eine Übersicht zu gewähren geeignet sind, einen Rückgang in den Umsatzziffern für erhebliche Beträge nicht aufweisen und Häring in der Tat an eine Aufgabe des Geschäftes nicht zu denken scheint, wenigstens keinen Beweis dafür erbringt, irgendwelche Schritte in dieser Richtung getan zu haben, so muß man allerdings zu dem Schlusse gelangen, daß die Vorinstanzen den Begriff der Erwerbsfähigkeit nicht richtig aufgefaßt, vielmehr wesentliche Faktoren desselben außer Acht ge- lassen haben. In der Tat muß bei aller Bedeutung, welcher im Metzgerberufe der Tätigkeit eines tüchtigen Meisters beizumessen ist, nicht übersehen werden, daß bei einem so gut eingeführten und soliden Geschäfte die Aufsicht des Meisters, ja sogar die bloße Gegenwart desselben im Geschäfte einen bedeutenden Wert dar- stellt und dessen Fortbestehen auch dann ermöglicht, wenn die praktische Betätigung des Meisters durch Inanspruchnahme fremder Arbeitskraft ersetzt werden muß. Daß die Sache sich beim Kläger so verhält, geht aus der Feststellung der Vorinstanz hervor: ist ja das Geschäft des Häring nach Verfluß von mehr als zwei Jahren seit dem Unfalle noch in vollem Betrieb. Unter solchen Umständen läßt sich nicht annehmen, daß die Erwerbsfähigkeit des Klägers auf Null reduziert sei. Dagegen ist eine sehr bedeutende Verminderung auch angesichts der ungünstigen Prognose für die Zukunft allerdings unleugbar. Das Gericht schätzt dieselbe auf

nicht ganz drei Vierteile, die bei der angenommenen Durchschnitts=
rendite von circa 10,000 Fr. einem von der Beklagten zu er=
setzenden Einkommensausfall von circa 7000 Fr. gleichkommt.

Angesichts der ungünstigen Prognose quoad vitam rechtfertigt
sich nun die Zubilligung einer Kapitalentschädigung; beim Alter
des Klägers (46 Jahre) bedürfte es, à 4 % gerechnet, zum Er=
werb einer Jahresrente von 7000 Fr. eines Kapitals von
98,210 Fr. Werden von diesem Betrag, mit Rücksicht auf die
Vorteile der Kapitalabfindung sowie darauf, daß das Leben
durchschnittlich länger ist, als die Erwerbsfähigkeit, 20 % abge=
zogen, so verbleiben noch rund 78,500 Fr. Wenn man sodann
die anerkannten Posten im Betrage von 7896 Fr. 10 Cts. hinzu
addirt und anderseits den bereits bezahlten Betrag von 6200 Fr.
abzieht, so verbleibt als dem Kläger geschuldet Kapitalentschä=
bigung noch rund die Summe von 80,000 Fr. Da der Kläger,
wie erwähnt, frühzeitig, vor der Klage, auf bezügliches Verlangen
Abschlagszahlungen ausgezahlt erhielt, rechtfertigt sich die Ver=
zinsung erst vom Tage der Klage an.

Demnach hat das Bundesgericht

erkannt:

Die Weiterziehung wird dahin für begründet erklärt, daß die
Beklagte zur Zahlung von 80,000 Fr. (achtzigtausend Franken)
an den Kläger verurteilt wird, die vom Tage der Klage (30.
Januar 1893) an zu 5 % verzinslich sind.

––––––––––

## IV. Obligationenrecht. — Droit des obligations.

131. *Arrêt du 20 Octobre 1893 dans la cause Holtz*
*contre « La Préservatriçe. »*

Par jugement du 10 Juin 1893, le tribunal cantonal de
Neuchâtel a prononcé ce qui suit :

« I. Les conclusions de la demande, tendant à ce qu'il
plaise au tribunal :

» 1° condamner la Compagnie « La Préservatrice » à payer au héritiers de feu J.-François Holtz, conformément aux clauses de la police N° 10 700, la somme de 5000 francs ;

» 2° condamner la dite Compagnie à payer aux héritiers susnommés les intérêts moratoires de la somme de 5000 francs au taux de 5 % l'an, dès le jour du décès de l'assuré, soit dès le 27 Décembre 1892 ;

» sont fondées ; celle de la réponse ne l'est pas. En conséquence :

» II. La Compagnie « La Préservatrice » est tenue de payer aux héritiers de François Holtz, conformément aux clauses de la police N° 10 700 :

» a) La somme capitale de 5000 francs.

» b) L'intérêt de cette somme au taux de 5 % l'an dès le 3 Février 1893, date de l'introduction de l'instance (C. p. c. art. 161, 170). »

C'est contre ce jugement que la Compagnie « La Préservatrice » recourt au Tribunal fédéral, concluant à ce qu'il lui plaise le réformer au fond et lui adjuger purement et simplement ses conclusions libératoires.

Les hoirs Holtz ont conclu au rejet du recours et au maintien du jugement attaqué.

*Statuant et considérant :*

*En fait :*

1° Le 10 Novembre 1892 Samuel Holtz, professeur à Neuchâtel, a souscrit sur la tête de son cousin, François Holtz, auprès de la Compagnie « La Préservatrice » une police N° 10 700 par laquelle la Compagnie s'est obligée, moyennant une prime de 35 francs, à payer un capital de 5000 francs en cas d'accident atteignant F. Holtz et ayant entraîné la mort de ce dernier.

Dans le chapitre de la police « Déclarations du contractant, » ce dernier déclarait :

sous chiffre 4 : que la profession de l'assuré était celle de jardinier ;

sous chiffre 5 : que les occupations habituelles de l'assuré étaient celles d'un jardinier, et sous chiffre 6 : que l'assuré travaillait comme jardinier chez M. Fritz Hammer, à Neuchâtel.

Le contractant déclarait, en outre, après avoir lu attentivement les réponses susénoncées, qu'elles étaient conformes à la vérité, et qu'il n'avait rien caché qui puisse induire la Compagnie en erreur sur sa décision à l'égard de l'assurance en question.

Le 26 Décembre 1892 François Holtz, alors au service de Fritz Hammer, entrepreneur à Neuchâtel, était occupé à étendre des escarbilles pour garnir les entrepoutres au 3me étage d'une maison en construction à Neuchâtel. Travaillant avec un râteau et marchant en arrière, il tomba dans une ouverture réservée pour la cage de l'escalier. Relevé sans connaissance, on constata une fracture de la base du crâne, à la suite de laquelle il mourut le lendemain à 4 heures du matin.

Le même jour Samuel Holtz se rendit au bureau de la Compagnie à Neuchâtel pour l'informer du décès de son assuré. Là il apprit du mandataire général de « La Préservatrice » que François Holtz était au bénéfice d'une assurance collective contractée par Fritz Hammer sous N° 7462 auprès de la même Compagnie. En effet par police collective du 10 Juin 1890 M. Fritz Hammer avait assuré, auprès de la même Compagnie, dix ouvriers occupés par lui à des travaux de maçonnerie et de bâtiment, pour une somme correspondant pour chacun d'eux à 6 fois le montant du salaire annuel, sans que ce maximum puisse excéder la somme de 6000 francs. L'ouvrier François Holtz était compris dans ce nombre des assurés, et le jour même de l'accident M. Fritz Hammer faisait à la Compagnie la déclaration du sinistre, en conformité de la disposition de l'art. 9 de la police d'assurance.

A la même occasion le mandataire de la Compagnie a déclaré à M. Samuel Holtz qu'en aucun cas la Compagnie ne payerait à la fois les 6000 francs en vertu de la police collective, et 5000 francs en vertu de la police individuelle.

Le 3 Janvier 1893 M. Samuel Holtz et dame veuve François Holtz, par l'intermédiaire de l'avocat Ohnstein, à Colombier, sommait la Compagnie de payer, dans un délai de 7 jours, la somme de 5000 francs due en vertu de la police individuelle, faute de quoi une action juridique serait ouverte contre elle à dater du 10 du même mois.

La Compagnie répondit, le 6 Janvier 1893, par une lettre de la teneur suivante :

« Nous avons l'honneur de vous informer que notre Compagnie a le regret, en raison des circonstances qui ont amené la mort de François Holtz, de décliner toute garantie en vertu des conditions générales de la police N° 10 700 du 10 Novembre 1892. »

Le 14 Janvier 1893, la Compagnie d'assurance payait en main de dame Louise Holtz, agissant tant en son nom personnel qu'en sa qualité de tutrice légale de ses enfants mineurs, et de demoiselle Marie Holtz, la somme de 6000 fr., à titre d'indemnité définitive et sans réserves, pour toutes les conséquences de l'accident qui avait entraîné la mort de François Holtz, moyennant une quittance de la teneur suivante :

« Nous déclarons avoir reçu ce jour de la Compagnie « La Préservatrice » la somme de 6000 francs à titre d'indemnité définitive et sans réserves pour toutes les conséquences de l'accident mortel dont a été atteint François Holtz le 26 Décembre 1892 ; moyennant le paiement de cette somme de 6000 francs, nous déclarons donner décharge entière et définitive à l'occasion de ce sinistre et renoncer à tout recours, actions ou réclamations ultérieures, soit contre M. Fritz Hammer, soit contre « La Préservatrice » ou tous autres, du chef de l'accident précité. »

La même pièce est signée aussi par M. Fritz Hammer, lequel déclare « donner également quittance définitive et sous réserve à « La Préservatrice » du chef de l'accident mortel survenu le 26 Décembre 1892 au nommé François Holtz, lequel était employé chez moi en qualité de manœuvre, et assuré sous police collective N° 7462. »

Le 31 Janvier 1893 Samuel Holtz, professeur à Neuchâtel, dame veuve de François Holtz, agissant en qualité de tutrice légale de ses 4 enfants mineurs, et demoiselle Sophie-Marie Holtz, ont ouvert à la Compagnie « La Préservatrice » une action civile, dont les conclusions ont été plus haut relatées.

La Compagnie ayant conclu à libération, le tribunal cantonal de Neuchâtel a prononcé ainsi qu'il a été dit ci-dessus.

Sur recours de la Compagnie au Tribunal fédéral, les parties ont pris les conclusions susmentionnées.

*En droit :*

2° En présence du contrat d'assurance du 10 Novembre 1892 susmentionné, ainsi que de l'accident mortel qui a frappé l'assuré François Holtz, les héritiers de la victime sont évidemment bien fondés à réclamer la somme assurée, à moins que la Compagnie ne puisse faire valoir des moyens libératoires de nature à l'exonérer de son obligation.

C'est ce qu'elle a tenté en effet, en soutenant, d'une part, que la police d'assurance susvisée était nulle, et, d'autre part, qu'elle avait déjà obtenu quittance entière, définitive et sans réserve pour toutes les conséquences de l'accident auquel François Holtz a succombé.

3° A l'appui du premier de ces moyens libératoires, la Compagnie fait valoir que le contrat, à teneur de la police, a été souscrit sur la foi des déclarations du contractant, que l'art. 14, al. 2 des conditions générales stipule que « la profession, les occupations habituelles et l'état physique de l'assuré, constatés d'après les déclarations du contractant, déterminent l'acceptation ou le rejet de l'assurance et dans le premier cas la fixation de la prime, » et que « toute réticence, toute fausse déclaration dans les réponses ci-après, de nature à induire la Compagnie en erreur, annulent l'assurance. » Or dans le chapitre de la police intitulé « Déclarations du contractant » Samuel Holtz a affirmé que la profession de l'assuré est celle de jardinier, que les occupations habituelles de l'assuré sont celles d'un jardiner, et qu'il était employé comme jardinier chez M. Fritz Hammer, et ces déclarations ont servi de base à l'acceptation de l'assurance et à la fixation de la somme. Et pourtant, en fait, F. Holtz, au lieu d'être jardinier, était manœuvre ; l'accident est survenu alors qu'il travaillait comme manœuvre dans une maison en construction ; il était assuré comme tel — dans la police N° 7462, contractée par M. Fritz Hammer au profit « de ses salariés occupés à des travaux de maçonnerie pour la construction du bâtiment. » Dans la notification du sinistre, F. Holtz a été qualifié de manœuvre. Les réponses données par le contractant aux questions contenues dans la police étaient donc fausses, ce qui entraîne, toujours d'après la Compagnie, la nullité du contrat aux termes de l'art. 14 précité ; ces fausses déclarations ont eu pour effet de surprendre la bonne foi de la Compagnie, qui a assuré un jardinier, et ne peut être tenue de supporter les conséquences d'une aggravation de risque à laquelle elle n'a pas consenti.

Toute l'argumentation de la Compagnie repose donc sur l'allégation que la déclaration relative à la profession et aux occupations habituelles de François Holtz est contraire à la vérité, ce qui autorise la recourante à conclure à la nullité du contrat.

4° La question de savoir si cette nullité doit être admise de ce chef dépend donc uniquement de la fausseté de la déclaration de la police, et ce point se trouve résolu expressément en fait par le jugement cantonal, lequel déclare que les preuves intervenues en la cause permettent de tenir pour constant que François Holtz était incontestablement jardinier de son état. Il résulte également implicitement du jugement cantonal que les occupations habituelles de la victime étaient celles d'un jardinier ; ce jugement constate, en effet, que François Holtz avait fait un apprentissage de jardinier chez M. Ch. Ulrich, à Neuchâtel, de 1861 à 1863; qu'il était entré en 1877 comme jardinier au service de Fritz Hammer ; que ce dernier, ne pouvant l'employer au jardin en hiver, l'occupait alors à toute espèce de travaux, comme par exemple à réparer des outils, fabriquer des caisses à fleurs, défoncer des vignes, surveiller des chantiers, etc. ; que la veille de l'accident Holtz avait encore travaillé à l'établissement d'un jardin, et que le matin même de l'accident il en avait défoncé un autre. La

déposition concordante de nombreux témoins établit de même
que Holtz était jardinier et que l'exercice de cette profession
constituait son occupation habituelle.

En présence de ces constatations, la thèse de la recourante,
aux termes de laquelle le contractant aurait induit en erreur
la Compagnie touchant la profession et l'occupation habituelle
de la victime de l'accident, doit être repoussée comme dé-
pourvue de fondement, ainsi que le moyen tendant à faire
prononcer la nullité du contrat en application de l'art. 14,
dernier alinéa, des conditions générales de la police. La
circonstance que l'assuré Holtz a été indiqué comme chef-
manœuvre dans le contrat d'assurance collective N° 7462
passé par Fritz Hammer avec la Compagnie, n'est point décisive à cet égard, puisque le seul contrat d'assurance individuelle N° 10 700 est actuellement en cause.

5° En ce qui concerne le moyen de libération tiré de la
quittance du 14 Janvier 1893, par laquelle les hoirs Holtz,
ainsi que Fritz Hammer, déclarent « donner décharge entière
et définitive à l'occasion du sinistre, et renoncer à toute action
ou réclamation ultérieure du chef de l'accident précité, » il
faut reconnaître que les termes dans lesquels cette quittance
est conçue suggèrent d'abord la conviction qu'ils avaient pour
but de libérer la Compagnie de toutes ses obligations, découlant de l'une et de l'autre police.

Le tribunal cantonal a toutefois admis comme hors de
doute que cette quittance concerne uniquement la police collective, et cette constatation de l'intention de la partie qui a
donné la dite quittance doit être considérée comme une solution de fait liant le Tribunal fédéral, en tant du moins qu'elle
ne va pas à l'encontre des règles posées par la loi en matière
d'interprétation. Or tel n'est point le cas dans l'espèce, puisque le tribunal de Neuchâtel appuie cette solution sur diverses
circonstances, telles que la concordance entre la somme assurée par la police collective et la somme payée, l'indication
du numéro de cette police dans la quittance et l'intervention
de M. Fritz Hammer comme contractant, et que, dans cette
situation, la conclusion à laquelle sont arrivés les premiers

juges n'apparaîtrait en tout cas pas comme entachée d'une erreur de droit. Le Tribunal fédéral demeure donc lié par la constatation expresse du tribunal cantonal, aux termes de laquelle dame Holtz et sa fille, en signant la quittance en question, ont entendu uniquement acquitter la police N° 7462 et nullement libérer la Compagnie du payement de la somme assurée par la police individuelle N° 10 700. Le recours ne saurait donc être accueilli.

Par ces motifs,

Le Tribunal fédéral

prononce :

Le recours est écarté, et l'arrêt rendu entre parties par le tribunal cantonal de Neuchâtel, le 10 Juin 1893, est maintenu tant au fond que sur les dépens.

---

### 132. Urteil vom 27. Oktober 1893 in Sachen Donzé gegen Schmid, Bregger & Cie.

A. Durch Urteil vom 26. Mai 1893 hat das das Obergericht des Kantons Solothurn erkannt: Die Beklagten sind gehalten:

I. Über die im Jahre 1889 zwischen den Parteien vereinbarte Auseinandersetzung im Wege der Liquidation Rechnung zu stellen und zwar:

a. Ein vollständiges Verzeichnis aller Forderungen, die sie vom Kläger vor dem unterm 12. November 1885 abgeschlossenen Vertrage zur Einkassierung erhielten, vorzulegen und sich über die Verwendung der auf diese Weise eingezogenen Gelder auszuweisen.

b. Ein vollständiges Verzeichnis aller Forderungen einzureichen, die ihnen zu demselben Zwecke vom 12. November 1885 bis 8. November 1889 vom Kläger überwiesen worden sind, und sich über die Verwendung der einkassierten Gelder auszuweisen.

c. Über die seit dem 8. November 1889 liquidierten Geschäfte Rechnung abzulegen, eine Aufstellung der Forderungen zu ver-

anstalten und Ausweis über die einkassierten Beträge zu er=
bringen.

II. Die noch unerledigten Geschäfte sofort zu liquidieren und
die noch ausstehenden Guthaben des Klägers einzuziehen.

B. Gegen dieses Urteil erklärte der Vertreter der Beklagten
am 15. Juni 1893 die Weiterziehung an das Bundesgericht und
beantragte in der heutigen Verhandlung Aufhebung desselben und
Abweisung der Klage, eventuell, es möge bloß erkannt werden,
daß die Beklagten gehalten seien, die Bücher vorzulegen, daß aber
davon abgesehen werde, dem Kläger die Rechtsbegehren a, b und c
zuzusprechen.

Der Vertreter des Klägers dagegen beantragte, demselben in
Bestätigung des obergerichtlichen Urteils die sub I und II ge=
nannten Begehren zuzusprechen.

Das Bundesgericht zieht in Erwägung:

1. Vor dem 12. November 1885 bestand zwischen den Parteien
ein mündliches Übereinkommen, wonach die Beklagte, deren Firma
damals noch Schmid, Beringer & Cie. lautete, dem Kläger sämmt=
liche Nähmaschinen lieferte, welche derselbe in der französischen
Schweiz verkaufte; die Beklagte besorgte den Einzug der For=
derungen an die einzelnen Kunden Donzé's, und zu diesem Zweck
übergab letzterer der ersteren die sämmtlichen Wechsel, Anweisun=
gen 2c. auf die Kunden, welche sie als Deckung behielt. Am
12. November 1885 wurde das Rechtsverhältnis zwischen den
Parteien durch schriftlichen Vertrag festgestellt, wonach J. Donzé
sein Bureau im Hause der Beklagten in Solothurn eröffnete und
dort seine Geschäftsbücher deponierte; ferner war bestimmt:
„Schmid, Beringer & Cie. sind einzig berechtigt, im Namen und
„auf Rechnung des Jules Donzé dessen ausstehende Forderungen
„einzuziehen, dieselben haben vor allen andern Kreditoren auf
„sämmtliche aus den Büchern Donzé's resultierende Aktivposten
„ein Vorzugsrecht, zu diesem Behufe cediert Donzé dem Hause
„Schmid, Beringer & Cie. seine sämmtlichen Forderungsansprachen
„bis zur Höhe seiner Verbindlichkeit gegenüber letzterer Firma.
„Sämmtliche Inkassi gehören also der Firma Schmid, Beringer
„& Cie. und werden von dieser erhoben bis zur Deckung ihrer
„eigenen Forderungsansprachen. Sollte das Vertragsverhältnis

„zwischen den Litiganten aufgehoben werden, so darf Donzé weder
„seine Geschäftsbücher noch seine Wertpapiere zurückziehen, bis
„die Liquidation durch die Firma Schmid, Beringer & Cie. in
„Solothurn und Freiburg ganz beendigt ist. Diese Firma behält
„sich vor allen andern Kreditoren das Recht vor, sich für ihre
„ausstehenden Forderungen durch das Netto=Produkt der Liqui=
„dation Deckung zu verschaffen. Ist die Liquidation gänzlich
„durchgeführt und erzeigt sich ein Überschuß nach vollständiger
„Deckung der Forderungsansprachen der Firma Schmid, Beringer
„& Cie., so wird derselbe an Donzé ausbezahlt und demselben
„seine Geschäftsbücher aushingegeben. Donzé steht natürlich das
„Recht zu, den ganzen Geschäftsgang zu prüfen und die Ge=
„schäftsbücher zu kontrollieren. Während der Liquidation wird
„Donzé von der Firma Schmid, Beringer & Cie. wöchentlich
„der Betrag von 25 Fr. für Haushaltungskosten ausbezahlt."

2. Am 8. November 1889 wurde dann ein neuer Vertrag
abgeschlossen, in welchem derjenige vom 12. November 1885 für
aufgehoben und nur noch für die Liquidation der alten Geschäfts=
bücher gültig erklärt wird; im weitern ist darin bestimmt:

„Die zukünftig von Jules Donzé abgeschlossenen Geschäfte
„haben keinen Bezug mehr auf die Firma Schmid, Beringer & Cie.
„Jules Donzé verzichtet auf die Auszahlung von wöchentlich
„25 Fr., welche im Vertrage vom 12. November 1885 vorge=
„sehen waren. Bis zur Durchführung der Liquidation verpflichtet
„sich Donzé im Bureau in Solothurn wenigstens alle 3 Monate
„zu erscheinen, um über die schlechten Zahler die notwendige
„Auskunft zu erteilen. Derselbe hat seine jeweilige Ankunft 3 Tage
„zum voraus anzuzeigen."

3. Kläger stellte nun vor Bezirksgericht Solothurn die im
oben angeführten Urteil des Obergerichtes gutgeheißenen Rechts=
begehren, welchen noch beigefügt war das an die Beklagte gestellte
Begehren: „III. Einen förmlichen Rechnungsabschluß vorzulegen,
„aus dem der Stand der Aktiven und Passiven, sowie das auf
„den Zeitpunkt des Rechnungsabschlusses berechnete Guthaben des
„Klägers ersichtlich ist." Auf dieses letztere Begehren ist das
solothurnische Obergericht nicht eingetreten, indem es fand, es sei
bereits in dem sub I enthaltenen Begehren inbegriffen, und der

Kläger hat sich damit in seinem heutigen Vortrage einverstanden erklärt.

Zur Begründung seiner Klage führte der Kläger im wesentlichen an, nach den genannten Verträgen habe die Beklagte das Inkasso seiner Guthaben zu besorgen gehabt und auch besorgt; diese Guthaben übersteigen die Forderung der Beklagten an ihn, allein die letztere weigere sich, ihm Rechnung zu stellen und ohne diese Rechnungstellung könne er den Betrag seiner Mehrforderung nicht beziffern.

Die Beklagte wendet ein, sie habe dem Kläger immer Auszüge aus den Büchern gegeben; diese letzteren seien übrigens durch den Prokuristen des Klägers geführt worden, und ergeben nicht nur keinen Saldo zu dessen Gunsten, der Prokurist Merz habe vielmehr seine Buchhaltung mit einem Saldo zu Gunsten der Beklagten mit 3582 Fr. 70 Cts. angefangen. Im Vertrage vom Jahre 1885 und 1889 sei zur Liquidation die Mithülfe des Klägers vorgesehen, ohne welche dieselbe nicht möglich sei, der Kläger habe aber dieser Verpflichtung nicht nachgelebt; überhaupt sei es der Beklagten nicht möglich, der Rechnungsstellung in der Art, wie sie verlangt worden, zu genügen; sie sei dagegen eventuell bereit, „das komplizierte Rechnungsverhältnis durch Sachkundige auf Kosten des Klägers feststellen zu lassen."

4. Bezüglich des Streitwertes erhebt sich die Frage, ob das Bundesgericht zur Beurteilung des vorliegenden Prozesses kompetent sei; aus den Rechtsbegehren ist die Höhe desselben nicht ersichtlich und die Parteien haben auch sonst keine diesbezüglichen Angaben gemacht. Mit Rücksicht darauf, daß dasselbe in Klagen auf Rechnungsstellung naturgemäß nicht genau bezifferbar ist, und daß hier allerdings das Rechnungsverhältnis sich auf einen ziemlich ausgedehnten Verkehr und auf eine längere Reihe von Jahren erstreckt und beidseitig als ein besonders kompliziertes dargestellt wird, und in Anbetracht, daß von keiner Seite eine Bestreitung der Kompetenz erfolgte, so darf die letztere im vorliegenden Falle unbedenklich als gegeben betrachtet werden.

5. In der Hauptsache ist zu prüfen, ob die Beklagte überhaupt zur Rechnungsstellung verhalten werden kann, und wenn ja, ob diese in dem vom Kläger begehrten Umfange geschehen müsse.

Grundsätzlich ist die Pflicht zur Rechnungsstellung gegeben, wo Jemand die Geschäfte eines andern führt, bezüglich des Mandates wird dieselbe in Art. 398 O.=R. ausdrücklich sanktioniert. Dieser Fall liegt hier zweifellos vor. Der Kläger hat die Beklagte beauftragt, den Kaufpreis der von ihm verkauften Nähmaschinen einzuziehen und ihm den Mehrbetrag über den von ihm an die Beklagte zu entrichtenden Kaufpreis hinaus gutzuschreiben. Dieses Mandat des Klägers an die Beklagte ist festgestellt durch das mündliche Übereinkommen, wonach die Beklagte für den Kläger den Kaufpreis einzuziehen hatte, sodann durch den Vertrag vom 12. November 1885, worin Schmid, Beringer & Cie. einzig berechtigt sind, im Namen und auf Rechnung Donzé's dessen ausstehende Forderungen einzuziehen, und endlich durch den Vertrag vom 8. November 1889, welcher zwar denjenigen vom 12. November 1885 aufhebt, aber doch für die Liquidation der Geschäftsbücher noch weiter als gültig erklärt. Daß dieses Mandat auch wirklich ausgeführt worden sei, ist nicht bestritten; die Beklagte gibt zu, vom Kläger für ihre Kaufpreisforderungen Deckungen erhalten zu haben.

Dagegen macht dieselbe zwei Einwendungen, welche die Pflicht zur Rechnungsstellung aufheben sollen. Die erste geht dahin, die Beklagte sei gar nicht im Stande, die geforderte Rechnung abzulegen, und zwar durch Verschulden des Klägers selbst, indem er nicht die nötige Mithülfe geleistet habe; es wird also die Einrede des nicht erfüllten Vertrages erhoben; allein es ist festgestellt, daß der Kläger keine weitere Verpflichtung in dieser Richtung hatte, als vom 8. November 1889 an wenigstens alle 3 Monate, unter vorgängiger Anzeige, im Bureau in Solothurn zu erscheinen, um über die schlechten Zahler Auskunft zu erteilen. Die Beklagte hat nun nicht dargetan, wie so die Nichterfüllung dieser Obliegenheit es ihr verunmöglichen sollte, die nötige Rechnung abzulegen, und es ist ein solcher Kausalzusammenhang in der Tat auch nicht einzusehen. Wenn die Beklagte vorschlägt, die Rechnungsstellung auf Kosten des Klägers durch Experten vornehmen zu lassen, so gibt sie ja damit ausdrücklich die Möglichkeit der Rechnungsstellung zu; daß dieselbe, wie sie sagt, kompliziert ist, fällt natürlich rechtlich nicht in Betracht. Ferner behauptete die Beklagte, die Rechnung nicht stellen zu können, weil von 1885 bis 1889 ein Prokurist des Klägers die Bücher geführt habe; dagegen hat jedoch die Vorinstanz in für das Bundesgericht bindender Weise festgestellt, daß der die Bücher führende Prokurist Angestellter der Beklagten war; es fällt also auch dieser Einwand dahin.

6. In zweiter Linie machte die Beklagte geltend, sie habe ihrer Verpflichtnng zur Rechnungsstellung durch Übermittlung von Buchauszügen an den Kläger genügt. Diese Einrede ist von der Vorinstanz nicht geprüft worden. Es ergibt sich aus den Alten in faktischer Beziehung allerdings, daß der Kläger öfters Rechnungsauszüge erhalten hat; wie dieselben aber beschaffen waren, wird nicht mitgeteilt; namentlich hat die Beklagte nicht dartun können, daß dem Kläger ein Verzeichnis der Eingänge übermittelt worden sei, und doch muß gesagt werden, daß das Hauptinteresse des Klägers gerade im Besitze einer solchen Aufstellung liegt, aus welcher er das Resultat seiner Geschäfte ziehen kann. Sobann kann daraus, daß dem Kläger die Einsicht in die Bücher offen stand, nicht gefolgert werden, die Rechnungsstellung sei überflüssig geworden. Die Beklagte bezeichnete das Rechnungsverhältnis selbst als ein kompliziertes, nur durch Sachverständige darzulegendes, die bloße Vorlage der Bücher genügt also im vorliegenden Falle nicht.

7. Was schließlich den Umfang der Rechnungspflicht anbelangt, so ist noch die Frage zu erörtern, ob die Beklagte auch zur Vorlage der Belege zu den einzelnen Rechnungsposten anzuhalten sei. Diese Frage ist in Doktrin und Praxis kontrovers; während nach der ältern gemeinrechtlichen Theorie (siehe Glück, Kommentar, V, S. 376 und Mühlenbruch, Pandekten, I, § 133), die Vorlage der Belege sich als unerläßlicher Bestandteil der Rechnungsablage darstellt, ist dieselbe nach anderer Ansicht gar nicht nötig (vergl. Klewitz, Verpflichtung zur Rechnungsstellung, § 8, Note 1). Entscheidend ist das Interesse des Rechnungsherrn. Bezüglich der Einnahmeposten, und um solche handelt es sich im vorliegenden Falle, ist ein solches Interesse nun zweifellos vorhanden; der Rechnungsherr muß kontrollieren können, ob der Rechnungsführer die Einnahmen in vollem Umfange gebucht habe, und diese Kontrolle wird nur ermöglicht

burch bie vollſtändige Vorlage ber Belege. (Vergl. Bähr, Ver=
pflichtung zur Rechnungsablage, Jahrbücher für Dog=
matik XIII, S. 273.) Hiemit iſt benn auch bas eventuelle Rechts=
begehren ber Rekurrenten, die Rechnungspflicht auf bie Vorlage
ber Bücher zu beſchränken, in verneinenbem Sinne beantwortet.

Demnach hat bas Bunbesgericht
erkannt:

Die Weiterziehung der Beklagten wird als nicht begründet
erklärt.

---

### 133. Urteil vom 28. Oktober 1893 in Sachen Reſpinger gegen Maſſakuratel ber Allgemeinen Krebitbank.

A. Durch Urteil vom 3. Juli 1893 hat bas Appellationsge=
richt des Kantons Baſelſtabt erkannt: Es wird bas erſtinſtanzliche
Urteil beſtätigt. Appellantin trägt ordentliche unb außerordentliche
Koſten ber zweiten Inſtanz mit einer Urteilsgebühr von 60 Fr.
Das beſtätigte Urteil bes Civilgerichtes lautet: Die Beklagte wird
mit ihrer im Konkurſe bes Friedrich Reſpinger geltenb gemachten
Forberung von 21,593 Fr. 65 Cts. abgewieſen. Die vom Kon=
kursamte am 30. Juli 1892 aufgeſtellte Kollokation iſt bahin
abzuänbern, baß dieſe Forberung ber Beklagten nicht aufgenom=
men wirb.

B. Gegen bas erſtgenannte Urteil ergriff bie beklagte Maſſa=
kuratel ber Allgemeinen Krebitbank den Weiterzug an bas
Bunbesgericht. Bei ber heutigen Verhandlung beantragt ihr An=
walt: Es ſei in Aufhebung bes appellationsgerichtlichen Urteiles
bas Begehren ber Klagepartei auf Ausſchluß ber Beklagten aus
ber Kollokation Reſpinger gänzlich abzuweiſen. Eventuell ſei bas
Klagebegehren abzuweiſen bezüglich bes in ber Forberung ber All=
gemeinen Krebitbank enthaltenen Poſtens vom 19. Mai 1891,
5318 Fr. 10 Cts. Agio unb Einzahlung auf 10 neuen Lebens=
mittelaktien.

Der Anwalt bes Klägers beantragt Beſtätigung bes appella=
tionsgerichtlichen Urteils.

Das Bundesgericht zieht in Erwägung:

1. Leonhard Friedrich Respinger=Albury, ein Angestellter ohne
erhebliches Vermögen und mit einem Jahresgehalt von 6000 Fr.
trat, nachdem er bereits bei andern Bankinstituten sich in Börsen=
geschäfte für erhebliche Beträge eingelassen hatte, im Mai 1891
zwecks Börsenspekulation in Geschäftsbeziehungen mit der Allge=
meinen Kreditbank in Basel, bei welcher er bei diesem Anlaß
11,500 Fr. in guten Wertpapieren hinterlegte. Die in der Folge
während der Monate Mai bis November 1891 von Respinger
mit Hülfe der Kreditbank abgeschlossenen Geschäfte lassen sich der
äußern Form nach in zwei Kategorien einteilen, nämlich in di=
rekte Käufe und Verkäufe und in Aufträge an die Bank zum
Kauf und Verkauf von Börsenpapieren. Die Liquidationsrech=
nungen, welche die ersterwähnten Geschäfte umfassen, enthalten
folgende monatliche Umsätze: 1891, Juni 90,553 Fr.; Juli
131,820 Fr. 90 Cts.; August 36,432 Fr. 05 Cts.; September
97,449 Fr. 55 Cts.; Oktober 97,355 Fr. 80 Cts.; November
64,449 Fr. Der bei diesen Liquidationsrechnungen sich ergebende
Saldo war pro Ende Juni 2153 Fr. 90 Cts.; Ende August
615 Fr. 70 Cts.; Ende September 3541 Fr. 35 Cts.; Ende
Oktober 2570 Fr. 30 Cts.; Ende Novemberr 26,383 Fr. 40 Cts.;
zusammen 35,264 Fr. 65 Cts. Gesammtverlust, dem ein pro
Ende Juli erzielter Gewinnsaldo Respingers von 8656 Fr. 20 Cts.
gegenübersteht. Hinsichtlich der in Form von Kaufs= und Ver=
kaufsaufträgen abgeschlossenen Operationen, ergibt der Konto=
korrent, daß im Mai 1891 für circa 134,000 Fr. Titel gekauft,
für circa 130,000 Fr. verkauft, im Juni für circa 110,000 Fr.
gekauft, und für circa 53,000 Fr. verkauft wurden. Der Ab=
schluß solcher Geschäfte wurde jeweilen dem Respinger mitgeteilt,
der dann durch Ausfüllung und Unterzeichnung eigener Formulare
von dem auf seine Rechnung abgeschlossenen Kauf oder Verkauf
Vormerkung genommen zu haben bezeugte. Während der weitaus
überwiegende Teil obgenannter Geschäfte sich als Termingeschäfte
auf ultimo darstellt, erscheint im Kontokorrentauszug neben eini=
gen anderen Einträgen, die Comptantgeschäfte in Lebensmittel=
aktien darzustellen scheinen, vor allem auch sub 19. Mai 1891
der folgende: Agio und erste Einzahlung 10 neue Lebensmittel

5318 Fr. 10 Cts. Da im Laufe des November die Position
Respingers der Kreditbank zu stark belastet erschien, forderte sie
ihn zur Verstärkung seiner Hinterlage auf. Da dieselbe nicht er=
folgte, liquidierte die Bank die Position Respingers und veräußerte
die hinterlegten Wertschriften. Am 8. Dezember 1891 wurde so=
dann über Friedrich Respinger=Albury der Konkurs eröffnet, in
welchem die Rekurrentin eine Forderung von 21,593 Fr. 65 Cts.
anmeldete. Nachdem dieselbe zuerst von der Konkursbehörde als
Spielschuld nicht anerkannt und die Kollokation abgelehnt worden,
entschloß sich in der Folge die gleiche Behörde, auf eingereichte
Klage hin, fragliche Forderung doch anzuerkennen und in die
Kollokation aufzunehmen. Dagegen erhoben die heutigen Rekurs=
beklagten, Vormünder des inzwischen zu einer Zuchthausstrafe
verurteilten Respinger=Albury, innert nützlicher Frist Einsprache
und sodann gerichtliche Klage, welche zu den genannten Urteilen
und zur heutigen Weiterziehung führte, nachdem vorerst durch
Zwischenurteil des Appellationsgerichtes des Kantons Baselstadt
gegenüber einem Erkenntnis des Civilgerichtes dahin entschieden
worden war, die Anerkennung der Forderung seitens der Kon=
kursbehörde begründe nicht die Einrede der abgeurteilten Sache
und enthebe daher das Civilgericht nicht der Pflicht zum mate=
riellen Eintreten.

2. Auf eine Überprüfung der Frage, ob die Anerkennung und
Kollokation der streitigen Forderung durch die Konkursbehörde
für Gemeinschuldner und Massagläubiger bindend gewesen und die
Einrede des gerichtlichen Geständnisses resp. der abgeurteilten Sache
begründe, kann, da in casu mit Recht kantonales Konkursrecht
zur Anwendung gekommen, hierorts nicht eingetreten werden. Es
haben denn auch die Parteien diesbezüglich Anträge vor Bundes=
gericht nicht gestellt.

3. In Bezug auf die Frage, ob die Forderung der Beklagten
zu Recht bestehe, oder aber durch die Einrede des Spiels ent=
kräftet sei, sind die Voraussetzungen der bundesgerichtlichen Kom=
petenz unzweifelhaft gegeben; insbesondere ist, wie nicht bestritten,
der gesetzliche Streitwert gegeben. Für die Bestimmung des letz=
teren ist, da es sich um Feststellung der Forderung nicht nur
gegenüber der jetzigen Konkursmasse, sondern auch gegenüber

dem Falliten persönlich handelt, jedenfalls nicht der Betrag der im Konkurs zur Ausrichtung gelangenden Dividende, sondern der Nominalwert der Forderung maßgebend.

4. In grundsätzlicher Beziehung hat nun das Bundesgericht in konstanter Praxis sich dahin ausgesprochen, daß das Kriterium des klaglosen reinen Differenzgeschäftes darin zu suchen ist, daß die Parteien ausdrücklich oder stillschweigend durch übereinstimmenden Vertragswillen Recht und Pflicht wirklicher Lieferung und Abnahme ausschließen wollen, so daß Vertragsgegenstand bloß die Kursdifferenz ist. Auf diesen Parteiwillen darf, wie das Bundesgericht in seiner Entscheidung in Sachen Bernische Bodenkreditanstalt gegen Kernen (Amtliche Sammlung XVIII, S. 863) ausgesprochen hat, namentlich auch dann geschlossen werden, wenn zwischen der ökonomischen Lage eines Spekulanten und der Bedeutung der Börsengeschäfte desselben ein derartiges Mißverhältniß besteht, daß der Spekulant an Übernahme einer Pflicht zur Realerfüllung vernünftigerweise gar nicht denken kann und dieses Mißverhältnis seinem Mitkontrahenten bekannt ist. An dieser Praxis ist festzuhalten. Nun stellt das Appellationsgericht fest, es könne absolut kein Zweifel bestehen, daß die Allgemeine Kreditbank volle Kenntniß von dem Mißverhältnis des Vermögens und des Erwerbes Respingers zu dem Umfang der von ihm abgeschlossenen Spekulationsgeschäfte und davon hatte , daß dessen Finanzlage der reellen Erfüllung so umfangreicher Operationen nicht gewachsen sei. Daraus zieht das Appellationsgericht den Schluß, daß durch stillschweigende Willenseinigung in concreto Recht und Pflicht wirklicher Lieferung und Abnahme ausgeschlossen worden sei und somit ein klagloses reines Differenzgeschäft vorliege. Diese Schlußfolgerung beruht auf keinem Rechtsirrtum ; sie geht von der richtigen Auffassung des Begriffes des reinen Differenzgeschäftes aus und begründet die Annahme des stillschweigenden vertraglichen Ausschlusses von Recht und Pflicht der Effektiverfüllung in rechtlich zulässiger Weise. Es muß daher dem appellationsgerichtlichen Urteile grundsätzlich beigepflichtet werden. Ein Rechtsirrtum liegt nämlich auch nicht etwa darin, daß die kantonalen Gerichte diejenigen Geschäfte, bei welchen die beklagte Kreditbank als Kommissionär tätig war, hinsichtlich der Spieleinrede auf die gleiche Linie mit den direkten Käufen und Ver-

käufen gestellt haben. Es kann dafür kurz auf die Erwägungen in Sachen Bernische Bodenkreditanstalt gegen Kernen verwiesen werden, wonach der Kommissionär, der bei Börsengeschäften den Namen seines Käufers oder Verkäufers nicht nennt, als Selbst=kontrahent handelt und überdies ein wissentlich zu Zwecken des Börsenspiels gewährter Vorschuß wie ein solcher zu reinen Spiel= oder Wettzwecken klaglos ist.

5. Einer besondern Prüfung bedarf noch die Frage, ob nicht das eventuelle, auf den Zeichnungsauftrag von 10 Lebensmittel=aktien, gestützte Begehren der Beklagten begründet sei (hinsichtlich der übrigen im Kontokorrent erscheinenden Comptantgeschäfte hat die Beklagte dadurch, daß sie ihr Eventualbegehren auf den ge=nannten Zeichnungsauftrag beschränkte, implicite zugegeben, daß dieselben den Termingeschäften gleichartig seien). Allein auch das Eventualbegehren ist unbegründet. Auch angenommen, fraglicher Zeichnungsauftrag beziehe sich nicht auf eine Spielschuld, sondern auf einen reellen Kauf, so konnte die Beklagte Erstattung des von ihr ausgelegten Kaufpreises nur gegen das Erbieten ver=langen, ihrerseits den Vertrag zu erfüllen, d. h. dem Kläger die in seinem Auftrage gezeichneten Aktien zur Verfügung zu stellen. Ein solches Anerbieten hat sie aber nicht gemacht und ist dazu auch gar nicht im Stande, indem sie die fraglichen Lebensmittel=aktien zugleich mit den andern Titeln des Respinger, und zwar nicht etwa zufolge Verkaufsauftrag desselben, sondern im Wege der Exekution veräußerte und den Ertrag zur teilweisen Deckung ihrer Spielforderung verwandte.

6. Ist aus diesen Gründen die Klage in vollem Umfang gut=zuheißen, so braucht auf die weitere vom Appellationsgerichte seinem Entscheide zu Grunde gelegte Erwägung, daß der Ge=schäftsverkehr zwischen den Parteien als ein unsittlicher im Sinne des Art. 17 O.=R. erscheine, nicht weiter eingetreten zu werden.

Demnach hat das Bundesgericht

erkannt:

Die Weiterziehung wird als unbegründet abgewiesen und das angefochtene Urteil des Appellationsgerichtes des Kantons Basel=stadt vom 3. Juli 1893 wird in allen Teilen bestätigt.

### 134. *Arrêt du 4 Novembre 1893 dans la cause Blasy contre Kœser.*

Statuant par jugement du 6 Juin 1893 sur le litige pendant entre parties, le tribunal cantonal a prononcé comme suit :

« Le tribunal déclare la demande bien fondée en principe. Condamne en conséquence Charles Blasy à payer à Albert Kœser la somme de 3181 fr. 13 c., savoir :

Fr. 2885 — payables tout de suite, avec intérêts au taux de 5 % dès le 27 Janvier 1893, date de la formation de la demande, et

»  296 13 montant de la retenue pour garantie des travaux, somme exigible dès le 1er Juin 1893, date de l'échéance du délai de garantie, avec intérêts au taux de 5 % l'an dès cette date.

Fr. 3181 13 somme égale.

» Condamne en outre Ch. Blasy aux frais, ceux du tribunal cantonal étant arrêtés à 152 francs. »

Les deux parties ont recouru en temps utile contre ce jugement. Blasy conclut à ce que les conclusions qu'il a prises dans sa réponse lui soient adjugées.

Kœser, de son côté, conclut à la réforme du jugement cantonal, en ce sens que la demande doit être déclarée bien fondée pour son montant intégral soit 3439 fr. 36 c., et non pas seulement pour 3181 fr. 13 c., ainsi que l'a fait le tribunal cantonal.

Ces conclusions, produites au dossier de la cause, ont été reprises par les parties dans leurs plaidoyers de ce jour.

*Statuant en la cause et considérant :*

*En fait :*

Ch. Blasy, coupeur à Neuchâtel, avait, dans le courant de l'année 1891, chargé Antoine Orlandi, architecte à Neuveville, de lui dresser les plans et devis d'une maison qu'il se proposait de construire au quartier de la Cassarde, à Neuchâtel.

Le 15 Décembre 1891, Orlandi transmit à Blasy les dits
plans et devis, ceux-ci s'élevant à la somme totale de
24 385 fr. 25 c.

Par lettre de même date Blasy répond à Orlandi que cette .
somme dépasse de beaucoup ses moyens, qu'il n'avait compté
que sur une dépense de 17 000 francs, auxquels viendraient
s'ajouter les murs, la terrasse et les autres travaux en dehors
de la maison, mais qu'en aucun cas il ne pourrait consacrer
à cette construction plus de 24 000 francs pour la maison
seule.

Après de nouveaux pourparlers entre parties, celles-ci ont
passé entre elles une convention, qui a fait l'objet d'un acte
sous seing privé daté du 24 Février 1892, où figurent entre
autres les clauses suivantes :

« M. Blasy fait construire aux Rochettes, à Neuchâtel, une
maison d'habitation de 10ᵐ25 de long sur 10ᵐ25 de large,
plus une annexe pour la cage des escaliers et une véranda
suivant les plans adoptés et dressés par M. Orlandi, archi-
tecte-entrepreneur.

» M. Blasy donne à M. Orlandi pleins pouvoirs de diriger
et conclure les marchés de toutes branches de métiers et art
pour la dite construction, tout en se conformant strictement
au préavis et devis établi et détaillé se montant à la somme
de 24 385 fr. 25 c., lequel sera fait en double et signé de
part et d'autre.

» M. Blasy ayant déclaré formellement ne pouvoir dépasser
la somme de 20 000 francs pour la dite construction, y compris les honoraires de M. Orlandi, lesquels sont fixés à
2000 francs et dont il sera parlé plus loin, laisse toute latitude
à M. Orlandi de porter les modifications au projet quant aux
prix à débattre et marchés à traiter avec les entrepreneurs,
en tenant compte qu'il devra donner une bonne construction.

» Cette latitude est laissée à M. Orlandi, afin qu'il puisse
ne pas dépasser les 20 000 francs convenus. Il est bien entendu que dans le chiffre de 20 000 francs il n'est compris
que la maison finie, terminée prête à être habitée, mais non
pas les aménagements des jardins, murs de soutènement, clô-

ture, canal d'égoût, escaliers, chemin sur la rue de la Côte et autre. Ces divers aménagements seront l'objet d'une entente à part dont le prix sera en sus de celui de la maison. »

.   .   .   .   .   .   .   .   .   .   .   .   .   .   .   .   .   .   .   .   .   .

« CONDITIONS

» I. Les travaux commenceront tout de suite, et la maison sera terminée le plus tard le 30 Octobre 1892.

» II. Si M. Blasy fait faire des changements pendant le cours de la construction, et que ces changements entraînent à une plus-value du prix convenu, ce sera à sa charge, et en sus du dit prix convenu.

» III. Paiements. M. Orlandi délivrera des bons aux entrepreneurs selon les conditions qu'il a avec eux, et M. Blasy paiera à présentation. Toutefois chacun des entrepreneurs laissera un reliquat de compte de 5 % pendant 6 mois, à charge par M. Blasy d'en payer l'intérêt à 4 %.....

» M. Blasy paiera à titre d'honoraires à M. Orlandi une somme de 2000 francs, à charge pour M. Orlandi de diriger les travaux et d'en assurer la bonne exécution, de débattre et conclure les marchés avec les entrepreneurs, confectionner les plans, toiser, mesurer, vérifier les comptes, en un mot M. Blazy ne s'occupera de rien, le tout étant à la charge et responsabilité de M. Orlandi.

» Fait en deux copies conformes à Neuchâtel, le 24 Février 1892 (signé) Ch. Blasy, (signé) Antoine Orlandi. »

En exécution de cette convention, Orlandi a remis à différents entrepreneurs les travaux de construction de la maison Blasy ; il a spécialement chargé Albert Kæser, maître charpentier au Landeron, de la fourniture et de la pose de la charpente et de la menuiserie.

Au cours des travaux Blasy a fait à Kæser aux dates des 20 Mai, 1er Juin et 10 Août 1892, et sur présentation de bons signés par Orlandi, trois paiements successifs d'ensemble 2500 à compte.

Au commencement d'Octobre 1892, Blasy, alléguant que sous réserve de la retenue de 5 %, à laquelle il avait droit, il avait fait des paiements atteignant 20 000 francs, prix auquel le bâtiment devait lui être livré par Orlandi, — ferma sa caisse et renvoya les entrepreneurs qui lui présentaient des bons à se faire payer par Orlandi.

Le 28 Décembre 1892, Orlandi délivra à Kæser un bon de 1500 francs, payable par Blasy, lequel refusa de faire honneur à cette disposition.

Enfin, ensuite de l'achèvement complet des travaux, soit le 17 Janvier 1893, Orlandi vérifia les comptes de Kæser, et après avoir opéré quelques réductions, il remit à celui-ci, pour le solde à lui dû, un bon de 3181 fr. 13 c., somme payable comme suit : 2885 francs immédiatement, et 296 fr. 13 au 1er Juin 1893. Ce bon ayant été présenté à Blasy, celui-ci refusa d'en payer le montant.

En cours d'instruction, il a été procédé, à la requête du demandeur, à une expertise des travaux exécutés par Kæser, et l'expert a déclaré que le chiffre de 3439 fr. 96 réclamé par Kæser, est conforme à la série de prix admise par le syndicat des maîtres charpentiers et menuisiers de Neuchâtel et que les réductions faites par Orlandi ne sont pas justifiées.

C'est à la suite de ces faits que Kæser a ouvert à Blasy une action concluant à ce qu'il plaise au tribunal de Neuchâtel :

I. Condamner Ch. Blasy à payer à Albert Kæser la somme de 3439 fr. 96 c., payables comme suit :

Fr. 3142 97    payables tout de suite;

   »   296 99    »    le 1er Juin 1893 ;

Fr. 3439 96    avec intérêts à 5 % l'an dès le jour de la formation de la demande.

II. Condamner le défendeur aux frais et dépens du procès.

Cette demande est fondée en substance sur les considérations suivantes :

Le demandeur invoque les dispositions du Code des obligations concernant le louage d'ouvrage par suite de devis ou marché, art. 350 et suivants, spécialement art. 363, et il indique à l'appui des comptes de travaux la série de prix, charpente et menuiserie, Neuchâtel 1892. Dans sa réponse le défendeur Blasy conclut à ce qu'il plaise au tribunal :

1° Déclarer la demande de A. Kæser mal fondée ;

2° Condamner le demandeur aux frais du procès.

En raison même du contrat, Blasy ne s'est pas occupé de la construction. C'est Orlandi qui a choisi les maîtres d'état, entrepreneurs, ouvriers et manœuvres employés à la construction de la maison ; c'est lui qui a commandé tous les travaux en son nom personnel et sous sa propre responsabilité ; en un mot il a agi pour son compte personnel. Il a notamment passé un contrat avec le demandeur Kæser. Pour faciliter les paiements, Blasy avait consenti à payer au moyen de bons les maîtres d'état employés par Orlandy, mais seulement jusqu'à concurrence de 20 000 francs ; Blasy a payé ainsi à Kæser 2500 francs ; mais comme ses paiements totaux aux entrepreneurs et à Orlandi dépassent la somme du forfait, soit 20 000 francs, et qu'il n'a commandé aucun travail à Kæser, ni donné à personne un mandat à cet effet, il ne doit rien au demandeur. Il résulte d'ailleurs de la lettre adressée par Kæser à Blasy le 8 Octobre 1892, et dans laquelle il lui demande de garantir par sa signature les travaux faits et à faire pour le compte d'Orlandi, que ce dernier était seul responsable des dits travaux.

Kæser se fonde sur les dispositions du Code des obligations sur le contrat de louage par suite de devis ou de marché, pour réclamer à Blasy le montant de 3439 fr. 96 c., qui lui est dû par Orlandi seul. Ce système est insoutenable en présence du contrat à forfait du 24 Février 1892, lequel conférait à Orlandi seul pouvoir pour commander les travaux et acheter les fournitures nécessaires à la maison, la seule obligation de Blasy étant de payer les 20 000 francs convenus.

Si Orlandi a induit Kæser en erreur, en lui faisant croire qu'il travaillait pour le compte et sous la responsabilité de Blasy, cela ne saurait fonder la présente action. Kæser n'a pas qualité pour actionner Blasy. Enfin le défendeur invoque les art. 350 et suivants, 36, 37, 39 et 49 C. O.

Par jugement du 6 Juin 1893, le tribunal cantonal de Neuchâtel a prononcé ainsi qu'il a été dit plus haut. Ce jugement se fonde en résumé sur les motifs ci-après :

Le tribunal n'a pas à rechercher si la convention passée le 24 Février 1892 entre Blasy et Orlandi constitue un forfait. Cette question n'intéresse pas Kæser et elle est dès lors sans importance dans la cause.

Qu'il s'agisse ou non d'un forfait, Orlandi doit être considéré à l'égard des tiers comme le mandataire de Blasy, lequel ne peut refuser le paiement du bon remis par Orlandi à Kæser, puisque les travaux et fournitures, auxquels se rapporte ce bon, ont profité à l'immeuble de Blasy. En outre, et en tout cas, l'attitude de Blasy pendant la construction a été telle que Kæser a dû en inférer, aussi bien que des clauses de la convention du 24 Février 1892, qu'il existait entre Blasy et Orlandi un rapport de représentation. Les termes de la lettre du 8 Octobre 1892 écrite par Kæser à Blasy ne constituent pas la preuve que, dès le commencement des travaux, Kæser savait qu'il traitait avec Orlandi seul, et que Blasy était étranger au contrat.

Quant au prix des travaux exécutés, il y a présomption que les réductions opérées l'ont été en conformité de la convention passée entre lui et Kæser pour le compte de Blasy ; les prix fixés par Orlandi paraissent d'ailleurs en rapport avec l'importance et la valeur des travaux exécutés.

C'est contre ce jugement que les deux parties ont recouru au Tribunal fédéral, et qu'elles ont pris les conclusions plus haut rappelées.

*En droit :*

1° Pour que le demandeur puisse faire valoir une prétention contre le défendeur, deux conditions doivent être remplies, à savoir en premier lieu, qu'Orlandi ait contracté avec le demandeur *au nom* du défendeur Blasy, et en second lieu qu'il y ait été *autorisé.*

Sur le premier point un contrat écrit, passé entre Orlandi et Kæser, n'a pas été, il est vrai, produit au dossier ; par contre il y a lieu d'admettre, en présence de l'ensemble des faits constatés par l'instance cantonale, qu'Orlandi a contracté au nom du maître de l'ouvrage Blasy, pour lequel la bâtisse était exécutée, qu'il s'est géré comme le représentant de ce dernier.

La lettre du 8 Octobre 1892, par laquelle Kæser demande à Blasy de lui signer une garantie du paiement des travaux faits et à faire, n'infirme point ce qui précède. Ainsi que le constate avec raison le jugement cantonal, cette lettre ne prouve pas que Kæser ait jamais admis qu'il eût traité pour le compte d'Orlandi, mais elle s'explique, après le refus de Blasy de continuer les paiements à ses maîtres d'état, par le désir d'augmenter sa sécurité au moyen d'un engagement formel et spécial du maître de l'ouvrage en sa faveur; les réponses faites à cette lettre les 9 et 10 Octobre par Blasy et par Orlandi pouvaient faire admettre à Kæser que Blasy ne refusait de payer que jusqu'après l'entier achèvement des travaux.

2° La seule question qui se pose donc est celle de savoir si Orlandi était *autorisé* à contracter au nom de Blasy avec le demandeur.

A cet égard le jugement cantonal fait erreur lorsqu'il estime qu'il ne lui appartient pas de rechercher si la convention passée le 24 Février 1892 entre Blasy et Orlandy constitue un contrat à forfait, et que cette question n'intéressant en aucune façon Kæser, est sans importance en l'espèce.

Il est vrai que le procès actuel ne se débat pas entre Blasy et Orlandi, mais il n'en est pas moins indispensable de fixer la nature du prédit contrat afin de pouvoir déterminer le rapport juridique existant entre Blasy et Kæser; il est clair en effet qu'étant donnée l'existence d'un contrat à forfait entre Blasy et Orlandi, on ne saurait admettre que difficilement et seulement en présence de circonstances de fait toutes spéciales, l'existence d'un rapport juridique direct entre le défendeur Blasy et les sous-entrepreneurs avec lesquels Orlandi a traité; en revanche, si Orlandi ne s'est pas chargé à forfait de la construction et s'il n'a agi que comme mandataire et fondé de pouvoirs de Blasy, un pareil rapport direct existe. Il y a donc intérêt, en la cause, à examiner la nature du contrat intervenu entre Blasy et Orlandi.

3° A l'appui de ses conclusions libératoires, le défendeur Blasy invoque l'existence entre lui et Orlandi d'un contrat de louage d'ouvrage (*locatio conductio operis*) plus spécialement d'un contrat à forfait.

L'examen du dit contrat doit toutefois conduire à une appréciation différente, à savoir que cette convention ne donnait naissance entre parties qu'à un contrat de louage de services (*locatio conductio operarum*) combiné avec un mandat. Ce contrat stipule il est vrai une limite aux prestations financières consenties par Blasy, en ce sens que celui-ci y déclare ne pas vouloir payer pour la maison en question une somme totale supérieure à 20 000 francs, mais cette somme ne constituait point le prix d'un forfait convenu entre parties pour une somme déterminée et immuable, puisque Blasy n'excluait certainement pas, par le dit contrat, l'éventualité où le prix total de revient de son bâtiment resterait *au-dessous* de la limite supérieure sus-indiquée. C'est sans doute afin de parvenir, si possible, à ce résultat favorable qu'il a chargé Orlandi de tout contrôler et vérifier pendant les travaux de construction. Les « pleins-pouvoirs » octroyés à Orlandi par Blasy dans le contrat du 24 Février pour diriger les travaux et conclure les marchés, ne démontrent nullement l'existence du prétendu forfait, qui, s'il eût été dans l'intention des parties, eût précisément rendu superflue une clause semblable. Il est évident en effet qu'un entrepreneur à forfait, c'est-à-dire à ses propres risques et périls pour une somme fixe aurait eu seul à traiter avec les sous-entrepreneurs, qui demeuraient entièrement étrangers au maître de l'ouvrage, tandis qu'au contraire Blasy s'est réservé, par le prédit contrat, de payer lui-même les maîtres d'état, sur présentation de bons visés par Orlandi, et que Blasy s'est réservé en outre de garder en main pendant 6 mois, sans doute comme garantie en cas de malfaçons, le 5 % du montant total des notes dues ensuite de la construction. Cette précaution, ainsi que la clause par laquelle Blasy s'engageait à payer aux sous-entrepreneurs l'intérêt à 4 % de cette retenue, démontrent à elles seules que Blasy n'avait nullement renoncé à la situation d'un maître de l'ouvrage au regard des sous-entrepreneurs, et qu'Orlandi s'était engagé seulement à lui louer ses services, tout en assumant aussi, il est vrai, le mandat de passer avec les tiers les contrats nécessités par la bâtisse, et de le représenter vis-à-vis des dits tiers. Le fait de la stipulation d'*honoraires* en faveur d'Orlandi n'est d'ailleurs pas compatible avec l'existence d'un contrat à forfait.

La limite de 20 000 francs fixée par Blasy apparaissait comme une direction à l'adresse d'Orlandi, qui, en sa qualité d'architecte, assurait à Blasy que cette somme ne serait pas dépassée ; en revanche cette limite ne peut être opposée aux tiers avec lesquels Orlandi, en vertu du mandat à lui confié par Blasy, avait contracté au nom de celui-ci, et qui, en outre, n'étaient aucunement en mesure de contrôler si la dite limite était oui ou non dépassée.

4° Enfin la clause finale du contrat du 24 Février 1892 par laquelle les parties conviennent que « M. Blasy ne s'occupera de rien, le tout étant à la charge et responsabilité de M. Orlandi, » ne prouve pas davantage l'existence d'un forfait.

Si l'on rapproche en effet ces termes de ce qui précède immédiatement, on doit se convaincre qu'ils ne se rapportent qu'à la direction des travaux, à la conclusion des marchés avec les entrepreneurs et à la ratification des comptes, — tous éléments dont la mise à la charge exclusive d'Orlandi n'impliquait aucunement la conclusion d'un forfait.

Il résulte ainsi de l'ensemble des dispositions du contrat qu'Orlandi ne se chargeait pas de la construction de la maison en la qualité d'*entrepreneur*, mais qu'il louait seulement à Blasy ses services comme architecte, chargé de diriger et de surveiller la construction et de passer les contrats avec les entrepreneurs au nom du maître, tout en affirmant à ce dernier que la limite maximum de 20 000 francs ne serait pas dépassée.

5° Le contrat passé entre Orlandi et Kæser l'a donc été

ensuite d'un mandat de Blasy, et celui-ci ne peut se soustraire à l'obligation qu'il lui impose. Il y a donc lieu de maintenir, dans le sens des considérants qui précèdent, le jugement dont est recours.

6° En présence des faits, constatés par le jugement cantonal, et qui lient le tribunal de céans, que les réductions opérées par Orlandi sur le compte de Kæser l'ont été selon la convention passée entre ces deux personnes, et que les prix fixés par Orlandi correspondent à la valeur des travaux exécutés, le recours de Kæser tendant à ce qu'il soit fait abstraction de ces réductions doit également être repoussé.

Par ces motifs,

Le Tribunal fédéral

prononce :

Les recours sont écartés, et le jugement rendu entre parties le 6 Juin 1893 par le tribunal cantonal de Neuchâtel est maintenu tant au fond que sur les dépens.

---

135. Urteil vom 10. November 1893 in Sachen<br>Jäggi & Cie. gegen Erben Segesser.

A. Mit Urteil vom 29. Juni 1893 erkannte die Justizkommission des Obergerichtes des Kantons Luzern :

1. Die Beklagte sei im Konkurse der Firma Segesser & Cie. Rigi-Kaltbab, mit ihren Forderungen in V. Klasse Ziffer 80 a, b und c im Betrage von 45,488 Fr. 20 Cts. zugelassen, mit ihrer Mehrforderung unter genannter Ziffer dagegen abgewiesen.

2. Seien die Kläger mit ihrem Rechtsbegehren laut Dispositiv 1 abgewiesen.

B. Gegen dieses Urteil ergriff die Klagepartei den Rekurs an das Bundesgericht und stellte folgende Anträge :

Die Forderungen der Beklagten im Konkurse Segesser & Cie. in Klasse V Ziffer 80 a, b und c mit 63,923 Fr. 90 Cts. sammt Zinsen seien nicht zuzulassen, sondern gänzlich wegzuweisen. Eventuell :

Mit dem Betrage, in dem eine Forderung der Beklagten zu=
gelassen würde, sei die Forderung von Segesser & Cie. im Be=
trage von 23,280 Fr. 60 Cts. nebst Zins zu 5 % jeweilen
seit der Zahlung jeder Prämie von derselben zu kompensieren.

Die Beklagte beantragt Bestätigung des zweitinstanzlichen Ur=
teils.

Das Bundesgericht zieht in Erwägung:

1. Die Kollektivgesellschaft Segesser & Cie. zu Rigi=Kaltbad
kam am 8. Juli 1892 in Konkurs. Teilhaber an derselben waren
die Kinder und Erben des am 10. Februar 1874 gestorbenen
Ehemannes der Beklagten, Xaver Segesser=Faaden. Früher hatten
sie das Geschäft, Hotel und Pension Rigi=Kaltbad, unter der
Firma Xaver Segesser=Faaden betrieben, für welche die Beklagte
infolge testamentarischer Bestimmung ihres Ehemannes die Ver=
waltung besorgte und die Unterschrift führte; unter der jetzigen
Firma wurde dasselbe seit 15. März weiter geführt.

2. In diesem Konkurs hat die Beklagte folgende Forderungen
angemeldet:

a. Für Rechnung der Konkursitin aufgenommene und verwendete
Gelder 49,754 Fr. 40 Cts.; sammt Zinsen laut Büchern. (Mit
dem Vormerk: Hiefür sind Wertschriften der Anmelderin hinterlegt).

b. Für seitherige Vorschüsse an die Konkursitin (aus Zinsen
der Erbschaft Lendi) 369 Fr. 50 Cts.; sammt Zins seit 29. Fe=
bruar 1892 laut Büchern.

c. Für enthobene und der Konkursitin vorgeschossene Gelder
4000 Fr. und 9800 Fr. = 13,800 Fr., sammt Zinsen laut
Büchern. (Mit dem Vormerk: „Gegen Hinterlage von zwei der
Anmelderin gehörenden Versicherungspolicen.")

Vom Konkursamt wurde dabei angezeigt, daß laut Vermögens=
status vom 31. Oktober 1891 der Konkursitin 23,280 Fr. 60 Cts.
an Prämien bezahlt wurden. Diese Forderungen wurden vom
Konkursamte zugelassen; die Beklagte begründet dieselben folgen=
dermaßen:

Ad a. Die Forderung von 49,754 Fr. 40 Cts. bestehe aus
der Regreßforderung der Beklagten als Erbin der Frau Theresia
Lendi sel. von 35,650 Fr. und „aus den Zinsen derselben und
den sonstigen Zuschüssen der Beklagten im Betrage von 14,104 Fr.

40 Cts." Die Beklagte habe nämlich von ihrer Schwester Theresia Lenbi=Faaben am 5. Mai 1878 nebst kostspieligem Mobiliar
33,230 Fr. 10 Cts. an Wertschriften geerbt, welche die Verstorbene bereits der Firma Xaver Segesser=Faaben geliehen; diese
pfandgesicherte Forderung habe die Beklagte belassen, ohne sie
einzuziehen. Am 3. März 1892 habe dann die Beklagte für
X. Segesser=Faaben mit Zustimmung der Firma bei der Ersparnis=
kasse Luzern folgende Anleihen eingelöst, für welche ben Erben
Lenbi gehörige Gülten hinterlegt gewesen seien:

| | | |
|---|---|---|
| Vom 21. Januar 1885 . . . . . . . . | Fr. | 5,500 — |
| Zins und Marchzins . . . . . . . . | „ | 284 20 |
| Vom 13. Oktober 1887 . . . . . . . | „ | 15,000 — |
| Zins und Marchzins . . . . . . . . | „ | 250 — |
| Vom 2. Juni 1888 . . . . . . . . | „ | 4,000 – |
| Zins und Marchzins . . . . . . . . | „ | 120 — |
| Vom 8. Mai 1889 . . . . . . . . | „ | 36,000 — |
| Zins und Marchzins . . . . . . . . | „ | 120 — |
| Ferner am 5. März 1892 bei der Kantonalbank | | |
| laut Obligo vom 7. Januar 1889 . . . | „ | 4,450 — |
| Zins und Marchzins . . . . . . . . | „ | 193 65 |
| Am 11. März 1892 laut Obligo vom 15. No= | | |
| vember 1888 . . . . . . . . . | „ | 3,400 — |
| Zins und Marchzins . . . . . . . . | „ | 189 85 |

Für alle diese Beträge sei die Beklagte Gläubigerin der Firma.

Ad b. Die Beklagte habe am 29. Februar 1892 der Firma
Segesser & Cie. weitere 369 Fr. 50 Cts. geliehen.

Ad c. Die Beklagte habe der Firma Segesser & Cie. ihre
zwei Lebensversicherungspolicen auf die Union in London, Nr.
12,929 von 1863, 800 £, und Nr. 15,420 von 1870, 400 £
geliehen, indem sie unter Pfandgabe derselben 13,800 Fr. ent-
lehnt habe, welche sie der Firma bargeliehen, um eine Forderung
des frühern Direktors J. Widmer zu tilgen.

Die Klägerschaft stellte beim Gerichtsausschuß des Bezirksgerichtes Luzern Klage auf Wegweisung dieser Forderungen, da jede
Begründung derselben fehle; eventuell machte sie geltend, daß laut
eigenem Vermögensstatus der Konkursitin vom 31. Oktober 1891
an Prämien für zwei der Beklagten gehörende Policen 23,280 Fr.

60 Cts. aus dem Vermögen der Konkursitin bezahlt worden seien, diese 23,280 Fr. 60 Cts. müssen nun von der Beklagten der Konkursmasse vergütet, eventuell mit einer allfälligen Forderung der Beklagten kompensiert werden; denn diese beiden Policen seien Eigentum der Beklagten. Die Beklagte gab zu, daß diese Prämien für ihre beiden Lebensversicherungspolicen auf die Union in London von 800 £ und 400 £ von der Firma Xaver Segesser=Faaben bezahlt worden seien, wendet aber ein, darin habe das Honorar für ihre Geschäftsführung auf Rigi=Kaltbad bestanden, ebenso auch dafür, daß im Winter die Familienglieder bei ihr wohnten und daß sie einen Teil ihres von ihrer Schwester er=erbten Mobiliars dem Geschäft zur Verfügung gestellt habe.

Der Gerichtsausschuß des Bezirksgerichtes Luzern schützte die beklagtische Forderung im Betrage von 54,888 Fr. 20 Cts. und verwarf die Kompensationseinrede der Klägerschaft mit Bezug auf die von der Konkursitin bezahlten Lebensversicherungsprämien. Bezüglich der einzelnen Forderungen stellte die erste Instanz fest:

a. Betreffend die Ansprache von 49,754 Fr. 40 Cts. sammt Zinsen: Laut Quittung der Verwaltung der Ersparniskasse Luzern vom 3. März 1892 habe die Beklagte für die Konkursitin resp. ihre Rechtsvorgänger (Firma X. Segesser=Faaben) an Kapital 36,350 Fr. und an Zins 1204 Fr. 70 Cts., Total 37,554 Fr. 70 Cts. bezahlt und laut Quittung der Spar= und Leihkasse vom 5. März 1892 an Kapital und Zins 4343 Fr. 65 Cts., sowie vom 11. März 1892 3589 Fr. 85 Cts., zusammen also 45,488 Fr. 20 Cts.

b. Die Eingabe von 369 Fr. 50 Cts. für Vorschüsse nebst Zins seit 29. Februar 1892 sei nicht belegt und deshalb nicht zu beschützen.

c. Bei dem Posten von 13,800 Fr. resp. den beiden behaup=teten Darlehen von 4000 und 9800 Fr. sei ein genügender Be=weis nur für den der Beklagten unterm 31. Januar 1892 gutgeschriebenen Betrag von 9400 Fr. erbracht.

Die zweite Instanz schützte die beklagtische Ansprache im Be=trage von 45,488 Fr. 20 Cts., indem sie ausführte, diese For=derung sei ausgewiesen durch folgende Quittungen, welche den Empfang nachbezeichneter Summen seitens der Frau Marie

Segesser für die konkursierte Firma resp. Firma Xaver Segesser-
Faaben bescheinigen:

a. Quittung der Kantonal=Spar= und Leihkasse
vom 11. März 1892 (laut Obligation vom 15.
November 1888) für Kapital und Zins . . . Fr. 3,559 85

b. Quittung der gleichen Kasse vom 5. März
1892 (Kapital und Zins laut Obligation vom
7. Januar 1889) für . . . . . . . . „ 4,343 65

c. Quittung der Ersparniskasse der Stadt Luzern
vom 3. März 1892 (bezahlt zur Einlösung de=
ponierter Wertschriften) für . . . . . . . „ 37,554 70

Total, Fr. 45,488 20

Zu diesen Quittungen trete als unterstützendes Moment der
legalisierte Auszug aus dem Rechnungsbuch der konkursierten Firma.
Die Beklagte sei aus dem Titel der actio negotiorum gestorum
contraria zur Geltendmachung dieser Forderungen berechtigt; es
könne nämlich einem begründeten Zweifel nicht unterliegen, daß
die von der Beklagten vorgenommene Aufhebung von Verpflich=
tungen der Firma in deren Interesse ausgeführt worden sei.
Für den vom Gerichtsausschuß des Bezirksgerichtes der Beklagten
zugesprochenen Mehrbetrag von 9400 Fr. fand die zweite Instanz
einen genügenden Beweis nicht vor und wies daher diese For=
derung ab. Da hiegegen seitens der Beklagten eine Berufung
nicht vorliegt, so erscheint es nicht nötig, auf diesen Punkt weiter
einzutreten. Dagegen ist noch hervorzuheben, daß die zweite In=
stanz in Übereinstimmung mit der ersten die Kompensationsein=
rede der Klägerschaft mit den von der konkursierten Firma für die
Beklagte bezahlten Prämien verworfen hat, mit dem Hinweis
darauf, daß die Beklagte Frau Maria Segesser seit dem Tode
ihres Ehemannes Xaver Segesser im Jahre 1874 dem Hotel-
Geschäft auf Rigi=Kaltbad vorgestanden, welche Tatsache aus der
Erbsverhandlung über den Nachlaß des Xaver Segesser vom
28. Februar 1874 sich ergebe, und übrigens von der ersten In=
stanz als notorisch bezeichnet werde. Mit der ersten Instanz
erblickt die Justizkommission, auch ohne eine ersichtliche Ver=
einbarung der Parteien, genügenden Grund zur Abweisung der
klägerischen Kompensationseinrede in der Rücksichtnahme auf die

Billigkeit und im Hinblick auf Art. 338 ff. O.-R., wobei sie,
angesichts der zu bewältigenden Geschäftslast die jährliche Prä=
mienzahlung im ungefähren Betrage von 1370 Fr. als bescheidene
Vergütung ansieht.

2. Die Kompetenz des Bundesgerichtes ist gegeben; das an=
gefochtene Urteil der Justizkommission des Obergerichtes des Kan=
tons Luzern ist ein Haupturteil und es ist eidgenössisches Recht
anwendbar. Auch der erforderliche Streitwert ist vorhanden; der=
selbe bestimmt sich nach dem Anspruch, den die Beklagte im Kon=
kurse angemeldet und die Klägerschaft bei den kantonalen In=
stanzen bestritten hat. Als Streitgegenstand figuriert selbstver=
ständlich die Forderung der Beklagten, wenn auch die Einsprecher
formell als Kläger auftreten; diese Forderung, wie sie gestellt ist,
repräsentiert den Streitwert, und nicht etwa das Interesse an
deren Gutheißung im vorliegenden Konkurse, d. h. nicht die mut=
maßliche Konkursdividende, sondern der reelle Betrag, zu welchem
sie angemeldet worden ist (vergl. Entscheidung des Bundes=
gerichtes in Sachen Koch & Baratelli gegen Hilty, Amtliche
Sammlung XIV, S. 322 Erw. 2).

3. Von den ursprünglich von der Beklagten angemeldeten For=
derungen sind heute, nachdem die Beklagte das Urteil der Justiz=
kommission nicht weiter gezogen hat, nur noch die drei von dieser
letztern gutgeheißenen Posten von 3589 Fr. 85 Cts., 4343 Fr.
65 Cts. und 37,554 Fr. 70 Cts. streitig. Wenn die Beklagte
zunächst geltend gemacht hat, die Klägerschaft treffe der Haupt=
beweis für ihre Behauptung, daß diese Forderungen nicht existieren,
so ist diese Auffassung als unrichtig zu bezeichnen; der zufällige,
durch die eigentümliche Natur des Konkursverfahrens verursachte
Umstand, daß der die angemeldete Forderung bestreitende Gläubiger
die Rolle des Klägers übernehmen muß, ändert an dem mate=
riellen Beweisrecht, wonach derjenige, der einen Anspruch erhebt,
denselben auch zu begründen hat, nichts. Durch die kantonalen
Instanzen ist nun aber festgestellt, daß die Beklagte eine Schuld
der konkursierten Firma im Betrage von 45,488 Fr. 20 Cts. be=
zahlt hat. Nach dieser Feststellung ergibt sich die Begründetheit
der von der Justizkommission gutgeheißenen actio negotiorum
gestorum contraria von selbst. Nach Art. 472 O.-R. ist der
Geschäftsführer berechtigt, vom Geschäftsherrn den Ersatz aller

Verwendungen, welche notwendig oder nützlich und |den Verhält=
nissen angemessen waren, sammt Zinsen zu verlangen, sofern die
Übernahme der Geschäftsbesorgung durch das Interesse des Ge=
schäftsherrn geboten war. Ob diese letztere Voraussetzung in casu
zutreffe, ist allerdings nicht sicher festgestellt; allein auch unter
der Annahme, sie treffe nicht zu, kann die Beklagte gemäß Art. 473
O.=R. an der konkursierten Firma diese Ansprüche insoweit machen,
als die letztere bereichert ist; die Höhe der Bereicherung ist aber
durch die von der Beklagten geleistete Zahlung und Liberierung
der Firma Segesser & Cie. gegeben.

4. Die von der Klägerschaft gestellte Einrede, der Richter sei
durch Zusprechung der genannten 45,488 Fr. 20 Cts. ultra petita
partium gegangen, muß mit der kantonalen Instanz verworfen
werden, da ja die Beklagte von Anfang an mehr als diesen
Betrag gefordert hat; die Frage aber, inwieweit der Richter an
die Substantierung eines aus verschiedenen Posten zusammenge=
setzten Anspruches durch die Parteien gebunden sei, ist, weil rein
prozeßrechtlicher Natur, vom Bundesgerichte nicht zu erörtern.

5. Es bleibt hienach noch übrig, auf die von der Klagepartei
erhobene Kompensationseinrede einzutreten. Der beklagtische Anwalt
hat die Legitimation der Klägerin zu dieser Einrede ausdrücklich
anerkannt; allein dieselbe ist von Amtes wegen zu prüfen, und
zu verwerfen. Art. 250 des Bundesgesetzes betreffend Schuldbe=
treibung und Konkurs gibt dem einzelnen Gläubiger blos das
Recht, die von einem andern geltend gemachten Forderungen,
beziehungsweise den diesen angewiesenen Rang, zu bestreiten. In=
soweit aber die Klagepartei mit ihrer Kompensationseinrede die
von der konkursierten Firma an die Beklagte geleisteten Prämien=
zahlungen ansicht, wendet sie sich nicht gegen eine von dieser letz=
teren im Konkurse geltend gemachte Forderung, sondern sie ver=
langt einen Entscheid darüber, ob der Konkursmasse ein Anspruch
auf Rückzahlung dieser Beträge grundsätzlich zustehe. Die Geltend=
machung im Kollokationsplan nicht aufgenommener Forderungen
der Konkursmasse steht aber nur dieser selbst, bezw. ihren Or=
ganen zu, und ein einzelner Gläubiger ist nach Art. 260 des
citierten Gesetzes erst dann berechtigt, dieselben selbständig geltend
zu machen, wenn infolge Verzichtes seitens der Gesammtheit der
Gläubiger die Abtretung an ihn erfolgt ist. Daß eine solche Ab=

tretung geschehen sei, hat die Klägerin nicht behauptet; sie ist daher nicht legitimiert, in ihrer Aberkennungsklage über diesen selbständigen Anspruch der Masse zu verfügen (siehe Kohler, Lehrbuch des Konkursrechtes, § 65, S. 398, und § 93 Ziffer 3, S. 560). Diese Kompensationseinrede erscheint übrigens auch materiell nicht als begründet. Die kantonalen Instanzen stellen fest, daß diese Prämienzahlungen eine Vergütung für die von der Beklagten geleisteten Dienste in der Verwaltung des Hotel- und Pensionsgeschäftes darstellt. Diese Feststellung erscheint unter Würdigung der konkreten Verhältnisse als begründet. Maßgebend für die Frage, ob die Beklagte zu Beanspruchung einer solchen Vergütung ihrer geleisteten Dienste befugt sei, ist nicht blos, ob die Parteien ausdrücklich eine Remuneration vereinbart haben, sondern, ob die Beklagte der Natur der Sache nach eine solche erwarten durfte; in diesem Falle gilt eine Vergütung nach Art. 338 Abs. 2 O.-R. als stillschweigend vereinbart (vergl. Hartmann, Wort und Wille bei stillschweigendem Konsens, Archiv für civilistische Praxis, LXXII, S. 245 u. f.). Bei dem nahen verwandtschaftlichen Verhältnisse der Beklagten zu den Inhabern der konkursierten Firma erscheint nun allerdings ein derartiger Anspruch ihrerseits nicht ohne weiteres als gegeben, indem hier regelmäßig Unentgeltlichkeit der geleisteten Dienste zu vermuten ist. Dagegen spricht zu Gunsten der Beklagten der Umstand, daß es sich hier um umfangreiche Tätigkeit, um die Verwaltung eines großen Hotels handelte, wofür Entgelt regelmäßig beansprucht wird. Dazu kommt, daß die Policen, für welche die Firma die Prämien bezahlt hat, von der Beklagten für dieselbe verpfändet worden waren. Es darf daher unbedenklich angenommen werden, daß die Beklagte nur unter der Voraussetzung dem Geschäfte X. Segesser ihre Dienste geleistet habe, daß die Prämien aus der Geschäftskasse bestritten werden.

### Demnach hat das Bundesgericht
### erkannt:

Die Weiterziehung der Klägerschaft wird als unbegründet erklärt und demnach das Urteil der Justizkommission des Obergerichtes des Kantons Luzern in allen Teilen bestätigt.

### 136. Urteil vom 17. November 1893 in Sachen Fritschin gegen Zeißi.

A. Durch Urteil vom 17. Juni 1892 hat das Obergericht des Kantons Solothurn erkannt: Der Beklagte ist nicht gehalten, der Klägerin den Betrag von 13,615 Fr. 15 Cts. nebst Zins à 5 % seit 20. Mai 1888, abzüglich 4000 Fr. mit Zins à 5 % seit 22. Februar 1889 zu bezahlen.

B. Gegen dieses Urteil ergriff die Klägerin die Weiterziehung an das Bundesgericht und beantragt heute Gutheißung der Klage im Sinne des gestellten Rechtsbegehrens. Der Beklagte beantragt Bestätigung.

Das Bundesgericht zieht in Erwägung:

1. Am 22. März 1888 stellte der Beklagte (Schwiegersohn der Klägerin) zu Gunsten von Zäslin und Baumann in Basel einen Eigenwechsel aus im Betrage von 13,615 Fr. 15 Cts., zahlbar am 20. Mai 1888 bei der Klägerin, in deren Wohnung zu Basel, Freie Straße 99. Dieser Wechsel wurde am 23. Mai 1888 mangels Zahlung protestiert, jedoch am folgenden Tage von der Klägerin eingelöst.

2. Am 29. Juli 1892 erhob die Klägerin für ihre Forderung von 13,619 Fr. 25 Cts. nebst Zins zu 5 % seit 20. Mai 1888 gegen den Beklagten den Rechtstrieb; der Beklagte erhob Rechtsvorschlag, darauf stellte die Klägerin Klage auf Bezahlung von 13,615 Fr. 15 Cts. mit Zins zu 5 % seit 20. Mai 1888, wovon der Beklagte den Betrag von 4000 Fr., Brennereientschädigung, welche er der Klägerin am 22. Februar 1889 bezahlt habe, mit Zins zu 5 % in Abzug bringen könne. Sie bemerkte dabei, ihre Klage sei keine Klage nach Wechselrecht, sondern nach Art. 813 Abs. 2 und Art. 70 O.-R. eine gewöhnliche Civilklage auf Rückerstattung einer Bereicherung; sie verlange weder die wechselmäßige Provision, noch Protestkosten; demgemäß sei die vom Beklagten vorgeschützte Verjährungseinrede nicht begründet. Der Beklagte bestritt, daß dermalen seinerseits noch eine Bereicherung vorliege; er besitze kein Vermögen mehr, abgesehen von den allernotwendigsten hausrätlichen Gegenständen, und berief sich auf

eine am 14. Januar 1893 vollzogene Vermögensausscheidung mit seiner Ehefrau Maria Zeißi geb. Fritschin, wonach sämmtliche Habschaft und Schulden von der letztern übernommen wurden.

3. Die erste Instanz wies die Klage ab; ebenso die zweite Instanz; die Motivierung geht dahin, es sei als erwiesen anzusehen, daß der Beklagte durch die Einlösung des Wechsels durch die Klägerin von einer Schuld befreit, und aus diesem Grunde als Aussteller des Wechsels bereichert worden sei, indem eine Verbindlichkeit der Klägerin zur Einlösung nicht vorgelegen habe. Es frage sich daher nur, ob der Beklagte zur Zeit der Rückforderung (29. Juli 1892) noch bereichert gewesen sei. Der Beklagte bestreite dies, und die Klägerin habe einen diesbezüglichen Beweis nicht angetragen, obschon ihr die Beweislast zufalle. Gegenteils habe der Beklagte durch Vorlage der Vermögensausscheidung vom 14. Januar 1893 die Unmöglichkeit der Rückzahlung der Bereicherung konstatiert. Indem sonach auf Seiten des Beklagten zur Zeit der Rückforderung, weil derselbe damals schon mit Ausnahme eines geringfügigen Mobiliarbesitzes vermögenslos gewesen, eine Bereicherung nicht mehr vorgelegen, und von Seiten der Klägerin nicht behauptet worden sei, daß er sich der Bereicherung böswillig entäußert habe, müsse die Klage abgewiesen werden.

4. Die Kompetenz des Bundesgerichtes ist nicht zweifelhaft, da der erforderliche Streitwert gegeben und die Rechtsfrage nach eidgenössischem Rechte zu entscheiden ist.

Die Klägerin hat ihre Klage ausdrücklich als Bereicherungsklage im Sinne der Art. 813 und 70 u. ff. O.=R. bezeichnet. Die Berufung auf Art. 813 cit. ist aber unbegründet. Diese Gesetzesstelle setzt voraus, daß die wechselrechtlichen Verbindlichkeiten durch Verjährung oder durch Nichtbeachtung einer zur Erhaltung des Wechselrechtes vorgeschriebenen Frist oder Formalität erloschen seien, und sie ersetzt dem Wechseleigentümer für diesen Fall die untergegangene Wechselklage durch den Anspruch auf Rückforderung der Bereicherung im ordentlichen Prozeß gegenüber dem Aussteller und gewissen andern Personen. Mit einem solchen verjährten oder präjudizierten Wechsel haben wir es jedoch hier nicht zu tun. Klägerin ist nicht Wechseleigentümerin im Sinne des Art. 813 O.=R., da sie den Wechsel weder als Remittent noch

durch Indossament erworben hat. Vergl. Art. 755 O.-R. Dadurch, daß sie ihn als Domiziliat bezahlte, ist vielmehr die Wechsel-
obligation erloschen und hat sie daher keinen wechselmäßigen Anspruch erhalten. Von der Wechselbereicherungsklage kann daher
keine Rede sein, sondern Klägerin kann nur aus dem der Zahlung
zu Grunde liegenden civilrechtlichen Verhältnisse auf Ersatz des
Gezahlten klagen. In letzterer Hinsicht erscheint nun aber die
Berufung der Klägerin auf Art. 70 u. ff. O.-R. nicht zutreffend,
und zwar deshalb, weil die Zahlung der Wechselschuld nicht ohne
materielle Rechtfertigung erfolgt ist. Um den Anspruch der Klägerin gegenüber dem Beklagten festzustellen, ist nämlich, wie bereits bemerkt, das der Zahlung zu Grunde liegende Rechtsverhältnis aufzudecken, und daher zu prüfen, aus welchem Grunde
sie die Wechselschuld getilgt habe.

Daß nun die Klägerin etwa die Absicht gehabt habe, dem
Beklagten eine Schenkung im Betrage seiner Wechselschuld zu
machen, und aus diesem Grunde dieselbe bezahlt habe, ist seitens
des Beklagten nicht einmal behauptet worden. Ebensowenig hat
anderseits die Klägerin dargetan, daß die Zahlung infolge eines
Auftrages des Beklagten geschehen sei und ihr daher ein Anspruch
auf Ersatz nach Art. 400 O.-R. gegen denselben zustehe. Dagegen
ist nach den Akten nicht zweifelhaft, daß seitens der Klägerin
eine Geschäftsführung ohne Auftrag im Sinne des Art. 472 O.-R.
vorliegt, welche sie berechtigt, vom Beklagten Ersatz ihrer Auslagen zu verlangen. Denn da die Schenkungsabsicht der Klägerin
weder behauptet, noch zu vermuten ist, so muß angenommen
werden, daß sie den Wechsel im Interesse des Beklagten und in
der Meinung, sich denselben zu obligieren, eingelöst habe. Allerdings kann die Rückforderung der Verwendungen nicht bei jeder Geschäftsführung, die mit Rücksicht auf das Interesse des Geschäftsherrn vorgenommen wurde, gefordert werden, sondern nur unter
der Voraussetzung, daß die Geschäftsbesorgung im Interesse desselben
geboten war. (Art. 472 O.-R.) In dieser Richtung entfernt sich
das schweizerische Obligationenrecht von der gegenwärtig herr-
schenden Anschauung und schließt sich mehr der ältern Auffassung
an, wonach die actio negotiorum gestorum contraria ein ne-
gotium necessarium voraussetzt (vrgl. Wächter, im Archiv
für civilistische Praxis, XX, S. 348; Vangerow, Pan-

belken, III, § 664). Dies ergibt sich sowohl aus dem Gesetzes=
text selbst als aus dem Bericht der nationalrätlichen Kommission
(vrgl. Schneider und Fick, Obligationenrecht, neue Ausgabe,
Art. 472, Anm. 1). Daß in concreto die Geschäftsbesorgung der
Klägerin im Interesse des Beklagten geboten war, ergibt sich jedoch
ohne weiteres aus dem Umstande, daß der Wechsel wenige Tage
vor der Zahlung durch die Klägerin fällig geworden war. Aber
selbst dann, wenn die Einlösung des Wechsels nicht als im In=
teresse des Beklagten geboten erschiene, müßte die Klage gutge=
heißen werden; alsdann könnte Art. 473 O.=R. zur Anwendung
kommen, wonach der Geschäftsherr zur Herausgabe der Berei=
cherung verpflichtet ist. Es ist nämlich, entgegen der Ansicht der
Vorinstanz, davon auszugehen, daß ein Wegfall der Bereicherung
in casu nicht anzunehmen ist. Zunächst wäre es Sache des Be=
klagten gewesen, für seine Behauptung, er sei zur Zeit der Rück=
forderung nicht mehr bereichert gewesen, den Beweis zu erbringen,
indem der Kläger nur die Entstehung des Anspruchs darzutun
hat und nicht gehalten ist, den Beweis zu leisten, daß derselbe
nicht untergegangen sei. Ein Beweis in dieser Richtung liegt
nun aber seitens des Beklagten nicht vor. Er hat nur dargetan,
daß er am 14. Januar 1893 vermögenslos gewesen sei; ein
zwingender Grund zur Annahme, daß er auch schon am 29. Juli
1892 ohne Vermögen gewesen, liegt nicht vor. Sodann kommt
überhaupt für die Frage, ob die Bereicherung des Beklagten
weggefallen sei, gar nichts darauf an, ob der Beklagte Vermögen
habe oder nicht; die Zuwendung, welche er durch die Einlösung
des Wechsels erfahren, bestand in der Befreiung von einer Schuld
und dieser Zustand dauert noch fort. Tatsächlich ist der Beklagte
heute noch um diesen Betrag bereichert.

Demnach hat das Bundesgericht

erkannt:

Die Weiterziehung der Klägerin wird gutgeheißen und dem=
nach der Beklagte verpflichtet, der Klägerin den Betrag von
13,615 Fr. 15 Cts. nebst Zins zu 5 % seit dem 20. Mai 1888,
abzüglich 4000 Fr. mit Zins zu 5 % seit 22. Februar 1889
zu bezahlen.

### 137. Urteil vom 17. November 1893 in Sachen Bernhard gegen Krebs.

A. Durch Urteil vom 12. September 1893 hat die Appella=
tionskammer des Obergerichtes von Zürich erkannt: Die Klage
wird, soweit sie sich auf die Äußerungen des Beklagten im Kan=
tonsrat bezieht, angebrachtermaßen, im übrigen definitiv abge=
wiesen.

B. Gegen dieses Urteil erklärte Alois Bernhard sub 12. Ok=
tober 1893 die Weiterziehung an das Bundesgericht, unter An=
meldung folgender Anträge:

„Es sei das angefochtene Urteil im ganzen Umfange aufzu=
„heben und unter Gutheißung der Klage dem Kläger eine
„Entschädigung von 10,000 Fr., eventuell in einem niedrigeren,
„durch richterliches Ermessen festzusetzenden, immerhin 4000 Fr.
„übersteigenden Betrag zuzusprechen. Eventuell, es sei eine Akten=
„vervollständigung im Sinne von Art. 82 des Bundesgesetzes
„betreffend die Organisation der Bundesrechtspflege anzuordnen
„und hierauf gemäß dem Hauptantrage zu entscheiden.“

Bei der heutigen Hauptverhandlung ist Kläger nicht vertreten;
dagegen langt eine von Zürich, 15. November 1893, datierte
Rechtsschrift desselben ein, in welcher er um Gutheißung der in
der „Berufungsschrift“ gestellten Anträge bittet.

Der Anwalt des Beklagten beantragt Abweisung der Weiter=
ziehung, eventuell Aktenvervollständiguug durch Zuziehung der
schwurgerichtlichen Akten im Ehrverletzungsprozesse Bernhard gegen
Krebs, und Einvernahme der damals abgehörten Zeugen, sowie
des betreffenden Experten.

Das Bundesgericht zieht in Erwägung:

1. Im Januar 1892 fand im Hotel zum Adler in Winterthur
eine Versammlung statt, an welcher circa 130 Personen teil=
nahmen, denen Kläger Lotterieloose verkauft hatte. In dieser
Versammlung verlas der Vorsitzende einen an die Leiter derselben
gerichteten Brief des Beklagten, d. d. 20. Januar 1892, dessen
Wortlaut hier folgt: „Im Begriffe, dem Kantonsrat eine Motion

„einzureichen, welche die Regierung einladen soll, den Verkauf
„von Anlehensloosen unter polizeiliche Aufsicht zu stellen, oder
„sonst in tunlichster Weise einzuschränken, lese ich im heutigen
„Landboten", die Einladung zu einer Versammlung, welche sehr
„wahrscheinlich den Zweck haben soll, das Gebahren der Bank
„Alois Bernhard in Zürich in's richtige Licht zu stellen und
„eventuell die notwenigen Maßregeln zu besprechen. Obschon
„nicht Käufer solcher Loose, kenne ich doch den Verkehr dieser
„Bankfirma und den daraus für das Volkswohl entstehenden
„enormen Schaden genau, weiß auch, daß die kantonalen Polizei=
„behörden sich schon längere Zeit mit der Frage beschäftigen, wie
„dem Alois Bernhard beizukommen sei. Würde mich nicht eine
„Krankheit abhalten, so nähme ich gerne an Ihrer Versammlung
„teil, um einerseits zu hören, anderseits zu berichten und zu
„raten. Zur Begründung meiner Motion steht mir bereits ein
„ansehnliches Material zur Verfügung; doch wäre ich für jede
„weitere Mitteilung von Tatsachen und begründeten Klagen wo=
„möglich mit Beweismitteln äußerst dankbar, unter Zusicherung
„strengster Diskretion und bitte die Einberufer der Versammlung,
„sich möglichst bald mit mir in Beziehung setzen, oder mir vom
„Resultate der Versammlung Kenntnis geben zu wollen. Selbst=
„verständlich liegt es im Interesse der Sache, daß vor Einreichung
„und Begründung der Motion möglichstes Stillschweigen be=
„obachtet werde. Ihren Mitteilungen entgegensehend, zeichnet
„Achtungsvoll sig. Werner Krebs, Mitglied des Kantonsrates.
„Die Mitglieder des Kantonsrates in Winterthur, insbesondere
„die HH. Locher, Ziegler, Forrer, Geilinger, Dr. Schenk, Dr.
„Hasler, Ernst Werner, werden gerne bestätigen, daß man sich
„in dieser Sache vertrauensvoll an mich wenden dürfe."

Im April 1892 reichte der Beklagte dem zürcherischen Kan=
tonsrate eine Motion betreffend den Handel in Anleihens= und
Prämienloosen ein, die er am 25. gleichen Monats im Schooße
des Kantonsrates mündlich begründete. Dabei soll Beklagter das
Geschäftsgebahren der Bank Alois Bernhard heftig angegriffen
haben.

Kläger erhob daraufhin Klage wegen ernstlicher Verletzung
seiner persönlichen Verhältnisse, sowohl durch den beklagtischen

Brief vom 20. Januar 1892, als durch die bei Begründung obgenannter Motion im Kantonsrate gebrauchten Ausdrücke und verlangte beim Bezirksgericht Zürich hiefür einen Betrag von 10,000 Fr. Das Bezirksgericht wies die Klage ab, speziell be= züglich der Äußerungen des Beklagten im Kantonsrate auf Grund von Art. 32 der Geschäftsordnung für den zürcherischen Kantonsrat.

In der Appellationsinstanz fällte sodann die Appellations= kammer das in Fakt. A verzeichnete Urteil, indem sie die Frage, ob Art. 32 der citierten Geschäftsordnung allgemein civilrechtliche Klagen aus amtlichen Handlungen von Kantonsratsmitgliedern betreffe, dahingestellt sein ließ, dagegen die vorgängige Bewilli= gung der gerichtlichen Verfolgung durch den Kantonsrat um so entschiedener für Genugtungsklagen aus Art. 55 O.=R. erforderte.

2. Die Voraussetzungen der bundesgerichtlichen Kompetenz sind gegeben; die Klage macht einen den gesetzlichen Streitwert erheblich übersteigenden Schadenersatzanspruch eidgenössischen Rechts geltend und das angefochtene Urteil ist ein Haupturteil, letzteres auch insoweit, als es die Klage nicht definitiv, sondern ange= brachtermaßen abweist. Auch in letzterer Richtung liegt der end= gültige richterliche Ausspruch vor, daß ein Anspruch, wie er ein= geklagt ist, d. h. ein Schadenersatzanspruch eidgenössischen Rechtes nicht vorliege, sondern Entschädigung, beziehungsweise Genug= tuung bloß begehrt werden könne, wenn kantonalrechtlicher Vor= schrift gemäß der Kantonsrat seine Bewilligung zur Verfolgung des Beklagten gegeben habe.

3. In der Sache selbst ist es nicht richtig, wenn der Vertreter des Beklagten heute ausgeführt hat, die Beschwerde beziehe sich nur auf denjenigen Teil des angefochtenen Entscheides, der die vom Beklagten im Kantonsrate getanen Äußerungen betrifft. Denn das vom Kläger gestellte Rechtsbegehren ficht den genann= ten Entscheid in seinem ganzen Umfange an, und das muß maß= gebend sein; freilich behandelt der Kläger in seiner nachträglich eingereichten Rekursbegründung nur die Verantwortlichkeit des Beklagten für seine im Kantonsrate getanen Äußerungen; allein auch in dieser Eingabe ist das Rekursbegehren in seinem vollen Umfange, wie es früher gestellt worden, aufrecht erhalten.

4. In erster Linie muß sodann geprüft werden, ob der Brief
des Beklagten vom 20. Januar 1892 eine unerlaubte, zu Schaden=
ersatz oder Genugtuung verpflichtende, Handlung involviere
Dies ist nun in Übereinstimmung mit den Vorinstanzen ohne
weiteres zu verneinen. Der Brief enthält im wesentlichen nichts
anderes als die Aufforderung an die Leitenden der ohne Zutun
des Beklagten zusammenberufenen Versammlung unzufriedener
Kunden des Klägers, dem Schreiber von dem Resultat der Ver=
sammlung Mitteilung zu machen und ihm begründete Klagen
über das Geschäftsgebahren des Klägers mitzuteilen, wobei der
Schreiber ganz naturgemäß die Gründe angibt, die ihn zu diesem
Schritte veranlaßen und die auch geeignet sein mochten, die Leiter
der Versammlung zu bestimmen, seinem Begehren zu entsprechen.
In diesem Vorgehen des Beklagten liegt nichts Unerlaubtes. Es
ist klar, daß derselbe befugt war, Daten über die beim Raten=
looshandel vorkommenden Unzukömmlichkeiten zu sammeln, um
Material für die Motion zu gewinnen, welche er im Kantons=
rate zu stellen gedachte; dazu mußte und durfte er sich selbst=
verständlich um den Geschäftsbetrieb der einzelnen Ratenloos=
händler bekümmern. Daß er in dem Brief vom 20. Januar 1892
blos vom Kläger sprach, erklärt sich ganz natürlich daraus, daß
die Versammlung, an deren Leiter der Brief gerichtet war, eben
aus unzufriedenen Abnehmern des Klägers bestand. Die einzige
Äußerung, welche etwa als eine unerlaubte betrachtet werden könnte,
die nämlich, die kantonalen Polizeibehörden beschäftigen sich schon
längere Zeit mit der Frage, wie dem Alois Bernhard beizu=
kommen sei, ist, wie die Vorinstanzen gestützt auf die Zeugnisse
des Polizeihauptmann Fischer und Justizsekretär Dr. Schollen=
berger feststellen, erwiesenermaßen wahr. Die wahre Tatsache an=
zuführen aber, daß die Polizeibehörden sich mit der Frage be=
schäftigen, wie dem Kläger beizukommen sei, war Beklagter ohne
Zweifel befugt. Ebenso war er berechtigt, der Überzeugung Aus=
druck zu geben, daß der Geschäftsbetrieb des Klägers dem Volks=
wohl enormen Schaden bringe. Der Überzeugung, daß gewisse
Gewerbe, wie der vom Kläger betriebene Hausierhandel in Prämien=
loosen gegen Ratenzahlungen dem Volkswohl nachteilig seien, muß
unverholen Ausdruck gegeben werden dürfen, wenn anders nicht
jede Kritik an Auswüchsen im Erwerbsleben, welche dem Effekte

nach auf eine Ausbeutung der geschäftsunkundigen und leicht=
gläubigen Massen hinauslaufen, verunmöglicht werden soll. Eine
solche Kritik muß aber erlaubt sein und zwar selbst dann, wenn
sie an dem Geschäftsbetrieb bestimmter Personen exemplifiziert
und diese nicht gerade angenehm berühren mag. Selbstverständlich
dürfen nicht unter dem Deckmantel der Kritik von Übelständen
im Erwerbsleben falsche Tatsachen zum Nachteil eines Einzelnen
Gewerbetreibenden leichtfertiger= oder argliſtigerweiſe behauptet
werden. Allein derartige Behauptungen ſind im Brief vom 20. Ja=
nuar 1892 nicht enthalten.

5. Was die Äußerungen des Beklagten im Kantonsrat be=
trifft, so entzieht sich zunächst die Frage, ob und inwieweit § 31
der Geschäftsordnung des Zürcher Kantonsrates vom 24. April
1874 sich auch auf die civilrechtliche und nicht nur auf die straf=
rechtliche Verfolgung beziehen, der Überprüfung des Bundesge=
richtes, da es sich dabei um die Auslegung eines kantonalen
Gesetzes handelt. Die Geschäftsordnung ist nämlich in der Tat
ein vom Volke angenommenes Gesetz. Es ist also ohne weiteres da=
von auszugehen, daß die Regel des § 32 leg. cit., wonach ein Mit=
glied wegen einer im Kantonsrat gehaltenen Rede nur dann ge=
richtlich verfolgt werden darf, wenn der Kantonsrat selbst die Er=
mächtigung dazu erteilt hat, sich, wenn nicht auf alle civilen
Entschädigungsklagen, so doch jedenfalls auf Genugtuungsklagen
aus Art. 55 O.=R. beziehe. Die einzige vom Bundesgerichte zu
entscheidende Frage ist die, ob nicht § 32 genannter Geschäfts=
ordnung in seiner Ausdehnung auf die civilrechtliche Verantwort=
lichkeit der Großratsmitglieder mit Art. 50 u. f. O.=R. in Wider=
spruch stehe und daher insoweit aufgehoben sei, so daß trotz der
beschränkenden Bestimmung der großrätlichen Geschäftsordnung
ein Schadenersatzanspruch kraft eidgenössischen Rechtes ohne diese
Beschränkung bestehe. Diese Frage ist in Übereinstimmung mit
der Vorinstanz zu verneinen. Art. 64 O.=R. bestimmt, daß über
die Ersatzpflicht für Schaden, welchen öffentliche Beamte oder
Angestellte in Ausübung ihrer amtlichen Funktionen verursachen,
Bundes= oder Kantonsgesetze abweichende Bestimmungen aufstellen
dürfen. Nun erscheinen allerdings Mitglieder des Kantonsrates
nicht als Beamte im engeren Sinne, da sie zum Staate in
keinem Dienstverhältnisse stehen, allein in einem weiteren Sinne

sind auch sie als Beamte zu betrachten. Sie sind Mitglieder einer Behörde und zwar einer solchen, der die Ausübung der wichtigsten staatlichen Hoheitsrechte anvertraut ist; im weitern Sinne, in welchem der Ausdruck auch die Mitglieder staatlicher Behörden umfaßt, erscheinen daher auch die Mitglieder des gesetz= gebenden Körpers als Beamte. In diesem weiteren Sinne ist nun in Art. 64 O.=R. der Ausdruck „öffentlicher Beamter" ge= braucht. Dies ergibt sich zur Evidenz aus der ratio legis. Diese besteht offenbar darin, daß bei Regelung der Entschädigungspflicht aus öffentlich rechtlichen Akten, neben den civilrechtlichen, auch öffentlich=rechtliche Gesichtspunkte in Betracht kommen können. Der besondern Gesetzgebung des Bundes und der Kantone wird daher vorbehalten, diesen öffentlich-rechtlichen Erwägungen Rech= nung zu tragen und die Anwendung der allgemeinen civilrecht= lichen Grundsätze hier auszuschließen. Diese ratio legis trifft aber nicht nur für die öffentlichen Handlungen der Beamten im engern Sinne, sondern überhaupt für diejenigen aller zur Ausübung der öffentlichen Gewalt berufenen Personen und nicht zum we= nigsten für die Amtshandlungen der Mitglieder der parlamen= tarischen Körperschaften zu. Gerade hier spielen, wie die geschicht= liche Entwicklung des Rechtes der parlamentarischen Immunität zeigt, staatsrechtliche und politische Erwägungen eine große Rolle. Deshalb ist denn auch klar, daß die Bundesgesetzgebung gerade hier die allgemeinen civilrechtlichen Grundsätze nicht schlechthin hat als maßgebend erklären wollen. Es ist ja denn auch die Verantwortlichkeit der Mitglieder der eidgenössischen Räte spezial= gesetzlich durch das Verantwortlichkeitsgesetz vom 9. Dezember 1850 geordnet. Verstößt demnach die Beschränkung der Verantwortlich= keit der Kantonsratsmitglieder, wie § 32 der Geschäftsordnung nach Auslegung des kantonalen Richters sie aufstellt, nicht gegen das Obligationenrecht, so ist der Weiterzug des Klägers als un= begründet abzuweisen.

Demnach hat das Bundesgericht

erkannt:

Die Weiterziehung wird abgewiesen und es hat in allen Teilen beim Urteile der Appellationskammer des Obergerichtes des Kan= tons Zürich sein Bewenden.

## 138. Urteil vom 1. Dezember 1893 in Sachen Dubler gegen Meiß.

A. Mit Urteil vom 29. Juni 1893 hat das Handelsgericht des Kantons Aargau erkannt:

a. Der Beklagte Hans Meiß wird verfällt, der Klägerin folgende Beträge zu entrichten:

1. Unter Garantie der Faustpfänder laut Kautionsvertrag vom 10. August 1892 46,431 Fr. 75 Cts., samt Zins à 5 % vom Tage der Klageverurkundung, d. h. vom 21. November 1892 an.

2. Ohne Garantie der Faustpfänder 115 Fr. 90 Cts., Anteil der Klägerin und Widerbeklagten an den durch den Beklagten und Widerkläger von Langenhagen bezogenen Provision, samt Zins à 5 % vom 21. November 1892 an.

Mit den weitergehenden Forderungen wird die Klägerin abgewiesen.

b. Die Firma R. Dubler wird verfällt, dem Beklagten folgende Beträge zu entrichten:

1. Für Übergabe des Warenlagers in New-York und den Salär-Anspruch für die Zeit vom 1. Januar 1893 bis 30. Juni 1894 eine Aversalentschädigung von 5000 Fr.

2. Für Fuhrlohn von Kisten Dublers im September 1892 und Briefporti 36 Fr.

3. Für widerrechtliche Verhaftung eine Entschädigung von 5000 Fr.

Diese Forderungen im Gesamtbetrage von 10,036 Fr. sind gegenüber dem der Klägerin laut Dispositiv a 1 zustehenden Guthaben von 46,431 Fr. 75 Cts. zu verrechnen.

Mit den weitergehenden Forderungen ist der Widerkläger abgewiesen.

B. Gegen dieses Urteil haben beide Parteien die Weiterziehung an das Bundesgericht erklärt und beantragt:

I. Die Klägerin und Widerbeklagte:

a. Der Beklagte Meiß sei zu verfällen, von den dem Kläger Dubler unter litt. a 1 des handelsgerichtlichen Urteils zugesprochenen

46,431 Fr. 75 Cts. den fünfprozentigen Verzugszins nicht bloß vom 21. November 1892, sondern schon vom 11. August 1892, eventuell vom 1. Oktober 1892 weg zu entrichten.

b. Die dem Beklagten Meiß unter litt. b des handelsgerichtlichen Urteils zugesprochenen Beträge von:

1. 5000 Fr. „für Übergabe des Warenlagers in New-York und den Salär-Anspruch für die Zeit vom 1. Januar 1893 bis 30. Juni 1894."

2. 36 Fr. für Fuhrlohn und Porti im September 1892, und

3. 5000 Fr. für „widerrechtliche Verhaftung",
seien zu streichen, demnach der Beklagte mit seinen Gegenforderungen ganz abzuweisen, mit der Einrede der Kompensation so gut wie mit der Widerklage.

II. Der Beklagte und Widerkläger:

I. 1. Es sei in Abänderung des angefochtenen Urteils der Kläger mit seiner Klage in allen Teilen abzuweisen.

2. Eventuell wolle das Bundesgericht eine Aktenvervollständigung anordnen über alle bestrittenen erheblichen Thatsachen, insbesondere über die Höhe der Forderungen der Klagepartei, und die Größe der Gegenforderung des Meiß.

Es wird ausdrücklich verlangt, daß der Kläger verhalten werde, seine Bücher dem Richter in geeigneter Weise vorzulegen.

II. 1. Es sei in Abänderung des angefochtenen Urteils dem Widerkläger das Begehren der Widerklage zuzusprechen.

2. Eventuell wolle das Bundesgericht eine Aktenvervollständigung anordnen über alle bestrittenen erheblichen Thatsachen, insbesondere über die Höhe der Forderung des Widerklägers.

Das Bundesgericht zieht in Erwägung*):

1. Die klägerische Firma betreibt in Wohlen ein Manufakturgeschäft in Strohwaren. Am 1. März 1891 schloß sie mit dem Beklagten, der seit 1889 bei ihr als Reisender angestellt gewesen, einen Vertrag ab, wonach derselbe ihre Vertretung in den Vereinigten Staaten von Nordamerika übernahm. Die wesentlichen Punkte dieses Vertrages sind folgende: Meiß besorgt

---

*) Der faktische Teil dieses Urteils wird hier in etwas abgekürzter Form wiedergegeben.

den Verkauf, resp. die Aufnahme von Aufträgen, die Ablieferung derjenigen Waren, welche nicht direkt an die Kunden gehen, „und wahrt das Interesse der Herren Dubler & Söhne überhaupt in jeder ihm zu Gebote stehenden Weise." Die Besorgung sämtlicher Geschäfte in New-York geht im Namen der Kläger, unter der Firma Dubler & Sons mit Meiß als „leitendem Agenten". Diejenigen Waren, welche nicht direkt an die Besteller gehen, werden an Meiß konsignationsweise adressiert und wiederum von Dubler & Sons in New-York fakturiert. Der Inkasso sämtlicher Guthaben, die nicht direkt nach Wohlen remittiert werden, geschieht durch die Firma Keßler & Cie., oder durch irgend ein anderes von Dubler & Söhne zu bestimmendes Bankgeschäft in New-York, in der Weise, daß sämtliche Fakturen oder Statements an jenes Bankhaus zahlbar ausgestellt werden; Meiß ist nicht mit dem Inkasso beauftragt. Er haftet nicht für Solibität der Kunden, und weder für den Eingang der Guthaben, noch für Annahme der von den Kunden bestellten Waren „oder für allfällig entstehende Schwierigkeiten in Folge unrichtiger Zolldeklaration." Die Vergütung an den Beklagten beträgt 12,500 Fr. per Jahr, welche sich ungefähr auf folgende Beträge verteilt: Fixes Salär 3000 Fr., Miete 2500 Fr., Reisen in's Innere 2500 Fr., Reisen nach Europa und Aufenthalt in Wohlen 1500 Fr., Informationen 500 Fr., für den Angestellten 2000 Fr., Bureauauslagen 500 Fr.; ferner vergüten die Kläger dem Beklagten seine Auslagen für Telegramme, Briefe und Mustersendungen, für Zollhausgebühren, Zufuhren u. s. w.; und endlich auf allen Geschäften, die er für ihre Rechnung macht, oder die ihnen von den Vereinigten Staaten von Nordamerika oder Canada direkt zugehen, 4 % Kommission des Nettofakturabetrages. Dem Beklagten ist sobann noch die Vertretung einer bestimmten Anzahl anderer Häuser vorbehalten, in der Meinung, daß die dadurch erzielten Kommissionsbeträge unter die Litiganten hälftig geteilt werden.

2. Dieser Vertrag war auf drei Jahre fest abgeschlossen, mit Beginn am 1. Juli 1891. Gemäß demselben schickten die Kläger dem Beklagten sämtliche nach Amerika bestimmten Waren vom September 1891 bis Frühling 1892 nach New-York, und gingen dabei so vor, daß sie ihm je eine Faktur, enthaltend den Ausfuhr-

wert, und ausgestellt in Franken, und eine andere für den Kunden
bestimmte, ausgestellt in Dollars, schickten, beide unter dem Namen
Dubler & Sons; auf den Fakturen war immer das Bankhaus
Keßler & Cie. als Zahlungsstelle bezeichnet. Anfänglich wurde
dieses Verfahren dem Vertrage gemäß beobachtet. Am 21. Januar
1892 aber schrieb der Beklagte den Klägern, es sei ihm insinuiert
worden, dieses Vorgehen enthalte eine Umgehung des Mac-
Kinley-Zoll-Verwaltungsgesetzes; es verstoße gegen dieses Gesetz,
wenn die Kläger die Waren an ihn konsignieren und doppelte
Fakturen ausstellen, die eine für ihn, die andere für den Kunden;
er habe sich daher genötigt gesehen, um nicht mit diesem Gesetz in
Konflikt zu kommen, sämtliche Waren fortan in seinem Namen
zu fakturieren, ein anderes Verfahren hätte nicht nur ihre, sondern auch seine Interessen und diejenigen der anderen Vertretungen
in der Weise gefährdet, daß Beschlagnahme sämtlicher Ware und
Guthaben jeden Tag zu fürchten gewesen wären. Am 10. Februar
antworteten die Kläger, sie können diese Änderung, weil mit dem
Vertrag in Widerspruch stehend, nicht billigen. Die Befürchtungen,
das Zollgesetz zu umgehen, und Strafe zu riskieren, seien unbegründet. In seiner Rückäußerung vom 26. Februar erklärte Meiß,
er sei von seiner Ansicht zu sehr überzeugt, als daß er sich durch
die Erklärungen der Kläger, die auf unrichtigen Annahmen
basieren, davon abbringen lassen könnte. Er werde sich nicht weiter
mit Erklärungen anstrengen, werde sich aber schriftliche und amtliche Beweise für seine Behauptungen verschaffen, um solche im
Fall benutzen zu können. Dem gegenüber hielten die Kläger in
ihrem Schreiben vom 10. März an ihrem Standpunkt fest und
protestierten dagegen, daß Meiß sich als Käufer geriere, nach dem
Vertrag sei er Agent und nicht eigener Käufer. Zugleich verlangten sie die längst verfallene und von Meiß in Aussicht
gestellte Aufstellung der bisher vollzogenen Verkäufe und der Eingänge, sowie die Namen der Besteller der telegraphisch aufge-
gebenen Bestellungen und erklärten, bis die Aufstellung eingelangt
und von ihnen geprüft und gebilligt sei, von nun an keine Bestellungen mehr auszuführen, vorerst müssen sie wissen, woran
sie seien.

4. Nachdem Meiß wiederholt die von den Klägern verlangte

Abrechnung in Aussicht gestellt hatte, übergab er denselben An=
fangs Juni eine Aufstellung über die Warenverkäufe und über
die unverkauften Waren, welche die Kläger jedoch nicht genügend
fanden. Er war inzwischen wieder in die Schweiz zurückgekehrt
und trat mit den Klägern in Unterhandlungen ein für den Ab=
schluß eines neuen Vertrages, wonach er das Warenlager in
New=York einem andern Agenten der klägerischen Firma über=
geben, und selbst wieder in das Geschäft in Wohlen eintreten
sollte. Wie nun die Unterhandlungen hierüber zu keinem Ende
kommen wollten, stellten die Kläger an den Beklagten die Auf=
forderung, ihnen den noch nicht abgelieferten Fakturenerlös auszu=
händigen, und da das nicht geschah, schöpften sie Verdacht. Meiß
gehe mit der Absicht um, ihnen die einkassierten Beträge vorzu=
enthalten, und erhoben am 2. August 1892 gegen denselben Straf=
klage wegen Unterschlagung bei der Staatsanwaltschaft des Kantons
Aargau. Sie machte darin geltend: Meiß habe in vertragswidriger
Weise die Fakturen auf seinen eigenen Namen gestellt und die
Inkassi selbst besorgt. Nach seiner Rückkehr haben sie ihn durch
ihren Anwalt auffordern lassen, in kürzester Frist die Ausstände
in New=York in Ordnung zu bringen und abzuliefern. Darauf sei
eine Unterredung des Meiß mit ihrem Anwalt, am 1. August
Abends, in Wohlen erfolgt, wobei Meiß erklärt habe, die Aus=
stände drüben habe er vorläufig, alle Kunden seien seine, nicht
Dublers Schuldner, nur er, niemand anders, könne sie einziehen;
wenn ihm Dubler nicht entgegenkomme, so liefere er sie auch nicht
aus; er wisse wohl, es sei Dublers Geld, allein was wolle er
machen? Beschlag nehmen könne Dubler, aber in dem Augen=
blick, wo das geschehe, verzeige er ihn bei der Zollbehörde in
New=York, dann möge er das weitere gewärtigen. Er habe den
Kunden, die bis heute schon alle Zahlungen hätten leisten können,
schriftliche Vollmacht hinterlassen, zuzuwarten. Nachher habe Meiß
den Klägern noch brieflich erklärt, er wolle den alten Kontrakt
lösen und sich gütlich mit ihnen abfinden, auch den Inkasso der
noch ausstehenden Beträge abliefern, sofern sie ihm gewisse Pro=
zente daran bewilligen, die Größe derselben wolle er noch nicht
nennen. Meiß enthalte ihnen also ihr Hab und Gut vor. Gegen=
ansprüche stehen ihm keine zu, solche könnten auch niemals den

Betrag von circa 80,000 Fr. (Forderungen und Warenvorrat) erreichen. Wenn er Gegenansprüche behaupte, so möge er die Summe der Ausstände (11,762 Dollars oder wie aus seinem Brouillon hervorgehen würde, 10,959 Dollars) gerichtlich deponieren. In einem Nachtrag zur Strafklage vom 3. August beziffern die Kläger die ausstehenden Guthaben, die Meiß abzuliefern habe, auf 10,959 Dollars, und die unverkauften Waren auf 5136 Dollars, für welch' letztere die Deposition, sofern eine solche vorgezogen werde, auf 3800 Dollars (statt 5136) beschränkt werden möge, indem der Minderwert der Ware billig in Anschlag gebracht werde. Am 3. August wurde der Beklagte auf Grund eines von der aargauischen Staatsanwaltschaft erlassenen Haftbefehls in St. Gallen verhaftet. Am 10. August wurde zwischen den Parteien in St. Gallen ein Garantievertrag abgeschlossen. In demselben wurde erklärt, daß das Warenlager in New-York laut Aufstellung des Meiß vom 18. Mai 1892, welche Aufstellung einen integrierenden Bestandteil des Vertrages bilden solle, einen Fakturawert von 5136 Dollars 25 habe (der Beklagte garantierte einen Warenbestand von 10,000 Fr.) und daß laut weiterer vom Beklagten anerkannter Aufstellung die ausstehenden Guthaben auf Kunden 10,959 Dollars 88 ausmachen, von welcher Summe abgehen 577 Dollars 73 laut am 10. August 1892 an Dubler indossiertem Wechsel, Faktura Lincoln Boyle & Cie., und 977 Dollars 93 laut ebenfalls am 10. August an Dubler indossiertem Wechsel, Faktura L. Schwab & Cie., im Ganzen 1555 Dollars 66, so daß die Fakturen noch betragen 9404 Dollars 22 oder 48,431 Fr. 73 Cts. Der Beklagte leistete nun unter Mithülfe von Verwandten Garantie für einen Betrag von 10,000 Fr., Fakturawert des Warenlagers, sowie für den Betrag der Buchguthaben, für welche das Aargauische Handelsgericht ihn als Schuldner verpflichten sollte. Wenn das genannte Gericht eine Haft desselben für die Einbringlichkeit der Guthaben nicht gutheißen sollte, so bestehe die Garantie für die Existenz der Buchguthaben, und für die richtige Vollziehung der Abtretung. Von den Buchguthaben sollten in Abzug gebracht werden 2000 Fr. als Provisionsansprüche des Beklagten; die Faustpfänder hafteten danach nur für 46,431 Fr. 75 Cts. Endlich war bestimmt, daß allfällig

weitere Ansprüche, welche die Parteien gegenseitig geltend zu ma=
chen haben, namentlich auch die Frage, ob der Anstellungsvertrag
zwischen Dubler & Söhne und Hans von Meiß noch zu Recht
bestehe, durch dieses Übereinkommen nicht berührt werden, und
daß sich die Garantie und Faustpfandbestellung auch nicht auf
andere Ansprüche und Verbindlichkeiten beziehe. Gegen Übergabe
der Faustpfänder an die Staatsanwaltschaft von St. Gallen zogen
die Kläger ihre Strafklage zurück, und nachdem die Staatsanwalt=
schaft des Kantons Aargau telegraphisch ihre Zustimmung zur
Haftentlassung erteilt hatte, wurde Meiß am 11. August morgens
8 Uhr auf freien Fuß gesetzt.

5. Im September erfolgte dann die Übergabe des Waren=
lagers in New=York durch den Beklagten. Die Aufstellung des=
selben hatte sich als richtig erwiesen bis auf eine Differenz von
357 Dollars 05, welche von den Klägern nicht weiter geltend
gemacht wird. Auf 1. Oktober 1892 stellte der Beklagte eine Ab=
rechnung, nach welcher er den Klägern schuldete:

    a. an Accepten . . . . . . . . . Dollars 2188 29
    b. an Barschaft, Wert 1. Oktober 1892   „   6091 44
Die Unterhandlungen über die Herausgabe der Barschaft und der
Accepte blieben jedoch erfolglos, und die Kläger reichten daher
im November 1892 beim Handelsgericht des Kantons Aargau
Klage ein. Mit derselben forderten sie:

A. 1. Unter Garantie der im Uebereinkommen vom 10. August
1892 gestellten Faustpfänder: die Summe von 46,431 Fr. 75 Cts.,
samt Zins zu 5 % seit 1. August 1892, mit der Begründung,
dadurch, daß Meiß in Verletzung des Vertrages die Waren in
eigenem Namen verkauft und die Käufer zu seinen eigenen Schuld=
nern gemacht, die Guthaben herauszugeben sich geweigert und über
die Accepte nach seinem Gutdünken verfügt habe, habe er der
Firma den Einzug verunmöglicht und damit die Gefahr eines
Verlustes unverhältnismäßig erhöht; er habe dadurch die Firma
tatsächlich ermächtigt, ihn als Käufer zu belasten. Die Höhe der
Guthaben sei im Kautionsvertrag vom 10. August 1892 in für
den Beklagten verbindlicher Weise festgestellt. Die Berechnung von
Verzugszinsen vom 1. August 1892 ab erscheine deswegen als
angemessen, weil bis dahin, nach der eigenen Zusicherung des

Beklagten, alle Fakturen eingegangen seien. Die meisten hätten zweifellos schon früher eingezogen werden können.

2. Ohne Garantie der im Übereinkommen vom 10. August gestellten Faustpfänder werden gefordert:

a. Die Summe von 1503 Fr. 50 Cts. samt Zins à 5 % seit 1. August 1892, als die Differenz zwischen der laut Garantievertrag genannten Summe und derjenigen, die sich aus den Büchern der Kläger ergebe.

b. Die Summe von 115 Fr. 90 Cts. samt Zins à 5 % von der Zustellung der Klage an, betragend den Anteil der Kläger an einer vom Beklagten bezogenen Provision vom Hause Langenhagen, dessen Vertretung der Beklagte in Amerika besorgt hatte.

c. Die Summe von 2500 Fr. samt Zins à 5 % vom 1. Juni 1892 an; diesen Betrag hätten die Kläger dem Beklagten für Reisen in's Innere von Amerika übermittelt, da diese Reisen aber unterblieben seien, müsse derselbe wieder zurückerstattet werden.

B. Eventuell beantragten die Kläger, der Beklagte sei, anstatt der unter Nr. 1 genannten Summe, verpflichtet, ihnen abzuliefern unter der am 10. August geleisteten Garantie:

a. in Geld 31,370 Fr. 95 Cts. samt Zins à 5 % seit 1. Oktober 1892; b. fünf an die Firma indossierte und rechtzeitig vor Verfall ihr zu übergebende Wechsel, nämlich zwei Accepte von Lincoln Boyle & Cie. für zusammen 895 Dollars 82 und drei von Halley & Atchison für zusammen 1289 Dollars 57, oder, wenn das nicht geschehe, wiederum in Geld 11,272 Fr. 25 Cts. samt Zins à 5 % seit 1. Dezember 1892.

Der Beklagte verneinte den klägerischen Standpunkt, daß er persönlicher Schuldner ihrer ausstehenden Guthaben geworden sei. Die Fakturierung auf seinen eigenen Namen sei notwendig gewesen, weil er bei dem im Vertrage vorgesehenen Verfahren, wofür er sich auf Expertise berufe, nicht nur Geldstrafe, sondern Zuchthausstrafe bis zu zwei Jahren riskiert hätte. Übermäßige Stundung habe er nicht gegeben, die Kläger hätten ihn selbst ermächtigt, mit dem Einzug der Rückstände bis zum August 1892 zuzuwarten. Ebenso könne keine Pflicht zur Zahlung von Verzugszinsen anerkannt werden, da die Kläger laut Brief vom 10. März 1892 damit einverstanden gewesen seien, daß beim Verkauf der Waren „Rücksicht auf die

Zahlungsweise genommen werde." Bezüglich der Höhe der klägerischen Guthaben habe er im Kautionsvertrage vom 10. August keine verbindliche Erklärung abgegeben. Das rektifizierte Guthaben von Dubler habe am 10. August brutto 9439 Dollars 63, also mehr als im Kautionsvertrag angegeben, betragen. Davon seien im September 1892 an den Beklagten alle, ausgenommen zwei Guthaben Dublers, regliert worden. An Skonto und Gegenrechnung seien 434 Dollars 97 abgezogen worden, ferner bringe der Beklagte in Abzug für seine Reise nach New-York zur Übergabe des Warenlagers, für Miete, für Fuhrlöhne und Briefporti, Kommissionen und Legalisationsgebühren, total 1748 Dollars 09, so daß also an bar, Accepten und zwei ausstehenden Beträgen (Empfangsbescheinigungen) noch bleiben: 7217,57 Dollars. Diese Summe verteile sich folgendermaßen:

| | | |
|---|---|---:|
| 5 Accepte auf Halley Atchison und Lincoln Boyle & Cie. . . . . . . . . | Dollars | 2185 29 |
| Bar . . . . . . . . . . . | „ | 4815 48 |
| Empfangsbescheinigung Young . . . . | „ | 68 40 |
| „ Hirst . . . . . | „ | 140 40 |
| | Summa Dollars | 7217 57 |

Die Forderung von 115 Fr. 90 Cts. nebst dem geltend gemachten Zins anerkannte der Beklagte, bestritt aber die Pflicht zur Rückgabe der 2500 Fr. für Reisen, weil dieselben wirklich ausgeführt worden seien. Für den Fall, daß er zur Rückerstattung verpflichtet würde, verlange er eine Summe von 3490 Dollars für Unkosten, die er in New-York gehabt. Kompensationsweise machte der Beklagte folgende Gegenforderungen geltend:

| | | |
|---|---|---:|
| 1. Salär vom 1. Januar 1893 bis 30. Juni 1894 . . . . . . . . . . | Fr. | 4,500 — |
| 2. Ausfall an Provisionen für 1892/1894 . | „ | 24,000 — |
| | Total Fr. | 28,500 — |

und stellte überdies in einer Widerklage folgende Ansprüche:

1. 20,000 Fr. als Schadenersatz und Genugtuungssumme für widerrechtliche Verhaftung; die Kläger hätten den Staatsanwalt durch unrichtige Angaben dazu verleitet. Dadurch sei der Ruf der alten und sehr angesehenen Familie des Beklagten auf's schwerste

kompromittiert und er selbst in seinen persönlichen Verhältnissen
tief verletzt und für sein weiteres Fortkommen erheblich benach=
teiligt worden.

2. 640 Fr. für mehrere zum Teil kostspielige Reisen, welche
die Familienangehörigen des Beklagten zu Folge der Verhaftung
zu machen genötigt gewesen seien.

3. 6000 Fr. Entschädigung für das Mobiliar, welches der
Beklagte anläßlich der Uebernahme der Agentur für Dubler habe
ankaufen müssen, und das er dort nur mit großem Verlust ver=
kaufen könne.

4. 2000 Fr. Entschädigung für Mühewalt, Reisen und Zeit=
verlust während der Dauer des Prozesses.

. . . . . . . . . . . . . . . . . . . . . . . .
. . . . . . .

7. Die Kompetenz des Bundesgerichtes ist nicht zweifelhaft.
Der erforderliche Streitwert ist augenscheinlich gegeben und der
Streit ist nach eidgenössischem Recht zu entscheiden; darauf, daß
der Vertrag durch den Beklagten in Amerika erfüllt werden sollte,
kommt für die Frage des anzuwendenden Rechtes schon des=
wegen nichts an, weil die Parteien bestimmt haben, daß für
allfällige Streitigkeiten bezüglich des Vertrages das aargauische
Handelsgericht kompetent sein solle, woraus ohne Weiteres der
Schluß gezogen werden darf, daß sie sich auch dem materiellen
heimatlichen Recht haben unterwerfen wollen. In Betracht ist auch
zu ziehen, daß sowohl der Anstellungsvertrag vom 1. März 1891
als das Uebereinkommen vom 10. August 1892, welche als
Grundlage der Klage dienen, in der Schweiz abgeschlossen worden
sind und daß die Widerklage auf den Art. 50 u. ff. O.=R.
basiert.

8. In erster Linie ist das durch den Vertrag vom 1. März
1891 zwischen den streitenden Parteien begründete Rechtsverhält=
nis festzustellen. Die Kläger betrachten die Stellung des Beklagten
als diejenige eines gewöhnlichen Handlungsbevollmächtigten, der
strikte an die Anweisungen des Prinzipals gebunden sei, während
der Beklagte die Auffassung vertritt, er habe in seiner Stellung
die Interessen der Kläger, als ihr Vertreter nach seinem eigenen
Gutfinden zu wahren gehabt, so daß bei allen Vorkommnissen
und Wechselfällen für ihn die oberste und in erster Linie maß=

gebende Frage darin bestanden habe, welches das Interesse der
Firma sei, und sonach die Beurteilung seiner Handlungsweise dar=
nach zu bemessen sei, ob dieselbe im Interesse der Firma gelegen,
oder ob er in böser Absicht gegen dieses Interesse gehandelt habe.

Aus der im Vertrage enthaltenen Bezeichnung des Beklagten
als „Vertreter" oder „leitenden Agenten" der klägerischen Firma
kann nun die rechtliche Natur des zwischen den Litiganten begrün=
deten Verhältnisses nicht abgeleitet werden. Der Ausdruck „Agent",
d. h. Betreiber fremder Geschäfte, oder Vertreter" ist juristisch
unbrauchbar, weil ohne feste technische Bedeutung; als solcher wird
sowohl ein Handlungsgehilfe, wie auch ein selbständiger Kaufmann,
welcher gewerbemäßig in fremdem Namen Handelsgeschäfte ab=
schließt, vermittelt oder einleitet, bezeichnet (vergl. Goldschmidt,
System des Handelsrechts, 4. Auflage, § 40). Maßgebend ist
in erster Linie nicht die von den Parteien gewählte Ausdrucksweise,
sondern der aus dem Vertrag und den begleitenden Umständen
ersichtliche Vertragswille (Art. 16 O.=R.).

Aus dem Vertrage ergibt sich nun, daß der Beklagte von den
Klägern für eine längere Dauer fest angestellt war, und einen
fixen jährlichen Gehalt für seine Dienstleistungen nebst Vergütung
der Auslagen für Miete, Reisen u. s. w., welche übrigens auch
zum Voraus fest bestimmt war, bezog. Dafür hatte derselbe per=
sönliche Dienste zu leisten, die zum Teil in Ausführung von Auf=
trägen bestanden. Den Klägern stand jedoch allein die Entschei=
dung über Ausführung oder Nichtausführung der eingehenden
Aufträge zu, und dem Beklagten war die Besorgung der Inkassi
ausdrücklich untersagt. Hienach kann es keinem Zweifel unterliegen,
daß der Beklagte im Dienste der Kläger stand, hier also ein
Dienstvertrag im Sinne der Art. 338 u. ff. O. R. vorliegt.

An Hand dieser Gesetzesbestimmungen ist denn auch die Frage
zu prüfen, ob die Kläger zur vorzeitigen Entlassung des Beklagten
berechtigt gewesen seien. Nach Art. 346 O. R. kann die Auf=
hebung des Dienstvertrages vor Ablauf der Dienstzeit von jedem
Teile aus wichtigen Gründen verlangt werden. Über das Vor=
handensein solcher Gründe entscheidet der Richter nach freiem Er=
messen. Wie das Bundesgericht in seinem Urteil vom 9. März
1889 in Sachen Schou gegen Aktiengesellschaft „Dynamit Nobel"

(Amtliche Sammlung, XV, S. 312 u. ff.) festgestellt hat, ist
nun zu einer solchen vorzeitigen Aufhebung eines Dienstvertrages
nicht etwa die vorherige richterliche Feststellung eines Aufhebungs=
grundes nötig, sondern es ist die Partei, welcher ein wichtiger
Grund wirklich zur Seite steht, befugt, den Vertrag unmittelbar,
durch bloße Willenserklärung, ohne vorgängige Anrufung des
Richters aufzuheben; allein es liegt ihr ob, im Bestreitungsfalle
das Vorhandensein des Aufhebungsgrundes nachzuweisen. Die klä=
gerische Partei ist also beweispflichtig dafür, daß ein zu Auflösung
des Vertrages berechtigender wichtiger Grund vorlag. Ein solcher
liegt unzweifelhaft dann vor, wenn der Angestellte sich einer gröb=
lichen Vertragsverletzung schuldig gemacht hat. Nun ist durch die
Vorinstanz festgestellt, daß der Beklagte in verschiedenen Richtungen
dem Vertrage zuwidergehandelt hat. Er fakturierte die Waren,
entgegen ausdrücklicher Vertragsvorschrift, auf eigenen Namen,
ohne den Prinzipal darüber anzufragen, und nachdem er ihm hie=
von Mitteilung gemacht, und dieser dagegen energische Protestation
erhoben, fuhr er trotz des Einspruchs mit diesem Vorgehen fort;
später bezeichnete er der Firma nicht einmal mehr die Kunden.
Ferner nahm er, obschon er zum Inkasso nicht berechtigt war,
Zahlungen in Empfang, und ließ solche durch das Bankhaus
Keßler & Cie. auf eigene Rechnung einkassieren; er stellte Wechsel
auf klägerische Kunden zu seinen Gunsten aus und verfügte über
die Ausstände und Accepte nach Belieben, indem er den Schuld=
nern willkürlich Stundung gewährte und dieselben sogar anwies,
bis zu seiner Rückkehr von Europa mit den Zahlungen zuzuwarten.
Die Einrede des Beklagten, die Kläger hätten ihm die Einwilli=
gung zum direkten Inkasso gegeben, erscheint hinfällig nach der
tatsächlichen Feststellung der Vorinstanz, daß eine solche Einwilli=
gung nie erfolgt sei, indem die Kläger sich nur damit einverstanden
erklärt haben, daß Meiß solche Zahlungen annehme, die von
Kunden trotz der Anweisung in der Faktur ihm übergeben worden
seien, und daß diese Beträge innerhalb kürzester Frist an das
Bankhaus Keßler & Cie. abgeliefert werden. Diese Vorschrift hat
der Beklagte nach der Feststellung der Vorinstanz, und wie er
auch nicht ernstlich bestreitet, nicht beobachtet, vielmehr sowohl
Barschaft als Accepte zurückbehalten und deren Herausgabe an

die Firma auch nach der Rückkehr aus Amerika beharrlich ver=
weigert.

Frägt sich nun, ob Beklagter in Folge der amerikanischen Zoll=
gesetzgebung gezwungen gewesen sei, die Fakturierung auf eigenen
Namen vorzunehmen, so ist in Betracht zu ziehen, daß mit dem
6. Oktober 1890 in den Vereinigten Staaten von Nordamerika
das Mac=Kinley=Zollverwaltungsgesetz in Kraft getreten war, wel=
ches zur Erreichung möglichst richtiger Verzollung der Eingangs=
waren von dem Empfänger, wie auch vom Versender über den
Wert und die Fakturierung derselben bestimmte Erklärungen ver=
langt. Der Konsignatar (Importeur oder Agent) hat beim Zoll=
kollektor des Einfuhrhafens unter anderem die Erklärung abzu=
geben, daß die von ihm vorgelegte Faktur die richtige sei, welche
er für die betreffenden Waren erhalten habe, daß er von dem
Vorhandensein irgend einer andern Faktur für dieselben weder
Kenntnis habe, noch glaube, daß solche vorhanden seien, daß die
Faktur und die darin enthaltenen Angaben in jeder Richtung
wahrheitsgetreu seien, und daß er, wenn er später irgend einen
Irrtum entdecke, oder wenn er irgend eine andere Faktur für die=
selben erhalten sollte, sofort dem Zollkollektor Anzeige machen
wolle; ferner, daß die vorgelegte Faktur den wirklichen Kostenpreis
bezw. den wirklichen Marktwert oder Großhandelspreis zur Zeit des
Exportes nach den Vereinigten Staaten an den Hauptmärkten des
Landes, aus welchem die betreffenden Waren und Güter importiert
werden, enthalte. Wer wissentlich falsche Angaben in den Deklara=
tionen macht, oder dazu behülflich ist, soll nach diesem Gesetz zur
Erlegung einer Geldbuße bis 5000 Dollars oder zu Zuchthaus
bis zu zwei Jahren oder zu beidem, nach Gutdünken des betref=
fenden Richters verurteilt werden, während die betreffende Ware
konfisziert werden soll. Die Schutzbehauptung des Beklagten, er
würde diese Strafen riskiert haben, wenn er die vertraglich vor=
gesehene Fakturierung weiter beobachtet hätte, wäre nun zweifellos
erheblich, und müßte zu einer Entscheidung über die bestrittene
Meinung dieses Zollgesetzes führen, wenn unter Zugrundelegung
der beklagtischen Interpretation sein Verhalten korrekt erschiene;
allein dies ist nicht der Fall. Selbst dann, wenn es dem Beklagten
unmöglich geworden wäre, seinen Verpflichtungen nach Maßgabe

des Vertrages weiter nachzuleben, wäre er keineswegs befugt ge=
wesen, von sich aus ein anderes Verfahren einzuführen, ohne hie=
für, sofern dies nicht untunlich war, die Bewilligung des Prinzi=
pals einzuholen. Daß eine solche vorgängige Anfrage untunlich
gewesen, hat Beklagter nicht dargetan. Völlig unstatthaft aber war
es, an diesem Verfahren selbst dann noch festzuhalten, nachdem
der Prinzipal untersagt hatte, in anderer Weise, als nach Ver=
tragsvorschrift zu verfahren (Art. 395 O.=R.). Muß sonach in
diesem, dem Vertrag und den wiederholten Anweisungen des Prin=
zipals zuwiderlaufenden Verhalten des Beklagten ein wichtiger
Grund zur Auflösung des Dienstvertrages seitens der Kläger
erblickt werden, so liegt ein solcher ferner auch in der ganzen
Art, wie Beklagter die Korrespondenz mit ihnen führte. In
derselben stellt er das Verhältnis zwischen Prinzipal und Ange=
stellten geradezu auf den Kopf, und bediente sich einer derart
beleidigenden Sprache seinem Dienstherrn gegenüber, daß dem=
selben ein weiterer Verkehr mit ihm nicht zuzumuten war.

9. Hinsichtlich der klägerischen Hauptforderung, die auf Bezah=
lung von 46,431 Fr. 75 Cts. samt Zins vom 1. August 1892
an gerichtet ist, erhebt sich die Frage, ob der Beklagte für die zur
Zeit der Klageanhebung ausstehenden Guthaben der Kläger, so=
weit sie die durch ihn besorgten Käufe betreffen, ihr persönlicher
Schuldner geworden sei, oder ob seine Verpflichtung nur dahin=
gehe, die in seinen Händen befindlichen Accepte und Schuldscheine
auf Kunden, nebst der eingegangenen Barschaft zu übergeben.
Dieser grundsätzlichen Differenz haben die Parteien bereits im
Kautionsvertrag vom 10. August 1892 Ausdruck gegeben, indem
die Kläger darin erklärten, sie seien der Ansicht, daß Hans Meiß
für den Betrag der Ausstände aufzukommen, oder ihnen denselben
zur Verfügung zu stellen habe, während der Beklagte eine weitere
Verpflichtung als die Abtretung der Guthaben an die Firma
Dubler nicht anerkannte, und indem bestimmt war, daß die Ga=
rantie des Beklagten für die Existenz der Buchguthaben und die
richtige Vollziehung der Abtretung bestehen solle, sofern das aar=
gauische Handelsgericht dieselbe für die Einbringlichkeit der Gut=
haben nicht gutheißen würde. Beklagter will sich nun dadurch
liberieren, daß er den Klägern ihr nach seiner Rechnung 7217

Dollars 67 betragendes Gesamtguthaben, seinen Gegenforderungen unvorgreiflich, in 5 Accepten auf die Firmen Halley Atchinson und Lincoln Boyle & Cie. (welch' letztere inzwischen ihre Zahlungen eingestellt hat), sowie in zwei Empfangsbescheinigungen und in einem Barbetrag zur Verfügung stellt. In dieser Richtung ist zu sagen : Durch den Vertrag vom 1. März 1891 hat der Beklagte die Verpflichtung übernommen, für Rechnung der Kläger den Verkauf, resp. die Aufnahme von Aufträgen, und die Ablieferung derjenigen Waren, welche nicht direkt an die Kunden gehen, zu besorgen, den Inkasso dagegen den Klägern resp. dem von denselben bestellten Bankhaus zu überlassen. Hat er entgegen dieser Vertragsbestimmung den Inkasso selbst besorgt oder die Wechsel für den Erlös auf seinen Namen ausfüllen lassen und zu Handen genommen, so ist er selbstverständlich verpflichtet, Alles, was ihm auf diese Weise zugekommen ist, den Klägern zu erstatten und Gelder, mit deren Ablieferung er sich im Rückstande befindet, zu verzinsen (vergl. übrigens auch Art. 398 O.-R.). Eine weitergehende Haftung ist im Vertrage selbst nicht vorgesehen; vielmehr ist daselbst ausdrücklich gesagt, daß Meiß weder für die Solidität der Kunden, noch für den Eingang der Guthaben einzustehen habe. Dadurch allein, daß er die Fakturen auf seinen eigenen Namen ausstellte, wurde er, vorausgesetzt, daß dieses Vorgehen nach dem Vertrage zu rechtfertigen wäre, noch nicht persönlicher Schuldner der betreffenden Forderungen (vergl. Art. 399 O.-R.). Soweit also die Kläger einen Anspruch auf Vertragserfüllung geltend machen, kann derselbe nicht im Sinne der persönlichen Haftung des Beklagten für den richtigen Eingang ihrer Guthaben zugesprochen werden. Eine derartige Haftbarkeit kann jedoch abgeleitet werden aus vertragswidrigem Verhalten des Beauftragten. Wenn die Erfüllung seiner aus dem Vertrage resultierenden Verbindlichkeiten überhaupt nicht, oder nicht gehörig bewirkt worden ist, so hat der Schuldner Schadenersatz zu leisten, sofern er nicht beweist, daß ihm keinerlei Verschulden zur Last falle (Art. 110 O.-R.). Da nun der Beklagte, wie bereits ausgeführt worden ist, die Fakturen den Kunden nicht unter dem Namen Dubler & Sons und mit der Bezeichnung des Hauses Keßler & Cie. als Zahlstelle, wie der Vertrag vorschrieb, sondern unter eigenem Namen zu-

sandte und da er ferner unberechtigter Weise den Inkassa selbst
besorgte, und den Kunden Stundung gewährte, und wie Beklagter
heute selbst erklärt hat, die betreffenden Forderungen zeither teil=
weise in Folge Insolvenz der Käufer verloren gegangen sind, so
kann er sich durch Hingabe dessen, was er in seiner Stellung als
Vertreter der Kläger von ihren Kunden erhalten hat, nur insofern
befreien, als er beweist, daß auch bei gehöriger Erfüllung der ihm
obliegenden Vertragspflichten für die an jene Kunden verkauften
Waren zur Verfallzeit ganz oder teilweise nicht eingegangen wären.
Einen solchen Beweis hat aber Beklagter nicht einmal anerboten.
Beklagter hat daher den Klägern wegen nicht gehöriger Erfüllung
seiner Vertragspflichten Schadenersatz zu leisten, und zwar in der
Weise, daß er für die betreffenden Forderungen den Klägern per=
sönlich als Schuldner einzustehen hat. Die Höhe der den Klägern
zustehenden Guthaben ist nun aber durch die vom Beklagten selbst
anerkannte Aufstellung im Kautionsvertrag vom 10. August 1892
festgestellt, und beträgt, nach Abzug der vom Beklagten an diesem
Tage übergebenen Wechsel und seiner auf 2000 Fr. angesetzten Pro=
vision 46,431 Fr. 73 Cts. Der Beklagte ist also verpflichtet, dem
Kläger diese Summe samt Verzugszins, vorbehältlich der weiter zu
erörternden Forderungen und Gegenforderungen der Parteien, zu
zahlen. Der Beginn der Zinspflicht ist gemäß dem klägerischen
Begehren auf den 5. August 1892 anzusetzen. Auf diesen Termin
hätten nach der Behauptung der Kläger spätestens sämtliche Gut=
haben eingehen sollen. Da nun der Beklagte nach der Feststellung
der Vorinstanz den Kunden eigenmächtig Stundung erteilt hat, so
hätte er nachzuweisen, daß auch ohne sein Verschulden die Zah=
lungen auf diesen Zeitpunkt noch nicht an die Kläger erfolgt wären.
Einen solchen Nachweis hat aber der Beklagte nicht angetreten.

10. Von den übrigen von den Klägern geltend gemachten For=
derungen hat die Vorinstanz den Anteil an der Kommission
Langenhagen (115 Fr. 90 Cts.) gutgeheißen. Nach der kantonal=
gerichtlichen Feststellung ist dieser Posten vom Beklagten anerkannt
worden, und muß daher ohne Weiteres den Klägern zugesprochen
werden. Die weiteren Forderungen von 1513 Fr. 50 Cts. und
2500 Fr. sind von den Klägern fallen gelassen worden.

11. Was nun die Gegenforderungen des Beklagten angeht, so

müssen die einredeweise geltend gemachten Beträge, mit Ausnahme
der Forderung von 36 Fr. für Briefporti und Fuhrlohn verwor=
fen werden. Die Forderung von 3940 Dollars Unkosten für
Miete, Bureauauslagen, Reisen u. s. w. ist vom Beklagten nur
eventuell, für den Fall gestellt worden, als er die für Reisen in's
Innere von Nordamerika ausgesetzten 2500 Fr. zurückerstatten
müßte; diese Voraussetzung ist nun nicht eingetroffen, folglich fällt
dieser Forderungsbetrag ohne Weiteres dahin.

Die Kommissionsansprüche von 482 Dollars 90 und 44 Dollars
sind von der Vorinstanz deswegen abgewiesen worden, weil im
Kautionsvertrag der Provisionsanspruch des Beklagten bereits er=
schöpfend mit 2000 Fr. in Rechnung gebracht worden ist. Diese
Feststellung ist durchaus richtig, und es erscheint daher die da=
herige Gegenforderung des Beklagten als unbegründet. Ebenso=
wenig kann die Forderung für Legalisationsgebühren zugesprochen
werden, da die Vorinstanz dieselbe mangels genügender Substan=
tierung, also aus einem prozeßrechtlichen Grunde, abgewiesen
hat, und eine Überprüfung in dieser Richtung dem Bundesgerichte
nicht zusteht.

Dagegen ist mit dem kantonalen Gerichte der Ersatz der Brief=
porti und des Fuhrlohns für Kisten der Kläger gutzuheißen,
indem nach dem Vertrage vom 1. März 1892 derartige Auslagen
auf Rechnung der Firma gehen.

Die beanspruchte Vergütung für Uebergabe des Warenlagers
kann nicht zugesprochen werden, ebensowenig der für die Zeit vom
1. Januar 1892 bis 30. Juni 1894 geltend gemachte Salär=
anspruch und die bei fortdauerndem Vertragsverhältnis vom Be=
klagten noch zu erwartende Provision. Es ist bereits ausgeführt
worden, daß der Beklagte den Vertrag durch beharrliches Zuwider=
handeln gegen die Vorschriften desselben, und gegen die bestimmten
Anweisungen des Prinzipals gröblich verletzt, und daß er dem
letztern einen wichtigen Grund zur Aufhebung des Vertragsver=
hältnisses auch durch die durchaus unpassende, und geradezu belei=
digende Sprache gegeben hat, in welcher er die Korrespondenz mit
seinem Geschäftsherrn führte. Ist aber der Vertrag durch die
Schuld des Beklagten aufgelöst worden, so fällt damit jeder wei=
tere Salär= und Provisionsanspruch desselben dahin, und er hat

auch die dadurch veranlaßte Uebergabe der noch unverkauften Waren auf eigene Rechnung zu besorgen.

12. In der Widerklage werden zunächst 20,000 Fr. wegen der
durch die Kläger veranlaßten Verhaftung des Beklagten gefordert.
Die Vorinstanz hat diese Forderung im reduzierten Betrag von
5000 Fr. gutgeheißen, und es ist derselben grundsätzlich wie auch
hinsichtlich des Quantitativs beizustimmen. Wenn die Kläger auch
glauben mochten, es werde ihnen ohne die Verhaftung des Beklagten die wirksame Verfolgung ihrer Rechte verunmöglicht oder
bedeutend erschwert, so reicht dies nicht hin, um ihre Handlungsweise zu rechtfertigen. Daß der Beklagte wirklich die Absicht gehabt
habe, ihnen widerrechtlich ihr Eigentum vorzuenthalten, ist nicht
genügend nachgewiesen. Derselbe hat behauptet, es stehen ihm
Gegenforderungen an die Kläger zu, die er zunächst festgesetzt
wissen wollte, und hat nun auch solche in erheblichem Betrage
im Prozeßverfahren geltend gemacht. Jedenfalls wären die Kläger
erst dann zur Strafanzeige befugt gewesen, wenn sie den Beklagten
peremtorisch zur Ablieferung aufgefordert hätten unter deutlichem
Hinweis darauf, daß sie die Weigerung als Unterschlagung betrachten würden. Das haben sie aber nicht getan, vielmehr ist es
mit der Vorinstanz als auffällig zu bezeichnen, daß sie plötzlich
zu dieser Maßregel griffen, nachdem sie kurz vorher mit dem Beklagten über den Abschluß eines neuen Anstellungsvertrages verhandelt und ihm dadurch Vertrauen entgegengebracht hatten. Auf
die Autorität der die Verhaftung anordnenden Staatsanwaltschaft
können sich die Kläger deswegen nicht berufen, weil sie die Tatsache, daß Meiß kurz vor seiner Verhaftung mehrere Zahlungen
geleistet hatte, nicht erwähnt hatten. Der dem Staatsanwalt mitgeteilte Tatbestand war also nicht vollständig.

Ist hienach die Schadenersatzpflicht der Kläger grundsätzlich
auszusprechen, so ist für die Bemessung des Quantitativs mit der
Vorinstanz zu berücksichtigen, daß einerseits der ökonomische Nachteil sowohl als die Verletzung der persönlichen Verhältnisse des
Beklagten durch die siebentägige Haft ganz erheblich genannt werden
muß, daß aber andrerseits eine, wenn auch nicht genügende, Veranlassung zu diesem Vorgehen der Kläger doch in dem vertragswidrigen Verhalten des Beklagten lag, der tatsächlich unberechtigter

Weise die Ausfolgung der in seinem Besitz befindlichen Barschaft und Guthaben an die Kläger verweigerte.

13. Die weiter in der Widerklage geltend gemachten Forderungen sind in Uebereinstimmung mit der Vorinstanz abzuweisen. Die Forderung von 640 Fr. als Entschädigung für mehrere Reisen, welche Familienangehörige des Widerklägers bei der Verhaftung zu machen veranlaßt gewesen sein sollen, erscheint als total unbegründet. Diese Reisen können nicht als eine notwendige Folge der Verhaftung angesehen werden; soweit dieselben zur Herbeiführung des Uebereinkommens vom 10. August 1892 stattfanden, geschahen sie im Interesse des Beklagten, und sind demselben durch die Kläger keineswegs zu vergüten, indem dieses Übereinkommen beidseitig ein freiwilliges war. Die Forderung von 2000 Fr. Entschädigung für Mühewalt und Zeitverlust während des Prozesses qualifiziert sich als Prozeßentschädigungsanspruch und ist daher lediglich bei der Kostenbestimmung zu behandeln.

Die verlangte Entschädigung für Möbel, welche der Widerkläger angeblich in New-York angeschafft und mit bedeutendem Verlust wieder verkauft hat, ist mit der Vorinstanz deswegen zu verwerfen, weil der Widerkläger die Vertragsauflösung selbst verschuldet, und demnach auch die Folgen davon zu tragen hat.

Demnach hat das Bundesgericht<br>erkannt:

Der Beklagte ist verpflichtet, an die Kläger zu zahlen 46,431 Fr. 75 Cts., sowie 115 Fr. 90 Cts., beide Beträge mit Zins vom 5. August 1892 an, abzüglich der dem Beklagten zugesprochenen 5000 Fr. für ungerechtfertigte Verhaftung, und 36 Fr. für Fuhrlöhne und Porti, mit Zins vom 21. November 1892 an

### 139. *Arrêt du 2 Décembre 1893 dans la cause Bony contre Blanchod & C$^{ie}$.*

L'avocat Dubrit reprend, en première ligne contre J. Bony fils, et en seconde ligne contre la partie évoquée en garantie, l'intégralité de ses conclusions formulées devant l'instance cantonale et demande la réforme du jugement de la Cour civile de Vaud.

L'avocat de Meuron conclut à ce que le Tribunal fédéral se déclare incompétent à raison du droit applicable, et, subsidiairement, au rejet du recours et au maintien du jugement attaqué.

L'avocat Dupraz conclut également au rejet du recours.

Ouï le juge délégué en son rapport,

Statuant par jugement du 12 Juin 1893 sur le litige qui divise les parties, la Cour civile du canton de Vaud a prononcé comme suit :

I. Les conclusions de la demande sont admises en principe, mais réduites à la somme de 7988 fr. 35 c., avec intérêt au 5 % dès le 4 Août 1890.

II. Les conclusions tant libératoire que subsidiaire et reconventionnelle de la réponse de P. Blanchod & C$^{ie}$ sont repoussées.

III. Les conclusions libératoires prises par la Société des ateliers de constructions mécaniques dans sa réponse lui sont allouées.

*Statuant et considérant :*

*En fait :*

1° Le 24 Octobre 1885, P. Blanchod, Fr. Bopp et F. Gilliéron ont constitué une société en nom collectif sous la raison P. Blanchod & C$^{ie}$, dans le but d'acquérir et d'exploiter l'atelier de construction de machines de la maison B. Roy & C$^{ie}$ alors en discussion.

Par contrat conclu le 26 Septembre 1888, à Paris, J. Bony, fondé de pouvoirs de la maison de construction Pinguely à

Lyon, et Blanchod, au nom de la Société P. Blanchod & C$^{ie}$, se sont engagés à fournir à la Société toulousaine d'éclairage par l'électricité, représentée par son administrateur Déruad, une série de machines à vapeur, turbines et accessoires.

Ce contrat ne reçut toutefois pas d'exécution, et, le 22 Décembre suivant, la maison de banque Genton & C$^{ie}$, de Vevey, a conclu avec la Société toulousaine d'électricité un nouveau contrat, aux termes duquel Genton & C$^{ie}$ s'engageaient à fournir à la Société toulousaine deux ponts roulants avec leurs treuils, quatre turbines munies de leur régulateur automatique et engrenages, transmission, poulies, une machine à vapeur, deux chaudières, deux turbines de service avec transmission.

Genton & C$^{ie}$ s'étant réservé le droit de sous-traiter tout ou partie de la commande qui leur était faite, ont présenté à la Société toulousaine comme sous-traitant P. Blanchod, ingénieur, agissant au nom de la Société P. Blanchod & C$^{ie}$ à Vevey. Cette disposition a été ajoutée à l'acte sous seing privé du 22 Décembre et les intéressés ont apposé leurs signatures sous date du 26 Décembre suivant. C'est en exécution de cette disposition que Genton & C$^{ie}$ ont remis, par contrat du 19 Février 1889, à P. Blanchod & C$^{ie}$, l'entier du travail et des fournitures à faire à la Société toulousaine.

Le 19 Mars 1889, la Société des ateliers mécaniques de Vevey a repris l'actif et le passif de la maison P. Blanchod & C$^{ie}$ « tels qu'ils figurent dans l'inventaire de cette maison du 31 Décembre 1888 avec toutes ses modifications et transformations à ce jour. »

Dans cet inventaire ne figure aucune commission due à J. Bony fils pour l'affaire de Toulouse ; en revanche, parmi les débiteurs que la Société des ateliers mécaniques a fait siens en reprenant l'actif et le passif se trouve le dit J. Bony fils pour une somme de 500 francs, à lui envoyée par Blanchod à Monte-Carlo, sur demande de Bony, le 7 Décembre 1888.

D'après les statuts de la nouvelle Société, art. 20, 21 et 22, le conseil d'administration, présidé par M. Auguste Dollfus, a délégué ses pouvoirs, pour la première période triennale, à MM. Emile Dollfus et Paul Blanchod, avec faculté d'apposer la signature sociale. L'inventaire au 31 Décembre 1888 de la maison Blanchod & C$^{ie}$ fut remis aux représentants de la future Société en vue des négociations en cours tendant à substituer la Société en formation à la Société P. Blanchod & C$^{ie}$. A ce moment on a fait valoir auprès des dits représentants les avantages résultant du contrat conclu avec la Société toulousaine, mais il n'a point été question d'une commission à payer à qui que ce soit ensuite de la conclusion de cette affaire.

Par suite de la substitution prémentionnée, ce furent les Ateliers mécaniques qui exécutèrent la commande faite par la Société toulousaine, et les travaux dépassèrent le chiffre de 200 000 francs.

La Société P. Blanchod & C$^{ie}$, et par suite Genton & C$^{ie}$, avaient été mis en rapport avec la Société toulousaine par l'intermédiaire de Bony ; c'est donc lui qui a procuré la commande que les Ateliers mécaniques ont exécutée. La Société P. Blanchod & C$^{ie}$ a admis qu'une commission était due à Bony, mais elle a prétendu, ainsi qu'il sera dit plus bas, que le paiement de cette commission incombait aux ateliers mécaniques.

Il est fait mention de cette commission dans une lettre du 27 Octobre 1888, adressée par P. Blanchod & C$^{ie}$ à son représentant à Paris, l'ingénieur Jouffret, lettre dans laquelle se trouve entre autres le passage suivant :

« Nous avons l'intention de vous offrir dans cette affaire une commission de 4 $^0/_0$, car nous aurons à payer dans tous les cas 5 $^0/_0$ à la personne que M. Bony nous désignera. Pour que nous puissions traiter et nous tirer d'affaire, il faudrait que vous vous contentiez du 2 $^0/_0$ sur la somme de 200 000 francs. »

Jouffret a perçu effectivement une commission sur l'affaire de Toulouse, conformément au contrat conclu entre lui et Blanchod & C$^{ie}$.

Blanchod a écrit à Bony, le 27 Décembre 1888, une lettre dans laquelle il l'informe que l'affaire de Toulouse est considérablement diminuée et qu'elle n'atteint que 200 000 francs environ. Blanchod ajoutait : « en tout cas je vous confirme que je vous réserve une commission de 5 % sur ce que nous ferons. »

Le 28 Décembre 1888, Bony écrivit à P. Blanchod & C^{ie} que les 500 francs qui lui avaient été envoyés à Monte-Carlo lui étaient bien destinés, et qu'il les rendrait à M. Blanchod, avec lequel il était en compte.

Le 7 Juin 1889, Bony ayant disposé sur la caisse de Blanchod & C^{ie} d'une traite de 5000 francs à compte de la commission qu'il estimait lui être due, un des associés écrivit à Paul Blanchod, qui se trouvait alors à Rome, pour l'informer de cette réclamation. Cette lettre constate que Bony, loin d'être créancier de la Société, est au contraire son débiteur de la somme de 500 francs qui lui a été envoyée à Monte-Carlo pour le sortir d'embarras. « Non seulement, » poursuit l'auteur de la lettre, « je ne peux le reconnaître créancier d'une créance quelconque, mais il est évident que notre nouvelle Société des ateliers de constructions mécaniques ne veut et ne peut faire remise d'une telle dette, ni payer pour le compte d'un tiers. »

Par lettre du 11 Juin 1889, datée de Naples, P. Blanchod a répondu à ses associés que la réclamation de Bony portait sur une commission de 5 % sur l'affaire de Toulouse, « toutefois, — disait encore Blanchod, — je ne lui ai rien promis, ni verbalement, ni par écrit. Tout ce que je lui ai dit, c'est que j'en causerais à la maison quand le moment sera venu, c'est-à-dire quand nous aurons encaissé nos factures.... Cependant, je le répète, je ne lui ai fait aucune autre promesse que celle ci-dessus visée. »

Le 2 Novembre 1889, à de nouvelles réclamations de Bony, P. Blanchod & C^{ie} répondirent qu'ils ne pouvaient noter ses dispositions sur leur caisse, la création des dites dispositions n'étant pas justifiée.

Une réclamation ultérieure de Bony, par l'intermédiaire des avocats de Meuron et Meyer, n'ayant pas eu plus de succès, Bony ouvrit action, les 3 et 4 Août 1890 à la Société Blanchod & C^{ie}, concluant :

  « Que la Société en commandite P. Blanchod & C^{ie} est sa

débitrice et doit lui faire prompt paiement de la somme de 10 000 francs à titre de commission au 5 $^0/_0$ sur les 200 000 francs de travaux dont elle a obtenu la commande par son intermédiaire, avec intérêt au 5 $^0/_0$ dès le 4 Août 1890, réserve étant faite de lui réclamer la même commission de 5 $^0/_0$ sur la différence entre la somme de 200 000 francs par elle annoncée et le prix réel et effectif des dits travaux de construction, — sous déduction, — faite plus tard à l'audience du 25 Septembre 1891, — de 500 francs qu'il a perçus acompte de la commission réclamée.

La Société P. Blanchod & C$^{ie}$ défenderesse a conclu, tant exceptionnellement qu'au fond, à libération des fins de la demande; subsidiairement et pour le cas où, contre attente, les conclusions du demandeur seraient admises en tout ou en partie, qu'elle a le droit de répéter contre la Société des ateliers mécaniques de Vevey toutes les valeurs en capital, intérêts et frais, qu'elle pourrait être appelée à payer ensuite des conclusions prises par J. Bony dans le présent procès. Reconventionnellement, et en tout état de cause, que J. Bony est son débiteur et doit lui faire prompt paiement de la somme de 500 francs avec intérêt au 5 $^0/_0$ dès le 13 Avril 1891.

La Société des ateliers de constructions mécaniques de Vevey, évoquée en garantie, a conclu de son côté, tant exceptionnellement qu'au fond, à libération des conclusions prises contre elle par la Société P. Blanchod & C$^{ie}$.

Deux expertises, intervenues en cours d'instance, ont abouti entre autres aux constatations et appréciations dont suit le résumé succinct:

### I. *Expertise Duvillard & Paquier:*

Le montant total de la facture de marchandises fournies à la Société toulousaine s'élève à 213 488 fr. 45 c., desquels il faut déduire 5888 fr. 45 c. pour rabais consentis, soit à un total de 207 600 francs. Les frais accessoires à cette fourniture et compris dans la facture se montent à 47 833 fr. 35 c. En outre il a été payé à titre de commissions 3000 francs à

Jouffret à Paris et 2000 francs à Neveu, ingénieur-conseil ; les experts estiment toutefois que ces commissions rentrent dans les frais généraux du constructeur, et ne doivent pas être déduites du montant de la facture pour calculer la commission à laquelle Bony a droit comme intermédiaire. Il est d'usage dans l'industrie mécanique que les machines soient rendues prises sur wagon à la gare de l'usine, le montage, les frais de douane et le transport restant à la charge du destinataire. Il convient donc de déduire du montant de la facture, pour calculer la prédite commission, la somme de 47 833 fr. 35 c. Cette commission se monte à 7988 fr. 35 c., soit le 5 % sur 159 766 fr. 65 c.

Le 27 Mars 1890, la Société toulousaine devait à la Société des ateliers mécaniques 135 000 francs, qu'elle a payés en effets de change qui devaient être renouvelés et amortis graduellement. Un effet de change de 20 400 francs n'a cependant pas été remis ; il était à l'échéance du 25 Juillet 1890, et fait actuellement l'objet d'un procès qui a été ouvert dès le 2 Mai de la même année.

Il n'existe pas d'usage constant en matière de fournitures mécaniques au sujet de la commission, cela dépend des circonstances. Lorsqu'une commission est due, elle est exigible lorsque, le travail étant terminé, la facture a été remise. Il importe peu que le prix ait été effectivement payé, l'intermédiaire n'ayant pas à le garantir et ne pouvant l'accélérer ; cette commission n'est due que sur le produit *net* de l'affaire, et seulement lorsque les marchandises ont été facturées, et peuvent ainsi figurer dans les livres. En l'espèce la commission Bony ne figure ni dans les livres de la Société P. Blanchod & Cie, ni dans l'inventaire du 31 Décembre 1888, ni dans les comptes de la Société des ateliers mécaniques de l'année 1889, alors que les marchandises fournies à la Société toulousaine avaient été facturées à cette dernière époque. D'autres commissions qui n'étaient pas non plus mentionnées dans les comptes de P. Blanchod & Cie, entre autres les commissions Jouffret et Neveu, sur l'affaire de Toulouse, ont été payées par la Société des ateliers mécaniques.

## II. Expertise Rodieux & Piccard.

Lorsqu'il s'agit de construction de machines, le paiement se fait généralement par acomptes successifs. Dans ce cas, quoique la commission soit souvent réglée lors du paiement du solde, elle est due à l'intermédiaire et elle est exigible au prorata des acomptes reçus. Si le paiement d'un acompte ou du solde n'est pas effectué à l'époque convenue, il faut distinguer deux cas : si le non paiement a pour cause la faute du constructeur, la commission est due comme si le paiement avait eu lieu ; s'il provient de l'acheteur, qui peut être de mauvaise foi ou insolvable, la commission est due en droit, mais, en équité, la part de cette commission afférente à la somme impayée n'est pas due, à moins que l'intermédiaire ne prouve qu'au moment de la conclusion de l'affaire l'acheteur était solvable. Du reste une commission n'est due que lorsqu'elle a été promise.

Dans les livres, l'intermédiaire doit être crédité de ses parts de commission lorsque le client est crédité des acomptes versés. Dans le bilan, si les machines en cours d'exécution figurent à l'actif sans déduction de commission, une part proportionnelle à la commission de l'intermédiaire doit figurer au passif. Les commissions payées à Jouffret et à Neveu ne se trouvaient pas dans les mêmes conditions que la commission Bony : la première était prévue dans le contrat de Jouffret avec la Société P. Blanchod & Cie, dénoncé plus tard par les ateliers mécaniques, et la seconde figurait dans les livres de la maison P. Blanchod & Cie avant le 19 Mars 1889.

Par son jugement du 12 Juin 1893, la Cour civile du canton de Vaud a prononcé en la cause comme il a été dit plus haut. Ce jugement se fonde, en substance, sur les motifs suivants :

C'est par l'intermédiaire de Bony que Blanchod & Cie et par suite Genton & Cie sont entrés en rapport d'affaires avec la Société toulousaine ; le travail exécuté ensuite du contrat du 22 Décembre 1888 par les Ateliers mécaniques successeurs de Blanchod & Cie, a donc bien été procuré par Bony. Une

commission lui avait été promise de ce chef par Blanchod,
et elle lui est due, conformément à l'avis des experts.

Cette promesse résulte de la lettre écrite au demandeur
Bony par l'ingénieur P. Blanchod le 27 Décembre 1888, et
cet engagement liait vis-à-vis de Bony la Société, au nom de
laquelle il était pris. La commission est due dès lors par la
Société en commandite P. Blanchod & Cⁱᵉ. Le montant de
cette commission doit être fixé, conformément au calcul des
experts, à 7988 fr. 35 c. ; elle est exigible, aux termes du
rapport des premiers experts, lorsque le travail étant terminé,
la facture a été remise, et le fait du paiement effectif ne concerne pas l'intermédiaire. L'action du demandeur n'est, ainsi,
point prématurée. Il n'y a pas lieu de s'arrêter aux distinctions faites par la seconde expertise, attendu qu'elles visent
à trancher une question de droit qui n'était pas soumise aux
experts. A la date de l'ouverture de l'action actuelle, la facture des fournitures faites par les Ateliers mécaniques en
exécution du contrat du 22 Décembre 1888 était remise à la
Société toulousaine; la commission revenant à Bony sur cette
affaire lui était donc due à ce moment là, et il avait le droit
d'en réclamer le paiement.

Sur la conclusion reconventionnelle de P. Blanchod & Cⁱᵉ,
la somme de 500 francs réclamée a été prêtée le 7 Décembre
1888 à Bony par Paul Blanchod, elle a été portée dans l'inventaire de la maison Blanchod & Cⁱᵉ au 31 Décembre 1888
à l'actif de la dite maison. C'est dès lors la Société des ateliers mécaniques, qui a acquis l'actif et le passif de cette
maison, qui seule a le droit de réclamer le paiement de ce qui
est porté au dit compte. La Société des ateliers mécaniques,
enfin, n'a pas à garantir P. Blanchod & Cⁱᵉ d'une condamnation éventuelle. La commission promise à Bony n'est, en effet,
portée nulle part dans l'inventaire au 31 Décembre 1888 sur
la base duquel a eu lieu la reprise des affaires de la maison
Blanchod & Cⁱᵉ ; cette commission ne figure pas davantage
dans les livres de la Société Blanchod & Cⁱᵉ ; en outre lors de
la dite reprise d'affaires, Blanchod n'a pas avisé la Société
des ateliers mécaniques qu'il avait promis la dite commission

à Bony ; cette dernière Société ayant repris le passif de la maison Blanchod & C^ie sur la base de l'inventaire susvisé, avec les modifications qui sont survenues jusqu'au 19 Mars 1889, ce passif ne doit pas pouvoir varier et être augmenté ultérieurement. C'est donc la Société P. Blanchod & C^ie qui seule doit supporter la responsabilité de l'engagement pris envers Bony.

C'est ensuite de ce jugement que la Société P. Blanchod & C^ie a recouru comme il a été dit, et que les parties ont pris les conclusions plus haut relatées.

*En droit :*

1° Tant en ce qui a trait à la compétence du Tribunal fédéral en la cause qu'au fond, il y a lieu de distinguer les rapports qui existent entre Blanchod & C^ie et Bony d'avec ceux qui unissent Blanchod & C^ie et la Société des ateliers de constructions mécaniques. L'on se trouve en effet en présence de deux procès, dans l'un desquels, — le procès principal, — Bony figure comme demandeur vis-à-vis de Blanchod & C^ie ; dans l'autre, — le procès en évocation en garantie, — ce rôle appartient à cette dernière maison contre la Société des ateliers de constructions mécaniques.

En ce qui concerne la première de ces contestations, la compétence du tribunal de céans existe, aussi bien relativement à la valeur du litige, incontestablement supérieure à 3000 francs, qu'au regard du droit applicable. Aucune des parties n'a prétendu, devant les instances cantonales, qu'un droit étranger (le droit français) fût applicable ; les deux parties ont ainsi admis tacitement l'applicabilité du droit suisse.

A l'audience de ce jour seulement le conseil de la partie demanderesse a, en vue de contester la compétence du Tribunal fédéral, estimé qu'il y a lieu de faire application du droit français. Or le Tribunal fédéral a déclaré, dans une série d'arrêts (par exemple *Recueil officiel* XVI, page 795 consid. 2, XVII, page 645 consid. 3 et suivants, comparez aussi VI page 304) que les effets d'un contrat obligatoire laissés à la libre stipulation des parties devaient être soumis au droit qu'elles considéraient comme applicable lors de la conclusion du dit contrat, ou qu'elles devaient tout au moins admettre comme tel en raison et en équité. Il y a lieu de maintenir ce point de vue dans l'espèce actuelle. Il est dans le sens et dans l'esprit de la loi fédérale de considérer ce principe comme décisif en matière d'application de dispositions légales quant au lieu, et de se poser, dans chaque cas particulier, la question de savoir quelle est la loi que la bonne foi des transactions désigne comme applicable selon l'intention raisonnable des parties. D'après ce principe c'est, dans l'espèce, le droit suisse. Cette solution s'impose aussi bien en présence de l'attitude observée par les parties en cause devant les instances cantonales, que de la circonstance que le débiteur de la commission réclamée à son domicile commercial en Suisse, et que la confirmation écrite de la promesse de cette commission est contenue dans la lettre de Paul Blanchod datée de Vevey le 27 Décembre 1888. Il est indifférent que les contrats de livraison de machines passés entre la Société toulousaine d'éclairage par l'électricité et Paul Blanchod & Cⁱᵉ, soit Genton & Cⁱᵉ aient été liés en France et soient exécutables dans ce pays ; ces contrats ne sont en effet pas en cause dans le litige actuel, où il ne s'agit que du rapport contractuel entre le demandeur Bony et P. Blanchod & Cⁱᵉ.

En revanche le Tribunal fédéral n'est pas compétent pour statuer sur les conclusions reconventionnelles de la Société Blanchod & Cⁱᵉ, tendant à ce que Bony soit condamné à lui payer la somme de 500 francs et intérêt dès le 13 Avril 1891 ; ce montant, — qui ne peut, selon la jurisprudence constante du Tribunal fédéral, être ajouté à la valeur litigieuse de l'action principale, — est en effet inférieur à la somme de 3000 francs, nécessaire aux termes de l'art. 29 de la loi sur l'organisation judiciaire fédérale pour fonder la compétence du tribunal de céans, et aucun rapport préjudiciel n'existant entre l'action principale et l'action reconventionnelle.

D'un autre côté cette compétence est acquise, et n'a fait l'objet d'aucune contestation de la part des parties, au regard de la répétition, par Blanchod & Cⁱᵉ à la Société des ateliers

de constructions mécaniques, du montant de la provision qui
pourra être allouée au demandeur Bony.

3° Dans le procès principal entre Bony et P. Blanchod & C^ie
il n'est plus contesté, ensuite des déclarations des parties à
l'audience de ce jour, que P. Blanchod & C^ie doivent en
principe au demandeur Bony une commission de 7988 fr. 35 c.
Le seul point encore litigieux porte sur la question de savoir
si la créance de ce chef est échue et peut être poursuivie
juridiquement. Il est vrai que la Société des ateliers de constructions mécaniques, évoquée en garantie, a contesté que
Bony ait le droit de réclamer une commission à P. Blanchod
& C^ie. Mais cette contestation est sans importance en ce qui
a trait aux rapports de droit entre Bony et P. Blanchod & C^ie,
seuls en cause dans le procès principal. L'existence de la
dette de Blanchod & C^ie vis-à-vis de Bony est établie par la
reconnaissance de la part de la dite maison, et elle ne peut
être contestée par l'évoquée en garantie. La question de
savoir si celle-ci doit aussi se reconnaître liée par la reconnaissance de Blanchod & C^ie, pour ce qui concerne ses rapports de droit avec ces derniers, ne doit pas être examinée
dans le procès principal, mais bien, le cas échéant, à propos
du procès en évocation de garantie.

4° Il s'agit donc uniquement, dans le procès principal,
ainsi qu'il a été dit, de la question de savoir si la commission
est échue et exigible, ou si au contraire l'action doit être
repoussée comme prématurée. A cet égard il y a lieu de
remarquer ce qui suit :

La provision litigieuse a été promise à Bony pour avoir
procuré une commande d'un client ; elle apparaît donc comme
une commission due à un intermédiaire d'affaires, comme une
sorte de courtage. Or, d'après les principes qui régissent le
contrat de courtage, la commission est, dans la règle, acquise
non point déjà ensuite de la peine que le courtier s'est donnée
pour procurer un client, mais lorsque ses démarches ont
abouti, en ce sens que l'affaire dont il s'agit a été conclue.
Cette règle est admise par exemple à l'art. 82 du Code de
commerce allemand et aux § 1254 et suivants du Code civil

saxon ; elle se trouve également exprimée au § 580 du Projet
de Code civil allemand. Elle n'est pas seulement applicable
aux courtiers de commerce, mais aussi aux autres intermédiaires d'affaires (voir Behrend, *Lehrbuch* page 384). La
commission est ainsi reconnue acquise, selon ces dispositions
légales, lorsque l'affaire a été conclue, et non pas seulement
lorsqu'elle a été exécutée, le prix convenu payé, etc. Le Code
des obligations ne contient pas de dispositions spéciales sur
le contrat de courtage ; tandis que ce Code, à l'art. 440 fait
dépendre le droit du commissionnaire à sa provision du fait
que l'opération dont il était chargé a reçu son exécution, il
soumet les rapports de droit de simples intermédiaires d'affaires (sous réserve des règles spéciales des législations cantonales sur les agents de change, courtiers, etc.), uniquement
aux dispositions générales sur le mandat. Or on ne peut en
tout cas pas déduire de ces dispositions que le droit de l'intermédiaire à la provision qui lui a été promise pour son
entremise soit subordonnée à d'autres conditions qu'à celle
de la conclusion effective de l'affaire. On pourrait, au contraire,
bien plutôt se demander si, à teneur des règles générales sur
le mandat, la provision ou commission n'est pas déjà due
ensuite des seules démarches faites par le courtier, quel qu'en
ait été d'ailleurs le résultat. Vu les règles à la base des rapports de droit dont il s'agit, le droit à la provision serait
ainsi acquis, dans l'espèce, déjà de par la conclusion du contrat passé entre la Société toulousaine d'éclairage par l'électricité et la défenderesse. Ceci ne peut toutefois être admis,
vu l'attitude des parties aussi bien avant que pendant le
procès.

Dans sa lettre du 27 Décembre 1888 P. Blanchod déclare
qu'il réserve au demandeur une provision « sur ce que nous
ferons ; » il ne considère donc pas cette provision comme déjà
acquise et échue par le fait de la conclusion du contrat, et,
au cours du procès, le demandeur n'a nullement prétendu
qu'il fût en droit de réclamer sa provision déjà de par le fait
de la conclusion du contrat. Il n'existe aucune convention
expresse, fixant le moment à partir duquel la dite provision

serait acquise et exigible. En revanche la défenderesse a, il est vrai, prétendu qu'il était dans les usages du commerce qu'une provision du genre de celle dont il s'agit ne puisse être exigée qu'après le paiement intégral des factures. Il faut reconnaître que s'il existait un semblable usage, généralement reconnu et suivi, ce fait serait d'une importance incontestable en vue de la détermination de l'intention des parties ; le demandeur appartenant, aussi bien que la défenderesse, à l'industrie des machines, et il y aurait lieu d'admettre, dans ce cas, que les parties ont contracté tacitement d'après l'usage en vigueur. L'existence de ce prétendu usage commercial n'est toutefois aucunement démontrée.

L'instance cantonale a admis l'opinion des premiers experts (Paquier & Duvillard) et elle l'a mise à la base de son jugement, estimant (sans contredit à bon droit) que le rapport des seconds experts ne pouvait être pris en considération, attendu qu'il discutait une question de droit non soumise à l'expertise. Donc la Cour cantonale, non seulement n'admet pas l'existence d'un usage commercial dans le sens allégué par la défenderesse, mais elle reconnaît au contraire que la provision est échue, selon les usages commerciaux, au moment de la livraison de la marchandise par l'entrepreneur du travail ; qu'aussitôt que, par cette livraison, la quantité livrée en exécution du contrat se trouve définitivement fixée, et que l'entrepreneur a en principe le droit d'en réclamer le prix, la provision de l'intermédiaire lui est également acquise et devient exigible ; que cette exigibilité n'est donc pas subordonnée au paiement effectif, par le client, du prix convenu.

Cette appréciation n'implique pas d'erreur de droit. Il ne suit nullement, ainsi qu'il a été dit, de la nature du contrat, que la provision ne soit acquise au courtier que par le fait du paiement du prix convenu ; au contraire, d'après les principes généraux régissant la matière, elle le serait déjà au moment de la conclusion de l'affaire.

Il est vrai qu'une provision peut, dans des cas déterminés, être promise sous la condition qu'elle ne sera payable qu'après le règlement du prix intégral des marchandises livrées ; mais

une stipulation pareille ne peut être présumée, et son existence ne devrait être admise que dans le cas où celui qui
l'invoque établit son allégation au moyen de circonstances
concluantes. Or ces dernières font entièrement défaut dans
l'espèce, puisque, comme cela résulte des faits admis par la
Cour cantonale, l'usage commercial invoqué par la demanderesse n'existe pas, ni d'autres éléments à l'appui de son dire.

Les défendeurs, ainsi que l'évoquée en garantie ont à la
vérité produit, comme preuve de l'existence du prétendu
usage commercial, un certain nombre de déclarations de cons-
tructeurs de machines connus de France, d'Alsace et de Suisse.
L'instance cantonale ne les a toutefois pas prises en considération, et ne les a évidemment pas considérées comme pro-
bantes; leur contenu n'est en effet pas de nature à prouver
l'existence d'un usage commercial dans le sens affirmé par la
défenderesse. Toutes ces maisons déclarent bien qu'elles ne
paient la provision de leurs agents que lorsque le prix de
facture a été intégralement payé, — mais elles ajoutent
qu'elles ont l'habitude de stipuler expressément cette condition;
quant à la question de savoir comment il doit être procédé en
l'absence de stipulation expresse, quelques-unes de ces maisons ne la touchent pas, et quant à celles qui la résolvent en
faveur de l'allégation de la défenderesse, elles ne donnent
leur réponse que comme une opinion personnelle, et non
comme un usage établi, et admis en particulier par les agents
intermédiaires. Le jugement rendu par l'instance cantonale
dans le procès principal doit dès lors être maintenu.

5° En ce qui a trait à l'action récursoire, soit aux conclusions de P. Blanchod & C^le en répétition, de la Société des
ateliers mécaniques, des sommes que P. Blanchod & C^le seraient appelés à payer à Bony, il est établi en fait que la
reprise des affaires de la maison Blanchod & C^le a eu lieu en
Mars 1889, sur la base de l'actif et du passif tels qu'ils figurent dans l'inventaire de cette maison au 31 Décembre 1888,
avec toutes les modifications et transformations jusqu'au 19
Mars 1889; que dans cet inventaire et dans les livres de
P. Blanchod & C^le ne figure aucune mention d'une commission

due à Bony ; que la Société des ateliers mécaniques a ignoré
l'engagement pris de ce chef par P. Blanchod vis-à-vis du dit
demandeur et qu'elle n'en a été informée que lorsque celui-ci
a réclamé le montant qu'il estimait lui être dû.

Dans ces circonstances c'est avec raison que la Cour cantonale a admis que l'évoquée en garantie ne peut être tenue
en vertu d'engagements dont l'existence n'était point révélée
par l'inventaire au 31 Décembre 1888, ni par la comptabilité
de la maison P. Blanchod & C¹ᵉ au 19 Mars 1889.

La Société des ateliers mécaniques a, il est vrai, assumé
tout le passif de la maison P. Blanchod & C¹ᵉ, mais avec
l'adjonction expresse « tel qu'il résulte de l'inventaire au
31 Décembre 1888, avec toutes ses modifications et transformations à ce jour. » Il a ainsi été stipulé expressément que
c'est l'inventaire au 31 Décembre 1888 qui devait, en principe,
déterminer l'étendue de ce passif. Or, comme on l'a vu, dans
cet inventaire ne figure pas la provision litigieuse ; elle ne se
caractérise pas davantage comme une créance nouvelle, qui
serait née dans l'intervalle entre l'établissement de l'inventaire
du 31 Décembre 1888 et la reprise d'exploitation du 19 Mars
1889. D'après les termes du contrat de reprise, la Société
des ateliers mécaniques ne s'est ainsi point chargée de la
dette en litige. Dans cette situation la Société P. Blanchod
& C¹ᵉ ne pourrait exiger que la Société des ateliers mécaniques
fût tenue d'accepter cette dette, que si cette dernière était
assimilable à celles qui (comme les salaires d'ouvriers, etc.)
ne sont pas ordinairement prises en considération dans les
livres de commerce et dans l'inventaire avant leur paiement
et à l'existence desquelles celui qui reprend l'exploitation doit
néanmoins s'attendre, alors même qu'elles ne sont pas mentionnées dans les dits livres et inventaire, et qu'il ne lui en a
été fait aucune communication. Mais tel n'est pas le cas ici :
il n'est pas établi que des provisions, soit commissions de
l'espèce de celle dont il s'agit sont tellement usuelles dans
les fabriques de machines, que toute personne reprenant l'actif
et le passif d'une maison de ce genre doive admettre d'entrée, — même lorsqu'aucune communication ne lui a été faite

de ce chef et que les livres ne contiennent rien à cet égard,
— que la reprise des contrats d'ouvrage ou de livraison
emporte l'obligation de payer de semblables provisions. Les
experts Rodieux et Piccard déclarent que, dans la bonne règle,
la commission dont il s'agit aurait dû figurer dans l'inventaire.

Il est établi en outre que lors des négociations qui ont précédé la reprise de la maison, les avantages que présentaient
les contrats de Toulouse ont fait l'objet d'une mention spéciale,
tandis qu'il n'a été fait aucune communication à la Société des
ateliers mécaniques de la promesse de la provision, alors qu'il
y eût eu certainement des motifs de le faire. Il est indifférent
que, comme le prétend la maison P. Blanchod & C$^{ie}$, la
Société des ateliers ait repris l'intégralité de l'actif et du passif
en vertu d'une sorte de succession universelle, puisque le contrat de reprise déclare expressément que c'est l'inventaire au
31 Décembre 1888 qui est décisif en ce qui a trait à la détermination de la situation financière, objet de la reprise.

6° L'argument tiré par P. Blanchod & C$^{ie}$ de ce que la
Société des ateliers mécaniques aurait payé sans opposition la
commission due au sieur Jouffret, n'infirme point ce qui précède, attendu que la situation de ce dernier comme représentant général permanent et officiel de P. Blanchod & C$^{ie}$ à
Paris, avec une commission fixe sur toute affaire faite par son
intermédiaire en France, ne peut à aucun égard être assimilée,
en ce qui concerne la responsabilité assumée par la Société
des ateliers mécaniques au rôle de simple intermédiaire occa-
sionnel, rempli dans l'espèce par Bony.

7° Enfin le moyen emprunté par P. Blanchod & C$^{ie}$ à un
prétendu enrichissement illégitime, dont aurait bénéficié la
Société des ateliers mécaniques, est dépourvu de tout fondement. Dès l'instant où cette Société n'était pas tenue du montant de la commission réclamée par Bony, il est de tout point
inexact de prétendre qu'elle se soit enrichie par le fait que
P. Blanchod & C$^{ie}$ sont condamnés à payer une dette à laquelle
elle était étrangère.

Par ces motifs,

Le Tribunal fédéral

prononce:

Le recours est écarté, et le jugement rendu entre parties par la Cour civile du canton de Vaud est maintenu tant au fond que sur les dépens.

---

### 140. Urteil vom 8. Dezember 1893 in Sachen Bäumlin gegen Masse Ganter.

A. Mit Urteil vom 13. Oktober 1893 hat das Kantonsgericht des Kantons St. Gallen erkannt: Der vom Kläger auf Grund des Kaufvertrages vom 14. Juni 1892 prätenbierte Eigentums- eventuell Pfandrechtsanspruch ist abgewiesen.

B. Gegen dieses Urteil legte der Kläger unter Hinweis auf Art. 65 u. ff. des Bundesgesetzes über die Organisation der Bundesrechtspflege Berufung an das Bundesgericht ein, mit der Erklärung, das Rechtsbegehren werde dahin beschränkt, daß er, den Kaufvertrag über das fragliche Mobiliar zwar vollständig aufrecht haltend, nur für 15,000 Fr. plus Zinsen Anspruch auf den Ganterlös erhebe, und ausdrücklich beifüge, daß die Versteigerung der verzeigten Mobilien nur unter allseitiger Wahrung seiner Rechte auch freiwillig zugestanden worden sei.

In der heutigen Verhandlung stellte der Kläger den Antrag, es seien ihm die gekauften Gegenstände nur für die baar vorgeschossenen 15,000 Fr. plus Zinsen zu überantworten.

Der beklagtische Vertreter beantragte Bestätigung des kantonalgerichtlichen Urteils.

Das Bundesgericht zieht in Erwägung:

1. Der Bierbrauer Eugen Ganter in Rapperswyl beabsichtigte im Juni 1892 mit seinen Gläubigern ein Arrangement zu treffen. Zu diesem Zwecke verschaffte er sich durch Vermittlung des Klägers, der ihm eine Dampfanlage geliefert und wiederholt Vorschüsse gemacht hatte, beim Bankverein von Zürich ein baares Darlehen von 15,000 Fr. gegen einen auf seine Liegenschaft

per 30. Mai 1892 bestellten Versicherungsbrief. Für dieses Dar=
lehen leistete der Kläger dem Bankverein Bürgschaft. Er besaß
damals ein Korrentguthaben an Ganter von etwas über 4000 Fr.
Am 18. Juni 1892 wurden die 15,000 Fr. durch den Kläger
dem Betreibungsamt Rapperswyl übermittelt, welches 14,702 Fr.
80 Cts. zur Zahlung an Gläubiger Ganters verwendete und die
Restanz von 297 Fr. 20 Cts. zu Gunsten von E. Ganter in
Händen behielt. Bevor das Betreibungsamt diese Summe erhielt,
waren vom Kläger, teils mit Ganter, teils mit Gläubigern des=
selben, folgende Verträge abgeschlossen worden:

Am 14. Juni machte er mit Ganter einen Kaufvertrag, nach
welchem ihm Ganter sein Brauereimobiliar, drei Pferde, einen
Hund, die Hof=, Stall= und Scheunengeräte und eine Anzahl
Säcke, sowie einen Waggon Malz, sechs Ballen Hopfen, 700
Hektoliter Bier in Lagerfässern, 40,000 Zentner Eisvorräte und
einen Waggon Kohlen verkaufte. Der auf 39,095 Fr. angesetzte
Kaufpreis wurde als durch Verrechnung und an baar erlegt erklärt.

In einem zweiten, am gleichen Tage abgefaßten Vertrage über=
ließ Bäumlin dem Ganter diese sämtlichen Gegenstände zur
mietweisen Benutzung, mit Ausnahme der Malz=, Hopfen=, Eis=
und Kohlenvorräte und der 700 Hektoliter Bier. Der von Ganter
zu entrichtende jährliche Mietzins wurde auf 1250 Fr. angesetzt,
zahlbar in vierteljährlichen Raten, erstmals am 17. September
1892. Die Miete sollte mit 17. Juni 1892 beginnen und nach
vorangegangener, täglich freistehender vierteljährlicher Aufkündung
endigen. Der Mieter verpflichtet sich, die Mietobjekte nach Mög=
lichkeit in gutem Zustande zu erhalten und falls bei einer, dem
Herrn Bäumlin jederzeit freistehenden Inventuraufnahme das
eine oder andere Stück fehlen sollte, vollen Ersatz in natura oder
an Geld zu leisten.

Daß die im Kaufvertrag aufgeführten und im Mietvertrag
fehlenden Vorräte an Bier, Eis, Hopfen u. s. w. dem Kläger
übergeben worden seien, hat derselbe nicht behauptet.

Am gleichen 14. Juni traf der Kläger mit Fürsprecher Helbling,
als Vertreter von vier Gläubigern Ganters, deren Forderungen
zusammen 7707 Fr. 60 Cts. ausmachten, die Vereinbarung:

„1. Die obgenannten Kreditoren des Bierbrauers Eugen Ganter

in Rapperswyl erklären heute durch das Betreibungsamt Rappers=
wyl, für ihre Forderungen mit 50 % (fünfzig Prozent) be=
friedigt worden zu sein, und verpflichten sich, für den Rest ihrer
Forderungen vollständige Abstellung·des Rechtstriebes zu erteilen
und mit der Einforderung ein Jahr, von heute an gerechnet,
zuzuwarten.

„2. Sie erklären außerdem ihr volles Einverständnis damit,
daß Ganter, Bierbrauer in Rapperswyl, die ihm eigentümlich
gehörende Fahrhabe, namentlich aber auch die zur Brauerei ge·
hörenden, schuldbrieflich nicht verpfändeten Maschinen und Ge=
räte, wie sie alle heißen, ferner die sämtlichen Lager= und Trans=
portfässer, Bier=, Hopfen= und Malzvorräte, Pferde, Wagen, u. s. f.
im Sinne von Art. 202 O.=R. an Herrn Jakob Bäumlin in
Zürich, zu dessen weiterer Sicherstellung seiner restierenden Kor=
rentforderung, sowie der Schuldbriefforderung und der für Ganter
eingegangenen Garantien zu förmlichem Eigentum abtrete. Herr
Bäumlin verpflichtet sich, die erworbenen Brauereiutensilien zur
Weiterbewerbung des Geschäftes bei Herrn Ganter zurückzulassen,
verzichtet aber keineswegs auf sein Eigentumsrecht. Die genannten
Kreditoren erklären überhaupt, gegen dieses Rechtsgeschäft niemals
Einsprache zu erheben.

„3. Sollte Herr Bäumlin jedoch für seine oben erwähnten
Ansprüche seiner Zeit befriedigt werden, so gibt er das von
Ganter erworbene Eigentum, soweit solches noch vorhanden ist,
wieder an denselben zurück.

„4. Zu obigen Erklärungen geben auch die forderungsberech=
tigten Verwandten des Schuldners Ganter ihre ausdrückliche Zu=
stimmung." (Eine solche Zustimmungserklärung ist nicht zu den
Akten gebracht).

· 2. Trotz der ihm gewährten Stundung konnte sich Ganter
nicht mehr lange halten. Am 9. Mai 1893 erklärte er seine In=
solvenz. Der Kläger, welcher ihm den Mietvertrag auf den 16.
Mai gekündet hatte, meldete in seinem Konkurse eine laufende
Forderung von 3884 Fr. 25 Cts. an, für welche er bereits am
28. Februar 1893 Betreibung erhoben hatte. Im Fernern mel=
dete er als grundversicherte Forderung die vom Zürcher Bank=
verein übernommenen 15,000 Fr. samt Zins an und machte auf

Grund des Kaufvertrages vom 14. Juni 1892 die Eigentums=
ansprache an den ihm abgetretenen Fahrhabegegenständen geltend.
Diese Vindikation wurde seitens der Konkursmasse bestritten.
Auch wurde Einsendung des Versicherungsbriefes von 15,000 Fr.
verlangt; der Kläger veranlaßte den Bankverein Zürich, auf
dessen Namen er lautete, zur Vorlegung des Titels und erklärte
sich damit einverstanden, daß der Bankverein als Eigentümer auf=
geführt werde; immerhin möge, da Bäumlin Bürge und Selbst=
zahler sei, seine Eingabe dennoch im Konkursprotokolle als Bürg=
schaftsforderung stehen bleiben. Am 28. Juli theilte der Kläger
dem Konkursamt mit, daß er den Kollokationsplan angefochten
habe, seine Klage aber wieder zurückziehen werde, wenn aus dem
Erlös der angesprochenen Gegenstände vorab seine Korrentfor=
derung im Betrage von 3884 Fr. 25 Cts. getilgt werde; Bäum=
lin wolle keine Gläubiger schädigen, er mache lediglich nur An=
spruch auf die vindizierten Gegenstände, bis er für obigen Betrag
gedeckt sei. Am 30. Juli reichte er beim Bezirksgerichte vom See
Klage gegen die Konkursmasse Ganter ein und stellte das Rechts=
begehren, daß die ihm im Kaufvertrage mit Ganter d. d. 14. Juni
1892 zugesicherten Fahrnisse als sein Eigentum anerkannt und
zugeschieden werden, beziehungsweise daß deren Ganterlös (die Ver=
steigerung werde freiwillig zugestanden) ihm zufalle; alles in An=
derung des allfällig entgegenstehenden Kollokationsplanes Ganter,
unter Kostenfolge. In einer Eingabe vom 16. August gab der Klä=
ger die Erklärung ab: „Wie wiederholt schon früher eröffnet,
wird der Anspruch auf den Ganterlös der streitigen Fahrnisse nur
bis zum Betrag der klägerischen Guthaben, Kapital, Zinsen
Kosten geltend gemacht, und ein allfälliger Überschuß soll an die
Konkursmasse Ganter fallen. Diese Zusicherung wird den klä=
gerischen Rechten allseitig unbeschadet abgegeben." Das Bezirks=
gericht wies die Klage ab. Vor Kantonsgericht formulierte der
Kläger, der im September die Brauerei auf der Konkursgant er=
steigert hatte, seine Rechtsfrage so: „Ist nicht der klägerische For=
derungsanspruch im Konkurse Ganter anzuerkennen, in Verwer=
fung der gegnerischen Anfechtungsklage, laut Anhang und unter
Kostenfolge." Der Anhang besteht in der aus der Eingabe vom
16. August mitgeteilten Erklärung des Klägers.

3. Das Kantonsgericht stellte zunächst fest: Nach dem Wort=
laute seiner Rechtsfrage scheine der Kläger eine Entscheidung über
seinen im Konkurse angemeldeten Forderungsanspruch zu provo=
zieren, allein nach der beklagtischen Gegenrechtsfrage und dem
Inhalt des klägerischen Vortrages handle es sich vielmehr um die
Frage, ob der Eigentumsanspruch des Klägers an den im Kauf=
vertrage vom 14. Juni 1892 verzeichneten Fahrnissen geschützt
werden könne oder nicht. Ein Kollokationsstreit liege eventuell
nur insoweit vor, als Kläger im Anhang zur Rechtsfrage er=
kläre, den Anspruch auf den Erlös der streitigen Fahrnisse nur
bis zum Betrage des klägerischen Guthabens (Kapital, Zins und
Kosten) geltend zu machen, und damit für seine Forderung unter
der Vorerhebung Befriedigung suche, während er dafür in V. Kon=
kursklasse eingereiht worden war. Die Eigentumsansprache wies
die zweite Instanz ab, weil der eigentliche Zweck der Ueberein=
kunft vom 14. Juni 1892 offenbar kein anderer gewesen sei, als
der einer Sicherung für die von Ganter dem Kläger gegenüber
eingegangenen Verbindlichkeiten; dies ergebe sich teils aus der
am gleichen Tage mit den von Fürsprecher Helbling vertretenen
Gläubigern abgeschlossenen Übereinkunft, worin Kläger dem Ganter
das Eigentum zurückzugeben sich verpflichtete, sobald er für seine
Forderung befriedigt sei, teils aus dem Anhang zur klägerischen
Rechtsfrage, und aus der Tatsache, daß Kläger nicht zu behaupten
wagte, einen wirklichen Kaufpreis bezahlt zu haben. Obschon der
Vertrag als Kaufvertrag bezeichnet worden sei, stelle er sich doch
als beabsichtigte Pfandbestellung dar; da aber Kläger in keiner
Weise eine Übergabe der verpfändeten Sachen behaupte, könne
nach Art. 210 O.=R. der Pfandvertrag nicht als gültig zu
Stande gekommen erklärt werden. Wenn aber auch der Wille
der Parteien auf ein wirkliches Kaufgeschäft gerichtet gewesen
wäre, wäre der Anspruch des Klägers in gleicher Weise hin=
fällig, weil die Besitzübertragung nicht erfolgt sei und weil even=
tuell mit derselben im Sinne von Art. 202 O.=R. eine Benach=
teiligung der Gläubiger beabsichtigt und wirklich auch dadurch
erreicht worden sei, daß die Konkursmasse, beziehungsweise sämt=
liche Gläubiger mit Ausnahme der Kontrahenten vom 14. Juni
1892 um dieses in den Fahrnissen liegende Aktivum verkürzt
werden sollten.

4. Wegen der verschiedenartigen Fassung, die der Kläger seiner Klage vor den verschiedenen Instanzen gegeben hat, ist auf den ersten Blick unsicher, ob dieselbe als Vindikation, oder als Forderung mit Pfandanspruch zu gelten habe. Maßgebend ist das Rechtsbegehren, wie es bei der Klageanhebung formuliert worden ist. Dieses stellt sich aber unzweifelhaft als Vindikation dar, indem es dahin geht, es sollen dem Kläger die im Kaufvertrage vom 14. Juni 1892 genannten Gegenstände als Eigentum zuerkannt werden. Die zweite Instanz hat die Klage ebenfalls in diesem Sinne aufgefaßt; gleicher Natur ist auch der vor Bundesgericht gestellte Antrag, mit dem Kläger Überantwortung der genannten Gegenstände, beziehungsweise des Ganterlöses, allerdings nicht in toto, sondern nur bis zum Betrage seiner Forderung von 15,000 Fr. plus Zinsen verlangt. Der Umstand, daß Kläger sein Eigentum nur bis zu einem gewissen Betrag, den er vor den verschiedenen Instanzen in verschiedener Höhe angegeben hat, geltend macht, mag inkonsequent erscheinen, ändert aber an der rechtlichen Qualifikation der Klage, die ausdrücklich auf Übertragung des Eigentumsrechtes der Kaufgegenstände geht, nichts.

5. Dieses Eigentumsrecht stützt Kläger auf den mit Ganter am 14. Juni 1892 abgeschlossenen Kaufvertrag. Die Beklagte bestreitet, daß Kläger auf Grund dieses Rechtsgeschäftes Eigentum erworben habe, weil der Kaufvertrag simuliert sei, derselbe sei zum Zwecke der Umgehung des Gesetzes abgeschlossen worden, indem es sich lediglich darum gehandelt habe, dem Kläger für sein Guthaben Deckung zu verschaffen. Eventuell sei das Geschäft auf Grund von Art. 288 des Bundesgesetzes betreffend Schuldbetreibung und Konkurs anfechtbar, da dadurch eine Begünstigung des Klägers zum Nachteil der übrigen Gläubiger von beiden Kontrahenten beabsichtigt gewesen sei.

Die Frage, ob Simulation vorliege, ist nicht identisch mit der Frage, ob eine Umgehung des Gesetzes stattgefunden habe oder beabsichtigt gewesen sei. Der Regel nach wird zwar diese letztere Absicht der Verschleierung des wirklichen Vertragswillens rufen, allein nötig ist dies nicht. Während das Merkmal des in fraudem legis abgeschlossenen Rechtsgeschäftes darin besteht, daß ein unerlaubter Zweck damit erreicht werden will, kommt es für die Frage, ob Simulation vorhanden sei, ohne Rücksicht auf den Zweck, einfach darauf an, ob sich der wirkliche Parteiwille mit dem ausgesprochenen decke, mit andern Worten ob die Parteien wirklich die Rechtswirkungen des von ihnen kundgegebenen Rechts= geschäftes gewollt haben, ob also beispielsweise bei vorgeschütztem Kaufvertrag Verkäufer und Käufer die Übertragung des Kauf= gegenstandes zu vollem Rechte und Genuß, sowie die Bezahlung des Kaufpreises gewollt, oder ob sie nicht etwa von der Be= zahlung, oder von der Übertragung der Sache abgesehen haben, in welchem Falle dann das Rechtsgeschäft gemäß Art. 16 O.=R. nach dem wirklichen Parteiwillen zu beurteilen ist.

Bei der Frage, welches Rechtsgeschäft die Parteien miteinander haben abschließen wollen, ist das Bundesgericht insoweit nicht an die Feststellung des kantonalen Richters gebunden, als hiebei darüber eine Entscheidung zu treffen ist, welche Rechtswirkungen sie gewollt haben müssen, um ein bestimmtes Rechtsgeschäft zu Stande zu bringen, mit andern Worten welche Voraussetzungen vorhanden sein müssen, um anzunehmen, die Parteien haben dieses und kein anderes Rechtsgeschäft gewollt. Diese Frage ist zweifellos Rechtsfrage. Tatfrage ist dagegen, ob die Parteien diese Rechtsfolgen wirklich gewollt haben. Ist daher die kantonal= gerichtliche Feststellung darüber, welche Absicht die Parteien dies= falls gehabt haben, für das Bundesgericht maßgebend, so ist es dagegen frei in der Beurteilung, welches Rechtsgeschäft damit ge= wollt worden sei, in concreto also, ob die von den Parteien gewollten Rechtswirkungen einem Kaufvertrag entsprechen.

6. Muß nunmehr untersucht werden, ob der zwischen dem Kläger und Ganter am 14. Juni 1892 abgeschlossene Kaufver= trag ein ernst gemeinter Kaufvertrag gewesen sei, oder nicht, so kommt es darauf an, ob die Kontrahenten die Übertragung der Kaufsgegenstände zu vollem Rechte und Genuß, sowie die Bezahlung des Kaufpreises gewollt haben.

Nach dem Wortlaute des Vertrages wäre der 39,095 Fr. be= tragende Kaufpreis teils durch Verrechnung mit der dem Käufer an den Verkäufer zustehenden Forderung (damals circa 4000 Fr. außer der Bürgschaftsforderung von 15,000 Fr.) teils an bar

erlegt worden. Eine Barzahlung fand nun, wie Kläger zuge=
standen hat, nicht statt und wurde auch nie vom Verkäufer rekla=
miert. Mit der behaupteten Verrechnung steht im Widerspruch
daß Kläger diese angeblich verrechneten Guthaben im Konkurse
Ganters angemeldet hat. Wären sie wirklich mit dem Kaufpreis
verrechnet worden, so wären sie untergegangen und hätten vom
Kläger nicht mehr geltend gemacht werden können.

Muß also einerseits angenommen werden, die Bezahlung des
Kaufpreises sei nicht gewollt gewesen, so ergibt sich andererseits,
daß auch eine Übertragung der Kaufgegenstände zu vollem Recht
und Genuß nicht beabsichtigt war und auch nicht stattfand. Zu
beachten ist, daß Kläger in der Vereinbarung mit einigen Gläu=
bigern Ganters vom 14. Juni 1892 selbst erklärt, diese Ab=
tretung geschehe zur weitern Sicherstellung seiner Forderungen,
und er werde das von Ganter erworbene Eigentum, soweit solches
noch vorhanden, seiner Zeit wieder an denselben zurückgeben,
wenn er für seine erwähnten Ansprüche befriedigt werde. Gar
deutlich ergibt sich die Meinung des Klägers, diese Gegenstände
sollen ihm lediglich zur Deckung seiner Forderungen dienen, aus
seiner Eingabe vom 28. Juli 1893 an das Konkursamt, wo er
erklärt, auf dieselben nur Anspruch zu machen, bis er für den
Betrag seiner Korrentforderung von 3884 Fr. 25 Cts. gedeckt
sei, und aus den vor den kantonalen Instanzen sowie vor Bun=
desgericht abgegebenen Erklärungen, den Ganterlös nur bis zum
Betrage seiner Forderungen zu beanspruchen. Wäre wirklich ein
Kaufgeschäft abgeschlossen worden, so hätte Kläger keine Veran=
lassung, sich nur bis zu einem gewissen Betrag, in welchem er
Gläubiger des Verkäufers geworden war, als Eigentümer der
Kaufsache zu betrachten. Er würde aber auch bei ernstgemeintem
Kaufe Besitz an den gekauften Sachen ergriffen haben ; nun ist
aber ein wichtiger Teil derselben, nämlich die auf über 20,000 Fr.
gewerteten Vorräte an Malz, Hopfen, Eis, Bier und Kohlen in
dem Mietvertrage vom 14. Juni 1892 nicht enthalten ; sie wur=
den vom Kläger nicht an sich gezogen, sondern von Ganter ver=
braucht.

Aus allen diesen Tatsachen ergibt sich unabweislich, daß der
am 14. Juni 1892 abgeschlossene Kaufvertrag nicht ernstgemeint

war, sondern bloß den Zweck haben sollte, den Kläger für seine
Guthaben sicherzustellen. Da hienach ein auf Eigentumsübertra=
gung gerichteter Vertragswille nicht angenommen werden kann,
muß die klägerische Vindikation schon aus diesen Gründen abge=
wiesen werden, und es ist nicht mehr nötig, auf die weitere Frage
einzutreten, ob eventuell das Kaufgeschäft auch auf Grund des
Art. 288 des Bundesgesetzes betreffend Schuldbetreibung und Kon=
kurs anfechtbar sei.

7. Das gleiche Resultat würde sich ergeben, wenn die Klage
so aufgefaßt würde, daß die im Kaufvertrage aufgeführten Gegen=
stände als Pfand für die klägerische Forderung beansprucht wer=
den; denn nach Art. 210 O.=R. kann an beweglichen Sachen
ein Pfandrecht nur als Faustpfand, d. h. durch Übergabe der
Sache bestellt werden, wobei die Besitzesübertragung durch con=
stitutum possessorium unwirksam ist. Eine nach dieser Gesetzes=
bestimmung zureichende Übertragung hat aber, wie bereits nach=
gewiesen worden ist, nicht stattgefunden.

8. Schließlich ist noch auf die klägerische Behauptung einzu=
treten, die dahin geht, das Einspracherecht gegen den besprochenen
Kauf sei dadurch verwirkt, daß die Gläubiger in der Verein=
barung mit dem Kläger vom 14. Juni 1892 ausdrücklich auf
die Anfechtung derselben verzichtet hätten. Die Vorinstanz hat
sich über diesen Standpunkt nicht ausgesprochen; derselbe ist aber
schon aus dem Grunde zu verwerfen, weil im vorliegenden Pro=
zeß nicht jene Gläubiger Partei sind, sondern die Konkursmasse,
und der Kläger nicht dargetan hat, daß bei der letztern etwa nur
jene interessiert seien.

Demnach hat das Bundesgericht
erkannt:

Die Weiterziehung des Klägers wird als unbegründet abge=
wiesen und demnach das Urteil des Kantonsgerichtes des Kantons
St. Gallen in allen Teilen bestätigt.

### 141. Urteil vom 15. Dezember 1893 in Sachen Harrer gegen Labhardt.

A. Durch Urteil vom 3. Oktober 1893 hat das Kantonsgericht des Kantons St. Gallen erkannt:

I. Ziffer 1 und 3 des klägerischen Rechtsbegehrens sind aufrecht gestellt.

Die klägerische Entschädigungsforderung ist auf 500 Fr. angesetzt, mit einer Mehrforderung ist Kläger abgewiesen.

II. Die Widerklage des Beklagten ist abgewiesen.

B. Gegen dieses Urteil erklärte der Beklagte den Weiterzug an das Bundesgericht, mit der Bemerkung, seine Rechtsbegehren seien die gleichen, wie vor den kantonalen Instanzen. Dieselben lauten: 1. Die klägerischen Rechtsbegehren in Ziffer 1 bis 3 seien abzuweisen. 2. Kläger habe dem Beklagten eine Entschädigung von 12,500 Fr. resp. nach richterlichem Ermessen zu zahlen, unter Kostenfolge. Die bezahlten 2500 Fr. kommen von der verlangten Entschädigung in Abzug.

Der Kläger schloß sich der Berufung an und stellte folgende Rechtsbegehren: 1. Aufhebung des Pachtvertrages vom 30. April 1893; 2. Entschädigung von 2000 Fr. wegen Vertragsbruches; 3. Rückzahlung der Anzahlung von 2500 Fr. nebst Zins vom 3. Mai 1893; 4. Abweisung der Widerklage von H. Labhardt.

In der heutigen Verhandlung wiederholten die Parteien ihre schriftlich gestellten Anträge; der Beklagte machte überdies darauf aufmerksam, daß die Würdigung des Tatbestandes in dem kantonsgerichtlichen Urteil in verschiedener Hinsicht der Berichtigung bedürfe. Das Kantonsgericht habe unberücksichtigt gelassen, daß eine Besichtigung der Lokalitäten durch den Mieter auf Einladung des Vermieters hin erfolgt sei; daß Kläger nach dem Vertrage die Teppiche und Lingen zu beschaffen hatte, und daß er ein Inventar verlangte, um zu wissen, welche Summe er noch dazu in's Geschäft stecken müsse; ferner, daß Kläger vom 2. bis 15. Mai 1893 allein über das Hotel disponiert habe. Aktenwidrig sei die Behauptung, Beklagter habe den Kläger getäuscht; dies sei vom

Beklagten bestritten worden und eine Beweisaufnahme habe nicht stattgefunden; sodann sei das Hotel Seehof kein Saisonhotel, sondern das ganze Jahr offen. Ueber alle diese Punkte verlangte der Beklagte Aktenvervollständigung.

Das Bundesgericht zieht in Erwägung:

1. Auf Grund eines Zeitungsartikels trat der Kläger, Hotelier in Heidelberg, mit dem Beklagten, Eigentümer des Hotels Seehof in Rorschach, in Unterhandlungen wegen Übernahme dieses letzteren Hotels. Am 12. April 1893 schrieb Beklagter dem Kläger, das Hotel sei gut möbliert, vor demselben sei ein großer schöner Park, Gebäulichkeiten und Inventar seien in bestem Zustande, im Hotel verkehren in der Saisonzeit sehr viele Fremden, und im Winter werden verschiedene Anlässe abgehalten. In Folge dieses Schreibens kam Kläger am 16. April zur Besichtigung des Hotels nach Rorschach. Am 30. April wurde zwischen den Parteien ein Pachtvertrag abgeschlossen, wonach neben dem Hotel (mit Ausnahme von drei Zimmern im ersten Stock) auch die vorhandenen Hotelmobilien laut Inventarverzeichnis in Pacht gegeben wurden. Der Pächter verpflichtete sich, die Lokalitäten in gutem Zustand zu erhalten und beim Wegzug die defekten Räumlichkeiten frisch zu tapezieren und zu malen, ähnlich, wie dieselben beim Antritt waren. Der Vertrag wurde auf die Dauer von fünf Jahren abgeschlossen, mit Antritt vom 15. Mai 1893, zum jährlichen Zinse von 5000 Fr. Der Pächter erhielt das Recht, nach Ablauf von zwei Jahren auf ein halbes Jahr zu künden. Als Sicherheit für das Inventar wurde dem Kläger eine Kaution von 5000 Fr. überbunden. Am 3. Mai bezahlte Kläger dem Beklagten zum Voraus einen halbjährlichen Pachtzins mit 2500 Fr. und bezog damals bereits Logis im Hotel. Am 15. Mai jedoch richtete er an den Beklagten die amtliche Anzeige, daß er die Pacht nicht antreten werde, indem das Hotel nicht betriebsfähig sei. Entgegen mündlich und schriftlich gegebenen Zusicherungen, befinden sich die Hotelräumlichkeiten wie das Inventar in einem höchst defekten und mangelhaften Zustand; der Beklagte habe sich ferner über Frequenz und Rendite des Hotels unwahrer Angaben schuldig gemacht. Kläger sei extra mit fünf Personen nach Rorschach gekommen, um das Hotel anzutreten, und befinde sich nun in der größten Verlegenheit; er müsse sein Dienstpersonal

entlassen, und sei nun selbst ohne Stellung und Beschäftigung. Deswegen verlange er neben der Auflösung des Pachtvertrages eine Entschädigung von 2000 Fr. Gegen diese amtliche Anzeige erhob Beklagter am 17. Mai Rechtsvorschlag, indem er insbesondere gegen die Auflösung des Pachtvertrages protestierte. Eine am 17. und 18. Mai auf Verlangen des Klägers angeordnete bezirksamtliche Expertise konstatierte mangelhaften Zustand des Hoteleingangs und des nach Süden offenen Ganges, der Portierloge, des Billardzimmers, Café= und Lesezimmers und des darin befindlichen Mobiliars, des Speise= und des großen Saales und der Küche und der darin befindlichen Herde und Küchenutensilien, des Pissoirs und Abortes, der Haustreppe, des Gangbodens im ersten Stock, der Mehrzahl der Zimmer und Inventarstücke. Sie taxierte die Zeit, welche erforderlich sei, bis das Hotel baulich und geschäftlich in guten, betriebsfähigen Zustand versetzt werden könne, auf mindestens 2 bis 2 ¹⁄₂ Monate, sofern die Instandstellung nur einigermaßen ordentlich sein solle, und die Arbeiten energisch an die Hand genommen und ununterbrochen fortgesetzt werden. Am 15. Mai reiste der Kläger, der weder für Wirtschaftspatent, noch für Niederlassung gesorgt hatte, ab. Der Beklagte betrieb sofort die Instandstellung des Hotels. Ein am 5. Juni vorgenommener, dem Bezirksamt Rorschach am 20. Juni mitgeteilter Expertenbericht konstatierte, daß am 5. Juni im Hotel alles sauber gereinigt, die Wirtschaftslokalitäten und Zimmer in bester Ordnung seien, so daß der Betrieb sofort beginnen könne, da einzelne minime Mängel nicht in Betracht kommen dürfen.

2. Kläger begründet nun seine eingangs mitgeteilten Rechtsbegehren wie folgt: Beklagter sei einer gesetzlichen und vertraglichen Verpflichtung, das Pachtobjekt auf die Zeit des Antrittes, 15. Mai 1893, in guten betriebsfähigen Zustand zu setzen, laut Expertise vom 17. Mai, trotz Reklamation seitens des Klägers, in flagranter Weise nicht nachgekommen. Daher sei Kläger zum Rücktritte berechtigt gewesen, und zwar ohne Fristansetzung, da ihm nicht habe zugemutet werden können, wenigstens 2 ¹⁄₂ Monate bis zur möglichen Instandstellung des Hotels zuzuwarten. Beklagter habe sich sodann dem Kläger gegenüber unwahrer Angaben über Frequenz und Rentabilität des Hotels schuldig gemacht, und

ihn diesbezüglich absichtlich in Irrtum geführt. Ein Recht zur
Vertragsauflösung liege für den Kläger auch darin, daß Beklagter
ihn bei Anlaß der ersten Expertenverhandlung am 17. Mai gröb=
lich beschimpft und dadurch die Fortsetzung des Verhältnisses un=
möglich gemacht habe, sowie daß er in dem Hotel den Betrieb
eines unsittlichen Gewerbes geduldet habe.

Der Beklagte machte demgegenüber geltend, Kläger sei ohne
Grund einseitig vom Vertrage zurückgetreten. Nach Art. 277 O.=R.
berechtige Übergabe der Mietsachen in nicht vertragsmäßigem
Zustand überhaupt nicht zum sofortigen Rücktritt, sondern nur
zum Vorgehen nach Art. 122 und 124 O.=R. Ein angeblicher
Betrug werde total bestritten. Im vorliegenden Falle sprechen
alle Verhältnisse gegen ein sofortiges Rücktrittsrecht. Gewisse
Mängel habe Kläger beim Antritt gekannt und übernommen;
derselbe habe am 30. April sehen müssen, daß einzelne Repara=
turen bis 15. Mai nicht fertig sein werden, und sei deshalb selbst
früher eingezogen. Kläger habe tatsächlich angetreten und Repara=
turen machen lassen. Die Mängel seien in 20 Tagen vor Beginn
der Saison gehoben gewesen. Kläger sei selbst nicht zum Betriebe
bereit gewesen und habe den Vertrag nicht erfüllt. Sei somit der
Rücktritt am 15. Mai als unstatthaft zu bezeichnen, so habe Klä=
ger kein Entschädigungsrecht und sei gegenteils gemäß Art. 116
O.=R. wegen Vertragsbruch schadenersatzpflichtig.

3. Was nun die vom Kläger für sein Rücktrittsrecht ange=
führten Gründe anbetrifft, so erscheint zunächst der Hinweis dar=
auf, daß Beklagter ihm über das Pachtobjekt unwahre Angaben
gemacht habe, unstichhaltig. Die Vorinstanz hat allerdings ange=
nommen, daß er von demselben schriftlich über den Umfang und
die Eigenschaften des Geschäftes in einer Weise getäuscht worden
sei, welche den jährlichen Pachtzins von 5000 Fr. als eine erheb=
lich größere Leistung erscheinen lassen, als es bei voller Kenntnis
der Verhältnisse, der Wille des Klägers sein konnte, aber es sind
für diese Schlußfolgerungen keine Tatsachen namhaft gemacht
worden, gegenteils ist dem Briefe des Klägers vom 25. April,
worin gesagt ist, das Geschäft habe in den letzten Jahren gelitten,
und Kläger habe gewiß genug zu tun mit Reklamen u. s. w., zu
entnehmen, daß er für die erste Zeit auf keine besondere Renta=

bilität rechnen mochte. Zu der klägerischen Behauptung, Beklagter
habe im Hotel ein unsittliches Gewerbe geduldet, ist zu bemerken,
daß nach einem Attestat des Bezirksammannamtes Rorschach im
November 1892 allerdings Mietsleute im Seehof wegen Kuppelei
und gewerbsmäßiger Unzucht bestraft wurden, daß aber Niemand
vom Dienstpersonal des Beklagten in die Untersuchung gezogen
wurde. Diese Tatsachen sind aber nicht genügend, um anzunehmen,
Beklagter habe ein unzüchtiges Gewerbe in seinem Hotel geduldet.
Auf die am 17. Mai vom Beklagten verübte Beschimpfung sodann
kann sich Kläger aus dem Grunde nicht berufen, weil diese erst
nach seiner Rücktrittserklärung erfolgte, also für dieselbe nicht hat
bestimmend sein können.

4. Dagegen ist nun des nähern einzutreten auf die Frage, ob
Kläger deswegen zum Rücktritt vom Vertrag berechtigt gewesen
sei, weil Beklagter ihm beim Antritte den Pachtgegenstand in einem
zur vertragsgemäßen Benutzung und Bewirtschaftung durchaus un-
geeigneten Zustand übergeben habe. Wie die am 17. Mai vorgenommene amtliche Expertise zeigt, ist der Beklagte seiner vertraglichen und gesetzlichen Verpflichtung (Art. 300 O.-R.) nicht
nachgekommen; der größte Teil der Hotellokalitäten befand sich damals in einem derart defekten, bezw. unreinlichen, Zustande, daß
die berufenen Sachverständigen erklärten, um das Hotel wieder zum
Betriebe geeignet herzustellen, seien mindestens 2 bis 2 ¹/₂ Monate
nötig, sofern die Instandstellung nur einigermaßen ordentlich sein
solle, und unter der Voraussetzung, daß die Reparaturarbeiten energisch an die Hand genommen und ununterbrochen fortgesetzt werden.
Der Verpächter befand sich also im Verzuge. Während nun z. B.
das gemeine Recht (s. Dernburg, Pandekten, II, 3. Aufl., § 111)
und das Allg. preußische Landrecht (I. Teil, 21. Titel, §§ 272 u. 273)
dem Mieter (bezw. Pächter) ohne weiteres das Recht zum Rücktritte vom Vertrage einräumen, wenn ihm das Miet- bezw. Pachtobjekt nicht rechtzeitig gewährt wird, sind nach dem schweizerischen
Obligationenrecht auch hier die allgemeinen Vorschriften über die
Folgen der Nichterfüllung von Verträgen maßgebend, wonach der
sofortige Rücktritt beim Verzug des Schuldners nur beim Firgeschäft und in dem Falle, wo in Folge des Verzuges die Leistung
für den Mieter geradezu nutzlos geworden ist (Art. 125 O.-R.),

eingeräumt wird, in allen andern Fällen aber der Gläubiger dem
säumigen Schuldner zunächst eine angemessene Frist zur nachträg=
lichen Erfüllung ansetzen muß, bevor er zum Rücktritte berechtigt
ist. Der Haupteinwand des Beklagten geht nun in der Tat dahin,
es sei Kläger, auch wenn ihm das Hotel in vertragswidrigem
Zustande übergeben worden sei, unter keinen Umständen zum so=
fortigen Rücktritt legitimiert gewesen, sondern er hätte jedenfalls
die Vorschrift des Art. 122 O.=R. befolgen und ihm vorerst eine
angemessene Frist zur nachträglichen Erfüllung ansetzen sollen,
unter der Androhung, daß dann mit fruchtlosem Ablauf dieser
Frist der Vertrag aufgelöst sei. Die Vorinstanz ist dieser Auffas=
sung nicht beigetreten und hat den Kläger zum sofortigen Rück=
tritt nach Art. 123 berechtigt erklärt, davon ausgehend, daß hier
ein Firgeschäft vorliege. Dieselbe führt richtig aus, daß auch bei
Pachtverhältnissen Firgeschäfte nicht ausgeschlossen seien, indem
Art. 297 bezw. 277 O.=R., der von der Pacht handelt, ausdrück=
lich den Bestimmungen der 'Art. 122—125, also auch des Art.
123 O.=R. ruft. Allein die Voraussetzungen eines Firgeschäftes
sind im vorliegenden Falle nicht vorhanden. Dieselben bestehen
darin, daß nach der Absicht der Parteien die Leistung zu der be=
stimmten Zeit, weder früher noch später, oder bis zu der bestimm=
ten Zeit und nicht später erfolgen soll (Art. 123 O.=R.), in der
Meinung, daß eine spätere Leistung nicht mehr als Vertragser=
füllung anzusehen ist (vergleiche Entscheidungen des Reichs=Ober=
handelsgerichtes, VIII, S. 235; Schneider und Fick, Kommentar
zum Obligationenrecht, größere Ausgabe, Anmerkung 8 zu
Art. 123). Dieser Vertragswille muß sich mit Deutlichkeit entweder
aus den von den Parteien gewählten Bezeichnungen, wie „späte=
stens", „präzis" u. dgl. oder aus den Verumständungen ergeben. Im
Vertragsinstrument ist nun eine derartige, auf ein Firgeschäft hin=
weisende Ausdrucksweise nicht zu finden, und aus den Umständen
läßt sich der Wille der Parteien, daß der Vertrag mit der ge=
nauen Innehaltung der Erfüllungszeit stehen und fallen solle,
ebenfalls nicht ableiten. Die bloße Festsetzung eines Antrittster=
mines allein reicht zum Beweise dieses Vertragswillens nicht aus,
auch kann aus dem Umstand, daß nach kantonalgerichtlicher Fest=
stellung Pacht eines Saisonhotels vorlag, und der Beginn der

Saison vor der Türe war oder bereits angefangen hatte, der
Schluß nicht gezogen werden, daß selbst eine geringe Verzögerung,
welch' letztere eben beim Fixgeschäft vertragsaufhebend wirkt, ohne
Weiteres zum Rücktritt berechtigen solle. Auf Art. 125 O.-R.
kann sich Kläger für den sofortigen Rücktritt deswegen nicht be=
rufen, weil nicht vorliegt, daß die Pacht in Folge des Verzuges
des Verpächters für ihn geradezu nutzlos geworden sei. Es greift
also im vorliegenden Falle grundsätzlich die Vorschrift des Art. 122
O.-R. Platz, wonach der Rücktritt in Folge Verzuges des Schuld=
ners erst dann gestattet ist, wenn der Gläubiger demselben vorerst
eine angemessene Frist zur nachträglichen Erfüllung angesetzt hat
und diese fruchtlos verstrichen ist. Freilich setzt diese Pflicht zur
Fristansetzung voraus, daß dem vertragswidrigen Zustand innerhalb
angemessener Zeit abgeholfen werden könne; der Art. 122 O.-R.
verlangt nicht schlechthin Fristansetzung, sondern er spricht von einer
angemessenen Frist; was aber angemessen sei, beurteilt sich nicht
bloß darnach, wie viel Zeit der Schuldner zur Erfüllung not=
wendig braucht, sondern auch nach dem Interesse des Gläubigers;
ein übermäßig langes Hinausschieben der Erfüllung würde eine
unzulässige Schmälerung seiner Rechte enthalten. Die in diesem
Artikel vorgesehene Frist darf also nur eine kurze sein. Ist nun
mit Sicherheit vorauszusehen, daß innerhalb einer so verstandenen
angemessenen Frist die nachträgliche Erfüllung so wie so nicht
könnte bewerkstelligt werden, so hat die Ansetzung derselben keinen
Sinn und es darf der Gläubiger den Vertrag in diesem Falle
sofort gelöst betrachten, ähnlich wie dann, wenn der Schuldner
zum Voraus erklärt, den Vertrag nicht erfüllen zu wollen; auch
da haben die Gerichte mit Recht die Fristansetzung zur nachträg=
lichen Erfüllung als überflüssig erklärt. (S. Schneider und Fick,
Kommentar zum Obligationenrecht, größere Ausgabe, An=
merkung 8 zu Art. 122 und Anmerkung 16 zu Art. 277.)

Beim Antrittstermin, am 15. Mai 1893, war nun die Situa=
tion die, daß nach der amtlichen Expertise die nachträgliche Er=
füllung frühestens in 2 bis 2¹/₂ Monaten, also Mitte oder Ende
Juli, hätte bewerkstelligt werden können. Ein so langes Zuwarten
war aber dem Kläger billigerweise nicht zuzumuten. Nach der
Feststellung der Vorinstanz wäre zu dieser Zeit die Saison in

Rorschach schon bis gegen den Schluß vorgerückt und gar nicht mehr daran zu denken gewesen, mit dem Hotel ein Geschäft von irgend welcher Bedeutung zu machen, um den Jahreszins von 5000 Fr. auch nur zum Teil wieder herauszuschlagen, geschweige denn irgend einen Nettoverdienst zu erzielen.

5. Beklagter hat nun allerdings eine Reihe von Einwendungen erhoben, mit welchen er dartun wollte, daß Kläger das Rücktritts= recht verwirkt habe. Er hat in dieser Hinsicht geltend gemacht, Kläger sei selbst nicht zum Betrieb des Hotels bereit gewesen, allein dieser Einrede steht die tatsächliche Feststellung der Vor= instanz gegenüber, daß ein Beweis hiefür nicht erbracht ist. Fer= ner hat er behauptet, Kläger habe die Pacht tatsächlich angetreten; diesbezüglich ist festgestellt, daß Kläger allerdings am 2. Mai mit seinem Dienstpersonal im Hotel Logis bezog, daraus folgt aber nicht, daß er auch wirklich die Pacht angetreten habe; dies wäre nur der Fall, wenn Kläger mit dem Betriebe bereits begonnen hätte, was jedoch nicht behauptet worden ist.

Dem erst heute vom Beklagten gestellten Begehren um Akten= vervollständigung ist keine Folge zu geben. Die Frage, ob Kläger durch den Beklagten getäuscht worden sei, ist bereits gewürdigt und was die übrigen Punkte anbetrifft, so bezweckt das Begehren des Beklagten lediglich eine Abänderung des durch die kantonale Instanz festgestellten Tatbestandes, an welchen das Bundesgericht gemäß Art. 81 des Bundesgesetzes vom 22. März 1893 gebun= den ist; daß bei der kantonalrichterlichen Feststellung des Tatbe= standes etwa ein Rechtsirrtum mitgewirkt habe, ist nicht dargetan. Dazu kommt, daß nach Art. 67 des citierten Bundesgesetzes der= artige Anträge schon in der schriftlichen Berufungserklärung ent= halten sein sollten, was hier nicht beachtet worden ist.

6. Ist nach dem Gesagten Kläger zum Rücktritt vom Pacht= vertrag grundsätzlich als berechtigt zu erklären, weil ihm das Pacht= objekt nicht rechtzeitig zum vertragsmäßigen Gebrauch überlassen wurde, so ist damit sein Anspruch auf Rückerstattung des bereits bezahlten halbjährlichen Pachtzinses von 2500 Fr. gegeben, und muß die Widerklage gänzlich abgewiesen werden; ebenso ist Be= klagter zum Schadenersatz wegen Nichterfüllung des Vertrages verpflichtet, da ihm dabei ein Verschulden zur Last fällt. Den Be=

trag des Schadenersatzes hat die Vorinstanz auf 500 Fr. an=
gesetzt, unter Berücksichtigung, daß einerseits Kläger aus dem
Vertrage keine Verpflichtung hatte, schon am 2. Mai sein Dienst=
personal einzustellen, und mit sich nach Rorschach zu nehmen,
daß ihm aber andrerseits durch beklagtisches Verschulden Unan=
nehmlichkeiten und persönliche Auslagen für sich und die am
15. Mai entlassenen Bediensteten erwachsen sind. Diese Schadens=
bemessung beruht nun keineswegs auf rechtsirrtümlicher Auf=
fassung der in Betracht kommenden Faktoren, sondern erscheint
vielmehr durchaus den Verhältnissen entsprechend und ist daher zu
bestätigen.

Demnach hat das Bundesgericht

erkannt:

Die Weiterziehung der beiden Parteien wird als unbegründet
erklärt und das Urteil des Kantonsgerichtes des Kantons St.
Gallen in allen Teilen bestätigt.

***

## 142. Urteil vom 16. Dezember 1893 in Sachen Messer gegen Hüsler.

A. Durch Urteil vom 15. September 1893 hat das Oberge=
richt des Kantons Luzern erkannt: Der Beklagte sei nicht berech=
tigt, dem Kläger in gleicher Weise, wie bisher, durch Betrieb
eines Metzgereigeschäftes unter dem Namen eines Dritten in Sursee
Konkurrenz zu machen und es habe Beklagter an Kläger für die
Zeit der Dauer des Konkurrenzgeschäftes seit dessen Eröffnung
bis 1. Juli 1894 eine pro rata temporis berechnete Jahresent=
schädigung von 2000 Fr. zu bezahlen. Mit den weitergehenden
Begehren sei der Kläger abgewiesen.

B. Gegen dieses Urteil erklärten beide Parteien die Weiter=
ziehung an das Bundesgericht.

Der Kläger beantragt, das Urteil sei bezüglich Art und Größe
der Entschädigung abzuändern in dem Sinne, daß Beklagter an
Kläger eine Entschädigung von 5000 Fr. nebst Zins seit 3. April

1893, sowie im Falle der Fortdauer des Konkurrenzgeschäftes seit dessen Eröffnung bis Ende der Vertragsdauer pro rata temporis per Jahr 3000 Fr. eventuell nach beiden Richtungen eine nach richterlichem Ermessen festzusetzende Entschädigung zu bezahlen habe.

Der Beklagte beantragt, es sei die Klage abzuweisen.

Das Bundesgericht zieht in Erwägung:

1. Beklagter Hüsler und Joseph Feil zum Schwanen in Sursee haben am 4. Mai 1892 an den Kläger, Adolf Messer, damals Metzger in Reconvillier, Kanton Bern, die bis dahin von ihnen betriebene Metzgerei zum Schwanen nebst Wohnung und einigen übrigen Räumlichkeiten zu einem jährlichen Pachtzins von 2000 Fr., für vier Jahre, mit Beginn am 1. Juli 1892, verpachtet. Jeder Partei war indessen das Recht eingeräumt, das Pachtverhältnis auf Ende des zweiten Jahres, mit vorgängiger halbjährlicher Aufkündung, ohne Ersatz, zu kündigen. Im Vertrage war ausdrücklich bestimmt, daß die Verpächter dem Pächter in Sursee in der Metzgerei keine Konkurrenz eröffnen dürfen. Am 3. April 1893 eröffnete Beklagter in einem Nebengebäude des H. Schwyzer in Sursee wieder eine Metzgerei, unter der Firma seines Schwagers Michael Feil von Steinsberg (Bayern). Der Kläger erblickte hierin eine Übertretung des vertraglichen Konkurrenzverbotes und erhob gegen Hüsler Klage beim Bezirksgericht Sursee mit dem Begehren, daß demselben der Weiterbetrieb dieser Metzgerei untersagt, und daß er verpflichtet werde an Kläger eine Entschädigung von 5000 Fr. nebst Zins seit 3. April 1893, sowie im Falle der Fortdauer des Konkurrenzgeschäftes seit dessen Eröffnung bis Ende der Vertragsdauer pro ratione temporis per Jahr 3000 Fr. eventuell eine nach richterlichem Ermessen zu bestimmende Geldsumme zu bezahlen. Er begründete im Wesentlichen seine Klage damit, daß er behauptete, Michael Feil, unter dessen Firma Beklagter das Metzgereigewerbe betreibe, sei ein bloßer Strohmann; derselbe sei in Sursee gar nie wohnhaft gewesen, er habe das Metzgerhandwerk nicht erlernt und besitze auch die Mittel zum Betriebe eines solchen Geschäftes nicht. Kurz vor Ostern sei Beklagter seinen frühern Kunden nachgelaufen und habe sich ihnen als Knecht dieses Michael Feil empfohlen. Tatsächlich betreibe er

selbst mit seiner Ehefrau das Gewerbe. Durch diese Konkurrenz
habe Kläger um so mehr Schaden erlitten, als er erst kürzlich
von Reconvillier, also aus fremden Verhältnissen, nach Sursee
gekommen und demnach in dieser Ortschaft fast noch fremd sei,
während Beklagter als langjähriger Geschäftsmann, daselbst an=
sässig, die Verhältnisse und Leute genau kenne und in der Kon=
kurrenzfähigkeit ihm schon aus diesem Grunde weit überlegen sei;
dabei falle in Betracht, daß in Sursee, bei einer Einwohnerzahl
von rund 2200 Seelen nicht weniger als fünf Metzgereien be=
stehen. Der Schaden sei nicht bloß ein direkter, indem dem Kläger
bereits eine Reihe von Kunden entzogen worden sei, die wahr=
scheinlich selbst im Falle der Sistierung der Konkurrenzgeschäftes
nicht wieder zu ihm zurückkehren, sondern dadurch auch ein
indirekter, daß der Entzug eines Teiles der Kundschaft den
Kläger verhindere, die übrig gebliebene Kundschaft gut zu bedienen,
da er unter diesen gegebenen Verhältnissen nur weniger schwere
und auch weniger frische Ware liefern könne.

Der Beklagte machte der Klage gegenüber in erster Linie den for=
mellen Einwand geltend, er sei nicht persönlich Vertragskontrahent
mit dem Kläger, sondern die Firma Hüsler & Feil. Da Kläger
auf Vollziehung und Haltung des Pachtvertrages klage, hätte der=
selbe somit die Firma, oder doch beide Anteilhaber belangen sollen.
In materieller Hinsicht stellte er sich auf den Standpunkt, es liege
keine Übertretung des Konkurrenzverbotes vor, da er lediglich als
Angestellter seines Schwagers Michael Feil das Metzgergewerbe
weiter betreibe. Zum Nachweis dieses Anstellungsverhältnisses be=
rief er sich einerseits auf einen zwischen Michael Feil, früher Öko=
nomiepächter in Regensburg, und H. Schwyzer in Sursee am
4. März 1893 abgeschlossenen Mietvertrag, mit welchem der
erstere vom letztern eine Wohnung nebst Wursterei= und Fleisch=
verkaufslokal mietete, und anderseits auf einen zwischen ihm,
dem Beklagten, und M. Feil abgeschlossenen Anstellungsvertrag
dahin lautend, daß Feil ihm in seinem Metzgereigeschäfte Arbeit
gebe und ihn zum Einkaufe des Metzgviehes aller Art, zum Ver=
kauf der Fleischwaren und zum Inkasso ermächtige, wogegen Feil
zu jeder Zeit Einsicht in die vom Angestellten zu führenden Rech=
nungsbücher haben solle und dieser verpflichtet sei, ihm viertel=

jährlich Rechnung zu stellen; das Salär Hüslers sei auf 50 Fr. monatlich, nebst freier Kost, angesetzt, wogegen aber seine Ehefrau beim Verkaufe der Fleischwaren auch mithelfen müsse. Dieses Metzgereigeschäft werde auf Namen und Rechnung des Feil geführt und es sei derselbe auch als Geschäftsinhaber im Handelsregister eingetragen. Feil habe auch die Niederlassung in Surfee verlangt und seine Übersiedlung sei nur deswegen noch nicht erfolgt, weil er in Regensburg krank darniederliege. Durch die fragliche Vertragsbestimmung sei dem Beklagten nur untersagt, ein eigenes Konkurrenzgeschäft in Surfee zu gründen, keineswegs aber sei er dadurch gehindert, überhaupt seinen Beruf als Metzger an diesem Orte weiter auszuüben; eine Auslegung im letztern Sinne müßte als unzulässige Beschränkung seiner persönlichen und gewerblichen Freiheit bezeichnet werden. Übrigens werde bestritten, daß der Beklagte dem Kläger überhaupt Schaden verursacht habe; wenn die Kundsame des Klägers abgenommen habe, so sei das einzig die Folge seines mangelhaften Geschäftsbetriebes.

2. Das Bezirksgericht Surfee erklärte, nach durchgeführtem Beweisverfahren, den Beklagten für nicht berechtigt, dem Kläger unter dem Namen eines Dritten in Surfee Konkurrenz zu machen und verurteilte ihn, an den Kläger eine fixe Entschädigung von 1000 Fr. nebst Zins vom 3. April 1893 an, sowie im Falle der Fortdauer des Konkurrenzgeschäftes seit dessen Eröffnung bis 1. Juni 1894 eine pro ratione temporis berechnete weitere Jahresentschädigung von 2000 Fr. zu bezahlen. Die Begründung dieses Urteils geht davon aus, daß mit der Vertragsbestimmung, Verpächter dürfen dem Pächter in Surfee in der Metzgerei keine Konkurrenz eröffnen, dem Beklagten zwar nicht jede Betätigung im Metzgerberuf, z. B. als bloßer Gehülfe oder Metzgerknecht, an diesem Orte untersagt sei, daß er sich aber nicht nur dann dagegen verfehle, wenn er ein Geschäft auf eigenen Namen und auf eigene Rechnung eröffne, sondern auch dann, wenn er in einem Konkurrenzgeschäft als selbständiger, unbeschränkter Geschäftsführer tätig werde; insoweit nämlich der Geschäftsführer nicht etwa bloß wie ein gewöhnlicher Angestellter, die Arbeitsaufträge vom Prinzipal vorweg erhalte, sondern im Allgemeinen und nach eigenem Befinden die erforderlichen Maßnahmen zu treffen habe, um das Geschäft desselben gewinnbringend zu machen, sei seine Stellung

eine dem Geschäftsherrn analoge. Nun sei aber in casu vom Be=
klagten unumwunden zugegeben, und durch den Anstellungsvertrag
mit M. Feil, der dem Beklagten freies Schalten und Walten ein=
räume, sowie durch die im Beweisverfahren erhärtete Tatsache, daß
der Beklagte und seine Ehefrau sich verschiedenenorts mündlich für
das eröffnete Geschäft empfohlen haben, erstellt, daß Beklagter
zum Mindesten die Stellung eines solchen Geschäftsführers inne
gehabt habe. Es dürfe sogar angenommen werden, Beklagter be=
treibe das fragliche Konkurrenzgeschäft auf eigene Rechnung. Durch
die Beweisaufnahme sei festgestellt, daß die Ehefrau des Beklagten
zuerst eine Metzgerei auf ihren Namen habe einrichten wollen,
wobei der Versuch gemacht worden sei, den Kläger gegen Ent=
schädigung zum Verzicht auf das Konkurrenzverbot oder zum Rück=
tritt von der Pacht im Schwanen auf einen frühern Zeitpunkt
zu veranlassen. Mittlerweile habe auch der Beklagte seinen frühern
Metzgerknecht Häfliger zum Betriebe des Metzgereigeschäftes in
Sursee auf eigenen Namen aber unter Mitwirkung des Beklag=
ten, resp. auf eigene Rechnung, zu bewegen gesucht. Der Anstel=
lungsvertrag mit M. Feil sei offenbar fingiert. Beklagter habe
nicht behauptet, mit demselben betreffend Gründung des Metzerei=
gewerbes mündlich konferiert oder korrespondiert zu haben, wäh=
rend doch vernünftigerweise eine Beredung darüber müßte stattge=
funden haben, warum dieser in Sursee das Metzgereigewerbe, das
doch nicht sein Beruf sei, eröffnen solle. Obschon ferner die Be=
treibung desselben nicht nur einen Kredit, sondern auch entspre=
chende Fonds benötige, und daher der Geschäftsinhaber vernünftiger=
weise an Ort und Stelle den Gang desselben überwachen müsse,
sei derselbe an seinem bisherigen Wohnort, in Regensburg, ge=
blieben und habe sich nie zur Einsichtnahme in Sursee einge=
funden, auch habe Beklagter nicht einmal behauptet, daß Feil ihm
zu den ersten Vieheinkäufen Geldsendungen gemacht; ferner sei
Feil, trotzdem laut den beklagtischen Rechnungsbüchern nicht unbe=
deutende Buchforderungsrestanzen vorhanden waren, keineswegs
mit Baarvorschüssen des Beklagten für Vieheinkäufe belastet worden;
alle diese Tatsachen ergeben zur Evidenz, daß der Beklagte das
Geschäft auf eigene Rechnung, mit seinen Geldmitteln und seinem
Kredit geführt habe.

Bei der Bemessung des durch die unerlaubte Konkurrenz ent=

ſtandenen Schadens ſtellte das Bezirksgericht feſt, daß der vom
Kläger zu zahlende Pachtzins nach der Depoſition des Gemeinde=
ammanns ſowohl, wie nach den notoriſch bekannten Verhältniſſen
als ein horrender, ſtark überſetzter taxiert werden müſſe, und daß
die Warteſriſt zur Wiedereröffnung des Metzgereigewerbes eine
verhältnismäßig kurze war, da auch die Verpächter das Pacht=
verhältnis auf 1. Juli 1894 wieder aufheben konnten; anderſeits
ſei Tatſache, daß Kläger das Metzgereigeſchäft nicht mit der Ge=
wandtheit und den Kenntniſſen, und auch nicht mit dem Erfolge
betrieben, wie Beklagter; die klägeriſche Methode, die Beträge der
nicht baar bezahlenden Kunden nur in deren Fleiſchbüchlein, und
nicht auch in ſeinen eigenen Rechnungsbüchern einzutragen, müſſe
nicht nur als für den Geſchäftsinhaber ſehr gefährlich, ſondern
auch als allen Regeln einer ordentlichen Geſchäfts= und Buch=
führung widerſprechend bezeichnet werden.

Bei dieſer Sachlage ſcheine es indiziert für den Kontraktbruch
an ſich, im Sinne der Art. 50 und 112 O.=R. ein Firum von
1000 Fr. auszuſetzen, und in analoger Anwendung von
Art. 310 O.-R. für die Dauer der Konkurrenz eine pro rata
temporis zu bemeſſende jährliche Entſchädigung von 2000 Fr.,
gleich dem Pachtzinſe, jedoch nur bis 1. Juli 1894, zuzuſprechen.

Das Obergericht ſchloß ſich den Ausführungen der erſten In=
ſtanz grundſätzlich an, hielt es dagegen bezüglich der Entſchädigung
für gerechtfertigt, für die ganze Zeit der unerlaubten Führung des
Konkurrenzgeſchäftes einen einheitlichen Betrag feſtzuſetzen, und
zwar auf die Höhe des jährlichen Pachtzinſes von 2000 Fr., pro
rata temporis zahlbar, wobei die Berechnung nur bis 1. Juli
1894, da auf dieſen Zeitpunkt das Pachtverhältnis von jedem
Kontrahenten ohne Entſchädigungsleiſtung gelöst werden könne,
ſtattzufinden habe.

3. Was zunächſt die grundſätzliche Berechtigung der Klage an=
geht, ſo iſt durch die kantonalen Inſtanzen feſtgeſtellt, daß Be=
klagter auf eigene Rechnung ein Konkurrenzgeſchäft in Surſee
betreibt. Dieſe tatſächliche Feſtſtellung iſt für das Bundesgericht
bindend; ſie erſcheint auch nach den Akten als durchaus begründet.
Der angebliche Inhaber des vom Beklagten betriebenen Geſchäftes
wohnte in Regensburg und war von Beruf nicht Metzger, ſon=

bern Landwirt, er hatte keinen Einblick in das Geschäft, ließ sich
darüber keine Berichte geben und befaßte sich auch sonst mit dem=
selben in keiner Weise. Die Viehkäufe besorgte der Beklagte auf
Grund seines eigenen Kredites und mit eigenen Mitteln, und sah
sich nicht einmal veranlaßt, den angeblichen Geschäftsherrn für
seine daherigen Leistungen zu belasten. Die einzige Tätigkeit des
Feil bestand darin, daß er seinen Namen zur Miete eines Ge=
schäftslokals und zur Eintragung in's Handelsregister hergab. Daß
er irgend welche Fonds zur Gründung und zum Betriebe des
Geschäftes gegeben habe, ist nicht behauptet worden. Die wahre
Absicht des Beklagten erhellt auch daraus, daß er anfänglich mit
dem Kläger wegen Aufhebung des Konkurrenzverbotes gütlich
unterhandeln wollte, und daß geplant war, das Geschäft auf den
Namen der Frau Hüsler, und sodann auf den Namen des Knechtes
Häfliger zu führen.

Ist nun durch alle diese Tatsachen hinreichend hergestellt, daß
Beklagter das Geschäft auf eigene Rechnung führte, so ist damit
ohne Weiteres die Vertragsverletzung bewiesen. Seine Einwendung,
für Erfüllnng des Vertrages habe nicht er, sondern die Kollektiv=
gesellschaft Hüsler & Feil, als wirkliche Kontrahentin, einzu=
stehen, ist unstichhaltig. Mit dem Konkurrenzverbot haben die
Gesellschafter nicht etwa bloß eine Verpflichtung für gemeinsames
Handeln, sondern jeder für sein eigenes Handeln übernommen.
Soweit also Beklagter gegen dieses Verbot verstoßen hat, ist er
in vollem Umfang dafür haftbar. Es braucht hienach auch nicht
mehr auf die von der ersten Instanz erörterte Frage eingetreten
zu werden, ob dem Beklagten überhaupt jede Betätigung als
Metzger in der betreffenden Ortschaft nach dem Vertrag verboten
sei; unzweifelhaft wäre das Konkurrenzverbot, selbst in dieser
Ausdehnung, nicht als zu weitgehende Beeinträchtigung der per=
sönlichen Freiheit zu erachten, indem sich dasselbe auf einen
örtlich ziemlich eng begrenzten Kreis, und nur auf kurze Zeit
bezieht.

4. Ist somit die Klage grundsätzlich gutzuheißen, so bleibt noch
übrig, die Höhe des Schadenersatzes zu bestimmen. Hier kann nun
nicht auf Art. 50 u. ff. O.=R., sondern nur auf Art. 110 u. ff.
leg. cit. abgestellt werden; um ein außerkontraktliches Verschulden

handelt es sich nicht; denn die Eröffnung eines Konkurrenz=
geschäftes war nicht schon an sich, sondern nur aus dem Grunde
eine unerlaubte Handlung, weil sich Beklagter durch den Vertrag
verpflichtet hatte, dem Kläger keine Konkurrenz zu machen. Es
kann daher der Beklagte nur zum Ersatz des wirklich eingetretenen
Vermögensschadens, und nicht etwa darüber hinaus noch zu
einer angemessenen Geldsumme, wie dies nach Art. 55 O.=R.
zulässig wäre, verurteilt werden. Immerhin unterliegt die Schä=
tzung des Schadens dem freien richterlichen Ermessen, wobei
alle Umstände, also auch das Maß des Verschuldens, in Betracht
zu ziehen sind. In dieser Richtung fällt in's Gewicht, daß der
Beklagte arglistig gehandelt hat; sein Vorgehen ist um so weniger
entschuldbar, als er sich einerseits für die Abtretung seiner
Lokalitäten und im Zusammenhang damit auch für das Kon=
kurrenzverbot ein nach der Feststellung der ersten Instanz geradezu
„horrend" hohes Entgelt hat versprechen lassen, und als anderseits
die von ihm eingegangene Wartefrist verhältnismäßig kurz
bemessen war, indem er selbst den Vertrag und damit dem be=
nannten Verbot durch Kündigung schon auf den 1. Juli 1894 ein
Ende machen konnte. Als Anhaltspunkte für die Schadensbemes=
sung ergeben sich aus den kantonalrichterlichen Feststellungen, daß
Kläger zu Anfang des Pachtverhältnisses monatlich 18 bis 20
Stück Vieh, seit der Konkurrenzeröffnung aber in den Monaten
April bis Juni 1893, nach dem Urteil des Bezirksgerichtes, nur
noch 13, 12 und 9 Stück schlachtete (nach der Bescheinigung des
Schlachthausaufsehers 16, 11 und 6 Stück), während der Ver=
brauch des Beklagten in diesen letztern Monaten bereits 15, 24
und 21 Stück ausmachte. Es ist aber ebenfalls festgestellt, daß
Kläger das Metzgereigewerbe nicht mit der Gewandtheit und Kennt=
nis des Beklagten ausübte, und daß die Rechnungsführung des
erstern, eine derart mangelhafte war, daß sie unmöglich als sichere
Grundlage zur Schadensberechnung genommen werden dürfte. Dazu
kommt, daß im Februar 1893 in Sursee noch ein weiteres Metz=
gereigeschäft eröffnet worden war; auch ist durch das Zeugnis
des Klosterknechts Jneichen festgestellt, daß Kläger im Frühjahr
1893, auch ohne die Eröffnung des beklagtischen Konkurrenzge=
schäftes, dem Kloster, also einem wichtigen Kunden, ohnehin kein

Fleisch mehr hätte liefern müssen. Daß dagegen, wie Beklagter behauptete, in jener Zeit durch die landwirtschaftliche Notlage überhaupt, ein Rückgang im Fleischkonsum eingetreten sei, hat die erste Instanz auf Grund aktenmäßiger Feststellung verneint.

Ist hienach eine genaue Festsetzung des Schadens an sich, und des Umfanges, in welchem dieser auf dem vertragswidrigen Verhalten des Beklagten beruht, nicht möglich, so erscheint es als richtig, in Übereinstimmung mit der Vorinstanz, bei dem Ausmaß der Entschädigung auszugehen von dem Entgelt, welches für die Verhinderung der Konkurrenz durch den Kläger zu leisten war. Dieses ist in dem auf 2000 Fr. angesetzten jährlichen Pachtzins enthalten, aber nicht besonders beziffert. Mit Rücksicht darauf, daß der Schaden erheblich größer sein kann, als das für das Konkurrenzverbot gewährte Äquivalent, und in Anbetracht der dolosen Handlungsweise des Beklagten rechtfertigt es sich, die Entschädigungssumme auf den vollen Betrag des jährlichen Pachtzinses festzusetzen, in der Meinung, daß dieselbe zahlbar sei pro rata temporis seit der Konkurrenzeröffnung bis zum Aufhören des Konkurrenzbetriebes, aber jedenfalls nur bis zu dem Termin, auf welchen der zwischen den Litiganten abgeschlossene Vertrag erstmals kündbar ist, d. h. bis zum 1. Juli 1894.

Demnach hat das Bundesgericht

erkannt:

Die Weiterziehung der beiden Parteien wird als unbegründet erklärt und daher das Urteil des Obergerichtes des Kantons Luzern in allen Teilen bestätigt.

---

143. Urteil vom 23. Dezember 1893<br>
in Sachen Leihkasse Stammheim gegen Rudolf.

A. Mit Urteil vom 26. September 1893 hat die Appellationskammer des Obergerichtes des Kantons Zürich erkannt:

1. Vom Rückzug des Rechtsbegehrens 2 der Weisung wird Vormerk genommen.

2. Der Beklagte ist verpflichtet, der Klägerin 6500 Fr. nebst Zins à 5 % seit 5. Juli 1891, abzüglich 1950 Fr. als Erlös der Faustpfänder zu bezahlen.

B. Gegen dieses Urteil ergriff der Beklagte die Weiterziehung an das Bundesgericht und beantragte zu erkennen: Der Klage= anspruch der Leihkasse Stammheim gegenüber J. J. Rudolf auf Bezahlung von 6500 Fr. nebst Zins zu 5 % seit 5. Juli 1891 abzüglich 1950 Fr. als Erlös der Faustpfänder, sei als unbe= gründet erklärt und abgewiesen. In der heutigen Verhandlung wiederholte der beklagtische Vertreter diese Anträge. Der Ver= treter der Klägerschaft beantragte Bestätigung des kantonalen Urteils.

Das Bundesgericht zieht in Erwägung:

1. Die Leihkasse Stammheim hatte am 5. Juli 1890 der Firma Klinger & Rudolf in Winterthur ein Darleihen von 6500 Fr. gegen Hinterlage von 7 Obligationen (zu 1000 Fr.) der Leihkasse Uster als Faustpfand gemacht. Inhaber dieser Firma waren Rechtsagent Klinger und der heutige Beklagte. Das Dar= lehen war erstmals rückzahlbar auf 5. Januar 1891. Am 30. Juni 1891 löste sich die Kollektivgesellschaft Klinger & Rudolf in Winterthur auf; ihre Aktiven und Passiven wurden übernommen von der neuen Firma Klinger & Benninger in Winterthur, bestehend aus Rechtsagent Klinger, dem Anteilhaber der Firma Klinger & Rudolf, und dem bisherigen Prokuristen derselben, Rechtsagent Benninger von Embrach. Diese Änderung wurde durch Cirkulare, datiert 1. Juli 1891, bekannt gegeben. Auch der Leihkasse Stammheim kam ein solches Cirkular zu. Am 3. September 1891 zahlte nun die Firma Klinger & Ben= ninger, nachdem sie am 23. August von der Klägerschaft gemahnt worden war, an dieselbe den mit 5. Juli 1891 verfallenen Jahres= zins des Darlehens von 6500 Fr. Diese Zinszahlung quittierte die Klägerschaft der Firma Klinger & Benninger mit der Be= merkung, es bleibe noch ein Kapitalrest von 6500 Fr. Bald darauf kam die Firma Klinger & Benninger infolge eingetre= tener Bankkrache in Konkurs. Die Versteigerung der Faustpfänder für das in Frage stehende Darlehen ergab einen Erlös von 1950 Fr. Nunmehr machte die Klägerschaft den frühern Socius

des Klinger, J. J. Rudolf, für das erwähnte Darlehen, abzüg=
lich der aus den Faustpfändern erlösten 1950 Fr. haftbar, mit
Hinweis darauf, daß seine Haftbarkeit für Schulden der Firma
noch fünf Jahre nach seinem Austritt dauere. Sie behauptete, eine
Entlassung desselben habe nicht stattgefunden, in den klägerischen
Büchern figuriere immer noch die Firma Klinger und Rudolf
als Schuldnerin; eine Anerkennung der neuen Firma als nun=
mehrige Schuldnerin sei nie erfolgt. Der Beklagte begauptete da=
gegen, unter Berufung auf Art. 589 O.=R., er sei tatsächlich
aus der Schuldpflicht entlassen worden; eine solche Entlassung
brauche nicht ausdrücklich zu geschehen; es genüge, wenn aus
den Umständen auf eine solche geschlossen werden müsse. Diesfalls
komme nun in Betracht, daß das Darlehen halbjährlich verzins=
bar war und daß jeweilen beim Verfall des Zinses auch das
Kapital fällig geworden sei. Am 5. Juli 1891 seien nun Zins
und Kapital fällig gewesen. An diesem Tage habe die Kläger=
schaft bereits Kenntniß von der Änderung der Firma gehabt und
wäre somit veranlaßt gewesen, das Kapital zurückzufordern; daß
sie dies nicht getan, sei ein Beweis, daß sie unter Entlassung des
Beklagten die neue Firma habe als Schuldnerin annehmen wollen.
Diese Willensmeinung ergebe sich auch daraus, daß Klägerschaft
den am 5. Juli 1891 verfallenen Zins von der Firma Klinger
& Benninger reklamiert und ihn am 4. September 1891 von
derselben angenommen habe. Im weitern führt der Beklagte zu
seinen Gunsten an, daß die Klägerschaft das Cirkular, womit
die Auflösung der Firma Klinger & Rudolf und der Übergang
ihrer Aktiven und Passiven an die neue Firma Klinger &
Benninger angezeigt wurde, unbeantwortet gelassen habe, sowie
daß die Klägerin der Firma Klinger & Rudolf neben dem frag=
lichen Darlehen einen bedeutenden Kredit durch Acceptation von
Wechseln gewährt habe, ohne dafür irgendwelche Sicherheit zu
haben und daß dieser Kredit ohne jegliche Änderung der neuen
Firma prolongiert worden sei.

2. Das Bezirksgericht Zürich wies die Klage ab. Der Ent=
scheid darüber, ob aus den Umständen auf eine Entlassung des
ausgeschiedenen Gesellschafters zu schließen sei, unterliege der
freien Würdigung des Richters, woraus hervorgehe, daß es mit

dem Beweise der Entlassung nicht allzu strenge zu nehmen sei. Ein genügender Beweis in dieser Richtung liege nun darin, daß Klägerschaft der neuen Firma das Darlehen ohne irgendwelchen Vorbehalt weiter kreditiert habe, während doch wenige Tage, nachdem sie die Anzeige von dem Übergang der Aktiven und Passiven auf die neue Firma erhalten hatte, das Kapital nebst Zins fällig gewesen sei, sowie in der Tatsache, daß Klägerschaft den Zins von der neuen Firma angenommen habe; wenn nämlich nach konstanter zürcherischer Gerichtspraxis die vorbehaltlose Empfangnahme eines Zinses vom neuen Erwerber des Grundpfandes die Entlassung des bisherigen Schuldners in sich schließe, (vrgl. § 362 des zürcherischen privatrechtl. Gesetzbuches), so müsse auch im vorliegenden Falle die Annahme des Zinses vom Delegaten des Schuldners als Befreiung des letztern aufgefaßt werden.

Die zweite Instanz trat dieser Auffassung nicht bei. Zunächst konstatierte sie, daß der streitige Schuldposten von 6500 Fr. unterm 5. Juli 1890 auf „Klinger & Rudolf" im Darlehensbuch der Klägerin eingetragen wurde und daß sich weder eine Übertragung der Schuld auf Klinger & Benninger, noch eine Erneuerung derselben notiert findet, sondern lediglich eine Zinszahlung von 325 Fr. d. d. 4. September 1891 und eine Kapitalzahlung von 1950 Fr. durch die Notariatskanzlei Winterthur als Konkursbetreffniß d. d. 9. Mai 1893. Ferner stellte sie fest, daß Klinger & Rudolf noch weitere Darlehen von der Klägerin erhalten haben, welche zum Teil in der Weise scheinen gemacht worden zu sein, daß die Leihkasse Stammheim der Firma Klinger & Rudolf Tratten acceptierte, welche bei der Bank in Winterthur zahlbar waren und daß Klinger & Rudolf dann diese Tratten für sich verwendeten. In rechtlicher Hinsicht führte sie im wesentlichen aus: Eine Rechtspflicht zur Beantwortung des Cirkulars, worin der Übergang der alten Firma auf die neue angezeigt wurde, habe für Klägerschaft nicht bestanden und es habe dieselbe angesichts Art. 585 O.=R. auch keine Veranlassung gehabt, ausdrücklich zu erklären, daß sie den Beklagten auch fernerhin als ihren Schuldner betrachten werde. Aus dem Umstand, daß die Schuld von 6500 Fr. nach Empfang dieser Anzeige nicht sofort eingefordert worden sei, könne nichts zu Gunsten des Be-

klagten gefolgert werden; denn diese Schuld sei nicht erst am
5. Juli, sondern schon am 5. Januar 1891 fällig gewesen und
von da an einfach fällig geblieben; Beklagter könne keine Er=
neuerung derselben nachweisen. Auch aus der vorbehaltlosen Ent=
gegennahme des am 5. Juli fällig gewordenen Zinses von
Klinger & Benninger und aus der Anmerkung in der Quittung,
es restiere noch das Kapital von 6500 Fr., könne eine Ent=
lassung nicht gefolgert werden; damit, daß die neue Firma als
Schuldnerin angenommen worden war, sei der Beklagte seiner
Haftung nicht entlassen worden, und die von der ersten Instanz
erwähnte zürcherische Gerichtspraxis betreffend Befreiung eines
Grundpfandschuldners müsse im vorliegenden Falle ohne Ein=
fluß bleiben; denn sie habe ihren Grund in dem Bestreben, eine
Trennung von Schuld und Unterpfand im Hypothekarwesen
möglichst zu vermeiden, aus Gründen, welche im Faustpfand=
schuldverkehr weniger zutreffen. Aus einem der vorliegenden
Buchauszüge scheine zwar hervorzugehen, daß Klägerin den Be=
klagten aus einer andern, als der heute eingeklagten Schuld
(8000 Fr. Darlehen vom 1. April 1891) entlassen habe; es
stehe aber dem Gläubiger zweifellos frei, bei einer Mehrzahl von
Forderungen nur einzelne gegen den ausgeschiedenen Gesellschafter
geltend zu machen.

3. Es ist vom Beklagten nicht bestritten worden, daß er als
Socius der Firma Klinger & Rudolf der Klägerin aus dem
Darlehen vom 5. Juli 1890 solidarer Schuldner geworden ist;
seine Bestreitung der Zahlungspflicht gründet sich auf die Be=
hauptung, nach Art. 589 O.=R. sei er von seiner Haftung frei
geworden, indem von Seite der Gläubigerschaft eine aus den
Umständen zu schließende Entlassung stattgefunden habe. Die Vor=
instanz verneinte eine solche Entlassung; da indessen diese Fest=
stellung nicht eine rein tatsächliche ist, sondern sich auf rechtliche
Erwägungen, insbesondere auf die Auslegung des Art. 589 O.=R.
gründet, so ist das Bundesgericht an dieselbe nicht ohne weiteres
gebunden. Vorerst erscheint nun die Berufung auf den erwähnten
Art. 589 O.=R. deshalb unzutreffend, weil darin nur von der
Haftung eines ausgeschiedenen oder ausgeschlossenen Gesellschafters
die Rede ist und es sich im vorliegenden Prozesse gar nicht um

diesen Fall, sondern um die Haftbarkeit eines Gesellschafters nach
erfolgter Auflösung der Gesellschaft handelt. Am 30. Juni 1891
ist nicht etwa in der Firma Klinger & Rudolf eine Änderung
bloß insoweit eingetreten, daß ein Gesellschafter ausgetreten, und
die Firma nachher weiter geführt worden wäre, welchen Fall
Art. 589 O.-R. im Auge hat, sondern es fand eine Auflösung
derselben statt, wobei Aktiven und Passiven von der neuen Firma
übernommen wurden, welche der frühere Associé Rudolfs, Klinger,
mit dem frühern Prokuristen Benninger gegründet hatte. Daß
aber der Fall der Auflösung einer Firma von dem Falle, wo
aus einer weiterbestehenden Firma ein Gesellschafter ausscheidet
oder ausgeschlossen wird, auseinanderzuhalten ist, ergibt sich schon
aus dem Wortlaute des Art. 585 O.=R., wo von der Verjäh=
rung der Klagen gegen einen Gesellschafter „nach Auflösung der
Gesellschaft oder nach seinem Ausscheiden oder seiner Ausschließung
aus derselben" die Rede ist. Es mag übrigens bemerkt werden,
daß Art. 589 O.=R. nichts weiteres statuiert, als was das
Obligationenrecht allgemein für die Aufhebung einer Schuld vor=
schreibt, denn nach Art. 1 u. 140 ibidem ist es zweifellos, daß
die gänzliche oder teilweise Aufhebung einer Forderung auch still=
schweigend, durch konkludente Handlungen, erfolgen kann. Es sind
also die allgemeinen Grundsätze über Novation zur Anwendung
zu bringen, und dabei ist die Bestimmung des Art. 143 O.=R.
maßgebend, daß die Neuerung nicht vermutet wird, sondern der
Wille, sie zu bewirken, aus dem Geschäfte klar hervorgehen muß.
Ist aber hienach die Frage so zu stellen, ob aus den vom Be=
klagten angeführten Tatsachen unzweideutig der Wille der Kläger=
schaft, ihn von seiner Schuldpflicht zu entlassen, hervorgehe, so
muß in Übereinstimmung mit der Vorinstanz ein solcher Schluß
als unzulässig abgewiesen werden.

4. Mit Recht führt die Appellationskammer aus, daß Be=
klagter nichts für sich aus der Tatsache herleiten kann, daß Kläger=
schaft das vom 1. Juli 1891 datierte Cirkular unbeantwortet
gelassen, in welchem die Auflösung der bisherigen Gesellschaft
Klinger & Rudolf und der Übergang ihrer Aktiven und Passiven
auf die neue Gesellschaft Klinger & Benninger gemeldet wurde;
denn in der bloßen Kenntnißnahme dieses Vorganges konnte in

keiner Weise die stillschweigende Erklärung gefunden werden, daß
der Empfänger des Cirkulars die frühere Gesellschaft ihrer Schuld=
pflicht entlassen wolle; eine Rechtspflicht für die Klägerin zur
Rückäußerung gegenüber diesem Cirkular bestand nach keiner
Richtung, und so konnte derselben ihr Stillschweigen auch nicht
schaden. Ebenso kann sich Beklagter mit Recht nicht darauf be=
rufen, daß unmittelbar nach der Auflösung der Firma Klinger
& Rudolf die Schuld von 6500 Fr. fällig geworden und auf
eine Entlassung des Beklagten deswegen zu schließen sei, weil
derselbe damals nicht zur Zahlung angehalten, sondern das Ka=
pital der neuen Firma weiter kreditiert worden ist. Die Vorinstanz
stellt fest, daß die 6500 Fr. nicht erst einige Tage nach der
Auflösung der Firma Klinger & Rudolf, sondern schon am
5. Januar 1891 fällig geworden sind und von da an einfach
fällig blieben, und fügt bei, der Beklagte sei nicht im Stande
nachzuweisen, daß eine Erneuerung der Schuld stattgefunden habe,
die Klägerin bestreite dies des Entschiedensten, unter Verweisung
auf ihr Darlehensbuch, in welchem sich in der Tat keine Anhalts=
punkte für eine Schulderneuerung finden.

5. Unter Hinweis auf die zürcherische Gerichtspraxis betreffend
Befreiung eines Grundpfandschuldners bei vorbehaltloser Annahme
eines Zinses vom neuen Erwerber des Grundpfandes durch den
Gläubiger, will Beklagter sodann weiter seine Entlassung daraus
herleiten, daß Klägerschaft den am 5. Juli 1891 verfallenen Zins
nicht nur von der neuen Gesellschaft angenommen, sondern ihn
von derselben auch ausdrücklich, mit Schreiben vom 23. August
1891, verlangt habe. Die erste Instanz hat dieser Ausführung
beigepflichtet, aber mit Unrecht. Zunächst ist zu entgegnen, daß
sich die erwähnte Gerichtspraxis auf die Auslegung kantonalen
Rechtes bezieht und schon aus diesem Grunde nicht als Indizium
bei der Anwendung eidgenössischen Rechtes verwendet werden darf,
und sodann ist eine analoge Ausdehnung dieser Praxis deswegen
durchaus unzulässig, weil sie eine singuläre, von dem allgemeinen
Grundsatze, daß Verzichte nicht zu präsumieren seien, und speziell
auch von dem Art. 143 O.=R. abweichende Rechtsanschauung
enthält. Das Vorgehen der Klägerschaft mit Bezug auf die Re=
klamation und Empfangnahme dieses Zinses erklärt sich aber auf

natürliche Weise dadurch, daß eben Klinger auch als Anteilhaber
der neuen Firma Schuldner dieses Darlehens geblieben war, und
daß diese Firma durch Cirkular bekannt gegeben, daß sie die
Passiven von Klinger & Rudolf übernommen habe. Ist nun auch
zuzugeben, daß unter besondern Verhältnissen, wie z. B. wenn
ein Kontokorrentvertrag bestanden hat und nach dem bekannt gewordenen Ausscheiden eines Gesellschafters das Kontokorrentver-
hältniß durch Übertragung des Saldos auf neue Rechnung und
Salbierung dieser Rechnung, vorbehaltlos fortgesetzt worden ist,
eine Entlassung des Ausgeschiedenen Gesellschafters angenommen
werden darf (vrgl. Amtliche Sammlung der bundesgerichtlichen
Entscheidungen XIX, S. 408, Urteil in Sachen Zündel & Cie.
gegen Zollinger, Erw. 5), so beruht eine derartige Annahme
auf den eigenartigen Verumständungen des speziellen Falles und
darf keineswegs dahin verallgemeinert werden, daß mit der Acceptation des neuen Schuldners der bisherige ohne weiters entlassen sein soll. Auf den erwähnten Entscheid in Sachen Zündel
& Cie. gegen Zollinger kann im vorliegenden Falle auch deswegen nicht abgestellt werden, weil dort das Verhältniß so lag,
daß lediglich ein Gesellschafter ausgeschieden war und die Firma
weiter geführt wurde, während hier eine Auflösung der schuld-
nerischen Firma stattgefunden hatte.

6. Beizupflichten ist der Vorinstanz schließlich auch in der
Erwägung, daß es dem Gläubiger freistehe, bei einer Mehrzahl
von Forderungen nur einzelne derselben gegen den ursprünglichen
Schuldner geltend zu machen, woraus sich ergibt, daß eine Entlassung des Beklagten nicht etwa darin erblickt werden könnte,
daß Klägerschaft denselben, wie die Vorinstanz annimmt, aus
einer andern, als der eingeklagten Schuld entlassen hat.

Demnach hat das Bundesgericht

erkannt:

Die Weiterziehung wird als unbegründet abgewiesen und demnach das Urteil der Appellationskammer des Obergerichtes des
Kantons Zürich vom 26. September 1893 in allen Teilen bestätigt.

144. Urteil vom 29. Dezember 1893 in Sachen
Dreyfus Frères gegen Egli-Reinmann & Cie.

A. Mit Urteil vom 23. Oktober 1893 hat das Appellations=
gericht des Kantons Baselstadt erkannt: Es wird das erstinstanzliche
Urteil bestätigt. Das erstinstanzliche Urteil des Civilgerichtes des
Kantons Baselstadt vom 26. September 1893 ging dahin : Die
Beklagten werden zur Zahlung von 7913 Fr. 40 Cts. samt
Zins à 5 % seit 15. Januar 1892 an die Kläger verurteilt.

B. Gegen dieses Urteil ergriffen die Beklagten die Weiterziehung
an das Bundesgericht mit dem Antrag, es sei die Klage gänzlich
abzuweisen. In der heutigen Verhandlung wiederholte der beklag=
tische Vertreter diesen Antrag, indem er eventuell den weitern An=
trag beifügte, die Akten dem kantonalen Gerichte zurückzuweisen,
zur Feststellung des Schadens durch Expertise, wobei nicht der
15., sondern der 8. Januar 1893 maßgebend sein und lediglich
auf die Preisstände der fraglichen Weizensorte Azima Eupatoria
Rücksicht genommen werden solle; der Schaden solle festgestellt
werden an Hand des noch vorhandenen Musters.

Der Vertreter der Rekursbeklagten beantragt Verwerfung dieser
Anträge und Bestätigung des kantonalen Urteils.

Das Bundesgericht zieht in Erwägung :

1. Die Kläger, Getreidehändler in Paris, welche schon im April
1891 mit den Beklagten einen Weizenhandel durchgeführt hatten,
suchten im November 1891 neuerdings mit demselben in Verbin=
dung zu treten, indem sie ihnen ein Muster einer auf dem Dam=
pfer Mimosa befindlichen von Eupatoria nach Rotterdam schwim=
menden Ladung russischen Weizen (Eupatoria Azima) übersandten,
von welcher sie 5000 Meterzentner zu 24 Fr. 26 1/2 Cts. per
100 Kilogramm cif Rotterdam an die Beklagten verkaufen wollten
(Cif. = cost insurance freight bedeutet, daß der Käufer die Fracht
und Assekuranzkosten der gekauften Ware bis zum Löschungshafen
zu tragen hat). Auf eine telegraphische Anfrage der Beklagten vom
23. November 1891, wann die betreffende Ware in Rotterdam
erwartet werde, antworteten die Kläger am gleichen Tage eben=
falls telegraphisch, daß das Schiff, welches den Eupatoria=Weizen

aufgenommen habe, wahrscheinlich heute abdampfe und in circa
drei Wochen in Rotterdam anlangen werde. Zugleich erhöhten sie
ihr Angebot auf 24 Fr. 75 Cts. per 100 Kilogramm cif Rotterdam. Den Inhalt dieses Depeschenwechsels bestätigten sie den Beklagten mit Schreiben vom 23. November 1891 und baten um
telegraphische Antwort auf ihre Offerte. Hierauf machten Beklagte
noch am gleichen Tage den Klägern telegraphisch folgendes Untergebot: „Acceptieren 3000 Meterzentner bemusterten Eupatoria
„Azima schwimmend 24.50 cif Rotterdam. Gesiegeltes Muster.
„Drahtieret auch Gewichtsgarantie." Am 24. November antworteten die Kläger telegraphisch: „Notieren ihnen ausnahms-
„weise dreitausend Eupatoria schwimmend 24.50 cif Rotterdam.
„Banktrimester gegen Dokumente, oder unsere Delivery-Order;
„senden gesiegelte Muster. Weizen wiegt 928/32. Offerieren wei-
„tere zweitausend gleichpreisig, sofortige Drahtzusage." Am gleichen
Tage bestätigten die Kläger den Beklagten brieflich den durch
diesen Depeschenwechsel zu Stande gekommenen Verkauf, versprachen zwei versiegelte Muster zu senden und schickten ihnen zur
Unterzeichnung ein gedrucktes Vertragsformular (einen sogenannten
Londonerkontrakt), das die Einzelheiten des Kaufes und besondern
Bedingungen über Gewichts- und Qualitätsgarantie, Unterstellung
allfälliger Streitigkeiten unter ein Londoner Schiedsgericht u. s. w.
enthielt. Hierauf schrieben am 25. November die Beklagten den
Klägern: „Unserm Depeschenwechsel zu Folge haben Sie uns
„verkauft 3000 Meterzentner Azima Eupatoria-Weizen 28/32
„Pud wiegend, zahlbar durch 90 Tage Bankaccept gegen Erlag
„der Connossemente und der Versicherungspolice. Von einem Lon-
„doner-Vertrag haben Sie uns bei Angabe der Kaufsbedingungen
„nichts erwähnt, weshalb wir uns nicht veranlaßt sehen, einen
„solchen zu unterschreiben. Unserm Stillschweigen werden Sie ent-
„nommen haben, daß wir auf die weitern 2000 Meterzentner
„Azima Eupatoria nicht reflektieren." Mit Schreiben vom 26. November bestätigten die Beklagten diesen Brief vom 25. November
und wiederholten namentlich ihre Ablehnung, den sogenannten
Londoner-Kontrakt zu unterschreiben; im weitern erklärten sie, es
diene ihnen absolut nicht, gegen einfache Delivery-Order Accepte
zu geben, sondern sie verlangen ein richtig ausgestelltes Connosse-

ment mit den dazu gehörigen Duplikaten und einer bezüglichen girierten Versicherungspolice. Am folgenden Tage schickten die Kläger den Beklagten, da der eingesandte Kontrakt ihnen nicht gefallen habe, einen neuen Kontrakt und bemerkten, daß für die ganze Ladung nur ein Connossement bestehe, so daß es also den Klägern rein unmöglich sei, ein solches zu senden. Im Übrigen sei bei Abschluß des Geschäfts ausdrücklich vorgesehen worden, daß die Acceptierung der Tratten auch gegen Einhändigung einer Delivery-Order zu erfolgen habe. Hierauf erklärten die Beklagten am 28. November durch Brief und Telegramm den Kauf als nicht zu Stande gekommen. Sie verharrten auf diesem Standpunkte trotz der Vorstellungen der Kläger und refüsierten am 7. Dezember die ihnen anfangs dieses Monats zugesandte Faktur; ebenso wiesen sie die am 19. Dezember erhaltene Anzeige von der am 14. Dezember in Rotterdam erfolgten Ankunft der Ware zurück. Am gleichen 19. Dezember ließen ihnen die Kläger durch das Advokaturbureau Temme & Kern in Basel nochmals die Erfüllung des Kaufvertrages anbieten und denselben die Delivery-Order für 3000 Meterzentner Weizen, sowie die betreffende Assekuranzpolice vorweisen, mit der Aufforderung, gegen Aushändigung dieser Papiere Accepte für den Kaufpreis zu geben. Am 31. Dezember 1891 setzten sie den Beklagten durch die nämlichen Bevollmächtigten eine achttägige Frist zur nachträglichen Erfüllung mit der Androhung an, daß nach Ablauf der Vertrag aufgehoben sei und Kläger die Beklagten gemäß Art. 124 O.-R. für die Preisdifferenz, sowie für allen weitern durch Nichtannahme der Ware entstandenen und noch entstehenden Schaden haftbar machen würden. Am 15. Januar 1892 ließen die Kläger die refüsierte Ware in Rotterdam durch die beeidigten Getreidemäkler van Alphen und van Yzern schätzen, welche einen Wert der Ware angaben, der in Franken auf 21.35 kam gegenüber dem Verkaufspreis von 24.50. In einer Erklärung vom 18. Februar stellen dieselben Mäkler fest, daß die Weizenpreise vom 24. November bis 15. Januar um 2 Fr. 20 Cts. bis 2 Fr. 60 Cts. per 100 Kilogramm zurückgegangen seien.

2. Mit Klage vom 25. Juli 1892 verlangten nun die Kläger 10,829 Fr. 80 Cts. als Schadenersatz wegen Nichterfüllung des

abgeschlossenen Kaufgeschäftes, samt Zins à 5 % seit 15. Januar 1892, nämlich 9028 Fr. 45 Cts. als Differenz zwischen Kauf= preis Valuta 15. Januar 1892 und Marktpreis per 15. Januar nach der Schätzung der Mäkler vom gleichen Tage, 1635 Fr. 90 Cts. für Kosten der Umlabung und Lagerung in dem Lichter= schiff in Rotterdam, 165 Fr. 45 Cts. sonstige Spesen und Kosten der für den Prozeß beigebrachten Certifikate. Sie machten geltend, es sei ein gültiger Kaufvertrag zu Stande gekommen, indem über die wesentlichen Punkte (Ware, Preis, Zahlungszeit und Zahlungs= modus), sowie über die Nebenpunkte (Banktrimester gegen Con= nossement oder Delivery=Order) eine Willenseinigung stattgefunden habe. Die Aushändigung eines Connossements sei in Fällen, wie dem vorliegenden, nicht möglich, indem bei einer unverkauft unter Segel gehenden Ladung einer und derselben Qualität Weizen in der Regel nur eine Serie von Connossementen (Prima, Se= kunda u. s. w.) abgegeben werden. Das Connossement für die ganze Schiffsladung werde aber bei dem mit der Ablieferung der Ware beauftragten Spediteur deponiert und für jeden einzelnen Verkauf an die Order des betreffenden Käufers eine auf diesen Spediteur lautende Delivery=Order ausgestellt, gegen welche usancegemäß vom Käufer Accept für den Kaufpreis gegeben werde. Beklagte haben den Kaufvertrag offenbar nur wegen des Preis= rückgangs annulliert.

Die Beklagten verneinten in ihrer Rechtsantwort das Zustande= kommen eines Kaufvertrages. Kläger hätten aus einem frühern mit den Beklagten abgeschlossenen Geschäfte gewußt, daß sie nicht gegen Delivery=Order, sondern nur gegen Connossemente Accept zu geben wünschten; deswegen sei eine telegraphische Zusage, wie am Schlusse des klägerischen Telegramms vom 24. November 1891 verlangt und auch sonst nach der Situation der Unterhandlungen erforderlich gewesen wäre, nicht erfolgt. Die Acceptation gegen Delivery=Order verstoße nicht nur gegen den Usus, sondern sei für einen vorsichtigen Kaufmann geradezu ein Wagnis. Eine Sicherheit des Acceptanten, für den mit dem Accept hingegebenen Kaufpreis die Ware wirklich zu erhalten, liege nur im Connosse= ment, während die Delivery=Order weder die Garantie dafür gebe, daß der Aussteller die Waare habe, noch daß der Angewiesene dieselbe besitze und den Auftrag ausführe; sie verschaffe daher dem Käufer kein weiteres Recht, als er schon aus dem bloßen Kaufe gegenüber dem Verkäufer habe. Der Spediteur in Rotterdam, bei welchem das Connossement deponiert worden sei, habe nun durch= aus keine Sicherheit für das von den Beklagten auszustellende Accept von 67,785 Fr. 60 Cts. geboten. Im weitern habe der von den Klägern den Beklagten zur Unterzeichnung eingesandte Londoner=Kontrakt Bestimmungen enthalten, die dem klägerischen Angebot durchaus fremd und von den Beklagten nicht annehmbar gewesen seien. In dem Schreiben der Beklagten vom 25. No= vember sei keine Bestätigung des angeblich am 24. November ab= geschlossenen Kaufes enthalten, sondern nur eine Wiederholung des Inhaltes der Abmachung, wie die Beklagten sie verstanden wissen wollten, und zwar hauptsächlich bezüglich Gewichtsgarantie und Hingabe der Bankaccepte gegen Aushändigung der Schiffsdoku= mente. Durch Einsendung der Kontrakte haben aber Kläger den Vertrag auf einen andern Boden stellen wollen und seien, falls ein Vertragsabschluß angenommen werden sollte, damit selbst von demselben zurückgetreten. Bezüglich der Höhe des Schadenersatzes bestritten die Beklagten, daß die fragliche Weizensorte vom 24. No= vember 1891 bis 15. Januar 1892 im Preise zurückgegangen sei und daß die beiden von den Klägern bestellten Mäkler zuverläßig seien, und betonten, die Experten hätten gerichtlich ernannt und die Identität der Ware gerichtlich, unter Beiziehung der Beklagten, konstatiert werden sollen.

3. Die kantonalen Instanzen haben die Klage grundsätzlich zu= gesprochen; die Erwägungen der ersten Instanz, welche vom Appellationsgerichte in toto aufgenommen wurden, gehen im wesentlichen dahin: Durch die klägerische Depesche vom 24. No= vember, welche die Antwort auf das telegraphische Untergebot der Beklagten auf die am 23. November angebotene Ware enthielt und folgendermaßen lautete: „Notieren Ihnen ausnahmsweise „3000 Meterzentner Eupatoria schwimmend 24.50 cif Rotterdam, „senden gesiegelte Muster, Weizen wiegt 928/32," haben die Klä= ger die Annahme des beklagtischen Angebotes erklärt und dabei zugleich alle diejenigen Punkte geregelt, auf welche Beklagte in ihrem Telegramm außer dem Preis noch Wert gelegt hatten. Auf

einen vorher noch nicht berührten Punkt aber beziehen sich die
Worte : „Banktrimester gegen Schiffsdokumente oder Delivery=
Order"; da es sich hier um einen ganz wesentlichen Punkt des
Kaufvertrages gehandelt habe, sei zu dieser Zahlungsbedingung
noch die Zustimmung der Beklagten notwendig gewesen. Diese
Zustimmung sei durch die Nichtbeantwortung der klägerischen De=
pesche als erfolgt zu betrachten ; am Vormittag des 24. November
sei diese Depesche bei den Beklagten eingetroffen und hätte wohl
noch am gleichen Tage beantwortet werden können. Der durch die
Wichtigkeit des Geschäfts und die täglichen Kursschwankungen be=
gründete Umstand, daß die bisherigen Unterhandlungen telegra=
phisch geführt worden waren, habe auch erfordert, daß die Ablehnung
des von den Klägern vorgeschlagenen Zahlungsmodus telegraphisch
gemeldet werde, ansonst die Kläger annehmen durften, daß die
Beklagten mit diesem Zahlungsmodus. der den Klägern und nicht
den Beklagten das Wahlrecht zwischen Connossement und Deli=
very-Order ließ, einverstanden seien. Die Worte : „sofortige Draht=
zusage" am Schluß des erwähnten klägerischen Telegramms haben
sich nur auf die denselben unmittelbar vorangehende Offerte über
weitere 2000 Meterzentner und nicht auf das im ersten Teil des=
selben geregelte Geschäft bezogen, welcher Auffassung auch die
Stelle im beklagtischen Brief vom 25. November entspreche :
„Unserm Stillschweigen werden sie entnommen haben, daß wir
„auf die weitern 2000 Meterzentner Azima Eupatoria nicht re=
„flektieren", während im Eingange desselben Briefes von dem an
sie erfolgten Verkaufe der 3000 Meterzentner die Rede war. Ein
betrügerisches Verfahren der Kläger könne darin nicht erblickt
werden, daß sie Connossement und Delivery=Order neben einander
erwähnten ; Beklagte haben wissen müssen, daß die Übergabe eines
Teil=Connossements nach der bereits erfolgten Abfahrt des Schiffes
unmöglich sei. Der einmal zu Stande gekommene Kauf sei nun
durch die vergeblichen Versuche der Kläger, die Beklagten zur
Unterzeichnung eines sogenannten Kontraktes zu veranlassen, nicht
in Frage gestellt worden. Die Unterzeichnung solcher Kontrakte
sei im Getreide=Großhandel üblich zur Sicherung des Beweises
und zur Regelung verschiedener Punkte, die nicht zu den wesent=
lichen Erfordernissen des Kaufvertrages gehören ; wenn daher hier=

über eine Einigung nicht erfolge, so bleibe es einfach bei dem die essentialia negotii enthaltenden ursprünglichen Vertrag. Nachdem nun Kläger die Beklagten nach Art. 122 O.-R. in Verzug gesetzt und die denselben bis 15. Januar 1892 angesetzte Frist zur Empfangnahme der Ware unbenützt verstrichen war, seien die Kläger berechtigt gewesen, vom Vertrage zurückzutreten und Schadenersatz zu verlangen. Das Verschulden, das Art. 124 O.-R. als Erforderniß der Ersatzklage aufstellt, liege in dem vertrags= widrigen Verhalten der Beklagten.

Was die Festsetzung des Schadenersatzes anbelangt, so führt die kantonale Instanz aus, daß Kläger weder zu einem Zwangs= verkaufe, noch zur Anordnung einer gerichtlichen Schatzung unter Zuzug der Beklagten verpflichtet gewesen seien. Da es sich nicht um Feststellung eines Mangels, sondern des Preisrückgangs ge= handelt habe, seien die beeidigten Mäkler kompetent und nach der Auskunft des Schweizer=Konsulats in Rotterdam auch vollkommen geeignet gewesen. Ihr Certifikat vom 18. Februar 1892, das auf Grund der Notierungen verschiedener Weizensorten vom Rotter= damer Markte einen Preisrückgang von 2 Fr. 20 Cts. bis 2 Fr. 60 Cts. per 100 Kilogramm ergibt, entspreche auch nach der Be= rechnung, die von einem Sachverständigen aus der Mitte des Gerichts angestellt worden sei, ungefähr dem Durchschnitt des gleichzeitigen Rückgangs der Weizenpreise auf den Getreideplätzen Berlin, Mannheim, Paris, Wien, Amsterdam und New=York. Der Gesamtschaden, bestehend in der Preisdifferenz berechnet auf den 15. Januar 1892, unter Hinzurechnung der Kosten der Überladung und Lagerung, sowie der Auslagen für Certifikate, Porti und Telegramme wurde auf 7913 Fr. 40 Cts. festgesetzt.

4. Bezüglich der Kompetenz des Bundesgerichtes ist entscheidend, daß nach der Feststellung der Vorinstanz, wie dies auch heute stillschweigend anerkannt worden ist, die Parteien sich daraufhin geeinigt haben, daß das streitige Vertragsverhältnis nicht nach niederländischen Gesetzen, sondern nach schweizerischem Obligationen= rechte beurteilt werde. Auch ohne diese ausdrückliche Einigung der Parteien wäre für die Hauptfrage, ob ein Vertrag zu Stande gekommen sei und ob Beklagte im Verzug und schadenersatzpflichtig seien, das schweizerische Obligationenrecht anwendbar (siehe Amt=

liche Sammlung der bundesgerichtlichen Entscheidungen, XIV,
S. 792 ff.). Anders würde es sich freilich verhalten bezüglich der
Folgen des Annahmeverzuges; nach der gedachten kantonalrichter=
lichen Feststellung ist aber die Willenseinigung der Parteien dahin
aufzufassen, daß auch für die Verzugsfolgen die materiellen Grund=
sätze des schweizerischen Rechts gelten sollen.

5. Der grundsätzliche Streit der Parteien besteht darin, ob das
fragliche Kaufsgeschäft zu Stande gekommen sei. Diessfalls kommt
in Betracht: Mit Telegramm vom 23. November 1891 machten
die Beklagten den Klägern folgende Kaufsofferte: „Acceptieren
„3000 Meterzentner bemusterte Eupatouia Azima schwimmend
„24.50 cif Rotterdam", und verlangten gesiegeltes Muster und
Gewichtsgarantie. Diese Offerte wurde von den Klägern mit De=
pesche vom 24. November angenommen, in welcher sie antworteten
„Notieren Ihnen ausnahmsweise 3000 Eupatoria schwimmend
„24 50 cif Rotterdam, senden gesiegelte Muster, Weizen wiegt
„928/32." Dadurch war nun über alle für den Kaufvertrag
wesentlichen Momente eine Einigung getroffen und der Vertrag
müßte hiemit als perfekt betrachtet werden, wenn Kläger nicht
in diesem Telegramm noch eine weitere Bestimmung, bezüglich
der Bezahlung des Kaufpreises, aufgestellt hätten, indem sie bei=
fügten: „Banktrimester gegen Dokumente oder Delivery=Order".
Diese neue Bestimmung bedurfte, damit der Vertrag zu Stande
kommen sollte, noch der Zustimmung der Beklagten, sofern es sich
hier nicht bloß um einen Nebenpunkt im Sinne des Art. 2 O.=R.
handelte. Die Beklagten behaupten nun, daß diese Bestimmung des
Zahlungsmodus einen wesentlichen Vertragspunkt enthalte, und die
Vorinstanz pflichtet dieser Auffassung bei. Diese Frage ist jedoch
von praktischem Wert nur insoweit, als angenommen werden muß,
es sei über diesen Punkt eine Einigung der Parteien nicht erfolgt;
ihre Bedeutung fällt dahin, wenn feststeht, daß diese Einigung
nachträglich zu Stande gekommen ist. Nun stellt die Vorinstanz
fest, die Zustimmung der Beklagten zu dem von den Klägern
vorgeschlagenen Zahlungsmodus sei eingetreten durch die Nicht=
beantwortung der klägerischen Depesche vom 24. November. Sie
konstatiert, daß diese Depesche am 24. November, vormittags, bei
den Beklagten eingetroffen sei und wohl auch noch am gleichen

Tage hätte beantwortet werden können. Eine Antwort erfolgte jedoch erst am 25. November mittelst Briefes, nachdem die Beklagten bereits im Besitze des klägerischen Briefes vom gleichen Tage waren, in welchem Kläger den durch Depeschenwechsel zu Stande gekommenen Kauf bestätigt und ihnen den sogenannten Londoner=Kontrakt zugestellt hatten. In dieser brieflichen Antwort vom 25. November erhoben die Beklagten Protest gegen die Unterzeichnung des Londoner=Kontrakts, sprachen sich jedoch nicht direkt gegen den Zahlungsmodus: „Banktrimester gegen Dokumente oder Delivery=Order" aus; sie schrieben vielmehr: „Unserm Depeschenwechsel zufolge haben Sie uns verkauft 3000 Meterzentner Azima Eupatoria=Weizen 28/32 Pud wiegend, zahlbar durch 90 Tage Bankaccept gegen Erlag der Connossemente und der Versicherungs= police." Eine deutliche Ablehnung der von den Klägern beanspruchten Zahlung des Kaufpreises gegen Dokumente oder gegen Delivery=Order enthält erst der beklagtische Brief vom 26. November, welcher am 27. November bei den Klägern eintraf. Bei der Frage nun, ob dieses Verhalten der Beklagten als Zustimmung zu der klägerischen Proposition aufgefaßt werden müsse, darf allerdings nicht davon ausgegangen werden, daß im kaufmännischen Verkehr überhaupt aus dem Stillschweigen auf eine geschäftliche Mitteilung in allen Fällen Zustimmung geschlossen werden dürfe. In dieser Allgemeinheit läßt sich ein solcher Grundsatz nicht aufstellen. Dagegen ist eine Rechtspflicht zur sofortigen Beantwortung von Mitteilungen und Offerten dann unzweifelhaft vorhanden, wenn die Unterlassung der Erklärung eine Verletzung der bona fides enthalten würde, namentlich also dann, wenn eine rechtzeitige Antwort auf das fernere Verhalten des zu Benachrichtigenden von Einfluß sein konnte, oder wenn der Empfänger absichtlich, um daraus Vorteil zu ziehen, mit einer deutlichen Antwort zugewartet hat (vergleiche Gareis und Fuchsberger, Das deutsche Handels= gesetzbuch, S. 675, und Amtliche Sammlung der bundes= gerichtlichen Entscheidungen, XII, S. 317). Im vorliegenden Falle durften nun die Kläger eine sofortige Antwort verlangen; sie hatten ein erhebliches Interesse daran, möglichst bald zu wissen, ob das Kaufgeschäft perfekt geworden sei, indem der Kaufgegen= stand bedeutenden Kursschwankungen ausgesetzt war. Fragt sich

aber, ob die Beklagten eine rechtzeitige Antwort versäumt haben,
so kommt in Betracht, daß die Beklagten erst am 26. November
eine deutliche Antwort auf den bestrittenen Punkt, und nicht etwa
telegraphisch, sondern brieflich gegeben haben. Kläger behaupten,
die Beklagten hätten sich sofort und zwar telegraphisch hierüber
aussprechen sollen. Eine ältere Theorie (vergleiche Bluntschli,
Deutsches Privatrecht, 3. Auflage, S. 456) geht dahin, daß
der Offerent die Benutzung des Telegraphen, als eines außerordentlichen Korrespondenzmittels, wenn dies nicht ausdrücklich
ausbedungen worden, nicht erwarten dürfe, und zwar auch dann
nicht, wenn er selbst seinen Antrag auf diesem Wege gestellt hat.
Allein heute, wo dieses Korrespondenzmittel nicht mehr als ein
außerordentliches bezeichnet werden kann, ist diese Auffassung
nicht mehr haltbar (vergleiche Dernburg, Preußisches Privatrecht, I, § 107, Anmerkung 10) und es darf jedenfalls in dem
Falle, wo die übrige Korrespondenz bezüglich des fraglichen Rechts-
geschäfts, wie hier, durch den Telegraph gewechselt worden ist und
wo über die essentialia negotii bereits eine Einigung stattgefunden
hat, eine telegraphische Rückäußerung über eine ebenfalls per Telegraph aufgeworfene Vertragsmodalität verlangt werden. Daß Beklagte absichtlich eine sofortige Feststellung über diesen Punkt
unterließen, ergibt sich daraus, daß sie sich in ihrem Briefe vom
25. November darüber noch nicht deutlich aussprachen, während
sie doch in demselben bezüglich des inzwischen erhaltenen Londoner-
Kontraktes ihrer abweichenden Ansicht durch einen bestimmt formulierten Protest Ausdruck gaben; den Zahlungsmodus betreffend
enthält dieser Brief der Beklagten lediglich eine unrichtige Wieder-
gabe des entsprechenden Passus der klägerischen Depesche; denn
der letztere besagt keineswegs, daß Bankaccept gegen Erlag der
Connossemente und Versicherungspolice zu geben sei, sondern gegen
Erlag dieser Dokumente oder Delivery-Order, wobei den Klägern
das Wahlrecht zustand (Art. 82 O.-R.). Eine rechtzeitige deutliche Antwort, wozu die Beklagten verpflichtet waren, haben sie
also auf das klägerische Telegramm vom 24. November nicht
gegeben, und es ist daher nach den hier obwaltenden Verumständungen ihr Verhalten als Zustimmung zu dem erwähnten Inhalt
desselben auszulegen. Nun machen Beklagte freilich geltend, daß

diese Depesche mit den Worten „Sofortige Drahtzusage" schließt und behaupten, sie haben geglaubt, Kläger erwarten eine telegraphische Zusage, widrigenfalls Ablehnung angenommen werde, allein diese Worte können sich, wie die Vorinstanz richtig bemerkt, nur auf die denselben unmittelbar vorhergehende Offerte bezüglich weiterer 2000 Meterzentner desselben Weizens und nicht auch auf den ersten Teil des Telegramms beziehen. Daß die Beklagten hierüber selbst nicht im Zweifel waren, ergibt sich deutlich daraus, daß sie in ihrem Briefe vom 25. November schreiben: „Unserm Depeschenwechsel zufolge haben Sie uns verkauft 3000 Meterzentner Azima Eupatoria ꝛc.", und bezüglich der Offerte im zweiten Teil des klägerischen Telegrammes: „Unserm Stillschweigen werden Sie entnommen haben, daß wir auf die weitern 2000 Meterzentner Azima Eupatoria nicht reflektieren."

6. Im Weitern behaupten die Beklagten, sie seien vom definitiven Abschlusse abgehalten worden durch die unlautere Art, mit welcher die Kläger die Vertragsbestimmungen festzustellen gesucht hätten, und wollen eventuell unter Berufung auf Art. 24 O.=R. ihre Verbindlichkeit ablehnen. Sie führen hiefür aus, daß nach dem frühern Handel, den sie mit den Klägern durchgeführt hatten, diese haben wissen müssen, daß Beklagte bei einem derartigen Kauf nicht gegen Delivery=Order acceptieren; es sei unlauter gewesen, nun doch wieder diese Delivery=Order in die Korrespondenz hineinzubringen, namentlich in alternativer Fassung, vielleicht um die Beklagten glauben zu machen, es stünde ihnen das Wahlrecht zu. Allein abgesehen davon, daß die Beklagten nicht im Zweifel sein konnten, daß bei der von den Klägern gestellten Bedingung diesen die Wahl offen stand, Connossement oder Delivery=Order zu geben, ist ohne weiteres klar, daß Beklagte sich auf allfällige Abmachungen in einem frühern Geschäft hier nicht berufen können, indem es sich im vorliegenden Falle um ein besonderes Geschäft für sich handelt. Daraus, daß Beklagte bereits in einem frühern Geschäft über diesen Punkt mit den Klägern korrespondiert und Accepte gegen bloße Delivery=Order verweigert hatten, ist vielmehr der Schluß zu ziehen, daß sie um so eher Veranlassung hatten, gegen die fragliche Proposition der Kläger sofort zu protestieren.

Der Umstand endlich, daß die Kläger den Beklagten mit dem

Briefe vom 25. November zur Unterzeichnung ein Vertrags=
formular, den sogenannten Londoner=Kontrakt, zustellten, welcher
verschiedene Punkte enthielt, die bisher nicht erörtert worden waren
und die die Beklagten nicht annahmen, steht der Perfektion des
Vertrages nicht entgegen. Wie die Vorinstanz feststellt, ist die
Unterzeichnung solcher Kontrakte im Getreidegroßhandel üblich zur
Sicherung des Beweises und zur Regelung verschiedener Punkte,
die nicht zu den wesentlichen Erfordernissen des Kaufvertrages
gehören. Durch die Weigerung dieses Formular zu unterzeichnen,
wurde daher die Gültigkeit des Vertrages nicht wieder in Frage
gestellt, sondern es blieb, da die Kläger auf der Unterzeichnung
nicht weiter bestanden, einfach bei dem, was die Parteien bereits
abgemacht hatten.

7. Die Schadenersatzforderung der Kläger ist also grundsätzlich
begründet, da Beklagte den Vertrag in schuldhafter Weise nicht
erfüllt haben. Da die Beklagten, als ihnen die Ankunft der Ware
in Rotterdam gemeldet wurde, keine Anstalten zur Empfangnahme
derselben trafen und auch den Kaufpreis nicht zahlten, waren die
Kläger berechtigt, ihnen nach Art. 122 O.=R. Frist zur nach=
träglichen Erfüllung anzusetzen und nach fruchtlosem Ablauf der=
selben auch ihrerseits vom Vertrage zurückzutreten sowie Schaden=
ersatz wegen Nichterfüllung des Vertrages zu verlangen. Nach
Art. 124 O.=R. liegt der Beweis des Verschuldens in diesem
Falle den Klägern ob; derselbe ist aber als geleistet zu betrachten,
da die Beklagten ausdrücklich erklärt haben, daß sie den Vertrag
nicht halten wollen; sie taten den Klägern gegenüber diese Ansicht
schon in ihrem Telegramm vom 28. November 1891 kund, worin
sie erklärten: „Geben keinen Bankrembours gegen Ihre Delivery=
Order, und nachdem uns über Konditionen nicht einigen konnten,
betrachten Geschäft 3000 Meterzentner Eupatoria=Weizen Nr. 1019
als nicht zu Stande gekommen und verzichten darauf."

8. Als ersatzfähiger Schaden ist nach Art. 116 O.=R. derjenige
zu bezeichnen, der bei Eingehung des Vertrages als die unmittel=
bare Folge der Nichterfüllung vorhergesehen werden konnte, also
jedenfalls der Preisrückgang der Ware zur Erfüllungszeit gegen=
über dem Kaufpreis, sowie die Auslagen für Überladung und
Lagerung in Rotterdam, für Certifikate, Porti und Telegramme,

wie sie die Vorinstanz in Berücksichtigung gezogen hat. Bezüglich
der Berechnung des Preisrückganges hat nun die beklagte Partei
Anordnung einer neuen Expertise beantragt und dabei verlangt,
es solle rücksichtlich der Preisstände lediglich auf die fragliche
Weizensorte Azima Eupatoria Rücksicht genommen werden, wobei
nicht der 15., sondern der 8. Januar als maßgebend zu betrachten
sei; ferner solle der Schaden festgestellt werden an Hand des noch
vorhandenen Musters. Zu diesen Anträgen ist zu sagen, daß die
kantonalgerichtliche Ermittlung des Schadens in Folge Preisrück=
gangs der verkauften Ware eine rein tatsächliche Feststellung und
daher auch für das Bundesgericht maßgebend ist; eine Über=
prüfung kann nur in so weit eintreten, als sich ergibt, daß die
Vorinstanz dabei von unrichtigen Voraussetzungen rechtlicher Natur
ausgegangen sei. Als Rechtsfrage qualifiziert sich nun allerdings
die Frage, welcher Zeitpunkt für die Berechnung der Preisdifferenz
maßgebend sei; und es ist an sich richtig, wenn die Beklagten
heute behaupten, der Stand der Preise am Erfüllungstage, d. h.
am 8. Januar, und nicht am 15. Januar komme in Betracht.
Allein genügende Veranlassung zu einer Beweiserhebung über
diesen Punkt liegt schon deswegen nicht vor, weil die beklagte
Partei nicht behauptet hat, daß zwischen dem 8. und 15. Januar
ein Preisunterschied bestehe. Sodann aber erscheint der Antrag der
Beklagten aus dem Grunde unzulässig, weil sie vor Appellations=
gericht selbst den Standpunkt eingenommen haben (wie dies aus
dem Verhandlungsprotokolle hervorgeht), die Frage sei die, wie sich
Azima-Weizen im Preise vom 24. November bis 15. Januar
geändert habe, und es sei diese Differenz durch Expertise festzu=
stellen.

Demnach hat das Bundesgericht

erkannt:

Die Weiterziehung der Rekurrenten wird als unbegründet erklärt
und daher das Urteil des Appellationsgerichtes des Kantons Basel=
stadt vom 23. Oktober 1893 in allen Teilen bestätigt.

### 145. Urteil vom 29. Dezember 1893 in Sachen Frutiger gegen Schweizerische Unfallversicherungs= Aktiengesellschaft in Winterthur.

A. Mit Urteil vom 5. Oktober 1893 hat der Appellations= und Kassationshof des Kantons Bern erkannt: Die Beklagte, Schweizerische Unfallversicherungs=Aktiengesellschaft in Winterthur wird mit ihrer peremptorischen Einrede abgewiesen.

B. Gegen dieses Urteil erklärte der Kläger die Berufung an das Bundesgericht und beantragte Abänderung desselben im Sinne des Zuspruches des gestellten Klagebegehrens. Die Beklagte be= antragt Bestätigung des Urteils.

Das Bundesgericht zieht in Erwägung:

1. Der Kläger, Baumeister Frutiger, versicherte mittelst Ver= trag vom 28. September 1888 seine sämtlichen Arbeiter gegen die Folgen von Unfällen bei der beklagten Gesellschaft. Die Dauer dieses Vertrages wurde festgesetzt für die Zeit vom 1. Oktober 1888 bis 1. Oktober 1893. Die Jahresprämie im Gesamtbetrage von 1225 Fr. war zum Voraus zahlbar je am 1. Oktober. § 12 der Police enthält unter Anderm folgende Bestimmung: „Die Prämie ist jährlich und prænumerando zahlbar. Der Ver= sicherungsnehmer ist verpflichtet, die Prämie ohne Aufforderung zu bezahlen. Die Gesellschaft oder ihre Vertreter sind nicht gehalten, sie einzufordern. Wenn die jährlich zahlbare Prämie einer laufenden mehrjährigen Versicherung nicht spätestens innerhalb 14 Tagen nach dem Fälligkeitstermine bezahlt ist, so bleibt die Verpflichtung der Gesellschaft aus dem Versicherungsvertrag nach Ablauf der 14 Tage ohne weiters suspendiert; insbesondere verliert der Versicherungs= nehmer die Schadenersatzansprüche an die Gesellschaft für alle während der Zahlungsversäumnis vorgekommenen Unfälle. Es steht im Be= lieben der Gesellschaft, die Prämie später noch anzunehmen, oder den Vertrag für aufgehoben zu betrachten. Die Gesellschaft ist aber auch berechtigt, die Prämie gerichtlich beizutreiben. Nur mit dem Tage der entweder hiedurch erlangten, oder freiwillig geleisteten und von der Gesellschaft noch angenommenen Prämienzahlung

tritt die Versicherung wieder in Wirksamkeit und zwar lediglich für die weitere Dauer der Versicherungszeit." § 24 bestimmt: „Jede Klage aus dem Versicherungsgeschäft verjährt bei allen Versicherungsarten nach Ablauf von einem Jahr vom Tage des Unfalles ab."

Am 1. Oktober 1890 war nun die Prämie für die Zeit vom 1. Oktober 1890 bis 1. Oktober 1891 verfallen. Kläger zahlte jedoch diese Prämie erst am 28. Oktober 1890 auf ein Einzugs= mandat der Beklagten hin, worauf er von derselben Quittung, datiert vom 25. Oktober erhielt; in dieser Quittung wird beschei= nigt, daß die Gesellschaft durch die erfolgte Prämienzahlung unter ausdrücklichem Vorbehalt der in der Police enthaltenen Bestim= mungen über Prämienzahlung für ein weiteres Jahr verpflichtet worden sei. Am 25. Oktober 1890 verunglückte bei dem Stein= bruchbetriebe des Klägers dessen Arbeiter Christian Zurbuchen von Hablern. Der Tod erfolgte unmittelbar nach dem Unfalle. Die hinterlassene Wittwe des Verunglückten machte nun den Frutiger für die Folgen dieses Unfalles haftbar. Die Versicherungsgesell= schaft, von Frutiger hievon unterrichtet, anerbot, ohne eine Haft= pflicht anzuerkennen, eine Vergleichssumme von 2000 Fr., die jedoch nicht angenommen wurde. Frau Zurbuchen stellte nun ihren Entschädigungsanspruch gegenüber Frutiger auf gerichtlichem Wege, wobei der letztere der heutigen Beklagten den Streit verkündete. Unterm 3. Dezember 1892 verurteilte der Appellations= und Kas= sationshof des Kantons Bern den Frutiger zur Bezahlung einer Entschädigung an Frau Zurbuchen von 3500 Fr. nebst Zins à 5 % seit 25. Oktober 1890 und der Prozeßkosten. In Folge dessen bezahlte Frutiger an dieselbe laut Quittung vom 31. De= zember 1892 an Entschädigung, Zins und Kosten 4158 Fr. 80 Cts. An eigenen Prozeßkosten bezahlte Frutiger seinem An= walte 350 Fr. 20 Cts.

2. Am 28. März 1893 reichte Kläger gegen die beklagte Gesell= schaft beim Richteramte Bern Klage ein, mit welcher er von ihr die Erstattung der in Folge des vorerwähnten Urteils gezahlten Be= träge forderte; er stützte sich in dieser Klage auf den erwähnten Versicherungsvertrag und behauptete, mit der Bezahlung des Prämienbetrages von 1225 Fr. für die Zeit vom 1. Oktober 1890

bis 1. Oktober 1891 sei Beklagte für ein weiteres Jahr vom
1. Oktober 1890 an, also für die Zeit, innerhalb welcher der
Unfall des Zurbuchen sich ereignete, verpflichtet geblieben. Die
Beklagte wendete zunächst ein, nach § 24 der Policebedingungen
(siehe oben) sei die Klage aus dem Versicherungsgeschäfte nach
Ablauf eines Jahres, vom Tage des Unfalles (25. Oktober 1890
an, verjährt; die friedensrichterliche Ladung sei aber ihr erst am
2. Februar 1893 zugestellt worden. Eventuell sei § 24 cit. als
Befristung aufzufassen, wonach das Klagerecht ebenfalls verwirkt
sei. Insbesondere aber stellte die Beklagte darauf ab, daß zur
Zeit des Unfalls ihre Verpflichtungen aus dem Versicherungsvertrag
suspendiert gewesen seien; Kläger habe die am 1. Oktober 1890
fällige Prämie weder am Verfalltage noch innerhalb 14 Tagen
nach diesem Termine bezahlt, sondern erst am 28. Oktober. Nach
§ 12 der Policebedingungen (siehe oben) habe daher der Kläger
für die während der Zeit vom 15. bis 28. Oktober sich ereig=
nenden Unfälle seine Ersatzansprüche verloren, also auch für den
fraglichen Unfall vom 25. Oktober. Kläger replizierte, dadurch,
daß die Beklagte von ihm die am 1. Oktober 1890 fällige Prämie
verlangt und angenommen habe, habe sie ihrerseits die Fort=
dauer ihrer Verpflichtungen aus dem Vertrage anerkannt. Hierauf
entgegnete die Beklagte, gemäß § 12 der Policebedingungen sei
die Versicherung erst mit der Zahlung der Prämie wieder in
Wirksamkeit getreten.

3. Der Appellations= und Kassationshof des Kantons Bern
wies die Einrede der Verjährung ab, da es sich hier nicht um
eine Verjährung im juristischen Sinne, sondern um eine Klage=
befristung handle. Dagegen wurde die Klage deswegen als unbe=
gründet erklärt, weil nach § 12 der Versicherungsbedingungen die
Versicherung zur Zeit des Unfalles, d. h. vom 15. bis 28. Oktober
1890, suspendiert gewesen sei.

4. Die von der beklagten Partei erhobene Einrede der Ver=
jährung des Klageanspruchs ist von der kantonalen Instanz ver=
worfen worden. Da die Beklagte einen Rekurs gegen das Urteil
nicht ergriffen hat, ist also definitiv festgestellt, daß der Klage=
anspruch nicht verjährt ist.

Der Haupteinwand der Beklagten geht nun dahin, daß nach

§ 12 der Police ihre Verpflichtungen aus dem Versicherungs=
vertrag zur Zeit des Unfalles von Zurbuchen aufgehoben gewesen
seien. Dieser Paragraph bestimmt mit aller Deutlichkeit, daß wenn
die fällige Prämie innerhalb 14 Tagen seit dem Fälligkeitstermin
nicht bezahlt wird, die Verpflichtungen der Gesellschaft ohne wei=
ters suspendiert sind, und daß sie bei nachträglicher Zahlung erst
mit dieser Zahlung wieder aufleben, und zwar nur für die Folge=,
nicht aber auch für die Zwischenzeit. Tatsächlich ist nun festgestellt,
einmal, daß der Unfall, für welchen die Versicherung in Anspruch
genommen wird, sich am 25. Oktober 1890 ereignet hat, und
sodann, daß der Kläger die am 1. Oktober 1890 fällige Prämie
erst am 28. Oktober bezahlt hat. Darauf, daß die Quittung der
Beklagten das Datum des 25. Oktober trägt, kann deswegen
nichts ankommen, weil das Wiederaufleben der Verpflichtungen
des Versicherers sich an die Zahlung der Prämie und nicht an
die Ausstellung der Quittung knüpft. Hieraus ergibt sich, daß die
Zahlungspflicht der Beklagten für den in Frage stehenden Unfall
nach § 12 des Versicherungsvertrages aufgehoben war. Fraglich
kann nur sein, ob dieser Vertragsbestimmung überhaupt bindende
Kraft zukomme. Daß eine derartige Stipulation an sich erlaubt
sei, ist vom Kläger mit Recht nicht in Zweifel gezogen worden,
eine Beschränkung der Vertragsfreiheit besteht in dieser Richtung
de lege lata nicht. Dagegen hat Kläger darauf abgestellt, daß die
beklagte Partei durch Abgabe des Einzugsmandates für diese
Prämie und durch Entgegennahme derselben die Fortdauer der
Versicherung, und zwar ohne Unterbrechung, anerkannt habe.
Dieser Einwand wird nun dadurch nicht ohne weiters hinfällig,
daß in der fraglichen Quittung gesagt ist, die Gesellschaft sei
unter ausdrücklichem Vorbehalt der in der Police enthaltenen Be=
stimmungen über Prämienzahlung für ein weiteres Jahr verpflichtet
worden. Es darf als ein im Versicherungsrecht allgemein geltender
Grundsatz angesehen werden, daß die Verpflichtung des Versiche=
rungsnehmers, die Prämie dem Versicherer zur bestimmten Zeit
zu bringen, sich in eine sogenannte Holschuld verwandelt, wenn
die Gesellschaft selbst von der betreffenden Vertragsklausel abge=
gangen ist und die Prämien regelmäßig hat abholen lassen, und
daß ferner die Gesellschaft in einem solchen Falle sich nicht mehr

auf die Bestimmungen der Police berufen kann, um den Beschä=
bigten der Versicherungssumme deswegen verlustig zu erklären,
weil er die Prämie nicht rechtzeitig gezahlt hat (vergleiche König,
in Endemanns Handbuch des deutschen Handelsrechts, III,
§ 410; Lewis, Lehrbuch des Versicherungsrechts, S. 186;
Ehrenberg, Das Versicherungsrecht, I, S. 504; Malß, in
Goldschmidts Zeitschrift für das gesamte Handelsrecht,
XIII, S. 96). Es würde gegen Treu und Glauben verstoßen,
wenn die Gesellschaft sich auf die Verwirkungsklausel bei nicht
rechtzeitiger Prämienzahlung stützen wollte, nachdem sie den Ver=
sicherungsnehmer selbst an das Abholen der Prämie oder an eine
Mahnung ihrerseits gewöhnt hat. Wenn somit vorläge, daß die
Beklagte die Prämien wiederholt jeweils beim Verfall vom Kläger
eingefordert hätte, so müßte die gedachte Einrede geschützt und
angenommen werden, die Beklagte habe durch diese Übung auf
das Recht verzichtet, die Versicherungssumme wegen nicht recht=
zeitiger Prämienzahlung als verwirkt zu erklären. So verhält es
sich nun aber im vorliegenden Falle nicht. Die Beklagte hat die
Prämie nur einmal, nämlich am 27. Oktober 1890, eingefordert;
von einer den vertraglichen Bestimmungen entgegenstehenden Übung
kann nicht gesprochen werden. Die Berufung auf die Verwirkungs=
klausel bei nicht rechtzeitiger Zahlung steht somit nicht im Wider=
spruch mit der bona fides. Daß die Beklagte eine derartige Übung
etwa im Verkehr mit andern Versicherungsnehmern beobachtet
habe, hat Kläger nicht behauptet.

Da die Klage aus diesem Grunde abgewiesen werden muß, so
ist nicht mehr nötig, auf die weitere Einrede der Beklagten einzu=
treten, die sich auf die Verwirkung des Klagerechts wegen Ablaufs
der einjährigen Klagefrist stützt.

Demnach hat das Bundesgericht
erkannt:

Die Weiterziehung wird als unbegründet erklärt und daher das
Urteil des Appellations= und Kassationshofes des Kantons Bern
in allen Teilen bestätigt.

# V. Haftpflicht für den Fabrik- und Gewerbebetrieb.
## Responsabilité pour l'exploitation des fabriques.

### 146. Urteil vom 22. November 1893 in Sachen Kirschner gegen Hofweber.

A. Durch Urteil vom 15. April 1893 hat der Appellations= und Kassationshof des Kantons Bern erkannt: Dem Kläger Mathias Kirschner sind die beiden ersten Klagsbegehren zugespro= chen und es ist der Beklagte Josef Hofweber dem Kläger gegen= über verurteilt zur Bezahlung einer Entschädigung von 5000 Fr. sowie von 150 Fr. als Ersatz für gehabte Arzt= und Verpflegungs= kosten.

B. Gegen dieses Urteil erklärte der Beklagte J. Hofweber den Weiterzug an das Bundesgericht. Bei der heutigen Verhandlung beantragt dessen Anwalt Abänderung des Urteils der Vorinstanz im Sinne gänzlicher Abweisung der Klagsbegehren, eventuell Re= duktion der Entschädigung, deren Ausrichtung in Form einer Rente statt einer firen Summe anerboten wird, und Aufnahme des Vorbehalts im Sinne von Art. 8 litt. 2 des Fabrikhaftpflicht= gesetzes im Urteil zu Gunsten des J. Hofweber für den Fall, daß sich die Folgen der Verletzung wesentlich günstiger gestalten sollten.

Der Kläger beantragt Bestätigung des angefochtenen Urteils. Das Anerbieten einer Rente lehnt er ab.

Das Bundesgericht zieht in Erwägung:

1. Mathias Kirschner, von Sonderbuch, Würtemberg, geb. 1864, Bierbrauer, stand seit 1. Oktober 1890 im Dienste des Beklagten in dessen dem Fabrikgesetze unterstellter Bierbrauerei Reichenbach bei Bern und bezog daselbst einen Monatslohn von 60 Fr. sowie Kost und Logis. Am 1. Mai 1891 war er mit dem Neffen seines Dienstherrn Josef Hofweber im Gährkeller der Brauerei mit Bierpumpen beschäftigt; außerdem besorgte er in freien Mo=

menten zwischenhinein noch das Faſſen von Eis bei einem im Keller in der Nähe befindlichen Eishaufen. Als er gerade bei letzterer Arbeit beſchäftigt war, wurde er zur Pumpe gerufen. In der Eile mit der er dem Rufe folgen wollte, glitt er auf dem ſchmierigen glatten Boden aus und verletzte ſich am linken Knie. Trotzdem arbeitete er noch am 2. und 3. Mai, begab ſich auch Sonntags 3. Mai 1891 nachmittags nach Bern. Am 4. Mai mußte der Arzt zugezogen werden, der eine ſtarke Anſchwellung der Kniegelenkkapſel mit großer Schmerzhaftigkeit der Kniescheibe konſtatierte, die von einer partiellen Verrenkung herrühren müſſe. Kirſchner war in der Folge bis Ende Juni 1891 arbeitsunfähig. Am 1. Juli 1891 nahm er dann die Arbeit wieder auf, fiel am 13. Juli neuerbings in der Brauerei, verſtauchte das gleiche Knie und war bis 26. gleichen Monats arbeitsunfähig. Er konnte darauf bis 22. Auguſt wieder arbeiten, an welchem Tage er wieder ſtürzte und ſich eine neue bis 25. September 1891 dauernde Arbeitsunfähigkeit zuzog. Als er am 25. September 1891 das Spital verließ, konſtatierte Dr. Fueter, daß er einen bleibenden Nachteil davon tragen werde.

Am 4. Februar reichte ſodann Kirſchner beim Amtsgericht Bern Klage auf Entſchädigung für die im Dienſte Hofwebers erlittene Verletzung ein. Im Laufe des dortigen Verfahrens gaben die Ärzte Girard und Niehans als gerichtliche Experten sub 4. April 1892 ihr Gutachten dahin ab, Kirſchner leide an einer als Ge= lenkneuroſe zu erklärenden Kontraktur des linken Kniegelenks, welche durch die wiederholten Kniegelenksverletzungen verurſacht worden ſei und ſelbſt im günſtigſten Falle eine Schwäche im Knie zurücklaſſen müſſe, die den Kläger nicht nur wiederholten Knie= gelenksverſtauchungen ausſetzen, ſondern auch in die Unmöglichkeit verſetzen werde, ſchwerere Arbeiten zu verrichten. Die dahorige Verminderung der Erwerbsfähigkeit ſei auf circa 30 % zu ſchätzen. Als die Streitſache in der Folge durch Appellation des Beklagten an den berniſchen Appellations= und Kaſſationshof gelangte, ſpra= chen ſich genannte Experten in einem von dieſen eingeholten Nach= tragsgutachten dahin aus, daß die Unfälle vom 13. Juli und 22. Auguſt 1891 durch den erſten Unfall vom 1. Mai 1891 veranlaßt wurden und ohne dieſen nicht eingetreten wären.

2. Es ist vom Beklagten nicht bestritten, daß seine Bierbrauerei, in welcher Kirschner am 1. Mai 1891 die erste Verletzung am Knie erlitt, dem Fabrikhaftpflichtgesetz unterstehe.

3. Wenn Beklagter es nun heute unternommen hat, seine Haft= pflicht zunächst damit zu bestreiten, daß ein Unfall überhaupt nicht vorliege, so ist demgegenüber darauf zu verweisen, daß Art. 2 des Fabrikhaftpflichtgesetzes unter diesem allgemeinen Begriff des Un- falls Verletzungen und Todesfälle zusammenfaßt, ohne mit Bezug auf deren Entstehung durch Verschulden, Zufall oder höhere Ge- walt einen Unterschied zu machen. Das einzige gesetzliche Erforder- nis des Betriebsunfalls ist, daß die Verletzung oder Tötung durch den Betrieb herbeigeführt werde. Nun steht außer Zweifel, daß Kläger auf dem schlüpfrigen Boden ausglitt und fiel, während er im Brauereigeschäft des Beklagten ihm obliegende zum Betrieb gehörende Geschäfte besorgte und daß die Verletzung eine Folge dieses Falles ist. Es liegt also in der Tat ein Betriebsunfall im Sinne des Fabrikhaftpflichtgesetzes vor.

4. Den ferneren Einwand des Beklagten, Kläger sei an der erlittenen Verletzung selber Schuld, indem er den glatten Keller= boden in pflichtwidriger Weise zu reinigen unterließ und daher zu Falle kam, hat die Vorinstanz mit dem Hinweis erledigt, daß der Kausalzusammenhang zwischen Nichtreinigung des Bodens und dem Unfall des Klägers keineswegs erbracht sei. Was heute gegen diese tatsächliche Feststellung vorgebracht wurde, ist nicht geeignet, darzutun, daß dieselbe irgendwie auf Rechtsirrtum beruhe, so daß an ihr festzuhalten ist.

Des Fernern wird auch die Frage des Mitverschuldens Kirschners in gleichem Sinne, wie die Vorinstanz es getan, beantwortet werden müssen. Denn was den Gang Kirschners nach Bern betrifft, so ist vorinstanzlich konstatiert, daß nicht einmal der Kausalnexus zwischen demselben und der folgenden Verschlimme= rung der Verletzung erwiesen sei, und die angeblich von Kirschner bei jenem Anlaß begangenen Excesse, selbst wenn sie an sich geeignet gewesen wären, den Heilungsverlauf ungünstig zu beeinflussen, gleichfalls beweislos geblieben sind, so daß in der Tat der Zustand des Klägers zwischen der ersten und zweiten Verletzung als die alleinige durch ihn nicht verschuldete und auch nicht mitverschuldete

Folge des gemäß dem oben Gesagten von seinem Arbeitsgeber zu vertretenden Unfalls vom 1. Mai 1893 aufzufassen ist.

Was sodann den Kausalzusammenhang dieses Unfalls mit der jetzigen Invalidität Kirschners betrifft, so hat Beklagter zwar dartun wollen, daß die Vorinstanzen in unzutreffender Weise genannten Unfall als Grundursache betrachtet und die selbständige konkausale Bedeutung der angeblich nicht von ihm zu vertretenden spätern Unfälle vom 13. Juli und 22. August nicht entsprechend gewürdigt hätten. Allein die Feststellung der Vorinstanzen erweist sich in Wirklichkeit auf Grund der ärztlichen Gutachten als die einzig richtige nnd kann jedenfalls nicht wegen Rechtsirrtum angefochten werden. Wie Kirschner in Folge der im Kniegelenk zurückbleibenden Schwäche in Zukunft Verstauchungen und Verletzungen ausgesetzt sein wird, die als Folgen der ersten Verletzung zu betrachten sein werden, so sind eben auch die zwei Verletzungen vom 13. Juli und 22. August 1891 ihrerseits auch nichts anders als Folgen derjenigen vom 1. Mai 1891 und wären ohne diese und die daraus entstandene Schwäche des Kniegelenks nicht eingetreten. Die Haftpflicht für die erste Verletzung zieht denn auch diejenige für die unmittelbar daraus sich ergebende zweite und dritte Verletzung resp. die Entschädigungspflicht für den aus allen drei Verletzungen resultierenden Zustand Kirschners nach sich.

Da nun Kläger selbst ein Verschulden des Beklagten nicht einmal behauptet, so ist seine jetzige Invalidität auf Zufall zurückzuführen.

5. Ist demgemäß der vom Beklagten zu vertretende kasuelle Unfall vom 1. Mai 1891 als Ursache des dem Kläger jetzt anhaftenden bleibenden Nachteils zu betrachten, so muß Kläger innert der Grenzen des gesetzlichen Maximums von 6000 Fr. und seines Klagbegehrens soweit als möglich voll entschädigt werden und ist der gesetzlich vorgeschriebene Zufallsabzug daher nach Bedürfnis auch in relativ geringerem Maße vorzunehmen. Beim Alter des Klägers (29 Jahre) würde es zum Erwerb einer Rente von 380 Fr. (30 % des hier unbestritten gebliebenen früheren Einkommens Kirschners von circa 1267 Fr.) eines Kapitals von circa 7370 Fr. bedürfen. Wie nun schon die Vorinstanz konstatiert hat, würde bei einem Abzug von 20 % für die Vorteile

ber, mangels gegenteiliger Parteiübereinkunft, hier eintretenden Kapitalentschädigung und einem angemessenen Zufallsabzug noch immer ein 5000 Fr. etwas überschreitender Betrag erübrigen. Da jedoch die 5000 Fr. als ausreichende Entschädigung erscheinen und Kläger selber nicht mehr als 5000 Fr. verlangt, muß es dabei sein Bewenden haben. Da ferner Kläger hierorts nicht auf Abänderung des vorinstanzlichen Urteils im Sinne der Zusprechung des Zinses von obiger Entschädigung angetragen hat, kann auch diese nicht ausgesprochen werden, sondern ist das vorinstanzliche Urteil in diesem Punkte einfach zu bestätigen. Dasselbe gilt bezüglich der in obigen 5000 Fr. nicht inbegriffenen Heilungskosten von 150 Fr., die dem Kläger zugesprochen werden müssen.

Demnach hat das Bundesgericht
erkannt:

Der Weiterzug ist abgewiesen und es hat in allen Teilen beim Urteil des Appellations- und Kassationshofes des Kantons Bern vom 15. April 1893 sein Bewenden.

---

# VI. Urheberrecht an Werken der Kunst und Literatur.

## Droit d'auteur pour œuvres d'art et de littérature.

### 147. Urteil vom 10. November 1893 in Sachen Keller gegen Drexler.

A. Mit Urteil vom 25. Juli 1893 hat das Obergericht des Kantons Luzern erkannt:

1. Die Klägerin sei mit allen ihren Begehren abgewiesen.

2. Die Klägerin habe die ergangenen Judizialien zu tragen; die übrigen Kosten seien unter die Parteien gegenseitig wettgeschlagen. Klägerin habe demnach an den Beklagten eine Kostenvergütung zu leisten von 7 Fr. 40 Cts.

3. Bestimmung der Anwaltskosten.

4. Mittheilung.

B. Gegen Dispositiv 1 und 2 dieses Urteils erklärte die Klage=
partei die Weiterziehung an das Bundesgericht mit dem Antrage,
der Klageschluß solle in vollem Umfange zugesprochen und der
Beklagte zur Tragung sämtlicher Kosten verurteilt werden; der
Beklagte erklärte Abhäsion im Kostenpunkte an die Weiterziehung
und beantragte, sämtliche Kosten der Klagepartei aufzuerlegen.

Das Bundesgericht zieht in Erwägung:

1. In dem vom Kläger herausgegebenen „Schweizerischen
Haushaltungsblatt" Nr. 7, vom 24. März 1891, hat die Re=
daktion und der Verlag dieses Blattes ein Preisausschreiben über
das Thema „Die Krankenküche" gemacht und dafür im wesent=
lichen folgendes vorgeschrieben: „Diese Arbeit soll in erster Linie
„eine praktische sein, und namentlich eine Reihe von guten Re=
„zepten für Bereitung von Krankenspeisen enthalten; dazu müssen
„als verbindender Text etwelche theoretische Erörterungen einge=
„flochten werden, die jedoch auf das allernotwendigste beschränkt
„und in gemeinverständlicher Form gegeben werden sollen. Um die
„Arbeit für Jedermann brauchbar zu machen, sollen die Rezepte
„so viel als möglich in jener Reihenfolge aufgeführt werden, wie
„sie bei den verschiedenen Krankheiten verwendet werden können."
Für die Prämierung der eingehenden vorzüglichen Arbeiten wurde
dem Preisgerichte eine Summe von 300 Fr. zur Verfügung
gestellt, die es nach Gutfinden verteilen konnte. Die prämierten
Arbeiten sollten Eigentum des „Haushaltungsblattes" bilden.
Unter andern Bewerbern hatte auch der Beklagte eine Arbeit ein=
gegeben und erlangte dafür den dritten Preis im Betrage von
60 Fr. In der Publikation des Entscheides des Preisgerichtes
stellte die Redaktion des „Haushaltungsblattes" die Herausgabe
einer kleinen Broschüre über dieses Thema auf Grund der
Preisarbeiten in Aussicht, und Ende 1892 erschien dann wirklich
in ihrem Verlag eine selbständige Arbeit von Fräulein Frieda
Wanner in Luzern, betitelt: „Die Krankenküche, ein notwendiges
Hülfsbüchlein für die bürgerliche Hausfrau. Resultat einer Preis=
aufgabe". Als Zweck derselben wird im Vorwort angegeben, „dem
bürgerlichen Mittelstand klar zu legen, was bezüglich der Ernäh=
rung in Krankheitsfällen geschehen kann und muß, um die Wirk=
samkeit des Arztes zu unterstützen, und im Fernern anzugeben,

wie durch entsprechende Nahrung der Körper in verschiedenen Lebensaltern und Verhältnissen gekräftigt werden kann." Diese Schrift wurde im Haushaltungsblatt vom 13. Dezember 1892 angezeigt. Kurz darauf erschien im Verlag des artistischen Instituts Orell Füßli & Cie. in Zürich eine Schrift des Beklagten mit dem Titel: „Die Krankenernährung und Krankenküche. Diätischer Ratgeber in den wichtigsten Krankheitsfällen. Für das Volk bearbeitet von A. Drerler." Im Vorwort wird als Aufgabe der Schrift hingestellt „Die Diätik in den wichtigsten und am häufigsten vorkommenden Krankheiten in knapper und gemeinverständlich belehrender Form in einer billigen und jeder Börse zugänglichen Volksschrift zusammen zu fassen", wodurch nach Ansicht des Verfassers eine Lücke in der Volksliteratur für Kranke und Gesunde ausgefüllt werde, da immer noch eine Schrift fehle, welche die Krankenernährung in ihrer Anwendung auf die am häufigsten vorkommenden Krankheitsformen in gemeinfaßlicher Weise behandle. Die Klagepartei erblickte in dieser Publikation eine Verletzung ihres Autorrechts sowohl gegenüber der von ihr herausgegebenen Schrift des Fräulein Wanner, als auch der von ihr erworbenen Preisschrift des Beklagten selbst, und verlangte unter Berufung auf das Bundesgesetz vom 23. April 1883 und die Art. 50 u. ff. O.-R. Rückziehung der beklagtischen Schrift aus dem Buchhandel und einen Schadenersatz von 3000 Fr., indem sie mit Bezug auf das letztere Rechtsbegehren im Weitern behauptete, es liege eine illoyale Konkurrenz vor, darin bestehend, daß der Beklagte seine von ihr prämierte Schrift in eigenem Interesse herausgegeben und dabei bemerkt habe, bis jetzt fehle immer noch eine Schrift, welche die Krankenernährung in gemeinfaßlicher Weise darstelle, obschon die von ihr publizierte Schrift des Fräulein Wanner gerade diesem Bedürfnis entspreche. Beide kantonalen Instanzen wiesen die Klage ab, da die vom Beklagten herausgegebene Schrift sich gegenüber derjenigen des Fräulein Wanner sowohl als gegen die Preisschrift des Beklagten als ein neues Produkt darstelle und von einer concurrence déloyale nicht die Rede sein könne.

2. Es ist keine Frage, daß es sich hier um literarische Erzeugnisse handelt, die an sich unter dem Schutz des Bundesgesetzes vom 23. April 1883 stehen. Auch die Aktivlegitimation des Klä-

gers ist nicht bestritten worden; der Beklagte hat stillschweigend
anerkannt, daß ihm das volle und unbeschränkte Eigentumsrecht
in den beiden Schriften, für welche er den Schutz des Gesetzes
angerufen hat, zustehe. Damit fällt die an sich allerdings dis=
kutierbare Frage dahin, ob der Kläger die beklagtische Preisschrift
nicht etwa bloß zur Benützung von Artikeln im Haushaltungs=
blatt, sondern zu jeder ihm gutscheinenden Verwendung und zur
unveränderten Drucklegung erworben habe.

Was nun zunächst das Verhältnis der beklagtischen Broschüre
zur Arbeit des Fräulein Wanner anbelangt, so hat die Vorinstanz
festgestellt, daß nicht nur eine vollständige Verschiedenheit in den
Überschriften der einzelnen Abschnitte, sondern auch eine ebenso
große Verschiedenheit der inhaltlichen Behandlung des Stoffes
vorhanden sei. Während bei der klägerischen Broschüre sich das
ganze Gebiet der Krankenküche auf 30 Druckseiten zusammen=
gedrängt finde, wobei stets eine halbe oder zuweilen auch eine
ganze Seite orientierender Bemerkungen mit einer Anzahl Re=
zepte abwechsle, gebe die beklagtische Schrift auf 94 Druckseiten
ziemlich eingehende Abhandlungen über Ursachen und Erscheinungs=
formen der betreffenden Krankheitszustände, über deren diätetische
Behandlung bezw. Beseitigung oder Beförderung der Heilung,
nebst einem Anhang von 69 Rezepten, die auf 20 Seiten abge=
wandelt werden. Auf Grund dieser Vergleichung kommt das
Obergericht zu dem Schluß, die beklagtische Broschüre stelle sich
nicht als Plagiat der klägerischen dar. Dieser Auffassung ist voll=
ständig beizutreten. Die klägerische Schrift bezweckt in der Haupt=
sache eine Darlegung dessen, worin die Krankenküche bestehen
müsse; dabei spielen die Bemerkungen über einzelne Krankheits=
erscheinungen und allgemeine Winke über die Ernährung eine
untergeordnetere Rolle; sie ist also wesentlich ein praktischer Rat=
geber für die Hausfrau in Beziehung auf die Krankenküche. Die
beklagtische Broschüre will dagegen vorzugsweise eine populäre
Darstellung der einzelnen Krankheiten, ihrer Ursachen und der
Mittel zu deren Verhütung und Heilung geben, woran sich jeweilen
die passenden Diätvorschriften knüpfen. Gemäß dieser Anordnung
des Stoffes sind denn auch die Kochrezepte sämtlich in einen An=
hang verwiesen. Die Behandlung des Stoffes ist daher grund=

verschieden und wenn sich auch einzelne kleinere Teile inhaltlich decken, so hängt das eben mit der Gleichheit der Materie, die übrigens großenteils Gemeingut geworden ist, zusammen, und war nicht wohl zu vermeiden. Daß ein Nachdruck hier nicht vorhanden sein kann, ergibt sich auch aus dem aktengemäß festgestellten Umstand, daß der Beklagte bei Abfassung seiner Schrift diejenige des Fräulein Wanner noch gar nicht kannte. Das gleiche Resultat ergab sich der Vorinstanz bezüglich des Verhältnisses zwischen der Preisschrift des Beklagten und dessen Broschüre. Auch im Hinblick auf diese Preisschrift erklärt sie diese letztere wegen der verschiedenen Behandlung und Anordnung des Stoffes als ein auf eigener Geistesarbeit beruhendes Produkt, wenn auch eine gewisse Ähnlichkeit zwischen beiden nicht zu verkennen sei, so namentlich in den ersten vier Kapiteln, die in gleicher Reihenfolge den Stoffwechsel, die Verdauung, das Blut und den Verbrennungsprozeß behandeln, und darin, daß sich hauptsächlich auch einzelne Redewendungen beiderorts gleichen. Nun wäre an sich die verschiedene Anordnung allein, und die Umstellung und Kürzung einzelner Teile für die Frage, ob Nachdruck vorliege, bezw. ausgeschlossen sei, unerheblich; entscheidend kann nur sein, ob dem an sich gleichen Stoffe eine wesentlich neue Gestalt gegeben, ob derselbe in einer andern, eigentümlichen Form zur Darstellung gebracht worden sei. Auf die Benutzung der gleichen Gedanken kommt es nicht an; denn diese ist vollständig frei. Eine Vergleichung der Preisschrift mit der Broschüre zeigt nun allerdings eine größere Ähnlichkeit in der Gestaltung des zu bearbeitenden Stoffes. Im Großen und Ganzen haben wir in beiden Schriften einen ähnlichen Aufbau. Im ersten Teil werden zunächst in gleicher Reihenfolge der Stoffwechsel, die Verdauung, das Blut und der Verbrennungsprozeß behandelt, darauf folgt in beiden Schriften die Besprechung der Diät bei Fieberkrankheiten und dann kommen unter teilweiser Umstellung der Kapitel, die Abhandlungen über Diät bei Bleichsucht und Blutarmut, bei Lungenkrankheiten, Magenleiden, Fettleibigkeit, Verstopfung, Diarrhoe, Rhachitis, Skrophulose und zum Schluß die Kinderernährung. Einzelne Kapitel, so der Speisezettel für Wöchnerinnen, fehlen in der Broschüre; dagegen enthält die letztere einige Abschnitte mehr. Auch der Umfang

bei der Schriften ist nahezu derselbe, indem die 169 Seiten des
Manuskriptes ungefähr 85 Druckseiten gleichkommen mögen (die
beklagtische Broschüre hat 94 Seiten). Als erheblicher Unterschied
macht sich geltend die präzisere und knappere Fassung der Broschüre
gegenüber der Preisschrift. Diese letztere ist wesentlich ein Krankenkochbuch, bei den einzelnen Krankheiten enthält sie jeweilen aus-
führliche Kochrezepte, während die Broschüre diese, in Zahl und
Umfang verkürzt, in einen Anhang verweist und bei der Besprechung der Krankheiten nur die passenden Speisen aufführt;
nach der ganzen Anlage und Behandlung des Stoffes stellt sie
sich nicht als ein bloßes Krankenkochbuch, sondern vielmehr als
eine populär-wissenschaftliche Abhandlung über Krankenernährung
dar. Auch hier ist im Übrigen zu sagen, daß die Gleichheit des
Stoffes eine gewisse Ähnlichkeit in der Behandlung mitbedingte;
diese kann aber bei solchen populären Darstellungen ohnehin nicht
erheblich in's Gewicht fallen.

3. Wenn sonach die Klagebegehren auf Grund des Bundesgesetzes betreffend das Urheberrecht verworfen werden müssen, so
ist noch zu prüfen, inwieweit die Begründung derselben nach
Art. 50 u. ff. O.-R. Stich halte. Entgegen der Ansicht der Vorinstanz ist zu bemerken, daß die Anwendung dieser Artikel nicht auf
die Fälle der lex Aquilia beschränkt, sondern nach bundesgerichtlicher Praxis, in Anlehnung an das französische Recht, beispielsweise auch bei concurrence déloyale, gegeben ist; vorausgesetzt
ist freilich, daß diese Konkurrenz eine unredliche sei. Dies ist nun
hier keineswegs der Fall. Die illoyale Konkurrenz besteht nach
den Anbringen der Klägerin in der Verletzung des Autorrechts;
nachdem nun eine solche gestützt auf das vorgehend Gesagte verneint werden muß, fällt ohne weiters die Annahme, in der Publikation der beklagtischen Broschüre liege eine unredliche Handlung,
dahin.

Schließlich hat die Klägerin eine Schädigung ihrer Interessen
in der Bemerkung der beklagtischen Broschüre (im Vorwort)
erblickt, daß immer noch eine Schrift fehle, welche die Krankenernährung in ihrer Anwendung auf die am häufigsten vorkommenden Krankheitsformen in gemeinfaßlicher Weise behandle; allein
augenscheinlich legt die Klägerin dieser Erklärung des Autors,

womit er lediglich sein Werk empfehlen will, eine zu große Be=
deutung bei.

4. Die Anschlußappellation des Beklagten muß verworfen wer=
den, da sie einzig eine andere Kostenverteilung bezüglich der kan=
tonalen Instanzen bezweckt und eine solche vom Bundesgerichte
nur in Verbindung mit der Abänderung des Urteils in der Haupt=
sache vorgenommen werden kann.

Demnach hat das Bundesgericht

erkannt:

Die Weiterziehung der beiden Parteien wird als nicht begründet
erklärt und demnach das Urteil des Obergerichtes des Kantons
Luzern in allen Teilen bestätigt.

---

148. Urteil vom 25. November 1893 in Sachen
Ricordi & Cie. gegen Nicolini.

A. Mit Urteil vom 31. Mai 1893 hat die Polizeikammer
des Appellations= und Kassationshofes des Kantons Bern in
den gemeinsam beurteilten Untersuchungssachen des Julius Nico=
lini wegen Drohung gegenüber dem Redaktor Dr. J. O. Hager
in Bern, und wegen Widerhandlung gegen das Bundesgesetz be=
treffend Urheberrecht an Werken der Literatur und Kunst vom
23. April 1883 zum Schaden der Firma Ricordi & Cie. in
Mailand erkannt:

1. Julius Nicolini, vorgenannt, ist von der Anklage auf Drohung
und Widerhandlung gegen das Bundesgesetz betreffend das Ur=
heberrecht an Werken der Literatur und Kunst vom 23. April
1883 ohne Entschädigung freigesprochen.

2. Die Civilparteien Dr. Julius Oskar Hager, Redaktor in
Bern, und Ernst Knosp=Fischer, Generalagent dahier, als Ver=
treter der Firma Ricordi & Cie. in Mailand, werden mit den
gestellten Anträgen abgewiesen und gemäß Art. 368 St.=V. ver=
urteilt:

Jeder zur Hälfte der Interventionskosten des Angeschuldigten
J. Nicolini, welche im Ganzen bestimmt werden:

a. Die erstinstanzlichen auf 80 Fr.;

b. Die Rekurskosten auf 60 Fr.

Ebenso werden J. O. Hager und Ernst Knosp, Namens er
handelt, je zur Hälfte der Kosten gegenüber dem Staate verfällt,
welche im Ganzen bestimmt werden:

a. Die erstinstanzlichen auf 144 Fr. 50 Cts.

b. Die Rekurskosten des Richteramtes Bern auf 10 Fr.

c. Die oberinstanzlichen auf 23 Fr. 50 Cts.

B. Gegen dieses Urteil ergriff der Vertreter von Ricordi & Cie.
die Weiterziehung an das Bundesgericht gemäß Art. 29
und 30 des Bundesgesetzes über die Organisation der Bundes=
rechtspflege. In der heutigen Verhandlung beantragt derselbe, es
sei der Direktor Nicolini wegen unerlaubter Aufführung der Oper
Aïda zu einer Entschädigung an die klägerische Firma zu verurteilen. Diese Entschädigung sei durch den Richter festzusetzen.

Der Vertreter des Beklagten beantragt, den Rekurs als un=
begründet abzuweisen.

Das Bundesgericht zieht in Erwägung:

1. Die klägerische Firma erwarb durch einen im Jahre 1872
zwischen ihrem Rechtsvorfahr Tito Ricordi und dem Komponisten
G. Verdi abgeschlossenen Vertrag das ausschließliche Eigentum
seiner Oper Aïda für alle Länder außer Egypten, mit Inbegriff
des Rechtes der Aufführung, des Druckes, der Veröffentlichung
u. s. w. Auf Grund eines seit 1866 bestehenden Vertragsverhält=
nisses ist die Musikhandlung Ed. Bote und G. Bock in Berlin
die alleinige Vertreterin der Verlagshandlung Ricordi & Cie. für
den Betrieb der der letztern gehörenden Opern in Deutschland.
Die Partitur der Aïda existiert nicht gedruckt, sondern wird nur
abschriftlich hergestellt, und zwar hat die genannte Firma, im
Einverständniß mit Ricordi & Cie., stets für jede deutsche Bühne
welche diese Oper erwarb, je ein Exemplar der Partitur abschrei=
ben lassen. Gegenwärtig ist die Partitur, nach dem Zeugniß des
Inhabers der Firma Bote & Bock, nur noch leihweise erhältlich.
Zum Zwecke der Aufführung der Aïda im Stadttheater in Bern
wandte sich der Direktor Nicolini Ende 1889 mit der Anfrage
um leihweise Überlassung der Partitur an Bote & Bock. Die
bezüglichen Unterhandlungen führten aber zu keinem Ziel, indem

Nicolini die gestellten Bedingungen zu drückend fand. Dagegen
erhielt er vom artistischen Direktor des Stadttheaters von Straß=
burg leihweise die diesem Theater eigentümlich gehörende Partitur
und veranstaltete nun im Winter 1890/91 sechs Aufführungen
der Oper Aïda, wobei er eine Bruttoeinnahme von 3869 Fr.
40 Cts. erzielte. Am 20. März 1891 sandte er 2% dieser Ein=
nahme mit 77 Fr. 80 Cts. durch die Post der Firma Bote
& Bock zu, in der Annahme, damit den Vorschriften des Bundes=
gesetzes vom 23. April 1883, insbesondere des Art. 7 dieses
Gesetzes, nachgekommen zu sein. Bote & Bock nahmen jedoch das
Geld nicht an, da ihnen Ricordi & Cie. in Aussicht gestellt
hatten, Nicolini wegen Verletzung des Autorrechtes auf dem Pro=
zeßwege zu belangen. Für den Winter 1891/1892 nahm Nicolini
abermals Aufführungen der Aïda in Aussicht und gelangte dies=
mal wegen Überlassung der Partitur an die Theaterleihbibliothek
Friedrich Zipf in Potsdam; diese Firma berichtete ihm am 22.
Dezember 1891, die Oper sei für ihn disponibel, nachdem sie am
7. November erklärt hatte, das Material sei augenblicklich ander=
weitig ausgeliehen. Inzwischen hatte aber, am 30. Oktober 1891,
der Vertreter von Ricordi & Cie. für die Schweiz, Knosp=
Fischer in Bern, beim Regierungsstatthalter in Bern gegen Nico=
lini Strafanzeige wegen Verletzung des Urheberrechtes gemacht.
Er stellte dabei den Antrag, Nicolini sei zu bestrafen auf Grund
des Bundesgesetzes vom 23. April 1883 betreffend das Urheber=
recht an Werken der Litteratur und Kunst, weil er vorsätzlich und
nicht nur aus grober Fahrläßigkeit ein Kunstwerk unerlaubter
Weise aufgeführt, und damit das an der Oper Aïda bestehende
Urheberrecht vorsätzlich verletzt habe (Art. 12 und 13 des citierten
Bundesgesetzes), es sei ferner der Angeklagte zu einer Entschä=
digung von mehr als 3000 Fr. zu verurteilen und das „Falsi=
fikat" zu beschlagnahmen. Zur Begründung dieses Antrages führte
der Kläger namentlich aus, das in einem Manuskript bestehende
Material, dessen sich Nicolini zur Aufführung bedient habe, sey
eine unerlaubte Vervielfältigung. Die Oper sei nicht veröffent=
licht; das Vervielfältigungsrecht stehe einzig Ricordi & Cie. zu.
Nicolini hätte sich auf gesetzlichem Wege dieselbe einzig von
Bote & Bock verschaffen können; keine andere Firma sei berech=

tigt, die Partitur auszuleihen. Die echten Partituren seien ge=
druckt und direkt von der Verlagshandlung zu beziehen; ge=
schriebene Exemplare müssen als unerlaubte Vervielfältigungen
bezeichnet werden. Das dem Nicolini vom Stadttheater in Straß=
burg überlassene Exemplar sei aber ein Manuskript, also ein
Falsifikat.

2. Die erste kantonale Instanz sprach den Beklagten bezüglich
des Strafpunktes frei, und erklärte, die Entschädigungsfrage be=
treffend, die Entscheidung, ob im vorliegenden Falle eine unzu=
lässige Aufführung der Aïda stattgefunden habe, sei, nach Ver=
neinung des Verschuldens, Sache des Civilrichters; es bleiben
dem Kläger in dieser Richtung alle Rechte vorbehalten. Das
Dispositiv des zweitinstanzlichen Urteiles geht auf Freisprechung
im Strafpunkt und auf Abweisung der Civilklage. In den Er=
wägungen wird bezüglich des Civilpunktes gesagt: „Ob sich die
„stattgefundene Aufführung der Oper Aïda trotz dem Wegfall
„eines strafrechtlichen Verschuldens als unerlaubte Handlung dar=
„stellt, wird gegebenenfalls der Civilrichter zu entscheiden haben;
„auch diese Frage ist hier nicht zu prüfen, sobald feststeht, daß
„kein strafbares Vergehen vorliegt." Die Begründung dieses
Urteiles geht im wesentlichen dahin: Aus der durchgeführten
Strafuntersuchung, insbesondere aus den Aussagen des Hugo
Bock, alleinigen Inhabers der Firma Bote & Bock in Berlin,
ergebe sich, im Gegensatz zu den Behauptungen der Klage, daß
das von Nicolini benutzte Exemplar der Partitur kein Falsifikat
sei, sondern daß das Stadttheater von Straßburg die Partitur
behufs Aufführung in durchaus rechtmäßiger Weise durch Kauf
erworben habe und daß der Theaterdirektor Prasch in Straßburg
dem Angeschuldigten die Partitur leihweise überlassen habe. Fest=
gestellt sei sodann, daß diese Partitur an der Spitze des Werkes
keine Erklärungen enthalte, daß dessen Urheber die öffentliche
Aufführung an spezielle Bedingungen knüpfe (Art. 7 B.=G. vom
23. April 1883). Im weitern habe die Untersuchung ergeben,
daß die Partitur nicht nur von Bote & Bock, sondern auch von
andern Firmen leihweise bezogen werden könne. Die Behaup=
tungen Nicolinis, er habe angenommen, daß kein Verbot des
Ausleihens bestehe und daß der Direktor des Stadttheaters von

Straßburg berechtigt gewesen sei, die diesem Theater eigentümlich gehörende Partitur auszuleihen, sofern das in Art. 7 leg. cit. vorgesehene Maximum der Tantieme eingesandt werde, erscheinen glaubwürdig. Direktor Prasch habe sich, laut seinem Zeugniß, als berechtigt angesehen, die Partitur an Nicolini zu verleihen, in der Annahme, daß die Interessen der Rechtsnachfolger von Verdi hieburch nicht geschädigt werden. Aktenmäßig erwiesen und auch der Firma Bote & Bock selbst nicht unbekannt geblieben sei, daß der in nächster Nähe der letztern wohnende Theaterbuchhändler Fr. Zipf in Potsdam sich ebenfalls Abschriften der Partitur verschaffe und solche ausleihe. Endlich erhelle aus dem Unter= suchungsergebniß, daß sogar unter den verschiedenen Vertretern der Partei Ricordi selbst (in Mailand, Berlin und Bern) große Meinungsverschiedenheit und Unklarheit über die bezüglichen Eigentumsverhältnisse und Autorrechte herrsche. Wenn aber die= jenigen, die am besten im Falle sein sollten, Aufschluß zu geben, selbst nicht im Klaren seien, so dürfe gegenüber dem Beklagten kein allzustrenger Maßstab angewendet werden. Aus diesen Gründen könne dem Nicolini weder Vorsatz noch grobe Fahrlässigkeit zur Last gelegt werden, und da nach Art. 12 und 13 des angeführten Bundesgesetzes nur dann eine Bestrafung eintreten könne, wenn eine dieser Voraussetzungen vorhanden wäre, so müsse Freisprechung erfolgen.

3. Zunächst ist die Kompetenz des Bundesgerichtes zu prüfen. Der Weiterziehung unterliegen hier Civilansprüche, welche ad= häsionsweise in einem Strafverfahren geltend gemacht wurden und über die der kantonale Strafrichter in Verbindung mit einem von ihm erlassenen Strafurteil entschieden hat. Dieser Umstand hebt nach der Praxis des Bundesgerichtes dessen Kompetenz zur Ueberprüfung der über den Civilpunkt getroffenen letztinstanzlichen kantonalen Entscheidung nicht auf. Vergl. Urteil des Bundes= gerichtes vom 2. November 1883 in Sachen Oppliger=Geiser gegen Frank Söhne (Amtliche Sammlung der bundesgerichtlichen Entscheidungen IX, S. 551 u. ff.), und vom 21. Februar 1891 in Sachen Steußi gegen Gengel und Martin (ibid. XVIII, S. 158). Soweit der kantonale Strafrichter über die Civilan= sprüche entscheidet, handelt er nicht kraft seiner Strafgerichtsbarkeit,

sondern kraft der ihm für adhäsionsweise geltend gemachte Civilkla=
gen eingeräumten Civilgerichtsbarkeit. Wenn auch die Entscheidung
über die straf= und civilrechtlichen Folgen der eingeklagten Hand=
lungen in Einem Verfahren erfolgt, so liegen doch zwei ver=
schiedene Rechtsstreitigkeiten, eine strafrechtliche und eine civil=
rechtliche, vor, wobei zwar infolge der Adhäsion die pro=
zessuale Behandlung, nicht aber die rechtliche Natur der letztern
modifiziert wird. Da im weitern der geltend gemachte civilrecht=
liche Anspruch gemäß Art. 2 der Übereinkunft betreffend die
Bildung eines internationalen Verbandes zum Schutze von
Werken der Literatnr und Kunst vom 9. September 1886 nach
dem Bundesgesetze betreffend das Urheberrecht an Werken der
Literatur und Kunst vom 23. April 1883 zu beurteilen ist und
der Streitwert 3000 Fr. übersteigt, so ist die Kompetenz des
Bundesgerichtes zum Entscheide über denselben gegeben; immerhin
nur in dem Umfange, in welchem die letzte kantonale Instanz
darüber durch Haupturteil entschieden hat. Dispositiv 2 des Ur=
teils der Polizeikammer des bernischen Appellations= und Kassa=
tionshofes, wonach die Civilpartei mit den gestellten Anträgen
abgewiesen wird, ist nun ohne Zweifel ein Haupturteil bezüglich
des Civilpunktes. Allerdings scheint damit eine Stelle in den
Urteilserwägungen im Widerspruch zu stehen, welche lautet:
„Ob sich die stattgefundene Aufführung der Oper Aïda, trotz
dem Wegfall eines strafrechtlichen Verschuldens, als unerlaubte
Handlung darstellt, wird gegebenen Falls der Civilrichter zu
entscheiden haben." Allein die Meinung ist offenbar die,
ein Entschädigungsanspruch nach Art. 12 Alinea 1 des citierten
Bundesgesetzes sei nur unter der Voraussetzung vorhanden, unter
welcher eine Bestrafung stattfinden kann, nämlich wenn das Ur=
heberrecht aus Vorsatz oder grober Fahrläßigkeit verletzt worden
ist; da nun bei der Beurteilung der Strafklage diese Voraus=
setzung sich als nicht vorhanden erwiesen, so fallen die an die
gleiche Bedingung geknüpften Civilansprüche des Klägers von
selber dahin; unabhängig von der Entscheidung des Strafpunktes
sei dagegen die Frage, ob und in welchem Maße der Beklagte
civilrechtlich haftbar sei für eine allfällig anzunehmende Ver=
letzung des Urheberrechtes aus einem geringern Grad von Fahr=

läßigkeit. Demgemäß unterliegt der Beurteilung des Bundesgerichtes bloß die Rechtsfrage, ob der Beklagte den Klägern
entschädigungspflichtig sei, weil er aus Vorsatz oder grober
Fahrläßigkeit das Urheberrecht desselben verletzt habe.

4. Bei der Untersuchung der Frage, ob eine Verletzung des
klägerischen Urheberrechtes vorliege, ist zu unterscheiden zwischen
dem ausschließlichen Rechte des Autors, beziehungsweise seiner
Rechtsnachfolger, sein Werk zu vervielfältigen, und dem Rechte,
dasselbe darzustellen oder aufzuführen. Die Kläger machten nun
geltend, Nicolini habe die Oper Aïda nicht bloß unerlaubt aufgeführt, sondern er habe auch ihr ausschließliches Vervielfältigungsrecht verletzt. Eine Verletzung des letzteren Rechtes liegt
nun aber nicht vor. Wenn die Klagepartei im Strafantrag und
nachher in der Strafuntersuchung geltend gemacht hat, der Beklagte habe sich zu seinen Aufführungen einer auf unerlaubte
Weise vervielfältigten Partitur bedient, so ist dagegen aktenmäßig
festgestellt, daß diese Partitur eine authentische war, welche das
Stadttheater von Straßburg von den Vertretern der Kläger
durch Kauf erworben hatte. Freilich wird nicht dargetan, ob infolge dieses Kaufes die Direktion dieses Theaters auch das Recht
hatte, die Partitur weiter zu verleihen. Ein bei den Akten liegendes gedrucktes Vertragsformular der Firma Bote & Bock
zeigt, daß bei der leihweisen oder kaufweisen Überlassung einer
Oper durch die genannte Firma regelmäßig dem Erwerber untersagt wird, Partitur oder Stimmen zu verkaufen, zu verleihen,
abzuschreiben oder auf irgend eine Weise vervielfältigen zu lassen,
und es liegt die Annahme nahe, daß auch das Stadttheater von
Straßburg das Aufführungsrecht und die Partitur der Aïda
nur mit dieser Beschränkung erworben habe. Allein dies ist für
die Frage, ob eine Verletzung des Vervielfältigungsrechtes vorliege, völlig gleichgültig. Hier handelt es sich lediglich darum,
ob der Beklagte nach Art. 12 Abs. 1 B.-G. vom 23. April
1883 sich des Importes eines nachgedruckten oder nachgebildeten
Werkes schuldig gemacht habe, und diese Frage ist nach der Feststellung, daß das von ihm verwendete Exemplar ein authentisches
war, zu verneinen.

5. Soll nun untersucht werden, ob Nicolini berechtigt gewesen

sei, die Oper Aïda ohne vorgängige Erlaubniß der Kläger auf=
zuführen, so fällt zunächst in Betracht, daß laut dem bei den
Akten liegenden Vertrag zwischen Verdi und Tito Ricordi, dem
Rechtsvorfahren der klägerischen Firma, dieser letzteren ausdrücklich
das ausschließliche Aufführungsrecht abgetreten worden ist. Dieses
Recht wird vom Bundesgesetz betreffend das Urheberrecht an
Werken der Literatur und Kunst unbedingt geschützt, wenn es
sich um ein nicht veröffentlichtes Werk handelt. Veröffentlicht
hingegen der Autor beziehungsweise sein Rechtsnachfolger das
Werk oder veräußert er das Veröffentlichungsrecht, so kann er
die öffentliche Aufführung eines Dritten nur hindern, wenn er
an der Spitze die speziellen Bedingungen veröffentlicht hat, an
welche er die öffentliche Aufführung knüpfen will; immerhin soll
die Tantieme den Betrag von 2 %₀ der Brutto=Einnahme der
betreffenden Aufführung nicht übersteigen, und es kann die Auf=
führung eines schon veröffentlichten Werkes nicht gehindert
werden, wenn die Bezahlung der Tantieme gesichert ist. Es kommt
also darauf an, ob die Oper Aïda veröffentlicht sei. Ist dieß
der Fall, so muß der Beklagte als berechtigt angesehen werden,
dieselbe auch ohne Erlaubniß der Kläger aufzuführen, da die=
selben an der Spitze des Werkes keine besondern Bedingungen
veröffentlicht haben, unter welchen sie die Aufführung gestatteten.
Dagegen erscheint die Aufführung durch den Beklagten als un=
erlaubt, wenn die Oper als nicht veröffentlicht erklärt werden
muß.

6. Über die Frage nun, was unter Veröffentlichung zu verstehen
sei, geben die Motive des Gesetzes keine Auskunft. Der Sprach=
gebrauch gestattet die weiteste Auslegung. Danach kann als Ver=
öffentlichung gelten jede Maßnahme, wodurch ein Werk zur
Kenntniß des Publikums gebracht wird, also auch die öffentliche
Aufführung eines musikalischen, dramatischen oder musikalisch=
dramatischen Kunstwerkes. Dies ist aber offenbar nicht die Mei=
nung des Bundesgesetzes vom 23. April 1883. Wenn dasselbe
in Art. 7 erklärt, daß die Veräußerung des Aufführungsrechtes
eines solchen Kunstwerkes die Veräußerung des Veröffentlichungs=
rechtes an demselben nicht in sich schließt, so ist dadurch festge=
stellt, daß die öffentliche Aufführung allein das Werk noch nicht
zu einem öffentlichen stempelt. Auf der andern Seite ist aber

auch nicht erforderlich, daß die Veröffentlichung nur durch den Druck erfolgen könne; dieselbe ist vielmehr durch jede Art der Vervielfältigung möglich. Entscheidend ist, ob das Werk in den Händen eines ausschließlichen Eigentümers bleibe, von dem es allein auf rechtmäßigem Wege zu erlangen ist, oder ob dasselbe zur Disposition des Publikums gebracht sei, so daß es Jedermann im freiem Verkehr erwerben kann.

7. Bezüglich der Oper Aïda steht nun aktenmäßig fest, daß zum Verkauf und zur Verleihung der Partitur nur Ricordi & Cie., beziehungsweise ihre Vertreter, für Deutschland Bote & Bock, befugt sind. Daraus, daß eine Reihe von Theatern das Material von Bote & Bock käuflich erworben haben, ist keineswegs der Schluß zu ziehen, daß das Werk veröffentlicht sei. Wie das bei den Akten befindliche Vertragsformular zeigt, wird das Aufführungsrecht regelmäßig auf die Bühne beschränkt, welche die Partitur erworben hat, und wird derselben noch ausdrücklich untersagt, Partitur und Stimmen zu verkaufen oder zu verleihen, oder irgendwie zu vervielfältigen. Die Oper kann also, trotzdem sie im Besitz von verschiedenen Theatern ist, käuflich oder leihweise auf legalem Wege nur von Bote & Bock erworben werden. Auch abgesehen von einem solchen ausdrücklichen Verbot des Weiterverkaufes u. s. f. ergibt sich derselbe Schluß in Anbetracht, daß die Theater übungsgemäß ihren Bedarf an Opern nur für ihren eigenen Gebrauch zu Aufführungszwecken erwerben. Hieraus folgt nun, daß die Oper Aïda im Sinne des genannten Bundesgesetzes nicht veröffentlicht und demzufolge die Aufführung derselben durch Nicolini, ohne vorgängige Bewilligung des Klägers, eine unerlaubte war.

8. Ist dies richtig, so fragt sich weiter, ob der Beklagte in der Verletzung des klägerischen Autorrechtes vorsätzlich oder in grob fahrlässiger Weise gehandelt habe, mit andern Worten, ob er gewußt habe, zur Aufführung nicht berechtigt zu sein, oder ob er wenigstens bei einiger Überlegung darüber hätte in's Klare kommen sollen.

Die Kläger fanden nun darin den Beweis der bewußten Verletzung ihres Urheberrechtes, daß Nicolini an Bote & Bock am 7. April 1891 schrieb, er habe die Oper antiquarisch angekauft; allein aus dieser allerdings unwahren Angabe folgt der von den

Klägern gezogene Schluß nicht notwendig; es liegt vielmehr die Annahme nahe, Nicolini habe seine wahre Bezugsquelle verschwiegen, um seinem Freunde Prasch allfällige Auseinandersetzungen mit dieser Firma zu ersparen.

Wenn dann die Kläger darauf hinweisen, daß der Beklagte sich zuerst an die einzig richtige Adresse, an Bote & Bock, gewendet habe und somit habe wissen müssen, daß die Partitur nur von dieser Firma zu beziehen sei, so kann auch dieser Schlußfolgerung nicht beigestimmt werden. Mag auch anfänglich der Beklagte geglaubt haben, die Oper nur von dieser Musikhandlung beziehen zu dürfen, so konnte ihm die Tatsache, daß die Direktion des Stadttheaters von Straßburg ihm dieselbe überließ, die Meinung beibringen, die Oper sei in der Tat veröffentlicht, wie denn auch festgestellt ist, daß auch eine andere Musikhandlung, Friedrich Zipf in Potsdam, dieselbe auslieh und dem Beklagten selbst, Ende 1891, zur Verfügung stellte.

Ein strenger Maßstab darf bei der Entscheidung darüber, ob der Beklagte in grob fahrlässiger Weise es unterlassen habe, sich klar zu machen, ob die Oper veröffentlicht sei und demgemäß von ihm aufgeführt werden dürfe, um so weniger angelegt werden, als der klägerische Vertreter, Knosp-Fischer, in der Strafuntersuchung selbst keine genauen, und zum Teil sogar ganz verkehrte Angaben machte, indem er einerseits nicht bestimmt sagen konnte, ob die Firma Zipf zum Ausleihen der Aïda berechtigt sei, und anderseits behauptete, die ächten Partituren seien gedruckt, und geschriebene müssen als unerlaubte Vervielfältigungen bezeichnet werden. Es kann also weder der Nachweis des Vorsatzes noch derjenige der groben Fahrlässigkeit als erbracht betrachtet werden.

### Demnach hat das Bundesgericht

#### erkannt:

Die Weiterziehung der Klägerin wird als unbegründet erklärt und demnach das angefochtene Urteil der Polizeikammer des Appellations- und Kassationshofes des Kantons Bern in allen Teilen bestätigt.

# VII. Civilstreitigkeiten
## zwischen Kantonen einerseits und Privaten oder Korporationen anderseits.

## Différends de droit civil entre des cantons d'une part et des particuliers ou des corporations d'autre part.

. **149.** *Arrêt du 19 Octobre 1893 dans la cause*
*Caisse hypothécaire du Canton de Fribourg contre Fribourg.*

A. Le 3 Décembre 1853 le Grand Conseil du canton de Fribourg a adopté une loi établissant une Caisse hypothécaire, et portant les dispositions essentielles suivantes :

D'après l'art. 1ᵉʳ, il sera formé, sous le nom de Caisse hypothécaire du canton de Fribourg, un établissement destiné à recevoir des capitaux et à les replacer sur des hypothèques situées dans le canton. Il aura essentiellement pour but, d'une part, de procurer aux ressortissants habitants du canton un moyen de parvenir graduellement à l'extinction des dettes hypothécaires dont leurs immeubles sont grevés, et, d'autre part, d'offrir un placement sûr et commode aux capitaux grands et petits.

« L'institution, » ajoute l'art. 2, « sera établie par une société d'actionnaires sous les auspices et avec la coopération de l'Etat. Le siège de l'établissement sera à Fribourg. L'Etat fournira le local nécessaire à l'établissement. »

La loi du 3 Décembre 1853 renferme en outre des dispositions détaillées au sujet de l'organisation de l'établissement, de ses opérations et de son administration. Elle règle ces divers points d'une manière analogue à ce que font les statuts d'une Société anonyme, et laisse à l'assemblée des actionnaires seulement le soin d'approuver les règlements d'exécution qui lui seront soumis, et qui, du reste, devront encore être sanctionnées par le Conseil d'Etat (art. 47, § e).

L'art. 3 fixe la participation de l'Etat à ¹/₅ du fonds capital, soit à 200 000 francs. Ce capital fut porté, par décret du 5 Décembre 1863, de 1 à 3 millions, l'Etat ne pouvant d'ailleurs, aux termes de l'art. 4 de la loi de fondation, obtenir en aucun cas plus de ¹/₅ des actions.

D'après l'art. 4, l'Etat garantit aux actionnaires un minimum d'intérêt de 4 %, sauf à se récupérer, sur les bénéfices qu'aura réalisés plus tard l'établissement, des versements qu'il aura été dans le cas de faire pour bonifier ce minimum d'intérêt aux actionnaires (art. 4).

L'art. 18 restreint aux 3 espèces ci-après les opérations de la Caisse hypothécaire :

1° Le prêt de capitaux sur hypothèque de biens immeubles situés dans le canton, avec ou sans amortissement annuel obligatoire.

2° L'émission d'obligations portant intérêt, en échange des capitaux qui seront confiés à la Caisse hypothécaire. Ces obligations porteront le nom de *cédules hypothécaires*. Enfin

3° La Caisse hypothécaire est autorisée à accorder la voie de l'amortissement même à des débiteurs de créances qui ne lui appartiendront pas, en servant d'intermédiaire entre le tiers créancier du titre et le débiteur, afin de permettre la libération graduelle de ce dernier.

Ces diverses opérations sont d'ailleurs réglementées en détail aux art. 19 à 37 de la loi.

L'organisation de la Caisse hypothécaire est celle d'une Société anonyme ; ses organes sont l'assemblée des actionnaires, le Conseil de surveillance, les censeurs et la Direction, (art. 43 à 77).

Quant au droit de vote des actionnaires, l'art. 45 dispose que le nombre total des suffrages que la même personne sera autorisée à émettre ne pourra dépasser 12, cette disposition étant également applicable à l'Etat.

L'art. 80 autorise les communes, corporations et en général toutes les personnes morales soumises à la surveillance de l'Etat à placer leurs capitaux soit sur des actions de la Caisse hypothécaire, soit sur des cédules hypothécaires émises par elle.

L'art. 42 dispose d'ailleurs que la Caisse hypothécaire est un établissement d'utilité publique, placé à ce titre sous la haute surveillance de l'Etat, sans préjudice des droits garantis aux actionnaires par la présente loi et du maintien du but énoncé à l'art. 1er. Cette surveillance est exercée par le Conseil d'Etat, selon les règles posées entre autres aux art. 47, 52, 60, 61, et par le Grand Conseil, auquel la Caisse hypothécaire soumettra chaque année, par l'intermédiaire du Conseil d'Etat, soit le compte financier, soit le compte rendu administratif, ainsi qu'un extrait du verbal renfermant les décisions de l'assemblée générale (art. 48).

La durée de l'établissement est indéfinie (art. 15), et il ne pourra se dissoudre que par la décision des $^2/_3$ des actionnaires présents, qui devront représenter les $^2/_3$ du nombre des actions.

*B.* La loi du 3 Décembre 1853 renferme, de plus, diverses dispositions réglant la situation de la Caisse hypothécaire envers le fisc; dispositions dont la portée fait l'objet du présent litige.

A l'époque de la création de la Caisse hypothécaire, la loi fondamentale en vigueur dans le canton de Fribourg en matière fiscale était celle du 20 Septembre 1848 concernant l'impôt sur les fortunes, le revenu et le mouvement des immeubles. D'après cette loi, l'impôt sur la fortune comprenait, d'une part, celui sur les immeubles, bâtis et non bâtis, d'autre part, l'impôt sur les capitaux; l'impôt sur les revenus était dû par tout revenu net, provenant d'une profession scientifique ou industrielle, d'une fabrique, d'un commerce, d'un emploi public et privé, d'un métier, ainsi que de capitaux placés hors du canton et non assujettis à l'impôt sur les capitaux. Cette loi ne renfermait pas, en revanche, de dispositions relatives à l'imposition des sociétés anonymes, le Code de commune fribourgeois n'ayant été adopté qu'en 1849.

Pour ce motif et sans doute aussi pour faciliter la création

de l'établissement qu'il entendait fonder, le législateur fribourgeois crut devoir soumettre la Caisse hypothécaire à un régime
fiscal spécial. Dans ce but il introduisit dans la loi de fondation du 3 Décembre 1853 les trois dispositions suivantes :

1° « *Art. 17.* Quel que soit l'intérêt que rapportent les
actions, elles ne pourront être frappées ni par l'impôt sur les
fortunes, ni par une autre imposition quelconque. Elles ne
seront pas assujetties au droit de timbre. »

Ainsi les actionnaires de la Caisse hypothécaire étaient
exonérés de tout impôt sur les actions possédées par eux, et
le capital actions ne pouvait être frappé non plus d'un impôt
quelconque entre les mains de la Caisse hypothécaire elle-
même.

2° *Art. 30.* Les obligations hypothécaires que possédera
l'établissement ne seront assujetties à l'impôt sur les fortunes
qu'à raison de leur capital nominal, et elles seront dispensées
de l'inscription au registre des capitaux.

« Le Conseil d'Etat est autorisé à fixer un mode particulier
pour le paiement de l'impôt annuel sur ces créances, ainsi que
pour leur déduction aux chapitres des débiteurs. »

Ainsi, en dérogation à la loi de 1848, la Caisse hypothécaire, bien qu'assimilée à un capitaliste pour les obligations
hypothécaires qu'elle possède sur ses débiteurs, — ne doit,
d'une part, l'impôt qu'à raison de leur capital nominal, et,
d'autre part, elle est dispensée de l'inscription aux registres
des capitaux, telle qu'elle est exigée par les art. 46 et suivants de la loi de 1848. En dispensant la Caisse hypothécaire
de cette inscription aux registres tenus par le Conseil communal, la loi de 1853 exonérait, en fait, ces créances de tout
impôt *communal,* attendu que la perception de ce dernier ne
pouvait avoir lieu que sur la base fournie par les registres
d'inscription des créances.

3° « *Art. 32.* Les cédules hypothécaires qu'émettra la
Caisse en échange des capitaux qui lui seront confiés, ne seront
pas assujetties au droit de timbre et seront exemptes de payer
l'impôt sur les fortunes, comme de toute autre imposition
quelconque. »

Il ressort du régime fiscal introduit par les dispositions qui précèdent, et qui a régi la Caisse hypothécaire, sans modification jusqu'en 1881 :

*a*) Qu'en faisant payer à la Caisse hypothécaire l'impôt sur les obligations dues à cet établissement, on arrivait à soumettre à l'impôt fribourgeois tous les capitaux placés dans la Caisse, même par des étrangers, sous forme d'actions ou sous forme de cédules, puisque les obligations hypothécaires dues à cet établissement ensuite de ses prêts ne sont en somme que la contre-partie du capital représenté par les actions et cédules.

*b*) Qu'en revanche ce capital ne paie qu'une fois, c'est-à-dire entre les mains de la Caisse.

*c*) Que la Caisse hypothécaire est de plus exemptée de l'impôt sur le revenu, soit sur les bénéfices qu'elle réalise.

*d*) Qu'elle est aussi exonérée de fait de tout impôt communal, les créances à elle dues étant dispensées de l'inscription.

*e*) Qu'elle est également affranchie du timbre, soit pour ses actions, soit pour ses cédules hypothécaires.

*C.* Le régime fiscal résultant de la loi de 1848 fut modifié depuis par diverses lois, qui en remplacèrent les parties les plus importantes.

La loi du 20 Décembre 1862 réorganisa l'impôt sur les revenus, en le faisant porter plus que par le passé sur le commerce et l'industrie.

La loi du 6 Mai 1865 disposa que les Sociétés anonymes sont soumises à l'impôt sur le commerce et l'industrie, sauf certaines exceptions ; que cet impôt est perçu conformément aux principes énoncés dans la loi de 1862, mais que les Sociétés ne sont pas admises à déduire des recettes brutes l'intérêt du capital-actions, à moins que par une disposition spéciale les actions elles-mêmes ne soient affranchies de l'impôt ; que, dans ce cas, elles sont admises à porter en déduction l'intérêt à 5 % de ce capital (art. 2) ; que les obligations émises par les Sociétés par actions sont sujettes à l'impôt sur le capital, mais que cet impôt est payé par la

Société débitrice, sauf à en retenir le montant sur le service des intérêts, pourvu qu'elle se soit réservé ce droit dans l'acte d'emprunt.

Une loi du 25 Novembre 1868 revisa, en outre, les dispositions de la loi de 1848 concernant l'impôt sur les capitaux mobiliers.

Enfin une loi du 22 Mai 1869, concernant les règles à suivre pour établir le droit proportionnel, vint modifier de nouveau ce qui a trait à l'impôt sur le commerce et l'industrie.

Ces divers actes législatifs ne portèrent d'ailleurs aucune atteinte à la situation de la Caisse hypothécaire, laquelle continua à être régie uniquement par les dispositions spéciales de la loi du 3 Décembre 1853.

A partir de 1881, la législation fribourgeoise chercha à faire rentrer la Caisse hypothécaire dans le droit commun au point de vue des impôts. Cette tendance se manifesta pour la première fois dans la loi du 19 Mai 1881, disposant, entre autres, que la Caisse hypothécaire aura à l'avenir à payer l'impôt sur le commerce et l'industrie conformément aux principes posés par la loi du 22 Mai 1869, mais avec cette modification que, par exception, elle sera admise à porter en diminution de ses recettes l'intérêt à 5 % de son capital-actions. En revanche, pour les bénéfices excédant le 5 % de ce capital, la Caisse hypothécaire devait l'impôt sur le revenu, non seulement à l'Etat, mais encore à la commune, attendu que la perception de l'impôt sur le revenu était indépendante de l'insertion au registre d'impôt. Cette nouvelle imposition paraît avoir représenté pour la Caisse hypothécaire la somme de 6849 francs, soit 4029 francs pour l'Etat et 2820 francs pour la commune de Fribourg, et elle eut pour effet de réduire de 1 fr. 37 c. le revenu de chaque action (voir Schanz, *Die Steuern der Schweiz*, IV, page 20).

La Caisse hypothécaire accepta sans protester la situation nouvelle résultant pour elle de la loi du 19 Mai 1881.

Depuis 1881, de nouveaux efforts furent faits encore à diverses reprises, au dire de l'Etat de Fribourg, pour faire rentrer la Caisse hypothécaire dans le régime fiscal du droit

commun. Ainsi le 7 Mai 1886 le Grand Conseil prit en considération une motion réclamant l'abolition de tout privilège
en matière d'impôt et demandant, en particulier, que les cé-
dule de la Caisse hypothécaire fussent soumises aux impôts
cantonaux et communaux. De plus en 1889 le Grand Conseil
renvoya au Conseil d'Etat un postulat déposé par 37 députés
et demandant une revision des lois fiscales dans le sens d'une
meilleure répartition de l'impôt.

*D.* Lors de la fondation de l'Université de Fribourg, il
intervint, le 2 Mars 1890, entre la commune et l'Etat de Fribourg, une convention à teneur de laquelle la première remet-
tait, à titre de subvention pour être ajoutée aux fonds de
l'Université, une somme de 500 000 francs. L'art. 6 de cette
convention, approuvée le 22 Avril 1890 par le Conseil d'Etat
et ratifiée le 12 Mai suivant par le Grand Conseil, stipule ce
qui suit :

« Pour assurer à la ville de Fribourg une compensation et
maintenir l'équilibre du budget communal, il sera pourvu par
l'Etat de Fribourg à la suppression du privilège de l'exemption de l'impôt communal, créé par les art. 17 et 32 de la loi
sur la Caisse hypothécaire du 3 Décembre 1853 en faveur des
cédules et des actions du dit établissement. Si les ressources
résultant de l'abolition du privilège indiqué venaient à manquer
à la ville de Fribourg, l'Etat de Fribourg prend l'engagement
de lui faciliter les moyens propres à les remplacer. »

En exécution de cet engagement, le Grand Conseil de Fribourg a adopté, le 23 Mai 1890, une loi modifiant les art. 17
et 32 de la loi sur la Caisse hypothécaire du 3 Décembre 1853.
— Dans son préambule, la dite loi constate qu' « en présence
des charges qui incombent aux communes, il est devenu nécessaire, pour leur procurer des ressources, de soumettre les
capitaux placés à la Caisse hypothécaire sur cédules, à l'impôt communal comme tout autre capital appartenant à un
créancier domicilié dans la commune. En conséquence la loi
du 23 Mai 1890 a édicté principalement les dispositions ci-
après :

« *Art. 1er*. L'art. 17 de la loi du 3 Décembre 1853 sur

l'établissement de la Caisse hypothécaire est modifié comme
suit :

» Quel que soit l'intérêt que rapportent les actions, elles
ne peuvent être frappées par l'impôt cantonal sur les fortunes.
Elles ne sont pas assujetties au droit de timbre. »

« *Art. 2.* L'art. 32 de la même loi est complété comme suit :

» Les cédules de la Caisse hypothécaire sont soumises aux
impôts de commune et de paroisse. Elles sont nominatives.

» *Art. 3.* Le capital-actions de la Caisse hypothécaire est
soumis à l'impôt communal perçu par la commune de Fribourg
sur les capitaux mobiliers.

» L'impôt payé par la Caisse est porté au débit du compte
de profits et pertes.

» *Art. 4.* Les cédules sont imposables dans la commune
où le créancier paie l'impôt cantonal sur les capitaux mobiliers.

» Si le créancier ne possède pas d'autre capital imposable,
l'impôt est payé dans la commune où il a sa résidence ordinaire et principale.

» En cas de doute ou de réclamation, le préfet décide après
avoir entendu les communes intéressées et les contribuables.
Les cédules sont inscrites dans un registre spécial.

» *Art. 5.* Le Conseil d'Etat prescrit les formalités à remplir par le contribuable, la Caisse hypothécaire et les conseils
communaux pour l'inscription aux registres de l'impôt communal, la tenue des registres et la perception de l'impôt.

» *Art. 8.* La Caisse hypothécaire pourvoira à la conversion des cédules au porteur en cédules nominatives à la première échéance de l'intérêt depuis le 1er Janvier 1892.

» Elle est responsable des impôts soustraits et des amendes
encourues par les porteurs de cédules dont l'intérêt aura été
payé sans que le titre ait été rendu nominatif.

» Les cédules au porteur non converties en cédules nominatives pendant les années 1890 et 1891 devront être déclarées pour l'impôt communal. »

Les innovations apportées par les lois de 1881 et de 1890
au régime fiscal primitivement créé pour la Caisse hypothécaire
par la loi de 1853 peuvent donc se résumer comme suit :

A teneur de la loi de 1881, les capitaux placés dans la Caisse hypothécaire sous 'forme d'actions ou sous forme de cédules hypothécaires étaient astreints, en outre de l'impôt cantonal sur les capitaux, à l'impôt sur le revenu, mais seulement pour autant que celui-ci dépasse le 5 °/₀ du capital-actions.

La loi de 1890 assujettit, de plus, les capitaux placés dans la Caisse hypothécaire à l'impôt communal; seulement, au lieu d'être prélevé sur les obligations hypothécaires dues à la Caisse, celui-ci l'est directement sur les actions et les cédules hypothécaires, et cela de la manière suivante :

Le capital-actions de la Caisse hypothécaire paie tout entier l'impôt communal à la commune de Fribourg; mais on autorise la Caisse à le porter au débit du compte de profits et pertes, ce qui a pour conséquence, d'abord, de le faire en réalité supporter par les actionnaires, et ensuite, de diminuer les bénéfices de l'établissement sur lesquels la Caisse hypothécaire doit payer l'impôt cantonal sur le commerce et l'industrie, pour autant du moins qu'ils excèdent le 5 °/₀ du capital-actions.

Ce sont au contraire les porteurs de cédules hypothécaires qui en paient personnellement l'impôt communal, et cela aux communes où le porteur paie l'impôt cantonal, soit en général, à la commune du domicile. A cet effet la loi exige la conversion des cédules en titres nominatifs, soumis à l'inscription.

Grâce à ces mesures, l'exonération de l'impôt communal assurée par la loi de 1853 à ceux qui placeraient leurs capitaux à la Caisse hypothécaire devenait illusoire. A teneur de l'art. 30 de cette loi, les *obligations hypothécaires* dues à la Caisse continuaient, il est vrai, à être dispensées de l'inscription au registre des capitaux et échappaient ainsi à l'impôt communal; — mais comme, en fait, ces obligations hypothécaires représentaient les fonds placés dans la caisse sous forme d'actions ou de *cédules*, l'astriction de ces dernières à l'impôt communal enlevait toute portée pratique à l'art. 30 de la loi de fondation.

*E.* En présence de ces innovations, la Caisse hypothécaire

prit diverses mesures destinées à sauvegarder ce qu'elle estimait être les droits de ses actionnaires et de ses porteurs de
cédules. Une assemblée générale des actionnaires, tenue le
6 Juillet 1890, résolut de ne pas accepter la loi du 23 Mai
1890, et de défendre par les moyens légaux les droits de la
Caisse hypothécaire et de ses actionnaires, menacés par cette
loi. Cette délibération fut toutefois annulée par le Conseil
d'Etat, par office du 19 Juillet, par le motif que la Caisse
hypothécaire étant une institution d'Etat, elle ne saurait plaider
contre l'Etat en matière de droit public. La Caisse hypothécaire décida nonobstant de nantir de ses griefs le Tribunal
fédéral, en s'adressant tout d'abord à cette autorité par la
voie d'un recours de droit public, introduit déjà le 6 Août
1890.

Ce recours invoquait, d'une part, la violation du principe
de l'égalité devant la loi (art. 4 de la Constitution fédérale),
et, d'autre part, la violation de l'art. 12 *ibidem*, garantissant
l'inviolabilité de la propriété.

Par arrêt du 25 Octobre 1890 (*Recueil*, XVI, p. 678 ss.)
le Tribunal fédéral écarta ce recours : il le déclara mal fondé
au point de vue de l'art. 4 précité, par le motif que l'art. 3
de la loi de 1890 ne crée pas un nouvel impôt, mais ne fait,
en réalité, que donner une autre forme à la disposition de la
loi de 1881 qui a soumis en principe la Caisse hypothécaire
à l'impôt sur le commerce et l'industrie ; or cette dernière
loi a été tacitement acceptée par la recourante (voir arrêt
précité page 691 considérant 5). En revanche, quant au moyen
visant une atteinte à la garantie de l'inviolabilité de la propriété, le Tribunal fédéral estima que ce grief n'était pas recevable dans la cause portée devant lui comme Cour de droit
public ; il se borna, en conséquence, à réserver à la Caisse
hypothécaire ses droits acquis, prétendus ou réels (voir même
arrêt, page 689 considérant 4.)

*F.* Concurremment avec le recours de droit public, la Caisse
hypothécaire du canton de Fribourg a aussi nanti le Tribunal
fédéral en vertu de l'art. 27, § 4 de la loi sur l'organisation
judiciaire, d'une demande civile, laquelle fait l'objet du procès

actuel, et dans laquelle elle conclut à ce qu'il plaise au dit Tribunal prononcer :

*Principalement :*

1° Que les *actions* de la Caisse hypothécaire du canton de Fribourg sont et demeurent *exemptées de l'impôt communal sur les capitaux mobiliers,* auquel elles sont soumises sans droit par l'Etat de Fribourg en vertu des art. 1 et 3 de la loi du 23 Mai 1890, modifiant les art. 17 et 32 de la loi sur la Caisse hypothécaire du 3 Décembre 1853.

2° Que les *cédules* de la Caisse hypothécaire du canton de Fribourg sont et demeurent exemptées des impôts de commune et de paroisse auxquels l'Etat de Fribourg les soumet sans droit en application de l'art. 2 de la même loi.

3° Que l'Etat de Fribourg n'a pas le droit d'interdire à la Caisse hypothécaire du canton de Fribourg *l'émission de cédules au porteur.*

*Subsidiairement :*

4° Que l'Etat de Fribourg est condamné à *indemniser* la Caisse hypothécaire des conséquences dommageables de l'application de la loi du 23 Mai 1890.

5° Que les dommages-intérêts dus à la Caisse hypothécaire consisteront en particulier, et sous la réserve de la réparation d'un dommage éventuellement plus considérable, dans le *remboursement immédiat des impôts* perçus par les communes et paroisses en vertu de la loi du 23 Mai 1890.

Dans sa réplique, la Caisse hypothécaire a précisé cette conclusion en dommages-intérêts en expliquant :

*a)* Que l'Etat de Fribourg doit tout d'abord lui rembourser l'impôt sur les fortunes qu'elle est contrainte de verser à la commune de Fribourg, impôt qui s'est élevé à 5850 francs pour l'exercice de 1890 ;

*b)* que l'Etat doit lui rembourser de plus les impôts perçus par les communes et paroisses sur les cédules hypothécaires, ce remboursement devant être effectué en mains de la demanderesse, qui se chargera naturellement de remettre à chacun de ses créanciers la bonification afférente à son titre ;

*c)* que l'Etat, enfin, doit également indemniser la Caisse

hypothécaire des frais qu'elle a dû faire en exécution de l'arrêté du 9 Décembre 1890, qui a obligé la caisse à ouvrir à ses frais un bureau d'impôt. Le fonctionnement de ce bureau pendant une quarantaine de jours a coûté environ 600 francs.

L'Etat de Fribourg, défendeur, a conclu à libération avec suite de frais, des conclusions tant principales que subsidiaires prises en demande.

A l'appui de sa demande, la Caisse hypothécaire fait valoir, soit dans ses écritures, soit dans les consultations par elle versées au dossier, les moyens dont voici un résumé succinct :

Bien que la Caisse hypothécaire ait été créée par un acte du législateur, il a été lié, en fait, une véritable convention entre le fisc fribourgeois et la Société par actions qu'il fondait. La loi du 3 Décembre 1853, avec les privilèges fiscaux et autres qu'elle lui conférait, a servi, pour ainsi dire, de prospectus à la souscription des actions et à la constitution de la Société ; ces privilèges sont donc entrés à titre de droits privés dans le patrimoine de la Caisse hypothécaire. La preuve que le législateur a bien eu l'intention de garantir à la Caisse hypothécaire un privilège proprement dit, des droits privés patrimoniaux pour une durée indéfinie, résulte soit du texte de la loi de 1853, en particulier de l'art. 42, — soit de sa genèse, et notamment du message qui accompagnait le projet de loi soumis au Grand Conseil, — soit de l'attitude que l'autorité supérieure a prise à diverses fois lors de la fondation de la Caisse et peu après, — soit, enfin, de la nature spéciale de cet établissement, qui ne pourrait remplir son but et prospérer, si les privilèges qui lui ont été assurés lors de sa fondation venaient à lui être enlevés. Toute précarité de ces privilèges étant ainsi exclue de par la volonté même du législateur, la Caisse s'estime fondée à en demander le maintien par le Tribunal fédéral, malgré la loi adoptée en 1890 par le Grand Conseil de Fribourg. Il n'est, en effet, pas exact de dire que la souveraineté de l'Etat soit inaliénable d'une manière absolue ; elle est limitée par les privilèges de droit privé concédés par l'Etat lui-même. Tout au plus la suppression d'un privilège pourrait-elle avoir lieu pour une juste cause, mais ici il n'en existe aucune.

Sudsidiairement, et pour le cas où ses conclusions principales seraient repoussées, la Caisse hypothécaire invoque les mêmes arguments pour chercher à démontrer que tout au moins le législateur ne pourrait supprimer les privilèges qu'il lui a assurés que moyennant indemnité. Une suppression, même fondée sur une juste cause, ne peut avoir lieu que contre une juste compensation. L'omnipotence du législateur ne peut aller jusqu'à lui permettre de retirer un privilège sans indemnité, à supposer même que cette conséquence extrême et injuste puisse être tirée dans un Etat jouissant de la plénitude de la souveraineté, un pouvoir aussi exorbitant ne pourrait appartenir au législateur cantonal, dans une Confédération où le pouvoir central est le gardien du principe constitutionnel de l'inviolabilitté de la propriété et du respect des droits acquis.

Quant au dommage dont elle s'estime en droit de réclamer la réparation, la Caisse hypothécaire le voit, d'une part, dans le fait que son capital-actions et ses cédules sont soumises par la loi de 1890 à l'impôt communal, et, d'autre part, dans l'interdiction qui lui est faite d'émettre des cédules au porteur, ainsi que dans l'arrêté du Conseil d'Etat qui l'a transformée en agent du fisc, mesures qui, selon elle, la limitent dans sa liberté d'administration. Enfin elle soutient aussi que, par suite de la loi de 1890, les porteurs de cédules sont fondés à exiger de la Caisse le remboursement de leurs titres.

A l'encontre de cette argumentation l'Etat de Fribourg a, tout d'abord, contesté à la Caisse hypothécaire la qualité pour agir contre lui, pour autant du moins qu'elle se plaint de l'impôt auquel sont soumis les porteurs de cédules ; l'Etat conteste également avoir lui-même qualité pour défendre au procès actuel, attendu que ce n'est pas lui, mais bien les communes et paroisses qui sont autorisées, par la loi de 1890, à percevoir un impôt sur les actions et cédules de la Caisse.

Subsidiairement, le défendeur soutient qu'en tout cas l'action est prématurée ; d'autre part, il fait valoir également qu'on ne saurait parler d'une atteinte à des droits privés pour autant qu'il s'agirait de cédules émises par la Caisse hypothécaire postérieurement à l'entrée en vigueur de la loi du 23 Mai 1890, non plus que pour des actions ou cédules que le porteur n'aurait acquises que postérieurement à cette date.

Au fond, l'Etat de Fribourg s'élève tout d'abord contre les trois conclusions principales de la demanderesse, lesquelles se heurtent, selon lui, à l'exception de chose jugée, attendu que si l'arrêt rendu le 25 Octobre 1890 par le Tribunal fédéral sur le recours de droit public réservé les droits civils de la Caisse, il n'a pu avoir en vue que ses droits éventuels à une indemnité. D'ailleurs il est de principe que le législateur peut en tout temps supprimer les privilèges qu'il a concédés et la seule question qui puisse se présenter est celle de savoir s'il ne peut les abolir que moyennant indemnité, ce que l'Etat conteste dans l'espèce. Au surplus la Caisse hypothécaire a reconnu expressément, à deux reprises que ses privilèges peuvent être supprimés par le législateur. En effet, dans son mémoire en réponse au recours exercé en 1883 par l'avocat Stœcklin, elle a déclaré ce qui suit :

« Lorsque le législateur fribourgeois estimera que les privilèges de la Caisse hypothécaire n'ont plus leur raison d'être, il les supprimera, ainsi qu'il l'a fait pour la Banque cantonale par les lois du 13 Mai 1871 et du 19 Mai 1881. Cette dernière loi, au reste, a déjà fait rentrer la Caisse hypothécaire dans le droit commun en ce qui concernait l'impôt sur le commerce et l'industrie. »

D'autre part, tout récemment encore, la Caisse hypothécaire a fait voir, par des actes concluants, qu'elle acceptait la situation qui lui était créée par la loi du 23 Mai 1890. En effet, invitée à payer sa cote à l'impôt sur le commerce et l'industrie, elle a contesté, au Conseil communal de Fribourg, le dû de l'impôt communal, attendu que son capital-actions tout entier est assujetti, par la loi du 23 Mai 1890, à l'impôt communal sur les capitaux mobiliers. Cette réclamation, à laquelle l'autorité communale a d'ailleurs fait droit, prouve que la Caisse hypothécaire, loin de chercher à échapper à la loi de 1890, a au contraire bénéficié de la situation nouvelle que cette loi lui faisait.

L'Etat de Fribourg combat également, à tous les points de vue, les conclusions subsidiaires en indemnité prises par la demanderesse. En premier lieu, il conteste que les privilèges accordés par l'Etat, en matière d'impôt, puissent constituer des droits privés. L'Etat ne peut d'avance renoncer à une partie de son revenu, sans compromettre son existence même ; la souveraineté fiscale est aussi inaliénable que la liberté personnelle de l'homme, ou la liberté religieuse, qui ne peuvent être restreintes valablement par convention. De plus, les privilèges créant des droits privés ne peuvent être que ceux conférés à une personne déterminée, mais non ceux concédés à un ensemble indéterminé de personnes, comme les porteurs d'actions et de cédules, de la Caisse hypothécaire. Les privilèges fiscaux accordés jadis à cet établissement ne constituent donc pas en sa faveur des droits privés ; eussent-ils même ce caractère, ils seraient en tout cas essentiellement précaires et révocables. Ces avantages n'ont pas été concédés à la Caisse hypothécaire à titre perpétuel, mais seulement à titre indéfini ; le législateur n'a jamais voulu créer des droits privés en faveur des actionnaires et des porteurs de cédules. Ce qui prouve que l'Etat s'est réservé de pouvoir à un moment donné retirer le privilège concédé par la loi de 1853 à la Caisse hypothécaire, c'est qu'il a assumé vis-à-vis des actionnaires la garantie d'un dividende annuel minimum de 4 %. Cet arrangement là, l'Etat reconnaît expressément qu'il est de nature civile, mais il soutient qu'il n'a jamais pu entrer dans l'intention du législateur de perpétuer cette garantie envers et contre tout, et quel que fût le résultat financier de l'entreprise. L'Etat doit, en saine raison, pouvoir provoquer, à un moment donné la dissolution de l'établissement ; or, pour y arriver, il doit également avoir le droit de supprimer les privilèges de la Caisse hypothécaire.

Du reste, cet établissement a reconnu déjà en fait que les privilèges que lui assurait la loi de 1853 n'étaient que précaires. Il s'est soumis, en effet, sans protester, à la loi du 19 Mai 1881, qui lui faisait payer l'impôt sur le commerce et l'industrie ; or la loi du 23 Mai 1890 n'a fait, ainsi que l'a reconnu le Tribunal fédéral dans son arrêt du 25 Octobre 1890, que donner une autre forme à l'impôt perçu en vertu de la loi de 1881.

Mais même si les privilèges en question devaient être envisagés comme des droits acquis, sans aucun caractère de précarité, l'Etat de Fribourg estime qu'il serait néanmoins en droit de les supprimer sans indemnité. L'omnipotence législative doit appartenir, selon lui, aussi au législateur d'un canton suisse, et notamment à celui du canton de Fribourg, qui se rattache par ses institutions au droit français plutôt qu'au droit germanique. Les privilèges de la Banque cantonale, par exemple et entre autres, ont été supprimés par ce canton sans indemnité.

Enfin, très subsidiairement, l'Etat de Fribourg conteste l'existence du dommage que la Caisse hypothécaire estime avoir souffert.

Les deux parties ont, en outre, invoqué les arrêts ci-après, rendus par le Tribunal fédéral dans des causes analogues : Speiser et consorts, du 3 Juillet 1885 (*Recueil officiel* XI, 319) ; Uri contre Compagnie du Gotthard, du 19 Novembre 1886 (XII, 720) ; Banque cantonale tessinoise contre Tessin, du 7 Février 1885 (XI, 90) ; Thurgovie contre commune d'Ellikon, du 10 Février 1883 (IX, 94) ; Suisse-Occidentale, 8 Novembre 1879 (V, 544) ; Compagnie du Simplon, 28 Février 1880 (VI, 48) ; Nord-Est contre Zurich, 6 Mai 1882 (VIII, 348) ; Gotthard contre Lucerne, 21 Décembre 1888 (XIV, 731).

*Statuant sur ces faits et considérant :*

*En droit :*

1° La demanderesse considère comme des droits acquis, de la suppression ou de la diminution desquels elle se plaint :

a) l'exemption, au profit du *capital*-actions, de toute imposition quelconque ;

b) la franchise d'impôt garantie aux *cédules ;*

c) la faculté d'émettre des cédules au porteur ;

d) l'indépendance de la Caisse hypothécaire et son droit de libre administration.

D'après ses propres déclarations, la Caisse hypothécaire agit *nomine proprio* lorsqu'elle conclut à ce que ses actions et ses cédules demeurent exemptées des impôts autorisés par la loi du 23 Mai 1890. Elle demande, à cet égard, le maintien des dispositions de la loi de 1853, en ce sens que seules les obligations hypothécaires dues à la Caisse et possédées par elle soient astreintes à l'impôt. Elle considère ainsi comme un privilège assuré à elle-même, non seulement que les actions et les cédules ne puissent pas être frappées d'impôt entre ses mains, mais encore qu'elles ne puissent pas l'être entre les mains de leurs porteurs quelconques.

2° Il suit de là que l'exception de défaut de qualité opposée à la demanderesse n'est point fondée. L'Etat estime, à la vérité, qu'à supposer que les privilèges supprimés constituassent des droits privés, les actionnaires et porteurs de cédules seuls seraient autorisés à se plaindre de leur suppression, puisque c'est à eux seuls que les art. 7 et 32 de la loi de 1853 ont entendu garantir la suppression d'impôt. Mais ce raisonnement est en contradiction avec la thèse soutenue par la Caisse à l'appui de sa demande, à savoir que c'est à elle-même que cette exonération a été accordée, et que ce privilège est entré dans son patrimoine à elle à titre de droit privé. Elle soutient, en d'autres termes, que la suppression de cette exonération d'impôt des actions et cédules en mains des porteurs aura pour effet certain de lui rendre plus difficile de trouver des fonds, et entraînera ainsi une lésion à son propre préjudice. La contestation qui divise les parties de ce chef touche, dès lors, au fonds même du droit, et ne peut être tranchée préliminairement à celui-ci.

3° Le moyen tiré du prétendu défaut de qualité de l'Etat de Fribourg pour défendre au procès n'est pas mieux fondé. Le grief à la base de la présente action consiste, en effet, à dire que c'est au mépris des droits acquis de la Caisse hypothécaire que l'Etat de Fribourg a, par la loi de 1890, autorisé les communes et paroisses à la soumettre à une imposition dont il lui aurait garanti à tout jamais l'exonération. C'est donc à l'Etat que la Caisse hypothécaire reproche d'avoir introduit, par la loi de 1890, un régime qu'il s'était, par la loi de 1853, interdit lui-même d'introniser ; c'est à lui, également, qu'elle demande subsidiairement des dommages-intérêts, et, dans cette situation, il n'est pas douteux que l'Etat ne doive être considéré comme le véritable défendeur.

4° L'Etat a soutenu, en outre, que la conclusion 4 de la demande est en tout cas prématurée, attendu qu'au moment de l'ouverture de l'action, aucun dommage n'était encore résulté, pour la demanderesse, de l'application de la loi du 23 Mai 1890.

Ce moyen n'a pas été reproduit en duplique, pas plus qu'à l'audience de ce jour. En présence du fait que depuis le dépôt de la demande la Caisse hypothécaire a payé par 5880 francs l'impôt communal de 1890 sur son capital-actions, et que de leur côté les porteurs de cédules ont sans doute payé également les impôts de commune et de paroisse sur leurs titres, ce moyen doit être envisagé comme abandonné.

Il devrait d'ailleurs être écarté en tout cas, puisqu'il est indéniable que la conclusion 4 en question, tendant à faire prononcer que la suppression des privilèges litigieux ne peut avoir lieu que contre indemnité, et à faire déterminer cette indemnité, se justifie entièrement en présence de l'intérêt majeur qu'a la demanderesse à être fixée sur la situation que lui crée la loi du 23 Mai 1890. Le tribunal de céans est d'ailleurs déjà entré en matière sur des conclusions tout à fait analogues, dans la cause Banque cantonale du Tessin contre Etat du Tessin (*Recueil officiel* XI, 106 ss.)

5° Au fond et en ce qui concerne d'abord les trois premières conclusions de la demande, il y a lieu de constater qu'elles ont été formulées antérieurement au prononcé du tribunal de céans sur le recours de droit public interjeté par la Caisse hypothécaire, et dans lequel elle avait conclu à l'annulation, pour cause d'inconstitutionnalité, de la loi du 23 Mai 1890.

Or, dans son dit arrêt du 25 Octobre même année (voir considérant 4), le Tribunal fédéral, conformément à sa jurisprudence dans de nombreux précédents, a estimé que le droit de l'Etat de modifier un droit ancien par la voie de la législation ne saurait être contesté d'une manière générale, pas plus que la nécessité où il peut se trouver, dans le but de donner ainsi satisfaction à des besoins nouveaux, de porter atteinte à un ordre de choses consacré par des droits privés acquis. Le Tribunal fédéral a ajouté, dans le dit arrêt, qu'en ce faisant le législateur ne méconnaît point la garantie de l'inviolabilité de la propriété inscrite à l'art. 12 de la constitution fribourgeoise, disposition ne pouvant avoir pour conséquence de restreindre sa liberté, et qu'on peut tout au plus en déduire l'obligation pour l'Etat d'indemniser les titulaires pour autant que leurs droits *privés* se trouveraient lésés par la loi, question faisant l'objet d'un procès civil entre les mêmes parties.

Il suit avec évidence de là que, déjà alors, le Tribunal fédéral a reconnu le mal fondé des trois premières conclusions de la demande actuelle, et estimé que seule la question d'une indemnité éventuelle pouvait encore être discutée entre parties. Dans cette situation le retrait de ces conclusions eût dû s'imposer à la demanderesse, d'autant plus que les arguments avancés par elle en réplique en leur faveur ne sont aucunement de nature à les justifier.

En effet la jurisprudence du Tribunal fédéral a constamment admis que l'Etat, à qui l'on ne saurait contester le droit d'exproprier des droits privés non concédés par lui, peut également et à plus forte raison supprimer des privilèges, soit des dérogations au droit commun qui sont nées d'un acte de sa volonté, et cela surtout en matière d'impôts, alors que leur maintien à perpétuité serait de nature à entraver le progrès des institutions en éternisant un système devenu incompatible avec le développement incessant de la conscience juridique et des principes économiques. La seule question qui demeure discutable à ce sujet est celle de savoir si dans chaque espèce spéciale, le privilège supprimé apparaît comme un droit acquis dont l'abolition ne peut avoir lieu sans indemnité, ou si, au contraire, constitué à titre essentiellement précaire, il doit disparaître sans compensation, dès le moment où le législateur estime qu'il n'a plus sa raison d'être.

Il y a donc lieu, en ce qui a trait aux trois premières conclusions de la demande, de maintenir le point de vue, auquel
le tribunal de céans s'est toujours placé, et d'admettre en
conséquence, ainsi que le font d'ailleurs la presque unanimité
des auteurs sur la matière, que nul ne saurait avoir un droit
acquis au maintien à perpétuité d'un privilège, et qu'il est
inadmissible que le législateur puisse, sans égard aux besoins
nouveaux d'époques futures, aliéner à tout jamais sa liberté,
et imposer, comme un régime immuable et éternel, le résultat
de sa volonté une fois exprimée.

Au surplus, les trois premières conclusions sont d'autant
moins fondées, qu'il résulte de la lettre adressée le 21 Avril
1891 par la Caisse hypothécaire à la commune de Fribourg,
qu'en se mettant au bénéfice de la loi de 1890 afin d'obtenir
la remise de l'impôt communal sur le commerce et l'industrie,
la demanderesse a de fait accepté la situation qui lui était
faite par la dite loi.

6° Dans plusieurs des arrêts précités, le Tribunal fédéral
a toutefois admis que des exemptions d'impôt pouvaient dans
certains cas, et notamment lorsque telle était l'intention du
législateur, créer des droits privés. Il y a donc lieu de rechercher si tel est le cas en l'espèce, comme le soutient la Caisse
hypothécaire, ou si, au contraire, comme le prétend l'Etat
défendeur, le privilège concédé à la Caisse hypothécaire par
la loi de 1853 est essentiellement précaire de sa nature, et
par conséquent révocable en tout temps sans indemnité.

A cet égard il est indifférent que le privilège ait sa source
dans la loi, et non dans un contrat ou dans une concession ;
en effet il n'est pas douteux que les actes législatifs ne puissent, pourvu que ce soit là l'intention du législateur, aussi
engendrer des droits privés.

Cette intention ne saurait toutefois être présumée ; il y a
bien plutôt lieu d'admettre que, lorsqu'il ne stipule pas
expressément le contraire, le législateur, même en concédant
des privilèges justifiés par la situation au moment de la promulgation de la loi, n'a pas voulu les faire survivre à leur

raison d'être, c'est-à-dire à la loi elle-même, et qu'en l'absence
d'une clause concédant le privilège à titre de droit privé,
pour un temps déterminé ou à perpétuité, le bénéficiaire doit
être réputé avoir connu la précarité de sa situation privilé-
giée. Il incombe donc à la demanderesse d'établir que, contrairement à cette présomption les faveurs que le législateur
de 1853 lui a octroyées, lui ont été assurées, non pas seulement à bien plaire ou *precario,* mais à titre perpétuel.

7° La demanderesse a cherché à faire cette démonstration
en s'appuyant, soit sur le texte de la loi de 1853, soit sur
la genèse de cette loi et sur le message au Grand Conseil
qui l'accompagnait, soit sur l'attitude prise par l'autorité
supérieure cantonale lors de la fondation de la Caisse ou peu
après, soit, enfin, sur la nature spéciale de cet établissement,
dont la bonne marche et l'existence même eussent été, selon
elle, gravement compromis, si les privilèges en question
avaient porté le caractère d'un bien-plaire, et pouvaient être
supprimés sans indemnité.

Examinant successivement ces points, il convient de retenir,
tout d'abord, que rien, dans le texte de la loi de 1853 n'autorise à conclure que le législateur ait entendu garantir à
perpétuité les privilèges fiscaux assurés à la Caisse. L'art. 42,
notamment, qui place la Caisse hypothécaire sous la haute
surveillance de l'Etat, en réservant « les droits garantis aux
actionnaires » a, comme cela résulte de plusieurs des articles
suivants, pour but de protéger les dits actionnaires contre
l'éventualité d'empiétements de la part de l'autorité chargée
de la haute surveillance de l'établissement, et non point de
restreindre la liberté d'action future du législateur. La perpétuité des dits privilèges ne peut pas davantage être déduite
de l'art. 15, al. 1 de la loi de fondation, disposant que la
durée de l'établissement est « indéfinie. » Cette expression
n'est, en effet, nullement synonyme d'infinie, ou de perpé-
tuelle, mais veut dire seulement qu'aucune limite n'est fixée
à ce moment à sa durée, laquelle dépend d'ailleurs en
première ligne des actionnaires eux-mêmes, autorisés à décider
la dissolution de la Caisse (même article, al. 2).

Rien, dans l'exposé des motifs du 1er Juillet 1853, ne permet non plus de conclure que l'intention du législateur ait jamais été de s'interdire à tout jamais à lui-même de modifier ultérieurement la loi de fondation par une loi nouvelle, ou de n'en permettre la modification qu'ensuite du consentement des actionnaires.

La circulaire du 3 Mars 1853, adressée à la commission d'experts chargés d'examiner le projet de loi, et les lettres du directeur des finances, des 14 Février et 27 Décembre 1853, invoquées par la demanderesse, ne fournissent pas non plus un argument décisif en faveur du prétendu caractère perpétuel de l'exemption d'impôt assurée au capital-actions et aux obligations de la Caisse hypothécaire.

On doit en dire autant de la correspondance échangée en 1853 entre la direction des finances et la Banque cantonale de Fribourg. En effet, la situation légale de cet établissement de crédit était, à cette époque du moins, sensiblement différente de celle de la Caisse hypothécaire, et, du reste, l'attitude que le législateur fribourgeois a prise dans la suite vis-à-vis de la Banque cantonale montre précisément qu'il n'a pas cru être lié à son égard d'une manière définitive et irrévocable.

Enfin, et pour établir que les privilèges de la Caisse hypothécaire doivent durer autant que cet établissement, la demanderesse a surtout insisté sur ce qu'il lui est impossible de prospérer si ces privilèges étaient supprimés en tout ou en partie sans indemnité. Cette situation étant, selon la Caisse, connue du législateur de 1853, elle en tire la conséquence que, dans l'intention même de celui-ci, toute précarité se trouvait exclue dès le principe.

A l'appui de cette argumentation, la demanderesse fait valoir que les actionnaires n'auraient pas assumé toutes les charges onéreuses que leur impose la loi de fondation, si ces charges n'avaient pas été compensées par la garantie d'avantages équivalents pour toute la durée de l'établissement, ce qui emporte l'obligation de l'Etat à indemnité, s'il veut y porter atteinte.

Toutefois, s'il faut reconnaître que les avantages assurés

aux actionnaires et aux porteurs de cédules ont dû faciliter l'afflux des capitaux à la Caisse, il est loin d'être évident que ce soient précisément les avantages de nature fiscale qui aient déterminé ce résultat favorable ; au contraire il n'est nullement prouvé que les avantages nombreux, d'autre nature, offerts aux capitalistes par la loi de fondation, se trouvent entièrement détruits par la modification de cette loi par l'Etat, et il existe certainement, au contraire, des motifs pour admettre que la bonne marche de l'établissement pouvait paraître assurée, sans que le législateur ait dû renoncer dès l'origine à l'exercice futur de son droit de législation, en vue de revoir ultérieurement les dispositions de la dite loi.

En effet, les dispositions de l'art. 7, par lequel l'Etat garantit, à titre de droit privé, aux actionnaires un minimum d'intérêt annuel de 4 %, et de l'art. 15, qui confère à l'assemblée des actionnaires, dans laquelle l'Etat ne peut disposer que de 12 suffrages, le droit de décider en tout temps la dissolution de l'entreprise, étaient de nature à donner à ces actionnaires une grande sécurité, puisqu'elles les protégeaient d'une manière presque absolue contre tout risque de perte. Il n'est même point téméraire d'affirmer que plusieurs des dispositions de la loi de fondation, que la demanderesse présente comme des charges onéreuses pour les actionnaires, comme par exemple la limitation des opérations au seul prêt hypothécaire et aux immeubles situés dans le canton, étaient plutôt propres à diminuer les chances de perte de l'établissement, et portant à augmenter la solidité de celui-ci.

Il suit de ce qui précède qu'à cet égard encore la demanderesse n'a pas réussi à démontrer que l'intention du législateur ait été de lui garantir à titre perpétuel, ou tout au moins pour une durée égale à celle de la Caisse elle-même, les privilèges fiscaux concédés par la loi de 1853, et qu'ainsi rien, dans les documents et arguments invoqués par la Caisse hypothécaire, ne permet d'admettre qu'il ait entendu renoncer à son droit de modifier ultérieurement son œuvre législative.

8° Cette conclusion se trouve encore corroborée par d'autres considérations.

Il n'est, tout d'abord, guère admissible que l'Etat, qui a

garanti aux actions un intérêt annuel de 4 %, en assumant
ainsi lui-même les principaux risques de l'entreprise, ait
renoncé sans autres à l'exercice ultérieur de son droit de
législation, consentant à se lier d'une manière irrévocable, et
s'interdisant de remédier plus tard aux imperfections et aux
inconvénients que l'expérience pourrait lui révéler dans la
marche de l'entreprise par lui créée. En outre, et même en
supposant qu'une renonciation aussi insolite ait pu être dans
ses intentions, il est peu vraisemblable que le législateur se
soit abstenu de l'exprimer dans la loi elle-même, et d'une
manière non équivoque. En l'absence de toute déclaration
expresse de sa part sur ce point, il faut admettre, au contraire, qu'il a précisément entendu laisser subsister toute sa
liberté d'action à futur. Aussi, en fait, à partir de la loi du
19 Mai 1881, — et après avoir maintenu jusque là les exemptions d'impôt dont bénéficiait la demanderesse, — l'Etat,
usant de ce qu'il estimait évidemment être son droit de législateur, est-il entré dans la voie de l'abrogation des exemptions,
et de l'application à la Caisse du régime du droit commun, du
moins en ce qui concerne l'impôt sur le commerce et l'industrie, en motivant simplement cette évolution sur la considération que les dispositions législatives par lesquelles la Caisse
hypothécaire a été exemptée de l'impôt sur les capitaux mobiliers et le revenu « ne peuvent plus être appliquées dans la
même mesure, *en présence des charges qui sont encore imposées aux autres contribuables.* » Or ce motif implique évidemment l'affirmation que le législateur n'avait accordé jadis que
des avantages précaires, qu'il était en droit de retirer.

A cela s'ajoute que la demanderesse n'a aucunement protesté contre cette loi de 1881, et qu'elle s'y est soumise sans
contester le droit de l'Etat de modifier la loi de 1853 ; or une
semblable attitude n'est explicable que si l'on admet que la
Caisse hypothécaire reconnaissait alors le droit de l'Etat de
modifier la législation la concernant. Cette reconnaissance
résulte, en outre, de l'attitude prise par la demanderesse en
1883 à l'occasion du recours Stœcklin, alors que son conseil
écrivait ce qui suit : « Lorsque le législateur estimera que

» les privilèges de la Caisse hypothécaire n'ont plus leur
» raison d'être, *il les supprimera*, ainsi qu'il l'a fait pour la
» Banque cantonale par les lois du 13 Mai 1871 et du 19 Mai
» 1881. Cette dernière loi, au reste, a déjà fait rentrer la
» Caisse hypothécaire dans le droit commun en ce qui con-
» cernait l'impôt sur le commerce et l'industrie. »

C'est encore là, de la part de la Caisse hypothécaire, une
reconnaissance du droit de législation revendiqué par l'Etat,
et quant à l'exemple de la Banque cantonale, qu'invoque la
demanderesse, il peut d'autant moins lui servir, qu'il n'a
jamais été allégué que cet établissement ait protesté contre la
suppression de ses privilèges, ce qu'il n'eût certainement pas
manqué de faire s'il se fût cru en droit d'en revendiquer le
caractère perpétuel.

9° D'ailleurs en 1853, date de la fondation de la Caisse
hypothécaire, les sociétés anonymes étaient encore une institution nouvelle pour le législateur fribourgeois, le Code de
commerce de ce canton, renfermant les premières dispositions
sur cette matière, n'était entré en vigueur que le 1ᵉʳ Juillet
1851. Le régime fiscal résultait alors de la loi de 1848 concernant l'impôt sur les fortunes, le revenu et le mouvement
des immeubles ; cette loi n'avait pas prévu les sociétés anonymes, et si l'on eût simplement voulu soumettre la Caisse
hypothécaire au régime du droit commun, on se fût heurté à
des difficultés d'exécution comme à des doubles impositions,
et, d'une manière générale, à un état de choses peu équitable.
En effet la Caisse hypothécaire aurait eu à payer l'impôt sur
les capitaux sur le montant intégral de ses créances contre
les débiteurs hypothécaires, c'est-à-dire sur un montant actif
qui n'était en réalité lui-même que le correspectif de son
passif représenté par le capital-actions d'une part et par
l'émission des cédules hypothécaires d'autre part ; de plus
elle aurait eu à payer l'impôt sur les revenus en sa qualité
d'entreprise commerciale. Mais en outre, et concurremment,
l'impôt sur les capitaux aurait été dû également par tous les
porteurs de cédules hypothécaires domiciliés dans le canton
de Fribourg, et on aurait pu même à la rigueur l'exiger des

porteurs d'actions de la Caisse hypothécaire. Ces charges
excessives auraient été évidemment de nature à entraver la
création et la marche de cet établissement naissant, et l'on
s'explique dès lors que le législateur l'ait, lors de sa fondation, soumis à un système d'impôt spécial. Mais l'on ne comprend pas moins que lorsque plus tard des lois nouvelles, en
particulier celle du 6 Mai 1865 eurent développé le système
fiscal fribourgeois de manière à tenir également compte de la
nature spéciale de contribuables tels que les sociétés anonymes, on ait trouvé équitable de faire rentrer graduellement
la Caisse hypothécaire dans le droit commun, à laquelle l'insuffisance momentanée de la législation fiscale l'avait fait soustraire pendant un certain temps ; cela était d'autant plus
naturel alors, que la Caisse hypothécaire était arrivée à
dépasser régulièrement le bénéfice minimum garanti par
l'Etat aux actionnaires. Une telle mesure était tout particulièrement indiquée en matière d'impôts communaux, attendu
que leur création ou leur aggravation est due essentiellement
à des charges qui n'existaient pas encore en 1853.

En présence de cette situation nouvelle, l'exemption accordée au début n'avait plus sa raison d'être, et, à cet égard
encore, la loi de 1890 peut se justifier.

Il suit de tout ce qui précède que cette loi, en supprimant
partiellement les privilèges fiscaux concédés à la demanderesse en 1853 à titre précaire, n'a porté atteinte à aucun
droit acquis, et que l'Etat de Fribourg ne saurait en conséquence être condamné à des dommages-intérêts de ce chef.

10° La conclusion subsidiaire de la demande, tendant à ce
qu'il soit alloué à la demanderesse des dommages-intérêts
ensuite du préjudice résultant pour elle de l'interdiction
d'émettre des cédules au porteur, ne saurait être davantage
accueillie.

La loi de fondation ne garantit, en effet, nulle part à la
Caisse hypothécaire le droit d'émettre des cédules *au porteur*,
et il est encore moins soutenable de prétendre que ce droit
lui aurait été concédé à perpétuité. En disposant que dorénavant toutes les cédules devront être nominatives, la loi de

1890 n'a donc porté atteinte à aucun droit privé de la demanderesse, ni par conséquent obligé l'Etat à une réparation quelconque de ce chef.

Il est à remarquer au surplus que dans l'arrêt de droit public rendu par le tribunal de céans en la cause, le 25 Octobre 1890, il a été jugé que la Caisse hypothécaire, institution d'utilité publique organisée par une loi cantonale spéciale, avec la garantie financière de l'Etat, est et demeure soumise au droit cantonal (*Recueil officiel* XVI, p. 690 consid. 5, al. 1). C'était, dès lors, au législateur cantonal qu'il appartenait d'édicter, s'il le jugeait utile, des prescriptions relatives à la forme des cédules de la Caisse hypothécaire, et, ainsi qu'il vient d'être dit, il pouvait faire usage de ce droit de législation sans se heurter à aucun droit acquis de cet établissement. Il suit de là que les griefs formulés par la demanderesse de ce chef sont dénués de fondement.

11° Il en est de même du grief tiré de ce que l'Etat aurait transformé la demanderesse en agent du fisc, et de la conclusion prise par elle au remboursement d'une somme d'environ 600 francs, montant de ce que lui aurait coûté le fonctionnement du bureau d'impôt ouvert par elle à ses frais ensuite de l'arrêté d'exécution du 9 Décembre 1890.

En effet, sur ce point encore, la Caisse hypothécaire n'a justifié d'aucun droit privé en vertu duquel il serait interdit à l'Etat de requérir son concours pour l'établissement des rôles d'impôt. D'ailleurs les griefs accessoires susmentionnés ont été écartés par l'arrêt de droit public du 25 Octobre 1890, lequel constate qu'aucune violation constitutionnelle n'a eu lieu de ces chefs au préjudice de la demanderesse.

Par ces motifs,

### Le Tribunal fédéral
#### prononce :

La demande de la Caisse hypothécaire du canton de Fribourg est repoussée dans son ensemble.

# VIII. Civilstreitigkeiten zwischen Bund und Privaten. — Différends de droit civil entre la Confédération et les cantons.

## 150. Urteil vom 22. Dezember 1893 in Sachen Blaser gegen Bund.

A. Am 9. März 1893 stellte der Kläger, Ulrich Blaser von Langnau, geb. 1861, Knecht in der Molkereianstalt Bern, beim Bundesgericht folgendes Klagebegehren:

1. Der beklagte Staat der schweizerischen Eidgenossenschaft sei gerichtlich zu verurteilen, dem Kläger Ulrich Blaser für die demselben durch ein dem Beklagten angehörendes Pferd sub 5. November 1891 zugefügte Körperverletzung und deren Folgen angemessenen Schadenersatz zu leisten.

2. Es sei dieser Schadenersatz dem Maße nach durch das Gericht festzusetzen.

Zur Begründung dieses Rechtsbegehrens bringt Kläger an:

Am 5. November 1891 habe er im Begleit des ebenfalls in der Molkereianstalt Bern angestellten Johann Spahni mit zwei Pferden Jauche geführt. Als sie mit ihrem Wagen circa um 3 Uhr nachmittags auf dem sogenannten Pulverweg, einer ziemlich breiten Verbindungsstraße, in der Nähe der Militäranstalten sich befunden, seien auf der nämlichen Straße, in gleicher Richtung, drei Bereiter des eidgenössischen Cavallerie-Central-Remontendepots mit fünf Pferden daher gesprengt gekommen. Zuvorderst sei der Feldweibel Ritter geritten, hinter ihm Jakob Ott und hinter diesem Reinhard Hoffmann; jeder dieser beiden letztern habe rechts neben seinem Reitpferde noch ein Handpferd geführt. Blaser habe, als er ihr Herannahen bemerkt, vorschriftsgemäß sich auf der linken Seite seines Gespanns neben seinen Pferden gehalten, während Spahni hinter dem Jauchewagen marschiert sei. Als der vorderste der Bereiter bis auf eine Entfernung von etwa 20 Schritte nahe gekommen sei, habe ihm dieser zugerufen, er möchte ausweichen. Blaser sei sofort auf die richtige Seite, d. h. rechts ausgewichen, und zwar soweit er gekonnt habe. Er selbst habe sich ganz an seine Pferde herangedrückt, um möglichst freien Durchpaß zu lassen. Ohne Beobachtung der geringsten Vorsicht seien aber die Bereiter vorbei getrabt. Der erste Reiter, der nur ein Pferd führte, sei mit demselben glücklich vorbeigekommen; als aber der zweite vorbei getrabt sei, habe das Handpferd mit den Hinterfüßen gegen das Gespann Blasers ausgeschlagen und den Kläger so unglücklich in's Gesicht geschlagen, daß er sofort besinnungslos zu Boden gestürzt sei. Kläger sei auf Anordnung des zur Hülfeleistung herbeigerufenen Dr. Ott in den Inselspital verbracht worden. Die Verletzungen, die er in Folge des Hufschlages erlitten, haben in einer Verletzung am Kinn, einer stark gequetschten unregelmäßigen Wunde am Rande des linken Unterkiefers nahe der Mittellinie bestanden. Ebenso habe sich als Folge ein Riß im rechten Trommelfell gezeigt. Am 27. November 1891 sei Kläger aus dem Inselspital entlassen worden. Er habe eine totale Arbeitsunfähigkeit von circa einem Monat erlitten. Die Verletzung habe aber auch einen bleibenden Nachteil zur Folge gehabt, indem das Hörvermögen auf dem rechten Ohr um mehr als die Hälfte herabgesetzt worden sei. Diese Hörstörung sei vollständig gleich geblieben. Vor dem Unfall habe sich Blaser im Besitze eines vollständig normalen Hörvermögens befunden. Nach seiner Entlassung aus dem Inselspital habe er noch während circa zwei Monaten seine bisherige Arbeitsbesorgung der Fuhren und Pferde nicht besorgen können, da er vielfach an Ohnmachten und Befangenheit im Kopfe gelitten habe, wie er denn noch dermalen an solchen Beschwerden leide. Durch die dreimonatliche Arbeitsunfähigkeit sei ihm ein Schaden von 300 Fr. erwachsen, sein monatlicher Lohn bei der Molkerei habe vor dem Unfall 100 Fr. betragen. Für die Herabsetzung des Hörvermögens und die übrigen Beschwerden, die der Unfall verursacht habe (Disposition zu Ohnmachten und Befangenheit im Kopfe) verlange er eine Entschädigung von 3500 Fr., sowie auf Grund von Art. 54 O.=R., namentlich als Ersatz für die heftigen und intensiven Schmerzen, die er während seines vierwöchentlichen Aufenthaltes im Inselspital körperlich und moralisch habe durchmachen müssen, eine Entschädigung von 200 Fr. Der Gesamtschaden, der dem Kläger durch den ihm nuterm 5. November 1891 zugefügten Hufschlag seitens des Remontenpferdes des Beklagten entstanden sei, betrage sonach 4000 Fr. Für den Ersatz dieses

Schadens sei der Bund haftbar. Das fragliche Pferd sei vom Bund gehalten worden; in der Verwahrung und Beaufsichtigung sei nicht alle erforderliche Sorgfalt angewendet worden. Der Beweis der Affirmative liege der Beklagtschaft ob. Zum Gegenbeweis und zum Beweis dafür, daß bei dem Vorfalle vom 5. November 1891 grobe Fahrlässigkeit, überhaupt erschwerende Verumständungen des Falles nach Art. 54 O.-R. auf Seite des Beklagten vorliegen, sei festzu= stellen, daß die drei Bereiter selbst zugegeben haben, die von ihnen geführten Pferde seien junge Tiere gewesen, die sehr wild gewesen und gegen andere Pferde gerne ausgeschlagen haben. Es sei somit schon fahrlässig gewesen, mit solchen wilden undressierten Tieren die zur Benutzung des Publikums bestimmten öffentlichen Straßen und Wege zu gefährden und unsicher zu machen. Angesichts der den Bereitern bekannten wilden, boshaften Natur der von ihnen geführten Pferde hätten dieselben eine ganz außerordentliche Sorg= falt bei der Begegnung mit Fuhrwerken anwenden sollen. Die bernische Polizeiverordnung über das Fahren auf den Straßen bestimme, daß ein Vorfahren (oder Vorreiten) erst dann geschehen dürfe, wenn der Führer gesehen habe, daß der Fuhrmann, dem vorgefahren werden wolle, auf der Hut sei; auch solle der Vor= fahrende nicht sprengen, um ein Scheuwerden zu vermeiden. Nach= dem Blaser, soweit er nur gekonnt, und wie es gesetzlich vorge= schrieben, nach rechts ausgewichen sei, habe es für die nachkom= menden Pferde auf der Straße noch genügend Raum zum Vorbeikommen gehabt. Zudem wäre auf dem anstoßenden Land nichts zu verderben gewesen und es hätten die Bereiter auf das= selbe hinaus ausweichen können. Als grobe Fahrlässigkeit sei es zu bezeichnen, daß die Bereiter ihren Trab fortgesetzt und nicht genügend auf die Seite gehalten haben. Eine fernere grobe Fahr= lässigkeit bestehe auch darin, daß zwei der Bereiter trotz der ihnen bekannten Wildheit der Pferde zwei Pferde geführt haben, statt bloß eines. Der Kommandant des eidgenössischen Cavallerie=Central= Remontendepots habe in einer Zuschrift vom 30. Dezember 1891 an den Regierungsstatthalter in Bern das Verhalten der drei Bereiter als Fehler bezeichnet, für die er, bezw. die Oberbehörde die Haftung übernehme. Auch die Bereiter hätten erklärt, nur die Befehle ihres Vorgesetzten ausgeführt zu haben. Um so mehr sei unter diesen Verhältnissen ausgeschlossen, daß der beklagte Staat, die schweizerische Eidgenossenschaft, alle erforderliche Sorgfalt in der Verwahrung und Beaufsichtigung des fraglichen Remonten=pferdes angewendet habe. Gegenteils müsse ein solches Verhalten des beklagten Staates als ein höchst fahrlässiges bezeichnet werden, da mit solchen wilden Remontenpferden Straßen und Wege förm=lich unsicher gemacht werden.

B. Der Vertreter der schweizerischen Eidgenossenschaft trug auf Abweisung der Klage an, mit dem Bemerken, daß das schweize=rische Militärdepartement dem Ulrich Blaser aus Billigkeitsrück=sichten eine Entschädigung von 215 Fr. angeboten habe, und daß dieses Anerbieten, ohne daß eine Entschädigungspflicht anerkannt werde, aufrecht erhalten bleibe. Beklagtschaft bestritt nicht, daß das Pferd, welches den Kläger geschlagen, von ihr gehalten worden sei, behauptete jedoch, daß sie alle erforderliche Sorgfalt in der Verwahrung und Beaufsichtigung angewendet habe. Ihre Dar=stellung geht im Wesentlichen dahin: Als der Führer der Abtei=lung, Ritter, auf circa 20 Schritt an den Wagen, welchen Blaser führte, herangekommen war, habe er letzterm zugerufen, er möchte ausweichen, da die Pferde leicht schlagen könnten. Der Wagen sei nach rechts ausgewichen, während Blaser in der Mitte des Weges geblieben sei. Ritter habe Schritt kommandiert, sei im Schritt neben Blaser vorbeigeritten und habe dabei nochmals zu ihm ge=sagt, er möchte doch mehr auf die Seite gehen. Blaser sei aber auf der Mitte der Straße geblieben und habe die Abteilung an=geschaut. Nach Ritter sei dann Ott mit seinen beiden Pferden daher gekommen, und zwar ebenfalls im Schritt, er sei dem Blaser ganz nach links ausgewichen, so daß sich sein Sattelpferd nicht mehr auf der Straße, sondern auf der Wiese befunden habe. Das Handpferd rechts habe er ganz kurz am Trensenzügel geführt; er habe diesem Pferde zudem noch den Kopf in die Höhe und über den Hals des Sattelpferdes genommen, um dasselbe am Schlagen zu verhindern. In gleicher Weise und mit gleichen Vor=sichtsmaßregeln sei auch Hoffmann herangeritten. Wie Ott nun mit seinen zwei Pferden neben Blaser vorbeigeritten sei, habe sein Handpferd trotz den angewandten Vorsichtsmaßregeln gegen die Pferde des Blaser ausschlagen können, wobei Blaser an Kinn und Brust getroffen worden und zu Boden gefallen sei. Eine Schuld an diesem Unfall treffe die beklagte Partei nach keiner Richtung.

Die betreffenden Pferde seien allerdings junge mutige, aber keine
bösartige Tiere gewesen; diese auf der Straße zu führen, wie es
hier geschehen, sei durchaus erlaubt. Die drei Bereiter haben die
Pferde mit aller möglichen Sorgfalt geführt und seien in gesetz=
licher Weise nach links bis ganz an den Rand des Weges, ja
zum Teil über denselben hinaus ausgewichen. Dagegen sei Blaser
im Fehler gewesen und habe den Unfall selbst verschuldet, indem
er trotz der Warnung mitten auf der Straße geblieben sei. Blaser
sei von den Angestellten des Remontendepots sofort in den Kranken=
stall verbracht worden, wo er die erste Hülfe erhalten habe, nach=
her sei er in den Inselspital überführt worden. Dort sei er geblie=
ben bis am 27. November 1891. Nach seiner Entlassung sei er
so hergestellt gewesen, daß er seine gewöhnlichen Verrichtungen
gut hätte wieder aufnehmen können; und wenn auch im Anfang
etwelche Hinderung noch vorhanden gewesen sein möge, so sei
solche jedenfalls nicht wesentlich gewesen und bald hinweggefallen.
Die Verpflegungskosten im Inselspital habe die Eidgenossenschaft
mit 46 Fr. bezahlt; im Weitern offeriere sie dem Kläger eine
Totalentschädigung von 215 Fr. Da der Lohnausfall während
des 23tägigen Aufenthaltes im Spital (unter Abzug von drei
Sonntagen) höchstens 75 Fr. betrage, so bleibe demselben für
allfällige teilweise Einbuße nach der Entlassung aus dem Spital
eine Vergütung von 140 Fr. Daß der Unfall einen bleibenden
Nachteil zur Folge gehabt habe, wird entschieden bestritten. Bald
nach dem Unfall, nämlich am 12. Dezember 1891, habe Blaser
in einem Gesuch an das eidgenössische Militärdepartement seine
Ansprüche folgendermaßen festgestellt:

1. Verdienstausfall wegen vollständiger Arbeitsun=
fähigkeit . . . . . . . . . . . . . . . . . . . . . . . . . . . Fr. 200

2. Verdienstausfall wegen dauernd verminderter Ar=
beitsfähigkeit (die bleibende Beeinträchtigung des Ge=
hörs wird der Einbuße von $^1/_{10}$ der bisherigen Lei=
stungsfähigkeit des Blaser gleichgesetzt) . . . . „ 600

3. Arzt= und Verpflegungskosten laut Mitteilung der
Inselspitalverwaltung . . . . . . . . . . . . . . . . . „ 46

Total: Fr. 846

C. In der Replik bemerkte der Kläger, diese letztere Aufstellung
sei zu einer Zeit eingereicht worden, wo Blaser noch an eine fast
vollständige Wiederherstellung geglaubt habe und mit Rücksicht auf
eine gütliche Auseinandersetzung; er könne also bei diesen Zahlen
nicht behaftet werden. Im übrigen beharrten die Parteien in Replik und Duplik lediglich auf ihrem im ersten Schriftenwechsel
eingenommenen Standpunkt.

D. Der am 29. Januar 1892 ausgestellte Bericht des Inselspitals über den Zustand Blasers besagt, Blaser habe bei seiner
Aufnahme in den Spital eine stark gequetschte Wunde am Unterkieferende, etwas links der Medianlinie gehabt, die sich sehr wohl
auf einen Hufschlag beziehen konnte. Eine Fraktur des Unterkiefers lag nicht vor, doch hatte Blaser leichte Kommotionserschei-
nungen, die indes bald zurückgingen. Eine genauere Untersuchung
ergab einen sehr bedeutenden Riß im rechten Trommelfell und die
Hörfähigkeit rechts war völlig aufgehoben. Es entleerte sich keine
Cerebrospinalflüssigkeit und es fehlten überhaupt jede übrigen Anzeichen einer Fraktur der Schädelbasis. Die Heilung ging unge-
stört vor sich und Patient konnte am 27. November aus dem
Spital entlassen werden. Das Hörvermögen war bei seiner Entlassung noch fast völlig aufgehoben. Ende Januar hörte Blaser
das Ticken der Uhr rechts auf 10 Centimeter, links auf 60 Centimeter Entfernung. Die Wunde am Unterkieferende war zu dieser
Zeit so gut geheilt, daß sie als Entstellung nicht in Frage kommt.
Blaser gab an, seit der Verletzung ab und zu an Schmerzen im
Hinterhaupte zu leiden. Irgend eine Störung, die auf eine Ge-
hirnaffektion hinweisen würde, lag nicht vor. Gestützt auf diesen
Bericht des Inselspitals erklärte der Oberfeldarzt, es könne von
dauernd irgendwie erheblich verminderter Arbeitsfähigkeit die Rede
nicht sein und beantragte daher dem schweizerischen Militärdepartement:

1. Übernahme der Rechnung der Insel . . . . Fr.　46
2. Entschädigung für 23 Tage Spitalaufenthalt à 5 Fr. 　„　115
3. Aversalentschädigung für zurückbleibende Nachteile　„　100

Total: Fr. 261

Diesem Antrage zu Folge bezahlte der Bund die Spitalkosten und anerbot dem Blaser eine Entschädigung von 215 Fr., welche Offerte auch heute noch festgehalten worden ist.

Gegen die drei Bereiter war eine Strafuntersuchung wegen fahrlässiger Körperverletzung und Wiberhandlung gegen das Straßenpolizeigesetz angehoben, aber wieder sistiert worden. Im Verlaufe dieser Untersuchung erstattete Professor Dr. Valentin über den Zustand Blasers am 30. Januar 1892 folgenden Bericht: Ulrich Blaser wurde in meiner Poliklinik wegen eines Trommelfellrisses behandelt, welchen er auf einen am 6. November 1891 erlittenen Unfall zurückführte. Der Riß befand sich unterhalb des Hammergriffes, im vordern untern Quadranten. Die Heilung ging etwas langsam aber gut von Statten, so daß gegenwärtig das Trommelfell geschlossen ist und nur eine feine Narbe dasselbe unten leicht einzieht. Das anfangs geschwächte Hörvermögen hat sich bedeutend gebessert. Es ist kein Grund, an völliger Wiederherstellung desselben zu zweifeln. Sollte indessen auch eine kleine Verminderung zurückbleiben, so hätte sie jedenfalls nicht die Bedeutung eines bleibenden Nachteiles im Sinne des bernischen Strafgesetzbuches.

E. Vom Instruktionsrichter ist über den Unfall und den Zustand des Blaser nach demselben ein Zeugenverhör abgehalten worden. Der Inhalt der Zeugenaussagen wird, soweit nötig, im rechtlichen Teil dieser Entscheidung mitgeteilt werden. Von der Berner Molkerei ging am 20. September 1893 eine Bescheinigung des Inhalts ein, daß Ulrich Blaser seit September 1891 bis zu diesem Tage bei der Molkereianstalt als Vorarbeiter in Kondition stehe und in dieser Eigenschaft eine Summe von 1455 Fr. 80 Cts. nebst Kost und Logis als Salär bezogen habe.

F. In der heutigen Verhandlung wiederholten die Parteianwälte die im Schriftenwechsel gestellten Anträge und beharrten auf ihren dort gemachten Ausführungen.

Das Bundesgericht zieht in Erwägung:

1. Beklagtschaft hat nicht bestritten, daß das Pferd, von welchem Blaser am 5. November 1891 geschlagen worden ist, von ihr gehalten worden sei. Sie haftet also nach Art. 65 O.-R. für den aus dieser Verletzung entstandenen Schaden, sofern sie nicht beweist, daß sie alle erforderliche Sorgfalt in der Verwahrung

und Beaufsichtigung angewendet habe. Es hat nicht etwa der
Kläger ein Verschulden zu beweisen; ein solches wird von Gesetzes wegen vermutet und die Haftbarkeit desjenigen, der das Tier
hält, besteht so lange, als er nicht den vollen Beweis dafür
erbracht hat, daß trotz aller erforderlichen Sorgfalt in der Verwahrung und Beaufsichtigung der Unfall sich ereignet habe. Wenn
daher auch nur ein kleiner Verstoß gegen die Pflicht zur gewissen-
haftesten Obhut vorliegt, so muß dieser Beweis als mißlungen
bezeichnet werden, selbst dann, wenn der Besitzer des Tieres es im
Übrigen an Vorsichtsmaßregeln nicht hat fehlen lassen. Aus
Art. 65 O.-R. geht ferner hervor, daß die Berufung darauf, es
sei in der Beaufsichtigung und Verwahrung in der üblichen Weise
verfahren worden, rechtlich ungültig ist. Das Gesetz legt einen
strengeren Maßstab an; es verlangt nicht bloß die Anwendung
der üblichen, sondern aller erforderlichen Sorgfalt (vergleiche Amtliche Sammlung der bundesgerichtlichen Entscheidungen, XVII,
S. 640, Erw. 2). Es fragt sich daher in concreto, hat die Beklagte, bezw. haben die in ihrem Dienst befindlichen drei Bereiter
alle erforderlichen Vorkehren getroffen, um eine Gefährdung der
Passanten zu vermeiden? In tatsächlicher Beziehung ist hergestellt,
daß die fraglichen Pferde junge mutige Tiere waren; daß sie bös-
artig gewesen seien, ist nicht erwiesen. Dagegen wird von den
Bereitern selbst, sowie von dem Zeugen Spahni bezeugt, daß die
beiden Handpferde, namentlich dasjenige, das den Blaser geschlagen
hat, schon auf dem Wege von der Kaserne her Sprünge gemacht
und ausgeschlagen haben, und Zeuge Ott gibt an, sein Pferd,
das noch unruhiger gewesen sei, als dasjenige Hoffmanns, habe
auch dann, als er das Fuhrwerk Blasers erreicht habe, fortge-
fahren, Sprünge zu machen und auszuschlagen. Kläger hat nun
behauptet, es sei zum Vorneherein fahrlässig gewesen, mit solchen
Pferden auch nur sich auf die öffentlichen Straßen und Wege zu
begeben; eine grobe Fahrlässigkeit habe aber darin bestanden, daß
zwei der Bereiter trotz der ihnen bekannten Wildheit der Pferde
zwei Pferde geführt haben, statt bloß eines. Diesem Standpunkt
kann aber nicht beigetreten werden. Eine absolute Gefährdung des
Publikums enthält die Anwesenheit solcher Pferde auf einsamern
öffentlichen Straßen an sich noch keineswegs; dagegen wird frei-

lich die Anforderung zur sorgfältigen Bewachung gesteigeit, je leb=
hafter die Tiere sind und je größer die Möglichkeit ist, daß sie
Schaden anrichten können.

2. Ist nun zu untersuchen, ob die Bereiter die äußerste, nach
den Umständen erforderliche Sorgfalt angewendet haben, so ergibt
sich aus den Akten, daß sie allerdings Vorsichtsmaßregeln getroffen
haben, aber nicht in ausreichendem Maße. Vom Kläger ist zuge=
geben, daß der Führer der Abteilung, als dieser etwa auf 20 Schritte
herangekommen war, zugerufen habe, er solle ausweichen. Ebenso
darf als erwiesen betrachtet werden, daß der Führer, bevor die
Abteilung an das Fuhrwerk herangekommen war, „Schritt" kom=
mandiert habe; allein er gibt in seinem Verhör selber zu, daß
dieses Kommando etwas spät erfolgt sei, und aus den Aussagen
der Bereiter ergibt sich denn auch, daß es ihnen nicht vollständig
gelungen war, rechtzeitig in die neue Gangart über zu gehen.
Während diese Zeugen nämlich in der Strafuntersuchung bestimmt
erklärt hatten, sie seien im Schritt an Blaser vorbeigegangen,
geben sie im Verhör vor dem Instruktionsrichter zu, daß es ihnen,
trotz ihrer Anstrengung, nicht gelungen sei, die Pferde bis zu dem
Momente, wo sie bei Blaser vorbeipassierten, in Schritt zu brin=
gen; die Gangart sei in diesem Augenblick so zwischen Trab und
Schritt gewesen. Nun ist aber bekannt, daß Pferde im Schritt
viel ruhiger und zum Ausschlagen weniger aufgelegt sind, als im
Trab. Es wäre also geboten gewesen, den Übergang in den Schritt
erheblich früher zu bewerkstelligen. Daß die Reiter ausgewichen
sind, ergibt sich aus den Akten; allerdings besteht in den Zeugen=
aussagen keine Übereinstimmung darüber, wie weit sie ausgewichen
seien. Während Ritter behauptet, jedenfalls sei Ott mit seinem
Sattelpferde bis über die Straße, in's Feld, hinausgegangen, er=
klärt Ott selbst, das Pferd, das er geritten, sei sozusagen auf dem
Straßenrand gelaufen, und Hoffmann gibt an, daß, als Ott an
Blaser vorbeigeritten sei, zwischen diesem und dem Handpferd des
Ott eine Entfernung von zwei Schritt gewesen wäre, voraus=
gesetzt, daß das Handpferd ruhig neben dem von Ott gerittenen
Pferde gegangen wäre. Daß also die Bereiter genügend ausge=
wichen seien, ist nicht festgestellt; nach den Zeugenaussagen wäre
es sehr wohl möglich gewesen, über die Straße hinaus auf das

freie Feld zu gehen, da zu dieser Zeit ein Schaden an den Kul=
turen nicht entstanden wäre. Es ist also auch in diesem Punkte
nicht alle erforderliche Sorgfalt angewendet worden. Zeuge Ott
behauptet ferner, er habe, um das Handpferd am Schlagen zu
verhindern, dasselbe nicht nur so nahe als möglich an sich heran
genommen, sondern ihm den Kopf in die Höhe gehalten, so daß
er sozusagen auf den Widerrist seines Reitpferdes zu liegen gekom=
men sei. Allein dieser Aussage steht die Deposition des Zeugen
Delsberger entgegen, welcher bemerkt haben will, daß das Hand=
pferd des Ott, welches den Blaser geschlagen, vorher habe mit
dem Kopf auf Blasers Sattelpferd hinüber langen wollen.

3. Weiter erhebt sich die Frage, ob Blaser, wie die Beklagt=
schaft behauptet hat, den Unfall dadurch selbst verschuldet habe, daß
er seinerseits zu wenig weit ausgewichen sei. Diese selbständige
Schutzbehauptung hätte die Beklagtschaft zu beweisen. Die Be=
hauptung in der Antwortschrift, Blaser sei in der Mitte der
Straße verblieben, als die Reiter ihn erreicht hätten, ist aber
einzig von dem Zeugen Ritter bestätigt worden, welcher erklärte,
„Blaser se trouvait, lorsque nous l'avons atteint, à peu près
au milieu de la route"; die andern Zeugen stimmen hiemit nicht
überein, und es ist durchaus unwahrscheinlich, daß sich Blaser in
so mutwilliger Weise einer augenscheinlichen Gefahr ausgesetzt
habe. Der Zeuge Ott gibt an, Blaser habe sich links neben seinem
Pferde, in der Höhe der Hinterfüße, etwa ein Fuß davon entfernt,
befunden, Hoffmann dagegen deponiert, Blaser sei neben den
Vorderrädern gelaufen, so zwischen den Hinterfüßen der Pferde
und den vordern Rädern; im Moment des Unfalles sei zwischen
ihm und den Pferden etwas Raum gewesen. Diese Aussagen
stimmen also nicht genau mit einander überein; um so eher darf
dem Zeugnis des Spahni Glauben beigemessen werden, welches
dahin geht, Blaser habe sich vorn links neben dem Handpferd,
nahe an dessen Kopf befunden, und er habe dasselbe selbst mit
seinem Körper auf die Seite gedrängt. Diese Aussage wird auch
unterstützt durch den Zeugen Delsberger. Daß Blaser mit seinem
Fuhrwerk so weit als möglich nach rechts ausgewichen sei, wird
von Delsberger und Spahni übereinstimmend bezeugt; auch Ritter
gibt zu, daß die Räder rechts sich vollständig auf dem Straßen=

borb befunden haben. Weiter auszuweichen hatte Blaſer keine
Pflicht; es konnte ihm namentlich nicht zugemutet werden, ſeinen
Platz links neben den Pferden zu verlaſſen.

4. Da ſomit Beklagtſchaft den Beweis nicht hat leiſten können,
daß in der Verwahrung und Beaufſichtigung des Pferdes, durch
welches Blaſer verletzt worden iſt, alle erforderliche Sorgfalt
aufgewendet worden ſei, und anderſeits ein Selbſtverſchulden des
Verletzten nicht dargetan iſt, muß die Beklagtſchaft für den Scha=
den, den das von ihr gehaltene Pferd angerichtet hat, verantwort=
lich erklärt werden. Über den Erſatz der Heilungskoſten beſteht
kein Streit, indem dieſelben durch den Bund bereits bezahlt wor=
ben ſind. Dagegen forbert Kläger für vorübergehende gänzliche und
dauernde teilweiſe Arbeitsunfähigkeit die Summe von 3800 Fr.,
und unter Anrufung des Art. 54 O.=R. eine weitere Entſchädi=
gung von 200 Fr. namentlich für ausgeſtandene Schmerzen. Was
zunächſt die letztere Forderung anbetrifft, ſo hat allerdings das
Bundesgericht ausgeſprochen, daß Art. 54 O.=R. grundſätzlich
ebenſo wohl wie die Art. 52 und 53 für alle Fälle von Körper=
verletzung und Tötung gelten, und baher dem Richter das Recht
eingeräumt iſt, auf eine angemeſſene Gelbſumme über den erwie=
ſenen Vermögensſchaden hinaus auch dann zu erkennen, wenn die
Klage nicht auf eine widerrechtliche Handlung des Beklagten ſelbſt,
nach Art. 50 O.=R. begründet wird, ſondern auf beſſen geſetzliche
Verantwortlichkeit für dritte Perſonen (Art. 61 oder 62 O.=R.)
oder auf beſſen Haftbarkeit für Tiere (Art. 65 O.-R.) oder für
fehlerhafte Beſchaffenheit einer Sache (Art. 67 O.=R.; Amtliche
Sammlung der bundesgerichtlichen Entſcheidungen, XI, S. 537,
Erw. 4). Allein beſondere Umſtände, welche es nach Art. 54 O.=R.
rechtfertigen würden, dem Verletzten auch abgeſehen vom Erſatz
erweislichen Schadens eine angemeſſene Gelbſumme zuzuſprechen,
liegen hier nicht vor. Arglist oder grobe Fahrläſſigkeit kann der
Beklagtſchaft oder den in ihrem Dienſte ſtehenden Bereitern nicht
vorgeworfen werben; allerdings haben dieſe letztern nicht alle er=
forderliche Sorgfalt zur Vermeidung eines Unfalles angewenbet,
aber es iſt nicht dargetan, daß ſie überhaupt ſorglos gehandelt
haben, vielmehr iſt der Nachweis geleiſtet, daß ſie nach verſchiede=
nen Richtungen, wenn auch nicht genügenbe, Sicherungsmaßregeln

ergriffen haben. Das beklagtische Verschulden ist daher nur als ein leichtes zu bezeichnen. Von der Zusprechung eines Schmerzengeldes muß sodann auch aus dem Grunde abgesehen werden, weil nach dem Zeugniß des Anstaltsarztes Dr. Lanz der Kläger im Spital nicht viele Schmerzen ausgestanden hat. Gänzlich arbeitsunfähig war Kläger nach dem Zugeständnis der Beklagtschaft vom 5. November bis zum 27. November 1891, während seines Aufenthaltes im Spital. Auch nachher scheint er einige Zeit nicht im Stande gewesen zu sein, seine Arbeit wieder aufzunehmen, genaue Angaben hierüber fehlen jedoch; den Zeugenaussagen ist zu entnehmen, daß Blaser anfangs noch schlecht ausgesehen und keinen Appetit gehabt habe, und daß er erst nach ungefähr einem Monat die Arbeit in der Molkerei wieder aufgenommen habe. Ein schriftliches Zeugniß der Molkerei geht dahin, daß Blaser, der vordem einen Monatslohn von 100 Fr. bezogen habe, bis am 23. Januar 1892 gänzlich arbeitsunfähig gewesen sei und daß er von da an, in Folge Verminderung seines Gehörs nicht mehr als Karrer, sondern als Gehülfe in der Käserei mit einem Wochenlohn von 8 Fr. nebst Kost und Logis verwendet worden sei. Allein auf dieses Zeugniß kann nicht ohne weiters abgestellt werden. Eine irgendwie erhebliche dauernde Verminderung der Arbeitsfähigkeit in Folge des Unfalles ist nach den Berichten der Ärzte, welche den Kläger untersucht haben, nicht anzunehmen. Professor Dr. Valentin erklärt in seinem Bericht vom 30. Januar 1892, das anfangs geschwächte Hörvermögen habe sich bedeutend gebessert, und es sei kein Grund vorhanden, an dessen völliger Wiederherstellung zu zweifeln; Dr. Lanz konstatierte, daß Blaser am 28. Januar 1892 das Ticken der Uhr links auf 60 Centimeter und rechts auf 10 Centimeter hörte. Die Hörfähigkeit des Klägers war also noch in einem solchen Grade vorhanden, daß derselbe seinen Beruf als Karrer nicht aufzugeben brauchte. Mit diesen Angaben stimmt auch der Bericht des eidgenössischen Oberfeldarztes überein, daß von andauernder erheblich verminderter Arbeitsunfähigkeit nicht die Rede sein könne. Daß sich der Zustand des Klägers seit dieser Zeit etwa verschlimmert habe, hat derselbe nicht behauptet; er hat denn auch keine weitere Untersuchung über seinen körperlichen Zustand begehrt, sondern sich für die Ausmessung der Entschädigung einfach auf das Ermessen des Richters berufen. Wird nun in Betracht gezogen, daß die Arbeitsunfähigkeit des Klägers sich auf ungefähr 1 ½ Monate erstreckt haben mochte, und daß ihm durch die Verminderung seines Hörvermögens immerhin ein gewisser Nachteil erwachsen ist, so rechtfertigt es sich, den Schadens= betrag nach freiem richterlichen Ermessen auf im Ganzen 600 Fr. anzusetzen.

Demnach hat das Bundesgericht

erkannt:

Die Beklagte ist verpflichtet, dem Kläger 600 Fr. (sechshundert Franken) zu bezahlen.

# I. Alphabetisches Sachregister.

## A

Aversalentschädigung, für unausgemittelte Heilungskosten
218 Erw. 13 f.
Austritt aus einer Religionsgenossenschaft 19 Erw. 5.
— Form der Austrittserklärung 19 Erw. 5.


**B**


Banknoten, beschädigte, Pflicht der emittierenden Bank zur
Einlösung 595 ff.
— — Beweis der Zerstörung des abgegangenen Teils 595 ff.
Baupflicht, des Kirchenbauherrn 657 Erw. 3 ff.
— — schliesst die Pflicht zur Anlegung und Unterhaltung
eines Begräbnissplatzes nicht in sich 659 Erw. 3.
Beamte, öffentliche, Begriff im Sinne von Art. 64 O.-R. 851
Erw. 5 f.
Beaufsichtigung von Tieren, Beweis der erforderlichen Sorg-
falt bei 323, 922 Erw. 1.
Beeinträchtigung von Gläubigern, Nachweis derselben 446
Erw. 5.
Begräbnissplätze, Erstellungs- und Unterhaltungspflicht 657
Erw. 3 ff.
— Bedeutung von Art. 53 B.-V. hinsichtlich der 659 Erw. 4.
— — Pflicht des Kirchenbauherrn zur Anlegung und Unter-
haltung von 657 Erw. 3 f.
Belege, Vorlagepflicht, bei der Rechnungsstellung 820 Erw. 7.
Bereicherung, ungerechtfertigte, Begriff 304 Erw. 3.
— — Anspruch des zahlenden Domiziliaten gegen den Haupt-
wechselschuldner 844 Erw. 2 f.
— — Beweislast 844 Erw. 4 f.
— — Befreiung von einer Schuld 844 Erw. 4 f.
— — wenn das Empfangene wieder verausgabt worden ist
304 Erw. 3.
— — zeitlich anwendbares Recht bei Zahlung einer Nicht-
schuld 523 Erw. 2 f.
Bereicherungsklage 304 Erw. 2, 382 Erw. 5 f., 523 Erw. 2 ff.
— Ausschluss derselben wegen Unsittlichkeit? 382 Erw. 5 f.
— auf Rückgabe des bezahlten Entgeltes beim Bruch eines
Konkurrenzverbotes 382 Erw. 5.
— Beweislast 525, 844 Erw. 4.

Gestohlene und verlorene Sachen, gemeinsamer Gewahrsam des Bestohlenen mit dem Entwender 312 Erw. 4 f.

— und geraubte Sachen 311 Erw. 2.

— und durch Betrug erlangte Sachen 311 Erw. 3.

Gesundheitsscheine, Pflicht zur Lösung solcher bei Veräusserungen von Tieren 693 Erw. 2.

Gewahrsam eines Angestellten an Titeln des Geschäftsherrn 312 Erw. 4 f.

— — gemeinsamer, des Geschäftsherrn und Angestellten 312 Erw. 4 f.

Gewerbliche Auszeichnungen, s. Auszeichnungen, gewerbliche.

Gewässer, öffentliche 637 Erw. 2 ff., 647 Erw. 2 ff.

— — Rechtsverhältnisse an 637 Erw. 2 ff., 648 Erw. 3 ff.

— — oder private? 649 Erw. 4.

Glaubens- und Gewissensfreiheit, s. Kultussteuern.

Gläubiger, Verkürzung der 350 Erw. 7, 446 Erw. 5.

— in den Fällen des Art. 287 des Schuldbetreibungsgesetzes folgt die Beeinträchtigung der Gläubiger schon aus der Natur der betreffenden Rechtshandlungen; eines besondern Nachweises einer solchen Beeinträchtigung bedarf es darnach nicht 447 Erw. 5.

Gleichheit vor dem Gesetz 23 Erw. 2, 103 Erw. 2, 663 ff.

Gült, des luzernischen Rechtes 553 f.

Gutgläubiger Besitzerwerb 311 Erw. 3.

## H

Haft, s. Schuldverhaft.

Haftpflicht der Eisenbahnen bei Tödtungen und Verletzungen 177 ff., 180 ff., 188 ff., 221 ff., 510 ff., 781 ff., 787 ff., 791 ff., 797 ff., 806 ff.

— richtet sich auch bei Unfällen, welche durch den Betriebsunternehmer oder seine Leute verschuldet sind, ausschliesslich nach den Bestimmungen des Bundesspezialgesetzes 188 Erw. 3.

— Betriebsunfall 512 Erw. 3, 797 Erw. 2.

— Wer ist haftpflichtiger Betriebsunternehmer? 180 Erw. 3.

— Beweislast bei behauptetem Verschulden der Bahn 188 f. Erw. 4.

# I

Illoyale Konkurrenz, s. concurrence déloyale.

Immunität, parlamentarische 851 Erw. 5.

Informationen, Mitteilung ungünstiger, des Geschäftsherrn an seinen Agenten, ob rechtswidrig 343 Erw. 2 f.

Immission von Rauch, Staub u. dgl. in das Nachbargrundstück, Schadenersatzklage wegen 269 f.

— inwiefern kantonales und eidgenössisches Recht anwendbar 269 f.

Injurienprozess ist sachlich Strafverfolgung, auch wenn in den Formen des Civilprozesses durchgeführt 104.

Instanzenzug, bei staatsrechtlichen Rekursen 60 Erw. 2, 109 Erw. 1.

— beim Schuldbetreibungs- und Konkursgesetz 94 Erw. 2.

Interkantonale Souveränitätskonflikte in Erbschaftssachen 42 Erw. 2.

Inventar, Geschäftsübernahme auf Grund eines, Haftung des Uebernehmers für eine nicht darin eingetragene Schuld 886 ff.

Irrtum, wesentlicher, beim Versicherungsvertrag 397 Erw. 2.

— begründet durch gefälschte Bilanz eines öffentlichen Kreditinstitutes 539 Erw. 4.

Inhaberpapiere, die Gült und der Aufschlag des luzernischen Rechtes sind keine solchen 553 f.

Italien, Uebereinkunft mit, zum gegenseitigen Schutze des litterarischen und künstlerischen Eigentums 479 Erw. 3 u. 4.

# J

Justizsachen 298 Erw. 2; 611 Erw. 2, 623 Erw. 1.

# K

Kantonale Aufsichtsbehörde in Schuldbetreibungssachen, Kompetenz als Beschwerdeinstanz 94 Erw. 2.

Kantonalgesetze, Auslegung und Anwendung von 18 Erw. 2 f., 41 Erw. 3, 72 Erw. 1, 113, 119, 133 Erw. 2, 453 Erw. 2 460 Erw. 3, 470 Erw. 1, 532, 611 Erw. 1, 623 Erw. 1 f.,

# N

# P

Prozesskosten, s. Kosten.

Prozessvollmacht 611 Erw. 1.

Prud'hommes, sind wie andere Richter an das Gesetz gebunden 470 Erw. 1.

— haben ihr Urteil mit einer Begründung zu versehen 470 Erw. 1.

Publikation von Urteilen, hei Markenrechtsverletzungen 248 Erw. 12, 258.

## Q

Quittung, Gegenbeweis gegen den Inhalt einer 304 Erw. 3.

## R

Rechnungsstellung, Pflicht des Mandatars zur 818 Erw. 5.

— — Umfarg 815 Erw. 5.

— — Vorlage der Belege, inwieweit erforderlich 820 Erw. 7.

Rechnungswesen der Eisenbahnen 703 ff.

— inwieweit dürfen Kosten für Ergänzungs- und Neuanlagen der Bilanz beigefügt werden 705 ff.

— Rückdatierung späterer Anlagen auf den Zeitpunkt des Hauptbaues unzulässig 708 Erw. 6 f.

— Gerüstungs- und Abrüstungsarbeiten 708 Erw. 7 f.

Rechtsfähigkeit des Menschen, Beginn 454.

Rechte, massgebende örtliche Beziehung 43.

Rechtsverweigerung 18 f,, 111 Erw. 5, 470 f.

Rechtsvorschlag, wechselrechtliche Einreden sind im Prozess nicht ausgeschlossen, weil sie im Rechtsvorschlag nicht enthalten waren 261 Erw. 3.

Redefreiheit, parlamentarische, und Schadenersatzpflicht wegen unerlaubter Handlung 851 Erw. 5.

Reklame, erlaubte 256.

Rekurs, staatsrechtlicher, Instanzenzug 60 Erw. 2, 109 Erw. 1.

— — allgemeine Grundsätze 59 Erw. 1.

— — gegen Einteilung von Bezirken, Wahlkreisen und Gemeinden 119 Erw. 2 f.

— — Legitimation zum 34 Erw. 1 f., 41 Erw. 1, 59 Erw. 1, 86 Erw. 1, 89, 109 Erw. 1, 119 Erw. 1, 686 Erw. 1.

# S

# U

# V

# II. Gesetzesregister.

## I. Bundesverfassung.

## II. Bundesgesetze.

Bundesgesetz betreffend das Verfahren bei Uebertretung fiskalischer und polizeilicher Bundesgesetze vom 30. Juni 1849.

Bundesgesetz betreffend die Verbindungsgeleise vom
19. Dezember 1874.

Bundesgesetz betreffend Feststellung und Beurkun-
dung des Civilstandes und der Ehe vom 29. Dezember 1874.

Bundesgesetz betreffend die Haftpflicht der Eisenbahnen und Dampfschiffunternehmungen bei
Tödtungen und Verletzungen vom 1. Heumonat 1875.

Bundesgesetz betreffend die Erteilung des Schweizer-
bürgerrechts und den Verzicht auf dasselbe
vom 3. Juli 1876.

Bundesgesetz betreffend die Arbeit in den Fabriken
vom 22. März 1877.

Bundesgesetz betreffend den Schutz der Fabrik- und
Handelsmarken vom 19. Dezember 1879.

Bundesgesetz über das Obligationenrecht vom 14. Juni
1881.

Art. 6 . . . Seite 419 Erw. 5, 592 Erw. 4, 798 Erw. 3.
» 6 litt. *b* . . . 423 Erw. 5.
» 12 . . . . . . 422 Erw. 4 ff.
» 13 . . . . . . 423 Erw. 4.

Bundesgesetz betreffend das Urheberrecht an Werken der Litteratur und Kunst vom 23. April 1883.

Art. 1 . . . Seite 438 Erw. 5, 945 Erw. 2 ff.
» 7 . . . . . . 955 Erw. 4 ff.
» 12 . . . . . . 745 Erw. 2 ff.
» 12 Al. 1 u. 3 . . 437 Erw. 5 f., 955 ff., 957 Erw. 8 f.
» 17 . . . . . . 439 Erw. 9.

Bundesgesetz über das Rechnungswesen der Eisenbahngesellschaften vom 21. Dezember 1883.

Art. 3 Abs. 1 Seite 705 Erw. 1 ff.
» 5 Abs. 2 . . . 705 Erw. 1.

Bundesgesetz betreffend die Beaufsichtigung von Privatunternehmungen im Gebiete des Versicherungswesens vom 25. Juni 1885.

Art. 15 . . . Seite 11.

Bundesgesetz vom 26. April 1887 betreffend die Ausdehnung der Haftpflicht und die Ergänzung des Bundesgesetzes vom 25. Juni 1881.

Art. 1 Ziff. 1 Seite 414 Erw. 3.
» 3 . . . . . . 415 Erw. 3.
» 4 . . . . . . 415 Erw. 3, 798 Erw. 2.

Bundesgesetz betreffend Schuldbetreibung und Konkurs vom 11. April 1889.

Seite 91, 94.
Art. 80 . . . . . . 18 Erw. 2 f.
» 86 . . . . . . 162.
» 177 . . . . . . 162.
» 185 . . . . . . 162.
» 187 . . . . . . 162.
» 219 . . . . . . 756.
» 250 . . . . . . 306 Erw. 1, 841 Erw. 5.

## III. Staatsverträge.

# III. Personenregister.

## A. Staatsrechtliche Entscheidungen.

Inhaltsverzeichniss.

# IV. Verzeichniss der nicht publizirten Entscheide aus dem Jahre 1893.

### A. Staatsrechtliche Entscheidungen.

Aarau c. Wydler.
Aargau c. Hilfiker.
 » c. Hofmann.
 » c. Isler.
 » c. Iten.
 » c. Keller.
 » c. Matter.
 » c. Merz.
 » c. Widmer.
Alkoholamt, eidgenössisches, c. Blanc.
Allgemeine Kreditbank c. Kronenberg.
Améline c. Uhler.
Appenzell-I.-Rh. c. Eugster.
von Arx c. Schenker.

Bachmann c. Bern.
Baden, Gemeinderat, c. Eheleute Vogt.
 » Grossherzogtum, c. Hardwin.
Balsiger und Konsorten c. Fölmli.
Bannwart c. Bannwart.
Barras c. Collaud.
Barthod c. Demarchi.
Baselland c. Gerber.
 » c. Willig.
Bättig c. Luzern.
Berger c. Hasler.
Berghoff c. Bern.

Bern c. Bachmann.
» c. Berghoff.
» c. Kernen.
» c. katholische Kirchgemeinde Laufen-Zwingen.
» » » »
» c. Luginbühl.
» c. Lutz.
» c. Weck.
Bernhard c. Krebs.
Binet c. Vidard.
Binz c. Solothurn.
Bischofberger und Konsorten c. Geiger.
Blanc c. eidgenössisches Alkoholamt.
Bourquin c. Turrettini.
Brack c. Winterthur.
Broggini c. Saint-Léger.
Bucher c. Lauber.
Bühlmann und Konsorten c. Luzern.
» » c. Pfeiffer-Elmiger und Konsorten.
» » c. » »
c. » »
» » c. Luzern.
» » c. Schneider.
Burgdorf, Amtsgericht, c. Uhlmann.

Chevrette c. Stattelmann.
Claus c. Widmer.
Clement c. Neuhaus.
Cloin c. Graubünden.
Collaud c. Barras.

Darbellay c. Gemeinde Liddes.
Demarchi c. Barthod.
Dörig & Steiger c. Moser.
Drevoux c. Genf.
Dutli c. Morgenthaler.
Duvanel c. Neuenburg.

Erni c. Müller.
Eugster c. Appenzell I.-Rh.

Hardwin c. Grossherzogtum Baden.
Hartmann u. Bezirksrat Küssnacht c. Gemeinderat Hämikon.
Hasler c. Berger.
Hausammann c. St. Gallen.
Hauteville, Gemeinde, c. Moullet.
Heer c. Glarus.
Hilfiker c. Aargau.
Hofmann c. Aargau.
    &raquo;    und Konsorten c. Thurgau.

Isler c. Aargau.
Italien c. Oliani.
Italienisch-amerikanische Petrolgesellschaft c. Schwyz.
Iten c. Aargau.

Jacot c. Giroud.
Jäger c. Meyer.
Jordan c. Wallis.
Jura, Banque foncière du, c. Wallis.
Juriens c. Freiburg.

Kaufmann c. Luzern.
Keller c. Aargau.
Kernen c. Bern.
Kistler und Konsorten c. Hahn.
Kling & Cie. c. Zeller.
Knecht c. Genfer Verein der Hotelangestellten.
Konrad c. Genf.
Krebs c. Bernhard.
Kronenberg c. Allgemeine Kreditbank.
Kündig und Genossen c. Schwyz.
Küssnacht, Bezirksrat, und Hartmann, c. Gemeinderat Hämikon.

Lauber c. Bucher.
Laufen-Zwingen, katholische Kirchgemeinde, c. Bern.
       &raquo;         &raquo;         &raquo;         &raquo;
de Lenzbourg c. Morand.
Liddes, Gemeinde, c. Darbellay.
Loretan c. Stockalper.
Louis c. Waadt.
Ludi c. Ludi.

Perlasca c. Tessin.
Pfeiffer-Elmiger und Konsorten c. Bühlmann und Konsorten.
»   »   »   »
»   »   »   »
des Planches, Gemeinde, c. Schönenweid.
de Pourtalès c. Neuenburg und Waadt.

Réal c. Guimble.
Rihm c. Solothurn.
Rohr c. Spühler.

Saint-Léger c. Broggini.
Scanfs, Gemeinde, c. Graubünden.
Schenker c. von Arx.
Schindler c. Schwyz.
Schneider c. Bühlmann.
Schönenweid c. Gemeinde des Planches.
Schöpfer c. Strahm.
Schluep c. Stuber.
» c. Zwahlen.
Schürch c. Fischer-Gloor.
Schwyz c. italienisch- amerikanische Petrolgesellschaft.
» c. Kündig und Konsorten.
» c. Schindler.
» c. schwyzerische Grütli- und Arbeitervereine.
Schwyzerische Grütli- und Arbeitervereine c. Schwyz.
Sidler c. Haake und Ueltzen.
Siegwart c. Nidwalden.
Soller c. Kolb.
Solothurn c. Binz.
» c. Rihm.
Somazzi und Genossen c. Tessin.
Somvix, Gemeinde, c. Graubünden.
Spühler c. Rohr.
Stattelmann c. Chevrette.
Staub, Erben, c. Zürich.
Steiger und Dörig c. Moser.
Steinemann c. Thurgau.
Steiner und Konsorten c. « France industrielle ».
Steinmann c. Luzern.

Widmer c. Aargau.
» c. Claus.
» c. Stirnemann.
» c. Zimmermann.
Willig c. Baselland.
Winkler c. Wüst & Jordan.
Winterthur c. Brack.
Wirz und Konsorten c. Lüthy.
Wüst & Jordan c. Winkler.
Wydler c. Aarau.

Zeller c. Kling & Cie.
Zimmermann c. Widmer.
Zufferey c. Wallis.
Zug c. Lustenberger.
Zürich c. Freitag.
» c. Frick.
» c. Götz.
» c. Erben Staub.
» c. Walker.
» c. Transport- und Unfallversicherungsgesellschaft « Zürich ».
« Zürich », Transport- und Unfallversicherungsgesellschaft c. Waadt.
« Zürich », Transport- und Unfallversicherungsgesellschaft, c. Freiburg u. Zürich.
Zwahlen c. Schluep.

## B. Civilrechtliche Entscheidungen.

Aargau c. Salathe.
Allgemeine Kreditbank, Massekuratel, c. David.
Arnaud c. Duret.

Bachtler c. Kaufmann.
Bandli und Konsorten c. Graubünden.
Baselstadt c. Brun.
» »
» »
Binet c. Vidard.

Freitag c. Schindler.
Frémy und Konsorten c. Grange.
Freund c. Christ und Burmann.
Frey c. Nordostbahn.
Füllemann c. Gintzburger und Sohn.

Galli-Righetti, Ehescheidung.
Geigy, Masse, c. Spillmann.
Generosobahn, Masse der, c. Gemeinde Capolago.
Gieser & Cie c. Vogt & Guitton.
Gillet c. Neyrac.
Gintzburger & Sohn c. Füllemann.
Goutte c. Jost.
Graf c. Sissach-Gelterkindenbahn.                            ·
von Graffenried und Konsorten c. Eidgenössische Bank.
Grange c. Frémy und Konsorten.
Graubünden c. Bandli und Konsorten.
Grézier c. Faul.
Günther c. Günther.
Gürtler c. Heid.

Hägelin c. Jura-Simplonbahn.
Hansen c. Eisinger.
Heid c. Gürtler.
Helbling c. Vereinigte Schweizerbahnen.
Hildebrand-Stutz, Eheleute.
Honegger c. Kündig.
Humbert-Schmidt, Eheleute.

Ischi c. Schmidt, Bregger & Cie.
Jost c. Goutte.
Jura-Simplonbahn c. Chavannes-Burnat.
          »           c. Hägelin.
          »           c. Kunz.
                      c. Lüthi.
                      c. Schmassmann.
                      c. Schuhmacher.
          »           c. Zeller.

Kaiser c. Solothurn.
Kaufmann c. Bachtler.

# V. Zusammenstellung der Entscheidungen nach den drei Nationalsprachen.

## I. *Staatsrechtliche Entscheide.*

1. Aus dem deutschen Landesteile 122, wovon abgedruckt 34.

2. Aus den romanischen Landesteilen 57, wovon abgedruckt 10.

Hievon fallen 6 nicht abgedruckte Entscheide auf den italienisch, die übrigen 51 auf den französisch sprechenden Teil der Schweiz.

## II. *Civilrechtliche Entscheide.*

1. Aus dem deutschen Landesteile 139, wovon abgedruckt 76.

2. Aus den romanischen Landesteilen 61, wovon abgedruckt 30.

Hievon fallen 4 Entscheide, wovon abgedruckt 1, auf den italienisch, die übrigen 57 auf den französisch sprechenden Teil der Schweiz.

# VI. Berichtigungen.

Seite  29 Zeile 16 von  oben  lies  *VII* statt XII.
»  53 »  11 »  unten  »  *Juni* statt Juli.
»  59 »  6 »  »  »  *1849* statt 1847.
» 337 »  3 »  »  »  *Potestativbedingung* statt
Protestativbedingung.
» 338 »  9 »  oben  »  *Potestativbedingung* statt
Protestativbedingung.
» 396 berichtige die Paginierung.
» 480 Zeile  1 von oben lies Art. *4* statt 14.
» 714 »  11 »  unten lies *könnte* statt könnt.
» 714 »  13 »  »  ergänze am Schluss: *die.*

Lausanne. — Imprimerie Georges Bridel & Cⁱᵉ.

Lightning Source UK Ltd.
Milton Keynes UK
UKHW021600030219
336610UK00007B/923/P